नाटककार जयशंकर प्रसाद

नाटककार जयशंकर प्रसाद

संपादक

सत्येन्द्र कुमार तनेजा

राधाकृष्ण प्रकाशन

ISBN : 978-81-7119-313-4

नाटककार जयशंकर प्रसाद (आलोचना)

पहला संस्करण : 1997
चौथा संस्करण : 2015
This book is printed on **Print on Demand** Technology : 2025

मूल्य : ₹1595

प्रकाशक
राधाकृष्ण प्रकाशन प्राइवेट लिमिटेड
जी-17, जगतपुरी, दिल्ली-110 051
शाखाएँ : अशोक राजपथ, साइंस कॉलेज के सामने, पटना-800 006
पहली मंज़िल, दरबारी बिल्डिंग, महात्मा गांधी मार्ग, प्रयागराज-211 001
1, अनमोल सोराबजी संतुक लेन, धोबी तलाव, मरीन लाइंस, मुम्बई-400 002
वेबसाइट : www.radhakrishnaprakashan.com
ई-मेल : info@radhakrishnaprakashan.com

NATAKKAR JAISHANKAR PRASAD
(Criticim) Edited by Satyendra Kumar Taneja

भारतीय रंगमंच के गौरव
और
हिन्दी रंगमंच के उन्नायक
ब.व. कारंत को
जिन्होंने प्रसाद के नाटकों को
मंच-प्रतिष्ठा प्रदान की

अनुक्रम

खंड : दूसरा

नव्य रंग आंदोलन के आलोक में प्रसाद के नाटकों का अन्तरावलोकन

खंड : तीसरा

प्रसाद के नाटकों की अध्ययन-परम्परा

खंड : चौथा

रंगमंचीय क्षमताएँ

खंड : पाँचवाँ

प्रसाद का नाट्य-चिंतन

प्राक्कथन

नाटककार प्रसाद को नये सिरे से पढ़ने और परखने की आवश्यकता बढ़ रही है। उनके नाटकों को गम्भीरता और महत्ता से लेनेवालों का दायरा अब सीमित नहीं रहा। इधर रंगजगत के रुख में बदलाव आया है। जिज्ञासाएँ कम नहीं हैं। नयी अपेक्षाओं को ध्यान में रखते हुए मैंने इस पुस्तक में वह सामग्री संकलित की है जिससे नाटककार प्रसाद की पूरी और सही पहचान हो सके। ऐसे में यह ज़रूरी था कि इसकी रूपरेखा को बृहत्तर स्तर पर लिया जाए। प्रसाद के नाटकों पर इतना अधिक लिखा जा चुका है कि सामग्री चयन और सम्पादन का कार्य कठिन और चुनौतीपूर्ण है। अपनी सीमाओं के प्रति सजग, मेरे लिए प्रतिनिधि लेखकों और ग्रंथों के महत्त्वपूर्ण अंश लेना ही संभव हो सका है। दरअसल किसी रचना में से ज़रूरी हिस्से ढूँढ़ निकालना मुश्किल काम नहीं है, चुने अंशों को ऐसा विन्यास देना कि वे सम्बद्ध लगें, सबसे जोखिम-भरा दायित्व है। इसलिए सम्पादित हिस्सों को बार-बार देखना पड़ा, फिर भी कोई दावा नहीं किया जा सकता।

प्रसाद इस शताब्दी के गौरव और कालजयी नाटककार हैं। प्रारंभ से ही उन्होंने अपने जीवन-क्रम को त्रिधारा—फुलवाड़ी, अखाड़ा, मंदिर; व्यायाम, व्यवसाय और साहित्य-सृजन से पुष्ट और सम्पन्न किया। साहित्य के इतिहास में वे एक ऐसे सम्पूर्ण एवं युगांतरकारी साहित्यकार हैं जिन्होंने काव्य, नाटक और गद्य के उत्कर्ष में नये प्रतिमान स्थापित किये। इतिहास-संस्कृति-दर्शन की परिचित और पुख्ता आधारभूमि को अपनाकर उन्होंने अपने मौलिक और संवेदनशील स्रष्टा और तेजस्वी द्रष्टा रूप की पहचान दी। अगर वे आर्य संस्कृति (ब्राह्मण धर्म), बौद्ध संस्कृति (करुणा, क्षमा), शैव दर्शन (समरसता और आनंदवाद) के सहचिंतन से औदात्त्य को व्यापक मानवीय स्वरूप दे सके, तो इसे प्रत्याशित मानना होगा। वे वर्तमान के तात्कालिक आवेश में नहीं आए, उनकी समावेशी वृत्ति ने भूत और भविष्य पर समान नज़र रखी। इस त्रिधारा के अवगाहन के बिना इतने बड़े सर्जक की रत्नराशि को खोज पाना असंभव होगा। अगर हम किसी एक कृति तक सीमित रहेंगे तो हमारे निष्कर्ष अधूरे और एकपक्षीय हो सकते हैं।

इसी परिप्रेक्ष्य में रचनाकार प्रसाद को व्यापक धरातल पर सोचा और संयोजित

किया गया है। यह पुस्तक पाँच खंडों और एक परिशिष्ट में विभाजित है। ये पाँच खंड उनके निकट पहुँचने के पाँच दृष्टिपथ हैं। पहले खंड के दो भाग हैं—'अपने-अपने अनुभव' और 'अपने-अपने आशय'। कुछ रचनाकार-मित्र प्रसाद के अंतरंग और आत्मीय रहे। प्रसाद की मृत्यु पर लिखी कविता में अपने भावोद्‍गार प्रकट करते हुए निराला ने प्रसाद को अपना 'अग्रज' माना। प्रसाद के समकालीन उभरते समीक्षक जनार्दन प्रसाद झा 'द्विज' ने 'हंस' में प्रसाद के व्यक्तित्व का वस्तुनिष्ठ, पर हृदयस्पर्शी रेखाचित्र प्रकाशित किया। माखनलाल चतुर्वेदी, नंददुलारे वाजपेयी, सुमित्रानंदन पंत, राजेन्द्रनारायण शर्मा की भावव्यंजक प्रतिक्रियाएँ उल्लेखनीय हैं। मार्क्सवाद से नए-नए अनुप्रमाणित लेखकों में विश्वंभरनाथ 'जिज्जा' का प्रसाद के यहाँ आना-जाना रहा। उनके साथ घंटों इस विचारधारा पर चलते विमर्श से प्रसाद अपनी जिज्ञासाएँ शांत करते रहते थे। वाचस्पति पाठक और राय आनंद कृष्ण की टिप्पणियाँ मूल्यवान हैं।

'अपने-अपने आशय' में लगभग 30 लेखकों, रचनाकारों के अर्थपूर्ण कथन एवं विचार संकलित हैं। इनमें विविधता है, नवीनता है। इनमें से कुछ रचनाकार उस युग के रहे हैं, पर बहुत से बाद के लेखक हैं। सबके नज़रिये चाहे भिन्न हैं परन्तु इनके मत से प्रसाद के व्यक्तित्व या साहित्य के किसी अछूते पक्ष पर प्रकाश पड़ा है। इस आधार पर प्रकाशचन्द्र गुप्त, जैनेन्द्र, महादेवी वर्मा, विजयदेवनारायण साही, मुक्तिबोध, रमेशचन्द्र शाह, अशोक वाजपेयी, कुँवरनारायण और त्रिलोचन के निर्जी अभिप्राय प्रसाद के मिज़ाज़ और माहौल को अपने कोण से पहचानते हैं। इस संदर्भ में कुछ अर्थ-छवियाँ द्रष्टव्य हैं। निराला ने प्रसाद के शिव-रूप को रेखांकित किया—'पिया गरल, पर किया जाति साहित्य को अमर'। महादेवी ने उनमें 'निरंतर असंतोष' का भाव पाया। जैनेन्द्र की दृष्टि में वे 'पहले बड़े नास्तिक लेखक हैं।' अज्ञेय को उनमें 'प्रगतिशीलता' और 'सेंस ऑफ डेस्टिनी' मिली। कुँवरनारायण ने उन्हें 'समर्पित साहित्य योगी' माना और रमेशचन्द्र शाह के मत में उनका 'अंतरंग काँच का नहीं, हीरे का था।' अशोक वाजपेयी ने प्रसाद में 'भारतीय प्रतिमा की जिजीविषा और अस्मिता' देखी। इन सूक्ष्म रंग और रेखाओं से प्रसाद की जो छवि उभरती है वह कितनी अलग और दीप्तिकर है। यहाँ मुक्तिबोध की यह उक्ति बहुत मायने रखती है—'प्रसाद में विश्व के महत्तम कलाकार के सभी गुण विद्यमान हैं।' एक कवि अपने अग्रज कवि के व्यक्तित्व, चिंतन और एक रचना के प्रति 17 साल प्रश्नाकुल स्थिति में रहते हुए उसके सूक्ष्म अन्तर्विरोधों को खोजता रहा, आंतरिक संलग्नता का यह एक अनोखा प्रसंग है। वस्तुतः मुक्तिबोध तत्त्वदर्शी प्रसाद की विराट् चेतना और सृजन-क्षमता से जितने प्रभावित थे उतने उनके दृष्टिकोण की सीमाओं से अशांत रहे। संभवतः इसीलिए त्रिलोचन ने एक ताज़ा इंटरव्यू में कहा है कि मुक्तिबोध प्रसाद-परंपरा के कवि हैं।

इस खंड की सबसे अधिक मर्मभेदी और मूल्यवान कविता स्वयं प्रसाद की लिखी हुई है—'मधुप गुन-गुनाकर कह जाता ... थकी सोई है मेरी मौन व्यथा'। इसके आधार

पर उनके व्यक्तित्व के अंतरंग और बहिरंग की अन्तर्क्रियाओं और अन्तर्दशाओं के कई अर्थपूर्ण संकेत मिलते हैं।

दूसरे खंड में नव्य रंग आंदोलन की प्रवृत्ति और प्रसिद्धि को केन्द्र में रखते हुए प्रसाद के नाटकों का पुनरावलोकन किया गया है। इस आंदोलन के उत्तरोत्तर विकास और प्रभाव के समानांतर प्रसाद-प्रस्तुति के प्रति उत्साह बढ़ता गया। रंगमंच के इस युगांतरकारी अभ्युत्थान का श्रेय निर्देशक को जाता है जिसके गंभीर अध्ययन, साहित्य-निष्ठा और सर्जनात्मक साहस ने इस कलाकर्म में नए प्राण फूँके। प्रसाद के नाटकों के मंचन की पुरानी उलझी बहस को भी निर्देशकों ने सँभाला और सुलझाया। इस अभियान की पहल लक्ष्मीकांत वर्मा के निर्देशन में प्रस्तुत 'चन्द्रगुप्त' (1960) से देखी जा सकती है। रा. ना. वि. की अध्यापिका, रंगकर्मी और निर्देशक शांता गाँधी ने जिस सोच और समझ से 'स्कंदगुप्त' के आलेख और निर्देशन को नया दृष्टिबोध दिया, वह संगतिपूर्ण, मौलिक और व्यावसायिक अपेक्षाओं से पूर्ण हैं। इस चुनौतीपूर्ण प्रस्तुतीकरण से अल्काजी निरंतर जुड़े रहे, इसलिए उनकी टिप्पणी ध्यान आकृष्ट करती है। यही स्थिति कावालम नारायण पणिक्कर की है। नाट्य साहित्य के दक्ष अध्येता और अध्यापक शिवमूरतसिंह को सबसे अधिक प्रेरणा ग़ाजीपुर के अवशेषों से मिली। यह उनकी अनोखी रंगनिष्ठा और हिम्मत ही है कि उन्होंने अपने स्नातकोत्तर कॉलेज के छात्र-छात्राओं को 'स्कंदगुप्त' के मंचन के लिए अनुप्रेरित किया। उनके निर्देशकीय अनुभव विचार के स्तर पर भिन्न आस्वाद देते हैं। रा. ना. वि. के अध्यापक देवेन्द्र राज अंकुर का नाम कहानी-रंगमंच से प्रतिष्ठा में आया परन्तु 'ध्रुवस्वामिनी' की प्रस्तुति-परिकल्पना में वे समर्थ और प्रभावी मिले। कन्नड़भाषी, बनारस विश्वविद्यालय से एम.ए. (हिन्दी) ब.व. कारंत भारतीय रंगमंच की विभूति हैं। उनकी प्रसाद-प्रस्तुतियों का लम्बा इतिहास 1972 में बनारस में 'चन्द्रगुप्त' के प्रस्तुतीकरण से शुरू हुआ। उन्होंने 'विशाख', 'स्कंदगुप्त' और 'कामना' के प्रस्तुति-अनुभव और मूल्यवान प्रयोगों से अभिनेयता से जुड़ी कठिनाइयों का निराकरण किया। उन्होंने आनेवाले निर्देशकों के लिए मार्ग प्रशस्त किया। इस जटिल प्रश्न को लेकर समय-समय पर वे इन पंक्तियों के लेखक को बड़े मनोयोग से अपने विचार प्रकट करते रहे हैं। इन वक्तव्यों को समाहित कर एक लम्बे साक्षात्कार में उन्होंने बहुत साफ़ बातें कही हैं। इस प्रकार निर्देशकों की सृजनशील तरतीब से ही प्रसाद के नाटकों को नव्यतर जीवन मिला।

रंगकर्म से जुड़ी प्रस्तुतियों, प्रश्नों और बहसों पर बौद्धिक-विमर्श करनेवाले कई समीक्षकों ने प्रसाद के नाट्यकर्म पर भी विचार व्यक्त किए हैं। इन्होंने समन्वित मूल्यांकन प्रणाली की खोज की। इस बदलाव का श्रेय वीरेन्द्र नारायण को जाता है जिन्होंने दृश्यात्मक संरचनाओं के आधार पर 'स्कंदगुप्त' के दृश्यबंध, पात्रों के प्रवेश-प्रस्थान, रंगचर्या और कार्यव्यापार को साकार होते दिखाया। बनारस थिएटर के निष्ठावान रंगकर्मी एवं लेखक कुँवरजी अग्रवाल ने काशी-परिवेश और आग़ा हश्र के संदर्भ में इस सवाल को उठाया

और इस प्रक्रिया से वे प्रसाद की सीमाओं को पहचान सके। बहुमुखी क्षमता-सम्पन्न लक्ष्मीनारायण लाल स्वयं एक प्रतिष्ठित नाटककार, रंगकर्मी एवं रंग चिंतक हैं। उन्होंने सही धरातल पर नाटककार प्रसाद का आकलन किया। उनकी विवेचन दृष्टि एकपक्षीय हो गई। जाने-माने वरिष्ठ रंग-समीक्षक सुरेश अवस्थी ने प्रसाद की सुपरिचित स्थापना--नाटक रंगमंच के लिए नहीं--को 30 वर्ष पहले चुनौती दी थी। आज बदली स्थितियों में वे अपने मत पर स्थिर ही नहीं रहे, उन्होंने नई तर्क-संगति से रंगमंच की महत्ता का तात्पर्य स्पष्ट किया। समकालीन हिन्दी रंगमंच के साक्षी एवं समीक्षक जयदेव तनेजा के 'प्रसाद-प्रस्तुति' पर विचार उल्लेखनीय है।

इस खंड के तीसरे भाग में ऐसे रचनाकार-समीक्षक हैं जिन्होंने इस पुस्तक के लिए विशेष रूप से लिखा। श्रीमती गिरीश रस्तोगी गोरखपुर में अध्यापन के साथ-साथ रंगकर्म के प्रति समर्पित हैं। उन्होंने 'ध्रुवस्वामिनी' का निर्देशन किया। अध्यापन और निर्देशन के समन्वित अनुभव उनके निबंध में हैं। महेश आनंद संभवतः अकेले शोधार्थी-समीक्षक हैं जिन्होंने नई रंगदृष्टि से प्रसाद के नाटकों को समझा और परखा। 'चन्द्रगुप्त' की अर्थबहुल समीक्षा इसका प्रमाण है। नंदकिशोर आचार्य और राजेश जोशी प्रतिष्ठित नाटककार और रंगप्रेमी हैं। नंदकिशोर ने 'ध्रुवस्वामिनी' की समीक्षा में अछूते संदर्भ-संकेत निकाले। प्रसाद के नाट्य चिंतन में राजेश जोशी ने प्रगतिशील संभावनाएँ देखीं। इन पंक्तियों के लेखक ने अपने निबंध में रंगमंच के विशिष्ट योगदान को रेखांकित किया और प्रमाणित किया कि प्रसाद के नाट्य-कर्म की गुत्थियाँ इसी आलोक में खुली हैं और यहीं भविष्य की संभावनाएँ भी हैं। इस खंड में समन्वित समीक्षा-मान की खोज में जुटे नए-पुराने रंगप्रेमी कई लेखक हैं जिनके पास अनुभव हैं और तीखी समझ और विचार-पद्धति है। इनका सबसे बड़ा योगदान यह है कि ये अभिनव दृष्टिबोध विकसित करने में सफल रहे। इधर प्रसाद पर जो नए ढंग से सोचा-लिखा जा रहा है, वह सामने लाया गया है।

विश्वविद्यालय और उसके पाठ्यक्रमों में प्रसाद के नाटकों को पर्याप्त महत्ता और मान्यता मिली है। ऐसे एकेडेमिक वातावरण में उनकी एक अध्ययन-परंपरा विकसित हुई जिसका ऐतिहासिक विवेचन तीसरे खंड में किया गया है। अपने समय की बहस से अछूती नाटककार प्रसाद पर लिखी पहली पुस्तक 'प्रसाद की नाट्य-कला' के लेखक रामकृष्ण शिलीमुख हैं। उन्होंने प्रसाद की नाट्य-कला को पहचानने के लिए कुशल मध्यम मार्ग अपनाया और एक सही दिशा प्रदान की। जगन्नाथप्रसाद शर्मा की पुस्तक का शीर्षक 'प्रसाद के नाटकों का शास्त्रीय अध्ययन' जितना हतोत्साहित करता है, उनका विश्लेषण उतना आश्वस्त करता है। शर्मा ने तात्त्विक समीक्षा-पद्धति से हिन्दी नाट्यालोचन को बहुत दूर तक अनुशासित किया। विस्तृत अध्ययन और सुलझी दृष्टि के कारण यह आज भी एक आधार पुस्तक है। गोविंद चातक से प्रसाद नाट्यालोचन में मोड़ आया। अपनी पुस्तकों 'प्रसाद : नाट्य और रंगशिल्प' तथा 'प्रसाद के नाटक : सर्जनात्मक धरातल और भाषिक चेतना' में चातक ने प्रसाद के नाटकों को नये नज़रिए से परखते हुए संतुलित और

परंपरानिष्ठ समीक्षा-दृष्टि का विकास किया है। सिद्धनाथ कुमार की पुस्तक 'प्रसाद के नाटकों का पुनर्मूल्यांकन' में विश्लेषण पद्धति की संगति और नए प्रतिमान की खोज देखी जा सकती है। उपयुक्त परिप्रेक्ष्य देते हुए उन्होंने प्रसाद के नाटकों का गहन एवं वस्तुनिष्ठ आकलन किया है। परंतु नाटककार प्रसाद की हैसियत पर लगातार प्रश्न-चिह्न लगाते हुए वे स्वयं पूर्वाग्रह पूर्ण लगते हैं। प्रसाद की नाट्य-प्रतिभा के विविध पक्षों को रेखांकित करने में दशरथ ओझा, जगदीशचन्द्र जोशी, गुलाबराय, केसरी कुमार और धनंजय ने अपने समीक्षा-दायित्व का भरपूर निर्वाह किया है।

विश्वविद्यालय के इसी वातावरण में आलोचना-कर्म में जुटे कुछ विद्वानों ने प्रसाद और उनके नाटकों को दूसरे फलक पर आँका, रचना-प्रकृति के स्तर पर इन्होंने कवि-प्रसाद को आधार माना और इसी कोण से उनके नाटकों की संवेदना और संरचना को परखा। इस दिशा में रामचन्द्र शुक्ल, नंददुलारे वाजपेयी, नगेन्द्र, हज़ारीप्रसाद द्विवेदी, रामस्वरूप चतुर्वेदी, रमेशचन्द्र शाह ने विषयवस्तु और चिंतन पर विचार करते हुए प्रसाद की नाट्य-चेतना के अलग संदर्भ और आयाम प्रस्तुत किये। बच्चन सिंह ने प्रसाद के नाटकों की अन्तर्भूत क्षमता को पहचानने की कोशिश की है। परन्तु नाटक और रंगमंच को साथ-साथ देखने-परखने और परस्पर संगति बैठाने के स्तर पर ये सब गड़बड़ा गये हैं। थोड़ा आश्चर्य तो होता है, प्रगतिशील आलोचकों—प्रकाशचन्द्र गुप्त, शिवदानसिंह चौहान, असग़र वजाहत, राजेश जोशी और रामविलास शर्मा ने व्यर्थ के विवादों से घिरे प्रसाद के नाट्य-लेखन को विषयनिष्ठ और सकारात्मक दृष्टिकोण से प्रस्तुत किया और उनके महत्त्व और योगदान को बेहतर तरीक़े से रेखांकित किया। अन्य नाटकों के साथ 'स्कंदगुप्त' की समीक्षा करते हुए अज्ञेय ने प्रसाद की 'हिस्टोरिकल सैन्स' को पहचाना। देवीशंकर अवस्थी ने ठीक वक्त पर सतर्क किया कि विश्वविद्यालयों को शास्त्रीय-समीक्षा प्रणाली से मुक्त होना चाहिए।

इस खंड के लगभग सभी समीक्षक अध्यापक रहे हैं, इसलिए भारतीय और पाश्चात्य मानदंडों के आधार पर समीक्षा-पद्धति विकसित हुई। छात्र और शास्त्र की सीमाओं और अपेक्षाओं से हटकर भिन्न संभावनाओं की खोज करनेवाले कुछ समीक्षक भी सामने आए हैं। इस दृष्टि से रमेशचन्द्र शाह और रामस्वरूप चतुर्वेदी का कार्य उल्लेखनीय है। यहाँ यह ज़िक्र करना ज़रूरी है कि विश्वविद्यालयों में प्रसाद के नाटकों पर जितना स्वतंत्र चिंतन और अध्ययन हुआ है, उससे कहीं अधिक शोधकार्य हुआ।

उस युग की पत्र-पत्रिकाओं में भी प्रसाद के नाटक बहस का मुद्दा बने रहे। प्रेमचंद ने 'स्कंदगुप्त' की समीक्षा लिखकर इसकी शुरुआत की। मुठभेड़ की मुद्रा में कृष्णानंद गुप्त ने 'स्कंदगुप्त' और 'चंद्रगुप्त' के नाट्य-तंत्र को चुनौती दी। अभिव्यक्ति की अपनी अचूक प्रभाव-क्षमता का उन्होंने भरपूर लाभ उठाया। उन्हें तत्काल प्रचार और मान्यता मिली। रामजीलाल ने वस्तुनिष्ठ दृष्टिकोण अपनाया। उनके मत में रंगमंच के विकास

के साथ प्रसाद के नाटकों का मूल्यांकन न्यायोचित होगा। 'चन्द्रगुप्त' के प्रस्तुतीकरण पर कई टिप्पणियाँ लिखी गईं। इनमें कई बड़े नाम भी हैं। लगता है यह विवाद कुछ वर्ष तक चला जिसने कई लेखकों को उत्तेजित किया।

रंगमंचीय क्षमताएँ अर्थात् चौथा खंड, जिसके अन्तर्गत प्रस्तुति-समीक्षा, निर्देशकीय और साथी नाटककार के विचार-सूत्र संकलित हैं। प्रस्तुतीकरण नाटक की मंच-व्याख्या करता है, उसे जीवंत अनुभव बनाते हुए एक नया आयाम भी देता है। 'चन्द्रगुप्त' (1933) के प्रस्तुतीकरण की प्रकाशित विविध प्रस्तुति समीक्षाएँ इस तथ्य की पुष्टि करती हैं। रघुराजशरण, मिहिर, सम्पूर्णानंद, महादेव प्रसाद सिंह ने अपने-अपने रंग-प्रभाव के आधार पर भिन्न बिंदुओं को उठाया। इस प्रस्तुतीकरण को संलग्नता से आत्मसात करते हुए महादेवप्रसाद सिंह की समीक्षा में ब्यौरों से पुष्ट तर्क और विवेचन की विश्वसनीयता है। रघुवंश और वाचस्पति ने लक्ष्मीकांत वर्मा के और प्रतिभा अग्रवाल ने विमल लाठ के निर्देशन में प्रस्तुत 'चन्द्रगुप्त' का मंच-मूल्यांकन किया। सर्वेश्वरदयाल सक्सेना ने रामगोपाल बजाज के निर्देशन में प्रस्तुत 'स्कंदगुप्त' का बेबाक आकलन किया। सुपरिचित नाटककार नाग बोडस और इन पंक्तियों के लेखक ने कारंत की स्कंदगुप्त-प्रस्तुति की समीक्षा लिखी। माधुरी सुबोध ने 'कामना' के प्रस्तुति-अनुभव लिपिबद्ध किये। नाटक के रूपबंध को समझे बिना चुस्त-दुरुस्त प्रस्तुति-समीक्षा संभव नहीं है। शब्द और क्रिया के संबंधों, विभिन्न रंग तत्त्वों के दृश्यात्मक संयोजन से बनी इबारत को पढ़ते हुए इन लेखकों ने नाटक के अंतरंग को पहचाना है।

प्रसाद-प्रस्तुति में निर्देशक की विशिष्ट भूमिका रही है, इसीलिए संकलित निर्देशकीय नए आशय के रंगसूत्र हैं। अन्तर्पाठ और प्रस्तुति-परिकल्पना के आधार पर निर्देशक नाट्यालेख को जो तात्पर्य देना चाहता है, निर्देशकीय उसी का स्पष्ट दृश्यावलोकन है। लगभग 60 वर्ष की अवधि के 15 प्रमुख प्रस्तुतियों के ये निर्देशकीय पुनर्रचना की बदलती प्रदर्शन-विधि, व्याख्या और प्रेक्षक-आकांक्षा को व्यंजित करते हैं। इस रंगयात्रा में निर्देशकों ने नाटक को अलग कोण से प्रस्तुत करने और अर्थ देने के दावे अवश्य किए हैं परन्तु इनके प्रस्तुतीकरण इनके 'निर्देशकीय' के अनुरूप कम और स्वतंत्र अधिक होते हैं। इनसे निर्देशक की अन्वेषी-दृष्टि के संकेत मिलते हैं।

नाट्य-लेखन की ओजस्वी अस्मिता स्थापित करने में जयशंकर प्रसाद का ऐतिहासिक योगदान रहा है। अपनी प्रतिभा और वर्चस्व के कारण वे अपने समकालीन और परवर्ती बहुसंख्य नाटककारों के प्रेरणा या प्रतिक्रिया के स्रोत रहे हैं। चौथे दशक से उठी यह बहस—प्रसाद के नाटक साहित्यिक हैं, रंगमंचीय नहीं—ने ऐसा दुष्चक्र चलाया कि कई नाटककार इसकी लपेट में आ गये। अपने अग्रज और श्रेष्ठ नाटककार के प्रति सम्मान-भाव की तो बात ही क्या है, वे अपेक्षित वस्तुनिष्ठता का भी पालन नहीं कर सके। लक्ष्मीनारायण मिश्र 'बुद्धिवाद' का अभियान चला ही रहे थे, सेठ गोविंददास तो प्रसाद के नाटकों को नाटक ही नहीं मानते, रामकुमार वर्मा, भगवतीचरण वर्मा, चतुरसेन

शास्त्री, मोहन राकेश, सत्यदेव दुबे जैसे नाटककार उनके नाट्य-लेखन के प्रति प्रश्नवाचक मुद्रा बनाए हुए हैं। प्रसाद की महत्ता को स्वीकार करते हुए कई नाटककारों ने उनके योगदान को पहचाना और अनुप्रेरित हुए।

'इन्दु' के आरंभ से ऐसे संकेत मिलते हैं जिनसे पता लगता है कि प्रसाद आजीवन नाट्य-कर्म के प्रति सजग और संकल्पबद्ध रहे। उनका अंतिम प्रकाशित निबंध 'रंगमंच' (1937) इस तथ्य की पुष्टि करता है। इस दृष्टि से उनके नाटकों की भूमिकाओं में कई बारीक विचार-बिंदु मिल जाएँगे। 'विशाख' (1922) की भूमिका में—जो आजकल दुर्लभ है—प्रसाद ने पहली बार नाटक और इतिहास, उसमें चरित्र-चित्रण, नाट्य-पद्धति और जातीय गौरव जैसे कई सामयिक सवालों पर तत्त्वपूर्ण टिप्पणियाँ लिखीं। दूसरा निबंध हिन्दी साहित्य सम्मेलन के कानपुर अधिवेशन में 1924 में पढ़ा गया। हिन्दी साहित्य की इस उपेक्षित विधा के प्रति चिंता प्रकट करते हुए प्रसाद ने उसे समाज-परिवर्तन और परिमार्जन का असरदार साधन माना है। 'रंगमंच' एक भिन्न प्रकार का निबंध है जिसकी प्रेरणा उनके नाटकों पर लगातार चली आलोचनाओं और विवादों से मिली। इसमें प्रारंभिक रंग-विमर्श के बाद एक ओर उन्होंने रंगमंच के अभाव में लगाए गए आरोपों की निरर्थकता सिद्ध की, दूसरी ओर अपनी स्थापनाएँ रखीं और अपने नाटकों की प्रदर्शन-विधि के संकेत दिए। इस निबंध में उनका आत्मविश्वास ही नहीं, सबल और स्पष्ट रंगदृष्टि भी झलकती है जिसने विवाद को जन्म दिया। कुछ विचार-सूत्र अन्य निबंधों से लिए गए हैं। अंतिम खंड में नाटककार प्रसाद का यह पक्ष ओजस्वी भी है और उपयोगी भी।

प्रसाद के नाटक ऐतिहासिक हैं और उनके कथानकों में प्राचीनकाल के जीवन, समाज, व्यवहार, स्थान आदि के कितने ऐसे शब्द और संदर्भ हैं जिनकी व्याख्या आवश्यक है। परिशिष्ट में संकलित यह चयन जगदीश जोशी की पुस्तक 'प्रसाद के नाटकों का ऐतिहासिक अध्ययन' से किया गया है। साफ़ सोच और प्रमाणपुष्ट विवेचन की इस पुस्तक का अपना स्थान है।

नाटककार प्रसाद की उपस्थिति को अगर हम स्थायी आधार देना चाहते हैं तो उनके नाट्य-कर्म के प्रति सुलझा और साहसी दृष्टिकोण अपनाना होगा। उनके नाटकों की सीमाओं के प्रति हम जितने वस्तुनिष्ठ होंगे, उतनी उनकी महत्ता की संभावनाएँ खुलेंगी। हिन्दी रंगमंच की बढ़ती प्रदर्शन-क्षमता और विकसित रंगप्रभा, वास्तव में, प्रसाद-प्रस्तुति के लिए प्रेरक और अनुकूल सिद्ध हो रही है। इस बदले दौर में प्रसाद के नाटकों की आंतरिक शक्ति का पुनराविष्कार करना होगा ताकि भारतीय रंगरूढ़ियों का कल्पनाशील प्रयोग करनेवाला निर्देशक उनके नाटकों को अपने सधे-मँजे हाथ से नई तरतीब दे सके। इस प्रक्रिया में होनेवाले कई अप्रीतिकर परिवर्तनों के लिए तैयार रहना पड़ेगा। रचना के तर्क और प्रस्तुति के तर्क में रिश्ता स्थापित करना एक जटिल और चुनौतीपूर्ण कार्य है। अपने समय और समाज के प्रति प्रतिश्रुत उस युग के रचनाकार अन्तर्वस्तु के प्रबल प्रवाह

में विधा के अनुशासन में नहीं रह सके। प्रसाद और प्रेमचंद में विषयवस्तु का वर्चस्व है, यह दोष नहीं, उनकी शक्ति और विशेषता है। विश्वविद्यालयों में प्रसाद के नाटकों के मूल्यांकन की कुल जमा उपलब्धि क्या है, अध्यापक-समीक्षकों ने 'तत्त्वों' का आश्रय लिया और नाटकों को साहित्यिक एवं रंगमंचीय साँचों में बाँट कर बचाव का मार्ग अपनाया। इतने बरसों से यहाँ इतना बहुमुखी शोध-कार्य हुआ है, पर आश्चर्य है, प्रसाद के नाटकों पर ए. सी. ब्रेडले कृत 'शेक्सपियरन ट्रेजिडी' के स्तर की कोई उच्चकोटि की आलोचना पुस्तक प्रकाशित नहीं हुई। अब तक का अध्ययन नाट्य-पाठ के आधार पर हुआ, नये रंग आंदोलन में रंग-अनुभवों से गुज़रते हुए हमें नव मूल्यांकन करना होगा। प्रसाद अध्ययन का इसे दूसरा चरण माना जा सकता है जिसमें ताज़ा अपेक्षाएँ और नई अन्विति की खोज होगी। उदात्त भावना को केन्द्र में रखकर उनके नाटकों का पर्याप्त विवेचन हो चुका है, इतिहास से ज़रा बाहर निकलकर दूसरे प्रकार के नाटकीय अनुभवों, मानवीय संदर्भों, अन्तर्वृत्तियों की खोज आवश्यक है। अन्तर्पाठ के आधार पर निर्देशक नाटक के स्वर और स्वरूप को बदलेगा, साथ ही, भाषा की लय और भंगिमा की ओर पूरा ध्यान देना होगा ताकि अभिनय अधिक प्रभावोत्पादक और विश्वसनीय बन सके। इसमें कोई संदेह नहीं कि सर्जक प्रसाद में महान नाटककार के गुण समाहित हैं। उनके नाटकों में जीवन-रहस्य को खोजने की आंतरिक आकुलता उन्हें सदा जीवंत और मूल्यवान बनाए हुए है। प्रसाद के नाटकों की मंच-सफलता हिन्दी रंगकर्म के लिए विशिष्ट उपलब्धि तो होगी ही, इससे मौलिक नाट्य-लेखन को विशेष ऊर्जा और गति मिलेगी।

प्रसाद के नाटकों पर एक ऐसी पुस्तक की आवश्यकता बराबर महसूस हुई है जिसमें नए-पुराने अग्रणी लेखकों / ग्रंथों की टिप्पणियों / समीक्षाओं के महत्त्वपूर्ण प्रकाशित / नवलिखित अंश एक ही स्थान पर संकलित मिल जाएँ। इस लक्ष्य को सामने रखते हुए मैंने सावधानी से बहुत कुछ समेटने-सम्हालने की नीति अपनाई है। मेरा यह विश्वास है कि प्रसाद-नाट्यालोचन के क्रमिक अनुशीलन के आधार पर ही कोई समन्वित मानदंड विकसित हो सकते हैं।

इस पुस्तक के संयोजन में मुझे कई वर्ष लगे। कुछ लेखकों से खट्टे-मीठे अनुभव हुए। यात्रा के इस पड़ाव तक पहुँचने के लिए मुझे अपने साथी-मित्रों से सलाह और सहायता लेनी पड़ी। मैं उनके प्रति कृतज्ञ हूँ। इतने बड़े आकार की पुस्तक को जिस लगन से प्रकाशित किया गया है, उसके लिए मैं राधाकृष्ण प्रकाशन का आभारी हूँ।

7 फरवरी, 1997 —सत्येन्द्र कुमार तनेजा

खंड : पहला

प्रसाद की छवि

- अपने-अपने अनुभव
- अपने-अपने आशय

अपने-अपने अनुभव

जयशंकर प्रसाद

मधुप गुन-गुनाकर कह जाता कौन कहानी यह अपनी,
मुरझाकर गिर रहीं पत्तियाँ देखो कितनी आज घनी।
इस गम्भीर अनन्त-नीलिमा में असंख्य जीवन इतिहास—
यह लो, करते ही रहते हैं अपना व्यङ्ग्य-मलिन उपहास।
तब भी कहते हो—कह डालूँ दुर्बलता अपनी-बीती।
तुम सुनकर सुख पाओगे, देखोगे—यह गागर रीती।
किन्तु कहीं ऐसा न हो कि तुम ही खाली करने वाले—
अपने को समझो, मेरा रस ले अपनी भरने वाले।
यह विडम्बना ! अरी सरलते तेरी हँसी उड़ाऊँ मैं।
भूलें अपनी, या प्रवंचना औरों की दिखलाऊँ मैं।
उज्ज्वल गाथा कैसे गाऊँ मधुर चाँदनी रातों की।
अरे खिल-खिलाकर हँसते होने वाली उन बातों की।
मिला कहाँ वह सुख जिसका मैं स्वप्न देखकर जाग गया ?
आलिंगन में आते-आते मुसक्याकर जो भाग गया।
जिसके अरुण-कपोलों की मतवाली सुन्दर छाया में।
अनुरागिनी उषा लेती थी निज सुहाग मधुमाया में।
उसकी स्मृति पाथेय बनी है थके पथिक की पन्था की ?
सीवन को उधेड़कर देखोगे क्यों मेरी कन्था की ?
छोटे से जीवन की कैसे बड़ी कथाएँ आज कहूँ ?
क्या यह अच्छा नहीं कि औरों की सुनता मैं मौन रहूँ ?
सुनकर क्या तुम भला करोगे—मेरी भोली आत्मकथा ?
अभी समय भी नहीं—थकी सोई है मेरी मौन व्यथा।

[लहर]

सूर्यकान्त त्रिपाठी 'निराला'

प्रसाद के प्रति

हिंदी के जीवन हे, दूर गगन के द्रुततर,
ज्योतिर्मय तारा-से उतरे तुम पृथ्वी पर;
अंधकार कारा यह, बंदी हुए मुक्तिधन,
भरने को प्रकाश करने को जनमन चेतन;
जीना सिखलाने को कर्म निरत जीवन से,
मरना निर्भय मंदहासमय महामरण से;
किया मूक को मुखर, लिया कुछ, दिया अधिकतर,
पिया गरल, पर किया जाति-साहित्य को अमर;

तुम वसंत-से मृदु, सरसी के सुप्त सलिल पर,
मंद अनिल से उठा गए हो काँप मनोहर;
स्वप्न एक आँखों में, मन में लक्ष्य एक स्थिर,
पार उतरने की संसृति में एक टेक चिर;
अपनी ही आँखों का तुमने खींचा प्रभात,
अपनी ही नई उतारी संध्या अलस गात;
तारक नयनों की अंधकार कुंतला रात,
आई, सुरसरि जल-सिक्त मंद मृदु बही वात;

फूटा ग्रीष्म तुम्हारे जीवन का, दिग्मंडल
तपा, चली लू, लपटें उठने लगीं, अमंगल
फैला, आहों से लोगों की पृथ्वी छाई,
बढ़ा त्रास, फिर अपलापों की बारी आई,
रहित बुद्धि से लोग असंयत हुए अनर्गल,
किंतु नहीं तुम हिले, तुम्हारे उमड़े बादल;
गरजे सारा गगन घेर बिजली कड़काकर,
काँपे थे कापुरुष सभी अपने-अपने घर;
एक बार फिर से लोगों को सिंधु स्नान कर
निकला हुआ दिखा काशी में इंदु मनोहर
यौवन का हेमंत तुम्हारा भर लहराया,
एक छोर से अन्य छोर तक जीवन छाया;
वर्तमान की ओर बढ़ी अपने में निश्चल,

युगप्रवर्तक, हुए शीत में व्याधि से विकल;
रहा साथ मैं नतमस्तक, सेवा को अग्रज,
चले गए तुम धरा छोड़ गौरव-विजय ध्वज,
हे चतुरंग, तुम्हारी विजय ध्वजा धारण कर,
खड़े सुमित्रानंदन, देवी, मोहन, दिनकर।

जनार्दन प्रसाद झा 'द्विज'

कवि, कहानी-लेखक और आलोचक। आपने 'जागरण' में हिन्दी के कुछ प्रतिनिधि साहित्यिकों के 'रेखाचित्र' प्रकाशित कराये थे, उन्हीं में से श्री जयशंकर प्रसादजी का यह रेखाचित्र लिया जा रहा है।

आदरणीय 'प्रसाद'जी की स्वभाव-गंभीरता दूर से जितनी 'अहंकार' और 'आतंक' का आभास देनेवाली-सी दीख पड़ती है, निकट से वह उसकी अपेक्षा कहीं बढ़कर सरल, स्निग्ध, कोमल, करुण, मधुर और मोहिनी है। क्यों ? केवल इसी कारण कि ये बोलकर कम बोलते हैं, चुप रहकर अधिक। जो काम हृदय के करने का है, उसका प्रतिनिधित्व न तो ये वाणी को देते हैं, न किसी और प्रकार के बाहरी दिखावे को। आत्मज्ञापन की दुर्लभ कलात्मक क्षमता रखनेवाला यह विलक्षण कलाकार आत्म-गोपन की कला में भी पूर्ण पटु है।

इन्हें देखकर प्रायः सभी लोग यही समझते हैं, कि इनके पास सुख-ही-सुख है। कांति और कमनीयता की विभूति बरसानेवाला इनका चिर तारुण्य, इस तारुण्य की मधुरिमा को अभिव्यक्त करनेवाला इनका मोहक मुखमण्डल, मुखमण्डल पर निरन्तर थिरकती रहनेवाली अनुपम आह्लाद-ज्योति और इस आह्लाद-ज्योति को सदैव जगाये रखनेवाली इनकी मीठी मुसकान अगर सुख के भ्रम में न डाले, तो करे क्या; किन्तु वास्तविक स्थिति ठीक इसके विपरीत है। वेदना ही इनकी विभूति है, संकट ही सर्वस्व। सहिष्णुता ही सुविधा है, शान्ति ही सुख।

इनके बाह्य जीवन में इस गम्भीर वेदना की प्रगति पर दृष्टिपात करना सरल नहीं है। हाँ, इनकी 'कला' के भीतर इसकी उमड़ती हुई धारा को आप सहज ही देख सकते हैं।

किन्तु इतना समझ लीजिए, कि इनकी वेदना दीन-दुखियों की वेदना की तरह, केवल द्रवीभूत ही नहीं करती, हृदय में उस मादकता की भी सृष्टि करती चलती है जिससे कभी किसी का जी नहीं अघाता। इनके करुण संगीत में रुलाने की भी शक्ति है, उल्लसित करने की भी। जहाँ इनकी 'वह मधुर प्रेम की पीड़ा' अनायास ही 'हृदय हिला देती' है

वहीं वह 'मादक' और 'मोहमयी' बनकर मन 'बहलाने की क्रीड़ा' भी बन जाती है।

इसका कारण क्या है? करुण वेदना की गंभीर अनुभूति के भीतर से इस 'मोहमयी मादकता' का प्रादुर्भाव क्योंकर होता है? बात यह है, कि बचपन से ही ये वैभवपूर्ण वातावरण में रहते आ रहे हैं और उसके एक-एक तत्त्व से इनकी 'अनुभूति' अच्छी तरह परिचित है। निस्सन्देह, यह परिचय ठीक वैसा ही है, जैसा जल और कमल का; किन्तु है इतना पुराना कि दुःख में भी साथ नहीं छोड़ता; बल्कि और घनिष्ठ होकर सामने आ खड़ा होता है। ... दुःख की उपस्थिति में ये सुख का अनुभव नहीं करते, सुख की उपस्थिति में दुःख का अनुभव करते हैं। इनकी वेदना कवि की वेदना है, तपस्वी की साधना नहीं। ये 'अभाव' को 'सर्वस्व' के रूप में नहीं ग्रहण करते, 'सर्वस्व' को ही 'अभाव' से भरा हुआ पाते हैं। इसी अभाव-भावना की प्रबलता इन्हें अभिमान के पथ पर कभी नहीं चढ़ने देती। ... इनके शारीरिक वातावरण में भी आकर्षण है और आत्मिक वातावरण में भी। मुँह में भी माधुरी है और मन में भी।

मैत्री-भाव से, सहृदयता और सद्भावना के साथ, आप इनकी कड़ी-से-कड़ी आलोचना कीजिए, कोई परवाह नहीं। बड़े प्रेम से सुनेंगे, उस पर निष्पक्ष भाव से विचार करेंगे, और जहाँ तक बन पड़ेगा, आपके संतोष-लाभ के लिए अपनी ओर से प्रयत्न भी करेंगे; किन्तु जहाँ आपकी प्रवृत्ति ने अभद्रता, अनीति और असद्भावना का पल्ला पकड़ा, वहीं से आपका साथ छोड़कर दूर हट जाएँगे। सगे-से-सगे की वक्र मनोवृत्ति भी इन्हें उनकी व्यवहार-सीमा से एकदम बाहर निकाल देती है। असहृदयता तथा अशिष्टता से इन्हें बहुत परहेज़ है।

विवाद, विग्रह, विद्वेष, हो-हल्ला, भीड़-भड़क्का आदि से इतना डरते हैं कि कुछ कहना नहीं। चार बात सुन लेंगे, थोड़ा दबे रहेंगे; लेकिन झूठमूठ का झगड़ा नहीं बढ़ायेंगे। हानि उठा लेंगे; मगर अपनी क्षति-पूर्ति के लिए दूसरों को कभी हानि नहीं पहुँचायेंगे। जैसे पुराने होकर भी ये नये और नये होकर भी बिल्कुल पुराने हैं, उसी तरह, कवि होकर भी ये पक्के व्यवसायी और व्यवसायी होकर भी सच्चे कवि हैं। इतनी अच्छी वाणिज्य-बुद्धि रखते हुए भी अपनी साहित्य-कला से इन्होंने आज तक कभी अर्थ-लाभ की चेष्टा तो क्या, कामना भी नहीं की। व्यवसायी होकर भी वे सच्चे विभव-विरागी और विभव-विरागी होकर भी पक्के व्यवसायी हैं।

सच्चे प्रेम की यह ज्योति जीवन-व्यापार की प्रत्येक दिशा में सदैव छिटकी रहती है। इनमें केवल परिवार-प्रेम अथवा मित्र-प्रेम ही नहीं, अपने देश, समाज, साहित्य, संस्कृति और धर्म के प्रति भी अगाध अनुराग भरा हुआ है। अपनी प्राचीन सभ्यता के तो ये भक्त हैं। यही भक्ति इनके रहन-सहन और स्वभाव की सादगी के रूप में हमारे सामने आती है; किन्तु यह सादगी, सुरुचि और स्वाभाविकता का कभी साथ नहीं छोड़ती।

सार्वजनिक दायित्व से ये बहुत डरते हैं। इसी से किसी भी 'सभा' या 'संस्था' के

संचालन में प्रमुख भाग लेने की क्षमता नहीं रखते। यह एक दुर्बलता है, जो इस युग के लोगों में नहीं होनी चाहिए; मगर इनके लिए तो यह भी, शायद, आभूषण का ही काम करती है। क्यों न हो, ये स्वयं हम सबकी शोभा हैं !

['हंस' नवम्बर, 1935]

माखनलाल चतुर्वेदी

प्रतिभा-प्रभु कवि बाबू जयशंकर प्रसाद

आज वह कौन-सी नई चीज है जो उनकी चिर-विदा के समय उन्हें समर्पित की जा सके ? प्रसाद और काल दोनों एक-दूसरे से होड़ाहोड़ी करते रहे। प्रसाद की प्रतिभा जो जागी उसने 48 वर्ष तक सोना नहीं जाना। निद्रा द्वार खटखटाती और परिवर्तित होते युगों के साथ लौट जाती। किन्तु आज उनकी चिर-निद्रा जागी है, वह सोना नहीं चाहती, मानो प्रसाद की जागृत पाठशाला का विद्यार्थी अपना ईमानदार पाठ सुनाने आया है।

लोग कहते हैं, विश्वनाथ के बदन पर भस्म लिपटी होती है; प्रेमचन्द, रामदास और प्रसाद को भस्म करके आज काशी ने साबित किया कि विश्वनाथ के पास लगाने को आज भस्म ही बाकी रह गयी। परन्तु प्रसाद की जाज्वल्य प्रतिभा के अमर दर्शन जब तक हो रहे हैं, तब तक अमर प्रसाद के लिए यह अमंगल वाणी बोलने का साहस कौन करे कि वे मर गये। नक्षत्र और समुद्र नहीं मरते और वायु भी जीवित रहती है, तब वायु से बारीक भावों का धनी रहने के लिए जमीन पर जगह न पावेगा इस नास्तिकता पर कौन विश्वास करेगा ?

प्रसाद इतने चिरंजीव हैं जो देश के कोमल-युग की अनंत पीढ़ियों में आ चुके हैं और नहीं लौटेंगे। इस तरह हम प्रसाद को अमर पाते हैं, खुली आँखों में जब हमारी दृष्टि काशी से टकराकर आसमान को जाती है तब वह थककर लौट आती है, यह हम जानते हैं, किन्तु ज्योंही आँखें बन्द होती हैं हम प्रसाद को अपने में हाज़िर पाते हैं। एक कानाफूसी, फिर एक मनुहार, फिर एक पुकार, फिर एक हुंकार, फिर एक जोर की चीत्कार, हमारे ये सबके सब प्रयास, प्रसाद के लिए रहनेवाली बेचैनी के हमारे ये सबके सब प्रयत्न, वायु हमें वापस लौटा देती है। किन्तु, बिजली की चमक और बादलों की गरज से भी दूर गये हुए प्रसाद हमारे अनन्त मौन में अपनी ही रचना के घरौंदे में से बोल उठते हैं।

कबीर, हिन्दी के सत्य थे, तुलसी शिव थे, और सूर सुन्दर थे, किन्तु प्रसाद सत्य और सुन्दर की आँखमिचौनी थे।

साहित्य की सर्वेश्वरी सरस्वती कहीं रहे, उसके रसों का प्राण, उसका आशीर्वाद, उसका 'प्रसाद' हमने यहाँ पाया। और यदि 'प्रसाद' ही चला गया तो भाषा में बाकी ही क्या रह गया? 'अमर' तो मिटा नहीं करते इसीलिए प्रसाद अमिट हैं, अक्षर हैं।

अतः उनके चरणों में हमारा वन्दन।

[माखनलाल चतुर्वेदी रचनावली (4), पृ. 191-93, 15 नवम्बर, 1937]

नंददुलारे वाजपेयी

व्यक्ति की एक झलक

मैंने प्रसादजी का सदैव यही बनारसी रंग देखा। बाहर से उनका व्यक्तित्व देखकर कोई उनकी मुस्कान से मुग्ध होता, कोई उनकी व्यवहारपटुता और मैत्री से मोहित होता। किन्तु उनके इस दिव्य किन्तु मोहक बाह्य के भीतर जाकर अपनी ही कृति में आनंद माननेवाले, कीर्ति की लिप्सा न रखनेवाले, भली-बुरी समीक्षाओं से समान रूप से तटस्थ रहनेवाले, निस्पृह तथा दिव्यतर प्रसादजी को बहुत कम लोगों ने देखा। मैं जब उन्हें पहचानने के योग्य हो रहा था, इतने में वे स्वयं ही न रहे।

[जयशंकर प्रसाद, नवम्बर, 1937]

विश्वम्भरनाथ 'जिज्जा'

प्रसादजी के एक अभिन्न एवं साहित्यिक पं. विश्वम्भरनाथ 'जिज्जा' थे। वे प्रायः 1907-08 से प्रसादजी के मित्र हो चुके थे। उनमें बड़ी अद्‌भुत साहित्यिक क्षमता थी परन्तु भाँग का अत्यधिक सेवन करते-करते उनकी यह प्रतिभा कुण्ठित हो गयी। उन्होंने साहित्यिक डायरियाँ लिखी थीं। जिन्होंने उन्हें देखा, वे कहते थे कि उनमें जिज्जाजी ने व्यक्तियों, घटनाओं, साहित्यिक कृतियों आदि का जैसा सूक्ष्म और मार्मिक विवेचन किया था, वह बस पढ़ने से पता चल सकता। पता नहीं, उस विपुल साहित्य का क्या हुआ। जिज्जाजी गंगापार, रामनगर-वासी थे पर प्रसादजी के यहाँ आते तो आठ-आठ, दस-दस दिन रह जाते। प्रसादजी को उनका बिछोह सह्य न था।

जिज्जाजी घोर मार्क्सवादी थे। प्रसादजी और उनकी मण्डली घण्टों मंत्र-मुग्ध हो जिज्जाजी की मार्क्सवादी व्याख्याएँ, रूस में साम्यवादी व्यवस्थाओं पर प्रवचन सुना करते। उस वर्ग में समाजवादी विचार-पद्धति का उदय जिज्जाजी के प्रभाव से ही हुआ।

जिज्जा ने 1922 में 'रूस में युगांतर' नामक पुस्तक में युद्ध से पहले और युद्ध

के दौरान यूरोप की परिस्थितियाँ, बोल्शेविक क्रांति, लेनिन के विचार के अतिरिक्त अंतिम अध्याय में महर्षि मार्क्स की यह विशेषता बताई—'मार्क्स एक महर्षि था, जिसने गरीब, दीन-दुखियों को सुखी बनाने के लिए सदा बड़े कष्ट झेले। वह साम्य-धर्म का प्रचारक था।'

['पूर्वग्रह', प्रसाद विशेषांक, 1990 में प्रसादकालीन बनारस]

सुमित्रानंदन पंत

प्रसाद की कोठी पर पहुँचते ही उन्होंने अत्यंत दुलार से जो पहला वाक्य कहा, वह था—आओ, आओ, तुम्हारी बड़ी प्रतीक्षा थी। अत्यंत स्नेह से उन्होंने गले लगाकर मुझसे बैठने को कहा। उनके उन्मुक्त व्यवहार, मन्द स्मिति तथा सहज वार्तालाप से मन सम्पूर्ण रूप से आश्वस्त हो गया और थोड़ी ही देर में मैं यह भूल गया कि मैं किसी का अतिथि हूँ। खाने-पीने के वह बड़े शौकीन थे और तरह-तरह के सुस्वादु पदार्थों से उन्होंने हमारी अभ्यर्थना की थी। चाहे घर में हों या रास्ते में अथवा दूकान में, मैंने सदैव उनको एक ही प्रकृतिस्थ रूप में पाया। वह स्वाभिमानी होने पर भी अत्यन्त संस्कृत तथा शीलवान थे और उनकी विनोदी प्रकृति उनके गम्भीर मुख पर खेलती रहती थी। उस शाम को गंगा में नौकारोहण का आयोजन भी प्रसाद ने रखा था। जलपान भी, जहाँ तक मुझे स्मरण है, नौका ही में हुआ था। बनारस के घाटों के रमणीय दृश्य तथा बीच-बीच में प्रसाद के सहज मधुर वार्तालाप के आनन्द से वह सन्ध्या मुझे सदा स्मरणीय रहेगी। प्रसाद की 'कामायनी' तब समाप्तप्राय होने को थी। प्रसाद के साथ स्वल्पकालीन साहचर्य की ये सुनहली स्मृतियाँ मेरे मन को उनके निश्छल स्नेह में बाँधे हुए हैं।

कामायनी इस युग की एक अपूर्व, अद्वितीय महान काव्यकृति है, इसमें मुझे संदेह नहीं। वह हमारे युग-प्रवर्तक प्रसाद का शुभ्रशांत सौन्दर्य का पवित्र यशःकाय है जिसे हिन्दी साहित्य में, और संभवतः विश्व साहित्य में भी जरा-मरण का भय नहीं है। यदि मैं कभी कामायनी लिखने की असंभव बात सोचता भी, तो मैं उसे इतना भी सफल तथा पूर्ण नहीं बना सकता, जितना कि उसे महान क्षमता तथा प्रतिभाशाली प्रसाद बना गए हैं।

[यदि मैं कामायनी लिखता]

वाचस्पति पाठक

व्यक्तित्त्व

वह जीवन को जीना जानते थे, कलापूर्ण ढंग से जीना जानते थे। व्यवहारकुशल भी थे और अत्यंत अध्ययनशील व्यक्ति थे; और यह नहीं कि वह केवल इतिहास या साहित्य की ही पुस्तकें पढ़ते थे, प्रत्येक विषय की जानकारी रखने के लिए, वह ज्योतिष हो अथवा वैद्यक हो, अथवा उपनिषद् हो या तंत्रशास्त्र हो या शैव दर्शन हो, अनेक विषयों को वह बराबर, जब कभी शहर की ओर जाते थे तो लौटते हुए कारमाइकल लाइब्रेरी से, जो नई से नई पुस्तकें आई होती थीं, उनमें से, अपने लिए पुस्तकें चुन लेते थे, जिनका कि वह अध्ययन करते थे। प्रायः लिखने का काम तो प्रातःकाल, पीयूष-वेला में ही करते थे।

प्रसाद, संयत स्वभाव के गम्भीर और संकोचशील प्राणी थे। कम बोलते थे। लेकिन अपने समकालीन कवियों और साहित्यकारों के प्रति उनके मन में अगाध स्नेह था।

प्रसाद के लिखने में 'स्वान्तःसुखाय' मूल मन्त्र था। वह अपने साहित्य को अपने बुरे-से-बुरे समय में भी अर्थ-प्राप्ति का साधन नहीं बनाना चाहते थे। फिर भी कभी-कभी अपने ही साहित्य-देव की कृपा से अर्थ खिंचा चला आता था। ऐसे आए हुए अनाहूत अतिथि को किसी दूसरे को सौंपकर ही उन्हें चैन मिलता था। उन्होंने अपनी अनेक पुस्तकों के प्रकाशकों से कोई रॉयल्टी नहीं ली। अपने जीवनकाल में किसी रॉयल्टी की रकम भी उन्होंने अपने निजी काम में खर्च नहीं की। उन्होंने अपने प्रकाशक को आदेश दे रखा था कि उनकी कोई पुस्तक किसी पुरस्कार प्रतियोगिता में न भेजी जाए। इसी के परिणामस्वरूप हिन्दी साहित्य सम्मेलन को यह नियम बनाना पड़ा कि 'कामायनी' खरीदकर ही प्रतियोगिता में भेजी जाए। खड़ी बोली का वह सर्वप्रथम काव्य था, जिस पर मंगलाप्रसाद पारितोषिक प्राप्त हुआ। 'कामायनी' प्रसाद की अंतिम पूरी कृति है। उसकी छपी हुई प्रति उन्हें अपनी मरणशैया पर ही प्राप्त हुई थी। उसका छपा हुआ रूप देखकर उन्हें बड़ी प्रसन्नता हुई।

प्रसाद को पदों से भी बड़ी विरक्ति थी। किसी सभा-समिति में आना-जाना उतना न अखरता था, जितना कि उनके किसी पद पर प्रतिष्ठित होकर वहाँ रहना। यही कारण है कि श्यामसुन्दरदास के न डिगनेवाले हठ के कारण किसी प्रकार नागरी प्रचारिणी सभा, काशी का उप-सभापतित्व एक बार उन्होंने स्वीकार कर लिया था, परन्तु सभापति तो कभी बनने को वह तैयार नहीं हुए। पदों के सम्बन्ध में उप-सभापति का पद ग्रहण करना उनके जीवन में एक अपवाद है। सार्वजनिक जीवन में महत्त्वपूर्ण स्थान रखने वाले व्यक्ति के लिए आज की दुनिया में अपने को इस तरह अलग रखना युक्तियुक्त प्रतीत नहीं होता; पर प्रसाद से यह सच सधता नहीं था। वह थे अलमस्त प्राणी। पुस्तकों

की भूमिका लिखना अथवा किसी पत्र-पत्रिका के लिए सम्मति लिख देना भी उन्हें अभीष्ट नहीं था। इससे उनके मित्रों अथवा साथी लेखकों को कष्ट तक पहुँच जाता था। उनके इस नियम में भी कविवर निराला की 'गीतिका' के लिए लिखी गई भूमिका अपवाद है।

प्रसाद को अपने मित्रों एवं परिचितों की गोष्ठी में अपनी कविता सुनाना अच्छा लगता था। जिन दिनों 'आँसू' या 'कामायनी' काव्य लिखा जाता रहा, उन दिनों हर दूसरे-तीसरे सप्ताह हम लोग आग्रह करते थे कि काव्य कुछ आगे बढ़ा हो तो सुनाइए। और प्रसाद, अगर रचना कुछ आगे बढ़ी होती तो, अवश्य सुना देते थे। उनके पढ़ने का ढंग भी बड़ा निराला था। अत्यन्त मधुर और मादक, जिसे सुनकर लोग आत्मविभोर हो जाते थे, झूम उठते थे।

प्रसाद को बनारस से विशेष प्रेम था। अपने अंतिम दिनों में बीमार पड़ने पर उन्हें निश्चय हो गया था कि वह अब बचेंगे नहीं। उन्हें यक्ष्मा हो गया था। यक्ष्मा के इलाज के लिए लोगों की राय थी कि वह पहाड़ पर अथवा कहीं शहर जाकर रहें, किन्तु यह उन्हें स्वीकार नहीं था। वह वाराणसी के भीतर ही अपना प्राण त्याग करना चाहते थे। इसलिए वह पहाड़ या घर छोड़कर अन्यत्र जाने की बात स्वीकार नहीं कर सके। इससे लोग समझने लगे कि आर्थिक संकट अथवा हठवश ऐसा कर रहे हैं। पर बात ऐसी नहीं थी। उन दिनों मैं भी कालाज़ार से पीड़ित था। किसी को विश्वास नहीं था कि मैं बच जाऊँगा। तभी एक दिन बनारस से किसी मित्र ने सूचना दी कि प्रसाद तुम्हें बहुत याद करते हैं। मैं यह जानते ही, अशक्त होने पर भी तत्काल बनारस गया। वहाँ पहुँचने पर जो कुछ देखा, वह नश्वरता की चरम सीमा थी। वह शरीर, वह स्वास्थ्य, वह मुस्कराहट—सब रोग के भयानक तुषारपात के कारण विनष्ट हो गया था। कुछ न कह सका, न पूछ सका, केवल सिर झुकाया और पीछे लौट पड़ा। अब वहाँ जैसे कुछ शेष न था।

[युग प्रवर्तक जयशंकर प्रसाद, प्रकाशन विभाग, 1966]

राजेन्द्रनारायण शर्मा

प्रसादजी का जो आंतरिक व्यक्तित्व था वह कृष्ण के आदर्श से प्रेरणा पाता था और उनका जो सामाजिक व्यक्तित्व था, वह मर्यादा पुरुषोत्तम राम को अपना आदर्श मानता था।

'मित्र की मेरी जो परिभाषा है, उसमें अँट सके ऐसा मेरा कोई मित्र नहीं।'

महादेवी वर्मा

उनके बहुश्रुत होने का प्रमाण तो स्वयं उनका साहित्य है, परन्तु दर्शन, इतिहास, साहित्य आदि के संबंध में इतने कम शब्दों में इतने सहज भाव से वे अपने निष्कर्ष उपस्थित कर सकते थे, कि श्रोता का विस्मित हो जाना ही स्वाभाविक था। वे कम शब्दों में अधिक कह सकने की जैसी क्षमता रखते थे, वैसी कम साहित्यकारों में मिलेगी।

प्रसाद को आनंदवादी कहने की भी एक परंपरा बनती जा रही है। पर कोई महान कवि विशुद्ध आनंदवादी दर्शन नहीं स्वीकार करता क्योंकि अधिक और अधिक सामंजस्य की पुकार ही उसके सृजन की प्रेरणा है और वह निरंतर असंतोष का दूसरा नाम है। बहुत संभव है कि सब प्रकार के अंतरंग बहिरंग संघर्षों में मानसिक संतुलन बनाये रखने के प्रयास में ही उन्हें उस आनन्दवादी दर्शन की उपलब्धि हो गई हो जिसके भीतर करुणा की अंतःसलिला प्रवाहित है। जीवन और मृत्यु के संघर्ष का यह रोमांचक पृष्ठ हमारे मन में एक जिज्ञासा की पुनरावृत्ति करता रहता है। क्या इतने बड़े कलाकार का कोई ऐसा अंतरंग मित्र नहीं था जो इस असम द्वन्द्व के बीच खड़ा हो सकता।

प्रसाद का व्यक्तिगत जीवन अकेलेपन की जैसी अनुभूति देता है, वैसी हमें किसी अन्य समसामयिक साहित्यकार के जीवन के अध्ययन से नहीं प्राप्त होती।

प्रसाद के रूप में हिन्दी ने शिव और वाणी दोनों का प्रसाद एक साथ ही पाया है। शिव के समान ही प्रसाद का ज्ञान, विष को अमृत बनाकर, भस्म को चाँदनी का अंगराग बनाकर, जटिल बुद्धि की दुरूहता को गंगा की तरंगाकुलता देकर, आनन्द की सृष्टि करता रहा है। वह हृदय से अत्यन्त कोमल, भावुक कवि थे और बुद्धि की प्रखरता में इतिहास के अंधकार में भी उन्होंने जीवन के ऐसे तत्त्व खोज लिए, जो अच्छा इतिहासकार भी न खोज पाता, जो इतिहासकार के लिए भी स्पर्द्धा का विषय होता है।

['पथ के साथी', 1956]

रत्नशंकर प्रसाद

पूज्य पिताजी घर में

सात वर्षों की ही अवस्था में उन्हें समग्र अमरकोश और पाणिनि के सूत्र कंठाग्र हो गए। यह कंठाग्रता अन्त तक रही। मुझे स्मरण है, दिन के भोजन के अनन्तर जब वह विश्राम करते थे, तब मुझे अमरकोश का पाठ सुनाना पड़ता था। तन्द्रावस्था में

भी मेरी गलती पकड़ी जाती और जहाँ से पाठ में भूल या छूट होती वहीं से दस-बीस श्लोक आगे-पीछे के वह सुना जाते।

उस समय के संस्कृत साहित्य के ग्रन्थ विशेषों के विशेषज्ञों द्वारा उन्हें ग्रन्थ लगवाए गए। किन्तु उस गृहकलह एवं पारिवारिक परिस्थिति ने मेरे पितृव्य को बाध्य किया कि उनकी अध्ययन प्रवृत्ति पर कुछ रोक लगाई जाए। अपने बड़े सहोदर का वह पिता की भाँति आदर करते थे। इसलिए दूकान जाने के समय टिफिन और टमटम की गद्दियों के नीचे ग्रन्थ छिपाए जाते थे। दूकान पर भी बोरों और तम्बाकू के पत्तों के भीतर नैषध, माघ छिपाए जाते थे। अंगरखे के भीतर से अभिज्ञानशाकुन्तल और बहियों में से किरात और परिभाषेन्दु निकलते थे।

रात में सबके सो जाने पर पत्तों और कागदों से गोपित कन्दील के प्रकाश में सारस्वत साधना चलती। भावों के अनुरणन, शब्दों के प्राण और छन्दों के शरीर लेकर पुरानी बहियों के रद्दी कागदों पर उतरते।

मध्य निशा से प्रत्यूष पर्यन्त यह समय भी कुछ अधिक न था। किरणों के साथ अखाड़े में उतरना पड़ता और शरीर से मल्ल कौशल और बल के मयूख निकालने पड़ते। अट्ठारह-बीस जोड़ कुश्ती और डेढ़ हजार सपाटे खींचने के बाद घी-दूध में पकाया बादाम का हरीरा पीकर मिट्टी हरी होती और कारखाने का श्रम और विवेकसाध्य क्षेत्र स्वागत को प्रस्तुत रहता।

मध्याह्न तक पाँच-छः घण्टे काम करने के अनन्तर बड़े भाई के सामने बैठकर भोजन करना पड़ता। वह कहते थे कि यही सबसे कंटक का काल होता था, कारण वह अधिक-से-अधिक घी खिलाते, पानी और चावल कम लेने देते थे। प्रातः डेढ़ पाव बादाम, पाव भर घी और पाँच सेर दूध का हरीरा; दिन में पाव भर से डेढ़ पाव तक घी; तीसरे पहर दो-ढाई सेर बेदाने का रस और सायंकाल व्यायाम से पहले डेढ़ पाव बादाम की ठंढाई और रात में आध सेर-तीन पाव मलाई के साथ पूरियाँ खाने के बाद, पाँच सेर दूध के अधावट से दैनिक भोजन-सूत्र की समाप्ति करनी पड़ती। इसमें कमी होना उनके अग्रज को सह्य न था और डाँट सुननी पड़ती।

सन् पाँच में मेरे पितृव्य ने देहत्याग किया और उत्तरदायित्वों का समग्र बोझ पिताजी पर आ पड़ा। व्यायाम देह स्तर से हटकर मन और बुद्धि के स्तर पर चला गया। व्यायाम अत्यन्त कम हो जाने से पाचन यन्त्र में दोष आने लगे, किन्तु शरीर पुष्ट होने से बहुत दिनों तक कोई विशेष कष्ट नहीं हो पाया।

वह 1925 से नियमित रूप से उदररोगी हो गए और आध सेर दूध या छटाँक मलाई भी पचाना कठिन हो गया। वर्षों रात-रात भर बैठकर पढ़ना-लिखना और दिन में कारखाने का काम देखना, सायंकाल दूकान देखना। श्रम अधिक, विश्राम कम—ये दोनों उनकी गंभीर व्याधि के हेतु बने।

जीवन के अन्तिम दस वर्षों में भोजन बहुत ही अल्प और हल्का, दिन में मूँग

की दाल और दो-एक फुलके, एक-दो कलछी चावल और अपने हाथों भावित तरकारियाँ और थोड़ा मट्ठा, तीसरे पहर थोड़ा बेदाने का रस, और रात में तीन-चार महीन पूरियाँ और एक पाव दूध यही रह गया। भोजनचर्या में सन्तुलन करने में तो वह सफल हुए, किन्तु मानसिक और बौद्धिक स्तर के श्रम सन्तुलन न हो पाए। कभी-कभी श्रम को ही विश्राम मानते थे।

'कामायनी' की पांडुलिपि खुली कलम सहित सम्मुख रहती और वे इत्र-मसालों का मजमूआ करते जाते थे। कुछ देर तक मसालों-सुर्तियों का काम करते-करते वे सहसा कलम पकड़ लेते और कामायनी की जिल्द में सहज प्रवाह में दस-बीस छन्द ढल जाते। यदि मैं भूला नहीं तो लगभग आधी कामायनी और कितनी स्फुट कविताएँ इसी भाँति सुंघनी साहु के कारखाने में लिखी गई।

व्यावसायिक कार्यों को करते हुए भी, केसर, कस्तूरी और गन्धों के मिश्रण करते हुए भी, 'कामायनी' की पाण्डुलिपि पर हाथ पहुँच जाता और हृदय के संचित छन्द कलम के माध्यम से कागद पर उतर आते। साधक, विशेषतया शक्ति परम्परा को माननेवाले, क्रिया का योग नहीं छोड़ते। कुछ इसी भाव से उनकी भी व्यवसाय और काव्य के माध्यम से तत्त्व-चिन्तन की साधना चलती थी।

राय आनन्दकृष्ण

वस्तुतः पिछली पीढ़ी के इस वर्ग के काशी के रचनाकार इन 'नवागन्तुकों' का हिन्दी साहित्य में प्रवेश भी नहीं देखना चाहते थे। राष्ट्रकवि मैथिलीशरण गुप्त ने 'जयद्रथ-वध' और 'भारत-भारती' द्वारा हिन्दी को एक नयी ऊँचाई तक पहुँचा दिया, उस समय काशी की यह पीढ़ी उनकी कटु आलोचक हो उठी। पर प्रसादजी और उनका वर्ग राष्ट्रकवि समेत अन्य साहित्यकारों का प्रशंसक ही रहा। प्रसादजी तो स्वयं कभी अपने साहित्य के विषय में बात तक न करते, दूसरी ओर कहीं भी कोई अच्छा साहित्य प्रकाशित होता अथवा कोई नया साहित्यकार दिखाई पड़ता तो इसी की चर्चा करते रहते। सुप्रसिद्ध 'जुही की कली' के प्रकाशित होते ही वे पिताजी के पास उसे लेकर आये और उन्होंने कहा, ''निराला ही ऐसी रचना कर सकते हैं।'' यद्यपि उनकी स्वयं की रचना 'रजनी गन्धा' वर्षों पूर्व प्रकाशित हो चुकी थी। उसका स्वर 'जुही की कली' से भिन्न नहीं है।

प्रसादजी के यहाँ नित्य दो जमावड़े होते, इसके अतिरिक्त एक जमावड़ा अपराह्न में काशी नागरी प्रचारिणी सभा और दूसरा मेरी परम्परागत कुटिया पर भी होता। उन दिनों दूकानें बड़ी रात तक खुली रहतीं अतः अन्तिम बैठक आठ-नौ बजे रात तक

चलती रहती। प्रसादजी ने अपनी दूकान के सामने एक अन्य दूकान किराये पर ले रखी थी वहाँ गद्दी-तकिये की बैठक थी। अतिथियों का पान के बीड़ों से स्वागत होता रहता। इन सभी स्थलों पर प्रायः एक ही वर्ग के लोग जुटते। साहित्यिक वर्ग प्रमुख था, पर प्रसादजी के कुछ पुराने मित्र जिनका साहित्य से तनिक भी संबंध न था, उसी मण्डली में घुल-मिल जाते।

इस समाज में अनेक नयी मूर्तियाँ भी सम्मिलित हो गयीं। उनमें से कई लोग प्रसाद जी से एक पीढ़ी नीचे थे। पर प्रसादजी सभी से आत्मीयतापूर्ण व्यवहार रखते। निकटता रखते हुए भी पीढ़ी वाली दूरी बनाए रखते। कभी किसी ने उन्हें क्रोध करते न देखा पर उनका व्यक्तित्व सारे समाज पर छाया रहता। प्रत्येक व्यक्ति जानता कि उसका कहाँ स्थान है, यदि किसी ने अपनी सीमा का हलका-सा भी उल्लंघन करने का दुस्साहस किया तो उसे प्रसादजी का संस्मित पर बड़ा चुटीला जवाब सुनने के लिए तैयार रहना होता। इस मण्डली में पं. विनोदशंकर व्यास, (डॉ.) राजेन्द्रनारायण शर्मा और अपेक्षाकृत अज्ञात से पं. रामानन्द मिश्र उनके निकट के व्यक्ति थे। उग्रजी, शिवपूजन सहायजी, द्विजजी, सुधांशुजी, शान्तिप्रियजी, पं. लक्ष्मीनारायण मिश्र जैसे अनेक 'नवयुवक' उस सभा में नियमित रूप से सम्मिलित होते। पं. वाचस्पति पाठक प्रसादजी के ही निर्माण थे। वे प्रसादजी के अत्यन्त निकट के व्यक्ति हो गये। राष्ट्रकवि मैथिलीशरणजी गुप्त और प्रसादजी के बीच जो कुछ भी गलतफहमी हो गयी थी, उसे मिटाने में सर्वांश में नहीं तो अधिकांश में पाठकजी ही थे। पाठकजी भी प्रसाद-शैली में अच्छी कहानियाँ लिखते पर खेद, अस्वास्थ्य और हिन्दी आंदोलन में योगदान के चलते उनकी सृजनशीलता दबी-दबी रह गयी।

शान्तिप्रिय द्विवेदी अत्यन्त सुसंस्कृत व्यक्ति थे, महाकवि पन्तजी को अपना आदर्श मानते परन्तु उनमें अनेक विलक्षणताएँ थीं, सर्वोपरि वे पहले दर्जे के क्रोधी थे। प्रसाद जी की अनेक सम्पत्तियों में से एक मकान में शान्तिप्रिय ही रहने लगे थे। वहाँ वे मेरे पिताजी के सम्पर्क में आये एवं उनके सहायक हो गये। शान्तिप्रियजी का कब किस पर विस्फोट हो जाय इसका ठिकाना न था फिर भी पिताजी एवं प्रसादजी उन्हें 'तरह' ही देते। वे सदा दया के पात्र माने जाते और इस स्थिति का उन्हें लाभ मिलता। यद्यपि प्रसादजी, प्रेमचन्दजी और पिताजी ने एक बार उनका विवाह तय भी कर दिया था। पर दुर्भाग्य ! वह भी न हुआ। शान्तिप्रियजी चिर-कुमार ही रह गये। प्रसादजी के ही आग्रह पर पिताजी ने 'भारती भण्डार' नामक प्रकाशन का कार्य प्रारम्भ किया, उसमें शान्तिप्रियजी व्यवस्थापक के पद पर नियुक्त किये गये। प्रसादजी की भी पुस्तकें वहीं से प्रकाशित होतीं। सभी पुस्तकों की प्रेस कॉपी शान्तिप्रियजी तैयार करते, उनमें यथास्थान यत्किंचित संशोधन करते अथवा सुझाव दिया करते। अगले संस्करणों में भी ऐसे सुझाव देते रहते। प्रसादजी इस विषय में अत्यन्त उदार थे और रचनाओं में कहीं से भी कोई अच्छा सुझाव मिलता तो उसे मुक्त हृदय से स्वीकार करते। इस प्रसंग को इसी परिप्रेक्ष्य

में लेना चाहिए, इससे तनिक भी अधिक नहीं। यह कहना नितान्त अनुचित होगा कि शान्तिप्रियजी प्रसादजी की रचनाओं का संशोधन करते थे।

आचार्य शुक्लजी का यद्यपि साहित्यिक दृष्टिकोण भिन्न था, पर वे प्रसादजी की मण्डली में आते-जाते रहते। काशी नागरी प्रचारिणी सभा भवन का सामनेवाला अहाता उस समय इन महारथियों का केन्द्र बन चुका था। सभा में नित्य नये आयोजन भी हुआ करते। तीसरे पहर से ही यह मण्डली जुटने लगती।

आचार्य शुक्लजी यदि हिन्दी साहित्य के आचार्य थे तो आचार्य केशवजी हिन्दी के पतंजलि थे। वे अब धीरे-धीरे विस्मृत होते जा रहे हैं। बहुत कम लोगों को ज्ञात होगा कि 'हिन्दी साहित्य का इतिहास' में शुक्लजी ने जो उदाहरण दिये हैं, उनमें से बहुत से केशव जी के ही चुने हुए हैं। केशवजी, प्रसादजी और पिताजी की अभिन्नता अब उपाख्यानों के स्तर पर पहुँच गयी है। उन दिनों हिन्दी जगत में देव और बिहारी का विवाद भी उफान पर था। वह वर्ग 'देव' समर्थक था, उन्होंने 'देव' का एक संकलन भी तैयार किया जिसमें राष्ट्रकवि मैथिलीशरणजी, मुंशी अजमेरीजी जैसे काव्य-पारखियों का भी योगदान था।

परम्परागत किसी भी विषय की जिज्ञासा होती तो सब लोग आचार्य केशवजी के ही मुखापेक्षी होते। प्रसादजी अपने काव्य के विषय में उनसे विचार-विमर्श करते। उन्होंने 'आँसू' की रचना की तो उसकी पाण्डुलिपि लेकर केशवजी के यहाँ गये, अन्य श्रोता पिताजी थे। इन तीन लोगों की मण्डली में 'आँसू' का पहला काव्यपाठ हुआ। 'कामायनी' के प्रणयन काल में प्रसादजी केशवजी के साथ प्रत्यभिज्ञा दर्शन और उपनिषदों की परम्पराओं पर निरन्तर चिन्तन किया करते।

उस काल में काशी हिन्दी साहित्य का एक तीर्थ था। बड़े-बड़े नक्षत्रों से प्रकाशमान थां। इनमें प्रेमचन्द भी थे। यह उस समय की बात है जब श्री कृष्णदेव प्रसादजी गौड़ (बेढब बनारसी) हास्य रस के लेखक के रूप में विख्यात न हुए थे, केवल गोष्ठियों में अपनी अनोखी बातों से मनोरंजन करते। पर उन दिनों वे अपने अंग्रेजी साहित्य के तथा इतिहास के गहन ज्ञान के लिए विख्यात थे। प्रसादजी की मण्डली में नित्य सम्मिलित होते। वहाँ सभी व्यक्ति उनके ऐसे गहरे अध्ययन के निष्कर्षों को सुनने के लिए उत्सुक रहते।

प्रसादजी और प्रेमचन्द के संबंधों पर कुछ विस्तार से लिखना अपेक्षित है। ये दोनों ही दो भिन्न प्रकार के व्यक्तित्व थे। और उसी प्रकार उनकी साहित्यिक मान्यताएँ भी बहुत कुछ भिन्न थीं। पर इन दोनों महापुरुषों में बड़ा सौहार्द्र था। पिछले वर्षों में प्रसाद जी स्वास्थ्य-सुधार के हेतु निकटवर्ती बेनिया-बाग (विक्टोरिया पार्क) में प्रातःभ्रमण के लिए जाया करते। वहीं प्रेमचन्दजी रहा करते थे। इन लोगों के साथ बेढबजी तथा कुछ अन्य

साहित्यिक भी होते। अच्छा वातावरण रहता।

प्रेमचन्दजी कुछ समय तक फिल्म जगत में चले गये थे। उस समय उन्होंने प्रसाद जी से सीता का चरित्र लेकर एक नाटक लिखने का पत्र द्वारा बड़ा आग्रह किया था। यहाँ तक लिखा कि यदि कोई इस चरित्र के साथ न्याय कर सकता है तो आप ही!

[प्रसादकालीन बनारस, 'पूर्वग्रह', 1990, प्रसाद विशेषांक]

अपने-अपने आशय

सूर्यकान्त त्रिपाठी 'निराला'

हिन्दी में केवल प्रसादजी के नाटक हैं जिन्हें आधुनिक महत्त्व प्राप्त है। पर उनमें काव्य के गुण अधिक और भाषा ऐसी है कि रंगमंच पर उनकी उतनी प्रभा नहीं फैल सकती जितनी एकान्त पाठ के समय। कुछ हो, मैं जिस भाषा को नाटक के लिए आदर्श मानता हूँ उसका अभी तक हिन्दी में आरम्भ नहीं हुआ ...। इसमें कोई संदेह नहीं कि प्रसाद जी खड़ी बोली के मौलिक-साहित्य-निर्माण के चतुरंग प्रथम श्रेष्ठ साहित्यिक हैं। ('सरस्वती', 1934)

अधिकांश अच्छे नाटकों की तो सबसे बड़ी यही कमजोरी बतलाई गई है कि वे खेले नहीं जा सकते। जो नाटक रंगस्थल के काम के नहीं, उनका अधिकांश श्रेय यहीं चला जाता है।

[निराला रचनावली-5; सुधा, सितम्बर, 1933]

भारतेन्दु नाटक मंडली, काशी

इस समय हिन्दी में नाटकों की ऐसी कमी है कि हम लोगों को अभिनय के लिए उत्तम मौलिक नाटक मिलते ही नहीं। जो कुछ नाटक मिलते हैं वे विशेषकर बंगला, मराठी, गुजराती आदि भाषाओं के अनुवाद मात्र ही हैं।

मुझे यह लिखते अत्यंत हर्ष होता है कि हिन्दी की नाटक मंडलियाँ दिन-प्रतिदिन बढ़ती ही जाती हैं किन्तु दुःख है कि किसी ने भी मौलिक शिक्षाप्रद नाटकों के लिखवाने की ओर ध्यान न दिया। हिन्दी के सुलेखक तथा इस मंडली के सदस्य बा. जयशंकर प्रसाद जी ने हिन्दी में अच्छे नाटकों को लिखकर प्रकाशित करने का कार्य प्रारंभ कर दिया है।

[18वाँ वार्षिक विवरण; जनवरी, 1926]

प्रकाशचन्द्र गुप्त

प्रसादजी के व्यक्तित्व में जो सादगी थी, उसके कारण उनके प्रति मन में श्रद्धा होती है। वह सब साहित्यिक झगड़ों और गुटबंदियों से बचकर अनवरत काव्य-साधना में लीन थे। इस ढंग के साहित्यिक साधु जितने इस देश में हों, उतना अच्छा है।

विगत वर्ष में एक-एक कर हिन्दी के कई महारथी उठ गये। नाटक का क्षेत्र सूना-सा दिखता है। हिन्दी नाटक का भंडार वैसे ही रीता-सा है। हिन्दी में अपना कोई रंगमंच नहीं। पारसी नाटक मंडलियों के अभिनेताओं की अयोग्यताओं पर अभी तक हम निर्भर हैं। भारतेन्दु के नाटक रंगमंच के लिए लिखे गये थे। उनमें एक प्रकार की स्फूर्ति और अभिनव जीवन है।

प्रसादजी के नाटक साहित्यिक और काव्यप्रधान हैं। वाचनालय की शांति में ही उनका रस और जीवन है। रंगमंच के कोलाहल में उनकी सुकुमारता को कौन परख सकेगा। उसके लिए नए रंगमंच की ही नहीं, किन्तु भावुक और सुसंस्कृत द्रष्टाओं की आवश्यकता होगी।

प्रसाद के साथ हम हिन्दी नाटक के इतिहास का नया पृष्ठ पलटते हैं। प्रसाद गंभीर, सुसंस्कृत और चिन्तनशील व्यक्ति थे। आपने गंभीर साहित्यिक नाटकों की तन्मयता से रचना की ··· किन्तु कोई विशिष्ट रंगमंच उनके अनुरूप हमारे पास नहीं है। अभी तक इनका जीवन वाचनालय और क्लास-रूम तक सीमित है।

'प्रसाद' नाटककार का विकास आसानी से देखा जा सकता है। इतिहास की खोज और चरित्र की सूझ उनकी आरंभ से ऊँची थी। अनेक उच्च कोटि के पात्रों से उन्होंने हिन्दी नाटक का भंडार भरा है। आपके पात्र अधिकतर सुकुमार, भावुक, और आदर्शवादी होते हैं। स्वयं प्रसाद ऐसे थे, फिर उनके पात्र कहाँ से भिन्न होते?

नाट्य-कला की कसौटियों पर कसने से 'स्कंदगुप्त' का स्थान बहुत ऊँचा है। इसकी भाषा प्रौढ़, चरित्र-चित्रण कुशल, और कल्पना सुकुमार है।

प्रसाद ने हिन्दी में नए ढंग के नाटक की सृष्टि की। उनके नाटक सर्वप्रथम साहित्य की विभूति हैं, किन्तु उचित परिस्थितियों में अभिनय के योग्य भी हैं।

इस उदासीन कलाकार की अन्तरात्मा मनुष्य की वेदना के प्रति अधिक आकर्षित होती है। जीवन के इस चित्र-विचित्र स्वप्न को देखकर आज कलाकार की आँखें बंद हैं। क्या किसी मधुमय जगत् में देव उसे जीवन की पीड़ा का रहस्य समझाने में सफल हुए हैं?

['प्रसाद की नाट्य-कला' और 'रंगमंच' के चुने-संपादित अंश, 'हंस', 1938]

सर्वदानंद

बाबू जयशंकर प्रसाद अपने ऐतिहासिक नाटकों की रचना से साहित्य में अमर हो गये हैं। साहित्य और रंगमंच, दोनों का ज्ञान रखनेवाले कुछ सज्जन प्रसादजी को नाटककार नहीं मानते। डॉ. गोविन्ददास उन्हें मूलतः कवि मानते हैं। अभिनेय न होना नाटक के लिए बहुत बड़ा दुर्गुण है। इस दृष्टि से प्रसादजी के नाटक कसौटी पर सर्वांशतः खरे नहीं उतरते; किन्तु मैं समझता हूँ, वह एकदम अनभिनेय नहीं हैं। प्रसादजी के जीवनकाल में ही हम लोगों ने उनके नाटक 'चन्द्रगुप्त' का काशी में अत्यन्त सफल अभिनय प्रस्तुत किया था। इन पंक्तियों के लेखक ने उसमें शकटार की भूमिका निर्वाह की थी। 'अत्यन्त सफल' इसलिए कह रहा हूँ कि तत्कालीन काशी के विशिष्ट कलाकारों ने उसमें भूमिकाएँ निर्वाह की थीं; प्रसादजी के नाम पर सभी नाटक मंडलियों के ख्यात अभिनेताओं ने मतभेद भूल सहयोग दिया था और समाचारपत्रों की प्रशंसा और दर्शकों के उत्साह को यदि प्रमाण माना जाय तो उनकी राय भी यही थी। इसके बाद भी 'चन्द्रगुप्त' के कई सफल प्रदर्शन हुए, मैंने भी देखे हैं। 'ध्रुवस्वामिनी' बहुत सफल रूप में काशी में प्रदर्शित हुआ और अन्य कई स्थलों पर अभिनीत हो चुका है। एक ओर डॉ. गोविन्ददास संस्कृतनिष्ठ भाषा को हिन्दी रंगमंच के लिए उपयुक्त मानते हैं (इन पंक्तियों के लेखक का भी यही अभिमत है) दूसरी ओर वह प्रसादजी को नाट्यकार मानने को प्रस्तुत नहीं। मैं समझता हूँ, प्रसादजी के नाटकों का विशाल विस्तार और उनका दृश्य-विधान उन्हें अनभिनेयता प्रदान करते हैं। किन्तु इस दृष्टि से तो हिन्दी के अधिकांश नाटककार असफल हैं। ऐसे सभी नाटककार जो रंगमंच के सम्पर्क में नहीं रहे हैं, सफल रंगधर्मी नाट्यकार नहीं हैं। आज के 'बॉक्स-स्टेज' पर उनका अभिनय कठिन होगा, दो-तीन सेटों पर उन्हें उतारना कष्टसाध्य होगा, किन्तु रंगमंच परिश्रम चाहता है। घूमनेवाले (रिवाल्विंग) रंगमंच की सुविधा यदि हो तो यह नाटक सफलता से खेले जा सकते हैं। प्रथम अभिनीत हिन्दी नाटक, पंडित शीतलाप्रसाद त्रिपाठी के 'जानकी मंगल' के समय आज का रंगमंच कहाँ था?

[रंगमंच : प्र. सं. 1966]

लक्ष्मीकांत झा

पाठ में काँट-छाँट करने का साहस किसी को नहीं था। अतः हम लोग स्वयं प्रसादजी के पास गये और अपनी समस्या रखी। सहयोग का आश्वासन मिला और उन्होंने स्वयं आवश्यक संक्षेप का कार्य सुसम्पन्न किया। उन्होंने स्वयं कुछ आसान दृश्य-खण्ड लिखने का निश्चय किया जिसके सहारे वे दृश्य अलग किये जा सके जिनके मंचन में भव्य

समावेश अपेक्षित था। हम लोगों के पास कुशल अभिनेताओं की एक टोली तैयार हो चुकी थी जिनके व्यक्तित्व और नाटक-कौशल को भी प्रसादजी ने ध्यान में रखा। फलतः चन्द्रगुप्त का एक रंगमंच-संस्करण स्वयं प्रसादजी ने ही सुसम्पन्न किया।

इस प्रकार प्रसादजी ने अपने नाटक के मंचन में वैसा ही भाग लिया जैसा कालिदास, शेक्सपियर तथा बर्नार्ड शॉ ने अपने समय में लिया था।

[अभिनय चन्द्रगुप्त, प्राक्कथन, 1977]

कृष्णदेव प्रसाद गौड़

आजकल आलोचकों ने नाटक के दो भेद कर डाले हैं। एक वह जो मंच पर खेले जा सकते हैं। दूसरे वह जो केवल साहित्यिक ढंग के हैं। नाटक का सच्चा अर्थ तो वही है कि मंच पर जिसका अभिनय हो सके, नहीं तो उपन्यास ही क्यों न लिखा जाय? प्रसादजी के नाटकों के विषय में अकसर लोगों का मत है कि ये मंच पर खेले नहीं जा सकते। ऐसा क्यों, मैं समझ नहीं सका। मैंने प्रसादजी के नाटकों को इस दृष्टि से भी देखा। शेक्सपियर के नाटक बड़े-बड़े हैं, वह भी सम्पूर्ण अथवा काँट-छाँटकर खेले जा सकते हैं और खेले जाते हैं। द्विजेन्द्रलाल राय के नाटक बहुत बड़े हैं पर खेले जाते हैं। केवल नाटक बड़ा हो जाने से मंच पर कोई बाधा नहीं डालता। रह गई भाषा की बात। प्रसादजी की भाषा साहित्यिक अवश्य है, पर उसमें ऐसी कोई बात नहीं है जिसे साधारण हिन्दी जाननेवाला समझ न सके। हाँ, विद्वान लोग साहित्यिक छटा का अधिक आनन्द ले सकते हैं। आजकल के मंच-विज्ञान ने ऐसी उन्नति कर ली है कि कोई ऐसा दृश्य नहीं है जो सफलतापूर्वक दिखलाया न जा सके। जो साधारणतः नहीं दिखाया जा सकता उसकी सहायता को सिनेमा आ जाता है।

दूसरी बात यह है, अभिनय में अभिनेता की कुशलता पर अधिक सफलता निर्भर रहती है और भाषा पर कम। भावों को व्यक्त करना अभिनेता का काम है। जनता इसी पर मुग्ध हो जाती है। हाँ, भाषा की मधुरिमा और उसका साहित्य सोने में सुगन्ध होता है। यदि अनपढ़ लोग अमेरिका और विलायत की सिनेमा फिल्म देखकर समझ सकते हैं तो क्या यह नाटक नहीं समझ सकते?

['प्रसाद-प्रतिभा', 1990, प्रसाद के नाटक]

ललित कुमारसिंह नटवर

हमारा रंगमंच और अभिनय कला

"आह, क्या कहूँ? प्रसाद की 'कामना' और 'स्कन्दगुप्त' यदि थोड़ा ही अभिनयानुकूल परिवर्तित होते, तो मैं उन्हें अभिमान के साथ उन्नत भाषाओं के नाटकों के सामने, राष्ट्रभाषा हिन्दी की तरफ से नमूने के तौर पर पेश कर सकता।"

['माधुरी', मई, 1930]

रामनाथलाल सुमन

हमारे नाटक और उनका अभिनय

ऐतिहासिक नाटकों में भी यदि प्रसादजी के 5-7 नाटक निकाल दें तो, क्या रह जाता है? ... यह हमारे श्रव्य या साहित्यिक नाटकों की दशा है, अभिनय-योग्य अच्छे नाटकों का तो और भी अभाव है।

['सुधा', अगस्त, 1931]

चन्द्रबली पांडेय

किन्तु इतना निवेदन कर देना अनुचित नहीं होगा कि जो लोग इस आशा में बैठे हैं अथवा स्वप्नों के स्वर्ण-लोक में झपकी लेते हैं कि भविष्य में प्रसादजी के नाटकों के अनुरूप रंगमंच बनेगा, इनको कुछ होश में आना चाहिए और कृपा कर उस रंगमंच की एक झलक दिखा देनी चाहिए। हिन्दी साहित्य के विज्ञ समालोचकों ने यह स्वीकार कर लिया है कि प्रसादजी के नाटक खेलने योग्य नहीं होते और अभिनय से रहित नाटक प्राणहीन प्राणी के समान है। हम यह नहीं कहते कि उनकी उपयोगिता ही नहीं है। कितने ही प्राण हीन प्राणी तो म्यूजियम में रखे जाते हैं और बहुतों को चीर-फाड़कर लोग डाक्टर भी बन जाते हैं।

[प्रसादजी तथा उनका नागयज्ञ, प्रसाद-संदर्भ सं., 1990]

वाचस्पति पाठक

आत्मविश्वास की मात्रा उनमें भरपूर थी। साहित्य के क्षेत्र में अनेक नवीन उपकरणों के साथ वह अवतीर्ण हुए। उन सबके प्रति पहले-पहल जैसी उपेक्षा दिखाई गई बल्कि भर्त्सना की गई उससे साधारण आत्मबली नष्ट हो जाता। उनके मन में अपनी रचनाओं के प्रति पूर्ण आस्था थी और एक दिन समग्र हिन्दी-संसार ने उनके मान की प्रतिष्ठा की। सबसे अधिक कटु आलोचना उनके नाटकों की हुई थी। एक आलोचक ने पहले पत्रों में फिर पुस्तकाकार उनके नाटकों की आलोचना छपवाई थी। उसे देखकर जहाँ मैं, भाई विनोदशंकर व्यास या अन्य मित्र उत्तेजित हो उठते थे, वहाँ प्रसादजी उसका बहुत ही आनन्द उठाते थे। मुझे कुछ ऐसा स्मरण है कि व्यासजी ने उस आलोचना की एक तीखी प्रत्यालोचना लिखी थी। उसे लेकर वह प्रसादजी के पास आए और उनके सामने रखकर उसे देख लेने का आग्रह उंन्होंने किया। प्रसादजी दो-चार मिनट टालते रहे, फिर उसे फाड़कर जमीन पर फेंककर हँसते हुए बोले—"मेरे नाटकों को किसी के टेक लगाने की जरूरत नहीं। वे अपने बल पर ही खड़े रहेंगे। और, आप तो मेरे इतने निकट के हैं कि आपका लिखना अशोभनीय होगा।" इस निर्णय के बाद फिर उनके किसी अपने मित्र द्वारा उसका विरोध नहीं हो सकता था।

प्रसादजी के नाटक रंगमंच के योग्य नहीं हैं, यह एक निर्विवाद धारणा हिन्दी के आलोचकों में रही है। लोग लिखते, बोलते, कहते रहे हैं, पर क्या प्रसादजी इसे मानते रहे हैं? नहीं ! और उनके सभी नाटक नागरिकों द्वारा समय-समय पर खेले गये। 'चन्द्रगुप्त' ऐसा बड़ा नाटक भी थोड़ी-सी तैयारी के बाद ही बनारस में खेला गया। उसकी बड़ी धाक जमी, बनारस के लोगों ने रंगमंच पर वैसा प्रभावशाली नाटक तब तक नहीं देखा था। विरोधी विचारधारा के अनेक आलोचक चकित होकर उस खेले जानेवाले नाटक को देख रहे थे। आज भी श्री सर्वदानन्द वर्मा द्वारा किया गया शकटार का तथा चाणक्य अथवा चन्द्रगुप्त का अभिनय लोगों को भूला नहीं है। 'राज्यश्री', 'विशाख', 'अजातशत्रु' तथा 'स्कन्दगुप्त' नाटक भी समय-समय पर खेले गये हैं। प्रसादजी के विश्वास को उन पुरुषार्थी लोगों ने बलवान बनाया था। वह यह मानते थे कि अभिनयकर्त्ता सुविधा के लिए नाटक में कुछ हेर-फेर कर सकते हैं। और सुझाव देने पर वह स्वतः भी वैसा कर देने को तत्पर हो जाते, फिर इस विज्ञान के युग में रंगमंच पर सभी कुछ उतारा जा सकता है यह भी नाटककार प्रसादजी समझते थे।

यों उनके साहित्य के प्रति कोई कैसा भी मत रखता हो, उससे प्रसादजी किंचित नहीं प्रभावित होते थे। उनके बुरे-से-बुरे आलोचक उनके व्यक्तित्व के सम्पर्क में आकर उनके परम प्रशंसक बन गये हैं। प्रेमचन्दजी की चर्चा ऐसे प्रसंग में की जा सकती है। प्रसादजी के साहित्य की उन्होंने कटु आलोचना की थी, पर आगे चलकर उन्होंने इनके

साहित्य के प्रति अपना आदर प्रकट किया था और दोनों में जीवनपर्यन्त अटूट संबंध बना रहा।

[महावीर अधिकारी द्वारा संपादित 'प्रसाद का जीवन-दर्शन, कला और कृतित्व' में 'साहित्यकार प्रसाद'।]

विनोदशंकर व्यास

प्रसादजी के नाटक उन्हीं नाटकों की श्रेणी में आते हैं जो अपनी कविता के कारण प्रसिद्ध हुए हैं। आज जो शेक्सपियर, युरिपीडीज या कालिदास के नाटकों का मान है, वह इसलिए नहीं कि मंच पर सफल हुए बल्कि इसलिए कि युग-युग से लोग उनकी कविता पढ़ते और उससे आनन्द-लाभ करते रहे हैं।

पुरानी संस्कृति का नवीन स्वप्न उन्होंने अपने नाटकों में रखा। इसमें संदेह नहीं कि अभिनयकला के प्रदर्शन के लिए प्रसादजी के नाटकों में गुंजाइश है, लेकिन हिन्दी रंगमंच विकसित न होने से उनकी प्रसिद्धि अभिनय पर निर्भर नहीं रही। इसके साथ जनता की अशिक्षा और पारसी कंपनियों और उनके बाद सिनेमा की लोकप्रियता भी प्रसादजी के नाटकों के अभिनीति न होने के लिए उत्तरदायी हैं।

['प्रसाद और उनका साहित्य', 1939]

नाटकों का विस्तृत क्षेत्र तो रंगमंच पर ही सफल होकर दिखलाई पड़ता है, उसमें प्रसाद का महत्त्वपूर्ण स्थान न था। हश्र और बेताब उनसे अधिक विख्यात थे। प्रसाद के नाटक रंगमंच पर खेले जाने योग्य नहीं हैं, ऐसी धारणा सभी निर्देशकों की बन गई थी। इसीलिए रंगमंच की ख्याति मिलने पर नाटकों की बिक्री में जो सहायता मिलती, वह भी प्रसाद को न मिल सकी। केवल स्वांतःसुखाय वाले प्रयोग के सिवाय और कोई मार्ग नहीं था। वह लिखते रहे और अपने पैसों से उसे प्रकाशित करा परिचितों में बाँटते रहे।

['प्रसाद और उनके समकालीन']

श्यामसुन्दरदास

इधर कुछ वर्षों से काशी के बाबू जयशंकर प्रसाद ने साहित्य के इस अंग की पूर्ति की ओर विशेष ध्यान दिया है और उनको मौलिक नाटक लिखने में सफलता भी हुई है, किन्तु उनके नाटकों में सबसे बड़ा दोष यह माना जाता है कि वे रंगमंच के योग्य नहीं

होते। उनकी भाषा भी ठेठ साहित्यिक होती है। इसमें संदेह नहीं कि साहित्यिक दृष्टि से प्रसादजी के नाटक उत्तम कोटि के हैं।

['रूपक रहस्य', 1931]

राय कृष्णदास

उनके नाटक तो हिन्दी-संसार में एकदम नई चीज हैं। वे आज की नहीं, आगामी कल की चीज हैं। वे हिन्दी-साहित्य में एक नये युग के विधायक हैं। न विचारों के खयाल से, न कथानक के खयाल से, न लक्ष्य के खयाल से आज तक हिन्दी में इस प्रकार की रचना हुई है, न अभी होती ही दीख पड़ती है।

हाँ, प्रसादजी के नाटक ऐसे ही हैं। वे न तो केवल अन्तर्द्वन्द्व को लेकर मर्त्यलोक में, चतुर्मुख की मानसी सृष्टि की तरह चमत्कारपूर्ण किन्तु निःसार और निरवलम्ब जगत् की अवतारणा करते हैं, न केवल बाह्य द्वन्द्व दिखाकर मानवता के सामने पाशव आदर्श रखते हैं, वरन् वे इन दोनों अंगों के समुचित सम्मिश्रण होने के कारण मानवता के उच्चतम आदर्श के पूर्ण व्यंजक हैं। अतएव मानवता की एक बड़ी भारी पूँजी है। प्रसाद के आदर्श पात्रों में पवित्रता, उच्चता, भव्यता आदि देव-गुण इसलिए हैं कि वे पूर्ण मनुष्य हैं।

[प्राक्कथन, 'अजातशत्रु', 1922]

प्रसाद अपनी रचनाओं में ही नहीं, अपने जीवन में भी पूरे कलाकार थे। उनकी निष्ठा, उनकी सुरुचि, उनकी भावुकता, उनकी मस्ती, उनका रहन-सहन और उनका पोर-पोर कलापूर्ण था। भगवान ने उनके रूप और स्वभाव, दोनों को ही कवित्वमय बनाया था।

[युगप्रवर्तक जयशंकर प्रसाद, प्रकाशन विभाग, भारत सरकार, 1966]

विश्वनाथप्रसाद मिश्र

प्रसाद ने पारसी रंगमंचों की देखादेखी गीत रखे, जो प्रायः ऊपर से चिपकाए लगते हैं, नाटक के अविभाज्य अंग नहीं हैं। इस गान के लिए गान-प्रिय पात्रों, वेश्याओं, गायनाचार्यों आदि की कल्पना-योजना भी करनी पड़ी है। भारतेंदु की रचना में पद्य काव्यात्मक अंश के रूप में मिलेंगे। प्रसाद ने ऐसे स्थलों पर काव्यात्मक गद्य रखा है, पर नाटक का प्राचीन विधान बनाए रखा है। उनके बाद यह विधान भी हट गया। भारतेंदु

ने भवभूति आदि की पद्धति पर स्थल और प्रकृति के वर्णन भी नाटक में धर दिए हैं। प्रसाद में कहीं-कहीं वर्णनोन्मुख प्रवृत्ति मिल जाती है, पर आगे के रूपककार या रूपकबाज इसे छोड़ बैठे। आजकल भारतेंदु की वह प्रवृत्ति जो उन्होंने नाटकों में वेश-भूषा का निर्देश करने में दिखाई थी, अँगरेजी ढंग पर रंग-निर्देश के अंतर्गत थोड़ी-थोड़ी दिखाई पड़ जाती है, वह उनके दिखाए मार्ग पर नहीं है, अँगरेजी साहित्य के सुझाए सोपान के कारण है। भारतेंदु के नाटक अभिनेय थे, प्रसाद के अभिनेय नहीं माने जाते, पर घटा-बढ़ाकर अभिनय कई का हुआ। अब नाटक प्रायः सामने आया करते हैं, पर उनका अभिनय होता नहीं। क्वचित् होता है तो बंगला से अनूदित द्विजेंद्रलाल के नाटकों का। भारतेंदु के समय में हम पिछड़े हुए थे। पर उन्होंने और उनके मंडल ने तुरंत हमें सबके साथ दौड़ा दिया। आज हम दौड़ सबके साथ रहे हैं, पर क्यों दौड़ रहे हैं, कैसे दौड़ें इसे भूलकर। भारतेंदु 'निज भाषा उन्नति अहै सब उन्नति को मूल' समझकर चल रहे थे। हमारी भाषा उन्नत हो रही है। पर भारतेंदु के समय में देश परतंत्र था, भाषा-साहित्य स्वाधीन थे; आज देश स्वतंत्र है, भाषा-साहित्य पराधीन हैं।

['हिन्दी का सामयिक साहित्य', 1951]

जैनेन्द्र

मुझे सचमुच अच्छे लगे, लेकिन जैसा कहा, निकट नहीं लगे। खुले नहीं लगे, जैसे कि प्रेमचंद पहली मुलाकात में लग सके ...

मैं नहीं मानता कि प्रसाद ने यदि ऐतिहासिक पात्र लिए तो यह प्रगति से विमुख ही कार्य किया। वर्तमान असल में अपने में कुछ है ही नहीं। अनादि अतीत और अनंत भविष्य की रेखाओं का वह सम्मिलित बिन्दु है जिसकी अपनी कोई इयत्ता नहीं है। इससे वर्तमान पर भी रहने का आग्रह मुझे समझ नहीं आता। जो सजीव लगता है, उसमें वर्तमानता के तत्त्व हैं। जीवन का प्रत्येक क्षण वर्तमान है।

नकार और निषेध को लेकर उठनेवाले दर्शनों का उन्होंने प्रारम्भ से निराकरण किया और उस दर्शन को प्रतिष्ठित करना चाहा जो जीवन के प्रति निरापद स्वीकृति का निमंत्रण देता है। मुझे लगता है जैसे उनके साहित्य का यह मूल कोण है। उनके नाटकों में यह अन्तर्भूत है।

प्रसाद पुनरुत्थान के चित्र में सोचते कहे जायें तो मैं असहमत न हूँगा। उसके वादी को मैं नहीं जानता। प्रसादजी मेरे जान में उसके वादी नहीं थे।

समूचे प्रसाद का शायद अविश्वास का पहलू ही अधिक प्रिय लगा। मेरे भाव में वह पहले बड़े नास्तिक लेखक हैं। प्रेमचंद मूल में नास्तिक नहीं थे, उनकी नास्तिकता ईश्वर के आस-पास चुक जाती थी।

श्रद्धा की स्वीकृति उन्हें बुद्धि द्वारा हो सकी है। जैसे बुद्धि माध्यम है, श्रद्धा बिना उसके अगम है।

'कामायनी' के मनु के रूप में प्रसाद के व्यक्ति का प्रतिफलन माना जा सकता है। साहित्य-सृष्टि में साहित्यकार अपनी परिपूर्ति ही खोजता है।

द्वन्द्व की तीव्रता ही निर्द्वन्द्वता की कामना उत्पन्न करती है।

यह अनिवार्य गति है।

['ये और वे', 1954]

महादेवी वर्मा

यह आश्चर्य का विषय है कि हिन्दी नाटकों के आविर्भाव से लेकर अब तक हमारा कोई रंगमंच नहीं रहा। ... फलतः हमारा हिन्दी नाटक साहित्य जितनी अध्ययन की वस्तु है उतनी अभिनय की नहीं। उसमें अभिनय अभिनेता तथा दर्शक का उतना ध्यान नहीं रखा जाता, जितना अध्ययनशील पाठकों का। यदि अपना कोई रंगमंच रहता तो उसकी कठिनाइयों को ध्यान में रखते हुए हम इस कला के द्वारा अपनी संस्कृति, अपने आदर्श, और अपने इतिहास को सर्वसाधारण के हृदयों में जीवित रख सकते थे।

['क्षणदा', 1956]

शांतिप्रिय द्विवेदी

प्रसाद के नाटकों में प्राचीन युग की संस्कृति का प्रवाह, उसकी वेशभूषा और भाषा का आभास तो है, किन्तु नाटकों के दृश्य-निर्देश में वह विस्तृत विवरण प्राप्त नहीं होता जो आजकल पश्चिमीय नाटकों के प्रभाव से हिन्दी में आ रहा है। इसका कारण यह है कि प्रसादजी नाटकों में बंगला की जिस सामयिक नाट्यकला से प्रारम्भ में प्रेरित हुए, उस समय तक उसका उसमें आरम्भ नहीं हुआ था। यही कारण है कि रंगमंच पर अपने युग के दृश्य को विशेष रूप-रंग देने में प्रसाद के नाटकों से पर्याप्त सहायता नहीं प्राप्त होती। उसकी पूर्ति रंगमंच के संयोजकों को अपनी दूरदर्शिता से ही करनी पड़ती है। बाद में प्रसादजी के जो दो नाटक ('एक घूँट' और 'ध्रुवस्वामिनी') प्रकाशित हुए, उनमें वे पश्चिम के विस्तृत दृश्य-निर्देश की आवश्यकता को कुछ-कुछ अनुभव करते हुए-से जान पड़ते हैं।

यह स्वीकार करना पड़ेगा कि नाट्यकला की नवीन प्रेरणा प्रसादजी को डी.एल. राय

के नाटकों से ही मिली है। यद्यपि प्रसाद और द्विजेन्द्र के ऐतिहासिक उपादानों में जितना अन्तर है, उतना ही अन्तर दोनों के कथानक, शैली और भाषा में भी।

द्विजेन्द्र के नाटकों का मुख्य उद्देश्य बंगीय रंगमंच को उन्नत करना था। उनका ध्येय लोकरुचि के अनुकूल साहित्य प्रस्तुत करना था। और, इसी कारण जनसाधारण को अपनी प्रतिभा से आकर्षित कर उन्होंने रंगमंच पर पूर्ण सफलता भी प्राप्त कर ली। परन्तु, प्रसाद ने अपने नाटकों की सृष्टि रंगमंच की दृष्टि से नहीं, बल्कि साहित्य को उन्नत बनाने की दृष्टि से की है। उन्होंने लोकरुचि का प्रतिनिधित्व तो नहीं किया, परन्तु साहित्य का प्रतिनिधित्व अवश्य किया है। प्रसाद के नाटकों में जीवन के लिए मानसिक भोजन है। चिन्तनशील हृदय पाठक उनके नाटकों से लाभ उठा सकते हैं।

प्रसाद के नाटक घटना-प्रधान नहीं, बल्कि अन्तर्द्वन्द्व-प्रधान हैं; इसके विपरीत, द्विजेन्द्र के नाटक अन्तर्द्वन्द्व-प्रधान नहीं, घटना-प्रधान हैं। प्रसाद के नाटकों में उतनी ही घटनाएँ हैं, जितनी से अन्तर्द्वन्द्व को प्रत्यक्ष करने में सहायता मिलती है। द्विजेन्द्र के नाटकों में उतने ही अन्तर्द्वन्द्व हैं, जितने से घटनाओं को प्रस्फुटित करने में सहायता मिलती है। इसीलिए, द्विजेन्द्र के नाटकों में जीवन-समुद्र की ऊपरी चहल-पहल और हलचल है तथा प्रसाद के नाटकों में जीवन-समुद्र की भीतरी गूढ़ता और गम्भीरता है। शायद प्रसाद के नाटक रंगमंच पर खेले न जा सकें, परन्तु नाटक के लिए बाहरी रंगमंच ही तो सबकुछ नहीं है; ठीक उसी प्रकार जिस प्रकार कविता के लिए 'कवि-सम्मेलन' ही सब कुछ नहीं है। इसके अतिरिक्त रंगमंच को नाटककार के अनुसार अपना विकास करना पड़ता है, न कि नाटककार को रंगमंच के अनुसार। यदि नाटककार किसी समय के प्रस्तुत रंगमंच का ही पूर्तिकार बन जाय, तो न रंगमंच का ही विकास होगा न नाट्यकला का।

['हमारे साहित्य निर्माता', 1962]

मुक्तिबोध

प्रसादजी में विश्व के महत्तम कलाकार के सभी गुण विद्यमान हैं। किन्तु वे गुण पूर्णतः परिपुष्ट और फलीभूत नहीं हो सके हैं। इसका कारण, जहाँ तक प्रसादजी के व्यक्तित्व का संबंध है, हमारे खयाल से इस प्रकार है।

प्रसादजी का मूल व्यक्तित्व और उस व्यक्तित्व की शक्तियाँ गत्यात्मक हैं; वे कुछ करना, पाना, घटित करना, विकसित करना और प्रवर्द्धित करना चाहती हैं; वे कुछ खोज करना, सिद्ध करना और स्थापित करना चाहती हैं। प्रसादजी की आत्मा जीवन के विविध क्षेत्रों में, जीवन की विविध स्थितियों में, भटकती रहती है, प्यासी-प्यासी। इतनी भटकन, इतना व्यापक पर्यटन, इतनी विस्तृत, विविध और प्रदीर्घ यात्रा—हिन्दी में किसी और लेखक

ने नहीं की। प्रसादजी एक साथ कवि, दार्शनिक, जीवन-चिन्तक, नाटककार, उपन्यासकार, कहानीकार, निबन्ध-लेखक, अनुसन्धानकर्त्ता तथा विद्वान् थे। अतीत और वर्तमान के, उत्कर्ष और अधःपतन के, अत्यन्त आत्मीय क्षणों और ऐतिहासिक पलों के बाह्य जीवन-स्थितियों तथा आन्तरिक मनःस्थितियों के, जो चित्र और चित्रों का जो वैविध्य उन्होंने उपस्थित किया है, वह अन्यत्र दुर्लभ है। यदि प्रसादजी अनुभव-सम्पन्न, अनुभूति-प्रवण व्यक्ति थे तो, दूसरी ओर, वे बड़े तजुर्बेकार आदमी थे। उनकी चिन्तन-प्रधान बुद्धि वर्तमान सामाजिक और ऐतिहासिक वास्तविकताओं में समान रूप से गतिमान थी। वे यदि, एक ओर, गहन रूप से आत्मचेतस् थे तो, निःसन्देह दूसरी ओर, विश्व-चेतस् भी। आत्म-चेतना के अतिरिक्त, उनकी विश्व-चेतना अत्यन्त प्रबल थी। वे अपने काल के विश्व-जीवन के प्रति जाग्रत थे—इतने कि उस विश्व-जीवन के संबंध में उनका चिन्तन निरन्तर सक्रिय था। यह आकस्मिक बात नहीं है कि जो व्यक्ति ऐतिहासिक नाटक लिखता हो, वह अपने युग के प्रति अवधानपूर्ण भी रहता हो। मैं यह कहने का लोभ संवरण नहीं कर सकता कि प्रसादजी प्रथम विश्वयुद्ध के कुछ पूर्व से लेकर द्वितीय विश्वयुद्ध [के पहले] तक चलनेवाली उन विचारधाराओं से भी पूर्णतः अवगत थे जो विचारधाराएँ पश्चिमी दुनिया में चलीं और वहाँ से हमारे यहाँ आयीं (प्रसादजी मार्क्सवाद से अनभिज्ञ जान पड़ते हैं, किन्तु प्लेटो तथा हेगेल के राज-दर्शन तथा दर्शन से अवगत प्रतीत होते हैं)। संक्षेप में, प्रसादजी का मन अन्तर्जीवन के प्रति तथा बाह्य-जीवन के प्रति समान रूप से संवेदनशील था, और उनका मन अन्तर्जीवन तथा बाह्य-जीवन-जगत् की स्वानुभूत समस्याओं को लेकर भटकता फिरता था।

हाँ, प्रसादजी की संवेदना इतनी तीव्र थी कि वह स्वयं उनके लिए एक समस्या हो उठती थी। प्रसादजी में बहुत गहन समस्यानुभूति है, इसीलिए उनकी बुद्धि विश्लेषण-प्रधान है। प्रतीत होता है कि इन संवेदनाओं की आत्यन्तिक तीव्रता के कारण, उन्हें समस्या-रूप में धारण करके, प्रसादजी ने उन पर चिन्तन किया। उनका काव्य मात्र प्रतिक्रिया नहीं है, भावुक संवेदनात्मक चिन्तन है। उनके प्रत्येक संवेदन में चिन्तन के कण विद्यमान हैं।

किन्तु अपने युग तथा जीवन-जगत् से सघन प्रतिक्रिया करते हुए, उन्होंने जिस दार्शनिक भाव-व्यवस्था को उपलब्ध किया है, वह भाव-व्यवस्था गत्यात्मक नहीं है; वह दर्शन प्रसादजी के मूल व्यक्तित्व के अनुरूप नहीं है। उनका मूल व्यक्तित्व—अर्थात्, वह प्रवृत्ति-मण्डल जो उन्होंने जन्मतः पाया और जिसका कि आगे चलकर विकास होता गया—वह मूल व्यक्तित्व और उसकी शक्तियाँ गत्यात्मक हैं। महान् कल्पना-शक्ति, गहन संवेदन-क्षमता और उनसे ग्रस्त न होनेवाली, साथ ही उनमें डूब सकनेवाली, प्रखर विलक्षण बुद्धि—प्रसादजी की प्रतिभा के अंग हैं।

x x x

प्रसादजी को इस बात का श्रेय देना ही होगा कि उन्हें अपने समाज की विषमताओं की जबर्दस्त अनुभूति थी। किन्तु पूँजीवादी समाज-रचना की ह्रासावस्था में, जब उस समाज-रचना की स्थिति अगतिक हो उठती है तब, वह धर्म का या रहस्यवाद का, अथवा किसी-न-किसी प्रकार के वायवीय आदर्शवाद का, पल्ला पकड़ता ही है। उसका प्रधान आकर्षण, वस्तुतः, धर्म या रहस्य के प्रति ही होता है। जिस पूँजीवाद ने अपने उत्थान-काल में धर्म के मजबूत पंजों से जनता के मन को छुटकारा दिलाया, वही पूँजीवाद आगे चलकर अपने चरमराते ढाँचे को थामने के लिए, धर्म या किसी-न-किसी दार्शनिक रहस्यवाद का सहारा लेता ही है। यह प्रक्रिया बहुत पहले से चालू है। यह आश्चर्य की बात नहीं है कि आज पश्चिमी साम्राज्य (-वाद) रोमन कैथोलिक चर्च तथा अन्य गिरजाघरों की सक्रिय सहायता ले रहा है, विशेषकर साम्यवाद के विरुद्ध अपने संघर्ष में तो चर्च आगे बढ़कर काम कर रहा है। यही क्यों, आज पश्चिमी यूरोप के दो देशों में क्रिश्चियन डेमोक्रेटिक पार्टियाँ शासन कर रही हैं।

किन्तु शिक्षित जनता के स्तर पर अब पुराने ढंग का धर्म काम में नहीं आता। वहाँ कुछ और चाहिए। टी. एस. ईलियट-सरीखे लोग, समाज का विश्लेषण करते हुए सन्तप्त होकर, जब चर्च की शरण में जाते हैं, तब उनका ठाठ और ही होता है। संक्षेप में, वह ठाठ दार्शनिक ठाठ है।

X X X

प्रसादजी की सभ्यता-समीक्षा के प्रधान तत्त्व ये हैं : (1) वर्ग-भेद का विरोध और उसकी भर्त्सना, अहंकार की निन्दा—यह प्रसादजी की प्रगतिशील प्रवृत्ति है। (2) शासकवर्ग की जन-विरोधी आतंकवादी नीतियों की तीव्र भर्त्सना—यह भी प्रगतिशील प्रवृत्ति है। (3) वर्ग-भेद का विरोध करते हुए भी मेहनतकशों के वर्ग-संघर्ष का तिरस्कार—यह एक प्रतिक्रियावादी तत्त्व है। (4) वर्गहीन सामंजस्य और सामरस्य का वायवीय अमूर्त आदर्शवाद। यह तत्त्व अपने अन्तिम अर्थों में इसलिए प्रतिक्रियावादी है कि (क) वर्ग-वैषम्य से वर्गहीनता तक पहुँचने के लिए उसके पास कोई उपाय नहीं, इस उपायहीनता का आदर्शीकरण है आदर्शवादी-रहस्यवादी विचारधारा; (ख) इस उपायहीनता का एक अनिवार्य निष्कर्ष यह भी है कि वर्तमान वर्ग-वैषम्यपूर्ण स्थिति चिरंजीवी है; (ग) अगर इस यथार्थ की भीषणता में कुछ कमी की जा सकती है तो वह शासक की अच्छाई और उसके उदार दृष्टिकोण द्वारा ही सम्पन्न हो सकती है—श्रद्धा अपने पुत्र को इड़ा के पास इसीलिए रखती है; (घ) इस विचारधारा के कारण आदर्श और यथार्थ के बीच अनुल्लंघ्य, अवांछनीय खाई पड़ जाती है।

ध्यान रहे कि प्रसादजी के सम्मुख उनके 'आज' की ही दुनिया थी। वे इस 'आज' की वास्तविकताओं से इतने ज्यादा परिचित थे कि वे, स्वयं भारतीय कीर्ति के उद्‌गाता होकर भी, राष्ट्रीय उत्थान और साम्राज्यवाद-विरोधी वायुमण्डल के बावजूद, इस बात

को कतई न भूल सके कि यह नवीन पूँजीवादी समाज और राष्ट्र भयानक रूप से रोग-ग्रस्त है। 'इड़ा' सर्ग की शापवाणी सुनिए। यह शापवाणी सन् 1953 की वास्तविकताओं को भी ठीक चित्रित करती है।

x x x

प्रसादजी की क्षमता तथा महत्ता इसी बात में है कि उन्होंने पूँजीवादी ह्रासग्रस्त सभ्यता के भीतर व्यक्ति के भीतरी विकेन्द्रीकरण का प्रश्न बड़े जोर से उठाया। प्रसादजी इस बात को जानते थे कि शोषण-प्रधान पूँजीवादी ह्रासग्रस्त सभ्यता की व्यक्तिवादी मनोवृत्तियाँ व्यक्ति के भीतर विघटन, एकांगी विकास, अर्थात् असामंजस्य और विकेन्द्रीकरण को जन्म देती और बढ़ाती हैं।

प्रसादजी को समाज और व्यक्तियों में समस्याएँ मिलती गयीं, किन्तु उनका न वैज्ञानिक आकलन हो सका, न निराकरण। फलतः, उसी समाज तथा व्यक्ति से उन्हें अन्ततः समझौता भी करना पड़ा, यह कहकर कि श्रद्धा से समन्वित होकर शायद वे परिष्कृत हो सकें। किन्तु सामाजिक रूपान्तर की वास्तविकता की रूपरेखाएँ उनके काव्य-मन में उभर नहीं पायी थीं।

x x x

प्रसादजी ने इस सबल व्यक्तिवादी भावुकता से प्रेरित होकर अपने ऐतिहासिक नाटकों और कहानियों में जो पात्र प्रस्तुत किए हैं, वे मधुर और भव्य मानव-गरिमा से सम्पन्न हैं। मानव-मानव के बीच परस्पर-संबंधों की दृढ़ आस्था के आधार पर ही उन पात्रों की भावुकता तथा उनका आदर्शवाद खड़ा किया गया है। प्रसादजी के सबल पक्ष का विस्तार कामायनी में, अथवा उनके इतर काव्य में, उतना नहीं है जितना कि उनके नाटकों तथा कहानियों में है। यह बिलकुल सही बात है कि प्रसादजी की भावुकता की मूलभित्ति मानव-संबंधों के दृढ़ आधार पर खड़ी हुई है। इन्हीं संबंधों के सामाजिक-राष्ट्रीय विस्तार के फलस्वरूप उन्होंने प्राचीन भारतीय गौरव के ऐतिहासिक चित्र (अपनी रोमैंटिक भावभूमि पर) प्रस्तुत किये, और उसमें हमारे प्रथम भारतीय राष्ट्रीय जागरण के स्पन्दनों की वेला सामने आयी। इस अर्थ में प्रसादजी की कहानियाँ और नाटक (चाहे उनकी पार्श्वभूमि ऐतिहासिक ही क्यों न हो) छायावादी युग के सर्वोत्कृष्ट भावों और आदर्शों से सम्पन्न हैं। अतएव प्रसादजी के लिए यह स्वाभाविक ही था कि वे कामायनी में भी उन देश-व्यापी जीवन-आशाओं को व्यक्त करें।

x x x

किन्तु यह जीवन-जगत् कौन-सा है ? यह वह जीवन-जगत् है जो प्रसादजी ने जन्मतः

प्राप्त किया, और अपनी आयु-वृद्धि के साथ जिसमें उन्होंने परिवर्तन की तीव्र प्रक्रियाएँ देखीं और पहचानीं। यह जीवन-जगत् मानव-संबंधों का वह क्षेत्र है, कि जिस क्षेत्र के सामाजिक और राजनीतिक अर्थ होते हैं। इस जीवन-जगत् में प्रवहमान आदर्शवादी विचारधाराओं और भाव-दृष्टियों को भी उन्होंने प्राप्त किया। उनको प्रसादजी ने अपनी अन्तःप्रकृति के अनुसार सुसम्पादित और संशोधित किया। संक्षेप में, प्रसादजी के पास ऐतिहासिक बुद्धि थी। वे मानवभाग्य के संबंध में दार्शनिक दृष्टिकोण से तो चिन्तन करते ही थे, समाज और जाति के भाग्य के संबंध में भी उन्हें सोचना पड़ा। प्रसादजी के पास कोई वैज्ञानिक इतिहास-दृष्टि नहीं थी। किन्तु मानव-सभ्यता-संबंधी प्रश्नों पर उनका चिन्तन बराबर चलता था। प्रसादजी को समाज और जाति ने, अर्थात् आधुनिक जीवन-जगत् ने, जो दृष्टि प्रदान की वह थी राष्ट्रवादी सांस्कृतिक अभ्युत्थान से प्रेरित। प्रसादजी ने अतीत के गौरवमय चित्र उपस्थित कर इस राष्ट्रीय सांस्कृतिक अभ्युत्थान में योग दिया। किन्तु उन्होंने राष्ट्रवाद और उस वाद की आर्थिक-सामाजिक भूमि, अर्थात् पूँजीवादी समाज-रचना, पर भी दृष्टिपात किया। प्रसादजी के पास मानव-इतिहास—सभ्यता के इतिहास—का वैज्ञानिक अध्ययन न था। वे इस राष्ट्रवाद और उसके आर्थिक मूलाधार पूँजीवाद का उसी तरह विरोध करने लगे, कि जिस प्रकार पश्चिम के आदर्शवादी विचारक करते रहे। इन विचारकों का प्रभाव बंगाल से होते हुए भारत पर भी पड़ा। और पश्चिम की ओर से राष्ट्रवादी भारत को यह कहा जाने लगा कि पश्चिम की गलती भारत में न दुहरायी जाये। प्रथम विश्वयुद्ध के अनन्तर का यह काल था। इस संबंध में रवीन्द्र की पुस्तक 'नेशनलिज्म' पठनीय है।

प्रसादजी ने अतीत की भावुक गौरव-छायाओं से ग्रस्त, वेदोपनिषदिक आर्य वातावरण से अनुप्राणित, समाजादर्श से प्रेरित होकर अपनी विश्व-दृष्टि तैयार की। यह विश्व-दृष्टि 'कामायनी' में प्रकट हुई।

x x x

प्रसादजी इतना जानते थे कि यह दृष्टि, शायद, मानवेतिहास को न बदल पाए। उनके विचार से, आधुनिक पूँजीवादी समाज के भीतर की जो विषमताएँ हैं, वे इतिहास की स्थायी क्रिया हैं—अधिक-से-अधिक इतना ही किया जा सकता है कि उन विषमताओं की तीव्रता कम की जा सकती है। कैसे ? शायद उनका मत था कि अभेदानुभूतिमूलक सामरस्यवाद की भावधारा में लीन होकर यदि समाज का शासक-वर्ग नीति-संचालन करे, तो बाह्य वास्तविकता के मूल द्वन्द्व इतने अधिक और इतने भयानक विभ्राट प्रस्तुत न कर सकेंगे। किन्तु अतीत का इतिहास और वर्तमान का समाज-स्वरूप जाननेवाले प्रसादजी इतना तो जानते ही थे कि ऐसे शासक कभी-कभी ही होते हैं, ऐसों का उदय एक दुर्मिल घटना है। संक्षेप में, समाज के भीतर विषमता शाश्वत है। उससे यदि सचमुच

मुक्ति पानी है, तो उसके लिए संसार से बहिर्गमन करना होगा। इसीलिए श्रद्धा अपने श्रद्धावादी पुत्र को इड़ा के हाथ में सौंपकर स्वयं मनु के साथ संसार से बहिर्गमन करती है।

['कामायनी : एक पुनर्विचार' में से चुने गए सम्बद्ध स्थल]

विजयदेव नारायण साही

सत्याग्रह-युग विराट् नाटकीयता का युग है। इसमें इतनी शक्ति थी कि बगैर स्टेज के भी प्रसाद को नाटकीय नाटक लिखना सम्भव हो गया। अगर प्रसाद को स्टेज की कोई जीवित परम्परा मिली होती तो उनकी अपनी प्रतिभा और युग की लय दोनों मिलकर हिन्दी नाटक में कैसी विशाल छबियाँ उत्पन्न करतीं, यह कल्पना करने की चीज है। रंगमंच के अभाव में हुआ यही कि प्रसाद के नाटकों की नाटकीयता कमजोर स्ट्रक्चर में भरी नहीं रह पाती, उबल-उबलकर गिर पड़ती है। लगता है कि झीनी चादर पर ऑरोरा बोरियालिस के रंगों की चमत्कृत करनेवाली भागदौड़ हो रही है और चादर इस सारे उत्सव को सँभाल न पा रही हो। वस्तुतः शिल्प की यह कठिनाई छायावादी युग के साहित्य की सर्वांगीण कठिनाई है। उस साहित्य का हुलास शिल्प के कटोरे में नाप-तौलकर भरा-पूरा न रहकर बार-बार छलक पड़ता है। कविता में भी और उपन्यास में भी।

['छठवाँ दशक', 1987]

नामवर सिंह

छायावादी काव्य ने अपने युग के अन्य साहित्य-रूपों को भी प्रभावित किया। छायावाद वस्तुतः एक व्यापक जीवन-दृष्टि थी जिसकी अभिव्यक्ति सामान्य रूप से सभी माध्यमों से हुई ... प्रसाद के 'अजातशत्रु', 'स्कंदगुप्त', 'चन्द्रगुप्त', 'कामना' आदि नाटकों में भी छायावादी रूमानियत रची हुई है।

[छायावाद, 1955]

'रंगमंच' निबंध के द्वारा प्रसादजी ने 'रंगमंच' संबंधी प्राचीन शब्दों का सही-सही अर्थों में जीर्णोद्धार किया। उन्होंने, जवनिका, कांड-पट, तिरस्करणी, प्रतिसीरा, ऊपटी, आदि पदों के मूल अर्थों पर गंभीर विचार किया। इसके अतिरिक्त उन्होंने नये नाटकों के अनुकूल नये रंगमंच की स्थापना के लिए शास्त्रीय संबल दिया। प्रसादजी के नाटक संबंधी विचार इस क्षेत्र में अत्यन्त महत्त्वपूर्ण तथा अकेले हैं।

हिंदी समीक्षा को उनकी दूसरी महत्त्वपूर्ण देन है रस-सिद्धांत का विशदीकरण। शुक्लजी ने 'साधारणीकरण तथा व्यक्ति वैचित्र्यवाद' निबंध में यूरोपीय नाटकों के शील-वैचित्र्य को भारतीय रस-सिद्धांत में सम्मिलित करने के लिए साधारणीकरण के अतिरिक्त एक निम्न कोटि की रसानुभूति की योजना की। प्रसादजी ने इस कल्पना का खंडन करते हुए कहा कि नाटक में अत्याचारी का अत्याचार निम्नकोटि की रसानुभूति उत्पन्न नहीं करता क्योंकि वह तो बीच का व्यापार है, अंतिम नहीं और रस में फलयोग अर्थात अंतिम संधि मुख्य होती है। प्रसादजी ने यूरोपीय चरित्र-वैचित्र्य के सिद्धांत को अपनाने के लिए निम्नकोटि की रसानुभूति की कल्पना नहीं की; बल्कि उसे रस के साधनस्वरूप ग्रहण करने का प्रस्ताव किया जो शुक्लजी से कहीं अधिक वैज्ञानिक है। प्रसादजी के इस सिद्धांत की पुष्टि उनके 'स्कंदगुप्त' नाटक से भली भाँति होती है।

x x x

प्रसाद रुचिर गद्य के शिल्पी थे। भूसाभरी उनके यहाँ कहीं न मिलेगी। सर्वत्र उनकी शैली में एक प्रकार की अभिजात गरिमा मिलती है। तनिक भी ओछापन वहाँ नहीं है। उनकी स्थापना में तुंगता और वैभव है तो विरोध और खंडन की भव्यता और ऊर्जस्विता। स्वच्छता उतनी नहीं जितनी उज्ज्वलता है। प्रायः लोगों ने उनके 'प्रसाद' नाम का लाभ उठाकर उनकी शैली में प्रसाद गुण बतलाया है, लेकिन यह श्लिष्ट चमत्कार की अपेक्षा और कुछ नहीं है। प्रसाद की भाषा उतनी प्रसन्न और विशद् नहीं है जितनी 'प्रसाद' गुण के लिए होनी चाहिए। लालित्य उनके यहाँ अवश्य है, वर्णों की भास्वरता भी है, पदों के अनुरणन में हल्की मिठास से भरी मंजुल गूँजती सुनाई पड़ती है। लेकिन सर्वत्र एकरस मध्ययुगीन मंथरता-सी है; क्षिप्रता बहुत कम है। उनमें निराला की भाषाशैली की तरह क्षिप्रता नहीं है; नाटक, कहानी और उपन्यास सर्वत्र पात्रों की भाषा एक-सी है। हर जगह एक ही जबान चलती है और वह प्रसाद की है। लेकिन भाषा के इस सिक्के पर प्रसाद के अपने व्यक्तित्व की इतनी गहरी छाप है कि उसे कोई अपने नाम से चलाते हुए तुरन्त पकड़ जाएगा। कुल मिलाकर प्रसाद की भाषा-शैली में रचनात्मक संभावनाएँ न्यूनतम हैं। इसीलिए वह निर्वंश गई। 'रचनात्मक संभावना' तो उस युग के एक ही साहित्यकार की भाषा में थी और वे थे प्रेमचंद।

['इतिहास और आलोचना', 1956]

प्रसाद या किसी अन्य कवि की प्रासंगिकता का निर्माण वह करें जो स्वयं भी प्रासंगिक हों। स्वयं तो हों अप्रासंगिक और निर्णय करें प्रसाद की प्रासंगिकता का। कैसी विडम्बना है।

[वाद-विवाद संवाद, 1989]

रघुवीर सहाय

सारे देश में एक आंदोलन था—राष्ट्रीयता का, उसने हिन्दी से बहुत रचनात्मक काम कराया और भाषाओं से भी कराया। लेकिन उसका केन्द्रीय रूप हिन्दी में था और नाटक भी लिखे गये थे बहुत ··· पर वो नाटक जो थे, मूलतः उन लोगों द्वारा लिखे गए जिनको कि नाटक के शब्दों और नाटक के कथ्य से मतलब था, यहाँ तक कि प्रसादजी के नाटक भी ··· प्रसाद के नाटक उस समय प्रयोग और नमूने के तौर पर खेले गये—स्वयं प्रसादजी ने अपना नाटक खेला, उसमें अभिनय भी किया लेकिन बात बनी नहीं।

[छायानट-59; अक्तूबर-दिसम्बर, 1991]

प्रेमशंकर

प्रसाद-काव्य की चेतना अपने युग, समाज और इतिहास से प्रभावित है। प्रसाद एक जागरूक कवि हैं और परिस्थिति की अवहेलना नहीं करते। बिखरी हुई सामग्री को एक सूत्र में बाँधने का प्रयास करते हुए उन्हें देखा जा सकता है। विश्व के महान् कृतिकारों के समीप उनके सम्पूर्ण कृतित्व को रखने से प्रतीत होता है कि प्रसाद की प्रवृत्तियाँ श्रेष्ठ निर्माता की-सी हैं और उनमें मानव-मूल्य हैं। उनके साहित्य में समाज, देश, मानव, दर्शन आदि विषयों पर विचार बिखरे हुए हैं, जिनसे उनकी चिन्तन-प्रतिभा का आभास मिलता है। उनका कृतित्व प्रमाणित करता है कि जिन रचनाकारों में खुद का अपना रचना-संसार बना लेने का धैर्य होता है, वे स्वच्छन्दतावाद की सीमाओं के बावजूद स्वयं को स्थापित कर लेते हैं और उन्हें नकारना संभव नहीं होता।

कवि और काव्य मूल्यांकन इस आधार पर होता है कि युग तथा साहित्य को उसकी देन क्या है। कवि ने अपनी रचना से किन उदात्त भावनाओं को प्रकाशित करने का प्रयत्न किया है। जो रचनाकार जीवन के अधिकाधिक पक्षों का अंकन करता है उसे एक व्यापक दृष्टि देखनी पड़ती है। महान् कवि एक विस्तृत भूमि पर कार्य करते हैं। वे जीवन का कोना-कोना झाँकते हैं और उनकी कल्पना जड़-चेतन, पशु-पक्षी सभी को अपनी सीमा में ले आती है। अपनी प्रतिभा के सहारे वे व्यापक भावना का प्रकाशन सफलतापूर्वक करते हैं।

x x x

अनेक ऐसे अवसर थे जब एक सामाजिक स्थिति से दूसरी सामाजिक स्थिति में प्रवेश करते समय कामायनी इतिहास के कोण उभार सकती थी, जैसे कि कुछ कहानियों में मामूली कोशिश भी हुई है। पर प्रसाद के मूल व्यक्तित्व की कठिनाई यह कि वे प्रायः

चीज़ों को रूमानी नजरिये से देखने के अभ्यस्त हैं इसलिए 'आकाशदीप' और 'पुरस्कार' जैसी कहानियों में प्रेम-द्वन्द्व बाजी मार ले जाता है तथा इतिहास पिछड़ जाता है। 'चन्द्रगुप्त' नाटक तक में कार्नेलिया यवन-भारत संस्कृतियों के संघर्ष को पूरा उभरने नहीं देती जबकि उसके लिए अवसर था। अधूरा उपन्यास 'इरावती' दृश्य को स्वच्छन्दतावादी दृष्टि से प्रस्तुत करते हुए आरम्भ होता है जबकि कथानक सांस्कृतिक संघर्ष का है। यह इतिहास के प्रति रूमानी दृष्टि के कारण है, जिसने यथार्थ को पीछे छोड़ दिया है और अनेक स्थलों पर उसका स्थान एक मनोरम कल्पना और आदर्शवाद को मिल गया है।

[प्रसाद का काव्य, 1994]

जहाँ तक जयशंकर प्रसाद का प्रश्न है, उनकी संशोधन-परिवर्तन-प्रवृत्ति को उनके विकासमान व्यक्तित्व से जोड़कर देखने में हम सही निष्कर्षों तक पहुँच सकते हैं। विकास की यह प्रक्रिया कई स्तरों पर है—अनुभूति, विचार तथा अभिव्यक्ति। इसी विकासमान व्यक्तित्व के सहारे वे चित्राधार से आरंभ कर कामायनी जैसे क्लासिक तक जा सके। प्रसाद में, नये रचनाकारों की तरह आत्मालोचन की प्रक्रिया बहुत स्पष्ट नहीं है जिस पर समाजवादी चिंतन बहुत बल देता है और जिसमें विचारधारा का आग्रह अधिक है। दूसरी ओर इलियट जैसे लेखक-विचारक हैं जो कवि और आलोचक के संबंधों पर विचार करते हुए कविता को भी आत्मालोचन से गुज़रना चाहते हैं। यह अनुशासन प्रसाद में देखा जा सकता है और नये काव्य में मुक्तिबोध में।

x x x

प्रसाद की कृतियाँ बताती हैं कि वे एक अंतःसंघर्ष से गुज़रते हुए लेखक हैं। उनका परिवेश, व्यक्तिगत जीवन-रेखाएँ, काशी का वातावरण, समाज का बदलता रूप—इन सब के बीच से प्रसाद अपनी रचना-यात्रा चाहते हैं। आरंभ की प्रेम-भावना, धार्मिक-दार्शनिक रुचि, इतिहास-पुराण सामग्री धीरे-धीरे नया रूप ग्रहण करती है। कई बार एक ही कृति यह साक्ष्य प्रस्तुत करती है जैसे अंतःसंघर्ष से गुज़रते हुए प्रसाद स्वयं अपने विरोध में खड़े होना चाहते हैं।

x x x

वे निजी अनुभूतियों की सीमारेखा पार कर आत्मविस्तार करते हैं। प्रसाद के संशोधित संस्करणों में व्यक्तित्व का यह विकास देखा जा सकता है।

[डॉ. अनूप कुमार द्वारा लिखित 'प्रसाद की रचनाओं में संस्करणगत परिवर्तनों का अध्ययन' पुस्तक का डॉ. प्रेमशंकर द्वारा लिखा 'प्रवेश']

रमेशचन्द्र शाह

मगर प्रसाद का अंतरंग काँच का नहीं, हीरे का बना हुआ था। परिस्थिति से मौलिक प्रतिशोध लेते हुए उन्होंने कुछ ही वर्षों के अंदर न केवल अपने कुटुम्ब की माली हालत सुदृढ़ कर ली बल्कि अपनी मानसिक सम्पत्ति को भी—अपनी बौद्धिक और भावनात्मक कमाई को भी—इस सारे वात्याचक्र से अक्षत उबार लिया।...

साहित्यिक दलबंदी, द्रोहपूर्ण आलोचना, षड्यंत्रपूर्ण चुप्पी—कुछ भी इस प्रतिभा को आगे बढ़ने से नहीं रोक सके। इसका कारण यही था कि इन रचनाओं में भी वही तेजस्विता, वही अनिवार्य मोहिनी-शक्ति थी जो कि इन रचनाओं के स्रोत प्रसाद के व्यक्तित्व में थी ...

प्रसाद के व्यक्तित्व में शालीनता, अचूक व्यावहारिक बुद्धिमत्ता, मधुर मिलनसारी, गंभीरता और विनोद-वृत्ति का स्पृहणीय समावेश और संतुलन था। ... आत्मसम्मान की उनकी जो धारणा थी, उसमें दूसरों के व्यक्तित्व का सम्मान अन्तर्निहित था। साथ ही उनमें जो जिंदादिली थी, जो रस था, वह इस अभिजात शालीनता की स्वेच्छा-स्वीकृत मर्यादा के भीतर था।

[जयशंकर प्रसाद : साहित्य अकादमी, 1979]

विद्यानिवास मिश्र

प्रसादजी की भारत की पहचान अतीत गौरववादी पहचान से कुछ अलग थी इस माने में कि प्रसाद को अपने वर्तमान से सरोकार कुछ अधिक था और वे ध्रुवस्वामिनी, स्कन्दगुप्त और चाणक्य की ही नहीं ननकूसिंह, मधुआ और तितली की भी सृष्टि कर सकते थे। इतिहास का बोध उनको आक्रान्त नहीं करता था। उन्होंने अपने इतिहास-पुरुषों के भीतर के अकेलेपन को पहचाना और अपने युग के एकला चलो रे के प्रतिमान गाँधी में उस अकेले अभियान की सांस्कृतिक परिणति पायी। स्कन्दगुप्त और चाणक्य बहुत बड़े आत्मदान से बनते हैं। प्रसाद ने आस्तिक सनातनी दृष्टि से अपने इतिहास को देखा है। साम्राज्यलिप्सा और साम्राज्यवादिता का विरोध उन्होंने किया परन्तु मुसलमान के प्रति या उसके पहले के किसी विजातीय समुदाय के प्रति उनके मन में कभी द्वेष नहीं रहा। यही कारण है कि उन्होंने अकबर की सदाशयता की बात भी की और महाराणा प्रताप के महत्त्व की बात भी की।

['पूर्वग्रह', प्रसाद विशेषांक 1990 में 'प्रसाद दृष्टि']

रमेशकुन्तल मेघ

पहली बार यह ज्वलंत् सवाल भी सुलगा कि राष्ट्रीय मुक्ति का आधार कौन है—युवक? बुद्धिजीवी? सैनिक? किसान? जनता? प्रसाद ने अपने विभिन्न नाटकों में इस सवाल को अलग-अलग धुरी पर संचालित किया। धर्म और जाति के बीच अंतर्विरोध एकता तथा सहयोग की ओर बढ़े ['राज्यश्री', 'जनमेजय का नागयज्ञ', 'चंद्रगुप्त मौर्य']। प्रसाद के 'स्कंदगुप्त विक्रमादित्य' (1928) में सौराष्ट्र में शकों से तथा उत्तर में हूणों से, 'चंद्रगुप्त मौर्य' (1931) में चंद्रगुप्त का ग्रीक यवनों से, 'ध्रुवस्वामिनी' (1933) में शकों से संघर्ष हुआ है। 'राज्यश्री' (1915) में धार्मिक एकता, 'जनमेजय का नागयज्ञ' (1926) में आर्य तथा अनार्य (नाग) प्रजातियों की मैत्री, 'स्कंदगुप्त विक्रमादित्य' तथा 'चंद्रगुप्त मौर्य' में विभिन्न गणों (राष्ट्रीयताओं) तथा गणराज्यों के संश्लेषण से एक भारतवर्ष की ऐतिहासिक-सामाजिक संस्थापना हुई है। इस तरह से प्रसाद ने विचारधारा और कल्पचिंतन की मैत्री कराई है। प्रसाद ने अतीत का (जातीय सांस्कृतिक इतिहास का) गौरवगान किया है तथापि वे अधिकांशरूपेण बौद्धिक नाटककार तथा अक्सर गैररहस्यवादी कवि रहे। वे संस्कृति के कृती हैं और इसलिए वे रागात्मक ऐश्वर्य के भी सृजेता हैं।

अतः सभी स्वच्छंदतावादी कवि-लेखकों के बीच प्रसाद ने ही काव्यविवेक को रोमांतिक आवेग तथा आदर्शवादी इतिहास-दर्शन से संयुक्त किया। फलस्वरूप उनके अंतर्विरोध का सृजन-संहार सर्वलक्षित होता है। किंतु रोमांतिक प्रतीकों तथा सांस्कृतिक चक्र-चिह्नों के माध्यम से इनको अक्कूटित (डि-कोड) करने पर ही रहस्योद्घाटन होते हैं।

[राष्ट्रीय स्वाधीनता तथा रोमांतिक जागरण, 1989]

अयोध्या सिंह

मानवता, लोक-कल्याण और विश्वमंगल की भावना से ही प्रेरित होकर प्रसादजी अपनी रचनाओं में उन कारणों की तलाश करते दिखाई पड़ते हैं जो मानव समाज में विषमता पैदा करते हैं और जनजीवन को विषादमय बनाते हैं। वे ऐसे समाज की कल्पना भी करते हैं जिसमें जनजीवन विषमता और विषाद से मुक्त होगा, सुखी और संपन्न होगा। उनके इन प्रयासों में कितनों ही को साम्यवाद की झलक दिखाई पड़ती है। स्वयं आचार्य रामचन्द्र शुक्ल ने अपनी सुप्रसिद्ध कृति 'हिन्दी साहित्य का इतिहास' में कामायनी के संदर्भ में लिखा है : "वर्गहीन समाज की साम्यवादी पुकार की भी दबी-सी गूँज दो-तीन जगह है।"

यह सच है कि प्रसादजी की कृतियों में साम्यवाद, साम्य, समता आदि शब्दों का प्रयोग बड़ी सद्भावना के साथ कितनी ही जगह किया गया है। वे भारत के ऐतिहासिक काल के प्रारंभ को धन्य इसलिए मानते हैं कि उसने संसार में पशु, कीट, पतंग से लेकर इन्द्र तक के साम्यवाद की शंखध्वनि की थी। अपने सुप्रसिद्ध नाटक 'अजातशत्रु' की भूमिका में वे लिखते हैं : "इसलिए हम कहेंगे कि भारत के ऐतिहासिक काल का प्रारंभ धन्य है जिसने संसार में पशु, कीट, पतंग से लेकर इन्द्र तक के साम्यवाद की शंखध्वनि की थी। केवल इसी कारण हमें, अपना अतीत प्राचीन-इतिहास रखने पर भी, यहीं से इतिहास काल का प्रारंभ मानने में गर्व होना चाहिए।"

उनके 'कंकाल' उपन्यास और 'जनमेजय का नागयज्ञ' नाटक में कृष्ण को साम्य और समता के उपदेश देते दिखाया गया।

कहीं-कहीं तो प्रसादजी मार्क्सवादी चिन्तकों की भाँति तर्क देते दिखाई पड़ते हैं।

उनकी 'भिखारिन' कहानी में मार्क्सवादियों की यह मान्यता सुनने को मिलती है कि दुनिया के गरीबों की सिर्फ एक ही जाति होती है।

इन सबसे यह निष्कर्ष निकालना बिल्कुल गलत होगा कि प्रसादजी वैज्ञानिक समाजवाद या साम्यवाद के पक्षधर थे अथवा यह कि उनका चिंतन द्वंद्वात्मक भौतिकवादी अथवा मार्क्सवादी था। उनकी समस्त रचनाओं पर एक साथ विचार करने से हम देखते हैं कि उनका चिंतन भाववादी था, अध्यात्मवादी था। वे आर्य संस्कृति, भारतीय आत्मवाद और शैव दर्शन के आनंदवाद के पक्षधर हैं। इन्हें वे वैज्ञानिक समाजवाद या साम्यवाद से श्रेष्ठ मानते हैं। जब वे साम्यवाद, समता आदि की बात कहते हैं तो उनका तात्पर्य भारतीय आत्मिक साम्य से है। उनका तात्पर्य साम्यवाद से कदापि नहीं, जिसकी दिशा में बढ़ने का सक्रिय प्रयास आज मानव समाज का अधिकांश कर रहा है।

[प्रसाद : कृतित्व और विचारधारा, 1989]

किरनचन्द्र शर्मा

मैं समझता हूँ कि प्रसाद के सोचने-समझने का यह दृष्टिकोण केवल मौलिक और विद्रोहात्मक ही नहीं, स्वस्थ और सार्थक भी है। भारतेन्दु के बाद पहली बार हिन्दी में नाट्य-विधा को लेकर इतनी स्वस्थ-चिन्तन परम्परा शुरू होती है। यह बड़ा विचित्र लगेगा पर मैं फिर भी कहूँगा कि इस कवि-दार्शनिक का रचनापैटर्न एक समर्थ और विद्रोही नाटककार का था। प्रसाद का नाटककार अपने तमाम साहित्यिक विधान से (कामायनी में भी) अपने कवि और दार्शनिक से भी संघर्ष करता दिखाई देता है। और उनके नाटकों में यह उनका नाटककार ही है जो अपनी रचना-पद्धति में बार-बार उस

आदर्शवादी ढाँचे को तोड़कर बाहर निकलता है जो उनका दार्शनिक कवि-रचनाकार रच रहा होता है। प्रसाद की यह विवशता है लेकिन सबसे महत्त्वपूर्ण और सार्थक बात यह है कि प्रसाद का नाटककार बावजूद अपनी तमाम दार्शनिक कमजोरियों के हिंदी नाटक के विकास का एक स्वस्थ रास्ता दिखा रहा है।

x x x

प्रसाद भी एक विद्रोही रचनाकार थे। प्रसाद का महत्त्व इस बात में नहीं है कि उन्होंने 'ध्रुवस्वामिनी' जैसी रचना दी जो रंगमंच पर खरी उतरती है और न इस बात से उनका महत्त्व कम हो जाता है कि उन्होंने कमजोर चरित्र तथा वस्तुस्थितियों को लेकर ऐसे नाटक लिखे जो किसी रंगमंच पर सार्थक सिद्ध नहीं होते। प्रसाद का सर्वाधिक महत्त्व इस बात में है कि उन्होंने अतीत के माध्यम से वर्तमान और परम्परागत दोनों ढाँचों को एक साथ जोड़ा और जोड़कर उन्हें इतिहास के संदर्भों में खोजने का प्रयास किया। ढाँचे अथवा पद्धति के लिए उनकी यह द्वन्द्वात्मक भूमिका ऐतिहासिक दृष्टि से सर्वाधिक महत्त्वपूर्ण है।

[हिन्दी नाटक में विद्रोह की परम्परा, 1991]

अशोक वाजपेयी

औपनिवेशिक राजव्यवस्था में प्रसाद की सृजनात्मक चेतना और संकल्प ने इन नई चुनौतियों का, आँख खोलकर, नैतिक और बौद्धिक स्तर पर समकक्षता के भाव से सीधा सामना किया : अन्ततः प्रसाद का प्रतिरोध उनकी गहरी संग्राम-चेतना अपने विचार और दृष्टि को दूसरों का उपनिवेश बनने देने के विरुद्ध थी। इस संघर्षबोध का मूलाधार थी भारतीय मनीषा के पुनराविष्कार में उनकी आस्था लेकिन साथ ही एक नई संस्कृति के पहले आघातों से बदलते समाज और उसकी नियति का ट्रैजिक बोध भी। महाकाव्य की देवपरम्परा से हटकर उसमें मनुष्य के नायकत्व की प्रतिष्ठा करनेवाले प्रसाद को उनके ही एक मूर्धन्य समकालीन प्रेमचन्द ने जब यह सलाह दी थी कि उन्हें अपनी शक्ति का उपयोग वर्तमान सामाजिक और राजनैतिक समस्याओं के हल में लगाना चाहिए और कहा कि "इन गड़े मुर्दों को उखाड़ने से आज कोई फायदा नहीं" तो एक तरह से उन्होंने प्रसाद को न समझने की लम्बी परम्परा का श्रीगणेश भी कर दिया था और हमारी साहित्यिक संस्कृति के मनुष्य के चरम प्रश्नों, उसकी कालातीत चिन्ताओं से विरत होने के उस प्रोजेक्ट की प्रस्तावना भी कर दी थी जो पिछले पचास वर्षों से चलता रहा है।

यह प्रश्न उठाना अप्रासंगिक नहीं है कि हमारी आज की मुखर संघर्षचेतना का

स्वरूप अन्ततः है क्या? उसमें सामाजिक-आर्थिक शक्तियों के संघर्ष का अहसास है पर क्या उसमें हमारी संस्कृति के बुनियादी द्वन्द्व और चुनौतियों का भी अहसास शामिल है? यह इतिहास-चेतना दरअसल सारे इतिहास को सामाजिक-आर्थिक रूपों में ही देखकर उसमें अन्तर्निहित चरम प्रश्नों को या तो अनदेखा करती है और या सरलीकृत। यह विचित्र है कि इस तथाकथित इतिहास-बोध का मूल हमारा अपना ठोस इतिहास नहीं है बल्कि उसकी नजर में उस इतिहास को विचार में लेना तो दूर उसका जिक्र मात्र भी पिछड़ेपन की निशानी है। अपनी अनैतिहासिकता को इतिहासबोध कहना इन दिनों चीज़ों को उनके सही नाम से पुकारना है। इस बोध में अभी पचास वर्षों पहले प्रसाद द्वारा लड़े गये वैचारिक और सृजनात्मक संग्राम की कोई स्मृति शेष नहीं है : संस्कृति को भूलकर, प्रसाद और उनके महासमर को भूलकर बनाई हमारी संग्रामचेतना एक व्यापक और संगठित रूप से फैलाया जा रहा प्रवाद है। यह इतिहासचेतना विस्मृति और जातीय दायवंचन से भरी है और वैचारिक संग्राम को झगड़ों में अवमूल्यित कर आत्मसन्तुष्ट है। यह नहीं कि इस सबका कोई प्रतिरोध नहीं रहा—वह न केवल रहा है बल्कि निरन्तर सक्रिय और सजग है और अपनी परम्परा और समकालीनता दोनों को इन गैर-मुद्दों, अनैतिहासिकता और आत्महीनता के दुश्चक्र से उबारने की कोशिश भी करता रहा है। उत्तर-आधुनिकता, आधुनिकतावाद और इतिहासवाद दोनों के अन्ततः आख्यान बनकर रह जाने पर, असहाय अरण्यरोदन नहीं है : वह भाषा, दृष्टि, संवाद, स्थिति और नियति सभी के बारे में पूरी शताब्दी के अनुभवों की रोशनी में नई प्रश्नाकुलता का दूसरा नाम है। वह 'सार्वभौम शाश्वत बुद्धि वैभव' का स्वाधीन और जनतांत्रिक पुनराग्रह है।

पूर्व और पश्चिम के द्वन्द्व के बारे में जैसी सजगता प्रसाद में थी वैसी उस समय किसी और में नहीं थी और दुर्भाग्य से अब जब स्वतंत्रता के बाद हम पश्चिम के सामने लगभग पूरी तरह से बौद्धिक आत्मसमर्पण और लगभग जानबूझकर अपना जाति निर्वासन कर एक आसान और इकहरे सामाजिक यथार्थ को एक मात्र यथार्थ मानकर, पुलकित हैं जाहिर है, प्रसाद हमारे लिए या तो शोभापुरुष हैं या एक अविचारणीय अप्रासंगिक। प्रसाद का सच्चा और प्रामाणिक पाठ तब तक सम्भव ही नहीं है जब तक हम अपने को एक पराधीन औपनिवेशिक पाठ पद्धति से मुक्त नहीं करते। जब तक हम यह नहीं पहचानते कि साहित्य का धर्म अपने समय में सभ्यता समीक्षा करना ही है, कि मूर्त और अमूर्त, बाह्य और आभ्यन्तर के एकीकरण का प्रयत्न कल्पना, मनीषा और सृजन का एक अत्यन्त साहसिक यत्न है, कि हमारा यथार्थ निरी सामाजिकता और आर्थिक राजनैतिक शक्तियों से नियमित अन्तर्ध्वनि और आन्तरिकता से हीन यथार्थ नहीं बल्कि उनके साथ ही अनेक आध्यात्मिक चिन्ताओं दार्शनिक प्रश्नों और जातीय स्मृति में उलझा, उनसे जूझता यथार्थ है और इसका अस्वीकार एक तरह से भारतीय

जातीय उत्तराधिकार का दायवंचन है, कि यह कोई गोलमोल रहस्यवादिता या आध्यात्मिकता की शरण में जाना नहीं बल्कि अपने समय, उसके संघर्ष, उसमें साहित्य की स्थिति को अधिक गहरे समझने की कोशिश है तब तक हम अपनी परम्परा के इस अत्यन्त मूल्यवान प्रसाद-तत्त्व का न तो साक्षात् ही कर सकते हैं और न अपने लिए कोई पुनराविष्कार भी।

प्रसाद ने जानबूझकर हारी होड़ लगाई थी—पर क्या भारतीय प्रतिमा की जिजीविषा और अस्मिता ने सचमुच हार मान ली है? क्या हम इस दुर्घटना के साक्षी और कमोवेश उसमें भागीदार हैं? क्या प्रसाद-तत्त्व आज भी, प्रलयपथ पर चलते हुए, होड़ लगाने से हारा-थका नहीं है?

['पूर्वग्रह', प्रसाद विशेषांक, 1990, हारी होड़]

कुँवरनारायण

प्रसाद काव्य और कला-संबंधी सवालों को निश्चित रूप से मनुष्य के सौंदर्य-बोध के दायरे में रखते हैं, और साहित्य का प्रयोजन या उपयोगिता उसके 'आनंद' प्रदान कर सकने की क्षमता में मानते हैं। लेकिन उनकी मानसिकता लोकनिरपेक्ष नहीं है, न मनुष्य में सौंदर्य-भावना को ही वे समाज-निरपेक्ष पलायनवादी प्रवृत्ति मानते हैं। जब वे कहते हैं कि "भारतीय काव्य की धारा लोकपक्ष से मिलकर अपनी आनन्द-साधना में लगी रही," तो वे सामाजिक दायित्व से पलायन का रास्ता खोजते नहीं दिखते बल्कि उस साधना में 'श्रेय' और 'प्रेय' का सामंजस्य खोजते हैं जिसे उन्होंने 'श्रेयमयी प्रेय रचनात्मक ज्ञानधारा' कहा है। मुक्तिबोध ने भी स्वीकार किया है कि 'प्रसाद को इस बात का श्रेय देना ही होगा कि उन्हें अपने समाज की विषमताओं की जबरदस्त अनुभूति थी।'

'श्रेय' की साधना जहाँ कला की सामाजिकता के लिए पर्याप्त जगह छोड़ती है वही 'प्रेय' सौन्दर्यमूलक उत्कृष्टता के लिए। जब प्रेमचन्द कहते हैं कि 'प्रोपैगेण्डा आँधी है जो आँखों में धूल झोंकती है ··· वह रस-विहीन होने के कारण आनन्द की वस्तु नहीं। लेकिन यदि कोई चतुर कलाकार उसमें आनन्द और रस भर सके, तो वह प्रोपैगेण्डा की चीज न होकर सद्-साहित्य की वस्तु बन जाती है ··· ' तो शायद वे भी प्रसाद से बहुत भिन्न बात नहीं कह रहे होते। मेरी मंशा यहाँ प्रेमचन्द और प्रसाद के बीच बुनियादी फर्क को मिटाना नहीं बल्कि 'श्रेय' और 'प्रेय', 'आनंद' और 'रस' जैसे पदों की छानबीन की जरूरत की ओर ध्यान खींचना है जिसे दो बिलकुल भिन्न प्रकार के रचनाकार इस्तेमाल

कर रहे हैं, और उनके मूल सन्दर्भों को नितान्त भारतीय आदर्शों और यथार्थ के परिवेश में स्थित या लोकेट करते हैं। समकालीन लेखन के बारे में सोचते वक्त भी यह महत्त्वपूर्ण है कि हम साहित्य की उत्कृष्टता के सवाल को प्रमुखतः कहाँ और किस रूप में रखते हैं। जब मुक्तिबोध शिकायत करते हैं कि 'प्रसादजी के दर्शन ने सब जगह गड़बड़ की है ⋯ ' तथा यह कि 'आश्चर्य की बात है कि जिस प्रसाद ने अपने नाटकों में कर्म के भव्य, गौरवपूर्ण और प्रेरणामय चित्र प्रस्तुत किये, वही प्रसाद 'कामायनी' में आकर कर्म का स्थूल अर्थ ग्रहण करते हैं।' तब जाने-अनजाने मुक्तिबोध एक ज्यादा बुनियादी समस्या की ओर इशारा करते हैं कि किसी भी दर्शन या विचारधारा का साहित्य के साथ सही रिश्ता क्या हो।

जाहिर है कि मुक्तिबोध किसी भी दर्शन को साहित्य पर सीधे थोप देने के खिलाफ हैं। और वे इसके भी खिलाफ हैं कि 'कर्म' तक की बहुत 'स्थूल' व्याख्या की जाय। जब वे 'भव्य', 'गौरवपूर्ण' और 'प्रेरणामय' जैसे शब्द इस्तेमाल करते हैं तो हमारा ध्यान बरबस उन नित्य मानवीय मूल्यों की ओर जाता है जिन्हें प्रसाद 'प्रेय' और 'प्रेय' के सामंजस्य में खोजना चाहते हैं। प्रसाद अपने अद्वैत आग्रहों के बावजूद दर्शन की अपेक्षा साहित्य के स्थान को गौण नहीं मानते। साहित्य की स्वतन्त्र स्थिति मानते हुए उसे दर्शन के बराबर—उसके अंतर्गत नहीं—रखकर चलते हैं। साहित्य इस माने में अन्य ललित कलाओं से भिन्न है कि वह शब्दों पर आधारित होने के नाते एक अत्यन्त संवेदनशील संज्ञानात्मक चेष्टा (कागनिटिव फेकल्टी) भी है : जीवन का सर्वेक्षण, विवेचन, निरीक्षण, विचार, विश्लेषण, समीक्षा आदि उसकी अपनी जरूरतों का संश्लिष्ट हिस्सा हैं। सार्त्र के चिन्तन की मूल संवेदना जिन अर्थों में साहित्यिक कही जाती रही है, प्रसाद का अद्वैत भी कुछ-कुछ उन्हीं अर्थों में मूलतः साहित्यिक कहा जा सकता है। अद्वैत की रहस्यात्मक अनुभूति में सहज रोमाण्टिक काव्य है जिसे प्रसाद ने अपनी तरह निरूपित किया है। भारतीय चिन्तन ने यदि आत्म-तत्त्व को महत्व दिया तो इससे यह निष्कर्ष निकाल लेना जल्दबाजी होगी कि वह जीवन आत्मकेन्द्रित व्याख्या है और अनिवार्यतः भौतिक यथार्थ का विपक्ष है।

प्रसाद के साहित्य-बोध और उनके इतिहास-बोध के बीच अंतरंग सम्बन्ध है। 'आत्मा के संकल्पात्मक मूल अनुभूति' की बात उठाते हुए प्रसाद ने एक शंका रखी है—'⋯ संकल्पात्मक मन की सब अनुभूतियाँ श्रेय और प्रेय दोनों ही से पूर्ण होती हैं, इसमें क्या प्रमाण है?' उनका उत्तर है, '(वह) असाधारण अवस्था (जो) युगों की समष्टि अनुभूतियों में अन्तर्निहित रहती है, क्योंकि सत्य अथवा श्रेय ज्ञान कोई व्यक्तिगत सत्ता नहीं, वह एक शाश्वत चेतनता है ⋯ जो व्यक्तिगत स्थानीय केन्द्रों के नष्ट हो जाने पर भी निर्विशेष रूप से विद्यमान रहती है।' प्रसाद काव्यात्मा और संकल्पात्मक-अनुभूति को परस्पर सम्बन्धित मानते हैं, क्योंकि आत्मा को वाङ्मय, मनोमय और प्राणमय माना गया है।

जब प्रसाद काव्य-चेतना (ईस्थेटिक प्रिंसिपल) और इतिहास की सांस्कृतिक चेतना के बीच संकल्पमूलक आधार खोजते हैं तो ध्यान यूरोप के 19वीं सदी और 20वीं सदी के पूर्वार्ध के कई इतिहास-शास्त्रियों के विचारों की ओर भी जाता है। वीको और हर्डर, तथा हीगेल, क्रोचे और कालिंगबुड भी लगभग इसी तरह सोच रहे थे कि मनुष्य की कलात्मक संस्कृति और धार्मिक भावबोध की आधार-चेतना एक ही है। इसके पीछे कहीं यह विश्वास काम करता रहा कि इतिहास घटनाओं का अंधा क्रम मात्र नहीं है, उसके पीछे कहीं मनुष्य के आध्यात्मिक विकास की एक अप्रत्यक्ष दैवी योजना है। दो महायुद्धों के कारण जो मोहभंग हुआ उसने इतिहास के प्रति चिन्तन को बिलकुल बदल दिया। अगर स्पेंगलर और टायनबी उस मोहभंग के इतिहासकार हैं, तो मार्क्स भौतिकतावादी दृष्टि से इतिहास का तर्कसम्मत आशावादी भविष्य प्रस्तुत करते हैं। इतिहास को लेकर समकालीन दृष्टि मूलतः वैज्ञानिक और यथार्थवादी है। प्रसाद की दृष्टि आदर्शवादी है। उनके ऐतिहासिक चरित्र उन्हीं मूल्यों के प्रतीक हैं जिनका आदि-रूप 'कामायनी' का मनु है। प्रसाद भारतीय इतिहास को राष्ट्रीय गौरव-गाथा और महानायकवाद की परिकल्पना के रूप में पढ़ते हैं।

समकालीन कविता वर्तमान में इतिहास की मौजूदगी को एक बिलकुल भिन्न तरह देखने की कोशिश है। विजयदेव नारायण साही की कई कविताएँ ऐतिहासिक आभासों को एक खास तरह के भाषायी स्पन्द में झंकृत करती हैं। श्रीकान्त वर्मा का 'मगध' राजनीतिक कुचक्र में फँसे एक संवेदनशील मनु का इतिहास में संतरण है जहाँ से वह वर्तमान को एक धुंध की तरह चित्रित करता है। मैंने स्वयं अपनी कई कविताओं में ऐतिहासिक स्मृतियों को सामान्य जीवन के बीच रखकर इस तरह देखने की कोशिश की है मानो उसकी वास्तविकता का संदर्भ इतिहास से ज्यादा आज की जिन्दगी हो।

प्रसाद के लेखन का मूल नाटकीय और रोमाण्टिक तत्त्व भारतीय इतिहास के यथार्थ से इतना नहीं जुड़ता जितना प्रसाद की इतिहास के बारे में उनकी कल्पना से। नाटकीय शब्द यहाँ मैं केवल नाटकों के बारे नहीं इस्तेमाल कर रहा। इधर प्रसाद की अनेक कहानियों को फिर पढ़ते समय मुझे लगा कि वे उनके नाटकों से ज्यादा नाटकीय हैं। सुनने में यह एक विरोधाभास भले ही लगे पर रचना-प्रक्रिया के सिलसिले में यह बिलकुल संभव है कि एक साहित्यकार की मूल संवेदना उसी विधा में पूरी तरह अभिव्यक्त न हो पाये जिसे वह चुनता है। 'आकाशदीप' जैसी कहानियों को पढ़ते हुए मुझे लगा उनमें एक अच्छी टी. वी. या फिल्मस्क्रिप्ट की पूरी सामग्री मौजूद है : उसे आसानी से एक साहसिक फिल्म या नाटक में विस्तृत किया जा सकता है, जब कि उनके नाटक लगभग औपन्यासिक हैं। इसी तरह एक साहित्यकार की मूल संवेदना यदि काव्यात्मक है तो जरूरी नहीं कि वह उसकी कविता में ही सबसे अच्छी अभिव्यक्ति पाए : हो सकता है वह उसके उपन्यासों, कहानियों या निबन्धों में बेहतर प्रकट हो।

प्रसाद के साहित्य और उनकी साहित्य-साधना से हम आज भी बहुत कुछ सीख सकते हैं। सही मानों में वे एक समर्पित साहित्य-योगी थे। 48 वर्षों की कम आयु में ही उनकी साहित्य को इतनी सर्वांगीण देन हमें आज भी चकित करती है। अनेक कमियों के बावजूद उनके साहित्य और चिन्तन में जो श्रेष्ठ है वह श्रेष्ठता की किसी भी कसौटी पर खरा उतरता है। भारतीय संस्कृति की जो भी परिकल्पना उनके मन में थी उसमें विभाजन और हताशा नहीं है, एक समर्थ, समग्र और सच्ची जीवन-दृष्टि का आलोक है। वह रचनात्मक हिन्दी साहित्य के इतिहास में एक अनूठा प्रकरण है। प्रसाद का साहित्य आज हमारे लिए अनुकरणीय भले ही न हो पर अपनी अद्‌भुत रचनात्मक ऊर्जा और कला-निष्ठा में स्पृहणीय जरूर है।

[प्रसाद जन्मशती, 1989 के अवसर पर साहित्य अकादमी द्वारा आयोजित संगोष्ठी में पढ़ा गया निबंध]

त्रिलोचन शास्त्री

प्रसाद-स्कूल के कवि हैं मुक्तिबोध। प्रसाद को मुक्तिबोध ने बड़ी गहराई से पढ़ा था। उनकी रचना पर भी प्रसाद चुनौती के रूप में स्थापित हैं। प्रसाद की रचना है 'लहर' जिसमें एक कविता है 'प्रलय की छाया'। उसमें अनेक संध्याओं का वर्णन ... मुक्तिबोध ने भी 'अँधेरे में' कविताओं में अनेक अँधेरों का वर्णन किया है, जो धंधे हैं अँधेरे में ही दिखाए हैं। भ्रष्टाचार, काले धंधे आदि दिखाने का उसका यह समायोजन है बहुत अच्छा ... लेकिन सब सोच न पायेंगे कि वह प्रसाद के ही स्कूल से निकला था ...!

[वर्तमान जनगाथा, मार्च, 1994]

अज्ञेय

अगर प्रगतिशीलता का कोई ऐतिहासिक सन्दर्भ भी है—और अगर नहीं है तो प्रगतिवादी जिस प्रगति का शोर मचाते हैं वह है क्या ?—तो प्रसाद क्यों प्रेमचन्द से कम प्रगतिशील माने जायें ? प्रसाद के साहित्य ने भारतीय समाज में एक ऐतिहासिक अस्मिता-बोध, एक नियति-बोध (सेंस ऑफ़ डेस्टिनी) जगाने का प्रयत्न किया और ऐसे काल में किया जब देश अपनी स्वाधीनता के लिए लड़ रहा था। राष्ट्रत्व के लिए ऐसा अस्मिता-बोध और नियति-बोध केवल प्रेरक तत्त्व ही नहीं होते, इस बोध पर राष्ट्र खड़ा होता है। आत्म-बोध और ऐतिहासिक नियति-बोध से वह आस्था मिलती है जो स्वाधीनता संग्राम का असली बल होती है, और प्रसाद ने उस संग्राम के आरम्भिक युग में इस आस्था का एक पुष्ट आधार दिया। क्या यह युग धर्म का निर्वाह नहीं था ? सामाजिक न्याय

का संघर्ष अपनी जगह है : वह अभी पूरा तो क्या, ठीक से आरम्भ भी नहीं हुआ है : सभी राजनीतिक दलों ने उस संघर्ष की प्रवृत्ति के सामाजिक न्याय के लिए नहीं, अपनी सत्ता के लिए दुह लेना चाहा है; वह अलग बात है। पर प्रगति को इतना इकहरा क्यों माना जाय? राजनीति में वैसे इकहरेपन के फ़ायदे हों भी तो साहित्य या संस्कृति के क्षेत्र में वैसा इकहरापन चाहना तो संस्कृति की ही हत्या करना चाहना है।

[शेषा, 1995]

खंड : दूसरा

नव्य रंग आंदोलन के आलोक में प्रसाद के नाटकों का अन्तरावलोकन

- निर्देशक की पहल
- नये आकलन की खोज

निर्देशक की पहल

शांता गाँधी

स्कंदगुप्त : प्रदर्शन संबंधी कुछ विचार

आधुनिक हिंदी रंगमंच की शीघ्र उन्नति के मार्ग में एक बड़ी बाधा है : ऐसे अच्छे मौलिक नाटकों का अभाव जिनकी जड़ें हिंदीभाषी जनता के जीवन में हों। स्वाधीनता के बाद से रंगमंच के लिए दिनोंदिन बढ़ते हुए उत्साह के कारण अपेक्षाकृत अधिक संख्या में नाटक निरंतर लिखे जा रहे हैं। किंतु एक-दो अपवादों को छोड़कर वे प्रायः दर्शकवर्ग के गहरे आंतरिक संस्कारों को छूने में सफल नहीं होते। साथ ही उनमें वे उच्च रंगमंचीय और साहित्यिक गुण भी नहीं होते, केवल जिनके द्वारा ही एक नियमित हिंदी रंगमंच की स्थापना और उसका निरंतर विकास हो सकता है।

हिंदी रंगमंच के विकास की इस विशेष अवस्था में जयशंकर प्रसाद के नाटक बहुत ही सहायक हो सकते हैं। उनके नाटकों में विविध प्रकार के बेशुमार सुंदर चरित्र हैं जो नये अभिनेताओं के लिए प्रेरणादायक चुनौती भी बन सकते हैं और उनकी क्षमता को अधिक व्यापक बना सकते हैं। भारतीय जीवनदृष्टि के अनुरूप उनके नाटकों का समृद्ध नाट्यतत्त्व दर्शकवर्ग को रुचिकर भी होगा और उसके मानसिक क्षितिज का विस्तार भी करेगा। उनके नाटकों का साहित्यिक महत्त्व और उनकी विषयवस्तु की सार्वभौमिकता असंदिग्ध है। फिर क्या कारण है कि आधुनिक हिंदी निर्देशक उन्हें रंगमंच पर प्रस्तुत करते झिझकता है? शायद एक कारण यह है कि उनकी अभिनेयता के बारे में लोगों को संदेह है। पर क्या यह संदेह उचित है? अथवा, क्या मूल नाटकों में थोड़ा-बहुत सामान्य परिवर्तन करके उनकी प्रदर्शन संबंधी समस्याओं को सुलझाना संभव है? उदाहरण के लिए 'स्कंदगुप्त' को लीजिए जो कई दृष्टियों से उनका सर्वश्रेष्ठ नाटक है।

नाटक का संक्षिप्तीकरण : 'स्कंदगुप्त' पाँच-अंकी नाटक है जिसमें पच्चीस पुरुष और दस स्त्री-पात्र हैं। एक औसत अव्यवसायी मंडली के लिए पात्रों की इतनी बड़ी संख्या एक बड़ी भारी बाधा बन सकती है। इसके अतिरिक्त पूरे नाटक की अवधि कम से कम चार-साढ़े चार घंटे होगी जो आधुनिक दर्शक वर्ग के लिए बहुत अधिक

है। इसलिए स्पष्ट है कि आधुनिक रंगमंच पर प्रस्तुत करने के पहले इस नाटक को छोटा करना बहुत आवश्यक है। लगता है कि उसको करीब-करीब आधा काट देना आवश्यक होगा। किंतु क्या इतने अधिक संक्षिप्तीकरण से नाटक का सार भाग इतना नष्ट-भ्रष्ट न हो जाएगा कि वह आधुनिक रंगमंच पर प्रस्तुत करने के योग्य ही न रहे? मेरे विचार में यदि उसकी मूलभूत समकालीन सार्थकता को सुरक्षित रखा जाए तो ऐसा होना अनिवार्य नहीं है।

किसी क्लासिक नाटक को प्रस्तुत करते समय उसके किस विशेष तत्त्व पर बल दिया जाए, यह प्रत्येक युग, बल्कि प्रत्येक दशाब्दी में बदलता रहता है। आज इस नाटक को प्रस्तुत करते समय मैं दो बातों पर जोर देना चाहूँगी : एक तो गुप्तयुग के अंतिम चरण की भाँति ही आज हमारे देश की सबसे बड़ी आवश्यकता यह है कि प्रसाद के स्कंदगुप्त जैसा ही कोई नेता सामने आए, जिसके व्यक्तित्व में अदम्य साहस, योग्यता और 'अधिकार-सुख के नशे' के प्रति उदासीनता जैसे असामान्य गुणों का समन्वय हो—कोई ऐसा कर्मयोगी जो एकता की शक्ति को जागृत कर सके और राष्ट्रीय विघटन को रोक सके। दूसरे, जो व्यक्ति सफलतापूर्वक अपने युग की चुनौती का सामना करता है वह अनिवार्य और आवश्यक रूप से ऐसी ऊँचाई पर पहुँच जाता है जहाँ उस वातावरण में उसके सहयोगी नहीं टिक पाते। इसलिए ऐसे व्यक्ति को अपने निजी जीवन में सुखद अकेलेपन को स्वीकार करना पड़ता है, ठीक वैसे ही जैसे स्कंदगुप्त अपना उद्देश्य पूरा होने के बाद उसे सहज ही स्वीकार कर लेता है।

निर्देशक इस बात के लिए स्वतंत्र है कि वह चाहे जिस बात पर बल दे। पर वह जो भी हो, यदि वह नाटक को समझकर संक्षिप्त करेगा तो अवश्य ही उसके आत्यंतिक नाटकीय प्रभाव को नष्ट किए बिना ही उसकी अवधि और पात्रों तथा दृश्यों की संख्या को कम कर सकेगा। निस्संदेह यह संभावना भी है कि कोई निर्देशक कुछ सतही व्यावहारिक बातों से घबड़ाकर, भली भाँति सोचे-समझे और विषयवस्तु को संवेदनशीलतापूर्वक ध्यान में रखे बिना ही, इस नाटक को संक्षिप्त कर डाले। उदाहरण के लिए, अभिनेत्रियाँ मिलने की कठिनाई के कारण कोई निर्देशक गौण स्त्रीपात्रों को काट दे, और इस बात को न समझे कि ये पात्र ही उस युग के उस नैतिक-सैद्धांतिक संघर्ष की तीव्रता उद्‌घाटित करने के सबसे प्रभावशाली साधन हैं जिसने पारिवारिक जीवन को भी स्पर्श किया था—जब माँ-बाप अथवा पति-पत्नी जैसे परस्पर घनिष्ठ व्यक्ति भी जीवन के सामान्य मूल्यों में साझीदार नहीं रह गए थे। इस खतरे से बचने का एक उपाय यह है कि स्त्रीपात्रों की संख्या कम करने में अर्थोपक्षेप जैसी प्राचीन युक्ति के किसी संशोधित प्रकार का सहारा लिया जाए।

कार्यमूलक दृश्यबंध बनाने की समस्या भी इस नाटक को यांत्रिक ढंग से काटने को प्रेरित कर सकती है। इस नाटक के पहले, दूसरे और चौथे अंकों में से प्रत्येक में सात दृश्य हैं, और तीसरे तथा पाँचवें अंक में से प्रत्येक में छः दृश्य। इनमें से प्रत्येक

दृश्य का नाटकीय स्थल भिन्न है। नाटक का कार्यव्यापार दृश्य बदलते ही सैकड़ों मील दूर पहुँच जाता है, जैसा कि स्थल परिवर्तन की निम्न तालिका से स्पष्ट होगा :

स्थल परिवर्तन तालिका

अंक	1	2	3	4	5
दृश्य					
1.	गुप्त स्कंधावार (उज्जयिनी)	क्षिप्रा तट पर कुंज (मालव)	क्षिप्रा तट (मालव)	मगध के राजमहल का प्रकोष्ठ	पथ
2.	मगध का राजमहल (कुसुमपुर)	प्रपंचबुद्धि का मठ (मगध)	श्मशान (अवंती)	शिविर	समाधि (कनिष्क स्तूप के पास)
3.	पथ (कुसुमपुर मगध)	देवकी का महल (कुसुमपुर-मगध)	राजमहल (मगध)	न्यायाधिकण (कश्मीर)	कनिष्क स्तूप
4.	अंतःपुर (कुसुमपुर)	बंदीगृह (कुसुमपुर)	उपवन (अवंती)	पथ (नगर प्रांत)	विहार
5.	अंतःपुर का द्वार (मगध)	अवंती दुर्ग	रणक्षेत्र (गांधार)	विहार के पास चतुष्पथ	रणक्षेत्र
6.	पथ (नगर-प्रांत)	अवंती पथ	रणक्षेत्र कुभा	पथ (नगर प्रांत)	उद्यान
7.	अवंती दुर्ग	अवंती राजसभा	–	कुटी	–

कार्यव्यापार की निरंतरता की दृष्टि से प्रचलित यथार्थवादी दृश्यबंधों का अभ्यस्त निर्देशक इस नाटक को फार्मूले के अनुसार, अर्थात् यदि समूचे ही नाटक के लिए एक स्थल नहीं तो कम से कम एक अंक के लिए, एक नाटकीय स्थल प्रस्तुत करने की बात सोच सकता है। किंतु ऐसा प्रयास अनुचित होगा क्योंकि इस नाटक में नाटकीय स्थलों की यह विविधता उसकी कथावस्तु के साथ बुनियादी तौर पर जुड़ी हुई है। दूर-दूर तक फैले हुए गुप्त साम्राज्य के आसन्न विघटन की पृष्ठभूमि में ही स्कंदगुप्त का वास्तविक महत्त्व उभरकर सामने आता है। किसी कर्मयोगी को उसकी कर्मभूमि के संदर्भ में ही परखा जा सकता है। इसलिए दृश्यबंध की इस व्यावहारिक समस्या का कोई दूसरा हल ढूँढ़ना आवश्यक है।

इस भाँति इस नाटक की निर्देशन संबंधी सबसे महत्त्वपूर्ण समस्या इसको काटने

और संपादित करने की है। इस पर ही अन्य शिल्पगत समस्याओं के समाधान निर्भर करते हैं—ऐसे समाधान जो इस नाटक की भावना तथा उसके प्रदर्शन की शैली के अनुरूप हों।

प्रदर्शन की शैली : किसी भी नाटक के प्रदर्शन की शैली मुख्यतः उसके लेखन की शैली पर, उसके नाटकीय रूपबंध पर, निर्भर करती है। प्रसाद में प्राचीन भारतीय रंगमंच की परंपरा तथा उन्नीसवीं शताब्दी में प्रचलित पश्चिमी रंगमंच की रूढ़ियों का बड़ा सुखद समन्वय मिलता है। एक प्रकार से यह समन्वय आधुनिक दर्शक के जीवन के मूलभूत यथार्थ को भी सूचित करता है, यद्यपि वास्तविक जीवन में वह प्रत्येक व्यक्ति के लिए शायद उतना ही सुखद न हो।

इस नाटक में वीररस को प्रधान रस रखा है और साथ ही बाकी अन्य मुख्य रसों को गौण रसों के रूप में प्रयोग करके उसे पुष्ट किया है। इस उपलब्धि के लिए उन्होंने न केवल कथावस्तु तथा चरित्रचित्रण के प्राचीन भारतीय सिद्धांतों का सहारा लिया है, बल्कि संघर्ष और उसके फलस्वरूप उत्पन्न होनेवाले नाटकीय कार्यव्यापार के सिद्धांत का भी सहारा लिया है। इस नाटक का सामान्य ढाँचा पारसी थिएटर तथा उसके रँगे हुए लिपटवाँ परदों को ध्यान में रखकर बना है। किसी विशेष दृश्य का अंत सारे पात्रों के प्रस्थान से होगा अथवा किसी झाँकी द्वारा, यह इस बात पर निर्भर है कि वह विशेष दृश्य मंच के पिछले, अगले अथवा बीच के भाग में से कहाँ होनेवाला है। प्रसाद की कला में नाटकीय संवाद भी पूर्वी-पश्चिमी समन्वय से बहुत अधिक प्रभावित हैं। इस नाटक के संक्षिप्तीकरण में इस बात का भी ध्यान रखना बहुत आवश्यक है।

उपलब्ध साधनों के महत्त्वपूर्ण प्रश्न के अतिरिक्त नाटक की रूपबंध संबंधी विशेषताओं का ज्ञान भी इसके प्रदर्शन की शैली निर्धारित करने में सहायक होगा। यह प्रदर्शन निश्चित रूप से यथार्थवादी नहीं हो सकता, न वह संस्कृत नाटकों की भाँति नाट्यधर्मी ही होगा। साथ ही प्रदर्शन की यह शैली ही इसमें अभिनय, दृश्यांकन, वेशभूषा, उपकरण, प्रकाशयोजना आदि की शैली निर्धारित करने में सहायक होगी।

वेशभूषा : इस नाटक का प्रदर्शन आज इसीलिए कोई करना चाहेगा क्योंकि इसमें समकालीन मूल्य मौजूद हैं। इसलिए इसके निर्देशक को अपने मन में बिलकुल स्पष्ट होना चाहिए कि वह इन मूल्यों को किस प्रकार आधुनिक दर्शकवर्ग तक पहुँचाएगा। यह निर्णय करने के बाद ही उसको इस नाटक की वेशभूषा का अंकन करना चाहिए। एक उपाय तो यह है कि आधुनिक वेशभूषा का प्रयोग किया जाए। इससे खर्च कम होने के अतिरिक्त एक औसत अव्यवसायी दल के लिए अभिनय संबंधी समस्याएँ भी इतनी जटिल नहीं रहेंगी। विभिन्न पात्रों की सामाजिक स्थिति तथा व्यक्तिगत महत्त्व को प्रकट करनेवाले वेशभूषा के आधुनिक उपकरणों का समझदारी से चुनाव करके प्रसाद तथा आधुनिक दर्शकवर्ग के बीच एक सीधी कड़ी जोड़ी जा सकती है। किंतु फिर भी युगानुरूप वेशभूषा में आधुनिक वेशभूषा की अपेक्षा एक महत्त्वपूर्ण सुविधा है। युगानुरूपता

ऐसा सौंदर्यपरक व्यवधान उत्पन्न करता है जो स्कंदगुप्त जैसे क्लासिक नाटक के रसबोध में बहुत सहायक हो सकता है। किसी पात्र के वस्त्रों की रेखा और उनका कटाव तय करते समय गुप्तयुग की मूर्तिकला पर ध्यान देना चाहिए, जिसमें पर्याप्त विविधता मौजूद है। जो कपड़ा चुना जाए उसका ताना-बाना रंगमंचीय दृष्टि से प्रभावशाली तथा पात्र की गरिमा को बढ़ानेवाला होना चाहिए। रेशम और साटन इन प्राचीन पात्रों के लिए आवश्यक रूप से उपयुक्त नहीं हैं।

रंगयोजना का समग्र प्रभाव धूसर रंग में से उभरकर खिलते हुए नारंगी रंग का हो सकता है। अलग-अलग पात्रों के लिए उन रंगों को चुनना बेहतर होगा जो पात्रों द्वारा व्यक्त रस के अनुकूल हों। स्कंदगुप्त के लिए रंग धूसर और नारंगी होंगे, देवसेना के लिए फीका नीला और नारंगी, विजया के लिए धूसर रंग से घिरा हुआ लाल अथवा शायद काला होगा, इत्यादि। प्रत्येक दृश्य के लिए वेशभूषा बदलना आवश्यक नहीं है, चाहे उन दृश्यों के बीच स्थान और समय का कितना ही व्यवधान क्यों न हो। जब सर्वथा आवश्यक हो तब उत्तरीय जैसे किसी गौ़ण उपकरण का परिवर्तन ही पर्याप्त होगा।

दृश्यबंध : आज के औसत भारतीय रंगमंच पर, जिसके पास चक्री मंच नहीं है, प्रसाद के नाटक अनभिनेय मानने का एक कारण यह है कि उसमें दृश्यपरिवर्तन बहुत है। इससे दृश्यांकनकार का काम जटिल हो जाता है। साथ ही यह एक ऐसी चुनौती है जो क़िसी भी संवेदनशील दृश्यांकनकार की कल्पनाशक्ति को जागृत और प्रेरित करेगी और नाटक की मूल वस्तु के प्रति उसकी संवेदनशीलता की परख प्रस्तुत करेगी।

सबसे पहली बात तो यह है कि यथार्थवादी संदूकिया दृश्यबंध बनाने का विचार बिलकुल छोड़ देना चाहिए। इस नाटक को लिखते समय प्रसाद ने नाटकीय स्थलों के जल्दी-जल्दी परिवर्तन के लिए संभवतः लिपटवाँ परदों के ऊपर यथार्थवादी ढंग से चित्रित दृश्यों की कल्पना की होगी। आज पुराने लिपटवाँ परदों का व्यवहार आधुनिक दर्शकवर्ग को बहुत अच्छा न लगेगा। किंतु फिर समस्या उठती है कि नाटकीय कार्यव्यापार के प्रवाह में बाधा डाले बिना इन विभिन्न नाटकीय स्थलों को किस तरह से स्थापित किया जाए? इसका एक उत्तर हो सकता है—विभिन्न धरातलोंवाले 'यूनिट' दृश्यबंध का एक परिवर्तित रूप। इसमें चबूतरों, सीढ़ियों और ढलानों का आकार, रूप तथा उनका लगाने का क्रम ऐसा होना चाहिए जो एकदम कोणीयता का प्रभाव तो पैदा करे, किंतु साथ ही सौंदर्यबोध की दृष्टि से अप्रिय न हो। इस सिद्धांत को आधार बनाकर प्राचीन संस्कृत तथा अर्वाचीन पारसी मंच पर प्रयोग में आनेवाली रूढ़ियों में और भी परिवर्तन सोचे जा सकते हैं। किंतु वे सब परिवर्तन चुनी हुई शैली से इस तरह समंजित होने चाहिए कि समूचे नाटक का एक संयुक्त प्रभाव पड़े। यदि नाटक का प्रदर्शन किसी एक बंद रंगभवन में होना है जिसमें दृश्यबंध के अलग-अलग खंडों को उठाने-उतारने

की व्यवस्था है, तो उसका भी अवश्य ही उपयोग किया जा सकता है। बीच-बीच में आधे या चौथाई आकार के लिपटवाँ परदों का भी प्रयोग किया जा सकता है, जिनके ऊपर मोटी रेखाओं में कुछ अंकित हो अथवा कुछ भी अंकित न हो। इन परदों के उपयोग से दृश्य की रूपरेखा में समृद्धता और विविधता आ सकती है। पर यदि दृश्यखंडों को ऊपर उठाने-उतारने का प्रबंध न हो, तो मंच पर रखे हुए चबूतरों में किसी युक्ति से हल्की बल्लियाँ आसानी से लगाने और हटाने का उपाय करना चाहिए। यह कार्य स्वयं अभिनेता ही अपने नाटकीय कार्य-व्यापार के एक अंग के रूप में कर सकते हैं। सीमित साधनवाली अव्यवसायी नाटक मंडली के लिए यह अच्छा होगा कि वह ऐसे एक या दो प्रतीकात्मक उपकरण खंडों का सहारा ले जो आसानी से, और संभव हो तो स्वयं अभिनेताओं द्वारा, लाए-ले जाए जा सकें। स्थलपरिवर्तनों की तालिका का सावधानी से अध्ययन करने पर ऐसा कोई न कोई उपयुक्त उपकरण खंड अवश्य सूझ सकता है। यह खंड ऐसा होना चाहिए जो उस युग और उस स्थान का वास्तविक सार प्रतीक रूप में प्रस्तुत कर सके।

दृश्यांकनकार का कार्य इस बात से सरल हो जाता है कि इस नाटक में बहुत से दृश्य बाह्य हैं जिनको गगनिका की सहायता से प्रभावशाली बनाया जा सकता है। प्रामाणिक रूप में अंकित मंचीय उपकरण तथा हस्तोपकरण भी नाटकीय स्थलविशेष को स्थापित करने के लिए काम में लाए जा सकते हैं। इसके अतिरिक्त नाटक का उचित रीति से संपादित रूप भी इस कार्य में सहायक होगा। यद्यपि प्रसाद के नाटकीय संवाद संस्कृत नाटकों की भाँति स्थल के शब्दचित्र नहीं प्रस्तुत करते, फिर भी उनकी लेखनशैली में इस बात की बहुत गुंजाइश है कि स्थान का उल्लेख, विशेषकर जहाँ वह पहले से ही मौजूद न हो, किसी पात्र द्वारा किया जा सके।

जहाँ तक अंतरंग दृश्यों का प्रश्न है, उनमें से बहुतों को, नाटक के विशेष अवसर की नाटकीय आवश्यकता को ध्यान में रखते हुए, अर्ध-बाह्य दृश्यों में परिवर्तित किया जा सकता है। पहले तीन अंकों में सबसे महत्त्वपूर्ण नाटकीय स्थल मालवा या मगध में ही स्थित हैं। इनका प्रतीकात्मक प्रस्तुतीकरण ऐसा उपयुक्त और साहसपूर्ण हो सकता है कि सहज ही उस पर ध्यान जाए। मालवा के विभिन्न भागों में स्थित नाटकीय स्थलों में कोई बुनियादी मालवी प्रतीक मौजूद रहना चाहिए। इसी प्रकार मगध के विभिन्न नाटकीय स्थलों में किसी मगध प्रतीक की उपस्थिति होनी चाहिए। इसमें जहाँ भी आवश्यक हो, कोई विशेष प्रतीक, जैसे छड़ोंदार चौखटा जो जेल को सूचित कर सके, अथवा राजदरबार को सूचित करनेवाला सिंहासन, इत्यादि भी जोड़ा जा सकता है। किंतु किसी भी हालत में अभिनयक्षेत्र को बहुत सारे उपकरणों से नहीं भरना चाहिए।

प्रकाशयोजना : नाटकीय स्थलों की समस्या को सुलझाने में दृश्यांकनकार के प्रयासों को उपलब्ध प्रकाशव्यवस्था संबंधी साधनों के निपुणतापूर्ण उपयोग से बहुत सहायता मिल सकती है। प्रकाशयोजना ऐसी होनी चाहिए जो निरंतर बदलती हुई मनोदशाओं

को संप्रेषित करने में सहायक हो। इस नाटक में प्रकाश संबंधी तिकड़मों का प्रयोग करने की बड़ी गुंजाइश है, जैसे : डूबने के दृश्य, रत्नगृह का पता लगाने के दृश्य, इत्यादि में, यदि निर्देशक में सुरुचि और संयम न हो तो, इस बात की बहुत आशंका है कि निर्देशन बहुत ही फूहड़ स्तर पर उतर आए। प्रकाशयोजना ऐसी नहीं होनी चाहिए जो दर्शकवर्ग को नाटक की मूल भावना और उसकी कथावस्तु से हटाकर दूसरी अनावश्यक बातों की ओर बहका ले जाए।

प्रदर्शन के विभिन्न पक्षों को इस प्रकार एक ही चरम लक्ष्य पर संकेंद्रित करना चाहिए। वह है इस नाटक की गरिमा को पुष्ट करना। 'स्कंदगुप्त' में महाकाव्य जैसी गरिमा चाहे न हो, पर वह रोजमर्रा की जिंदगी का ऐसा मामूली कारोबार भी नहीं है जिसे एक साधारण संकुचित ढाँचे में बिठाया जा सके। जो लोग आधुनिक हिंदी रंगमंच के लिए प्रसाद की देन की निहित संभावनाओं में विश्वास करते हैं, उनके लिए उसके प्रदर्शन की शिल्पगत समस्याएँ कोई भारी बाधाएँ नहीं बन सकतीं। प्रसाद के नाटकों की सभी समस्याओं को सुलझाकर उन्हें अत्यंत सफलतापूर्वक रंगमंच पर प्रस्तुत किया जा सकता है और उनका अवश्य ही प्रदर्शन होना चाहिए।

स्कंदगुप्त की प्रदर्शनीयता के सामान्य सूत्रों की चर्चा ऊपर की गई। हाल ही में (1968) राष्ट्रीय नाट्य विद्यालय के छात्रों के साथ मैंने उसे कलकत्ता में प्रस्तुत किया। इसलिए यह प्रश्न उठता ही है कि प्रस्तुतीकरण के बाद इस समस्या के बारे में अब मेरी राय क्या है।

जब प्रसाद के नाटकों की प्रदर्शनीयता के बारे में शंका प्रकट की जाती है तो आम तौर पर उसमें मुख्य सवाल यह होता है कि इन नाटकों के एक ही अंक में सैकड़ों मील दूर के स्थानों पर बार-बार बदलते हुए दृश्यस्थलों को कैसे दिखाया जाएगा। स्थान और काल की अन्वितियों के बारे में प्रसाद की उदासीनता पर अगर यथार्थवादी प्रस्तुति की दृष्टि से विचार करें तो प्रस्तोता का काम बहुत ही कठिन हो जाता है। 'स्कंदगुप्त' में दृश्यस्थलों के परिवर्तन का नाटक की विषयवस्तु के साथ गहरा संबंध है, पर उसकी यथार्थवादी प्रस्तुति आवश्यक नहीं है। कलकत्ता में अपनी प्रस्तुति के अनुभव से मेरा यह विश्वास दृढ़ हो गया है कि दृश्यस्थलों और विषयवस्तु के संबंध के महत्त्व को भली भाँति उभारने के लिए इस नाटक को खाली मंच पर, किसी रूपवादी या प्रतीकवादी दृश्यबंध के भी बिना, करना चाहिए।

किंतु फिर भी यदि प्रसाद को आधुनिक दर्शकवर्ग के और भी समीप लाना है तो उनके नाटकों में मौजूद कुछ अन्य समस्याओं को समझ के साथ सुलझाना बहुत जरूरी है। ये समस्याएँ कई प्रकार की हैं। एक, दर्शकवर्ग 'स्कंदगुप्त' की मूल कथावस्तु को आसानी से नहीं समझ पाता। कार्यव्यापार की गति सहज नहीं है। बहुत सी बातें जिन्हें प्रसाद मानकर ही चलते हैं, आज के हर दर्शक की समझ में ही नहीं आतीं।

उदाहरण के लिए, सम्राट कुमारगुप्त की मृत्यु के बाद सिंहासन के उत्तराधिकार के लिए जो संघर्ष हुआ, उसका मूल कारण यह था कि पिता की मृत्यु के बाद सबसे बड़े लड़के को ही सिंहासन मिलने का निश्चित नियम या परंपरा गुप्त साम्राज्य में नहीं थी। प्रसाद इस बात का संकेत नाटक के प्रारंभ में एक वाक्य में बड़ी सूक्ष्मतापूर्वक करते हैं। यह संवाद नाटक के एकदम प्रारंभ में होता है, जब तक दर्शक ठीक से अपने स्थानों में व्यवस्थित भी नहीं होते। और इस बात की पूरी संभावना रहती है कि वे इस महत्वपूर्ण वाक्य को ठीक से सुन भी न पाएँ। इसका नतीजा यह होता है कि बाद में जो घटित होता है उसे समझना और उसकी सार्थकता पहचानना कठिन हो जाता है।

दूसरे, इस नाटक में प्रसाद ने जो बहुत सारे चरित्र रचे हैं उनकी उपस्थिति की नाटकीय सार्थकता सदा अनिवार्य नहीं लगती। इनमें से प्रायः प्रत्येक चरित्र का अंकन बहुत अच्छा है, पर उनके भावों और आवेगों का नाटकीय कार्यव्यापार को सघन या गहरा करने में योग कम होता है, बल्कि अकसर उनकी उण्स्थिति से कार्यव्यापार में रुकावट पड़ने लगती है, या अनावश्यक शिथिलता आने लगती है। गोविंदगुप्त, धातुसेन, रामा आदि चरित्र ऐसे ही हैं; वे अपने आपमें आकर्षक अवश्य हैं, पर मुख्य कथावस्तु के साथ उनका संबंध बहुत क्षीण है।

तीसरे, प्रसाद की अभिव्यंजनापूर्ण भाषा, अपनी सारी सुंदरता के बावजूद, उस औसत दर्शक की समझ में आसानी से नहीं आती जो इन नाटकों की ऐतिहासिक पृष्ठभूमि से भी अकसर अपरिचित होता है। उनके बहुत से ऐतिहासिक और पौराणिक संकेत आधुनिक दर्शकों के मन में वे संदर्भ नहीं जगा पाते जो नाटककार चाहता था।

मगर क्या प्रसाद के नाटकों की ये विशेषताएँ उन्हें मंच के अनुपयुक्त बना देती हैं? मेरे विचार से ऐसा नहीं है, यद्यपि मैं यह अवश्य सोचती हूँ कि आधुनिक दर्शकों के लिए नाटकों के संबंध-सूत्रों को अधिक स्पष्ट करना, या जहाँ वे नाटकों में नहीं हैं वहाँ नए सूत्र जोड़ देना, जरूरी है। विघटित होते हुए गुप्त साम्राज्य की उलझी हुई परिस्थितियों में स्कंदगुप्त के महत्त्वपूर्ण स्थान को और भी स्पष्ट करने की जरूरत है, मुख्य चरित्रों के पारस्परिक संबंधों को और भी निश्चित बनाने की जरूरत है। इसी प्रकार ऐतिहासिक पृष्ठभूमि भी और स्पष्ट होनी चाहिए; वज्रयानी बौद्धों और कट्टर धर्मांध हिंदुओं के संघर्ष और उनके स्वस्थतर मूल तत्वों के समन्वय को और भी उभारना जरूरी है। यह भी आवश्यक है कि कहानी की मूल रूपरेखा दर्शक की समझ में स्पष्ट आ जाए। इसके लिए नाट्य रूपांतर में और भी संशोधन तथा अर्थोपक्षेपकों की सूत्र जोड़नेवाली युक्तियों का सहारा लेना आवश्यक है।

इस नाटक के लिए मंडली में, विशेषकर स्कंदगुप्त की भूमिका करनेवाले अभिनेता में, ऊँचे दर्जे की अभिनयक्षमता भी बहुत आवश्यक है। जाहिर है कि ये सब कठिनाइयाँ ऐसी नहीं हैं जिन्हें दूर नहीं किया जा सकता। आवश्यक विश्वास, संकल्प और समुचित

साधन हों तो इन सभी कठिनाइयों को दूर करके इस नाटक का सफलतापूर्वक प्रदर्शन किया जा सकता है—केवल कुछ चुने हुए समझदार दर्शकों के सामने ही नहीं, बल्कि आम दर्शकों के लिए भी।

प्रसाद के नाटकों की भाषा भले ही आज के अधिकांश दर्शकों के लिए पूरी तरह सुगम न हो, पर ये नाटक जिस जीवनदृष्टि को प्रस्तुत करते हैं, वह हमारी मौजूदा पीढ़ी के मन और सौंदर्यबोध का संस्कार करने के लिए बहुत ही गहरे महत्व की है। उसका समकालीन महत्त्व भी बहुत है, हमारे आज के धर्मसंकट के संदर्भ में उसमें बड़ी सार्थक प्रासंगिकता है। दूर-दूर तक फैले हुए गुप्त साम्राज्य को विघटित करनेवाली शक्तियों और हमारी आज की परिस्थितियों के बीच, एक गहरे तल पर, बड़ी विचित्र समानता है। आज हमें भी किसी ऐसे आधुनिक स्कंदगुप्त की ही तलाश है जो प्रकट होकर अपने महान स्वार्थत्याग के द्वारा इस देश की एकता की रक्षा कर सके और उसे सुदृढ़ बना सके। स्कंदगुप्त भी चाहता तो अपने युग का तटस्थ दर्शक मात्र बना रहता। पर उसने यह नहीं किया। राजसत्ता के प्रति अपनी उदासीनता के बावजूद, वह अपने युग के संघर्ष में खिंच आने को बाध्य हुआ। गहरे आत्ममंथन की प्रक्रिया में से गुजरता हुआ वह अधिकार और सत्ता के उस चरम शिखर पर पहुँचा जहाँ से वह अपने युग के भारत में एकता और स्थिरता के लिए प्रयत्नशील शक्तियों का आह्वान और संगठन कर सका। पर उसकी कर्तव्यभावना और समर्पित कर्मशील जिंदगी ने उसे एकदम अकेला कर दिया। उसमें मन की कोमलतम भावनाओं को गहराई से अनुभव करने की क्षमता थी और वह कवि का-सा जीवन बिताना ही पसंद करता। पर फिर भी उसने अपने देशवासियों का व्यावहारिक नेता बनना तय किया और इसका मूल्य बहुत ही सीमित वैयक्तिक जीवन स्वीकार करके चुकाया। अपनी राजनीतिक और नैतिक सफलताओं के लिए उसे अपने निजी जीवन के संतोष और सुख की बलि देनी पड़ी। यह निर्णय उसके लिए सुखद न था, पर उसने परिस्थितियों की चुनौती स्वीकार करके इसे सहर्ष अपनाया और दृढ़तापूर्वक उसका पालन किया। स्कंदगुप्त की यह कहानी आज की पीढ़ी को बार-बार सुनाने-दिखाने की जरूरत है।

कलकत्ता में प्रदर्शन के अनुभव से मेरा यह विश्वास दृढ़ हो गया है कि यदि जरूरी समुचित साधन, अभिनयप्रतिभा, और पर्याप्त समय सुलभ हो तो यह नाटक मंच पर प्रस्तुत किया जा सकता है और जरूर किया जाना चाहिए। उसकी तैयारी में विभिन्न स्तरों पर जो समस्याएँ आती हैं, और आना अनिवार्य है, उन्हें सुलझाने के लिए प्रयोग कर सकने का वक्त बहुत आवश्यक है। तभी इस प्रदर्शन को आधुनिक दर्शक के लिए सार्थक नाटकीय अनुभव के रूप में प्रस्तुत किया जा सकता है, और यह निस्संदेह करने योग्य काम है। इसके लिए समय की कंजूसी करना ठीक नहीं। आखिर ब्रैश्ट भी अपने बड़े और महत्त्वपूर्ण नाटकों की तैयारी के लिए, कभी-कभी एक या दो साल तक लगाता था। हिंदी रंगमंच के लिए 'स्कंदगुप्त' निश्चित रूप से बड़ा और महत्त्वपूर्ण नाटक है।

उसे प्रस्तुत करने के लिए न तो चार सप्ताह का समय काफी है न सीमित अभिनयक्षमता। आशा करनी चाहिए कि कभी न कभी यह अवश्य संभव हो सकेगा।

['नटरंग'–3 (1965), 9 (1969) से]

इब्राहिम अल्काज़ी

[अल्काज़ी के साथ हुए सत्येन्द्र तनेजा के एक साक्षात्कार से]

प्रसाद के लिए उपयुक्त वक्त आएगा

मेरे हृदय में नाटककार जयशंकर प्रसाद के प्रति सदा आदर और सम्मान का भाव रहा है। उन्होंने अपने समय के थिएटर के स्वरूप को पहचानते हुए अपने नाटकों के कथ्य एवं रंगशिल्प में एक सामयिक संतुलन का विकास किया। इस तरह उनका उल्लेखनीय योगदान है, परंतु उनके नाटकों पर दोनों ओर से प्रहार हुए। साहित्यिकता को महत्त्व देनेवाले आलोचकों ने उनके नाटकों का एकपक्षीय मूल्यांकन कर अप्रासंगिक निष्कर्ष निकाले, दूसरी ओर व्यावसायिक अपेक्षाओं को न समझनेवाले थिएटरजगत् के लोगों ने सीमित दृष्टि से आँका और पूर्वाग्रह बना लिए। इस प्रकार दोनों पक्षों ने एकांगी अध्ययन के आधार पर प्रसाद के नाटकों में ऐसे दोष गिनाए जो असल में उनकी अपनी नासमझी की उपज है। सच तो यह है कि हिंदी के किसी निर्देशक के पास इतनी व्यावसायिक समझ और अनुभव नहीं है कि वह प्रसाद के नाटकों को उठा सके। वैसे हिंदी में थिएटर ही कितना होता है जिसे कोई नाम दिया जा सके, इसलिए प्रसाद के लिए उपयुक्त वक्त आएगा। प्रसाद की भाषा को लेकर कुछ आपत्तियाँ उठाई गई हैं। उनकी भाषा में साहित्यिकता और काव्यात्मकता है। इसकी अपनी एक लय है, उसे भंग नहीं करना चाहिए। यह कोई दोष नहीं है। शांता गाँधी ने बहुत परिश्रम से 'स्कंदगुप्त' का आलेख तैयार किया था परंतु प्रस्तुतीकरण के स्तर पर वे उसे सम्हाल नहीं पाईं। 'स्कंदगुप्त' को दिल्ली में पेश न कर गलती हुई अन्यथा इस निराधार धारणा को बल न मिलता कि प्रसाद के नाटक, नाटक के धरातल पर कमजोर हैं। मैं तो उन्हें एक महत्त्वपूर्ण (सिग्निफिकेंट) नाटककार मानता हूँ।

[अभिनय शतक विशेषांक, 1981]

कावालम् नारायण पणिक्कर

रंगमंच परंपराओं से प्रेरित तो होगा ही, उसे अपनी संस्कृति का सहज विकास होना

चाहिए। पिछले दो सौ साल में सहज विकास की इस प्रक्रिया में गतिरोध रहा। हम अपनी परंपरा से कट गये। इसका परिणाम विनाशकारी हुआ। इसकी वजह से अब हम नाटकों की कमी का सामना कर रहे हैं। जो नाटक लिखे जा रहे हैं उनमें परंपरा का सातत्य नहीं है। कुछ महान नाटककार इसके अपवाद रहे हैं—जैसे रवीन्द्रनाथ ठाकुर या हिंदी में भारतेंदु और प्रसाद। प्रसाद निश्चित रूप से प्रतिभाशाली नाटककार हैं जिन्होंने भारतीय परंपरा को समझा।

[डॉ. राधावल्लभ त्रिपाठी के साथ एक साक्षात्कार से, नाट्यम-34]

शिवमूरत सिंह

जनपद में स्कंदगुप्त

पहला कार्य किया कि मूल नाटक 'स्कंदगुप्त' को संपादित किया। इस कार्य के पीछे मूल से मेरी दो दृष्टियाँ थीं—नाटक तीन घंटे में समाप्त हो जाय और इसका मूल कथ्य उभरकर सामने आ जाय। इसलिए दृश्यों के अतिरिक्त संवादों में भी कटौती की, कुछ दृश्यों को आगे-पीछे भी किया। कुछ चरित्रों को भी कम किया जैसे—चक्रपालित, कुमारदास, जयमाला, रामा, भीम वर्मा, गोविन्द गुप्त, देवनन्द, मालिनी तथा कुछ को संक्षिप्त कर दिया, जैसे—कमला, धातुसेन आदि। ऐसा मैंने दो कारणों से किया—एक तो मुझे लगा कि इनके बिना भी कथा-प्रवाह तथा मूल कथ्य में कोई बाधा या अंतर नहीं पड़ रहा है। दूसरे, प्रशिक्षणार्थियों की कमी, रामा तथा कमला के चरित्र तथा संवाद को तो बहुत ही संक्षिप्त करना पड़ा, मात्र प्रशिक्षण शिविर में कम छात्राओं द्वारा भाग लेने के कारण, वस्तुतः यह पहला कार्य था इसलिए उनके अंदर झिझक थी, कुछ में नहीं थी तो उनके अभिभावकों को यह कार्य गंदा तथा हीन लगा। इन चरित्रों को छाँट देने के पश्चात इनके कुछ संवाद जो स्थिति तथा कथ्य के अनुसार बहुत ही सारगर्भित तथा आवश्यक थे उन्हें उचित ढंग से दूसरे के साथ जोड़ दिया, इस तरह से कि तारतम्य बना रहे। गीतों को कहीं तो पूरा, कहीं उनके कुछ छंद, कहीं उनकी कुछ पंक्तियों को छोड़-छोड़कर ले लिया, जो चरित्र के अन्तर्द्वन्द्व को अभिव्यक्त करती है, काल तथा कार्य पर प्रकाश डालते हैं तथा कथासूत्रों को जोड़ते तथा आगे बढ़ाते हैं या संकेतित करते हैं। देवसेना के प्रायः सभी गीतों को रहने दिया, क्योंकि मुझे लगा कि उन गीतों के बिना देवसेना का चित्र खंडित हो जायेगा। इस प्रकार कवि प्रसाद से क्षमायाचना कर नाटककार प्रसाद को सिंहासन पर बिठाने का अपनी क्षमता पर भरपूर प्रयास किया।

सम्पूर्ण नाटक में मैंने देखा कि तीन स्थान प्रमुख हैं—शिप्रा के किनारे मालवा, कुसुमपुर

(पाटलिपुत्र) तथा सारनाथ या सैदपुरभितरी (यद्यपि इस स्थान का केवल संकेत ही मिलता है जहाँ 'देवकी' की समाधि दी गई थी) और उसी के अनुसार भौगोलिक दिशा तथा स्थिति को ध्यान में रखते हुए पूरे मंच को तीन भागों में बाँटकर गुप्त साम्राज्य के सम्पूर्ण भूभाग तथा सीमा को आभासित करने-कराने का प्रयास किया। रोमांचित स्थलों तथा घटनाओं में शिप्रा का मनोरमतर तथा श्मशान के लिए तो नहीं किंतु ऊँची पहाड़ी से दीखती कुभा की धारा आदि के लिए विद्युत-प्रकाश-उपकरणों तथा गगनिका का सहारा लिया। गुप्त साम्राज्य के विस्तृत भूभाग को संप्रेषित करने के लिए आगे का पर्दा (ड्राप) नहीं रखा और पखवाइयों को इस प्रकार लगाया कि वे स्तूप की भाँति दिखें तथा सीमा को सीमित न कर सकें बल्कि विस्तार और गहराई दें। पद, स्थान, घटना, दृष्टिबोध के लिए स्थानों की ऊँचाई-निचाई का क्रम दिया तथा उनकी अलग-अलग पहचान के लिए उन देशों (प्रांतों) के इतिहास में वर्णित राज-चिह्न तथा झंडे दिये—मध्य से गगनिका के बीच स्तूप को वही शक्ल दिया जो आज भी सैदपुरभितरी में है। मंच के पार्श्व भाग में गगनिका से आगे महाविद्यालय में टूटी फेंकी-पड़ी लकड़ियों से पूरे दृश्य चित्र को कुछ खँडहर तथा कुछ ऊँची-नीची चोटियाँ, खाइयों, खंदकोंवाले पर्वत का आकार दिया। उन्हीं में से आने-जानेवाले रास्तों को निकाला।

वेशभूषा को भी इतिहास के कथनानुसार तत्कालीन परिधान के लगभग अनुरूप ही रखा। किंतु न तो कुछ किराये पर लिया, न ही उधार। सबकुछ प्रशिक्षणार्थियों से ही तैयार कराया। छात्रों ने सामान दिया, छात्राओं ने उन्हें सिला-बनाया। रूपसज्जा के लिए किसी सामग्री का इस्तेमाल नहीं किया। कुछ ऐसा ही रहने दिया जैसे बच्चे खेल-खेल में राजा, रानी, सिपाही आदि बन-बिगड़ जाते हैं।

अब रही बात प्रस्तुति की—मेरे प्रशिक्षार्थी कोरे-अधकचरे थे।

शुरू कैसे करूँ? स्कंदगुप्त का पहला ही संवाद है—'अधिकार सुख कितना मादक और सारहीन है ...' ध्यान से देखें तो इसमें चार बातें हैं—अधिकार, सुख, मादक, सारहीन। मैं सोचने लगा—दर्शक क्या जानता है कि यह किस प्रकार के अधिकार तथा उसके सुख की बात कर रहा है। उस अधिकार का सुख कैसा होता है। उसकी मादकता कैसी होती है? तथा कैसे वह सारहीन है? दर्शक की बात प्रसादजी को दर्शक का ज्ञान था। गुप्तवंश के इतिहास से वह बखूबी परिचित थे। किंतु आवश्यक नहीं कि दर्शक भी हों। उन्हें तो एक सिरे से बताना-समझाना था—दृश्य रूप में तथा इसके पूर्व उनकी मनःस्थिति को मंच के संसार तथा जीवन की ओर आकृष्ट करना था, जोड़ना था। तो क्या किया जाए? कई दिनों तक सोचता रहा, बनाता-बिगाड़ता रहा। अंत में प्रथम दृश्य में 'पर्णदत्त' तथा 'दूत' के संवादों में समाधान को ढूँढा—उज्जयिनी में स्कंदगुप्त अपने अन्तर्द्वन्द्व में खोया-बैठा है। मदोन्मत्त सेनाएँ इधर से उधर आक्रमण-युद्ध के लिए आ-जा रही हैं। रणवाद्य बज रहे हैं। एक सेना जैसे विजयोपरांत अपना झंडा स्थापित करती है तो दूसरी अपना। कभी-कभी संघर्ष तथा टकराव की स्थिति आ जाती है। सेना को आती-जाती

देख भयाक्रांत नर-नारियों की भीड़ इधर से उधर भागती, लुक-छुप रही है, तो कभी भागने का रास्ता न पा सकने के कारण कुचली जा रही है। एक आतंक और मदान्धता का वातावरण धीरे-धीरे पैदा होता पूर्णता तक पहुँचकर ढलान की तरफ ढलता समाप्त हो जाता है। सुर्य अस्त हो जाता है। घना अंधकार घिर आता है। थोड़ी देर की नीरवता के उपरांत उदित होते सूर्य की प्रथम किरणों के साथ-साथ स्कंदगुप्त आत्ममंथन के बीच जैसे किसी निर्णय तक पहुँचने की प्रक्रिया के रूप में धीरे-धीरे खड़ा होता है। संवाद उसके मुख से जैसे स्वतः फूट निकलते हैं।

दूसरे दृश्य के अंत में अनन्त देवी का संवाद–'नर्तकियों को बुलवाती आ रही हूँ ··· ' के साथ ही नेपथ्य में क्रमशः समीप आती घुँघरुओं की आवाज के मध्य से बहुत मंद किंतु रहस्यमय-रोमांचित गीत के स्वर-'न छेड़ना उस अतीत स्मृति से' उभरते हैं और 'फेडआउट' के साथ बुलन्द होते, एक छंद के समाप्त होते-होते, समाप्त हो जाते हैं, 'फेड इन' के साथ गगनिका पर हिमालय के सौंदर्य में स्वराबोर डूबा मातृगुप्त के मुख से संवाद के समाप्त होते-होते गीत की कुछ पंक्तियाँ निकल पड़ती हैं। और वह गाते-गाते भाव-विभोर किंतु अंत में उदास हो जाता है। मुद्‌गल के साधुवाद से उसकी तल्लीनता टूटती है।

प्रथम अंक का छठवाँ दृश्य मुझे बहुत ही महत्त्वपूर्ण लगा क्योंकि यही एक दृश्य है जो आम जनता की तत्कालीन स्थिति का परिज्ञान कराता है तथा स्कंदगुप्त के महनीय चरित्र को प्रतिस्थापित करने की पृष्ठभूमि तैयार करता है। इसलिए उसमें (दृश्य में) विद्यमान उत्पीड़न और करुणा को मैंने पूरी तरह उभारने का प्रयास किया। पूरे दृश्य को संपादित किया। पहले गीत को छोड़ दिया, दृश्य के आरंभ में हूण सैनिक असहाय निरीह नर-नारियों को मारते-पीटते, नोंचते-खसोटते, घसीटते लाते हैं। बुरी तरह कोड़ों से पीटते हैं। वे आह-आह कराहते-चिल्लाते हैं। तभी हूण सेनापति प्रवेश कर, सैनिक से जानना चाहता है कि इन्होंने कुछ देना स्वीकार किया या नहीं ? जब उसे पता चलता है कि नहीं तो स्वयं उनसे बात करता है। तब भी जब वे धन नहीं देते या देने को स्वीकार नहीं करते तो तेल से भीगे कपड़े डालकर उनके बालकों को जलाने तथा स्त्रियों को गरम लोहे से दागने का आदेश देकर कोड़े से बेतरह पीटने लगता है। सैनिक भी टूट पड़ते हैं। अंत में वे सब इन्हें मृतक-सा छोड़ रौंदते-कुचलते उनके ऊपर से होकर चले जाते हैं। ये मंच के पूरे पार्श्वभाग में जहाँ-तहाँ चारों तरफ, कहीं एकाकी, तो कहीं एक पर एक गिरे-पड़े, लदे-पटे, जल से निकालकर फेंक दी गई मछली की भाँति तड़फड़ाते, चोट की दर्द को पी जाने के प्रयास में दूसरे गीत की पहली चार पंक्तियों में से एक-एक को बारी-बारी से अलग-अलग कभी कोई स्त्री कभी कोई पुरुष उठाता है। एक द्वारा उठाई गई पंक्ति जब दर्द के कारण बीच में ही या पूरा होते-होते टूट जाती है और वह बेहोश हो पड़ जाता है तो दूसरा उसे पकड़ लेता है और आगे बढ़ाता है, जब उसकी भी वही स्थिति हो जाती है तो तीसरा फिर चौथा। अंत में सभी साहस

बटोरकर एक साथ-एक स्वर में अंतिम दो पंक्तियों को पूरे दर्द के साथ पूरा करते हैं। मातृगुप्त का प्रवेश इनके भीतर ऐसे होता है जैसे उसके पाँव उसे किसी श्मशान में ला दिये हों, जहाँ चारों तरफ लावारिस लाशें ही लाशें बिछी पड़ी हैं : वह आश्चर्यचकित है—इनकी नियति पर। उसे जैसे सुनाई-दिखाई देता है, उनके मुख से किसी प्रकार निकल-बुझ जा रहे गुहार के शब्द। उसका अंतर भी उनकी पीड़ा से भर जाता है। वह भी उनके स्वर में मिलाकर, पुकार उठता है। मातृगुप्त की यह पुकार, 'पर्णदत्त' की दलील—'त्रस्त प्रजा' की रक्षा के लिए, सतीत्व के सम्मान के लिए ··· आतंक से प्रकृति को आश्वासन देने के लिए, आपको अपने अधिकारों का उपभोग करना होगा तथा और भी ऐसी ही दलीलों को पोख्ता कर देती हैं। और उसके आगे यह भी संकेत करती हैं कि अपने माता-पिता, बंधु-बांधवों की हत्या तथा हार के षड्यंत्रकारियों से बदला लेने तथा उन्हें नष्ट कर देने के लिए किसी के भी मन में आग पैदा हो सकती है किंतु पुरुषोत्तम वह है जो समाज तथा अवाम को, जो निरीह है, दमन-दोहन से बचाने के लिए सिर को हथेली पर रखकर तैयार होता है। 'मातृगुप्त' तलवार से उनके बंधनों को काट देता है। वही निरीह जनता जो अपने को असहाय समझ उत्पीड़न-यातना के दमघोंटू वातावरण में जी रही थी, जय-जय का घोष करती हुई, आततायियों के प्रतिकार के लिए कूच कर देती है।

यह घोष 'स्कंदगुप्त' की आंतरिक चेतना का प्रतीक बन जाता है, और 'मातृगुप्त' का यह कथन कि 'इन निरीहों के लिए प्राण उत्सर्ग करना धर्म है :' जैसे उसके निर्णय को इंगित कर देता है तथा इस तर्कसंगतता को पुष्ट कर देता है कि वह अधिकार सुख, जिसे वह मादक तथा सारहीन समझता है, के लिए युद्ध हेतु तैयार नहीं होता है, बल्कि 'जब युद्ध कर्त्तव्य बन जाय तो उसे धर्म समझकर स्वीकार कर लेना चाहिए' समझकर, तैयार होता है। दूसरी तरफ यह जयघोष उन सारी बातों को भी कह देता है जिन्हें प्रसादजी ने उसी दृश्य में बंधन काट देने के बाद गोविन्दगुप्त, मुद्गल, मातृगुप्त के संवादों में कहा है, जिसमें कि नाटकीयता नहीं दीखती, केवल सूचनाएँ दीखती हैं : और ऐसे ही स्थल (प्रवेश-संवाद) प्रसादजी के नाटकों को 'पारसी रंगमंच' से प्रभावित सिद्ध कर देते हैं। इस प्रकार मैं 'पारसी शैली' के लटकों-झटकों से भी प्रस्तुति को बचाने का प्रयास करता हूँ। तीसरी, चौथी या आगे की बात—यह जयघोष, तत्कालीन स्थिति में 'स्कंदगुप्त ही क्यों' ? के प्रश्न का उत्तर भी देता है। यहाँ तक अर्थात् मातृगुप्त द्वारा बंधनों को काट देने के पूर्व तक, नाटक यह बताता है कि पूरा गुप्त साम्राज्य जैसे नेतृत्वविहीन था। अत्याचार, षड्यंत्र, गृहकलह, तथा बाहरी आक्रमणों से पूरा साम्राज्य भयाक्रांत था, जैसे मौतरूपी रात्रि का अंधकार घेरे हुए था। सही नेतृत्व के अभाव में सैनिक, सेनापति, आदि सभी देशभक्त, राज्य कर्मचारी, जनता, असहायता का अनुभव करती, छटपटा रही थी। इसलिए एक जननायक की आवश्यकता थी। और यह जयघोष इस ओर स्पष्ट संकेत कर देता है कि वह 'स्कंदगुप्त' ही हो सकता है

जिसे देखकर, जिसकी आवाज सुनकर या जिसका नाम ही सुनकर सबके भीतर विद्युत-सी कौंध जाती है, मुर्दे में भी प्राण आ जाता है।

एक अर्थ और है—यहीं से युद्धों तथा षड्यंत्रों को बेनकाब तथा असफल कर देने का सिलसिला प्रारंभ होता है। और ऐसे प्रारंभ के मूल में उत्साह होता है। यह जयघोष उस उत्साह तथा शुरुआत को भी संकेतित करता है। इस प्रकार मुझे लगा कि यदि दृश्य का यह एक छोटा-सा टुकड़ा नहीं उभारा जाता है, जिसका कि अस्तित्व मूल नाटक में नगण्य है, तो पूरे नाटक के एकांगी बन जाने का खतरा है। इसलिए उसके तथा अतीत और वर्तमान के संतुलन को बनाये रखने और लोकनायक की परिभाषा के रूप में 'स्कंदगुप्त' के चरित्र को पेश करने के लिए इसे उभारने का मैंने उपर्युक्त प्रयास किया तथा उपर्युक्त अर्थ दिया।

कुछ-कुछ ऐसी ही स्थिति या समस्या मुझे पंचम अंक के पाँचवें दृश्य में भी दिखाई दी थी। मूल नाटक में है—सम्राट स्कंदगुप्त, भटार्क, चक्रपालित, पर्णदत्त, मातृगुप्त, भीम वर्मा इत्यादि सेना के साथ परिभ्रमण करते हैं, गाना। यहाँ मुझे दो बातें खटकीं—सेना और सेना के साथ परिभ्रमण करते, गाना। पहले मैं गाना को लेता हूँ, क्योंकि सभी शंकाओं के मूल में यही गाना ही था। प्रसादजी लिखते हैं—परिभ्रमण और दृश्य तथा स्थिति यह कहती है कि स्कंदगुप्त के नेतृत्व में सेना युद्ध के मैदान में आक्रमण की तैयारी कर रही है क्योंकि गाना समाप्त होते ही जय-जय के घोष के तत्पश्चात हूण सेना के साथ 'खिंगिल' का आगमन होता है और उसके प्रत्युत्तर में 'स्कंदगुप्त' कहता है—'यह बात करने का स्थल नहीं है', और युद्ध प्रारंभ हो जाता है। निष्कर्ष निकला कि आक्रमण की तैयारी या आक्रमण के लिए 'स्कंदगुप्त' के नेतृत्व में जाती हुई सेना—अर्थात् 'मार्च-पास', मैं 'मार्च-पास' के साथ इस गीत को बैठाने का प्रयास करता हूँ, गीत बैठता ही नहीं या दोनों कार्य एक साथ बैठ ही नहीं पाते—बहुतेरे ढंग से प्रयास करता हूँ। पुनः मूल नाटक को ध्यान से, पीछे से, पढ़ने लगा—कुभा की धारा में स्कंदगुप्त सहित सेना के बह जाने से लेकर। तभी एक प्रश्न कौंध उठता है—स्कंदगुप्त को इतनी सेना मिली कहाँ से और कैसे मिली ? जबकि बहुत सैनिक कुभा की धारा में बह गये थे और जो बचे थे घायल-छितरा गये थे, जगह-जगह भिक्षा माँगकर किसी तरह पेट जिला रहे थे तथा वेश बदलकर किसी तरह जी रहे थे। हूणों के आक्रमण जारी थे—'शर्वनाग' के प्रलाप से तथा पाँचवें अंक के ही चौथे दृश्य से संकेत मिलता है कि ढूँढ़-ढूँढ़कर सैनिकों को और नहीं तो उनके बच्चों को माँ की गोद से छीन-छीनकर मारा जा रहा था, 'सिंहों की विहार स्थली में श्रृगाल वृंद सड़ी लोथ नोच रहे हैं', 'पर्णदत्त' के कथन से प्रतीत होता है कि बहुत-से सैनिक मारे गये थे, तभी तो वह उनके भूख से तड़पते बच्चों के लिए चिंतित है। पूरे आर्यावर्त की युवा पीढ़ी विलासिता में जी रही थी, कहीं लुके-छिपे बचे थोड़े से वीर-हृदय बचे थे जो दुर्दशाग्रस्त थे।

प्रश्नों, शंकाओं का अंबार, तभी पहले पुनः कमला के इस संवाद पर ध्यान जाता

है' ··· आसुरी वृत्तियों का नाश करो, सोनेवाले को जगाओ, और रोनेवाले को हँसाओ ··· ? तब तुरत ही मातृगुप्त से विजया का यह संवाद—'··· सुना दो वह संगीत जिससे पहाड़ हिल जाय ··· हम तुम गली-गली, कोने-कोने पर्यटन करेंगे, पैर पड़ेंगे, लोगों को जगायेंगे' और प्रत्युत्तर में मातृगुप्त का यह कथन—' ··· बीर बाले! तुम धन्य हो। आज से मैं यही करूँगा' कौंध जाता है। प्रसन्नता अंतर में उछलने लगती है। सूत्र मिल गया। और मैं प्रसादजी के इन्हीं कथनों को पकड़कर आगे की कथा को उसी रंग में ढाल देता हूँ। मातृगुप्त को वह गाना पकड़ा देता हूँ, जो उसे गाता हुआ—'सब पागल, लुट गये से, अनाथ और आश्रयहीन, आर्यराष्ट्र के कुचले हुए अंकुर, भग्न साम्राज्य-पोत के टूटे हुए पटरे और पतवार,' ऐसे वीर हृदयों तक तथा जन-जन तक स्कंदगुप्त के जीवित होने का समाचार फैलाता, उनके भीतर देश की गरिमा-गौरव के भाव जगाता, उनकी वीरता को ललकारता, कनिष्क स्तूप के पास एकत्रित कर देता है और उनके बीच स्कंदगुप्त को लाकर खड़ा करता है। स्कंदगुप्त को देखते ही लोगों के भीतर नव-जीवन तथा शक्ति का संचार हो जाता है। सब खिंच आते हैं। सेना तैयार हो जाती है। और उसे लेकर स्कंदगुप्त हूणों पर आक्रमण करता है। विजय प्राप्त होती है। स्कंदगुप्त के जीवित होने का समाचार प्रसारित करने में मैं मुद्गल का भी सहारा लेता हूँ—विजया को स्कंदगुप्त का ठिकाना बताने का आधार लेकर विजया द्वारा स्कंदगुप्त के सामने आत्महत्या को मैं अनन्त देवी के कुचक्र को निष्फल तथा गृह कलह को समाप्त कर देने का अर्थ देता हूँ।

इसी प्रकार इन दो मोटे उदाहरणों के अतिरिक्त, मैंने पूरे नाटक को आज के संदर्भ में, पारसी शैली के प्रभाव से बचाते हुए तमाम कछारों, छाड़नों को काटते-छाँटते हुए, एक कथाधारा में प्रवाहित होने के योग्य बनाया। और गाजीपुर जैसे पिछड़े हुए जनपद के नगरीय तथा ग्रामीण, और महाविद्यालय की विशाल छात्र-छात्राओं की दर्शक संख्या के बीच दो दिन घुस-बैठकर देखा-सुना कि इन्हें भी पूरी तरह ग्राह्य हो गया तो मुझे संतोष हुआ (दर्शकों के संतोष के कारण, अपने नहीं) कि मेरा प्रयास सार्थक हुआ।

[स्नातकोत्तर महाविद्यालय, गाजीपुर, 1983 का प्रस्तुतीकरण]

देवेन्द्र राज अंकुर

ध्रुवस्वामिनी की प्रस्तुति—मेरे नोट्स

जयशंकर प्रसाद के सभी नाटकों से गहरा परिचय रहा है—पहले छात्र के रूप में, फिर अध्येता या शोधार्थी के स्तर पर; और अंततः एक रंगकर्मी होने के नाते उनके नाटकों के मंचन से जुड़े सवालों का सामना करते हुए एक संभावित मंच-शैली की खोज-बीन करता रहा हूँ। प्रसाद के तीन नाटक मुझे मंचन के लिए सदैव उकसाते रहे हैं—'कामना',

'ध्रुवस्वामिनी' और 'अजातशत्रु'। यों 'स्कंदगुप्त' और 'चंद्रगुप्त' भी अपने कथ्य एवं कलेवर की वजह से रंगकर्मियों और विद्वानों के बीच लगातार चर्चित रहे हैं और संभवतः प्रसाद के नाटकों की अभिनेयता या अनभिनेयता का प्रश्न भी—मूल रूप से इन्हीं दो नाटकों के संदर्भ में ही उठता रहा है। लेकिन यदि गहराई से विचार किया जाए तो प्रसाद के अन्य नाटकों को लेकर उनके मंचन की दृष्टि से कोई ऐसी दुविधा की सूरत नहीं होती, वरन् अगर मैं सीधे-सीधे यह स्थापना भी रखूँ कि ये नाटक कथ्य एवं शिल्प का अद्‌भुत संगम हैं और इसीलिए मंचन के लिए सर्वथा उपयुक्त हैं तो कोई अत्युक्ति न होगी।

'कामना' और 'अजातशत्रु' को मंचित करने का अवसर अभी तक उपलब्ध नहीं हो पाया, लेकिन 'ध्रुवस्वामिनी' को 1981 में राष्ट्रीय नाट्य विद्यालय के छात्रों के साथ निर्देशित करने का अवसर मिला था—मैं उसी प्रस्तुति को केन्द्र में रखकर प्रसाद के नाटकों की रंगमंचीय संभावनाएँ उजागर करने की कोशिश करूँगा।

मेरे विचार में 'ध्रुवस्वामिनी' प्रसाद की नाट्य-यात्रा का सबसे उल्लेखनीय बिन्दु है। कथ्य एवं शिल्प के स्तर पर जो स्पष्टता, सहजता एवं प्रौढ़ता चाहिए—वह यहाँ भरपूर मौजूद है। लगता है कि जीवनपर्यन्त अलग-अलग नाटकों की रचना के माध्यम से जिस रंगमंचीय शैली तक प्रसाद पहुँचना चाहते थे उसका समापन 'ध्रुवस्वामिनी' में ही होता है। यह मात्र संयोग नहीं कि यह नाटक उनके जीवनकाल की शायद अंतिम नाट्य-रचना है, बल्कि नाट्य-प्रयोगों की दृष्टि से भी अंतिम पड़ाव है। जैसे प्रेमचन्द जैसा कहानीकार जीवन के अंतिम चरण में 'कफ़न' जैसी सशक्त रचना लेकर प्रस्तुत होता है, उसी के समानांतर है प्रसाद की 'ध्रुवस्वामिनी'।

सबसे पहले, तो अपने समय से आगे की रचना है 'ध्रुवस्वामिनी'। कथ्य की दृष्टि से ही देखें तो आज से पचास वर्ष पहले इतिहास एवं राजनीति के माध्यम से स्त्री-पुरुष संबंधों की व्याख्या बिलकुल नया प्रयोग था और आज भी यह प्रश्न समाज में ज्यों-का-त्यों विद्यमान है। पुरुष-प्रधान समाज में स्त्री का इस्तेमाल एक सम्पत्ति के रूप में होता रहे, इस पर कभी किसी को आपत्ति नहीं होगी। लेकिन एक स्त्री अगर पुरुष के पौरुष पर ही प्रश्नचिह्न लगा दे तो कैसा लगता है? इब्सन का 'गुड़ियाघर' या फिर सुरेन्द्र वर्मा का 'सूर्य की अंतिम किरण से' बार-बार याद आते हैं—'गुड़ियाघर' और 'सूर्य की अंतिम किरण' के बीच की कड़ी है 'ध्रुवस्वामिनी'। जहाँ अन्य दोनों नाटक स्त्री-पुरुष के व्यक्तिगत दायरे से ज्यादा बाहर नहीं जाते, वहाँ प्रसाद ने राजनीति, धर्म, युद्ध के साथ संलग्न करके अपने कथ्य को बहुआयामी बना दिया है।

इससे भी ज्यादा महत्त्वपूर्ण है 'ध्रुवस्वामिनी' की रंगशैली। पिछले दो दशकों में भारतीय रंगमंच की अपनी एक शैली की तलाश का काम लेखकों, रंगकर्मियों के बीच बहस का केन्द्र बना हुआ है। अगर हम अपनी दृष्टि को थोड़ा विस्तार दें तो पाएँगे कि जिस दिशा में आज का नाटककार अभी तक नहीं पहुँचा है—क्या वह दिशा भारतेन्दु या

प्रसाद के नाटकों में पहले मौजूद नहीं है? शास्त्रीय शैली, लोक-शैली और यथार्थवादी शैली—भारत हो या पूरा विश्व—रंगमंच की शुरुआत से लेकर आज तक यही तीनों शैलियाँ थोड़े-बहुत हेर-फेर से नाट्य-लेखन एवं रंगकर्म में विद्यमान रही हैं। और यदि आज कोई अपनी भारतीय शैली हो सकती है तो वह इन तीनों उपर्युक्त शैलियों के मिश्रण में से छनकर विकसित हुई रंगशैली ही हो सकती है, फिर चाहे हम उसे कोई भी नाम दें।

क्या 'ध्रुवस्वामिनी' की रंगशैली में ये सारे तत्त्व पहले से मौजूद नहीं हैं? एक त्रि-अंकी नाटक, एक अंक में एक ही दृश्य, एक ही 'लोकाल', समाज की मान्यताओं को नकारता हुआ एक 'व्यक्ति'—अगर ये सारी युक्तियाँ यथार्थवादी शैली से ली गई हैं तो गीत-संगीत का इस्तेमाल, ऐतिहासिक परिवेश, नाटक में नाटक का प्रयोग उसे नाट्य-धर्मिता की ओर भी सहजता से ही ले जाता है।

अपनी चरित्र-परिकल्पना की दृष्टि से भी 'ध्रुवस्वामिनी' का पात्र आधुनिक अभिनेत्री के लिए एक चुनौती प्रस्तुत करता है। सबसे पहले तो उसकी लड़ाई ध्रुवस्वामिनी की भाषा के स्तर पर शुरू होती है और फिर इस भाषा के कवच को भेदकर उस भीतरी परत तक पहुँचना, जहाँ ध्रुवस्वामिनी महादेवी भी है, एक असहाय नारी है, एक ऐसी नारी जो परम्परा एवं अपने हृदयगत उद्‌गारों के बीच फँसी हुई है, जो लगातार साहस जुटाकर हर विपरीत परिस्थिति का सामना करते हुए अंततः अपने अभियान में सफल होती है—यह पूरी यात्रा एक आयामी नहीं है और एक अभिनेत्री के लिए अभिनय-क्षमता के न जाने कितने आयाम प्रस्तुत करती है।

यहाँ सिर्फ ध्रुवस्वामिनी ही नहीं, वरन् प्रत्येक चरित्र के बारे में ऐसी टिप्पणी की जा सकती है। कोमा और मंदाकिनी हों, रामगुप्त या चन्द्रगुप्त हों—प्रसाद का द्वन्द्व मानो एक ही चरित्र के विभिन्न पक्षों को अलग-अलग चरित्रों के माध्यम से अपने को मूर्त करता है। क्या ध्रुवस्वामिनी और कोमा एक ही प्रश्न के दो छोर नहीं? क्या विजया और देवसेना के बारे में भी यही नहीं कहा जा सकता? स्कन्दगुप्त-पुरगुप्त, रामगुप्त-चन्द्रगुप्त, देवकी-अनन्तदेवी—उनके हर नाटक में यह समानान्तर उपस्थित है जो मंचन की दृष्टि से दर्शकों के सामने बहुत ही रोचक परिकल्पना प्रस्तुत करता है।

'ध्रुवस्वामिनी' का एक और भी रंगमंचीय तत्त्व है, जिसकी तरफ गहराई से विचार नहीं किया गया है। इस एक नाटक में तीन-तीन नाटक उपस्थित हैं—सबसे पहले मन्दाकिनी का खड्‌गधारिणी के रूप में गूँगी का अभिनय, फिर कुबड़े बौने एवं हिजड़े का प्रसंग और अंत में चन्द्रगुप्त एवं ध्रुवस्वामिनी का स्त्रीवेश में शकराज के सामने जाना। सबसे पहले खड्‌गधारिणी के प्रसंग को लें। आज तक विद्वान और रंगकर्मी खड्‌गधारिणी और मंदाकिनी को अलग-अलग चरित्र मानते रहे हैं और इसीलिए सदा दो अलग-अलग अभिनेत्रियों ने ही इन चरित्रों को अभिनीत किया है। लेकिन अपनी प्रस्तुति में मैंने ये दोनों चरित्र एक ही अभिनेत्री को दिए और ऐसा क़रने के लिए स्वयं नाटक में ही वह आधार मौजूद है जहाँ मंदाकिनी कहती है—'गूँगी के अभिनय में महादेवी

के हृदय का आवरण—'। क्या प्रसाद स्वयं स्थिति की नाटकीयता का अंदाजा नहीं लगा सकते थे कि वह अलग-अलग चरित्रों की कल्पना करते?

बौने, कुबड़े और हिजड़े के प्रसंग पर अलग से कहने की कोई जरूरत नहीं। रामगुप्त एवं ध्रुवस्वामिनी के संबंधों पर इससे ज्यादा सटीक व्यंग्य दूसरा नहीं हो सकता। हाँ, यह प्रसंग नाटक के यथार्थवादी ढाँचे के साथ-साथ उसमें नाट्यधर्मिता का रंग भर देता है।

नाटक में नाटक का सबसे महत्त्वपूर्ण प्रसंग है चन्द्रगुप्त एवं ध्रुवस्वामिनी का एक ही वेश में शकराज के सामने पहुँचना। शेक्सपीयर अथवा पारसी नाटकों में भी इस प्रकार के प्रसंग अनेकानेक मिलते हैं जहाँ स्त्री पुरुष का वेश धारण करे या पुरुष स्त्री का वेश धारण करे। यह अपने आपमें एक नाटकीय युक्ति तो है ही, स्वयं अभिनेता-अभिनेत्री के लिए भी अभिनय के स्तर पर एक चुनौती है, भारतीय नाट्यशास्त्र में तो एक पुरुष द्वारा स्त्री का अभिनय करना कला का चरमोत्कर्ष माना गया है। सत्य क्या है—असत्य क्या है? वास्तविकता क्या है और भ्रम क्या है—यह ऐसा कथ्य है जो देश-विदेश के रचनाकारों को सदैव ही आकर्षित करता रहा है। क्या यह प्रसंग इस कथ्य की एक नाटकीय प्रस्तुति नहीं कर देता?

प्रसाद के नाटकों को मंचित करते समय हम ज्यादातर अभिनय को भूलकर अन्य तकनीकी समस्याओं में उलझ जाते हैं और इसीलिए मुश्किल पैदा हो जाती है। मेरे विचार में दृश्यबन्ध की दृष्टि से उनके सारे नाटक बहुत ही सादे एवं संकेतात्मक मंच पर होने चाहिए। इस दिशा में नाट्यशास्त्र में उपलब्ध रंगमंच की परिकल्पना प्रसाद के नाटकों के मंचन के लिए सर्वथा उपयुक्त जान पड़ती है। संस्कृत नाटकों में भी तो चरित्रों की भरमार होती है और जाने कितने अभिनय-क्षेत्र होते हैं—क्या वे सब एक ही स्थायी मंच पर नहीं होते थे? शेक्सपीयर के बड़े-से-बड़े नाटक उनके अपने समय में उपलब्ध 'ग्लोब थियेटर' में मंचित किए गए जहाँ मंच की एक स्थायी परिकल्पना नाटककार के सामने पहले से ही प्रस्तुत थी।

प्रसाद के नाटकों से जुड़ी सारी समस्याएँ अपने आप हल हो जायेंगी यदि हम हिन्दी रंगमंच के अभिनेता को जगाने की शुरुआत करें—आज उसके पास भाषा का संस्कार नहीं है, साहित्य की संवेदना नहीं है। पहले हम इस दिशा में काम करें तो काफी कुछ मंचन की समस्या अपने आप सुलझ जायेगी। ज़रूरत इस बात की है कि एक ऐसा भारतीय रंगमंडल स्थापित किया जाए जो भारतेन्दु एवं प्रसाद जैसे नाटककारों की रचनाओं के माध्यम से भारतीय अभिनय-शैली एवं रंग-शैली तक पहुँचने की कोशिश करे। यदि हम यह मानते हैं कि भारतीय साहित्य में प्रसाद की रचनाएँ अपने कथ्य की दृष्टि से उल्लेखनीय हैं तो कोई कारण नहीं कि उन्हें मंच पर प्रस्तुत न किया जाए।

इन्हीं सब प्रश्नों के परिप्रेक्ष्य में 'ध्रुवस्वामिनी' की प्रस्तुति का पुनरावलोकन किया जा सकता है। अपनी प्रस्तुति में मैंने दो महत्त्वपूर्ण परिवर्तन और किए थे। एक तो 'ध्रुवस्वामिनी' में प्रयुक्त गीतों को बिलकुल हटा दिया जाना क्योंकि मुझे युद्ध की पृष्ठभूमि

में ये गीत आवश्यक जान पड़े, ये गीत स्वयं पात्र तो गाते ही नहीं और सबसे बड़ी आपत्ति यह थी कि ये गीत नाटक के गीत न होकर प्रसाद की कविता ही अधिक जान पड़ते थे।

दूसरा परिवर्तन नाटक के अंत में किया गया था। पूरा नाटक शुरू से लेकर अंत से कुछ पहले तक ध्रुवस्वामिनी को केन्द्र में रखकर चलता है, लेकिन नाटक के अंत में एक अपार जनसमूह के बीच ध्रुवस्वामिनी कहीं खो-सी जाती है। इसीलिए मुझे यह आवश्यक प्रतीत हुआ कि उसे कुछ अतिरिक्त संवाद दिए जायें। यह काम किया जाने-माने कवि रघुवीर सहाय ने। उन्होंने नाटक की भाषा एवं कथ्य के भीतर से ही एक ऐसे एकालाप की रचना की जो कहीं से भी क्षेपक नहीं जान पड़ता था वरन् नाटक में ध्रुवस्वामिनी के चरित्र को एक संपूर्णता प्रदान करता था। ध्रुवस्वामिनी का स्वगत है—इस सबके बीच मैं कहाँ हूँ ?

ब.व. कारंत

थिएटर साहित्य से स्वतंत्र है

बाल्यावस्था से ही बाबूकोड़ी व्यंकटरामन कारंत का सहज भावात्मक लगाव दो दिशाओं में प्रस्फुटित हुआ, पहला रंगमंच, दूसरा हिन्दी प्रेम। ड्रामा तो तीसरी कक्षा से ही खेलना शुरू कर दिया था। घर में भी थिएटर को लेकर अनुकूल वातावरण रहा। ऐसी पृष्ठभूमि में 12-13 वर्ष की आयु के बालक का घर से भागकर कंपनी थिएटर में शामिल होना अप्रत्याशित नहीं कहा जाएगा। मैसूर की पारसी थिएट्रिकल कंपनी गुब्बी वीरण्णा कंपनी (1943-49) में कारंत को अपनी रंग-प्रतिभा निखारने के कई अवसर मिले। कुछ वर्षों में यह बाल-कलाकार विभिन्न भूमिकाओं और ज़िम्मेदारियों को कुशलता से निभाने में 'एक्सपर्ट' हो गया। रंगमंच के प्रति यह सर्जनात्मक आकर्षण और सक्रियता आजीवन गतिशील रही।

'स्वाधीनता संग्राम के दिन थे। गाँधीजी के प्रति सबके मन में आदर और श्रद्धा का भाव था। राष्ट्रभाषा सीखने और इस तरह राष्ट्र-सेवा करने का उन दिनों दक्षिण में बहुत बोलबाला था। आजादी की लड़ाई में, मैं छोटा-सा ही सही, अपना योगदान देना चाहता था। मेरा हिन्दी-अनुराग बढ़ने लगा। कंपनी के मालिक वीरण्णाजी के प्रोत्साहन और सहयोग का विशेष महत्त्व है। मैं कंपनी में रहते हुए दक्षिण भारत हिन्दी प्रचार सभा की परीक्षाएँ पास करता गया। कंपनी बंद हुई (1949) तो दूसरी कंपनी में भटकने की बजाय मैं हिन्दी प्रचारक बन गया। 1951 में बंगलूर के मारवाड़ी स्कूल में हिन्दी अध्यापक बन गया। बम्बई की हिन्दी विद्यापीठ और साहित्य सम्मेलन की परीक्षाएँ उत्तीर्ण कर लीं। अब मैंने महसूस किया कि मेरी योग्यता पर जब तक विश्वविद्यालय

की मोहर नहीं लग जाती तब तक मेरी शिक्षा-दीक्षा का कोई लाभ नहीं। मैंने 52 में मैट्रिक, 54 में इंटर, 56 में बी.ए. 58 में मैंने बनारस हिन्दू विश्वविद्यालय से एम.ए. हिन्दी में किया।

'दक्षिण भारत प्रचार सभा आदि की परीक्षाओं और अध्ययन के दौर में नाटक और रंगमंच से निरंतर नाता बना रहा। परीक्षाओं के बहाने कई नाटक पढ़ने को मिले। उस समय डी.एल. राय के नाटकों की बड़ी धूम और प्रतिष्ठा थी। रुचि और अनुभव तो था ही, इसलिए मारवाड़ी स्कूल में बच्चों के लिए नाटक खेलने लगा।' गुब्बी कंपनी से इतना अनुभव हो चुका था कि कारंत को यहाँ अंधों में राजा बनना कठिन न हुआ। इस प्रकार किशोरावस्था में ही कारंत की रंगमंच और हिन्दी के प्रति ऐसी नैसर्गिक प्रतिबद्धता और समर्पण भावना विकसित होती गई जिसका उनके व्यक्तित्व में, जीवन में फिर कभी कोई अंतर नहीं रहा।

'बनारस-प्रवास में शिक्षा-दीक्षा के अतिरिक्त सृजन-संसार में मोड़ आया। यहाँ प्रसाद को पढ़ना-समझना 'कम्पलसरी' हो गया। जिस पहली किताब ने अपना असर डाला वह थी—'प्रसाद के नाटकों का शास्त्रीय अध्ययन'। इससे प्रसाद के नाटक और दुरूह लगे। डी.एल. राय से तुलना स्वाभाविक थी। उनके नाटक थिएट्रिकल लगते थे क्योंकि उनमें 'स्पीच' अच्छी होती थी। तब लगा था कि प्रसाद को नाटक लिखना नहीं आता। उनमें सबकुछ मिला-जुला है। वहाँ अक्सर यह सुना और माना जाता था कि प्रसाद के नाटक रंगमंच के अनुकूल नहीं हैं। उनमें दृश्यांतर कठिन हैं। प्रसाद ने अभिनेता का तो ध्यान ही नहीं रखा। सचमुच कविता लिखी है—पाठ्य। भाषा क्लिष्ट है। विशेषण ही विशेषण हैं, विशेष्य कहाँ हैं ? विशेषणबहुल भाषा बोलना कठिन है। प्रसाद को लेकर मजाक चलते—छात्रों में, अध्यापकों में। हाँ, विश्वविद्यालय में अर्थात् पाठ्य-क्रम में, प्रसाद को विशेष मान्यता प्राप्त थी। ऐसा लगा कि वे इसी के उपयुक्त हैं।'

1958 में कारंत ने इसी विश्वविद्यालय से शोध-कार्य प्रारंभ किया। विषय स्वयं चुना—'भारतीय रंगमंच और हिन्दी नाटक।' गाइड थे डॉ. जगन्नाथ प्रसाद शर्मा। उद्देश्य था—भारतीय रंगमंच के इतिहास का अवलोकन। 'दो साल के बाद महसूस हुआ कि प्रैक्टिकल साइड को समझे बिना मेरा काम अधूरा रहेगा। थोड़ा घमंड भी था कि मैंने कंपनी थिएटर में इतने वर्ष क्या नहीं किया। इसलिए थीसिस में कुछ तर्क समर्थन के लिए जुटाए और कुछ तर्क स्थापित किए। याद करूँ तो आज हँसी आती है। तब जगदीश चन्द्र माथुर की रंगपरिकल्पना बेहतर लगी। संवाद रचना अधिक उपयुक्त है। छोटे-छोटे अधूरे वाक्य स्टेज का हिस्सा लगे। प्रसाद में यह सब नहीं है। वास्तव में विश्वविद्यालय की चिंतन और विवेचन प्रणाली ऐसी स्थिर और रूढ़-सी हो चुकी थी कि वैसी 'मत दृष्टि बनी और प्रमाणित किया कि प्रसाद के नाटक मंचानुकूल नहीं हैं।'

इसी सोच और लगन में कारंत ने 1960 में राष्ट्रीय नाट्य विद्यालय में दाखिला लिया। शोध-कार्य अभी हाथ में था। रा.ना.वि. की ट्रेनिंग के बाद भी कारंत के मत

में अंतर नहीं आया कि प्रसाद के नाटक रंगमंच के अनुकूल नहीं हैं। इन्हीं दिनों हुई यूरोप की सांस्कृतिक यात्रा और उससे प्राप्त अनुभव-सम्पन्न रंगचेतना के परिणामस्वरूप कारंत के दृष्टिकोण में बदलाव आया और उन्हें प्रसाद के नाटक में रंग-संभावनाएँ दिखने लगीं। उपर्युक्त विवेचन से स्पष्ट है कि कारंत के ज़हन में कितने वर्षों से प्रसाद के नाटक अपनी जगह बनाए हुए हैं। उनकी यह संलग्नता पुरानी है, गहरी है, और अनोखी भी।

उत्तर प्रदेश संगीत नाटक अकादमी ने 1972 में कारंत को बनारस में रंग-प्रशिक्षण शिविर संचालित करने के लिए आमंत्रित किया। इस कार्यशाला के लिए 70 छात्र चुने गए। इतने अधिक कलाकारों को लेकर प्रश्न उठा क्या तीन नाटक लेंगे? कारंत ने कहा, ' 'चन्द्रगुप्त' रहते तीन नाटक लेने की ज़रूरत क्या है? एक यही नाटक पर्याप्त है। 'चन्द्रगुप्त' में जितने पात्र हैं, कम से कम उतने सैनिक तो हैं ही। न साधन न सुविधाएँ। अभावों ने लीक से हटकर रास्ता खोजने के लिए प्रेरित किया। 70 उभरते कलाकार थे, उत्साह और उद्यम से भरपूर। अभिनेता अधिक थे, इसलिए ग्रुप का आइडिया अच्छा लगा। लोकतांत्रिक परिप्रेक्ष्य देते हुए इससे कुछ समूह और समूहन नए और असरदार सिद्ध हुए। नाटक के पाठ के बाद जो प्रदर्शन-दृष्टि उभरने लगी, उसमें पारसी-थिएटर से मुक्ति थी। न सैट, न कास्ट्यूम, न परदा। सीधा-सादा प्रस्तुतीकरण। कुछ स्तंभ (पिलर), कुछ चौकियाँ, कुछ स्टेप्स, कुछ लेवल। कोई विंग्स नहीं, कोई नेपथ्य नहीं। इस प्रकार महाकाव्यात्मक परिदृश्य देते हुए तीन अभिनय क्षेत्र बनाए। पात्र का प्रवेश-प्रस्थान किसी भी ओर से हो सके, चौमुखी। पारसी थिएटर की कुछ रंगयुक्तियाँ ज़रूरी अपनाईं। नाटक में मरने के कई दृश्य हैं। पात्र को एक खास बनाए खड्डे में गिरता दिखा दिया गया ताकि मरने का दृश्य न दिखाना पड़े। इसका असर पड़ा। दूसरे दृश्य के अंत में टैब्लो जैसा पात्र-संयोजन लोगों को अच्छा लगा। इस प्रकार नए प्रयोग और नए अनुभव हुए।'

' 'चन्द्रगुप्त' नाटक के मूल स्थापत्य को नहीं छेड़ा गया। यों शहर के दर्शक और समय की सीमा को देखते हुए काँट-छाँट करनी पड़ी। निर्बाध कार्यव्यापार के लिए ये सुधार आवश्यक थे। राष्ट्रीयता और रोमांटिकता पर बल तो देना ही था। बाद में प्रस्तुतीकरण शिथिल पड़ गया। नाटकीय प्रभाव कम होने लगा। यह प्रस्तुतीकरण चाहे उस तरह सफल नहीं कहा जाएगा परंतु इससे पुराने ढर्रे से मुक्ति और नई रंग संभावनाओं की तलाश शुरू हुई।'

'रंगमंडल, भारतभवन, भोपाल में 1981 में 'विशाख' खेला गया। 'विशाख' 'अटर फ्लॉप' रहा, हालाँकि कुछ लोगों (श्यामानंद जालान उनमें से एक हैं) को तब भी पसंद आया। वह 'हिट' नहीं रहा, बल्कि पिट गया। तब पता चला कि एमेच्योर के लिए प्रसाद क्यों इतने दुरूह हैं। गंभीर नाटक के लिए गंभीरता चाहिए जो एमेच्योर ग्रुप और कलाकार के लिए संभव नहीं। स्पष्ट हो गया कि प्रसाद के नाटक प्रशिक्षित कलाकार

ही बेहतर कर सकते हैं।'

1984 तक रंगमंडल कई प्रकार के नाटकों में अनुभव और सफलता पा चुका था। प्रसाद को लेकर कारंत भी 'ग्रो' कर रहे थे। तभी 'स्कंदगुप्त' को उठाया गया। ' 'स्कंदगुप्त' में परिवर्तन तथा विकास दोनों हैं—प्रसाद के अन्य नाटकों की अपेक्षा स्वयं स्कंद के चरित्र में यह बात देखी जा सकती है—कई स्तरों पर। एक दृश्यबंध की संपूर्ण कल्पना पहली बार मिली। किसी भी कोने में बैठो दृश्य यहाँ से वहाँ, पूरा फैला दिखाई देता है। मूल नाटक में घटनाएँ किसी कक्ष में नहीं हैं। खुला पुराना राजप्रासाद है, खम्बे हैं, मंदिर हैं, यह खुलापन चरित्रों का महत्त्वपूर्ण हिस्सा है। इसी खुलेपन के कारण कार्यव्यापार में निरंतरता है। दृश्यांतर में न कहीं अँधेरा है और न कहीं वे समाप्त होते हैं। एक जीवन का चक्र निरंतर चल रहा है—दृश्यों में निरंतरता है। तब लगा आलेख में बड़ी संभावनाएँ हैं।'

' 'ध्रुवस्वामिनी' नाटक कक्ष में होता है। उसकी घटनाएँ बँधे वातावरण में होती हैं क्योंकि नाटक में घुटन है। इसी प्रक्रिया में पता लगा कि प्रसाद के नाटक पारसी थिएटर से कहाँ अलग हैं और कहाँ अलग होने चाहिए।'

कारंत का मानना है कि प्रसाद के नाटकों की अन्तर्वस्तु में इतनी गहराई है कि उसकी 'इंटेंसिटी', उसकी शक्ति आज भी उन्हें प्रभावित करती है। 'जब हम नाटक खेलने-प्रस्तुत करने का निर्णय लेते हैं तो यह उसके अच्छा लगने पर निर्णय लेते हैं परंतु नाटक में कुछ कमज़ोरियाँ होती हैं। उन्हें साथ अपनाना पड़ता है परंतु दर्शकों को कमज़ोरियाँ नहीं दिखानी होतीं। दर्शक के सामने उज्ज्वल पक्ष ही प्रस्तुत होगा। इसलिए परिवर्तन करने पड़ेंगे। दूसरे, निर्देशक का लक्ष्य नाटक को दर्शकों तक संप्रेषित करना है, साथ ही कथ्य के साथ न्याय भी करना है। इसलिए अदल-बदल करना पड़ेगा। नाटकीय प्रवाह को बनाए रखने के लिए परिवर्तन आवश्यक हैं। इसलिए प्रस्तुति परिकल्पना नई होगी।'

'यह बात साफ़ होनी चाहिए कि थिएटर साहित्य नहीं है, थिएटर साहित्य से स्वतंत्र है, ऐसी सूरत में प्रसाद खेलने से पूर्व कोई शर्त लगाना ठीक नहीं होगा। आलेख न बदलें या न छेड़ें, यथावत् करें। ऐसा न संभव है और न सही है। हम प्रसाद को आज 50 साल बाद खेल रहे हैं। पुरानी स्थितियाँ, व्यवहार यथावत् नहीं अपनाए जा सकते। प्रस्तुतीकरण को समकालीन बनाने का अर्थ यही है कि उसे अपनी 'चायस' के मुताबिक बनाना। यह न करें, वह ठीक नहीं, इस तरह की खींचतान से कोई नाटक प्रस्तुत नहीं किया जा सकता। यह पवित्रतावादी दृष्टिकोण संकीर्ण है और प्रसाद के लिए हानिकारक सिद्ध होगा।'

'प्रसाद के नाटक ऐतिहासिक हैं। उनमें इतिहास-नायकों को गौरवान्वित किया गया है। वे आज हमारे किस काम के—अक्सर इस ढंग की बातें उठती हैं। हम किसी नाटक को क्यों उठाते हैं? विशेषकर प्रसाद के संदर्भ में यह बात उठायी जाती है कि हमारे

आज के साथ उनका क्या संबंध है? उनकी आज क्या प्रासंगिकता है? रंगमंच आसमान से नहीं टपकता, वह अपनी परंपरा से बनता है। अपनी परंपरा से अपने रंगमंच को अर्थात् हम अपने क्षितिज को पहचानने लगते हैं। ये हमारे नाटक हैं, इस तरह से हो सकते हैं, इस तरह से हुए होंगे, प्रसादजी ने इस तरह सोचा होगा। लेकिन अब यह ज़रूरी नहीं कि जैसा प्रसादजी ने सोचा मैं भी उसी तरह से सोचूँ। प्रसादजी मेरे लिए समकालीन होने चाहिए। समकालीनता के लिए नये अर्थ और संदर्भ देने पड़ेंगे।'

'आज का नाटक बनाने के लिए सबसे पहला सवाल है कि आज की समस्याओं के साथ कैसे टकराएँ? इसके लिए कुछ बातें निर्देशक को जोड़नी पड़ती हैं। यद्यपि इसे नाटककार के साथ ज़्यादती करना कहा जा सकता है किन्तु समकालीनता के साथ मेरी, रंगकर्मी की ईमानदारी है। जिस ज़माने के दर्शकों के लिए, दर्शकों के साथ मैं नाटक कर रहा हूँ, उनके साथ भी मेरी एक ईमानदारी है। 'स्कंदगुप्त' का उदाहरण देता हूँ। नाटक के अंत में स्कंदगुप्त पुरगुप्त के लिए साम्राज्य छोड़ देता है। पुरगुप्त निकम्मा है. अकर्मण्य है। हमारे कई साथियों ने पूछा कि स्कंदगुप्त ज़िम्मेदार व्यक्ति है। इतने बड़े संघर्ष के उपरांत ही वह राज्य को एक कर सका। इसके बाद वह यों ही निर्बल निर्वीय पुरगुप्त के हाथ में राज्य सौंप देता है जो किसी भी स्थिति में राज्य चला नहीं सकता। और भटार्क का वाक्य भी है—'यह आप क्या करते हैं'? तब एक वाक्य मुझे जोड़ना पड़ा—'अगर असमर्थ पुरगुप्त को समर्थ नहीं किया तो मेरी सार्थकता क्या है?' इसका अर्थ यह हुआ कि मैं अब भी रहूँगा, अपने उद्देश्य के लिए अब भी काम करूँगा। पुरगुप्त एक निमित्त मात्र है, राष्ट्र प्रमुख है, सबकुछ है। यह अर्थ मुझे लगाना पड़ा।'

'जिन बातों को लेकर पात्र में द्वन्द्व है उसके लिए वस्तुगत स्थितियाँ नाटक में नहीं हैं। मोटिवेशन अमूर्त रह जाता है। विजया का चरित्र बड़ा विचित्र है। कब बदलती है कुछ पता नहीं चलता। नाटककार के पास संभवतः कोई तर्क रहा हो, किन्तु मुझे नाटक में नहीं मिला। इसके लिए मोटिवेशन या तर्क खोजने पड़े। कुछ दृश्य आगे-पीछे किए, एक पात्र के संवाद दूसरे को देने पड़े। असल में प्रस्तुतीकरण के दौरान ही पता लगता है कि प्रसाद के कई 'गैप' रह जाते हैं। मातृगुप्त की प्रेमिका उसे दोबारा मिली नाटक के अंत में जब वह वेश्या बन चुकी थी। इस बीच वह कहाँ थी—कैसी थी—इतनी बड़ी खाई? निर्देशक और अभिनेता इस कमी को पूरा कर सकते हैं।'

'अन्तर्वस्तु का महत्त्व है परंतु थिएटर का आदमी नई फॉर्म की तलाश करता है। भारतीय नाटक साहित्य में कांटेंट कम नहीं हैं, कई क्लासिक रचनाएँ हैं परंतु उनको समकालीन बनाना इसलिए ज़रूरी है ताकि वर्तमान का अनुभव और आकार हो। यही असली लड़ाई है जो निर्देशक को जूझनी पड़ती है। रंगकर्मी का संघर्ष फॉर्म का होता है। सामयिक बनाने का मतलब है प्रस्तुति को विश्वसनीय और प्राणवान बनाना। निर्देशक के सामने यही महत्त्वपूर्ण चुनौती है कि 50 साल पुरानी कृति को कैसे संप्रेषित किया

जाए ताकि आज के दर्शक को विश्वसनीय लगे। नाटककार क्या कहना चाहता है, इसका इतना महत्त्व नहीं जितना वह कैसे कहना चाहता है। ध्यान देने योग्य बात यह है कि वह कैसे प्रस्तुत करता है। इस प्रक्रिया में कुछ छूट जाता है और कुछ नया मिलता है।'

' 'अंधेर नगरी' को कुछ विद्वानों ने जुमलेबाज़ी का नाटक माना परंतु आलेख में व्यंजना है। 20 तरह के लोग 10 तरह की व्यंजनाएँ ले सकते हैं। मैंने 'अंधेर नगरी' में भारतीय रंगरूढ़ियों को जोड़ा, कुछ यक्षगान से, कुछ पारसी थिएटर से, कुछ अलग-अलग स्रोत से ताकि मंच-प्रभाव बढ़े। मैंने आलेख को नया तात्पर्य दिया ताकि नए नाटकीय तत्त्व उभरकर सामने आएँ। फॉर्म की यह तलाश कांटेंट से अलग नहीं रही। परिणाम यह हुआ कि उस आलेख को नई व्याख्या दी जा सकी।'

'नाटक की वास्तविक शक्ति संवाद में रहती है। संवाद समाचार पत्र की रिपोर्टिंग नहीं है कि उसे पढ़कर भर दिया जाए। संवाद की निहित शक्ति उसके अन्तर्बोध 'इनर कांशियस' में है। वह संवेदना से पूर्ण और सूक्ष्म होता है। उसमें कौतूहल है। क्या बोला है—नहीं, क्या बोलेगा या क्या बोल सकता है, संवाद की यह संभावना और अपेक्षा नाटक की शक्ति है। इसलिए नाटक के केन्द्र में चरित्र और संवाद होते हैं। उन्हीं से नाटक की जिज्ञासा बनी रहती है। अभिनेता अपने रंग-व्यवहार से उसमें प्राण डालता है। 'रोमियो ज्यूलियट' या 'तुगलक' में पात्र क्या कहने जा रहा है, यह नाटक की शक्ति है। राजनीति, इतिहास, संस्कृति, प्रकृति सभी के साथ प्रसाद का गहरा संबंध है। इन संबंधों के परिप्रेक्ष्य में प्रसाद के संवाद बने हैं। उनमें आंतरिक नाटकीयता छिपी है जिसकी हमें खोज रहती है। इसके लिए सभी साधनों-स्रोतों से मदद लेनी है जहाँ-जहाँ संभव है।'

'प्रसाद के संवाद बौद्धिक नहीं हैं, न तार्किक हैं। वे बड़े हार्दिक हैं। इसीलिए स्मरणीय है 'अधिकार सुख कितना मादक और सारहीन है ··· ' कहना बौद्धिक नहीं है। हृदय का हृदय से संवाद है। इसी हार्दिकता की वजह से संवादों की पंक्तियाँ याद रह जाती हैं। आज भी कई लोग प्रसाद को क्यों याद करते हैं? क्या इसलिए कि वे पाठ्यक्रमीय नाटककार है? पाठ्यक्रमीय बनते ही साहित्य निर्जीव हो जाता है। प्रसाद की शक्ति भी वही है जो रंगमंच की शक्ति है—संवाद। प्रसाद के दीर्घ संवाद, पूरे के पूरे याद किए जाते हैं—'अधिकार सुख ··· '। छोटे वाक्य भी 'महत्त्वाकांक्षा का मोती निष्ठुरता की सीपी में पलता है'। इसलिए प्रसाद को एडिट करना बड़ा दुविधा का काम है।'

'प्रसाद के संवादों में स्वगत महत्त्वपूर्ण हैं। मैं पहले भी कई बार कह चुका हूँ कि रंगमंच ने दो बड़ी अनमोल चीज़ें दी हैं—एक विदूषक, दूसरा स्वगत। विदूषक ही एक ऐसा पात्र है जो अपनी आलोचना करता रहता है। 'किंग लीयर' में आलोचना करनेवाला 'फ़ूल' है। स्वगत नितांत रंगमंच की ही वस्तु है। स्वगत से बचा नहीं जा

सकता। यहाँ तक रियलिस्ट थिएटर में वह अपने ढंग से विद्यमान है। स्वगत लिखना बहुत बड़ी चुनौती का काम है। सामर्थ्यवान लेखक ही स्वगत लिख सकता है, जैसे प्रसाद। इसका कितने प्रकार से प्रयोग किया गया—कभी आत्म-विश्लेषणात्मक, जैसे 'स्कंदगुप्त' का पहला और अन्य संवाद। कभी आत्मधिक्कार का भार है—भटार्क अपने अपराध की स्वीकृति में यही कहता है। दिवास्वप्नों को भी स्वगत का हिस्सा मानना चाहिए—मुझे ऐसा मिल जाए, यह करूँगा। चाणक्य के स्वगत में अन्तर्द्वन्द्व है, वह स्वगत में अपनी योजना भी बनाता है।'

'गीतों को भी एक प्रकार स्वगतोक्ति कहना अनुचित न होगा। उसके शब्द देखिए—क्यों, कहाँ, कौन, उनके आरंभ में प्रयुक्त होते हैं। कई बार तुम, रे, री तो है ही—'बीती विभावरी जाग री'। कहीं प्रश्नोत्तर 'उठ उठ री लोल लहर'। ये गीत या कविता नहीं, पूरे संवाद हैं। इसलिए उनके गीत संवादों के एक्स्टेन्शन हैं, बल्कि गहरे एक्स्टेन्शन। इसलिए उनके गीतों को हटाया नहीं जा सकता। अनेक वाक्यों में जो बात कही जा सकती है, उसका सार गीत में मिल जाता है—जैसे 'आह ! वेदना मिली विदाई'। गीत मात्र अलंकरण नहीं है बल्कि संवादों का अनिवार्य परिणाम है। इस दृष्टि से एडिटिंग की समस्या और उलझ जाती है—कैसे एडिट करें इनके नाटक !'

'अक्सर कहा जाता है कि संवादों की भाषा क्लिष्ट है पर वह असंप्रेषणीय नहीं है। सब जानते हैं कि भाषा की क्लिष्टता की बात कहना बिल्कुल अप्रासंगिक है। कोई भी क्लासिक नाटक हो उसकी भाषा की समस्या कहाँ से आती है। प्रसाद के नाटक इतने निकम्मे होते तो अब तक जीवित नहीं रहते। उनके नाटकों का जीवन-क्षेत्र विश्वविद्यालय नहीं है, बाहर भी है। जो क्लासिक है, वह परम्परा का हिस्सा है। उसके संदर्भ में क्लिष्टता की बात को उठाना स्वयं को कृपण बनाना है। जब परंपरा चाहिए तो सब अपनाना और सीखना ही है। कहीं की भाषा हो, वह भाषा हमारी है। प्रसाद की भाषा तो और निकट की है। उस रूप में हमारा संवाद होना चाहिए। प्रस्तुति को संप्रेषणीय तो बनाना ही है। इसलिए छुट-पुट परिवर्तन करने पड़ेंगे परन्तु न विचार बदला जाए, न तात्पर्य और न भाषा की लय।'

'किसी भी नाटक की तैयारी के लिए जिस आंतरिक टैक्स्ट की जरूरत है उसके लिए प्रसाद की कविताओं, कहानियों, निबंधों तथा अन्य नाटकों से बहुत संबल मिलता है। उनके संवादों, प्रसंगों, चरित्रों के कई ज्ञात-अज्ञात संकेत, सूत्र या उल्लेख अन्य रचनाओं में आते हैं जिनके प्रकाश से नए आयामों का पता चलता है। प्रसाद में समग्रता है, समग्रता को समझे बिना प्रसाद को नहीं समझ सकते। भारतेन्दु में यह बात नहीं है। 'अंधेर नगरी' से 'चंद्रावली' का कोई संबंध नहीं है। 'वैदिकी हिंसा हिंसा न भवति' अपने आपमें स्वतंत्र है और 'भारत दुर्दशा' देखिए तो बिलकुल अलग है। प्रसाद के संपूर्ण साहित्य का अनुशीलन ज़रूरी है। प्रसाद के नाटक अपने दर्शन या विज़न के कारण अधिक महत्त्वपूर्ण हैं। उनकी कहानी 'गूदड़शाही' में एक विज़न है, सुसंस्कृत

मनुष्यता और संसार का विज़न। लगता है कि प्रपंचबुद्धि भटार्क भी उसी विज़न के हिस्से हैं। तब इनसे नफरत नहीं होती, बल्कि उस विज़न को 'शार्प' करने के लिए ये दुष्ट पात्र निर्मित होते हैं। ऐसी स्थिति में प्रपंचबुद्धि का प्रायश्चित अथवा अन्य दुष्ट पात्रों का क्षमा माँगना मात्र गांधीजी का हृदय परिवर्तन नहीं है, बल्कि उससे ज्यादा है।'

'काव्य बिम्बधर्मा होता है। प्रसाद की भाषा विशेषणबहुल है पर विशेषण काट दें तो उस भाषा की कविता मर जाएगी और भाषा भी। प्रसाद की भाषा में मुझे जो इमेजिस मिले, वे हिन्दी रंगमंच ही नहीं, भारतीय रंगमंच की दृष्टि से भी उल्लेखनीय हैं। स्कंदगुप्त देवसेना से कहता है–'देवसेना ! एकान्त में किसी कानन के किसी कोने में तुम्हें देखता हुआ जीवन व्यतीत करूँगा।' यह 'देखकर' शब्द बड़ा 'फिज़िकल'–स्थूल लगता है। तुम्हें देखकर ज़िंदा रहूँगा–क्या बचकानी बात है, अजीब लगता है। लेकिन अगर उसे काव्यात्मक ढंग से आँकें तो दृष्टि अलग लगती है। तब लगता है कि कोई भी नाटक करें, प्रसाद का पूरा साहित्य पढ़ना जरूरी हो जाता है। रंगमंच पर बिम्बों में सोचना पड़ता है। प्रस्तुति के समय बिम्ब ढूँढ़ने पड़ते हैं। बिम्ब प्रस्तुति को नई व्यंजना और नई संभावना देते हैं। इसके लिए सबसे अधिक कविता से सहायता मिलती है, उसमें बिम्बों की भरमार है। 'स्कंदगुप्त' करते हुए मुझे यह अनुभव कई बार हुआ। उसमें जिन गीतों का प्रयोग किया गया है वे 'चन्द्रगुप्त', 'जनमेजय का नागयज्ञ', 'राज्यश्री', 'लहर', 'कामायनी' से लिए गए। कविता की एक पंक्ति मुहावरा बन जाती है–'करुणा कादम्बिनी बरसे'–किसी मृत्यु पर इससे उपयुक्त शोकगीत और क्या हो सकता है। बुद्ध की करुणा की सारी बातें इसमें आ जाती हैं। प्रसाद के संवाद काव्यात्मक हैं। कुछ वाक्यों, संवादों की स्वररचना की कोशिश की जा सकती है।'

'देवसेना गीतधर्मी है, सारी सृष्टि में लय और ताल का स्वर पाती है। सारा वातावरण लयबद्ध है। मातृगुप्त कवि है। वास्तव में वह युग ही 'लिरिकल' या भावमय था। पूरा राष्ट्रीय आंदोलन भावमय था। इस परिपार्श्व में सारे प्रस्तुतीकरण ('स्कंदगुप्त') को संगीत के फ्रेम में बाँधना स्वाभाविक है। संगीत भी एक भाषा है और भाषा भी एक संगीत। प्रसाद के गीत उनके संवादों से कभी अलग नहीं लगते। भावनात्मक तनाव गीतों के रूप में फूटता है। वे नाटकीय अनुभव को तरल और प्रभावी बनाते हैं।'

'प्रसाद की कहानियाँ बड़ी मार्मिक और नाटकीय हैं। उनके विशेषणों को लें जो वहाँ पर्याप्त मात्रा में पाए जाते हैं। ये विशेषण नहीं, बल्कि सब क्रियाएँ हैं। इन सबको समझने की प्रेरणा कहानियों से मिलती है। उनको कितनी बार पढ़ें, हर बार नया अनुभव, नई दृष्टि मिलती है। ये सब कुंजियाँ हैं प्रसाद को समझने की।'

'प्रसाद के नाटकों में ध्वनियों की भरमार है–सिर्फ मनुष्यों की ही नहीं, और भी कई ध्वनियाँ। पशु की ध्वनियाँ, पक्षियों की ध्वनियाँ अथवा बाहर राज्य में होनेवाली उथल-पुथल की ध्वनियाँ। ध्वनियों की एक अलग भाषा बनती है। इस प्रकार खुलापन

और ध्वनियाँ ही प्रसाद के चरित्र के हिस्से बन जाते हैं।'

'प्रसाद के नाटक महाकाव्यात्मक हैं, 'एपिसोडिक,' प्रसंग-प्रधान जैसे हमारे यहाँ रामायण, महाभारत। विस्तृत कथा है, एक प्रकरण में से निकलकर दूसरे से जुड़े। एक साथ कई घटनाएँ होती हैं, कई स्थानों पर और उनकी 'ईको' प्रतिध्वनि एक दूसरे पर होती है। इस तरह मैंने स्थान और काल की अन्विति का उपयोग किया है या यह अन्विति स्थापित कर पाया हूँ। 'स्कंदगुप्त' के सभी पात्र—स्वयं स्कंदगुप्त, पर्णदत्त, मातृगुप्त, चक्रपालित, यहाँ तक कि सैनिक अपना-अपना दायित्व निभाते हैं। कार्य-व्यापार में निरंतरता है। एक जीवन-चक्र लगातार चल रहा है—भारतीय विचार के अनुरूप जहाँ कोई समापन नहीं। तब आलेख में और संभावनाएँ उभरीं। 'स्कंदगुप्त' का महाकाव्यात्मक स्वरूप है—कई दृश्य हैं। सबकुछ कई स्तरों पर और कई दिशाओं का स्पर्श करता हुआ चलता है। उनमें एक गति है। एक दृश्य दूसरे में विलीन होकर विस्तार देता है, बहुत सारी चीज़ों का फ्यूज़न-परस्पर समावेश है। एक दृश्य के समाप्त होने पर अंधकार नहीं किया गया, ब्लैक आउट नहीं है, सभी दृश्य मिलते, जुड़ते और विलीन होते हैं। मंच के एक भाग में कार्यव्यापार फिर दूसरे भाग में कार्यव्यापार। पहले एक ओर प्रकाश फिर दूसरी ओर प्रकाश। कार्य गति में निरंतरता और उत्सुकता बनी रहती है। इस प्रकार प्रस्तुति-परिकल्पना महाकाव्यात्मक स्वरूप ग्रहण करती है। प्रसाद-प्रस्तुतीकरण को सम्हालने में पर्याप्त सतर्कता की ज़रूरत है, नहीं तो दृश्य- इकाइयाँ बिखरने का डर हो सकता है।'

'प्रसाद के सामने उदाहरण के रूप में पारसी थिएटर था। लेकिन जो उनकी सीमा था, वही उनकी शक्ति थी। उनके हृदयों में एक पारस्परिक संबंध था जो पारसी थिएटर में नहीं था। वह इंगलैंड में एलिज़ाबेथन ग्लोब थिएटर की तरह है जहाँ तमाम स्थल हैं पर उन्हें एक ही दृश्यबंध में खेला जा सकता है और वह दृश्यबंध लगभग न्यूट्रल (निरपेक्ष) है। यहाँ स्थल तथा मंच में फर्क समझा जा सकता है—स्थल सहज हैं, मंच कृत्रिम तथा निर्मित है। प्रसाद के यहाँ थिएट्रिकल इफैक्ट (रंगमंचीय प्रभाव) देने की कोशिश कम से कम है, जो जानबूझकर पारसी थिएटर की प्रतिक्रिया में है। यह कमजोरी नहीं है। पारसी थिएटरवाले परदे भी यहाँ नहीं हैं। प्रसाद के नाटक 'परदावलम्बी' नहीं हैं। इसीलिए पारसी थिएटर के अनुगामी नहीं हैं।'

'इस बात को समझना चाहिए कि प्रसाद के नाटक क्यों नहीं खेले जाते। उनके नाटक शौकिया या एमेच्योर थिएटर की परिधि में नहीं आते। इनमें उत्साह और लगन हो सकती है पर प्रस्तुतीकरण के स्तर पर 'शार्ट-कट' का मार्ग नहीं अपनाया जा सकता। रिहर्सल के समय सभी उपकरण और साधन उपलब्ध होने चाहिए। फ्लैट स्टेज नहीं चाहिए। मंच खुला होना चाहिए। प्रोसीनियम में प्रवेश-प्रस्थान बँध जाता है। यह कठिनाई बाधा पहुँचाती है। चौमुखी स्टेज चाहिए ताकि चारों ओर से आना-जाना संभव हो सके। संगीत पक्ष प्रबल होना चाहिए, युद्ध-कला में निपुणता चाहिए। ग्राउंड प्लैन, म्यूजिक

प्लैन, साउंड प्लैन को प्रस्तुति-परिकल्पना के साथ-साथ तैयार करना चाहिए। ट्रेंड एक्टर चाहिए—अनुभवी और समर्थ। उसमें साहित्यिक अभिरुचि और सौंदर्यबोध होना चाहिए, तभी प्रसाद के साथ न्याय कर पाएँगे। ऐतिहासिक नाटक में एक कालविशेष को दिखाना ज़रूरी है, इसलिए वह खर्चीला होगा। एमेच्योर के पास कहाँ इतनी सुविधाएँ उपलब्ध हो सकती हैं। उनसे इतने धैर्य, इतने उत्साह और प्रतिबद्धता की अपेक्षा नहीं की जा सकती। इसलिए अधिकांश निर्देशक प्रसाद को लेकर उत्साह नहीं दिखाते। हाँ, 'ध्रुवस्वामिनी' को खेला जा सकता है। छोटा नाटक है, गाने कम हैं, सम्हाला जा सकता है। यही स्थिति 'कामना' की है। सभी साधन उपलब्ध थे—मंच, पात्र, संगीत। इसलिए 'कामना' खेला गया।'

'भोपाल रंगमंडल में पहले 'विशाख' खेला गया जो सफल नहीं रहा। फिर 10–15 बड़े नाटक मंचित किए गए। अभिनेता और शेष रंगकर्मी अनुभवी और ट्रेंड हुए, इसके बाद ही 'स्कंदगुप्त' को उठाया गया। हमारे कलाकार कभी अच्छा करते हैं और कभी ख़राब। दोनों स्थितियाँ उनके हाथ में नहीं हैं। संगीत नृत्य जैसे हमारे माध्यम हैं, वहाँ सात-आठ साल रियाज़ करते हैं, उसी तरह से नाटक में नहीं करते। इसलिए मंचन को लेकर संभव, असंभव, सफल या विफल कुछ नहीं कहा जा सकता। किसी भी नाटक को पूरी तरह सफल बनाने के लिए धैर्य और मेहनत की ज़रूरत है।'

'मैं भरत के रस सिद्धांत पर विश्वास ही नहीं करता, उसे सही मानदंड भी मानता हूँ। किसी भी प्रस्तुतीकरण का प्रयोजन दर्शकों का साधारणीकरण तथा रसास्वादन है। इस दृष्टि से प्रसाद के नाटक श्रेष्ठ एवं सफल हैं। वे अनुभूति से परिपूर्ण हैं, कारण, प्रसाद ने जीवन को परिपूर्णता से पहचानने की कोशिश की है। स्कंदगुप्त एक सामान्य हड्डी-मांस का व्यक्ति है जो परिपूर्ण नहीं है परंतु यही उसकी तलाश है। उसमें भाव, विचार, समझी-नासमझी मिली-जुली है। निर्देशक इसी मिली-जुली तस्वीर को परिपूर्णता से प्रस्तुत करना चाहता है। प्रसाद के पात्र और प्रसंग झूठे नहीं पड़ते।'

'इसमें कोई संदेह नहीं कि शेक्सपियर के नाटकों में परिपूर्णता है पर शेक्सपियर तक बँधा नहीं जा सकता। शेक्सपीयर का अपना स्थान है। प्रसाद में भारतीय जीवन का परिप्रेक्ष्य है, उसी के अनुरूप भाव, विचार, स्थितियाँ हैं। वे हमारे लिए उपयुक्त हैं, हमें इस दिशा में परिपूर्णता के प्रयास करने हैं।'

' 'स्कंदगुप्त' के प्रस्तुतीकरण में नाटक का राष्ट्रीय पक्ष उभरा, व्यक्ति-संकट गौण रहा। यह कार्य भी इतना आसान नहीं है, इसके अपने खतरे हैं। विदेशी शक्ति के सामने अपने को पहचानना, तैयार होना और सामना करना इतना सरल नहीं है। बाहरी शक्ति अवांछित शक्ति है, क्रूर है जो हमारी प्रगति में बाधक है, ऐसी स्थिति में राष्ट्रहित, राष्ट्ररक्षा प्रबल और प्रमुख होगी। राष्ट्रहित के लिए व्यक्ति की बलि हमारे लक्ष्य के अनुरूप है। राष्ट्र-कल्याण के लिए निजी आकांक्षाएँ अधूरी या पीछे रह जाएँगी।'

'इस प्रस्तुतीकरण को लेकर यह आरोप था कि यह बी.जे.पी. का नाटक है। इसमें

संकीर्ण राष्ट्रवाद है। ऐसी व्यंजनाएँ हैं। पहले मुझे भी यही लगा। म्लेच्छ, यवन, आर्य जैसे शब्द इस तरह की ध्वनि देते हैं परंतु इस प्रस्तुतीकरण का प्रयोजन देश में व्याप्त उदासीनता को तोड़ना है। स्वाभिमान को जगाने के लिए कभी-कभी ऐसे शब्द आवश्यक हैं। अब मुझे महसूस हुआ कि प्रसाद 'प्रोटेस्ट' के नाटककार हैं। वह 'प्रोटेस्ट' आज संकीर्ण राष्ट्रवाद लग सकता है। पर वैसे तो कुछ भी लग सकता है, जैसे हिंदी या अपनी भाषा की बात करना, देश की स्वतंत्रता की बात करना। कोई भी शक्ति जो हमारे देश की स्वतंत्रता में बाधक बनती है या उससे हमें खतरा पैदा होता है, तो उसका प्रतिरोध आवश्यक है। प्रसाद यही करते हैं। वे एक सभ्यता संस्कृति और धर्म से टकराहट दिखलाते हैं। संकीर्णतावादी टकराता नहीं, वह अपने को आरोपित करता है। प्रसाद का राष्ट्रवाद मानवतावाद से अलग नहीं है। यही उनके मूल्य हैं जो श्रेष्ठ और मानवीय हैं। मैंने अपनी प्रस्तुति में मानवीय संबंधों पर ही ज़्यादा जोर दिया है, राष्ट्रवाद पर नहीं। सोवियत संघ का जैसे विघटन हुआ, उसको देखते हुए हमें अपने देश में राष्ट्रीय भावनाओं को जगाना पड़ेगा।'

'यह कहना ठीक न होगा कि 'स्कंदगुप्त' का प्रस्तुतीकरण केवल भारतभवन के अंतरंग में ही सफलता और प्रभविष्णुता के साथ प्रस्तुत किया गया। वहाँ मैं ऐसे रंग-स्थल की तलाश में अवश्य सफल हुआ जहाँ प्रसाद के किसी भी नाटक को प्रस्तुत किया जा सके। प्रस्तुति-अभिकल्पना बहुत बड़ी चुनौती थी जो वर्षों बाद स्पष्ट और साकार हुई। 'स्कंदगुप्त' के ग्वालियर और जयपुर के प्रस्तुतीकरण उल्लेखनीय हैं। ग्वालियर में किले के परिपार्श्व में इस नाटक को प्रस्तुत किया गया जिसे हजारों दर्शकों ने देखा और सराहा। यह प्रदर्शन आशा से कहीं अधिक सफल रहा। केवल लेवल और प्लेटफॉर्म के प्रयोग हुए। जयपुर का प्रस्तुतीकरण प्रोसीनियम स्टेज पर् था। वह भी अच्छा गया। मुझे मालूम है कि उत्तर प्रदेश के कुछ नगरों में उसका मंचन आशानुसार नहीं गया। उसके कई कारण हैं, इसके पहले से संकेत मिल गये थे।'

'मैंने 'स्कंदगुप्त' के मंचन के लिए रामगोपाल बजाज के आलेख को लिया। शुरू में तो ठीक लगा पर बाद में यह महसूस हुआ कि यह काम मुझे खुद करना चाहिए था। इधर-उधर की कमियाँ दूर हो जातीं।'

'बजाज का 'स्कंदगुप्त' अपेक्षा के अनुरूप नहीं हुआ हालाँकि उनके पास अच्छी टीम थी। सैट तथा अन्य तामझाम की उलझनों में प्रस्तुतीकरण बिखर गया। नाटक कुछ कुंठित-सा हो गया। संगीत कुछ अलग-सा लगा। कुछ ट्रिटमेंट सही नहीं लगा।'

'गिरीश रस्तोगी का 'ध्रुवस्वामिनी' ठीकठाक प्रस्तुतीकरण लगा। ध्रुवस्वामिनी की मुख्य भूमिका अच्छी लगी, चरित्र पूरा उभरा। भोपाल में वे रंगमंडल के आमंत्रण पर आईं थीं, इसलिए दृष्टि आलोचनात्मक नहीं थी।'

'अगर प्रसाद के नाटक मंच पर 'अच्छे' नहीं हो पा रहे तो इसके लिए आलेख दोषी नहीं है। यह हमारी मजबूरी है कि हम सचमुच अच्छा कर नहीं पा रहे। इसके

लिए संपूर्ण अभिनेता चाहिए जिसमें समकालीनता के साथ ऐतिहासिक व्यक्तित्व का भराव चाहिए। किन्तु हमारे अभिनेता के पास पूरा व्यक्तित्व कहाँ है? इसके बोलने का ढंग, मुद्राएँ सभी 'अरबन जैस्चर' हैं। इसमें अभिनेता का संभवतः उतना दोष नहीं, उस तरह की ट्रेनिंग नहीं। हमारे अभिनेता का आदर्श आज भी रेडियो, टी.वी. या फिल्में हैं। पारसी नाटक अभिनेता के कारण सफल होते थे। मामूली वाक्य भी जब वह बोलता था तो नया अर्थ संप्रेषित करता था। वह भाव, वह व्यक्तित्व हमारे अभिनेता के पास नहीं है। यहाँ आंगिक अभिनय नहीं, सात्त्विक अभिनय चाहिए।'

'इस दिशा में सरकार को आगे आना पड़ेगा। प्रसाद-संस्थान (और भारतेंदु-संस्थान) खोलने पड़ेंगे जो उन्हीं के नाटकों पर केन्द्रित हों। निरंतर प्रयास करने पड़ेंगे, कुछ प्रयोग होंगे, कुछ अनुभव मिलेगा, कुछ समझ बढ़ेगी। इस तरह एक मंचन-दृष्टि निर्धारित होगी। अगर भारतभवन न होता तो 'स्कंदगुप्त' का प्रस्तुतीकरण संभव न था, यह एक सच्चाई है। संस्थान ही ऐसे प्रोजेक्ट उठा सकते हैं। हमारा यह कर्त्तव्य है कि प्रसाद के नाटक बार-बार खेले जाएँ ताकि हमारा इतिहास-बोध स्पष्ट हो। उनकी इतिहास-दृष्टि से ही उनका 'विज़न' विकसित हुआ है जिसके लिए वे इतने महत्त्वपूर्ण हैं। प्रसाद का उद्देश्य सिर्फ परंपरा का पुनरुद्धार या पुनर्प्रतिष्ठा करना नहीं बल्कि उसका विस्तार करना है क्योंकि इसी से हमारा भी विस्तार होता है। इस विज़न की व्यापकता में समकालीनता भी है।'

कारंत का मत है कि वे नाटक को इसलिए प्रस्तुत करते हैं ताकि 'ह्यूमन रिलेशन्स'—मानवीय संबंधों को समझा और दिखाया जा सके। नाटक इसके लिए एक उपयुक्त माध्यम है जो हमारे अनुभव को पुष्ट और संपन्न करता है। इस धरातल पर प्रसाद के नाटक अनुभव और संवेदना से पूर्ण हैं। उनमें 'इमोशनल एलिमेंट' भी है और 'आइडियाज़' भी हैं। उनमें भाव और विचार का अद्भुत मिश्रण है। वास्तव में नाटक एक दूसरी दुनिया है, एक अलग नई सृष्टि—जो जीवन में पूरा नहीं करते उसे मंच पर साकार देखते हैं—'बियौंड द प्ले'।

'रंगकला में इतने साधन, इतने स्रोत हैं कि सबके समन्वित प्रयास से एक नया संसार रचा जाता है जो वास्तविक संसार से भिन्न होता है। यही निर्देशक की तलाश होती है। प्रसाद के नाटक इसके लिए अवसर ही नहीं प्रदान करते, चुनौती बनकर नई संभावनाओं के लिए प्रेरित करते हैं। लोक साहित्य जैसे हमेशा लोगों के साथ रहता है, उसी तरह 'क्लासिक' भी काल के साथ रहता है। ये गुण प्रसाद के नाटकों में विद्यमान हैं। प्रसाद का महत्त्व कभी कम नहीं होगा। वे इतने सशक्त हैं कि आज भी प्राणवान लगते हैं। लक्ष्मीनारायण मिश्र में वे कमियाँ नहीं हैं जो प्रसाद में हैं पर आज मिश्र के नाटक कितने कमज़ोर लगते हैं। इस नई सृष्टि में कुछ छूट जाता है, कुछ नया मिलता है। शब्द, संवाद और दृश्य से ही नाटक पूरा नहीं होता, कुछ और ध्वनित होता रहता है। नाटक अनुवाद नहीं, नई सृष्टि है और इस संसार को रचने

में अभिनेता की अग्रणी भूमिका है।'

'मेरे मत में प्रसाद के पास एक सुनिश्चित रंगमंच परिकल्पना थी जिसे किसी ने समझने की कोशिश ही नहीं की। यह मेरा आरोप नहीं, प्रायश्चित है। वह बौद्धिक तथा सामान्य स्तरों का निर्वाह करती है। प्रसाद की असफलता लोगों द्वारा इस परिकल्पना को न समझ पाने की असफलता है। यदि भारतेन्दु और प्रसाद दोनों को लें तो लगता है भारतेंदु क्रासरोड-चौराहे पर थे—इस द्वन्द्व से ग्रस्त थे कि नाटक को किस रूप में अपनाएँ-लोकनाट्य, क्लासिकी नाट्य-रूप, या पश्चिमी नाट्य-रूप? प्रसाद के सामने यह दुविधा नहीं थी। वे विकल्पहीन नहीं, संकल्पपूर्ण थे। वे निश्चित रूप से भारतेन्दु के आगे के नाटककार हैं। फॉर्म उन्हें परेशान नहीं करता, वे उसकी चर्चा भी नहीं करते। अपने समय के संदर्भ में उन्होंने एक नया थिएटर दिया जो पारसी थिएटर से बहुत आगे और अलग है। अतः यह कि उनमें थिएट्रिकल सेंस नहीं है, गलत है।'

'यह सही है कि प्रसाद थिएट्रिकल तत्त्व निभा नहीं पाते। प्रसाद के पात्रों में संघर्ष और द्वन्द्व है—जगदीशचन्द्र माथुर और राकेश में भी है परंतु प्रसाद अधिक गहरा परिप्रेक्ष्य देते हैं, चरित्र कई परतें-आयाम देते हैं। प्रसाद की यह कमजोरी ज़रूर है कि वे बहुत-सी बातों को एक साथ समेट लेना चाहते हैं, बिना उनके लिए सामान्य वस्तुगत स्थितियाँ निर्मित किए। वे केवल उनके मस्तिष्क में रहती हैं। वस्तुतः जहाँ गहरी परंपरा होती है वहाँ ऐसा होना स्वाभाविक है। रचनाकार मानकर चलता है कि लोग उन संदर्भों को समझ रहे होंगे जिनकी स्थितियाँ निर्मित या अभिव्यक्त नहीं हैं। कभी-कभी परंपरा पात्रों की अस्पष्टता को ढक लेती है।'

'नाटक अंक-दृश्य में नहीं है। नाटक की नाट्य-क्रियाओं को नए सिरे से समझना, संयोजित करना अर्थात् समकालीन प्रेक्षक और अनुभव के परिप्रेक्ष्य में नाटक को संप्रेषित बनाना है। नाटक वर्तमान में होता है, इसलिए प्रस्तुति-परिकल्पना भी नई होगी। अगर आलोचना में नए संदर्भों को लेकर पुनर्मूल्यांकन होता रहता है, उसी तरह समकालीन परिवेश और दर्शक के अनुकूल संप्रेषणीय बनाने में नाटक की पुनर्व्याख्या कैसे नहीं होगी। 'ध्रुवस्वामिनी' में रामगुप्त, चंद्रगुप्त और ध्रुवस्वामिनी को नायक मानने पर अलग-अलग इन्टरप्रटेशन निकल आएँगे। रामगुप्त को नायक मानकर नाटक की व्याख्या की जा सकती है। वह क्लीव क्यों है? क्या वह सिर्फ हास्य का पात्र है? वह अपने समय की कमजोरी है। इससे मानवपरक नया अर्थ निकलता है। इसलिए आलेख में परिवर्तन करने पड़ेंगे परंतु उसके मूल विचार या लय को बदला नहीं जाएगा। आलेख में सुधार-संशोधन निर्देशक अपनी तुष्टि के लिए नहीं करता। वह अपने क्राफ्ट और प्रयोजन के कारण बदलता-सँवारता है। कमज़ोर निर्देशक ही परिवर्तन करने में तुष्टि पाएँगे। निर्देशक इस चुनौती का सामना करना चाहेगा। वह समझौतावादी नहीं होना चाहते। प्रसाद में से राकेश को निकालना ज़रूरी है। उनके

नाटकों में कथ्य है, चाणक्य जैसे पात्र हैं, उनमें संघर्ष और द्वन्द्व है। उनमें कई परतें और कई आयाम हैं। उनके ड्रामाटिक तत्त्वों के सुगठित और सघन प्रभाव के लिए आज उनमें से राकेश को निकालना होगा। यह प्रयोजन तभी सिद्ध हो सकेगा अगर हम यह बात याद रखें कि थिएटर साहित्य से स्वतंत्र है। साहित्य समकालीन समाज का दर्पण है जब कि थिएटर उस साहित्य को रंगमंच पर वर्तमान परिवेश में प्रस्तुत करके उसे प्रासंगिक बनाता है।'

[सत्येन्द्र तनेजा के साथ कई बार हुई लंबी बातचीत के आधार पर संकलित]

नये आकलन की खोज

I

वीरेन्द्र नारायण

स्कंदगुप्त : एक रंगमंचीय अध्ययन

प्रसाद के नाटकों में सबसे सशक्त रचना 'स्कंदगुप्त' है, क्योंकि इसमें दृश्यत्व और काव्यत्व का अच्छा संतुलन है, नाटक के कथानक में प्रवाह है जो क्रियाकलापों तक ही सीमित नहीं बल्कि चरित्र के विकास का साधन बनता है। इसके चरित्रों में ऐसा मानवीय धरातल है जिससे उनका संघर्ष आज के परिवेश में भी प्यारा लगता है। स्कंदगुप्त के कई आधुनिक संस्करण मैंने देखे हैं जिनके सार्वजनिक जीवन की सफलता से सारा संसार परिचित है पर जिनके हृदय का हाहाकार भी कुछ लोग सुन पाते हैं। स्कंदगुप्त के चरित्र का यह पहलू—सार्वजनिक जीवन की सफलता की पृष्ठभूमि में हृदय का करुण क्रंदन, 'महाराजाधिराज स्कंदगुप्त की जय' के साथ-साथ उसके अपने ही स्वर में 'हतभाग्य स्कंद'—आज के परिवेश में भी एक अर्थ रखता है जिसकी अनुगूँज वर्तमान के साथ भविष्य को भी आत्मसात करने की क्षमता रखती है।

रंगमंचविधान तथा प्रस्तुतीकरण की दृष्टि से 'स्कंदगुप्त' की अध्ययन-प्रक्रिया में जो तथ्य सामने आएँगे वे परोक्ष रूप से प्रसाद के अन्य नाटकों पर भी लागू होंगे। कल्पना की आँखों में 'स्कंदगुप्त' का प्रदर्शन देखकर शायद प्रसाद के नाटककार के प्रति हम न्याय कर सकें।

स्थापत्य की दृष्टि से प्रसाद संस्कृत नाटकों का अयथार्थवादी परंपरा में पड़ते हैं और पाश्चात्य आचार्यों में शेक्सपियर के अधिक निकट हैं। इसमें दृश्यों के विभाजन, स्थान-निर्देश आदि का अपेक्षाकृत कम महत्त्व रहता है, और इन तत्वों का काव्यत्व के सहारे संभाषण में ही समावेश रहता है। हर संभाषण स्वयं अपना वातावरण साथ लिए चलता है और पृष्ठभूमि की सजावट की अपेक्षा नहीं रखता। इसलिए 'स्कंदगुप्त' के प्रदर्शन में आकारवादी दृश्यबंध और अयथार्थवादी प्रदर्शन की डोर पकड़कर आगे बढ़ा जा सकता है।

नाटक में पाँच अंक हैं जिनके दृश्यों की संख्या, बल्कि यों कहें कि जिनके खंडों की संख्या, तेंतीस है। स्थाननिर्देश की दृष्टि से स्कंधावार, राजमंदिर, प्रासाद, पथ, दुर्ग, नदी, तट आदि हैं। स्थान और समय की दृष्टि से पहले अंक का विश्लेषण इस प्रकार होगा :

स्थान		समय
उज्जयिनी में गुप्त स्कंधावार	:	कोई संकेत नहीं
कुसुमपुर का राजमंदिर	:	रात्रि
पथ	:	कोई संकेत नहीं
अनंतदेवी का सुसज्जित प्रकोष्ठ	:	रात्रि का द्वितीय प्रहर
अंतःपुर का द्वार	:	रात्रि, संभवतः तृतीय प्रहर
नगरप्रांत में पथ	:	कोई संकेत नहीं, लेकिन मुद्‌गल बैठकर ऊँघता है, इसलिए शायद दिन का तीसरा पहर
अवंती का दुर्ग	:	कोई संकेत नहीं

इस विश्लेषण में कुछ मौन संकेतों की ओर ध्यान दिलाना अनिवार्य लगता है। पहले अंक के इन छः अंशों को दृश्यों की संज्ञा दी गई तो ड्राप या मुख्य यवनिका को छोड़कर कोई न कोई परदा गिराना पड़ेगा या प्रकाश-व्यवस्था का पर्याय काम में लाना पड़ेगा। जब इन्हें दृश्य की संज्ञा नहीं दी गई तो प्रदर्शन की दृष्टि से घटनावलियों की एक अटूट शृंखला के रूप में इन्हें प्रस्तुत करना पड़ेगा जिसमें दर्शकों को पहला विराम अंक की समाप्ति पर ही मिलेगा। यानी प्रदर्शन की दृष्टि से, संस्कृत नाटकों की ही परंपरा में, शेक्सपियर के नाटकों की तरह पूरा अंक इस तरह प्रस्तुत किया जाना चाहिए कि एक अंश दूसरे में पिरोया-सा हो, उसकी अपनी एक अलग रूपरेखा तो हो पर इतनी स्पष्ट नहीं कि दृश्य की संज्ञा पा सके। दृश्यों की स्थापना के लिए जो क्षणिक विराम चाहिए उसमें दर्शकों की रागात्मकता में हल्का-सा व्यवधान पड़ जाता है जो इस नाटक के स्थापत्य की दृष्टि से इसके अनुकूल नहीं। जब एक खंड दूसरे में समा जाएगा या दूसरा खंड पहले से उद्‌भूत होगा तो अंक की समाप्ति पर ही दर्शकों की रागात्मकता को उचित स्थल पर विराम मिलेगा। इसका सम्मिलित प्रभाव दृश्यों को अलग-अलग करने के प्रभाव से मूलतः भिन्न होगा।

प्रसाद ने कई जगह 'पटपरिवर्तन' जैसे अंत का भी प्रयोग किया है और कई जगह सभी पात्रों को मंच पर से हटा दिया है जो 'इति सर्वे निष्क्रांता' की याद दिलाता है। शायद लेखक का आशय रँगे हुए परदों से रहा हो, लेकिन स्पष्ट है कि परदों की सहायता से न तो यह नाटक खेला जा सका है और न खेला जाना चाहिए।

नाटक की भाषा और पात्रों का संभाषण तथा नाटकीय क्षण के विकास इसे दृश्यकाव्य की संज्ञा का अधिकारी बना देते हैं। और इसमें कोई संदेह नहीं होना चाहिए कि किसी भी संभाषण की काव्यात्मकता यथार्थवादिता की परिधि के बाहर की वस्तु है। घोर यथार्थवादी, चाहे तो, पहले अंक के तीसरे खंड में, जब मातृगुप्त अपनी मातृभूमि कश्मीर को याद करता है, कश्मीर की पूरी दृश्यावली गगनिका (साइक्लोरामा) पर सिनेमा की तरह दिखा (प्रोजेक्ट कर) सकता है। लेकिन 'संसृति के वे सुंदरतम क्षण' वाली कविता को कोई भी यथार्थवादी प्रणाली साकार नहीं कर सकती। उसमें कुछ ऐसी स्पष्टता है जो दर्शकों को उकसाएगी, पर कुछ ऐसी अस्पष्टता भी है जिसके कारण वे इसमें मनचाहा रंग भरकर इसे अपनी कल्पना में साकार कर लेंगे। काव्यत्व की प्रचुरता वाले सभी अंश इसी तरह एक कोमलता और सहानुभूतिपूर्ण अस्पष्टता की माँग करते हैं जिसमें दर्शकों के लिए इच्छानुसार रंग भरने की गुंजाइश रहे।

प्रदर्शन की दिशा निर्धारित करने के लिए हमें यह देखना पड़ेगा कि पूरा नाटक पढ़ जाने के बाद हमारे दिमाग पर उसका क्या प्रभाव पड़ता है। मैं यह मानता हूँ कि इस नाटक का मूल रस करुण है, इसलिए प्रदर्शन की दिशा, यदि मैं इसका निर्देशन करूँ, तो ऐसी होगी जिससे प्रधान रस के रूप में करुण रस ही स्थापित होगा। अन्य सहायक रसों में श्रृंगार रस और वीर रस को मैं प्रधानता दूँगा। साथ ही इस बात का भी ध्यान रखूँगा कि प्रदर्शन में स्कंदगुप्त के चरित्र को उसी तरह प्रधानता मिले जिस तरह लेखक ने चाहा है और जिस कारण रचना का नाम 'स्कंदगुप्त' रखा है।

शायद नाटक का यह रूप काफी विस्तृत है और लोगों को यह भी शिकायत हो कि पात्र बहुत अधिक हैं तथा प्रदर्शन में भी तीन घंटे से अधिक लग जाएँगे। आवश्यकता अनुसार इस नाटक की काट-छाँट की जा सकती है, क्योंकि मूल कथानक में कई सहायक कथानक गुँथे हैं।

संस्कृत नाटकों की परंपरा में भी इस नाटक का प्रदर्शन किया जा सकता है। उसमें सभी कुछ मुद्राओं के सहारे ही अभिव्यक्त किया जा सकता है। लेकिन भारतीय नृत्य में जो मुद्राएँ प्रचलित हैं वे एक ओर तो सीमित हैं और दूसरी ओर उनकी अभिव्यक्ति में वह सार्वजनीनता और व्यापकता नहीं आई जो उसके आधार पर किया गया प्रदर्शन सभी को ग्राह्य हो सके।

'स्कंदगुप्त' के लिए जिस आकारवादी सेट की मैं कल्पना करता हूँ उसमें रंगमंच की सतह पर तीन प्लेटफार्म हैं 'क', 'ख', 'ग'। क्रमशः एक, दो और तीन सीढ़ियों के कारण इनकी ऊँचाई छः इंच, एक फुट और डेढ़ फुट होगी। सामान्यतः नौ इंच चौड़ी और छः इंच ऊँची सीढ़ी अभिनय के लिए आरामदेह साबित होती है। यदि कभी बहुत बड़ा रंगमंच मिल जाए तो सीढ़ियों की चौड़ाई बढ़ाई भी जा सकती है, लेकिन ध्यान रहे कि प्लेटफार्मों के अनुपात में सीढ़ियाँ ही मालूम होनी चाहिए।

इस सेट पर सात प्रवेशों का संकेत किया गया है। प्लेटफार्मों का आकार ऐसा

रखा है कि इसकी गोलाइयाँ नाटक की कोमलता के साथ मेल खा सकें और प्लेटफार्म 'ख' के नुकीले हिस्से हत्या, षड्यंत्र आदि का संकेत कर सकें। मैं गगनिका (साइक्लोरामा) के सफेद परदे के बदले काला परदा ही पसंद करूँगा और विंग भी काले रखूँगा। ऐसे नाटक में स्वभावतया निर्देशक, अभिनेता और दर्शकों को अभिनय पर ही ध्यान केंद्रित करना चाहिए जो काला परदा बड़ी आसानी से करा देता है। निर्देशक के सामने चमत्कारिक दृश्यों को चोर-दरवाजा नहीं रह जाता, अभिनेता में आत्मविश्वास जगता है और दर्शक एकाग्रचित्त नाटक का रसास्वादन कर सकता है।

समय की दृष्टि से प्रथम अंक के सभी खंडों के संबंध में लेखक के संकेतों पर विस्तारपूर्वक सोच-विचार करना आवश्यक है। दूसरा खंड स्पष्टतः रात्रि का है इसलिए पहले खंड का समय मैं संधिकाल ही रखना चाहूँगा, जिसमें सुनहले और लाल रंगों का प्रकाश दोनों ओर से अभिनेताओं पर पड़ता है।

पहले खंड का अभिनय-क्षेत्र होगा प्लेटफार्म 'ग' तथा सामने का खुला हिस्सा। उसके लिए प्रवेश 5, 6 और 7 का उपयोग किया जाना चाहिए।

जब नाटक के प्रारंभ में परदा उठता है तो स्कंदगुप्त टहलता हुआ दिखाई देता है और अपना स्वगतभाषण कहता है। अधिकारलोलुपता से ऊबा हुआ स्कंदगुप्त अंततः अपने को सैनिक मानकर संतोष कर लेता है। इसीलिए अच्छा होगा कि उसकी स्वगतोक्ति के लिए एक वातावरण की भी सृष्टि हो जाए जो कि उसकी पंक्तियों को उसकी आंतरिक अनुभूति बना सके। मैं यह चाहूँगा कि परदा उठते समय स्कंदगुप्त अपने अस्त्र-शस्त्र को उतारता हुआ दिखाई पड़ता है, बिलकुल दर्शकों के सामने, यवनिका-रेखा के पास। फिर अपने अस्त्रों को देखता हुआ वह स्वगतोक्ति कहता है और अंततः अपने को समझाकर प्लेटफार्म 'ग' की सीढ़ियाँ चढ़ता हुआ प्रवेश 5 की ओर बढ़ता है कि प्रवेश 7 से वृद्ध पर्णदत्त प्रवेश करता है। इस समय स्कंदगुप्त या तो प्लेटफार्म 'ग' पर पहुँच चुका होता है या सीढ़ियों पर रहता है। आगे आनेवाले संभाषण में स्कंदगुप्त को प्लेटफार्म 'ग' पर और पर्णदत्त को उससे एक सीढ़ी नीचे रहना चाहिए। चक्रपालित प्रवेश के बाद एक सीढ़ी ऊपर चढ़ता है। चर आदि रंगमंच की सतह पर ही खड़े रहते हैं।

पर्णदत्त जान-बूझकर उकसानेवाली बातें कहता है जिनमें तीखापन तो है लेकिन अपनापन भी है। स्कंदगुप्त हँसकर ही सारी बातें टाल जाना चाहता है। वह वृद्ध सेनापति की मर्यादा की भी रक्षा करता है तभी चक्रपालित प्रवेश 5 से आता है। स्कंदगुप्त के एक ओर पर्णदत्त और दूसरी ओर चक्रपालित होता है। अपने कौशल के बावजूद पर्णदत्त जहाँ असफल होता है, वहाँ अपनी स्पष्टवादिता के कारण चक्रपालित सफल हो जाता है। लेकिन क्या उसका संकेत किसी भयानक विभीषिका की ओर है? इस बात का फैसला हो भी नहीं पाता कि एक के बाद एक समाचार आने लगते हैं। चर और दशपुर का दूत प्रवेश 5 से ही आते हैं। स्कंदगुप्त का योद्धा फिर से जाग उठता है और खंड के अंत में दशपुर के दूत को आश्वासन देने के बाद स्कंदगुप्त के इशारे पर चक्रपालित

फिर उसे अस्त्र यथास्थान बाँधने में सहायता देता है। उसी समय वृद्ध पर्णदत्त की वाणी सुनाई पड़ती है कि आज वह वृद्ध हृदय से प्रसन्न हुआ। अंततः जब स्कंदगुप्त पहले खंड की समाप्ति पर प्रवेश 6 से बाहर जाता है तो पूरे सैनिक वेश में दृढ़ कदमों से। उसके एक ओर पर्णदत्त और दूसरी ओर चक्रपालित होता है।

स्कंदगुप्त उस प्रकार का महत्त्वाकांक्षी और अधिकारलोलुप नहीं जैसे राजघरानों में अक्सर पाए जाते हैं। लेकिन इसके विपरीत कर्त्तव्य की पुकार पर वह मरने-मारने से भी नहीं घबराता है। इस उम्र में जीवन से विराग के कई कारणों की ओर लेखक का भी संकेत है। स्वयं उसके पिता की कामलिप्सा उसके लिए कम चिंता का विषय नहीं। स्कंदगुप्त के चरित्र में इस उदासीनता के लिए जो भी कारण निर्देशक और अभिनेता को जँचे उसका पूरे नाटक में उत्तरोत्तर विकास होना चाहिए।

पहला खंड समाप्त होते ही यानी तीनों के बाहर जाते ही प्लेटफार्म 'ख' तथा उसकी सीढ़ियों पर धीरे-धीरे नीला और सफेद प्रकाश पड़ने लगता है। प्रवेश 5 से प्लेटफार्म 'ख' की सीढ़ियों पर चलते हुए कुमारगुप्त और उसके पार्षद आने लगते हैं तथा प्लेटफार्म 'ग' उसी क्रम से अँधेरे में डूब जाता है। कुमारगुप्त के आगमन से अभिनयक्षेत्र प्लेटफार्म 'ख' बन जाता है जिसके लिए प्रवेश 2,3,4 और 5 का प्रयोग किया जाता है।

दूसरे खंड के संबंध में दो-तीन बातें कह देनी अनिवार्य हैं। नीली रोशनी के कारण कपड़ों या मेकअप में लाल रंग के प्रति बड़ी सावधानी बरतनी चाहिए। रूज से रँगे लाल गाल नीली रोशनी में काले-से दिखेंगे और उसका प्रभाव ठीक उलटा होगा। इसी तरह कपड़ा कत्थई या काला हो जाएगा, पीला कपड़ा कुछ-कुछ हरा दिखने लगेगा। इसलिए इस दृश्य में अधिकतर नीले और सफेद जैसे रंगों का प्रयोग किया जाए। सभी से भटार्क को अलग करने के लिए उसके कपड़ों में लाल रंग की प्रधानता रखी जा सकती है।

इस दृश्य में कुमारगुप्त के लिए सिंहासन भी मँगवाया जा सकता है। लेकिन प्रदर्शन की एकता स्थापित करने के लिए अन्य खंडों में भी इसी प्रकार कुछ करना होगा। इस प्रक्रिया द्वारा नाटक की दृष्टि से कुछ उपलब्धि नहीं होगी और निरर्थक प्रदर्शन की सादगी को एक ठेस-सी लगेगी जो इस खंड में क्षम्य हो भी, पर अन्य खंडों में नहीं।

प्रवेश 5 से भीतर आकर कुमारगुप्त सीढ़ियाँ चढ़ता है। उसके पीछे-पीछे धातुसेन और पृथ्वीसेन हैं। सबके पीछे हैं भटार्क। इनके मंच पर आते ही दो प्रहरी प्रवेश 3 और 4 से आकर चुपचाप तैनात हो जाते हैं। प्रवेश 3 से एक दासी बड़ा-सा मयूरपंख लाती है और चुपचाप कुमारगुप्त के बैठने की प्रतीक्षा करती है। कुमारगुप्त प्लेटफार्म 'ख' पर बैठता है। उसके पैर सीढ़ियों पर हैं। सीढ़ियों पर एक ओर धातुसेन बैठता है, दूसरी ओर पृथ्वीसेन। धातुसेन से कुछ नीचे भटार्क बैठता है। दासी पंखा झलती है।

शुरू में परिहास का हल्का-फुल्का वातावरण है, लेकिन तीक्ष्णबुद्धि धातुसेन इस

परिहास में ही स्त्री की मंत्रणा पर कटाक्ष करता है। विलासप्रिय कुमारगुप्त शायद इसे नहीं समझ पाता, लेकिन पृथ्वीसेन संकेत समझता है। इसी खंड में पहली बार भटार्क के चरित्र का संकेत मिलता है। उसका जीवनदर्शन शायद इन पहली पंक्तियों में ही निहित है–'नहीं तो क्या रोने से, भीख माँगने से कुछ अधिकार मिलता है?'

मुद्‌गल संस्कृत नाटकों के विदूषक की परंपरा में है लेकिन उससे थोड़ा भिन्न है। इसलिए उसे एक हँसोड़ व्यक्ति की तरह पेश किया जाना चाहिए जिसे भोजन से मोह है लेकिन समय आने पर जो लड़ भी सकता है और देशहित में कुछ भी करने-कराने के लिए तैयार रहता है। मुद्‌गल के प्रवेश से वातावरण और हल्का हो जाता है लेकिन पृथ्वीसेन तुरंत ही राजकाज की चर्चा करता है जिससे भटार्क का चरित्र और भी खुलता है। भटार्क और पृथ्वीसेन के जाते ही स्पष्ट हो जाता है कि कुमारगुप्त मुद्‌गल से कुछ समाचार की प्रतीक्षा कर रहा था। मुद्‌गल के जाने पर धातुसेन कुमारगुप्त के पास अकेला रह जाता है। वह एक सीढ़ी ऊपर उठकर चाणक्य और राजनीति की चर्चा शुरू करता है।

यहाँ इस बात की ओर ध्यान दिलाना अनिवार्य लगता है कि मुद्‌गल और धातुसेन, दोनों विदूषक के प्रकार-जैसे नहीं होने चाहिए। धातुसेन सिंहल का राजकुमार है इसलिए जब वह अटपटी बातें करता है तो सिर्फ इसलिए कि नाजुक मसलों पर वह सीधी तरह बात नहीं करना चाहता और गुप्त साम्राज्य का हितैषी तथा भारत की गौरवगरिमा का भक्त होने के नाते कुमारगुप्त को भविष्य के प्रति, उसकी पत्नी अनंतदेवी और भेड़ियों-सी संतान (पुरगुप्त) के प्रति, सचेत करना चाहता है। मुद्‌गल और धातुसेन, दोनों में से कोई मूर्ख नहीं।

अनंतदेवी प्रवेश 3 से आती है। कुमारगुप्त उसे अपने पास बिठाता है। कुमारगुप्त की चेष्टा द्वारा ही यह स्पष्ट हो जाना चाहिए कि वह अनंतदेवी के प्रति कितना आसक्त है। आसन ग्रहण करते ही अनंतदेवी कहती है : 'नर्तकियों को बुलवाती आ रही हूँ। कुमारामात्य आदि थे, मंत्रणा में बाधा समझकर, जान-बूझकर देर लगाई।' कुमारगुप्त इस कल्पना से ही बेहाल हो जाता है कि उसकी प्यारी रानी उससे मिलने के लिए इतनी देर से तड़प रही थी। जब कुमारगुप्त इस मिलन को सार्थक करने की चेष्टा आँखों में ही ला पाता है या मात्र संकेत कर पाता है, उसी समय धातुसेन को लक्ष्य कर उपालंभ के स्वर में अनंतदेवी कहती है : 'आपको तो देखती हूँ अवकाश ही नहीं।'

यह ध्यान रहे कि इस समय मर्यादा का अतिक्रमण नहीं होना चाहिए। प्रेमी-प्रेमिका का यह हल्का-सा उपालंभ भरा आक्रमण धातुसेन पर प्रकट भी नहीं होना चाहिए। अनंतदेवी को बगल में पाकर, पारसीक नर्तकियों और आपानक का निमंत्रण निकट देखकर, कुमारगुप्त का धैर्य छूट जाता है और वह धातुसेन को बुरी तरह डाँट देता है।

इस डाँट के साथ ही धातुसेन प्रवेश 2 से बाहर चला जाता है। कुमारगुप्त और

अनंतदेवी प्रवेश 4 की ओर बढ़ते हैं और प्लेटफार्म 'ख' के पीछे प्रवेश 4 के निकट नर्तकियों के शरीर का ऊपरी भाग दिखाई पड़ता है। गीत शुरू होता है : 'न छेड़ना उस अतीत स्मृति से।' कुमारगुप्त और अनंतदेवी प्रवेश 4 के पास दर्शकों की ओर पीठ किए गीत की कुछ कड़ियाँ सुनते हैं। दासी मदिरा ढालकर देती है। कुमारगुप्त अपना पात्र पहले अनंतदेवी के अधरों से लगाता है और फिर उस जूठे प्याले को बड़े रस के साथ पी जाता है। गीत की कड़ियाँ खतम होते-होते दोनों प्रवेश 4 से बाहर जाते हैं। प्रहरी और परिचारिकाएँ प्रवेश 3 और 4 से बाहर चले जाते हैं।

दूसरा खंड समाप्त होते ही नीली और सफेद रोशनी धीरे-धीरे विलीन होने लगती है और मंच का सामनेवाला हिस्सा तथा प्लेटफार्म 'क' सुनहली और हल्की गुलाबी रोशनी से भर उठता है। प्रवेश 7 से थका-माँदा मुद्‌गल प्रवेश करता है और जाकर प्लेटफार्म 'क' पर बैठ जाता है। वहीं से बैठा-बैठा वह कुछ तो अपने से और कुछ दर्शकों से कहता है। मातृगुप्त भी एक प्रकार की वितृष्णा से भरा है। स्कंद भी पहली स्वगतोक्ति में कुछ इसी तरह का स्वर छेड़ता है। लेकिन मातृगुप्त की पृष्ठभूमि में प्रेमव्यापार की भी छाया है जिसकी चर्चा आगे आती है। मातृगुप्त (कालिदास) की कल्पना किसी भी निर्देशक के लिए मुश्किल नहीं। खोई-खोई लेकिन तीखी नजरवाला यह युवक जैसे अपने सामने आनेवाली हर चीज की तह तक पहुँच जाने की क्षमता रखता है।

मुद्‌गल और मातृगुप्त की बातचीत में दोनों का चरित्र निखरता है। मुद्‌गल अपनी हँसोड़ शैली में मातृगुप्त को 'विचारपूर्ण वास्तविक' स्थिति में लाना चाहता है लेकिन मातृगुप्त का शरीर चाहे जहाँ हो, दिमाग से वह अपनी मातृभूमि कश्मीर में ही है जहाँ उसका मनोहर स्वप्न बिखर गया था। मुद्‌गल के जाते ही पहले तो गद्य और फिर पद्य में उसकी विचारधारा फूट पड़ती है। वह इतना तल्लीन है कि कुमारदास का आना और साधु कहना भी उसे सुनाई नहीं पड़ता। वह खोया-सा, परेशान लेकिन एक अवसाद भरे सुख से पुलकित है जिसमें 'श्यामा का नखदान मनोहर' और 'जीवन के उस पार उड़ाता हँसी, खड़ा मैं चकित रहा', दोनों झाँक रहे हैं।

मातृगुप्त और कुमारदास (धातुसेन, सिंहल का राजकुमार) इस बातचीत की दूसरी कड़ी हैं। दूसरे खंड में मुद्‌गल तथा धातुसेन के चरित्रों का स्पष्टीकरण नहीं किया गया तो इस स्थल पर कुमारदास (धातुसेन) का चरित्र बिखर जाएगा। धातुसेन जब पुरुष और स्त्री के संबंध के बारे में खंड के अंत में व्याख्या करता है तो दार्शनिक की तरह नहीं, 'अबोध विदेशी हँसोड़' की तरह। और मातृगुप्त जीवन में पहली बार स्त्री और पुरुष के इस नए संबंध को देख पाता है। मातृगुप्त की अनुभूति ने उसे सिखाया था : 'वह उच्छृंखलता भी अपनी।'

धातुसेन प्रवेश 1, 2, 5 या 7 किसी से भी आ सकता है। और इसी तरह किसी भी प्रवेश से बाहर जा सकता है लेकिन उसके जाते-जाते मुद्‌गल के उद्‌गार सुनाई पड़ते हैं। इसलिए अच्छा यह होगा कि वह प्रवेश 5 से बाहर जाए और उसे जाता हुआ

देखकर मुद्गल कहे : 'विचक्षण उदार राजकुमार।' फिर धातुसेन के आने के लिए प्रवेश 1, 2 या 7 ही रह जाते हैं।

चौथा खंड अनंतदेवी का सुसज्जित प्रकोष्ठ है। समय रात्रि का दूसरा प्रहर। इस खंड का अभिनयक्षेत्र प्लेटफार्म 'ख' और उसकी सीढ़ियों तक ही सीमित रहेगा। तीसरा खंड समाप्त होते ही हल्की नीली और सफेद रोशनी प्लेटफार्म 'ख' पर पड़नी चाहिए। धुँधले-से हल्के प्रकाश में ही प्रवेश 3 से अनंतदेवी आती है। साथ में एक परिचारिका है जो मदिरापात्र लिए है। जया, अनंतदेवी की प्रिय अनुचरी उसके समीप है। अनंतदेवी प्लेटफार्म 'ख' पर बैठती है। मदिरा का पात्र रिक्त कर वह दासी को देखती है। दासी चली जाती है। अनंतदेवी बड़ी ही चौकस और चौकन्नी है। दासी के जाने पर वह जया को बुलाती है जो उसके निकट सीढ़ी पर बैठती है। दोनों का संभाषण शुरू होता है एक तनाव के वातावरण में। गुप्तद्वार का प्रवेशस्थान 4 होना चाहिए ताकि जया जाकर भटार्क को ले आए।

भटार्क के आते ही वातावरण का तनाव दूर-सा हो जाता है। जया दोनों को साथ छोड़कर प्रवेश 3 से बाहर जाती है। अनंतदेवी नारी के सभी अस्त्र-शस्त्र से सुसज्जित भटार्क को अपना दास बनाने के लिए प्रस्तुत है। वह अपनी शक्ति तथा भटार्क की कमजोरियों से पूर्णतया परिचित है, इसलिए भटार्क के आने पर वह अधलेटी-सी बड़े आत्मविश्वास से बातें करती है। जब वह कालागुरु के गंधधूम के चिरायंध की उत्कट गंध की कल्पना करती है तो उसके अधरों पर मुस्कुराहट खेलती होती है। दरअसल पुरगुप्त को राज्य दिलाने की बात भी अनंतदेवी की महत्त्वाकांक्षा ही है, मातृप्रेम नहीं। वह जानती है कि पुरगुप्त के राजा बनने पर सत्ता की बागडोर उसके हाथों में होगी, और राजमाता का गौरव नहीं, सत्ता की लिप्सा ही उसके भीतर प्रमुख है। बूढ़े राजा की दूसरी पत्नी होने के कारण उसकी अतृप्त कामनाएँ उसकी महत्त्वाकांक्षा से मिलकर उसे बड़ा ही आकर्षक लेकिन खतरनाक बना देती हैं।

प्रपंचबुद्धि के प्रवेश के ठीक पहले जब अनंतदेवी उसकी चर्चा करती है तो सँभलकर बैठ जाती है। और प्रपंचबुद्धि के प्रवेश पर भटार्क तथा अनंतदेवी खड़े हो जाते हैं। प्रपंचबुद्धि प्रवेश 4 से आता है। दर्शकों की ओर मुँह कर बोलता है, सीढ़ियों पर अनंतदेवी और भटार्क मंत्रमुग्ध-से देखते हैं और उसी प्रकार प्रवेश 4 से वह बाहर चला जाता है।

जया प्रवेश 3 से ही परमभट्टारक के अँगड़ाइयाँ लेने की सूचना देने आती है और उसी ओर चली जाती है। उसके बाद अनंतदेवी और भटार्क की जो थोड़ी-सी बातचीत होती है उसमें अनंतदेवी अपने सभी शस्त्रास्त्रों का प्रयोग करती है—आह, आँसू और नारी के शरीर का सम्मोहन। भटार्क की आनेवाली पंक्तियाँ अनंतदेवी के ऐसे आचरण का प्रतिपादन करती हैं। भटार्क पर उसका जादू चल गया है। अंततः जब भटार्क प्रवेश 4 से बाहर जाता है तो प्रतिहिंसा, वासना और महत्त्वाकांक्षा के भँवर में डूबता-उतराता।

अनंतदेवी भटार्क के प्रति जैसा व्यवहार करती है उसके कई कारण हो सकते हैं। दो तो स्पष्ट दिखाई देते हैं। हो सकता है कि सचमुच अनंतदेवी ने अपनी कामपिपासा की तृप्ति के लिए भटार्क को उपयुक्त समझा हो। यह भी हो सकता है कि अपनी महत्त्वाकांक्षा की पूर्ति के लिए, भटार्क को पूरा-पूरा वश में कर लेने के लिए, वह ऐसा अभिनय कर रही हो। मैं यह मानता हूँ कि ये बातें एक साथ काम कर रही हैं। अनंतदेवी अपनी महत्त्वाकांक्षा की पूर्ति के लिए, भटार्क के उचित प्रयोग के लिए अतृप्त वासनाओं का संकेत करती है, लेकिन शायद उसका अंतर्मन भटार्क को चाहता भी है जिसका उसे स्वयं पता नहीं। इसीलिए चौथे अंक के पहले खंड में जब विजया और अनंतदेवी भटार्क को लेकर उलझ पड़ती हैं तो अनंतदेवी विजया के अभियोगों का खंडन नहीं करती, सिर्फ उसे धमकाती है। हाँ, वह यह भी कहना नहीं भूलती कि वह भटार्क को कीट-पतंग से अधिक नहीं समझती। सच्ची बात तो यह है कि यह सब कहने के बावजूद अनंतदेवी भटार्क के प्रणय से अपने को वंचित नहीं देखना चाहती वरना इतना गरम होने की जरूरत ही नहीं थी। और न इस बात के संकेत की ही गुंजाइश थी कि विजया पुरगुप्त के साथ सिंहासन पर बैठे।

भटार्क मूलतः सैनिक है, तीक्ष्णबुद्धि है और शायद नारी के संपर्क से अछूता। सैनिक सम्मान की ठेस ने उसकी महत्त्वाकांक्षा को जगाया है, उसकी तीक्ष्णबुद्धि ने भविष्य की संभावनाओं की ओर संकेत किया है तथा अनंतदेवी ने नारी की आँखों का स्वाद चखाया है। और भटार्क अनंतदेवी से भी अधिक खतरनाक बन जाता है क्योंकि वह योद्धा है और बहादुर है।

इस खंड के समाप्त होते ही प्लेटफार्म 'ख' के आसपास, रंगमंच के धरातल पर के हिस्से पर भी, धीरे-धीरे हल्का प्रकाश फैल जाना चाहिए। प्रवेश 2 से नायक शर्वनाग आकर प्लेटफार्म 'ख' की सीढ़ियों पर बैठता है। प्रवेश 4 से भटार्क आता है। उसके चेहरे पर भयंकर तनाव है। शर्वनाग को आदेश देकर वह प्रवेश 3 से चला जाता है। रामा प्रवेश 2 से आती है और दौड़ती हुई प्रवेश 5 से जाती है। सैनिक प्रवेश 2 से आते हैं। पुरगुप्त और भटार्क प्रवेश 3 से आकर शर्वनाग को आज्ञा देते हैं तथा शर्वनाग अपने सैनिकों के साथ प्रवेश 5 से आता है। नया नायक अपने सैनिकों को तैनात कर ही रहा होता है कि पृथ्वीसेन आदि प्रवेश 2 से आकर प्लेटफार्म 'ख' की सीढ़ियाँ चढ़ते हुए नायक को भीतर जाकर द्वार खोलने का आदेश देते हैं। नायक के विरोध करने पर भी तीनों धीरे-धीरे प्लेटफार्म 'ख' पर आ जाते हैं। वहाँ पर तलवार निकालने की नौबत आती है। अंततः पुरगुप्त और भटार्क प्रवेश 3 से आते हैं। प्लेटफार्म 'ख' और उसकी सीढ़ियों पर ही पृथ्वीसेन आदि आत्महत्या करते हैं। पुरगुप्त के जाते ही भटार्क के इशारे पर नायक के अधीनस्थ सैनिक तीनों शव प्रवेश 2 से बाहर ले जाते हैं और उनकी ओर देखकर भटार्क अपनी स्वगतोक्ति कहता है तथा तेजी से प्रवेश 3 से बाहर चला जाता है।

इस खंड की विशेषता है कि यह बड़ी तेजी से समाप्त हो जाता है। अधिकतर सैनिकों की उपस्थिति से सारे काम सैनिक ढंग पर खटाखट होते हैं। रामा और शर्वनाग वाला हिस्सा अपेक्षाकृत उतनी तेजी से नहीं चलता लेकिन वह आनेवाले अंशों की तेजी को जैसे और अधिक उभार देता है।

शर्वनाग की टुकड़ी का एक सैनिक जब आकर कहता है : 'सनसन करती हुई, डर से यह आधी रात ... शब्द नहीं', तो डंकन की हत्या के ठीक पहले लेनाक्स (मैकबेथ) की याद आती है। लेनाक्स भी भयानक रात का वर्णन करता है। इन पंक्तियों को साकार करने के लिए बहुत तरह के 'इफेक्ट' काम में लाए जा सकते हैं। लेकिन इसकी सार्थकता तो अभिनय में है। जब वह सैनिक यह कह रहा होता है तो उसका हृदय दहलता होता है, उसका रोम-रोम कंटकित हो गया होता है। इस अनुभूति को यदि अभिनेता नहीं पकड़ सका तो 'इफेक्ट' के प्रयोग से एक चोरदरवाजा खुल जाएगा और दर्शकों की रागात्मकता को अभिनय तथा 'इफेक्ट' के बीच की खाई के कारण, बड़ी ही गहरी ठेस लगेगी। इसी तरह के स्थलों में नाट्यप्रदर्शन के बिखर जाने की संभावना रहती है। साधारणतः, कठिन और मुख्य स्थलों पर निर्देशक भी अधिक ध्यान देता है तथा प्रमुख भूमिकाओं वाले अभिनेता भी परिश्रम करते हैं। इन छोटे-छोटे स्थलों का महत्त्व न समझकर इनके साथ न्याय नहीं हो पाता और फल यह होता है कि पूरे प्रदर्शन का बंटाढार हो जाता है।

इसी खंड में भटार्क के चरित्र का वह पहलू उभरता है जो आनेवाले स्थलों पर उसके अनेक दुष्कर्मों के बावजूद उसे घृणा का नहीं, दया का पात्र बना देता है। पृथ्वीसेन आदि की आत्महत्या से उसे स्वयं ठेस लगती है। वह कहता है : 'गुप्त साम्राज्य के हीरों के से उज्ज्वलहृदय वीर युवकों का रक्त सब मेरी प्रतिहिंसा राक्षसी के बलि हों।' भटार्क की भूमिका करनेवाले अभिनेता के लिए यह सबसे अच्छा मौका है क्योंकि इसी स्थल पर उसकी मानवता विदा ले रही है और इसके बाद वह नरपिशाच के ही रूप में सामने आता है।

यहाँ नाटककार के स्थापत्यकौशल की चर्चा असंगत नहीं लगती। पहले अंक के प्रथम खंड में नाटककार ने स्कंदगुप्त की झाँकी-भर दिखलाई है। उसके बाद के सभी खंडों में उसकी अनुपस्थिति में ही उसका चरित्र निखरता है। सारा नाटक उसी के इर्द-गिर्द नाच रहा है। वह अंक के अंत में ही मंच पर आता है। पहले अंक का सूत्र लेखक ने भटार्क और अनंतदेवी के हाथों में दे रखा है। अन्य पात्रों का महत्त्व गौण है फिर भी नाटक के नायक स्कंदगुप्त का महत्त्व कम नहीं होता। अपनी अनुपस्थिति में वह दर्शकों की उत्सुकता को उकसाता ही जाता है और अंक के अंत में सभी की आशाओं के अनुरूप सहृदय और उदात्त नायक के रूप में सामने आता है जो सैनिक होने के कारण लड़ता है, मरता-मारता है, पर अपने निजी स्वार्थ के लिए नहीं, देश के व्यापक हित के लिए।

छठे खंड का अभिनयक्षेत्र है प्लेटफार्म 'क' और 'ग' तथा उनके बीच का हिस्सा। समय दिन का तीसरा प्रहर ही होना चाहिए। इसलिए पीली और सुनहली रोशनी से यह हिस्सा भर उठता है जबकि खंड 5 की नीली रोशनी विलीन हो जाती है। प्रवेश 3 से थका-मादा मुद्‌गल अपनी गठरी लिए आता है और प्लेटफार्म 'क' पर बैठकर सुस्ताता हुआ अपनी बात कहता है फिर गठरी को सिराहने सँभालकर वह अधलेटा-सा तंद्रिल हो जाता है जब प्रवेश 7 से आकर मातृगुप्त उसे देखता है और दबे-पाँव जाकर उसकी गठरी उठाता हुआ भागने लगता है। मातृगुप्त और मुद्‌गल प्लेटफार्म 'क' और 'ग' के बीच की जगह में चक्कर लगाते हैं। मातृगुप्त उसे डंडा दिखाकर धमकाता है तो बहानेबाजी करता हुआ मुद्‌गल उससे शास्त्रार्थ के बहाने निकट जाकर गठरी तो नहीं छीन सकता पर डंडा छीन लेता है और महाभारत के लघु संस्करण का निमंत्रण देता है।

हूण आक्रमण ने इस इलाके की ऐसी हालत कर दी है कि राह चलते किसी की गठरी उठाकर चल देना असंगत नहीं। इस अंश का सारा स्वाद इसके हल्केपन में ही है जिसका 5वें खंड के भीषण दृश्य के बाद विशेष आनंद आएगा।

मुद्‌गल उसी हल्केपन के वातावरण में रहता है कि हूण सैनिक आते दिखाई पड़ते हैं। मातृगुप्त तो सचमुच प्रार्थना करने लगता है लेकिन मुद्‌गल को रास्ता सूझ जाता है। वह प्रार्थना करता हुआ भीख माँगने का अभिनय करने लगता है। यह गीत 'उतारोगे अब कब भूभार' जब सम्मिलित रूप में गाया जाता है तो मातृगुप्त और मुद्‌गल की विभिन्न मनोदशाओं के कारण यह बड़ा ही मनोरंजक बन जाता है।

हूण सेनापति और सैनिक प्रवेश 7 से आते हैं। मुद्‌गल मातृगुप्त को साथ लेकर प्लेटफार्म 'ग' की ओर भागने के लिए बढ़ता है। सैनिकों को जब आज्ञा मिलती है तो वे भी प्लेटफार्म 'ग' की ओर बढ़ते हैं। लोगों की चीख-पुकार सुनकर वे रुक जाते हैं। शायद नागरिक धन देने के लिए राजी हो जाएँ। मुद्‌गल प्रवेश 6 की ओर बढ़ता है लेकिन मातृगुप्त बँधे हुए नागरिकों की ओर, तथा वहाँ जाकर उनके बंधन खोलता है तभी प्रवेश 6 से संन्यासी की आवाज आती है। मुद्‌गल और संन्यासी (गोविंदगुप्त) प्रवेश 6 से आते हैं, जयघोष सुनते ही हूण सैनिक प्रवेश 2 से भाग जाते हैं। नागरिकों, मुद्‌गल और मातृगुप्त के साथ गोविंदगुप्त प्रवेश 6 से जाता है।

इस खंड में एक साथ मंच पर बहुत-से लोग इकट्ठे हो जाएँगे। बंदी नागरिक, हूण सैनिक, गोविंदगुप्त के सैनिक इत्यादि। इस भीड़भाड़ को मंच पर सँभालने में सावधानी बरतनी चाहिए। हूण सेनापति और सैनिक प्रवेश 7 से आते हैं। नागरिकों का दल प्लेटफार्म 'ख' और 'ग' के बीचवाली जगह पर खड़ा कर दिया जाता है। हूण सैनिकों का एक दल प्रवेश 5 का रास्ता रोक लेता है तथा दूसरा दल प्रवेश 7 का। हूण सेनापति प्लेटफार्म 'क' से नागरिकों से पैसे वसूल करने का आदेश देता है। जब गोविंदगुप्त प्रवेश 6 से आता है तो उसके सैनिक हूणों पर दो दलों में टूट पड़ते हैं। रंगमंच के सामने से भागता

हुआ हूण सेनापति प्रवेश 7 से भाग जाता है।

पहले अंक का अंतिम खंड सबसे अधिक महत्त्वपूर्ण है। छठे खंड की रोशनी धीरे-धीरे पूरे रंगमंच पर फैल जाती है जिसमें कहीं-कहीं लाल रंग का भी समावेश हो गया है। इस तरह अभिनयक्षेत्र पूरा रंगमंच हो जाता है। जयमाला, देवसेना और विजया प्रवेश 3 से आती हैं। बंधुवर्मा के प्रवेश तक वे प्लेटफार्म 'ख' पर ही रहती हैं। बंधुवर्मा प्लेटफार्म 'ख' पर ही अपनी बात पूरी करता है और जाता है। तीनों स्त्रियाँ प्लेटफार्म से नीचे उतर जाती हैं और सीढ़ियों पर बैठती हैं। विजया घबराई हुई और परेशान है लेकिन देवसेना और जयमाला शांत हैं—आँधी आने के पहले की तरह। सीढ़ियों पर बैठी ही देवसेना अपना गीत गाती है। भीमवर्मा प्रवेश 3 से आता है। तीनों दौड़कर प्लेटफार्म 'ख' पर चढ़ जाती हैं। भीमवर्मा सावधान कर प्रवेश 3 से लौट जाता है। बाहर तलवारों की खटाखट और लड़ाई की चीख-पुकार बढ़ती जाती है। तीनों स्त्रियाँ प्लेटफार्म 'ख' की सीढ़ियों पर खड़ी हैं। यहीं विजया को छुरी दी जाती है। पर वह घबराकर सीढ़ियों से नीचे उतर जाती है। जयमाला जब उसे छिपने का आदेश देती है तो वह भागकर प्लेटफार्म 'क' पर आ जाती है। प्रवेश 3 से हूणों से लड़ता हुआ भीमवर्मा आता है तो जयमाला और विजया भी लड़ने के लिए तैयार हो जाती हैं पर उसी समय प्रवेश 6 से स्कंदगुप्त अपने सैनिकों सहित आ जाता है। प्रवेश 3 और 4 के पीछे मारकाट बढ़ती जाती है जो कुछ-कुछ दर्शकों को भी दिखाई पड़ती है। हूण सरदार प्रवेश 2 से भागता है और स्कंदगुप्त उसका पीछा करता है। भय से व्याकुल लेकिन स्कंद के प्रथम दर्शन से पुलकित विजया भीतर झाँककर देखती है और कहती है : 'अहा, कैसी भयानक और सुंदर मूर्ति है।' नेपथ्य से हूण सरदार की चीख सुनाई पड़ती है और स्कंदगुप्त प्रवेश 2 से भीतर आता है। विजया को देखकर वह कह उठता है—'यह, यह कौन ?' तभी परदा गिरता है।

इस खंड के शुरू में आँधी के पहले की-सी शांति रहती है लेकिन अंत में युद्ध की विभीषिका सर पर आ जाती है। अंक के अंत में सभी पात्र पीछे रह जाते हैं। सिर्फ यवनिका रेखा के पास रहते हैं विजया और स्कंदगुप्त तथा दर्शकों के मन में गूँजता हुआ स्कंद का प्रश्न : 'यह, यह कौन ?'

इस नाटक के प्रदर्शन में इसके गीत और पद्य भी एक बड़ी समस्या उपस्थित करते हैं। पद्यात्मक अंशों में कहीं-कहीं तो गाना लिखा मिलता है और कहीं-कहीं कोई भी संकेत नहीं। दरअसल सभी पद्यों को एक ही स्तर पर नहीं उतारा जा सकता। इनमें कुछ तो स्वगतोक्ति के अंश हैं, कुछ ठेठ गाने और कुछ संभाषण के अंश। गीतों की पहली पंक्ति, पात्र और उसके कहने की, पुस्तक में दी गई विधि की तालिका इस प्रकार है :

	पहली पंक्ति	पात्र	विधि
1.	न छेड़ना उस अतीत स्मृति से	पारसीक नर्तकियाँ	गाना
2.	संसृति के वे सुंदरतम क्षण	मातृगुप्त	कोई संकेत नहीं
3.	उतारोगे अब कब भू-भार	मातृगुप्त और मुद्गल	विनती
4.	भरा नैनों में मन में रूप	देवसेना	गाना
5.	घने प्रेम तरु तले	देवसेना	गाना
6.	पालना बनें प्रलय की लहरें	नेपथ्य से	गाना
7.	उमड़कर चली भिगोने आज	विजया	गाना
8.	सब जीवन बीता जाता है	नेपथ्य से	गाना
9.	माँझी, साहस है खे लोगे	सखी	गाना
10.	भावनिधि में लहरियाँ उठतीं	नर्तकियाँ	गाना
11.	बजा दो वेणु मनमोहन	स्कंद	प्रार्थना
12.	शून्य गगन में खोजता	देवसेना	गाना
13.	अगरु धूम की श्याम लहरियाँ	विजया	कोई संकेत नहीं
14.	देश की दुर्दशा निहारोगे	देवसेना	गाना
15.	हिमालय के आँगन में	मातृगुप्त	गाना
16.	आह ! वेदना मिली विदाई	देवसेना	कोई संकेत नहीं

नर्तकियों के दोनों गाने साज-संगीत के साथ गाए जाएँगे। लेकिन दोनों गीतों की लय काफी तेज होनी चाहिए। तबला जैसे लय के साजों से सावधान करना चाहिए। किसी खास ताल, जैसे तीन ताल, एकताल इत्यादि में इन्हें बाँधकर प्रस्तुत करना खतरनाक होगा। वीणा, बाँसुरी और पखावज के साथ इन्हें तेज लय में प्रस्तुत तो किया जाए, पर साथ ही किसी ताल के ठेके या तिहाई से बचना अच्छा होगा। नाटक के युग की मान्यताओं पर इससे आघात पहुँचने की संभावना है। चक्करदान परन का प्रयोग शायद मृदंग के अनुकूल पड़ेगा। टेक की पंक्ति दुहराते समय भी इस बात का ध्यान रखना चाहिए कि गाना अधिक लंबा न हो जाए तथा नृत्य की स्थापना के लिए टेक की पंक्ति के दो-एक शब्द के बाद घुँघरू के स्वर उभरने चाहिए। गाने के साथ साजों के स्वर बहुत ही हल्के होने चाहिए तथा घुँघरू का स्वर नहीं होना चाहिए ताकि शब्दों का उचित प्रभाव पड़ सके।

जैसा कि अन्यत्र लिखा गया है, कुमारगुप्त और अनंतदेवी के प्रवेश 4 के पास पहुँचने पर पारसीक नर्तकियों का गीत, 'न छेड़ना उस अतीत स्मृति से' शुरू होता है। गाने का पहला बंद दोनों सुनते हैं। दूसरे बंद में मदिरा के लिए संकेत करते हैं। अंतिम बंद में 'न तोड़ना और के नेम को' वाली पंक्ति पर कुमारगुप्त मदिरा का जूठा प्याला होंठों से लगाता है और गीत के समाप्त होने के कुछ क्षण पहले ही चला जाता है।

इसी तरह भटार्क के शिविर में नर्तकियों का गीत शुरू होने पर भटार्क आता है, गीत के दौरान मदिरा पीता है और गीत समाप्त होने पर अंतिम कड़ी दो-एक बार उस समय दुहराता है जब कमला और देवकी प्रवेश करती हैं।

मातृगुप्त के हिस्से तीन पद्यात्मक अंश हैं। लेखक के संकेतों के अनुसार अंतिम दो गाने हैं। लेकिन मैं सिर्फ मुद्‌गल के साथवाला पद्य ही गाने के रूप में प्रस्तुत करना चाहूँगा। 'संसृति के वे सुंदरतम क्षण' वाला अंश ऐसी गहरी अनुभूतियों को व्यक्त करता है कि गाने का तो सवाल ही नहीं, मैं यह भी नहीं चाहूँगा कि मातृगुप्त अधिक अंग संचालन भी करे। शेक्सपीयर के किसी स्वगतभाषण की तरह आंतरिक अनुभूति के आधार पर ही इन पंक्तियों को कहना चाहिए। हाँ, दूसरे गाने में मुद्‌गल के साथ वह स्वरों का उपयोग कर सकता है। पर साजों का प्रयोग नहीं किया जाना चाहिए। तीसरे गाने को गाने की तरह प्रस्तुत करने के बदले सैनिकों के उद्‌बोधन के रूप में जोशीले भाषण की तरह प्रयुक्त करना चाहिए। इस संबंध में शेक्सपियर के 'हेनरी पंचम' नाटक के एजिनकोर्ट के मैदानवाले भाषण की याद बरबस आती है। यदि निर्देशक चाहे तो इसके बीच-बीच में तुरही, नगाड़े इत्यादि साजों का भी प्रयोग कर सकता है। साथ ही सैनिकों की सामूहिक प्रतिक्रिया तो दिखाई जानी ही चाहिए। इससे मातृगुप्त के इतने लंबे संभाषण का औचित्य भी उभरेगा और सामूहिक प्रतिक्रिया के बढ़ते हुए स्वर के साथ आनेवाले युद्ध का वातावरण भी बनता जाएगा।

नेपथ्य से दो गाने हैं : 'पालना बने प्रलय की लहरें' और 'सब जीवन बीता जाता है'। पहला गाना उस समय सुनाई पड़ता है जब देवकी की हत्या के लिए अनंतदेवी आती है। दूसरा गाना देवसेना को श्मशान में सुनाई पड़ता है। दोनों गाने एकतारे पर भिखारी या वैरागी के-से अंदाज से प्रस्तुत किए जाने चाहिए। पहले गीत में उदासी के बदले जीवन के प्रति विश्वास होना चाहिए और दूसरे में दार्शनिक-सी निरपेक्षता। ये गाने हैं भी छोटे और इन्हें प्रस्तुत करते समय अधिक विस्तार की आवश्यकता नहीं। गाना छोटा हो जाएगा तो आनेवाली घटनाओं के लिए दर्शकों की उत्सुकता पर अधिक बोझ भी नहीं पड़ेगा।

स्कंद प्रार्थना करता है : 'बजा दो वेणु मनमोहन'। मैं इस प्रार्थना को गाने की तरह प्रस्तुत करने के विरुद्ध हूँ। यह स्थल स्कंद की निराशाओं का है। सभी ओर से हारा वह ईश्वर को पुकारता है। प्रार्थना के ये शब्द अंतर की वेदना से ओतप्रोत हैं जिसे स्कंद जैसा योद्धा गा नहीं सकता, विशेषकर ऐसे क्षणों में। यह तो प्रार्थना जैसे सीधे-सादे ढंग से कहा जाना चाहिए। हाँ, इसे पढ़ते समय कविसम्मेलन वाली शैली से बचना चाहिए। उसका सबसे मुख्य कारण यह है कि अभिनेता को उसका पार्ट तो याद रहता ही है फिर भी उसे कहना इस तरह पड़ता है कि उसी क्षण वह पंक्ति उसके दिमाग में आई है। तभी उसका संभाषण लेखक की पंक्तियों की पुनरावृत्ति न होकर अभिनय का माध्यम बन जाता है। फिर उस प्रार्थना की जो नाटकीयता है वह इसी

तरह अक्षुण्ण रह सकती है। अँगरेजी में कविता-पाठ के भेद को समझाने के लिए दो तरह के प्रयोग होतें हैं—'मेट्रिक रीडिंग' और 'रिदमिक रीडिंग'। 'मेट्रिक रीडिंग' यानी छंदबद्ध कविता-पाठ में छंदों की इतनी प्रधानता होती है कि विन्यास और उच्चारण द्वारा छंद का रूप स्पष्ट हो जाता है। सुनते ही कहा जा सकता है कि यह रचना इस छंद में हुई है। उसके विपरीत 'रिद्मि रीडिंग', यानि लयपूर्ण कवितापाठ, में पंक्तियों की गति और लय का तो आभास मिलता है, छंद इतना दबा रहता है कि उसकी ओर ध्यान नहीं जाता। नाटक के लिए लयपूर्ण पाठ ही एकमात्र तरीका हो सकता है।

लयपूर्ण पाठ को गद्यपाठ बनाने का खतरा हमेशा रहता है। गद्य में भी गति होती है जो विभिन्न वाक्यों या वाक्यांशों में बदलती रहती है। लेकिन पद्य में गति के साथ-साथ एक विशेष प्रकार की लय रहती है जिसे उभारे बिना गद्य और पद्यपाठ में कोई अंतर नहीं रह जाएगा। शेक्सपियर के नाटकों के अभिनेता इस मर्म को अच्छी तरह समझते हैं और उनकी पंक्तियों को सुन लेने के बाद यह भेद स्पष्ट हो जाएगा।

विजया दो पद्य प्रस्तुत करती है। पहला तो गाने के रूप में है। दूसरे के बारे में लेखक का कोई संकेत नहीं। पहला गाना है : 'उमड़कर चली भिगोने आज'! यह गाने के ही रूप में प्रस्तुत हो। यह गाना उस समय विजया गाती है जब वह स्कंद को अपने बाहुपाश में जकड़ना चाहती है। लेकिन उसे अपने ऊपर, अपनी सफलता पर पूरा विश्वास भी नहीं। इसलिए इस गीत में अतृप्त वासना का स्वर तो है पर उस पर संयम का अंकुश भी है ही। इस गाने में स्वगतभाषण जैसी बात है, और लगता है कि विजया अपने से ही कुछ कह रही है।

विजया के इस गाने और इसी तरह देवसेना के अन्य गानों के लिए भी लेखक का संकेत काफी स्पष्ट है। 'सब जीवन बीता जाता है' गाने में लेखक कहता है :

> बंशी को बस बज जाने दो,
> मीठी मीड़ों को आने दो,
> आँख बंद करके गाने दो,
> जो कुछ हमको आता है।।सब.।।

यानी इस तरह के गानों को सहज स्वर में गाना चाहिए। साजों का बंधन इस तरह के गीतों के लिए उपयुक्त नहीं। साजों का सिर्फ सहारा लिया जा सकता है। ये गाने बहुत सीधे-सादे ढंग से प्रस्तुत किए जाने चाहिए जिसमें आडंबर और कृत्रिमता के लिए कोई स्थान नहीं।

विजया का दूसरा पद्यात्मक अंश दरअसल संभाषण का ही एक टुकड़ा है। स्कंद से प्रणय निवेदन करती हुई विजया गद्य को छोड़कर पद्य का सहारा ले लेती है। भावनाओं की गहरी अभिव्यक्ति के लिए, एक निश्चित बिंदु के बाद गद्य का माध्यम साथ नहीं देता। स्कंद की दार्शनिकता का जवाब देती हुई वह गद्य शुरू तो करती है, पर उत्तर के लिए

उसके पास दर्शन नहीं है। उसके पास है वासना की छलकती प्याली। संभाषण का इस तरह गद्य से पद्य में बदल जाना अभिनय की दृष्टि से विशेष महत्त्व रखता है।

विजया गद्यवाला अंश एक ही जगह से कहती है। धीरे-धीरे उसकी उत्तेजना एक सीमा तक पहुँच जाती है। वह नहीं जानती कि स्कंद की क्या प्रतिक्रिया होगी। कुछ क्षण वह प्रतीक्षा भी करती है। फिर सबकुछ दाँव पर लगाकर वह अंतिम बाजी खेलती है। स्कंद के पास जाकर वह बैठती है। अपने बालों से खेलती हुई वह कहना शुरू करती है : 'अगरु धूम की श्याम लहरियाँ उलझी हों इन अलकों से।' स्कंद की आँखों में आँखें डालते ही उसके मुँह से निकल पड़ता है : 'मादकता लाली के डोर इधर फँसे हों, पलकों से'। स्कंद चंचल हो उठता है। विजया की कल्पना मचल उठती है—मेरे बाहुपाश में वह इस तरह क्यों नहीं मचलता, अथवा स्कंद के बाहुपाश में इस तरह चंचल हो उठने का कब मेरा सौभाग्य होगा। वह फिर कहती है : 'व्याकुल का सौ-सौ बल खाकर जीवन से उलझना ही तो जीवन की सार्थकता है।' वह फिर हिम्मत करती है और 'सम से कंपन' का आमंत्रण देती है। लेकिन तब तक स्कंद की आँखों में उसका निश्चय रूप ले चुका होता है। विजया निष्ठुर आघातों की सूचना पाकर भी पीछे हटना नहीं चाहती। प्रणयवंचिता विजया की साँसें उखड़ रही हैं। अधिकार और आकर्षण की बात भुलाकर वह अपना दैन्य भी स्वीकार करती है। निर्दयता के चरणों से ठुकराए जाने की भी उसे परवाह नहीं। वह तो सिर्फ इतना चाहती है कि दुर्बल दीनता उलझी रहे। और परिणति के स्वरूप स्कंद का स्वर सुनाई पड़ता है : 'विजया! पिशाची!'

एक गाना सखी गाती है : 'माझी! साहस है खे लोगे'। जयमाला तीन सखियों के साथ देवसेना को छेड़ती हुई आती है। देवसेना से पूछा जाता है : 'कभी सम्राट ने प्रार्थना की भी ?' देवसेना जब भावुक होकर अपना विश्लेषण करती है और परिस्थिति का चित्रण करती हुई कहती है : 'कूलों में उफनकर बहनेवाली नदी, तुमुल तरंग, प्रचंड पवन और भयानक वर्षा। परंतु उसमें भी नाव चलानी होगी' तब एक सखी यह गाना गाती है।

स्पष्ट है कि गाने की प्रकृति हल्की-फुल्की होनी चाहिए। मैं यह चाहूँगा कि इस गीत को एक सखी शुरू करे। वह सखी देवसेना की ही तरह भावुक है और देवसेना के विचारों का बीज उसके गाने के रूप में पनप सकता है। लेकिन गाने की दूसरी कड़ी—'अलस नीलघन की छाया में' दूसरी सखी कहे। यह कड़ी गाते समय वह देवसेना की आँखों की अलस नीलघन और उसके बालों की जलजालों की छलमाया से उपमा देती हुई स्कंद के प्रति कहे : 'अपना बल तोलोगे'। पहली सखी अपनी ही विचारधारा में बहती गीत की आखिरी कड़ी गाती है, जब सखियाँ देवसेना को चारों ओर से घेरकर परिहास करती हुई टेक को अंतिम बार दुहराती है। इस गाने के संबंध में एक बात लक्ष्य करने की है—शुरू की पंक्तियों को छोड़कर कहीं भी प्रश्नवाचक चिह्न का प्रयोग नहीं किया गया है। इसे प्रस्तुत करते समय भी इस बात का ध्यान रखना होगा। न

देवसेना और न उसकी सखियों के मन में 'माझी' के साहस के प्रति किसी भी प्रकार की शंका है। वे तो सिर्फ अपनी ईमानदारी के कारण कठिनाइयों को गिना देना चाहती हैं और यह जानती भी हैं कि माझी इनकी परवाह नहीं करेगा।

बच जाते हैं पाँच गाने देवसेना के। पहला गाना तो वह तब गाती है जब युद्ध के बादल घिरे हैं और वह इसके पहले युद्ध की तुलना गान से कर चुकी है। देवसेना का भावुक हृदय ही ऐसी तुलना कर सकता है।

जयमाला की यह पंक्ति : 'सुनो देवसेना गा रही है', इस बात की द्योतक है कि देवसेना बहुत धीरे-धीरे गाना शुरू करती है, ताकि जयमाला को उसकी ओर ध्यान खींचने की जरूरत पड़ जाती है। गाना हल्का-फुल्का ही होना चाहिए जिसमें किसी साज की गुंजाइश नहीं, क्योंकि देवसेना विजया से बीणा बजाने का अनुरोध करती है पर विजया वहीं जमी रही है।

देवसेना का दूसरा गाना स्वगतभाषण का ही एक प्रकार है। यद्यपि वह विजया के साथ है पर इस गाने में विजया के प्रति संभाषण नहीं, उसकी कल्पना का मुखरित रूप ही है। सीधे-सादे ढंग से जिस प्रकार विजया अपना गाना प्रस्तुत करती है उसी प्रकार यह भी प्रस्तुत किया जाना चाहिए। लेकिन इस गाने में आमंत्रण का जो स्वर है उसे बहुत ही सुपुष्ट और बलशाली होना चाहिए क्योंकि इसके बाद देवसेना के गानों में वेदना के कई स्तर आनेवाले हैं जिसकी भूमिकास्वरूप इस गाने का स्वर उभरना चाहिए।

पर्णदत्त के साथ भीख माँगकर जीवन बिताती हुई देवसेना गाती है—'शून्य गगन में खोजता जैसे चंद्र निराश!' इस गाने में देश की दुरवस्था के कारण वेदना का एक स्वर तो आता ही है, दरअसल अपने हृदय को अपने प्रेमव्यापार के संबंध में देवसेना समझा भी रही है। इसी गाने में पहलेपहल वेदना का वह स्तर मिलता है जिसमें देवसेना को उससे एक प्रकार का सुख भी मिलता है। तीसरे अंक में सखियों के परिहास का उत्तर देती हुई वह कहती है कि नीरव जीवन और एकांत व्याकुलता, कचोटने का सुख मिलता है। लेकिन उस समय उसकी उक्ति में कल्पना अधिक, अनुभूति कम है। जैसे-जैसे नाटक विकसित होता है, कल्पना का अंश कम होता जाता है और अनुभूति की गहराई बढ़ती जाती है। छंदबद्ध गाने का प्रश्न ही नहीं उठता क्योंकि यह भी उसके दूसरे गाने की ही तरह है और उसी तरह प्रस्तुत होना चाहिए।

जब नागरिकों के छेड़ने पर वह गाती है : 'देश की दुर्दशा निहारोगे'—तो उसकी शारीरिक भंगिमा की दृष्टि से श्रोताओं का मन हरने के लिए एक प्रकार का हल्कापन तो होता है पर उसका स्वर उद्बोधन का है। अपने शारीरिक आकर्षण द्वारा वह लोगों का ध्यान खींचना चाहती है, इसलिए जान-बूझकर वह अभिनय कर रही होती है, लेकिन गाने के स्वर और शब्द इसके विपरीत दूसरी ही बात कहते हैं। नागरिकों की रसलिप्सा को ठेस लगती है। इसीलिए पर्णदत्त कहता है : 'नहीं बेटी! निर्लज्ज कभी विचार नहीं

करेंगे।' इसके विपरीत यह भी दिखाया जा सकता है कि नागरिकों की मोहनिद्रा कुछ खुली है और पर्णदत्त समझ जाता है कि इस समय एक और झटका लगे तो लोगों की आँखें पूरी तरह खुल जाएँगी। भीड़ की कैसी प्रतिक्रिया निर्देशक रखना चाहता है इस पर ही यह बात निर्भर करती है।

देवसेना का अंतिम गान है : 'आह! वेदना मिली विदाई!' दरअसल लेखक ने इसे गाना नहीं माना है और मैं भी इसे गाना नहीं मानता। यह देवसेना का विशुद्ध स्वगतभाषण है। गद्य की संभावनाएँ समाप्त होने पर देवसेना पद्य का सहारा लेती है। इस स्वगतभाषण को कहते समय देवसेना शारीरिक रूप से एकदम शांत है। उसकी कल्पना का सत्य अब उसकी अनुभूति का सत्य बन गया है और प्रिय के बदले प्रिय की वेदना ही उसकी उपलब्धि है, जिससे उसे एक प्रकार का सुख भी मिलने लगा है। उसने स्वेच्छा से अपने लिए यह रास्ता चुन लिया है जिसके लिए वह हायतौबा नहीं करती।

जहाँ गाने की अच्छी व्यवस्था न हो सके वहाँ गानों को निकाल भी दिया जा सकता है। इससे नाटक के प्रदर्शनसमय में काफी कमी हो जाएगी। मैं चाहूँगा कि इस नाटक के संभाषण या स्वगतोक्ति के रूप में आए पद्यात्मक अंशों को रखा जाए। इनको प्रस्तुत करना आसान नहीं होगा, यह मैं भी मानता हूँ। खासकर जब हिंदी में कोई प्रचलित प्रणाली या मान्यता नहीं। लेकिन इस नाटक के पद्यात्मक अंशों के अभ्यास और अभिनय से पद्य-नाटक का मार्ग सरल हो जाएगा। हिंदी के अभिनेताओं में पद्यात्मक अंशों के सफल अभिनय का विश्वास जगा तो लेखकों के लिए भी एक नया मार्ग खुल जाएगा। ऐसे विषय और चरित्र जो पद्य-नाटकों के अभाव में अछूते रह गए हैं, हमारी परिधि के भीतर आ जाएँगे।

साधारणतः लंबे संभाषणों को एमेचर क्लबों और स्कूल-कालेजों की संस्थाओं में काट-छाँटकर छोटा कर दिया जाता है। मैं यह नहीं कहना चाहता कि हर नाटक के सभी लंबे संभाषण इतने सशक्त होते हैं कि उन पर कलम चलाया ही नहीं जा सकता। लेकिन जहाँ तक इस नाटक और इसकी तरह के अन्य नाटकों का प्रश्न है, इस तरह की काटछाँट से नाटक का स्वाद बिगड़ने की संभावना रहती है। मातृगुप्त, स्कंद आदि पात्रों के स्वगतभाषण बहुत बड़े हैं। पर उनकी एक संपूर्ण इकाई है। उनमें विचारों का ऐसा क्रम है जो क्रमशः विकसित होता हुआ एक स्वाभाविक परिणति तक पहुँचता है। उसका खंडित रूप न तो नाटक के विकास में योगदान दे सकेगा और न अभिनेताओं के लिए ही सहायक सिद्ध होगा।

स्वगतभाषणों को आधुनिक अभिनेता अजीब नजर से देखते हैं। यथार्थवादी अभिनयशैली में स्वगतभाषणों का क्या-क्या उपयोग हो सकता है, इस पर सैद्धांतिक रूप से विभिन्न अभिनेता विभिन्न प्रकार के विचार और विश्वास रखते हैं। मेरा विश्वास है कि इस संबंध में एक चलता-फिरता नियम प्रतिपादित करना गलत होगा। मैं फिर

इस बात को दुहराना चाहूँगा कि यह सबकुछ अंततः नाटक के मूल स्थापत्य पर ही निर्भर करता है। शेक्सपियर, मोलियर और चेख़व के नाटकों में स्वगतभाषण के कई प्रकार देखने को मिलते हैं। शायद चेख़व के लंबे संभाषणों को कुछ लोग स्वगत मानने को तैयार नहीं हों, क्योंकि उस समय मंच पर कई व्यक्ति उपस्थित होते हैं। लेकिन अभिनय की दृष्टि से उन्हें स्वगतभाषण ही मानना पड़ेगा क्योंकि वे किसी विशेष पात्र को लक्ष्य कर नहीं कहे गए हैं। जहाँ अभिनेता शेक्सपियर के स्वगतभाषणों को सीधा दर्शक से कहता है, और निर्देशक दर्शक तथा अभिनेता के बीच की 'चौथी दीवार' को हटाने के लिए रंगद्वारी मंच (प्रोसीनियम स्टेज) का प्रयोग करता है, वहीं चेख़व के पात्रों की भूमिका करनेवाले मान लेते हैं कि दर्शक नाम की कोई चीज ही नहीं। इस भेद को स्पष्ट करते हुए एक बार सर जान गीलगुड ने कहा था कि चेख़व के नाटकों का अभिनय करते समय यह मान लेना चाहिए कि पर्दा कभी उठता ही नहीं, 'चौथी दीवार' बिलकुल ठोस है।

स्कंदगुप्त के लिए यथार्थवादी प्रदर्शन का सवाल ही नहीं उठता। इसलिए स्वगतभाषणों में सीधा दर्शकों से कहने या सवाक् चिंतन की शैली अपनाने के दो रास्ते ही रह जाते हैं। 'स्कंदगुप्त' के किसी भी स्वगतभाषण को इन दोनों प्रकारों से निभाया जा सकता है।

अभिनेताओं और निर्देशकों का ध्यान एक पहलू की ओर खींचना अनिवार्य लगता है। साधारणतः यह कहा जाता है कि प्रसाद की भाषा बड़ी क्लिष्ट है और पात्रानुकूल नहीं। यह नाटकीय संभाषण के अनुरूप नहीं। मेरे विचार में भाषा का सरल या क्लिष्ट होना ही उसकी नाटकीयता का निर्धारण नहीं करता। कुशल लेखक के हाथों में क्लिष्ट और कठिन उच्चारणवाले शब्द अभिनेता के लिए सहायक बन जाते हैं। अनाड़ी लेखक और अभिनेता सरल शब्दों को भी नहीं सँभाल पाता है। संभाषणों द्वारा जिस अनुभूति को लेखक साकार करना चाहता है, वे साकार होती हैं या नहीं, सिर्फ इतना-सा प्रश्न रह जाता है।

मेरा विश्वास है कि प्रसाद के संभाषण इस दोष से मुक्त हैं और पूर्वग्रह को छोड़कर कोई अभिनेता उन शब्दों के सहारे ईमानदारी से अभिनय करना चाहे तो उसे आशातीत सफलता मिलेगी। नाटक के शुरू में ही स्कंद कहता है : 'अधिकारसुख कितना मादक और सारहीन है!' आदि। इस स्वगतोक्ति में जिन दीर्घ उच्चारणों और शब्दों के अंत में जिन व्यंजनों का प्रयोग किया गया है उन्हें सिर्फ ठीक-ठीक निभा दिया जाए तो स्कंद की आधी मनोव्यथा स्पष्ट हो जाएगी। अंतिम व्यंजन वर्णों को ठीक-ठीक कहने तथा दर्शकों तक पहुँचाने के लिए जिस परिश्रम तथा कौशल की आवश्यकता है उसे कुशल अभिनेता ही समझ सकेंगे। साधारणतः जिस प्रकार की गलतियाँ की जाती हैं उनके अनुसार यह पंक्ति इस प्रकार सुनाई पड़ेगी : 'अधिकाऽ सुऽऽतना मादऽ और साऽ हीऽ है।' ऐसी दशा में यदि दर्शकों पर ठीक प्रभाव न पड़े तो नाटककार को दोष

देना गलत होगा। यदि व्यंजनवर्णों का ठीक उच्चारण किया जाए और शब्दों का स्वरूप ठीक रखने की कोशिश की जाए, तो इस स्वगतोक्ति में स्वयं एक प्रकार की उदासीनता आ जाएगी जो स्कंद के चरित्र-चित्रण में सहायक होगी।

इसी प्रकार जब वेश्यारूप में मालिनी आती है तो मातृगुप्त के संभाषण हमें संस्कृत नाटकों की याद दिलाते हैं। मातृगुप्त मालिनी से कहता है : 'और मेरे भिखारी संसार पर स्वर्ण बिखेर दिया था! तुम्हीं मालिनी! तुमने सोने के लिए नंदन का अम्लान कुसुम बेच डाला।' पहले वाक्य में 'र' के प्रयोग के साथ स्वर्ण और दूसरे वाक्य में सोने के बाद अम्लान कुसुम स्वयं इस बात को सिद्ध करता है कि स्वर्ण कितना कीमती था और सोना कितना सस्ता तथा घटिया।

मातृगुप्त ने उसी खंडवाले अंतिम स्वगतभाषण में संयुक्ताक्षरों का प्रयोग एक स्थल के बाद शुरू होता है। पहले तो 'नाचती हुई नीहार कणिकाओं पर तीखी किरणों के भाले'—जैसे दीर्घ उच्चारणवाले शब्दों की भरमार है। लगता है कि आनेवाले संयुक्ताक्षरों की पृष्ठभूमि तैयार हो रही है। फिर संयुक्ताक्षरों की बहार जिनके ठीक-ठीक उच्चारण में समय लगेगा और स्वभावतया दर्शकों को ऐसा लगेगा कि अपनी कल्पना के चित्र को ठीक-ठीक व्यक्त करने के लिए अभिनेता उसी क्षण शब्दों का चयन कर रहा है, रटे-रटाए पार्ट नहीं उगल रहा है।

फिर यह भी नहीं भूलना चाहिए कि स्वगतभाषण अभिनेता के लिए वरदान है। जिस समय मंच पर कई व्यक्ति हों उस समय स्वभावतया सभी का ध्यान एक ही व्यक्ति पर केंद्रित नहीं रह सकता। स्वगतभाषण के समय एक ही व्यक्ति मंच पर रहता है और दर्शक का सोलह आना ध्यान उसी पर होता है। एक अच्छे अभिनेता के लिए यह ऐसा अवसर है जब वह अपनी क्षमता का बड़ा ही सशक्त प्रदर्शन कर सकता है। इस अवसर से कतराना मानो आए हुए सौभाग्य को ठुकराना है।

प्रसाद के नाटकों का सबसे बड़ा दोष उनकी 'अनभिनेयता' कहा जाता है। मेरा विश्वास है कि ऐसा कहते समय यथार्थवादी प्रदर्शन का चौखटा सामने रहता होगा जिस कारण कुछ अंशों को प्रदर्शित करने की कठिनाई सामने आती होगी। मगर नाटकों का प्रदर्शन कोई कटा-छँटा चौखटा नहीं जिसमें किसी रचना को फिट कर देख लिया जाए। जिस तरह नाटक के अनेक रूप हैं और सभी में उत्कृष्ट रचनाएँ प्राप्य हैं, उसी प्रकार प्रदर्शन के भी कई रूप हो सकते हैं और हैं।

प्रदर्शन की दिशा, उसका स्वरूप और उसका इंगित मूल रूप में नाटक में ही निहित रहता है। यदि दोनों एक-दूसरे के पूरक के रूप में सामने आते हैं तो उनका सौंदर्य द्विगुणित हो जाता है। यह हमारे देश का दुर्भाग्य है कि जिस प्रकार शेक्सपियर के साथ उसके प्रमुख निर्देशक और अभिनेता रिचर्ड बरबेज का नाम जुड़ा आता है, उस प्रकार कालिदास के साथ जुड़ा कोई नाम सामने नहीं आ सका। प्रसाद को भी कोई बरबेज

नहीं मिला। उस स्थिति में उनके नाटक किस ऊँचाई को छू पाते, इसकी कल्पना भी कठिन है।

पारसी रंगमंच और उसी शैली के प्रदर्शन की परिधि में प्रसाद ने अपने नाटकों की रचना की। नाटकों के कथ्य में अपनी काव्यात्मक अभिव्यक्ति, भारतीय संस्कृति के प्रति स्वाभाविक मोह और चरित्रनिर्माण की सामाजिक चेतना के कारण प्रसाद का महत्त्वपूर्ण योगदान रहा। नाटककार अपने कथ्य के अनुकूल प्रदर्शन शैली ढूँढ़ता रहा, 'ध्रुवस्वामिनी' तक पहुँचकर वह यथार्थवाद के निकट भी आया। लेकिन नाटककार उस सामूहिक प्रयोग से वंचित रहा जिसमें पुस्तक के पन्नों में बंद चरित्र हाड़-मांस के बनते हैं और दर्शकों के सामने आते हैं। इस कमी की पूर्ति शायद प्रसाद के कहानीकार और कवि द्वारा उसके लिए हो गई हो। नाटककार के क्षेत्र में कवि और प्रचारक का हस्तक्षेप स्पष्ट है। लेकिन नाटक में उस चुस्ती की कमी रह ही गई जिसकी पूर्ति अच्छे प्रदर्शन द्वारा ही संभव है।

[कल्पना, 109-112 (1960) से]

कुँवरजी अग्रवाल

हिंदी नाटक की साहित्यिक गरिमा के प्रतिष्ठापक

आधुनिक हिंदी नाटक साहित्य के ऐतिहासिक विकासक्रम में प्रसादजी का सर्वाधिक महत्त्व इसलिए है कि उन्होंने अपने कृतित्व द्वारा हिंदी नाटक को ऐसी अभिजात साहित्यिक गरिमा से मंडित कर दिया जो इसके पूर्व उसे प्राप्त नहीं थी। साहित्यिक आयामों में नाटक की यह यात्रा उसके दूरगामी विकास में काफी हद तक निर्णायक साबित हुई।

किंतु इस साहित्यिक यात्रा में प्रसादजी रंगमंच के प्रदेश को बगल से छूकर निकल गए, रुककर उसमें रम नहीं सके। फलस्वरूप उनके नाटक विधागत मूलस्थापनाओं से कट-से गए। वस्तुतः यह अकेले प्रसादजी की नहीं पूरे हिंदी नाटक लेखन की नियति थी जो उसके नाट्य परिवेश की ऐतिहासिक विसंगतियों से निर्धारित हुई थी।

किंतु प्रसाद के नाटकों की इस विधागत दुर्बलता को हिंदी आलोचकों ने बड़े मनमाने और सराही ढंग से उभाड़ा। रंगमंच से दूर का भी रिश्ता न रखनेवाले समीक्षकों ने प्रसाद के नाटकों को रंगमंच पर प्रस्तुति के अयोग्य सिद्ध किया और इसके लिए बड़े लचर तर्क दिए। इसकी पहली प्रतिक्रिया तो यह हुई कि प्रसादजी के जीवनकाल में और उसके बाद भी कुछ साहित्यकारों और प्रशंसकों ने उनके कुछ नाटकों को रंगमंच पर जैसे-तैसे प्रस्तुत कर यह सिद्ध करना चाहा कि वे अभिनेय हैं। कुछ और समय बाद उनकी प्रस्तुतियों के कुछ गंभीर प्रयास भी हुए। इस बार आधुनिक नाट्य मुहावरों

में प्रशिक्षित निर्देशकों ने बीड़ा उठाया। इसके लिए नाटकों में काट-छाँट और संपादन भी किए गए। कुछ रंग-प्रस्तुति विशेषज्ञों ने प्रसाद के नाटकों को मंच पर लाने के लिए विस्तृत नाट्य-विधान भी प्रकाशित किए। इन सबसे यह तो स्थापित हो गया कि इन्हें रंगमंच पर प्रस्तुत किया जा सकता है, किंतु अब भी प्रसाद के नाटकों की प्रस्तुतियाँ यदाकदा ही होती हैं।

किंतु रंगमंच पर प्रस्तुत हो जाने मात्र से क्या किसी कृति को वास्तविक नाटक विधा के रूप में स्वीकार किया जा सकता है? इस संदर्भ में मैं केवल एक सबूत देना चाहूँगा और वह यह कि आजकल उपन्यासों और कहानियों को बिना किसी विशेष परिवर्तन के रंगमंच पर बड़ी सफलता के साथ प्रस्तुत किया जा रहा है।

प्रसाद की नाट्य-समीक्षा का दूसरा दलदली पहलू उनके नाटकों ने शास्त्रीयतापूर्ण पश्चिमी और संस्कृत नाट्य-पद्धतियों का समन्वय आरोपित करना है। इस प्रकार के शास्त्रीय समन्वय की न तो कोई परिस्थिति उस समय मौजूद थी न ही प्रसादजी ने ऐसी कोई कोशिश की। एक अंक के भीतर स्थान और कार्यव्यापार में आनेवाले परिवर्तनों को सूचित करने के लिए 'दृश्य' या गर्भांक शब्द का प्रयोग न करके केवल संख्या देकर काम चला लेना किसी समन्वय का सूचक नहीं।

वस्तुतः प्रसादजी ने अपने नाटक लेखन का नमूना सहज रूप से अपने परिवेश से ही प्राप्त किया था। उस परिवेश में एक ओर तो भारतेन्दु और उसके सहयोगियों की नाटक रचनाएँ थीं, दूसरी ओर पारसी नाटक कम्पनियों से जुड़े हुए नाटककारों के तथाकथित रंगमंचीय नाटक थे। इनके साथ ही बंगला के मूल और हिंदी में अनूदित नाटक भी अपने प्रभावक्षेत्र का निर्माण कर रहे थे।

प्रसाद के नाट्य-परिवेश के दूसरे आयाम के रूप में पारसी नाटक मंडलियों की तड़क-भड़कपूर्ण, दर्शकों की विशाल भीड़ को आकर्षित करनेवाली नाट्य-प्रस्तुतियाँ थीं और थीं हिंदी के अव्यवसायी नाट्यसंघटनों द्वारा आयोजित नाट्य-प्रस्तुतियाँ जिनमें अधिक बल भाषा की शुद्धता और राष्ट्रीय भावना पर दिया जाता था हालाँकि नाटक लेखन पारसी नाटकों की ही क्षीण प्रतिकृति हुआ करते थे।

इस परिवेश के प्रतिफलन का माध्यम बना प्रसादजी का रचनाधर्मी व्यक्तित्व जिसकी धुरी था उनका स्वच्छंदतावादी कवित्व। प्रसादजी के व्यक्तित्व के अन्य महत्त्वपूर्ण आयाम बनते थे उनकी दार्शनिकता, अतीत मोह, अनुसंधित्सुवृत्ति, भारतीय मेधा, कुलीनता और परंपरा के प्रति उनकी गहरी आस्था से। प्रसाद की राष्ट्रीय भावना उनके व्यक्तित्व के इन्हीं पहलुओं से अनुस्यूत थी।

प्रसाद के नाटक साहित्य में इसी पृष्ठभूमि की सर्जनात्मक अभिव्यक्ति हुई जिसकी उपलब्धि है साहित्यिक वैभव।

प्रसाद के नाटकों की साहित्यिकता एक प्रमुख आधार भाषा है। प्रसाद के नाटकों की भाषा गुणात्मक रूप से अपने पूर्ववर्ती और समकालीन नाटककारों की भाषा से भिन्न है।

नाटक में भाषा का प्रयोग संवादों के रूप में होता है और संवाद नाटक में आये व्यक्तियों की बातचीत है जो उनके चरित्र, परिस्थितियों और प्रसंगों से निर्धारित होती है। इसीलिए नाटककार भाषा के माध्यम से सीधे अपनी आत्माभिव्यक्ति नहीं कर सकता। उसे अपनी भाषा को चरित्रों की निजी भाषा में घुला देना पड़ता है। भारतेन्दु और उनके युग के कुछ दूसरे नाटककारों के ज़ेहन में नाटक की भाषा की यह खासियत किसी तरह थी। लेकिन आधुनिक हिंदी (खड़ीबोली, परिनिष्ठित हिंदी) का आंदोलन जिन ऐतिहासिक परिस्थितियों में शुरू हुआ उनमें सबसे अधिक ज़ोर साहित्यिक भाषा के मानकीकरण पर पड़ा और हिंदी का रचनाकार हिंदी के स्वरूप निर्धारण और उसमें काव्यात्मक अभिव्यंजना के प्रति अतिरिक्त रूप से विशेष सजग हो गया।

प्रसाद के नाटकों की भाषा के निर्धारण में हिंदी के इस ऐतिहासिक परिप्रेक्ष्य की महत्त्वपूर्ण भूमिका थी। इसीलिए प्रसादजी ने कविता के लिए अपनी जिस भाषा का विकास किया उसे उन्होंने नाटकों के लिए भी बेधड़क इस्तेमाल किया। परिणामस्वरूप बातचीत या संवाद की जगह उनके नाटकों में गद्यकाव्य की प्रमुखता हो गई और विभिन्न स्तरों के पात्रों की विविधतापूर्ण भाषा-छटाओं की जगह उनके नाटकों में सर्वत्र प्रसादजी की अपनी निजी भाषा हावी हो उठी। प्रसादजी के नाटक साहित्य का अध्ययन करते हुए भाषा के माध्यम से जो सर्वाधिक प्रभावशाली व्यक्तिबिम्ब उभरता है वह छायावाद के महान कवि जयशंकर 'प्रसाद' का है।

प्रसादजी की काव्यभाषा की ही भाँति उनके नाटकों की भाषा में भी अलंकारिता, लाक्षणिकता, व्यंजना, प्रतीकत्व, नादसौंदर्य, भावप्रवणता, बिंबपरकता, चित्रमयता, आदि गुण प्रचुर मात्रा में मौजूद हैं। लेकिन नाटक में प्रयुक्त होकर भी यह काव्यभाषा शुद्धकाव्य के रूप में अपना अस्तित्व बनाए रखती है, नाट्य-स्थितियों को कोई काव्यात्मक परिणति नहीं देती।

प्रसाद की नाटक भाषा की दूसरी विशेषता उसका संस्कृतगर्भित शब्दभांडार है। प्रसादजी भी संस्कृतनिष्ठ हिंदी के तरफदार थे फिर नाटकों की प्राचीन भारतीय पृष्ठभूमि का परिवेश रचने के लिए अधिकाधिक तत्सम शब्दों का प्रयोग उन्हें आवश्यक लगा। प्रसादजी के नाटकों में प्राचीन भारतीय संस्कृति के ऐसे बहुत सारे अप्रचलित पारिभाषिक शब्दों को पुनरुज्जीवित किया गया है जो अपनी संप्रेषणीयता के लिए पाठक या दर्शक से भी वैसी ही बहुज्ञता की माँग करते हैं। इस संदर्भ में प्रसादजी के एक-एक शब्द से प्राचीन भारतीय संस्कृति का उनका गम्भीर अध्ययन मनन और साथ ही समकालीन राजनीतिक-सांस्कृतिक स्थितियों के प्रति उनका दृष्टिकोण भी व्यक्त होता है।

प्रसाद के नाटकों की साहित्यिकता का दूसरा महत्त्वपूर्ण आधार चरित्रों की परिकल्पना है। हिंदी नाटक में प्रसादजी ने पहली बार ऐसे व्यक्तियों की सृष्टि की जो नाटक में कहानी की घटनाओं को घटित कराने मात्र के लिए नहीं आते बल्कि अपने चरित्रों की ओर भी अलग से ध्यान आकृष्ट करते हैं। प्रसादजी ने नाटकीय चरित्रों को मनोवैज्ञानिक

आयाम दिया, काव्यात्मक सहृदयता प्रदान की और दार्शनिक गांभीर्य से समन्वित किया।

प्रसाद के नाटकीय चरित्र इतिहास से निकले हुए हैं। वे समकालीन नहीं, हालाँकि उन्हें समकालीनता का भी एक आयाम देने की कोशिश की गई है। इन्हें रचने में प्रसादजी ने उसी श्रद्धा को आधार बनाया है जो अपने पुरखों के प्रति स्वाभाविक दुर्बलता के रूप में हमारे मन में मौजूद रहती है। इसलिए ये चरित्र इतिहास के रोमानी आकर्षण से सजे हुए हैं। स्वगत के रूप में जब वे अपने अंतर्द्वन्द्वों का इज़हार करते हैं या भावुकतापूर्ण काव्यात्मक उक्तियाँ प्रस्तुत करते हैं तो और भी मोहक हो उठते हैं।

ज़ाहिर है इतिहास के ये सारे चरित्र अपनी समस्त ऐतिहासिकता के बावजूद कल्पित हैं और प्रसादजी की चरित्रकल्पना उनके व्यक्तित्व की विशेषताओं से परिसीमित है। यही कारण है कि उनके नाटकों में चरित्रों की विविधता का दायरा बहुत छोटा है और अक्सर वे अपने को दुहराते दिखाई पड़ते हैं। इसका एक कारण शायद यह भी है कि उन्होंने अपने अधिकांश चरित्र अभिजात राजन्य वर्ग से ही संकलित किये हैं।

नाट्य की दृष्टि से प्रसादजी के चरित्र-चित्रण की एक महत्त्वपूर्ण दुर्बलता उसकी अभिनेता के साथ विसंगति है। प्रसादजी के नाट्य-व्यक्तियों में भावनाओं, विचारों, स्थितियों आदि की वह क्रमिक सरणि पर्याप्त रूप से नहीं प्राप्त होती जो अभिनेताओं को अपनी अभिव्यक्ति क्षमता के भरपूर उपयोग का अवसर दे। इन चरित्रों में आकस्मिकता बहुत है जो कला-प्रभाव को बराबर तोड़ती रहती है। प्रसादजी के नाट्यचरित्रों में त्रिआयामिता और विसदृशता की भी कमी है जो विधा के रूप में उनके नाटकों को कमजोर करती है।

प्रसादजी के नाटकों की साहित्यिक गरिमा का एक स्रोत उनका वस्तुचयन भी है। उन्होंने अपनी विषयसामग्री प्राचीन भारतीय इतिहास से ली है। लेकिन जिस तरह शेक्सपियर ने प्लूटार्क के इतिहास को तत्कालीन नाट्य की जरूरतों के अनुसार समूचा काव्यात्मक रूपांतरण कर डाला, प्रसादजी ने वैसा नहीं किया। प्रसादजी सिर्फ नाटककार नहीं, इतिहास के अन्वेषक और संशोधक भी थे और इस दिशा में अपनी उपलब्धियों को प्रस्तुत करने का माध्यम उन्होंने नाटक को बनाया। इसीलिए उनके नाटकीय कार्य-व्यापार में अपेक्षित मजबूत गठन और गति नहीं आ सकी और वह अनावश्यक रूप से स्फीति हो गया तथा नाटक का आकार भी बहुत बड़ा हो गया। लेकिन इसीलिए उनका गांभीर्य और साहित्यिक वजन भी बढ़ गया।

दरअसल अंग्रेजों की अधीनता का वह युग ही ऐसा था जिसमें पुरानी गौरवगाथा गाने से अपनी कुण्ठाओं को निष्कृति मिलती थी। इतना ही नहीं, प्रसादजी तो अपने इतिहास मंथन से समकालीन जड़ता को तोड़ने के लिए अमृत-ऊर्जा भी पाने की कोशिश कर रहे थे।

जहाँ तक प्रसादजी के प्रमुख नाटकों के ढाँचे का सवाल है, वह अपनी समग्रता में उस समय के नाट्यपरिवेश पर हावी उस शेक्सपीरियन मॉडल पर ही गठित हुआ

है जो उर्दू-हिंदी, बाङ्ला, मराठी के व्यावसायिक रंगमंचीय तथा अन्य नाटकों में छन-छन कर अपना एक अलग भारतीय रूप ग्रहण कर रहा था। रंगमंचीय ज़रूरतों के बन्धन से मुक्त प्रसादजी की साहित्यिक प्रतिभा ने उसमें और मौलिक परिवर्तन करके उसे हिंदी की मुख्य धारा का रूप दिया।

लगभग छह दशकोंवाले इस पूरे नाट्ययुग की हिंदी सहित्य के लिए चरम उपलब्धि जयशंकर 'प्रसाद' के नाटक हैं।

[आधुनिक नाट्य और नाटक, 1984]

हश्र-प्रसाद युग

काशी की बीसवीं शती के लगभग तीन आरंभिक दशकों के नाट्यइतिहास को मैं 'हश्र-प्रसाद' युग का नाम देता हूँ। काशी के ये दो महान् नाटककार इस अवधि की न केवल काशी की दो विभिन्न नाट्यप्रवृत्तियों का प्रतिनिधित्व करते हैं बल्कि पूरे हिंदी जगत् के नाट्यइतिहास को भी रेखांकित करते हैं। हश्र जहाँ व्यावसायिक नाट्यपरिवेश के संपूर्ण विकास को अपने में समेटे हुए हैं वहीं प्रसाद भारतेंदु द्वारा प्रवर्तित हिंदी नाट्यलेखन परंपरा की तब तक की चरम उपलब्धि हैं। जहाँ प्रसादजी पारसी रंगविधान के ढाँचे को काफी दूर तक स्वीकार करते हुए हिंदी नाटक को उच्च साहित्यिक गरिमा से मंडित करते हैं वहीं हश्र भी व्यवसायी नाट्य की तिजारती जरूरतों को पूरा करते हुए नाटक को काव्यात्मक ऊँचाइयों तक ले जाने की पूरी कोशिश करते नजर आते हैं और इस तरह दोनों नाटककार काशी के नाट्यपरिवेश को काफी गहन और संभावनापूर्ण बना देते हैं।

व्यावसायिक रंगमंच के द्वितीय श्रेणी के काशी के नाटककारों में हरिकृष्ण जौहर, श्रीकृष्ण हसरत, दुर्गाप्रसाद गुप्त और हरशंकर उपाध्याय हैं। इन्होंने अनेक व्यावसायिक नाटक मंडलियों के लिए नाटक लिखे और उनसे संबद्ध हुए।

इस परंपरा में काशी में तृतीय श्रेणी के कुछ नाटककार भी थे जो उर्दू के नाट्यालेखों का नागरीकरण करते थे और यत्र-तत्र कुछ हिंदी शब्दों को स्थानापन्न कर देते थे। ये कभी-कभी कथावस्तु में हेरफेर करके नए नाटक भी बना देते थे। ऐसे नाटककारों में शिवरामदास गुप्त, आनंदप्रसाद कपूर और कुंजीलाल जैन प्रमुख थे। ये शौकिया नाटक मंडलियों से जुड़े थे।

काशी के नाटककारों ने व्यावसायिक रंगमंच पर हिंदी को प्रतिष्ठित करने में महत्त्वपूर्ण योगदान किया। उन्होंने पारसी नाट्यमंडलियों के मालिकों को भी प्रभावित किया।

ब्रजचंद्र भी भारतेंदु नाटक मंडली में गहरी रुचि और मनोयोग के साथ हाथ बँटाते थे। किंतु बीसवीं शती के दूसरे ही दशक में 4-6 वर्षों के अंतर से दोनों भाइयों की मृत्यु हो गई और मंडली लड़खड़ा गई। ऐसे समय में संस्था के अन्य विशिष्ट सदस्यों

के सहयोग से भारतेंदु के फुफेरे भाई राधाकृष्णदास के सुपुत्र बालकृष्णदास उर्फ बल्लीबाबू ने मंडली को सँभालने की कोशिश की। लेकिन सस्ती रुचि को प्रश्रय न देने के कारण इस संस्था को बराबर आर्थिक अभाव ही बना रहा और यह लड़खड़ाती हुई अपने अस्तित्व की रक्षा का संघर्ष करती रही।

सन् 1932 ई. तक इस संस्था ने कुल 15 नाटक मंचित किए और एक नाटक का रिहर्सल मात्र होकर रह गया। इसने सबसे अधिक, द्विजेंद्रलाल राय के चार बाङ्ला नाटकों—'दुर्गादास', 'मेवाड़-पतन', 'शाहजहाँ' और 'चंद्रगुप्त' के हिंदी अनुवाद खेले। उस समय राय हिंदी के मौलिक नाटककारों की ही तरह ग्रहण किए जाते थे। तीन नाटक राधेश्याम कथावाचक के खेले गए—'अभिमन्यु', 'प्रह्लाद' और 'परिवर्तन'। माधव शुक्ल का 'महाभारत' और विश्वम्भरनाथ कौशिक का 'भीष्म' भी खेले गए। काशी के नाटककारों में भारतेंदु का 'सत्य हरिश्चंद्र' खेला गया और 'विद्यासुंदर' का रिहर्सल मात्र होकर रह गया। राधाकृष्णदास का 'महाराणा प्रतापसिंह' खेला गया। भारतेंदु नाटक मंडली के दो नाट्यकर्मी गोविंदशास्त्री दुगवेकर और ज्वालाराम नागर 'विलक्षण' नाटककार भी थे। ये भारतेंदु की साहित्यिक धारा में ही नाटक लिखते थे। दुगवेकरजी ने पहले 'संगीत सौमद्र' मराठी से हिंदी में अनूदित किया जिसे मंडली ने खेला। फिर उनका एक मौलिक नाटक 'हर हर महादेव' भी इस संस्था ने खेला। विलक्षण के 'गुरु द्रोण' और 'दस्युदमन' मंडली द्वारा खेले गये।

महाराष्ट्र के अभिनेताओं, नाटककारों और विद्वानों के विशेष संपर्क के कारण भारतेंदु नाटक मंडली द्वारा काशी मराठी नाट्यशैली से भी समृद्ध हुई।

हिंदी के साहित्यिक नाटकलेखन की दृष्टि से न केवल काशी की बल्कि संपूर्ण हिंदी जगत् की सबसे बड़ी उपलब्धि जयशंकर प्रसाद हैं। उनके नाटकों की विशिष्टताएँ और सीमाएँ दोनों ही मुख्यतः काशी के संपूर्ण नाट्यपरिवेश की ही देन हैं। प्रसाद की नाट्यप्रतिभा को रचनात्मकता का आयाम देनेवाला काशी का नाट्यपरिवेश उस समय बड़ा समृद्ध और विविधतापूर्ण था। बचपन में ही प्रसाद पर उसकी छाप गहरी पड़ी थी। प्रसाद के नाटकों की मुख्य प्रवृत्तियों के मूलस्रोत के रूप में यदि काशी के तत्कालीन नाट्यपरिवेश का विश्लेषण किया जाए तो कई रोचक तथ्य सामने आयेंगे।

प्रसाद के नाटकों में इतिहास के प्रति बहुत आग्रह है। अपने कथानकों और चरित्रों के लिए वह प्राचीन भारतीय इतिहास में गहरे डूबते हैं, उसका मंथन करते हैं और फिर उसकी उपलब्धि से अपने नाटकों की काया और आत्मा सँवारते हैं। नाटक के संदर्भ में ऐतिहासिक प्रामाणिकता के प्रति यह जागरूकता जब काशी के नाट्यपरिवेश में भारतेंदु-युग में 'शकुंतला' के अभिनय के सिलसिले में प्रमदादास मित्र, डॉ. थीबो, डॉ. राजेंद्रलाल मित्र और भारतेंदु ने भी पैदा की तो वह वहीं खत्म नहीं हो गई। काशी के नाट्यपरिवेश में ऐतिहासिक प्रामाणिकता का प्रश्न लगातार उठाया जाता रहा और उसकी अनुगूँज आज भी बाकी है। प्रसाद के नाटक इसी परिवेश की सहज अनुक्रिया

हैं। अपने इतिहासज्ञान को प्रामाणिकता के साथ नाटक के माध्यम से अभिव्यक्त करने का सिलसिला काशी के और भी अनेक नाटककारों ने आगे बढ़ाया लेकिन वे अपनी कोई खास पहचान नहीं बना सके।

प्रसाद के नाटकों की साहित्यिक हिंदी भी काशी के नाट्यपरिवेश का ही प्रभाव है क्योंकि भाषा के प्रश्न को काशी में ही सबसे अधिक तीखेपन के साथ उठाया गया था और इस पर यहाँ जोरदार बहसें होती रहती थीं। काशी के परिवेश में कवित्वपूर्ण साहित्यिक गद्य हिंदी में लिख सकना ऊँची प्रतिष्ठा की बात समझी जाती थी।

प्रसाद के नाटकों में गीत-संगीत के प्रति आग्रह और पारसी नाटकों के अनेक लटके-खटके उनके द्वारा काशी में देखे गए नाटकों के संस्कार का ही नतीजा है। काशी के तत्कालीन नाट्यपरिवेश में प्रसाद की नाट्यरचना-प्रक्रिया के और भी कई स्रोत ढूँढ़े जा सकते हैं।

यहाँ एक महत्त्वपूर्ण प्रश्न यह उठता है कि काशी के इतने सक्रिय नाट्यपरिवेश में रचे जाकर भी प्रसाद के नाटक रंगमंच से इतनी दूरी कैसे बनाए रख सके। इस पर व्यवस्थित ढंग से खोज की जाने की जरूरत है। मुझे तो लगता है इसमें प्रसाद के व्यक्तित्व की अभिजात प्रकृति आड़े आई। अपनी इस प्रकृति के कारण वह न तो नाट्यकर्मियों से खुलकर मिलते थे, और न ही अपने नाटकों के गुणदोषों की विस्तार से चर्चा का मौका आने देते थे। कितने मजे की बात है कि नारियल बाजार में प्रसादजी की दूकान के बिलकुल करीब ही आगासाहब का घर था और आते-जाते अक्सर दोनों का सामना भी होता था; लेकिन अपने-अपने क्षेत्र के ये दो महान् नाटककार एक-दूसरे से बोलते भी न थे, अनुभवों के आदान-प्रदान की बात तो बहुत दूर। इस संदर्भ में काशी के ही एक साहित्यकार विनोदशंकर व्यास ने बड़ा रोचक संस्मरण प्रस्तुत किया है :

'प्रसादजी की दूकान के पास ही उनका मकान था। जब वह बनारस आते तो उसी रास्ते से आते-जाते दिखाई पड़ते थे। प्रसाद से सामना होने पर भी साहब-सलामत न होती थी। दोनों एक-दूसरे को जानते थे, किंतु दोनों ही अपनी-अपनी अकड़ में थे। कितने आश्चर्य की बात है कि दोनों प्रकांड नाटककार जीवनभर सामना होने पर भी एक-दूसरे से बोले नहीं।

'मैं आगासाहब से परिचित था। प्रसादजी की दूकान पर मुझे देखकर वह रुक जाते। मैं खड़ा हो जाता। उनके साथ चलने लगता, वह मेरे कंधे पर हाथ रखे बड़ी आत्मीयता से बातें करते रहते। पान खिलाकर जब उनके साथ मैं दूकान पर वापस आता तो वह प्रसाद के प्रति उपेक्षाभाव धारण कर आगे बढ़ जाते।

'आगासाहब की उद्दंडता और स्पष्टवादिता पर मैं मुग्ध था। उनके प्रति मेरे हृदय में अत्यधिक आदर था; किंतु प्रसादजी उन्हें अशिष्ट समझते थे।'

प्रसाद के जीवनकाल में ही उनके नाटकों के साहित्य वैभव से लोग अभिभूत होने लगे थे लेकिन साथ ही उनकी रंगमंचीय असमर्थता को लेकर व्यापक विवाद भी शुरू

हो गया था जिसके फलस्वरूप अपने को हिंदी रंगमंच की प्रतिष्ठापक घोषित करनेवाली संस्थाएँ 'नागरी नाटकमंडली' और 'भारतेंदु नाटकमंडली' तक ने प्रसादजी के नाटकों को अभिनीत करने की हिम्मत न की। प्रसादजी के जीवनकाल में सबसे पहले काशी में उनका 'विशाख' खेला गया जिसे थियोसोफिकल गर्ल्स स्कूल की लड़कियों ने तीसरे दशक के अंत या चौथे के बिल्कुल शुरू में अभिमंचित किया था।

प्रसाद के नाटकों के रंगमंच की दृष्टि से असफल होने के प्रचार से काशी के हिंदी साहित्यकार बड़े क्षुब्ध थे। उन्हें इसमें हिंदी का बड़ा अपमान दिखाई पड़ता था और वे इसका प्रतिकार करना चाहते थे। स्वयं प्रसादजी भी दुखी थे और समय आने पर ऐसे आलोचकों को सटीक जवाब भी देते थे।

ऐसे ही माहौल में उस समय काशी की तेजस्वी साहित्यिक संस्था 'रत्नाकर रसिक मंडल' ने प्रसाद के नाटक को रंगमंच पर अवतरित करने का बीड़ा उठाया। काशी की सभी नाट्य तथा साहित्यिक-सांस्कृतिक संस्थाओं से सहयोग माँगा गया और एक दिन तत्कालीन काशी के जाग्रत हिंदी नाट्यकर्मी और साहित्यकार और संस्कृति के उन्नायकों ने रामानंद मिश्र के नेतृत्व में प्रसादकृत 'चंद्रगुप्त' की नाट्यप्रस्तुति का संकल्प ले लिया।

सबसे पहली आवश्यकता 'चंद्रगुप्त' के संक्षिप्तिकरण और रंगमंच के अनुकूल यथासंभव पुनर्संस्कार करने की थी। इसके लिए स्वयं जयशंकर प्रसाद से अनुरोध किया गया और उन्होंने कुछ संकोच के साथ उसे स्वीकार कर लिया। उस समय की पारसी नाट्यप्रथा के अनुसार इस प्रस्तुति के लिए उनसे एक प्रहसन लिख देने का भी आग्रह किया गया। आधे मन से उन्होंने इसे भी स्वीकार कर लिया लेकिन इस शर्त के साथ कि वे स्वयं नहीं लिखेंगे, बोलकर लिखवायेंगे। प्रसादजी ने कथानक और काव्यसंगति की रक्षा करते हुए कुछ दृश्यों को काटकर, कुछ को एक में मिलाकर और संक्षिप्त करके अभिनयार्थ 'चंद्रगुप्त' की संशोधित प्रति तैयार कर दी। चंद्रगुप्त के ही ऐतिहासिक काल के कुछ काल्पनिक चरित्रों को लेकर प्रहसन भी लिखवा दिया। अब पात्रों के चयन की विकट समस्या सामने थी। इसके लिए भारतेंदु नाटक मंडली, काशी हिंदू विश्वविद्यालय की हिंदी नाट्यसमिति, नागरी नाटक मंडली, हरिहर समिति, बिहार क्लब, रत्नाकर रसिक मंडल के सदस्यों और हिंदी के अनेक छात्र-अध्यापकों के बीच से भारतेंदु नाटक मंडली के वरिष्ठ अभिनेताओं—केशवराम टंडन और वीरेबाबू ने विभिन्न भूमिकाओं के लिए निम्नलिखित लोगों को चुना :

केशवराम टंडन [चाणक्य], सीताराम चतुर्वेदी [राक्षस], सर्वदानंद वर्मा [शकटार], शिवप्रसाद मिश्र 'रुद्र' काशिकेय [आंभीक], बालकृष्णदास उर्फ बल्लीबाबू [दांड्यायन], लक्ष्मीकांत झा [सिंहरण], चंद्रदेव दीक्षित [पर्वतेश्वर], गणेशदत्त आचार्य [सिकंदर], मंगलीप्रसाद अवस्थी [चंद्रगुप्त], बनारसीदास खन्ना [नंद], गणेश तिवारी [वररुचि], नेत्रलाल श्रीवास्तव [फिलिप्स], वैद्यनारायण सिंह [मौर्य सेनापति], नन्दू तिवारी [गांधार नरेश], चंद्रशेखर त्रिवेदी [सिल्यूकस], बद्रीलाल गोस्वामी [अलका],

जनार्दन मिश्र [सुवासिनी], गणेशराम नागर [कल्याणी], गिरिजाप्रसाद [मालविका], राममोहन दास [कार्नेलिया]।

प्रहसन की भूमिकाएँ वीरेंद्रनाथ दास उर्फ वीरेबाबू, कांतानाथ पांडेय 'चोंच', वीरेश्वर बैनर्जी और एस.बी. दातार आदि ने ग्रहण की।

रिहर्सल के संचालन का भार केशवराम टंडन और वीरेबाबू पर था। रामानंद मिश्र के बाँसफाटक स्थित मकान पर नियमित रूप से 'चंद्रगुप्त' का अभ्यास होने लगा। प्रसादजी भी सायंकाल उधर से आते-जाते प्रायः वहाँ चले आते थे और जहाँ कहीं आवश्यकता समझते, संशोधन करते और सुझाव-निर्देश देते। इस तरह कई महीनों तक रिहर्सल चला।

आखिर चौदह और पंद्रह दिसंबर सन् उन्नीस सौ तैंतीस की रातों को इस महत्त्वाकांक्षी नाटक की नाट्य-प्रस्तुति का निश्चय किया गया। इसके लिए वस्त्राभूषण और रूपसज्जा-विशेषज्ञ कलकत्ता से किराये पर मँगाए गए लेकिन उन्हें ठीक से प्रयुक्त करने की जिम्मेदारी सौंपी गई इतिहास के पंडित डॉ. आर.एस. त्रिपाठी को। नाटक के अनुकूल चित्रित पर्दों पखवइयों और कटसीनों आदि की भी व्यवस्था की गई।

न्यू सिनेमा हॉल में काशी के विशिष्ट नागरिकों और साहित्य कलाविद्/गण्यमान्य सज्जनों की उपस्थिति में बड़ी सफलता के साथ यह नाटक अभिनीत हुआ। पत्र-पत्रिकाओं ने इसकी विस्तृत समीक्षाएँ प्रकाशित कीं जिनमें डॉ. संपूर्णानंद, पं. दिनेशदत्त झा और रघुराजशरण शर्मा की समीक्षाएँ बहुत महत्त्वपूर्ण हैं।

दिनेशदत्त झा ने दैनिक 'आज' में लिखा, 'काशी के प्रसिद्ध साहित्यिक श्री जयशंकर प्रसादजी द्वारा रचित 'चंद्रगुप्त' नाटक खेला जाना हिंदी रंगमंच के लिए बिलकुल नई बात है।' रघुराजशरण शर्मा ने 'जागरण' में लिखा, 'मंडल के उत्साही कार्यकर्ताओं ने अभिनय को साहित्यिक नाटक का आकर्षक अभिनय बनाने में कोई बात उठा नहीं रखी।' संपूर्णानंदजी ने 'आज' में लिखा, 'मुझे भी खेल देखने का अवसर प्राप्त हुआ। कई बातें बड़ी प्रशंसनीय थीं।'

इन समीक्षाओं में अभिनेताओं की कला पर जमकर टिप्पणियाँ की गईं; भाषा की क्लिष्टता को रेखांकित किया गया और प्राम्पटिंग, प्रवेश-प्रस्थान आदि की छोटी-मोटी भूलों पर भी ध्यान आकर्षित किया गया। समीक्षकों ने प्रहसन को थोपा हुआ और व्यर्थ बताया। ध्यान देने की बात है कि यह प्रस्तुति जितनी महत्त्वपूर्ण थी उतनी ही महत्त्वपूर्ण उस पर समीक्षाएँ भी लिखी गईं। जिम्मेदारी से भरी इन समीक्षाओं में नाट्यविवेक है, आत्मीयता है, और है हिंदी नाट्यांदोलन का व्यापक संदर्भ।

प्रसादजी के एक अंतेवासी राजेंद्रनारायण शर्मा की सूचना के अनुसार प्रसाद के जीवनकाल में 'एक घूँट', 'स्कंदगुप्त' और 'ध्रुवस्वामिनी' आदि नाटकों की पाँच प्रस्तुतियाँ और हुईं। प्रसाद के नाटक रंगमंच पर तब खेले गए जब उनका नाटकलेखन समाप्त हो चुका था। इसीलिए मंचीय अनुभवों का कोई लाभ वे न उठा सके। सन् 1935 ई. में उन्होंने 'अग्निमित्र' लिखना शुरू किया था लेकिन उसका प्रारंभ मात्र करके रह गए।

उसके प्राप्त अंशों में प्रसादजी के मंच अनुभवों की कुछ छाप दिखाई पड़ती है।

इस अवधि में काशी के नाट्यपरिवेश को समृद्ध कर उसे गतिशील बनाने में नाट्यप्रस्तुतियों की समीक्षाओं ने बड़ा योगदान किया। इस कार्य को संपूर्णानंद, शिवपूजन सहाय, दिनेशदत्त झा और रघुराजशरण शर्मा जैसे लोगों ने किया। इन सभी लोगों का उद्देश्य प्रस्तुतियों को परिष्कृत कर हिंदी नाट्यांदोलन को दृढ़ बनाना था।

बीसवीं शती के चौथे दशक के शुरू में ही बोलती फिल्मों का निर्माण आरंभ हो गया। इसने व्यावसायिक सफलता का नया दरवाजा खोल दिया। इस नये व्यवसाय में पूँजी की तुलना में मुनाफा कई गुना ज्यादा होने की संभावना नजर आई। इसलिए नाट्यव्यवसायियों का दल तुरंत इस ओर झुकने लगा। नाटक कंपनियाँ बंद होने लगीं और नाट्यशालाएँ सिनेमाघरों में रूपांतरित की जाने लगीं। सन् 1931 ई. में मदन थिएटर्स ने बोलती फिल्में बनानी शुरू कीं। 1932 में न्यू अल्फ्रेड और 1935 में कोरंथियन बंद हो गई। आगा हश्र ने 1933 में स्पष्ट कह दिया, 'अब थिएटर नहीं चलेगा। उसका स्थान फिल्म लेगी।' इसी समय जयशंकर प्रसाद भी इस बात को अपने ढंग से लक्ष्य करते हैं : 'हिंदी का कोई अपना रंगमंच नहीं है। जब उसके पनपने का अवसर था, तभी सस्ती भावुकता लेकर वर्तमान सिनेमा में बोलनेवाले चित्रपटों का अभ्युदय हो गया और फलतः अभिनयों का रंगमंच नहीं-सा हो गया।' इसी चौथे दशक के उत्तरार्ध में आगा हश्र [1935] और जयशंकर 'प्रसाद' [1937] दोनों महान् नाटककार भी रंगमंच की जगमगाती दुनिया को उजड़ती देखकर दूसरी दुनिया के लिए कूच कर गए। इस तरह अंग्रेजों के साथ आनेवाले हलचलों से भरे एक 'नाट्ययुग' का अंत हो गया।

इस घटना का असर काशी के नाट्यपरिवेश की नियति पर पड़ना ही था। यहाँ की नाट्यशालाएँ भी धड़ाधड़ सिनेमाघरों में बदल गईं। व्यावसायिक रंगमंच के अनुकरण पर चलनेवाली काशी की शौकिया नाट्यसंस्थाएँ दम तोड़ने लगीं। जैन नाटक मंडली बंद हो गई। नागरी नाटक मंडली की आर्थिक स्थिति सुदृढ़ थी और यह अपना पक्का रंगमंच बनवा रही थी। तब भी सन् 1935 से 1947 के बीच यह बस तीन नाटक मात्र खेल सकी। पहले से ही लड़खड़ाती हुई चलनेवाली भारतेंदु नाटक मंडली का भी कोई पुरसाहाल न रहा। छोटी-मोटी इस तरह की और दूसरी संस्थाओं का तो कहीं पता भी न चला। इस परंपरा के नाटकों का अभिनय अब किन्हीं स्कूल-कालेजों या दूसरी तरह की संस्थाओं के समारोहों पर यदाकदा होनेवाली प्रस्तुतियों तक ही सीमित रह गया।

ऐसी एक महत्त्वपूर्ण प्रस्तुति काशी की नागरी प्रचारिणी सभा के अर्धशताब्दी उत्सव के अवसर [1943] पर हुई थी। यह प्रस्तुति जयशंकर प्रसाद के 'चंद्रगुप्त' की थी जो उसकी प्रथम प्रस्तुति के लगभग दस वर्षों के बाद हुई। प्रसंगवश इस संदर्भ में एक रोचक तथ्य का उल्लेख कर दूँ। काशी में अपनी पहली प्रस्तुति के बाद से लगभग हर दशक में 'चंद्रगुप्त' की प्रस्तुति होती रही। सन् 1953 में हरिश्चंद्र महाविद्यालय के छात्रों ने इस नाटक का आरंगण किया जिसमें मैंने सिकंदर और शकटार दो चरित्रों का अभिनय

किया था। 1966 में बाजोरिया संस्कृत महाविद्यालय के छात्रों द्वारा इसका अभिनय हुआ जिसका निर्देशन मैंने किया था और फिर सन् 1972 में काशी में आयोजित नाट्यप्रशिक्षण शिविर द्वारा इसी नाटक का मंचन हुआ जिसका निर्देशन बा.व. कारंत ने किया।

इन सभी प्रस्तुतियों की परिस्थितियाँ काशी के रंगपरिवेश (1972) और स्तर की सीमाओं से जकड़ी हुई हैं। यहाँ तक कि कारंत जैसे सिद्धहस्त निर्देशक, तमाम आर्थिक व अन्य सुविधाओं के बावजूद, 'चंद्रगुप्त' की प्रस्तुति (1972) को यहाँ के स्तर से बहुत ऊँचा नहीं उठा पाए। दरअसल, किसी भी नाट्यप्रस्तुति के स्तर पर जहाँ कुछ सीमा तक निर्देशक का महत्त्वपूर्ण प्रभाव पड़ता है, वहीं उससे बड़ी सीमा तक अभिनेता-अभिनेत्रियों, अन्य रंगकर्मियों और दर्शकों के स्तर का भी गहरा प्रभाव पड़ता है।

[काशी का रंगपरिवेश, 1986]

लक्ष्मीनारायण लाल

जयशंकर प्रसाद का नाट्य

इसी काल में जयशंकर प्रसाद अपने पौराणिक तथा ऐतिहासिक नाटकों में इसी पुनरुत्थान को भावना और राष्ट्रीय गौरव को किशोर मन की भावुकता और छायावादी कुहेलिका से ढँककर, उस पर अस्पष्टता का झीना-सा आवरण चढ़ाकर अभिव्यक्त कर रहे थे। यह अत्यंत उल्लेखनीय है कि भारतेंदु ने ऐसा कहीं नहीं किया है। वह जहाँ है, वहाँ एक तो स्पष्ट सीधे हैं और उस पर उन्होंने पारसी थिएटर के नाट्यतत्त्वों को अपना माध्यम नहीं बनाया है। जो उन्होंने प्रकट करना चाहा है, उसके लिए उन्होंने पारसी थिएटर से स्वतंत्र अपना सर्वथा अलग रूपबंध तैयार किया है। इसका कारण था कि प्रसाद के विपरीत भारतेंदु प्रत्यक्ष रंगमंच से जुड़े थे और स्वतंत्र नाट्यपरंपरा के लिए संघर्षरत थे।

प्रसाद ने ठीक इसके विपरीत किया। उन्होंने नाटक का रूपबंध और रंगमंच का पूरा विधान सीधे पारसी थिएटर से ज्यों का त्यों ले लिया और पारसी थिएटर के विपरीत (प्रतिक्रियास्वरूप) उन्होंने उसमें काव्यात्मकता, साहित्यिकता भर दी। यह बिलकुल वैसे हुआ, जैसे शराब की बोतल (विदेशी) में गंगाजल भर देना। यदि प्रसाद ने भारतेंदु की परंपरा में रंगमंच को देखा होता, उससे वह प्रत्यक्ष संबंधित होते तो निश्चय ही वह अनुभव करते कि काव्यात्मक वस्तुविषय के लिए पारसी रंगमंच का रूपबंध बिलकुल विपरीत पड़ता है। इससे भी आगे प्रसाद को अपने लिए एक रंगशैली का अन्वेषण भी करना था, जिसे वह अंततः नहीं कर सके। कथा और चरित्रविधान में पारसी थिएटर के विपरीत (मुख्यतः आगाहश्र की नाट्यकला के) उन्होंने तीन अंकों, अर्थात् चरमसीमा से आगे 'फलागम' (संस्कृत) और समाहार ('डिनाउमेंट'-शेक्सपियर) तक सोचा, और

उसी के अनुरूप कथा, चरित्र और अंकदृश्य योजना बनाई। संस्कृत रंगमंच का नाटक 'आरंभ' से चलकर 'फलागम' तक पहुँचने के लिए, और शेक्सपियर के थिएटर का 'ड्रामा' 'उद्घाटन' से लेकर 'समाहार' तक जाने के लिए पारसी थिएटर जैसे रूपविधान का सहारा न लेकर शुद्ध अयथार्थवादी, काव्यात्मक (काल्पनिकता) रंगविधान को अपना माध्यम बनाता है—और तभी निर्देशक, अभिनेता और दर्शक की कल्पना, सृजनशक्ति को जगाता हुआ कई स्तरों पर अपने आपको निर्मित और संपूर्ण करता है।

पारसी थिएटर का सारा रंगविधान प्रसाद के नाट्यविषय और भावबोध से बिल्कुल विपरीत पड़ने के कारण, नाटककार प्रसाद की शक्ति को खंडित ही नहीं करता, उन्हें बिखेर देता है। पारसी थिएटर जैसे 'इश्क' और राष्ट्रीयता के दो विरोधी घोड़ों पर चढ़ा था, ठीक उसी तरह प्रसाद की समूची नाट्यकला पारसी थिएटर और 'आत्मा की संकल्पात्मक अनुभूति' के परस्परविरोधी अश्वों पर आसीन थी। जहाँ सारा दृश्यत्व रँगे हुए पर्दों, सीन-सीनरियों, और अभिनय से लेकर यांत्रिक प्रभावों तक सीमित है, वहाँ काव्य के लिए कल्पना और गहराई की कोई गुंजाइश नहीं हो सकती। वहाँ काव्य केवल संवाद में हो सकता है या गीतों में। यही प्रसाद के नाटकों में हुआ भी।

इतना ही नहीं, प्रसाद के काव्यस्वर पर वही कथित, सुचित, पारिभाषित राष्ट्रीयता, नवोत्थान, समाजसुधार का अतिस्वर छाया रहा—

'आर्य ! इस गुरुभार उत्तरदायित्व का सत्य से पालन कर सकूँ, और आर्यराष्ट्र की रक्षा में सर्वस्व अर्पण कर सकूँ, आप लोग इसके लिए भगवान् से प्रार्थना कीजिए और आशीर्वाद दीजिए कि स्कंदगुप्त अपने कर्त्तव्य से, स्वदेशसेवा से कभी विचलित न हो।' (स्कंदगुप्त—मालव में मूर्धाभिषक्त होने पर)

'भटार्क यदि कोई साथी न मिला तो साम्राज्य के लिए नहीं जन्मभूमि के उद्धार के लिए मैं अकेला युद्ध करूँगा।' (स्कंदगुप्त)

दो परस्परविरोधी रंग-प्रवृत्तियों के प्रयोग के कारण तथा नाटक में पाठ्य आग्रह के कारण विषय, कथा, चरित्र और अंकविधान के स्तर पर अनेक सीमाएँ और सामने आती हैं।

एक ओर प्रसाद ऐतिहासिक नाटक लिखने के पीछे प्राचीन भारत के 'मौलिक इतिहास' के 'अन्वेषक' होना चाहते थे, दूसरी ओर जैसे 'बेताब' और राधेश्याम ने क्रमशः 'महाभारत' और 'वीर अभिमन्यु' में समूचे महाभारत का सार और पूरी अभिमन्यु गाथा कह डालना चाहा है ठीक इसी तरह प्रसाद ने 'चंद्रगुप्त' और 'स्कंदगुप्त' में इतिहास-कथाओं से दोनों कालों की समूची तत्कालीन सांस्कृतिक परिस्थितियों को अभिव्यक्त करने का प्रयत्न किया है। और इन्हें 'नाटक' भी बनाना चाहा है। इसका फल यह हुआ है कि इन दोनों नाटकों में 'वस्तुकाल' बहुत ही लंबा हुआ है—ठीक वैसे जैसे 'बेताब' के 'महाभारत' में। 'चंद्रगुप्त' का वस्तुकाल पच्चीस वर्ष का है (जो भारतीय नाट्यशास्त्र से वर्ज्य है, पर पारसी थिएटर के अनुकूल है)। इस लंबे काल से किस प्रकार

नाटक की हानि पहुँचती है, यह इससे स्पष्ट हो जाता है कि जो लोग आरंभ में किशोर या युवा थे, उन्हें स्वभावतः अंत में प्रौढ़ या वृद्ध हो जाना चाहिए। पर नाटककार 'बेताब', 'राधेश्याम' की तरह तथ्य पर ध्यान न देकर उन्हें वहीं रखा जाता है। और 'कार्नेलिया', 'कल्याणी', 'मालविका', 'सुवासिनी', 'चंद्रगुप्त', 'राक्षस' आदि पच्चीस वर्ष बाद भी युवा ही हैं। 'इतिहास' और 'नाटक' दोनों स्तरों पर ऐसी अनेक सीमाएँ, दोष सामने आते हैं।

पारसी थिएटर में दर्शक को लुभाने तथा पूरी कथा बताने के लिए एक से एक चमत्कारमूलक दृश्यों की अवतारणा की जाती थी। 'चंद्रगुप्त' में भी ऐसे चमत्कारमूलक दृश्यों के मोह ने इसे रचनागत अराजकता से भर दिया है। चार अंकों का यह नाटक उनचास दृश्यों में फैला है—जैसे 'बेताब' का 'महाभारत'। घटनावैचित्र्य लाने के लिए अकारण दृश्य बढ़ाए गए हैं और पात्र भी। चंद्रगुप्त का कल्याणी को चीते से और कार्नेलिया को मनुष्यरूपी चीते फिलिप्स से बचाना, 'रुस्तम' की याद दिलाता है। इसमें और भी अनेक घटनाएँ, कृपाण-युद्ध, काव्यव्यापार, विशुद्ध पारसी थिएटर के समान होने के कारण नाटक को अनावश्यक रूप से अतिरंजनाप्रधान बनाते हैं, और इसके काव्यत्व को स्वभावतः तोड़ते हैं।

अंततः प्रसाद की कोई रंगशैली तभी स्पष्ट उभरकर नहीं आती।

लगता है प्रसाद ने अपनी इस रंगमंच सीमा को 'ध्रुवस्वामिनी' तक पहुँचते-पहुँचते स्वीकार किया है और 'ध्रुवस्वामिनी' में वह यथार्थवादी रंगमंचशैली की ओर झुके हैं। इससे पहले के किसी भी नाटक में उन्होंने दृश्यसज्जा या मंच दृश्य का इतना विधिवत विधान नहीं दिया है। केवल 'स्कंधावार', 'राजप्रासाद', 'प्रकोष्ठ', 'श्मशान', 'युद्धस्थल' आदि एक शब्द से वह पूरे दृश्य का संकेत कर देते थे; पर यहाँ ध्रुवस्वामिनी में उन्होंने बाकायदा दृश्यों का विधिवत, नाटकीय हेतु चयन किया है। पर ध्यान देने की बात यह है कि यथार्थवादी रंगमंच जैसा उनका नाट्यविधान ही नहीं है। तभी मंचसामग्री, मंचविधान नाटक के जीवन से मर्मनिष्ठ न हो, मात्र इसकी शोभा के रूप में इस्तेमाल हुआ है। जबकि यथार्थवादी मंच की प्रत्येक वस्तु, मूक पात्र के रूप में सजीव ढंग से नियोजित होती है और उनसे व्यंजना, अर्थवत्ता पैदा की जाती है। यह सब 'ध्रुवस्वामिनी' की नाट्य-दुनिया से बाहर की बातें हैं।

इन सब सीमाओं के बावजूद प्रसाद के नाटक की कुल उपलब्धियाँ उल्लेखनीय हैं, जिन्हें उनकी रंगमंचगत सीमाओं से वेधकर प्राप्त किया जा सकता है।

काव्यतत्त्व, प्रमुख उपलब्धि है, जो नाटक को सही अर्थों में नाटक सिद्ध करते हैं। इसी तत्त्व से मुख्यतः 'स्कंदगुप्त', 'ध्रुवस्वामिनी' में एक अजब तरह का सम्मोहन है, जो आज तक बना हुआ है।

उन्होंने इतिहास पुराण को पारसी थिएटर की तरह न देखकर उसे अपने समय से जोड़ा है और इस तरह उनकी रचना भी की है। अपने समय की समस्त राजनीतिक, सामाजिक, धार्मिक चेतना को उन्होंने अपने ढंग से छुआ है और उनको ऐतिहासिक

मानवीय गहराइयों में ले गये हैं।

दृश्यत्व के साथ काव्यत्व को जोड़ने का प्रयत्न इनमें उल्लेखनीय है। इसीलिए पारसी थिएटर को सर्वथा भूलकर या काटकर यदि कल्पना की आँखों से 'स्कंदगुप्त' को देखा जाय तो एक महत्त्वपूर्ण नाटक और रंगमंच उसमें से उभरता है। ऐसा रंगमंच जो हिंदू सौंदर्यबोध, स्थापत्य, वस्त्र, रंग-रूप सबकी ओर सार्थक संकेत देता है।

उनके चरित्रों में कई आयाम हैं; जो उन्हें उनके परिवेश से जोड़कर मानवीय और नाटकीय दोनों गुणों से मंडित करते हैं। उनमें गंभीर संघर्ष छिड़ा है, वे चरित्र से व्यक्तित्व-प्राप्ति की ओर बढ़ते सिद्ध होते हैं, और कभी-कभी तो वे सचमुच 'संगीत की अंतिम लहरदार तान छोड़कर' हमारे मानस में घर कर लेते हैं–'स्कंदगुप्त', 'देवसेना' ऐसे ही अप्रतिम चरित्र हैं।

वस्तुतः हर नाट्यकृति में उसका अपना एक रंगमंच छिपा होता है, जैसे 'शेक्सपियर' के नाटक में उसका रंगमंच छिपा था और 'कालिदास' के नाटकों में 'कालिदास' का अपना रंगमंच व्याप्त था। यदि हम जयशंकर प्रसाद के नाटकों का अध्ययन करें और उन नाटकों के भीतर छिपे हुए रंगमंच का पुनर्मूल्यांकन करें तो हमें कई बातें स्पष्ट दिखाई देती हैं। प्रायः विद्वानों ने जयशंकर प्रसाद के नाटकों का 'शास्त्रीय अध्ययन' करके सीधे यह कहा है कि उनमें संस्कृत और शेक्सपिरियन दोनों नाट्यतत्त्वों का सुंदर समन्वय है। इसके लिए विद्वान लोग एक अजब उदाहरण देते हैं कि प्रसाद ने अपने नाटकों की आत्मा में दो आत्माएँ प्रतिष्ठित कीं। पहला संस्कृत की रस-आत्मा और दूसरी पश्चिम की संघर्ष-आत्मा। लेकिन जाहिर है किसी भी अस्तित्व में दो विरोधी आत्माएँ कैसे रह सकती हैं ? जहाँ संघर्ष होगा वहाँ रस नहीं होगा, और जहाँ रस होगा वहाँ संघर्ष नहीं होगा। कुछ विद्वानों ने इसके स्पष्टीकरण में यह सिद्ध करने का प्रयत्न किया है कि रस 'प्रसाद' के नाटकों की अन्तस्थ लीला है और संघर्ष उनके नाटकों में बाह्य धारा है। प्रसाद के नाटकों का यदि साहित्यिक और रंगमंचीय अध्ययन किया जाय तो वास्तव में यह दोनों तथ्य किसी स्तर से जरूर प्रकट होते हैं। लेकिन यही उनके समूचे नाट्यसाहित्य का विरोधाभास भी है। उनके नाटक फलतः साहित्यिक या काव्यात्मक होकर रह जाते हैं। उनमें उनके रंगमंचीय पक्ष क्षीण या गौण पड़ जाते हैं। सच्ची बात यह है कि प्रसाद ने 'शेक्सपियर' का रंगमंच न ग्रहण कर शुद्ध पारसी रंगमंच का तंत्र ग्रहण किया था। इस तंत्र में उन्होंने अपना साहित्यिक अथवा काव्यात्मक तत्व प्रकट करना चाहा। इसे यदि हम और स्पष्ट करें तो कह सकते हैं कि उन्होंने अपने नाटकों में जिस रंगमंच की कल्पना की वह पर्दोंवाला रंगमंच था जो उनके नाट्य-वस्तु के लिए पूर्णतः अपर्याप्त था। पर्दों का रंगमंच एकआयामी था और इस एकआयामी रंगमंच में उन्होंने अपने तीनआयामी नाट्य-वस्तु को प्रकट करना चाहा। फलतः उनका नाट्य-साहित्य व्यावहारिक रंगमंच से दूर हट गया और यहीं से साहित्यिक नाटक की परंपरा शुरू हो गई। जिसे यदि हम और गहराई से देखें तो पाते हैं कि उस काल का

पारसी थिएटर, नाट्य-लेखन अपने रंगमंच के अनुकूल जो कथावस्तु निर्मित करता था, यद्यपि वे भी जयशंकर प्रसाद की तरह पौराणिक, ऐतिहासिक तथा रोमांटिक नाटकों की ही कोटि में करते थे, लेकिन पारसी रंगमंच के कलाकार अपने पर्दोंवाले रंगमंच की सीमा और मर्यादा को भलीभाँति जानते थे।

भारतीय स्वतंत्रता के संघर्षों से उत्पन्न राष्ट्र के तारुण्य की उमंगों ने छायावाद को जन्म दे दिया था। सामाजिक, नैतिक, सौंदर्यमूलक चेतना कार्यरत थी ... उन्हीं आदर्शों की अभिव्यक्ति प्रसाद अपने नाटकों के माध्यम से कर रहे थे। पर यह तो एक सुदृढ़ आधार था प्रसाद के नाटकों की कथावस्तु के लिए। इसमें जो सृष्टि हुई है—वह है चाणक्य, चंद्रगुप्त, स्कंदगुप्त, मालविका, देवसेना, ध्रुवस्वामिनी, कोमा आदि चरित्रों के माध्यम से नये मानव-मूल्यों की प्रतिष्ठा। उस समय जिस राष्ट्रीय, राजनीतिक धरातल पर तिलक, गोखले, रानाडे और गाँधी तथा बाद में नेहरू अपने भारत में नये भारत को तलाश रहे थे और उसे नया राजनीतिक अर्थ देना चाह रहे थे, ठीक उसी तरह प्रसाद विशुद्ध सांस्कृतिक धरातल से उसी नये भारत के मर्म और अर्थ को टटोल रहे थे, और उसे अपने ही ढंग से प्रतिष्ठित कर रहे थे। अपनी रूमानी प्रवृत्ति, तथा अपने राष्ट्रीय विश्वासों के कारण अपने समसामयिक संदर्भों और घटनाओं, कार्य-चक्रों को अतीत और इतिहास के माध्यम से, उसी स्वर्णिम अतीत, उन्हीं महत् विश्वासों के स्तर से देखने की कोशिश कर रहे थे। और अंग्रेजी संस्कृति के आक्रामक दबाव के कारण यहाँ जो एक सांस्कृतिक गतिरोध उत्पन्न हुआ था, उसे अपनी चेतना के विविध स्तरों से तोड़ना चाहा था। इन्हीं तत्त्वों, प्रेरणाओं के ही कारण प्रसाद के नाटकों में कहीं स्वच्छंदतावाद है, कहीं रूमानियत, कहीं दर्शन, तो कहीं शुद्ध इतिहास और कहीं प्रत्यक्ष उद्‌बोधन और कहीं शुद्ध यथार्थबोध है।

प्रसाद का काल था—स्वतंत्रता संग्राम का वह चरण, जहाँ भारतीय जनमानस राष्ट्रीय चेतना और गौरव से अभिभूत था। प्रश्न है प्रसाद के सभी नाटकों में, जिसकी कथावस्तु युद्ध, प्रेम, हत्या, घृणा, त्याग, वीरता और बलिदान के अनुक्रमों और भावों से परिपूर्ण है, उसमें वह संघर्षशील जनमानस कहाँ है?

दरअसल प्रसाद अपने काव्यकला के प्रतिमानों और सौंदर्यबोधमूलक संस्कारों के कारण जन से ऊपर आभिजात्य वर्ग से ही सम्पृक्त थे। इतिहास के लिए जिन पृष्ठों से अध्यायों से उन्होंने अपनी नाटकीय कथा ली, स्वभावतः उसी आभिजात्य जीवन-स्तर, आदर्श और जीवन-मूल्यों की अभिव्यक्ति उसी तरह के चरित्रों से संभव थी। पर प्रसाद का सारा नाट्य-संसार, आभिजात्य, सामंतीय परिवेश और वातावरण के बावजूद, कहीं से भी न तो प्रतिक्रियावादी है, न संकीर्ण है न संकुचित है। इसमें सर्वत्र यथार्थबोध और युगबोध है—यही सत्य प्रसाद के नाटकों को एक ओर पारसी थिएटर के नाट्य से ऊपर उठा जाता है, दूसरी ओर यही सत्य प्रसाद को महत्त्वपूर्ण नाटककार का दर्जा देता है।

प्रसाद का सारा नाट्य किसी न किसी स्तर से इतने काव्यगुणों और तत्त्वों से संबद्ध

है कि उसकी परिकल्पना जैसे ही हम या स्वयं प्रसादजी पारसी थिएटर की परदेवाले यथार्थ और अतिनाटकीय रंगतत्त्व से करते हैं, वैसे ही इन नाटकों में व्याप्त विरोधाभास—कथा और रूप से, रंग शिल्प और संवेद्य वस्तुविषय से, सामने आ जाता है। दरअसल प्रसाद के भावपक्ष, कथा और काव्य-तत्त्वों को ध्यान में रखकर इनके नाटकों का सारा रूपबंध अयथार्थवादी होना चाहिए—उदाहरण के लिए आकारवादी, प्रतीकवादी या अभिव्यंजनावादी। तभी इन नाटकों का सौंदर्य समझा जा सकता है।

[आधुनिक हिंदी नाटक और रंगमंच, 1973]

सुरेश अवस्थी

नाटक और रंगमंच का संबंध

('प्रसाद की नाटक संबंधी धारणाएँ' टिप्पणी शायद कभी सन् 1960 के आसपास 'कल्पना' या 'कृति' में छपी थी। सत्येन्द्रजी ने इसे ढूँढ़ निकाला। आज जब मैं इसे पढ़ता हूँ तो सोचता हूँ कि जिस समय मैंने यह टिप्पणी लिखी थी, प्रसाद का यह अत्यंत विवादास्पद और भ्रामक कथन आप्त-वचन की तरह उनकी नाट्य-समीक्षाओं में उद्धृत किया जाता था। इन 30-32 वर्षों में नाट्य-प्रदर्शन देखने, उनकी समीक्षाएँ लिखने, और नाटक और रंगमंच के पारस्परिक संबंध को समझने का जो अवसर मिला उसी के अनुभव के आधार पर इस टिप्पणी में कुछ और जोड़ने का प्रलोभन हुआ। यह नई टिप्पणी प्रसाद के संदर्भ में ही नाटक और रंगमंच के संबंध की चर्चा करती है।)

इस कथन में प्रसाद नाट्यालेख और प्रदर्शन-आलेख के पारस्परिक, अन्योन्याश्रित संबंध में स्वभावतः द्वंद्व की स्थिति मानते हैं, और इस कल्पित द्वंद्व में नाट्यालेख की प्रधानता और प्रदर्शन-आलेख की गौणता। नाटक की साहित्यिकता का दुराग्रह करनेवाले नाटककार और समीक्षक ऐसा ही मानते हैं। सभी देशों और सभी कालों में ऐसे नाटककार और समीक्षक हुए हैं। पश्चिमी नाट्य-परंपरा में अरस्तू के 'काव्यशास्त्र' के प्रभाव के कारण नाटक का विवेचन साहित्यिक दृष्टि से ही हुआ है; अभिनेता और दर्शक को लेकर प्रदर्शन के संदर्भ में नहीं। इसके विपरीत भारतीय परंपरा में नाटक की प्रदर्शन-सापेक्षता अनिवार्य मानी गई है; और नाट्यशास्त्र के प्रभाव से नाटक का सारा सैद्धांतिक विवेचन अभिनेता और दर्शकों को लेकर किया गया है।

जब कि पश्चिम में अभी कोई छह-सात दशकों में ही प्रदर्शन-आलेख के महत्त्व और उसकी विवेचना की संभावनाओं की बात उठी है, और नाटक के अध्ययन में इस एक नई शाखा का विकास हुआ है। हमारी परंपरा में प्रदर्शन-आलेख की अनिवार्यता, महत्ता और स्वायत्तता की स्वीकृति के कारण अभिनेता की कला, अभिनेता तथा दर्शक

के संबंध, और दर्शक की सहृदयता, रसज्ञता, और सौंदर्यबोध पर शताब्दियों शास्त्रीय विवेचन हुआ। प्रदर्शन-आलेख की स्वायत्तता स्वीकार कर भरत ने उसके लिए अलग से शब्द दिया; काव्य, दृश्यकाव्य तो नाट्यालेख है, प्रयोग अथवा नाट्य-प्रयोग, प्रदर्शन-आलेख। अभिनेता प्रयोक्ता है, वह जो विविध प्रदर्शन-तत्त्वों का सुयोजन करता है। नाट्य-परंपरा में भी प्रदर्शन-आलेख के लिए स्वतंत्र शब्द का प्रयोग होता है। कथकलि प्रदर्शन-आलेख है, और अट्टकथा नाट्यालेख; यक्षगान प्रदर्शन-आलेख है, और प्रसंग नाट्यालेख; भावना प्रदर्शन-आलेख है, और अंकिया नाट नाट्यालेख, यात्रा प्रदर्शन-आलेख, और पाला नाट्यालेख।

प्रदर्शन-आलेख नाट्यालेख के चिह्नों, प्रतीकों के साथ रंगमंचीय चिह्नों और प्रतीकों की प्रतिक्रिया का प्रतिफल है। इस प्रक्रिया में रंगमंचीय चिह्न और प्रतीक आलेख के वाचिक चिह्नों और प्रतीकों को कुछ समय के लिए बदल देते हैं। इस रूपांतर के कारण नाटक के पाठक की पठन-प्रक्रिया और अनुभव, तथा दर्शक के देखने और अनुभव की प्रक्रिया में मूलतः अंतर है : एक तो शब्दों, वाक्यों और अर्थों का सुयोजन करता रहता है; दूसरा ध्वनियों, गतियों, मुद्राओं, भाव-भंगिमाओं और दृश्य-साधनों का।

नाट्यालेख के प्रदर्शन-आलेख में रूपांतरण की ऐसी प्रक्रिया और संभावना के कारण ही यह संभव होता है कि एक ही नाट्यालेख के निर्देशकों द्वारा कई प्रदर्शन-आलेख तैयार किए जा सकते हैं। इसी कारण से प्राचीन नाटक और क्लासिक नाटक बराबर नए और समसामयिक संदर्भों के अनुसार नए-नए प्रदर्शन-आलेखों में बदले जा सकते हैं। यही उनका सबसे बड़ा गुण और महत्त्व है। वैसे तो सभी प्रदर्शन-कलाओं—संगीत, नृत्य, अभिनटन में ऐसी संभावना रहती है। किंतु नाट्य-प्रदर्शन की विशिष्टता इस बात में है कि उसमें नाट्यालेख पहले से ही एक कलाकृति के रूप में उपलब्ध है, और स्वायत्त है। इन नाट्यालेखों का अध्ययन और अध्यापन होता है। किंतु न तो कोई संगीत की स्वरलिपियाँ पढ़ता है, और न नृत्य-रचना की गतिलिपियाँ। आधुनिक शिक्षा ने नाट्य-प्रदर्शन से नितांत स्वतंत्र नाट्यालेख के शिक्षण को मान्यता और प्रचलन दे दिया है। रंगकर्म इन दो कृतियों—नाट्यालेख और नाट्य-प्रदर्शन के पारस्परिक संबंध का प्रतिफल है। और रंगकर्मियों के दो वर्ग हैं—एक तो नाटककार, और दूसरा निर्देशक, अभिनेता और दर्शक।

उपन्यास, कहानी, महाकाव्य, गीतिकाव्य, और निबंध का मूल्यांकन तो केवल साहित्यिक मानदंडों से किया जा सकता है, परंतु नाटक का नहीं। जब हम नाटक में साहित्यिक गुणों और तत्त्वों का आग्रह करते हैं तो यह भूल जाते हैं कि काव्यमयी भाषा और गहन-गंभीर विचारों की अभिव्यक्ति ही नाटक की साहित्यिकता नहीं है। नाटक की साहित्यिकता तो इस बात में भी है कि उसका कथावस्तु-संगठन और रचना-विधान कितना पुष्ट है, कथा के पात्र कितने जीवंत हैं, स्थितियाँ कितनी नाट्य-प्रवण हैं और

आलेख में रंगमंच-सापेक्षता की कितनी संभावनाएँ हैं। इन्हीं दृष्टियों से और इन्हीं अर्थों में नाटक की साहित्यिकता दूसरी साहित्यिक विधाओं से भिन्न है। और इसीलिए नाटक के नियमों, व्यवहारों और रूढ़ियों का अध्ययन दूसरी अन्य साहित्यिक विधाओं से अधिक रोचक, पर साथ ही अधिक कठिन होता है।

नाटक और नाट्यकला की इन्हीं शर्तों और कठिनाइयों के कारण संसार का बहुत कम नाटक-साहित्य स्थायी और महत्त्वपूर्ण होता है—साहित्यिक कृति के रूप में अध्ययन, और साथ ही रंगशाला में प्रदर्शन के लिए। नाटक की इन दो अभिव्यक्तियों में ऊपरी तौर पर तो विषमता और द्वंद्व की स्थिति लगती है, परंतु वास्तविकता यह है कि ये दोनों अभिव्यक्तियाँ एक-दूसरे की पूरक हैं, और नाटक की अनिवार्यता भी। अभिनेताओं और निर्देशकों को रंगशाला में रसिक प्रेक्षकों की उपस्थिति में अपनी सृजनात्मक प्रतिभा का प्रयोग करने का जब अवसर मिलता है, तो श्रेष्ठ नाट्य-कृतियों के प्रदर्शन में यह समस्या सहज ही सुलझ जाती है, और द्वंद्व मिट जाता है। नाट्य-विधा का यही सबसे आकर्षक और चमत्कारी पक्ष है। अभिनेताओं और दर्शकों से विमुख होकर कोई भी नाट्य-कृति प्राणवंत नहीं हो सकती।

रंगशाला, अभिनेता, दर्शक, और आधुनिक युग में निर्देशक—ये सभी नाट्यालेख के अनिवार्य अंग हैं—आलेख की दूसरी सृजन-यात्रा के कर्त्ता-धर्ता। और यह दूसरी सृजन-यात्रा नाटक की नियति है। यह उसकी प्रेषणीयता का दूसरा अनिवार्य, और अधिक महत्त्वपूर्ण चरण है। पहले चरण की प्रेषणीयता का साझीदार पाठक है, और वह आलेख पर अपनी ग्राह्यता की छाप डालता है। दूसरे चरण की प्रेषणीयता के जटिल ताने-बाने में अभिनेता, निर्देशक और दर्शक साझीदार हैं। और वे सभी आलेख पर अपनी-अपनी ग्राह्यता की छाप डालते हैं। इस प्रेषणीयता का आरंभ और अंत दोनों ही दर्शक से होते हैं। उसकी प्रकृति वर्त्तुलाकार है। भारतीय संस्कृति में काल की अवधारणा भी वर्त्तुलाकार है। एकरेखिक नहीं। रस की प्रकृति भी यही है। नाट्य-रचना, प्रदर्शन और दर्शकों द्वारा रसास्वादन—इस प्रक्रिया का स्वरूप भी वर्त्तुलाकार है। भरत ने नाट्यशास्त्र में वृक्ष-रूपक द्वारा इसे स्पष्ट किया है : रस बीज है; बीज से वृक्ष, और फिर फूल-फल, और फिर बीज। नाट्य की सर्जना में भी रस है, और पर्यन्त में भी :

"यथा बीजाद्र भनेद वृक्षो वृक्षात्युंस्यफल यथा।
तथा मुल रसा सर्वे तेभ्यो भावा त्यवास्थता।।

[ना. शा. 6.35-38]

अभिनवगुप्त ने इसकी व्याख्या में नाट्यकृति को वृक्ष, नट-व्यापार अथवा रंगचर्या को पुष्प-पल्लव, और सामाजिकों को होनेवाले रसास्वाद को फल माना है। इस वृक्ष-रूपक में भी नाटकीय प्रेषण का आरंभ और अंत दोनों ही सामाजिक में होते हैं।

प्रसाद के नाटकों की अभिनेयता के संबंध में आरम्भ से ही, प्रायः उनके जीवनकाल

में ही, संदेह किया जाने लगा था। और प्रसाद के नाटक-साहित्य की समीक्षा में सबसे अधिक विवादास्पद चर्चा का विषय यही रहा है। उनके अनभिनेय होने के कारण दिए गए—कथा और संवाद-बहुलता, दृश्यों का बार-बार बदलना, देश और काल की अन्वितियों का खंडन, दुरूह और काव्यमयी भाषा और गीतों का प्रयोग। इन कारणों से नाटक अनभिनेय नहीं होता। उनके अनभिनेय अथवा अभिनय में कठिनाई का कारण यह है कि उनके शिल्पविधान में ही दोष है। और उसका सबसे बड़ा कारण यह है कि प्रसाद ने अपने युग के रंगमंच और उसके व्यवहारों और रूढ़ियों को अस्वीकार कर दिया। इसके कारण नाटक के रचना-विधान में उसकी रंगमंचीयता का जो अनिवार्य दबाव रहता है, और जिससे रचना-विधान अनुशासित और निर्धारित होता है, प्रसाद उसके लाभ से वंचित रह गये। इसका तात्पर्य यह नहीं है कि प्रसाद पारसी रंगमंच में लोकप्रिय नाटकों का अनुसरण करते। ऐसी स्थिति में तो आज हम प्रसाद के नाटकों को कक्षाओं और पुस्तकालयों में पढ़ते भी न होते। रंगमंचीय रूढ़ियों की परम्परा का पालन, और नाटक की प्रदर्शन-सापेक्षता और अनिवार्यता की स्वीकृति का यह अर्थ नहीं होता कि नाटककार साहित्यिक तत्त्वों से हीन कृतियों की रचना करता है।

हिन्दी और अन्य भारतीय भाषाओं का बहुत बड़ा नाटक-साहित्य, विशेषकर वे नाटक जो पेशेवर पारसी रंगमंच के लिए लिखे गए थे, और रंगमंच पर लोकप्रिय भी हुए, उनका जीवन-काल कुछ ही दशकों का रहा। इसका कारण यही था कि उनमें साहित्यिक गुणों का अभाव था, इस अर्थ में कि न तो उनका कथानक गंभीर और विचारशील था और न कथाबंध पुष्ट था, उनकी एकमात्र उपलब्धि रंगमंचीयता थी। यही कारण है कि उस रंगमंच की परंपरा समाप्त होते ही इन नाटकों का अस्तित्व ही मिट गया। शायद ही, कोई आज इन नाट्यकृतियों को साहित्यिक कृति के रूप में पढ़ना पसंद करे।

भास, कालिदास, भवभूति और शेक्सपियर के नाटक तो आज भी गंभीर अध्ययन और अध्यापन के लिए साहित्यिक कृतियाँ भी हैं, और रंगशाला में भी उनकी वही सार्थकता बनी हुई है जो उनके रचनाकाल में रही होगी। संस्कृत रंगमंच की परंपरा ही दसवीं शताब्दी के बाद समाप्त हो जाने के कारण, उसके नाटककारों को तो यह सौभाग्य नहीं मिला, परंतु शेक्सपियर के नाटक तो आज चार शताब्दियों के बाद भी विश्व-भर में बड़ी सफलता के साथ प्रदर्शित होते हैं, और दर्शक उनमें आनंद लेते हैं। पिछले कोई दो दशकों में हिंदी में संस्कृत नाटकों, विशेषकर भास के नाटकों के, जैसे प्रभावशाली प्रदर्शन हुए हैं उससे इन नाटकों की प्रदर्शन-क्षमता भी प्रमाणित हुई है। केरल के निर्देशक कावालम् नारायण पणिक्कर ने संस्कृत में, और मणिपुर के रतन थियम ने मनीपुरी भाषा में भास के नाटकों, 'उरू-भंगम' और 'कर्णभार' के ऐसे प्रदर्शन किए हैं कि दो हजार वर्षों बाद इन महान् नाट्य-कृतियों की अमिट प्रदर्शन-संभावनाएँ उद्घाटित हुई हैं, और भास जैसे कि हमारे 'समकालिक' हो गए हों। श्रेष्ठ नाट्य-कृतियों का यही

गुण होता है—उनकी प्रदर्शन-क्षमता की सार्वकालिकता। यूनान की त्रासदियों का भी यही गुण है। पाँचवीं शताब्दी ईसा-पूर्व में जो त्रासदियाँ बृहत्ताकार रंगवाटों में विशाल दर्शक-समाज को जीवन की अंधी गुफाओं में मानव-नियति और दैवी शक्तियों की त्रासद पहचान कराती थीं, वही आज भी विश्व-भर की रंगशालाओं में वैसी ही गहरी, झकझोर देनेवाली अनुभूति कराती हैं।

प्रसाद की नाटक संबंधी धारणाएँ

यह खेद की बात है कि प्रसाद ने नाट्य-लेखन की प्रक्रियाओं, नाटकों के वस्तु-निर्माण और रचना-शिल्प के सम्बन्ध में कुछ भी नहीं लिखा है। जबकि पश्चिम के आधुनिक नाटककार बहुत विस्तार के साथ अपने नाटकों की रचना-प्रक्रियाओं की व्याख्या करते हैं, तो प्रसाद अपने नाटकों के साथ दी हुई भूमिकाओं में केवल नाटक की वस्तुसामग्री के ऐतिहासिक पक्ष का ही गंभीर विश्लेषण प्रस्तुत करते हैं। प्रसाद ने अपनी पुस्तक—'काव्य और कला तथा अन्य निबन्ध' में तीन निबन्ध ऐसे लिखे हैं जिनमें नाट्य-विषय पर चर्चा की गयी है। इनमें दो निबन्धों—'नाटकों में रस का प्रयोग' और 'नाटकों का आरम्भ' में तो प्राचीन भारतीय नाट्यकला और परम्परा का संक्षिप्त परिचय दिया गया है, तथा तीसरे निबन्ध 'रंगमंच' में संस्कृत की नाट्यशाला और उसके विविध तत्त्वों का विवेचन है। इसी निबन्ध में प्रसाद ने प्रकारान्तर से कुछ विचार प्रकट किये हैं जो उनकी नाटक सम्बन्धी धारणाओं पर कुछ प्रकाश डालते हैं। वैसे तो इस लेख में प्रकट किये गये इन कुछ विचारों और कथनों के आधार पर प्रसाद की नाटक सम्बन्धी धारणाओं का कोई ऐसा सन्तोषजनक रूप निर्धारित नहीं किया जा सकता जिससे उनके नाटकों के रचना-शिल्प और विविध कला-पक्षों को समझने में कोई सहायता मिल सके। फिर भी यहाँ पर प्रसाद के विचारों का पुनर्कथन और उनका विश्लेषण इस आशा से प्रस्तुत किया जा रहा है कि उनसे कुछ न कुछ उपयोगी संकेत अवश्य मिल सकेंगे। वास्तव में, यदि प्रसाद ने अपने नाटकों की संक्षिप्त व्याख्याएँ की होतीं तो उनके नाटक साहित्य के सम्बन्ध में आज जो इतने विरोधी मत प्रचलित हो गये हैं, वे न हुए होते, और हिन्दी पाठक और समीक्षक दोनों को उनके नाटक-साहित्य की मौलिक कलात्मक प्रक्रियाओं को समझने में बहुत बड़ी सहायता मिली होती।

इसी 'रंगमंच' नामक निबन्ध में प्रसाद ने एक बहुत ही विवादग्रस्त कथन किया है : ' 'रंगमंच' के सम्बन्ध में यह भारी भ्रम है कि नाटक रंगमंच के लिए लिखे जायें। प्रयत्न तो यह होना चाहिए कि नाटक के लिए रंगमंच हों, जो व्यावहारिक है। रंगमंच की बाध्य बाधकता का जब हम विचार करते हैं, तो उसके इतिहास से यह प्रकट होता है कि काव्यों के अनुसार प्राचीन रंगमंच विकसित हुए और रंगमंचों की नियमानुकूलता मानने के लिए काव्य बाधित नहीं हुए। अर्थात् रंगमंचों को ही काव्य

के अनुसार अपना विस्तार करना पड़ा; और यह प्रत्येक काल में माना जाएगा कि काव्यों के अथवा नाटकों के लिए ही रंगमंच होते हैं। काव्यों की सुविधा जुटाना रंगमंच का कांम है, क्योंकि रसानुभूति के अनन्त प्रकार नियमबद्ध उपायों से नहीं प्रदर्शित किये जा सकते; और रंगमंच ने सुविधानुसार काव्यों के अनुकूल समय-समय पर अपना स्वरूप परिवर्तित किया है।'

प्रसाद का यह कथन नाट्य-कला की सैद्धान्तिक और व्यावहारिक दृष्टियों और नाटक के ढाई हजार वर्षों के इतिहास के नितान्त प्रतिकूल है। नाटक-साहित्य का इतिहास इस बात का साक्षी है कि प्रत्येक देश और प्रत्येक युग में जब कभी श्रेष्ठ कोटि के नाटक-साहित्य का जन्म हुआ है, तो नाटककारों ने सदा ही अपने समकालीन रंगमंच के रूप और उसकी रूढ़ियों के अनुरूप ही अपने नाटकों का निर्माण किया। वास्तव में, रंगमंच की इस प्रकार की स्वीकृति ही स्वाभाविक और व्यावहारिक है; नाटकों के अनुरूप रंगमंचों का निर्माण नितान्त अस्वाभाविक और अव्यावहारिक है। कभी-कभी नाटककारों ने अपने युग के रंगमंच के रूप और अवस्थाओं को पसन्द नहीं किया, और यह अनुभव किया कि उनमें सुधार किया जा सकता है; किन्तु उन्होंने नाट्य-लेखन का कार्य सदा ही उनको स्वीकार करके किया है, और ऐसा अनिवार्य रूप से और बहुत कुछ बाध्य होकर किया। वास्तव में, रंगमंच का रूप, आकार, उसकी अवस्थाएँ और रूढ़ियाँ ही नाटककार को उसके रचना-शिल्प और वस्तु-निर्माण की विधियाँ और प्रक्रियाएँ देती हैं, और उन्हीं के अनुशासन में नाटककार अपने कथानक की परिकल्पना, उसका विभाजन और संगठन करता है। यदि हम विभिन्न देशों और युगों के नाटक-साहित्य का अवलोकन करें तो हमको ज्ञात होगा कि रंगमंच के रूप-आकार, दृश्य-सज्जा के नियम, साधन और रूढ़ियाँ, प्रकाश-योजना के साधन आदि ने ही नाट्य-निर्माण की कला और व्यवहारों पर सबसे अधिक प्रभाव डाला है। और यही कारण है कि किसी एक देश और किसी एक युग का नाटक-साहित्य दूसरे देश और दूसरे युग के नाटक-साहित्य के रूप-शिल्प में इतना भिन्न है। आज तो साहित्य के इतिहासकार भी यह मानने लगे हैं कि किसी भी श्रेष्ठ नाटककार के नाटक-साहित्य का समुचित मूल्यांकन नाटककार के समकालीन रंगमंच के रूप और उसकी रूढ़ियों के समुचित ज्ञान के बिना नहीं हो सकता।

रंगमंच के रूप और रूढ़ियों का नाट्य-रचना पर इतना गहरा प्रभाव पड़ता है कि जहाँ पिछले युगों में विभिन्न देशों का नाटक-साहित्य शिल्प-विधान में एक-दूसरे से भिन्न था, वहाँ आज हमको उसमें अभूतपूर्व समानता मिलती है। इसका कारण यह है कि आज हर देश का नाटककार आधुनिक शैली के तस्वीरी फ्रेम-जड़े रंगमंच के लिए नाटक-रचना कर रहा है; और आज चूँकि रंगमंच का यही रूप सामान्यतः सभी देशों में प्रचलित है, अतः सभी देशों के नाटक-साहित्य के रचना-नियमों और शिल्प-विधान में हम यह समानता देखते हैं। इसके विपरीत, यदि हम नाटक-साहित्य के प्राचीन युगों को देखें तो हमको ज्ञात होगा कि एलिजाबेथकालीन नाटककार अपने युग के प्रचलित 'सादा' प्लेटफार्म

स्टेज के लिए नाटकों की रचना कर रहा था, और उसी के अनुरूप उसने वस्तु-संगठन के नियम और पद्धतियाँ अपनायीं, जो आज के नियमों और पद्धतियों से भिन्न हैं।

प्रसाद ने जिन शब्दों में अपने समकालीन रंगमंच और उसकी प्रदर्शन-पद्धतियों की आलोचना और भर्त्सना की, लगभग इन्हीं शब्दों में दूसरे देशों के नाटक-साहित्य के इतिहास में भी हम किसी न किसी युग में नाटककारों को अपने युग के रंगमंच की निन्दा करते हुए पाते हैं। नाटक के साहित्यिक पक्ष पर जोर देनेवाले सभी देशों के ये नाटककार नाट्यशालाओं में प्रदर्शित किये जानेवाले सस्ते प्रहसनों और अतिनाटकीय चमत्कारी नाटकों के लिए अपने युग के थिएटर को ही दोषी ठहराते हैं। और वे नाट्य-रचना का काम बहुत कुछ सुधारक और विद्रोही के भाव से उसी प्रकार आरम्भ करते हैं जिस प्रकार प्रसाद ने हिन्दी में किया है। वे एक प्रकार की उच्च भावना के साथ नाटक के क्षेत्र में प्रवेश करते हैं, और प्रचलित रंगमंच से विलग और दूर रहकर साहित्यिक गुणों से सम्पन्न नाटकों की रचना का आग्रह करते हैं। वे प्रचलित रंगमंच के रूप और प्रदर्शन के स्तर तक उतरकर धीरे-धीरे उसको ऊँचा उठाने का प्रयत्न करने के बजाय प्रसाद के समान ही यह आग्रहपूर्ण धारणा बना लेते हैं कि रंगमंच को ही नाटककार की कृतियों के स्तर तक ऊँचा उठना होगा—स्वयं नाटककार रंगमंच के स्तर तक नीचे नहीं उतरेगा। इस प्रकार की धारणा का परिणाम यह होता है कि साहित्य के आग्रही ये नाटककार नाट्यशाला के बाहर रहकर नाटक-रचना का कार्य करते हैं। और इस कारण से उनके सारे प्रयत्न निरर्थक हो जाते हैं। इसके अतिरिक्त वे स्वयं रंगमंच की अवस्थाओं, रूढ़ियों और व्यवहारों से अनभिज्ञ रह जाते हैं जिसके कारण उनकी अपनी नाट्य-कृतियाँ उतनी प्राणवान नहीं हो पातीं जितनी तब हो सकती थीं, यदि सुधार-भावना से प्रेरित इन नाटककारों ने अपने युग के रंगमंच को स्वीकार कर लिया होता और नाट्यशालाओं में जाकर रचना पर कार्य किया होता।

इंगलैण्ड में 19वीं शताब्दी के आरम्भ में नाट्य-रचना और रंगमंचीय प्रदर्शन के बीच जिस प्रकार का अन्तर्विरोध आ गया था कुछ वैसा ही अन्तर्विरोध हिन्दी नाटक साहित्य के इतिहास में 20वीं शताब्दी के दूसरे-तीसरे दशकों में हमको दिखायी देता है जब प्रसाद ने नाटक-रचना का कार्य किया। उन्होंने अपने युग के प्रचलित पारसी पेशेवर थिएटर को असाहित्यिक और अश्लील घोषित किया, और हिन्दी नाटक को रंगमंच की अवस्था से उबार लेने का बीड़ा उठाया। उन्होंने इसी प्रतिक्रियापूर्ण मनःस्थिति में यह घोषणा की कि रंगमंच को ही नाटक के स्तर तक ऊँचा उठना होगा, नाटककार के लिए यह आवश्यक नहीं है कि वह रंगमंच के स्तर तक नीचे उतरकर आये। इसका परिणाम यह हुआ कि उस समय का एकमात्र प्रचलित रंगमंच एक श्रेष्ठ नाटककार की कृतियों से वंचित रह गया; और दूसरी ओर स्वयं प्रसाद रंगमंच और प्रदर्शन-पद्धतियों के उस व्यावहारिक अनुभव से वंचित रह गये जो प्रत्येक नाटककार के लिए नितान्त आवश्यक होता है क्योंकि रंगमंच ही उसकी रचनाओं का माध्यम है, और इसी माध्यम

का अनुशासन उसकी कृतियों को कलात्मक रूप और शक्ति प्रदान करता है। यदि प्रसाद ने अपने युग के इस प्रचलित रंगमंच की निन्दा करने के स्थान पर उसे सहानुभूति के साथ स्वीकार किया होता, और उससे दूर तथा बाहर न रहकर उसी में जाकर नाटक-रचना का काम किया होता तो आज हिन्दी के रंगमंच और उसके नाटक-साहित्य दोनों का इतिहास कुछ दूसरा ही होता। यह हिन्दी के नाटक-साहित्य के इतिहास का एक बहुत बड़ा सत्य है जिसे दुर्भाग्यवश अभी तक हमारे समीक्षक और इतिहासकार स्वीकार करने में संकोच कर रहे हैं।

नाटक-साहित्य के इतिहास का एक बहुत बड़ा व्यावहारिक सत्य यह है कि नाटककार अपने समय के प्रचलित रंगमंच तथा उसकी रूढ़ियों और पद्धतियों की अवहेलना करके कभी भी नाटक-रचना नहीं कर सकता। वास्तव में कम से कम आधी शताब्दी पूर्व के रंगमंच के रूप और प्रदर्शन-रूढ़ियों का किसी भी युग के नाटककार के रचना-शिल्प पर प्रभाव पड़ता है। यही कारण है कि हम प्रसाद के नाटकों में उसी पारसी रंगमंच के अनेक प्रभाव और उसकी रूढ़ियों का अनुशासन स्पष्ट रूप से वस्तु-संगठन और रचना की दूसरी प्रक्रियाओं में देखते हैं जिसे प्रसाद ने कभी स्वीकार नहीं किया और जिससे विलग रहकर नाटकों की रचना की।

जयदेव तनेजा

प्रसाद-प्रसंग

आधुनिक हिन्दी साहित्य के कालजयी रचनाकार जयशंकर प्रसाद के नाटकों के महत्त्व और मूल्यांकन को लेकर विश्वविद्यालयी अध्यापकों/समीक्षकों तथा रंगकर्मियों के बीच आरम्भ से ही मतभेद रहा है। और जब कभी इनके नाटकों की 'अनभिनेयता' को लेकर ये दोनों वर्ग सहमत हुए भी तो उनके कारण बहुत दूर तक अलग-अलग थे। सन् 1960 के बाद जब नए हिंदी रंगान्दोलन ने जड़ें जमानी शुरू कीं तो प्रसाद की अभिनेयता को लेकर फिर से विवाद शुरू हुआ। इस सन्दर्भ में एक सुखद संयोग (?) यह भी है कि हिन्दी और प्रसाद-विरोधी कहे जानेवाले 'राष्ट्रीय नाट्यविद्यालय' से सम्बद्ध कलाकारों ने ही प्रसाद के बड़े नाटकों को अभिमंचित करने की जोखिम-भरी गम्भीर पहल की। 1965 से श्रीमती शान्ता गाँधी ने जब 'स्कन्दगुप्त' के कलकत्ता में प्रस्तुतीकरण की योजना बनाई और प्रसाद के मूल आलेख को संपादित-संशोधित किया तो पवित्रतावादी प्रसाद-प्रेमियों की ओर से काफी प्रतिवाद हुआ। इसके बाद 1972 में बा.व. कारन्त ने जब वाराणसी में 'चंद्रगुप्त' की रंग-शिवरीय प्रस्तुति करके इन नाटकों की मंचन-सम्भावनाओं और समस्याओं से सीधे टकराने की सार्थक कोशिश की तो प्रस्तुति-मूल्यों और रचना की आत्मा की रक्षा जैसे सवालों के बीच रंगमंचीयता की

व्यावहारिक समस्याओं से जूझने के महत्त्वपूर्ण मुद्दों को उपेक्षित कर दिया गया।

वाराणसी के इस रंग-शिविर में 64 प्रशिक्षणार्थियों को डेढ़ मास में रंगकर्म के लगभग सभी (ध्वनि-परिष्कार, गायन, गतियाँ, व्यायाम, समूहन, अभिनय, मल्लयुद्ध, शस्त्राभ्यास, पार्श्वकर्म इत्यादि) अंगों के प्रशिक्षण देने के साथ-साथ 'चन्द्रगुप्त' को भी तैयार कराया गया। अन्विति के लिए 44 दृश्यों को 39 में समेटा गया। कुछ गीत, व्यक्तिगत प्रसंग और बाघ, सिंह तथा नाव के आने जैसे अव्यावहारिक तथा भूल प्रयोजनों की दृष्टि से अस्वाभाविक दृश्य छोड़ दिए गए। 1972 के पाकिस्तान और चीन के हमारे युद्धों से उत्पन्न राष्ट्रीय भावना का आवेश और असर माहौल में था। इसलिए कारन्त ने इस प्रस्तुति में 'राष्ट्रीयता' को ही केन्द्र में रखा। इसके लिए 'प्रबुद्ध शुद्ध भारती' वाले गीत को प्रदर्शन में दो-तीन बार इस्तेमाल किया गया और चन्द्रगुप्त या चाणक्य के बजाय 'जनता' को नायकत्व प्रदान किया गया। नन्द की हत्या को व्यापक जनाक्रोश से जोड़कर मगध-पतन को जनक्रान्ति की भंगिमा प्रदान कर दी गई।

दृश्य-बन्ध को पारसी ढंग के चित्रित पर्दों, प्रोसीनियम-आर्क और विंग्स से मुक्त करके कारन्त ने बहुस्थानीय एवं बहुस्तरीय कार्यव्यापार को निर्बाध गति देने के लिए बहुधरातलीय सोपान-मंच की परिकल्पना की। दो खम्भों और मंचमध्य में एक गड्ढे के कल्पनाशील उपयोग से निर्देशक ने 'चन्द्रगुप्त' के बेहद फैले-बिखरे कार्य-व्यापार को नौ अभिनय-स्थलों पर रूपायित कर दिखाया। ध्वनि, गीत-संगीत, प्रकाश-व्यवस्था और कलात्मक-संयोजनों के सादे किन्तु प्रभावपूर्ण सामंजस्य द्वारा कारन्त ने 'चन्द्रगुप्त' जैसे बेहद कठिन एवं संरचना की दृष्टि से शिथिल और दुरूह नाटक को बनारस के परम्परा-प्रेमी दर्शकों के समक्ष नए रूप-रंग में अभिमंचित करके प्रबुद्ध नाट्य-प्रेमियों और चिन्तकों को प्रसाद पर नए सिरे से विचार करने के लिए उकसाया। इसमें सन्देह नहीं कि अभिनय की दृष्टि से यह प्रस्तुति कमजोर रही, गतिशीलता के लिहाज से उत्तरार्द्ध शिथिल रहा और समग्र-प्रभाव भी गहरा और सघन नहीं हो सका। परन्तु प्रसाद की चुनौती को स्वीकारने और उसकी मंचीय-सम्भावनाएँ खोजने की दृष्टि से कारंत के इस रंगप्रयोग की महत्ता को नकारा नहीं जा सकता।

1977 में 'अभिनय चन्द्रगुप्त' के प्रकाशन ने इस क्षेत्र में व्याप्त कई पूर्वाग्रहों एवं भ्रमों को तोड़ा। सवाल यह है कि यदि 1934 में बनारस के 'रत्नाकर रसिक मण्डल' के लिए जब प्रसाद स्वयं 'चन्द्रगुप्त' को काट-छाँटकर उसका मंचीय आलेख सहर्ष तैयार कर सकते हैं तो फिर आज उनके प्रेमियों को उनके नाटकों के प्रबुद्ध रंगकर्मियों द्वारा तैयार किए जानेवाले नाट्यालेखों पर आपत्ति क्यों हो? प्रसाद के नाटकों के सम्पादित-संस्करणों के इस नाजुक और महत्त्वपूर्ण मुद्दे पर कारन्त की राय है कि, "विशेष रंगमंचीय संस्करण तैयार करने से कोई लाभ नहीं होनेवाला। निर्देशक अपनी सीमाओं और स्थानीय अपेक्षाओं को लेकर नाटक में जो परिवर्तन-संशोधन करेगा, वही रंगमंचीय

संस्करण होगा। अलग से रंगमंचीय संस्करण तैयार करना और उम्मीद रखना कि उनसे प्रसाद के नाटक अधिक खेले जायेंगे, यह एक भ्रम है, बहाना है।"

1978 में रामगोपाल बजाज ने 'स्कंदगुप्त' पर पुनः काम किया। उन्होंने 'स्कंदगुप्त' के प्रेम-पक्ष और ब्राह्मण एवं बौद्ध के धर्म-विवाद को बनाए रखा तथा 'स्कन्दगुप्त' के राष्ट्रीय पक्ष पर बल देकर उसे समकालीन प्रासंगिकता देने की कोशिश की। आलेख के सम्पादन/संशोधन में प्रसाद की अन्य कृतियों से भी कई गीतों को ग्रहण किया गया और 'स्कंदगुप्त' के कई गीत, पात्र और प्रसंग काट या छोड़ दिए गए। 'चन्द्रगुप्त' के 'हिमाद्रि तुंग-शृंग से' को इस 'स्कन्दगुप्त' का आधार-गीत बनाया गया। परन्तु 'राष्ट्रीय नाट्यविद्यालय' के श्रेष्ठ एवं प्रशिक्षित कलाकारों के रचनात्मक सहयोग तथा प्रचुर आर्थिक एवं तकनीकी सुविधाओं के बावजूद प्रदर्शन अपेक्षित प्रभाव पैदा नहीं कर सका। दृश्यान्तर के लिए बहुसंख्य मंच-उपकरणों के लाने-ले जाने और उन्हें हटाने-लगाने की प्रक्रिया ने प्रदर्शन की गति और दर्शक की मनःस्थिति को खण्डित करने में निर्णायक भूमिका निभाई। लेकिन हिन्दी नाट्य-प्रेमी और नई चुनौतियों को स्वीकार करनेवाले सर्जक रंगकर्मियों ने हार नहीं मानी।

मध्यप्रदेश रंगमण्डल (भोपाल) का निदेशक बनते ही कारंत को प्रसाद की फिर याद आई। हिन्दीभाषी प्रदेश के इन रंगकर्मियों और दर्शकों के लिए 1982 में आपने 'विशाख' को करने का फैसला किया। संगीत और लोक नाट्य-तत्त्वों का रोचक उपयोग इसमें किया गया। सुप्रसिद्ध अभिनेता-निर्देशक श्यामानन्द जालान के अनुसार, 'बीच-बीच में नगाड़े और घण्टियों का प्रयोग इतना मधुर और अर्थवान था कि सारी प्रस्तुति को नई भंगिमा मिली। कुछ फिल्मी धुनों की पैरोडी तैयार की गई जिनका बखूबी इस्तेमाल हुआ।' परन्तु कुल मिलाकर कुछेक बुद्धिजीवियों को यह प्रदर्शन बहुत अच्छा लगा तो ज्यादातर आलोचकों को बेहद खराब। महत्त्वपूर्ण बात यह नहीं है कि 'विशाख' का यह प्रस्तुतीकरण सफल हुआ या असफल—शायद असफल ही हुआ—महत्त्वपूर्ण बात यह है कि कारंत के लिए यह प्रसाद को ठीक प्रकार से खेलने—एक प्रसादीय नाट्य-शैली की खोज करने—की रचनात्मक यात्रा का उल्लेखनीय सोपान सिद्ध हुआ।

अपने इन पूर्व-अनुभवों का लाभ उठाकर ही कारंत ने फरवरी 1984 'में म.प्र. रंगमंडल' (भोपाल) के साथ 'स्कंदगुप्त' को खेलने का चुनौतीपूर्ण निर्णय किया। पाँच अंकों, तेतीस दृश्यों और छोटे-बड़े लगभग चालीस पात्रोंवाले प्रसाद के इस महानाटक में इतिहास, संस्कृति, दर्शन, धर्म, आज, समाज, काव्य, संगीत, नृत्य तथा भारतीय और पाश्चात्य रंग-रूढ़ियों का अद्‌भुत संगम हुआ है। प्रेम, युद्ध, मूल्य और मानव-सम्बन्धों के संघर्षों एवं तनावों-दबावों का ताना-बाना तो इसका मूलाधार है ही। व्यक्ति और समाज / राज्य (राष्ट्र) तथा रंग-तत्त्वों के अन्तर्विरोधों की जटिलता और प्रसाद-मंचन के पिछले प्रस्तुतीकरणों की असफलता (?) ने 'स्कंदगुप्त' की इस चुनौती को और भी प्रखर एवं कठिन बना दिया।

ब .व. कारंत ने अपने प्रस्तुतीकरण के लिए मोटे तौर से 'स्कंदगुप्त' के रामगोपाल बजाज द्वारा संपादित और पूर्वमंचित नाट्यालेख का ही उपयोग किया। यह अलग बात है कि अपनी प्रस्तुति की जरूरतों के हिसाब के कारंत ने इसमें भी कई परिवर्तन और संशोधन किए। नेमिचन्द्र जैन के अनुसार निर्देशकीय व्याख्या की दृष्टि से, 'कारंत ने नाटक को एक संस्कारवान, साहसी और निस्वार्थ राष्ट्रनायक के दोहरे संघर्ष के महाकाव्य के रूप में प्रस्तुत किया। एक स्तर है—तीखे सत्ता-संघर्ष के कारण उत्पन्न देशव्यापी अराजकता, धार्मिक असहिष्णुता, क्षुद्र स्वार्थों के लिए आपाधापी, विश्वासघात और षड्यंत्र और दूसरा है, ऐसी परिस्थितियों में घिरे हुए एक अधिकार-लिप्सा से मुक्त, निष्ठावान पर अत्यन्त संवेदनशील व्यक्ति का आत्म-संघर्ष, जिसका निजी सुख-संतोष, राष्ट्रीय और वैयक्तिक मूल्यों, आदर्शों को बचाने की अनचाही जिम्मेदारी निभाने की कोशिश में बलि चढ़ जाता है और वह अकेला रह जाता है।' स्कंदगुप्त के माध्यम से व्यक्त प्रेम और कर्त्तव्य के इस बहुआयामी जटिल और त्रासद रूप को विपिन शर्मा ने क्रमशः काफी सूझ-बूझ और कुशलता से रूपायित करने का प्रयत्न किया। निर्देशक ने इस दोहरे संघर्ष को रेखांकित करने के लिए प्रदर्शन के आरम्भ और अंत में 'आह वेदना ! मिली विदाई' तथा 'हिमाद्रि तुंग शृंग से' जैसे व्यक्तिगत प्रेम की पीड़ा और उदात्त राष्ट्र-प्रेम को अभिव्यक्त करनेवाले परस्पर भिन्न भाव-बोध एवं रस-विधान के गीतों को एक-साथ प्रस्तुत करने का सार्थक प्रयोग किया। सम्पूर्ण प्रस्तुति में इन दोनों गीतों के स्वर बार-बार गूँजते रहे और इनके समीक्षीकरण ने, अन्य कई बातों के साथ, प्रदर्शन को एक सूत्र में बाँधने और एकाग्रता प्रदान करने में महत्त्वपूर्ण भूमिका निभाई। प्रभावशाली गायन के साथ-साथ ब .व. कारंत का संगीत इस प्रस्तुति की ऐसी उपलब्धि है, जिसने 'रवीन्द्र संगीत' की तर्ज पर, भिन्न अर्थों में ही सही, 'प्रसाद-संगीत' की संभावना को जन्म दिया है।

'स्कंदगुप्त' के बहुस्थानीय और बहुस्तरीय जटिल कार्य-व्यापार को निर्देशकीय व्याख्या एवं प्रस्तुति-शैली के अनुरूप अबाध-गति से लगातार प्रवहमान बनाने में रॉबिन दास के स्तंभोंवाले ढलवाँ बहुधरातलीय सादे किंतु कल्पनाशील दृश्यबंध का भी निर्णायक योगदान रहा।[1] समय, स्थान और कार्य के सहज त्वरित परिवर्तन में कारंत के कल्पनाशील निर्देशन एवं प्रभावी संगीत के साथ-साथ रॉबिन दास के दृश्य-बंध और सत्यव्रत राउत एवं जुल्फिकार अली के छायालोक की समन्वित भूमिका निश्चय ही प्रशंसनीय रही। मंच-उपकरणों तथा मुकुट इत्यादि जैसे अलंकरणों में बेंत का इस्तेमाल किया गया। प्रदर्शन को विश्वसनीय एवं दर्शनीय बनाने में रॉबिन दास की परिधान-परिकल्पना तथा युद्धकला निर्देशक झाडूराम यादव की मेहनत भी कम महत्त्वपूर्ण नहीं थी। अभिनय की दृष्टि से स्कंदगुप्त और देवसेना की प्रमुख भूमिकाओं में विपिन शर्मा तथा विभा मिश्रा के अलावा प्रपंच बुद्धि, शर्वनाग, भटार्क, अनंतदेवी और विजया के रूप में क्रमशः प्रदीप गोस्वामी,

1. विशेष अध्ययन और ब्यौरों के लिए द्रष्टव्य—प्रसाद का नाट्य-कर्म : सत्येन्द्र कुमार तनेजा।

जितेन्द्र शास्त्री, महेन्द्र सिंह, शोभा तथा सरोज ने भी चरित्रों के साथ पूरा न्याय करने की भरसक कोशिश की। यह बात अलग है कि अपनी शारीरिक सीमाओं के कारण प्रसाद के बड़े चरित्रों के सामने ये कलाकार काफी छोटे और कमजोर लगते थे और संस्कृतनिष्ठ भाषा के सही उच्चारण में भी इन्हें अक्सर परेशानी उठानी पड़ती थी। परंतु अपनी कई कमियों के बावजूद कारंत के इस नाट्य-प्रयोग में समग्रतः एक लयात्मकता और सौंदर्यमयता देखने को मिली जो प्रदर्शन को सिर्फ आकर्षक और रोचक ही नहीं बल्कि सार्थक और विचारोत्तेजक भी बनाती है। नाटक के अंत को लेकर भी यदि निर्देशक ने थोड़ी स्वतंत्रता के साथ पुनर्विचार या बदलाव किया होता तो 'स्कंदगुप्त' निश्चय ही पूरी तरह से एक समकालीन नाट्यानुभव देने में समर्थ प्रदर्शन सिद्ध हो सकता था। लेकिन नाटककार और निर्देशक के अधिकार-क्षेत्र का यह सवाल काफी नाजुक और उलझा हुआ है। इसलिए प्रसाद के प्रति पूजा-भाव और उनके नाट्यालेखों की पवित्रता के प्रति अंधविश्वास रखनेवाले तथाकथित प्रसाद-प्रेमी प्रेक्षक, पाठक और अध्यापक-समीक्षक फिलहाल यदि इतना भी आसानी से पचा लें तो भविष्य के लिए इससे अवश्य ही प्रसाद के मंचन की कई संभावनाओं के नए द्वार खुल सकते हैं।

जहाँ तक दर्शकों की सामान्य प्रतिक्रिया और सफलता का सवाल है, इस प्रस्तुति के लगभग 35-40 से भी अधिक प्रदर्शन किए जा चुके हैं। ज़ाहिर है कि ये प्रदर्शन अलग-अलग शहरों के विविध आकार-प्रकार के मंचों तथा विभिन्न संस्कारों एवं रुचियों वाले दर्शकों के समक्ष किए गए। प्रस्तुति की मूल परिकल्पना चूँकि भारतभवन, भोपाल के विशिष्ट 'अंतरंग' प्रेक्षागृह को ध्यान में रखकर ही की गई थी, इसलिए अन्यत्र कहीं भी मूल प्रस्तुति के आरंभिक (थोड़े कच्चेपन के बावजूद) प्रदर्शनों जैसी प्रभावान्विति पैदा नहीं हो सकी। 'अंतरंग' (भोपाल) और 'कमानी' (दिल्ली) के प्रदर्शन इसका प्रमाण हैं। इसलिए यह आवश्यक है कि 'स्कंदगुप्त' जैसे कठिन नाट्य-प्रयोगों के बारे में कोई भी अंतिम निर्णय लेते समय हम छोटी-मोटी त्रुटियों और तकनीकी कमियों पर अधिक ध्यान देने के बजाय व्याख्या, रंग-शैली की परिकल्पना और नाट्यानुभव की समग्रता जैसे मौलिक तत्त्वों पर ही अधिक बल दें।

'स्कंदगुप्त' के इस लगभग व्यावसायिक (प्रोफेशनल) चर्चित प्रस्तुतीकरण के बाद कारंत ने जयशंकर प्रसाद के जन्मशती-वर्ष के उपलक्ष्य में जनवरी 1989 में दिल्ली के लेडी श्रीराम कालेज की छात्राओं के साथ प्रसाद के गीत-संगीत और नृत्य से भरपूर प्रतीकात्मक-दार्शनिक नाटक 'कामना' का काफी हद तक सफल और दिलचस्प प्रदर्शन करके प्रबुद्ध एवं गंभीर नाट्य-प्रेमियों को एक बार फिर चौंका दिया। 'ध्रुवस्वामिनी' जैसे अपेक्षाकृत सरल, छात्राओं के लिए सहज और उपयुक्त तथा बहुमंचित नाटक के बजाय 'कामना' का चुनाव ही कारंत के उद्देश्य और दृष्टिकोण को समझने के लिए पर्याप्त है। 'कामना' मानव मनोवृत्तियों की गंभीर किंतु कठिन और एक हद तक शिथिल नाट्य-कृति है। वैचारिक स्तर पर 'एक घूँट' और 'कामना' की परिपक्व एवं

महाकाव्यात्मक अभिव्यक्ति 'कामायनी' में हुई है। 'कामना' में प्रसाद ने फूलों के द्वीप की तारा-संतानों के सहज-सरल और स्वाभाविक जीवन-खेल की विडंबनापूर्ण परिणति को तथा स्वर्ण, सुरा और सुंदरी की अंधी लालसा के पीछे भागते पश्चिमी संघर्षपूर्ण जीवन एवं तथाकथित आधुनिक सभ्यता-संस्कृति की विसंगतियों को भी रेखांकित किया है। यह पश्चिमी भोगवादी भौतिक सभ्यता पर भारतीय आध्यात्मिक जीवन-दृष्टि-शैली की विजय का प्रतीक-नाटक है।

कारंत की रंग-प्रतिभा का सबसे प्रबल और महत्त्वपूर्ण पक्ष है—संगीत। और सौभाग्य से कॉलेज में उन्हें सुरीली छात्र-गायिकाओं का एक पूरा वृन्द सहज ही उपलब्ध हो गया। कारंत ने 'कामना' के कई गीतों की जगह अपनी पसंद के, किंतु पात्र, स्थिति के अनुकूल प्रसाद के अन्य गीतों का समावेश भी यहाँ किया। निर्देशक ने इस 'क्लिष्ट व पेचीदा और शिथिल' रचना को गतिशील एवं प्रभावशाली बनाने के लिए आलेख का काफी संपादन भी किया। दर्शकों को लुभाने के लिए पार्श्वभूमि में उमड़ते हुए समुद्र, झिलमिल प्रकाश और अर्द्धपटी का चमत्कृत करनेवाला चतुर प्रयोग भी किया गया। इस प्रस्तुति की सबसे बड़ी विशेषता थी—मधुर एवं नाटकीय धुनों में छात्राओं का प्रभावशाली गायन और प्रसाद के कठिन संवादों का लगभग सही उच्चारण। रॉबिनदास द्वारा परिकल्पित बहुधरातलीय ढलवाँ दृश्य-बंध सादा, व्यावहारिक और सुंदर था। मंच-उपकरणों एवं अलंकरणों की परिकल्पना में 'स्कंदगुप्त' की छाप थी। सुप्रिया लाहिरी तथा मधुरिमा गोस्वामी की नृत्य-संरचनाएँ आकर्षक थीं। कॉलेजी स्तर से अधिकांश छात्र-कलाकारों का अभिनय भी सराहनीय था। कुल मिलाकर, 'कामना' का यह प्रस्तुतीकरण एक सार्थक, रोचक और उल्लेखनीय रंग-प्रयोग रहा।

आज प्रसाद को अभिमंचित करना केवल अपनी समृद्ध नाट्य-परंपरा को पहचानने का ही नहीं बल्कि स्वयं अपनी रंग-सृजनात्मकता को परखने तथा आधुनिक भारतीय रंग-दृष्टि को खोजने का साधन भी है। इसलिए यह महज संयोग नहीं है कि पिछले लगभग बीस-बाईस वर्षों से लगातार ब.व. कारंत जैसा प्रबुद्ध और व्यावसायिक रंगकर्मी सफलता-असफलता की चिंता किए बिना प्रसाद को प्रस्तुत करने का कोई भी अवसर हाथ से नहीं जाने देता और 'चंद्रगुप्त', 'विशाख', 'स्कंदगुप्त' तथा 'कामना' के बाद अब भी 'जनमेजय का नागयज्ञ' करने को आतुर है।

प्रसाद के नाटकों की रंगमंचीयता के क्षेत्र में कारंत ने निश्चय ही एक नई जमीन तोड़ी है और समसामयिक हिंदी रंग-परिदृश्य में उनका यह मौलिक रचनात्मक रंगकर्म अवश्य ही प्रशंसनीय एवं उल्लेखनीय है। 'स्कंदगुप्त' के संदर्भ में विख्यात कवि शमशेर की यह टिप्पणी ब.व. कारंत के समस्त प्रसाद-प्रयोगों के बारे में भी काफी हद तक और काफी दूर तक सही है कि, 'कारंत ने प्रसाद को सजीव किया और असंभव को संभव कर दिखाया।'

[आधुनिक भारतीय रंगपरिदृश्य, 1992]

II

गिरीश रस्तोगी

ध्रुवस्वामिनी : एक समीक्षक और निर्देशक की नजर में

प्रसाद के नाटकों से हमेशा पुनर्मूल्यांकन और अनुसंधान की, क्रिया-प्रतिक्रिया की सार्थक कोशिश आरम्भ हुई है—लेखन, समीक्षा, प्रस्तुतीकरण तीनों स्तर पर। समकालीन हिंदी रंगमंच और नई नाट्यसमीक्षा ने इन तीनों स्तरों पर एक साथ पहल की और प्रसाद के नाटकों पर जागरूक दृष्टि, रचनात्मक प्रयासों का, प्रयोगों का सिलसिलां शुरू हुआ। पहले आचार्य रामचन्द्र शुक्ल से लेकर डॉ. नगेन्द्र, छायावादी आलोचक नन्ददुलारे वाजपेयी प्रसाद के नाटकों में दार्शनिक, सांस्कृतिक, ऐतिहासिक, राष्ट्रीय और रोमांटिक स्वच्छंदतावादी छवि को स्थापित कर चुके थे; दूसरी ओर मार्क्सवादी समीक्षा के दौर में प्रसाद के नाटकों को भावुक, पलायनवादी, रोमांटिक, अयथार्थवादी, आभिजात्य सौंदर्यबोध-सम्पन्न और अप्रासंगिक कहा गया। विरोधी स्थितियाँ और दृष्टि प्रसाद के साथ हमेशा चलीं। एक ओर अधिक से अधिक शास्त्रीय रीति से उनके नाटकों को वर्गीकृत कर, नियमों में बाँधा गया, दूसरी ओर नाट्यपरंपरा, नाट्यशास्त्र, हिंदी नाट्यकला और रंगमंच-कला के सैद्धांतिक-व्यावहारिक रूप की पूर्ण जानकारी के अभाव से और हिंदी में रंगमंच की कोई सत्ता न होने से प्रसाद के नाटकों की सर्जनात्मक दृष्टि से अवहेलना हुई और वे केवल शास्त्रीयता, अतिवादी दृष्टि, एकांगी आलोचना के शिकार हुए; अतिरिक्त गंभीरता, साहित्यिकता के आग्रह, दर्शन-इतिहास, संस्कृति-राष्ट्रीयता के दबाव से ग्रस्त हुए। उनके नाटकों के समग्र अंतःप्रबाह और सर्जनात्मक चुनौतियों को महसूस नहीं किया गया। यह कार्य शुरू हुआ इधर दस-पंद्रह वर्षों में उनके नाटकों के समीक्षात्मक पुनर्मूल्यांकन और मंचनों से। बस्तुतः उनके नाटकों को पढ़ते-पढ़ाते, करते और देखते हुए शिक्षकों-समीक्षकों, निर्देशकों, यहाँ तक कि दर्शकों को भी पूर्वाग्रहों से मुक्त होने की एक नवीन रचनात्मक दृष्टि खोजने की अपेक्षा है। सत्य तो यह है कि प्रसाद के नाटकों के संदर्भ में 'समकालीन प्रासंगिकता' को व्यापक अर्थ देना होगा। उनमें समसामयिक घटनाएँ नहीं हैं, आम आदमी पात्र बनकर नहीं आया है, नित-प्रतिदिन का यथार्थ नहीं है, आभिजात्य है, काव्य है, इतिहास है—यह सब सच है पर एक तो यह उस समय की युगीन आवश्यकता थी, दूसरे वहाँ इन सबके साथ भी कहीं गहरे स्तर पर समसामयिक चेतना और जीवन का यथार्थ, सामाजिक-राजनैतिक संघर्ष और प्रश्न, मनुष्य के जीने के, उसके अस्तित्व के सवाल अंतर्निहित हैं। प्रसाद उच्चतर शाश्वत मानवीय मूल्यों के नाटककार हैं। जीवन को अर्थ से न जोड़कर उन्होंने मानवीय मूल्यों और सांस्कृतिक जागरण के साथ देखा और अभिव्यक्त किया। उनकी जितनी दृष्टि मानव पर थी, उतनी ही मानवता पर भी थी। जीवन के कटु यथार्थ, आन्तरिक गृह-कलह,

आपसी फूट, मूल्यहीनता और अपूर्ण मानवता के बीच से ही वह सम्पूर्ण मानवता के शाश्वत सत्य को व्यक्त करते हैं। उनका यथार्थ बौद्धदर्शन, शैवदर्शन, वेदान्त, गाँधीवाद सबसे परिपक्व होकर निकला है और आधुनिकता से बराबर टकराता है। इतिहास वहाँ मात्र आवरण या अतीत की सामग्री नहीं है, न वह वर्तमान से पलायन का मार्ग है, वह एक प्रेरक-स्रोत है, चेतन-स्मृति है जो वर्तमान के प्रति पूर्ण सजगता पैदा करती है। भारतेन्दु ने कहा है कि 'हमारे हिन्दू लोग तो रेल की गाड़ी हैं, बिना इंजन के चल ही नहीं सकते।' प्रसाद के नाटक मानवमात्र के लिए इंजन का कार्य करते हैं। 'ध्रुवस्वामिनी' नाटक इस ज्वलन्त शक्ति का प्रमाण है। इसलिए प्रसाद के नाटक गहरे आत्मसाक्षात्कार, आत्ममंथन की माँग करते हैं—समीक्षक, निर्देशक, अभिनेता, दर्शक सबसे। समय-परिवर्तन से कोई साहित्यकार बेकार, पुराना, अप्रासंगिक नहीं होता। श्रेष्ठ साहित्य स्थायी मूल्यों का होता है। हाँ, उसके प्रति सोचने की दृष्टि में बदलाव आता है—आना चाहिए। निरीक्षण-परीक्षण, चिन्तन की प्रक्रिया ही मूल सूत्र है।

इस पृष्ठभूमि में देखें तो 'ध्रुवस्वामिनी' नाटक छायावाद और यथार्थवाद के गहरे रिश्ते को स्थापित करता है। जिस यथार्थवाद का आरंभ स्वयं प्रसाद ने भारतेंदु से माना है उसी यथार्थवाद की स्वस्थ और तीव्र, ओजस्वी लहर का वह प्रमाण है। 'ध्रुवस्वामिनी' सम्पूर्ण भारतीय सांस्कृतिक मूल्यों के बीच प्रगतिशील मूल्यों को, संघर्ष-चेतना को रेखांकित करता है और धर्म, समाज, राजनीति, इतिहास, युगबोध सबको चुनौती देते उस जनविद्रोह और नारी-अस्मिता के संकट और उस संकट से मोक्ष को रेखांकित करता है जो आज प्रगतिवादी विचारधारा का मुख्य आधार है। अगर वर्तमान समय के मूर्धन्य समीक्षक डॉ. नामवर सिंह उपन्यास पर विचार करते समय किसान-चेतना और नारी व्यक्तित्व को उस धारा के प्रधान पक्ष मानते हैं तो नाट्यसाहित्य में 'ध्रुवस्वामिनी' में भी जन-चेतना और नारी-चेतना की जागृति का ज्वलन्त स्वर है जो इतिहास और आभिजात्य से दबता नहीं। उसकी चुनौती भी तार्किक, अध्ययन-अन्वेषण-चिन्तन पर खरी उतरी, मानवीय निष्ठा से सम्पृक्त है। मैंने इस नाटक में ऐसा कोई रोमांटिसिज्म, इकहरापन नहीं पाया कि इसे इतनी एकांगी दृष्टि से देखा जाए। बल्कि आश्चर्य होता है कि मार्क्सवादी खेमे के लोग 'ध्रुवस्वामिनी' को अनदेखा कर प्रसाद को पलायनवादी कैसे कह देते हैं? 'ध्रुवस्वामिनी' केवल नाटक मात्र नहीं है जिसकी परीक्षा-समीक्षा शास्त्रीयता, आधुनिकता, ऐतिहासिकता और समस्या-प्रधान दृष्टि और अभिनेयता के आधार पर ही की जाए—प्रसाद के साथ ऐसी ही सामग्री बार-बार दोहराई जाती रही है—वह अपने में एक 'समग्र रचना' है पर उसकी 'समग्रता', 'व्यापकता' और सर्जनात्मकता का विश्लेषण उतना नहीं हुआ जितना उसे एक पाठ्यक्रमीय नाटक मानकर अथवा प्रसाद के अन्य श्रेष्ठ-प्रौढ़ नाटकों के विस्तार, बिखराव, जटिलता की तुलना में 'ध्रुवस्वामिनी' की समीक्षा हुई—उसे हम संक्षिप्त, सीमित और प्रसाद-साहित्य के एक अंग मात्र की चर्चा करेंगे। 'राम की शक्ति पूजा' और 'अँधेरे में' कविताओं पर जिस प्रकार व्यापक दृष्टि से विचार

और स्थापनाएँ हिंदी साहित्य में होती रहीं उस प्रकार इस नाटक पर नहीं क्योंकि हमारी हिंदी आलोचना कविता के प्रतिमानों के आधार पर विकसित हुई है—ज़ाहिर है कि कविता के मानदंडों और दृष्टि से नाटक को पूर्णतः नहीं परखा जा सकता क्योंकि नाटक दृश्यविधा है—उसकी माँग और शर्तें भिन्न हैं। नाट्यविधा की इसी मौलिकता-विशिष्टता को समझते हुए पिछले तीस-पैंतीस वर्षों से नवनाट्यसमीक्षा का समारम्भ हुआ पर उससे भी अब एक खतरा लगने लगा है कि हिंदी साहित्य में समीक्षा के इतिहास और स्वरूप के साथ इस नई नाट्यसमीक्षा का कोई संबंध नहीं बन पाया है—वह एक अलग धारा की तरह है और नाट्य-पत्रिकाओं और नाट्यजगत तक ही सीमित है। बहुत पहले भी नाटक दो वर्गों में बँटा था—एक साहित्यिक नाटक और दूसरा रंगमंचीय नाटक। यह विचित्र विडम्बना की भयानक स्थिति थी। आज भी स्थिति यही है—हम रंगमंच और साहित्य के विरोधाभास और अन्तराल से उबर नहीं पाये हैं। रंगमंच और रंगकर्म, साथ ही नाट्यसमीक्षा के विकसित होने के साथ-साथ नाटक के 'रंगमंचीय पक्ष' पर सजगता बढ़ी है पर साहित्य की धारा, साहित्यिक बहसों से वह कट गया है इसलिए वह गहरी खाई रंगमंच और साहित्य के बीच आज भी है। 'ध्रुवस्वामिनी' अपने छोटे से आकार में एक वृहद्, जटिल, द्वन्द्वात्मक रचना है—उसमें संवेदनात्मक धरातलों के साथ-साथ बौद्धिक प्रखरता, तार्किक संश्लिष्टता और शिल्पगत सचेतता एक साथ है। 'प्रलय की छाया', 'अँधेरे में' जैसी कविताएँ लंबी नाट्यात्मक-महाकाव्यात्मक कविताएँ हैं। वे अपने आकार और काव्य से नहीं, संवेदना और अभिव्यक्ति की संश्लिष्ट प्रामाणिकता से 'कामायनी' से भी अधिक महत्त्वपूर्ण लगती हैं। 'स्कन्दगुप्त' और 'कामायनी' की तुलना में 'ध्रुवस्वामिनी' का उतना व्यापक विश्लेषण क्यों नहीं हुआ? क्यों वह केवल विश्वविद्यालयीय नाटक, पाठ्यक्रम की घिसी-पिटी आलोचना-शैली और परीक्षा की प्रश्नावली का, निर्धारित पैमानों का शिकार होकर रह गयी?

'ध्रुवस्वामिनी' पर इस समय मेरा विचार उन बातों को दोहराने का नहीं है जो अभी तक उसके वस्तुसंघटन, चरित्र-चित्रण, भाषा आदि को लेकर कहा जाता रहा है और न केवल उसकी रंगमंचीयता और प्रयोगशीलता को लेकर अपने निष्कर्ष देना है बल्कि अपनी उस सारी मानसिक प्रक्रिया को, अनुभव-लोक को एक समीक्षक के दृष्टिकोण से जोड़ते हुए देखना है।

'ध्रुवस्वामिनी' प्रसाद का अन्तिम और परिपक्व पूर्णनाटक तो है ही, कथा की दृष्टि से वह ऐतिहासिक होते हुए भी अन्य नाटकों से भिन्न और प्रसाद की जीवन-दृष्टि का परिणाम होते हुए, समकालीन अनुभव के लिए अधिक उत्तेजक और प्रासंगिक नाटक है। गुप्तकालीन इतिहास प्रसाद के नाटकों में अतीत गौरव, चरित्र, संघर्ष-शक्ति और भारतीय सांस्कृतिक चेतना एवं राष्ट्रीय भावना की प्रतिष्ठा करता हुआ आया है—साथ ही वह प्रसाद के इतिहास-सम्बन्धी अध्ययन, चिंतन-अन्वेषण और मौलिक प्रयोगशीलता को भी 'स्कन्दगुप्त', 'चन्द्रगुप्त' में अपने चरमोत्कर्ष पर प्रतिष्ठित कर चुका है।

'ध्रुवस्वामिनी' गुप्तकालीन इतिहास का आधार लेकर, इतिहास और लेखक की कल्पना-शक्ति का समुचित समन्वय करते हुए इतिहास और नाटकीयता की एकान्विति का नाटक है। 'विशाखदत्त' के 'देवीचन्द्रगुप्तम्' के वस्तुविन्यास पर आधारित और बाणभट्ट एवं राजशेखर द्वारा चन्द्रगुप्त के साथ ध्रुवस्वामिनी के पुनर्लग्न के संदर्भ में कहे गए श्लोकों के आधार पर प्रसाद मानते हैं कि इस प्रसंग या उद्धरण को केवल जनश्रुति कहकर नहीं उड़ाया जा सकता। उनके सामने यह समस्या भी है कि भारतीय दृष्टि से बेहद संवेदनशील इस 'पुनर्लग्न के प्रश्न' को वह पारम्परिक विचारों की रूढ़िवादिता के समकक्ष किस प्रकार सिद्ध करेंगे? क्योंकि शास्त्रों में उसके अनुकूल और प्रतिकूल दोनों प्रमाण मिलते हैं—विधि और निषेध दोनों की सूचनाएँ मिलती हैं इसलिए प्रसाद का कहना है कि 'मुझे तो केवल यही देखना है कि इस घटना की संभावना इतिहास की दृष्टि से उचित है कि नहीं।' वस्तुतः अपने समय में यही प्रसाद का रचना-कर्म है, यह केवल इतिहास-सूत्रों का संकलन नहीं है। प्रसाद इतिहास के साथ धर्मशास्त्र, अर्थशास्त्र और नारद और पराशर के वाक्यों को उद्धृत करके पहले यह धारणा निश्चित करते हैं कि पति के नीच, मृत, राजकिल्विषी होने या परदेश-प्रस्थान करने पर, पतित या क्लीव होने पर स्त्री को मोक्ष का अधिकार तो हमारे यहाँ स्वीकृत था। प्रसाद का विश्वास है कि 'प्राचीन आर्यावर्त ने समाज की दीर्घकालव्यापिनी परम्परा में प्रायः प्रत्येक विधान का परीक्षात्मक प्रयोग किया है। तात्कालिक कल्याणकारी परिवर्तन भी हुए हैं। इसीलिए डेढ़ हजार वर्ष पहले यह होना अस्वाभाविक नहीं था। क्या होना चाहिए और कैसा होगा, यह तो व्यवस्थापक विचार करें, किंतु इतिहास के आधार पर जो कुछ हो चुका था, जिस घटना के घटित होने की सम्भावना है, उसी को लेकर इस नाटक की कथावस्तु का विकास किया गया है।' ऐतिहासिक कथानक के बीच में प्रसाद जिन संभावनाओं, जिस मौलिक सर्जनात्मक सौंदर्य की, अर्थ की तलाश करते हैं, वही 'कथ्य' है, और वही साहित्य है। 'ध्रुवस्वामिनी' का कथानक ऐतिहासिक घटनाओं का अन्वेषण, संकलन, उन पर पुनर्विचार और उनमें कल्पना का सामंजस्य और आधुनिकता का प्रयोग उतना नहीं है जितना उस ऐतिहासिक काल और घटना के अन्तर्गत निहित नारी-व्यक्तित्व की समस्या, नारी-अस्मिता के प्रश्न और उसके साथ आनेवाले सामाजिक, शास्त्रीय, वैयक्तिक प्रश्नों-द्वन्द्वों से सम्बद्ध है। उसे हम पशुत्व के विरुद्ध, राजनैतिक कुचक्रों और घृणित लिप्सा, अमानवीयता के विरुद्ध मानवीय अधिकार, मानवीय संवेदना का नाटक कह सकते हैं। पुरुष-समाज, शास्त्रविहित सिद्धांतों को चुनौती देती ध्रुवस्वामिनी को हम केवल 'नारी समस्या' और समस्याप्रधान नाटक का लेबुल चिपकाकर भी सीमित करते हैं। यह नाटक उसमें अन्तर्निहित संघर्ष 'मनुष्यत्व' का है, आधुनिकता का है और स्त्री उसके केन्द्र में है जो नाटकीय कथ्य की शक्ति बन जाता है लेकिन नाटक के मूल कथ्य में प्रसाद अपनी रोमांटिक कल्पनाओं, भारतीय आदर्श, उदात्तता, दार्शनिकता और जीवन-दर्शन से सर्वथा मुक्त हो गए हों, ऐसा नहीं है। कोमा, आचार्य

मिहिरदेव, मन्दाकिनी की चरित्र-सृष्टि और कथानक के विस्तार, विकास में उनके योगदान को लक्षित किया जा सकता है लेकिन इस कथ्य में नारीमुक्ति के साथ संवेदनात्मकता, सैनिकों की विद्रोह-अभिव्यक्ति और अंत में जनतांत्रिक ढंग से जो परिस्थिति का सम्प्रेषण है, वह आगे आनेवाले हिंदी नाटक की पृष्ठभूमि बना देता है। नायकत्व, शास्त्रीयता, रचना-तंत्र, सामाजिक और नैतिक-तंत्र के प्रति, एक पूर्वनिर्धारित ढाँचे के प्रति विद्रोह और प्रयोग का नाटक 'ध्रुवस्वामिनी' है।

प्रसाद के नाटकों में जो बातें बहुत प्रभावित करती हैं वे हैं उनके चरित्र, चरित्र-परिकल्पना, उनकी अंतरंगता और संघर्ष, नाट्यभाषा और संवाद, घनी संवेदना, नाट्य और काव्य का अंतरंग संबंध और आधुनिक युग का वैषम्य। 'ध्रुवस्वामिनी' में ये बातें अपने विशिष्टतम रूप में आ सकी हैं। प्रसाद के नाटक केवल कथ्य, घटनाओं, शिल्प, रंग-कौशल में उलझने के लिए नहीं हैं। उनके चरित्रों के अन्तर्मन और व्यक्तित्व से ही और हिंदी भाषा की लय, ध्वनि और अस्मिता से ही उनके नाटकों के सौंदर्य की निरंतर नवीन खोज की जा सकती है। 'ध्रुवस्वामिनी' मुख्यतः ऐतिहासिक घटनाओं और कथानक-प्रधान नाटक का उदाहरण नहीं है, वह चरित्रों का, ऐतिहासिक-कल्पित पात्रों की स्थिति से उत्पन्न स्थितियों और स्थायी मूल्यों का नाटक है। यहाँ कार्यव्यापार का, तनाव का जन्म चरित्रों और उनकी भाषागत लय से ही होता है। वैषम्यमूलक चरित्रों के संयोजन से उत्पन्न स्वाभाविक टकराहट का, क्रिया-प्रतिक्रिया तत्त्व का, गतियों-भावों में निरंतर परिवर्तनशीलता की संभावनाओं का प्रसाद ने सार्थक उपयोग किया है। 'ध्रुवस्वामिनी' की सारी अभिनेयता और गत्यात्मकता इसी पर टिकी हुई है इसलिए वहाँ नाट्य-प्रस्तुति में निर्देशक को, चरित्रों के अभिनय में सक्षम संवेदनशील अभिनेता को उन्मुक्त लोक मिलता है। कोमा और ध्रुवस्वामिनी जैसे पात्र, स्वतंत्र व्यक्तित्व लेखक की कलम से बार-बार नहीं रचे जाते। यह नाटक ऊपर से छोटा, सीधा-सादा स्पष्ट लगता है किंतु भीतर ही भीतर इसमें अनुभवों की गहनता और अभिव्यक्ति की कुशलता के कारण अर्थ के अनेक स्तर खुलते जाते हैं। प्रसाद यहाँ ज्यादा स्पष्ट और सफल स्वयं हैं वस्तुसंघटन में, प्रभावान्विति में और चयन की कुशलता में—चयन स्थितियों का, पात्रों का; चयन दृश्यों का, नाटकीय प्रयोजन का; चयन भाषा-संरचना का, शब्द-चयन बिंबों और प्रतीकों का; चयन लय-वैविध्य, गतियों और ध्वन्यात्मक व्यंजनाओं का। जितनी आत्मसंलग्नता पाठक, दर्शक, अभिनेता, यहाँ तक कि निर्देशक भी 'ध्रुवस्वामिनी' में महसूस करता है उतनी 'स्कंदगुप्त', 'चंद्रगुप्त' में नहीं क्योंकि यहाँ स्वयं प्रसाद भी अधिक एकाग्र हैं। मोहवश किसी प्रकार के भटकाव में वह नहीं फँसे हैं। इसीलिए यहाँ दायित्व बिखराव को समेटने, पात्रों-स्थितियों-दृश्यों-भाषा, मनोभावों, समसामयिक संदर्भों के वैविध्य को समेटने का और बाहरी उपकरणों या रंगकौशल की सहायता से नाटक को संप्रेषित करने का नहीं है बल्कि उसकी आत्मा में पैठने का है। चुस्त और तीव्र गति से बढ़ते इस संगठित नाटक के द्वन्द्व, द्वन्द्व के विविध स्तरों,

उनके आपसी संबंधों के आरोह-अवरोह को, सूत्रों को पकड़ने की आवश्यकता है। 'स्कंदगुप्त' तक लगता है कि प्रसाद स्वयं द्वन्द्वग्रस्त थे—बहुत कुछ कहने का मोह, वृहद् नाटक की रचना, नाट्यकला का स्वरूप-निर्धारण करने की चिंता, महाकाव्यत्व के निर्वाह के साथ वेदान्तिक और आधुनिक मानव के चित्रण का, नायकत्व और लोकतांत्रिक मूल्यों का द्वन्द्व अर्थात् बहुत कुछ था जिसे प्रसाद छोड़ना नहीं चाहते थे। 'ध्रुवस्वामिनी' इस मोह और वैयक्तिकता के प्रभाव से मुक्ति का नाटक है। यहाँ न बहुकथानक है, न घटनाओं का घटाटोप, न अनेक प्रवृत्तियों के पात्रों की भीड़, न कई अंक और अंकों में अनेक छोटे-छोटे दृश्यों की भरमार, न मूल कथ्य से असम्बद्ध काव्यात्मक प्रलाप और स्थितियाँ, न बार-बार बदलता वातावरण और उसकी लय, न असंख्य नाट्यगीत और अस्वाभाविक मोड़ और परिणतियाँ। यहाँ मातृगुप्त जैसा कोई पात्र नहीं है जिसकी नाटक में प्रामाणिकता और सार्थकता सिद्ध करनी पड़े; 'अजातशत्रु' नाटक की तरह समाप्ति की ओर जाते हुए नाटक में स्त्री-पुरुष की श्रेष्ठता और व्यक्तित्व पर लंबा वाद-विवाद यहाँ नाटक की मूल समस्या को कहीं रोकता नहीं है और न पात्रों की ही हत्या-आत्महत्या के प्रश्नों में उलझाता है। 'एक घूँट' जैसा रहस्यात्मक कौतूहल, अमूर्त पात्र, दार्शनिक विवाद यहाँ कहीं बाधित नहीं करता। जो कुछ भी है, अनिवार्य है और स्वाभाविक स्थितियों की उपज है चाहे वह कला हो, दर्शन हो, प्राकृतिक जगत् हो, ऐतिहासिक गरिमा हो। कथावस्तु की दृष्टि से 'ध्रुवस्वामिनी' प्रभावान्विति और आन्तरिक एकसूत्रता का नाटक है इसलिए उसमें शिल्पगत बाह्य चमत्कार के स्थान पर आन्तरिक शिल्प के अन्वेषण की अपेक्षा की जाती है। इसमें जो शक्ति है, विद्रोह है, अस्मिता के सवाल हैं, जीवन का सत्य है, उस सत्य को प्राप्त करने की संघर्ष-ज्वाला है, प्राणत्व है और उसे प्रणय के सूक्ष्म स्पर्श से जिस तरह प्रसाद ने और जीवन्तता प्रदान की है, वह संस्पर्श पहचाना जाना चाहिए।

प्रसाद के नाटकों में गति दृश्यबन्ध या उसके परिवर्तन से नहीं, उनमें अन्तर्निहित तत्त्वों से और उस स्थायी सौंदर्य को उजागर करनेवाले उनके चरित्रों से आती है। ध्रुवस्वामिनी, कोमा, मन्दाकिनी तीनों नारी-पात्र मिलकर नाटक की मूल समस्या—नारी-व्यक्तित्व की प्रतिष्ठा, अधिकारों के प्रश्न, नारी-स्वातंत्र्य का सवाल, पुरुष-समाज में उसकी दमित स्थिति, एक कायर क्लीव पति से संबंध-विच्छेद की समस्या—को अंतिम परिणति तक पहुँचाते हैं। ध्रुवस्वामिनी का द्वन्द्व, आक्रोश-विद्रोह उस अभिशप्त निरीह जीवन, अपमान-धुटन, रहस्यमय-बन्धन में जकड़े वातावरण से जन्मे असंतोष, आवेशात्मक मनःस्थिति, आवेग-उद्वेग, विचारों के ऊहापोह का मनोवैज्ञानिक रूप है जो भारतीय परिस्थितियों में स्वभावतः एक प्राणवान्, जिजीविषामयी नारी का होना चाहिए। चंद्रगुप्त के प्रति उसका मानसिक अनुराग भी वैयक्तिक द्वन्द्व, सामाजिक-नैतिक मूल्यों के संकट को सामने लाता है। वहाँ स्वच्छंदतावादी धारा और वैयक्तिक मूल्य भी हैं और यह आधुनिक द्वन्द्व भी कि 'क्या मैं मानसिक पाप कर रही हूँ ? कहीं यह मेरे मन का कलुष

तो नहीं ?' एक बहुत गंभीर दायित्वपूर्ण प्रश्न को प्रसाद ने आधार और तर्क, संवेदना और विचार भी पर्याप्त दिए हैं—सहसा किसी भावुकतावश इस समस्या का न चित्रण किया है न समाधान बताया है। समाधान तक आने की सारी प्रक्रिया द्वन्द्वात्मक है और इस प्रक्रिया में कुछ व्यक्ति ही नहीं, जन-चेतना, राजनैतिक संघर्ष और धर्मशास्त्र को एक साथ लिया गया है तब वह प्रश्न एकांगी और वैयक्तिक न रहकर स्थायी, समग्र और मूल्यों का प्रश्न हो जाता है। ध्रुवस्वामिनी का रामगुप्त के सामने गिड़गिड़ाना, उससे सुरक्षा और अधिकार, मर्यादा और गौरव को बचाने की प्रार्थना करना जहाँ प्रथम अंक में दिखाया गया है, वहीं तृतीय अंक में भी ध्रुवस्वामिनी के चरम द्वन्द्वात्मक क्षणों में भी उसके लंबे संवादों में बार-बार इस बात को कहलाया गया है—'पुरुषों की प्रभुता का जाल मुझे अपने निर्दिष्ट पथ पर ले ही आया।' पुरोहित का उसको ललकारना, बलि-पशु की तरह अकारण आज्ञा की डोरी में बँधी हुई शक-दुर्ग में भेज दिया जाना, अपने 'राक्षस-विवाह' के प्रति रोष व्यक्त करना और पूरे धर्मशास्त्र को चुनौती देते हुए पुरोहित को मिथ्या कहना सब नाटक के बेहद सशक्त वैचारिक-गंभीर किंतु चरित्रों के अत्यंत प्रभावशाली अभिनयात्मक स्थल हैं। भरी सभा में उसकी तेजस्विता, दृढ़ता, स्वाभिमान, अडिग निर्णय-शक्ति और आत्मविश्वास ही स्पष्ट कहला सकता है कि 'मेरी निर्लज्जता का दायित्व एक क्लीव कापुरुष पर है।' प्रामाणिक और तार्किक ढंग से और उपयुक्त परिस्थितियों के परिणामस्वरूप यह प्रश्न उठाया जाता है कि ध्रुवस्वामिनी कौन है ? क्या है ? और उसका कैसा अस्तित्व है ? कुछ लोग यह आपत्ति उठाते हैं कि अगर ध्रुवस्वामिनी सशक्त पात्र है तो वह अपना संघर्ष, अपनी लड़ाई स्वयं क्यों नहीं लड़ती ? वह क्यों चंद्रगुप्त का आधार चाहती है ? क्यों मानसिक पीड़ा से ग्रस्त होती है ? क्यों मंदा उसकी समस्या को परिषद् के सामने खड़ा ही नहीं करती—उसके लिए लड़ती भी है ? इसके पीछे प्रसाद का नारीमात्र के प्रति दृष्टिकोण भी है और इससे नारी-अधिकार का प्रश्न एक-आयामी नहीं संगठित, अधिक पैना बनता है साथ ही भारतीय सामाजिक परिस्थितियों में धर्मशास्त्र, अर्थशास्त्र, इतिहास, नीति के सारे पुष्ट प्रमाण और तर्क देते हुए उसे समर्थन देना है। इस तरह ध्रुवस्वामिनी का प्रश्न एक वैयक्तिक प्रश्नमात्र न रहकर सामाजिक-सांस्कृतिक-नैतिक और मानवीय प्रश्न बन जाता है। मंदा उसका अनिवार्य हिस्सा है—वह भोक्ता भी है, संवेदनशील और राष्ट्रीय समस्याओं से जूझनेवाली एवं मानवीय भावनाओं के ऊहापोह को झेलती लेकिन कर्त्तव्य-पथ पर अड़ी रहनेवाली नारी है—प्रेम, करुणा, वेदना, वीरता का अजीब अन्तर्ग्रथन उसके व्यक्तित्व में है। कभी वह एकालाप में अनुभूतिमयी लगती है, कभी राजनैतिक प्रपंच और मूल्यहीनता से क्षुब्ध, कभी नायक के पौरुष को ललकारती और सैनिकों को संघर्ष मार्ग पर ले जाती हुई, कभी नारी-हृदय के विस्तार और सीमाओं की व्याख्या करती हुई, कभी किसी अप्रत्यक्ष स्थिति का स्पष्ट संकेत करती हुई, कभी सूत्रधार की तरह सूत्रों को जोड़ती, टिप्पणी करती हुई और अंततः स्वयं सारे सूत्रों को—मूल समस्या को—तर्कसहित, मानवीय प्रश्न

की तरह प्रस्तुत करती हुई और धर्मशास्त्र के आज के संदर्भ में पुनर्विश्लेषण के लिए पुरोहित को उद्वेलित करती हुई लगती है। वस्तुतः वही उद्‌घोषक–स्वर है। कुछ आलोचक उसमें प्रणय की वेदना की कसक भी मानते हैं। अगर सचमुच चंद्रगुप्त के प्रति अपने प्रेम को वह अप्रत्यक्ष रहने देती है तो नाटक में न तो वह प्रकट होता है और न उसे दर्शकों तक सम्प्रेषित करने के अवसर आते हैं। यह स्थिति कोमा की नहीं है। कल्पित पात्र की अत्यन्त सजीव गीतमय, संवेदनशील, मधुर-सुंदर प्रस्तुति प्रसाद ही कर सकते थे। युद्ध, हिंसा, घृणा, प्रपंच, भय, आतंक, संशय के बीच प्रसाद कोमा जैसे पात्र से क्रूर, विकृत वातावरण में जीवन की ताजगी और लहर ले आते हैं। प्रथम अंक के राजनैतिक कुचक्र और संघर्ष-यात्रा के तुरंत बाद कोमा जैसे पात्र की सृष्टि मनुष्य और प्रकृति में, उसके सौंदर्य, सहजता और राग में प्रसाद की निष्ठा को व्यक्त करता है, यद्यपि कोमा के चारों तरफ भी विडम्बनाएँ, अमानवीयता, संवेदनहीनता और विकार ही विकार हैं लेकिन उसमें जो निर्विकार भाव, तटस्थता, जो मानवीय मूल्यों में गहरा विश्वास और एकान्तिकता है वह नाटक को बहुत ऊपर उठा ले जाती है। आन्तरिक परिपक्वता, संवेदनात्मकता उसका प्राणतत्त्व है। उसकी और ध्रुवस्वामिनी की समस्या एक ही है पर रास्ता भिन्न है। वह समर्पण, बलिदान और त्याग का मार्ग अपनाती है। उसमें कहीं न व्यंग है, न आक्रोश न विद्रोह। द्वन्द्व उसमें है पर वैयक्तिक होते हुए भी उससे ऊपर है—बड़े मूल्यों का, सांस्कृतिक मूल्यों का है। शकराज जैसे पात्र की स्वार्थ और कलुष से भरी मूर्ति को वह भी वैसे ही ललकारती है जैसे ध्रुवस्वामिनी रामगुप्त के क्लीव, कायर, मद्यप रूप को। तृतीय अंक में शकराज का शव माँगने आने के लिए उसका थोड़ी-सी देर का प्रवेश तीनों नारी-पात्रों की मनःस्थिति और आगामी अर्थात् केन्द्रीय समस्या को जिस धरातल पर ले जाता है और अलग-अलग व्यक्तित्वों की अभिव्यक्ति के जितने गहरे अभिनय-प्रधान क्षण बिम्ब-रचना के अवसर देता है मुझे प्रस्तुतीकरण में वह रोमांचक लगा—अविस्मरणीय भी। एक ओर ध्रुवस्वामिनी की चंद्रगुप्त के प्रति प्रणय में निराशा की, द्वन्द्व की क्षोभ-भरी अभिव्यक्ति, दूसरी ओर कोमा के समर्पित, आत्मविस्मृत, प्रेममय रूप को अनुभव करने के बाद उसकी मानसिक स्थिति का और अधिक उद्वेगपूर्ण होना मार्मिक स्थल हैं। तीसरी ओर रामगुप्त द्वारा कोमा और आचार्य का संहार जन-विद्रोह की पृष्ठभूमि तैयार करता है। अभिनय की, निर्देशन की दृष्टि से मुझे सबसे कठिन पात्र कोमा लगता है—अन्तर्मुखी और माधुर्य एवं आन्तरिक उच्चता का प्रतिबिम्ब होने के कारण वहाँ जोर से, जल्दी-जल्दी बोलने, आवेश और व्यंग्य द्वारा अतिरिक्त प्रभाव पैदा करने का प्रयास घातक है—बेहद कोमल लेकिन कोरी भावुकता से बचते हुए संतुलित-संयमित, रागात्मक और अनेक मिश्रित रंगों की कल्पनाशील अभिव्यक्ति के साथ उसे मूर्त करना बड़ा दायित्व है। जरा-सी विवेकहीनता, संवेदनहीनता से यह पात्र चटककर टूट सकता है। ध्रुवस्वामिनी और मन्दा में आवेग उतार-चढ़ाव, व्यंग्य-उत्तेजना, तेज गतियों की पूरी गुंजायश है, कोमा अछूती

है। कुछ लोगों ने कोमा को निकालकर भी यह नाटक किया है। जब कि कोमा विद्रोहाग्नि में वसन्त का उदास पर ताजा झोंका बनकर, विकृति-विसंगति के बीच प्रणय के आलोक महोत्सव की तरह आती है। प्रसाद उसे निरर्थक नहीं होने देते—वह नारी-व्यक्तित्व का दूसरा पक्ष है। उसको बिना समझे 'ध्रुवस्वामिनी' नाटक की समस्या साकार नहीं होती।

चंद्रगुप्त को—भारतीय धीरोदात्त नायक को प्रसाद ने स्वतंत्र, मानवीय व्यक्तित्व देकर उसका मनोवैज्ञानिक चित्रण तो किया पर नाटक से उसको—उसके चरित्र और मानसिकता को विकसित होने के पर्याप्त अवसर नहीं मिले। बहुत कम समय में उसकी विनम्रता, क्षमा, करुणा, वीरता, शील, पौरुष सभी गुणों को यहाँ तक कि ध्रुवस्वामिनी के प्रति उसके प्रणय को सूक्ष्म ढंग से संकेतित किया है। विशेषकर विरोधी परिस्थिति में उसका संपूर्ण द्वन्द्व केवल तृतीय अंक में एक स्थान पर लंबे स्वगत के माध्यम से किया है—यह स्वगत उल्लेखनीय है पर जितना उद्वेलन, जितने भावों के उतार-चढ़ाव दिखाता है उसकी पृष्ठभूमि नाटक में प्रामाणिक रीति से बन नहीं पाती, वह सहसा लाई हुई स्थिति लगती है और प्रभावशाली होते हुए भी दर्शक-मन में स्पष्ट बिंब नहीं बना पाती। भाव-परिवर्तन इतनी जल्दी-जल्दी होते हैं कि एक इमेज बनती है, टूटती है—यह क्रम चलते रहने से दर्शकों की मनःस्थिति से उसका तारतम्य, तादात्म्य नहीं बन पाता। अभिनय का संकट इसीलिए चंद्रगुप्त की भूमिका में भी अभिनेता को झेलना पड़ता है। ध्रुवस्वामिनी को छोड़ लगभग सभी मुख्य पात्र परत दर परत अपने में छिपे हुए हैं—उन्हें उन परतों को हटाकर—भेदकर व्यक्त करना पड़ता है—यह 'अनफोल्ड' करना समीक्षक-निर्देशक-अभिनेता के लिए चुनौती है। यह बात रामगुप्त और शिखरस्वामी को लेकर भी है। नाटक में इन दोनों का चित्रण उन्हीं प्रवृत्तियों तक हुआ है जितना नाटक में अपेक्षित है। रामगुप्त प्रायः एकपक्षीय-सा लगता है—कहीं-कहीं मूर्ख और हास्यास्पद भी। यही तत्त्व प्रसाद ने शकराज में भी लिए हैं—ये दोनों ऊपर से उतने क्रूर नहीं दिखते पर भीतर से वे चालाक और स्वार्थी हैं और दोनों ही कमज़ोर और भयभीत भी। दोनों ही मारे जाते हैं। इनके बीच शिखरस्वामी तीव्र बुद्धियुक्त कूटनीति, अवसर के अनुकूल निर्णय लेनेवाला निर्मम प्राणी है। उसकी प्रखरता, निर्णय-शक्ति और तात्कालिक दृष्टि केवल संवादों के ऊपरी अर्थ में नहीं मिल सकती, वह उनकी अन्तर्निहित व्यंजनाओं में है जिसे खोजना चाहिए।

प्रत्येक पात्र के सामने विकल्प की संभावनाएँ हैं पर स्थितियाँ भी पात्रों को मोड़ देती हैं और पात्र भी मोड़ देते हैं—यह बात यहाँ सभी प्रमुख पात्रों और पुरोहित एवं सामंतों में भी है, यहाँ तक कि रामगुप्त, शकराज, शिखरस्वामी तक अपनी नियति के स्वयं कारण और भोक्ता हैं। यह व्यक्तित्व-सम्पन्नता का द्वन्द्व और इनसानी तत्त्व मंचन के समय पात्रों में उभरना चाहिए। सतही ढंग से लेने पर प्रसाद के नाटक स्थितियों मात्र का भंडार लगेंगे और केवल एक व्याकरण मात्र लगेंगे। यह विशेष बात है कि प्रसाद के लिए नाटक का कोई पात्र गौण नहीं होता न छोटा या बड़ा होता है। उसकी

उपस्थिति का प्रयोजन और अर्थ होना चाहिए। जैसे खड्गधारिणी और प्रतिहारी दोनों की नाटक में उपयोगिता है वातावरण के अभिशाप, विसंगति और विडंबना को, युद्ध के संकट को व्यंजित करने में। वे केवल सूचक, भोक्ता या कर्त्तव्यनिर्वाह करनेवाले संदेशवाहक नहीं हैं—संबंधों और परिस्थितियों से उनका गहरा सरोकार है—एक अनवरत प्रयास उनमें भी है। प्रसाद की खड्गधारिणी में भी संवेदना, रागतत्त्व और जीवन है। प्रायः ऐसे पात्रों को अनदेखा कर दिया जाता है।

नाट्यशिल्प की दृष्टि से 'ध्रुवस्वामिनी' एक सुसंगठित और सशक्त नाटक है। इसका कथानक व्यंजनाओं में जटिल है पर विशृंखलित नहीं है क्योंकि इसके कथानक में अनेक प्रासंगिक कथाओं-अंतर्कथाओं की और अनेक छोटे-छोटे पात्रों और स्थितियों की भरमार नहीं है। प्रसाद के नाटकों के शिल्पतंत्र के विषय में नन्ददुलारे वाजपेयी का यह कथन कि 'इनके नाटकों का कोई एक लक्ष्य या केन्द्र नहीं, जिस पर सारी घटनाएँ केन्द्रित हों'—'ध्रुवस्वामिनी' पर लागू नहीं होता। इसमें सभी प्रसंग एक ही केन्द्रीय समस्या या उद्देश्य से सम्बद्ध हैं और आरंभ से ही प्रत्येक दृश्य एक ही ओर अग्रसर भी होते हैं। ध्रुवस्वामिनी अर्थात् नारी की मुक्ति, नायक की लक्ष्यप्राप्ति और रामगुप्त एवं शकराज जैसे अमानुषिक वृत्तिवाले व्यक्तियों का विनाश—पूरा नाटक इसी ओर अग्रसर होता है। नाटक के सभी प्रसंग आरंभ से ही ध्रुवस्वामिनी, रामगुप्त, चंद्रगुप्त से जुड़े हैं—बीच में कोमा का प्रसंग आता भी है तो वह भी नारी-समस्या को और उदात्त रूप देता है; कुबड़े बौने का प्रसंग भी उसी द्वन्द्व को दिखाता है; शिखरस्वामी, मन्दाकिनी भी उसी ओर बढ़ते दीखते हैं। प्रकृति की ओर अनुराग और राजनीति के अर्थ यहाँ भी खोले गए हैं पर वे बहुत अनुशासित ढंग से। लोकतांत्रिक मूल्यों का संकेत यहाँ भी है पर उसके लिए 'स्कंदगुप्त' नाटक की तरह यहाँ प्रसाद को किसी अलग दृश्य की कल्पना नहीं करनी पड़ी है। तीन अंक का यह नाटक, प्रथम अंक में पर्याप्त विस्तार, संगठन और संतुलन से समस्या और संघर्ष का अंकन करता है, दूसरा अंक कोमा-शकराज पर केन्द्रित होते हुए भी प्रथम अंक के संघर्ष को विकसित करता है और अंतर्द्वन्द्व एवं बहिर्द्वन्द्व को अत्यन्त चुस्त, प्रवहमान और नाटकीय रूप में प्रस्तुत करता है; तीसरा अंक उस संघर्ष के दूसरे स्तरों को चरमोत्कर्ष देता हुआ समाधान तक पहुँचता है। तीन अंकों में नाटक की संपूर्ण स्थिति का विभाजन, प्रथम अंक में ही सारे बिन्दुओं का अपनी सूक्ष्म जटिलताओं में नाटक में आ जाना उल्लेखनीय है। प्रसाद इस समय तक 'स्कंदगुप्त', 'चंद्रगुप्त' के अव्यवस्थित नाट्यविधान के अनुभवों से अवगत हो चुके थे, इसलिए संक्षिप्त कलेवर में 'ध्रुवस्वामिनी' नाटक को केवल आकार की दृष्टि से नहीं, उस आकार में गहरी अर्थवत्ता और कसावट प्रसाद दे सके। इसलिए प्रभावान्विति, एकाग्रता, आद्यन्त सुनिश्चित गत्यात्मकता और नाटकीय अनुशासन ने इस नाटक को श्रेष्ठ नाट्यकृति होने दिया है। कथ्य और शिल्प का संतुलन इसी नाटक में है, प्रसाद के अन्य किसी नाटक में नहीं। यहाँ तक कि यह भी लगता है कि इस

नाटक तक आते-आते प्रसाद को पारसी रंगविधान अपने सूक्ष्म संवेदनात्मक नाटक के विरुद्ध लगने लगा, अतः उन्होंने सीधे यथार्थवादी रंगशैली को लिया और अंकों में दृश्यसज्जा के संकेत मात्र न देकर विधिवत् उनका विधान दिया। 'ध्रुवस्वामिनी' का प्रत्येक दृश्यविधान केवल अलंकरण नहीं है, वह मनःस्थिति और परिवेश का व्यंजक है—प्रतीकात्मक है—केवल औपचारिक संयोजन के स्थान पर अर्थवान है—इस माने में वह यथार्थवादी रंगशैली से अधिक सजीव और सार्थक है। इसके अतिरिक्त 'ध्रुवस्वामिनी' में कार्यव्यापार, उसकी तर्कसंगति, विश्वसनीयता को महत्त्व दिया गया है—वहाँ के अस्वाभाविक तत्त्व नहीं हैं जो कथा को बाधित करते हैं। आकस्मिकता से पूरी तरह प्रसाद बचे हों ऐसा नहीं। चंद्रगुप्त का प्रवेश आकस्मिक प्रवेश जैसा ही है; हत्या यहाँ भी है, आत्महत्या के प्रयत्न भी हैं, युद्ध भी है, धूमकेतु के प्रसंग से चमत्कार-सृष्टि भी है किंतु सभी कुछ परिस्थितियों, द्वन्द्वों की स्वाभाविक उपज बनकर सांकेतिक व्यंजनाओं के साथ आया है, अतः प्रसाद यहाँ अपने पुराने दोषों से मुक्त हो सके हैं। इसके अतिरिक्त संघर्ष तत्त्व भी 'ध्रुवस्वामिनी' में—अंतर-बाह्य दोनों स्तरों पर—नाटक की शक्ति बन सका है। पाश्चात्य नाटकों की तरह संघर्ष को लेकर भी प्रसाद अपने अन्य महत्त्वपूर्ण नाटकों में चरित्रों और स्थितियों के संदर्भ में संघर्ष और उसकी गति का स्वाभाविक विकास नहीं दिखा पाये हैं। वह प्रसाद के जीवन-दर्शन, व्यक्तित्व, दार्शनिकता अथवा भारतीय-पाश्चात्य 'सिद्धांतों' के प्रभाव से टूटता-बिखरता है, 'ध्रुवस्वामिनी' में संघर्ष की गति बेहद सुनिश्चित है। एक विस्फोट उसमें प्रारंभ से ही दीखता है—उसे बिखरने नहीं दिया गया है। विरोधी पक्ष उसमें लगातार आमने-सामने टकराते हैं, बचकर नहीं निकलते। संभवतः यह इसलिए भी है कि प्रत्येक विरोधी पक्ष अपने-अपने स्थान पर, तेज़, सक्रिय और तैयार हैं।

नाटककार के पास वस्तुविन्यास, चरित्र-चित्रण, कथ्य की अभिव्यक्ति और संघर्ष के विकास के लिए मुख्य आधार होते हैं संवाद और नाट्यभाषा। 'ध्रुवस्वामिनी' में प्रसाद कथा-विकास, संघर्ष-विकास, पात्रों का चरित्र-चित्रण सुसंगत और संयमित संवाद-रचना से ही करते हैं। वह पात्रों के कार्यों-व्यवहारों, उनके आपसी संबंधों से, द्वन्द्व से, पात्रों की एक दूसरे के प्रति प्रतिक्रियाओं से, धारणाओं से तो संकेत देते ही हैं, वह जिन नाटकीय युक्तियों-रूढ़ियों से चरित्रांकन में, टकराहट के सूक्ष्म सौंदर्य में मौलिकता, विश्वसनीयता, परंपरा-निर्वाह के बीच नवीनता लाना चाहते हैं, वे हैं—पात्रों के जोड़े बनाकर, स्वगत का प्रयोग करके और पात्रों की प्रवेश-प्रस्थान शैली के द्वारा। प्रसाद विरोधी प्रकृति के पात्रों के जोड़े भी बनाते हैं और सम प्रकृति के पात्रों के भी। एक ओर रामगुप्त-चंद्रगुप्त, रामगुप्त-ध्रुवस्वामिनी, ध्रुवस्वामिनी-कोमा, शकराज-कोमा, चंद्रगुप्त-शकराज आदि विरोधी प्रकृति के पात्र हैं तो दूसरी ओर रामगुप्त-शकराज, ध्रुवस्वामिनी-मंदाकिनी जैसे जोड़े भी हैं जिनकी प्रकृति, व्यक्तित्व में समानता है—कार्यों, व्यवहार और निर्णयों में समानता है। इस तरह नाटक की मूल संवेदना और समस्या

को जहाँ विरोधी प्रवृत्ति के पात्रों के जोड़े विभिन्न मोड़ और गति देते हैं वहीं सम प्रवृत्ति के पात्रों के जोड़े भी दिशा-निर्धारण करते हैं। सब कहीं एक दूसरे के पूरक पात्र भी हैं। रामगुप्त की महत्त्वाकांक्षा, क्रूरता, चालाकी, कायरता का, बल्कि प्रतिनायकत्व का प्रतिरूप ही शकराज है। चंद्रगुप्त का नायकत्व, प्रणय का गाढ़ा रंग रामगुप्त के क्लीव और विलासी व्यक्तित्व के कारण ही निखरता दीखता है। नाटक में, दूसरे अर्थ में विरोधी पात्र भी हैं। वे हैं शिखरस्वामी, मन्दा और पुरोहित। संघर्ष को राजनैतिक स्तर पर निरंतर बढ़ानेवाला नाटक के बाह्य द्वन्द्व और अन्तर्द्वन्द्व से सम्बद्ध चरित्र शिखर है। मन्दा और पुरोहित पूरक और प्रेरक पात्र हैं—संघर्ष और कर्म की चरम स्थिति के संप्रेषक बल्कि भोक्ता-अध्येता भी वे हैं। वे नैतिक-सांस्कृतिक मूल्यों के रक्षक, पोषक, सूत्रधार हैं तर्क और विवेक के साथ, समसामयिक दृष्टि के साथ। प्रसाद सत्-असत् की प्राचीन कल्पना को लेते हुए भी अन्तर्निहित व्यंजनाओं, सूक्ष्म संरचना और पात्रों की सर्जना से, टकराहट से मौलिकता और नाटकीयता की सृष्टि करते हैं। इस सबके बीच एक पात्र अवश्य ऐसा होता है जो स्वयं प्रसाद की अन्तर्मन की आकांक्षा-उदात्तता को व्यक्त करता हुआ जैसे स्वयं उन्हीं का स्थान ले लेता है जैसे आचार्य मिहिरदेव। इस भ्रष्ट राजनैतिक कुचक्र, अधिकार-लिप्सा और अमानवीयता के बीच आचार्य शान्ति, प्रेम और प्राकृतिक सौंदर्य के—दिव्य ज्योति, सरल हृदय के, संवाहक बनकर आते हैं लेकिन इस नाटक में उनकी उपस्थिति, संवाद कुछ भी निरर्थक प्रलाप और असम्बद्ध नहीं लगता—वह शकराज की विषमता को और बढ़ाता है, कोमा के अन्तर्द्वन्द्व और व्यक्तित्व को विकसित करता है, साथ ही धूमकेतु के प्रसंग से नाटकीय संघर्ष की गतिशील भूमिका भी बनाता है। अमंगल और अशुभ का संकेत यहाँ है पर अस्वाभाविक नहीं। जिस मनुष्यत्व को हटाकर राक्षसत्व के प्रपंच में रामगुप्त-शकराज डूबे हुए हैं उसी मनुष्यत्व की खोज में आचार्य और सभी पात्र लगे हुए हैं। आचार्य और पुरोहित 'स्थिर' पात्र नहीं हैं—यही 'ध्रुवस्वामिनी' नाटक में प्रसाद की विशेषता है। पात्रों की जीवन्तता, सार्वभौमिकता ही इस नाटक का प्राण तत्त्व है।

अपने पात्रों के चरित्र-चित्रण में प्रसाद स्वगत से महत्त्वपूर्ण कार्य कराते हैं। स्वगत हमारी भारतीय-पाश्चात्य नाट्यपरंपरा का अंग होते हुए भी प्रसाद की मौलिक कल्पना का अंग हैं और कहीं भी कृत्रिम, नाट्यरूढ़ि के निर्वाह जैसे नहीं हैं। नाटक का आरंभ ही ध्रुवस्वामिनी के लंबे स्वगत से होता है। इसे हम उनकी तकनीकी विशिष्टता और लगभग हर नाटक के नियम जैसा मान सकते हैं लेकिन यहाँ यह स्वगत अत्यन्त अनिवार्य, बहुआयामी, सांकेतिक है। इससे ध्रुवस्वामिनी का अन्तःसंघर्ष, आवेश-उद्वेग, अपमान से उत्पन्न घुटन, निरीह-अभिशप्त-क्षुद्र जीवन से वितृष्णा अर्थात् उसकी मनोवैज्ञानिक स्थिति का आभास पूर्णतः होता ही है, उस वातावरण की विडम्बना का, रामगुप्त की क्लीव पाशविक प्रवृत्ति का भी पूरा संकेत मिलता है जो आगे चलकर विद्रोह का आधार बनता है। रहस्यमय वातावरण के बीच मनुष्यत्व का एक भी निदर्शन न पाने की

अन्तर्वेदना। फिर, इस स्वगत का सौंदर्य उस उतार-चढ़ाव, भावात्मक लयों के परिवर्तन, उस ऊहापोह को साकार करने में, रंगमंचीय मुहावरे को सजीव करने में है जिसके विरुद्ध हमेशा हमारे यहाँ स्वगत की चर्चा की जाती रही है। केवल स्वगत का आरंभिक भाग सूत्र जैसा, काव्यात्मक और अर्थगर्भित है जैसे कि स्कंदगुप्त का आरंभिक स्वगत। चूँकि दर्शक/पाठक उस पृष्ठभूमि से अपरिचित है—सारे वातावरण, समस्याओं और ध्रुवस्वामिनी की अपमानजनक स्थिति का एहसास उसे नहीं है इसलिए सहृदय-दर्शक भी इस स्वगतोक्ति का पूरा आनंद, व्यंजना-सौंदर्य नहीं समझ पाता। मंदाकिनी का प्रथम स्वगत ही उसके व्यक्तित्व की अभिव्यक्ति है। यह स्वगत भी राजनैतिक और आंतरिक द्वन्द्व की कसक के साथ-साथ एक संकल्प का द्योतक है। कोमा का स्वगत भी उसकी संवेदनशीलता; प्राकृतिक सौंदर्य के प्रति अनुराग, प्रणय के आलोक, स्वतंत्र व्यक्तित्व की उदात्तता और साथ ही वेदना की समन्वित अभिव्यक्ति है। दरअसल प्रसाद अपने पात्रों का प्रथम परिचय स्वयं उन्हीं के स्वगत से देते हैं। यह परिचय निश्चय ही आत्ममंथन की प्रक्रिया से जुड़ा हुआ है और मनोवैज्ञानिक है। स्वयं चंद्रगुप्त के सारे अंतःसंघर्ष को प्रसाद ने उसके लंबे स्वगत से परत-दर-परत प्रस्तुत किया है। प्रथम अंक में ध्रुवस्वामिनी का आगे का स्वगत भी उसकी अंतर्वेदना के साथ-साथ प्रणय की कोमल अनुभूति की प्रभावशाली अभिव्यक्ति है। जितना ही ये सब स्वगत साहित्यिक दृष्टि से श्रेष्ठ कहे जा सकते हैं उतना ही रंगमंचीय और सात्विक अभिनय की उत्कृष्टता के, भाषा के, काव्य और लय पर, उच्छ्वास और गति पर अधिकार के मानदंड बन सकते हैं। ध्रुवस्वामिनी, कोमा और चंद्रगुप्त के स्वगत विशेषकर 'कितना अनुभूतिपूर्ण था वह एक क्षण का आलिंगन ...' तब तक किसी अभिनेता की पकड़ में नहीं आ सकता जब तक हिंदी भाषा की अस्मिता, लय और घनी संवेदना से उसका गहरा रिश्ता न बने। कठिन से कठिन शब्द, प्रतीक और बिम्ब सही उच्चारण, ध्वनि-व्यंजना और लय की पकड़ से प्रत्येक दर्शक के लिए सहज हो जाते हैं। इसलिए मैंने ध्रुवस्वामिनी की भूमिका में अमृता जयपुरियार से मुख्य उच्चारण के साथ शब्द-विशेष की ध्वनियों-व्यंजनाओं, अर्थ-संकेतों लय-वैविध्य और कंठ की, हृदय की गहराई से आनेवाले आरोह-अवरोह पर अभ्यास कराया। प्रसाद का प्रत्येक स्वगत ऐसी ही माँग करता है। वैसे प्रायः उनके पात्र बिना स्वगत के भी आत्मसंवाद जैसी स्थिति में होते हैं—प्रथम अंक में ध्रुवस्वामिनी, रामगुप्त कई स्थानों पर अन्य पात्रों की उपस्थिति में भी स्वयं में डूबे-खोए बात करते हैं।

प्रसाद भारतीय नाट्यपरंपरा के नाटककार हैं। उन्होंने पात्रों के प्रवेश-प्रस्थान की शैली को भी ध्यान में रखा है। आकस्मिक प्रवेश उनकी विशेष शैली है। चंद्रगुप्त का नायकत्व, राजनैतिक षड्यंत्र में मन्दा का कर्तव्य-पथ, और राष्ट्र-रक्षा को उद्बोधन, धर्म-अधर्म के सवालों के बीच पुरोहित का दायित्व-बोध सब इन पात्रों के आकस्मिक प्रवेश से ही दिखाया गया है। एक प्रकार की चमत्कार-वृत्ति, उत्तेजना संभवतः भारतीय मानस का अंग है—प्रसाद के पात्र गतिशील हैं और व्यक्तित्वसम्पन्न हैं—उनके प्रवेश

शास्त्रीय एवं लोकपरंपरा की तरह पात्रगत विशेषताओं को साकार करनेवाले हों तो नाटकीय अर्थ बढ़ता है। मैंने केवल मन्दा के प्रवेश में विशिष्ट गतियों-मुद्राओं का उपयोग किया था जो विशेष मूड और परिस्थिति को मूर्त करने में सहायक सिद्ध हुआ। लेकिन ऐसा कोई प्रयोग हर पात्र के प्रवेश के साथ एक रूढ़ि मानकर नहीं किया। मुझे लगता है प्रसाद सीमाओं के बीच नये रास्ते खोजने की स्वतंत्रता देते हैं। इस स्वतंत्रता का रचनात्मक उपयोग अपनी-अपनी दृष्टि से निर्देशकों को करना चाहिए। पुरोहित भी अचानक आते हैं और उनका प्रवेश घटनाओं और द्वन्द्व को भिन्न मोड़ देता है, तर्क और चिन्तन की भूमि तैयार करता है, ध्रुवस्वामिनी की अन्तःज्वाला को और तेज करता है, उनका प्रवेश-प्रस्थान दोनों बहुत सही बिन्दु पर होता है और ओज एवं चुनौती का माहौल बनाता है।

यूँ तो 'ध्रुवस्वामिनी' आरंभ से अन्त तक नाटकीय है पर उसकी संरचना में नाटकीय प्रयोजन के कुछ दृश्यों को अलग से भी रेखांकित किया जा सकता है। पहला है कुबड़े, बौने का दृश्य जिसे बहुत से 'आधुनिक साहित्यिक', विश्वविद्यालय के अध्यापक-समीक्षक अभद्र-अश्लील कहते हैं। वर्षों तक साहित्य में अश्लीलता के प्रश्न पर बहस होती रही है। सत्य यह है कि यह दृश्य न मात्र हास्य-सृष्टि, मनोरंजन के लिए है, न खेल-भर है—यह इस नाटक का अनिवार्य, प्रतीकात्मक-सांकेतिक और अत्यन्त गत्यात्मक दृश्य है। रामगुप्त का क्लीव रूप, ध्रुवस्वामिनी की घृणा, आक्रोश, उत्तेजना सबका आधार यहाँ बनता है। वह सारी पृष्ठभूमि बनती है जिसके विरुद्ध अंत में पुरोहित अपने तर्क देते हैं—धर्मशास्त्र का पुनः अध्ययन करते हैं और मन्दा भरी सभा में सभासदों से प्रश्न पर प्रश्न करती है और ध्रुवस्वामिनी पुरोहित को ही मिथ्या कहती है। रंगमंच पर यह दृश्य विभिन्न पात्रों के अभिनय के, अन्तर्मन के, रंगमंचीय व्याकरण के कई-कई आयाम खोलता है। इनकी उपस्थिति ध्रुवस्वामिनी के रोष-आक्रोश और रामगुप्त के नपुंसक मानसिक विलास को व्यक्त करने के बहुत अवसर देती है। छोटे आकार के नाटक की गंभीर विडम्बना इस दृश्य में छिपी है। दूसरा दृश्य है—ध्रुवस्वामिनी के वेश में चंद्रगुप्त का शक-दुर्ग में जाना। यह दृश्य भी बेहद नाटकीय और गत्यात्मक है पर संतुलन और अनुशासन की माँग के कारण मंच पर खिलवाड़ भी नहीं है। तीसरा दृश्य है शक दरबार में नृत्य का। यह नृत्य पारसी रंगरूढ़ि का परिणाम माना जाता है पर प्रसाद ने उसकी उपयोगिता सिद्ध की है—वह केवल अलंकरण नहीं है। नृत्य के विरोध का कहीं कोई प्रश्न नहीं बनता। मैंने अनुभव किया कि उस नृत्य की कुशल रचना और दृश्य-कल्पना ने दर्शक-मानस से तादात्म्य स्थापित किया क्योंकि उसी समय कोमा और शकराज दो भिन्न मनःस्थितियों में निरंतर प्रकट होते जाते हैं। नृत्य केवल उत्सव नहीं है। चौथा दृश्य है—बल्कि प्रसंग मात्र है धूमकेतु का। यह प्रसंग भी केवल अंधविश्वास, आकस्मिकता, कौतूहल या रहस्य-रोमांच का अंग नहीं है, प्रामाणिक, वैज्ञानिक और मनोवैज्ञानिक दोनों है। भावुकतावश ऐसे दृश्यों को निकाल देना ही या अस्वाभाविक

मानकर देखना अवैज्ञानिक लगता है।

संवाद और नाट्यभाषा 'ध्रुवस्वामिनी' का अत्यन्त सशक्त पक्ष है। उसकी सारी रंगमंचीयता—गति और क्रियात्मकता, अभिनयात्मकता उन्हीं में निहित है। अभी तक प्रसाद की नाट्यभाषा क्लिष्ट, कृत्रिम, काव्यात्मक, भावात्मक, संस्कृतनिष्ठ आदि आरोपों के साथ देखी जाती रही है। 'ध्रुवस्वामिनी' में भाषा का अलंकरण, विशेषणों की प्रधानता, भावोच्छ्वास, काव्य सबकुछ है—बिम्ब-प्रतीक भरे पड़े हैं पर वह कहीं भी कृत्रिम- आरोपित नहीं है, न नाटकीय प्रवाह में बाधक क्योंकि वह संगठित कथा-सौंदर्य के बीच पात्रों के अंतर्जगत् से निकली हुई रंगभाषा है—क्रिया-तत्त्व से भरपूर। घनी संवेदना और आरोह-अवरोह से रची-बसी। प्रसाद की नाट्यभाषा तब तक क्लिष्ट है जब तक आप उसकी ध्वनि, लय, शब्द-संयोजन की विशिष्टता, वाक्य-रचना और उच्चारण-सौष्ठव के साथ उस क्षण, उस समय (timing) तत्त्व की सुंदरता को नहीं पकड़ पाते जिससे नाटकीय बिम्ब स्वतः साकार होते जाते हैं। इस नाटक के प्रथम लम्बे स्वगत में क्या नहीं? अभिशप्त जीवन के अभिनय के—कायिक, वाचिक, सात्त्विक सम्पूर्ण अभिनय के—पूरे अवसर हैं। यहाँ तक कि 'जिधर देखो कुबड़े, बौने, हिजड़े, गूँगे और बहरे ...' पंक्ति से जहाँ चारों ओर की पाशविक वृत्तियों और विकृतियों के रहते जीवन के प्रति क्षोभ, आक्रोश है वहीं आगे आनेवाले कुबड़े-बौने के दृश्य की और रामगुप्त की चरम कायरता की पूर्वभूमिका भी बनती है। इस सारी प्रतीकात्मकता के अर्थ आगे खुलते हैं—यह वाक्य यहाँ यूँ ही नहीं कहला दिया गया है।

संवाद और नाट्यभाषा में लय और ध्वनि पर प्रसाद का आश्चर्यजनक अधिकार है। जब-जब विरोधी पात्र संवादों में टकराते हैं तो उससे तीव्र लय बनती है जो पूरे रंगमंच और चरित्रांकन का, अभिनय और उच्चारण का, नाटकीय तनाव का प्राण बन जाती है। लय के उठने-गिरने की निरंतर प्रक्रिया से, तनाव के निरंतर बढ़ने-घटने के क्रम से प्रसाद ने प्रथम और तृतीय अंक की संवाद-रचना को अत्यंत सक्षम-सजीव बनाया है। लय, टोन, बिंब, प्रतीक, संकेत, ध्वनि, व्यंजनाएँ—ये प्रसाद की नाट्यभाषा के अभिन्न अंग हैं जो हिंदी भाषा और साहित्य से लगाव के साथ ही अनुभव का हिस्सा बन सकता है। मैंने देखा कि जितना ही अभिनेता शब्दों की ध्वनियों-व्यंजनाओं को उच्चारण में ग्रहण करते हैं उतनी ही उसकी सार्थक लय बनती है क्योंकि प्रायः प्रसाद एक जैसे शब्दों की पुनरावृत्ति से भी विशिष्ट लय और ध्वनि का चमत्कार पैदा करते हैं—

रामगुप्त : (प्रसन्नता से) वाह! क्या कहा तुमने! तभी तो लोग तुम्हें नीतिशास्त्र का बृहस्पति समझते हैं।

ध्रुवस्वामिनी : अमात्य, तुम बृहस्पति हो चाहे शुक्र किंतु धूर्त होने से ही क्या मनुष्य भूल नहीं कर सकता? आर्य समुद्रगुप्त को पहचानने में तुमने भूल

तो नहीं की ? सिंहासन पर भ्रम से किसी दूसरे को तो नहीं बिठा दिया ?

X X X

शिखरस्वामी : दूसरा कोई उपाय नहीं।

ध्रुवस्वामिनी : उपाय नहीं, तो न हो, निर्लज्ज अमात्य। फिर ऐसा प्रस्ताव मैं नहीं सुनना चाहती।

X X X

शिखरस्वामी : यह एक विचित्र बात है कि प्रबल पक्ष सन्धि के लिए संदेश भेजे।

रामगुप्त : विचित्र हो चाहे सचित्र, अमात्य, तुम्हारी राजनीतिज्ञता इसी में है कि भीतर और बाहर के सब शत्रु एक ही चाल में परास्त हों।

एक शब्द से, उसकी ध्वनि से, लय और टोन से प्रवाह आता है। अधिकतर इस नाटक में संवाद इसी प्रकार रचे गए हैं। एक संवाद से दूसरे संवाद का स्वतः प्रस्फुटन–तृतीय अंक इसका सर्वोत्तम उदाहरण है।

पुरोहित : यह मैं क्या सुन रहा हूँ ? मुझे तो यह जानकर प्रसन्नता हुई थी कि वीर रमणी की तरह, अपने साहस के बल पर महादेवी ने इस दुर्ग पर अधिकार किया है।

ध्रुवस्वामिनी : आप झूठ बोलते हैं।

पुरोहित : (आश्चर्य से) मैं और झूठ !

ध्रुवस्वामिनी : हाँ, आप और झूठ, नहीं, स्वयं आप ही मिथ्या हैं।

पुरोहित : (हँसकर) क्या आप वेदान्त की बात कहती हैं ? तब तो संसार मिथ्या है ही।

ध्रुवस्वामिनी : (क्रोध से) संसार मिथ्या है या नहीं, यह तो मैं नहीं जानती, परंतु आप, आपका कर्मकाण्ड और आपके शास्त्र क्या सत्य हैं जो सदैव रक्षणीया स्त्री की यह दुर्दशा हो रही है ?

पुरोहित : बेटी, तुम्हीं बताओ। यह मेरा भ्रम है या महादेवी का रोष।

ध्रुवस्वामिनी : रोष है, हाँ मैं रोष से जली जा रही हूँ। ...

ऐसे स्थल 'ध्रुवस्वामिनी' में बार–बार आते हैं और एक निरंतरता की सृष्टि करते हैं। सही मानो में तो तृतीय अंक का सारा क्लाइमेक्स और तनाव, विद्रोह–आक्रोश संवाद–रचना और नाट्यभाषा के कौशल से ही उपजा है। पूरे नाटक में कठिन से कठिन स्थल और कठिन वाक्य–रचना आती है पर अगर सही स्थान पर सही ध्वनि, बल, है और वाणी का अन्तर्मन से संबंध है तो प्रत्येक संवाद प्रभाव–सृष्टि करता है। उदाहरणार्थ,

प्रथम अंक में चंद्रगुप्त के प्रवेश पर ध्रुवस्वामिनी के लंबे-लंबे काव्यात्मक संवाद, अपने अलंकार और प्रतीकों के कारण कक्षा में पढ़ाते समय कठिन और अस्वाभाविक भी लगते थे और अभिनय कराते समय भी आरंभ में सहज नहीं लगते थे पर जितना ही कलाकार ने शब्दों के मर्म को, वाक्य की बनावट को, मौन और बलाघात को, लय को आत्मसात कर लिया उतने ही वे संवाद अपनी अलंकृत काव्यमय भाषा में भी संप्रेषित होते गए।

'यह तीखी छुरी इस अतृप्त हृदय में, **विकासोन्मुख कुसुम में विषैले कीट के डंक की तरह चुभा दूँ** या नहीं, इस पर विचार करूँगी। यदि नहीं तो मेरी दुर्दशा का पुरस्कार क्या कुछ और है? हाँ, जीवन के लिए **कृतज्ञ, उपकृत और आभारी होकर** किसी के **अभिमानपूर्ण आत्मविज्ञापन** का भार ढोती रहूँ—यही क्या विधाता का निष्ठुर विधान है? छुटकारा नहीं?'

रेखांकित पंक्तियाँ अगर पूरी अर्थ-व्यंजना, ध्वनि-लय और भावात्मकता के साथ न बोली जायें और कृतज्ञ, उपकृत, आभारी शब्दों की अलग-अलग अर्थच्छायाओं के साथ और लय पर वश रखते हुए आन्तरिक भावना के उच्छ्वास के साथ न उच्चरित हों तो वे मात्र पठित-लिखित होकर रह जायेंगे और सपाट, क्लिष्ट भी लगेंगे। कभी-कभी शब्दों की सही ध्वनि में ही भावाभिनय छिपा पड़ा रहता है—'मुझे अपने अपमान में **निर्वसन-नग्न** देखने का किसी पुरुष को अधिकार नहीं'—यहाँ दोनों शब्द समानार्थक होते हुए भी अपनी ध्वनि और गति से, ध्रुवस्वामिनी की आत्मग्लानि और पीड़ा को अभिनय में मूर्त करते हैं। 'ध्रुवस्वामिनी' की भाषा और संवादात्मकता में एकरसता है ही नहीं। बेहद संगठित और जीवंत प्रवाह उनमें इसलिए भी है क्योंकि प्रसाद ने पात्रों के व्यक्तित्व और उनकी मनःस्थिति, मनोवेगों के अनुरूप भाषा और संवाद रचे हैं। ध्रुवस्वामिनी के संवादों में प्रायः तीव्रता, गति, प्रश्नसूचक वाक्य, गंभीर बलाघात और व्यंजनाप्रधान वाक्य हैं—जब कि कोमा के संवादों में माधुर्य, औदात्य और प्राकृतिक रंग हैं—गीतात्मकता है। रामगुप्त के 'दौड़ो दौड़ो, हत्या हत्या' कहते भागने पर चंद्रगुप्त जब प्रवेश करता है और अत्यंत उद्विग्न ध्रुवस्वामिनी को जीवन का सत्य समझाता है तो वस्तुतः उसकी शीतल वाणी जैसे सारे ताप को शान्त कर देती है। तृतीय अंक में जब कोमा शकराज का शव माँगने आती है तो उसका समर्पित व्यक्तित्व और दूसरी ओर ध्रुवस्वामिनी की निराशा, प्रणय से उत्पन्न द्वन्द्व और गरिमा संवादों और नाट्यभाषा में स्पष्ट दीखती है। सामन्त जब विद्रोहाग्नि से भरे हैं तो रामगुप्त के प्रति उनकी घृणा और प्रतिक्रिया वाक्य-रचना, शब्द-चयन, शब्द-संयोजन और लय की तीव्रता में, ध्वनि के तीखेपन में व्यक्त होती है। प्रसाद ने इस नाटक में संक्षिप्त पर चुस्त वाक्य भी कहलाए हैं और लंबे वाक्य भी। कई संवाद लंबी वाक्य-रचना के और कुछ टेढ़े भी हैं। अनभ्यस्त अभिनेता को उसका काफी अभ्यास करके और उसे तोड़ने, बोलने की मौलिकता लानी पड़ती है।

मन्दा : नारी-हृदय, जिसके मध्य-बिन्दु से हटकर, शास्त्र का एक मंत्र, कील

की तरह गड़ गया है और उसे अपने सरल प्रवर्त्तन-चक्र में घूमने से रोक रहा है। निश्चय ही वह कुमार चंद्रगुप्त की अनुरागिनी है।

यह संवाद तब तक अपने उच्चारण, अभिनय में प्रभाव नहीं पैदा कर सकता जब तक उसके समग्र अर्थ, उसके पीछे छिपी भारतीय सांस्कृतिक और स्त्री की सामाजिक स्थिति एवं परम्परा के साथ-साथ हिंदी भाषा की विशिष्टता—रचनात्मकता की गहरी समझ नहीं है। वह एक जड़ और सैद्धांतिक कथनमात्र रह जाएगा जब कि इसमें ध्वनि, अर्थ, अभिनय का पर्याप्त विस्तार है।

ध्रुवस्वामिनी : नियति ने अज्ञातभाव से मानो लू से तपी हुई वसुधा को क्षितिज के निर्जन से सायंकालीन शीतल आकाश में मिला दिया हो।

यह छायावादी अभिव्यंजना है—प्रतीक और पूरा दृश्य बिंब इसमें मिला हुआ है। उस बिंब और अर्थ को साकार करने के लिए केवल भावोच्छ्वास पर्याप्त नहीं है बल्कि शब्दों के अन्तःस्पर्श, नाटक और काव्य की संवेदना, प्रसाद के व्यक्तित्व और उनकी भाषा की पहचान भी अपेक्षित है। हमने अपनी प्रस्तुति में इस प्रकार की वाक्यावली को बोझिल, अस्पष्ट, आरोपित न महसूस किया, न दर्शकों को कराया—वे नायिका की अनुभूति के साथ-साथ रहे। कुछ उद्धरण—

कोमा : संसार के नियम के अनुसार आप अपने से महान् के सम्मुख थोड़ा-सा विनीत बनकर इस उपद्रव से अलग रह सकते थे।

मन्दाकिनी : शकराज का शव लेकर जाते हुए आचार्य और उसकी कन्या का राजाधिराज के साथी सैनिकों ने वध कर डाला।

यह लंबी वाक्य-रचना अभिनेता को बाधित करती है बहुत अभ्यास और अनुशासन के बाद, सही स्थान पर बल और रुकने के बाद ही ये उपयुक्त लय में निकल पाते हैं।

चंद्रगुप्त : अमात्य, तुम गौरव किसको कहते हो? वह है कहीं? रोग-जर्जर शरीर पर अलंकारों की सजावट, मलिनता और कलुष की ढेरी पर बाहरी कुंकुम-केसर का लेप गौरव नहीं बढ़ाता।

ज़ाहिर है कि अगर हम साहित्य, भाषा, सृजन की संवेदना और संस्कार नहीं रखते हैं तो ये पंक्तियाँ आरंभ में बेहद लड़खड़ाहट से निकलती हैं लेकिन एक बार उसके अर्थ, लय और अदायगी को अनुभव कर लेने के बाद यह भाषा की क्लिष्टता और आलंकारिता के आरोपण का उद्धरण ही नहीं रह जाता; उल्टे रोग-जर्जर, मलिनता-कलुष, कुंकम-केसर का ध्वनि एवं लय-विन्यास अद्भुत सौंदर्य और दृश्य-तत्त्व की सृष्टि करता है। कोमा द्वारा बुलवाए गए सारे संवेदनशील, काव्यमय वाक्य ध्वनि एवं लय-वैचित्र्य के

विलक्षण प्रतिबिंब हैं—उस सघन संवेदना में बिना रचे-बसे वे ही वाक्य मृत और अभिनय निष्प्राण हो जाता है। उनमें मोती जैसी जो तरल कान्ति है, प्रसाद उसी कान्ति की तरलता की, अर्थच्छायाओं की अपेक्षा अपने नाटक के अभिनय में, नाट्यभाषा के व्यवहार में करते हैं। यह कार्य हम निर्देशकों का है—हिंदी रंगमंच के उन सभी निर्देशकों का जिन्हें हिंदी रंगमंच की चिंता है। संवाद और नाट्यभाषा के उच्चारण, अदायगी पर वर्कशाप करायी जानी चाहिए—हमारे प्रशिक्षण-शिविरों में सबसे कम काम इस पर होता है। हम कंठ, वाणी का अभ्यास तो कराते हैं पर भाषा पर, कोई कल्पनाशील प्रशिक्षण नहीं होता—प्रसाद के नाटकों को लेकर संवादों और नाट्यभाषा की, हिंदी भाषा की मौलिकता और लय की समझ पर शिविर होने चाहिए। रंगकर्म हमेशा एक चुनौती है। प्रसाद ने सही कहा था कि उनके नाटकों के लिए सुसंस्कृत अभिनेता चाहिए। कुछ शब्द-प्रयोग 'ध्रुवस्वामिनी' में ऐसे हैं जिन्हें परंपरा और संस्कार से ही समझा जा सकता है जैसे 'प्रव्रजित', 'छिन्नमस्ता', 'स्वस्त्ययन'। यह सही है कि तत्कालीन युग और सांस्कृतिक चेतना की दृष्टि से ये प्रयोग किये गए हैं किंतु आज के हिंदी समाज में जीवन-पद्धति बदलने से युवाकलाकार इनके अर्थ से अवगत नहीं हैं। लेकिन यह भी है कि इन शब्दों को हटाकर इनके स्थान पर समानधर्मा दूसरे शब्दों को रखने के पक्ष में भी मैं नहीं हूँ। उससे प्रसाद की भाषा की लय टूटती है और लाये गये शब्द 'पैच' जैसे लगते हैं। यह बात 1978 में रामगोपाल बजाज द्वारा 'स्कंदगुप्त' के सम्पादित संस्करण के संदर्भ में उठी बात के दौरान भी मैंने कही थी कि 'स्पृहा' शब्द की जो व्यंजना है वह आपके उसे हटाकर 'इच्छा' शब्द रखने से नहीं होगी। यह घातक हस्तक्षेप और गैरसाहित्यिक दृष्टि लगती है। सम्पादन-संशोधन के कुछ और रास्ते भी सोचे जा सकते हैं। 'ध्रुवस्वामिनी' यद्यपि इस संकट से दूर है फिर भी कहीं-कहीं भाषावैज्ञानिक दृष्टि से भी कुछ शब्द-प्रयोग 'मुखसुख' सिद्धान्त के विरुद्ध पड़ते हैं और उच्चारण में लड़खड़ाहट लाते हैं जैसे 'न्यायपूर्ण निर्णय' और 'द्राक्षासव-सर'—पहले शब्द में न और ण ध्वनियाँ इतनी पास-पास हैं—इसी तरह दूसरे शब्द में स ध्वनि की पुनरावृत्ति इतनी पास-पास हुई है कि उच्चारण में असुविधा स्वभावतः होती है। हमने शब्द नहीं बदले पर एक तो निरंतर अभ्यास कराया, दूसरे 'न्यायपूर्ण' पर पल भर रुककर 'निर्णय' शब्द लेने से फिर 'द्राक्षासव' पर हल्का पॉज देकर 'सर' शब्द लेने से क्रमशः उच्चारण की लय बनती गई। यह समस्या प्रसाद के दूसरे नाटकों में भी आती है।

'ध्रुवस्वामिनी' नाटक अपनी संरचना में क्रिया-प्रतिक्रिया तत्त्व से, तनावपूर्ण स्थितियों से, नाटक और काव्य के सघन संतुलन-समन्वय से इस तरह बँधा हुआ है और नाटकीय उत्तेजना के अनंत क्षण, आवेग, उत्थान-पतन, दृश्य-श्रव्य बिम्ब, और साथ ही नाटकीय विडम्बना की विलक्षणता उसमें इतनी विद्यमान है कि उसके लिए न तो बाहरी साधन, विशाल रंगस्थापत्य, शिल्प बहुत जरूरी है, न वहाँ आभिजात्य बाधक है। बीस हजार आम दर्शक भी इसे पूरी समझ-सहभागिता के साथ देख सकता है। मुक्ताकाशी प्राकृतिक

रंगमंच प्रसाद के नाटकों के लिए सर्वोत्तम स्थली है। हमने 'ध्रुवस्वामिनी' का प्रथम प्रदर्शन हरे-भरे मैदान में मुक्ताकाशी मंच बनाकर किया था। बाद में नैनीताल, दिल्ली, भोपाल, लखनऊ में उसके प्रदर्शन बंद प्रेक्षागृह में भी हुए लेकिन जहाँ भी सीमाएँ कम से कम थीं और विस्तार, वैविध्य, परिवर्तनों की उन्मुक्त संभावनाएँ सबसे अधिक थीं वहाँ प्रसाद की विशेषताएँ उभरकर आयीं जैसे भोपाल के भारतभवन में बन्द प्रेक्षागृह में भी हम अनेक रास्तों का सुंदर उपयोग कर सके। मेरा अनुभव है कि प्रसाद के नाटकों की संवेदना बड़े-बड़े सेट्स से नहीं आ सकती—उसमें भव्यता भी आन्तरिक आलोक से सम्पन्न होनी चाहिए। मेरा अपना मत यह है कि प्रसाद के नाटकों को उनके चरित्रों और अभिनेता में देखा जाना चाहिए, बाह्य घटनाओं और स्थूल उपकरणों में नहीं। उनमें रंग-कौशल भी उतना ही अपेक्षित है जितना चरित्रों की परिकल्पना, व्यक्तित्व और उनके अन्तर्जगत, के सुक्ष्म स्तरों के उभारने के लिए अनिवार्य हो। कम से कम 'ध्रुवस्वामिनी' के प्रस्तुतीकरण और निर्देशन में मेरी दृष्टि केवल दो पक्षों पर सबसे अधिक थी—एक प्रसाद के चरित्र, दूसरे उनके संवाद और नाट्यभाषा से बनता जाता दृश्य-जगत्। गीत और संगीत इस सृजन में सहायक बनते हैं। प्रसाद के नाट्यगीत 'ध्रुवस्वामिनी' में आवश्यक स्थलों पर ही हैं और चरित्रों के उद्घाटन के लिए अथवा राष्ट्रीय उद्बोधन के लिए। ध्यान देने योग्य बात है कि मन्दा की अन्तर्वेदना और कोमा का प्रणय-लोक उनके गीतों से व्यंजित किया गया है—यहाँ तक कि मन्दा की तेजस्विता चंद्रगुप्त के ओज और पौरुष तथा संघर्ष-यात्रा पर जाते सैनिकों का उद्बोधन-स्वर बनती है; 'पैरों के नीचे जलधर हों' गीत की अलग-अलग पंक्तियों का उपयोग मैंने समूह-गान और प्रयाण-यात्रा के रूप में तीनों अंकों के अन्त में पृथक् भावजगत और वातावरण की सृष्टि के लिए किया। और मन्दा के प्रवेश-प्रस्थान, भावों आदि के साथ तबले और मृदंग के बोलों को अपनाया साथ ही कोमा को सबसे भिन्न मनोजगत् का पात्र चित्रित करने के लिए बाँसुरी-वादन और 'कामायनी' तथा 'लहर' के गीतों का उपयोग किया—इस रूप में कि गीत-संगीत एक प्रयोग-भर न लगे। किंतु नाटककार ने कहीं भी ध्रुवस्वामिनी के लिए नाट्यगीत नहीं लिया है उसकी प्रखरता और विद्रोह-जन्य मानसिकता के कारण, बौद्धिक चेतना के कारण, यद्यपि वह भी संवेदनशील है पर वहाँ द्वन्द्वात्मक चेतना, अस्तित्व का प्रश्न मुख्य है, भावात्मक तत्त्व उतना नहीं। ध्रुवस्वामिनी के पूरे व्यक्तित्व, द्वन्द्व के लिए हमने सितार का उपयोग किया। इस प्रकार तीन पात्र तीन भिन्न रूपों में उजागर हुए। इसलिए इस नाटक में प्रसाद की चयन-शक्ति, विवेक और संयम परिपक्व हैं—नाटक बिखराव और अतिरिक्त मोह से बचा है। यद्यपि यहाँ भी कहीं-कहीं प्रसाद की कल्पना-दृश्य-सूचना, काल-परिवर्तन, संवाद-रचना में प्राचीन संस्कृत नाटकों की प्रचलित परम्परा का ही आभास देती है—जैसे संवाद के द्वारा समय का बोध कराना। प्रथम अंक में दासी सायंकाल होने का संकेत ही नहीं करती है, उसके वातावरण का काव्यमय विवरण भी देती है अथवा द्वितीय अंक में शकराज स्वयं कहता है कि रात्रि के आगमन की सूचना हो गयी

या प्रथम प्रवेश के बाद शकराज का कथन–'चित्त बड़ा चंचल हो रहा है। तो बैठ जाऊँ ? इस एकांत में अपने बिखरे हुए मन को सँभाल लूँ ?' आदि स्थल संस्कृत नाटकों की पद्धति का ही नमूना हैं। स्पष्ट है कि प्रसाद भारतीय और पारसी नाट्य-परंपरा के बीच से आधुनिक हिंदी नाटक की नाट्य-चेतना की सृष्टि कर रहे हैं। आज आवश्यकता इस बात की है कि हम प्राचीन समीक्षा, साहित्यिकता के दबाव, अरंगमंचीयता के बोझ और घिसी-पिटी शब्दावली से प्रसाद के नाटकों को मुक्त कर उन्हें अपनी समीक्षाओं-अध्यापन और रंगकर्म में, निर्देशन और अभिनय में उन्मुक्त जगत् और सघन संवेदन-तत्त्व एवं सर्जनात्मक मूल्य दें। प्रसाद के नाटकों में हमें हिंदी नाट्यसाहित्य और हिंदी रंगमंच की प्रकृति का अन्वेषण करना चाहिए। अभिनेता और सहृदय प्रेक्षक में विश्वास आज के हिंदी रंगमंच की आवश्यकता है जो हम 'ध्रुवस्वामिनी' में पाते हैं। प्रसाद के नाटकों पर विभिन्न प्रयोग भी अपेक्षित हैं।

महेश आनंद

महाकाव्यात्मक रंगभूमि

नाटककार प्रसाद ने अपने नाट्यलेखन द्वारा जिस महाकाव्यात्मक रंगमंच की तलाश की है, वह एक तरह से उनके जीवनदर्शन और नाट्य के बीच संपूर्णता को पाने की कोशिश है। यही कारण है कि वे जिस तीव्रता और सघनता के साथ राजनैतिक तनावों के भीतर बृहत्तर जीवन-मूल्यों को उद्घाटित करते हैं, उतनी ही गहराई से काव्यात्मक धरातल पर ऐसे विशाल रंगमंच की संभावनाओं को भी रेखांकित करते हैं, जो व्यापक जीवन-फलक को समेटने में समर्थ हो सकें।

उनके नाटकों में जिन जटिलताओं का समावेश हुआ है, वे विचारधारात्मक और सृजनात्मक टकराहट के कारण आयी हैं। प्रत्येक श्रेष्ठ नाटक इस टकराहट का सामना करता हुआ मंचन से पूर्व संपादन की राह से गुज़रता है, जबकि प्रसाद के नाटक मंचन से पूर्व ही प्रकाशित हो गये। वास्तव में प्रसाद ने नाटकों में जिस विस्तृत परिप्रेक्ष्य का अंकन करना चाहा था, उसे चित्रित करने के लिए उन्हें समकालीन पारसी-रंगमंच नाकाफी लगा। इसलिए उन्होंने महाकाव्यात्मक शैली का अन्वेषण करते हुए संस्कृत, पारम्परिक और पारसी रंगमंच से ही नहीं, शेक्सपियर और बंगला नाटककार डी.एल. राय के नाटकों से भी अनेक रंगतत्त्वों को ग्रहण करते हुए उन्हें नये अर्थ और रूप में प्रस्तुत किया। इस प्रयास से उभरनेवाली ग़ैर-यथार्थवादी प्रस्तुति-परिकल्पना को तराशने का अवसर प्रसाद को नहीं मिला। उनके युग का रंगकर्मी इस शैली में गहरे रंग भरने के लिए न तो तैयार था और न ही उसके पास उपयुक्त औज़ार थे। मंचन से पूर्व प्रसाद के नाटकों का प्रकाशन इसी स्थिति को दर्शाता है। रंगमंच की इस अनिवार्य शर्त को पूरा

न कर पाने के कारण उनके नाटकों में तकनीकी उलझनों का होना स्वाभाविक है। अतः आधुनिक रंगमंच पर प्रसाद की परिकल्पना को साकार करने के लिए संपादन की जरूरत होती है। यह कोशिश, नाटककार के प्रति अविश्वास न होकर, रंगकर्म का अनिवार्य चरण है।

'चन्द्रगुप्त' के अध्ययन से पूर्व यह भूमिका इसलिए अनिवार्य लगती है, क्योंकि आलोचक इनके नाटकों में आई बाहरी जटिलताओं को, जिनका समाधान प्रस्तुति के धरातल पर हो सकता है, उभारते हुए उनके अर्थ एवं प्रदर्शन संबंधी संभावनाओं की उपेक्षा करते रहे।

'चन्द्रगुप्त' (1928, प्रका. 31) की विस्तृत रंगभूमि पर प्रसाद ने औपनिवेशिक दासता के विरुद्ध संघर्ष को अंकित करते हुए जातीय स्मृतियों को जगाने की कोशिश की है। इसी परिप्रेक्ष्य में नाटक का संघर्ष राजनैतिक संघर्ष तक सीमित न रहकर राजसत्ता से पनपी मानसिकता के विरुद्ध भी हो गया है। इस तरह यह नाटक मौर्यकालीन इतिहास को आधार बनाता हुआ अपने समय की राजनैतिक उथल-पुथल की प्रक्रिया को विस्तार देता है। इसमें एक ओर, देश के आंतरिक गठन एवं सुरक्षा के लिए संघर्षशील शक्तियों के संगठित होने का अंकन है, तो दूसरी ओर राष्ट्रीय अखंडता को खंडित ही नहीं, समूचे राष्ट्र को गुलाम बनानेवाली प्रतिगामी शक्तियों का चित्रण भी मिलता है। ये प्रतिगामी शक्तियाँ विदेशी आक्रमणकारियों की चालों से बेखबर ही नहीं, उनका सामना करने में भी असमर्थ थीं। उनकी संकीर्ण प्रांतीयता, जाति-भेद के झूठे अहं और वैयक्तिक द्वेष-भावना के कारण राष्ट्र में अस्थिरता पैदा करनेवाली राजनैतिक सोच का लाभ विदेशी उठा रहे थे।

प्रथम अंक में जिस 'भयानक विस्फोट' का संकेत मिलता है, वह अपने में अकेला नहीं है। उसके साथ ये सारे संदर्भ जुड़े हुए हैं, जिनकी दिशाएँ जानने की कोशिश में नाटक के प्रमुख पात्र चाणक्य के उद्देश्यों से परिचय होता है। यह पात्र उन सभी कारणों की तलाश करता है, जिसके आधार पर विदेशी (सिकंदर) भारत पर आक्रमण करके विजय प्राप्त कर सकते थे। इसी प्रयास में वह तीन मुख्य कार्य करता है—स्वतंत्र राज्यों एवं गणतंत्र राज्यों में एकसूत्रता लाना, विदेशी आक्रमणकारियों का सामना करके देश को निष्कंटक बनाना तथा शक्तिशाली एवं व्यवस्थित केन्द्रीय सत्ता की स्थापना करना। इन्हीं के भीतर से विकसित हुई चाणक्य की 'समग्र आर्यावर्त' की भावना या एकराष्ट्र की कल्पना के कारण नाटक केवल नंद वंश के विनाश या मौर्य साम्राज्य के उदय तक सीमित नहीं रहता और न ही चाणक्य के व्यक्तिगत प्रतिशोध की कहानी बनता है; क्योंकि इस राष्ट्रीय स्तर की लड़ाई में चाणक्य की निजी आकांक्षाएँ राष्ट्रीय एवं सांस्कृतिक प्रश्नों के साथ जुड़ती हैं। इन्हीं विशिष्टताओं के फलस्वरूप नाटक का विषय वर्तमान भारत की राजनैतिक स्थिति से दूर की वस्तु नहीं बनता। आज विभिन्न राज्यों में पनप रही अलगाव की स्थिति, साम्प्रदायिकता, केन्द्रीय शक्ति को कमज़ोर बनाने की प्रक्रिया,

जनता में असंतोष एवं विद्रोह की चिंगारियाँ 'चन्द्रगुप्त' में चित्रित स्थितियों के समान ही हैं।

एक प्रश्न उठता है कि इस महत्त्वपूर्ण धरातल पर, प्रसाद ने सिकंदर या नंद के विरोध में, जनशक्ति के अंकन को विशेष महत्त्व क्यों नहीं दिया। उन्होंने केवल नंद के कुशासन के विरोध में इसका संकेत दिया है। तत्कालीन अराजक स्थिति में जनशक्ति को उभारने के लिए नाटक में कई अवसर आए हैं, किन्तु प्रसाद ने चाणक्य की योजना को महत्त्वपूर्ण व्यक्तियों तक ही सीमित रखा है। वास्तव में उनके सामने मुख्य प्रश्न जनता की शक्ति का खुला रूप दिखाना न होकर, देश में इस शक्ति का सही मार्ग-निर्देश करनेवाले नायकों की कमी का था। इसलिए प्रसाद ने चाणक्य जैसे राजनीतिज्ञ एवं चन्द्रगुप्त जैसे राजनायक को राष्ट्रनायक के रूप में उभारा है। प्रथम अंक इसी तैयारी की ओर संकेत करता है। जहाँ दूसरे अंक में सिकंदर को भारत से बाहर निकालने का प्रश्न है, वहाँ चाणक्य मालवा-क्षुद्रकों की सम्मिलित सेना तथा कल्याणी एवं राक्षस द्वारा मगध सेना को मिलाकर शक्तियों का एकत्रीकरण करता है। इसी अंक के छठे दृश्य में चन्द्रगुप्त को इस सम्मिलित सेना का महाबलाधिकृत चुना जाता है। इस प्रक्रिया में यह अंक जनसमुदाय की इच्छा, शक्ति और निर्णय का अंक बन जाता है।

तीसरे अंक में अपने ही राष्ट्र के कुशासन के विरुद्ध विद्रोह का प्रश्न उभरता है। यहाँ सभी महत्त्वपूर्ण व्यक्तियों द्वारा जनता में विद्रोह फैलाने के प्रयास एवं जनता द्वारा उनका साथ देने की सहमति (3/8) तथा नागरिकों द्वारा नंद से न्याय की माँग करनेवाले दृश्य (3/9) में जनशक्ति की दृश्यात्मक संभावनाओं को विकसित किया जा सकता है। निर्देशक ब.व. कारंत ने इस नाटक की वाराणसी (1972) प्रस्तुति में इन संभावनाओं का भरपूर उपयोग किया।

इस परिप्रेक्ष्य में यह नाटक रंगकार्य का जो परिवर्तनशील रूपांकन करता है, उसमें सिकंदर का आक्रमण, भारत से उसे निकालने तथा नंद-विनाश के प्रसंग नाटक के अलग-अलग उद्देश्य नहीं बनते। इन प्रयोजनों की सिद्धि के लिए विभिन्न शक्तियों के एकत्रीकरण में चाणक्य, चन्द्रगुप्त और सिंहरण के सम्मिलित प्रयास तथा सिकंदर से युद्ध करना आदि कार्य-व्यापार एक साथ चलते हैं। इन्हीं के बीच सिकंदर-प्रस्थान के बाद, बदलती हुई राजनैतिक परिस्थितियों के कारण, जन असंतोष का विद्रोही रूप सामने आता है। इनसे संबद्ध प्रसंगों में राजनैतिक स्थितियों और संघर्षों के कई धरातल एक-दूसरे से टकराते हुए आगे बढ़ते हैं। इस परिकल्पना में सिल्यूकस की पराजय-कथा स्वतंत्र अवश्य बन गयी है। किन्तु यह कहना कि, 'सिकंदर की विजय, नंद के नाश ··· की कथाओं का परस्पर कोई संबंध नहीं है, केवल पात्रों के माध्यम से इन्हें जोड़ा गया है, घटना का कार्य-व्यापार के माध्यम से नहीं' उचित नहीं लगता। एक दूसरे कोण से देखें तो उस समय एकता के अभाव एवं संकीर्ण दृष्टि के कारण देश कमज़ोर

हो रहा था, तो साथ ही विदेशी आक्रमणों का ख़तरा भी बढ़ता जा रहा था। ऐसी स्थिति नाटक में चाणक्य का संघर्ष केवल सिकंदर से ही नहीं, नंद जैसे अनेक कुशासकों से भी होता है। राष्ट्र की रक्षा के लिए, नंद से जूझने से पूर्व सिकंदर का सामना करना चाणक्य की पहली जरूरत बनती है। इसके बाद ही केन्द्रीय व्यवस्था को प्रतिष्ठित करने का प्रयास संभव होता है। इसलिए यह नाटक दूसरे अंक पर समाप्त नहीं होता। इस उद्देश्य में नंद का नाश मात्र एक कारण रूप में प्रस्तुत हुआ है। इसमें किसी प्रकार का व्यक्तिगत विरोध नहीं है। इसीलिए नंद का नाश करने के प्रसंग को अधिक विस्तार नहीं दिया गया। 'चन्द्रगुप्त' एवं 'स्कंदगुप्त' की राजनैतिक स्थिति एवं विदेशी आक्रमणकारियों के आक्रमण में बहुत बड़ा अंतर है। 'स्कंदगुप्त' के पात्र अपनी आसपास की दुनिया से अधिक जूझते हैं, जबकि 'चन्द्रगुप्त' में छोटी-छोटी इकाइयों में बिखरे राज्यों को इकट्ठा करके राष्ट्र को सुगठित बनाने के प्रयास मिलते हैं। 'स्कंदगुप्त' में हूणों का आक्रमण लुटेरों की तरह है और इस नाटक में सिकंदर सुलझे हुए एवं व्यवस्थित रूप में आक्रमण करके संपूर्ण भारत को विजित करने का स्वप्न देखता है। इसी राजनैतिक दृष्टि से चन्द्रगुप्त को स्कंदगुप्त की तरह व्यक्तिगत संबंधों की रेखाओं में घिरा हुआ न दिखाकर, केन्द्रीय शक्ति को मज़बूत बनाने के लिए, उसके सुयोग्य शासक होने को बार-बार उभारा गया है।

इस अर्थ को तत्कालीन भारत की राजनैतिक स्थिति के परिप्रेक्ष्य में समझा जा सकता है। उस समय अंग्रेज पंजाब, बंगाल, बिहार आदि को भारत से अलग करना चाह रहे थे। नंद की भेद नीति के संकेत अंग्रेजों की उस कुटिल नीति को ध्वनित करते हैं, जिससे वे हिन्दू-मुस्लिम का भेद-भाव प्रसारित कर रहे थे। यद्यपि इसे विस्तार नहीं मिला है, फिर भी देश की एकता को खंडित करनेवाले क्षत्रिय-क्षुद्र तथा ब्राह्मण-क्षुद्रों के पारस्परिक द्वेष के जो संकेत मिलते हैं, वे इसी स्थिति को रेखांकित करते हैं। पारिवारिक सुखों को छोड़कर जनजागरण में चेतना जाग्रत करनेवाली अलका तत्कालीन राष्ट्रीय आंदोलनों में जुटी हुई देश-सेविकाओं का ही दूसरा रूप है। उसका गीत 'हिमाद्रि तुंग शृंग से,' 'वंदे मातरम्' का स्थान ग्रहण कर लेता है। स्वतंत्रता-आंदोलन में शिक्षक एवं उच्च शिक्षा प्राप्त विद्यार्थी वर्ग का आंदोलन में भाग लेना चाणक्य-चन्द्रगुप्त-सिंहरण की तरह ही था। इस प्रकार 1928 ई. के आसपास के राजनैतिक आंदोलनों को तीव्रता देने के लिए प्रसाद ने 'चन्द्रगुप्त' के माध्यम से सहयोग दिया है। साम्प्रदायिकता एवं संकीर्ण प्रांतीयता के विरुद्ध आवाज उठाते हुए चाणक्य का चरित्र इसी बात को उभारता है कि राष्ट्रीय कार्यों के लिए अपने व्यक्तिगत सुख-दुःख से ऊपर उठना अनिवार्य है। अलका की सेवा-भावना या मालविका के मूक बलिदान ने भी इसी ओर संकेत किया है।

इस नाटक के संपूर्ण पाठ का एक अन्य महत्त्वपूर्ण पक्ष है—भारतीय संस्कृति के उच्च मूल्यों की प्रतिष्ठा। इसे कई स्थानों पर पात्रों के भीतरी उत्साह एवं स्थितियों

द्वारा प्रतिष्ठित किया गया है। भारत की महत्ता घोषित करनेवाली विदेशी पात्रा कार्नेलिया एवं सिकंदर द्वारा इन मूल्यों की स्वीकारोक्ति, सिंहरण जैसे निःस्वार्थ देशसेवक, चन्द्रगुप्त जैसे भारतीय वीरों की उदार एवं विशाल जीवन-दृष्टि, सिकंदर की उदारता एवं मैत्री-भावना, चाणक्य की निःस्वार्थ कर्म-भावना, अलका का अपने शरीर को राष्ट्र के परमाणुओं से निर्मित मानना आदि में राष्ट्रीय स्थितियों के अनुकूल उस रचनाकार के अंतर्मन की सुनाई देती पुकार है, जिसके सामने समस्त राष्ट्र की स्वतंत्रता एवं एकता का प्रश्न था। इस परिदृश्य में देखें तो नाटक में ब्राह्मणत्व की महिमा का उल्लेख तत्कालीन परिस्थितियों के अनुकूल है। यहाँ ब्राह्मणत्व वर्ण या जाति-भेद की संकीर्ण रेखाओं से ऊपर उठकर भारतीय संस्कृति के शील और मर्यादा का सूचक बन गया है। देश को संकट में देखकर इसी ब्राह्मणत्व (चाणक्य) ने राष्ट्र की रक्षा के लिए 'इतर वर्णों का संघटन' (1/9, 80) किया। 'राजन्य संस्कृति से पूर्ण मनुष्य को मूर्धाभिषिक्त बनाने' (वही) में चाणक्य ने व्यक्ति को महत्त्व दिया है, किसी प्रकार के जाति-भेद को नहीं। अतः यहाँ ब्राह्मणत्व को मात्र सीमित अर्थों में देखना उचित नहीं है। जब चाणक्य नंद को कहता है कि अब, 'समय आ गया है कि शूद्र राजसिंहासन से हटाए जाएँ और सच्चे क्षत्रिय मूर्धाभिषिक्त हों' (1/5, 67), तो चाणक्य जाति-भेद की अपेक्षा सुयोग्य शासकों की ओर संकेत करता है। वृषल कहलाए जानेवाले चंद्रगुप्त को क्षत्रिय घोषित करते हुए चाणक्य की दृष्टि इसी विशेषता की ओर रही है। प्रसाद ने ब्राह्मणत्व द्वारा कर्म की महत्ता एवं व्यक्ति के लिए आवश्यक आचरणों को भी स्पष्ट किया है। स्वयं चाणक्य का निःस्वार्थ संघर्ष इसी अर्थ को उद्घाटित करता है। अंत में चाणक्य द्वारा अंतर्निहित ब्राह्मणत्व की उपलब्धि राष्ट्र की आंतरिक शांति के साथ जुड़ी हुई है। इस प्रकार नाटक में अंकित ब्राह्मणत्व लोककल्याणपरक अनुशासन को ही व्यंजित करता है।

'चंद्रगुप्त' नाटक के संरचनात्मक तत्त्वों एवं चरित्रों द्वारा व्यक्त विशिष्ट विचार-कड़ियों का विश्लेषण करें तो नाटक के मूल स्वर के उन सूत्रों को पा सकते हैं, जिनकी तलाश निर्देशक-अभिनेता को होती है। दूसरे शब्दों में कहें तो इन्हीं सूत्रों अर्थात् उप-मूल-पाठ संबंधी बिंबधारा के माध्यम से नाटक के संपूर्ण पाठ की व्याख्या एवं दृश्यात्मक संभावनाओं को निश्चित किया जा सकता है।

प्रथम अंक के प्रारंभ में ही प्रसाद ने बिना किसी भूमिका के दो विरोधी शक्तियों को आमने-सामने रखकर नाटक के मूल संघर्ष से दर्शकों का साक्षात्कार कराया है। पात्रों का परिचय एवं चारित्रिक विशेषताएँ अंकित करने के साथ उन्होंने घटनाओं का पूर्वाभास देते हुए नाटक की दिशा निर्धारित की है। नाटककार ने स्पष्ट किया है कि आर्य जाति को नष्ट करने के लिए यवनों के साथ हुए गुप्त समझौतों और 'जनसाधारण के अधिकार अत्याचारियों के हाथ' (1/4, 62) आ जाने से राज-आतंक का वातावरण बना है। इसके अतिरिक्त बौद्ध-ब्राह्मण संघर्ष, संकीर्ण प्रांतीयता में बँधे हुए क्षुद्र स्वार्थों तथा द्वेष और

जाति-भेद के अहं से राष्ट्र की अखंड एकता को नष्ट करनेवाले शासकों के कारण 'दस्यु और म्लेच्छ साम्राज्य बना रहे हैं (1/1, 48)। इसी के समानांतर मगध और पंचनद में एकता लाने का प्रयास करते हुए चाणक्य तथा उसके सहयोगी चंद्रगुप्त एवं सिंहरण के प्रयास अभी सफल नहीं हो रहे और न ही उनके संघर्ष की दिशा निश्चित हुई है। सिकंदर के प्रयास भी इस अंक तक स्पष्ट नहीं हुए। केवल गांधार की राजनीति में उसका हस्तक्षेप एवं दांड्यायन के यहाँ उसका महत्त्वाकांक्षी रूप उभरता है। इसके विपरीत राष्ट्र में पनप रही देशद्रोही और नकारात्मक भूमिका निभानेवाली शक्तियाँ स्पष्ट रूप से सामने आती हैं। इन दृश्यात्मक स्वरों के बीच राक्षस-सुवासिनी, कल्याणी-चंद्रगुप्त, सिंहरण-अलका और चंद्रगुप्त-कार्नेलिया का परस्पर आकर्षण तथा कोमल भाव ध्वनित होते हैं।

प्रसाद ने इस व्यापक धरातल पर कई तरह से दृश्यात्मक इकाइयों की रचना की है। प्रथम अंक के पहले दृश्य में ही चाणक्य, चंद्रगुप्त और सिंहरण के विरोध में आंभीक प्रस्तुत होता है, तो अंक के अंतिम दृश्य—दांड्यायन के आश्रम में विरोधी पक्ष सिकंदर एवं सिल्यूकस के रूप में आता है। इन्हीं दोनों पक्षों ने भावी संघर्ष के लिए सूक्ष्म आधार प्रस्तुत किए हैं। इस तरह अन्य कई दृश्यों को भी एक-दूसरे के विरोध में रखकर जो नाटकीय वैषम्य बना है, उससे अंक स्वाभाविक रूप से विकसित हुआ है। जैसे, पहले दृश्य में देश के प्रति जागरूकता, दूसरे में शासक का विलासी रूप, तीसरे में राजनैतिक-सामाजिक स्थिति के प्रति उत्तेजना, चौथे दृश्य में इस उत्तेजना को ठोस आधार देना तथा अन्य दृश्यों में समस्या के दूसरे पक्षों को स्वर देता हुआ नाटक मुख्य संघर्ष को आगे ले जाता है। इन दृश्यों में कई कथासूत्रों के उद्घाटन से भावी घटनाओं का पूर्वाभास मिलता है। इसी कोशिश में पात्रों के पारस्परिक संबंध-सूत्रों का सृजन हुआ है। उदाहरण के लिए, प्रतिवेशी जैसे पात्र (1/3) के द्वारा चाणक्य एवं दर्शकों को शकटार और सुवासिनी के बारे में सूचनाएँ ही नहीं मिलतीं, राष्ट्र की स्थिति का भी स्पष्टीकरण होता है। मानचित्र के प्रसंग (1/6) में मालविका का परिचय तथा सिंहरण एवं अलका का प्रेमभाव पुष्ट हुआ है। दांड्यायन की भविष्यवाणी से चंद्रगुप्त को भावी सम्राट की संज्ञा देकर लेखक ने नाटक के महत्त्वपूर्ण विचारबिन्दु को उभारा है तथा कार्नेलिया एवं चंद्रगुप्त के परस्पर कोमल पक्ष को स्पष्ट करके अंक का आकर्षक अंत किया है। इसी प्रयास में चंद्रगुप्त के प्रति कल्याणी एवं कार्नेलिया के आकर्षण से हल्की-सी जटिलता का निर्माण हुआ है। सुवासिनी कोई निरर्थक पात्र नहीं है, वह राक्षस को ब्राह्मण-विरोधी एवं बौद्ध समर्थक बनाने को प्रेरित करती है जिसका प्रमुख घटनाओं पर प्रभाव पड़ता है। इसके अतिरिक्त वह राक्षस को अमात्य वर्ग से जोड़ने में सहायक भी बनती है। इस संपूर्ण अंक में चाणक्य का अपमान और प्रतिज्ञा समस्त नाटक के लिए मुख्य घटना बन गई है। विशेष रूप से, जेल से छूटने के बाद चाणक्य की प्रतिज्ञा के बारे में तीव्र जिज्ञासा होती है।

दूसरे अंक में, मालव को केन्द्र बनाकर चाणक्य अपनी योजना को साकार रूप देने का प्रयास करता है। चाणक्य अभी साधनहीन है, इसलिए अपने को शक्तिशाली बनाने के लिए वह कूटनीति से सभी मुख्य पात्रों एवं घटनाओं को अपने अनुकूल बनाता है। चंद्रगुप्त का सिल्यूकस के यहाँ जाकर यवनों की रणनीति से परिचय प्राप्त करना तथा छद्मवेश में, सिंहरण एवं अलका के साथ, युद्धक्षेत्र में जाकर पर्वतेश्वर को इसके बारे में बताने जाना चाणक्य की नीति का ही हिस्सा है। इसी के अनुसार ही चंद्रगुप्त क्षुद्रकों-मालवा की सम्मिलित सेना का सेनापति बनता है एवं विपाशा-तट पर यवन सैनिकों के बीच विद्रोह फैलाता है। चाणक्य मालव-रक्षा के लिए कल्याणी एवं राक्षस को रोकता है ताकि मगध-सेना उसका साथ दे सके, और साथ ही नंद के रुष्ट होने की सूचना देकर राक्षस को उलझन में डालता है। यह उलझाव राक्षस को मगध के प्रति विद्रोह के लिए तैयार करने का प्रयास है। चाणक्य के ये सारे प्रयास भविष्य में होनेवाली घटनाओं की पूर्व-भूमिकाएँ हैं। इस अंक में चंद्रगुप्त का सक्रिय रूप सामने आता है। फिलिप्स से कार्नेलिया के सम्मान की रक्षा, सिकंदर के सहयोग को अस्वीकार करने के साथ उसे चुनौती देते हुए ग्रीक शिविर से सकुशल निकल जाना, सेनापति के रूप में यवनों की रणनीति अपनाकर सिंहरण एवं अलका के सहयोग से सिकंदर और सिल्यूकस के साथ हुए अंतिम युद्ध में उनको हराना, उसकी वीरता एवं दूरदर्शिता का परिणाम है।

प्रस्तुत अंक में पात्रों के प्रत्येक कार्य-व्यापार के सूत्र चाणक्य के पास रहते हैं। प्रमुख पात्रों में से चंद्रगुप्त, सिंहरण एवं अलका का सक्रिय रूप सामने आता है, किंतु मालविका का कोमल बिंदु धुँधला रह जाता है। सिकंदर के वीर रूप की अपेक्षा उसका उदार व्यक्तित्व आकर्षक बनता है।

इस दूसरे अंक के दृश्यों में नाटकीयता एवं उत्सुकता का निर्माण करने के लिए एक ही दृश्य के भीतर कई विषम चित्र प्रस्तुत हुए हैं। उदाहरण के लिए, तीसरे दृश्य में पर्वतेश्वर एवं सिकंदर की मैत्री तथा सिंहरण एवं अलका का बंदी होना, पाँचवें दृश्य में अलका का सिंहरण से प्रेम करना तथा पर्वतेश्वर को सिकंदर का विरोधी बनाने के प्रयास में उसे अपने प्रेम का लालच देना आदि प्रसंगों में जिस जटिलता एवं जिज्ञासा का निर्माण हुआ है, वह नाटकीय आकर्षण का आधार बनी है। आठवें दृश्य में चंद्रगुप्त जिस उत्साह से सिकंदर को भारतभूमि से बाहर करने के लिए कटिबद्ध होकर उन्हीं के दावपेचों के साथ टकराने की योजना बनाता है तो जिज्ञासा होती है कि युद्ध किस प्रकार होगा ? उसका क्या परिणाम होगा ? अंक के अंत में, इन जिज्ञासाओं का शमन सिंहरण की वीरता से घायल सिकंदर की स्थिति से होता है, किंतु वह उसे बंदी नहीं बनाता और चंद्रगुप्त सिल्यूकस को घेरकर भी उसे बिना किसी बाधा के रास्ता देता है। इन दृश्यों में प्रतिशोध-भावना की अपेक्षा चरित्रों की विशालता का अंकन हुआ है। ये आकस्मिक मोड़ इन प्रसंगों को, सिकंदर द्वारा पर्वतेश्वर को न

मारना तथा सिल्यूकस द्वारा चंद्रगुप्त के प्राणों की रक्षा करना, पूर्व-प्रसंगों से जोड़ते हुए चरित्रों को उभारते हैं।

प्रसाद ने एक ही दृश्य में कई विषम दृश्यात्मक इकाइयों द्वारा नाटक की सहजगति बनाई है। इस अंक के प्रथम दृश्य में कार्नेलिया का भारत-प्रेम एवं चंद्रगुप्त के प्रति अनुरक्ति के संकेत मिलते हैं, तो दूसरी ओर आंभीक जैसे देशद्रोही एवं फिलिप्स जैसे विरोधी चरित्रों के प्रसंगों द्वारा आगामी अंकों के लिए पृष्ठभूमि का निर्माण हुआ है। इन्हीं दृश्यों से चंद्रगुप्त–फिलिप्स के द्वन्द्व की भूमिका तैयार हुई है। इसके अतिरिक्त, फिलिप्स एवं सिल्यूकस के पारस्परिक विरोध से सिकंदर की सेना में आंतरिक विरोध के संकेत भी मिलते हैं। इन सूत्रों द्वारा छोटी-छोटी दृश्यात्मक इकाइयाँ एक-दूसरे के साथ जुड़कर नाटकीय प्रभाव का निर्माण करती हैं। दूसरे दृश्य में चाणक्य, चंद्रगुप्त, अलका एवं सिंहरण की युद्धविषयक बातचीत, कल्याणी का पुरुष वेश में मगध सैनिकों के साथ पर्वतेश्वर की सहायता के लिए आना तथा चंद्रगुप्त-सिंहरण-अलका का बदले हुए वेश में पर्वतेश्वर को युद्ध के बारे में परामर्श देनेवाले प्रसंगों में युद्ध से पूर्व वातावरण का निर्माण हुआ है। विशेष रूप से इस दृश्य की प्रारम्भिक इकाई में युद्ध से पूर्व बन रहे सन्नाटे का अंकन कई धरातलों पर कुशलता से किया गया है।

इस दूसरे अंक में युद्ध के वातावरण के भीतर प्रेम-प्रसंगों की जटिलताओं द्वारा पात्रों की मनोभावनाओं का अंकन भी हुआ है। पहले दृश्य में चंद्रगुप्त पुनः कार्नेलिया के सामने आया है, दूसरे दृश्य में कल्याणी के साथ उसका साक्षात्कार होता है, तो चौथे दृश्य में चंद्रगुप्त के प्रति मालविका प्रेमाकर्षण व्यंजित करती है। इस त्रिकोण के अतिरिक्त तीसरे दृश्य में सिंहरण एवं अलका को बंदी रूप में और पाँचवें में पर्वतेश्वर का अलका के प्रति प्रेम दिखाकर, एक अन्य त्रिकोण से कथा को नया मोड़ दिया गया है। एक बात यहाँ खटकती है। तीसरे दृश्य में जब सिंहरण घायल होता है तो उसके पास केवल अलका रहती है और वे दोनों बंदी बना लिए जाते हैं। चंद्रगुप्त एवं कल्याणी बड़े आराम के साथ प्रस्थान करते हैं। वे सिंहरण-अलका को छुड़ाने का प्रयास अथवा किसी प्रकार की प्रतिक्रिया व्यक्त नहीं करते।

तीसरे अंक का केन्द्र मगध बनता है। इस अंक में चाणक्य प्रत्येक लक्ष्य को अपनी इच्छानुसार ढालता हुआ अनुकूल परिणाम प्राप्त करता है। सिकंदर के प्रस्थान के बाद चाणक्य अन्यायी नंद के प्रति विद्रोह की तैयारी के लिए कई तरह की कार्रवाई करता है। वह उस प्रत्येक व्यक्ति का इस्तेमाल करता है जो उसकी योजना को सफल बनाने में सहायक हो सकता है।

राक्षस मगध की भीतरी शक्ति है, जिसका मगध पर प्रभाव है और पर्वतेश्वर बाहरी शक्ति है, जिससे आक्रमण की आशंका हो सकती है। इन दोनों को अपने पक्ष में किये बिना चंद्रगुप्त बाधारहित सम्राट नहीं बन सकता। चाणक्य दोनों को अपने पक्ष में करता है। राक्षस मगध में विद्रोह फैलाने के लिए माध्यम बनता है, तो पर्वतेश्वर इस स्थिति

को सँभालने में सहायक होता है। इन कार्यों को सम्पन्न करने के लिए चाणक्य कई प्रकार के नाटक रचता है। नंद के अविश्वास की सूचना राक्षस को देने, उसे बंदी बनाने और फिर छुड़ाने के प्रयास इसी प्रकार के हैं। इसी प्रक्रिया में चाणक्य पर्वतेश्वर को आत्महत्या से रोककर उसे यवनों के विरुद्ध युद्ध करने एवं मगध में विद्रोह के लिए तैयार ही नहीं करता, चंद्रगुप्त की श्रेष्ठता को भी मनवाकर उसका सहयोगी बनाता है।

इस तीसरे अंक में चाणक्य सभी घटनाओं के परिणाम सोचकर पात्रों के प्रयोजन निश्चित करता है। जैसे राक्षस पर अपनी चाल स्पष्ट होने से पूर्व ही वह उसकी अंगुलीय मुद्रा लेकर और बाद में मालविका के माध्यम से राक्षस को षड्यंत्रकारी सिद्ध करते हुए नंद को राक्षस के विरुद्ध भड़का देता है। नंद राक्षस-सुवासिनी को विवाह की वेदी से उठाकर बंदी बनाता है जिससे नागरिकों में रोष फैल जाता है। चाणक्य शकटार आदि पात्रों से मिलकर इसी रोष को विद्रोह का रूप देता है। फलस्वरूप प्रजा सीधे नंद से न्याय की माँग करती है। चंद्रगुप्त द्वारा नंद को बंदी बनाया जाता है और शकटार उसका वध कर देता है। अंत में चंद्रगुप्त सम्राट के रूप में प्रतिष्ठित होता है।

इस अंक में तेजी से बदलते हुए दृश्यों के भीतर जिस प्रकार के कार्य-व्यापारों का निर्माण हुआ है, वे अपने फैलाव के बावजूद नाटकीय प्रभाव का निर्माण करते हैं। इसके विपरीत कई सूच्य घटनाएँ भी प्रसंगों को विकसित करने अथवा उपयुक्त नाटकीय वातावरण बनाने में सहायक बनी हैं। सिंहरण-अलका विवाह, चंद्रगुप्त-फिलिप्स के द्वंद्व में फिलिप्स की मृत्यु, सिकंदर की मृत्यु, मौर्य सेनापति को अंधकूप में डालना, नंद की क्रूरता एवं शकटार के पुत्रों की भयावह मृत्यु का विवरण तथा नंद द्वारा राक्षस-सुवासिनी को बंदी बनाना आदि सूच्य प्रसंग इसी प्रकार के हैं। इस अंक में चंद्रगुप्त एवं कार्नेलिया तथा राक्षस एवं सुवासिनी के प्रेम-प्रसंगों के कोमल संकेत अवश्य मिलते हैं, किंतु उनमें विस्तार नहीं है। इनके चित्रण में प्रसाद किसी निष्कर्ष तक नहीं पहुँचते। इसलिए उन्होंने इन प्रसंगों को बीच में ही अधूरा छोड़कर अंक का अंत कर दिया है।

चौथे अंक में नाटक नये सिरे से शुरू होता है। चंद्रगुप्त का नायकत्व सिद्ध करने के लिए प्रसाद ने कई पात्रों की हत्या या आत्महत्या द्वारा चंद्रगुप्त का मार्ग प्रशस्त एवं निष्कंटक किया है। इस तरह यह अंक चंद्रगुप्त के व्यक्तित्व को उभारते हुए उसे निर्विघ्न सम्राट के रूप में प्रतिष्ठित करने के प्रयास का अंक बनता है। मगध पर संभावित आक्रमण करनेवाली बाहरी बाधा के रूप में पर्वतेश्वर विरोधी बनता जा रहा है। इसलिए उसकी हत्या की जाती है। वैसे, आंभीक जैसे देशद्रोही का हृदय-परिवर्तन भी दिखाया गया है, किंतु वह भी युद्ध में समाप्त हो जाता है। कल्याणी एवं राक्षस द्वारा गृह-कलह या विद्रोह की संभावना बन सकती है। एक में, पिता की हत्या का प्रतिशोध लेने की भावना जाग सकती थी, तो दूसरा अपनी पद-प्रतिष्ठा के लिए टकराहट की स्थिति उत्पन्न कर सकता था। इसलिए कल्याणी से आत्महत्या करवाई जाती है और राक्षस को अमात्य

पद पर प्रतिष्ठित करके चंद्रगुप्त का सहयोगी बनाया जाता है। कार्नेलिया से चंद्रगुप्त के विवाह का रास्ता साफ करने के लिए मालविका का बलिदान करके पहले राक्षस को विद्रोही बनाया गया है, फिर उसे ग्रीक शिविर भेजा जाता है। यहीं राक्षस चंद्रगुप्त की हत्या का षड्यंत्र रचता है। मालविका इसी षड्यंत्र से चंद्रगुप्त को बचाने के लिए मृत्यु का वरण करती है। राक्षस को विद्रोही बनाने के लिए सुवासिनी उसको विवाह की औपचारिकता निभाने की बात कहती है। यहीं राक्षस को चाणक्य एवं सुवासिनी के संबंधों के बारे में संदेह होता है। एक पात्र को रास्ते से हटाने के लिए और दूसरे को अपने पक्ष में करने के लिए ऐसे अनावश्यक दृश्य व्यर्थ की जिज्ञासा पैदा करते हैं।

इसी प्रकार सिल्यूकस की भारत-विजय-लालसा तथा मगध पर आक्रमण करने की योजना से संबद्ध दृश्यों का आयोजन कार्नेलिया-चंद्रगुप्त विवाह के लिए किया गया है। दूसरी ओर, चंद्रगुप्त के व्यक्तित्व को उभारने के लिए विजयोत्सव के प्रसंग पर चाणक्य से उसके नाराज होने आदि के प्रसंग आये हैं। हल्की-सी बाधा के रूप में मौर्य सेनापति द्वारा चाणक्य को मारने का प्रसंग भी प्रस्तुत हुआ है, जिससे चाणक्य की महानता उभरती है। अंत में, दो संस्कृतियों के मिलन के लिए चंद्रगुप्त-कार्नेलिया विवाह तथा चाणक्य एवं चंद्रगुप्त का चरित्र उभारने के लिए जिन प्रसंगों की परिकल्पना की गई है, वे तीसरे अंक का विकसित रूप नहीं लगते और न ही इस अंक के साथ किसी अन्य प्रकार से जुड़ते हैं। अपने उद्देश्य की सिद्धि के लिए जिन छोटे-छोटे दृश्यों में बाँटकर स्थितियों एवं पात्रों को समेटा गया है, उनसे वह सहज गति नहीं बनती जो पूर्व अंकों में दिखाई देती है।

वस्तुतः, इस चौथे अंक में सबकुछ सायास घटित करने की कोशिश की गई है। कल्याणी, पर्वतेश्वर, मालविका की आत्महत्या या हत्या स्वाभाविक नहीं लगती। चंद्रगुप्त को इस प्रकार निष्कंटक बनाने की कोशिश नाटककार की असहायता है। सुवासिनी-कार्नेलिया (4/9) की बातचीत में प्रेम तथा यौवन आदि पर दी गई परिभाषाएँ अपने में सुंदर हो सकती हैं, किंतु नाटक के साथ उनका कोई संबंध नहीं जुड़ता और न ही इन दोनों की मैत्री का कोई राजनैतिक परिणाम मंच पर दिखाया गया है।

प्रस्तुत अंक में यदि कहीं नाटकीयता है तो वह चंद्रगुप्त एवं चाणक्य की टकराहट (4/5) में है जहाँ चंद्रगुप्त अकेला रह गया है। तीसरे दृश्य के पूर्वार्द्ध में इस टकराहट की पृष्ठभूमि तैयार की गई है, किंतु चाणक्य-सुवासिनी के संवाद इस हलचल को ढँकते हैं। इसके अतिरिक्त छठे दृश्य में चाणक्य मगध की स्थिति का विश्लेषण करता है। इसी दृश्य में अलका का राष्ट्रीय रूप, देशद्रोही आंभीक का परिवर्तित रूप और चाणक्य का सच्चा ब्राह्मण-रूप उभरता है जिससे अंक आगे बढ़ता है। इसके अतिरिक्त, आठवें दृश्य में युद्ध के प्रति चंद्रगुप्त के उत्साह तथा दसवें में युद्ध आदि का अंकन अपनी गतिशीलता के कारण नाटकीय तनाव को गहन करता है।

इन दृश्यों के अतिरिक्त, अन्य दृश्यों में भी पात्रों के व्यक्तिगत संबंधों का ही स्पष्टीकरण हुआ है। दृश्य एक, दो और चार में क्रमशः कल्याणी-पर्वतेश्वर, सुवासिनी-राक्षस, चंद्रगुप्त-मालविका के संबंधों का ही अंकन है। कार्नेलिया, राक्षस- एलिस (4/7), कार्नेलिया-सुवासिनी-एलिस-सिल्यूकस (4/9), राक्षस-सुवासिनी-कार्नेलिया-सिल्यूकस-चंद्रगुप्त (4/11) से संबंधित दृश्य भी एक सीमा के बाद पात्रों के पारस्परिक मिलन, उनकी भावुकता, प्रेम-भावनाओं तथा मैत्री संबंधों की व्यक्तिगत रेखाओं तक सिमट गये हैं। ऐसे दृश्यों के अन्य संकेत भी हैं, किंतु उनसे नाटक को विशेष गति नहीं मिलती। अंक के अंतिम तीन दृश्य (12, 13, 14वाँ) तो सारी स्थितियों को शीघ्रता के साथ समेटने के कारण नाटक की गति को और भी मंद करते हैं।

जब पहले तीन अंकों के प्रभावों से टकराते हुए इस चौथे अंक में पहुँचते हैं, तो नाटककार ने अचानक इन प्रभावों के अनुक्रम को रोककर दर्शकों की रुचि का केन्द्र बदलने का प्रयास किया है। इस अंक में नये संदर्भों की व्यंजना से नाटक की अभिप्रेतीय रूपरेखा अचानक बदलने लगती है, यही कारण है कि इस परिवर्तन को न तो दर्शक ग्रहण कर सकता है और न ही अभिनेताओं को अपने चरित्रों के विकास की निश्चित दिशाएँ मिल सकती हैं। यद्यपि चौथे अंक से मिलनेवाले सूत्रों से चाणक्य-चंद्रगुप्त के संबंधों तथा अन्य चरित्रों को नया मोड़ और राजनैतिक स्थिति को ठोस आधार मिलता है, फिर भी इसके लिए कई अनावश्यक दृश्यों का संयोजन नाटक के समग्र प्रभाव को तीखा नहीं बनाता और न ही इनसे तीसरे और चौथे अंक के बीच किसी निश्चित गति का निर्माण हुआ है। जबकि 'ध्रुवस्वामिनी' के तीनों अंक अलग-अलग होते हुए भी आंतरिक संगति के कारण गहरे रूप से जुड़े हुए हैं। यह गति बाहरी नहीं, नाटक की संपूर्ण संरचना का अनिवार्य अंग बनती है जिससे नाटक का अर्थ कहीं खंडित नहीं होता। इसके विपरीत 'चंद्रगुप्त' के पहले तीनों अंकों और चौथे अंक के बीच इस गति का अभाव है। अगर कोई निर्देशक इस अंक के प्रभावों की उपेक्षा नहीं करना चाहता तो उसे इस अंक में काफी परिवर्तन करने पड़ेंगे। वैसे, तीसरे अंक तक चंद्रगुप्त के वीरत्व की प्रतिष्ठा, साथी राज्यों के सहयोग और जन-सामान्य द्वारा उसे राजा के रूप में स्वीकार करने से उसके राज्य को सुदृढ़ता मिलती है। इसलिए इस अंक में चंद्रगुप्त के राज्य की भावी स्थिरता का प्रयास विशेष महत्त्वपूर्ण नहीं लगता, क्योंकि इस प्रकार की स्थिरता या भावी संकटों का कोई अंत नहीं है।

इसके अतिरिक्त, नाटक के तेरह गीतों में से सात गीत इसी चौथे अंक में हैं। इस अंक के न रहने से गीतों की समस्या से भी छुटकारा मिल सकता है। वैसे भी ये गीत 'अरुण यह मधुमय देश हमारा' (2/9) की तरह नाटकीय गति में सहायक नहीं बनते।

इस नाटक की कथावस्तु 25 वर्षों तक की घटनाओं को समेटती हुई चलती है। यहाँ नाटक की समीक्षा नाट्य-अन्वितियों की दृष्टि से करना उचित नहीं है। प्रश्न यहाँ नाटकीय

प्रभाव की एकता का है। नाटककार द्वारा बनाया गया नाटकीय भ्रम ऐसा नहीं है कि तक्षशिला का चंद्रगुप्त 25 वर्ष बाद कार्नेलिया के पति के रूप में अस्वाभाविक लगे। नाटक में कहीं भी इस ऐतिहासिक अंतर का आभास नहीं होता। यों पहले तीन अंकों की कथावस्तु चार या पाँच वर्षों की घटनाओं को लेकर चलती है। चंद्रगुप्त-सिकंदर की भेंट 326 ई. पू. की है और, चंद्रगुप्त का राज्यारोहण 321 या 322 ई.पू. का है। नाटकीय प्रभाव की दृष्टि से यह नाटक तीसरे अंक तक ही उचित लगता है। जबकि यह अंक 16 वर्ष की घटनाओं को (चंद्रगुप्त-कार्नेलिया विवाह 303 या 305 ई.पू.) एक साथ समेटने के कारण शिथिल और बिखर गया है।

नाटक के पहले तीनों अंकों का प्रभाव इतना निश्चित नहीं है कि प्रत्येक अंक अपने में समाप्त हो जाए जैसाकि चौथे अंक का नाटकीय प्रभाव प्रथम तीन अंकों से अलग हो गया है। इनके नाटकीय प्रभावों को जानने के लिए प्रत्येक अंक का प्रारंभ और अंत महत्त्वपूर्ण है। प्रथम अंक के पहले दृश्य में राष्ट्र की राजनैतिक स्थिति का उद्घाटन हुआ है, तो अंतिम दृश्य में विरोधी पक्ष से सीधे सामना होता है। दूसरे अंक में चंद्रगुप्त विपक्षी दल का सामना करता है और अंक का अंत सिकंदर की पराजय के साथ होता है। तीसरा अंक स्थानीय राजनीति के धरातल पर आता है और अंत नंद के नाश और चंद्रगुप्त के सम्राट बनने में होता है। प्रस्तुति के समय, अंकों के दृश्यात्मक स्वरों की लय निश्चित करने के लिए इन प्रारंभिक एवं अंतिम बिंदुओं का विशेष महत्त्व है।

इस नाटक के युद्ध-दृश्य अन्य नाटकों से अलग हैं। नाटककार ने दोनों पक्षों के सैनिकों को मंच पर उपस्थित दिखाया है। फिर भी, युद्ध के स्पष्ट संकेत मुख्य पात्रों के बीच मिलते हैं। सिल्यूकस-पर्वतेश्वर (2/3), सिल्यूकस-फिलिप्स एवं सिंहरण-पर्वतेश्वर (2/3), सिकंदर-सिंहरण (2/10), सिल्यूकस-चंद्रगुप्त (2/10), चंद्रगुप्त-सिल्यूकस तथा सिल्यूकस-आंभीक (4/10) आदि के बीच हुए युद्ध में सैनिकों का युद्ध पृष्ठभूमि में रह जाता है क्योंकि इन दृश्यों में प्रसाद ने युद्ध-दृश्यों को विस्तार न देते हुए उनके परिणामों एवं मुख्य पात्रों के व्यक्तित्व को उभारने का प्रयास किया है।

नाटककार ने युद्ध, षड्यंत्र, हत्याओं और आत्महत्याओं के बीच कई प्रेम-प्रसंगों द्वारा भावनात्मक वातावरण का अंकन करना चाहा है। राष्ट्रीय उद्देश्य के व्यापक संदर्भों के भीतर ये प्रेम-प्रसंग प्रभावहीन हो गये हैं अथवा स्वयं प्रसाद ने राजनैतिक कारणों को लेकर इन प्रसंगों को बीच में ही समाप्त कर दिया है। यह प्रश्न अलग है कि वे इसके लिए अधिक विश्वसनीय कारण प्रस्तुत नहीं कर पाये। ये प्रेम-प्रसंग कोमल भावों का सृजन करते हुए नाट्य-विश्रांति का कार्य अवश्य करते हैं, किंतु अर्थ या संघर्ष की दृष्टि से नाटक को बहुत दूर तक नहीं ले जाते। कार्नेलिया-चंद्रगुप्त या सुवासिनी-राक्षस से संबंधित प्रसंग एक सीमा तक स्थितियों को उभारने में सहायक बने हैं, परंतु मालविका तथा कल्याणी का आत्मोत्सर्ग व्यापक संदर्भों में बलिदान न बनकर स्थितियों

का सरलीकरण लगता है। नाटक में लगभग नौ प्रेम-प्रसंग हैं—चंद्रगुप्त-कल्याणी, चंद्रगुप्त-मालविका, चंद्रगुप्त-कार्नेलिया, राक्षस-सुवासिनी, चाणक्य-सुवासिनी, सिंहरण-अलका, पर्वतेश्वर-अलका, पर्वतेश्वर-कल्याणी और फिलिप्स-कार्नेलिया। इन प्रसंगों में से चंद्रगुप्त से संबंधित प्रेम-प्रसंगों से उसके चरित्र में किसी प्रकार का नाटकीय मोड़ नहीं आता और न ही प्रतिपाद्य विषय को नया आयाम मिलता है। अन्य प्रसंग भी पात्रों के व्यक्तिगत घेरे तक ही सीमित रहते हैं। इनमें से भी अधिकांश प्रसंग अधूरे रह गये हैं, क्योंकि कुछ पात्र निराश होकर आत्महत्या करते हैं और कुछ अपना बलिदान कर देते हैं। 'स्कंदगुप्त' नाटक के प्रेम-प्रसंग पात्रों के व्यक्तिगत जीवन एवं कथ्य से जुड़कर जिस प्रकार गत्यात्मकता लाते हैं, वह इस नाटक में नहीं है। इसीलिए नाटक के कई महत्त्वपूर्ण पात्रों—राक्षस, सिंहरण, अलका और चंद्रगुप्त को अपेक्षित महत्त्व नहीं मिल सका। प्रस्तुति के समय इन प्रेम-प्रसंगों के प्रभावों को मंद स्वरों में प्रस्तुत किया जा सकता है। नाटक के उभरते हुए राजनैतिक परिवेश के तीखेपन को प्रभावपूर्ण बनाने के लिए ऐसा आवश्यक है। यह स्वीकार करने में संकोच नहीं करना चाहिए कि प्रसाद का यह नाटक 'स्कंदगुप्त' की तुलना में शिथिल है। अतः प्रस्तुतीकरण के समय नाटक के व्यक्तित्व को निखारने के लिए, इन प्रसंगों के महत्त्व को निश्चित करना अनिवार्य है।

इसके अतिरिक्त अन्य अंकों में भी कई ऐसे प्रसंगों का समावेश हुआ है, जिन्हें नाटकीय सार्थकता नहीं मिल सकी। राक्षस का अभिनय-गान (1/2), गांधार नरेश का अलका को खोजने जाना (1/8), गांधार नरेश और अलका का मिलन (2/2, 3/2), मालविका-चंद्रगुप्त का प्रेम-प्रसंग (2/4), पर्वतेश्वर-अलका प्रसंग (2/7) आदि एक सीमा तक वातावरण का निर्माण करते हैं, किंतु इनसे ऐसा कोई नाटकीय परिवर्तन नहीं आता जो नाटक की मूल संरचना को प्रभावित कर सके। इसी तरह सिंहरण-मालविका द्वारा मानचित्र लेने का दृश्य (1/6) सिकंदर के हस्तक्षेप को तो व्यंजित करता है, किंतु इस मानचित्र का उपयोग कहीं नहीं होता।

इन सीमाओं के बावजूद, इस नाटक में प्रसाद की राजनैतिक चेतना इतनी प्रखर और व्यापक हो उठी है कि पात्र अपने कथनों एवं कार्यों द्वारा दर्शकों को उन स्थितियों से परिचित कराते हैं, जिनमें वे कार्य कर रहे हैं और उन्हीं के माध्यम से अपने कार्यों की दिशा तथा स्वयं अपना औचित्य सिद्ध करते हैं। यहाँ पात्रों की राजनैतिक दृष्टि प्रमुख है और शेष बातें गौण। 'चंद्रगुप्त' के पात्रों का यही वैशिष्ट्य उन्हें नाटकीय और प्रासंगिक बनाता है।

चरित्र-योजना में यह नाटक 'स्कंदगुप्त' से अलग है। यहाँ पात्रों में कठोर वास्तविकता से सीधे जूझनेवाली व्यावहारिकता है। 'स्कंदगुप्त' के पात्रों की तरह वे संशयात्मक स्थितियों में नहीं उलझते, किंतु यहीं 'चंद्रगुप्त' नाटक इससे एक कदम पीछे रह गया है। चाणक्य या चंद्रगुप्त के अतिरिक्त कोई पात्र वैयक्तिक स्तर पर उभरकर

नहीं आता। अलका और सिंहरण जैसे पात्रों की चारित्रिक रेखाएँ अपनी गरिमा के कारण आकर्षक बन गई हैं, किंतु चाणक्य के अतिरिक्त स्कंदगुप्त या देवसेना की समानता का कोई चरित्र यहाँ नहीं मिलता। 'चंद्रगुप्त' में प्रसाद ने परिस्थितियों का गठन करके पात्रों के कार्य पहले से ही निर्धारित कर दिए हैं। युद्ध-दृश्यों, विदेशी आक्रमण एवं राजाओं के परस्पर राग-द्वेषों के प्रसंगों में संघर्ष का जो रूप दिखाया गया है, उसमें स्थितियों के बाहरी संघर्ष को प्रमुखता मिली है। पात्रों के पारस्परिक संबंधों के संदर्भ में, उनकी प्रतिक्रियाओं की टकराहट में अंतर्द्वन्द्व की अपेक्षा स्थितियों को अधिक महत्त्व मिला है। इसके बावजूद, जिन स्थलों पर चाणक्य की प्रतिहिंसा, उसकी कोमल भावना, चंद्रगुप्त का अकेलापन, पर्वतेश्वर का क्षोभ, कल्याणी का क्षुब्ध हृदय अथवा मालविका के जीवन के अंतिम क्षण की अनुभूति को व्यक्त किया गया है, वे स्थल तीव्रता के साथ प्रस्तुत हुए हैं। वास्तव में, इस नाटक में व्यक्ति की अपेक्षा परिणामों को अधिक महत्त्व मिला है। यही सोच नाटक के अर्थ से जुड़कर चरित्रों को असाधारण बनाती है।

'स्कंदगुप्त' की नारी 'चंद्रगुप्त' में आकर व्यक्तिगत प्रेम की वेदना, विरह और आँसुओं में न डूबकर सीधे संघर्षों में कूद पड़ी है। यहाँ प्रतिशोध भावना में लिप्त उसका कुटिल या विलासी रूप नहीं है। सभी नारियाँ अपनी सीमित भूमिकाओं से उभरती हुई व्यापक धरातल से जुड़ना चाहती हैं। इस प्रक्रिया में कुछ दृश्यों या प्रसंगों ने शिथिलता पैदा की है, किंतु समग्र प्रभाव की दृष्टि से उनके विविध रूपों ने नाटक को आकर्षक बनाया है। तेजस्वी अलका की राष्ट्रीय भावना, प्रेम और अधिकार से वंचित कल्याणी का स्वाभिमानी रूप, विलास का क्षुद्र उपकरण बनने से ऊपर उठने की कोशिश में सुवासिनी का महत्त्वाकांक्षी नर्तकी रूप, प्रणय की कोमल तंतु मालविका का निःस्वार्थ बलिदानी चरित्र और सौंदर्यप्रिय कार्नेलिया के काव्यमय भावुक हृदय की रंगबिरंगी रेखाओं को उनके द्वन्द्व और कार्यों द्वारा अर्थ मिला है। महत्त्वपूर्ण बात यह है कि इन सभी पात्रों की जीवन-दृष्टि एक-दूसरे से अलग है। लगता है कि प्रसाद ने चाणक्य के बाद इन नारी-पात्रों के चरित्रांकन में अपनी सारी प्रतिभा उँड़ेल दी है। उन्होंने प्रत्येक नारी-पात्र की प्रेमाभिव्यंजना का अलग-अलग रूप चित्रित करने के लिए कई प्रकार की नाटकीय स्थितियों का निर्माण किया है। अलका का स्वयं बंदी होकर पिता के सामने प्रस्तुत होना, कल्याणी का पुरुष वेश में आकर युद्ध में हिस्सा लेना, मालविका का स्वयं जानबूझकर मौत का आलिंगन करना, सुवासिनी का नंद की भोग्या बनने से इनकार करना तथा चाणक्य के प्रति उसके आकर्षण की सूक्ष्म रेखाओं में नाटकीयता है, किंतु कथावस्तु संगठन में उनकी गत्यात्मकता की ओर अधिक ध्यान नहीं दिया गया। वैसे, प्रसाद ने चाणक्य को साधारण मानवीय धरातल पर लाने के लिए सुवासिनी को महत्त्वपूर्ण माध्यम बनाया है तथा बंदी रूप में असहाय पिता एवं विद्रोही भाई के सामने अलका को प्रस्तुत करके नाटकीय वैषम्य उभारने की कोशिश की है। चंद्रगुप्त से प्रेम करनेवाली कल्याणी के द्वन्द्व में नाटकीयता है, परंतु अन्य

प्रसंगों में स्थितियों के आरोपण या सरलीकरण से इन नारी-पात्रों द्वारा बन रहा नाटकीय प्रभाव अधिक स्थायी नहीं रह सका। जैसे, सुवासिनी के पिता शकटार नंद द्वारा दंडित होकर जेल में है, फिर भी वह उसी के दरबार में नर्तकी बनती है। वह राक्षस से प्रेम करती है, किंतु अचानक पिता को जीवित देखकर राक्षस के प्रति उसकी उमंग में कमी, अपने बाल सखा चाणक्य से उसका मिलन, अंत में राक्षस से तकरार करने-जैसी स्थितियों से गुजरते हुए भी सुवासिनी के व्यक्तित्व में कहीं जटिलता नहीं है। कार्नेलिया का भारत-प्रेम मानवता के प्रति प्रेम की व्यंजना है। इसी विशेषता के कारण वह राक्षस के भीतर दुष्ट व्यक्ति को पहचानती है, किंतु चंद्रगुप्त से विवाह कराने के लिए नाटककार ने इन दोनों के लिए सशक्त भूमिकाओं का निर्माण नहीं किया, बल्कि अन्य सभी पात्रों को जानबूझकर दुनिया के मंच से हटा दिया। मालविका एक ऐसी पात्रा है जिसके बारे में प्रश्न उठता है कि वह भारतवर्ष क्यों और कैसे आई? वैसे इन प्रश्नों से अधिक फर्क नहीं पड़ता। प्रश्न इस पात्र के प्रस्तुतीकरण का है। हम इसे सेविका, सखि, गुप्तचर आदि भूमिकाओं में देखते हैं। अचानक प्रसाद इसे एक छोटा उपकरण समझकर मृत्यु की तरफ धकेल देते हैं।

इन कुछ कमजोरियों के साथ ये नारी-पात्र इतने महत्त्वपूर्ण हो जाते हैं कि नाटक नारी-प्रधान बन गया है। नाटक के संघर्षपूर्ण वातावरण में इनकी कोमल भावनाएँ तनावपूर्ण दृश्यों के बीच कोमल विश्रांति का काम करती हैं। अतः अपनी शिथिलता के बावजूद इनसे संबंधित सभी प्रेम-प्रसंगों को हटाना संगत नहीं है।

पुरुष पात्रों में चाणक्य और चंद्रगुप्त के अतिरिक्त अन्य पात्रों को विकसित होने के अवसर बहुत कम मिले हैं। अधिकांश पुरुष पात्रों का वीर रूप ही सामने आया है। फिर भी प्रत्येक की अलग-अलग सूक्ष्म रेखाएँ हैं। संपूर्ण आर्यावर्त को अपना माननेवाले निर्भीक सिंहरण का विनीत सैनिक व्यक्तित्व, अपने छोटे दायरे में सिमटा हुआ पर्वतेश्वर, सिकंदर की उदारता एवं खिलाड़ी जैसी प्रतिस्पर्धा, सिल्यूकस का महत्त्वाकांक्षी एवं सहृदय रूप, फिलिप्स की ईर्ष्यालु वीरता आदि विशेषताएँ पात्रों की स्वतंत्र पहचान बनाती हैं। पर यह भी सही है कि नाटककार इनको सही भूमिकाएँ नहीं दे पाया। विशेष रूप से, पर्वतेश्वर-जैसा व्यक्ति अपनी विवेकहीनता तथा हीनभावना में कहीं ऐसा नहीं लगता, जिसमें सिकंदर ने 'अलौकिक वीरता का स्वर्गीय दृश्य देखा है' (2/3)। सिकंदर के साथ हुए युद्ध के बाद अचानक उसका अलका को फुसलाना, उसके बाद चाणक्य का अनुयायी बन जाना तथा कल्याणी को देखकर कामुक हो जाना आदि में एक वीर व्यक्ति का दुर्भाग्यपूर्ण पतन और अंत सहज न होने के कारण विश्वसनीय नहीं बन सका। नाटक में राक्षस जैसे मुख्य पात्र के कुशल राजनीतिज्ञ या वीर रूप को उभारना अनिवार्य था, जिसके कारण चाणक्य उसके देशद्रोही रूप को भूलकर उसे चंद्रगुप्त का सहयोगी बनाना अनिवार्य समझता है। वैयक्तिक कारणों से चाणक्य या चंद्रगुप्त को अपना शत्रु मानने वाले इस पात्र में चाणक्य की तरह ऐसी कोई बात नहीं है कि वह उसके प्रतिपक्ष में खड़ा

हो सके। यही कारण है कि 'मुद्राराक्षस' नाटक की तरह इन दोनों की टकराहट में न तो तीव्रता आई है और न ही नाटकीय वैषम्य उभर सका है। ऐसा लगता है कि प्रसाद को राक्षस और पर्वतेश्वर के साथ कोई विशेष सहानुभूति नहीं थी।

इनके अतिरिक्त, शेष पुरुष पात्रों के स्थूल रेखाचित्र सामने आये हैं, जिन्हें नाटक के कुछ सूत्रों को जोड़ने के लिए प्रस्तुत किया गया है अथवा उनके माध्यम से वात्सल्य, प्रतिहिंसा, प्रतिशोध-भावना, देशद्रोही रूप तथा गंभीर जीवन-दर्शन आदि के कुछ बिंदु उभारे गये हैं। गांधार नरेश, शकटार, मौर्य सेनापति, आंभीक, दांड्यायन, फिलिप्स, वररुचि आदि पात्र इसी प्रकार के हैं। इनमें से दांड्यायन जैसे पात्रों के लिए विशेष रूप से एक दृश्य (1/11) का संयोजन किया गया है। इसके बाद इस पात्र का कोई उपयोग नहीं किया गया। इन सब पात्रों की तुलना में चंद्रगुप्त एक महत्त्वपूर्ण पात्र है, किंतु वह किसी अभिनेता के लिए उत्तेजक भूमिका प्रदान नहीं करता। चाणक्य का माध्यम बनने के अतिरिक्त उसमें किसी स्वतंत्र व्यक्तित्व का उद्घाटन नहीं हुआ। इसमें कोई संदेह नहीं कि कई स्थलों पर वह स्वयं निर्णय लेता है और प्रत्येक अंक के अंत में उसे दिखाकर, प्रसाद ने उसे महत्त्व देने का प्रयास किया है। सिकंदर के अंतिम युद्ध के बाद चंद्रगुप्त का सिल्यूकस को छोड़ देने (2/10) या नंद की हत्या के प्रसंग (3/9) में, असंतुष्ट प्रजा के नायक के रूप में आने में, दृश्यात्मक विस्तार की कई संभावनाएँ हैं। पर कल्याणी, मालविका और कार्नेलिया आदि से सम्बद्ध प्रसंगों से चंद्रगुप्त में कोई बदलाव नहीं आता। अगर इस पात्र को कर्त्तव्य की पुकार के कारण प्रेम के झंझटों में पड़ता हुआ नहीं दिखाया जाता तो यह चरित्र अधिक नाटकीय बनता। अपने वर्तमान रूप में यह चरित्र चाणक्य का पूरक ही बनकर रह गया है।

एक तरह से 'चंद्रगुप्त' चाणक्य का नाटक है। वह एक ऐसा गतिशील पात्र है, जो किसी भी अभिनेता के लिए चुनौती बन सकता है। चाणक्य का प्रत्येक व्यवहार नाटक के उद्देश्य की कई पर्तें खोलता है। व्यक्ति एवं राजनैतिक परिस्थितियों को पहचानने की सूक्ष्म दृष्टि तथा अखंड भारत की परिकल्पना के लिए उसकी संघटन शक्ति प्रत्येक संघर्ष का सूत्रपात करती है। उसके समस्त कार्य-व्यापार एवं आंतरिक अनुशासन से प्रत्येक घटना तथा पात्र नियंत्रित होता है। कर्मवाद की महत्ता रेखांकित करनेवाला चाणक्य सबकुछ उपलब्ध होते हुए भी निर्लिप्त रहता है। उसकी अटूट संकल्प-शक्ति और दूरदृष्टि उसे व्यक्तिगत प्रतिशोध से ऊपर उठाकर राष्ट्र-हितों से जोड़ती है। इसके लिए वह कई व्यक्तियों का इस्तेमाल ही नहीं करता, उनसे बलिदान भी माँगता है। यह उसके कर्त्तव्य और राष्ट्रीय परिस्थितियों की विवशता है। उसके व्यक्तित्व की महत्त्वपूर्ण विशेषता है कि वह जीवन-पोषक मूल्यों की तलाश करता हुआ राजनैतिक दाव-पेंचों में उलझ जाता है। उसके जीवन में भी त्रासद क्षण आता है, जब चंद्रगुप्त उसे चुनौती देता है। ऐसी स्थिति में उसे अपने जीवन के अमूल्य क्षणों का त्याग व्यर्थ लगने लगता है। इसी क्षण वह अपने भीतर को समेटता हुआ संसार से अलग हो जाना

चाहता है। राजनैतिक कुचक्रों के बीच अपने आत्मिक सुख के लिए वह छटपटाता है, पर पलायन नहीं करता। वह मंच के पीछे रहकर अपना कर्त्तव्य निभाता है। अपना कर्त्तव्य पूरा करने के बाद वह सभी उपलब्धियों के प्रति निर्लिप्त होकर उच्चतम मूल्यों को प्राप्त करता है। यह अंत 'जनमेजय का नागयज्ञ' नाटक से अलग है क्योंकि इस नाटक के पात्र किसी गहरे संघर्ष के बाद इस स्थिति तक नहीं पहुँचते, बल्कि ऐसी स्थिति में उन्हें छोड़ा जाता है। इसके विपरीत चाणक्य घोर संघर्षों के बाद इस बिंदु तक पहुँचता है। इन्हीं विशेषताओं के कारण वह समस्त नाटक पर छा जाता है। नाटक के सभी पात्र चाणक्य के वांछित परिणामों के लिए काम करते हैं। चंद्रगुप्त को भी इसी योजना के अंतर्गत राजनीति में निपुण करके जनता का नायक बनाया जाता है। इसी दृष्टि से 'चंद्रगुप्त' के पात्रों का मूल्यांकन करना संगत लगता है।

अगर इस नाटक की तुलना बंगला नाटककार डी.एल. राय के नाटक 'चंद्रगुप्त मौर्य' से करें तो प्रसाद का चाणक्य व्यक्तिगत द्वेष को बृहत्तर प्रश्नों से जोड़कर संघर्ष करता है, जबकि राय का चाणक्य वर्ण-भेद के छोटे-से दायरे में सिमटकर रह गया है। इसी अंतर के कारण राय का चाणक्य अपने व्यवहार में इतना असंतुलित हो गया है कि उसमें वह गरिमा नजर नहीं आती जो एक राष्ट्र-निर्माता के लिए आवश्यक है। वस्तुतः राय के पात्रों पर अतिनाटकीय स्थितियाँ इतनी हावी हो जाती हैं कि वे वर्गगत बनकर सीमित हो गये हैं। इसके अतिरिक्त, उनके नाटक में कहानी-तत्त्व की प्रधानता है, जिसके कारण संवाद एकआयामी बन गये हैं। इसी बिंदु पर आकर दोनों नाटकों का मूल स्वर बदल गया है। इसलिए यह कहना उचित नहीं लगता कि प्रसाद के 'चंद्रगुप्त' में राय के 'कुछ पात्र और प्रसंग दो भिन्न-भिन्न साँचों में ढलकर आये हैं और कुछ नाटकीय स्थितियों में उधार लिए हुए जोड़ साफ दृष्टिगत होते हैं।'

अंत में, इस नाटक की भाषा के बारे में कहना आवश्यक ही लगता है। प्रस्तुत नाटक में जहाँ पात्र भावुक हो गये हैं या नाटककार ने सूक्ष्म भावनाओं की व्यंजना की है अथवा देश के गौरव का चित्रण किया है, वहाँ तत्सम शब्दों का इस्तेमाल हुआ है। जहाँ टकराहट की स्थिति है, वहाँ भाषा व्यावहारिक हो गई है। सबसे बड़ी बात यह है कि नाटककार ने भावों के अनुकूल तत्सम शब्दों का चुनाव किया है। इसी विशिष्टता के कारण आंभीक का कपट एवं कायरता, नंद की मूर्खता या घमंडी रूप, राक्षस का विलासी मन, मालविका का त्याग, सुवासिनी का भावुक प्रेमी हृदय, पर्वतेश्वर का वीर या विलासी रूप, सिंहरण एवं अलका का राष्ट्र-प्रेमी व्यक्तित्त्व, चाणक्य की कठोरता, चंद्रगुप्त की दृढ़ता तत्सम प्रधान संवादों से झलकती है। इस नाटक में, सरल या प्रचलित भाषा का मुहावरा देखने की अपेक्षा, घात-प्रतिघात की दृष्टि से उनकी नाटकीय सार्थकता का मूल्यांकन करना चाहिए। इस दृष्टि से देखें तो पात्रों के मनोविज्ञान के अनुकूल तत्सम प्रधान भाषा में विभिन्नता मिलती है, जिसमें भावों की गत्यात्मकता ध्वनित होती है और संवादों में आंतरिक गति का समावेश हुआ है।

इसी विशेषता के कारण भाषा का भीतरी व्यंग्य कई स्थानों पर बड़ा तीखा बन गया है। शब्दों के भीतर के अर्थों की कई पर्तें धीरे-धीरे खुलती हैं। चंद्रगुप्त जब आंभीक से कहता है—'यह क्या राजकुमार! खड्ग का कोश में स्थान नहीं है, क्या ?' तो सिंहरण जवाब देता है—'वह तो स्वर्ण से भर गया है।' (1/1) इस संवाद में 'कोश' शब्द द्वारा आंभीक के पतित चरित्र पर ही नहीं, उन देशद्रोही शक्तियों पर व्यंग्य किया है, जो आर्य-जाति को पतन के कगार पर खड़ी करके धक्का देने की कोशिश कर रही हैं। एक अन्य दृश्य (2/10) में चंद्रगुप्त सिल्यूकस से पूछता है—'यवन सेनापति, मार्ग चाहते हो या युद्ध ? मुझ पर कृतज्ञता का बोझ है। तुम्हारा जीवन!' सिल्यूकस जवाब देता है—'हम दोनों के लिए प्रस्तुत हैं। किंतु ...।'

इस संवाद की आंतरिक लय से ध्वनित होता है कि एक व्यक्ति माफी के लिए कह रहा है और दूसरा व्यक्ति अप्रत्यक्ष रूप से माफी माँग रहा है। इसी तरह चाणक्य के एक संवाद—'भाषा ठीक करने से पहले मैं मनुष्यों को ठीक करना चाहता हूँ' (1/7), में राष्ट्र को समग्र रूप से देखनेवाली प्रगतिशील पीढ़ी और भोग-विलास में लिप्त साम्राज्यवादी पीढ़ी के बीच का गहरा संघर्ष ध्वनित होता है, जो सारे नाटक के अर्थ को भी स्पष्ट करता है। ऐसे शब्दों की व्यंजना और दृश्यों के स्वर एक ही क्रिया के परिणामस्वरूप बनते हैं। ये परिणाम दर्शकों को क्रियाशील बनाते हुए उनमें बदलते हुए प्रभावों को विकसित करते हैं। ऐसी स्थिति में नाटक के अर्थ एवं मूल्य को भाषा के स्वरूप से अलग नहीं किया जा सकता।

इस विश्लेषण से स्पष्ट है कि नाटक में कई महत्त्वपूर्ण बिंदु ऐसे हैं, जो उसे प्रासंगिक बनाते हैं और कई दृश्य या प्रेम-प्रसंग ऐसे भी हैं जो नाटक को शिथिल करते हैं। किंतु इस प्रकार के सभी दृश्य प्रस्तुति की दृष्टि से अनावश्यक नहीं हैं, क्योंकि ये दृश्य नाटकीय विश्रांति के बाद तनाव को फिर से विकसित करने में सहायक बने हैं। अतः प्रस्तुति-आलेख तैयार करने के लिए 'चंद्रगुप्त' नाटक की इस संरचनात्मक विशिष्टता की उपेक्षा नहीं करनी चाहिए। इस नाटक का महत्त्व उसके चरित्र-चित्रण में नहीं, बल्कि व्यापक रंगभूमि पर अंकित विरोधी स्थितियों के बीच राष्ट्रीय एकता तथा संघटन की प्रक्रिया में है, जिसके छोटे-छोटे नाटकीय रेखाचित्र बनते हैं। यही रेखाचित्र राजनैतिक परिणामों को सामने लाते हैं। ये परिणाम व्यक्ति के उन कर्त्तव्यों को निर्धारित करनेवाले हैं, जो राष्ट्रीय अखंडता को सुरक्षित रखने तथा तानाशाही के विरुद्ध सीधा जूझने के लिए प्रेरित करते हैं। इसी अर्थ के साथ सांस्कृतिक एवं दार्शनिक गौरव की स्वरलहरियों से निर्मित रंग-बिरंगे चित्र इस नाटक की महाकाव्यात्मक गरिमा को निश्चित आधार देते हैं, जो किसी भी नाटक के लिए उपलब्धि की बात है।

राजेश जोशी

नाटकों के बारे में प्रसाद : कुछ नोट्स

नाटकों के बारे में प्रसाद के चिंतन का केंद्रीय बिंदु यथार्थवाद है। पश्चिमी यथार्थवाद के बरअक्स एक भारतीय यथार्थवाद की अवधारणा को पुनराविष्कृत करने की कोशिश। और इस पूरे चिंतन का केंद्र है हिंदी का रंगकर्म। यह यथार्थवाद, पारसी थिएटर की शेक्सपीरियन शैली और विक्टोरियन समझ और दूसरी ओर इब्सेनिज़्म, दोनों का विरोध करता है। उनका स्पष्ट मत है कि 'युग की मिथ्या धारणा से अभिभूत नवीनतम की खोज में इब्सेनिज़्म का भूत वास्तविकता का भ्रम दिखाता है।' प्रकृतवाद से पैदा हुई पश्चिमी यथार्थवाद की समझ की एक सीमा है, जिसे वहाँ की संस्कृति और उस काल के आग्रह ने पैदा किया। वह एक हद तक लीनियर है। बहुस्तरीय संरचना के लिए उसमें गुंजाइश नहीं। प्रसाद के लिए नाटक एक विकसित कला है, काव्य से विकसित। इसीलिए संभवतः उन्हें यथार्थवाद की लीनियर संरचनाएँ स्वीकार्य नहीं। यथार्थवाद की इस अलग और भारतीय समझ को टटोलने के लिए प्रसाद एक ओर भारतीय नाट्य शास्त्रीय चिंतनों की ओर जाते हैं और दूसरी ओर स्वच्छंदतावादी सोच से उसे जोड़ते हैं। इस स्वच्छंदतावाद में भारतीय मुक्ति संग्राम की चेतना अंतर्निहित है।

दो

'आत्माभिनयनं भावो'!

'आत्मा का अभिनय भाव है और भाव ही आत्मचैतन्य में विश्रांति पा जाने पर रस होते हैं।' नाटकों में रस पर पुनर्विचार की यह कोशिश एक ओर भारतीय रंगकर्म की अस्मिता को खोजने की कोशिश है तो दूसरी ओर यथार्थवाद की अपनी जातीय समझ को तलाशने की। प्रत्यक्ष में यहाँ प्लेटो की आलोचना है लेकिन यह अपने निष्कर्षों में एलियनेशन के ब्रेष्टियन सिद्धान्तों का भी प्रत्याख्यान है। नट या कलाकार को आस्वाद से अलग और तटस्थ मानने से प्रसाद इंकार करते हैं। प्लेटो इसलिए अभिनेता को 'चरित्रहीन' मानता है क्योंकि वे अनुकरणशील होते हैं। इसलिए वे सत्य को ग्रहण नहीं करते। लेकिन प्रसाद के मत में भारतीय दृष्टि इससे भिन्न है। वह मानती है 'आत्मा के अभिनय को, वासना या भाव को अभेद आनंद स्वरूप में ग्रहण करो'। आधुनिक रंगकर्म में एक धारणा यह भी रही है कि आस्वाद केवल दर्शक को होता है, नट को आस्वाद, अनुभूति की आवश्यकता नहीं। भारतीय चिंतन में भी इस विवाद को लक्ष्य किया जा सकता है। कई चिंतकों का तो यह मानना है कि 'शांत रस को भी अभिनयोपयोगी मान लिया जाये। प्रसाद इससे असहमत ही नहीं, उनका मानना है कि अभिनेता को अनुभावित होना ही पड़ता है, अन्यमनस्क होने से विषयों से उसका संबंध

छूट जायेगा। इस तरह भावों का पूर्ण अभिनय असंभव है। 'रसविवेचना में संवित् का साधारणीकरण त्रिवृत् है। कवि, नट और सामाजिक में वह अभेद भाव से एक रस हो जाता है।'

प्रसाद के लिए नाटकों में रस-सिद्धान्त यथार्थ की एक नई समझ का आधारबिन्दु है। तीस के दशक में चल रही बहसों का स्मरण करें तो लगता है कि प्रसाद बिना संदर्भ दिये भी उन्हीं बहसों का उत्तर दे रहे थे। रस की चर्चा सैद्धान्तिक भी है और विवादात्मक भी। रस पर पुनर्विचार वस्तुतः यथार्थवाद की अपनी जातीय परंपरा को तलाशने की आधार सामग्री देती है। प्रसाद ने लिखा 'कुछ लोग प्राचीन रस-सिद्धान्त से अधिक महत्त्व देने लगे हैं—चरित्र-चित्रण पर।' एक दूसरा दल भी है जो मानसिक प्रवृत्तियों को आधार बनाकर 'व्यक्तिवैचित्र्य' पर बल दे रहा था। चरित्र-चित्रणवाले एक आदर्शवाद से जुड़े थे और 'व्यक्तिवैचित्र्य' वाले इसे यथार्थवाद कह रहे थे। प्रसाद के लिए ये दोनों ही दृष्टियाँ भ्रांत थीं, क्योंकि 'आत्मा की अनुभूति व्यक्ति और उसके व्यक्तिवैचित्र्य को लेकर अपनी सृष्टि करती है।' इसलिए भारतीय चिन्तन 'चरित्र और व्यक्तिवैचित्र्य को रस का साधन मानता रहा, साध्य नहीं।' और जो मात्र साधन है वह यथार्थवाद का आधार कैसे हो सकता है? रसवाद में मिलन, अभेद सुख की सृष्टि मुख्य है और 'रस में लोकमंगल की कल्पना प्रच्छन्न रूप से अन्तर्निहित है। सामाजिक स्थूल रूप से नहीं किंतु दार्शनिक सूक्ष्मता के आधार पर।' यथार्थवाद की यह समझ एक हद तक समाजवादी यथार्थवाद के निकट है।

तीन

प्रसाद की चिंता पश्चिमी यथार्थवाद का हड़बड़ी में किया जा रहा अनुकरण है। वे उसकी सीमाओं को समझ रहे थे और अपनी जातीय परंपराओं को परखते हुए यथार्थ की अपनी समझ विकसित करना चाहते थे और साथ ही मरणासन्न हो रहे हिंदी रंगकर्म को भी बचाना चाहते थे, विकसित करना चाहते थे। शार्टकट के बजाय चुनौतियों का सामना करते हुए। उनका प्रश्न था कि "समय का दीर्घ अतिक्रमण करके जैसा पश्चिम ने नाट्यकला में अपनी सब वस्तुओं को स्थान दिया है, वैसा क्रम विकास कैसे किया जा सकता है, यदि हम पश्चिम के 'आज' को ही सब जगह खोजते रहेंगे?" मतलब साफ था कि अपने जातीय रंगकर्म के लिए समय के अतिक्रमण की आवश्यकता है और अपनी वस्तुओं का स्थान तलाशने की भी लेकिन यह तभी संभव था जब हम पश्चिम के आज का अंधाधुंध अनुकरण करना बंद करें।

प्रसाद के लिए 'युग की प्रेरणा भी आदरणीय है'। किंतु इतना ही अलम नहीं। वे एक ऐसी प्रगतिशीलता से सहमत नहीं जो वर्तमान सभ्यता के सर्वोत्तम का अनुकरण करना ही अपना लक्ष्य मान बैठी हो। उनके लिए 'अतीत और वर्तमान को देखकर

भविष्य का निर्माण होता है।' प्रसाद यथार्थवाद की दूसरी परंपरा को अन्वेषित करना चाहते थे। उनमें अपना सबकुछ छोड़कर 'नए' को पाने की न तो हड़बड़ी है और न इच्छा। वे अपनी प्राचीन लोकधर्मी परंपरा को भी ग्रहण करना चाहते हैं। और देश-काल, पात्र के अनुसार अपनी नाट्यधर्मी परंपरा को भी रंगमंच पर संग्रहीत करना चाहते हैं। यही भारतेंदु की परंपरा है। वे मानते हैं कि 'हिंदी रंगमंच की इस स्वतंत्र चेतना को सजीव रखकर रंगमंच की रक्षा करनी चाहिए। केवल नई पश्चिमी प्रेरणाएँ हमारी पथ-प्रदर्शिका न बन जायें।' यह कोई अंध विरोध नहीं था, अपने वर्तमान की उपलब्धि के प्रति वहाँ दृष्टि स्पष्ट है कि 'उन सब साधनों से जो वर्तमान द्वारा उपलब्ध हैं, हमको वंचित भी न होना चाहिए।'

यह कोई शावोनिज़्म नहीं, न पुनरुत्थानवादी दृष्टि है। उसने अपनी जमीन की तलाश में न तो अपने खिड़की-दरवाजे बंद किए हैं और न वह जल्दबाजी में किसी पराई दृष्टि का अनुकरण करने को तैयार है। इब्सेनिज़्म से उसका विरोध इसलिए भी है कि वहाँ वास्तविकता का प्रच्छन्न अर्थ है अपराधियों से घृणा नहीं सहानुभूति, और इसका उपयोग होगा व्यक्तिवैचित्र्य के समर्थन में। प्रसाद मानते हैं कि ऐसे वस्तुविन्यास रंगमंच के लिए समस्या बनेंगे। इससे जो असंबद्धता पैदा होगी वह भाषा की क्लिष्टता से भी ज्यादा भयानक होगी। यह लक्ष्य किया जाना चाहिए कि यह लेख द्वितीय विश्वयुद्ध के बाद आए एब्सर्ड थिएटर से बहुत पहले लिखा गया था।

चार

भरत के नाट्यचिंतन के समय से ही अभिनय के दो विधान स्वीकार किये गये थे। जिस अभिनय में स्वाभाविकता पर ध्यान दिया जाता था उसे लोकधर्मी कहा जाता था। 'इस लोकधर्मी अभिनय में रंगमंच पर कृत्रिम उपकरणों का उपयोग बहुत कम होता था। 'स्वाभावो लोकधर्मी तु नाट्यधर्मी विकारतः'।'

'स्वाभाविकता का अधिक ध्यान केवल उपकरणों में ही नहीं, किंतु आंगिक अभिनय में भी अभीष्ट था। उसमें अंग-लीला वर्जित थी।'

और दूसरी ओर 'अतिसत्व क्रियाएँ, असाधारण कर्म अतिभाषित लोकप्रसिद्ध द्रव्यों का उपयोग अर्थात् शैल यान और विमान आदि का प्रदर्शन और ललित अंगहार जिसमें प्रयुक्त होते थे, रंगकर्म के ऐसे नाटकों को नाट्यधर्मी कहते थे'। प्रसाद मानते हैं कि 'स्वगत, आकाशभाषित आदि को तब भी अस्वाभाविक माना जाता था, उसका प्रयोग नाट्यधर्मी अभिनय में ही रंगमंच पर किया जाता था।' लेकिन प्रसाद के नाटकों में स्वगत का भी उपयोग है और आकाशभाषित का भी। वे यथार्थ की दोनों शैलियों को अलग-अलग भी और एक साथ भी उपयोग करते हैं। सिद्धांत के स्तर पर ही नहीं वे शैलियों के स्तर पर भी यथार्थवाद की अपनी परंपरा को रेखांकित करना चाहते हैं।

पाँच

यथार्थवाद की अपनी जातीय समझ के अन्वेषण में प्रसाद के चिंतन का दूसरा बिंदु है—नाटकों की भाषा। भाषा के प्रश्न पर वे संस्कृत के नाट्यचिंतन से भी अपनी असहमति व्यक्त करने में संकोच नहीं करते। नाटक की भाषा का प्रश्न प्रसाद बार-बार उठाते हैं शायद इसलिए कि प्रसाद के नाटकों की भाषा को लेकर पहले भी विवाद रहा है और आज भी है। प्रसाद के लिए यह एक गंभीर प्रश्न है जो नाटक से भी जुड़ा है और स्वाधीनता आंदोलन की चेतना से भी। यह प्रश्न कोई पृथक् प्रश्न नहीं, यह यथार्थवाद की उनकी केंद्रीय अवधारणा से ही जुड़ा हुआ है।

हिंदी के नवयुग का उत्थान नाटकों से ही हुआ है। प्रसाद की धारणा है कि 'प्रचार की दृष्टि से भाषा को जितनी सहायता नाटकों से मिलती है वह उपेक्षणीय कदापि नहीं'। उर्दू के प्रचार-प्रसार में वे पारसी थिएटर की भूमिका को रेखांकित करते हैं। नाटकों के कथोपकथन इसमें महत्त्वपूर्ण भूमिका अदा करते हैं। संभवतः यही वह बिंदु है जहाँ पहली बार उन्होंने नाट्यशास्त्रीय चिंतन पर प्रश्नचिह्न लगाया। और हिंदी नाटक को संस्कृत परंपरा से अलग किया। 'संस्कृत नाटकों के अनुसार हिंदी में भी पात्र भेद से, भाषा सृष्टि की प्रथा चल पड़ी थी। जैसे संस्कृत नाटकों में महारानी को भी संस्कृत बोलने का सम्मान नहीं प्राप्त था।' संस्कृत के नाट्यचिंतन के इस पक्ष के बरअक्स प्रसाद नाटकों में भाषा 'एकतंत्रता' के हिमायती हैं। यह चेतना वस्तुतः उपनिवेशवाद के विरोध में खड़ी है। उस औपनिवेशिक दृष्टि के विरोध में, जो क्षेत्रीयता और यथातथ्यता के तर्क से पात्रों की वर्ग प्रकृति के अनुसार भाषा के प्रयोग का तर्क देती है। यह एक किस्म का प्रकृतवाद है। प्रसाद ने लिखा 'मैं तो कहूँगा कि सरलता और क्लिष्टता पात्रों के भावों और विचारों के अनुसार भाषा में होगी ही और पात्रों के भावों और विचारों के आधार पर भाषा का प्रयोग नाटकों में होना चाहिए। किंतु इसके लिए भाषा की एकतंत्रता नष्ट करके कई तरह की खिचड़ी भाषाओं का प्रयोग हिंदी नाटकों के लिए ठीक नहीं। पात्रों की संस्कृति के अनुसार उनके भावों और विचारों में तारतम्य होना, भाषाओं के परिवर्तन से अधिक उपयुक्त होगा। देश-काल के अनुसार भी सांस्कृतिक दृष्टि से भाषा में पूर्ण अभिव्यक्ति होनी चाहिए।'

पात्रों की सामाजिक स्थिति के लिए भाषा नहीं उनके भावों और विचारों का उपयोग हो। भाषा एक सांस्कृतिक प्रक्रिया का हिस्सा है इसलिए उसकी अभिव्यक्ति देश-काल के अनुसार होगी। इस सोच के केन्द्र में सभी भारतीय भाषाओं को वर्नाकुलर (गँवारू बोलियाँ) माननेवाली औपनिवेशिक दृष्टि का विरोध भी छिपा हुआ है। इसलिए उन्होंने लिखा कि 'हिंदी का लक्ष्य दूसरा है : उसका उद्देश्य ज्यों-ज्यों राष्ट्रीयता की ओर बढ़ रहा है उसी प्रकार उसका क्षेत्र भी बढ़ रहा है।' प्रसाद के चिंतन से राष्ट्रीय प्रश्न कभी

ओझल नहीं होते। उनका मानना था कि गाँव के पात्रों के मुख से बोलियों का उपयोग 'कथोपकथन के उस तात्पर्य को हानि पहुँचाना होगा, जहाँ उनका संबंध व्यवहार और शिष्टाचार से है।' और ऐसे प्रयोग जब इस सीमा पर पहुँचेंगे कि सीमा प्रांत का पात्र पश्तो बोलने लगे तो फिर ऐसे नाटक को 'हिंदी का नाटक कौन कहेगा?' संस्कृत नाटकों में संस्कृत और प्राकृत के समन्वय से भी वे पूरी तरह सहमत नहीं।

छह

प्रसाद के नाट्यचिंतन का एक सर्वाधिक महत्त्वपूर्ण बिन्दु है, सामाजिक जागरण के लिए नाटक का उपयोग। एक तरह का प्रचारात्मक उपयोग। एजिटप्राप और नुक्कड़ नाटकों के पक्षधरों को देखना चाहिए कि ये बातें साठ वर्ष पूर्व प्रसाद लिख रहे थे। वे न केवल सिद्धांततः इस बात पर विश्वास करते थे वरन् वे अपनी जातीय परंपराओं में इसके सूत्र भी तलाश कर रहे थे। इसलिए उन्होंने न केवल नाट्यशालाओं की विवेचना की वरन् 'विमान रंगमंच' का भी विस्तार से वर्णन किया। यह एक तरह का मूवेबल थिएटर था। प्रसाद ने रंगमंच नामक लेख में बताया कि 'आधुनिक रामलीला के अभिनयों में प्रचलित विमान यह प्रमाणित करते हैं कि भारत में दोनों तरह के रंगमंच होते थे। एक तो वे जिनके बड़े-बड़े नाट्य मंदिर बने थे और दूसरे चलते हुए रंगमंच, जो काठ के विमानों से बनाये जाते थे और चतुष्पथ तथा अन्य प्रशस्त स्थानों में आवश्यकतानुसार घुमा-फिराकर अभिनयोपयोगी कर लिए जाते थे।'

आज के आधुनिकतावादी रंगकर्मी एक ओर नाटक की प्रचारात्मक भूमिका से परहेज करते हैं और दूसरी ओर प्रतिबद्ध रंगकर्म इस बात को बहुत ऊँची आवाज में उठाना चाहता है। लेकिन दोनों ही प्रसाद का निषेध करते हैं। प्रतिबद्ध रंगकर्मियों को जानना चाहिए कि समाज की जागृति के लिए नाटक के उपयोग की अवधारणा 'इप्टा' आंदोलन की देन नहीं, प्रसाद उससे बहुत पहले यह विचार प्रकट कर चुके थे। 'सभ्यता को नाटक से बड़ी सहायता मिलती है।' इस विचार को और अधिक स्पष्ट करते हुए उन्होंने लिखा 'एक बार हम फिर कहेंगे, समाज में नैतिक साहस आदि गुणों की जागृति में नाटक प्रचुरता से सहायक हो सकता है।' यहाँ नैतिक साहस और जागृति पर ध्यान दिया जाना चाहिए। उनका स्पष्ट मत था कि 'समाज का मंगल करनेवाले नाटक को हिंदी में वैसा ही स्थान मिलना चाहिए जैसा शरीर में मस्तिष्क को।'

सात

नाटक प्रसाद के लिए एक विकसित कला है क्योंकि 'हृदय को अनुभूति कराने के लिए कला के दो द्वार हैं : कान और आँख।' और नाटक दृश्य और श्रव्य दोनों हैं। इसलिए वह सबसे विकसित कला है। उनका मानना था कि काव्य के तीन भेद हैं—दृश्य, श्रव्य

और कला की दृष्टि से मूर्त और अमूर्त रूपों का उपयोग। और ये तीनों रूप नाटक में विद्यमान हैं।

प्रसाद का मत है कि लोकोत्तर चमत्कार बिना आदर्श के संभव नहीं। नाटक के सारे साधन, शिल्प, संगीत, चित्र, कविता, आहार्य, भाव और अंग भंगी, इनसे एक ऐसे नाटक के विकास की जरूरत है जो मानसिक संसार का विकास करे। एक ऐसा नाटक जो मनुष्य के मनोभावों का विश्लेषण करके चमत्कार के बल से मोहता हुआ अन्तःकरण में आदर्श सत्य को स्वयमेव विकसित कर दे। आदर्श सत्य भी उनके लिए आवश्यक है, नैतिक साहस भी और सामाजिक जागृति भी और उसके लिए नाटक का उपयोग भी। इसलिए यह मानते हुए भी कि वर्तमान युग बुद्धिवादी है, वे कोरे बुद्धिवाद के समर्थक नहीं। क्योंकि यह बुद्धिवाद ग्रीक और रोमनों की 'दुख भावना से अनुप्राणित है।' जिसने ग्रीक त्रासदियों को जन्म दिया लेकिन यह 'भाग्य या नियति की विजय थी।'

प्रसाद त्रासदी के बरअक्स आनंदवाद की वकालत करते हैं जिसमें लोकमंगल की दृष्टि प्रच्छन्न रूप से विद्यमान है। इसमें यथार्थवाद की अधिक गहरी समझ और जातीय परंपरा को खोजने की अंतर्दृष्टि है। वे पारसी थिएटर, इब्सेनिज़्म और सिनेमा के खतरों को पहचान रहे थे।

प्रसाद इसके लिए रंगमंच को विकसित करना चाहते थे। प्रसाद के नाटकों को रंगमंच के लिए अनुपयोगी माननेवालों को जवाब देते हुए उन्होंने लिखा 'रंगमंच के संबंध में यह भारी भ्रम है कि नाटक रंगमंच के लिए लिखे जायें। प्रयत्न तो यह होना चाहिए कि नाटक के लिए रंगमंच हो, जो व्यावहारिक है।'

नंदकिशोर आचार्य

ध्रुवस्वामिनी : छायावादी वेदना का अतिक्रमण

किसी भी महत्त्वपूर्ण लेखक की एक निर्विवाद पहचान यह भी होती है कि बाद के लेखक न केवल हमेशा के लिए उसे एक प्रेरणात्मक चुनौती के रूप में महसूस करते हैं बल्कि उसके साथ एक निजी रचनात्मक रिश्ते का संधान भी करते रहते हैं। पूर्व में लिखे गये साहित्य की अनेक प्रकार की प्रासंगिकताएँ हो सकती हैं, पर सर्जनात्मक दृष्टि से उसकी एकमात्र प्रासंगिकता इसी बात में होती है कि परवर्ती लेखक उसके साथ एक रचनात्मक रिश्ता अनुभव करें। एक लंबे अर्से तक नाटककार जयशंकर प्रसाद की रंगकर्मियों द्वारा अवहेलना होती रही है। पिछले कुछ अर्से में ही उनके नाटकों की ओर कुछ विशिष्ट रंगकर्मियों का ध्यान गया है। और यह बात मुझे कुछ तोष देनेवाली है क्योंकि मेरे लेखकीय जीवन की शुरुआत के भी पहले से प्रसाद मुझे एक अत्यन्त महत्त्वपूर्ण

नाटककार लगते रहे हैं और उनके नाटकों को केवल साहित्यिक या अनभिनेय कहकर खारिज कर देने का औचित्य समझ पाने में मैं सदैव ही असमर्थ रहा।

समकालीन रंगकर्म में प्रसाद की पुनर्प्रतिष्ठा का सर्वाधिक श्रेय संभवतः 'स्कंदगुप्त' को दिया जा सकता है। निश्चय ही 'स्कंदगुप्त'—और 'चंद्रगुप्त' भी—महत्त्वपूर्ण नाटक हैं, लेकिन एक परवर्ती नाटककार की हैसियत से प्रसाद के साथ मेरे रिश्ते को जोड़ने वाला मुख्य सूत्र 'ध्रुवस्वामिनी' रहा है। यह केवल संयोग ही नहीं है कि 'ध्रुवस्वामिनी' प्रसाद का अंतिम नाटक है—क्योंकि उनकी प्रतिभा भी इसी कृति में अपने शीर्ष पर दिखाई देती है।

मेरी दृष्टि में किसी भी नाटक की उत्कृष्टता की प्रमुख कसौटी इस बात में है कि वह अभिनय के लिए कितनी चुनौतियाँ और संभावनाएँ प्रस्तुत करता है। ध्यान रहे कि मैं अभिनेयता या मंचीयता की बात नहीं कर रहा क्योंकि आज हमारा नाट्यशास्त्र इतना विकसित है और इतने अधिक उपकरण हमें उपलब्ध हैं कि किसी भी तरह का दृश्य मंच पर दिखाया जा सकता है। मैं बात कर रहा हूँ अभिनय की संभावनाओं की। और इस एक बात में नाटक की विषय-वस्तु, कार्य-योजना, चरित्र और भाषा आदि सभी बातें समाहित हो जाती हैं।

इसलिए एक उत्कृष्ट नाटक जटिल स्थितियों की ही नहीं, जटिल चरित्रों की भी माँग करता है। जटिल चरित्रों से तात्पर्य है गहरे अन्तर्द्वन्द्वों में से गुजरते हुए चरित्र। स्थितियों और चरित्रों की यह जटिलता 'चंद्रगुप्त' और 'स्कंदगुप्त' में भी है पर वहाँ एक आदर्श से प्रेरित होने के कारण यह जटिलता कुछ सपाट होने लगती है। 'स्कंदगुप्त' की 'देवसेना' का आदर्श भी प्रभावित करता है और उसकी वेदना भी, लेकिन वहाँ द्वन्द्वात्मकता नहीं है, 'करूँ या न करूँ' में दुविधाग्रस्त मन नहीं है। स्वयं स्कंदगुप्त का चरित्र भी कुछ सपाट हो जाता है क्योंकि वहाँ भी वेदना ही प्रधान हो जाती है। वह राष्ट्र-रक्षा के आदर्श के लिए संघर्षरत है, लेकिन अपने अधिकार के लिए नहीं। इसलिए उसके संघर्ष में निजी आवेग और द्वन्द्व नहीं है। अपने अधिकार के लिए संघर्ष और एक आदर्श के लिए संघर्ष वहाँ उस तरह एकमेक नहीं होते जैसा 'रामायण' या 'महाभारत' के नायकों के साथ होता है। स्कंदगुप्त में अधिकार-त्याग का आदर्श प्रसाद पर इतना हावी है कि इसके चलते वह अपने चरित्रों को उस अनिवार्य अन्तर्द्वन्द्व में से गुजरने का भी अवसर नहीं देते जो उनके आदर्श को भी अधिक नाटकीय प्रामाणिकता के साथ प्रतिष्ठित कर सकता। लेकिन 'ध्रुवस्वामिनी' इस दृष्टि से अधिक यथार्थपरक है और नाटकीय प्रामाणिकता से अधिक युक्त भी। ध्रुवस्वामिनी के पात्र में राष्ट्रीय अस्मिता, स्त्री जाति की अस्मिता और वैयक्तिक अस्मिता एकमेक हो जाते हैं और रामगुप्त के प्रति उसकी घृणा और विद्रोह कुछ मूल्यों के लिए भी है और वैयक्तिक कामना-पूर्ति के लिए भी। प्रसाद इस चरित्र में 'देवसेना' वाला त्याग नहीं प्रस्तुत करते बल्कि एक विवाहित भारतीय नारी होने के बावजूद ध्रुवस्वामिनी पर अंततः कुमार चंद्रगुप्त का

प्रेम जीत जाता है। इस प्रक्रिया में एक अंतर्द्वन्द्व भी है, और उससे गुजरकर ही ध्रुवस्वामिनी अपने रूढ़ संस्कारों से मुक्त होकर कुमार चंद्रगुप्त के प्रति न केवल अपना अनुराग प्रकट करती है बल्कि कुमार को प्रेरित भी करती है। इस दृष्टि से ध्रुवस्वामिनी का चरित्र हिंदी साहित्य के चरित्रों में मूल्यगत स्तर पर शायद पहला पूर्वतः आधुनिक स्त्री चरित्र है। लेकिन एक नाटकीय अंतर्द्वन्द्व में से गुजरने के कारण यह आधुनिकता केवल अवधारणागत नहीं बल्कि संवेदनागत स्तर पर प्रामाणिक साबित होती और दर्शक या पाठक के मन को भी भावात्मक स्तर पर उद्वेलित करती और इस प्रकार एक नाट्यात्मक आश्वस्ति का एहसास पैदा करती है।

चंद्रगुप्त का चरित्र भी इसी तरह केवल एक आदर्श की प्रतिष्ठा नहीं है। वह एक यथार्थ चरित्र है जिसके अपने सपने और महत्त्वाकांक्षा भी है और कुंठा भी। राष्ट्रीय गौरव, कुल-प्रतिष्ठा और वैयक्तिक आकांक्षा यहाँ भी एकमेक हैं और भाई के प्रति विद्रोह तथा उसकी पत्नी तथा अपनी पूर्व प्रेमिका के लिए अपने भावों को लेकर एक अंतर्द्वन्द्व भी उसमें है जो उसके चरित्र को अधिक प्रामाणिक बना देता है। ध्रुवस्वामिनी और चंद्रगुप्त के चरित्र इन्हीं अंतर्द्वन्द्वों के चलते अभिनय की दृष्टि से अधिक जटिल और चुनौती-भरे हैं और इसीलिए इन चरित्रों का प्रभावी मंचन जहाँ अधिक साधना की माँग करता है वहीं बारीक मनोभावों और द्वन्द्वों को व्यक्त कर सकनेवाली अभिनय-कला के विकास का भी माध्यम बनता है। अपने प्रेमी के विश्वासघात को समझते और उससे टूटन अनुभव करते हुए भी उससे प्रेम करते जानेवाली कोमा का चरित्र भी इसी तरह जटिल अभिनय की माँग करनेवाला एक और चरित्र है।

राष्ट्रीय परिस्थिति, वैयक्तिक जीवन और आदर्श के निर्वाह के इस तरह एकमेक हो जाने के ही कारण 'ध्रुवस्वामिनी' में उस तरह के सूचनात्मक दृश्यों की जरूरत नहीं है जैसा 'स्कंदगुप्त' या 'चंद्रगुप्त' में कई स्थानों पर है। और इसी कारण 'ध्रुवस्वामिनी' उस विशृंखलता या शिथिलता से भी बचा रह सका है जो प्रसाद के अन्य नाटकों में अक्सर दीख जाती हैं। 'ध्रुवस्वामिनी' का कार्य-व्यापार इसीलिए बहुत एकाग्र—बहुआयामिता लिए हुए एकाग्र—है और इसीलिए उसमें तीव्र नाटकीय आवेग भी है। प्रसाद के अन्य प्रमुख नाटकों की अपेक्षा 'ध्रुवस्वामिनी' कुछ छोटा है पर इसका लघु आकार न तो नाटकीय प्रभाव की गहराई में कोई बाधा है और न नाटक में उठनेवाले प्रश्नों की व्यापकता ही उससे बाधित होती है बल्कि इसका अपेक्षाकृत लघुआकार इसे अधिक भावोत्तेजक, मार्मिक और आवेगमय बनाता है। यह आवेगमयता कार्य-व्यापार की तीव्रता और स्वाभाविकता को भी बनाए रखती है। यह आकस्मिक नहीं है, कि 'ध्रुवस्वामिनी' के कथाक्रम में कहीं भी 'संयोग' का उस तरह से सहारा नहीं लिया गया है जैसा 'चंद्रगुप्त' या 'स्कंदगुप्त' में कई स्थानों पर दीखता है। 'ध्रुवस्वामिनी' का कथा-विकास इस दृष्टि से अधिक विश्वसनीय किंतु नाटकीय है। घटनाएँ एक-दूसरे से जैसे स्वयमेव निसृत होती जाती हैं। पूरे नाटक में शायद ही कोई स्थल ऐसा है जहाँ कुछ न कुछ या तो

घटित न हो रहा हो या न होनेवाला हो। प्रत्येक दृश्य ही नहीं बल्कि लगभग प्रत्येक संवाद-योजना किसी न किसी घटना का अंकन है। शायद यही कारण है कि 'ध्रुवस्वामिनी' में प्रसाद की नाट्य-भाषा अद्‌भुत प्रभावशाली बन पड़ी है। सामान्यतया प्रसाद पर नाटकों में भी काव्यात्मक भाषा के प्रयोग का आरोप लगाया जाता रहा है। लेकिन 'ध्रुवस्वामिनी' में यह काव्यात्मकता अत्यल्प है और जहाँ है भी—जैसे कोमा के स्वगत कथन में—वहाँ वह आगे की यथार्थपरक स्थिति के साथ एक नाटकीय टकराहट का प्रभाव रचने के उद्देश्य से ही है। राष्ट्र धर्म या अन्य ऐसे ही विषयों पर लंबे प्रवचनों का अवकाश और जरूरत 'ध्रुवस्वामिनी' में इसीलिए नहीं है कि अपनी सारी बौद्धिक प्रतिभा के बावजूद प्रसाद इस नाटक में मुख्यतः संवेदनात्मक स्तर पर मानवीय चेतना को प्रेरित करते हैं और इसलिए यदि कहीं कुछ बौद्धिक विवाद है भी तो वह संवेदनात्मक आवेग से घुलामिला होने के कारण एक नाटकीय टकराहट की तरह ही प्रस्तुत होता है। 'ध्रुवस्वामिनी' के बौद्धिक संवादों में भी इसीलिए एक नाटकीय तात्कालिकता है, कोई वस्तुपरकता या तटस्थ दूरी नहीं। लेकिन यही बात 'स्कंदगुप्त' या 'चंद्रगुप्त' के बारे में नहीं कही जा सकती।

लेकिन अपनी एक काव्यात्मक कमजोरी से प्रसाद इस नाटक में भी मुक्त नहीं हो सके हैं, गो उसमें कुछ सुधार अवश्य है। यह कमजोरी है गान का प्रयोग। दरअसल, 'ध्रुवस्वामिनी' का कार्य-व्यापार इतना तीव्र है कि उसमें गानों के लिए वास्तव में अवकाश नहीं है। 'चंद्रगुप्त' या 'स्कंदगुप्त' की अपेक्षा 'ध्रुवस्वामिनी' में गीत निश्चय ही बहुत कम हैं, लेकिन यदि वे बिल्कुल भी न होते तो भी उसके नाट्यात्मक प्रभाव में कोई कमी न होती। वस्तुतः कहीं-कहीं तो ये नाट्यात्मक प्रभाव में कुछ बाधा ही पैदा करते हैं। पहले अंक की समाप्ति पर मन्दाकिनी और सामंत कुमारों का गीत 'पैरों के नीचे जलधर हो' अनावश्यक लगता है ही, साथ ही वह इस गान से पूर्व के ध्रुवस्वामिनी और चंद्रगुप्त के संवादों के प्रभाव को भी शिथिल करता है—बल्कि वह दूसरे अंक के आरम्भ में कोमा के स्वगत कथन और लघु गीत के प्रभाव पर भी कुछ सीमा तक छाया रहता है। गीत का प्रभाव अधिकांशतः कार्य-व्यापार की तीव्रता की ग्रहणशीलता को शिथिल करता है, इसलिए 'ध्रुवस्वामिनी' जैसे गतिशील नाटक में उसकी कोई रचनात्मक अनिवार्यता नहीं लगती।

'चंद्रगुप्त' और 'स्कंदगुप्त' के प्रभावी मंचन के लिए तो निश्चय ही कुशल निर्देशकों द्वारा इन नाटकों का संपादन अनिवार्य लगता है, लेकिन यह तो सचमुच आश्चर्य ही है कि 'ध्रुवस्वामिनी' जैसे न केवल निर्दोष बल्कि हर दृष्टि से अत्यंत प्रभावशाली नाटक की अवहेलना की जाती रही है। अपने छोटे से कलेवर में यह नाटक जितनी नाटकीय प्रामाणिकता के साथ राष्ट्र और समाज के ज़ीवन से जुड़े कई महत्त्वपूर्ण सवालों को एक साथ उठा सका है, वह केवल प्रसाद-जैसी अद्वितीय प्रतिभा के द्वारा ही सम्भव है। 'आषाढ़ का एक दिन' जैसे नाटक को जो प्रतिष्ठा हिंदी साहित्य और रंगमंच पर

मिली, 'ध्रुवस्वामिनी' उससे अधिक न भी सही तो कम से कम उतनी प्रतिष्ठा का हकदार अवश्य है—और वह भी 'आषाढ़ का एक दिन' से लगभग पच्चीस वर्ष पूर्व जब रंगमंच का भी वैसा विकास नहीं था जो मोहन राकेश को उपलब्ध था। इससे लगता है कि नाटककार प्रसाद को यदि प्रतिभाशाली निर्देशकों और अभिनेताओं का सहयोग मिल पाता तो हिंदी नाटक और रंगमंच का इतिहास कुछ और होता।

एक लेखक के रूप में 'ध्रुवस्वामिनी' नाटक मुझे इसलिए भी उल्लेखनीय लगता है कि—प्रसाद इस नाटक में मुझे अपनी छायावादी वेदना का अतिक्रमण करते दिखाई देते हैं। 'चंद्रगुप्त' की मालविका या 'स्कंदगुप्त' की देवसेना के चरित्रों की बनावट अपने मर्म में छायावादी वेदना को ही लिए है—स्वयं स्कंदगुप्त भी उसी कोटि का चरित्र है। लेकिन ध्रुवस्वामिनी या कुमार चंद्रगुप्त का चरित्र रोमांटिक वेदना का नहीं, विद्रोह का चरित्र है, और यह विद्रोह केवल रोमांटिक नहीं बल्कि नैतिक आधार लिए हुए है जिसे विजयदेव नारायण साही ने नैतिकता में शक्ति का विलयन कहा है। साथ ही, 'ध्रुवस्वामिनी' एक यथार्थवादी नाटक है—न केवल अपनी संरचना में बल्कि अपने चरित्रों के विकास और कार्य-व्यापार में भी—एक छायावादी का लिखा यथार्थवादी नाटक !

एक आधुनिक भारतीय लेखक के रूप में इसीलिए मुझे 'ध्रुवस्वामिनी' से जो रिश्ता महसूस होता है, वह 'चंद्रगुप्त' या 'स्कंदगुप्त' से नहीं। वह मुझे न केवल अपनी नाट्य-परंपरा के नवरूपायन की संभावना से परिचित करवाता है बल्कि अपने समाज से—उसकी संभावनाओं और सीमाओं सहित—एक संवेदनात्मक साक्षात्कार का अवसर देता है। वह मुझे इतिहास के संधिस्थलों पर कमजोर पड़ती परंपरा की विकृतियों के रूप से परिचित करवाते हुए यह संकेत भी देता है कि अन्ततः धर्म मानवीय न्यायबोध में है और जब समाज न्याय-बोध से च्युत हो जाता है तो वह रामगुप्तों और शिखरस्वामियों से शासित तथा शकराजों से आक्रांत होने लगता है। इसमें भी विशेषता यह है कि जहाँ 'चंद्रगुप्त' या 'स्कंदगुप्त' अपनी व्याख्या से समकालीन होते हैं, वहाँ 'ध्रुवस्वामिनी' अपनी संरचना, संवेदना और चरित्र में समकालीन लगता है।

जातीय स्मृति का संयोजन

किसी भी समाज के लिए मुक्ति की तलाश का अर्थ अपनी परंपरा की तलाश है। एक परंपरा में होने के बोध से ही हम एक समाज होते हैं और इसलिए स्वतंत्र या मुक्त होने की प्राथमिक शर्त अपनी परंपरा में होने में है। आधुनिकता भी परंपरा-सापेक्ष है क्योंकि हम किसी दूसरी परंपरा में तो स्वतंत्र भी नहीं हो सकते जो आधुनिकता की भी बुनियादी शर्त है। ब्रिटिश उपनिवेशवाद के कारणों का विश्लेषण करते हुए गाँधीजी ने इस बात को अच्छी तरह पहचाना था। जयशंकर प्रसाद के ही समवयसी जवाहरलाल नेहरू जहाँ हमारी पराधीनता की वजह प्रौद्योगिकी में हमारे पिछड़ेपन को ठहराते थे,

वहीं गाँधीजी की दृष्टि में इसका मूल कारण यह था कि हम अपनी परंपरा को छोड़ देने के लिए तैयार हो गये थे और जिस सीमा तक छोड़ते गये, उसी सीमा तक गुलाम भी होते गये। 'हिन्द स्वराज' में गाँधीजी कहते हैं, 'सारा हिंदुस्तान गुलामी में घिरा हुआ नहीं है। जिन्होंने पश्चिम की शिक्षा पाई है और जो उसके पाश में फँस गये हैं, वे ही गुलामी में घिरे हुए हैं।' गाँधीजी के लिए गुलामी का मतलब है आधुनिकतावादी पश्चिमी सभ्यता को स्वीकार कर लेना—उस सभ्यता को जिसे वह शैतानी सभ्यता कहते थे।

इसलिए स्वाधीनता के लिए संघर्ष का मतलब औपनिवेशिक राजसत्ता के विरुद्ध ही नहीं बल्कि औपनिवेशिक मानसिकता के विरुद्ध एक बहुआयामी संघर्ष हो जाता है जिसका प्रयोजन समाज को अपनी परंपरा में गतिशील करना है। यह संघर्ष केवल राजनीति का नहीं बल्कि संस्कृति का भी है—और 'भी' क्यों, कहना चाहिए कि बुनियादी स्तर पर तो यह उसी का संघर्ष है। और संस्कृति का सर्वाधिक मुखर माध्यम होने के नाते साहित्य में इस संघर्ष का रूपायन स्वाभाविक और काम्य है। जयशंकर प्रसाद की रचनाशीलता का काल स्वाधीनता के लिए हमारे संघर्ष का भी सर्वाधिक सक्रिय काल है, इसलिए उनके सृजन में भी इस संघर्ष को पहचाना जाना संभव होना चाहिए।

लेकिन यहीं यह भी विचारणीय है कि साहित्य या विविध कलारूप इस संघर्ष को अपने में कैसे रूपायित करते हैं। स्थूल रूप से आजादी को अपनी रचना का विषय बना लेने से ही यह संभव नहीं हो सकता। यह प्रक्रिया बहुत सूक्ष्म और रचनात्मक स्तरों पर घटित होती है। साहित्य जातीय स्मृति का वाहक होता है और इसलिए उसमें आनेवाले विचलनों की भी संवेदनात्मक पहचान कर जातीय स्मृति को पुनः संयोजित करने का दायित्व भी उसका होता है। इस दृष्टि से विचार करें तो कह सकते हैं कि प्रसाद की रचनाशीलता का केन्द्रीय सरोकार जातीय स्मृति को पुनः संयोजित करना ही है।

प्रसाद के साहित्य में यह संघर्ष संकल्पित अभिव्यक्ति पाता है। 'चंद्रगुप्त' में कार्नेलिया कहती है, 'मैं देखती हूँ कि यह युद्ध ग्रीक और भारतीयों के अस्त्र का ही नहीं, इसमें दो बुद्धियाँ भी लड़ रही हैं।' 'स्कंदगुप्त' में निराश नायक को कमला कहती है, 'उठो स्कंद ! आसुरी वृत्तियों का नाश करो।' स्वयं स्कंदगुप्त को 'स्वत्व' और 'अधिकार' नहीं चाहिए। फिर भी वह गुप्त साम्राज्य की रक्षा चाहता है तो इसीलिए कि वह 'नीति और सदाचारों का महान आश्रय वृक्ष' है। प्रसाद की रचनाओं के ऐतिहासिक आलंबनों पर व्यंग्य करते हुए प्रेमचंद ने कहा था, 'गड़े मुर्दे उखाड़ने से क्या फायदा ?' लेकिन प्रेमचंद तब शायद इस बात की अनदेखी कर रहे थे कि ऐतिहासिक चरित्र किसी भी जाति की स्मृति के भावात्मक संयोजक होते हैं। गीता के तर्क का सहारा लेकर कहें तो जिसकी स्मृति नष्ट हो जाती है, उसका विवेक भी नष्ट हो जाता है, जिसका अर्थ है सबकुछ का नष्ट हो जाना। इसलिए प्रसाद किसी अतीत में हमको लौटा ले

जाने के लिए ऐतिहासिक चरित्रों या आख्यानों का आलंबन नहीं लेते, वह उनके माध्यम से हमारी जातीय स्मृति और विवेक को जाग्रत करते हैं। औपनिवेशिक हस्तक्षेप ने इस जातीय विवेक को कितना जड़ कर दिया था, इसका मार्मिक चित्र प्रसाद ने 'कंकाल' में प्रस्तुत किया है। प्रेमचंद के बारे में विचार करते हुए निर्मल वर्मा ने लिखा है कि उन्होंने 'भारतीय किसानों की ऐतिहासिक विकृति को देखा था—किंतु उस चीज का मूल सांस्कृतिक टैक्सचर अपने 'गैर-ऐतिहासिक' रूप में क्या था जो विकृत हुआ था, उसकी अन्तर्दृष्टि प्रेमचंद में नहीं मिलती।' यह अंतर्दृष्टि काफी हद तक प्रसाद में हमें मिलती है। औपनिवेशिक दबावों के अन्तर्गत हमारे सांस्कृतिक ढाँचे में आ गई विकृतियों की गहरी पहचान हमें प्रसाद में दिखाई देती है। प्रसाद के नाटकों में विलास में डूबे हुए राजनीतिज्ञों, स्वार्थपरायण धनवानों और भ्रष्ट संन्यासियों का ही जैसे आधुनिक संस्करण हमें 'कंकाल' में प्राप्त होता है जो हमें अपने विचलन का तीखा बोध तो कराता ही है, अपने मूल स्रोत को भी याद दिलाता है। स्मृति के इस संयोजन में सबसे अधिक कारक है प्रसाद की भाषा। कुछ लोगों की नजर में वह साहित्यिक या किताबी भाषा है जो यथार्थ से रू-ब-रू होने में बाधा पैदा करती है। उनके लिए प्रेमचंद की भाषा शायद आदर्श भाषा है। लेकिन कहीं यह तो नहीं कि प्रेमचंद की जिस सीमा का उल्लेख निर्मल वर्मा करते हैं, उसकी एक वजह उनकी भाषा भी है। प्रेमचंद की भाषा अधिकांशतः इकहरी है जो यथार्थ के एक स्तर से तो हमारा साक्षात्कार करवाती है लेकिन हममें किन्हीं स्मृतियों को नहीं जगाती जैसा कि रेणु की लोकभाषा और प्रसाद की संस्कृतगर्भित भाषा अपने-अपने तरीके से करती है। प्रसाद के विशाल रचना-संसार में हमें बार-बार वे पद, बिम्ब, चरित्र और शब्द-संयोजन मिलते रहते हैं जो अपने में एक परंपरा की अंतर्ध्वनियों को समेटे रहते और उसे हमारे मानस में पुनः संभव करते हैं। इस प्रकार मूल्यबोध, भाव-संयोजन और भाषिक संरचना के माध्यम से प्रसाद की रचनाशीलता न केवल ऐतिहासिक और समकालीन विचलनों की पहचान बल्कि अपने आत्म की स्मृति को पुनः संयोजित करने का एक सार्थक और गौरवपूर्ण प्रयास भी बन जाती है। अपने आत्म को उलपब्ध करना—यही तो है गाँधीजी का वास्तविक स्वराज। इसलिए हमारे समय के एक महत्त्वपूर्ण कवि-आलोचक विजयदेव नारायण साही का छायावादकाल को 'सत्याग्रह युग' की संज्ञा देना सर्वथा उचित जान पड़ता है—कम से कम प्रसाद और निराला के संदर्भ में तो निश्चय ही। एक औपनिवेशिक समाज में इसी तरह तो एक लेखक अपने मोर्चे पर स्वतंत्रता की लड़ाई लड़ता है। और अंत में अज्ञेय के इस कथन के साथ मैं अपनी टिप्पणी पूरी करना चाहूँगा : 'आजाद देश में भी औपनिवेशिक मानसिकता अभी बनी हुई है। उसने जान लिया है कि भाषा को भी अपना साधन बनाया जा सकता है और भारत की भाषायी स्थिति में तो उसके लिए यह काम बहुत आसान हो जाता है। जब तक हम भारतीय मानस को उपनिवेशवाद के इस शिकंजे से मुक्त नहीं करते तब तक स्वाधीनता विशेष फलवती होनेवाली नहीं है और सांस्कृतिक

क्षेत्र में तो वह लगातार परती को ऊसर, ऊसर को बंजर और बंजर को विस्तीर्ण मरुस्थल में परिवर्तित करती जायेगी।'

[भारतभवन, भोपाल में प्रसाद शतवार्षिकी पर आयोजित संगोष्ठी में प्रस्तुत वक्तव्य]

सत्येन्द्र कुमार तनेजा

नया रंग परिदृश्य : प्रसाद के नाटक : नयी संभावनाएँ

पाँचवें दशक में इप्टा (भारतीय जन-नाट्यसंघ) ने देशव्यापी स्तर पर आम आदमी तक सीधे पहुँचने, अन्याय और अत्याचार के विरुद्ध आवाज उठाने के लिए जिस तेजस्विता और तत्परता से उसे तैयार किया, और, इस लक्ष्य-प्राप्ति के लिए जिस सीधी, असरदार प्रदर्शन-शैली का विकास किया, वह इस कला-माध्यम की विलक्षण प्रभविष्णु-शक्ति और निहित संभावनाओं को उजागर करता है। भाषा और प्रदेश की सीमाओं को अतिक्रांत करते हुए जिन पारंपरिक रंगरूढ़ियों, कथाओं-गाथाओं, गीत-संगीत ही नहीं, सादे-सुलभ रंग-उपकरणों का कलापूर्ण पर प्रयोजनबद्ध दृश्यात्मक संयोजन किया गया, उसने भारतीय रंगकर्म को नया आयाम दिया। साम्राज्यवाद की क्रूरताओं को केन्द्र में रखते हुए विजन भट्टाचार्य के नाटक 'नवान्न' (1944) का तेवर जितना कटु और तीखा था, उससे कहीं अधिक आंदोलित करनेवाला इसका प्रस्तुतीकरण रहा। समय की चुनौती और प्रेक्षक की अपेक्षाओं के प्रति सतर्क, निर्देशक शंभुमित्र ने स्पेस, अभिनय और आस-पास उपलब्ध रंग-साधनों को जो सर्जनात्मक तात्पर्य दिया, वह अभूतपूर्व ही नहीं, एक मौलिक एवं सार्थक रंग-परिकल्पना थी। एक अन्य धरातल पर पृथ्वीराज कपूर (पृथ्वी थिएटर्स) भी सोद्देश्य थिएटर का अभियान चला रहे थे जिसका प्रयोजन साम्प्रदायिक सौहार्द एवं सामाजिक न्याय को गति-दिशा देना रहा। इस प्रकार यह नाटक-रंगमंच-प्रेक्षक की पारम्परिकता एवं प्रतिबद्धता का युग था।

कुछ वर्ष बाद इप्टा से अलग होकर शंभुमित्र ने अपने नवगठित ग्रुप 'बहुरूपी' (1948) के तहत 'रक्तकरबी' और इब्सन के सुपरिचित नाटक 'डाल्स हाऊस'—'पुतुलघर' के कुशल मंचन में अपनी उर्वरकल्पना एवं अद्भुत प्रदर्शन-क्षमता का परिचय दिया। जीवन की गंभीर, सूक्ष्म और जटिल स्थितियों और संवेदनाओं से गुजरनेवाले, साहित्यिक जगत में सम्मानित, इन श्रेष्ठ नाटकों के कथ्य एक भिन्न प्रकार की प्रस्तुति-परिकल्पना की अपेक्षा रखते हैं। शंभुमित्र ने क्लासिकल, पारंपरिक और यथार्थवादी प्रदर्शन-रूढ़ियों के सुरुचिपूर्ण संयोजन, स्वाभाविक पर संवेगात्मक अभिनय तथा अंतर्वस्तु की महत्ता स्थापित करते हुए अपने प्रस्तुतीकरण को जीवंत और गहरा नाटकीय अनुभव प्रदान करनेवाला बनाया। अलग प्रकार और पद्धति के दोनों नाटकों के लिए उपयुक्त एवं

असरदार प्रदर्शन-विधि की इस सही खोज से शंभुमित्र ने निर्देशन कर्म के नए प्रतिमान स्थापित किए। नाटकीय मर्म को दृश्य-आकार देने की कुशलता कभी-कभी स्वयं रचनाकार में इतनी नहीं होती जितनी पुनर्रचना कर रहे निर्देशक में मिलती है। रवीन्द्रनाथ ठाकुर अपने नाटकों के रचयिता तो थे ही, वे उनके प्रस्तुतकर्त्ता, अभिनेता, निर्देशक के समन्वित दायित्व को भी निभाते रहे। अपनी सर्जनात्मक कल्पना और सामर्थ्य से शंभुमित्र ने रवीन्द्रनाथ ठाकुर के नाटकों, 'राजा', 'रक्तकरबी', को मंच पर जो नूतन जीवन एवं गहन अर्थ प्रदान किया, वह निर्देशन की उल्लेखनीय उपलब्धि है।

स्वतंत्रता-प्राप्ति की उपलब्धि और उल्लास के कारण देश में एक आशा और कुछ-कुछ सपनों-भरा वातावरण फैलने लगा जहाँ व्यवस्था बदलने और न्यायप्रिय समाज स्थापित करने की आकांक्षाओं ने नई पीढ़ी के सर्जक कलाकारों को अभिभूत किया। इन स्फूर्तिप्रेरक स्थितियों में कला, साहित्य और संस्कृति के प्रति दृष्टिकोण बदला। राष्ट्रीय अस्मिता और प्रतिष्ठा का अहसास आने लगा। इस उत्सवधर्मी दौर में देश की अग्रणी भाषाओं के उभरते प्रतिभाशाली कलाकारों ने प्रदर्शनकारी कलाओं, विशेषतः नाट्य को अपनी अभिव्यक्ति का माध्यम बनाया। 1953 में केन्द्र में स्थापित संगीत नाटक अकादमी की विभिन्न प्रोत्साहनमूलक योजनाओं से (यही कार्य कुछ वर्ष बाद प्रदेश-अकादमियों ने किया) नई सक्रियता आई। अकादमी ने भारतीय रंगकर्म के दिशा-निर्देशन के लिए रंगमंच की अवधारणा, उसका स्वरूप, प्रदर्शन-परिपाटियाँ, पश्चिमी प्रभाव जैसा विवादास्पद प्रश्नों पर गंभीरता से विचार-विमर्श करने के लिए कई गोष्ठियों का आयोजन किया। अपने अनुभवों को ध्यान में रखते हुए देश के रंगकर्मियों और रंग-चिंतकों के सामने यह सवाल कई प्रकार से उठा कि नाटक और रंगमंच की क्या पहचान हो? इसी बीच एक महत्त्वपूर्ण परिवर्तन यह हुआ कि नाटक और रंगमंच के बीच एक सर्जनात्मक कड़ी-निर्देशक की प्रतिष्ठा हुई। रंगकर्म के बिखरे सूत्रों का कुशलता से संचालन करनेवाली इस कला-प्रतिभा ने अपनी अन्तर्दृष्टि और अन्तर्निष्ठा से इस माध्यम को नयी ऊर्जा और प्रदर्शन-क्षमता प्रदान की। इसे इतिहास की घटना ही कहना होगा कि रंगकर्म की गतिशीलता के समानांतर ऐसे उत्कृष्ट और सशक्त नाटक भी प्रकाशित हुए जो साहित्यिक दृष्टि से सोच और संवेदना से पूर्ण थे। अन्तर्वस्तु की अपेक्षाओं को देखते हुए नाटककारों ने रंगकला की सही समझ का परिचय दिया और विभिन्न प्रदर्शन-रूढ़ियों के सार्थक प्रयोग से नई पहचान की खोज की। इस प्रकार पहली बार नाट्य-लेखन और रंगकर्म इतने परस्पर, इतने प्रेरक, इतने सक्रिय और प्रासंगिक रहे। इसे भारतीय नाटक और रंगमंच का गौरवपूर्ण उत्कर्ष-काल माना जा सकता है।

किसी ने यह अनुमान नहीं किया था कि प्रशिक्षण-कार्य के लिए स्थापित राष्ट्रीय नाट्य विद्यालय नए रंग आंदोलन का ऐसा अग्रणी केन्द्र और रंगकला के प्रतिमान निर्धारित करनेवाला महत्त्वपूर्ण संस्थान बनेगा। हिंदी रंगमंच के विकास में इस प्रेरणा-भूमि

का बहुमूल्य ऐतिहासिक योगदान है। इस उपलब्धि का श्रेय युवा रंग-प्रतिभा इब्राहिम अल्काज़ी को जाता है जिन्होंने जुलाई 1962 में रा.ना.वि. के निदेशक का कार्यभार सँभाला (उस समय अल्काज़ी 34 वर्ष के थे) और दिसंबर 1962 में उन्होंने एक अपरिचित नाटककार की प्रथम नाट्य-कृति 'आषाढ़ का एक दिन' की सुरुचि, सौंदर्य और कल्पनापूर्ण प्रदर्शन दृष्टि से रंग-जगत् को चकित किया। दूरदर्शी और विवेकशील, अल्काज़ी ने जिस साहस और सक्रियता से रा.ना.वि. को सुनियोजित दिशा दी, उसका प्रमाण सूझबूझ से चुने, देश-विदेश के, विविध शैलियों के प्रतिनिधि निम्न नाटक हैं जिनका उन्होंने स्वयं निर्देशन किया या प्रस्तुत किया—'आषाढ़ का एक दिन', 'अंधायुग', 'किंग लीयर', 'द फादर', 'सुनो जनमेजय', 'इडिपस', 'कंजूस', 'द ट्रोजन विमैन', 'तुग़लक', 'लहरों के राजहंस', 'मध्यम व्यायोग', 'वेटिंग फॉर गोदो', 'होरी', 'थ्री सिस्टर्स', 'स्कंदगुप्त', 'जस्मा ओडन', 'कॉकेशियन चौक सर्कल', ' ' ओर्थेलो ···। ऐसे उत्तेजक प्रस्तुतीकरणों से अनुमान लगाया जा सकता कि रंग-आंदोलन का परिप्रेक्ष्य कितना बहुमुखी और व्यापक हो रहा था। इसमें कोई संदेह नहीं कि अल्काज़ी पश्चिमी नाटकों और प्रदर्शन-पद्धति में दृश्य-तत्त्वों से अधिक आक्रांत रहे हैं परंतु उनका द्रष्टा रूप कम प्रबल नहीं रहा जो 'अंधायुग' और 'तुग़लक' को बार-बार प्रस्तुत कर सर्जनात्मक प्रयोग करता रहा है। प्रस्तुति-परिकल्पना के स्तर पर अपनाई इतनी पद्धतियों और उनके अनुभव से सम्पन्न अल्काज़ी ने हिंदी रंगमंच को नई क्षमता एवं सामर्थ्य प्रदान किया। इन स्तरीय निर्देशनों से उन्होंने इस विश्वास को पुष्ट किया कि हिंदी में सभी प्रकार के नाटक प्रस्तुत किए जा सकते हैं।

नाट्योत्सव, नाट्य-गोष्ठियों, सप्ताहांत थिएटर, मौलिक नाटकों के प्रभावी प्रस्तुतीकरणों के कारण रंग-आंदोलन के विस्तार में कलकत्ता का अपना स्थान और योगदान है। 'कोणार्क', 'आषाढ़ का एक दिन', 'लहरों के राजहंस', 'शुतुरमुर्ग', जैसे नए नाटकों की प्रदर्शन-पद्धति की खोज और उसमें प्राप्त सफलता श्यामानंद जालान जैसे समर्पित निर्देशक की उर्वर प्रतिभा को गौरवान्वित करती है। स्थानीय प्रवृत्तियों और परिपाटियों से अनुप्रेरित होते हुए उन्होंने मंचन की नई संभावनाओं को तलाशा। इस अहिंदीभाषी नगर में हिंदी रंगमंच की प्रगति और समृद्धि में कई निर्देशकों की रचनात्मक भूमिका रही है।

पं. सत्यदेव दुबे ने 1954 में प्रकाशित 'अंधायुग' काव्यनाटक को 1962 में पहली बार बम्बई जैसी बहुभाषी नगरी में अर्थ-व्यंजक कुशलता से मंचित कर एक ऐसी सम्मानजनक जगह अर्जित की जहाँ वे आज भी सक्रिय और प्रतिष्ठित हैं। दृश्य-तत्त्वों के स्थान पर शब्द और संवाद की आंतरिक शक्ति को उभारनेवाले दुबे बम्बई के थिएटर-जगत् की प्रदर्शन-रुचियों से भी अनुप्राणित रहे हैं। उन्होंने 'अंधायुग', 'आषाढ़ का एक दिन', 'सुनो जनमेजय', 'आधे अधूरे' आदि के विशिष्ट निर्देशन से हिंदी रंगमंच को नयी भंगिमा और इस महानगर में सम्मानजनक पहचान बनाई है।

सैकड़ों वर्ष के ठहराव के बाद, इस प्रकार, हिंदी में नए रंग-आंदोलन का विकास और प्रसार महानगरों में हुआ। हिंदी प्रदेश के नगरों में भी इस हलचल का प्रभाव पड़ा। जगह-जगह स्थापित रंगमंडलियों के निष्ठावान कलाकार-निर्देशक नए नाटक और उसकी नई मंचन-विधि की खोज में जुट गये। अव्यावसायिक थिएटर के ये छोटे-छोटे प्रयास नई परंपरा और इतिहास को साकार करने में सफल सिद्ध हुए। हिंदी रंगमंच अन्वेषण और पहचान की सही दिशा की ओर अग्रसर हुआ।

साठ के दशक और उसके बाद के वर्षों में हिंदी रंगजगत् में सर्जनात्मक सक्रियता और स्पर्द्धा की भावना बहुत तेजी से बढ़ी है। नई रंगमंडलियों के उत्साह तथा नाट्यालेख-मर्मज्ञ निर्देशकों के नेतृत्व एवं साहस का यह स्वाभाविक परिणाम निकला कि हिंदी रंगमंच बहुसंवेदी एवं प्रौढ़ हो गया। उल्लेखनीय निर्देशकों की सूची द्रष्टव्य है—दिल्ली-ओम शिवपुरी, बृजमोहन शाह, ब.व. कारंत, राजिंदर नाथ, फ़ैज़ल अल्काज़ी, एम. के. रैना, रंजीत कपूर, देवेन्द्र राज अंकुर। बम्बई—एम. एस. सथ्यू, दिनेश ठाकुर, नादिरा बब्बर। कलकत्ता—कृष्ण कुमार, विमल लाठ। इलाहाबाद—लक्ष्मीनारायण लाल, सत्यव्रत सिन्हा। कानपुर—सत्यमूर्ति, ज्ञानदेव अग्निहोत्री। लखनऊ—उर्मिल थपलियाल। गोरखपुर—गिरीश रस्तोगी। जयपुर—मोहन महर्षि। पटना—सतीश आनंद, अख्तर-बंधु। चंडीगढ़—वीरेन्द्र मेंहदीरत्ता, अतुल वीर अरोड़ा। रंगकर्म में कला-दक्षता और अर्थ-गरिमा के निर्वाह में दिल्ली के निर्देशकों की अग्रणी भूमिका रही परंतु होड़ और मान्यता के इस नए वातावरण ने हिंदी प्रदेश के निर्देशकों को भी पर्याप्त आंदोलित किया, और इस प्रकार हिंदी रंगकर्म नई चुनौतियों का सामना करने के लिए समर्थ होने लगा।

रंगकर्म की अनवरत गतिशीलता और उत्कर्ष के मूल में, एक नए सर्जक के नाते, निर्देशक की निर्णायक भूमिका रही है। उसके बढ़ते वर्चस्व को ध्यान में रखते हुए उसकी पुनर्रचना-प्रक्रिया और रंगनीति को समझना जरूरी है। वह नाट्य-कृति के बाह्य रंग विधान और आंतरिक रंगसूत्रों का गंभीर अध्येता और पारखी रहा है। अन्तर्वस्तु और प्रस्तुति में संगति और सार्थकता की आवश्यकता अब बढ़ने लगी। निर्देशक किसी नाटककार और नाटक से चाहे कितना प्रभावित हो, उसे प्रस्तुति-आलेख को अपने नगर के और आज के प्रेक्षक के लिए विश्वसनीय और समकालीन स्वरूप देना ज़रूरी है ताकि अपेक्षित दिलचस्पी और आस्वाद बना रहे।

नाटक अर्थात् उसके शब्द, वाक्य, कथन, संवाद कार्यव्यापार की जिस गति और व्यक्तित्व की जिन रेखाओं को व्यंजित करते हैं, उनका स्वरूप और स्वर बीते युग और उसकी आचरण-प्रणाली के अनुरूप है। नया अन्वय, नया विन्यास देना इसलिए जरूरी है ताकि शब्द और संवाद नए व्यवहार और नए तात्पर्य के अनुकूल ऐसे संकेत और संगति प्रदान करें जो समकालीन जीवन अनुभव के अनुरूप हो। ज़ाहिर है, नाटक में सुधार-संशोधन ज़रूरी है। सच तो यह है कि नाटक के मूलभाव की रक्षा करते हुए प्रदर्शन-पाठ तैयार करना ऐसा चुनौतीपूर्ण कार्य है जिसमें कई निर्देशक मात खा जाते

हैं। नाट्य-भाषा को दृश्यात्मक आकार प्रदान करते हुए रंगभाषा में बदलना, शब्द और क्रिया में नयी तर्क-पद्धति बैठाना, दूसरी तरह से कहें, तो, आलेख और प्रस्तुति-परिकल्पना में तारतम्य लाना कठिन कार्य है।

इस संदर्भ में हिंदुस्तानी थिएटर के बेग़म कुदसिया, निआज़ हैदर, एम.एस. सथ्यू, हबीब तनवीर ने 'शकुंतला', 'मुद्राराक्षस', 'मृच्छकटिक' जैसे विख्यात संस्कृत नाटकों के रूपांतरण में अनोखे साहस का परिचय दिया। संभ्रांत समाज के लिए लिखे गंभीर, बहुसंवेदी एवं साहित्यिक इन नाटकों को जनमानस के लिए सुबोध और संप्रेष्य बनाना सामान्य उपलब्धि नहीं है। इन क्लासिकल नाट्य-कृतियों के पुनर्गठन और उनकी सादी, रोचक, दृश्यात्मक परिकल्पना के ज़रिए हिंदुस्तानी थिएटर ने नए रंग मुहावरे की तलाश की जिसकी विशिष्ट सफलता हबीब तनवीर द्वारा निर्देशित 'मिट्टी की गाड़ी' के प्रस्तुतीकरण की नैसर्गिकता में देखी जा सकती है।

अब तक हिंदी रंगमंच मुख्यतः पारसी प्रदर्शन-पद्धति से घिरा हुआ था। इधर, संस्कृत, पारंपरिक, पारसी, ग्रीक, यथार्थवादी, ब्रेख्त, विसंगत और भारतीय भाषाओं के नाटकों और इनके प्रभावी प्रदर्शनों ने रंग-स्रोत, रंग-रूढ़ियों-परिपाटियों में अप्रत्याशित विस्तार ला दिए। जीवन की संवेदनशील स्थितियों और संश्लिष्ट अनुभवों के दृश्य-विधान के लिए अब निर्देशक के पास विविध विधियाँ और रंग उपकरण सुलभ होने लगे। इससे प्रस्तुतीकरण का कलात्मक स्तर बेहतर और रंग-अनुभव सघन एवं असरदार होने लगा। अल्काज़ी, हबीब तनवीर, श्यामानंद जालान, सत्यदेव दुबे, ब.व. कारंत, राजिंदरनाथ, एम.एस. सथ्यू, रंजीत कपूर ने कल्पनाशील रंग-प्रयोगों से हिंदी थिएटर को बहुआयामी क्षमता से सम्पन्न किया।

सामान्यतः निर्देशन-कर्म नई सार्थक फॉर्म के इर्द-गिर्द रहता है परंतु उपरिलिखित तेजस्वी और रचना-मर्मज्ञ निर्देशकों के ऐतिहासिक योगदान का विश्लेषण किया जाए तो उन्होंने सबसे पहले अपनी अवधारणाओं के अनुरूप नाटक के चयन, उसकी अंतर्वस्तु के प्रबल नाटकीय तत्त्वों और स्थितियों का संधान किया। प्रस्तुति-परिकल्पना ही नहीं पूरा रंगकर्म उनके विशिष्ट दृष्टिकोण के मुताबिक दृश्यात्मक संरचना पाता है। इस संदर्भ में हिंदी के दोनों संस्थापक-निर्देशक हबीब तनवीर और अल्काज़ी की तुलना प्रासंगिक ही नहीं, इस कला-विधा के चरित्र को समझने के लिए आवश्यक भी है। दोनों की प्रदर्शन-पद्धतियों में जो अंतर मिलता है वह उनके विचारों और मान्यताओं का परिणाम है। दोनों निर्देशकों ने शूद्रक के 'मृच्छकटिक' को प्रस्तुत किया। रंगकार्य को लेकर दोनों के तकाज़े और प्रयोजन भिन्न हैं, इसलिए उनके प्रस्तुतीकरणों में समानताएँ ढूँढ़ना उचित नहीं। ज़रा गहराई से अवलोकन करें तो पता चलता है कि दोनों निर्देशकों ने 'मृच्छकटिक' का अवगाहन कर अलग-अलग नाटकीय स्थितियों, पात्रों और पहलुओं को प्रमुखता देते हुए आलेख को अपने तात्पर्य दिए। वामपंथी तेवर का पालन करते हुए हबीब तनवीर ने व्यवस्था के अतिचार से उत्पन्न अन्याय, संघर्ष और परिवर्तन

को केन्द्र में रखा और इसी संदर्भ में नायक और उसके साथी लोगों की निर्धनता और विवशता को रेखांकित किया। अल्काज़ी ने नाटक की मूल संवेदना का समग्रता से निर्वाह किया और नाटक के उदात्त पक्ष को प्रमुखता दी। एक की प्रस्तुति-परिकल्पना में सादगी और पारंपरिक परिपाटियाँ अपनाई गईं जब कि दूसरी में, सुरुचि, सौष्ठव और दृश्यता का आग्रह रहा। चिंतन के स्तर पर दोनों की सोच और दृष्टिपथ अलग रहे, इसलिए प्रदर्शन-पद्धति में अंतर है। इसमें कोई संदेह नहीं कि निर्देशक के नए अर्थ की खोज उसके नए फॉर्म की खोज से स्वतंत्र नहीं है। उसका पहला दायित्व नाटक और उसके मर्म को अपने ढंग से पहचानना है।

नए रंग-आंदोलन की सक्रियता और सफलता का श्रेय अगर निर्देशकों को मिल रहा है तो उसका मुख्य कारण उनकी बहुमुखी प्रतिबद्धता है। उनकी दिलचस्पी नाटक के मंचन तक नहीं रही, उन्होंने दृष्टि-प्रेरित कल्पनाशील प्रयोगों से रंगमंच को समृद्ध ही नहीं किया, आलेख की अंतर्भूत संभावना को आलोकित कर नाटकीय अनुभवों को नए आयाम दिए। निष्कर्षतः यह स्वीकार करना पड़ेगा कि प्रत्येक प्रस्तुतीकरण एक स्वतंत्र सृष्टि का आस्वाद प्रदान करने पर ही अपनी महत्ता अर्जित करता है। ऐसी स्थिति में निर्देशक की सृजनशीलता का स्तर और स्वरूप ही इसका मानदंड बन जाता है। हिंदी की नई पीढ़ी के निम्न निर्देशकों की सृजनशील रंगप्रभा से अनुमान लगाना कठिन नहीं कि हिंदी रंगमंच कितना समर्थ और सम्पन्न हो चुका है—एम.के. रैना, फैजल अल्काज़ी, देवेन्द्र राज अंकुर, दिनेश ठाकुर, सतीश आनंद, प्रसन्ना, उर्मिल थपलियाल, और रंजीत कपूर।

नए रंग-आंदोलन के बहुस्तरीय विकास और प्रसार को सही परिप्रेक्ष्य में आँकने के लिए यह ध्यान में रखना जरूरी है कि इस उपलब्धि में हिंदी के मौलिक नाटककारों और नाटकों की महत्त्वपूर्ण भूमिका रही है। इतिहास इस बात का गवाह है कि रंगमंच को दिशा और प्रयोजन देने में नाटककार सदा आगे रहा है। 'कोणार्क', 'अंधायुग', 'आषाढ़ का एक दिन', 'शुतुरमुर्ग', 'आधे-अधूरे', 'सूर्य की अंतिम किरण से सूर्य की पहली किरण तक', 'रस गंधर्व', 'बकरी', 'पोस्टर', 'हानूश', 'कोमल गांधार', 'कबिरा खड़ा बज़ार में', 'पाँचवाँ सवार', 'एक था गधा', 'देहांतर', 'जिस लहौर नहिं वेख्या ओ जन्मिया नहीं', 'कोर्ट मार्शल', ऐसी विशिष्ट नाट्य-कृतियाँ हैं जिनमें विषयवस्तु की अपेक्षाओं और अर्थभंगिमा के लिए नए नाट्य-प्रयोग किए गए। ये ऐसे नाटक हैं जो समाज की जटिल स्थितियों और जीवन के संश्लिष्ट अनुभवों के लिए नई दृश्य-संरचनाएँ करते हैं। इनका कलात्मक रचाव निर्देशकों के लिए प्रेरणा और चुनौती बनकर आया है। नाटक और रंगमंच का यह आदान-प्रदान रंगकर्म को रूपवादी नहीं रहने देता। इस तरह संवेदना और संचरना के स्तर पर उसका लोकाभिमुख स्वरूप बना रहता है।

हिंदी रंगमंच के इस नवोत्थान में जब देश-विदेश के प्राचीन-अर्वाचीन नाटक मंच-प्रतिष्ठा पाने लगे तो आत्ममंथन की मुद्रा में यह अहसास आया कि भारतेन्दु और

प्रसाद जैसे लब्धप्रतिष्ठ नाटककारों की इतनी अवहेलना क्यों ? इस उत्साहवर्धक परिदृश्य में प्रसाद के नाटकों के साहित्यिक–अनभिनेय होने का चल रहा मिथ टूटने लगा। यह मत सर्वमान्य स्वीकृति पाने लगा कि उनके नाटकों की रंग संभावनाओं को परखने–आँकने का अब उपयुक्त समय आया है। इस दृष्टि से 1960 का वर्ष उल्लेखनीय है जब लक्ष्मीकांत वर्मा ने इलाहाबाद में 'चंद्रगुप्त' को मंचन पर प्रस्तुत किया और इसी वर्ष वीरेन्द्र नारायण ने 'कल्पना' में एक लेखमाला के अंतर्गत 'स्कंदगुप्त' की मंचानुकूल, टिप्पणी सहित, प्रदर्शन–व्याख्या प्रकाशित की। हिंदी रंगमंच की शतवार्षिकी (1968) के अवसर पर शांता गाँधी ने 'स्कंदगुप्त' का रंगमंचीय संस्करण तैयार कर उसे राष्ट्रीय नाट्यविद्यालय की ओर से कलकत्ता में प्रस्तुत किया। 1972 में ब.व. कारंत ने बनारस में और 1974 में विमल लाठ ने कलकत्ता में 'चंद्रगुप्त' का मंचन किया। रामगोपाल बजाज ने 1975 में 'ध्रुवस्वामिनी' उज्जैन में और 1977 में दिल्ली में 'स्कंदगुप्त' को प्रस्तुत किया। अस्सी के दशक में एक ओर हिंदी रंगमंच प्रसार और प्रभाव के कारण एक व्यापक फलक पर अपनी पहचान बनाने लगा, वहाँ एक अनोखा तथ्य प्रकाश में आया। इस दशक में लगभग प्रतिवर्ष प्रसाद के नाटकों का मंचन होने लगा। ये साहसपूर्ण प्रयास हिंदी प्रदेश के विभिन्न नगरों की अव्यावसायिक मंडलियों द्वारा वैयक्तिक स्तर पर किए गए, यथा, बनारस, गाज़ीपुर, उज्जैन, भोपाल, गोरखपुर, लखनऊ, पटना। इस दशक में प्रसाद के नाटक सबसे अधिक बार प्रस्तुत किए गए। यह एक प्रीतिकर परिवर्तन है जिससे यह पता लगता है कि प्रसाद रंगजगत् में अपनी जगह बना रहे हैं और अब कुछ साहित्य-प्रेमी निर्देशक इस परंपरा को जीवंत रखेंगे।

प्रसाद के नाटकों के मंचन को लेकर कुछ मूलभूत सच्चाइयों के प्रति सतर्क रहना होगा। सबसे महत्त्वपूर्ण है प्रदर्शन–पाठ। आम तौर पर अपने कलाकारों, मंडली के सीमित साधनों और प्रेक्षकों को ध्यान में रखते हुए प्रत्येक निर्देशक मूल नाटक में कई सुधार-संशोधन करता है, और यह एक स्वीकृत परिपाटी है परंतु नाटककार प्रसाद के साथ कुछ अलग स्थिति है। यह सर्वविदित है कि उस जमाने में हिंदी रंगमंच का नितांत अभाव था। इसलिए प्रसाद के नाटक मंच–अनुभव से वंचित रहे। साहित्यिकता के प्रत्याशित दबाव से उनके आकार–प्रकार में संतुलन नहीं रहा। 'ध्रुवस्वामिनी' और 'अभिनय चंद्रगुप्त' से साफ पता लगता है कि वे अपनी इस स्थिति और सीमा के बारे में सचेत हुए। इस तरह के नाटकों को नई सर्जनात्मक अन्विति देने के लिए भाषा संस्कारवाला ऐसा निर्देशक चाहिए जो नाटक के मर्म को पहचाननेवाला सूक्ष्म पर्यवेक्षक और संवेदनशील स्रष्टा हो। वही प्रदर्शन–पाठ में नाटक के स्वरूप और मूलभाव का निर्वाह कर सकता है। प्रसाद के नाटकों के पात्र, प्रसंग और प्रयोजन बीते युग से जुड़े हैं, शब्द एवं संवाद, स्वर, लय और व्यापार जिस दृश्यात्मक भाषा का इशारा करते हैं, वह प्रेक्षक के आस्वाद के अनुरूप नहीं रही। प्रदर्शन–पाठ में अतीत का वर्तमान होना आवश्यक है। दृश्यात्मक बिंबों, संकेतों और गतिविधान से कार्य–व्यापार का ऐसा

समायोजन करना पड़ेगा कि आलेख प्रेक्षक को समकालीनता का आभास दे। निर्देशक आलेख का जितना संगतिपूर्ण संयोजन करेगा, उसकी प्रस्तुति-परिकल्पना उतनी प्रत्यक्ष और सार्थक होगी।

जीवन और समाज के व्यापक फलक को कई स्तरों पर एक साथ व्यंजित करनेवाले प्रसाद के नाटक वास्तविक अर्थों में महाकाव्यात्मक हैं। व्यक्ति, समाज और राष्ट्र की अंतर्क्रियाओं को समेकित नाटकीय विधान देने के लिए प्रयत्नशील प्रसाद ने कई रंग-शैलियों, रूढ़ियों और परिपाटियों का समावेश कर अपनी स्वच्छंद रंगदृष्टि का विकास किया। उनके नाटक कोई स्पष्ट प्रदर्शन-पद्धति के संकेत नहीं देते। नाट्यस्थिति और कार्य-व्यापार के मुताबिक वे संस्कृत, शेक्सपियर, द्विजेन्द्रलाल राय और पारसी नाटकों के शिल्प से लाभ उठाते रहे हैं। 'राज्यश्री', 'विशाख' से शुरू हुई उनकी नाट्य-यात्रा इस बात का प्रमाण है कि रंगकला की दृष्टि से वे उत्तरोत्तर स्वतंत्र, प्रौढ़ और व्यावहारिक हुए हैं। उनके तीन श्रेष्ठ नाटक—'स्कंदगुप्त', 'चंद्रगुप्त' और 'ध्रुवस्वामिनी' सोच और संवेदना के स्तर पर जितने अलग हैं, उससे कहीं अधिक भिन्न उनका स्थापत्य और रंगविधि है। अपने बहुसंरचनात्मक प्रकार के कारण इन नाटकों में एकान्विति की तलाश उचित न होगी। क्लासिकल फॉर्म के कारण यहाँ नायक-केंद्रित अन्विति से कार्यगति चल सकती है। दरअसल प्रसाद अभिनव प्रदर्शन-विधि की खोज में रहे जो उनकी विषयवस्तु के अनुरूप बदलती गई। उनमें बड़े नाटककार की विशेषताएँ हैं। इतने बृहत्तर नज़रिए से लिखे गये इन नाटकों को समझने और सम्हालनेवाले निर्देशक बहुत कम हैं। उन्हें 'ड्रामा' से 'प्ले' बनाने की प्रक्रिया चुनौतीपूर्ण है।

बात निर्देशक के लगन और अध्ययन तक नहीं है, उसे वस्तुनिष्ठ होकर यह तय करना जरूरी है कि वह किस प्रयोजन को लेकर प्रसाद के नाटकों का मंचन कर रहा है। प्रसाद के प्रति पूजा-भाव या उन्हें प्रस्तुत करने का गौरव जैसी भावुकता का अपना स्थान हो सकता है परंतु इस मानसिकता से कोई उपलब्धि नहीं हो सकती। निर्देशक को प्रसाद की शक्ति और सीमा के प्रति यथेष्ट सतर्क रहकर यह निर्णय लेना होगा कि वह अपने प्रस्तुतीकरण से क्या चाहता है। प्रसाद-प्रस्तुति के वैयक्तिक प्रयास इस संदर्भ में द्रष्टव्य हैं। लक्ष्मीकांत वर्मा, राजेन्द्र उपाध्यांय, शिवमूरत सिंह, गिरीश रस्तोगी, उर्मिल कुमार थपलियाल, भूपेन्द्रसिंह, धीरजकुमार आदि के प्रस्तुतीकरण साहसपूर्ण प्रयोग तो माने जा सकते हैं परंतु बेहतर होगा अगर इन्हें सर्जनात्मक विफलताएँ कहा जाए। हिंदी रंगमंच की अपनी परंपरा या पहचान के नितांत अभाव और प्रसाद-प्रस्तुति का कोई मॉडल सामने न होने पर, ऐसे शून्य में निर्देशक की रंगपरिकल्पना में कई प्रकार के स्खलन या इधर-उधर होने की संभावना रहती है। ये निर्देशक प्रसाद के नाटकों से मात्र अनुप्रेरित ही नहीं थे, इनमें आलेख की समकालीन संदर्भों में नए अर्थ की खोज भी मिली है। कथ्य और लक्ष्य को ये तरतीब न दे सके। अपनी सीमा और परिणाम के प्रति सजग इनमें से किसी निर्देशक में न उत्साह की कमी थी न समय या साधन

की। विफल प्रस्तुतियों ने किसी को हतोत्साहित नहीं किया और न आगामी संभावनाओं के द्वार अवरुद्ध हुए हैं। निजी और आंतरिक आग्रहों के ये प्रबल-प्रशंसनीय प्रयास इस महत्त्वपूर्ण बदलाव की सूचना देते हैं कि प्रसाद के नाटकों का मंचन अब अनवरत रहेगा।

प्रसाद के नाटकों के मंचन को लेकर पहलेवाले पक्षपातपूर्ण पूर्वाग्रह कम तो होते जा रहे हैं परंतु यह भी एक असलियत है कि थिएटर के बहुसंख्य रंगकर्मी प्रसाद के प्रति उदासीन हैं। ऐसे माहौल में निर्देशक का यह एक दायित्व बन जाता है कि वह अपने कलाकारों में प्रसाद के प्रति सहज स्फूर्ति और कार्यनिष्ठा जगाए। आंतरिक प्रेरणा, लगन और ऊर्जा के बिना कोई कलाकर्म किसी रंगानुभव को सघन और आस्वाद-योग्य नहीं बना सकता। 'स्कंदगुप्त' के प्रस्तुतीकरण के लिए निर्देशक रामगोपाल बजाज के पास रा.ना.वि. और रंगमंडल के प्रतिभा-सम्पन्न और अनुभवी कलाकारों की ऐसी विरल टीम उपलब्ध थी जो हिंदी रंगमंच के इतिहास में एक अपवाद कही जाएगी। बजाज साहित्य के निष्ठावान अध्येता और नाट्य-मर्मज्ञ हैं। भाषा के अंतर्वेग को समझने की उनमें क्षमता है। उन्होंने सूझबूझ से नया प्रदर्शन-आलेख तैयार किया। पात्रानुरूप वेशभूषा, कोमल, ललित संगीत तथा अन्य रंग-तत्त्वों का ठीक-ठिकाने संयोजन किया गया। पर्याप्त साधन-सुविधाओं के कारण प्रस्तुतीकरण ने भव्य रूप ग्रहण करना ही था। इतनी अनुकूल एवं सुलभ स्थितियों के होते हुए भी वे अपने कलाकारों में प्रसाद के प्रति सृजनात्मक लगाव और प्रस्तुतीकरण में उत्फुल्ल उत्साह न जगा सके। परिणामस्वरूप वे कोई रंगप्रभा न पैदा कर सके। यह स्थिति अन्यत्र भी देखी गई है।

अपने समय की प्रचलित प्रदर्शन-दृष्टि से कोई भी रंगकर्म अछूता नहीं रह सकता। चौथे दशक में 'चंद्रगुप्त' (1933) के मंचन को साहित्यिक जगत् में आदर और कीर्ति-रक्षा भाव से प्रस्तुत किया गया। आचार्य रामचंद्र शुक्ल और प्रेमचंद भी इस प्रीतिकर अभियान में जुड़े हुए थे। मंच-अनुभव के लिए प्रतीक्षारत प्रसाद ने इस अवसर पर पूरी तत्परता दिखाई। इधर, अपने नाटकों की सीमाओं के बारे में वे अब अपरिचित नहीं रहे थे। उन्होंने इस प्रस्तुतीकरण के लिए विशेष प्रदर्शन-आलेख तैयार किया जो 'अभिनय चंद्रगुप्त' के नाम से प्रकाशित है। रंगसजग प्रसाद ने सभी स्तरों पर पुनर्गठन कर इस आलेख को मंचोपयोगी बनाया। इसी दबाव में उन्होंने पारसी थिएटर में बदनाम कॉमिक-कथा को जोड़ा। यह आलेख एक बदले और व्यावहारिक प्रसाद की पहचान देता है। यह प्रस्तुतीकरण पारसी थिएटर के प्रभावों से मुक्त न हो सका। यह कोई दोष नहीं है, युग की सीमा है।

स्वतंत्रता-प्राप्ति के बाद नए रंग-आंदोलन के विकास ने कुछ ऐसी दिशा और प्रवृत्ति अपनाई कि यथार्थवादी नाटक और यथार्थवादी प्रदर्शन-मूल्यों को वरीयता मिलने लगी। रा.ना.वि. की सम्मानित अध्यापिका, रंगकर्म के विविध अनुभवों से दृष्टि-सम्पन्न निर्देशक, शांता गाँधी ने कई वर्षों की अंतर्निष्ठा, गंभीरता और तैयारी के बाद 'स्कंदगुप्त' के

प्रस्तुतीकरण के लिए एक विशेष प्रदर्शन-आलेख का गठन किया। प्रसाद के नाटकों की वस्तुस्थिति और इतिहास से बखूबी वाकिफ शांता गाँधी ने स्कंदगुप्त की निहित नाटकीय गुणवत्ता और चारित्रिक विशिष्टता को खोज निकाला। धैर्य और विवेक से उन्होंने मूल नाटक के तंत्र को बदलकर कई प्रकार के सुधार-संशोधन किए। पाँच अंकों में फैले इस नाटक को सीधे दो खण्डों, मध्यांतर पूर्व और मध्यांतर उत्तर में विभाजित किया। गौण पात्रों की भूमिका दूसरे पात्रों को देकर पात्र-संख्या कम की। कथानक, गीत, संवाद को मंचानुकूल बनाया। एक नया सुगठित प्रदर्शन-पाठ तैयार हुआ। रा.ना.वि. के प्रशिक्षित और प्रतिष्ठित कलाकारों ने इसे कलकत्ता में प्रस्तुत किया। सारी मेहनत के बावजूद शांता गाँधी इस प्रस्तुतीकरण को सम्हाल नहीं पाईं और रंगानुभव के स्तर पर उसने निराश किया। यह कम आश्चर्य की बात नहीं है कि इतने बरसों के परिश्रम और लगन से निर्माण किए गए इस आलेख का बाद में, किसी निर्देशक ने लाभ नहीं उठाया। ऊँचे उद्देश्य को लेकर चले इस अभियान की ऐसी अवसादपूर्ण परिणति होगी, इसका किसी को अनुमान न था। समस्त योजना का जायज़ा लिया जाए तो पता लगता है कि शांता गाँधी में मंचोपयोगी आलेख के मोह में कहीं-न-कहीं 'स्ट्रेट प्ले' बनाने की आकांक्षा रही। अनेकार्थी मूल नाटक को एकार्थी आलेख में सुधारने की यह तलाश कैसे सफल हो सकती थी ? इस अनुभव से बजाज ने पर्याप्त सबक लिया। उन्होंने जहाँ-तहाँ परिवर्तन-संशोधन किए पर नाटक के मूल ढाँचे और उसकी अन्विति को नहीं छेड़ा।

प्रसाद के नाटकों को प्रस्तुत करने के लिए जिस संवेदनशील स्रष्टा-निर्देशक की आशा और अपेक्षा रही है, वह कारंत में है। उनकी प्रसाद-निष्ठा गहरी और लंबी है। उन्होंने सत्रह वर्ष (1972 ई.) की अवधि में 'चंद्रगुप्त', 'विशाख', 'स्कंदगुप्त' और 'कामना' को प्रस्तुत ही नहीं किया, प्रसाद को अनदेखा कर भुला रहे हिंदी नाट्य-जगत् को अपने दायित्व के प्रति सतर्क भी किया। अपने इस प्रदर्शन-अनुभव से उन्होंने उन मूल गुत्थियों और बाधाओं का निराकरण किया जो छाया की तरह अभी तक लगी हुई थीं।

मध्यप्रदेश रंगमंडल, भोपाल में कारंत को पहली बार उपयुक्त साधन और अनुकूल वातावरण मिला जो प्रसाद-प्रस्तुति के लिए आवश्यक है। उन्होंने 1981 में 'विशाख' का मंचन किया जो वस्तुतः सफल नहीं रहा पर उनका ध्यान 'स्कंदगुप्त' पर केन्द्रित था। 1984 में कारंत ने 'स्कंदगुप्त' को प्रस्तुत करने का निर्णय किया जिसका आज ऐतिहासिक महत्त्व सिद्ध हो रहा है। कई दृष्टियों से यह एक उल्लेखनीय प्रस्तुतीकरण है जिसने तुलना में नए कीर्तिमान स्थापित किए हैं। प्रसाद के घटना-बहुल और पात्र-बहुल फैले नाट्य-तंत्र को निर्बाध कार्य-व्यापार के लिए संयोजित करना और इस प्रयोजन की सिद्धि के लिए उपयुक्त रंग-स्थल का चयन करना सबसे जटिल और चुनौतीपूर्ण कार्य है। कारंत ने भारतभवन रंगमंडल के अंतरंग कक्ष में ऐसी दृश्य-परिकल्पना की जिसमें पात्रों के कई प्रवेश-प्रस्थान तथा अभिनय-स्थल निर्धारित किए गए ताकि

कार्य-प्रवाह में कहीं गतिरोध न उत्पन्न हो। इस तरह दृश्यांतर को नया विन्यास दिया। नाट्य-संगीत में सिद्धहस्त एवं प्रवीण, कारंत ने मधुर गीतों के दक्ष नाटकीय प्रयोग से इस प्रस्तुति को नया आयाम दिया। इन पंक्तियों का लेखक प्रस्तुतीकरण के लगभग दो सप्ताह पूर्व भोपाल में कारंत के पास ठहरा ताकि पूर्वाभ्यास के दौरान कलाकारों के बीच रहकर उनकी छोटी-बड़ी कठिनाइयाँ, धीरे-धीरे हो रहे परिवर्तन और परिश्रम आदि के बारे में सीधे देखा-समझा जा सके। कारंत भाषा की शुद्धि पर इतना ध्यान नहीं दे सके जितना संवाद की विशिष्ट लय और अर्थ-भंगिमा पर। अपने कलाकारों में प्रसाद के प्रति लगाव और तन्मयता पैदा करने के लिए कारंत हर रोज़ रिहर्सल का आरंभ भावप्रवण मधुर संगीत से करते थे। अभ्यास के दौरान उन्होंने कई छोटे-मोटे परिवर्तन किए और इस तरह बजाज के पाठ को बेहतर बनाया। देश के प्रमुख नगरों में इस प्रस्तुतीकरण के 50 प्रदर्शन् हो चुके हैं। यह हिंदी रंगमंच की उपलब्धि है।

प्रसाद जन्मशती के उपलक्ष्य में कारंत ने लेडी श्रीराम कॉलेज, दिल्ली की ओर से 'कामना' का निर्देशन किया। प्रस्तुति-परिकल्पना में कारंत ने उपर्युक्त रंगनीति अपनाई परंतु आलेख में उन्होंने कई परिवर्तन किए।

इतने वर्षों के अनुभव और अन्वेषण से कारंत ने प्रसाद के नाटकों की विषयवस्तु और प्रस्तुति-परिकल्पना में संगति प्रदान करनेवाली नई प्रदर्शन-दृष्टि विकसित की। वे एक समर्थ और प्रौढ़ निर्देशक सिद्ध हुए। उन्होंने मंचन की मूल कमियों और कठिनाइयों के निदान तलाशे। उन्होंने सदाशयता से नहीं, सृजनशील कल्पना से कार्य किया, इसीलिए वे परवर्ती निर्देशकों के लिए मार्ग प्रशस्त कर गए। प्रसाद के शब्दों में वे 'मर्मज्ञ सूत्रधार' हैं।

प्रसाद पहले नाटककार हैं जिन्होंने इस उपेक्षित विधा को अपनी समर्थ नाट्य-कृतियों की प्रभाव-क्षमता से साहित्यिक जगत् में एक सम्माननीय स्थान दिलाया। इतिहास, दर्शन, संस्कृति की त्रिधारा से आप्लावित उनके नाटक कथ्य और शिल्प की दृष्टि से समानता का आभास देते हैं परंतु केंद्रीय पात्र के आलोक में परखें तो नए जीवन-सत्य की खोज और भिन्न रंगविधान की प्रयोगधर्मिता मिलेगी। आज वह समय नहीं है कि उनके नाटकों को केवल राष्ट्रीय-सांस्कृतिक भावना या भारतीय अस्मिता तक पढ़ा या परखा जाए। उनके नाटकों में विविध जीवन संदर्भ, संश्लिष्ट मानव स्थितियाँ, ढेर सारे चरित्र, उनके अकेलेपन की नियति या त्रासदी जैसे कितने अनुभव और संवेदनाएँ हैं जो उनके नाटकों के प्रबल मानवीय पक्ष की ओर इंगित करते हैं। कालिदास, शूद्रक, शेक्सपियर, इब्सन, ब्रेख्त की तरह वे ऐसे नाटककार हैं जिनके बहुसंवेदी कथ्य रंगप्रणालियों को नई दिशा देते हैं। अपने जीवन-काल में उन्होंने देखा कि नाटककार और नाटक के महत्त्व के बिना रंगमंच का विकास और परिणति पारसी थिएटर में होगी। वे रंगमंच के विरुद्ध न थे और न नाटकों के साहित्यिक या पाठ्यक्रमीय होने से संतुष्ट। उनके 'रंगमंच' वाले निबंध से साफ पता लगता है कि उस युग के सवालों और समीक्षाओं को लेकर

उनकी अपनी एक दृष्टि और प्रतिक्रिया बनी। पारसी थिएटर, रेडियो नाटक, भाषा की सरलता, इब्सनिज्म जैसे मुद्दे साबित करते हैं कि उनकी जिज्ञासुवृत्ति सतर्क रही। इसलिए उनकी स्थापना 'रंगमंच के संबंध में यह भारी भ्रम है कि नाटक रंगमंच के लिए लिखे जाएँ' को पूरे संदर्भ और परिच्छेद के साथ आँका जाए तो यह विवाद न्यायोचित नहीं लगता। सभी समस्याओं के मूल कारण को समझते हुए उन्होंने यह सही चिंता प्रकट की कि हिंदी के अपने रंगमंच का अभाव है। कठिनाई इसलिए बनी रही क्योंकि उनकी सोच और स्तर सामान्य प्रचलित दृष्टिकोण से हटकर है, या अपने समय से आगे का है।

तीसरे-चौथे दशक में पारसी थिएटर अपनी व्यावसायिक दक्षता और सफलता के कारण मध्यमवर्गीय समाज में ही नहीं, राजनेताओं में प्रतिष्ठा और मान्यता पाने लगा। इसने हिंदी नाट्यजगत् में एक तनाव की स्थिति उत्पन्न की। इधर, पारसी थिएटर की बढ़ती देशव्यापी प्रभविष्णु शक्ति से प्रेमचंद इतने अभिभूत हुए कि वे थिएटर की दुनिया में कूदने की बात गंभीरता से सोचने लगे। इसी मकसद को लेकर वे बरेली में राधेश्याम कथावाचक से सलाह करने गये। इसी मनःस्थिति में उन्होंने 1928 में 'स्कंदगुप्त' की समीक्षा लिखी। प्रेमचंद के मत में प्रसाद न तो उनकी तरह ज्वलंत सामाजिक प्रश्नों को उठा रहे हैं और न पारसी थिएटर की नाट्य-प्रणाली को अपनाकर विशाल जनसमुदाय के बीच पहुँच रहे हैं। ऐसी सूरत में इतिहास का यह वर्चस्व 'गड़े मुर्दे उखाड़ना है'। इसमें कोई संदेह नहीं कि 'स्कंदगुप्त' नाटक की रचना-प्रकृति को समझे बिना यह समीक्षा लिखी गई थी। उधर लक्ष्मीनारायण मिश्र इब्सन-शॉ से अनुप्रेरित होकर समस्याप्रधान नाटकों का अभियान चला रहे थे। समकालीन यथार्थ से कटे प्रसाद के अतीतजीवी ऐतिहासिक नाटकों की अतिरंजना और भावप्रवणता का विरोध कर वे यथार्थवादी कथ्य और प्रदर्शन-पद्धति अपनाने का आग्रह कर रहे थे। रफ़्ता-रफ़्ता प्रसाद-विरोधी वातावरण हवा पकड़ने लगा। उपयुक्त अवसर समझते हुए, बड़ी कुटिलता से, उस समय के कहानीकार कृष्णानंद गुप्त ने, लखनऊ से प्रकाशित होनेवाली साहित्यिक पत्रिका 'सुधा' में 'स्कंदगुप्त' और 'चंद्रगुप्त' पर सुबद्ध यथार्थवादी कथ्य और प्रस्तुति-विधान (वैल मेड प्ले) के मानदंडों पर छिद्रान्वेशी समीक्षा लिखी। इन लेखों को पुस्तकाकार देते हुए 'प्रसाद के दो नाटक' को समस्त लेखक समाज में वितरित किया गया। तीन अन्वितियों, काव्यहीन व्यावहारिक भाषा, चुस्त संवाद, स्वगत का विरोध आदि कसौटियों पर नाटकों का मूल्यांकन करना प्रसाद के साथ अन्याय नहीं, अतिचार था।

प्रभाववादी शैली में लिखी यह पुस्तक पर्याप्त रोचक और पठनीय है। इसकी विवेचन-पद्धति इतनी तर्कनिष्ठ और प्रमाणपुष्ट है कि इसने समीक्षा-जगत् में तत्काल स्वीकृति और कीर्ति प्राप्त कर ली। इस व्यक्तिनिष्ठ अतिरेक-वृत्ति ने हिंदी नाट्यालोचन को असंतुलित ही नहीं, अस्वस्थ और पथभ्रष्ट भी किया। कृष्णानंद ने अभिनेयता के

प्रश्न में ऐसी गाँठ डाली कि अधिकांश आलोचक या तो उनके मत का समर्थन करने लगे या परास्त-भाव से चुप हो गये। नाट्य-जगत् में इब्सनिज़्म और यथार्थ का आंदोलन चल रहा था। नए नाटककार मुख्य रूप से एकांकीकार थे जो अपने एकांकियों और उनके मंचन में यथार्थवादी पद्धति का अनुसरण कर रहे थे, इसलिए उनका कृष्णानंद के तर्क-प्रवाह में बह जाना प्रत्याशित था। विश्वविद्यालय के विद्वान-आलोचकों ने अपने बचाव का रास्ता निकाला। प्रसाद के नाटकों को 'साहित्यिक' स्वीकार करते हुए इन्होंने उनके राष्ट्रीय महत्त्व और ऐतिहासिक योगदान का गुणगान किया, पर उनके 'रंगमंचीय' पक्ष को लेकर वे आशंकित रहे। ये पूर्वाग्रह स्थिर और गहरे होते गये। आश्चर्य है कि इसका असर साथी नाटककारों पर भी पड़ा। सेठ गोविंददास, सत्यदेव दुबे आदि उनके नाट्य-कर्म को ही अस्वीकार करते हैं।

अपने नाटकों, उनके (कुछ एक) प्रस्तुतीकरणों से उठे आक्षेपों, विवादों, प्रतिक्रियाओं और सवालों पर गंभीरता से विचार करते हुए प्रसाद ने 1937 में अपने 'रंगमंच' वाले निबंध में, कुछ मर्माहत भाव से, नाट्य-जगत् का ध्यान इस बुनियादी तथ्य की ओर खींचा—'हिंदी का कोई अपना रंगमंच नहीं है'। 'अपने रंगमंच' के अभाव में उनके नाटकों पर फैसले सुनाना और उनके नाटककार होने पर प्रश्नचिह्न लगाना न युक्तिसंगत है न न्यायोचित। दरअसल यह नाट्यालोचन की सीमा है जो न अपनी समीक्षा-पद्धति विकसित कर सकी और न उपयुक्त मानदंड। 60 साल बाद प्रसाद के इस कथन की अर्थवत्ता और प्रासंगिकता अक्षरशः सिद्ध हुई। नए रंगआंदोलन की विकसनशील मंच-क्षमता और प्रयोगशीलता ने ही पुरानी बहस को व्यर्थ और निराधार साबित किया। सृजनशील निर्देशकों ने इन्हीं नाटकों के कुशल प्रस्तुतीकरणों से जीवंत रंगानुभव प्रदान किए और इस तरह नए युग का सूत्रपात हुआ।

प्रसाद एक बड़े नाटककार हैं और इस विशेषता का अथाह स्रोत है उनके नाटकों की अन्तर्वस्तु में व्याप्त व्यापक जीवन-फलक और अनगिनत स्थितियों और बहुरंगी व्यवहारों से भरपूर नाटकीय प्रसंग और पात्र। उनकी विषयवस्तु में मानवीय अनुभवों और अंतर्विरोधों के ऐसे कई संदर्भ मिल जाएँगे जो समकालीन जीवन-लय के अनुरूप हैं। इसी स्रोत के मंथन से नई संभावनाएँ खोजनी होंगी और उन्हें प्रमुखता देते हुए कार्य-व्यापार की नई दिशा और अन्विति निर्धारित करनी होगी। इस दृष्टिकोण से प्रसाद के नाटकों का अध्ययन करें तो कई भीतरी संकेत-सूत्र प्रकाश में आते हैं। उन्होंने अपने नाटकों में व्यक्ति और व्यवस्था की स्वाधीनता का आवाहन किया। नाटककार प्रसाद ने कवि प्रसाद की तरह सामाजिक विषमताओं का पर्यवसान समरसता में नहीं किया। उनके उत्तराधिकारी 'सम्राट' धरती पर 'स्वर्ग' की स्थापना के लिए मुक्तिसंघर्ष में कूद पड़ते हैं। वे सम्राट कम और जननायक अधिक हैं जो 'पीड़ित, आघात जर्जर पददलित लोगों के संरक्षक' हैं ('चंद्रगुप्त') वे 'असहाय दीनों को राक्षसों के साथ, उनके भाग्य पर छोड़' देने पर विश्वास नहीं रखते क्योंकि उन्हें मालूम है कि देशवासियों का 'अन्न'

और 'धन' पर समान अधिकार है। वे कभी 'अन्याय का समर्थन' ('स्कंदगुप्त') नहीं करते। इतिहास के ये सम्राट इतिहास के बाहर अपनी व्यवस्था को प्रगतिशील आधार देते हुए समता और न्याय की संकल्पना करते हैं।

व्यक्ति-चित्रों के रेखांकन में प्रसाद की अद्भुत गति है। व्यक्ति की स्वाधीनता समाज की स्वाधीनता से जुड़ी है। पराधीन समाज न स्वाधीन चिंतन कर सकता है न स्वाधीन व्यक्तित्व का गठन। प्रसाद के लिए स्वाधीन चिंतन का तात्पर्य है स्वतंत्र चिंतन जिसका प्रतीक है चाणक्य। निम्न मध्यमवर्ग से अपनी असाधारण प्रतिभा के कारण उभरा विचारक और विद्रोही चाणक्य कुसुमपुर की उस बस्ती में रहता है जिसे शासन-व्यवस्था ने रहने लायक न समझकर गिरा दिया है। इसी व्यवस्था ने उसे तक्षशिला में उच्च शिक्षा के लिए भेजा था। 'आत्मसम्मान' को 'दिव्य जीवन' माननेवाले इस बुद्धिजीवी ने एक पूरी पीढ़ी—चंद्रगुप्त, सिंहरण, अलका—को स्वदेशी और विदेशी, दोनों प्रकार की अराजकता और परतंत्रता के विरुद्ध लड़ने के लिए तैयार किया। अपने अंतरंग संसार में वही विष्णुगुप्त यह महसूस करता है कि कोई उसका 'सुहृद' नहीं, आहत में वह अकेला है।

अपनी पहचान की तलाश में अंतर्मुखी और मननशील स्कंदगुप्त अपने अस्तित्व को लेकर प्रश्नाकुल है। राष्ट्र की हर चुनौती का सामना करनेवाला वीर और साहसी स्कंदगुप्त 'अधिकार सुख' के प्रति उदासीन है। दीन-हीन के सहारा स्कंदगुप्त ने राष्ट्र को तो स्वाधीनता-प्राप्ति दिला दी परंतु निजी अंतर्जगत् में वह 'हतभाग्य' और 'अकेला' हे। संवेदनशील स्कंदगुप्त में जीवन की आधुनिक त्रासदी प्रतिफलित हुई है। ध्रुवस्वामिनी में आधुनिक नारी का सजग और प्रबुद्ध रूप प्रतिबिम्बित हुआ है। अपनी अस्मिता के लिए संघर्षशील ध्रुवस्वामिनी का यह प्रश्न 'आज यह निर्णय हो जाना चाहिए कि मैं कौन हूँ'—उसे समकालीन बना देता है।

स्कंदगुप्त, चाणक्य, ध्रुवस्वामिनी जैसे कितने ही पात्र उनके नाटकों में मिल जाएँगे जो व्यवस्था की असंगतियों और जीवन के अंतर्विरोधों में जीते हैं। समाज की ज़्यादतियों का सामना करने का मनोबल उनमें जैसे-तैसे आ जाता है परंतु अंतर्जगत् में अपनी टूटन, घुटन और कुंठा में वे नितांत अकेले हैं। प्रसाद ने इन पात्रों के जीवन-अनुभवों को बहुत बारीकी से मानवीय धरातल पर रेखांकित किया है। वे आज भी प्राणवान हैं और आधुनिक हैं। इस अन्वेषी दृष्टि से प्रसाद के नाटकों के पुनर्पाठ होने चाहिए। वे निश्चय ही बहुसंवेदी और बहुअर्थी हैं।

पिछले 60 वर्ष के हिंदी नाट्यसाहित्य पर एक नज़र डालें तो उसका सर्वांगीण विकास आश्वस्त करता है। कई नाट्य-कृतियाँ प्रकाशित हुईं जिनके कल्पनाशील और प्रभावोत्पादक प्रस्तुतीकरण हिंदी रंगमंच की उपलब्धियाँ हैं। इनकी कीर्ति और वर्चस्व आज भी बना हुआ है। पर यह जानकर आश्चर्य होता है कि प्रसाद और राकेश के स्तर और सम्मान के कोई अन्य नाटककार नहीं हुए। इन दोनों नाटककारों के तुलनात्मक

अध्ययन से पता लगता है कि दोनों अपने युग की प्रवृत्तियों और प्रभावों से परिचालित हुए। राष्ट्रीय आंदोलन के समानांतर, व्यक्ति और समाज में हो रहे संक्रमण और संकट ने प्रसाद के नाटकों में अभिव्यक्ति पाई। अपने युग-बोध को बृहत्तर स्तर पर समेटने के लिए उन्होंने अयथार्थवादी पद्धति और महाकाव्यात्मक स्वरूप अपनाया। पूरी कोशिश के बावजूद इनकी विषयवस्तु विधा की मर्यादाओं का उल्लंघन करती रही। यह इनकी संलग्नता और सरोकार का परिणाम है, यह दोष नहीं है। मोहन राकेश प्रसाद की इस सीमा और दुःखद परिणति (नाटक अनभिनेय हैं) के प्रति सतर्क रहे। उनकी सर्जनात्मक दक्षता नाट्यतंत्र को संयोजित करने में लगी। इससे अंतर्वस्तु का महत्त्व कम हुआ और कलात्मक रचाव का दबाव बढ़ा। राकेश इसी दिशा में समर्थ और निपुण होते गये। 'आधे अधूरे' हिंदी नाटक और रंगमंच की विशिष्ट उपलब्धि है जिसमें कथ्य और शिल्प की संगति और संतुलन राकेश की महारत को सिद्ध करते हैं। अपने तीनों नाटकों में उन्होंने स्त्री-पुरुष के प्रश्न को अलग-अलग नज़रिए से उठाया है। कथ्य की दृष्टि से वे उत्तरोत्तर छोटे होते गये। उन्होंने यथार्थवादी रंगपद्धति को भारतीय परिवेश के अनुरूप ढाला और बदला। बेहतर बुनावट के उनके स्तरीय और सार्थक नाटक सघन रंगानुभव प्रदान करते हैं। इधर प्रसाद के नाटक रंगजगत् में स्थान पाने लगे हैं। उनके मंचन की सूचनाओं और संभावनाओं से नई स्थिति उत्पन्न हो रही है। राकेश का नाटकीय दायरा सीमित है और प्रसाद का विविध एवं अनंत। राकेश कालबद्ध (डेटिड) और पुराने पड़ सकते हैं। रंगमंच पर अगर प्रसाद को सफलता मिलती गई तो धीरे-धीरे उनके प्रति झुकाव बढ़ता जाएगा।

हिंदी रंगजगत् के इस प्रीतिकर प्रभामंडल में प्रसाद के नाटकों के प्रति अगर हम पुराने रूढ़ शुचितावादी दृष्टिकोण पर स्थिर रहें तो वे सचमुच विश्वविद्यालय के नाटककार बनकर रह जाएँगे। नए परिप्रेक्ष्य में उनके नाटकों के बारे में यह मान लेने में संकोच नहीं करना चाहिए कि उन्हें सधे-मंजे निर्देशक की जरूरत है जो फॉर्म के स्तर पर प्रदर्शन-विन्यास लाए। हिंदी रंगमंच की प्रगति-प्रक्रिया की यह विडम्बना है कि वह इस दशक में अनुवाद-जीवी हो रहा है। मौलिक नाटकों को प्रस्तुत करने का सहज उत्साह कम है। प्रस्तुति-परिकल्पना में शब्द से कहीं अधिक रंग-तंत्र खड़ा किया जाता है। शब्द-व्यवहार और अभिनय पर न ज़रूरी ध्यान दिया जा रहा है और न मेहनत की जा रही है। संवाद के भाव-ताप और लय के अनुरूप खुले साफ उच्चारण और स्वरवाले अभिनेता हिंदी में नगण्य हैं। प्रसाद ने अभिनय को भाषा से अलग नहीं देखा। प्रसाद के नाटकों में गीत-संगीत मूल कथ्य के साथ रचे-गुँथे हैं। प्रसाद-प्रस्तुति में नाट्य-संगीत और कार्य-व्यापार का कुशल संयोजन अनुकूल वातावरण का निर्माण तो करते हैं, रंगानुभव को तरल, तीव्र और भावनिष्ठ बनाते हैं। इन सीमाओं में भी हिंदी रंगमंच विकासोन्मुख और गत्यात्मक है, जो यह विश्वास जगाता है कि प्रसाद-प्रस्तुति की संभावनाएँ कभी अवरुद्ध नहीं होंगी। स्कंदगुप्त-प्रस्तुतीकरण के 50 से ऊपर प्रदर्शन

एक नये दौर की ओर इशारा करते हैं।

प्रसाद के नाटकों को लेकर जिस समझ और संवेदनशीलता से अहिंदीभाषी नाटककार-निर्देशक ने आकलन किया है, वह कम चकित नहीं करता। प्रसाद की नाट्य-प्रतिभा और नाट्य-प्रकृति का, वास्तव में, पुनराविष्कार शांता गाँधी ने किया। रचना के मर्म को पहचानते हुए, 60 के दशक में, उन्होंने दो वर्ष लगाकर 'स्कंदगुप्त' के नए प्रदर्शन-पाठ का लेखन और निर्देशन किया, वह उनकी निष्ठा और साधना का परिणाम है। इसी अन्तर्दृष्टि से आद्य रंगाचार्य, इब्राहिम अल्काज़ी, बलवंत गार्गी, कावालम नारायण पंणिक्कर ने सारगर्भित टिप्पणियाँ लिखीं। 70 के दशक से कारंत ने प्रसाद के नाटकों की मूल्यवत्ता को स्वीकार करते हुए उन्हें मंच-प्रतिष्ठा देने का दायित्व उठाया और उसे 17 साल तक समर्पण-भावना से निभाया। चार नाटकों के प्रस्तुतीकरणों से वे रंगजगत् में प्रसाद की उपस्थिति दर्ज कराने में सफल रहे। निस्संदेह वे इतिहास-पुरुष सिद्ध हुए। उन्हीं से अनुप्रेरित आलोक चटर्जी और रॉबिनदास के रचनात्मक प्रयासों की अपनी जगह है। अहिंदीभाषी नाटककार-निर्देशक का यह अविस्मरणीय योगदान कहीं परंपरा का रूप तो धारण नहीं कर रहा?

खंड : तीसरा

प्रसाद के नाटकों की अध्ययन-परम्परा

- नाट्यालोचन : विविध आयाम
- साहित्यिक मूल्यांकन
- पत्र-पत्रिकाएँ

नाट्यालोचन : विविध आयाम

रामकृष्ण शिलीमुख

'प्रसाद' के नाटक

नाटककार की सबसे बड़ी कठिनता यह है कि कुछ रंगसंकेतों को छोड़कर उसे कहीं भी अपनी ओर से कुछ कहने का अधिकार नहीं है—वह अपने व्यक्तित्व को कहीं भी प्रकट नहीं कर सकता। दूसरी कठिनाई जिसका उसे सामना करना पड़ता है इस बात में समझी जाती है कि उसे अपनी कृति में अभिनय की संभावना का भी ध्यान रखना पड़ता है। दूसरी कठिनाई ही से पहली कठिनाई का भी उदय होता है, क्योंकि उसके कारण नाटककार के पास कथोपकथन को छोड़कर और कोई माध्यम नहीं रह जाता। इसी माध्यम के द्वारा उसे अपने वस्तु-व्यापार का प्रसार करना पड़ता है, इसी के द्वारा चरित्र-चित्रण; और इसी के द्वारा वह अपना संदेश कहता है।

यह निर्विवाद है कि माध्यम की दृष्टि से कथोपकथन और अभिनय की दृष्टि से क्रिया-व्यापार (action) नाटक के पहले आवश्यकीय तत्त्व हैं। अन्य बातें जैसे और प्रकार के काव्यों में सामान्य हैं वैसे ही नाटक में भी। इन दो तत्त्वों के सुचारु प्रयोग से नाटककार अन्य बातों में सुगमता से सफल हो सकता है।

अतएव, कथोपकथन और क्रिया-व्यापार के सदुपयोग में ही किसी नाटककार की विशेषता देखी जा सकती है। इसके बाद उसकी शैली और उसके विचार, उसकी विशेषता के सम्पादक होते हैं। हिंदी के नाटककारों में जो एक-एक लेखक का एक-एक वर्ग है उसे हमने देखा है। उनमें श्रीयुत जयशंकर 'प्रसाद' ने अलग एक स्थान प्राप्त किया है जो सबसे विशिष्ट और सबसे अधिक प्रख्यात है।

'विशाख' की भूमिका के आधार पर कम से कम एक बात कही जा सकती है। अपने पहले ही नाटक में उन्होंने कुछ नाटकीय आदर्श स्थिर करने की जो चेष्टा की है उससे, प्रारम्भ से ही, एक कलात्मक प्रयास का अनुमान किया जा सकता है। कलात्मक प्रयास अभ्यास की अपेक्षा किया करता है। उनके नाटकों का क्रमानुगत अनुशीलन करने पर इस अभ्यास के चिह्न भी मिल जाते हैं। 'विशाख' के बाद धीरे-धीरे एक ही प्रकार

की शैली और विचारपद्धति अधिकाधिक विकसित और परिपक्व होती जाती है। इसके अतिरिक्त 'प्रसाद' ने अन्य भिन्न-भिन्न प्रकार के नाटक लिखने का भी उद्योग किया है। उनका 'करुणालय' एक गीति-नाट्य है, 'कामना' रूपक (Allegory) है, और 'एक घूँट' में आधुनिक सांकेतिकता या संकेतवाद (Symbolism) की प्रवृत्ति दृष्टिगोचर होती है। और, अपनी प्रखर प्रतिभा के कारण इन तमाम नए-नए प्रयासों में उन्होंने कहीं भी भद्दापन नहीं आने दिया है। साथ ही उनकी शैली की स्वाभाविक विशेषता सबमें समान रूप से अपनी छाप छोड़ती हुई दृष्टिगोचर होती है।

रचना-शैली का विकास

'प्रसाद' की प्रारम्भिक रचनाओं में 'सज्जन' को देखने से हमें उनके प्राचीन से अर्वाचीन की ओर उत्तरोत्तर प्रसार की प्रथम अवस्था का परिचय मिलता है। 'सज्जन' बीस पृष्ठों का एकांकी रूपक है। इसकी रचना संस्कृत तथा हिंदी की पुरानी शैली की है। आरम्भ में 'नान्दी' दिया हुआ है। उसके बाद सूत्रधार आता है और अपनी स्त्री से नाट्याभिनय का प्रस्ताव करता है।

'सज्जन' के कथोपकथन में इधर-उधर पद्य का भी सम्मिश्रण है, जैसे संस्कृत नाटकों में हुआ करता था। पात्रगण अपनी गद्योक्ति की पुष्टि के लिए पद्य का व्यवहार करते हैं जो दृष्टांत रूप में होता है।

प्रकृति-वर्णन में प्राचीन नाटक की भाँति किसी प्राकृतिक दृश्य से आचार अथवा नीति का कोई तत्त्व-निरूपण करने की प्रायः चेष्टा की गई है।

संस्कृत में कालिदास और हिन्दी में तुलसीदास आदि ने प्राकृतिक दृश्यों का, श्लिष्ट प्रयोगों के आधार पर, इस प्रकार का भूरि प्रयोग किया है। इन पद्यों में संस्कृत छंदों का ही उपयोग है। पुराने हिन्दी नाटक के ढंग पर खड़ी-बोली-गद्य के भीतर पद्य ब्रजभाषा में है। कथोपकथन सादा और संक्षिप्त है—पात्रगण मतलब-भर की ही बात करते हैं और दूसरे को बोलने के लिए अवकाश देते हैं। साथ ही, नाटक यद्यपि छोटा है, उसमें कार्य-व्यापार की कमी नहीं है। विचार तथा वस्तु के प्रतिपादन की दृष्टि से, कथोपकथन की यह सादगी तथा व्यापार की क्षिप्रता लेखक के विकास के अध्ययन में बड़ी सहायक है। क्योंकि, प्रारम्भिक नाटकीय प्रयास में प्रायः लेखक में अभिनय का कुछ न कुछ उद्देश्य अज्ञात रूप से वर्तमान रहता ही है और वह अपने समय के सर्वमान्य आदर्शों का ही आधार ग्रहण करता है। इसीलिए, अलक्ष्य रूप से ही, 'सज्जन' में लम्बे-लम्बे और अतिगहन संवाद भी नहीं आने पाये हैं; यद्यपि, जैसा कि पद्यभागों को देखने से मालूम होता है, लेखक में गहन विचारणा का बीज मौजूद था। संस्कृत नाटकों के अनुसार 'सज्जन' का अन्त भरत-वाक्य में होता है।

प्रसाद के नाटकों में प्रस्तावना आदि का रूप

'सज्जन' के बाद के नाटकों में प्रस्तावना का अभाव है। परन्तु सम्पूर्ण वस्तु के नाटकों में पहला दृश्य प्रायः परिस्थिति और पात्रों का परिचायक ही होता है। इस प्रकार प्रस्तावना का रूप न होने पर भी उसमें प्रस्तावना का एक क्षीण उद्देश्य रहता है। 'प्रसाद' के तीन अन्य नाटकों में प्रथम दृश्य अधिकतर इसी परिचायक की भाँति प्रयुक्त हुआ है, जिसका वस्तु-व्यापार से कोई घनिष्ठ सम्बन्ध नहीं होता। 'अजातशत्रु' का यथार्थ आरम्भ दूसरे दृश्य से होता है; प्रथम दृश्य केवल कतिपय प्रधान पात्रों के चरित्र का परिचय देता है। 'स्कंदगुप्त' में पहला दृश्य कुछ पात्रों के परिचय के अतिरिक्त उन संघर्षपूर्ण परिस्थितियों से अवगत कराता है जिन परिस्थितियों में यथार्थ वस्तु का आरम्भ होता है। इसी प्रकार 'नागयज्ञ' का प्रथम दृश्य—अपने अन्तर्दृश्य के कारण और भी— एकान्त सूचनार्थक है। परन्तु, दूसरी ओर 'विशाख' और 'राज्यश्री' में व्यापार पहले दृश्य से ही आरंभ हो जाता है— बल्कि, यह कहा जा सकता है कि उनमें प्रत्येक में दो-दो दृश्यों का व्यापार संकेत है। और 'एक घूँट' तो चरम नवीनता का ही उदाहरण है। वर्नार्ड शॉ आदि के नाटकों की भाँति इसके रंग-संकेत अधिक विस्तृत और वर्णनात्मक हैं, जो वस्तु की विकसित अवस्था से आरम्भ करने के लिए किंचित अपेक्षित होते हैं। 'एक घूँट' का प्रथम दृश्य विकसित वस्तु की कल्पना को लेकर ही आरम्भ होता है।

भरतवाक्य के ढंग का एक पद्य 'प्रसाद' के कई नाटकों के अन्त में देखने को मिलता है। 'सज्जन' में हम देख ही चुके हैं। 'विशाख', 'जनमेजय का नागयज्ञ', 'कामना', 'करुणालय' और 'राज्यश्री' में भी देखते हैं। 'एक घूँट' के अन्त में भी उसके विषय के अनुकूल एक पद्य दिया है। यह वास्तविक भरतवाक्य के ढंग का नहीं है—शायद इसलिए कि इस नाटक में सांसारिक संघर्ष और आशा-निराशा के भयंकर दृश्य नहीं आए हैं, परन्तु अपने उद्देश्य की ओर उसमें शुभकामना है।

कथोपकथन में परिवर्तन

नाटकीय गति और कथोपकथन दो भिन्न पदार्थ हैं, जिसमें गति का महत्त्व अधिक है। जिन नाटकों में अभिनय का उद्देश्य प्रधान रहता है उनमें गति या व्यापार की उपेक्षा नहीं की जा सकती। कथोपकथन को भी इसी गति का मुखापेक्षी होना पड़ता है। 'विशाख' में भी कथोपकथन की सादगी को बनाए रखने का प्रयास दृष्टिगोचर होता है। 'विशाख' लिखते समय भी लेखक को अभिनय का ध्यान था। 'विशाख' की भूमिका में अपने नाटकों के सम्बन्ध में वह लिखते हैं—"आजकल के पारसी रंगमंचों के अनुकूल ये नाटक कहाँ तक उपयुक्त होंगे इसे मैं नहीं कह सकता। क्योंकि उनका आदर्श केवल मनोरंजन है। जातीय आदर्शों से स्थापित यदि कोई रंगमंच, जहाँ कि चमक-दमक से विशेष ध्यान पात्रों के अभिनय पर और आदर्श के विकास पर रखा जाता हो, कोई सम्मति, अपने

अभिनय में अड़चन पड़ने की दे तो मैं उसे स्वीकार करने के लिए सर्वथा प्रस्तुत हूँ ...।'' इस उक्ति में 'प्रसाद' अपने विशिष्ट सिद्धान्त को दृष्टिगत रखते हुए अभिनय के प्रति एक उत्तरदायित्व का अनुभव करते हैं और 'विशाख' में उसके पालन की चेष्टा दिखाते हैं। 'विशाख' और 'अजातशत्रु' में कथोपकथन के बीच में पद्य देने का पुराना अनुराग कुछ-कुछ बना हुआ है, यद्यपि अब वह उतना अधिक नहीं है। 'विशाख' के कथोपकथन में, एक दूसरे प्रकार की नाटकीय साधना थोड़ी-थोड़ी प्रत्यक्ष होती है, जो प्रायः थियेट्रिकल नाटकों में देखी जाती है। यह है बातचीत की चपलता, गद्य तुकान्त या अन्य किसी ढंग की शब्दक्रीड़ा। पृष्ठ 3 पर विशाख कहता है—''उन बीती बातों को सोचकर हृदय को दुखी न बनाओ। अपना शुभ नाम सुनाओ।''

ऐसे ही, ''जिसने धान खाया उसने चपत खाया।'' (पृष्ठ 45)। 'विशाख' में स्वगत भाषणों का ढंग भी भिन्न प्रकार का है। प्रायः बातचीत के बीच में ही कोई पात्र बहुत थोड़ी देर के लिए सोचने लगता है। बाद के नाटकों की भाँति लम्बे-लम्बे तथा दार्शनिकता या ऊँची कविता से भरे हुए एकाकी पात्रों के आत्म-भाषण इसमें नहीं के तुल्य हैं। पृष्ठ 39-40 पर अवश्य एक बहुत लम्बा 'स्वगत' है, परंतु उसमें किसी प्रकार की अति-दार्शनिकता नहीं है। साथ ही 'विशाख' में—यद्यपि यहीं से हमें लेखक की उस साहित्यिक शैली के प्रारम्भिक चिह्न मिलने लगते हैं जो बाद के नाटकों में बराबर बढ़ती चली गई है—हम भिन्न-भिन्न पात्रों की भिन्न-भिन्न अवस्थाओं और योग्यता के अनुसार उनकी बातचीत में भी एक प्रकार का विभेदक सिद्धान्त देखते हैं। महापिंगल विदूषक, राजा का नर्म सहचर एक मूर्ख-सा हँसोड़ है जो, संस्कृत नाटक की भाँति 'विशाख' में भी, अपने आश्रयदाता के गुप्त प्रेम-प्रबंधों में साधक का काम देता है। बाद के नाटकों में लगभग प्रत्येक पात्र किसी न किसी अंश में दार्शनिक हो जाता है।

प्राचीन वर्जित प्रसंग

संस्कृत शास्त्र के विरुद्ध 'प्रसाद' के नाटकों में कहीं-कहीं वर्जित दृश्य आ गए हैं। 'जनमेजय का नागयज्ञ' में जरत्कारु की मृत्यु और बाद में, हवन-कुण्ड में नागों की आहुति ऐसे प्रसंग हैं। 'प्रायश्चित' में जयचन्द से आत्म-हत्या कराई गई है। 'अजातशत्रु' श्यामा की हत्या का अन्त उसकी मृत्यु में नहीं होता, परंतु दर्शकों या पाठकों के मन पर घटना का अनिष्ट प्रभाव अवश्य पड़ जाता है।

भाषा

शैली के अन्तर्गत, बाबू जयशंकर 'प्रसाद' की सबसे बड़ी विशेषता उनकी भाषा की है। कुछ विद्वानों का तो मत है कि उनकी अत्यन्त 'पथरीली' भाषा के कारण ही—'पथरीली' एक दूसरे सज्जन का प्रयोग है—उनके नाटक परम अनभिनेय हो गए हैं, जिसके कारण

वे इन ग्रन्थों को 'नाटक' नाम का अधिकारी नहीं समझते। 'प्रसाद' की भाषा साहित्यिक है। उन्होंने वैसी भाषा का प्रारम्भ से ही अभ्यास किया है। सीधे-सादे 'विशाख' में भी हम कहीं-कहीं ऐसे वाक्य पढ़ लेते हैं—"क्या क्षितिज की सीमा से उठते हुए नील नीरद खण्ड को देखकर कोई बतला देगा कि यह मधुर फुहारा बरसायेगा कि करक पात करेगा।" परन्तु इसमें लालित्य है। 'प्रसाद' सबसे पहले, कवि हैं; बाद में कुछ और। 'विशाख' के गद्यांश सरल और व्यवहारोपयुक्त हैं पर पद्यांशों से काव्य की मधुरिमा नहीं हटाई जा सकी है। ऊपर के उद्धरण में भी कविता ही है, और है कवि के हृदय की भावुकता जिसके कारण वह सरस हो उठा है। भावुक कविता सदैव सरस और सरल रहती है। परन्तु बाद में भावुकता के साथ-साथ धीरे-धीरे उत्कट कल्पना का भी जोड़ होते रहने से उनकी भाषा में क्लिष्टता आती गई है। दूसरी बात यह है कि 'विशाख' में उन्होंने अपनी कविस्पृहा को गद्य में नहीं अवतीर्ण होने दिया है। विशाख और चन्द्रलेखा की झरने की समीपवाली बातचीत को छोड़कर सर्वत्र कथोपकथन व्यवहारानुकूल है, गद्य में इतनी कविता भी शायद इसलिए आ गई है कि प्रेम स्वयं कवित्वमय है—प्रेम के प्रभाव से परम असंस्कृत और अकवि व्यक्ति भी कवितापूर्ण हो उठता है। बाद के नाटकों में 'प्रसाद' अपनी काव्यप्रेरणा के अधिकाधिक वशीभूत होते गये हैं। वे गद्य में भी कविता लाने लगे हैं और उन्होंने अपनी कविता को विकट-कल्पना प्रसूत अलंकारों की योजना से जटिल बना दिया है। 'अजातशत्रु' में एक स्थान पर हम पढ़ते हैं "तो मागन्धी, कुछ गावो। अब मुझे अपने मुखचन्द्र को निर्निमेष देखने दो कि मैं एक अतीन्द्रिय जगत् की नक्षत्रमालिनी निशा को प्रकाशित करनेवाले शरदचन्द्र की कल्पना करता हुआ भावना की सीमा को लाँघ जाऊँ, और तुम्हारा सुरभि निश्वास मेरी कल्पना का आलिंगन करने लगे।" यह कृत्रिम है और कथोपकथन के मूल सिद्धान्तों के प्रतिकूल है। यह शायद सरस कविता के भी सिद्धान्तों के प्रतिकूल है। क्योंकि, इससे भावसौकर्य और आनन्दानुभूति न होकर उलटी खिन्नता होती है। कल्पना की कोई अवधि नहीं है। धीरे-धीरे बढ़कर वह असम्भव और उपहास्य की सीमा तक पहुँच सकती है। परन्तु, 'प्रसाद' की समस्त रचनाओं में ऊपर का उद्धृत वाक्य ही शायद सबसे अधिक कठिन है, और भाषा की दृष्टि से, नाटकों में भी, 'अजातशत्रु' से अधिक कठिन कोई दूसरा नाटक नहीं है। ऊँची कल्पना के अतिरिक्त, क्लिष्टता का दूसरा कारण भावों की दार्शनिकता है।

क्लिष्टता और साहित्यिकता एक बात नहीं है। कोई रचना परम साहित्यिक होती हुई भी क्लिष्ट नहीं होती, और कोई अतिक्लिष्ट भी होती है और असाहित्यिक भी। अतएव, जब हम यह कहते हैं कि श्रीयुत जयशंकर 'प्रसाद' की शैली साहित्यिक है तो उसका यह अभिप्राय नहीं है कि उसमें क्लिष्टता का आवश्यक गुण वर्तमान है। वास्तव में, उनके सबसे कठिन नाटक 'अजातशत्रु' में, दस-बारह स्थलों को छोड़कर अन्यत्र बहुत अधिक क्लिष्ट भाषा नहीं मिलती। इसके अतिरिक्त क्लिष्टता भी सापेक्ष होती है, और ज्यों-ज्यों किसी लेखक की शैली का उत्तरोत्तर परिपाक होता जाता है त्यों-त्यों वह

अधिकाधिक प्रौढ़ पाठकों की अपेक्षा करती जाती है। 'अजातशत्रु' के बाद के नाटकों में साहित्यिक गुण अधिक है परंतु क्लिष्टता कम है। भाषा के प्रयोग अधिक सिद्ध हैं, कथोपकथन सुविमृष्ट और गंभीर है, पात्रों के भावों में अधिक स्पष्टता है।

भाषा की क्लिष्टता का एक और कारण उसकी वर्धमान तत्समता है। जो 'गर्म' और 'घी' आदि 'प्रसाद' पहले लिख चुके हैं उनके स्थान पर अब वह 'उष्ण' या 'तप्त' और 'घृत' या 'तनूयन' आदि लिखेंगे। अब 'लफंगा' (नागयज्ञ, पृष्ठ 20) की बजाय अधिक शिष्ट और संस्कृत शब्दों का प्रयोग होता है। वाक्य भी अधिकतर पहले से बड़े होने लगे हैं। तत्समता के अनुरोध से, और कुछ विशेष पात्रों की विशिष्टता के कारण, भाषणों में एक प्रकार की ऊर्जस्विता भी उत्पन्न हो जाती है जो आवश्यक रूप से क्लिष्टता तो नहीं लाती परन्तु जिसके प्रथम आवेग में पाठक या दर्शक किंचित विह्वलित-सा हो जाता है और भाव-ग्रहण में तत्काल समर्थ नहीं होता। 'प्रसाद' के नाटकों में इस ओजस्विता-सम्पादन का एक प्रयास हम 'सावधान' शब्द के प्रयोग में देखते हैं जो, पहले तो कम, परंतु 'स्कंदगुप्त' में बहुत अधिक बढ़ गया है। इसमें सन्देह नहीं कि 'सावधान' के अतिशय से कहीं-कहीं कुछ कृत्रिमता-सी आ गई है।

विचारधारा

श्रीयुत जयशंकर 'प्रसाद' की शैली का उनके विचारों से बड़ा घनिष्ठ सम्बन्ध है, क्योंकि इन विचारों का उसके निर्माण में बहुत कुछ उत्तरदायित्व है। हम देख चुके हैं कि उनकी शैली की विशेषता का एक कारण उनके विचारों की दार्शनिकता और भावों की गहनता भी है। अतएव, एक परिमाण में, जैसे-जैसे उनके विचारों का विकास हुआ है वैसे ही वैसे उनकी शैली का भी विकास हुआ है।

'प्रसाद' की सुखान्तता सदा 'फलागम' नहीं होती

वस्तु-आदर्श की दृष्टि से सुखान्तता तो उनके सब नाटकों में देखने में आती है। उनके अधिकांश नाटकों के अंत में भरतवाक्य का आना इस सुखान्तता का ही एक अंग है।

'प्रसाद' के नाटक सुखान्त और अन्त में आशावादी होते हुए भी एक दूसरी प्रकार की भित्ति पर खड़े होते हैं। इनमें नायक के सुस्पष्ट फलागम का पता नहीं है, उस 'कार्य' की प्रारम्भिक प्रेरणा नहीं है जिसके लिए तमाम संघर्ष होता है। मानो, व्यक्ति और समाज किसी उद्देश्य में निर्दिष्ट हो ही नहीं सकता, वह सदैव भूला-भटका-सा फिरा करता है, फलप्राप्ति तक में वह 'प्रकृति का अनुचर और नियति का दास है।' इसलिए वह कहीं के लिए चलकर कहीं और पहुँच जाता है, यद्यपि यह 'कहीं और' उसके उद्दिष्ट फल से अधिक श्रेयस्कर होता है।

'प्रसाद' के सुखान्त की वास्तविक भावना

बाबू जयशंकर 'प्रसाद' की सुखान्त-भावना प्रायः वैराग्यपूर्ण, अथवा मानव-प्रेम से भरित, शान्ति की होती है। यही उनके नाटकों का आदर्श है। यह आदर्श, यह आशावाद, अपने भूल से सांसारिक उद्देश्य के लिए भयानक संघर्ष में प्रविष्ट होकर उसे प्राप्त करें, चाहे न करें; उन्हें शान्ति अवश्य मिलती है। और, इस अवस्था की सिद्धि के लिए नाटकों में कुछ ऐसे महात्माओं की अवतारणा रहती है जिनका प्रभाव सार्वभौम होता है। इस परिस्थिति में 'प्रसाद' के नाटक संस्कृत और अंग्रेजी, दोनों कलाओं से भिन्न हैं।

प्रसाद की योजना में निराशावाद ओतप्रोत है। अशान्ति, तितिक्षा, वैराग्य—इनमें से एक या अनेक उनमें अधिकांश पात्रों के चरित्र लक्षण हैं। राज्य या वैभव की ओर से विरक्ति या अनुत्साह प्रधान राजचरित्रों में प्रायः देखने में आता है। बिम्बसार, हर्ष, स्कन्दगुप्त नरदेव—ये सब, किसी न किसी रूप में, किसी न किसी परिमाण में, राज्य-लालसा की ओर से निरपेक्षी हैं। यहाँ तक कि 'नागयज्ञ' का क्रूर जनमेजय भी कभी-कभी कह उठता है—"यह साम्राज्य तो एक बोझा हो गया है।" परन्तु ये सब व्यक्ति एक ही चरित्र के भिन्न-भिन्न उदाहरण नहीं हैं। इनमें से प्रत्येक की अपनी-अपनी नवीनता, विलक्षणता है। बिम्बसार पहले से ही सपत्नीक वानप्रस्थ ले लेते हैं; सांसारिक वासनाओं से लिप्त नरदेव भी अन्त में परिस्थितियों के कारण संन्यासी हो जाता है। स्कंदगुप्त आर्य-साम्राज्य के उद्धार को अपना कर्त्तव्य समझकर बराबर कर्मयुद्ध में सन्नद्ध रहता है, परन्तु बराबर अपने को एक सामान्य सैनिक मानकर—अपने वैभव या सुख की कामना का उसमें लेश भी नहीं है; और, हर्ष तो समस्त आर्यावर्त में एक साम्राज्य स्थापित करके भी अकिंचन बन जाता है, सर्वस्व दान करने के बाद प्रवज्या लेते-लेते रुक जाता है। तितिक्षा का यह भाव स्त्री-पात्रों में भी कहीं-कहीं है परन्तु कम, और उसका रूप दूसरा है। वह प्रायः स्त्री-सुलभ औदार्य और समवेदना की प्रसूति है। यथार्थ में स्त्रियों में, त्याग की अपेक्षा सेवावृत्ति और अनुकम्पा पर अधिक जोर दिया गया है। उनका त्याग अधिकतर इन्हीं गुणों से उत्पन्न होता है, पुरुष की भाँति विरक्ति से कम। जहाँ विरक्ति दिखाई गई है वहाँ स्त्री या तो महत्त्वाभिलाषिणी है या पतिता, जिसे अपने जीवन-भर निराशाओं और असफलताओं से मुठभेड़ करते अन्त में विराग होने लगता है।

बाबू जयशंकर 'प्रसाद' के नाटकों में निराशा या वैराग्य की उद्भुति दो मुख्य उद्गमों से होती है—भाग्यवाद की भावना से, अथवा किसी महात्मा पुरुष के व्यक्तित्व के प्रभाव से। 'प्रसाद' ने मालूम होता है, भारतीय इतिहास के बौद्ध काल और बौद्ध दर्शनशास्त्र का कुछ अध्ययन किया है, जिसका उन पर प्रभाव पड़ा है। उनके नाटकों में प्रायः एक न एक बौद्ध पात्र रहता है। गौतम, प्रख्यात-कीर्ति और सुएन च्वांग बौद्ध महात्मा हैं। दूसरे महात्मा यद्यपि बौद्ध नहीं हैं, पर उनकी ध्वनि से भी भाग्यवाद का

निराशामय स्रोत प्रवाहित होता है। वेदव्यास और जरत्कारु 'नियति, नियति' पुकारते हैं, दिवाकर मित्र 'क्षणिक संसार' और 'दुःखपूर्ण धरणी' में केवल 'भगवान की करुणा का अवलंब ही शेष' समझता है। 'नियति', मानो 'प्रसाद' के बहुत से पात्रों का आश्रयवचन है। जो जनमेजय कभी वैराग्य धारण नहीं करता और नृशंस प्रतिहिंसा के वशीभूत हो सदैव क्रूरता के अभ्यास में लगा रहता है वह भी बैठे-बिठाए सर्वत्र नियति के हाथ को देखकर जरत्कारु की प्रतिध्वनि करता हुआ कह उठता है—''मनुष्य प्रकृति का अनुचर और नियति का दास है।''

निराशाजनक लोकव्यवहार को इस परिणाम पर लाकर 'प्रसाद' फिर सर्वमंगलकारी आशा की प्रतिष्ठा करते हैं। पात्र मंगलमय जीवन की ओर प्रवृत्त होते हैं, जिसका मूलमंत्र है करुणा और मानव-प्रेम। नरदेव, अजात, विरुद्धक, छलना, श्यामा, प्रसेनजित, मनसा, दामिनी, भटार्क, पुरगुप्त, अनन्तदेवी, और 'राज्यश्री' के दस्यु विकटघोष और सुरमा, उदाहरण हैं। परन्तु इस परिवर्तन में भी हम देखते हैं, एक बार निराशा के ही सिद्धान्त को फिर पुष्ट किया गया है। मनुष्य स्वयं अपना सुधार करने में असमर्थ है, इसलिए उसे सदैव एक बाहरी प्रेरणा, बाहरी स्फूर्ति, की आवश्यकता पड़ती है। अधिकांश चरित्रों का शोध उस समय तक नहीं होता जब तक उनका किसी उच्च आत्मा से सम्पर्क नहीं होता। प्रायः इन आत्माओं के दर्शनमात्र या एक वचनमात्र में ही संशोधन की शक्ति रहती है, उनकी वाणी सुनते ही मनुष्य अभिभूत हो जाता है और उसकी पाशव वृत्तियाँ लुप्त होने लगती हैं। परन्तु, जैसे भी हो, भलाई और बुराई के द्वन्द्व में बुराइयों को दूर होना ही पड़ता है। जो चरित्र शोधातीत होते हैं उनकी अपमृत्यु दिखाई जाती है। सत्यशील, देवदत्त, काश्यप आदि इस प्रकार के चरित्र हैं।

आदर्शवाद का यथार्थ रूप : परमार्थिक आदर्श

यही 'प्रसाद' का आदर्शवाद है। महात्माओं के प्रभाव से, पात्रों के आकस्मिक या अनाकस्मिक परिवर्तन में हमें यथार्थता के पर्याप्त दर्शन नहीं होते। 'प्रसाद' ने इस आदर्शवाद की भित्ति में बड़ी सावधानी से एक-एक ईंट को चुनकर बिठाने का परिश्रम किया है। 'विशाख' में इस चुनाव की पहली पद्धति देखने में आती है। इसके बाद जैसे-जैसे दीवार उठती चलती है चुनाई तेज होती जाती है। महात्मा या आदर्श पात्र समस्त सद्-वृत्तियों के आधार-भूत धर्मतत्त्वों को दार्शनिक तक के आग्रह द्वारा सिद्ध करते और बोधग्राह्य बनाते हैं। ये धर्मतत्त्व सत्व-प्रेरक सिद्धान्त होते हैं। विश्व-प्रेम और करुणा इनका सूत्र है। इनके अंगभूत कुछ अन्य सिद्धान्तों का संकल्प करने से मालूम होता है कि—'जो लोग सत्य पर आरूढ़ रहते हैं विश्वात्मा उनका कल्याण करता है।' (नागयज्ञ, पृ. 104), 'क्षमा से बढ़कर और किसी बात में पाप को पुण्य बनाने की शक्ति नहीं है।' (नागयज्ञ, पृ. 76)

'संसार भर के उपद्रवों का मूल व्यंग है'। (अजातशत्रु, पृ. 12),

'मनुष्य व्यर्थ महत्त्व की आकांक्षा में मरता है।' (अजातशत्रु, पृ. 8),

'हमें अपने कर्त्तव्य करने चाहिए, दूसरों के मलिन कर्मों को विचारने से भी चित्त पर मलिन छाया पड़ती है'। (अजातशत्रु पृ. 90),

'जो अपने कर्मों को ईश्वर का कर्म समझकर करता है, वही ईश्वर का अवतार है।' (स्कन्दगुप्त, पृ. 142), आदि।

जिन तर्कों के द्वारा इन सिद्धान्तों की पुष्टि होती है वे दृश्य पदार्थों की क्षणभंगुरता, नियति की क्रीड़ा और 'शुद्धबुद्धि' की निर्लिप्तता के आधार पर हैं। 'शुद्धबुद्धि' की महत्ता और उसके परिज्ञान पर कई नाटकों में जोर दिया गया है। इसके साथ ही साथ हमको यथास्थान बताया जाता है कि 'इस इन्द्रजाल की महत्ता में जीवन कितना लघु है। सब गर्व, सारी वीरता, अनन्त विभव, अपार ऐश्वर्य, हृदय की एक चोट से, संसार की एक ठोकर से निस्सार लगने लगता है, अथवा 'सच तो यह है कि विश्वभर में स्थान-स्थान पर वात्याचक्र है, जल में उसे भँवर कहते हैं स्थल पर उसे बवंडर कहते हैं, राज्य में विप्लव कहते हैं, समाज में उच्छृंखलता कहते हैं और धर्म में पाप कहते हैं।' युक्ति और प्रतिज्ञा के निगमन में हमको पता चलता है कि 'जिसे काल्पनिक देवत्व कहते हैं वही तो सम्पूर्ण मनुष्यता है' और 'इस संसार का कोई उद्देश्य है। इसी पृथ्वी को स्वर्ग होना है, इसी पर देवताओं का निवास होगा।'

नाटककार ने सांसारिक व्यवहारों के भिन्न-भिन्न आदर्शों पर भी कहीं-कहीं प्रकाश डाला है। इनमें विशेष रूप से सामाजिक और जातीय अवस्थाओं के संबंध में जो कुछ कहा गया है वह हृदय को बड़ा निकट-स्पर्श करता है और बहुत देर के लिए अपना दर्द छोड़ जाता है। ऐसे कथनों में कहीं स्वाभाविक कटुता और व्यंग्य है और कहीं सरल हृदय की भावपूर्ण लगन। लेखक ने सामाजिक रूढ़ियों के प्रति भी कहीं-कहीं अपना विरोध प्रकट किया है।

कुछ समय हुआ एक सज्जन ने—शायद 'प्रेमचन्द' थे—'माधुरी' में 'स्कंदगुप्त' के ऐतिहासिक प्लॉट की आलोचना करते हुए 'गढ़े मुर्दे उखाड़ने' की निर्बोधता पर रोष प्रकट किया था। जो बात अतीत हो चुकी उसकी चर्चा ही क्यों ? हमको अपनी वर्तमान समय की घर्षणाओं पर दृष्टि डालनी चाहिए—अपनी वर्तमान धड़कन और तड़पन को टटोलना चाहिए। मानते हैं इसे। परंतु, मालूम होता है, काव्य में अप्रस्तुत द्वारा प्रस्तुत के मर्मस्पर्शी साक्षात्कार की महत्ता को आलोचक नहीं समझता। ध्वनि या व्यंजना का उसके लिए कोई मूल्य नहीं है। अर्थात्, हृदय की धड़कन जानने के लिए 'स्टेथस्कोप' के बिना काम ही न चलेगा, मुखाकृति में चाहे कितनी ही मूक वेदना भरी हो। अन्यथा, 'स्कंदगुप्त' का प्लॉट 'गढ़ा मुर्दा' न समझा जाता। हमारी समझ में राय का 'मेवाड़ पतन' और 'प्रसाद' का 'स्कंदगुप्त' भारतीय साहित्य के दो सर्वश्रेष्ठ जातीय नाटक हैं। 'स्कंदगुप्त' तब तक बराबर सामयिक रहेगा जब तक भारत का स्वातंत्र्य-युद्ध सफल नहीं होता। उसके बाद

वह हमारे इस युद्ध के इतिहास का एक उज्ज्वल अंग समझा जाएगा।

शैली की दृष्टि से वह धीरे-धीरे प्राचीनता से अर्वाचीनता की ओर स्पष्ट रूप से आए हैं। 'सज्जन' और 'एक घूँट' उनके विकास के दो सिरे हैं--एक पूर्व की ओर, दूसरा पश्चिम की ओर। विचार की दृष्टि से, जो समय का प्रभाव क्रमशः उनके ऊपर पड़ा है वह हमने अभी देखा है। उनका आदर्शवाद, प्राचीन के प्रति श्रद्धा दिखाता हुआ भी, अपना अलग एक अस्तित्व रखता है। उनकी दार्शनिकता काव्य-रचना के सिद्धांतों में एक मौलिक तथा नवीन तत्त्व की स्थापना करती है जिसमें कुछ-कुछ अतिरंजना आ गई है। इस दार्शनिकता का आधार भारतीय आचार-नीति है।

वर्तमान हिंदी में 'छायावाद' या 'रहस्यवाद' का नाम कैसे आया? जिस प्रकार दिजेन्द्रलाल राय के नाटकों ने हिंदी नाट्यकारों को एक विशेष ढंग से प्रोत्साहित किया था उसी प्रकार श्रीयुत रवीन्द्रनाथ टैगोर के 'गीतांजलि' प्रभृति काव्य-संग्रहों ने हिंदी कविता को किया। राय ने तो हमारे मनोवेगों और सुप्त कल्पनाओं को प्रताड़ित करके स्वाभाविक रूप में ऐसा किया था, परंतु टैगोर का प्रभाव कृत्रिम था--एक प्रकार से, यह प्रभाव उनके नोबेल पुरस्कार का था। हिंदी में उनके अनुकरण के ग्रन्थ बनने से पहले हिंदीवालों ने उनकी कविता का कोई विशेष अध्ययन नहीं किया था। अध्ययन तो अभी तक भी नहीं हुआ है। उनके कहानी-उपन्यास और निबंधों के अनुवाद तो हिंदी में प्रकाशित हुए हैं, परंतु उनकी कविता और छोटे नाटकों के नहीं। 'मुक्तधारा' आदि जो एकाध कहीं से निकले भी हैं वे प्रचलित नहीं हुए।

'प्रसाद' परम भावुक कवि हैं और उनकी भावुकता हृदय को तत्काल छूनेवाली है। अजात का अपने पिता से क्षमा माँगने का दृश्य, दामिनी का अपने पति के पैरों में गिरना, आर्य-सम्राज्य के हित के लिए बंधुवर्मा का अपना राज्य अर्पण करना--ये सब क्या काव्य की अस्थायी सम्पत्ति हैं?

यदि एकाध स्थल पर हमको कोई ऐसी उक्तियाँ मिल भी जाएँ जिनमें छायावाद की प्रवृत्ति दिखाई देती हो तो उनके कारण हम तमाम नाटक या नाटकों को छायावादी कहकर दूषित नहीं कर सकते।

अतएव, हम कह सकते हैं कि 'प्रसाद' के नाटकों में असली या नकली छायावाद अथवा रहस्यवाद के कोई विशेष लक्षण नहीं मिलते। उनकी शैली के एक विशेष प्रकार के विकास के कारण उनमें क्लिष्टता अवश्य आ गई है। परंतु यदि क्लिष्टता को भी हम छायावाद मानने लगेंगे तो छायावाद का एक तीसरा रूप और उत्पन्न हो जाएगा जो उसके प्रचलित रूप से भिन्न होगा।

वस्तु और घटना-संगठन

'विशाख' और 'जनमेजय का नागयज्ञ' को छोड़कर, बाबू जयशंकर 'प्रसाद' के शेष तीन

ऐतिहासिक नाटकों की वस्तु बड़ी जटिल है। समसामयिक तीन-तीन चार-चार प्रधान राज्यों की घरेलू राजनीति और संकीर्णताओं के अतिरिक्त उनके पारस्परिक संबंध, कूटनीति, षड्यंत्र, विग्रह आदि से जो पात्रों का बाहुल्य और स्थिति की संकुलता बढ़ जाती है उसको बराबर याद रखना पाठक के लिए अलग एक काम हो जाता है। प्रधान प्लॉट के अन्तर्गत अप्रधान प्लॉट यद्यपि अधिक नहीं हैं, तथापि कुछ न कुछ रहते अवश्य हैं। इसका कारण यही है कि अलग-अलग अनेक राज्यों की भीतरी परिस्थितियों में कुछ स्वतंत्र घटनाएँ उत्पन्न हो जाती हैं और उनका विकास अंत में चलकर मुख्य वस्तु की परिणति पर प्रभाव डालता है। राजनैतिक घटनाओं के अतिरिक्त किसी के निर्वेद, किसी के प्रेम, किसी की शठताओं की कथाएँ भी रहती हैं जो भिन्न-भिन्न उद्देश्यों से उदय होकर बाद में मुख्य उद्देश्य में मिल जाती हैं।

वस्तु-निर्माण का प्रमुख सिद्धांत यह है कि उसका कार्य निर्दिष्ट हो। इसके अतिरिक्त उस कार्य के हेतु जिन-जिन घटनाओं की योजना की जाए उनका आपस में नैसर्गिक संबंध हो, भविष्यमाण भूत और वर्तमान के साथ उसकी तरह बँधा हो जैसे कारण के साथ कार्य। इसमें संदेह नहीं कि जीवन में आकस्मिक घटनाओं के कारण भी बड़े-बड़े परिणाम हो जाते हैं परंतु साहित्यिक वस्तु में ऐसी आकस्मिकताओं के लिए भी मनस्परितोषक आधार होना चाहिए, चाहे उस आधार की सूचना बाद में ही दी जाए। आकस्मिकता में कुतूहल का सौंदर्य होना चाहिए, कुसंभावना की ग्लानि नहीं, वह ऐसी न हो कि पाठक के कौतुक और उसकी व्युत्पत्ति को जगह-जगह झटके देकर विक्षुभित करती रहे।

प्रसाद के भिन्न-भिन्न नाटकों की वस्तु-रचना

श्रीयुत जयशंकर 'प्रसाद' के चार ऐतिहासिक नाटकों में भिन्न-भिन्न घटनाओं और पात्रों को एक सूत्र में बाँधने की सफलतापूर्वक चेष्टा की गई है। यह लेखक का कौशल है; यद्यपि, हम जानते हैं, नाट्य-कर्म की अपेक्षा उन्होंने इतिहास के प्रति अपने कर्तव्य को अधिक गुरुता दी है। 'विशाख' का प्लॉट तो सरल है और उसमें पात्रों की संख्या भी बहुत कम है; अतः, उसका बिलकुल स्वाभाविक और बहुत अनुकूल प्रसार होता है। 'जनमेजय का नागयज्ञ' का कार्य स्पष्टोद्दिष्ट है और इसकी घटनावली भी वेग से उसकी ओर बढ़ती चली है। परंतु पात्रों की संख्या कुछ अधिक है जिससे कहीं-कहीं किंचित निरर्थक और कृत्रिम दृश्य आ गए हैं। उदाहरणार्थ, तक्षक को ढूँढ़ने के लिए निकली हुई दामिनी की माणवक से भेंट होने का कोई उद्देश्य नहीं है। इस दृश्य की कृत्रिमता इस बात से और भी बढ़ गई है कि माणवक दामिनी को संदिग्ध दृष्टि से देखता हुआ भी उससे जो तात्विक ढंग की बातचीत करता है, उसमें विश्रम्भ की-सी छाया आ जाती है। जिससे हम निश्चिंत होकर बातचीत नहीं कर सकते उससे लंबी

शास्त्रीय चर्चा कैसी, और कैसा उसके साथ विश्रम्भ? पात्रों की भासमान बहुलता में एक-दो चरित्र अनावश्यक जैसे प्रतीत होते हैं। दामिनी का पात्रत्व अनिवार्य नहीं मालूम होता।

अन्य नाटकों में 'राज्यश्री' और 'स्कंदगुप्त' की वस्तु-रचना उत्कृष्ट है। 'राज्यश्री' में चार और 'स्कंदगुप्त' में पाँच अंक हैं। 'राज्यश्री' गौड़ और मालव की दुरभिसंधियों के कारण जटिल होने पर भी, उसकी वस्तु संक्षिप्त है, जिससे भिन्न-भिन्न दृश्यों का प्रभाव सुनिर्दिष्ट हो गया है और व्यापार-विहीन दृश्यों की संभावना नहीं रही है। अंकों का विभाग भी वस्तु की अलग-अलग परिणति के आधार पर है। इस प्रकार हम देखते हैं कि प्रथम अंक में राज्यश्री के वन्दिनी होने तक की परिस्थितियों का विकास है; दूसरे में शान्तिभिक्षुक के गौड़ सैनिकों में मिल जाने के कारण वन्दिनी नायिका की एक नई परिस्थिति उत्पन्न हो जाती है; तीसरे में उसी परिस्थिति का परिणाम, तथा विकटघोष (शांतिभिक्षु) और सुरमा के मिलने से चीनी यात्री का परिचय और उसका संकट दिखाया गया है; और अंतिम अंक में नाटक का उपसंहार है जिसमें चीनी यात्री के माध्यस्थ्य का यथेष्ट भाग है। इसी प्रकार 'स्कंदगुप्त' में भी एक निर्दिष्ट उद्देश्य को लेकर वस्तु और नाटक का विभाग किया मालूम होता है। परंतु 'स्कंदगुप्त' नाटक बहुत बड़ा हो गया है—'राज्यश्री' से उसमें सौ पृष्ठ अधिक हैं—और इसका कारण मुख्य पात्रों की अधिकता और उनका चरित्र-विकास है। इस प्रवृत्ति में व्यापारविहीन दृश्य यदि बहुत नहीं तो कुछ अधिक अवश्य हो गए हैं। परंतु कोई दृश्य विरस नहीं हुआ है और कथाप्रसार को कुंठित नहीं करता। 'स्कंदगुप्त' का पहला दृश्य अच्छा नहीं है, क्योंकि वह इतिहास का एक परिच्छेद-सा हो गया है और पाठक या दर्शक की मनोरंजन-वृत्ति की अपेक्षा उसकी स्मरण-शक्ति का ही अधिक आग्रह करता है। प्लॉट की दीर्घता के कारण और भी कहीं-कहीं स्मरणशक्ति की अपेक्षा होती है।

परंतु 'अजातशत्रु' एक अकुशल नाटक है। उसकी वस्तु-रचना में उद्देश्यहीनता है—वास्तव में 'अजातशत्रु' अनेक वस्तुओं का सम्मिश्रण है—और अजातशत्रु नाटक का नायक होते हुए भी दूसरे तादृश पात्रों की अपेक्षा नायक कहलाने का कोई विशेष अधिकार नहीं दिखा सकता। नाटक में उसका परिणाम वही होता है जो प्रसेनजित, विरुद्धक आदि अन्य अनेक पात्रों का होना है। कोई पूछ सकता है, कि बिम्बसार ही को नायक क्यों न कहा जाए, और हम सोचते हैं कि गौतम नाटक का यथार्थ नायक है।

'प्रसाद' के नाटकों में 'सादृश्य' और 'विरोध'

'प्रसाद' के नाटकों में 'सादृश्य' और 'विरोध' का यथेष्ट प्रयोग है; 'सादृश्य' का अधिक। एक विशिष्ट आदर्श की उत्कट भावना के कारण ऐसा होना स्वाभाविक भी है। आदर्श की स्थापना के लिए, भिन्न-भिन्न द्वन्द्वों को दिखाने में अनुरूप और प्रतिरूप पात्रों के,

उनके नाटकों में कुछ वर्ग-से बन गए हैं। सुरमा, दामिनी और विजया; देवदत्त और काश्यप; छलना और अनन्तदेवी; अजातशत्रु और पुरगुप्त; सुरमा और कमला; प्रेमानन्द, गौतम और वेदव्यास; आदि में चरित्र का कुछ न कुछ सादृश्य है; यद्यपि नाटककार ने कौशल द्वारा उनकी अपनी-अपनी विशेषताएँ भी रखी हैं। घटना-सादृश्य के उदाहरणों में हम दो विरोधी राजकुमारों, अजात और विरुद्धक, के प्रारंभिक आचरण की गणना कर सकते हैं। उक्ति सादृश्य का उदाहरण एक बार पहले कहीं दिया जा चुका है—दो भिन्न व्यक्ति दो भिन्न अवसरों पर "मनुष्य प्रकृति का अनुचर और नियति का दास है" का उद्‌गार करते हैं। परंतु 'प्रसाद' के सादृश्यों में वैचित्र्य की भी यथेष्ट मात्रा रहने और उनकी परिस्थितियों के भिन्न होने के कारण अजातशत्रु को छोड़कर अन्य कहीं उनमें भद्दापन नहीं आया है, प्रत्युत वे अपने उद्देश्य को सिद्ध करने में सफल ही हुए हैं।

'विरोध' के लिए सुस्पष्ट प्रतिरूप परिस्थितियों और पात्रों की योजना तो 'प्रसाद' के नाटकों में देखने में आती ही है। जिन वस्तुओं में वाह्य द्वन्द्व को अधिक महत्त्व दिया जाता है उनमें इस प्रकार का विरोध सामान्य बात है। परंतु सामाजिक वस्तुओं में ऐसा 'विरोध' अधिकतर कम रहता है, दो विरोधी प्रतिमाओं की योजना कम रहती है; क्योंकि वहाँ द्वन्द्व समाज की उपेक्षाओं, परम्परागत रूढ़ियों और निर्मम प्रसंगों के साथ होता है। 'प्रसाद' ने कोई सामाजिक नाटक नहीं लिखा है; और यद्यपि उनके ऐतिहासिक नाटकों में विरक्तप्राय व्यक्ति समाज और संसार की प्रतारणाओं के प्रति आक्षेप करते हैं, उन व्यक्तियों के विपक्ष में समाज के प्रतिनिधिस्वरूप किसी पात्र की संघटना संभव नहीं है। अतः, उनके विरोध में हमें प्रवृत्ति-परवश सामान्य व्यक्तियों की प्रतिमाओं के ही दर्शन होते हैं।

हास्य रस की प्रतिपत्ति के लिए 'प्रसाद' ने 'विशाख' की भूमिका में अपने संक्षिप्त विचार प्रकट किये हैं। उनके मत में हास्यरस मनोरंजनी वृत्ति का विकास है; परंतु हमारी जाति परतंत्र होने के कारण यहाँ रोने से ही फुरसत नहीं, इसलिए हास्य का उत्तम रूप हमारे साहित्य में दिखाई देना अकल्पनीय है। अतः 'प्रसाद' की दृष्टि में परिहास का उद्देश्य भी संशोधन है। कहना कठिन है कि इस उद्देश्य को कहाँ तक दृष्टिगत रख कर उन्होंने अपने नाटकों में हास्य का प्रयोग किया है। वह थियेट्रिकल कम्पनियों के मूल कथा से विच्छिन्न हास्य को अप्रयोजनीय समझते हैं। विच्छिन्न हास्य अप्रयोजनीय है भी। 'प्रसाद' का हास्य कथावस्तु का ही एक अंग होता है। 'विशाख' का हास्य संस्कृत नाटकों के ढंग का है। परंतु एक बात में वह संस्कृत के प्रयोग से भी बढ़ गया है। राजा का विदूषक एक चाटुकर हंसोड़ और गुप्त सलाहकार ही नहीं है; वह वस्तु की परिणति का एक प्रधान साधक भी बन गया है। परंतु 'अजातशत्रु' का विदूषक, वसन्तक, राजवैद्य है जो राजा का मनो-विनोद न कर पाठकों का या अपना ही विनोद करता है। वस्तु में उसका कोई उत्तरदायित्व नहीं, उसके वैद्यकज्ञान की भी कहीं आवश्यकता नहीं पड़ती, और वह शेक्सपियर के कुछ क्लाउनों की भाँति केवल घटनाओं और

परिस्थितियों की, अपने लिए कुछ समीक्षा किया करता है। अपने लिए इसलिए कि पाठक को उसकी समीक्षाओं की विशेष आवश्यकता नहीं; न तो उनसे कोई विनोदवृत्ति ही विशेषरूप से उत्तेजित होती है और न पाठकों की जानकारी ही बढ़ती है–हाँ, साधारण सा मन-बहलाव अवश्य हो जाता है। उसके 'ऐं, किंतु, परंतु' या बुढ़िया को जवान बनानेवाली धन्वन्तरि की पुड़िया में कोई चुस्ती या स्फूर्ति नहीं मालूम होती। हास्य का एक मुख्य प्रयोजन यह है कि वह परम गंभीर घटनाओं के व्यापार और पाठकों के उद्दीप्त मनोवेगों की परिश्रान्ति में उन्हें बीच-बीच में कुछ विश्राम देता रहे। वसन्तक इस कर्त्तव्य का केवल कुछ अंश तक पालन करता है।

'नागयज्ञ' में कोई विशेष हास्य नहीं है। उसका जो थोड़ा आभास प्रथम अंक के छठे दृश्य में है वह परम शिथिल और अर्थहीन है। 'स्कंदगुप्त' का हास्य सामान्य रूप से अच्छा है और उसकी एक अच्छाई यह है कि वह समस्त नाटक में थोड़ा-थोड़ा व्याप्त है। मुद्गल की उक्तियों में कहीं-कहीं विदग्धता अच्छी पाई जाती है। उसे ऊँघता हुआ देखकर जब मातृगुप्त परिहास से उसकी गठरी खींचता है तो वह उठकर कहता है–''ठहरो भाई, हमारे जैसे साधारण लोग अपनी गठरी आप ही ढोते हैं; तुम कष्ट न करो।''

सर्वश्रेष्ठ हास्य 'राज्यश्री' में है। इसमें हास्य के लिए किसी विभिन्न पात्र की कल्पना नहीं की गई है। परिस्थितियों का उपयोग कर नाटक के अत्यन्त व्यापृत पात्रों द्वारा ही हँसाने का प्रयास किया गया है। उदाहरण देने के लिए दूसरे अंक का पाँचवाँ दृश्य पूरा ही उद्धृत कर देने की आवश्यकता पड़ जाएगी। विकटघोष और मधुकर का सम्मिलन वस्तु-विकास की आवश्यकता है। विकटघोष का आचरण उसके तात्कालिक नियोग की शृंखला है, जिसके परिणाम में परिस्थिति बदलती है और घटना का रुख पलटता है। व्यवसाय में लगे हुए दोनों पात्र कृत्रिम विदूषक की भाँति यह नहीं जानते कि मनोविनोद कराना उनकी जीविका है। वे दोनों अकेले अपना व्यवसाय कर रहे हैं। उसी व्यवसाय में लेखक ने वाग्वैदग्ध्य द्वारा निर्मल हास्य की बड़ी निष्कपट अवतारणा की है। विकटघोष पीछे से आकर मधुकर के चपत लगाकर उसे अपनी गुरुकुल की मित्रता की झूठी याद दिलाता है। तब इस प्रकार बातचीत होती है–

''मधु.–ठीक! क्या नाम ?

''विकट.–विकटघोष।

''मधु.–ओह! तब आप शंखघोष करते, यह मेरी रोएँदार खजड़ी क्यों बजा रहे थे ! आप इतनी रात को अतिथि!

''विकट.–मैं शीघ्र चला जाऊँगा।

''मधु.–हाँ! अधिक कष्ट करने की आवश्यकता नहीं–आपको दूर जाना भी होगा।

''विकट.–चुप रहो, पहले यह तो पूछा ही नहीं कि तुम आए क्यों थे।

''मधु.–आप जाइए, मैं पूछ लूँगा! उधर–(राह दिखाता है।)''

अन्त में जब विकटघोष मधुकर को बाँधने लगता है तो दीन मधुकर अपने अलस ढंग से उपालम्भ करता है—"यह क्या? यही मित्रता है।" वास्तव में यह दृश्य पूरा ही पढ़ने का है। तभी उसके हास्य का सात्विक आनन्द मिल सकता है। 'राज्यश्री' के बाद 'एक घूँट' का हास्य बड़ा उत्तम है।

कथोपकथन

कथोपकथन नाटक का एक परम आवश्यक और महत्त्वपूर्ण तत्त्व है। कथोपकथन नाटक का एकमात्र, उपकरण है। चरित्रचित्रण और वस्तु-व्यापार का वह एकमात्र नहीं तो, प्रधान साधन अवश्य है। अतः, कथोपकथन की सफलता पर समस्त नाटक की बहुत बड़ी सफलता निर्भर रहती है।

कथोपकथन को, इसलिए, व्यवहारानुकूल, भावव्यंजक और चुस्त होना चाहिए। चुस्त का अभिप्राय यह नहीं कि उसमें चंचलता या चपलता हो। विषय और पात्र की गंभीरता का ध्यान रखकर ही नाटककार को कथोपकथन की भाषा का प्रयोग करना चाहिए। अतएव, यदि हास्य या विनोद, अथवा विदूषक आदि पात्रों की भाषा में उचित चापल्य भी है तो वह गुण हो जाएगा। प्रत्येक अवस्था में कथोपकथन के लिए यह आवश्यक है कि वह वस्तु-प्रसार में सहायक और उसका उत्कर्ष-साधक हो।

बाबू जयशंकर 'प्रसाद' के नाटकों में हम इन गुणों को कहीं अधिक और कहीं कम मात्रा में पाते हैं। कहीं बिलकुल नहीं पाते।

'अजातशत्रु' में कथोपकथन

पात्रों के स्वाभाविक कौतूहल और जिज्ञासा की यह प्रेरणा 'अजातशत्रु' में स्वयं लेखक की प्रवृत्ति बन गई है। इसका एक प्रमाण यही है कि 'अजातशत्रु' में बहुत अधिक दार्शनिक अथवा आदर्श पात्र आ गए हैं। बिम्बसार, वासवी, गौतम, जीवक और मल्लिका किसी न किसी अंश में दार्शनिक हैं। ऐसे लोग जब आपस में या किसी दूसरे से बातचीत करेंगे तो दो बातें अवश्य देखने में आएँगी। व्यवसाय की कमी के कारण उनके वार्तालाप में यथेष्ट सजीवता नहीं होगी और पात्रों में उत्तर पाने की किसी विशेष उत्सुकता के न होने से उनके भाषण प्रायः लम्बे और स्वायत्त से प्रतीत होंगे; इसके अतिरिक्त लम्बे तथा स्वायत्त भाषणों के कारण नाटकीय क्रिया-व्यापार में एक प्रकार की शिथिलता उत्पन्न हो जाएगी। इस प्रकार, हम देखते हैं कि जब बिम्बसार और वासवी आपस में बातचीत करते हैं तो वस्तु अधिकतर अणुमात्र भी आगे नहीं बढ़ती। जीवक भी जब उनसे मिलता है तो 'नियति की डोरी' में झूलने लगता है। यद्यपि 'नियति की डोरी पकड़कर' वह कर्मकूप में कूदना चाहता है, परंतु नाटक में उसके कोई विशेष कर्म हमें दिखाई नहीं देते। इस दृष्टि से, ऐसा भ्रम होता है कि कहीं-कहीं 'अजातशत्रु' के कथोपकथन

साधन होने के स्थान में स्वयं साध्य बन गये हैं।

नाटक लिखने की प्रवृत्ति में, यह आवश्यक है कि कथोपकथन के तत्त्व पर आधिपत्य प्राप्त करने के साथ-साथ नाटककार घटनाओं को शीघ्र और लाघव के साथ उपस्थित करने की आवश्यकता की भी उपेक्षा न करे। उपन्यासलेखक प्रायः सफल नाटककार क्यों नहीं हो पाता, इसका यही कारण है कि वह अपने कथोपकथनों को अधिक वर्णनात्मक कर देता है और उनमें व्यापार का वह निर्देश और उसकी वह आकुलता नहीं ला सकता जो नाटकीय रचना की आत्मा है। कथोपकथन व्यापार का आश्रयी होना चाहिए।

अन्य नाटकों में कथोपकथन

'प्रसाद' के अन्य नाटकों में विरत पात्रों की अधिक संख्या न होने के कारण, हम निद्रा की उस असफलता का अनुभव नहीं करते जो 'अजातशत्रु' के बिम्बसार आदि के सम्पर्क से हमको होता है। यद्यपि अन्य नाटकों के पात्र भी प्रायः तत्त्व-निरूपण की प्रवृत्ति दिखाते हैं तथापि वे अपने जीवन के किसी न किसी उद्देश्य की प्रेरणा को समझते हैं और उनका चलना-फ़िरना, मिलना-जुलना आदि उसी प्रेरणा के ज्ञान से संचालित होता है। स्कंदगुप्त भी कम चिंताशील और कम दार्शनिक नहीं है। उसकी स्वयं एक वैराग्य-प्रवृत्ति है। परंतु वह हर समय उसी में मग्न न रहकर अपने कर्त्तव्य के लिए दौड़ता फिरता है। जिस समय चारों ओर से निराश होकर वह विचित्र अवस्था में कमला की कुटी के सामने प्रवेश करता है तो अपनी लम्बी स्वगतोक्ति में कहता है–"बौद्धों का निर्वाण, योगियों की समाधि और पागलों की-सी सम्पूर्ण विस्मृति मुझे एक साथ चाहिए। चेतना कहती है कि तू राजा है, और उत्तर में जैसे कोई कहता है कि तू खिलौना है। उसी खिलाड़ी वटपत्रशायी बालक के हाथों का खिलौना है। तेरा मुकुट श्रमजीवी के टोकरों से भी तुच्छ है।" परंतु इतने पर भी उसके उद्देश्य की विकलता, उसके जीवन-कार्य की गुरु भावना उसके हृदय में है। वह फिर कहता है " ··· मेरा स्वत्व न हो, मुझे अधिकार की आवश्यकता नहीं, यह नीति और सदाचारों का महान् आश्रय-वृक्ष–गुप्त साम्राज्य–हरा-भरा रहे, और कोई भी इसका उपयुक्त रक्षक हो। ओह! जाने दो, गया, सबकुछ गया! मन बहलाने की कोई वस्तु न रही। कर्त्तव्य-विस्मृत; भविष्य-अन्धकारपूर्ण; लक्ष्यहीन दौड़ और अनन्त सागर का संतरण है! अवलम्ब दो नाथ।" स्कंदगुप्त की यह भयानक अन्तर्वेदना उसके अभ्यन्तर की चाहे किसी दशा को द्योतित करती हो परंतु दर्शक या पाठक इससे बहुत शीघ्र किसी भावी परिणाम की आशा कर सकता है। स्कंदगुप्त कहता है, 'अवलम्ब दो नाथ।' किसलिए वह अवलम्ब है चाहता ? उसका अभी कुछ करने का इरादा है। और उसे दृश्य की उपयुक्तता के कारण तुरंत ही अवलम्ब मिल भी जाता है। उसके सामने कर्त्तव्य उपस्थित होता है और उसका निर्वेद दूर हो जाता है। इसके विपरीत, बिम्बसार और वासवी, नाटकीय दृष्टि से, कोई काम नहीं

करते। वे बेकार बोलते हैं और बेकार अपने वैराग्य और तत्त्वालोचन के उद्गार नाटक के वातावरण को विकृत करते हैं।

कथोपकथन के दूसरे गुण-भाव-प्रकाश तथा स्वाभाविक भाषा

नाटक में लदी हुई भाषा का सबसे बुरा परिणाम यह होता है कि उससे परम व्यापृत वस्तु भी निर्व्यापार और निश्चेष्ट हो जाती है। पठन में रंगसंकेतों द्वारा मानसिक पात्रों को और अभिनय में अभिनेताओं को, हम एक विशेष प्रकार से हाथ-पैर हिलाते देख सकते हैं परंतु उन प्रवृत्तियों और परिस्थितियों का सम्यक् अध्ययन नहीं कर सकते जिनके वशीभूत हो वे हिलते-डुलते हैं। अभिनय में एक दूसरी कठिनता यह भी हो सकती है कि यदि अभिनेता भी उस भाषा को नहीं समझता जिसका वह प्रयोग करता है तो वह अपनी चेष्टाओं और अपने भावों में भी स्वाभाविकता नहीं ला सकेगा।

कथोपकथन की दार्शनिकता—लम्बे भाषण

'अजातशत्रु' में अनेक दृश्य ऐसे हैं जिनमें आरंभ में निर्व्यापारता और बाद में व्यापार हमें एक साथ ही देखने को मिलते हैं। ऐसे दृश्य प्रायः वे हैं जिनमें बिम्बसार और वासवी पहले कुछ देर तक दार्शनिक मीमांसाएँ करते रहते हैं और फिर किसी अन्य पात्र या पात्रों के आ जाने से उनकी शान्ति का भंग हो जाता है और परिस्थिति में कुछ उत्तेजना आ जाती है।

व्यापारोपयुक्त भाषणों की दृष्टि से 'राज्यश्री' सर्वश्रेष्ठ नाटक है, फिर क्रमशः 'स्कंदगुप्त', 'विशाख' और 'जनमेजय का नागयज्ञ'। इन नाटकों के कथोपकथन में शुष्क दार्शनिकता नहीं, या नगण्य, है और भाषा की जटिलता भी नहीं है।

लम्बे भाषण भी आरम्भ में दार्शनिकता की प्रवृत्ति से ही उत्पन्न होते हैं। जो पात्र महात्मा हैं वे प्रायः लौकिक व्यवसाय की भावना नहीं बोलते और जब वे उपदेश देते या सांसारिक दृश्यों की निस्सारता का विवेचन करते हैं तो वे उत्तर कामना नहीं करते। जो दूसरे पात्र उनसे प्रभावित होकर उन्हें सुनते हैं वे उनके व्यक्तित्व और उनकी ज्ञान-गरिमा से अभिभूत होकर कुछ बोलने में अपने को असमर्थ पाते हैं। महात्माओं से बातचीत करने में बहस या उत्तर-प्रत्युत्तर थोड़े ही हुआ करता है। लम्बी वक्तृता से भी अधिकतर वही दोष उत्पन्न होता है जो शास्त्र-चर्चा या अत्यन्त साहित्यिक भाषा से हो सकता है।

'प्रसाद' के 'अजातशत्रु' में कहीं-कहीं लम्बे भाषण आ गए हैं, परंतु अधिक नहीं। 'जनमेजय का नागयज्ञ' में यद्यपि उतने लम्बे भाषण नहीं हैं, परंतु कुछ स्थलों पर वे कथोपकथन के उपयुक्त नहीं हैं।

स्वगतोक्ति

यथार्थ में; किसी की स्वगतोक्ति को सुनकर हम पात्र की तात्कालिक अवस्था को जानते हैं और उससे संबंध रखनेवाली किसी सन्निकट घटना की आशा करते हैं। प्रायः होता भी ऐसा ही है। ऐसे पात्र की उक्ति समाप्त होते ही किसी अन्य पात्र का प्रवेश होता है और तदुपरान्त कोई ऐसा व्यापार प्रवृत्त होता है जिसमें या तो स्वगत-वक्ता की अवस्था का आभास हो या जिसका स्वगत-वक्ता की अवस्था पर प्रभाव पड़े। यही स्वगतोक्ति का उपयोग है। विरुद्धक के आत्म-भाषण के उपरांत उसकी माता का प्रवेश होता है और दोनों की बातचीत से घटना के जिस विकास की तैयारी होती है उसकी एक अस्फुट आकांक्षा विरुद्धक के भाषण से ही हमारे भीतर बन चुकी होती है। इसके अतिरिक्त कभी-कभी स्वगत-भाषण का प्रयोग भूत या भविष्यत् की सूचना के लिए भी कर लिया जाता है। अप्रधान पात्रों की स्वगतोक्ति का दूसरा कोई अभिप्राय नहीं होता।

स्वगतोक्ति की अस्वाभाविकता और कलाहीनता

अभिनय की दृष्टि से, स्वगतोक्तियाँ अनावश्यक होती हैं, क्योंकि, जैसा कहा गया है, दर्शक स्टेज पर घटनाओं का व्यापार देखने के लिए रंगशाला में जाता है, वक्तृताएँ और सूचनाएँ सुनने के लिए नहीं। कानों से वह उतना ही काम लेना चाहता है जितना नेत्र के कार्य के लिए सहायक है, दृश्यमान व्यापार के उद्गारस्वरूप कथोपकथनों को वह सुन सकता है। परंतु स्वगतोक्ति में कोई दृश्यमान व्यापार न होने के कारण वह उसमें अधिक मनोरंजन नहीं पाता और, यदि स्वगतोक्ति बहुत लंबी हुई तो उससे ऊबने लगता है—वह उसके लिए नीरस हो जाती है।

स्वगतोक्ति की अस्वाभाविकता इस बात में है कि वह वास्तविक जीवन की वस्तु नहीं है—नाटकमात्र में ही उसका अस्तित्त्व रहता है। जिस वस्तु का जीवन से संबंध नहीं, काव्य में उसका प्रदर्शन अस्वाभाविक ही कहा जाएगा। वास्तविक जीवन में, नाटकीय स्वगतोक्ति की परिस्थितियों में लोग प्रायः चिन्ताव्यग्र और विक्षुब्ध देखे जाते हैं, अधिक बोलते हुए नहीं। वे लम्बे भाषण नहीं करते। इतने पर भी, जब उनका भाषण किसी अन्य पात्र द्वारा सुन लिया जाता है तो अस्वाभाविकता और भी बढ़ जाती है। आगन्तुक पात्र द्वारा प्रथम पात्र की अशान्त अवस्था की जिज्ञासा कराकर भी दृश्य का उद्देश्य सिद्ध किया जा सकता है। मालूम होता है नाटकीय वस्तु-योजना की कठिनाइयों का बहुत पहले ही सर्वत्र समान रूप से अनुभव हुआ होगा जिसके कारण स्वगतोक्ति के उपाय का आविष्कार किया गया।

'प्रसाद' में नृत्य, गीत और दृश्य

'प्रसाद' के नाटकों में नृत्य के तो कोई अधिक संकेत नहीं हैं, परंतु उपयुक्त स्थलों पर गान दिए हुए हैं। राजसभाओं में नर्तकियों के गानों को छोड़कर नाटकों के पात्रों द्वारा जो गीत गाए जाते हैं उनमें एक प्रकार से उन पात्रों की आत्मा निविष्ट रहती है। इस कारण से ऐसे गाने कहीं-कहीं अधिक कवित्वमय और कठिन हो गए हैं। तिरस्कृत पद्मावती के गाने के आधार पर कोई-कोई लोग 'अजातशत्रु' को शायद छायावादी नाटक कहने का इरादा करेंगे। परंतु ऐसे गाने कम हैं।

दृश्यों की योजना में, मालूम होता है, उनके विषय और अभिप्राय का ध्यान रखा गया है। इनमें दो प्रकार के दृश्य नाटकों में कई बार प्रयुक्त हुए हैं—पथ और प्रकोष्ठ। इसका कारण कदाचित् वस्तुओं का राजनीतिक आधार हो। राजकीय पात्र अधिकतर प्रकोष्ठ पर दिखाए गए हैं और विक्षुब्ध राजनीति के कारण व्यस्त साधारण पात्र पथ में एक-दूसरे से मिलते हुए। पथ और प्रकोष्ठ के बाद तीसरा सामान्य दृश्य वन या उपवन का है। दृश्य-वैचित्र्य की अधिकता और नवीनता 'स्कंदगुप्त' में सबसे अधिक देखने को मिलती है।

चरित्र-चित्रण : संस्कार और परिस्थिति

संस्कार रूप वृत्ति और परिस्थिति का द्वन्द्व और उनकी सापेक्ष प्रबलता-निर्बलता का सिद्धांत, सद्वृत्तियाँ हों या दुर्वृत्तियाँ, दोनों ही के लिए सत्य हैं। स्कंदगुप्त के चरित्र की विशेषताएँ उसकी परिस्थितियों से और अधिक प्रकाशित होती हैं; परंतु बिम्बसार परिस्थितियों के द्वन्द्व में अपनी दुर्बलता के कारण पिसा जाता है। उसके वैराग्य और तितिक्षा की अपेक्षा उसकी मानसिक दुर्बलता उसके स्वाभाविक चरित्र में अधिक प्रधान है।

'प्रसाद' के अधिकांश चरित्र प्रायः कुछ परिस्थितियों को अपने साथ में लिए ही हमारे सामने आते हैं। बहुत से चरित्रों में संस्कार और परिस्थिति का सम्मिश्रण 'प्रसाद' का चरित्र सामने आने के पहले ही से हुआ रहता है। परंतु 'प्रसाद' की कला में, हम देख चुके हैं, पहले विचार की और उसके बाद वस्तु की भावना उदय होती है। पहले एक विशिष्ट भाव-बंधना को अपनी बनाने के उपरान्त उसके अनुरूप, या उसके आधार पर, वे अपनी वस्तु की योजना करते हैं। कारण उनका आदर्शवाद है। इस परिस्थिति में वस्तु के उपयुक्त पात्रों में लेखक की विचारधारा के परिणामदर्शी कुछ चारित्र-तत्त्वों का आभास मिलना कठिन नहीं है। कुछ चरित्रों के मूल में लेखक के विचारों की ध्वनि मिलेगी और कुछ में, फलतः, उनकी प्रतिध्वनि। कुछ में ध्वनि और प्रतिध्वनि दोनों मिलेंगी।

तीन प्रकार के चरित्र—सुर, असुर और मनुष्य

'प्रसाद' 'काल्पनिक देवत्व' और 'सच्चे मनुष्यत्व' के आदर्श की आकांक्षा दिखाते हुए भी सांसारिक मनुष्य को नहीं भूले हैं और, एक श्रेष्ठ कलाकार की भाँति, उन्होंने उसके प्रति असहानुभूति नहीं दिखाई है। अतएव, देवता, राक्षस और मनुष्य, तीनों के मंजुल समागम में ही उन्होंने देव-चरित्रों के पावनत्व और मनुष्य के लिए आशाभूमि की घोषणा की है। इन देवचरित्रों को विकास की आवश्यकता नहीं है; अतः उन्हें परिस्थिति की भी आवश्यकता नहीं है। असुरचरित्रों को परिस्थितियाँ मिलती हैं परंतु वे उन परिस्थितियों के अधीन नहीं हैं—वे उन्हीं को विकृत करके अपने अधीन बनाने की चेष्टा में रहते हैं। जो मनुष्य हैं उन पर परिस्थितियों का सबसे अधिक प्रभाव पड़ता है। ये, सुरत्व और असुरत्व की भिन्न-भिन्न मात्राओं के योग से बने होकर, समान या असमान परिस्थितियों में अपनी-अपनी शक्ति के अनुसार उनसे प्रभावित होते या उनको प्रभावित करते हैं। इस प्रकार लेखक की विचारधारा की सहायता से हम भिन्न-भिन्न पात्रों के स्वभावजात संस्कारों का अन्वेषण कर सकते हैं। जो पात्र पहले ही से स्वभाव और परिस्थिति के मिश्र परिणाम को पहुँच चुके हैं उनमें भी सहज प्रवृत्ति को ढूँढ़ा जा सकता है। ऐसे चरित्रों के अध्ययन में उनके प्रारम्भिक भाषण विशेष रूप से सहायक हो सकते हैं।

गौतम, वेदव्यास आदि देवचरित्र हैं। ये परिस्थिति के ऊपर हैं। यदि कभी ये परिस्थिति में आते हैं तो तटस्थ की भाँति। इस प्रकार के चरित्र अपने-आप परिस्थिति से निर्लिप्त रहकर दूसरों के लिए एक रूप में, स्वयं परिस्थिति बन जाते हैं।

असुर चरित्रों में काश्यप, देवदत्त, शान्तिभिक्षु आदि की गणना की जा सकती है। जिस प्रकार देव-वृत्तियाँ भौतिक परिस्थितियों की भूमि से उठकर एक अध्यात्मलोक में अपना विकास करती हैं, उसी प्रकार आसुरी वृत्तियाँ मौलिक परिस्थितियों के बिना विकसित नहीं हो सकतीं। असुर-चरित्रों के अध्ययन में अधिक कठिनाई नहीं होती; क्योंकि ये चरित्र, अनुकूल या प्रतिकूल, प्रत्येक प्रकार की परिस्थितियों को अपनी निम्न वृत्तियों का साधन बनाने में ही दत्तचित्त रहते हैं। इस प्रकार के चरित्र स्वयं परिस्थिति से निर्मुक्त नहीं होते और दूसरों के लिए भी परिस्थितियाँ उपस्थित करते हैं।

सबसे अधिक कठिनता हमको मनुष्य-चरित्रों के अध्ययन और निर्माण में ही होती है। इनमें सत्प्रवृत्ति, और असत्प्रवृत्ति, दोनों भिन्न-भिन्न परिमाण में अपनी क्रीड़ाएँ किया करती हैं और एक दूसरों से लड़ती रहती हैं। ऐसे चरित्र सदा परिस्थिति के दास ही रहते हैं। परिस्थितियों से द्वन्द्व करते रहकर भी ये अपने को उनके प्रभाव से बचा नहीं सकते। सत् और असत् में एक दूसरे की न्यूनता या आधिक्य से इनके भीतर भिन्न-भिन्न प्रकार की परिस्थितियों के भिन्न-भिन्न परिणाम होते हैं। अजातशत्रु, भटार्क, पुरगुप्त, जनमेजय, नरदेव आदि इसी प्रकार के पात्र हैं जिनके भीतर विशेष परिस्थितियों के

प्रभाव से उनके अन्तरंग संस्कारों का द्वन्द्व भिन्न-भिन्न रूप में चलता रहता है।

यह आवश्यक नहीं है कि असत्प्रवृत्तियाँ दुष्ट ही हों—वे मानव जीवन को सामान्य निष्कपट दुर्बलताओं की भी द्योतक हो सकती हैं। अतः, बिम्बसार का यह कहना कि फिर भी इस कुणीक के व्यवहार से अपने अधिकार का ध्यान हो जाता है, उसकी मानवी दुर्बलता ही है जिसे हम दुष्ट नहीं कह सकते।

ये पात्र देखने में देवप्राय मालूम होते हैं; परंतु यथार्थ में वे मनुष्य ही हैं। केवल इतनी बात है कि उनके एक प्रकार के संस्कार अनुकूल परिस्थितियाँ पाकर विशेष रूप से पुष्ट होते रहे हैं। पर हमारे सामने जब वे पहले-पहल आते हैं तो उनके चरित्र में पूर्व से ही संस्कार और परिस्थिति का बहुत कुछ सामंजस्य हो चुका होता है। इसी प्रकार वे पात्र भी मनुष्य ही हैं जो देखने में असुरप्राय प्रतीत होते हैं। विरुद्धक, श्यामा, अनंतदेवी, सुरमा, शर्वनाग आदि इसके उदाहरण हैं। ये सब लोग अपनी दुर्वृत्तियों की प्रबलता में घोर साहसिक तक हो जाते हैं—नर-हत्या तक उनके लिए कोई बड़ा काम नहीं है—परंतु उनके अंदर अभी तक और संस्कार भी मौजूद हैं जो मनुष्य और राक्षस में बड़ा अंतर कर देता। जब इस संस्कार के अनुरूप उन्हें मजबूत परिस्थितियाँ मिलती हैं तो वे उसकी वश्यता स्वीकार कर लेते हैं।

यथार्थ में ऐसे चरित्रों के निर्माण में ही लेखक का सबसे बड़ा कौशल देखा जाता है। उनके मूल संस्कारों को समझना और चरित्र के विकास के लिए अनुरूप तथा प्रतिरूप ऐसी परिस्थितियों की योजना करना जो स्वाभाविक रूप से लेखक के उद्दिष्ट परिणाम की ओर ही प्रवृत्त होती हों—यही चरित्र-चित्रण में लेखक का सबसे दुष्कर और गम्भीर कार्य है।

नाटककार के पास चरित्र-चित्रण के चार प्रधान साधन हैं—

(1) कथोपकथन के बीच में पात्रों का अपना भाषण, (2) उनका स्वगत-कथन, (3) उनके संबंध में कथोपकथन चरित्र-चित्रण के या स्वगतोक्ति के रूप में दूसरों का वक्तव्य, और नाटकीय उपकरण (4) उनका अपना कार्य-व्यापार। उपन्यासकार के पास, इनके अतिरिक्त, अपनी व्याख्या या विवरण के रूप में, एक पाँचवाँ साधन भी होता है जो नाटककार को प्राप्त नहीं। परंतु नाटककार स्वगत-कथनों के द्वारा प्रायः उपन्यास-लेखक के विवरण आदि उपायों का भी उपयोग कर लेता है। अतः चरित्र-चित्रण के सूचनात्मक और विकासात्मक विभाग के उपरान्त नाटककार का यह दूसरा कर्त्तव्य है कि वह चित्रण के प्रत्यक्ष और परोक्ष, दोनों, रूपों में एकता का निर्वाह कराए। दोनों रूपों में उसे प्रत्यक्ष को ही महत्त्व देना चाहिए, जिसमें प्रकृत पात्रों की बातचीत और उनका कार्य-व्यापार ही उसके श्रेष्ठ साधन हैं।

श्रीयुत जयशंकर 'प्रसाद' के चरित्र-चित्रण में हम संस्कार और परिस्थिति के विवेक को पाते हैं। संस्कार और परिस्थिति के उचित संयोग में हम उनकी समाहार शक्ति का गौरव देखते हैं। 'प्रसाद' के नाटकों के प्रारम्भिक दृश्य प्रायः प्रधान चरित्रों और कथारम्भ

की परिस्थितियों के परिचायक ही होते हैं। पात्रों के साथ प्राथमिक परिचय करानेवाले ये दृश्य हमारी समीक्षा के लिए बड़े उपयुक्त हैं।

यही चरित्र-चित्रण का श्रेष्ठ गुण है—संस्कारों के आधार पर, परिस्थितियों के सहारे, चरित्र के विकास का पूरा प्रत्यक्ष इतिहास उपस्थित करना। पुस्तक के अन्त में हम कह सकते हैं कि सुरमा एक वासनामयी, महत्त्वाभिलाषिणी, साहसिक, कुटिल और तुच्छ स्त्री है। 'राज्यश्री' में परोक्ष चरित्र-चित्रण उतना नहीं है, प्रत्यक्ष की ही प्रधानता है। पात्र हमारे सामने कार्य करते दिखाए जाते हैं और हम अपने उपार्जित परिचय तथा अनुभव द्वारा उनके चरित्र-विकास से परिचित होते जाते हैं।

इसी प्रकार 'स्कंदगुप्त' और 'नागयज्ञ' में भी हम पात्रों के प्रथम भाषण में पहले उनके संस्कारों का ही उद्देश्य देखते हैं जिसके साथ-साथ, या तुरंत बाद में उपयुक्त परिस्थिति का दिग्दर्शन भी करा दिया जाता है। स्कंदगुप्त और मनसा के भाषणों में हम दोनों पात्रों की सहज वृत्तियों को सुगमता से टटोल सकते हैं। इसके बाद उनके चरित्र के जो और गुण हमको भिन्न-भिन्न परिस्थितियों के द्वारा मालूम होते हैं वे स्वाभाविक चरित्र का ही किसी न किसी रूप में परिणाम होते हैं। 'प्रसाद' के नाटकों में अनुपस्थित पात्रों का परिचय कराने के उद्देश्य से दूसरे पात्र कम बोलते हैं।

चरित्र-चित्रण और परिस्थिति की सूचना के लिए स्वगत-भाषण का प्रयोग 'प्रसाद' ने अवश्य थोड़ा-बहुत किया है, परंतु बहुत नहीं। जो स्वगतोक्तियाँ इसी उद्देश्य से प्रयुक्त हुई हैं, वे प्रायः लम्बी हो गई हैं। नरदेव, बिम्बसार, विरुद्धक आदि अपना चरित्र बताने के लिए स्वगत रूप से कभी-कभी कुछ कहते हैं। वे प्रायः मनोहर भावुकता से इतनी भरी रहती हैं कि अपने प्रयास की कृत्रिमता को पाठक के हृदय पर जमने नहीं देतीं। 'नागयज्ञ' में सुरमा की एक बड़ी सुन्दर स्वगतोक्ति है—'नाथ ! अभिमान से मैं अलग हूँ किन्तु स्नेह से अभिन्न हूँ ⋯।'

चरित्र-चित्रण के दो परम उपायों, कथोपकथन और क्रिया-व्यापार, पर विचार करना और रह जाता है। क्रिया-व्यापार इन दोनों में श्रेष्ठ है। कथोपकथन अनिवार्य है; इसलिए लेखक उसका निराकरण तो कर ही नहीं सकता; और जब पात्रगण आपस में बातचीत करेंगे तो उससे उनके चरित्र का कोई न कोई लक्षण व्यक्त होगा ही। उनके कथोपकथन का परिस्थिति और क्रिया-व्यापार से घनिष्ठ संबंध हो। नहीं तो, कथोपकथन अप्रासंगिक और चरित्र-चित्रण कृत्रिम हो जाएगा। 'प्रसाद' के नाटकों के विवेचन में हमको पता लग चुका है कि उनकी वस्तुओं का व्यापार से कितना संबंध है। 'विशाख' और 'राज्यश्री' व्यापार से भरपूर हैं, 'स्कंदगुप्त' और 'जनमेजय का नागयज्ञ' में भी यथेष्ट व्यापार है, परंतु 'अजातशत्रु' में बहुत कम है। स्कंदगुप्त की एक स्वगतोक्ति का उदाहरण देते हुए हमने बतलाया था कि किस प्रकार उसी से संबंध रखनेवाली एक परिस्थिति तुरंत ही उत्पन्न हो जाती है, जिसमें व्यापार प्रचुरमात्रा में है। कथन, परिस्थिति और व्यापार

के इस योग से स्कंदगुप्त का जो स्वरूप हमारे सामने उपस्थित होता है वह स्कंदगुप्त की किसी अन्य पात्र के साथ बातचीत करा देने-भर से कदापि न होता। इसी प्रकार व्यापारपूर्ण अन्य नाटकों में भी हम सर्वत्र लेखक की चित्र-कुशलता के उदाहरण पाते हैं। परंतु 'अजातशत्रु' में व्यापार की कमी के कारण हम अधिकतर भिन्न-भिन्न पात्रों को स्टेज पर आकर बातचीत करते हुए ही देखते हैं, जो बातचीत के अनंतर अपने क्रम से स्टेज से चले जाते हैं। हम उन्हें स्टेज पर कोई कार्य करते हुए कम देखते हैं। इससे उनके चरित्र की कोई तीव्र अनुभूति हमें नहीं होती।

'प्रसाद' के नाटकों में भिन्न-भिन्न वर्गों के भिन्न-भिन्न पात्रों में समानता होते हुए भी वे एक दूसरे की पुनरावृत्ति नहीं हैं—उनमें हरेक की अपनी-अपनी विशेषताएँ और विलक्षणताएँ हैं। अजातशत्रु और विरुद्धक दोनों विद्रोही राजकुमार हैं, दोनों ने अपने पिता के विरुद्ध विद्रोह किया है। पुरगुप्त भी विद्रोही है। तीनों की षड्यंत्र के लिए प्रवृत्ति है। परंतु फिर भी जो अजातशत्रु है वह विरुद्धक नहीं और जो पुरगुप्त है वह विरुद्धक और अजातशत्रु नहीं! श्यामा, सुरमा, दामिनी, विजया—ये सब वासनापीड़ित उच्छृंखल स्त्रियाँ हैं; परंतु भिन्न-भिन्न प्रकार की। चरित्रों के इस वर्ग-विभाग में, सम्भव है कुछ विद्वान् विभिन्नता प्रदर्शन में लेखक की असमर्थता का अनुमान करें और कला की दृष्टि से इसे दोषी ठहराएँ। परंतु हम समझते हैं कि समानता में विभिन्नता और विभिन्नता में समानता को अन्वेषण करना लेखक की सूक्ष्म पर्यवेक्षण शक्ति का ही द्योतक है और चरित्र-चित्रण के ऊपर लेखक का अधिकार प्रकट करता है। 'अजातशत्रु' और 'स्कंदगुप्त' की विवेचना करते समय हम इनमें से कुछ चरित्रों के ऊपर भी विचार करेंगे।

चरित्र-विकास की अन्तिम परिणति

'प्रसाद' के चरित्र-चित्रण में एक दोष भी दिखाई देता है। 'प्रसाद' जिस सुन्दरता और अद्‌भुत कौशल के साथ चरित्र का विकास करते हैं उस कौशल का वह चरित्र की अन्तिम परिणति में कम परिचय देते हैं। उनके अधिकांश पात्र अपनी दुर्बलताओं में बढ़ते-बढ़ते इतने बढ़ जाते हैं कि फिर अपने सुधार के लिए उन्हें महात्माओं की ही शरण लेते बनती है। महात्माओं के सम्पर्क से भी वे कभी-कभी विकास के ढंग पर नहीं सुधरते; उनके परिवर्तन में चमत्कार का कौतुक रहता है। अजातशत्रु मल्लिका की बात सुनकर मुग्ध-सा बैठ जाता है और 'राज्यश्री' का दस्यु दिवाकर मित्र की थोड़ी-सी वाणी सुनकर ही शान्ति का इच्छुक हो जाता है। विकटघोष और सुरमा किस प्रकार एकदम से राज्यश्री और हर्ष के सामने लाए जाकर अपने दुष्कृत्यों का दंड माँगने लगते हैं और उनके रोम-रोम से पश्चात्ताप और ग्लानि की चिनगारियाँ निकलने लगती हैं, यह समझ में नहीं आता। परंतु फिर भी चमत्कार-रूप परिवर्तन के ऐसे उदाहरण

'प्रसाद' के पात्रों में अधिक नहीं हैं। प्रायः निराशापूर्ण अनुभवों के साथ महात्माओं के शान्तिपूर्ण और शुश्रूषामय प्रभाव के मेल से ही यह परिवर्तन घटित होता है। 'प्रसाद' ने इस साधारण उपाय का अवलम्ब क्यों लिया है, यह कहना कठिन है।

नाटक और अभिनय

बहुत से विद्वानों का यह विचार है कि नाटक और अभिनय का अभिन्न संबंध है; जो नाटक किसी भी दृष्टि से अभिनय के लिए अनुपयुक्त है वह वास्तविक नाटक नहीं। हिंदी में यह चर्चा उसी समय से आरंभ हुई है जब से 'प्रसाद' के नाटक परीक्षाओं की पुस्तकों में आए हैं।

पाश्चात्य देशों में इस प्रकार की समस्या का होना स्वाभाविक है। थिएटर-चर्चा उनके दैनिक जीवन का अंग है और उनके यहाँ थिएटर तथा रंगमंच एक स्वतंत्र सुसंगठित संस्था है। परंतु हिंदी में इस प्रकार का प्रश्न अभी कुछ कृत्रिम-सा जँचता है। हिंदी में अभी थिएटर ही कहाँ हैं? 'हिंदी रंगमंच' कहकर हम हिंदी की किस सम्पत्ति का गर्व कर सकते हैं? पारसी मंच और बंगाली मंच अवश्य इस देश में हैं परंतु किसी विशिष्ट हिंदी मंच का हमको ज्ञान नहीं। 'बेताब' ने नाटक लिखे—पारसी कम्पनियों के लिए; कथावाचकजी के नाटक भी पारसी फैशन में ही मिलने लगे। हिंदी बोलनेवालों ने यदि शौकिया कहीं कोई नाटक-मंडली स्थापित की तो वह अधिकतर चिरस्थायी नहीं हुई और उसका भी पारसी ढंग ही रहा। वास्तव में, अभिनय का हिंदी में जो एकमात्र रूप है वह रासलीला में देखने को मिलता है जिसे हिंदी 'रंगमंच' नहीं कह सकते। हाँ, यदि पारसी और बंगाली मंच को ही हिंदी मंच समझ लिया जाए तो बात दूसरी है।

नाटक और अभिनय की अभिन्नता के इतने आग्रह का जो कुछ भी अभिप्राय हो; इसमें अधिक संदेह नहीं मालूम होता कि बहुत समय से यह आग्रह केवल एक शास्त्रीय सिद्धांत-भर रह गया है। मनुष्य का साहित्यिक अभिरुचि के विकास के साथ-साथ, साहित्य और कोरी तमाशबीनी में बहुत समय से विच्छेद होने लगा है। बहुत से उच्च श्रेणी के नाटक कभी भी अभिनीत नहीं हो पाते, परंतु उनका पठन सदा आनन्ददायी होता है; और बहुत से अभिनीयमान नाटक अभिप्राय से पहले ही पठन द्वारा पाठकों का मनोरंजन कर चुकते हैं। अंग्रेजी संस्कृत आदि भाषाओं के नाटकों का अभिनय हम नहीं देखते—देखें तो उनसे अनुरंजित नहीं हो सकते—परंतु पढ़ने में उनसे विशेष आनन्द प्राप्त होता है और हम उनकी कलात्मकता का गौरवानुभव करते हैं। पाश्चात्य या प्राचीन हिंदू रंगमंच से अनभिज्ञ हम उनकी अभिनय-योग्यता की क्या कल्पना कर सकते हैं।

हमारी नाटकीय आलोचना का आधार अभिनय नहीं होता

हमारी अधिकांश नाटकीय आलोचना का आधार हमारे पठित नाटक ही होते हैं—दृष्ट नाटक नहीं। दृष्ट नाटक में हम प्रायः नाटककार की कला की आलोचना नहीं करते, बल्कि अभिनेताओं के अभिनय-कौशल की ही आलोचना करते हैं। नाटक की आलोचना करनेवाले भी प्रायः साहित्य के ही धुरंधर विद्वान होते हैं जिनसे रंगमंच की विशेषताओं के किसी विशेष ज्ञान की आशा नहीं की जाती। इससे इस बात का प्रमाण मिलता है कि अब से बहुत पहले—शायद शताब्दियों पहले, जब संस्कृत मंच का ह्रास हो चुका था परंतु संस्कृत नाटक लिखे जाते थे—नाटक भी अन्य प्रकार के ललित पठनीय साहित्य की भाँति पाठकों की मानसिक तृप्ति करने लगा था। संस्कृतशास्त्र ने तो नाटक को सर्वश्रेष्ठ काव्य का एक रूप माना भी है। यदि 'कादम्बरी' या 'रघुवंश' के पठन से हमको आनन्द मिल सकता है तो 'शकुन्तला' और 'उत्तररामचरित' के पठन से भी—बल्कि इनसे शायद कादम्बरी और रघुवंश की अपेक्षा अधिक।

जिस नाटक को हम अभिनय से जरा भी भिन्न नहीं कर सकते वह फिर साहित्यिक वस्तु न रहेगा। 'बेताब' के नाटक सार-सूचना नहीं, परंतु साहित्यिक रुचि के कितने लोग उन्हें पढ़ने के लिए उत्सुक होते हैं? साहित्यिक रुचि के लोग जिन नाटकों को पढ़ना चाहते हैं उनमें वे साहित्यिक कला की इच्छा अवश्य करते हैं। जब तक अभिनय देखने की अभिरुचि शिष्ट जनता में नहीं बढ़ती तब तक हमारा (?) स्टेज चवन्नी-क्लास के इक्केवालों के लिए सदा खुला रहेगा। और, इस बात को देखते हुए हम आशंका कर सकते हैं कि कम से कम हिंदी (?) मंच में साहित्य और तमाशबीनी का विरोध अभी कुछ समय तक दूर नहीं हो सकेगा।

प्रश्न किया जा सकता है कि फिर हम नाटक को 'नाटक' ही क्यों कहते हैं? इसीलिए कि हम उपन्यास को उपन्यास और कहानी को कहानी कहते हैं। परंतु, आप कहते हैं कि प्राचीन शास्त्र में नाटक को 'अवस्थानुकृति' कहा है और अरस्तू ने भी उसको 'अनुकरण' कहकर लक्षित किया है। 'नाटक' शब्द भी 'नट्' धातु से निकला है जिसका अर्थ नृत्य या क्रियात्मक अभिनय करना है। हमारी समझ में ये सब तर्क नाटक के उदय का अध्ययन करने में अवश्य सहायक हो सकते हैं परंतु उसके आज तक के विकास में इनकी सहायता एकांत असंदिग्ध नहीं है। विकास की अवस्था में शब्दों के मूल अर्थों का धीरे-धीरे प्रायः विस्तार या संकोच अथवा परिवर्तन हो जाया करता है।

यह कहना अनुचित होगा कि जिन नाटकों में अभिनय की दृष्टि से कोई त्रुटि है उनका 'नाटक' शब्द के मूल अर्थ से कोई भी संबंध नहीं है। हम नाटक उसे कहते हैं जिसमें अभिनय की संभावना हो—जिसे अभिनय का अधिष्ठाता कुछ सामान्य संशोधन आदि करके अपने कार्य के लिए उपयोगी बना सके। 'नाटक' एक विशिष्ट रूप-आकार

की रचना का नाम है जो अपनी विन्यास-प्रकृति के कारण अभिनय के प्रति अनुकूलता प्रदर्शित करती है।

अतएव जब अभिनय के प्रश्न को लेकर श्रीयुत जयशंकर 'प्रसाद' के नाटकों पर, या किन्हीं अन्य नाटकों पर, विवाद किया जाता है तो उसका कोई विशेष अभिप्राय समझ में नहीं आता। क्या हुआ यदि ये नाटक पठनमात्र की ही वस्तु हैं? परंतु सहसा हम यह भी कैसे कह सकते हैं कि 'प्रसाद' के नाटक अभिनय के लिए असमर्थ ही हैं। 'प्रसाद' ने उनकी रचना में अभिनय का उद्देश्य रखा है। कहा जाता है कि अपनी भाषा की क्लिष्टता के कारण वे अभिनीत नहीं हो सकते। परंतु क्या सर्वत्र भाषा इतनी क्लिष्ट है कि शिक्षित समाज उसको न समझ सके? उनके सबसे क्लिष्ट नाटक 'अजातशत्रु' में दस-बारह स्थलों पर जो अति क्लिष्ट भाषा आ गई है उसके लिए रंगप्रबंधक के थोड़े से अधिकार को हमें स्वीकार करना चाहिए। उसको उस भाषा में संशोधन नहीं करना होगा, केवल उसे निकाल देना होगा। 'अजातशत्रु' में से उदयन की 'निर्निमेष मुखचन्द्र' वाली उक्ति या बिम्बसार के 'अदृष्ट के लेख' अथवा दूसरे अंक के छठे दृश्य में बिम्बसार और वासवी के पूरे वातावरण को निकाल देने से अभिनय को कोई हानि नहीं पहुँच सकती। जो गाने कठिन हैं वे भी निकाले जा सकते हैं और उनके स्थान में परिस्थितियों के अनुरूप दूसरे गाने रंग-प्रबंधक स्वयं कहीं से चुनकर रख सकता है। 'अजातशत्रु' में यदि अभिनेयता की दृष्टि से कोई वास्तविक दोष है तो यह कि इस नाटक में व्यापार की कमी है। दर्शक स्टेज के ऊपर केवल कुछ पात्रों को आते-जाते और आपस में बातचीत-भर करते देखकर संतुष्ट नहीं होता—वह उनको कुछ कार्य करते हुए देखना चाहता है। और, यह दोष ऐसा है कि जिसमें रंग-प्रबंधक का अधिकार कुण्ठित हो जाता है। क्योंकि, इसमें उसे पूरे नाटक के रचना-प्रबंध में हस्तक्षेप करने की आवश्यकता पड़ेगी—उसे दृश्यों का पुनः संगठन और विन्यास करना पड़ेगा—जो संभव है, नाटककार के उद्देश्य के विरुद्ध हो।

परंतु 'प्रसाद' के अन्य नाटकों में यह दोष भी नहीं है। 'राज्यश्री' तो परम श्रेष्ठ है ही, 'स्कंदगुप्त' में भी व्यापार कुछ कम नहीं है। 'विशाख' और 'नागयज्ञ' व्यापार की दृष्टि से, यद्यपि 'राज्यश्री' की तुलना में नहीं आते, तथापि अभिनय के लिए आवश्यक थोड़ा-बहुत व्यापार उनमें भी है। हाँ, 'स्कंदगुप्त' के संबंध में इतना अवश्य कहा जा सकता है कि वह कुछ विशेष लम्बा हो गया है जिससे उसके अभिनब के लिए आवश्यक से अधिक समय की आवश्यकता पड़ सकती है।

'प्रसाद' के नाटकों की दृश्य-सबलता भी उनके अभिनय-उद्देश्य की सहायक है। उनके दृश्यों में विभिन्नता और नवीनता के साथ-साथ 'अद्भुत' या 'वैचित्र्य' का भी मनोरम संयोग है, इसे हम देख चुके हैं। 'जनमेजय का नागयज्ञ' का दृश्य मंच पर दिखाया जा सकता है या नहीं, इसे रंग-प्रबंधक ही बतला सकता है। तथापि, आजकल असंभव या कठिन दृश्यों को दिखाने के लिए थिएटर के साथ-साथ वायस्कोप का भी योग हो

जाने से, संभव है, उसके कारण 'नागयज्ञ' की अभिनेयता में कोई बाधा न पड़े।

'प्रसाद' के कथोपकथनों में आवेग और उनके चरित्रों में 'अद्भुतता' है। ये दोनों तत्त्व कहाँ तक अभिनय के उत्कर्ष-साधक हैं, इसे वे लोग अवश्य जानते हैं जो थिएटर देखा करते हैं। परंतु यहाँ अपने कथन को किंचित संयत करने के लिए हम एक बार फिर दुहरा देना चाहते हैं कि किसी भी दृष्टि से अभिनय के प्रश्न पर विचार करते समय हमें रंग-प्रबंधक के अस्तित्व को न भूल जाना चाहिए। 'प्रसाद' ने अपने नाटक अभिनय के उद्देश्य से लिखे हैं। यह उनके लेख से भी मालूम होता है और उनके नाटकों की वस्तु-कल्पना तथा रचना-विधि से भी। जहाँ कहीं इस उद्देश्य से कुछ व्यतिक्रम हो गया है, वहाँ अज्ञात रूप से उनकी साहित्यिक शैली तथा दार्शनिक विचारधारा के कारण। परंतु यह व्यतिक्रम ऐसा नहीं है कि रंग-प्रबंधक का स्वाभाविक अधिकार उसका परिहार न कर सके।

उनके भिन्न-भिन्न नाटक असम महत्त्व के हैं। असमता का कारण शैली और विचारधारा का विकास है। परंतु इससे हमको यह आशा न करनी चाहिए कि उनकी रचना के आनुपूर्व्य में हमको एक समान विकास-क्रम भी दिखाई देगा। 'विशाख' के बाद उनकी शैली और दार्शनिकता एकदम ही इतनी अतिरंजित हो उठी कि 'अजातशत्रु' उनका भार न सँभाल सका। परंतु उसके अनन्तर ही इन दोनों प्रवृत्तियों में संयम आ गया और बाद के नाटकों में कला का उत्तरोत्तर उत्कर्ष होता गया। 'राज्यश्री' 'प्रसाद' का सर्वश्रेष्ठ नाटक है, क्योंकि वह उनकी पहली और पिछली, दोनों प्रकार की, रचना है। उसमें प्रारंभ की अनतिरंजना और बाद की संयत साहित्यिकता है। 'स्कंदगुप्त' 'राज्यश्री' से कुछ विशेष हीन नहीं है परंतु अधिक लंबा हो जाने के कारण उसको 'राज्यश्री' से नीचे मानना चाहिए।

समस्त नाटकों के उत्कर्षक्रम में 'राज्यश्री' सबसे अधिक श्रेष्ठ है और 'प्रायश्चित सबसे कम।

[प्रसाद की नाट्य-कला, 1930]

दिनेशनारायण उपाध्याय

जिसे देखिए यही कहता पाइएगा, कि प्रसाद के नाटक अभिनय के योग्य नहीं हैं। अभिनय का वास्तविक तात्पर्य है कि नाटकों का अभिनय यदाकदा न करके एक प्रमुख कंपनी द्वारा किया जावे, जिसका कार्य मनोविनोदार्थ नाटकों का अभिनय करना ही हो। इस प्रकार से विचार करने पर यह स्पष्ट हो जाता है कि हमारे हिंदी नाटकों का कोई भी अपना स्टेज नहीं है। मेरा कोई अपना रंगमंच है ही नहीं, अतएव मैं किस रंगमंच के दृष्टिकोण से अपने नाटकों की रचना करूँ यह प्रश्न हिंदी नाट्य-लेखकों के समक्ष आता

है। इसी प्रकार से हम प्रसाद के नाटकों को तथा भारतेन्दु, प्रेमघन आदि के नाटकों को भी कह सकते हैं कि अनभिनेय हैं। ... प्रसादजी के ऊपर इतना ही कहना पर्याप्त है कि उनके नाटक हिंदी साहित्य की अमूल्य निधियाँ हैं।

[हमारी नाट्य-परंपरा, 1940]

गुलाबराय

हरिश्चंद्र के समय में नाटकों का जो अभिनय हुआ, वह वैयक्तिक उद्योग से ही हुआ। नाटकों में तो साहित्यिकता आती गई किंतु रंगमंच में कोई सुधार न हुआ। आज प्रसादजी के नाटकों के संबंध में कहा जाता है कि वे अभिनेय नहीं हैं। उनकी भाषा कुछ दुरूह अवश्य है किंतु उनके अभिनेय होने में कोई व्यावहारिक बाधा नहीं है। उसके लिए सुसंस्कृत दर्शक और उसके अनुकूल रंगमंच चाहिए। भाषा की दुरूहता के संबंध में प्रसादजी का मत है कि अच्छे अभिनेताओं के हाथ में भाषा दुरूह नहीं रह जाती; अभिनय की टीका के साथ सुबोध हो जाती है।

प्रसादजी ने हिंदी रंगमंच की असफलता का एक कारण यह भी बतलाया है कि हिंदी रंगमंच को स्त्रियों का सहयोग न मिल सका। इसके कारण स्त्रीपात्रों का ठीक अभिनय नहीं हो सकता।

'प्रसाद' के साथ हम हिंदी नाटक के इतिहास का नया पृष्ठ पलटते हैं। 'प्रसाद' गम्भीर, सुसंस्कृत और चिंतनशील व्यक्ति थे। आपने गम्भीर साहित्यिक नाटकों की तन्मयता से रचना की। आपकी ऐतिहासिक खोज सराहनीय थी। किंवदन्तियों पर आप कभी निर्भर न रहते थे। अतः 'नागयज्ञ', 'अजातशत्रु', 'चंद्रगुप्त', 'स्कंदगुप्त', 'ध्रुवस्वामिनी' आदि आपके नाटक हमारे प्राचीन इतिहास को बड़ी देन हैं। मेरा अनुमान है कि इन नाटकों का अच्छा अभिनय भी हो सकता है किंतु इनकी क्लिष्ट भाषा से अभिनेता कुछ भय खाते हैं। कम से कम विद्यालयों की हिंदी-उर्दूमिश्रित दर्शक-मंडली इस भाषा के लिए तैयार नहीं। एक अनुशासित साहित्यिक जनता ही इन नाटकों के अभिनय में योग दे सकती है। 'प्रसाद' की कृपा से हमारे भंडार में उच्चकोटि के साहित्यिक नाटक हैं किंतु कोई विशिष्ट रंगमंच उनके अनुरूप हमारे पास नहीं। 'कामना', 'एक घूँट' आदि का अभिनय हम अब भी कर सकते हैं किंतु अभी तक इनका जीवन वाचनालय और क्लास-रूम तक ही सीमित है।

[हिंदी नाट्य-विमर्श]

केसरी कुमार

साम्यवाद या नाजीवाद की नास्तिकता जयशंकर प्रसाद की बौद्धिक नियति कभी नहीं बनी। वे बार-बार नियति शब्द का व्यवहार करते हैं पर हर बार उसका अर्थ इतिहास की एक अदृष्ट शक्ति है। यह शक्ति सर्वथा निराशकारिणी नहीं है। यह इतिहास को स्वस्थ (स्व + स्थ) रखनेवाली प्राकृतिक चिकित्सा की अधिष्ठात्री परिवर्तन-शक्ति है। जयशंकर प्रसाद इतिहास को असम्बद्ध कारणहीन स्वयम्भू घटना-क्रम न मानकर उसे एक द्वन्द्वसंवलित रचनात्मक विकास-प्रक्रिया के रूप में देखते हैं और बिना दिङ्नाद के उस इतिहास-दृष्टि के उद्भावक बनते हैं जिसके अनुसार जब पुराने सामाजिक संबंध और विचार कालग्रन्थि-गृहीत होकर थिर और समाज के विकास के लिए अपर्याप्त या अवरोधक होने लगते हैं तब नये समाज-मस्तिष्क में पक रही विकास की नयी कल्पनाओं और सम्भावनाओं के रूप में यही शक्ति प्रकट होकर समाज को नये जीवन-लक्ष्यों की ओर अग्रसर करने लगती है और इतिहास के कारणत्व की वह जटिलता भी बुनते जाती है जो स्पष्ट कर देती है कि इतिहास को उसकी समग्रता में और आन्वीक्षिकी के लचीले माध्यम से ही परखा जा सकता है क्योंकि परिवर्तन के कारण असीम हैं और परिवर्तन की दिशा अनिश्चित है। भविष्यवाणी असम्भव है। इतिहास की यह अनिश्चितता काल की महाशक्ति है जिसे जयशंकर प्रसाद ने एक मौलिक मंगलमय नाम दिया है—नियति। जयशंकर प्रसाद की 'नियति' की हमारी यही व्याख्या है।

[पूर्वग्रह, प्रसाद विशेषांक, 1990]

जगन्नाथप्रसाद शर्मा

कथानक : इतिहास का आधार

'कामना' और 'एक घूँट' को छोड़कर 'प्रसाद' के सभी नाटक इतिहास को आधार मानकर चले हैं। अपनी कृतियों के उद्देश्य का कथन लेखक ने स्वयं 'विशाख' (प्र.सं.) की भूमिका में किया है—'इतिहास का अनुशीलन किसी भी जाति का अपना आदर्श संगठित करने के लिए अत्यंत लाभदायक होता है, ... क्योंकि हमारी गिरी दशा को उठाने के लिए हमारे जलवायु के अनुकूल जो हमारी अतीत सभ्यता है, उससे बढ़कर उपयुक्त और कोई भी आदर्श हमारे अनुकूल होगा कि नहीं इसमें पूर्ण संदेह है। ... मेरी इच्छा भारतीय इतिहास के अप्रकाशित अंश में से उन प्रकांड घटनाओं का दिग्दर्शन कराने की है जिन्होंने कि हमारी वर्तमान स्थिति को बनाने का बहुत कुछ प्रयत्न किया है' । इसके लिए उसने महाभारत युद्ध के बाद से लेकर हर्षवर्धन के राज्यकाल तक के भारतीय इतिहास को अपना लक्ष्य बनाया है। क्योंकि यही भारतीय संस्कृति की उन्नति और प्रसार का स्वर्णयुग कहा

जाता हैं। जनमेजय परीक्षित से आरंम्भ होकर यह स्वर्णयुग हर्षवर्धन तक आया है। बीच में बौद्ध काल, मौर्य और गुप्तकाल ऐसे हैं जिनमें आर्य-संस्कृति अपने उच्चतम उत्कर्ष पर पहुँची है। अतएव तत्कालीन उत्कर्षापकर्ष के यथार्थ चित्रण के अभिप्राय से लेखक ने कुछ विशिष्ट प्रतिनिधियों को चुनकर उनके कुलशील और जीवन-वृत्त के द्वारा उस रसोद्बोधन की चेष्टा की है जो वर्तमान को जीवित रखने में सहायता कर सके। जनमेजय, अजातशत्रु, चंद्रगुप्त, स्कंदगुप्त, हर्षवर्धन इत्यादि उस काल के सर्वोत्तम प्रतिनिधि हैं। इसलिए लेखक ने इन्हीं व्यक्तियों को अपने रूपकों का नायक बनाया है।

असुनिश्चित और असुलिखित भारतीय इतिहास में यत्र-तत्र बिखरी सामग्रियों को एक सूत्र में पिरोने की तर्क-संगत चेष्टा 'प्रसाद' की उन विशेषताओं में है जो वर्तमान हिंदी के अतिरिक्त अन्य साहित्यों में भी कम दिखाई देती है। इतिहास का गंभीर अध्ययन, प्रसंग-परिकलन की बुद्धि और उपलब्ध इतिवृत्तों की संगत एकात्मकता स्थापित करने की अद्‌भुत क्षमता 'प्रसाद' में दिखाई पड़ती है। 'अजातशत्रु', 'चंद्रगुप्त' और 'स्कंदगुप्त' नाटकों में इसके विशेष दर्शन प्राप्त हैं। उनमें ऐतिहासिक वृत्तों का बड़ा व्यापक विस्तार है, अतएव प्रसिद्ध घटनाओं के साथ-साथ अनेक इतिहास-प्रसिद्ध पात्रों का योग-निर्वाह करना पड़ा है। जहाँ तक सम्भव हुआ है इतिहास की मूल प्रकृति का अनुसरण किया गया है और सुसंबद्धता स्थापित की गई परंतु जहाँ कल्पना का प्रयोग नितांत आवश्यक हो गया है वहाँ नाटककार की स्वतंत्रता का भी 'प्रसाद' ने उपयुक्त आश्रय लिया है।

कल्पना का योग

कल्पना का प्रयोग दो प्रकार से दिखाई पड़ता है। पहला तो इतिहास की जो बातें विकीर्ण होकर एक-दूसरे से दूर पड़ गई हैं उन्हें एक सूत्र में बाँधने के लिए और दूसरा नाटकीय पूर्णता के निमित्त कोरे अनैतिहासिक पात्रों की सृष्टि के लिए। अजातशत्रु की मागंधी और श्यामावती, शैलेंद्र और विरुद्धक, एक कर दिये गये हैं। 'स्कंदगुप्त' में दूरवर्ती भटार्क का योग अनंतदेवी की साथ स्थापित करके विरोध-मंडली बलिष्ट बना दी गई हैं। स्कंदगुप्त के मालव में राजधानी स्थापित करने के बाद इतिहास से सिद्ध न होने पर भी जो स्वीकृत की गई है वह वस्तुस्थिति को देखने से तर्कविहीन नहीं प्रतीत होती। इसी प्रकार भीमवर्मा के संबंध की स्थापना भी है। भीमवर्मा बंधुवर्मा का भाई था या नहीं इस विषय में कोई प्रमाण नहीं है फिर भी वह स्कंदगुप्त के एक प्रांत का शासक अवश्य था। इसी को आधार मानकर 'प्रसाद' ने दोनों को मिला दिया है, और जो बहुत असंगत नहीं मालूम पड़ता। खिंगिल इतिहास का हूण-नेता अवश्य है, परंतु वही खिंगिल स्कंदगुप्त से पराजित भी हुआ था ऐसा इतिहास ने स्वीकार नहीं किया है। शर्वनाग, चक्रपालित और मातृगुप्त की नाटकीय स्थिति का अनुमोदन भी कल्पना के आधार पर ही आश्रित है। इसी प्रकार की कल्पना-जन्य संबंध-योजना 'चंद्रगुप्त' में

भी दिखाई पड़ती है। तक्षशिला-गुरुकुल में चाणक्य और चंद्रगुप्त के संबंध-स्थापन में कल्पना का योग है—यों तो दोनों व्यक्तियों का संबंध इतिहासानुमोदित है। चंद्रगुप्त ने मालवों और क्षुद्रकों का सेनापति बनकर सिकंदर का विरोध किया था—ऐसा कोई उल्लेख इतिहास में नहीं मिलता, परंतु सिकंदर का मालव-दुर्ग में चोट खा जाना इतिहासप्रसिद्ध है। दांड्यायन ऐसे महात्मा की स्थिति और सिकंदर का उनके यहाँ जाना इतिहास ने स्वीकार किया है; परंतु वहीं चंद्रगुप्त के विषय में भविष्यवाणी करा देना एक सुन्दर कल्पना है। इस प्रकार के अनेकानेक उदाहरण और भी हैं। इस प्रकार की ऐतिहासिक कल्पना नाटकीय चमत्कार उत्पन्न करने के लिए एकत्र की गई है जो सर्वथा अभीष्ट है। कल्पना का दूसरा प्रयोग इसलिए हुआ है कि नाटकीय प्रसंग मिलाए जायँ अथवा पात्रों के कुलशील का सुसंबद्ध चित्र उपस्थित किया जाय, ऐसा करने में स्त्री-पात्रों की सृष्टि प्रायः करनी पड़ी है। उनके नामकरण और चरित्र भी कल्पित किए गए हैं—जैसे, सुरमा, मालविका, विजया, देवसेना, जयमाला, मंदाकिनी, अलका, दामिनी इत्यादि। जिसका जैसा नाम रखा गया है प्रायः चरित्र भी उसी के अनुसार खड़ा किया गया है। कभी-कभी कुछ नामों के लिए आधार भी मिल गया है—जैसे, देवसेना, वासवी आदि के लिए। इन स्त्री-पात्रों की शुद्ध कल्पना द्वारा सृष्टि हुई है, इसलिए इनमें लेखक की भावुकता अधिक लक्षित होती है। कल्पना के आधार पर कहीं-कहीं परिस्थितियों की भी रचना कर ली गई है, जिनका उपयोग या तो छूटे हुए अंशों की कड़ी मिलाने के लिए हुआ है या चरित्र की कोई मार्मिकता उद्घाटित करने के निमित्त। चंद्रगुप्त नाटक में चाणक्य का कारावास और उससे मुक्ति, कार्नेलिया के प्रेम के कारण चंद्रगुप्त और फिलिप्स का द्वंद्व, अथवा शर्वनाग के विषयपति बनने के पूर्व का सारा प्रसंग इसी प्रकार की वस्तु है। ऐसी अन्य स्थितियाँ प्रसंगानुसार सभी नाटकों में मिलेंगी। कल्पित पुरुष-पात्रों की अवतारणा भी उसी अभिप्राय से की गई है जिस अभिप्राय से स्त्री-पात्रों की कल्पना अधिक है; क्योंकि प्रायः कथाएँ राजनीति और इतिहास-संबंधी हैं—जहाँ पुरुष पात्रों का यों ही उपयोग अधिक होता है और स्त्रियों की आवश्यकता कम पड़ती है। इसलिए स्त्रियों की काल्पनिक मूर्तियाँ लेखक को अधिक गढ़नी पड़ी हैं। काल्पनिक स्त्री-पात्रों की भाँति कल्पित पुरुष-पात्रों के नामकरण और चरित्र में भी साम्य रखा गया है—जैसे, शिखरस्वामी, विकटघोष, महापिंगल इत्यादि, 'अजातशत्रु', 'स्कंदगुप्त' और 'चंद्रगुप्त' नाटकों के प्रायः सभी पुरुष-पात्र ऐतिहासिक हैं, अतएव वहाँ कल्पना को अवकाश नहीं मिल पाया।

परिस्थिति-योजना

संविधान-सौष्ठव के लिए परिस्थिति-योजना का यथार्थ एवं प्रकृत रूप आवश्यक होता है। सत्य बात तो यह है कि इसी के आधार पर कार्य की अवस्थाओं और अर्थप्रकृतियों

का संबंध-निर्वाह होने से सौंदर्य उत्पन्न होता है। किसी मुख्य अथवा प्रासंगिक घटना तक पहुँचने में इनका योग आवश्यक है। प्रत्येक प्रधान या प्रासंगिक घटना का भी स्वतः पृथक् आरंभ होता है, जो क्रम से वृद्धि पाता हुआ परिणाम तक पहुँचता है। परिस्थिति एवं घटना में कार्य-कारण-संबंध रहना चाहिए अन्यथा परिणाम अथवा घटना को देखकर सामाजिक के मन में जिज्ञासा उत्पन्न होती है कि ऐसा कैसे हो गया। साथ ही असंबद्ध घटना अथवा घटनांश का कोई प्रभाव भी नहीं रह जाता। उदाहरण के लिए स्कंदगुप्त के द्वारा कापालिक के हाथ देवसेना की रक्षा का घटनांश लिया जा सकता है। देवसेना और विजया आरंभ में तो सखी रहती हैं, फिर विजया देवसेना की हत्या का कारण बन जाती है, क्यों और किस क्रम से? इस विरोध का बीज वहाँ पड़ता है जहाँ दोनों सखियों के बीच में आकर वंधुवर्मा सूचना देता है—'हाँ, उनकी (स्कंदगुप्त की) बिदाई करनी होगी। संभवतः सिंहासन पर बैठने का—राज्याभिषेक का प्रकरण होगा'। विजया के मन में यहीं से संदेह उत्पन्न होता है। संदेह आवेश में और आवेश विद्वेष तथा विरोध में परिणत होकर उस घटना तक चला जाता है। यह नाटक की कोई मुख्य घटना नहीं है फिर भी यदि परिस्थितियों का वृद्धि-क्रम बुद्धिगम्य न बना होता तो कार्य को देखकर कारण के विषय में जिज्ञासा का भाव बना ही रह जाता। आधिकारिक कथा के नियंत्रण के लिए तो अनेक प्रतिबंध हैं ही, परंतु छोटी-मोटी घटनाओं के लिए भी उसी सिद्धांत का अनुसरण होता है। इन परिस्थितियों की सुसंगत योजना में 'प्रसाद' ने अच्छी प्रतिभा दिखाई है; यही कारण है कि बड़े नाटकों में भी वस्तु-विन्यास सुसंगठित हो सका है। सभी रचनाओं में परिस्थितियों की उद्‌भावना और योजना सुसंगत है।' चंद्रगुप्त और फिलिप्स का द्वंद्व इसके उदाहरण के रूप में लिया जा सकता है। फिलिप्स के मारे जाने का बीजभूत कारण वहाँ से अंकुरित होता है जहाँ चंद्रगुप्त ने कार्नेलिया को अपमानित होने से बचाया है। कई अवसरों पर जब-जब चंद्रगुप्त और फिलिप्स का सामना होता है तब-तब वह विरोध उग्रतर होता जाता है, और अंत में एक मृत्यु घटना घटित ही हो जाती है। यों तो आधिकारिक कथा ऐसी-ऐसी विभिन्न घटनाओं को अपने साथ लगाती हुई चलकर एक सामूहिक प्रभाव उत्पन्न करती है, परन्तु यदि किसी एक घटना का अपना अस्तित्व अलग से देखा जाय तो उसके लिए भी परिस्थितियों के वृद्धि-क्रम की योजना आवश्यक प्रतीत होगी।

विस्तार-भार

'प्रसाद' के कथानकों में प्रायः आवश्यक विस्तार भी मिलता है जो वस्तु-संविधान में शैथिल्य उत्पन्न करता है। यह विस्तार तीन प्रकार का दिखाई पड़ता है। प्रथम सोद्देश्य होता है, जिसे हम लेखक की अभिरुचि और सिद्धांत मान सकते हैं। जहाँ विरोध अथवा संघर्ष व्यापक हो जाता है वहाँ कुछ दूर चलकर सक्रियता के समाप्त होने पर भी यह

दिखाने की आवश्यकता हो सकती है कि किन कारणों से और किन-किन परिस्थितियों में उस विरोध-भाव का शमन होता है। सक्रियता के अभाव में ऐसा स्थल नीरस और अवसादजनक हो जाता है। इसके उदाहरण 'राज्यश्री' और 'अजातशत्रु' के अंतिम अंक के अधिकांश हैं। प्रधान कथा की धारा के साथ चलने से फिर भी यह विस्तार उतना अधिक अरोचक नहीं लगता जितना निरर्थक उत्पन्न किया हुआ विच्छिन्न विस्तार-भार। ऐसा विस्तार उन स्थलों पर दिखाई पड़ता है जहाँ कथा की प्रकृत धारा को रोककर लेखक अन्य प्रसंग उठा देता है और फिर उसी को लेकर वाद-विवाद का रूप जमाने लगता है। ऐसे स्थल लेखक के श्रेष्ठ नाटकों में भी मिलते हैं, जो अरुंतुद ज्ञात होते हैं। 'अजातशत्रु' में शक्तिमती और दीर्घकारायण का विवाद इसी प्रकार का है। 'स्कंदगुप्त' में भी विहार के समीप चतुष्पथ पर ब्राह्मण और श्रमण का वाक्-संघर्ष अप्रासंगिक एवं अतिमात्रा मालूम पड़ता है। इस दृश्य के ठीक पहलेवाला दृश्य भी इसी प्रकार निरर्थक है। 'चंद्रगुप्त' में वह दृश्य भी इसी कोटि का है जिसमें कारावास में पड़ा हुआ चाणक्य राक्षस और वररुचि से विवाद करने लगता है अथवा जहाँ शकटार अपनी राम-कहानी एक साँस में कह डालने की चेष्टा करता है। कुछ न कुछ इस प्रकार की बातें सभी नाटकों में मिलती हैं। इससे मालूम पड़ता है कि लेखक की यह प्रवृत्ति-सी हो गई है।

इस प्रकार का दूसरा विस्तार है स्वगत-भाषण। समय और प्रसंगानुसार यदि अल्पविस्तारी स्वगत-भाषण हों तो सहन किए जा सकते हैं, परंतु द्विजेंद्रलाल राय के कथोपकथनों की भाँति यदि अनियंत्रित और अति विस्तृत हों तो अपनी अप्रकृत अतिमात्रा के कारण सुनते-सुनते उद्वेग उत्पन्न करते हैं। बिंबसार, स्कंदगुप्त और चाणक्य के स्वगत-भाषण इसके उदाहरण हैं। उनकी आवृत्ति तो और भी खटकती है। तीसरा विस्तार ऐसा भी मिलता है कि साधारण सूच्य बातों के लिए भी पूरे दृश्य के दृश्य खड़े कर दिए गए हैं। यदि निःसंकोच विचार किया जाय तो सभी नाटकों में दो-तीन दृश्य ऐसे मिलेंगे जिन्हें निकाल देने पर न कथा का संबंध बिगड़ेगा और न अन्य प्रकार की ही कोई त्रुटि होगी! उदाहरण के लिए 'स्कंदगुप्त' के दो दृश्यों का उल्लेख हो ही चुका है। उनके अतिरिक्त चतुर्थ अंक का अंतिम दृश्य भी वैसा ही है। 'चंद्रगुप्त' के भी एक ऐसे दृश्य का कथन हो चुका है। उसके अतिरिक्त मालव-क्षुद्रकों का परिषद्‌वाला दृश्य भी शुद्ध सूच्य हो सकता था। अनेक ऐसी बातों के लिए स्वतंत्र दृश्यों की रचना हुई है, जिनकी केवल सूचना ही—किसी भी प्रकार से क्यों न हो—यथेष्ट थी।

अंक और दृश्य

'प्रसाद' का अंकों और दृश्यों के विभाजन का सिद्धांत एक-सा नहीं दिखाई देता। 'अजातशत्रु' में जैसा अंकों के भीतर दृश्य और तत्सूचक संख्याओं का निवेश किया गया है वैसा 'स्कंदगुप्त' में नहीं। वहाँ नवीन पद्धति से दृश्यों की संख्याओं का विनियोग है।

आगे चलकर 'चंद्रगुप्त' में दृश्य शब्द का प्रयोग नहीं है, केवल संख्याओं का उपयोग हुआ है। वस्तुतः बात यह है कि लेखक अंत तक निर्णय नहीं कर पाया है कि 'दृश्य' शब्द का प्रयोग कहाँ तक परंपरानुमोदित एवं समीचीन है; इसीलिए यह परिवर्तन होता गया है। यदि उसने केवल प्राचीन परिपाटी का ही अनुसरण किया होता तो इस बाधा से बच सकता था। जहाँ उसने उद्घातकों अथवा गर्भांक ऐसे सूच्य दृश्यों का, बिना उल्लेख किए प्रयोग किया है वहाँ थोड़ा-सा श्रम स्वीकार करके उनका उल्लेख भी कर सकता था, परंतु ऐसा किया नहीं गया। परिणाम उसका यह हुआ है कि सभी नाटकों में यत्र-तत्र कई ऐसे दृश्य आए हैं जिनकी अभिनय में, और पढ़ने में भी कोई आवश्यकता नहीं प्रतीत होती। इसके विपरीत वे निरर्थक एवं भार से लगते हैं। उदाहरण के लिए प्रमुख नाटकों को लेना ही उचित होगा। 'चंद्रगुप्त' के प्रथम अंक का तृतीय और सातवाँ, द्वितीय का पाँचवाँ, सातवाँ और दसवाँ आदि तथा 'स्कंदगुप्त' के प्रथम अंक में पथचारी मातृगुप्त, मुद्‌गल और कुमारदास (धातुसेन) का प्रसंग, चतुर्थ अंक में धातुसेन और प्रख्यातकीर्ति तथा चतुष्पथ में ब्राह्मण-श्रमण के वाक्-युद्धवाला दृश्य अथवा ऐसे ही और भी अन्य दृश्यों की या तो आवश्यकता ही नहीं थी अथवा इनकी सूचना-भर यथेष्ट थी।

अंकों के विभाजन में भी इस अव्यवस्था का कुछ रूप मिलता है। जहाँ कार्य की अव्यवस्थाओं, अर्थप्रकृतियों और संधियों का विचार रखा गया है वहाँ तो कितनी घटनाएँ और प्रसंग एक अंक में आने चाहिए इसका विचार किया गया है—जैसे, 'चंद्रगुप्त', 'स्कंदगुप्त' और 'ध्रुवस्वामिनी' में; अन्यथा स्पष्ट विभाजन में भी गड़बड़ी है—जैसे, 'अजातशत्रु' और 'जनमेजय का नागयज्ञ' में। यदि यह विभाजन-क्रिया किसी निश्चित सिद्धांत पर रही होती तो 'चंद्रगुप्त' पाँच अंक का और 'राज्यश्री' तीन अंक का नाटक होता। अभिनय के व्यावहारिक विचार से अंकों के क्रमानुसार दृश्यों की संख्या में निरंतर कमी होनी चाहिए, परंतु कुछ नाटकों में तो इसका अनुसरण हुआ है और कुछ में नहीं। निर्णय के लिए कुछ नाटकों के क्रम देखे जा सकते हैं। अंकों और दृश्यों का क्रम इस प्रकार है—'राज्यश्री' में सात-सात-पाँच-चार, 'विशाख' में पाँच-पाँच-पाँच, 'जनमेजय का नागयज्ञ' में सात-आठ-आठ, 'अजातशत्रु' में नौ-दस-नौ, 'स्कंदगुप्त' में सात-छः-छः-सात-छः और 'चंद्रगुप्त' में ग्यारह-ग्यारह-नौ-सोलह (नवीन संस्करण में चौदह) अंतिम चार नाटकों का क्रम विचारणीय है। इसके अतिरिक्त सभी नाटकों में कुछ दृश्य अत्यंत लघु और कुछ अत्यंत विशाल हैं। व्यावहारिकता के विचार से ऐसा भी नहीं होना चाहिए।

वस्तु-विन्यास

भारतीय नाट्यशास्त्र में वस्तु-तत्त्व का बड़ा व्यापक नियमन किया गया है। कार्य की अवस्थाओं, अर्थप्रकृतियों तथा संधियों के द्वारा इस तत्त्व के नियंत्रण की व्यवस्था हुई

है। 'प्रसाद' का वस्तु-संविधान सभी नाटकों में अच्छा हुआ है। जिसमें उक्त नियमों का विचार अधिक रखा गया है, वे अवश्य ही अन्य रचनाओं की अपेक्षा अधिक सुंदर हैं—जैसे, 'चंद्रगुप्त', 'स्कंदगुप्त' और 'ध्रुवस्वामिनी'। इस विचार से 'जनमेजय का नागयज्ञ' और 'अजातशत्रु' उतने अच्छे नहीं उतरे। जिन नाटकों का वस्तु-विन्यास पद्धति के अनुसार हुआ है उनमें संधियाँ ही नहीं, संध्यंगों तक की स्थापना उचित स्थान पर दिखाई पड़ती है—जैसे, 'चंद्रगुप्त' के द्वितीय अंक में प्रतिमुख संधि के अंतर्गत आनेवाले कुछ संध्यंगों का रूप देखा जा सकता है। युद्धक्षेत्र में संधि के पूर्व सिकंदर और पर्वतेश्वर के कथोपकथन में 'उपन्यास', पाँचवें दृश्य में चंद्रगुप्त और मालविका के संवाद में 'पुष्प', चतुर्थ दृश्य के आरंभ में 'निरोध' (हितरोध), तृतीय दृश्य में कल्याणी जहाँ अपने सैनिकों से बातचीत करती है वहाँ शम और जहाँ वह पर्वतेश्वर से बातें करती है वहाँ 'प्रगमन', उसी दृश्य के आरंभ में जहाँ चंद्रगुप्त कुछ किंकर्तव्यविमूढ़-सा दिखाई पड़ता है वहाँ 'विधूत' (अरति) के रूप देखे जा सकते हैं। कहने का तात्पर्य यह है कि जिन नाटकों में वस्तु-विन्यास शास्त्रीय पद्धति पर हुआ है उनमें तत्संबंधी सभी विशेषताएँ यथास्थान मिल जाती हैं। यही कारण है कि 'प्रसाद' के कथानक में चमत्कारयुक्त आरोहावरोह प्राप्त होता है। संविधानक संबंधी यह सौष्ठव समष्टि-प्रभाव की स्थापना में सर्वदा सहायक बना रहता है।

पात्र : नायक और प्रतिनायक

नाटक के प्रधान पात्र—नायक—में जिन गुणों तथा विशेषताओं का होना आवश्यक है, वे 'प्रसाद' के नायकों में सर्वत्र हैं क्योंकि 'विशाख' को छोड़कर अन्य सभी नाटकों में नायक भारत का सम्राट् ही है। ख्यातवृत्त का प्रधान पुरुष अवश्य ही कुलशील में श्रेष्ठ होगा—ऐसा निश्चित है। स्कंदगुप्त, चंद्रगुप्त मौर्य, गुप्तवंशीय चंद्रगुप्त, जनमेजय इत्यादि सभी विनीत, मधुर, त्यागी, दक्ष, प्रियंवद, शुचि, लोकानुरंजक, वाग्मी, अभिजात, स्थिर, युवा, बुद्धिमान, प्रज्ञावान, स्मृतिमान, उत्साही, कलावान्, शास्त्रचक्षु, आत्मसम्मानी, शूर, दृढ़, तेजस्वी और धार्मिक हैं; साथ ही नाटक कथा की शृंखला को आदि से अंत तक जोड़ते जाते हैं। ये सभी नायक महासत्त्व, क्षमावान्, अतिगंभीर, दृढ़व्रत और आत्मप्रशंसा-शून्य हैं। इनमें गर्व भी दिखाई पड़ता है पर विनयाच्छादित। ऐसी अवस्था में वे सभी धीरोदात्त नायक माने जाएँगे। उक्त गुणों में से अधिकांश अजातशत्रु में भी हैं। परन्तु प्रश्न उठता है राज्यश्री और ध्रुवस्वामिनी के विषय में जहाँ नायक ने नहीं नायिका ने प्रमुख स्थान ग्रहण किया है, उन नायिकाओं में भी प्रायः वे सब गुण विद्यमान हैं जिनके कारण नायक का महत्त्व होता है, इसलिए वे रूपक नायक-प्रधान न होकर नायिका-प्रधान कहे जायँगे। विपक्ष दल के नेता प्रायः धीरोद्धात नायक हैं। ये मायावी, छली, प्रचंड, चपल, असहनशील, अहंकारी, शूर और स्वयं अपनी प्रशंसा करनेवाले

हैं। इन गुणों में से अधिकांश भटार्क, राक्षस, आंभीक, रामगुप्त, काश्यप और तक्षक इत्यादि में वर्तमान हैं। 'प्रसाद' के ये विरोधी नेता भी सर्वत्र चारित्र्ययुक्त दिखाई पड़ते हैं।

पताका-नायक

प्रधान नायक के ही समान गुण-धर्मवाला व्यक्ति नाटक के प्रासंगिक कथा-भाग का नायक हो सकता है। उसका अपना कोई भिन्न उद्देश्य नहीं होता। आधिकारिक नायक के ही कार्य-व्यापार में योग देता हुआ उसी की लक्ष्य-प्राप्ति में सहायता देता चलता है। 'प्रसाद' के नाटकों में पताका-नायक का बड़ा भव्य स्वरूप अंकित हुआ है। 'चंद्रगुप्त' नाटक में महाराज पर्वतेश्वर अथवा मालव राजकुमार सिंहरण कुलशील में श्रेष्ठ और उदात्त चरित्र के पात्र हैं। चंद्रगुप्त के समान ही उनके जीवन का ध्येय भी भारत के सम्मान की रक्षा है और अंत तक उसी फल की प्राप्ति में योग देते जाते हैं। अधिकारी नायक के समान गुण-धर्म के कारण यह योग बड़ा अच्छा दिखाई पड़ता है। इसी तरह 'स्कंदगुप्त' नाटक में उज्जयिनी-नरेश वंधुवर्मा हैं। वह स्कंदगुप्त की अभीष्ट-सिद्धि में अपने जीवन भर लगा रहता है और कुलीन, त्यागशील, वीर, धीर और उदात्त वृत्ति का व्यक्ति है। अतएव यह योग भी बड़ा अनुकूल मालूम पड़ता है।

स्त्री-पात्र

स्त्री-पात्रों का व्यक्तित्व और चरित्र सभी रूपकों में बड़ी तत्परता और कौशल से अंकित किया गया है। इसमें नाटककार की विशेष सिद्धि दिखाई पड़ती है। इसका एक कारण स्पष्ट है। इनकी सृष्टि के मूल में एक निश्चित सिद्धांत उपयोग में लाया गया है। 'प्रसाद' के स्त्री-पात्रों में हृदय की प्रधानता और पुरुष-पात्रों में बुद्धि का वैशिष्ट्य दिखाया गया है। अतएव हृदय की संपूर्ण विभूतियों का प्रसार स्त्रियों में अंकित है। हृदय का विशेष धर्म है भाव-प्रवणता। इसके साथ त्याग, सेवा, उदारता और विश्वास का अखंड योग होना भी आवश्यक है तथा भावुकता से भरी हुई कोमल-धारा भी होनी चाहिए, जिसके आधार पर आत्मसम्मान ऐसी कुछ कठोर वस्तुएँ भी टिक सकें। यही कारण है कि 'प्रसाद' के सभी श्रेष्ठ स्त्री-पात्रों में भावुकता, त्याग और सेवा के साथ-साथ मर्यादापूर्ण आत्मसम्मान का भाव सदैव जागरित दिखाई पड़ता है। इसका भव्य रूप कल्याणी और देवसेना में स्पष्ट है। जहाँ प्रेम के साथ आत्मोत्सर्ग का भाव प्रबल है वहीं हृदय में अपमान का हलका-सा आघात सहने की रंचमात्र भी शक्ति नहीं है। जो हृदय त्याग में वज्र के सदृश कठोर है वही कुसुम-कोमल भी है। कहीं-कहीं इस कठोर उत्सर्ग के साथ निर्लिप्त और लघुतम आत्मनिवेदन भी हो जाता है, जैसा कल्याणी और देवसेना में हुआ है। कहीं ऐसा भी हो सकता है कि बिना किसी प्रेम की अभिव्यक्ति किए गौरवपूर्ण

ढंग से प्रिय के लिए अपने जीवन की बलि चढ़ा दी जाय, जैसा मालविका ने किया है। प्रेम का ऐसा आदर्श रूप भी इसी विश्व में प्राप्त होता है।

स्त्री-जीवन के वैशिष्टपूर्ण महत्त्व का विवेचन अनेक स्थलों पर हुआ है। इसका हलका-सा प्रयास, 'एक घूँट' में दिखाई पड़ता है, जहाँ आनंद ने स्वीकार किया है–'आज मेरे मस्तिष्क के साथ हृदय का जैसे मेल हो गया है, इस हृदय के मेल कराने का श्रेय वनलता को है।' इससे वही बात पुष्ट होती है कि 'प्रसाद' ने स्त्री को हृदय का प्रतिनिधि माना है। दूसरा स्थल 'अजातशत्रु' नाटक के तृतीय अंक का चौथा दृश्य है। वहाँ दीर्घकारायण के मुख से 'प्रसाद' ने स्त्री-महत्त्व का खुलकर प्रतिपादन किया है–'स्त्रियों के संगठन में उनके शारीरिक और प्राकृतिक विकास में ही एक परिवर्तन है जो स्पष्ट बतलाता है कि वे शासन कर सकती हैं, किंतु अपने हृदय पर। वे अधिकार जमा सकती हैं, उन मनुष्यों पर जिन्होंने समस्त विश्व पर अधिकार किया हो।' ··· 'मनुष्य कठोर परिश्रम करके जीवन-संग्राम में प्रकृति पर यथाशक्ति अधिकार करके भी एक शासन चाहता है, जो उसके जीवन का परम ध्येय है, उसका शीतल विश्राम है, और वह स्नेह सेवा करुणा की मूर्ति तथा सांत्वना का अभय वरदहस्त का आश्रय, मानव-समाज की सारी वृत्तियों की कुंजी, विश्व-शासन की एकमात्र अधिकारिणी प्रकृतिस्वरूपा स्त्रियों के सदाचार पूर्ण स्नेह का शासन है।' ··· 'कठोरता का उदाहरण है पुरुष, और कोमलता का विश्लेषण है स्त्री-जाति। पुरुष, क्रूरता है तो स्त्री करुणा है, जो अंतर्जगत् का उच्चतम विकास है जिसके बल पर समस्त सदाचार ठहरे हुए हैं, इसलिए प्रकृति ने उसे इतना सुंदर और मनमोहन आवरण दिया है–रमणी का रूप।' प्रसंग निकालकर इसी प्रकार स्कंदगुप्त नाटक में भी मातृगुप्त और धातुसेन के संवाद द्वारा स्त्री-पुरुष के मौलिक एवं दार्शनिक वैषम्य की व्यावहारिक मीमांसा की गई है। इस अन्तर के स्पष्टीकरण की ओर 'प्रसाद' का विशेष आकर्षण दिखाई पड़ता है। अतएव उनकी कृतियों की आलोचना करते समय उस सिद्धांत का विचार आवश्यक है जिसका स्थापन उन्होंने किया है।

स्त्री-महत्त्व के विषय में लेखक के उक्त विचार के अनुसार ही नाटकों में स्त्री-पात्रों का सर्जन हुआ है जहाँ स्त्री अपनी यथार्थ प्रकृति को छोड़कर उच्छृंखलता के कारण नाना प्रकार की दुरभिसंधियों में पड़ती है; अथवा ऊँचे स्तर पर से उतरने की चेष्टा करती है। वहाँ उसमें सुधार की आवश्यकता है–जैसे शक्तिमती, छलना, सुरमा, अनंतदेवी और विजया इत्यादि हैं। इन्होंने अनेक प्रकार के कुचक्र रचे परंतु उपद्रवों की शांति के साथ उनकी उद्दंड वृत्तियों का भी सुधार हो गया है। इनके विरुद्ध ऐसी स्त्रियाँ भी रूपकों में दिखाई पड़ी हैं जो साधारण होते हुए भी पातिव्रत के श्रेष्ठ गुण से युक्त होने के कारण उज्ज्वल हो उठी हैं। उनकी एकनिष्ठता दिव्य रूप की है। उन्हें आदर्श रूप तो नहीं दिया गया परंतु वे अपने प्रकृत स्वरूप में मनोहर बन गई हैं–जैसे, वपुष्टमा, जयमाला और चंद्रलेखा। इनके अतिरिक्त बाजिरा और मणिमाला ऐसी दुलहिनें भी अपनी

मर्यादा के कारण यथार्थ रूप धारण किए हैं। इस प्रकार 'प्रसाद' की रंगीन सृष्टि में स्त्रियों का विविध रूप देखने को मिल जाता है।

आदर्श और यथार्थ

आदर्श पात्रों के रूप में चरित्रांकन की परिपाटी से हम परिचित हैं। आदिकाल से हम राम-रावण के रूप देखते चले आ रहे हैं। एक में गुणों का समुच्चय और दूसरे में अवगुणों का ढेर लगाकर एक को अच्छा ही अच्छा दिखा देना और दूसरे को बुरा ही बुरा कहना यह पद्धति अति प्राचीन है। चित्रण का यह ढंग सरल भी होता है और सोद्देश्य रचनाओं में यह रूप सरलता से खप भी जाता है, पर इधर पाश्चात्य प्रभाव से प्रेरित मनोवृत्ति इसके विरुद्ध हो रही है, क्योंकि उसमें व्यक्तित्व-दर्शन की अभिलाषा बढ़ रही है। लोग यथार्थ-चित्रण को अधिक महत्त्व देने लगे हैं और साधारणतः मानव-रूप में देवत्व और असुरत्व का सम्मिश्रण मानने लगे हैं। अतएव गुणावगुण का योग परम आवश्यक समझा जाने लगा है। यह यथार्थप्रियता व्यक्तिवैचित्र्यवाद की जननी बनकर पूज्य बनती जा रही है।

मूलतः 'प्रसाद' भारतीय पद्धति के ही प्रतिपादक हैं। बाह्य आवरण में भले ही उन्होंने थोड़ी-सी नवीनता अपना ली हो पर अंतर भारतीय रंग में ही रँगा है। यही कारण है कि आदर्श पद्धति का उन्होंने अनुसरण किया है। बलपूर्वक केवल भारतीय सिद्धांत के प्रतिपालन-निमित्त ही उन्होंने ऐसा नहीं किया किंतु सारा ढाँचा ही उसी प्रकार का रखा है। 'नाटक ख्यातवृत्तं स्यात् पंचसंधिसमन्वितम्' का जब उन्होंने पूरा निर्वाह किया तो फिर अवश्य ही ख्यातवृत्त के अधिकारी नायक और उनके पताका-नायक भी उसी आधार पर उदात्तवृत्ति के हैं। ऐसी अवस्था में उनका आदर्श रूप हो जाना प्रकृत ही है। सभी नाटकों में अधिकारी नायक और उनके सहायक समान रूप से सच्चरित्र, दिव्य और हमारी प्रशंसा के पात्र हैं। स्कंदगुप्त, चंद्रगुप्त मौर्य, बंधुवर्मा, पर्णदत्त, गुप्त सम्राट् चंद्रगुप्त, सिंहरण इत्यादि सभी आदर्श पात्र हैं। विरोध-पक्ष में भी आदर्श रूप ही चलता तो बात खटकने की संभावना थी। अतएव वहाँ यथार्थ चित्रण की चेष्टा की गई है। इस यथार्थ में भी आदर्श का पुट अवश्य है, क्योंकि उस पक्ष के प्रधान गुण भी अंकित किए गए हैं। भटार्क, राक्षस इत्यादि में दोष-पक्ष प्रबल अवश्य है, परंतु उनमें गुण की भी उपस्थिति स्वीकार की गई है। भटार्क अथवा राक्षस धीर, वीर, स्थिरबुद्धि और चतुर भी हैं। इसलिए उन्हें कुछ दूर तक सफलता भी मिली है। यथार्थ का आधिक्य शर्वनाग, जयमाला, पर्वतेश्वर और आंभीक में है; साथ ही उनमें व्यक्तिवैचित्र्य भी लक्षित होता है। वे अपने प्रस्तुत रूप में अधिक प्रकृत ज्ञात होते हैं।

इन्हीं आदर्श श्रेणी में आनेवाले पात्रों के चरित्रांकन को वर्गगत भी कहा जा

सकता है। एक प्रकार के गुण-धर्मवालों का एक वर्ग विशेष स्थापित हो जाता है। उसी प्रकार यथार्थ पक्ष की दृष्टि से चित्रित व्यक्तित्व-प्रधान पात्रों को वैयक्तिक चरित्रवान् पात्र कहा जा सकता है, क्योंकि उनमें स्वभाव एवं प्रकृति का वैशिष्ट्य दिखाया जाता है। 'प्रसाद' ने वर्गगत चरित्रांकन अधिक और वैयक्तिक कम किया है। इसमें उनकी अभिरुचि भी थी और विषय का आग्रह भी था। फिर भी एकांगिता से वे सर्वत्र बचते गए हैं।

पात्रों की प्रकृति

मनुष्य की प्रकृति सहज होती है। उसी के अनुसार विकास होने से उसके वर्धमान रूप के मूल में उस प्रकृति का प्रभाव दिखाई पड़ता है। यही कारण है कि कोई व्यक्ति सरल और कोई गंभीर होता है। सरल व्यक्ति के जीवन की धारा एक क्रम से निर्दिष्ट मार्ग की ओर अग्रसर होती चलती है और उसका वाह्याभ्यंतर एक-सा दिखाई पड़ता है। उसकी स्थिर प्रकृति और प्रवृत्ति के रूप में भी विशेष परिवर्तन नहीं होता। उक्त आदर्श रूपवाले व्यक्ति इस प्रकृति के होते हैं। मार्ग चाहे उनका अच्छा हो अथवा बुरा, उनके समझने में विलंब नहीं होता, क्योंकि वे भीतर-बाहर से एक होते हैं। ऊपर से देखने में कुछ और मालूम पड़े और सूक्ष्म दृष्टि में कुछ और ऐसा प्रायः नहीं होता। दूसरे प्रकार के व्यक्ति गूढ़ प्रकृति के होते हैं। इनका समझना सरल नहीं होता। इनके स्थूल बाह्य और सूक्ष्म अंतर में, बड़ा भेद दिखाई पड़ता है। स्वभाव ही इनका गुप्त और गंभीर होता है। इनको बारीकी से देखने पर कुछ अन्य प्रकार की विशेषताएँ मिलती हैं। भले ही इनका संकलित रूप आदर्शात्मक अथवा पतनोन्मुख हो पर इनके कार्य-व्यापारों की सूक्ष्म आलोचना करने पर प्रवृत्ति भिन्न ही दिखाई पड़ेगी। ये हँसते हुए भी रोते रह सकते हैं और रोते हुए भी हँसते। ऐसे ही लोगों में अंतर्द्वंद्व का प्रसार प्रकृत रूप में दिखाया जा सकता है। इन व्यक्तियों के भीतर ही भीतर निरंतर दो विरोधी भावों का संघर्ष होता रहता है और बाहर ये प्रकृतिस्थ दिखाई पड़ते हैं। सुख-दुःख में समत्व इनके चरित्र की विशेषता होती है। ये धीर, शांत एवं अतीव सहिष्णु बने रहते हैं। 'प्रसाद' की रचनाओं में इस प्रकृति के पात्र भी प्रायः मिलते हैं। 'अजातशत्रु' के बिंबसार, वासवी और मल्लिका इसी प्रकार के पात्र हैं। स्कंदगुप्त और देवसेना में इसी प्रकृति का बाहुल्य है। देवसेना के चरित्र का उद्घाटन बड़ी सुंदरता से हुआ है, इसीलिए उसमें इस द्वंद्वात्मक प्रवृत्ति का गांभीर्य दिखाई पड़ता है, दिन-रात की उसकी संगिनी जयमाला उसकी प्रकृति को समझती तो है, पर निश्चय करने में वह भी असमर्थ रहती है, उसकी मुद्रा देखकर कभी-कभी आश्चर्यमय कुतूहल से प्रेरित होकर कहती है—'तू उदास है कि प्रसन्न, कुछ समझ में नहीं आता। जब तू गाती है—तब तेरे भीतर

की रागिनी रोती है, और जब हँसती है तब जैसे विषाद की प्रस्तावना होती है'। उसने स्वयं भी अपनी द्वंद्वात्मक स्थिति का प्रकाशन किया है—'नीरव जीवन और एकांत व्याकुलता, कचोटने का सुख सुंदर होता है। जब हृदय में रुदन का स्वर उठता है, तभी संगीत की वीणा मिला लेती हूँ। उसी में सब छिप जाता है'। यह गूढ़ प्रकृति का कितना भव्य रूप है। स्कंदगुप्त के अंतःकरण में तीव्र अभिमान के साथ आद्यंत विराग का द्वंद्व दिखाया गया है। 'चंद्रगुप्त' नाटक में गूढ़ प्रकृति का रूप चाणक्य में लक्षित है। कात्यायन के इस कथन में वह स्पष्ट हो गया है—'तुम हँसो मत चाणक्य। तुम्हारा हँसना तुम्हारे क्रोध से भी भयानक है।' द्वंद्वपूर्ण चारित्र्य की ऐसी भव्य उद्‌भावना केवल पश्चिम की देन नहीं है। 'वज्रादपि कठोराणि मृदूनि कुसुमादपि' अथवा 'कालाग्नि सदृशः क्रोधे क्षमया पृथिवी समः' में चारित्र्य का ही वैषम्य ध्वनित है।

विदूषक

विदूषक पात्रों का सर्जन 'प्रसाद' ने कम किया है, क्योंकि परिहास का अवसर गंभीर और संघर्षपूर्ण स्थिति में मिलता कहाँ है। 'प्रसाद' ने दो रूपों में विदूषकत्व की अवतारणा की है। अधिकतर तो नाटक के पात्रों को परिहासी और विनोदी प्रकृति का बनाकर काम निकाल लिया है—जैसे, महापिंगल, विकटघोष, काश्यप इत्यादि। कहीं-कहीं प्राचीन पद्धति के अनुसार स्वतंत्र रूप में भी विदूषकों की सृष्टि की है, जैसे 'अजातशत्रु' में वसंतक एवं 'स्कंदगुप्त' में मुद्‌गल। इन विदूषकों की विशेषता भी प्राचीन पद्धति से ही मिलती-जुलती रखी गई है। राजाओं के अंतरंग मित्र के रूप में रहकर उनकी आलोचना करना, उनकी अभीष्ट-सिद्धि में योग देना, समय-समय पर छूटे हुए नाटक के कथांशों को मिलाते चलना, दूतत्व करना और अपने विनोदपूर्ण व्यंग्यों से लोगों को प्रसन्न करते रहना, इनकी मुख्य विशेषताएँ हैं। इन्हीं उद्देश्यों की पूर्ति में वसंतक और मुद्‌गल भी संलग्न दिखाई पड़ते हैं। जहाँ क्रिया-व्यापार का वेग अधिक हो गया है अथवा परिस्थिति ने अनुग्रह नहीं किया वहाँ विदूषकत्व की केवल गंध-भर पहुँच पाई है और उस गंध का भी गला दबा ही रह गया है—जैसे, 'ध्रुवस्वामिनी' और 'चंद्रगुप्त' में।

संवाद : प्रयोजन

अन्य प्रकार की रचनाओं में लेखक का व्यक्तित्व प्रत्यक्ष रहने के कारण संवादों के अतिरिक्त अन्य दूसरे उपाय भी रहते हैं जिनके द्वारा वह पात्रों के कुलशील और वस्तु-स्थिति का परिचय दे सकता है और आवश्यकतानुसार सबकी आलोचना भी करता है, परंतु नाटक में एकमात्र संवाद ही उसका साधन रहता है। ऐसी अवस्था में नाटकों के संवाद विशेषतः अभीष्ट-साधक होने चाहिए। उनकी रचना इस प्रकार की होनी चाहिए कि

वे कथानक को अग्रसर करते रहें और चरित्र-चित्रण में पूरा योग देते चलें। 'प्रसाद' के नाट्य संवादों में ये दोनों प्रयोजन सर्वत्र सिद्ध होते हैं—'ओह, तो मेरा कोई रक्षक नहीं। (ठहरकर) नहीं मैं अपनी रक्षा स्वयं करूँगी। मैं उपहार में देने की वस्तु, शीतलमणि नहीं हूँ। मुझमें रक्त की तरल लालिमा है। मेरा हृदय उष्ण है और उसमें आत्मसम्मान की ज्योति है। उसकी रक्षा मैं ही करूँगी'। ध्रुवस्वामिनी के इन वचनों में वस्तु-स्थिति का निवेदन भी है और चारित्र्य का प्रकाशन भी। उसमें क्षत्राणी की तेजस्विता, दृढ़ता, आत्मसम्मान और स्वावलंबन है—यह एक ही स्थल से प्रकट हो जाता है। यदि संवाद सुगुंफित और सारगर्भित हों तो थोड़े में ही बहुत-सा वक्तव्य व्यक्त कर दिया जा सकता है—'राजकर मैं न दूँगा। यह बात जिस जिह्वा से निकली, बात के साथ ही वह भी क्यों न निकाल ली गई। काशी का दंडनायक कौन मूर्ख है। तुमने उसी समय उसे क्यों न बंदी बनाया'। अजातशत्रु के इन शब्दों में जहाँ उसका कठोर, उग्र, उद्धत रूप प्रकट हो रहा है वहीं काशी के शासन की दुर्बलता और अव्यवस्था भी ध्वनित हो रही है। इसी प्रकार सर्वत्र संवादों को साभिप्राय बनाने की चेष्टा दिखाई पड़ती है। दूसरा प्रयोजन कथानक को अग्रसर बनाना भी सर्वत्र लक्षित होता है। 'चंद्रगुप्त' और 'स्कंदगुप्त' के प्रथम दृश्य ही इस विशेषता का अच्छा उद्घाटन करते हैं। उन्हीं की भाँति अनेकानेक अन्य स्थल भी देखे जा सकते हैं। इस विचार से 'प्रसाद' के कथोपकथन बड़े ही सजीव हुए हैं।

संक्षेप और विस्तार

रूपक में संवादों के अधिक बड़े हो जाने से व्यावहारिक यथार्थता का ह्रास हो जाता है। यदि 'प्रसाद' के रूपकों के ऐसे स्थलों को विचारपूर्वक देखा जाय तो यह दोष प्रायः मिलेगा। इस दोष के दो कारण दिखाई पड़ते हैं। पहला है—जहाँ-कहीं विवाद होने लगा है वहाँ अपने समस्त तर्कों को एक साथ प्रयोग करने की प्रवृत्ति पात्र रोक नहीं सके हैं। एक विषय से संबद्ध बातें एक प्रवाह में आई हैं। यह वितर्क-प्रवाह यदि खंड-खंड होकर आया होता तो वेग भी बढ़ जाता और यह दोष भी न रहता। जहाँ ऐसा हुआ है वहाँ धारावाहिकता का चमत्कार अवश्य उत्पन्न हो गया है, परंतु ऐसे स्थल न्यून हैं। एक अच्छा-सा उदाहरण 'ध्रुवस्वामिनी' में वहाँ मिलता है जहाँ पुरोहित और ध्रुवदेवी का विवाह-विषयक विवाद है। इसके अतिरिक्त अधिकांश विवादपूर्ण स्थलों पर वही दोष दिखाई पड़ता है। उक्त नाटक को छोड़कर यह दोष अन्य सभी नाटकों में उपलब्ध है—जैसे, 'स्कंदगुप्त' के चतुर्थ अंक का वह स्थल जहाँ ब्राह्मण-श्रमणों का संघर्ष हुआ है, 'चंद्रगुप्त' में युद्ध-परिषद्, 'जनमेजय का नागयज्ञ' का प्रथम दृश्य अथवा 'अजातशत्रु' का शक्तिमती-कारायण-संवाद। जहाँ-कहीं विवाद उठा है वहीं लंबे-लंबे कथोपकथन मिलते हैं। दूसरा कारण है भावुकता। भाव-प्रवण पात्र अपनी

बातचीत में कल्पना-प्रधान भावभंगी का प्रयोग करते हैं; अतएव विषय उपस्थित करने की शैली में ही विस्तार हो जाता है। इसके अतिरिक्त आवेशयुक्त भावातिरेक की संपूर्ण पदावली को एक अटूट धारा में कहते हैं, इसलिए भी विस्तार बढ़ जाता है। ऐसे स्थलों की बहुत अधिकता है—जैसे, 'स्कंदगुप्त' के द्वितीय अंक का प्रथम, चतुर्थ अंक के प्रथम तथा अंतिम, पंचम अंक का प्रथम; 'चंद्रगुप्त' के तृतीय अंक का छठा; 'अजातशत्रु' के द्वितीय अंक के प्रथम, तृतीय और आठवें दृश्य हैं। कहीं-कहीं जब वह भावुकता कवित्व को भड़का देती है तो भी विस्तार बढ़ जाता है—जैसे, 'स्कंदगुप्त' का वह दृश्य जिसमें मातृगुप्त और मुद्गल कविता के पीछे पड़ गए हैं। कहने का तात्पर्य यह है कि कई कारणों से संवादों में विस्तार आ गया है जो अनुकूल नहीं कहा जा सकता।

अन्य स्थलों के संवाद व्यावहारिक और विषय-संगत हैं, विषय की प्रकृति के अनुसार वेगयुक्त अथवा मंदगामी हैं। वीररस से संबद्ध संवाद आवेश और उत्कर्ष से भरे हैं और जो प्रेम के प्रसंग में आये हैं उनमें भावुकता और मंद माधुर्य का विस्तार दिखाई पड़ता है। सभी रूपकों में प्रायः प्रधानता वीररस की है, अतः दृप्त तेजस्विता से भरे संवादों की अधिकता है—जैसे, 'स्कंदगुप्त' में गांधार की घाटी और कुभा के रणक्षेत्र में तथा मालव की राजसभा में; तथा 'चंद्रगुप्त' के द्वितीय अंक के ग्यारहवें दृश्य में दूसरी ओर मंदगामी मधुर संवादों की भी कमी नहीं है, क्योंकि प्रायः सर्वत्र ही वीर का सहयोगी शृंगार रस है। इसलिए प्रेम और भावुकता से आपूर्ण कथोपकथनों की भी अधिकता दिखाई देती है—जैसे 'स्कंदगुप्त' के तृतीय अंक के उपवनवाले और अंतिम दृश्य हैं अथवा 'चंद्रगुप्त' के चतुर्थ अंक का दसवाँ दृश्य है। शुद्ध व्यावहारिक कथोपकथन भी सजीव और अपने प्रकृत रूप में मिल जाते हैं। वहाँ क्रिया के प्रवाह में इतिवृत्त का प्रसार भी चलता है—जैसे, 'चंद्रगुप्त' के द्वितीय अंक के दसवें और अंतिम तथा 'स्कंदगुप्त' के प्रथम अंक के अंतःपुर और पथ के दृश्य हैं।

स्वगत-भाषण

वर्तमान समीक्षकों के विचार से नाटकों के स्वगत-भाषण अयथार्थ अतएव अवांछनीय हैं। 'विशाख' नाटक में 'प्रसाद' ने भी महापिंगल के द्वारा नाटकों के स्वगत पर व्यंग्य करते हुए कहा है—'जैसे नाटकों के पात्र स्वगत जो कहते हैं वह दर्शक-समाज व रंगमंच सुन लेता है, पर पास का खड़ा पात्र नहीं सुन सकता, उनको भरत बाबा की शपथ है'। इससे यह प्रकट होता है कि नाटककार स्वगत-भाषण को प्राकृतिक और बुद्धि-संगत नहीं मानता, फिर भी स्वयं उसने अपनी रचनाओं में उसका इतना अधिक प्रयोग किया है कि वह दोष की सीमा में पहुँच जाता है। ऐसा कोई नाटक नहीं जहाँ इसका प्रयोग न हो और प्रयोग ही नहीं, आधिक्य न हो। इतना ही नहीं ये स्वगत-भाषण भी लघु

नहीं बड़े दीर्घकाय हैं। इस स्वगत-रोग से सभी प्रमुख पात्र पीड़ित दिखाई पड़ते हैं। पात्रों के हृदय की आँधी को इस ढंग से प्रकाशित कर देना है तो सरल, परंतु एकांत में इतना अधिक बोलना अप्राकृतिक ज्ञात होता है, सो भी दो-एक बार नहीं—बारंबार। इसी वेगयुक्त विचार अथवा भाव-धारा को यदि टुकड़े-टुकड़े करके संवाद का रूप दिया जाय और वाग्योग के लिए कोई एक पात्र और रख लिया जाय तो यह दोष बचाया जा सकता है। कहीं-कहीं तो ऐसे स्थल बहुत ही खटकते हैं। प्रायः भिन्न-भिन्न प्रकृति के पात्र कहीं टहलते हुए, कहीं मार्ग में जाते हुए, कहीं एकाकी बैठे हुए, कहीं किसी से बातचीत करते ही करते—लगते हैं अपने आप ही बोलने। छोटे-मोटे स्वगत-भाषणों की तो भरमार है। उनके स्थल-निर्देश की आवश्यकता नहीं है। विशेष उल्लेख तो उन स्वगतों का करना है जिनमें पात्र केवल इसी अभिप्राय से जमकर बैठा दिखाई पड़ता है। ऐसे स्थलों की भी कमी नहीं है—जैसे, 'चंद्रगुप्त' (प्रथम संस्करण) पृष्ठ 17, 35, 113, 132, 170, 212। 'स्कंदगुप्त' (प्रथम संस्करण) पृष्ठ 16, 93, 125, 139, 146, 147, 149। 'जनमेजय का नागयज्ञ' (प्रथम संस्करण) पृष्ठ 11, 60, 82। 'अजातशत्रु' (चतुर्थ संस्करण) पृष्ठ 7, 41, 60, 68, 79, 91, 111, 140। 'ध्रुवस्वामिनी' (प्रथम संस्करण) पृष्ठ 2, 38, 72। 'विशाख' (द्वितीय संस्करण) पृष्ठ 36, 68। स्वगत-भाषणों का इतनी प्रचुर मात्रा में प्रयोग अवश्य ही दोष की बात है। कहीं-कहीं एक ही क्रम में दो व्यक्तियों का स्वगत-कथन अथवा एक ही व्यक्ति के द्वारा इसका बारंबार प्रयोग अधिक खटकने लगता है। 'चंद्रगुप्त' में चाणक्य से अनेक बार स्वगत-भाषण कराया गया है।

कार्यगति-प्रेरक और रोधक संवाद

संवादों की प्रकृति भी दो प्रकार की होती है। संवादों में परिस्थिति का उद्घाटन करते हुए कार्य-व्यापार में नियोजित करने की क्षमता होती है। किसी स्थल विशेष के संवाद से ही यह प्रकट हो जाता है कि विषय और परिस्थिति में गति है अथवा नहीं। समीप भविष्य का संभावित रूप भी उसके द्वारा समझ में आने लगता है। वस्तुस्थिति किस ओर अग्रसर है और कहाँ तक बढ़ सकती है इसका अनुमान संवाद के वर्तमान रूप को ही देखकर लगाया जा सकता है। किसी कार्य में प्रवृत्त करनेवाले संवादों में नई-नई बातों, नए-नए भावों, सक्रियता के रूपों और परिणामों का निरंतर प्रकाशन होता चलता है। कहा जा चुका है कि इसी उपादेयता के कारण साधारणतः सब प्रकार की रचनाओं में और मुख्यतः नाटकों में संवादों के आधार पर कथा का प्रसार तथा चरित्रांकन होता है। कथा का प्रसार करनेवाले जितने संवाद होंगे उनमें प्रेरकता अवश्य रहेगी। उदाहरण के लिए 'चंद्रगुप्त' नाटक के प्रथम अंक के पहले, पाँचवें और नवें दृश्य लिए जा सकते हैं। इनके अतिरिक्त 'प्रसाद' के अन्य प्रमुख नाटकों में सर्वत्र ही प्रेरक संवादों की अधिकता है। यदि ऐसे संवादों की न्यूनता हो तो अवश्य ही वस्तु-विन्यास सुशृंखलित एवं सुसंविहित

न रह सकेगा। जो संवाद ऐकांतिक विचारधारा से युक्त होंगे अथवा किसी उग्रता को शांत करने के लिए उपदेश अथवा वितर्क के रूप में आवेंगे, उनमें क्रिया की ओर प्रवृत्त करने की शक्ति नहीं रह जायगी, क्योंकि वे तो उसी का विरोध करते रहेंगे। इसके अतिरिक्त वहाँ भी संवादों में कोई प्रेरणा नहीं दिखाई पड़ेगी जहाँ या तो केवल किसी बात की सूचना की जाती होगी अथवा निष्क्रिय भावुकता से प्रेरित विचार-विमर्श होता रहेगा। कहने का तात्पर्य यह है कि निष्क्रिय भावुकता, वितर्क, विवाद, सूचना और उपदेश आदि के कारण क्रिया की गति रुद्ध हो जाती है। सरोवर का जल जैसे बँध जाने से स्थिर और शांत रहता है उसी प्रकार इन स्थलों का कथा-प्रवाह भी वेगरहित हो जाता है। उस स्थान या अवसर विशेष के ऐकांतिक विषय को लेकर ही पात्रों में उत्तर-प्रत्युत्तर होता रहता है। 'प्रसाद' के नाटकों में ऐसे संवादों के भी रूप मिलते हैं, भले ही वे न्यून हों—जैसे, 'अजातशत्रु' के द्वितीय अंक के तीसरे, पाँचवें और सातवें तथा तृतीय अंक के तृतीय और छठे दृश्य तथा 'स्कंदगुप्त' का ब्राह्मण श्रमण-संघर्षवाला दृश्य अथवा वह दृश्य जिसमें मातृगुप्त मुद्‌गल को काव्य का रूप समझा रहा है। इनके अतिरिक्त पूर्वकथित वे सभी दृश्य इसके उदाहरण हो सकते हैं जो कथानक की क्षिप्रगति में भार-रूप हैं अथवा निरर्थक विस्तार के कारण अप्रासंगिक हैं।

संवाद में कविता का प्रयोग

यों तो संवादों में कविता का प्रयोग भारतीय नाट्यपरंपरा की वस्तु है, परंतु 'प्रसाद' पर नवीन युग की पारसी पद्धति का प्रभाव दिखाई पड़ता है, क्योंकि 'उत्तररामचरित' या 'अभिज्ञानशाकुंतल' वाली काव्य-प्रयोग प्रणाली उन्होंने नहीं ग्रहण की। यहाँ तो केवल कहीं-कहीं विषय निवेदन से ओज और शक्ति उत्पन्न करने के अभिप्राय से दो-दो, चार-चार पंक्तियों का उपयोग हुआ है। 'प्रसाद' ने अपनी आरंभिक रचनाओं में इसका प्रयोग किया है पर उत्तरोत्तर उनके जैसे-जैसे नवीन संस्करण प्रकाशित होते गए हैं वैसे-वैसे उनके संवादों से कविता पृथक् की गई है। इस प्रकार के संवाद 'राज्यश्री' और 'विशाख' के प्रथम संस्करण में अच्छी तरह देखे जा सकते हैं। यों तो 'स्कंदगुप्त' में भी हूण आक्रमण के समय जो त्राहि-त्राहि मचती है वह कविता ही में व्यक्त की गई है। अच्छा हुआ जो संवादों की यह अप्राकृतिक प्रवृत्ति 'प्रसाद' में नहीं बढ़ी।

रस-विवेचन : सक्रियता और रस-निष्पत्ति

सक्रियता और समष्टि-प्रभाव अथवा प्रभावान्विति को ही पाश्चात्य आलोचकों ने नाटक का प्राण कहा है। भारतीय रस-निष्पत्ति में इन दोनों का समन्वय है। विभाव, अनुभाव और संचारी के संयोग से ही रस की पूर्ण दशा प्राप्त होती है। इस संयोग और अन्विति में कोई तात्त्विक अंतर नहीं रह जाता। प्रभाव की यह अन्विति उत्पन्न ही नहीं हो सकती

यदि क्रिया-व्यापार के वृद्धि-क्रम की तीव्रता उखड़ जाय। सक्रियता का वेग यदि आरब्ध होकर निरंतर एकरस बढ़ता ही जाय तो अंत में किसी घटना विशेष का आश्रय लेकर उसका एक सामूहिक प्रभाव ऐसा पड़ता है कि सामाजिक का चित्त निर्लिप्त आनंदातिरेक से विह्वल हो उठता है। इस आनंदानुभूति को कुछ लोग प्रभावान्विति और कुछ लोग रस-दशा की पूर्णता कहते हैं। ऐसी दशा में इस पूर्णता के प्रधान अवयवों—विभावानुभावादि—का यथास्थान चित्रण आवश्यक है। आलंबन एवं उद्दीपन विभावों के जो अनुसारी परिणाम रूप अनुभाव और संचारी हैं यदि इनका यथोचित आयोजन हो जाय तो रसोद्रेक अवश्यंभावी हैं। इनकी सत्ता क्रिया-व्यापारों के द्वारा ही व्यक्त होती चलती है अतएव सक्रियता का वृद्धि-क्रम भी साथ ही साथ चलता रहेगा, जिसका परिणाम अंत में प्रभावान्विति के रूप में अवश्य ही उत्पन्न होगा।

रसावयव

आलंबन विभाव के चित्रण में 'प्रसाद' ने बड़ी चातुरी दिखाई है। आश्रय के तेज-प्रताप शक्ति-बल इत्यादि के अनुरूप विपक्ष-दल यदि नहीं अंकित किया जायगा तो आश्रय का महत्त्व नहीं स्थापित हो सकता। 'स्कंदगुप्त' में आक्रमणकारी विदेशी शत्रुओं की बर्बरता, अत्याचार और उच्छृंखलता उतनी भयंकर न प्रमाणित होती यदि उसमें भटार्क के मिल जाने से अनंतदेवी के उग्र अंतर्विरोध का योग न होता। उसके कुचक्रों और दुष्प्रयत्नों के कारण धर्म-संघ भी विरोधी बन गए। इस प्रकार आश्रय-पक्ष का दायित्व और कर्मशीलता बढ़ गई और आलंबन-पक्ष बड़ा प्रबल दिखाई पड़ने लगा है। विभाव का दूसरा अंग जो उद्दीपन है वह भी आलंबन के साथ-साथ चलता है। शत्रु का उत्कर्ष और प्रताप देखकर ही आश्रय में अनुभाव का रूप प्रकट होता है। अनंतदेवी का षड्यंत्र, देवकी और देवसेना की हत्याओं की चेष्टा इत्यादि उद्दीपन रूप में हैं। कुभा के रणक्षेत्र में की गई भटार्क की प्रवंचना भी इसी के अंतर्गत आएगी। शत्रु की शक्ति और उत्कर्ष से उद्दीपित होकर आश्रय के उत्साह का जो बाह्यरूप प्रकट होता है वही अनुभाव कहलाता है। आलंबन के अनुरूप ही 'प्रसाद' के अनुभाव और संचारियों की भी योजना की है। जहाँ रस के संपूर्ण अवयवों का पूरा संयोग बैठ गया है वहाँ रस-निष्पत्ति और सक्रियता की पूरी अन्विति स्पष्ट दिखाई पड़ती है। 'स्कंदगुप्त', 'चंद्रगुप्त' और 'ध्रुवस्वामिनी' में जो सक्रियता का अच्छा दर्शन होता है, उसका यही कारण है। वेगयुक्त प्रवाह से ये नाटक आद्यंत भरे हुए हैं। 'चंद्रगुप्त' में तीन प्रमुख घटनाएँ और आलंबन के तीन-तीन दल होने से ही नाटक का वस्तु-विस्तार अधिक दुर्भर या अप्रिय नहीं लगता। 'ध्रुवस्वामिनी' में एक ही विरोध-शक्ति है तो उसका वस्तु-प्रसार लघु है। इन तीनों नाटकों में रस के विभिन्न अवयवों की योजना अच्छे क्रम से हुई है, इसलिए ये ही तीनों रचनाएँ सर्वोत्कृष्ट हो सकी हैं।

प्रधान एवं सहयोगी रस

प्रायः सभी नटकों में प्रधानता वीररस की ही मिलती है। अपने अंगोपांग से युक्त यह वीररस समय-समय पर अन्य रसों से भी पुष्ट होता गया है—शृंगार, शांत और हास्य भी यथास्थान आ गए हैं। 'ध्रुवस्वामिनी' में चंद्रगुप्त और ध्रुवस्वामिनी का प्रेमभाव उत्तरोत्तर विकास पाता गया है और वीररस का सहयोगी बनकर जीवित दिखाई पड़ता है। 'स्कंदगुप्त' की राजनीतिक जीवन-धारा के भीतर प्रेम-शृंगार का प्रच्छन्न प्रवाह भी चलता है। 'चंद्रगुप्त' में तो कई प्रेमी दल हैं। वहाँ तो शृंगार के सभी अंग दिखाई पड़ते हैं—विशेषकर अलका और सिंहरण के प्रेम-व्यापार में। गुरुकुल में अलका को देखकर सिंहरण के भीतर रतिभाव का बीज पड़ता है। अपने समान धर्म और उद्देश्य में लगी देखकर, अपनी हितकामना और रक्षा के लिए उसे सतत प्रयास करते पाकर सिंहरण का वह रति-भाव उद्दीप्त होता है। यवन से रक्षा करना, प्रेम-निवेदन करना आदि अनुभाव हैं और संचारी रूप में हर्ष, औत्सुक्य, अमर्ष, विषाद इत्यादि मिल जाते हैं। प्रथम दृश्य में अलका के हृदय में भावोदय का रूप भी अच्छा दिखाया जाता है। कहीं-कहीं शांत रस का चित्रण भी हुआ है—जैसे, 'अजातशत्रु' के बिंबसार और वासवी में इसका विकास है। 'चंद्रगुप्त' का चाणक्य भी शांत रस का आश्रय है। उसके प्रसंग में इस रस का विस्तार मिल सकता है। लक्ष्य-प्राप्ति के उपरांत उसके हृदय में निर्वेद स्थायी भाव उत्पन्न होता है। परार्थ में ही वह लगा दिखाई पड़ता है। दांड्यायन के आश्रम में जाना उद्दीपन है। वैखानस होने की इच्छा करना, सब संघर्षों से तटस्थ होने की चेष्टा करना आदि अनुभाव के अंतर्गत हैं और हर्ष, मति, धृति, निर्वेद, विरोध इत्यादि संचारी भी दिखाई पड़ते हैं। इस प्रकार यदि विचार किया जाय तो चाणक्य के पक्ष में शांत रस का अच्छा विकास है। सुवासिनी के प्रसंग में भावशांति भी सुन्दर ढंग से दिखाई गई है। वीभत्स का आभास 'स्कंदगुप्त' के कापालिक-प्रकरण में मिल जाता है और भयानक का हूणों के अत्याचार में।

हास्य-परिहास

एक शब्द कामिक—हास्य—के बारे में लिखना है। वह यह कि वह मनोरंजिनी वृत्ति का विकास है। जिस जाति में स्वतंत्र जीवन की चेष्टा है वहीं इसके सुगम उपाय और सभ्य परिहास दिखाई देते हैं। परंतु यहाँ रोने से फुरसत नहीं, विनोद का समाज में नाम ही नहीं फिर उसका उत्तम रूप कहाँ से दिखाई दे, अंग्रेजी का अनुकरण हमें नहीं रुचता, हमारी जातीयता ज्यों-ज्यों सुरुचि-संपन्न होगी वैसे-वैसे इनका शुद्ध मनोरंजनकारी विनोदपूर्ण और व्यंग का विकास होगा, क्योंकि परिहास का उद्देश्य संशोधन है, साहित्य में नवरसों में वह एक रस है, किंतु इस विषय की उत्तम कल्पनाएँ बहुत कम हैं। आजकल पारसी रंगमंचवाले एक स्वतंत्र कथा गढ़कर दो-तीन दृश्य में फिर

नाटक में जगह-जगह उसे भर देते हैं जिससे कभी-कभी ऐसा हो जाता है कि अतीव दुःखद दृश्य के बाद ही एक फूहड़ हँसी का दृश्य सामने उपस्थित हो जाता है, जिससे जो कुछ रस बना हुआ रहता है वह लुप्त हो, एक वीभत्स रसाभास उत्पन्न कर देता है। इसका परिपाक पूर्ण रूप से होने नहीं पाता और मूल कथा के रस को बार-बार कल्पित करके दर्शकों को देखना पड़ता है। अंत में, नाटक देख लेने पर, एक उत्सव वा तमाशा का दृश्य ही आँख में रह जाता है। शिक्षा का—आदर्श का—ध्यान भी नहीं रह जाता। इसलिए हम ऐसे कामिक के विरुद्ध हैं,—('विशाख' की भूमिका, प्रथम संस्करण, पृ. 10-11)।

नाटक में प्रयुक्त होनेवाले हास्य के विषय में स्वयं लेखक के ये विचार हैं। यही कारण है कि उसके किसी भी नाटक में 'कामिक' ऐसा भद्दा रूप नहीं मिलता। लेखक का विचार सर्वथा उचित ज्ञात होता है। संघर्षपूर्ण जीवन में जहाँ नाना प्रकार की जटिलताएँ और विरोध भरे हों, हास्योद्रेक का अवसर आ ही नहीं सकता और यदि भाग्य से कहीं सुअवसर मिल ही गया तो कुछ क्षणों के लिए ही। इसलिए कहीं-कहीं नाटक के आधिकारिक वृत्ति के प्रवाह के साथ-साथ नाटक के ही किसी हँसोड़ प्रकृति के पात्र के द्वारा हलकी-सी हास्यवृत्ति का हलका-सा स्फुरण दिखा देना ही अलम् समझा गया है। लेखक अपनी विचार-सीमा के बाहर कहीं गया ही नहीं। दृश्य का दृश्य कहीं भी हँसी-मजाक से पूर्ण नहीं दिखाई पड़ता। ऐसा भी नहीं होता कि सामाजिक अथवा पाठकों की गंभीर विचारधारा उससे प्रभावित हुई हो। प्राचीन नाटकों के विदूषकों की ही भाँति 'प्रसाद' ने कहीं तो पृथक् पात्र की योजना कर दी है—जैसे, वसंतक, मुद्गल इत्यादि; और कहीं नाटक के ही पात्रों को परिहास-प्रिय बनाकर काम निकाल लिया है—जैसे, महापिंगल, काश्यप, मधुकर इत्यादि। इन पात्रों के व्यापार या वचनों से कहीं भी खुलकर हँसी नहीं आती। थोड़ी मुस्कुराहट तक ही हास्य बढ़ पाता है। 'चंद्रगुप्त' और 'ध्रुवस्वामिनी' में तो कार्य-धारा इतनी वेगपूर्ण है कि उतने भी हास-परिहास का अवसर नहीं मिल सका है। इस विनोदाभाव के कारण कोई खटकनेवाली बात नहीं मिलती।

प्रेम-सिद्धांत

अनुरागोदय के भी भिन्न-भिन्न प्रकार 'प्रसाद' ने अंकित किए हैं। ऐसे दो स्त्री और पुरुष-पात्रों को जिन्हें आगे चलकर प्रेमी-युगल बनाना अभिप्रेत होता है वे प्रथम दर्शन में आकृष्ट दिखा दिए गये हैं। इस प्रकार के अनुरागोदय का फल मंगलमय और अमंगलमय दोनों दिखाई पड़ता है। विशाख, चंद्रलेखा पर प्रथम दर्शन ही में अनुरक्त हो गया है और फिर वह प्रेमाकर्षण अनेक स्थितियों से होता हुआ विवाह रूप में परिणत हो गया है। इसी प्रकार चंद्रगुप्त और कार्नेलिया, अजात

और बाजिरा, जनमेजय और मणिमाला, सिंहरण और अलका तथा चंद्रगुप्त और ध्रुवस्वामिनी के प्रेम का आरंभ भी प्रथम दर्शन में ही हुआ है और सबका फल मंगलमय दिखाया गया है। परंतु स्कंदगुप्त और विजया में, मल्लिका और विरुद्धक में यह प्रेमोदय विफल हो गया है। विजया और विरुद्धक के चरित्र इसमें कारण माने जाएँगे। चंचल स्वभाव की नारी विजया और उच्छृंखल प्रकृति का विरुद्धक एकनिष्ठ हो ही नहीं सकते। प्रेम के क्षेत्र में भी वही चारित्र्य-दोष विफलता का कारण बन जाता है। इस विषय में लेखक इसी विचार का दिखाई पड़ता है; यदि चरित्र शुद्ध हो,. वासना की प्रबलता न समाई हो और पूर्व संस्कारों की आध्यात्मिक प्रेरणा हो तो प्रथम दर्शन में उत्पन्न प्रेम अवश्य मंगलमय और चिरस्थायी होगा। 'एक घूँट' के आनंद, वनलता और प्रेमलता के विवाद से इसी पद्धति का पोषण होता है।

कहीं-कहीं बाल-साहचर्य एवं व्यक्तित्व के साथ गुण-दर्शन से प्रेम का आरंभ भी दिखाया गया है—जैसे, स्कंदगुप्त और देवसेना, चंद्रगुप्त और कल्याणी इत्यादि में। इस प्रकार के प्रेम का विकास और फल अवश्य ही श्रेष्ठ होता है। भले ही देवसेना और कल्याणी को ऐहिक सफलता न प्राप्त हो सकी हो परंतु त्याग, संतोष और विश्वास के अमृत पीकर इन्होंने अमर प्रेम-फल की प्राप्ति की है, इसमें वितर्क के लिए कोई स्थान नहीं है। प्रेम की प्रथम पद्धति ही लेखक को मान्य मालूम पड़ती है, पर उसमें भी दो वर्ग हैं। एक में केवल रूप-सौंदर्य कारण है—जैसे, विशाख और चंद्रलेखा तथा जनमेजय और मणिमाला में और दूसरे में गुणोत्कर्ष भी सम्मिलित है—जैसे, चंद्रगुप्त-कार्नेलिया, सिंहरण-अलका और चंद्रगुप्त-ध्रुवस्वामिनी में। दूसरे प्रकार में अधिक आधार रहने से वह कुछ अधिक महत्त्वपूर्ण ज्ञात होता है। लेखक की रुचि इस प्रकार के प्रेम-विकास की ओर अधिक दिखाई पड़ती है।

देश-काल : साधारण

'प्रसाद' के नाटक भारतीय इतिहास के उस अध्याय को लेकर चले हैं जो अपनी सर्वतोमुखी संपन्नता के कारण स्वर्णयुग कहलाता है। जनमेजय परीक्षित से लेकर सम्राट् हर्षवर्धन तक का काल भारतीयों के राजनीतिक, आध्यात्मिक, साहित्यिक और धार्मिक उत्कर्ष की परम सीमा का है। अतएव उन नाटकों में उन विषयों का चित्रण पर्याप्त मात्रा में मिलता है। यह चित्रण दो प्रकार से किया गया है—व्यक्त रूप में और प्रच्छन्न रूप में। व्यक्त रूप वह है जहाँ इन विषयों का स्पष्ट और सीधा उल्लेख है, जैसे किसी नाटक में यदि ऐसी स्थिति दिखाई जाय कि एक ही अथवा भिन्न-भिन्न धर्म के लोग आपस में झगड़ रहे हैं और इस प्रकार का विरोध तत्कालीन वस्तुस्थिति पर प्रभाव डालता दिखाई पड़ रहा है तो कहा जाएगा कि नाटक में इसका स्पष्ट उल्लेख है। यदि दो धर्मों

अथवा संप्रदायों के विचार से प्रभावित पात्रों के द्वारा कुछ ऐसे व्यापार होते दिखाए जाएँ जिनसे एक का अथवा दूसरे का समर्थन होता हो तो बात वही होगी पर इस ढंग का कथन अथवा चित्रण प्रच्छन्न कहा जाएगा।

जहाँ उन विविध विषयों की सामूहिक एकात्मकता होती है वह है संस्कृति। राष्ट्र अथवा देश की इसी सामूहिक चेतना को संस्कृति कहते हैं। अतएव संस्कृति-विवेचना का तात्पर्य यही होता है कि किसी देश की राजनीतिक, आध्यात्मिक, सामाजिक, साहित्यिक और धार्मिक स्थितियों और प्रवृत्तियों के पूरे उद्घाटन से उसका परिचय मिल जाय। इस सांस्कृतिक परिचय का सर्वोत्तम और व्यावहारिक रूप यह होता है कि तत्कालीन मनुष्यों का परिचय दिया जाय और उनके द्वारा संपादित कुछ कार्य-व्यापारों का ऐसा दिग्दर्शन करा दिया जाय जिससे उनकी मौलिक प्रवृत्तियों का आभास मिल सके। इस विषय का सम्यक् और स्पष्ट उल्लेख तो इतिहास में ही संभव है, परंतु काव्य, नाटक और अन्य प्रकार की कला-कृतियों में भी इनका प्रच्छन्न चित्रण अथवा आभास मिलता है। इन काव्यात्मक रचनाओं की शैली के अनुसार कहीं सविस्तर चित्रण संभव होता है और कहीं संक्षिप्त। उसमें भी व्यक्त अथवा प्रच्छन्न निर्देश पर्याप्त होता है। उपन्यास का वस्तु-विस्तार अपरिमित होता है और उसमें लेखक का व्यक्तित्व सर्वथा प्रकाशित रहता है अतएव वहाँ विविध विषयों का विस्तार संभव है, परंतु नाटक में रचना-पद्धति की प्रतिकूलता के कारण वह सर्वथा नियंत्रित रखता है। उदाहरण रूप में राखालदास बैनर्जी का 'करुणा' उपन्यास और 'प्रसाद' का 'स्कंदगुप्त' और 'ध्रुवस्वामिनी' को लिया जा सकता है। दोनों रचनाओं की कथा प्रायः समान है पर उपन्यास में जिन विषयों का भव्य विस्तार मिलता है, नाटक में उन्हीं विषयों का लघु संकेत हुआ है। नाटकों की रचना-पद्धति ऐसी है जिसके अनुसार इतना ही संभव और यथेष्ट है कि इन विविध विषयों का कहीं स्पष्ट और कहीं प्रच्छन्न कथन हो जाय। 'प्रसाद' के नाटकों में विषय कालानुकूल वस्तुस्थिति और अन्य विषयों का यथेष्ट संकेत मिलता है।

कालानुरूप चरित्रांकन

देश-काल का सर्वोत्तम प्रतिनिधित्व मानव-समाज में अभिव्यक्त होता है और 'प्रसाद' की मानव-मंडली विशिष्ट प्रकार की है। नाटकों के ऐतिहासिक होने के कारण उनके पात्र अधिकांश तो राजवर्ग के हैं और कुछ साधारण श्रेणी के, इसलिए उनका चरित्रांकन प्रायः वर्गगत हुआ है—आदर्श और यथार्थ के विचार से, अमीर और गरीब के विचार से। ये गरीब भी साधारण जनता के सुख-दुःख के बीच रहनेवाले नहीं हैं, उनका संबंध भी किसी न किसी प्रकार राजभवन से ही स्थापित हो जाता है। सुरमा ऐसी मालिन भी देवगुप्त की रानी बन जाती है। ऐसी अवस्था में यही कहना चाहिए कि 'प्रसाद'

का मानव-समाज राजवर्गीय है और इस वर्ग में अच्छे से अच्छे तथा बुरे से बुरे लोग दिखाई पड़ते हैं। यह स्थिति आज की नहीं है उसका यही सनातन रूप है। आपस का भेद-भाव, दुरभिसंधि, नाना प्रकार के कुचक्र जैसे आजकल राजवर्ग में मिलते हैं वैसे ही प्राचीन काल में भी थे।

जिन विशिष्ट पुरुषों को लेकर इतिहास की रचना हुई है उन्हीं को अपना नायक बनाकर 'प्रसाद' ने भी नाटक लिखे हैं। वे महापुरुष महत्त्वपूर्ण पदों पर प्रतिष्ठित ही न रहते, यदि उनमें चरित्र और कर्म की भव्यता न होती। इसलिए उनका चरित्र उदात्त और व्यक्तित्व महान दिखाई पड़ता है। इतिहास के महापुरुष या तो ऐसे हैं जिन्होंने अपने समाज के कल्याण के लिए तपस्या की है अथवा अपने साम्राज्य-संगठन में पराक्रम का कार्य किया है। दूसरे प्रकार के लोगों के लिए यह आवश्यक है कि वे नाना प्रकार के राजनीतिक व्यापारों में संलग्न रहें, युद्ध, विद्रोह, क्रांति, षड्यंत्र इत्यादि का सामना करें, अपने चरित्र बल से इन संघर्षपूर्ण परिस्थितियों का अतिक्रमण करके राष्ट्र और समाज के धर्म, धन, जन और सम्मान की रक्षा करें। इन नाटकों में दूसरे प्रकार के ही महापुरुषों का वृत्त मिलता है। प्रसंगवश प्रथम कोटि के पात्र भी दिखाई पड़ते हैं—जैसे, बुद्ध, व्यास, चाणक्य इत्यादि, पर वे केवल योगवाही मात्र हैं।

जनमेजय वीर प्रकृति का था। बर्बर जाति से उसका पैतृक विरोध था। साम्राज्य को उनके आतंक से बचाना आवश्यक हो गया था। इसलिए युद्ध करके जनमेजय ने उन्हें उच्छिन्न कर डाला। राज्य के भीतर ब्राह्मणों का विद्रोह चल रहा था। उसने उसके दबाने में भी निर्भीक तत्परता दिखाई। अंत में श्रेष्ठ शासक की भाँति सबको क्षमा कर राजपद की मर्यादा दृढ़ की। अपने उदात्त चरित्र के आधार पर जनमेजय ने शांति, न्याय और सुव्यवस्था की जड़ जमाई, उस समय की जैसी अवस्था थी उसी के अनुरूप उसमें योग्यता भी दिखाई पड़ी। अजातशत्रु बौद्धकाल का प्रतिनिधि था। उस समय एकछत्र राज्य का अभाव था। मांडलिक शासकों में कौटुंबिक संबंध होने पर भी किसी न किसी कारण युद्ध होता ही रहता था। अजातशत्रु स्वभाव और चरित्र से उद्धत और उग्र था, इसलिए तत्कालीन शासक मंडली में उसने राजनीतिक विप्लव उत्पन्न कर दिया था, परंतु बुद्ध के विशिष्ट व्यक्तित्व के कारण पुनः एक बार शांति उत्पन्न हो गई थी। उस काल के पात्रों में बुद्ध धर्म का प्रभाव व्याप्त था। बिंबसार, प्रसेनजित्, अजातशत्रु, उदयन इत्यादि का आचरण बुद्ध धर्म से नियंत्रित था। इसी प्रकार चंद्रगुप्त मौर्य में अपनी समकालीन वस्तुस्थिति से युद्ध करने का पुरुषार्थ था। उसकी व्यवहार-कुशलता तथा अन्य पुरुषोचित गुण उस काल की स्थिति के अनुरूप ही थे। अन्य नाटकों में भी काल का योग था। कहने का तात्पर्य यह है कि जिस काल के व्यक्तियों का स्वरूप 'प्रसाद' ने अंकित किया है उनमें उस काल की छाप है। इतिहास का वह काल हिंदू संस्कृति का आदर्श काल है अतएव पात्रों में भी आदर्श गुणों का योग दिखाया गया है। राम के राज्य में भी रावण था, अत्याचार, अन्याय

और पाप था, उसी प्रकार उस आदर्श काल में भी दोष थे और यथास्थान 'प्रसाद' ने उसका चित्रण किया है।

राजनीतिक स्थिति

प्रत्येक नाटक में अपने समय की यथार्थ राजनीतिक स्थिति का आभास दिया गया है। जनमेजय के समय में किस प्रकार नाग जाति विद्रोह मचा रही थी और ब्राह्मण-दल कैसा विद्रोह कर रहा था इसका चित्रण विस्तार से मिलता है। बुद्ध-काल की राजनीतिक स्थिति भिन्न प्रकार की है। एकछत्र शासन के अभाव में बहुत से मांडलिक शासकों की स्थिति-सत्ता दिखाई पड़ती है। इनमें प्रायः कौटुंबिक संबंध है, फिर भी कभी-कभी किसी कारण से आपस में युद्ध हो जाता है, एक विशेषता यह भी मिलती है कि एक व्यक्ति ऐसा है जिसका प्रभाव सर्वत्र समान रूप से व्याप्त है और वह व्यक्ति है गौतम बुद्ध। यों तो बुद्ध के विरोधी भी दिखाई पड़ते हैं, परंतु उनके सद्धर्म का अखंड प्रभुत्व मिलता है—आचरण में, व्यवहार में और नित्य के जीवन में, राजनीति पर भी धर्म का इतना प्रभाव उस समय की अपनी विशेषता है। मौर्य काल में आकर विदेशियों के आक्रमण होने लगते हैं। सिकंदर का धावा होता है, फिर उसके सेनापति सिल्यूकस का अभियान दिखाई पड़ता है। इतने थोड़े-थोड़े समय में जो विदेशियों की चढ़ाई होती रहती है उसका कारण है भारतवासियों की अपनी फूट; सिकंदर की चढ़ाई के समय में ही यह प्रत्यक्ष हो जाता है कि सीमा-प्रांत के गण-राज्यों में कितनी फूट थी। एक-दूसरे की सहायता के लिए कोई तत्पर नहीं था। आपस में ही एक-दूसरे का विरोध कर रहे थे। पर्वतेश्वर का विरोध गांधार-नरेश भी कर रहा था और मगध का शासक नंद भी। अन्य गण-तंत्र भी पृथक्-पृथक् युद्ध करते थे, परंतु मिलकर संभव-समुत्थान के लिए कोई अग्रसर नहीं था। दूसरी ओर मगध-शासन की व्यवस्था भी तट-द्रुम की भाँति मृत्यु-मुख में प्रवेश के लिए खड़ी थी। गुप्तवंशीय चंद्रगुप्त (द्वितीय) विक्रमादित्य के काल में भी शकों का विरोध मिलता है। स्कंदगुप्त के राज्यकाल में आकर स्थिति और भी भयावह होती जा रही थी। पुष्यमित्रों का आक्रमण एक ओर और पुरगुप्त के कारण कौटुंबिक विद्रोह दूसरी ओर खड़ा था। पुष्यमित्रों को पराजित करते ही हूणों का पुनः आक्रमण हुआ। इस प्रकार एक के उपरांत दूसरा और दूसरे के बाद तीसरा आक्रमण होता ही चलता था। निरंतर आक्रमणों के कारण सारी व्यवस्था उखड़ने लगी और गुप्त साम्राज्य दुर्बल होने लगा। गुप्तों के उपरांत विदेशियों का प्राधान्य बढ़ गया, परंतु हर्षवर्धन के समय में आकर फिर एक बार साम्राज्य-स्थापन की चेष्टा की गई। मालव शासक ने कन्नौज के ग्रहवर्मा को मार डाला। इस पर हर्षवर्धन ने उसका प्रतिकार किया और मालवा पर विजय प्राप्त कर ली। वह दक्षिण की ओर भी बढ़ा, परंतु पुलकेशिन् के विरोध के कारण उसे रुक जाना पड़ा। इस प्रकार यदि संपूर्ण नाटकों में वर्णित राजनीतिक स्थिति को

एक क्रम में रख दें तो स्पष्ट ज्ञात हो जाएगा कि किस प्रकार आर्य जाति अपने राजनीतिक अभ्युत्थान के लिए निरंतर उद्योगशील बनी रही।

धार्मिक स्थिति

भारतयुद्ध के उपरांत भी यज्ञादि वैदिक क्रियाओं का सम्मान पूर्ववत् बना रहा परंतु जनमेजय और उसके पुरोहितों में कुछ अनबन होने के कारण ब्राह्मण-वर्ग कुछ असंतुष्ट हो गया। जनमेजय के ऐंद्रमहाभिषेक और अश्वमेध-यज्ञ में भिन्न-भिन्न पुरोहित काम करते दिखाई पड़ते हैं। स्पष्ट मालूम होता है कि कुछ प्रतिष्ठित ब्राह्मण राजा के पक्ष में और कुछ विपक्ष में थे। विपक्षियों के नेता काश्यप ने तक्षक (नाग) से मिलकर राजकुल के विरुद्ध विद्रोह उत्पन्न किया। जनमेजय के समय में क्षत्रिय-ब्राह्मण और ब्राह्मण-ब्राह्मण का संघर्ष चला। अजातशत्रु के शासन-काल में बौद्ध धर्म का प्राधान्य था। यों तो उस समय भी बुद्ध के शत्रु देवदत्त ऐसे लोग थे पर राजकुल से लेकर एक साधारण झोंपड़ी तक बौद्ध धर्म की महिमा फैली थी। उस समय सभी लोग बुद्ध के व्यक्तित्व से प्रभावित थे। मौर्यकाल में आकर बौद्ध धर्म का एकछत्रत्त्व मिट गया। पुनः वैदिकों का दल उठ खड़ा हुआ। वैदिक मत के प्रसार में तक्षशिला के गुरुकुल का विशेष हाथ रहा। मगध के शासन में कभी बौद्धों की प्रधानता और कभी वैदिकों का अनुशासन दिखाई पड़ा, जैसा कि एक स्नातक कहता है—'वह सिद्धांतविहीन नृशंस (नंद) कभी बौद्धों का पक्षपाती कभी वैदिकों का अनुयायी बनकर दोनों में भेद-नीति चलाकर बल-संचय करता रहता है। मूर्ख जनता धर्म की ओट में नचाई जा रही है।' चाणक्य भी राक्षस को इसी आधार पर फटकारता है। बौद्ध-वैदिक-संघर्ष से पृथक् साधु-महात्माओं में तपश्चर्या प्रचलित थी और लोग उन पर विश्वास करके उसका सम्मान करते थे। गुप्तवंशीय सम्राट् चंद्रगुप्त के समय में विवाह-बंधन का समाज में पूर्ण सम्मान था। धर्म के क्षेत्र में पुरोहित एवं धर्माचार्य की व्यवस्था मान्य रहती थी। गुप्त सम्राटों में शैव मत के प्रति अधिक श्रद्धा देखकर बौद्ध धर्मानुयायी कुछ क्षुब्ध होने लगे थे। यही कारण है कि स्कंदगुप्त विक्रमादित्य के शासन-काल में पुराने बौद्ध-वैदिक-संघर्ष का पुनः प्रवेश हो गया था और ब्राह्मण-श्रमणों में फिर खींचतान दिखाई पड़ने लगी थी। साथ ही बौद्धों में तांत्रिकों का प्राधान्य हो गया था। आगे चलकर हर्षवर्धन के राज्यकाल में एक बार फिर बौद्धों की प्रबलता हुई इसका कारण राजकीय प्रभाव था। इस प्रकार ब्राह्मण-काल से लेकर बौद्ध-काल तक धर्म के क्षेत्र में भी संघर्ष ही चलता रहा।

सामाजिक स्थिति

प्राचीन काल के समाज-संगठन में स्त्रियों का महत्त्वपूर्ण स्थान था। पुरुषों की समता में उनका समान सम्मान होता था। राजसभाओं में राजाओं के साथ रानियाँ भी आदरपूर्वक

बैठती थीं। जीवन की नाना स्थितियों में उनका योग रहता था। आमोद-प्रमोद में तो वे साथ रहती ही थीं, युद्ध ऐसे संकट-काल में भी उनकी सहायता प्राप्त होती थी। आवश्यकतानुसार वे पुरुष-वेश धारण कर लेती थीं। कल्याणी, मणिमाला और ध्रुवस्वामिनी ने भी ऐसा किया था। ऐसी स्त्रियों में अपूर्व पौरुष भरा रहता था। जहाँ एक ओर पुरुष युद्ध करने में संलग्न रहते थे वहाँ आहतों की सेवा-शुश्रूषा का दायित्व प्रायः स्त्रियों के ऊपर छोड़ दिया जाता था। इस प्रकार की स्थिति भारतयुद्धोत्तर-काल से लेकर हर्षवर्धन-काल तक एक समान थी। स्त्रियों का अर्धांगिनी-पद व्यवहार में भी चरितार्थ था। राजनीतिक व्यवहार में भी उनके विचार मान्य होते थे। उस काल में उनकी स्वतंत्रता किसी प्रकार बाधित नहीं थी। वपुष्टमा, छलना, कल्याणी, अलका, ध्रुवस्वामिनी, अनंतदेवी, जयमाला और राज्यश्री आदि महिलाएँ, उस काल का आदर्श सम्मुख रखने के लिए, आज भी यथेष्ट हैं।

आर्य संस्कृति के प्रधान निर्माता ब्राह्मण थे। जनमेजय-काल में इनका बड़ा सम्मान था क्योंकि उस समय भी यज्ञादि वैदिक कृत्यों की प्रधानता थी। इन कृत्यों के आचार्य और मंत्रदाता ये ब्राह्मण ही थे। राजवर्ग और प्रजाजन के कल्याणार्थ ही वैदिक कर्मकांड चलता था और उसका नियामक था ब्राह्मण-वर्ग। इसीलिए ये ब्राह्मण शिरःस्थानीय माने जाते थे। यों कभी-कभी उद्धत और क्रोधी प्रकृति के भी ब्राह्मण निकल आते थे जिनमें दुरभिसंधि और कुचक्र चालन के दोष भी दिखाई पड़ जाते थे, परंतु अधिकतर ब्राह्मण सात्त्विक-वृत्ति के ही होते थे, जो अरण्यों में एकांतवास करते, तपश्चर्या, अग्निहोत्र इत्यादि कर्मों में निरत रहकर दया, उदारता, शील, आर्जव और सत्य का अनुसरण करते थे। आगे चलकर न तो ब्राह्मणों की यह वृत्ति ही रह गई और न उनका वह सम्मान ही रह सका। मौर्यकाल में अन्य प्रतिद्वंद्वी धर्मों के कारण इनका महत्त्व और भी गिर गया। यही अवस्था हर्ष के समय तक चली आई।

शिक्षा-दीक्षा और अध्ययन-अध्यापन का अच्छा प्रबंध था। इस प्रबंध में राजवर्ग की उदारता बड़ा काम करती थी। छात्रवृत्तियाँ देकर विद्यार्थियों को राजा भेजता था और विद्याध्ययन करके लौटे हुए स्नातकों को आदरपूर्वक स्वीकार करता था। स्थानीय संस्थाओं के अतिरिक्त केंद्रीय विश्वविद्यालय—गुरुकुल—होते थे, जहाँ दूर-दूर से आए विद्यार्थी कम से कम पाँच वर्षों तक रहकर अध्ययन करते थे। राजाओं का आदर और सहायता प्राप्त होने पर भी इन गुरुकुलों में राजा का शासन नहीं चलता था। ये विद्याकेंद्र अपने कुलपति के ही नियंत्रण से परिचालित होते थे। इनमें भिन्न-भिन्न विषयों की शिक्षा का प्रबंध रहता था। विद्यार्थी अपनी आवश्यकता एवं रुचि के अनुसार विषय स्वीकार कर लेता था। छोटे-बड़े, धनिक-निर्धन इत्यादि सामाजिक वैषम्य का यहाँ प्रवेश नहीं था। कुछ विद्यार्थी जो निश्चित द्रव्य लेकर आते, अध्ययन समाप्त कर चले जाते थे और यदि कोई दक्षिणा न दे पाता तो गुरुकुल की सेवा करके अपना ऋण चुका देता था। विद्यार्थियों में जो मेधावी और योग्य दिखाई पड़ता उसे अध्यापन-कार्य

भी सौंपा जाता था।

राजवर्ग के आमोद-प्रमोद का रूप बँधा हुआ था। नर्तकियों और गायिकाओं का प्रचार जनमेजय के समय में भी था, साथ ही साधारण लोगों में मद्य का प्रयोग भी दिखाई पड़ता था। नृत्य और मदिरा का प्रयोग सब राजसभाओं में चलता था। नंद, कुमारगुप्त, उदयन और देवगुप्त के यहाँ भी इनका प्रचार था। कुमारगुप्त के यहाँ पारसीक नर्तकियों का भी प्रवेश था। नंद, कुमारगुप्त और रामगुप्त आदि तो भारी मद्यप थे ही। राजाओं में आखेट का भी प्रचलन था। जनमेजय से लेकर ग्रहवर्मा तक इसका उल्लेख प्राप्त है। कहीं-कहीं वन्य पशुओं के पालन का शौक था—अजातशत्रु और नंद के यहाँ चीते पले थे और राज-वाटिका की शोभा बढ़ाते थे।

साहित्य का उल्लेख

अध्ययन-अध्यापन की सुव्यवस्था के कारण उस समय साहित्य की भी श्रीवृद्धि हुई थी। अजातशत्रु नाटक का जीवक वैद्य धन्वंतरि और महर्षि अग्निवेश का उपासक था। चाणक्य अर्थशास्त्र का प्रणेता था, वररुचि वार्तिककार था और पाणिनि के व्याकरण का पूरा जानकार था। कार्नेलिया सुकरात के ग्रंथों के अतिरिक्त राक्षस से उशना तथा कुणिक की राजनीति का अध्ययन करती थी। कात्यायन उसे रामायण भी पढ़ाया करता था। धातुसेन ने व्यंग्य के साथ चाणक्य और उसके ग्रंथ अर्थशास्त्र का उल्लेख किया था। इस प्रकार के अनेक अवसरों पर किए गए उल्लेखों से ज्ञात होता है कि साहित्य की उस समय प्रचुर चर्चा थी। स्कंदगुप्त के काल में कुमार कवि धातुसेन मातृगुप्त प्रभृति कवियों के उल्लेख प्राप्त ही हैं।

अन्य विषय : गान

भारत के प्राचीन नाटकों में गान-वाद्य के प्रसंग अवश्य आए हैं, परंतु आधुनिक नाटकों की भाँति उनमें अधिक गानों का प्रयोग नहीं किया गया है। वर्तमान नाटककारों की यह प्रवृत्ति पारसी नाटकों का अनुकरण है। यदि इनका स्थल-विशेष पर उचित व्यवहार किया जाय तो उतना भद्दा न लगे। अथवा यदि ऐसा कोई पात्र अंकित किया जाय जिसमें संगीत की सहज प्रवृत्ति और अभिरुचि हो—जैसे 'स्कंदगुप्त' की देवसेना—तो भी कहीं-कहीं पर गाना अनुचित न मालूम पड़े। कभी-कभी राजसभाओं में इसकी आवश्यकता हो सकती है, जहाँ शोभार्थ नर्तकियाँ या गायिकाएँ रहती हैं। ऐसे भी पात्र नाट्य-प्रसंग में आ सकते हैं, जिनकी जीविका संगीत है—जैसे, मागंधी और सुवासिनी। इनकी गान-प्रियता स्वाभाविक है। इनके अतिरिक्त गान का प्रयोग अस्वाभाविक ज्ञात होता है। पारसी ढंग पर लिखे गए नाटकों का उस समय बोलबाला दिखाई पड़ता है, जब 'प्रसाद' नाटककार के रूप में उपस्थित होते हैं। सब प्रकार की भारतीय परिपाटी का अनुसरण

करने पर भी 'प्रसाद' इस नवीनता को स्वीकार कर ही लेते हैं; क्योंकि भावुक कवि-हृदय मचलता है और इसको स्वीकार करने में एक प्रकार की संतुष्टि का अनुभव करता है। रूपक-रचना के बीच में जहाँ कहीं अवसर मिला वहाँ अपनी भावुकता से प्रेरित कविताओं के प्रवेश का यह सरल द्वार उनके लिए खुल पड़ा और 'प्रसाद' अतिरेक से न बच सके।

'राज्यश्री' और 'विशाख' तक तो यह कुछ परिमित दिखाई पड़ता है परन्तु आगे चलकर इसका प्रसार बहुत बढ़ गया है। फिर तो दशा यह दिखाई पड़ती है कि नाटक के सभी स्त्री-पात्र गान-प्रिय हो उठते हैं—जैसे 'चंद्रगुप्त' में कार्नेलिया, कल्याणी, मालविका और सुवासिनी सभी गाती हैं और इतना अधिक गाती हैं कि संगीत भी अप्रिय हो जाता है। चतुर्थ अंक के चतुर्थ दृश्य में मालविका तीन बार गाती है। इन तीनों गानों में चालीस मिनट से कम नहीं लगेंगे। रंगमंच के विचार को छोड़कर भी यह स्थिति बुद्धि-ग्राह्य नहीं--कला-कौशल के विचार की तो बात ही दूर है। इसके अतिरिक्त एक पात्र चाहे वह कितना भी गान-प्रिय क्यों न हो, यदि मात्रा से बहुत अधिक गाता है तो अप्रिय हो जाता है। 'स्कंदगुप्त' नाटक की देवसेना और 'अजातशत्रु' की मागंधी सात-सात बार गाती हैं, और वह भी दो-दो, चार-चार कड़ियाँ नहीं, बड़े लंबे-लंबे गाने। 'प्रसाद' के गाने प्रायः बड़े हैं। इसका कारण है उनकी काव्य-प्रियता। व्यवहार-दृष्टि से विचार किया जाए तो ये गाने रंगमंच पर बड़े अनुपयुक्त मालूम पड़ेंगे। कहीं-कहीं एक और भद्दापन पैदा हो गया है, नेपथ्य से लंबे गाने गवाए गए हैं, जो नितांत अव्यावहारिक हैं। अवश्य ही ये गाने भावपूर्ण एवं काव्यात्मक हैं और समझदारों को बहुत मधुर मालूम पड़ सकते हैं, परंतु वस्तु की उपादेयता के प्रतिकूल हैं। इन प्रतिकूल गानों की झड़ी में कहीं-कहीं आवश्यक गाने भी दिखाई पड़ते हैं। उचित स्थल पर, उचित मात्रा में, उचित व्यक्ति के द्वारा भी कुछ गाने गाए गए हैं—जैसे, देवसेना, सुरमा और कल्याणी के कुछ गाने; या जैसे—'स्कंदगुप्त' (प्रथम संस्करण) पृष्ठ 45,54,99; 'राज्यश्री' (द्वितीय संस्करण) पृष्ठ 9 और 36 के गाने। स्थल और विषय की संगति के आधार पर 'प्रसाद' के गाने अवश्य ही साभिप्राय दिखाई पड़ते हैं और अधिक गाने ऐसे हैं जिनके विषय नाटक की कथा के मेल में हैं।

अभिनेयता

'प्रसाद' के अधिकांश नाटक रंगमंच के विचार से दोषपूर्ण और अव्यावहारिक हैं—इस कथन के दो पक्ष हैं। कुछ बातें ऐसी हैं जो इस आपेक्ष के अनुकूल हैं और बहुत-सी प्रतिकूल हैं। इस प्रतिकूलानुकूलत्व का विचार पीछे के लिए छोड़ा जाता है। सर्वप्रथम लेखक का व्यक्तिगत विचार कह देना आवश्यक है। प्रसंगानुसार इस प्रबंध के लेखक से उसने कई बार कहा है—'मेरी रचनाएँ तुलसीदत्त शैदा या आग़ा हश्र की व्यावसायिक

रचनाओं के साथ नहीं नापी-तौली जानी चाहिए। मैंने उन कंपनियों के लिए नाटक नहीं लिखे हैं जो चार चलते अभिनेताओं को एकत्र कर, कुछ पैसा जुटाकर, चार पर्दे मँगनी माँग लेती हैं और दुअन्नी-अठन्नी के टिकट पर इक्केवाले, खोंचेवाले और दूकानदारों को बटोरकर जगह-जगह प्रहसन करती फिरती हैं। 'उत्तररामचरित', 'शकुंतला', और 'मुद्राराक्षस' नाटक कभी न ऐसे अभिनेताओं के द्वारा अभिनीत हो सकते और न जनसाधारण में रसोद्रेक के कारण बन सकते। उनकी काव्य-प्रधान शैली कुछ विशेषता चाहती है। यदि परिष्कृत बुद्धि के अभिनेता हों, सुरुचि-संपन्न सामाजिक हों और पर्याप्त द्रव्य काम में लाया जाय तो ये नाटक अभीष्ट प्रभाव उत्पन्न कर सकते हैं।'

उक्त आक्षेप के अनुकूल पाँच बातें दिखाई पड़ती हैं। पहली बात तो यह है कि नाटक बहुत बड़े हैं। इनके लिए पाँच-छः घंटे भी यथेष्ट नहीं हैं। दूसरी बात विस्तृत कथोपकथनों की है। इतने बड़े-बड़े स्वगत-भाषण और संवाद, प्रयोग के विचार से ठीक नहीं जँचते, क्योंकि बल और स्फूर्ति की समता का इतना निर्वाह अभिनेताओं में नहीं हो सकता। तीसरी बात गानों के संबंध में है। इतने अधिक और इतने लंबे गाने बहुत समय लेते हैं और विरक्ति उत्पादक बन जाते हैं, चौथी बात काव्य-तत्त्व की प्रचुरता है, जिसके कारण भावों का संवेदन कम हो जाता है और सामाजिक रसास्वादन में असमर्थ रह जाते हैं। पाँचवीं बात रंगमंच की पद्धति से संबद्ध है। 'प्रसाद' के रूपकों में दृश्यों का विभाजन दोषपूर्ण है। रंगमंच का विस्तार परिमिति होता है, उसी में सब प्रकार के दृश्यों की व्यवस्था करनी होती है। यदि दृश्य-विभाजन का यह क्रम हो कि दो दृश्य आगे-पीछे ऐसे रख दिए जायँ जिनमें स्थान और सज्जा अधिक अपेक्षित हो तो रंगमंच का प्रबंध बिगड़ जायेगा। यदि शैल-कानन-स्थानीय गुरुकुल और राजसभा के दृश्य आगे-पीछे रख दिए जायँ तो या तो पहले दृश्य को संकुचित करना पड़ेगा अथवा दूसरे को। अभीष्ट विस्तार के साथ दोनों दृश्य नहीं दिखाए जा सकते। समय की कमी और रंगमंच की परिमिति इसका विरोध करती हैं। 'प्रसाद' ने अपने नाटकों में इसका कम विचार रखा है। उदाहरण रूप में दो-एक स्थल देखे जा सकते हैं। 'जनमेजय का नागयज्ञ' के द्वितीय अंक के प्रथम दोनों दृश्य आगे-पीछे यथाक्रम दिखाए जा सकते हैं क्योंकि तपोवन की सजावट हटा दी जा सकती है जब तक आगेवाला पथ का दृश्य चलता रहता है। इसी प्रकार 'अजातशत्रु' के द्वितीय अंक के प्रथम दोनों दृश्य यथाक्रम चल सकते हैं, क्योंकि तीन फुट का विस्तार लेकर जब तक द्वितीय दृश्य में पथ का विषय चलता रहता है तब तक प्रथम दृश्य की राजसभा की सजावट हटा दी जा सकती है। परंतु 'चंद्रगुप्त' के प्रथम दोनों दृश्य यथाक्रम उपस्थित करने में बड़ी कठिनाई होगी। पहला दृश्य है तक्षशिला का गुरुकुल, जिसमें प्राकृतिक वैभव के बीच अधिष्ठित संसार-प्रसिद्ध विद्याकेंद्र के स्वरूप का यथेष्ट बोध कराना आवश्यक है। द्वितीय दृश्य है मगध-सम्राट् का विलास-कानन, जिसमें विलासी, युवक और युवतियों के दल विहार कर रहे हैं। इतने वर्णन से ही स्थिति स्पष्ट हो जाती है कि दोनों दृश्यों का क्या विस्तार

है और दोनों के लिए कितना स्थान अपेक्षित होगा। इसी प्रकार के दृश्य-क्रम अनेक स्थलों पर दिखाई पड़ते हैं। 'प्रसाद' को रंगमंच-व्यवस्था का व्यावहारिक ज्ञान नहीं था, अन्यथा ऐसा क्रम न रखा जाता।

उक्त आक्षेप के विरुद्ध भी अनेक ऐसे तर्क हैं जिनके आधार पर ये नाटक रंगमंच के अनुकूल प्रतीत होते हैं। ऊपर गिनाए हुए सब दोषों का परिहार कर लिया जा सकता हे, जैसा कि काशी की कई नाटक-मंडलियों ने लेखक के जीवन-काल में ही किया था। वस्तु-विस्तार कम हो सकता है, संवाद भी लघु कर लिए जा सकते हैं, गान की दो-एक कड़ियाँ गाई जा सकती हैं, काव्यात्मक स्थल या तो हटाए जा सकते हैं या भाषा की अभिव्यंजना व्यावहारिक कर दी जा सकती है और दृश्य-विभाजन का क्रम अपनी आवश्यकता के अनुकूल कर लिया जा सकता है। इतना परिवर्तन इसलिए अपेक्षित होगा कि रंगमंच पर उन नाटकों को ले आना है जो वस्तुतः उत्तम नाट्य-काव्य हैं और मूलतः व्यावहारिक अभिनय के लिए ही नहीं लिखे गए हैं। इसके अतिरिक्त परिष्कृत बुद्धि और साहित्यिक अभिरुचि के अभिनेता और सामाजिक भी अपेक्षित होंगे अन्यथा अंतर्द्वंद्व-प्रधान पात्रों का स्वरूप-गांभीर्य अथवा परिष्कृत भाषामय संवादों का अर्थ ही समझ में न आएगा। इस प्रकार नाटक की आत्मा को सुरक्षित रखते हुए भी उसके बाह्य स्थूल शरीर में अवसर और क्षमता के अनुकूल परिवर्तन करके भी रस का पूर्ण आस्वादन किया जा सकता है।

इन आक्षेपों के विरुद्ध, 'प्रसाद' के नाटकों में रंगमंच के अनुकूल अनेक गुण भी हैं। प्रमुख विशेषता है क्रिया-व्यापार का वेग जो सभी प्रधान नाटकों में समान रूप से व्याप्त दिखाई पड़ता है। 'चंद्रगुप्त', 'स्कंदगुप्त' और 'ध्रुवस्वामिनी' में यह विशेषता अधिक सुंदर रूप में आ सकी है। इनमें भी प्रथम दो में तो कुछ बाधक बातें भी मिलती हैं, परंतु तृतीय तो सर्वथा निर्दोष है। इस नाटक की रचना-प्रणाली रंगमंच के अनुकूल रखी गई है, अतएव उस दृष्टि से यह कृति सर्वगुण-संपन्न है। 'प्रसाद' ने अपने सभी नाटकों में प्रथम और अन्तिम दृश्यों को बड़ा ही रोचक और आकर्षक बनाया है। यह अभिनय के विचार से एक आवश्यक बात है। इसके साथ ही समय-समय पर भव्य व्यापारों के साथ मनोहर पूर्व-पीठिका का जो योग कराया है उससे दृश्यों में चमत्कार उत्पन्न हो जाता है और आकर्षण उखड़ने नहीं पाता। कहीं-कहीं तो आकर्षणपूर्ण दृश्यों की मालिका दिखाई पड़ती है—जैसे, 'स्कंदगुप्त' के प्रायः संपूर्ण प्रथम अंक में और 'चंद्रगुप्त' के प्रथम अंक के दो-दो, एक-एक दृश्यों के अंतराल में आकर्षणपूर्ण दृश्यों का निरंतर योग मिलता चलता है। इसके अतिरिक्त शृंगार और वीररसपूर्ण संवाद सभी नाटकों में मिलते हैं। वीररस का सहायक शृंगार रस को बनाकर 'प्रसाद' ने यों ही प्ररोचना विवर्धन की सामग्री एकत्र कर रखी है। वस्तु के सुसंविहित विकास-क्रम के कारण विषय और व्यक्ति के प्रभाव का जो उत्कर्ष होता चलता है वह अंत में जाकर ऐसा अन्वित हो जाता है कि सारा नाटक एक अखंड-पूर्ण मालूम होने लगता है। यह

रसस्थिति अथवा प्रभावान्विति नाटक के प्राण-रूप में दिखाई पड़ती है। उसी प्रकार अभिनय में भी इसकी प्रधानता ही सबकुछ है। यह विशेषता 'प्रसाद' के सभी नाटकों में प्राप्त है। अतः इन नाटकों की अभिनेयता में कोई संदेह नहीं किया जा सकता। 'ध्रुवस्वामिनी' ऐसे पूर्ण अभिनेय रूपक के रचने की क्षमता जिसमें विद्यमान थी उसके यथार्थ नाटककार होने में किसी प्रकार का संशय करना निरास्पद है।

भाषा-शैली

अभिनेयता के समान ही 'प्रसाद' की नाटकीय भाषा-शैली भी विवादास्पद विषय है। इसमें पक्ष-विपक्ष के अपने-अपने भिन्न तर्क हैं जैसी व्यक्तिगत सफाई नाटककार ने अभिनेयता के विषय में दी है वैसी ही भाषा के विषय में भी उसके अपने विचार हैं। यदि कोई उसके सामने यह तर्क रखता कि—भिन्न-भिन्न देश के पात्रों का पंडितों की तरह संस्कृत बोलना बड़ा अयथार्थ और अव्यावहारिक मालूम पड़ता है अतएव जो जिस देश अथवा वर्ग का है उससे उसी के अनुरूप भाषा का प्रयोग कराना अधिक प्रकृत होगा। संस्कृत के प्राचीन नाटकों में प्राकृत का व्यवहार इसी पक्ष में व्यवस्था देता है—तो 'प्रसाद' अपने पक्ष के प्रतिपादन में यही कहा करते थे—'भिन्न-भिन्न देश और वर्गवालों से उनके देश और वर्ग के अनुसार भाषा का प्रयोग कराने से नाटक को भाषाओं का अजायबघर बनाना पड़ता है जो कहीं अधिक अप्राकृतिक हो जाता है और सामाजिकों के लिए भी इतनी भाषाओं से परिचय रखना असंभव है। इसके अतिरिक्त इस विषय की अधिक आवश्यकता भी नहीं दिखाई पड़ती। न जाने कितने विदेशियों को हम अपनी ही तरह हिंदी बोलते-समझते पाते हैं। जहाँ अपनी भावुकता और कल्पना के बल पर हम इतने बड़े अभिनय को नकल और अभिनय न समझकर सच्ची घटना मानते हैं और उसी के साथ हँसते-रोते, सुख-दुःख करते हैं, वहाँ ऐसी बात यथार्थ है अथवा अयथार्थ इसके विचार का अवसर ही कहाँ रह जाता है। जब हम सिल्यूकस और कार्नेलिया को अपने सम्मुख खड़ा देखते हैं तब वे यथार्थ मालूम पड़ते हैं और जब वे परिष्कृत भाषा का प्रयोग करने लगते हैं तब अयथार्थ हो जाते हैं यह भी कोई तर्क है। अतएव भाषा-विविधता के लिए आग्रह न करना ही हितकर है। स्वरूप-भिन्नत्व केवल वेश-भूषा से ही व्यक्त कर देना चाहिए।'*

लेखक की सफाई के अतिरिक्त भी जनमेजय और चाणक्य की समसामयिक कथाओं में उसी प्रकार की भाषा-शैली उपयुक्त और प्रकृत मालूम पड़ती है जैसी इन नाटकों में प्राप्त है। हिंदुस्तानी की फुसलाहट और आजकल के राजनीतिक कुचक्रों में पड़कर भाषा का जो रूप विकृत हो रहा है उसका प्रयोग यदि इन नाटकों में हो तो संस्कृति

---

* इस विषय में भी मैंने प्रयत्न तो यही किया है कि 'प्रसाद' का व्यक्तिगत मंतव्य प्रकट करूँ। जहाँ तक मुझे स्मरण है 'प्रसाद' का सदैव यही तर्क रहा है।

और भारतीय आत्मा की हत्या निश्चित है। अतएव 'प्रसाद' की भाषा-शैली अपने स्थल पर सर्वथा उपयुक्त है, क्योंकि काल-साम्य का निर्वाह होना ही चाहिए। विचार केवल विदेशी पात्रों का करना है। फिर भी जिस वर्ग की बालिका उशना और कुणिक की राजनीति तथा रामायण का अध्ययन करती है वह संस्कृत भाषा अवश्य समझ सकता है। इसका अभिप्राय यह नहीं है कि 'प्रसाद' की भाषा-शैली अपने रूप में सर्वथा उपयुक्त है। जहाँ तक तत्सम शब्दों के बाहुल्य की बात है अथवा तत्कालीन प्रयुक्त पदावली का संबंध है वहाँ तक तो ठीक ही है। मतभेद केवल भाव-प्रधान और अलंकार-बहुल लंबे वाक्यों का है। इनके कारण संवाद की गति तो बाधित होती ही है, शीघ्र अर्थ-बोध में भी व्याघात पड़ता है, जो कभी अनुकूल नहीं कहा जा सकता। दो-चार उदाहरण यथेष्ट होंगे—'मुझे अपने मुखचंद्र को निर्निमेष देखने दो कि मैं एक अतींद्रिय जगत् की नक्षत्रमालिनी निशा को प्रकाशित करनेवाले शरद्-चंद्र की कल्पना करता हुआ भावना की सीमा को लाँघ जाऊँ और तुम्हारा सुरभि-निश्वास मेरी कल्पना का आलिंगन करने लगे', 'अमृत के सरोवर में स्वर्ण-कमल खिल रहा था, भ्रमर वंशी बजा रहा था, सौरभ और पराग की चहल-पहल थी। सबेरे सूर्य की किरणें उसे चूमने को लोटती थीं, संध्या को शीतल चाँदनी उसे अपनी चादर से ढक देती थी। उस मधुरिमा का, उस सौंदर्य का, उस अतींद्रिय जगत् की साकार कल्पना की ओर हमने हाथ बढ़ाया था, वहीं, वहीं स्वप्न टूट गया'। इस प्रकार अनेकानेक कथनों से 'प्रसाद' के सभी नाटक भरे हैं। भाषा के इस रूप का प्रयोग नाटकों में नहीं होना चाहिए। गानों की तरह इस विषय में भी लेखक का कवि-हृदय मचलता रहता है। विदेशी पात्रों के मुख से इस पद्धति के संवाद नहीं कराए गए—यही अच्छा हुआ है, अन्यथा आक्षेप की मात्रा और अधिक हो जाती। सिकंदर के मुख से जो वाणी निकलती है उसमें उक्त पदावली का रूप नहीं रहता—'धन्य हैं आप, मैं तलवार खींचे हुए भारत में आया, हृदय देकर जाता हूँ। विस्मय-विमुग्ध हूँ। आर्य! जिनसे खड्ग-परीक्षा हुई थी, युद्ध में जिनसे तलवारें मिली थीं, उनसे हाथ मिलाकर, मैत्री के हाथ मिलाकर जाना चाहता हूँ'।

नाटकीय संवाद की भाषा-शैली कैसी होनी चाहिए इसका एक उदाहरण यह है—'भाई! अब भी तुम्हारा भ्रम नहीं गया। राज्य किसी का नहीं है। सुशासन का है। जन्मभूमि के भक्तों में आज जागरण है। देखते नहीं, प्राच्य में सूर्योदय हुआ है। स्वयं सम्राट् चंद्रगुप्त तक इस महान् आर्य-साम्राज्य के सेवक हैं। स्वतंत्रता के यज्ञ में सैनिक और सेनापति का भेद नहीं। जिसकी खड्ग-प्रभा में विजय का आलोक चमकेगा, वही वरेण्य है; उसी की पूजा होगी। भाई! तक्षशिला मेरी नहीं और तुम्हारी भी नहीं, इसके लिए मर मिटो। फिर उसके कणों में तुम्हारा ही नाम अंकित होगा। मेरे पिता स्वर्ग में इंद्र से प्रतिस्पर्धा करेंगे। वहाँ की अप्सराएँ विजय-माल लेकर खड़ी होंगी। सूर्यमंडल मार्ग बनेगा और उज्ज्वल आलोक से मंडित होकर गांधार का राजकुल अमर हो जायेगा'। इस गद्यांश में प्रायः वे सभी विशेषताएँ उपस्थित हैं जो नाटक में आवश्यक हैं। भाषा भाव की

अनुरूपिणी होती है। अतएव रसानुकूलत्व भाषा का उत्तम धर्म है। जिस रस का प्रसंग हो उसी के अनुरूप जब पदावली होगी तभी प्रभाव उत्तम पड़ेगा। उत्साह और आवेश में जैसा वेग होना चाहिए वैसा ही इस गद्यखंड में है। आवेश में कहने से वाक्य-योजना में जो हलका-सा उलट-फेर होना नितांत व्यावहारिक है वह भी यहाँ दिखाई पड़ता है। प्रभाव उत्पन्न करने के अभिप्राय से समानार्थी प्रसंग या बात प्रायः दुहराई जाती है; इसका स्वरूप भी इसमें मिल जाता है। इस प्रकार सभी आवश्यक नाटकीय गुण इस अवतरण में दिखाई पड़ जाते हैं। मुहावरेदानी ढूँढ़नेवालों को अवश्य ही यह भाषा भी प्रसन्न नहीं कर सकती। 'प्रसाद' की तत्सम-बहुल और भाव-प्रधान भाषा-शैली में नवीन युग की यह भाषा-विषयक देन कहीं नहीं मिलती। सारांश यह है कि 'प्रसाद' के नाटकों की भाषा प्रसंग और रस के अनुकूल होकर कहीं सरस, कहीं ओज-प्रधान, कहीं व्यावहारिक बनती चली है। मुहावरों के अभाव में भी उसमें शिथिलता कहीं नहीं मिलती। वाक्यों के जिस अंश पर बल पड़ना चाहिए वह तो है ही, साथ ही शैली के अन्य गुण-धर्म भी यथास्थान नियोजित दिखाई पड़ते हैं।

भारतीय एवं पाश्चात्य पद्धतियों का समन्वय

नाटककार 'प्रसाद' की सृष्टि ऐसे समय में होती है जिस समय बँगला भाषा में नाट्य-रचना का पर्याप्त प्रचलन हो चुका है और पारसी कंपनियों की नींव पड़ चुकी है। इन नाटक-कंपनियों के बहुत से खेल हो रहे हैं। यों तो हिंदी में भी भारतेंदु हरिश्चंद्र के समय से ही नाटक लिखे जा रहे हैं और उनका अपना एक ढंग चल रहा है, परंतु देखने में अभी उनका कोई स्थिर रूप नहीं मिल रहा है, भारतेंदु की रचना के अतिरिक्त भी जो हिंदी में नाटक लिखे जा रहे हैं उनमें भी कोई अपनापन नहीं दिखाई पड़ता। ऐसी अवस्था में 'प्रसाद' को अपनी एक नवीन पद्धति का चलाना बहुत अनुकूल नहीं मालूम होता, साथ ही सर्वथा नवीन प्रणाली का अनुकरण भी उनकी प्रतिभा को प्रिय नहीं है। अतः नूतन परिपाटी में नूतन विषय को उपस्थित करना ही वे अपना लक्ष्य बनाते हैं। इस नूतन परिपाटी में वे भारतीय आत्मा को सुरक्षित रखने का संकल्प कर लेते हैं। इस आत्मा—सूक्ष्म, चेतन, प्राण—की जो बाह्य स्थूल शरीर-रूपरचना की पद्धति है उसमें नवीन-प्राचीन का सामंजस्य करना ही वे अपनी नीति निर्धारित करते हैं। इसी नीति के अनुसार रचना-पद्धति का जो रूप उन्हें चारों ओर चलता मिला उसी में से कुछ यहाँ का, कुछ वहाँ का स्वीकार कर लेते हैं। यही कारण है कि उनकी रचनाओं में पारसी ढंग के नाटकों की भाँति पद्यात्मक संवाद और गाने मिलते हैं तथा कहीं बँगलावालों की तरह लंबे-लंबे कथोपकथन और स्वगत भाषण दिखाई पड़ते हैं। दृश्यों और अंकों के विभाजन की जो परिपाटी भारतेंदु-काल में मिलती है उसी को 'प्रसाद' ने अपना लिया है, परंतु इसके औचित्य के विषय में अपना मत अंत तक

वे स्थिर नहीं कर सके हैं, कहीं त्याग कहीं स्वीकार दिखाई पड़ता है। नवीनता के रूप में वध भी उन्होंने कई स्थानों पर दिखाया है। नंद, शकराज, रामगुप्त आदि रंगमंच पर ही मारे जाते हैं। ये बातें भारतीय पद्धति के अनुकूल नहीं हुई हैं। इनमें पाश्चात्य प्रणाली का ही प्रभाव है, भले ही वह प्रभाव अन्य साहित्य-मार्गों से होकर 'प्रसाद' के पास पहुँचा है। कुछ अंश में बाह्य स्थूल शरीर से संबद्ध इन उपादानों को स्वीकार करके 'प्रसाद' ने जहाँ समय की प्रगति के प्रति उदारता एवं समन्वय-बुद्धि दिखाई है, वहीं अपने देश के प्राण की सुरक्षा में भी वे सफलतापूर्वक तत्पर दिखाई पड़ते हैं।

पाश्चात्य पंडितों ने संघर्ष, सक्रियता और समष्टि-प्रभाव को ही नाटक का सब कुछ माना है। इस बात का निर्वाह 'प्रसाद' ने बड़ी कुशलता से किया है। कहा जा चुका है कि 'स्कंदगुप्त', 'चंद्रगुप्त' एवं 'ध्रुवस्वामिनी' रूपकों में उक्त तीनों बातों का समावेश वर्तमान है। आद्यंत संघर्षमयी स्थितियों की शृंखला, सक्रियता का वेग और समष्टि-प्रभाव स्थापन की प्रवृत्ति मिलती है। आलोचना की पाश्चात्य पद्धति के अनुसार भी इन नाटकों में पूर्णता है। साथ ही पात्रों के द्वंद्वमूलक चरित्र-वैचित्र्य के उद्घाटन की जो प्रवृत्ति विदेशी नाटककारों में दिखाई पड़ती है उसका चित्रण भी 'प्रसाद' ने यथास्थान अपने नाटकों में किया है। बिंबसार, वासवी, स्कंदगुप्त, देवसेना, चाणक्य इत्यादि पात्रों में इसी प्रवृत्ति का प्रसार दिखाई पड़ता है। द्वंद्वमयी चरित्रांकन-पद्धति 'प्रसाद' की अपनी एक विशेषता है। इस आधार पर उन्होंने अनूठे पात्रों की सृष्टि करके भी उन्हें मानव-जगत् से पृथक् नहीं होने दिया है। इसके अतिरिक्त देश-काल के वर्णन में भी उनकी अभिरुचि सर्वत्र तत्पर दिखाई पड़ती है।

समन्वय बुद्धि रखने पर भी अपने नाटकों में 'प्रसाद' ने भारतीयता का पूरा योग रखा है। भारतीय नाट्य-सिद्धांत के पंडितों ने प्राधान्य केवल वस्तु, नायक और रस को ही दिया है और यथार्थतः इन तीन अंगों के भीतर सबकुछ समाविष्ट है। 'प्रसाद' ने यथाविधि इन्हीं तीनों अंगों का विनियोग किया है और इनके द्वारा भारतीय आत्मा का, संस्कृति का—पूर्ण दर्शन कराया है। भारतीय पद्धति में वस्तु-विन्यास की ओर विशेष ध्यान दिया गया है, क्योंकि जितनी सूक्ष्मता से उसका नियंत्रण यहाँ किया गया है उतनी से अन्य देशों में नहीं। केवल कार्य की पाँच अवस्थाओं तक ही दृष्टि नहीं रही है अपितु वस्तु के विकास-क्रम के साथ उन अवस्थाओं के बुद्धि-संगत संबंध-निर्वाह के विचार से अर्थप्रकृतियों एवं संधियों का भी निवेश किया गया है। 'प्रसाद' के प्रायः सभी प्रमुख नाटकों में वस्तु-विन्यास के भीतर इस सिद्धांत की पूर्ण रक्षा दिखाई पड़ती है। कहीं-कहीं तो इनकी ऐसी अच्छी संगति बैठ गयी है जैसी प्रायः प्राचीन नाटकों में प्राप्त होती। 'नाटक ख्यातवृत्तं स्यात् पंचसन्धिसमन्वितम्' के विचार से 'प्रसाद' के नाटक परिभाषानुकूल हैं। साथ ही नायक के जितने भी धर्म हमारे शास्त्रकारों ने कहे हैं वे सभी इन नाटकों में दिखाई पड़ते हैं। 'प्रसाद' के नायक धर्म और गुण के आधार पर

प्रायः धीरोदात्त हैं, साथ ही उनमें व्यक्ति-वैचित्र्य भी भरा है। ये नायक शुद्ध भारतीय जान पड़ते हैं क्योंकि भारतीय संस्कृति, व्यक्तित्व और चारित्र्य से ये युक्त हैं। प्रतिनायक धीरोद्धत नायक गुणों के अनुरूप दिखाई पड़ते हैं। थोड़े में यह कहा जा सकता है कि नायक की रचना में भी 'प्रसाद' ने शुद्ध भारतीय पद्धति का ही अनुसरण किया है। इसके अतिरिक्त रस के संपूर्ण अवयवों के संयोग से रस-निष्पत्ति को 'प्रसाद' ने अपना लक्ष्य बनाया है। रस के प्रकरण में कहा जा चुका है कि 'प्रसाद' में विषय के अनुकूल शृंगार से पोषित वीर रस का प्राधान्य है और तत्संबंधी सभी अंगों की सम्यक् स्थापना हुई है, इस प्रकार हम देखते हैं कि आधुनिकता और पाश्चात्य शैली का साथ भारतीय पद्धति के मूल रूप का ऐसा सुखद सम्मिश्रण 'प्रसाद' ने किया है कि उनके नाटकों का गौरव और महत्त्व अखंड हो गया है।

आधुनिकता

इतिहास घटनाओं का क्रमानुगत विवरण होता है परन्तु साहित्य में इन घटनाओं की व्याख्या होती है। लेखक अपनी योग्यता और अभिरुचि के अनुसार ही उसकी व्याख्या करता है। 'प्रसाद' ने प्राचीन इतिहास की प्रकांड घटनाओं के आधार पर ही अपने नाटक रचे हैं और उन घटनाओं की मौलिक प्रकृति की व्याख्या अपनी प्रतिभा के अनुसार की है। इस व्याख्या में कहीं-कहीं लेखक के देश-काल का प्रभाव स्पष्ट लक्षित होता है। लेखक अपनी सम-सामयिक वस्तुस्थिति से अवश्य प्रभावित है। 'चंद्रगुप्त' में जिस प्रकार राष्ट्रीय जागरण का चित्रण उसने किया है और उसका जैसा विस्तार संगठित हुआ है उसके मूल में आधुनिक राष्ट्रीय आंदोलन का रूप झलकता है। आर्य-पताका लेकर जो अलका देशप्रेम का अलख जगाती फिरती है उसमें आधुनिकता का सच्चा रूप दिखाई पड़ता है। चाणक्य, सिंहरण और चंद्रगुप्त के बीच जिस राष्ट्रीय भावना की चर्चा होती है उसका भी यही रूप है। स्कंदगुप्त जिस संपूर्ण आर्यावर्त की रक्षा का भार लेकर चलता है वह अवश्य ही गुप्त-साम्राज्य से महत्तर वस्तु है। पुरुषों की भाँति स्त्रियाँ भी जो इतना अधिक देशव्रत का संकल्प लिए दिखाई पड़ती हैं और पुरुषों की चिरसंगिनी बनकर उनके उद्योग में योग दे रही हैं उसके मूल में भी वर्तमान युग की प्रवृत्ति है। बौद्ध-वैदिक धर्मों की ओट में जो नंद की मूर्ख प्रजा नचाई जा रही है वह हिंदू-मुस्लिम भेद-भाव का अच्छा चित्रण है। 'ध्रुवस्वामिनी' में जो पुनर्विवाह और नारी-समस्या खड़ी हुई है उससे भी आधुनिकता ही ध्वनित हो रही है।

नाटकों में दार्शनिक विचारधारा

'प्रसाद' के प्रायः सभी नाटकों में नियति और प्रकृति का बारंबार उल्लेख हुआ है। अनेक पात्र नियति के चक्र में पड़े दिखाई देते हैं। अतएव उसका अभिप्राय पारिभाषिक-सा

हो गया है। शैवागमों में माया की अनेक उपाधियाँ कही कई हैं जिनका पारिभाषिक नाम कंचुक–शक्ति को परिच्छिन्न बनानेवाला आवरण–है। उनमें से एक नियति–नियमन हेतु, कहलाता है। इसके कारण वह जीव नियमित कार्यों के करने में प्रवृत्त होता है। 'प्रसाद' की नियति भी इसी मत से मिलती-जुलती वस्तु है–'नचती है नियति नटी सी, कंदुक-क्रीड़ा सी करती।' जैसे दक्ष नटी कुछ कंदुकों को लेकर क्रीड़ा करती है, कभी उछालकर ऊपर फेंकती है और कभी नीचे ले आती है, उसी प्रकार अखंड विश्व के जीव भी नियति के हाथ से नियंत्रित क्रीड़ा-कंदुक मात्र हैं। कामायनी में भी यही ध्वनि निकलती है–'कर्म चक्र सा घूम रहा है यह गोलक, बन नियति-प्रेरणा।' नियति को अपने सिद्धांत के अनुसार 'प्रसाद' ने अखिल ब्रह्मांड की नियंत्रणकारिका शक्ति कहा है। इसी अर्थ का प्रतिपादन उनके नाटकों से होता है। 'जनमेजय–सचमुच मनुष्य प्रकृति का अनुचर और नियति का दास है।' 'व्यास–दंभ और अहंकार से पूर्ण मनुष्य अदृश्य शक्ति के क्रीड़ा-कंदुक हैं। अंध नियति कर्तृत्व-मद मनुष्यों की कर्म-शक्ति को अनुचरी बनाकर अपना कार्य करती है। ··· देखा नियति का चक्र। यह ब्रह्म-चक्र आप ही अपना कार्य करता रहता है।' 'बिंबसार–प्रकृति उसे (मनुष्य को) अंधकार की गुफा में ले जाकर उसका शांतिमय, रहस्यपूर्ण भाग्य का चिट्ठा समझाने का प्रयत्न करती है। किंतु वह कब मानता है।' 'नरदेव–प्रकृति के दास मनुष्य को आत्मसंयम, आत्म-शासन की पहली आवश्यकता है।' 'राज्यश्री–पर जीवन! आह! जितनी साँस चलती हैं वे तो चलकर ही रुकेंगी।' इस प्रकार नियति की प्रेरणाशक्ति अबाध और निश्चित स्वीकार की गई है। सारा चराचर जगत् उसी के निरूपित मार्ग से चलेगा। उसके लिए कोई दूसरा अवलंब है ही नहीं। फिर भी मनुष्य क्या निश्चेष्ट होकर बैठे रहे–यह विचार कर कि जो निश्चित है वह तो होकर ही रहेगा। उत्तर है–'नहीं'। इस 'नहीं' के उपरांत वह क्या करे इसी के दृष्टांत 'प्रसाद' के सब नाटक हैं । बुद्धदेव ने ही थोड़े में निर्णय कर दिया है–'शुद्ध बुद्धि की प्रेरणा से सत्कर्म करते रहना चाहिए।' प्रेमानंद ने इस सत्कर्म के प्रयोजन भी बताए हैं–'सत्कर्म हृदय को विमल बनाता है और हृदय में उच्च प्रवृत्तियाँ स्थान पाने लगती हैं, इसलिए सत्कर्म कर्मयोग को आदर्श बनाना, आत्मा की उन्नति का मार्ग स्वच्छ और प्रशस्त करना है'। नियति और शुद्ध बुद्धि से प्रेरित कर्मयोग का समन्वय जीवक ने बड़ा अच्छा किया है–'अदृष्ट तो मेरा सहारा है। नियति की डोर पकड़कर मैं निर्भय कर्मकूप में कूद सकता हूँ। क्योंकि मुझे विश्वास है कि जो होना है वह तो होवेगा, फिर कायर क्यों बनूँ–कर्म से विरक्त क्यों रहूँ'। 'प्रसाद' के सभी नायक जीवक के आदर्श को ही लक्ष्य मानकर चले हैं। यह स्पष्ट है।

इस कर्मयोग में भी द्वंद्वों से छुट्टी नहीं मिलती। सुख-दुःख, पाप-पुण्य, धर्म-अधर्म आदि के संघर्ष के अंतराल से ही कर्म-जगत् चलता है। अतएव इन द्वंद्वों से भयभीत न होकर शुद्ध बुद्धि-ज्ञान के आधार पर उनमें सामंजस्य स्थापित करना ही अपना लक्ष्य बना लेना चाहिए। क्योंकि सुख को लेकर ही प्रकृति दुःख को तौलती है और

इन्हीं द्वंद्वों के संतुलन का उपदेश निरंतर जीव-जगत् को देती रहती है। ये द्वंद्व वस्तुतः अभिन्न हैं। इसी अभिन्नत्व में भिन्नत्व देखनेवाला प्राणी दुःखी रहता है और भिन्नत्व में अभिन्नत्व देखनेवाला भूमि का अधिकारी बनता है—'मानव-जीवन वेदी पर परिणय हो विरह मिलन का; दुख-सुख दोनों नाचेंगे, है खेल आँख का मन का'। अथवा 'लिपटे सोते थे। मन में सुख-दुख दोनों ही ऐसे; चंद्रिका-अँधेरी मिलती मालती-कुंज में जैसे।' अथवा 'नित्य समरसता का अधिकार, उमड़ता कारण-जलधि समान; व्यथा से नीली लहरों बीच बिखरते सुख मणिगण द्युतिमान।' इन पंक्तियों में जिस सामंजस्य भाव का कथन हुआ है उसी समरसता—सामंजस्य—का निर्वाह 'प्रसाद' के संपूर्ण नाटकों में दिखाई पड़ता है। देवसेना ने तो स्पष्ट ही इस द्वंद्व का उल्लेख किया है—'पवित्रता की माप है मलिनता, सुख का आलोचक दुःख है। पुण्य की कसौटी पाप है।' इसके अतिरिक्त स्कंदगुप्त, देवसेना, चाणक्य इत्यादि पात्रों के जीवन में इसी सामंजस्य का विस्तार दिखाई पड़ता है। अगाध शक्ति के साथ भी स्कंदगुप्त और चंद्रगुप्त में अभाव का चीत्कार भी उठता है। सबकुछ होकर भी वे किसी न किसी अभाव के कारण दीन ही बने रहते हैं। इसी प्रकार ब्रह्म-चक्र के प्रवर्तन में संपूर्ण संतुलित होते रहते हैं। कहीं अत्यंत सुख है तो फिर वहीं अत्यंत दुख भी आ पहुँचता है। सुख-दुःख की पूर्णता नहीं होने पाती।

ब्रह्म-चक्र अथवा नियति के नियंत्रण का विषय संपूर्ण जीव-जगत् और प्रकृति-क्षेत्र हैं। उसमें भी नियंत्रण का प्रधान विषय है द्वंद्व-विलुप्त मानव-समाज। नियति, द्वंद्व और मानव में अधिकारी, अधिकार और अधिकृत का संबंध है। मानव-समाज प्रधानतः दो वर्गों में विभाजित है—स्त्री और पुरुष। इन दोनों में प्रथम प्रेरणा है और द्वितीय चित्, अतएव उनमें प्रकृति-पुरुष संबंध है। प्रकृति की प्रेरणा से ही चेतन पुरुष सक्रिय होता है। इस सक्रिय चेतन का लक्ष्य होता है स्वर्ग और भूमा। वह नियति से प्रेरित होकर द्वंद्वों में समत्व देखता हुआ अपने लक्ष्य मार्ग पर बढ़ता चलता है। यह लक्ष्य—यह स्वर्ग— यह असाधारण महत्त्व इसी मानव-लोक में मिलता है। धातुसेन कहता है—'प्रकृति क्रियाशील है। समय मनुष्य और स्त्री का गेंद लेकर दोनों हाथ से खेलता है। पुल्लिंग और स्त्रीलिंग की समष्टि अभिव्यक्ति की कुंजी है।' देवसेना कहती है—'जहाँ हमारी सुंदर कल्पना आदर्श का नीड़ बनाकर विश्राम करती है, वहीं स्वर्ग है। वही विहार का, वही प्रेम करने का स्थल स्वर्ग है और वह इसी लोक में मिलता है।' जो मिलता है वह स्त्री और पुरुष के रूप में—'संसार में ही नक्षत्र से उज्ज्वल किंतु कोमल स्वर्गीय संगीत की प्रतिमा तथा स्थायी कीर्ति-सौरभवाले प्राणी देखे जाते है।' ये प्राणी द्वंद्व के गोचर हैं, इसलिए—'मुँह में से आधी रोटी छीनकर भागनेवाले विकट जीव यहीं तो हैं। श्मशान के कुत्तों से भी बढ़कर, मनुष्यों की पतित दशा है।' मानव-जगत् का यह द्वंद्व उत्तम और अधम के बीच चलता है। एक ओर राज्यश्री की उत्तमता है और दूसरी ओर विकटघोष की अधमता, एक ओर स्कंदगुप्त का महत्त्व है और

दूसरी ओर प्रपंचबुद्धि की नीचता, एक ओर अलका की देशभक्ति है तो दूसरी ओर आंभीक का देशद्रोह। इसी प्रकार कहीं कीर्ति-सौरभवाले प्राणी हैं तो कहीं श्मशान के कुत्तों से बढ़कर मनुष्य।

इन द्वंद्व के विषय–पुरुष और स्त्री–के संबंध का मूल सूत्र प्रेम है। यही कारण है कि 'प्रसाद' के नाटक प्रेम के विविध स्वरूप एवं स्थिति के चित्रों से भरे हैं। प्रेम, पात्र के नैतिक बल के अनुसार कहीं सुंदर परिणाम वहन करता दिखाया गया है कहीं असुंदर। जैसे स्वर्ग-नरक और देव-दानव का संयोग-स्थल संसार है उसी प्रकार सुंदर एवं असुंदर प्रेम की विलास-भूमि मानव-हृदय है। यह हृदय कहीं विजया और देवसेना का होकर अपने को क्रीड़ा-क्षेत्र बनाता, कहीं अलका, वासवी, वपुष्टमा और चंद्रलेखा में रूप धारण करता और कहीं सुरमा अनंतदेवी और छलना में अभिव्यक्त होता है। प्रेम के क्षेत्र में भी विपर्यय दिखाई पड़ता है। परंतु प्रकृत संबंध का मूल सूत्र अवश्य ही दिव्य और मंगलमय है। यदि उसमें किसी प्रकार की विकृति आई भी तो प्रकृति सुधार का प्रयत्न करती है, यत्न सफल होता है और विकृति के स्थान पर प्रकृति की विजय हो जाती है। इस विकृति द्वारा जनित दुर्बलता तभी उत्पन्न होती है जब स्त्री और पुरुष अपने-अपने माहात्म्य को भूलकर सीमोल्लंघन कर जाते हैं। जैसे पुरुष की अपनी राज्यसीमा है वैसे ही स्त्री का भी अपना संसार है । जब एक दूसरे के क्षेत्र में प्रवेश करने लगता है तो नाना प्रकार की अवस्थाएँ उत्पन्न होकर प्रकृत सौंदर्य को विकृत बनाने लगती है। यदि उनमें प्रकृत-संबंध बना रहे तो समाज में सुख, शांति और मंगल की विभूति बिखर जाती है।

दशरथ ओझा

कथोपकथन

नाट्यकार को अभीष्ट-सिद्धि तक पहुँचाने का एकमात्र वाहन संवाद ही होता है। पात्रों के चरित्र-विकास, कथावस्तु के विन्यास और विभिन्न रसों की निष्पत्ति का उत्तम-से-उत्तम साधन संवाद-योजना के अतिरिक्त और क्या हो सकता है?

सफल नाटककार का कथोपकथन उस वायुयान के सदृश युगपत् त्रिविध कार्य करता है जो कभी जल पर संतरण, कभी स्थल पर संचरण और कभी आकाश में विचरण करता हुआ दृष्टिगत होता है। जिस कथोपकथन में जितनी अधिक चरित्र-चित्रण की क्षमता, व्यापार-प्रसार की योग्यता और रस-परिपाक के लिए भावोद्बोधन की तीव्रता होगी वह उतना ही उत्तम माना जाएगा। संवाद की उपादेयता पर नाटक की अधिकांश सफलता अवलम्बित है।

'प्रसाद' की संवाद-योजना क्रमशः कला के उच्च शिखर की ओर उन्मुख होती गई है। 'विशाख' में विनोदी महापिंगल की भाषा एक सामान्य-जन की नित्य-प्रति की बोलचाल की भाषा है, उसमें मुहावरों की भरमार है, जो उपन्यास के सर्वथा उपयुक्त है, किंतु नाटक के लिए उपयोगी नहीं। कारण यह है कि वह चरित्र-चित्रण में असमर्थ, कथा को गतिशील बनाने में अक्षम और मुख्य रस के परिपाक में बाधक होती है। 'प्रसाद' ने इस प्रकार की सामान्य भाषा का प्रयोग भविष्य के किसी नाटक में नहीं किया। 'स्कंदगुप्त' का मुद्गल भी विनोदशील है किंतु उसकी भाषा कलापूर्ण है। उसमें व्यंग्य का चमत्कार है।

प्रसाद ने अपनी एक नई शैली निकाली। उनके सभी पात्र खड़ी बोली का प्रयोग करते हैं, किंतु उनकी भाषा में परिवर्तन विषय की गहनता के कारण होता है, प्रांत की विभिन्नता के कारण नहीं। एक ही पात्र नरदेव न्यायासन पर बैठकर न्याय करते समय व्यवहारोपयोगी सरल भाषा का प्रयोग करता है किंतु प्रव्रज्याग्रहण के उपरांत गहन दार्शनिक भाषा बोलता है।

'प्रसाद' ने प्रायः सभी नाटकों में कुछ अंशों तक इस सिद्धांत का प्रतिपादन किया है। यदि वह पूर्णतया इसका निर्वाह कर सके होते तो एक महान् दोष से सर्वथा मुक्त हो जाते। कई समालोचक कहते हैं कि 'प्रसाद' के सभी पात्रों की भाषा में प्रायः एकवाक्यता एवं एकात्मकता है, विविधता नहीं। कई समालोचकों का तो मत है कि उनके सभी पात्र—कवि से लेकर दौवारिक तक—प्रायः कवित्वमय भाषा बोलते हैं। नाट्यकला की दृष्टि से उक्त दोनों बातें दोष के अंतर्गत ही हैं। हमारा मत है कि 'प्रसाद' प्रायः इन दोनों से मुक्त हैं। प्रमाण के लिए एक अशिक्षित उद्दंड भिक्षु और सुश्रवा नाग के संवाद में 'प्रसाद' की भाषा-योजना देखिए—

"भिक्षु—अरे मूर्ख भूमि किसकी हुई? यदि तेरे बाप-दादों की थी तो मेरे भी लकड़दादा, नकड़दादा या किसी खपड़दादा की रही होगी।"[1]

इस भाषा से ही भिक्षु की योग्यता का ज्ञान हो जाता है—दूसरे भिक्षु की भाषा देखिए—

"अमिताभ, ये कैसा जनपद है—जहाँ भिक्षुओं को देखकर कोई वन्दना भी नहीं करता, भिक्षा की तो कौन कहे।"[2]

वही भिक्षु धर्म के उत्थान-पतन पर विचार करता हुआ नागरिक से कहता है—

"धर्म भी क्या अधर्म हो जाता है? प्रणय क्या पाप में परिवर्तित होता है? भगवान्, यह तुम्हारे धर्म-राज्य की कैसी व्यवस्था है। क्या धर्म में भी प्रतिघात होता है? उसका भी पतन और उत्थान है?"[3]

---

1. विशाख, पृ. 19
2. वही, पृ. 60
3. वही, पृ. 60

इसी प्रकार कृषककन्या चन्द्रलेखा जब अपने वृद्ध पिता सुश्रुवा को युवा भिक्षुओं के द्वारा बन्दी-रूप में देखती है तो भीरुतावश दो-दो, तीन-तीन शब्दों के वाक्य इस प्रकार बोलती है–

"जाने दो। क्षमा करो। मुझे मार लो। मेरे बूढ़े पिता को छोड़ दो।" इत्यादि।[1]

किंतु वही चन्द्रलेखा बन्दिनी-रूप में इस प्रकार चिंतन कर रही है–"प्रेम का विकास और विपत्ति-परिहास साथ ही साथ दोनों उबल पड़े; हृदय में विपत्ति की दारुण ज्वाला जल रही थी, उसी में प्रणय सुधाकर ने शीतलता की वर्षा की, मरुभूमि लहलहा उठी।"[2] इन उद्धरणों में कहाँ हैं उपर्युक्त दोष !

संवाद, व्यापार और भाषण

'राज्यश्री' और 'ध्रुवस्वामिनी' में 'प्रसाद' की धारणा संभवतः इनकी अभिनेयता की ओर सदा बनी रही। प्रमाण यह है कि इन दोनों नाटकों की संवाद-योजना में शब्दों का चयन, भाषा का प्रवाह, भाषण का लाघव जनता की योग्यता और नाटक के व्यापार पर आश्रित है। इसके प्रतिकूल 'अजातशत्रु', 'स्कंदगुप्त' और 'चंद्रगुप्त' में क्लिष्ट शब्द, दीर्घ वाक्यावली, वृहद्-भाषण कहीं-कहीं इस रूप में आ जाते हैं कि उनमें आमूल परिवर्तन बिना अभिनय सफल हो ही नहीं सकता।

नाटक में संवाद और व्यापार का अन्योन्याश्रय संबंध है। कहीं व्यापार संवाद के लिए नियोजित होता है और कहीं संवाद व्यापार-प्रसार के लिए प्रयुक्त। दोनों साथ-साथ मिलकर कभी रस-निष्पत्ति की ओर, कभी चरित्र-चित्रण की ओर दर्शकों को ले जाते हैं। इसी कारण संवाद का महत्त्व है।

हम पूर्व कह आए हैं कि संवाद के द्वारा युगपत् त्रिविध प्रयोजन की सिद्धि होती है। जिस संवाद में वार्तालाप करनेवालों को उत्तर पाने की उत्कंठा बनी रहती है वही संवाद रोचक होकर त्रिविध प्रयोजन की पूर्ति करता है। जिस संवाद में लम्बे भाषण होते हैं और व्यापार का अभाव रहता है, वह अप्रिय और असफल होता है। संवाद में जहाँ एक ओर वाणी विचार की प्रेरणा से मस्तिष्क को पुष्ट करती है, वहाँ दूसरी ओर हाव-भाव तथा मुख-मुद्राओं की सहायता से हृद्‌गत कोमल भावों को उद्‌बुद्ध करती है। विचार की प्रौढ़ता से चरित्र विकास का अभिनव स्वरूप सामने आता है तो भावों की उद्‌बुद्धता से रसास्वादन होता है।

---

1. विशाख, पृ. 20
2. वही, पृ. 39

कथोपकथन में शास्त्र-चर्चा एवं लम्बी वक्तृता

'प्रसाद' के प्रायः सभी नाटकों में तत्त्वनिरूपण और आत्म-चिंतन की प्रवृत्ति परिलक्षित होती है, किंतु निरूपण शैली प्राचीन पद्धतियों से सर्वथा भिन्न है। 'जनमेजय का नागयज्ञ' के तीसरे अंक प्रथम दृश्य में, वेद व्यास और जनमेजय का कथोपकथन, प्रारम्भ में धार्मिक ग्रन्थों के तत्त्वनिरूपण की शैली की छाया प्रतीत होता है, किंतु आगे घटनाओं का क्रम इस कौशल से सजाया जाता है कि धर्म ग्रन्थ की संवाद-शैली विलुप्त हो जाती है और नाटकीय शैली प्रकट हो जाती है। जहाँ जनमेजय विविध प्रश्न करते हैं और व्यास उनका उत्तर देते हैं वहाँ प्रश्न एक-एक पंक्ति के हैं जिनका उत्तर रोचक ढंग से दिया जाता है। प्रश्न ये हैं—(1) भगवान वादरायण के रहते हुए भीषण कांड क्योंकर हुआ ? (2) मनुष्य का कोई दोष नहीं, वह निष्पाप है। (3) तो प्रभु, मैं यज्ञ न करूँ। इनके उत्तर में व्यासजी तत्त्वनिरूपण करते हैं। जनमेजय का दार्शनिक तत्त्वों को श्रवण कर प्रस्थान करता है। तुरंत ही शीला, सोमश्रवा, आस्तीक तथा मणिमाला का प्रवेश होता है। प्रकृति के उस एकान्त प्रांगण आश्रम में आस्तीक एक लम्बी वक्तृता देता है—"बुला लो, बुला लो, उस वसन्त को, उस जंगली वसन्त को, जो महलों में मन को उदास कर देता है, जो मन में फूलों के महल बना देता है, जो सूखे हृदय की धूल में मकरन्द सींचता है। उसे अपने हृदय में बुला लो। जो पतझड़ करके नई कोंपल लाता है, जो हमारे कई जन्मों की मादकता में उत्तेजित होकर इस भ्रांत जगत् में वास्तविक बात का स्मरण करा देता है, जो कोकिल के सदृश सस्नेह, सकरुण आवाहन करता है, जिसमें विश्व-भर के सम्मिलन का उल्लास स्वतः उत्पन्न होता है, एक आकर्षण सबको कलेजे से लगाना चाहता है, उस वसन्त को, उस गई हुई निधि को, लौटा लो। काँटों में फूल खिलें, विकास हो, प्रकाश हो, सौरभ खेल खेले। विश्वमात्र एक कुसुमस्तवक सदृश किसी निष्काम के करों में अर्पित हो। आनन्द का रसीला राग गूँज उठे, विश्व-भर का क्रन्दन कोकिल की काकली में परिणत हो जाय।" तदुपरान्त समाधि से उठकर व्यास नवागन्तुकों से वार्तालाप प्रारम्भ करते हैं। इस वार्तालाप में तत्त्वचिंतन की अपेक्षा कर्त्तव्यपालन पर बल दिया जाता है। शीला और मणिमाला को सबका कल्याण करने के लिए शुद्धबुद्धि की शरण में जाने का उपदेश मिलता है। इस प्रकार संवाद के अन्तर्गत प्रकृति-वर्णन, उसके द्वारा तत्त्वनिरूपण की व्यवस्था और इस व्यवस्था के आधार पर उस कर्त्तव्य-कर्म की प्रेरणा की गई है, जिसका नाटक के कार्य से सीधा संबंध होता है। इस प्रकार संवाद में प्राकृतिक वर्णन, तत्त्वनिरूपण, कर्त्तव्य-पालन, तीनों का एकीकरण एक स्थान पर उपलब्ध होता है। 'प्रसाद' से पूर्व ऐसी संवाद-योजना कदाचित् कहीं मिले।

इसी प्रकार 'अजातशत्रु' के दूसरे अंक, छठे दृश्य में भूतपूर्व सम्राट् बिम्बसार और सम्राज्ञी मल्लिका का वार्तालाप दार्शनिक मीमांसा से प्रारम्भ होता है। जिस समय पूर्ण

शान्तिमय वातावरण में बवंडर का प्रसंग छिड़ता है, बवंडर के सदृश 'छलना' का प्रवेश होता है और नाटक की स्थिर कथा गतिवती बनने लगती है। ऐसी दशा में दार्शनिक मीमांसा और नाटकीय मुख्य कथा का संगम मनोहारी बन गया है। ज्योंही दार्शनिक मीमांसा के कारण कथा-प्रवाह में शिथिलता दृष्टिगत होने लगती है, 'प्रसाद' ऐसे वेग के साथ एक नया प्रसंग उपस्थित कर देते हैं, कि दर्शक शैथिल्य की नीरसता से सद्यः निकलकर चमत्कृत हो उठता है। एक क्षण पूर्व दूरागत नीरसता विस्मृति के आवरण में विलीन हो जाती है।

'प्रसाद' सभी प्रकार के कथन को अलंकृत करने के पक्ष में हैं, चाहे वह यथार्थवाद और स्वाभाविकता से पूर्ण बद्ध भले ही न हों। यही कारण है कि उनकी संवाद-योजना में जितना कवित्व है, उतना वाग्वैदग्ध्य नहीं; जितनी गम्भीरता है, उतनी तरलता नहीं, जितना चमत्कार है उतनी स्वाभाविकता नहीं; जितनी भावात्मकता है, उतनी संभाषण-पटुता और क्षिप्रता नहीं। संवाद में वह उक्ति-वैचित्र्य को उतना महत्त्व नहीं देते, जितना अलंकारों को।

जिस प्रकार शास्त्र-वर्णन आत्मचिन्तन, तथा दार्शनिक-विवेचन व्यापाररहित होने के कारण कहीं-कहीं सर्वथा अनुपयुक्त बन जाते हैं, उसी प्रकार दीर्घ भाषण उत्तर-प्रत्युत्तर की क्षिप्रता के अभाववश, रस के अवरोधक हो जाते हैं।

कहा जाता है कि 'प्रसाद' ने संवाद-संबंधी उपर्युक्त त्रुटियों को स्वीकार किया और अपने अंतिम नाटक 'ध्रुवस्वामिनी' को इस दोष से सर्वथा मुक्त रखा। अतः कथोपकथन की स्वाभाविकता के कारण यह नाटक अभिनय के सर्वथा उपयुक्त बन गया।

स्वगतोक्ति

'प्रसाद' के स्वगत-भाषण पात्र की अवस्था को प्रकट करते हुए भावी घटना की भूमिका भी प्रस्तुत करते हैं। 'विशाख' नाटक में नायक सर्वप्रथम एक शिलाखण्ड पर बैठा यौवन में प्राप्त असंतोष, अतृप्ति और अटूट अभिलाषाओं के थपेड़े खाता हुआ अपने हृद्गतभावों को स्वगतोक्ति के रूप में प्रकट करता है। इतने में चन्द्रलेखा आ जाती है। इस प्रकार सामाजिक को स्वगतोक्ति और चन्द्रलेखा के आगमन के सहारे विशाख के गुरुकुल-जीवन के साथ-साथ भावी घटना की भूमिका का भी परिचय सद्यः प्राप्त होता है। 'जनमेजय का नागयज्ञ' में उत्तंक गुरुकुल के उपवन में अग्निशाला की परिचर्या के विषय में स्वगत-भाषण करता है, इतने में दामिनी आ जाती है। दोनों का वार्तालाप प्रारम्भ हो जाता है।[1] यहाँ स्वगत-भाषण उत्तंक की अतीत और वर्तमान अवस्था को प्रकट करता है। स्कंदगुप्त नाटक में कमला की कुटी में स्कंदगुप्त अपनी दुर्दशा पर

1. जनमेजय का नागयज्ञ, पृ. 18

विचार करता हुआ ईश्वर को स्मरण करता है, इसी समय शर्वनाग आ जाता है। वह भी स्वगत-भाषण करके प्रस्थान करता है और स्कंदगुप्त पुनः पतनोन्मुख आर्य साम्राज्य के अपकर्ष के कारणों पर विचार करता हुआ स्वगत-भाषण करता है। इस प्रकार तीन-तीन स्वगत-भाषण एक स्थल पर दिखाई पड़ते हैं। उद्देश्य केवल आर्य-साम्राज्य की दुर्दशा कर श्रोता को ज्ञान कराना है।

... स्वगतोक्ति का तीसरा रूप उन स्थलों पर पाया जाता है जहाँ कोई पात्र रंगमंच पर उपस्थित अन्य पात्रों के सम्मुख खड़ा होकर हृदगत भावों को स्वगत रूप में और व्यवहारोपयोगी बातों को प्रकट रूप में अभिव्यक्त करता है। चन्द्रगुप्त-नाटक में मालविका[1] और चाणक्य के वार्तालाप से यह बात स्पष्ट हो जाती है। यहाँ स्वगतोक्ति मालविका के हृदय में द्वन्द्व मचानेवाले चन्द्रगुप्त के प्रति प्रेम को प्रकट करती है। इसका उद्देश्य है मालविका के चरित्र की एक झाँकी सामाजिक को दिखाना।

स्वगतोक्ति का यह तृतीय रूप किसी प्रकार भी नाटक के लिए उपयोगी नहीं। यह कैसे सम्भव है कि रंगमंच पर एक पात्र का वक्तव्य श्रोता तो सुन लें किंतु पार्श्ववर्त्ती पात्र उसे न सुनें, क्योंकि भरत मुनि का शाप है। संस्कृत नाटकों की यह जनान्तिक शैली आज नितान्त असंगत मानी जाती है। सफल आधुनिक नाटककार इसका उपयोग करना अनुचित समझता है।

स्वगतोक्ति के शेष दो प्रकार भी अभिनय की दृष्टि से अनुपयोगी हैं। अतीत घटना की सूचना और निकट-भविष्य की सम्भावना के उद्देश्य से जिन स्वगतोक्तियों का प्रयोग होता है वे प्राचीन नाटकों के प्रवेशक और विष्कम्भक का काम करती हैं।

नाटक का विधान यह है कि पात्र अपना तथा अपने चरित्र का परिचय अपने व्यापारों से करायें न कि केवल वाणी से। दर्शक नाट्यशाला में श्रवण का उपयोग उतना ही करना चाहता है जितना अनिवार्य हो। जिस विषय का ज्ञान चक्षु द्वारा संभव है उसको श्रवण द्वारा सूचना-मात्र के रूप में पाकर वह संतुष्ट नहीं होता। अतः जो स्वगतोक्तियाँ प्रवेशक और विष्कभंक का कार्य करती हैं वे भी सराहनीय नहीं। 'प्रसाद' ने जहाँ सूचना के लिए स्वगतोक्ति के स्थान पर संवाद की योजना की है वह स्थल अत्यन्त रम्य बन गया है। कौशाम्बी-राजपरिवार की गार्हस्थ्य परिस्थिति जीवक वैद्य और वसन्तक विदूषक के वार्तालाप द्वारा अनुक्रम से पाठकों के सम्मुख आती है जो अभिनय की दृष्टि से बड़ी मनोरम प्रतीत होती है।

पात्रों का जो चरित्र-विकास उनके स्वाभाविक कार्य और पारस्परिक संवाद द्वारा क्रमशः अभिव्यक्त होना चाहिए, वही जब नाट्यकार स्वगतोक्ति के द्वारा पूर्वापर की संगति न रखते हुए कारण-कार्य की शैली के बिना ही सद्यः अभिव्यक्त करने का प्रयत्न

---

1. मालविका-(स्वगत) क्या ? असत्य बोलना होगा। चन्द्रगुप्त के लिए सबकुछ करूँगी। (प्रकट) अच्छा।

करने लगता है तो वह सफल नहीं होता, क्योंकि इस कृत्रिम परिपाक के कारण दर्शकों को रसानुभूति नहीं हो पाती।

यद्यपि सिद्धान्त-रूप से प्रसाद स्वगत-भाषणों को अस्वाभाविक मानकर उन पर व्यंग्य[1] करते हैं, किंतु अन्य साधनों के अभाव में कहीं-कहीं अंततोगत्वा इसी को शरण में जाते हैं। यह तो निर्विवाद है कि स्वगत-भाषण का प्रयोग कलाकार की विवशता का सूचक है। जब उसकी कलात्मकता पराजित होकर हाथ टेक देती है तो स्वगत-भाषण उसे अपनी शरण में रखने को हाथ बढ़ाता है। अतः जो नाटककार स्वगतोक्ति की शरण-भूमि पर ही उतर आता है वह कलालोक से दूर हो जाता है। उसका प्रमाण यह है कि स्वगतोक्तियों के रूप में लंबे भाषण वास्तविक जगत् में स्वाभाविक रूप में कहीं नहीं सुने जाते। विक्षुब्ध और व्यग्र व्यक्ति भले चिन्ताकुल दशा में निश्वास लेते, आहें भरते दृष्टिगोचर होता हो। ऐसे विक्षिप्त व्यक्ति की वाणी से अकस्मात् दो-चार शब्द भी फूट पड़ते हैं, किंतु लम्बे भाषण की सामर्थ्य उसमें नहीं हुआ करती। हाँ, भावोद्वेलित व्यक्ति एकांत गीत गाता हुआ प्रायः देखा जाता है। 'प्रसाद' के एकांत गीत स्वगत-रूप में समयोपयोगी और स्वाभाविक हैं।

गीत

जब कोई पात्र व्यापार अथवा वार्तालाप द्वारा अपने भावोच्छ्वास को अभिव्यक्त करने में असमर्थ हो जाता है तो वह गीतों का आश्रय ढूँढ़ता है। जब सभी पात्र एक ही विचारधारा में निमज्जित होते हैं तो समवेत-स्वर में गीत फूट पड़ता है। अतः 'प्रसाद' को जहाँ एक जन-समूह की भावना का आरोह और अवरोह दिखाना अभीष्ट होता है, वहाँ उनकी भाषा वैयक्तिक गान की भाषा से भिन्न होती है।

'प्रसाद' के दो सामूहिक[2] गीत हिंदी-साहित्य की अमर निधि बन गए हैं।[3] प्रथम गान तो 'वन्देमातरम्' गायन के समान ही राष्ट्रीय-जीवन प्रदायक बन गया है। इस गीत में संयुक्ताक्षरों, अनुस्वारों, ढ़, ण, ज, ज्ञ, आदि व्यंजनों के कारण प्रयाण-गीत का

---

1. जैसे नाटकों के पात्र स्वगत जो कहते हैं, वह दर्शक समाज रंगमंच तो सुन लेता है, पर पास का खड़ा हुआ दूसरा पात्र नहीं सुन सकता, उसको भरत बाबा की शपथ है।

—'विशाख'

2. हिमाद्रि तुंग शृंग से, प्रबुद्ध शुद्ध भारती—
स्वयं-प्रभा समुज्ज्वला, स्वतंत्रता पुकारती—
अमर्त्य वीर पुत्र हो, दृढ़, प्रतिज्ञ सोच लो,
प्रशस्त पुण्य पंथ है—बढ़े चलो बढ़े चलो।—'चन्द्रगुप्त'

3. पैरों के नीचे जलधार हो, बिजली से उनका खेल चले
संकीर्ण कगारों के नीचे, शत-शत झरने बे-मेल चले।—'ध्रुवस्वामिनी'

सौष्ठव चमक उठा है। इसका छन्द भी शब्दों की ध्वनि के अनुरूप है। उनका यह गीत "स्वर और लय पर नृत्य करता है और छन्द वीरभावों के साथ अकड़कर चलता है।" इसमें जातीय गर्व और शालीनता है, ओज और कोमलता है। 'प्रसाद' के राष्ट्रीय गीत के समीप संकीर्णता फटकने नहीं पाती। कार्नेलिया को भारतवर्ष की प्राकृतिक सुन्दरता तो प्रिय है ही, इससे अधिक प्रिय है यहाँ का अध्यात्मवाद। उसे इस देश का वैयक्तिक जीवन इतना करुणार्द्र और विश्वव्यापी प्रतीत होता है कि व्यष्टि और समष्टि में भेद दिखाई ही नहीं पड़ता। इस गम्भीर आशय को 'प्रसाद' लाक्षणिक प्रयोग द्वारा इस प्रकार प्रकट करते हैं–

'बरसाती आँखों के बादल–बनते जहाँ भरे करुणाजल,
लहरें टकराती अनन्त की–पाकर जहाँ किनारा।'

सादृश्य-संबंध से लक्षणा द्वारा बरसाती 'आँखों' का अर्थ हृदय का करुणार्द्र होना एवं 'अनन्त को किनारा' मिलना का भाव सीम और असीम का मिलन स्पष्ट करना 'प्रसाद' को अभीष्ट है। 'प्रसाद' के राष्ट्रीय-गीत देशानुराग उत्पन्न करते हुए 'जगत् की अपूर्णताओं, कठोरताओं एवं कर्कशताओं को मंगलमय भगवान् की मंगलविधायिनी शक्तियों के सहारे स्निग्ध और सुडौल बनाने की कामना प्रकट करते हैं'।[1] 'अरुण यह मधुमय देश हमारा' यह गीत इस बात का प्रमाण है।

'प्रसाद' के नाटकों में सबसे अधिक संख्या सौंदर्य-प्रेम-संबंधी गीतों की है। उनके सौंदर्य-वर्णन में स्थूलता के स्थान पर वायवी दिव्यता है। उनकी दृष्टि सुन्दर वस्तुओं के बाह्य रूप की झाँकी देखती हुई अन्तरात्मा में प्रविष्ट होती है। वहीं उसे विश्रान्ति मिलती है। वह सौंदर्य के अन्तस्तल में निवास करनेवाली रहस्यमयता को प्रत्यक्ष कराना चाहते हैं। इसके लिए उन्हें लाक्षणिक प्रयोग और सांकेतिक अभिव्यक्ति की सहायता लेनी पड़ती है। इस शैली का उनका प्रसिद्ध गीत है–

तुम कनक किरण के अंतराल में लुक छिपकर चलते हो क्यों।
हे लाज भरे सौंदर्य बता दो, मौन बने रहते हो क्यों?

यहाँ उपादान लक्षणा के द्वारा लाज-भरे सौंदर्य का वर्णन है, आधार के स्थान पर आधेय कथित है।

'प्रसाद' ने प्रेमी के जीवन को विविध दृष्टिकोणों से देखा है। प्रेमी-हृदय का कोना-कोना वह झाँक आए हैं। उन्होंने नाटकों में दर्जनों गीत प्रेमी की आशा-निराशा, मिलन-विरह, सुख-दुख, उल्लास-कसक आदि को प्रकट करने के लिए लिखे हैं। इन गीतों में मादकता के साथ शान्ति है, ज्वाला के साथ शीतलता है। उपमाएँ और रूपक नितान्त नवीन हैं। उनका 'प्रेम तरु' तापित और दग्ध को छाया प्रदान करता है। कामायनी की श्रद्धा यहाँ सरिता है और विश्वास प्रेम तरु की छाया है। इस गीत के द्वारा देवसेना

---

1. काव्य के रूप–बाबू गुलाबराय, पृ. 150

अपनी सखी विजया को प्रेम-रहस्य समझा रही है। यह गीत संदर्भ-सहित होने पर नाटक का वातावरण निर्मित करता है और स्वतंत्र रूप से प्रेम की व्याख्या भी करता है।[1] 'प्रसाद' के गीतों की यह विशेषता है। इसमें तिरस्कार, अनुनय, दीनता, निष्ठुरता आदि मनोभावों का मानवीकरण किया गया है। अमूर्त की तुलना मूर्त से करते हुए विविध अलंकारों का विधान करना 'प्रसाद' की कला का मुख्य अंग है। वह बाह्यप्रकृति पर मानवी भावों का आरोप करते हैं और आंतरिक भावों का मानवीकरण लाक्षणिक प्रयोगों द्वारा करते हैं। कहीं-कहीं वह द्वित्त लाक्षणिक प्रयोग द्वारा गीतों को अत्यन्त दुरूह बना देते हैं। जब पाठक या दर्शक को गीतों का अर्थ समझने के लिए दोहरे लाक्षणिक प्रयोगों का आवरण बेधकर तथ्य तक दृष्टि ले जानी पड़ती है तो वह कभी-कभी निराश हो जाता है और कह उठता है कि 'प्रसाद' के गीत प्रसाद-गुण रहित हैं।

सौंदर्य-बोध

गीतों की दुरूहता का एक कारण और है। 'प्रसाद' ने सौंदर्यबोध की नवीन व्याख्या की है। उनके गीत सौंदर्यानुभूति के तारतम्य की ओर निर्देश करते हैं। जैसे एक ही चित्र शिक्षा और सामर्थ्य के अनुसार दर्शकों को आनन्द की भिन्न-भिन्न स्थिति तक पहुँचाता है। उसी प्रकार एक ही सुन्दर पदार्थ दर्शकों को दृष्टि-सामर्थ्य के अनुसार अनुभूति के भिन्न-भिन्न स्तर तक पहुँचाता है। दृष्टि-सामर्थ्य से अभिप्राय है—चर्म-चक्षुओं की सामर्थ्य, (2) बुद्धि-दृष्टि की सामर्थ्य, (3) आत्म-दृष्टि की सामर्थ्य।

इन दृष्टियों के अनुसार सौंदर्यबोध के तीन रूप हुए। प्रथम रूप कामुक एवं संयमहीन व्यक्तियों के गीतों में पाया जाता है। विलासियों को रूप में कड़ी ज्वाला दिखाई पड़ती है।[2] उन्हें पवित्र सुनहली उषा मद्य पिलाती है।[3] उनकी श्वासों में चिनगारी उड़ती है।[4] उनकी पलकों से मादकता लाली के डोरे फँसते हैं।[5] भोगासक्त और विलास-प्रमत्त पात्र अपनी तुच्छ प्रवृत्ति की क्षुधा-तृप्ति को ही सौंदर्यबोध की इतिश्री समझ बैठता है। इससे अधिक समझने की उसमें सामर्थ्य नहीं। ऐसे पात्रों के गीत अति सामान्य होने के कारण अपेक्षाकृत स्पष्ट हैं।

दूसरे वर्ग के गायक हैं संयमी साधक। 'प्रसाद' ने कतिपय ऐसे तपस्वी पात्रों

---

1. घने प्रेम तरु तले,
   बैठ छाँह लो भव आतप से तापित और जले।—'स्कन्दगुप्त'
2. कैसी कड़ी रूप की ज्वाला।
   पड़ता है पतंग-सा इसमें मन होकर मतवाला—'चन्द्रगुप्त'
3. उषा सुनहला मद्य पिलाती—'अजातशत्रु'
4. चिनगारी श्वासों में उड़ती—(श्यामा—'अजातशत्रु')
5. विकल हैं इन्द्रियाँ, हाँ देखते इस रूप के सपने—(श्यामा—'अजातशत्रु')

की रचना की है जो 'सौंदर्य के अन्तःपुर में निवास करनेवाली जगत् की आलोकवसना सती लक्ष्मी का दर्शन' करने में समर्थ हुए हैं। इस अन्तःपुर के चतुर्दिक् दूर-दूर तक उन लोलुपों का प्रवेश वर्जित है जो नशे के उन्माद को सौंदर्य-सुख मानकर मस्त रहना चाहते हैं। कृष्ण-सौंदर्य देखने की शक्ति दिव्य चक्षु में हुआ करती है। चक्षु को दिव्य बनाने के लिए साधन-सम्पन्नं बनना पड़ता है। जिन पात्रों के चर्म-चक्षुओं की सहायता कल्याणी बुद्धि करती है, उन्हें सौंदर्य-लक्ष्मी का दर्शन निरंतर सुलभ हो जाता है। ऐसे साधकों के कण्ठ से अनुभूति की तन्मयता के क्षणों में जो संगीत फूट पड़ता है, वह सुधारस की वर्षा करता है। इस प्रकार के गायक हैं—कल्याणी, मालविका, देवसेना इत्यादि। प्रमाण के लिए दो-एक गीत देखिए। कल्याणी चंद्रगुप्त की स्मृति में गाती है कि हे कुमुद-बन्धु (चन्द्र) अपने अमृत कणों से वसुधा को स्नान करा दो जिससे अंधकार दूर हो जाय और सर्वत्र आलोक छा जाय। आँसुओं के कण उस अमृत-कर को प्राप्त कर मोती बन जाएँ। वेदना-बोझिल हृदय-रूपी समुद्र में आनन्द की लहरियाँ उठने लगें। हँसी रूपी हंसमाला की मधुर ध्वनि के बहाने वसन्त की पूर्णिमा का आगमन हो जाय।[1]

संयमी की प्रेम-साधना-पद्धति निराली है। नारी अपने प्रियतम के सौंदर्य में अनुराग-देवता का सौंदर्य देखती है, उसका हृद्गत राग उस प्रियतम को पूर्णतया समर्पित है जिसका मनोराग विश्वमंगल में सन्निहित है। जो अनुराग-देवता विश्व-व्यापी है वही उसके हृदय को प्रियतम के हृदय से मिलाने में समर्थ है। उसी की आराधना से प्रणयी और प्रणयिनी के हृदय एक बनते हैं। उसकी सबसे बड़ी आराधना तन्मयता की स्थिति-प्राप्ति है। तन्मयता की यह स्थिति उपनिषद्विहित तन्मयता के सदृश ही है किंतु इसका साधन उससे कुछ भिन्न है। इसमें ओंकार के स्थान पर प्रियतम के सौंदर्य को मन-रूपी शर का आधार बनाना पड़ता है। प्रियतम की निरंतर स्मृति ही शर-सन्धान का अभ्यास है। इस अभ्यास के द्वारा अनुरागी मन अनुराग-देव में एकाकार बन जाता है। उस स्थिति में हृद्गत राग मानव-प्रेम के प्रतीक अनुराग देव के साथ तादात्म्य धारणा कर लेता है और चित्त पूर्ण शान्त हो जाता है। फिर, विश्व मंगलकामना में प्रणयी प्रणयिनी की समस्त कामनाएँ विलीन हो जाती हैं। कल्याणी, मालविका, देवसेना की यही सौंदर्यानुभूति है। इसमें चेतनसागर आनन्द की हिलोरें लेने लगते हैं, प्राण पुलकित हो उठते हैं। अनुराग-देव इस अनन्तनिधि संसार-सागर का नाविक बन जाता है। वह

---

1. सुधा सीकर से नहला दो।
   x x x
   अंधकार उजला हो जाए,
   हँसी हंसमाला मँडराए,
   मधु राका आगमन कलरवों के मिस—कहला दो!

अनंग होते हुए भी जगत् की विपत्तियों से साधक की रक्षा करता है।[1]

तीसरी कोटि में उन अध्यात्मवादियों के गीत आते हैं जिन्होंने विश्वव्यापक प्रेम को अध्यात्म दृष्टि से देखा है। गौतम को गोधूली के समय अरुण पटल में करुणा स्नेहांचल फहराती दिखाई पड़ती है। उसी का हास-विलास स्निग्ध उषा में, मधुर बालक के मुखचन्द्र पर, ओस के कणों में दिखाई पड़ता है। समस्त विश्व ब्रह्माण्ड में उसी का सौंदर्य व्याप्त हो रहा है। उन्हें सौंदर्य के शिव-रूप में चिरंतन सत्य की अनुभूति होती है। इस प्रकार सौंदर्य शिव और सत्य से मिलकर परिपूर्ण बन जाता है।

कतिपय साहित्यिकों ने 'प्रसाद' के गीतों को अभारतीय घोषित किया। ऐसे आलोचकों में सबसे ऊँचा स्वर प्रसिद्ध नाटककार लक्ष्मीनारायण मिश्र का है। उनका कथन है कि 'प्रसाद' के गीतिकाव्यों में प्रणय की जगह छिछले रोमांस की बाढ़ आ गई है, वे भास और कालिदास की परंपरा में न होकर शेक्सपियर की परंपरा में ढल चुके हैं।

मिश्रजी से इस विषय पर घंटों वार्तालाप करने के उपरान्त उनके मत के निम्नलिखित आधार ज्ञात हुए—

(1) प्रेम की अभिव्यंजना में जो भाव-भंगिमा, हाव और मुद्राएँ स्वाभाविक रीति से पाई जाती हैं, उनका गीतों में सर्वथा अभाव है।

(2) गीतों में प्रेम की प्राकृतिक विकृति के स्थान पर पात्रों की मानसिक विकृति मिलती है।

(3) इनमें जीवन का पर्यवेक्षण काल्पनिक ढंग से किया गया है।

(4) गुप्तकाल के प्रतिनिधि कवि कालिदास की जीवन-मान्यताएँ इन गीतों से सर्वथा भिन्न हैं।

(5) गीतों में उन्मादग्रस्त व्यक्तियों का प्रलाप है। प्रेमी और प्रेमिका किसी स्थिति-विशेष में किस प्रकार के गीत गाते हैं उनका भी पता नहीं।

(6) यदि संपूर्ण गीतों को नाटक से निकाल दें तो भी नाटक पर कोई प्रभाव नहीं पड़ता।

(7) गीतों की भाषा के घटाटोप में पाठक के मन को आवृत्त करने की चेष्टा की गई है, इनमें रस-स्थिति तक पहुँचाने का प्रयास नहीं पाया जाता।

मिश्रजी के ये आरोप ऐसे हैं जिनका उत्तर स्वतंत्र लेख के रूप में ही दिया जा सकता है। यहाँ इतना ही लिखना पर्याप्त होगा कि इस धारणा के मूल में तीन बीज हैं—

(1) 'प्रसाद' ने सौंदर्यबोध की जो पद्धति अपनाई, वह साहित्य में परंपरा समर्थित न होने के कारण सहज बोधगम्य न हो सकी।

---

1. चेतन सागर उर्मिल होता, यह कैसी कम्पनमय तान।
   यों अधीरता से न भीड़ लो, अभी हुए हैं पुलकित प्रान।
   इस अनन्तता निधि के नाविक, हे मेरे अनंग अनुराग! —'चन्द्रगुप्त' नाटक

(2) गीतों का मण्डन-शिल्प सर्वथा नवीन होने के कारण अपरिचित प्रतीत हुआ।

(3) जिस मानवतावाद के सिद्धांत को भारतीय रूप देने का प्रयास 'प्रसाद' ने किया, वह हिंदी साहित्य में सर्वथा नया था।

प्रसंगवश यहाँ इतना उल्लेख करना आवश्यक है कि इन्हीं नवीनताओं के कारण रवीन्द्रनाथ ठाकुर का प्रबल विरोध बंगाल के प्रसिद्ध नाटककार द्विजेन्द्रलाल राय ने किया था। कहा जाता है कि उन्होंने रवि बाबू की खिल्ली उड़ाने के लिए नाटक लिखा और कलकत्ते में उसका अभिनय कराया किंतु अंत में राय बाबू को इसका पश्चात्ताप हुआ।

हमारा विश्वास है कि 'प्रसाद' की नाट्यकला का ज्यों-ज्यों परीक्षण होगा त्यों-त्यों उनके गीतों का अर्थ स्पष्ट होता जाएगा और ज्यों-ज्यों उनके गीतों का रहस्य खुलता जाएगा उन्हें अभारतीय कहने का स्वर मन्द पड़ता जाएगा।

[हिंदी नाटक : उद्‌भव और विकास, 1954]

प्रसाद के नाटकों में अभिनेयता

अब यह धारणा बनने लगी है कि प्रसाद के नाटक सर्वथा अनभिनेय नहीं हैं; वर्तमान रूप में इनका अभिनय कठिन भले ही हो पर अल्प परिवर्तन के साथ ये नाटक खेले जा सकते हैं।

प्रसाद के नाटकों के परीक्षण करने पर हमें उनमें अधोलिखित दोष दृष्टिगत होते हैं :

(1) भाषा जटिल, दुर्बोध, गूढ़ शब्दार्थ सहित है। विशेषतः गीतों में छायावादी तत्त्व आ जाने से उनका अर्थ अस्पष्ट ही रहता है।

(2) कतिपय पात्र इतने आदर्श और अध्यात्मवादी हैं कि दर्शक उनसे किसी प्रकार का अपना नाता जोड़ नहीं पाता।

(3) कथावस्तु उस धरातल पर चलती है जहाँ पहुँचना सामाजिक के लिए कठिन हो जाता है, अतः, वह न तो पात्रों के साथ और न कथावस्तु के साथ तादात्म्य स्थापित कर पाता है।

(4) सबसे बड़ा दोष है दृश्य-विधान में। घटनास्थल इतने अधिक हैं कि उनका प्रदर्शन आधुनिक रंगमंच पर भी दुष्कर प्रतीत होता है। एक-एक अंक में बारह-तेरह दृश्य हैं। पूरे नाटक में दृश्य संख्या 32-33 तक पहुँच जाती है। यदि प्रत्येक दृश्य के परिवर्तन में तीन मिनट का भी समय मान लिया जाय तो लगभग डेढ़ घंटे तो पट-परिवर्तन के लिए अपेक्षित होंगे। इतने पट-परिवर्तनों के साथ यह नाटक अभिनेय बन नहीं सकता।

इन्हीं दुर्बलताओं के कारण प्रसाद के प्रमुख नाटकों—अजातशत्रु, स्कंदगुप्त, और चन्द्रगुप्त—को अभिनय के अयोग्य माना जाता है।

यह तो रंगमंच के व्यवस्थापकों का अनुभव बताता है कि प्रसाद के उक्त तीनों नाटक तद्वत् रूप में मध्यम वर्ग के दर्शकों के सामने अभिनेय नहीं हो सकते। इनमें काट-छाँट, संशोधन-परिवर्तन करना अनिवार्य है। कुशल कलाकारों का मत है कि ये नाटक निम्नलिखित रूप में प्रदर्शित करने पर अभिनेय बन सकते हैं :

(1) दृश्यों की संख्या प्रति अंक में तीन या चार रखी जाए तो संपूर्ण दृश्य संख्या अधिक से अधिक 16-17 होगी और केवल तीन बार बाह्य पट-परिवर्तन में पन्द्रह-बीस मिनट समय लगेगा। इस प्रकार समय की समस्या सुलझ जाएगी।

(2) पात्रों की संख्या में कमी करने के लिए दो प्रयत्न किये जा सकते हैं :

(क) मूल कथा से दूर का संबंध रखनेवाली घटनाओं को निकाल देने पर अत्यन्त गौण पात्र स्वयं बहिष्कृत हो जाते हैं।

(ख) गौण पात्रों से संबंध रखनेवाली अति आवश्यक विविध घटनाओं का परिचय सूचना के रूप में प्रवेशक अथवा विष्कंभक की शैली में दिया जा सकता है। मेरा मत है कि संस्कृत की यह शैली प्रसाद के नाटकों को अभिनेय बनाने में बहुत सहायक हो सकती है।

काव्य तत्त्व की दृष्टि से परीक्षण करने पर प्रसाद के प्रमुख नाटक अमर साहित्य तो हैं ही, सात्विक भावों की अभिव्यक्ति के कारण ये उच्च कोटि के अभिनेय नाटक भी माने जाएँगे।

नाट्यकला और अभिनय-कला दो सगी बहिनें हैं, सपत्नियाँ नहीं। किसी नाटक के अभिनय की सफलता में अनेक कलाएँ साथ-साथ सहयोग देती हैं। संगीतकला, नृत्यकला, प्रसाधनकला, रंगसज्जा आदि के योग से नाटक का अभिनय सफल होता है।

नाट्यकृतियाँ सामाजिक की आवश्यकता के अनुसार परिवर्तित होकर अभिनेय के योग्य बनाई जाती हैं। जो देशकाल की सीमा को लाँघकर जीवित रहती हैं, वही उच्चकोटि की नाट्यकृतियाँ हैं।

प्रसाद की हार्दिक इच्छा यह अवश्य रहती थी कि उनके नाटकों का स्थान-स्थान पर अभिनय हो और भारतेन्दु के मिशन की पूर्ति में मैं कुछ योग दे सकूँ। अतः प्रारंभ में उन्होंने इन नाटकों में मध्यम वर्ग के समझने योग्य विषयों को ग्रहण किया और रचना में मध्यवर्ग की रुचि का ध्यान रखा।

जनरुचि को प्रांजल बनाने और सत्य-अहिंसा का महत्त्व समझाने के उद्देश्य से 'विशाख' नाटक की रचना हुई। इसके गानों में पूर्णतया लोक-रुचि का ध्यान रखा गया। घटनाओं को भी आकर्षक एवं रससिक्त बनाने का प्रयास किया गया। भाषा की सरलता, विचारों की ऋजुता, कथावस्तु की रमणीयता आदि गुणों से यह नाटक सर्वथा अभिनय के योग्य सिद्ध हुआ। प्रसाद ने संभवतः सबसे अधिक ध्यान इसकी अभिनेयता

की ओर रखा। रंगमंच की सुविधाओं और आवश्यकताओं का इसमें पूर्ण रूप से निर्वाह पाया जाता है।

प्रसाद इसकी भूमिका में लिखते हैं : ''आजकल के पारसी रंगमंचों के अनुकूल ये नाटक कहाँ तक उपयुक्त होंगे इसे मैं नहीं कह सकता क्योंकि उनका आदर्श केवल मनोरंजन है। हाँ 'जातीय आदर्शों से स्थापित यदि कोई रंगमंच, जहाँ कि चमक-दमक से' विशेष ध्यान पात्रों के अभिनय पर और आदर्श के विकास पर रखा जाता हो, कोई सम्मति अपने अभिनय में अड़चन पड़ने की दे तो मैं उसे स्वीकार करने के लिए सर्वथा प्रस्तुत हूँ।

इस कथन में प्रसाद का अभिनय संबंधी विशिष्ट सिद्धांत निहित है। इसमें चार सूत्र हैं जिन पर प्रकाश डालना आवश्यक है। सर्वप्रथम पारसी रंगमंचों के प्रति उनकी धारणा स्पष्ट होती है। अर्थात् अब तक विरचित उनके नाटकों को पारसी रंगमंच की कसौटी पर कसना वृथा प्रयास है। दूसरा सूत्र है कि अभिनेय नाटकों का उद्देश्य केवल मनोरंजन नहीं। प्रसाद के नाटकों को जो लोग केवल मनोरंजन की अभिलाषा से देखने जाएँगे उन्हें निराशा होगी। तीसरा सूत्र ''जातीय आदर्शों से स्थापित रंगमंच की स्थापना के संबंध में है।'' चौथा सूत्र है–''रंगमंच जहाँ कि चमक-दमक से विशेष ध्यान पात्रों के अभिनय और आदर्श के विकास पर रखा जाता हो।'' यह प्रसिद्ध है कि प्रसाद ने एक बार थिएटर में जब सम्राट् अशोक को चश्मा लगाए छैला बने एक विलक्षण वेश में देखा तो वे अपने साथियों के साथ उठकर बाहर चले गए।

'विशाख' की रचना के उपरांत प्रसाद ने संभवतः मध्यम वर्ग के लिए नाट्य-रचना का विचार कुछ काल के लिए त्याग दिया। उनकी दृष्टि कालिदास की ओर गई होगी और विद्वत्परिषद् के लिए नाटक-सृजन की प्रेरणा उन्हें किसी न किसी प्रकार प्राप्त हुई होगी। उन्होंने जिस उद्देश्य को लेकर नाटक लिखने का संकल्प 'विशाख' में प्रकट किया उसकी उपलब्धि 'कामना', 'जनमेजय के नागयज्ञ', 'अजातशत्रु', 'स्कंदगुप्त' और 'चंद्रगुप्त' में स्थान-स्थान पर दिखाई पड़ती है।

आज के कतिपय समालोचक और नाट्यकार प्रसाद के इन नाटकों को अनभिनेय मानकर काव्य की कोटि में रखने का आग्रह करते हैं।

आज के अविकसित हिंदी रंगमंच को देखकर प्रसाद के नाटक अनभिनेय जान पड़ते हैं। पर आश्चर्य है कि 'स्वतंत्रता का संग्राम' नामक विष्णु प्रभाकर के नाटक में प्रसाद के किसी नाटक से अधिक दृश्य हैं। उक्त नाटक में 47 दृश्य हैं जहाँ प्रसाद के नाटकों में 40 से अधिक दृश्य नहीं मिलते।

प्रसाद के नाटकों का मध्यवर्ग के लिए अनभिनेय होने का सबसे बड़ा कारण उनकी गंभीर दार्शनिकता है। चंद्रगुप्त में चाणक्य जब कहता है–''मेघ के समान मुक्त वर्षा-सा जीवनदान, सूर्य के समान अबाध आलोक विकीर्ण करना, सागर के समान कामना-नदियों को पचाते हुए सीमा के बाहर न जाना यही तो ब्राह्मण का आदर्श है।''

तब गीता-धर्म को न समझनेवाला दर्शक विमूढ़ बन जाता है और उसकी समझ में नहीं आता कि यह कह क्या रहा है?

प्रसाद ने हिंदी नाट्य-क्षेत्र में सर्वथा नवीन चरित्र दिए, नई घटनाएँ दीं, नया ऐतिहासिक देशकाल दिया। संपूर्ण नया समारंभ किया। इस नए युग के संदेश को सुनने में जो लोग असमर्थ थे, उन्होंने इसे काव्य कहकर पुकारा। प्रसाद के नाटक काव्य नहीं अमर दृश्य काव्य हैं। प्रसाद के नाटकों को दृश्य काव्य की कोटि से बहिष्कृत करने वालों का मत है कि "ये नाटक पढ़ने के साहित्य में उच्च स्थान पाते हुए भी दृश्यकाव्य की कोटि में नहीं आ सके। इन नाटकों का यदा-कदा सफल अभिनय भी हुआ। किंतु आज की बदली हुई मान्यताओं के सामने उन्हें रंगमंच में कोई स्थान नहीं मिल सका।"[1]

वर्माजी का मत स्पष्ट है। वे स्वीकार करते हैं कि प्रसाद के नाटक अभिनेय हैं किंतु रंगमंचीय नहीं।

'प्रसाद' के अनभिनेय समझे जानेवाले नाटकों का अब रंगमंचीय रूप तैयार हो गया है। शांता गांधी ने कतिपय गीतों और नृत्यों को निकालकर प्रत्येक अंक के अन्त में पर्दा गिराकर कथावस्तु में अल्प परिवर्तन के द्वारा 'स्कन्दगुप्त' को अभिनेय सिद्ध कर दिया।[2]

[नाट्य-निबंध, 1972]

धनंजय

प्रसाद के नाटकों के रचनाक्रम को देखें तो सभी में भारतीयता को अक्षुण्ण रखा गया है—चाहे वह जिस रूप में हो। यह अतिशयता आज खटक सकती है, लेकिन इसे तात्कालिक संदर्भों में ही देखना और समझना चाहिए। उस समय यह चेतना सर्वाधिक चर्चित और अभिप्रेत थी। यहाँ भारतीयता का अर्थ राष्ट्रीयता तक ही सीमित नहीं है, वह जातीय जीवन के विभिन्न पक्षों से जुड़ी है। भारतीय संस्कृति, भारतीय गौरव, भारतीय जन-मानस की मौलिकता सभी का समावेश इसमें है। प्रसाद के संदर्भ में भारतीयता का उल्लेख इन सबके सम्मिलित रूप में किया गया है। उन्होंने भारतीय संस्कृति और अतीत का जो उदात्त रूप प्रस्तुत किया, उसका उदाहरण केवल ये दो पंक्तियाँ हैं :

1. भगवतीचरण वर्मा—रुपया तुम्हें खा गया—भूमिका
2. शांता गाँधी—नटरंग, वर्ष 2, अंक 5, पृ. 46

अरुण यह मधुमय देश हमारा
जहाँ पहुँच अनजान क्षितिज को मिलता एक सहारा।

भारतीयता का यह उदात्त रूप प्रसाद के समकालीन अन्य किसी लेखक में नहीं मिलता। यहाँ तक कि प्रेमचन्द में भी नहीं। वैसे सामयिकता की व्याख्या प्रेमचन्द ने अपने ढंग से की, फिर भी भारतीयता का गहरा बोध वे नहीं दे सके। प्रेमचन्द में इतिहास को रचना-स्तर पर प्रयोग करने की क्षमता नहीं थी क्योंकि वे सामयिक प्रश्नों से ही जुड़े थे, शाश्वत प्रश्नों से नहीं। इसीलिए वे सामयिक कथाकार-भर लगते हैं। प्रसाद ने भारतीयता के उद्रेक में ऐसे उदाहरण प्रस्तुत किए हैं कि पूरा अतीत अपने समस्त गुण-दोषों के साथ हमारे सामने प्रत्यक्ष हो उठता है। इस प्रत्यक्षीकरण में एक-एक कर सारे प्रश्न हल होते जाते हैं और अंत में हम स्वयं से साक्षात्कार करने लगते हैं।

इस साक्षात्कार को दूसरे शब्दों में व्यापक रचनात्मकता कहा जा सकता है। यह विशिष्ट उपलब्धि है। प्रसाद के नाटकों का यही मूल उत्स है। स्कंदगुप्त और चन्द्रगुप्त जिन परिस्थितियों को 'फेस' करते हैं, उन्हीं परिस्थितियों को बीसवीं शताब्दी पूर्वार्द्ध का 'व्यक्ति' भी 'फेस' कर रहा है—उन्हीं अन्तर्द्वन्द्वों और विवशताओं और कार्यशीलता के साथ। चन्द्रगुप्त और स्कंदगुप्त साक्षात्कार करते हैं इस 'व्यक्ति' से और अतीत मुँहामुँही करता है वर्तमान से। जो अन्तर्विद्रोह, जो दुश्चिन्ताएँ, जो अनिवार्यताएँ, जो लड़ाई एक की है, वही दूसरे की भी है। चाणक्य, सिंहरण, बंधुवर्मा भारतीयता के लिए लड़ते हैं, बड़े आदर्शों के लिए लड़ते हैं और इसी स्तर की लड़ाई पराधीन भारत को भी लड़नी थी। प्रसाद इसकी खुली चुनौती देते हैं। देवसेना, अलका, कार्नेलिया, वासवी उदाहरण हैं त्याग की, बलिदान की, उदात्तता की, कर्म की। इनसे प्रेरणा लेकर भारत को बड़ी तैयारी करनी थी—बड़े लक्ष्य की पूर्ति के लिए। इसमें संदेह नहीं है कि इतिहास के परिप्रेक्ष्य में खड़े होकर प्रसाद ने जो अनुभव अर्जित किया था, वह व्यर्थ नहीं गया। यह संभव हो सकता है कि दृष्टि को अर्थ देने की रौ में कहीं वे स्वाभाविकता-अस्वाभाविकता का निर्णय न कर पाए हों पर यह दृष्टि की नहीं, रचना-विवेक की कमजोरी है। 'राज्यश्री' में जब चीनी यात्री ह्वेनसांग कहता है, "यह भारत का देव-दुर्लभ दृश्य देखकर सम्राट्, मुझे विश्वास हो गया कि यही अमिताभ की प्रसव-भूमि हो सकती है।" या 'स्कंदगुप्त' में धातुसेन और 'चंद्रगुप्त' में सिकंदर और कार्नेलिया भारतभूमि की अतिशय प्रशंसा करते हैं तब यह सब अस्वाभाविक इसलिए नहीं लगता कि प्रसाद का समसामयिकता का परिवेश ही यही था। प्रसाद से पूर्व तो देश-प्रेम और राष्ट्रीयता का नारा और अधिक जोरों पर था। उन्होंने अपेक्षाकृत इसे संतुलित रूप दिया था। इसका यह अर्थ नहीं लिया जाना चाहिए कि प्रसाद की ऐतिहासिक दृष्टि में कहीं खोट थी। उनकी दृष्टि मूलतः इतिहास के पुनर्सर्जन की ही

रही है। दो भिन्न युगों के समंजस परिकल्पन में उनका अध्येता एक ओर है और रचनाकार दूसरी ओर। एक दूसरे के बाधक नहीं बने हैं, सहायक ही रहे हैं। एक से दूसरे का लाभ हुआ है। पूरा युग साकार हो गया है।

वस्तुतः प्रसाद की दृष्टि सत्यान्वेषी थी। सत्यान्वेषण को वस्तुवादिता का पर्याय समझने का भ्रम नहीं होना चाहिए। यह दृष्टि मूल्यगत है और समग्र रूप से रचनाधर्मिता से सम्बद्ध है। प्रसाद उन सत्यों तक पहुँचना चाहते थे जो मानव के उत्थान में सहायक हैं, जिनसे मानवता सही दिशा की ओर उन्मुख होती है। उन्होंने मूल्यों की खोज में इतिहास और ऐतिहासिक अनुभववाद का आश्रय लिया था। जब यह मानकर चला जाता है कि किसी एक या अनेक कारणों से एक समय में जिस तरह की घटनाएँ होती हैं, उन्हीं कारणों से दूसरे समय में भी उन्हीं घटनाओं का पुनरावर्तन हो सकता है—तब उन कारणों की खोज तथा उनका निराकरण आवश्यक हो जाता है। प्रसाद ने इन कारणों की खोज अपने ढंग से की है। इसलिए उनकी दृष्टि की निर्वैयक्तिकता अक्षुण्ण है।

अब एक खास प्रश्न यह रह जाता है कि प्रसाद की दृष्टि भारतीय क्यों थी! यह भारतीयता कहीं 'लोकल' तो नहीं है? भारतीयता की परिभाषा जिस स्तर और जिन परिस्थितियों में की गई है या करने की कोशिशें हुई हैं उनमें से अधिकांश में इसे हथियार की तरह ही इस्तेमाल किया गया है। जहाँ भी, जब भी अपने को बचाना हुआ है, इसका इस्तेमाल किया गया है। यह विडंबना है कि भारतीयता के नाम पर 'लोकल' चीजें ही अधिक पेश की गई हैं, यानी लोकल परिवेश, लोकल अनुभव और लोकल जीवन। हमारा गलत बोध ही है जो लोकल चीजों को भी भारतीय मानता चला आ रहा है। प्रसाद के संदर्भ में यह रेखांकित करनेवाली बात है कि भारतीयता को उन्होंने व्यापक परिप्रेक्ष में लिया था। बल्कि यों कहा जाना चाहिए कि इसे उन्होंने जीवन-प्रक्रिया के रूप में भी लिया था। बदलते संदर्भों और बदलते प्रतिमानों के बीच उनकी यह दृष्टि सुरक्षित थी। भारतीयता के शाश्वत मूल्य, भारतीय संस्कृति के सर्वमान्य उपपत्तियों को उन्होंने एक दर्शन का रूप दिया था। चलते ढंग से उन्होंने अपना जीवन-दर्शन नहीं निर्धारित किया था। इसलिए उनके यहाँ हर चीज की व्याख्या है, एक अर्थ है। यह अर्थ, यह व्याख्या उन छोरों से निरंतर टकराती रहती है जहाँ चीजें बनती हैं। प्रसाद ने संस्कृति का निर्माण नहीं किया था। यह उनके लिए व्यर्थ की बात थी। संस्कृतियों का निर्माण एक आदमी कर भी नहीं सकता। हाँ, इसकी व्याख्या अपने संदर्भ में की जा सकती है। प्रसाद ने वही किया। गहराई तक पैठकर, बिखरे टूटे कणों को जोड़कर जो आकार उन्होंने दिया, वह पूरे युग के लिए उपादेय सिद्ध हुआ। शायद प्रसाद में वह अस्मिता थी, जो युग के विकेन्द्रित स्वरूप को सार्थकता के धरातल पर ला सकती है। यह काम वही कर सकता है जो इतिहास के चक्र को अनुभव से जोड़ सका हो। दृष्टि की प्रामाणिकता यही बनती है। ऐतिहासिक रचना

में दृष्टि की प्रामाणिकता का जितना महत्त्व है उतना ही ऐतिहासिक अनुभव का भी है। प्रसाद में दोनों हैं।

प्रसाद ने अपनी दृष्टि से भारतीयता को नहीं देखा था, भारतीय दृष्टि से स्वयं को देखा था। भारतीयता को जीवन में समेटने का इससे अच्छा कोई दूसरा तरीका नहीं हो सकता। टूटते-ढहते मूल्यों के जिस कगार पर वे खड़े थे, उस पर से कोई सिद्धांत बनाने की गुंजाइश थी भी नहीं। वैसे उनमें ऐसी तर्क-शक्ति थी कि चाहते तो सिद्धांत भी बना सकते थे लेकिन तब वे रामकृष्ण परमहंस होते, प्रसाद नहीं। प्रसाद होने के लिए उन्हें संस्कृति को जीना ही पड़ता, भारतीयता के लिए समर्पित होना ही पड़ता। उनकी यह प्रक्रिया साहित्य के इतिहास में उन्हें सबसे अलग लाकर खड़ी करती है। हमें साफ लगता है कि जहाँ प्रसाद हैं वहाँ प्रेमचन्द नहीं हैं, निराला नहीं हैं, पंत नहीं हैं।

नाटक को इतिहास की 'महान घटना' या 'महान व्यक्ति' से केन्द्रित होना चाहिए। क्योंकि संघर्ष की उद्‌भावना ऐसी घटनाओं और व्यक्तियों से अधिक तीव्रता से हो सकती है। 'ऐतिहासिक संकट' की रचना यहीं से होती है और नाटक का प्रभाव भी अधिक पड़ता है। जब नाटक में किसी ऐतिहासिक संकट को समाज से सम्पृक्त कर प्रस्तुत किया जाता है तब उस सबको स्पष्ट किया जा सकता है जो अभिप्रेत रहता है। प्रसाद के नाटकों में 'ऐतिहासिक संकट' की रचना है। इतिहास और समाज के जीवन से उद्‌भूत विरोधी कारणों की खोज करते हुए जिन सत्यों की प्राप्ति उन्होंने की थी उनकी रचना के लिए, उन्हें सामने लाने के लिए सामाजिक-ऐतिहासिक संकटों को रखना आवश्यक था। उन्हीं में से सत्यों को व्यक्त किया गया है। जीवन के सत्य इतिहास के सत्य हैं, जीवन और समाज का संकट इतिहास का संकट है। प्रसाद के नाटकों में घटनाएँ, चरित्र, स्थितियाँ सभी समस्या हैं। वे क्रमशः नाटक में विश्लेषित हैं—अभिव्यक्ति की समस्या के रूप में। प्रसाद का 'इंवाल्वमेंट' दूसरी तरह का था। समाज के संकट को उन्होंने अपनी आन्तरिकता से केन्द्रित किया था। समस्या का अंग वे स्वयं बने हैं। इसीलिए उनके ऐतिहासिक नाटकों में संघर्ष के सारभूत क्षणों की रचना हुई है। इतिहास से भी महत्त्वपूर्ण नाटक में ऐतिहासिक संकट है। जीवन की उनकी धारणा का बोध नाटकों में स्पष्टतः हुआ है। समस्याओं के प्रति उनकी दृष्टि मूलतः संघर्षों को व्यक्त करने की दृष्टि है।

नाटक को जीवन की अनुकृति मानने के पीछे अनुभव की समग्रता का तात्पर्य भी है। इसे सीमित अर्थों में नहीं माना जाना चाहिए। जीवन का मतलब केवल व्यक्ति-जीवन ही नहीं है। इसमें समाज, राष्ट्र और संपूर्ण मानवता समाहित है। राष्ट्र के साथ समाज और फिर व्यक्ति-जीवन परस्पर प्रभावित होते हैं। एक व्यक्ति का जीवन किसी एक राष्ट्र का समग्र प्रत्यक्षीकरण नहीं है। वह तो व्यक्तिगत स्तर पर जिया गया रहता है। समाज की वैयक्तिकता दूसरी तरह से व्याख्यायित होती है। जब यह मान

लिया जाता है कि व्यक्ति का जीवन समाज के जीवन से संदर्भित है, तब प्रकारांतर से यह भी माना जाता है कि दोनों का चेतना स्तर एक होगा। नाटक में व्यक्ति-जीवन को समाज की चेतना के साथ रखा जाता है। यहीं से सांस्कृतिक और राजनीतिक परिप्रेक्ष भी बनता है। सबके सम्मिलित रूप को एक स्थान पर लाकर व्यक्त करना जितना कठिन है उतना ही दायित्वपूर्ण भी। एक से दूसरे की परिभाषा बनता है और रचनातंत्र का स्वरूप भी। नाटकीय परिकल्पना कहीं-कहीं अनुभव को व्यक्त अवश्य करती है भले ही उसका रूप बहुत स्पष्ट न हो।

परिकल्पनाओं के धरातल से नहीं, यथार्थ के धरातल से ही जीवन का प्रामाणिक बोध मिल सकता है। रचना में यथार्थ पर जोर दिये जाने के पीछे कारण यह भी रहा है कि जीवन की सही व्याख्या इसी से हो सकती है। यथार्थ का बदलाव मूलतः जीवन का बदलाव होता है इसलिए यथार्थ को पकड़े रहने से बदलते संदर्भों को रेखांकित करना अपेक्षाकृत अधिक संभव होता है। रचनाकार जब यथार्थ को व्यक्त करने का उद्देश्य लेकर चलता है तब उसके सामने पूरा परिप्रेक्ष उपस्थित रहता है, जिनकी रचना से जीवन का प्रत्यक्षीकरण हो सकता है। वस्तुतः जीवन सीधे पकड़ में नहीं आ सकता, उसके लिए माध्यम खोजना पड़ता है। यथार्थ माध्यम है जीवन को पकड़ने का। प्रसाद के नाटकों में यथार्थ की ही रचना हुई है। जो यथार्थ इनमें है वह देश और काल का है, बदलते हुए जीवन को पकड़नेवाला है। इनसे ही अनुभवों की भी रचना हुई है। नाटककार की अनुभूति की प्रामाणिकता का बोध इनसे होता है। इन नाटकों में व्यक्ति की समस्याएँ भी राष्ट्र की समस्याएँ बनकर आई हैं। वैयक्तिक चेतना भी युग की चेतना है, व्यापक परिप्रेक्ष लिए हुए।

[प्रसाद के ऐतिहासिक नाटक, 1970]

जगदीशचन्द्र जोशी

इतिहासकार प्रसाद

प्रसाद नाटककार ही नहीं, इतिहासकार भी हैं। नाटकों की भूमिकाओं तथा प्रसाद के अन्य ऐतिहासिक लेखों को पढ़ने से ज्ञात होता है कि प्रसाद के सामने इतिहास का एक निश्चित स्वरूप था। 'ढोल और सूर्य' का इतिहास प्रसाद-कालीन युग के लिए एक पुरानी चीज हो गई थी। कांट की कारण-कार्य-परंपरा का इतिहास भी हीगल के द्वन्द्वात्मक सिद्धांत के सम्मुख एक नवीन रूप में प्रकट हो चुका था। व्यक्ति-काल-साक्षेप और व्यक्ति-काल निरपेक्ष इतिहास एक दूसरे के पूरक बनकर क्रिया-प्रतिक्रिया सिद्धांतों को जन्म दे चुके थे। प्रसाद के सामने भारतीय इतिहास के कई आलोक-स्तम्भ थे जिनकी

ओर देखकर उन्हें वर्तमान से भागने की प्रेरणा नहीं मिलती थी वरन् कारण-कार्य और क्रिया-प्रतिक्रिया के सिद्धान्तों को स्पष्ट समझने में जिनसे उन्हें बराबर सहायता मिलती थी—केवल सम्राटों के ऐतिहासिक क्रिया-कलाप उनको प्रेरणा नहीं देते थे वरन् उन सबके पीछे मानव-जीवन के असंख्य घात-प्रतिघातों में चिरंतन नियमों को ही ढूँढ़ने का प्रयास छिपा हुआ था। ज्ञात ऐतिहासिक तथ्यों से मानव सभ्यता के चिरंतन और शाश्वत सत्यों को ढूँढ़ निकालना प्रसाद को अभिप्रेत था, यही कारण है कि प्रसाद भारतीय इतिहास के उन युगों की ओर बढ़े हैं जिनमें मानव-सभ्यताएँ एक-दूसरे से टकराई हैं। उस संघर्ष के परिणामस्वरूप भले ही समस्याएँ नष्ट भी हो गईं किन्तु उनके शाश्वत सत्य अपनी ध्वजाओं को चिरंतन काल के लिए फहरा गये हैं। अजातशत्रु का काल प्राचीन और नूतन रूढ़िवाद और विकासवाद, ब्राह्मण और बौद्ध धर्मों के संघर्ष का काल था। समाज की आधारभूत शक्तियों में परस्पर संघर्ष हो रहा था और उसी में नूतन और विकास की विजय निहित थी। 'चंद्रगुप्त मौर्य' के युग में भारत और यूनान की सभ्यताओं का संघर्ष हुआ और दोनों के सम्मिलन से जो निर्मल स्रोतस्विनी प्रवाहित हुई वह आज भी भारतीय संस्कृति, साहित्य एवं कला में अपनी अमिट छाप छोड़ गई है। गुप्त-काल पुनरुत्थान का काल तो था ही, कला, साहित्य और संगीत के क्षेत्र में एक नवीन अभ्युदय का सूचक भी था। नये सामाजिक नियम बन रहे थे और समाज का संस्कार हो रहा था। बर्बर हूणों से भारत की रक्षा कर स्कंदगुप्त ने भारत के इतिहास और भूगोल को बदलने से बचा लिया। यह विशृंखल और प्रतिक्रियावादी तत्त्वों के विरुद्ध एकता की विजय थी। इसी प्रकार सम्राट् हर्ष का काल भी विकासशील शक्तियों का काल था। प्रसाद ने इन सब ऐतिहासिक व्यक्तियों से एक प्रेरणा ली है और वह है विकासशील तत्त्वों का प्रतिक्रियावादी तत्त्वों से चिरंतन संघर्ष और उसमें विकासशील तत्त्वों की विजय। प्रसाद के सभी ऐतिहासिक नाटकों की परिणति इस विजय की सूचक है, भले ही फिर वह पूर्णतया इतिहाससम्मत हो अथवा नहीं।

इसका यह अर्थ नहीं कि प्रसाद ने अपने इस उद्देश्य के लिए इतिहास को किसी प्रकार अव्यवस्थित किया हो अथवा उसे तोड़ा-मरोड़ा हो। अपने इतिहास के लिए प्रसाद के पास जो भी उत्स थे, उन सबका उपयोग उन्होंने किया है। ज्ञात इतिहास के दोनों खंड—ध्रुव और चल, दोनों प्रकार की ऐतिहासिक सामग्री उनके नाटकों की घटनाओं के मूल में रही है, और एक सफल इतिहासकार की तरह उन्होंने इन दोनों प्रकार के बीच सामंजस्य स्थापित किया है। ध्रुव इतिहास के लिए जहाँ उन्होंने ग्रीक इतिहास, बौद्ध इतिहास, शिलालेख, ताम्रपत्र, मूर्तियाँ, लौह-स्तम्भ इत्यादि का सहारा लिया है वहीं बुद्ध, कालिदास, विक्रम इत्यादि के सम्बन्ध में किंवदंतियों, दन्तकथाओं तथा पौराणिक उपाख्यानों की भी पर्याप्त सहायता ली है। 'अजातशत्रु', 'चंद्रगुप्त', 'ध्रुवस्वामिनी', 'स्कंदगुप्त' की भूमिकाओं में उन्होंने स्पष्ट ही इनका स्थान-स्थान पर उपयोग किया है। वस्तुतः इनका उपयोग इतिहासकार के लिए अज्ञात ऐतिहासिक अंशों

की पूर्ति के लिए सर्वदा आवश्यक रहा है। चल इतिहास का सर्वाधिक उपयोग 'अजातशत्रु' और 'स्कंदगुप्त' में किया गया है। किन्तु बौद्धकालीन इतिहास के लिए उपकरण ही बौद्ध कथाएँ हैं और ये इतिहास को मान्य हैं। 'स्कंदगुप्त' में अवश्य इनके उपयोग से नवीन ऐतिहासिक समस्याएँ खड़ी हुई हैं किन्तु उनको प्रसाद ने इतिहास के साथ इस प्रकार पर्यवसित किया है कि कारण-कार्य-परम्परा ही बराबर नहीं बन जाती वरन् कई ऐतिहासिक समस्याओं पर नवीन प्रकाश भी पड़ता है। उदाहरण के रूप में 'राजतरंगिणी' के हर्ष-विक्रम और स्कंद-विक्रम का एकीकरण लिया जा सकता है। कई पुष्ट प्रमाणों के आधार पर प्रसाद ने यहाँ ध्रुव और चल इतिहास की एक कड़ी को जोड़ने का प्रयास किया है। कालान्तर में भले ही उनकी मान्यता स्वीकार न की गई हो, किन्तु उस समय उपलब्ध ऐतिहासिक सामग्री के आधार पर हम इसे एक नवीन गवेषणा से कम नहीं मान सकते। इसमें प्रसाद की इतिहास सम्बन्धी प्रतिभा के दर्शन होते है। लोककथाओं के लिखित-अलिखित रूपों तथा पुराणों का पूर्ण उपयोग प्रसाद ने किया। चंद्रगुप्त नाटक में केवल 'कथा-सरित्सागर' की घटनाओं से ही सामग्री नहीं ली गई है, वंश-वृक्ष तथा कालक्रम की सही और संभाव्य योजना के लिए पुराणों का भी प्रचुर उपयोग हुआ है। वस्तुतः 'चंद्रगुप्त' की भूमिका एक अत्यन्त चतुर इतिहासकार की कृति है जिसने इतिहास की सम्पूर्ण सामग्री का प्रयोग कर ठोस मान्यताओं के रूप में अपने निष्कर्ष निकाले हैं, चाहे फिर वह सामग्री ध्रुव इतिहास की हो, दन्त-कथाओं अथवा पुराणों की हो, अथवा धार्मिक, राजनीतिक, साहित्यिक, वैज्ञानिक एवं दार्शनिक ग्रन्थों की। यहीं हमें इतिहासकार प्रसाद की संश्लिष्ट संभाव्यता के दर्शन होते हैं।

कथानकों की विशेषताएँ

प्रसाद के कथानकों पर विचार करते ही एक महत्त्वपूर्ण बात की ओर ध्यान जाता है। नाटककार प्रसाद ने इतिहास से जो कुछ भी सामग्री ली है, वह सामान्यतया प्रामाणिक ऐतिहासिक तथ्यों से ली है। उसके अतिरिक्त दन्तकथाओं अथवा पुराणों की सामग्री का उपयोग वहीं किया गया है जहाँ वे या तो इतिहास के अनुकूल हैं अथवा जहाँ प्रामाणिक इतिहास की सामग्री पर्याप्त नहीं है। उदाहरण के लिए 'चंद्रगुप्त' नाटक में शकटार के पुत्रों की हत्या और उसके द्वारा नन्द के वध का प्रसंग लिया जा सकता है। स्वतंत्र रूप से कथानकों पर विचार करते हुए हम देखेंगे कि यह कथानक 'कथासरित्सागर' पर आधारित है। हम कह सकते हैं कि नाटक में शकटार की आवश्यकता ही न थी, किन्तु नन्द के चरित्र को गिराने और चाणक्य की कूटनीतिक प्रतिभा के विस्तार के लिए शकटार आवश्यक है। दूसरी बात यह है कि 'कथासरित्सागर' इतिहास भले ही न हो किन्तु इतिहास के अज्ञात अंशों की योजना के लिए एक आश्रय तो है ही। इतिहास

शकटार के सम्बन्ध में मौन है, पर प्रसाद ने उसके चरित्र का उपयोग प्रामाणिक इतिहास के विरोध में नहीं किया है। उसी प्रकार प्रसाद ने दन्त-कथाओं के विक्रम और कालिदास को दो विक्रम और दो कालिदासों में बाँट दिया है। स्कंदगुप्त विक्रमादित्य का राजकवि कालिदास था या नहीं, यह प्रश्न सुलझाया नहीं गया है, किन्तु इस सम्भावना को कई इतिहासकार स्वीकार करते हैं कि कालिदास गुप्त काल में हुआ और उसने अपनी आँखों से गुप्त काल की सब महत्ता और उसका अवसान दोनों देखे हैं। दन्तकथाओं के अनुसार विक्रम ने कालिदास को अपना आधा राज्य दे दिया था और 'राजतरंगिणी' के अनुसार उज्जयिनी के हर्ष विक्रमादित्य ने मातृगुप्ताचार्य को काश्मीर का राज्य दे दिया था—इन दोनों घटनाओं को प्रसाद ने सचमुच बड़े कौशल से मिला दिया है। यह दूसरी बात है कि अन्य ऐतिहासिक प्रमाणों के अभाव में हम इसे अस्वीकार कर प्रामाणिक न मानें; किन्तु इससे उसकी संभाव्यता पर कोई गहरा असर नहीं पड़ता। कालिदास के संबंध में वह अत्यंत प्रचलित दंत-कथा है कि वे एक मालिन से प्रेम करते थे। वह मालिन फूलों की माला बनाया करती थी और कालिदास उसके रूप पर मुग्ध होकर काव्य-कुसुमों का सृजन किया करते थे। इस दन्त-कथा को प्रसाद ने मालिनी नामक वेश्या के रूप में रखकर मातृगुप्त के कविहृदय की कोमलता को निखारा है। नाटक की एक अवान्तर घटना होने के कारण इससे ऐतिहासिक घटना में कोई बाधा नहीं पहुँचती। इसी प्रकार सिंहल के राजकुमार से कालिदास की मैत्री की घटना इतिहास सिद्ध नहीं हुई पर उसका उपयोग कर नाटक की घटनाओं में महत्त्वपूर्ण मोड़ तो प्रसाद दे ही सके हैं—कम से कम सम्पूर्ण बौद्ध-धर्मानुयायिओं को देश-द्रोह के पाप से तो वे बचा ही गये हैं।

प्रसाद ने इतिहास में कल्पना के भी प्रचुर प्रयोग किए हैं। हम पहले लिख चुके हैं कि ऐतिहासिक नाटक, इतिहास नहीं है। उनकी रूपरेखा तो ऐतिहासिक होती है किन्तु उसमें प्राणप्रतिष्ठा करनेवाली शक्ति नाटककार की 'सर्जक कल्पना' है। ऐतिहासिक नाटक साहित्य है, साहित्य की एक विधा है। ऐसी दशा में केवल ऐतिहासिक घटनाओं का एकत्रीकरण ऐतिहासिक नाटककार नहीं करता। वह कल्पना के प्रयोग से रसोद्रेक करने की क्षमता लाता है, उसे कला बनाता है, अन्यथा वह इतिहास मात्र घटनाओं की सूची रह जाए। प्रसाद के नाटककार की यह विशेषता उस समय तुरन्त परिलक्षित हो जाती है जब हम उनके नाटकों की भूमिकाओं से नाटक में प्रयुक्त सामग्री की तुलना करते हैं। 'चंद्रगुप्त', 'स्कंदगुप्त' और 'अजातशत्रु' की भूमिकाएँ अत्यन्त विस्तृत हैं। वास्तव में वे इतिहासकार की गवेषणाएँ हैं जिनमें वंश-वृक्ष और तिथि क्रम से लेकर घटनाओं की कारण-कार्य-परम्पराओं एवं ऐतिहासिक प्रमाणों की चर्चा की गई है। अब यदि प्रसाद इन भूमिकाओं पर ही नाटक की रूपरेखा खड़ी कर देते तो शायद नाटक, नाटक न बन पाते। किन्तु अपने सभी नाटकों में प्रसाद ने भूमिका में से कम से कम सामग्री का उपयोग किया है। 'चन्द्रगुप्त' की भूमिका में मौर्यों के इतिहास, उनकी शासन-पद्धति,

आर्थिक और व्यापारिक स्थिति, मेगास्थनीज के विस्तृत विवरण, सेनाओं की संख्या, पाटलिपुत्र नगर की विशेषताओं से लेकर उक्त नगर की भौगोलिक स्थिति पर अत्यन्त विस्तार से विचार किया गया है किन्तु नाटक में इन सभी का प्रयोग नहीं के बराबर हुआ है, और यदि कहीं थोड़ा बहुत हुआ भी है तो वह महत्त्वपूर्ण नहीं प्रतीत होता। 'स्कंदगुप्त' की भूमिका में मालव नरेश के वंशवृक्ष पर विस्तार से विचार किया गया है, जिसकी नाटक में आवश्यकता न पड़ती यदि प्रसाद जानबूझकर एक स्थल पर उसका उपयोग न करते। इन सबके स्थान पर तो नाटकों में अजातशत्रु और वाजिरा का पूर्वराग, चन्द्रगुप्त कार्नेलिया का आकर्षण, सिंहरण-अलका का प्रणय, मालविका का प्रीति-जन्य त्याग, चाणक्य-राक्षस सुवासिनी के प्रणय का त्रिकोण, कोमा-शकराज का शोकान्त प्रणय, स्कंदगुप्त-विजया, भटार्क-विजया, अनन्तदेवी-भटार्क और सबसे महत्त्वपूर्ण देवसेना-स्कंद का अजीब आकर्षण और उनकी अश्रुपूर्ण परिणति से ये सब घटनाएँ महत्त्वपूर्ण हैं, किन्तु ये इतिहास नहीं हैं। नाटक की ये सबसे महत्त्वपूर्ण घटनाएँ काल्पनिक हैं और ये ही नाटकों को कला की कोटि में ले जाती हैं।

प्रसाद ने स्वच्छन्द कल्पनाओं का आश्रय नहीं लिया है। उनकी कल्पना ने सर्वत्र या तो कारण-कार्य-परम्परा से रहित इतिहास की किसी घटना में उक्त परम्परा को भरने का प्रयत्न किया है, अथवा इतिहास के कठपुतलों में प्राण फूँकने का। इतिहास व्यक्ति को राजनीतिक घटनाओं या अधिक से अधिक सामाजिक-धार्मिक घटनाओं की पृष्ठभूमि में देखता है। उसने क्या कार्य किये जिनके फलस्वरूप वह इतिहास बन गया, यही इतिहास का प्रधान दृष्टिकोण होता है। नाटक में वही महत्त्वपूर्ण व्यक्ति मानवता के वैयक्तिक गुणों—ईर्ष्या, द्वेष, प्रणय, कलह इत्यादि—को लेकर आता है। नाटककार को इतिहास और नाटक का अंतर भी देखना पड़ता है। नायक के हृदय को भी खोलना पड़ता है। प्रसाद ने यह कार्य बड़ी खूबी से किया है। इतिहास इस कार्य में सहायता नहीं कर सकता यह कवि का कार्य है। प्रसाद के पात्रों में और उनके नाटकों की घटनाओं में जो जीवन धड़कता हुआ प्रतीत होता है, उसका यही कारण है। कोई इतिहास यह नहीं बताता कि अजातशत्रु ने वाजिरा से, चंद्रगुप्त ने कार्नेलिया से, अलका ने सिंहरण से, मालविका ने चंद्रगुप्त से, चाणक्य और राक्षस ने सुवासिनी से, स्कंद ने विजया से और देवसेना ने स्कंद से प्रेम किया था, किंतु ये मानव जीवन की वे शाश्वत घटनाएँ हैं जिनको कोई ऐतिहासिक नाटककार छोड़ नहीं सकता और कोई इतिहासकार संभाव्यता की बृहत् सीमा-रेखा से बहिष्कृत नहीं कर सकता। इन उपर्युक्त घटनाओं में से कुछ के कार्य ऐतिहासिक हैं पर कारण कल्पित और कुछ में कारण और कार्य दोनों ही कल्पित हैं, किन्तु इनसे कहीं भी इतिहास पर आँच नहीं आई है। चन्द्रगुप्त का इतिहास नहीं बदला, अजातशत्रु वही बना रहा, चाणक्य अतिमानव नहीं हुआ और स्कंद पुराण नहीं बन गया; इतिहास के पात्र, उसकी घटनाएँ सब पूर्ववत् रहीं, पर इन कल्पनाओं ने 'कैटेलटिक एजेन्ट' की तरह इतिहास

में एक नूतन रस उत्पन्न कर दिया और इतिहास नाटक बन गये। इसमें संदेह नहीं कि प्रसाद ने इतिहास के तथ्यों को कल्पना से बखूबी अनुप्राणित किया है; वे उसकी विकृति के कारण कदापि नहीं बने हैं। उन्होंने प्रधान कथानकों को ऐतिहासिक रखा और कल्पना का प्रयोग अधिकतर गौण कथानकों में ही किया है किन्तु 'स्कंदगुप्त' की तरह जहाँ कथानक में कल्पना प्रधान बन गई, वहाँ उसे इतिहास से हटाकर व्यक्तिगत सीमाओं में रख दिया है। इसका परिणाम यह हुआ कि इन सभी नाटकों में काल्पनिक तत्त्व इतिहास पर हावी होकर नहीं आने पाया है। 'अजातशत्रु', 'चन्द्रगुप्त' और 'राज्यश्री' में तो काल्पनिक तत्त्व अधिक हैं ही 'ध्रुवस्वामिनी' और 'स्कंदगुप्त' में भी ऐतिहासिक घटनाएँ कहीं प्रच्छन्न और कहीं स्पष्ट होकर सारे नाटक को साधे हुए हैं। 'ध्रुवस्वामिनी' के कथानक में ऐतिहासिक तथ्य कम होते हुए भी ऐतिहासिक संभाव्यता के इतने प्रमाण उपलब्ध होते हैं कि वहाँ भी प्रसाद की कल्पना स्वच्छन्द क्रीड़ा नहीं करने पाई है। 'स्कंदगुप्त' में प्रसाद ने प्रचुर कल्पना का प्रयोग किया है किंतु यहाँ भी नाटक के प्रधान कार्य ऐतिहासिक हैं और उनके कारण कल्पित। नाटक में हूणों पर विजय और आंतरिक द्वन्द्वों का पराभव ये दोनों घटनाएँ ऐतिहासिक हैं अतः सर्वत्र इन घटनाओं को ध्यान में रखते हुए अन्य ऐतिहासिक-काल्पनिक घटनाओं के संयोग से उनके द्वन्द्वों की सृष्टि की गई है। यहाँ ड्यूमा की वह परिभाषा याद आ जाती है जिसमें कहा था 'इतिहास वह खूँटी है जिसमें मैं अपने नाटकों को लटकाता हूँ।' ध्यान रखने की बात है कि कल्पना की इतनी प्रचुरता के बीच भी प्रसाद इतिहास के विरोध में नहीं गये हैं और न उससे हटे ही हैं। फिर भी उन्होंने 'स्कंदगुप्त' को 'शुद्ध ऐतिहासिक' ही बनाए रखा है।

देशकाल योजना

नाटकों में काल और स्थान की अन्विति के प्रश्न पर भी थोड़-सा विचार कर लेना अपेक्षित है। इसमें संदेह नहीं कि काल-योजना को अधिकांश नाटककारों ने स्वीकार नहीं किया है और न आलोचक ही इसके महत्त्व को स्वीकार करते हैं तथापि प्रभावान्विति को सभी ने एकमत से आवश्यक माना है। यदि नाटक की प्रभावान्विति पर विचार किया जाय तो ऐसा प्रतीत होता है कि जहाँ उक्त प्रकार की अन्विति के लिए पात्रों की अनुकूलता और कथानक का बँधाव आवश्यक है वहाँ किसी न किसी प्रकार के काल और स्थान की अन्वितियाँ भी अनिवार्य नहीं तो अपेक्षित अवश्य हैं। संस्कृत नाटकों में तो यह नियम ही पाया जाता है कि एक अंत में एक दिन से अधिक की घटना नहीं होती (नानेकदिनवर्ति)। हम यदि इस नियम को न भी मानें तब भी यह एक मनोवैज्ञानिक सत्य है कि यदि नाटक के एक दृश्य में वर्षों की घटनाएँ हों और हजारों मील की दूरी हो, पुनः दो दृश्यों के बीच कई वर्षों का अन्तर हो और इस

प्रकार सम्पूर्ण नाटक में 40 या 50 वर्ष की घटनाएँ आ जाएँ तो नाटक का प्रभाव अच्छा नहीं पड़ेगा। एक प्रभाव तो यह होगा कि नाटक में विशृंखलता प्रतीत होगी और दूसरे इतने वर्षों के व्यवधान में नाटक के पात्रों की अपरिवर्तित आकृतियाँ विश्वसनीय नहीं होंगी साथ ही बार-बार बदलते हुए दृश्य रंगमंच की सीमाओं में या तो दिखाए ही न जा सकेंगे या फिर उन पर दर्शक विश्वास न कर सकेगा। वस्तुतः प्रत्येक नाटक में देश-काल की दूरी को दिखाने के लिए दृश्यों के विशेष व्यवधान की योजना आवश्यक प्रतीत होती है।

प्रसाद की काल-योजना इस दृष्टि से अत्यन्त दोषपूर्ण है। 'ध्रुवस्वामिनी' को छोड़कर अन्य सभी नाटक सुदीर्घ कालों की अवधि अपने अंकों में समेटे हुए हैं। 'अजातशत्रु' में सात वर्षों की, 'चंद्रगुप्त' में चौबीस वर्षों की, 'स्कंदगुप्त' में दस वर्षों की और 'राज्यश्री' में अड़तीस वर्षों की घटनाएँ हैं। एक-एक दृश्य के बीच में काल का बहुत अन्तर है। कहीं-कहीं तो वह अन्तर सत्रह माह तक का है। 'चन्द्रगुप्त' के पाँचवें और छठे दृश्य के बीच 11 मास का अन्तर है, जो सामान्यतः विचित्र प्रतीत होता है। ऐसी दशा में अंकों का काल-विभाजन भी ठीक नहीं रह सकता । 'चन्द्रगुप्त' नाटक के 24 वर्ष और 'राज्यश्री' नाटक के अड़तीस वर्ष किस प्रकार उचित रूप से अंकों में विभाजित किये जा सकते हैं? 'चन्द्रगुप्त' के प्रथम अंक की घटनाएँ एक वर्ष की हैं और चौथे अंक में तो सोलह वर्ष के सुदीर्घ काल की घटनाएँ ठूँस-ठूँसकर भर दी गई हैं। इसी प्रकार 'राज्यश्री' के प्रथम और द्वितीय अंक एक ही वर्ष के अन्दर समाप्त हो जाते हैं पर तीसरे अंक में एक ऐतिहासिक मान्यता से 31 वर्ष की और दूसरे से 16 वर्ष की घटनाएँ आती हैं। तीसरे और चौथे अंक के बीच 23 वर्ष तक का अन्तर माना जा सकता है, अन्यथा 7 वर्ष का तो है ही। इस प्रकार के अनियमित अन्तर और अंकों की अनियमित काल-योजना नाटक में प्रभावान्विति ला सकने में असमर्थ हो जाती है। 'चन्द्रगुप्त' नाटक के संघर्ष में यह तो माना जा सकता है कि प्रसाद भारत के उस अप्रतिम स्वर्ण-युग का सम्पूर्ण चित्र प्रस्तुत करने के लोभ का संवरण न कर सके, अतः इन्होंने 'चन्द्रगुप्त' के रूप में भारतीय इतिहास का एक महाकाव्य भेंट किया है। उक्त तर्क मान्य होते हुए भी नाटक की नाटकीयता में वृद्धि नहीं कर पाता। 'राज्यश्री' के सम्बन्ध में तो इस प्रकार का तर्क भी नहीं दिया जा सकता। वह तो निश्चय ही अप्रौढ़ नाटककार की अत्यन्त सामान्य कृति ही मानी जायेगी। 'स्कंदगुप्त' और 'अजातशत्रु' इस दृष्टि से इतने दोषपूर्ण नहीं किन्तु 'स्कंदगुप्त' में स्थान-योजना बड़ी विचित्र है। प्रत्येक दृश्य के बाद का दृश्य सहस्रों मील के अन्तर पर घटित हुआ है। अवन्ती, मगध, सौराष्ट्र, काश्मीर, गान्धार इन सब स्थानों के बीच दूरी का इतना अधिक व्यवधान है कि एक ही दृश्य के बाद एक पात्र का दूसरे दृश्य में अन्यत्र दिखाया जाना अत्यन्त असंगत प्रतीत होता है। प्रसाद ने नाटक लिखते समय इस बात पर ध्यान दिया ही नहीं कि कोई घटना कितनी बड़ी है, उसकी कालावधि कम है या अधिक, इससे संयुक्त

अन्य घटना के घटित होने के स्थान तथा अन्य स्थानों में कितना अन्तर है और यह अन्तर पात्रों द्वारा कितने समय में तय किया जा सकता है। सम्भव है यदि प्रसाद इस ओर थोड़ा भी ध्यान देते तो नाटकों में घटनाएँ कुछ कम हो जातीं और एक कसावट आ जाती जो एक नाटक की सफलता के लिए अत्यन्त आवश्यक है। कथा के सम्बन्ध-सूत्रों को जोड़ने के लिए काल और स्थान ही सहायक होते हैं और उनकी विशृंखलता कथा को विशृंखल बना ही देती है।

ऐतिहासिक चरित्र

जहाँ तक नाटकों के नायकों का प्रश्न है वे सभी ऐतिहासिक ही प्रतीत होते हैं। उनके कार्यों में पर्याप्त संभाव्यता है और उनकी निज की विशेषताओं में कोई विशेष विकृति नहीं प्रतीत होती। अजातशत्रु और बुद्ध के सम्बन्ध में तो बौद्ध इतिहासकारों ने इतना लिखा है कि कुल मिलाकर अजातशत्रु के व्यक्तित्व की सम्पूर्ण रेखाएँ बन जाती हैं। प्रसाद ने इस क्षेत्र में कोई परिवर्तन नहीं किया है। बौद्ध इतिहास का अजातशत्रु कुछ अधिक क्रूरता लिए हुए है, पर जैन इतिहास उसके प्रति पर्याप्त सहृदय है। प्रसाद ने इन दोनों को मिलाकर अजातशत्रु में कुछ मानवोचित गुणों की योजना कर दी है और अत्यन्त सहानुभूतिपूर्ण-लेखनी से उसके चरित्र की रेखाएँ उभार दी हैं। चन्द्रगुप्त और चाणक्य के कथानक के जो उत्स हैं, उनमें इन दोनों चरित्रों की भी प्रचुर रूप-रेखाएँ मिल जाती हैं। ऐतिहासिक चन्द्रगुप्त से प्रसाद के चन्द्रगुप्त में केवल दो गुण अधिक हैं और वे हैं—चाणक्य से अलग उसका स्वतन्त्र व्यक्तित्व एवं उसकी सौन्दर्य-प्रियता किन्तु चन्द्रगुप्त का यह वीरत्वपूर्ण अहं इतिहासविरोधी नहीं है। मुद्राराक्षस से अलग ऐतिहासिक चन्द्रगुप्त के सब गुणों को मिलाकर देखने से इस बात पर विश्वास करना कठिन हो जाता है कि चन्द्रगुप्त चाणक्य के, अपने एक मन्त्री के, हाथ की कठपुतली मात्र था। जहाँ तक उसकी सौन्दर्यप्रियता का प्रश्न है यह उस चरित्र की व्यक्तिगत बात है। हम पहले कह चुके हैं कि इतिहास अपने से सम्बन्धित सभी व्यक्तियों को काल-विशेष की सामाजिक एवं राजनीतिक परिस्थितियों के बीच रखकर देखता है, उसकी व्यक्तिगत भावनाओं और आवेगों के उसी अंश को वह स्पर्श करता है जिसका प्रभाव तत्कालीन परिस्थितियों पर पड़ता है। परिणामस्वरूप ऐतिहासिक व्यक्ति का सामाजिक स्वरूप तो अधिकतर उपलब्ध हो जाता है पर उसके व्यक्तिगत सुख-दुख, प्रेम-विरह, अश्रु-हास को इतिहास में कोई स्थान नहीं मिल पाता। नाटक के लिए ऐतिहासिक व्यक्तियों के ये गुण अत्यन्त महत्त्वपूर्ण हैं, इसलिए नाटककार सामाजिक स्वरूप के सामंजस्य में इन वैयक्तिक गुणों का अपनी सृजनात्मक कल्पना-शक्ति से निर्माण कर ऐतिहासिक होती है ? उल्टे, इस प्रकार के पूर्ण ऐतिहासिक नाटक में आम्रपाली जैसे विश्रुत ऐतिहासिक चरित्र के साथ मनमानी करने से नाटक दोषपूर्ण हो गया है। प्रसाद द्वारा जानबूझकर किये गये इस चरित्र सम्बन्धी

मिश्रण से उत्पन्न दोष को किसी प्रकार क्षम्य नहीं कहा जा सकता।

प्रसाद के नाटकों में ऐसे ऐतिहासिक चरित्र अनेक हैं जिनके नाम-भर उन्होंने इतिहास से लिए हैं किन्तु हमारे वर्गीकरण के अनुसार इस प्रकार के पात्रों में तीन पात्र शक्तिमती, कार्नेलिया और कल्याणी ही ऐसे हैं जिनके नाम ऐतिहासिक नहीं, प्रसाद के अपने हैं। शक्तिमती का ऐतिहासिक नाम 'वासभखत्तिया' है। सिल्यूकस कन्या और नन्द-दुहिता के नाम इतिहास में नहीं मिलते परन्तु उनका उल्लेख अवश्य मिलता है। इनको इस वर्ग में रखने का कारण यह है कि इन तीनों चरित्रों की किसी प्रकार की विशिष्टताओं का इतिहास को पता नहीं है। वासभखत्तिया की जीवन सम्बन्धी घटना—उसका महानाम की दासी पुत्री होना और प्रसेनजित् से विवाह, कार्नेलिया सम्बन्धी एक घटना—उसका चन्द्रगुप्त से विवाह, और कल्याणी सम्बन्धी एक घटना—उसका चन्द्रगुप्त से प्रेम—ये तीन ऐतिहासिक प्रसंग हैं : पर इतिहास में उनका उल्लेख या तो भिन्न नामों से हुआ है अथवा वे नामरहित हैं। उनके चरित्र किस प्रकार के थे इसका इतिहास को उतना ही ज्ञान है जितना भीमवर्मा, शर्वनाग एवं पृथ्वीसेन के चरित्रों का। इतिहास में उल्लेख-भर पा सके ऐसे नामों से प्रसाद ने अत्यन्त संभाव्य और सर्वांग सुन्दर ऐतिहासिक पात्रों की सृष्टि की है। कार्नेलिया तो 'चन्द्रगुप्त' नाटक पर खूब छाई हुई है। वाजिरा और शक्तिमती का चरित्र इतिहास में कम नहीं प्रतीत होता और शर्वनाग तो जैसे अपने नाम की शक्ति पर ही 'स्कंदगुप्त' की घटनाओं को मोड़ देने का बल रखने लगा है। अन्य चरित्रों में भी किसी प्रकार का सम्भाव्यता सम्बन्धी दोष नहीं प्रतीत होता। सभी घटनाओं के प्रवाह में घुलते-मिलते चले गये हैं और अपने नामों की सार्थकता बनाये हुए हैं।

काल्पनिक चरित्र

प्रसाद के अधिकांश काल्पनिक चरित्र अत्यन्त गौरवशाली और महान् हैं। सभी चरित्रों को प्रसाद ने इतना पूर्ण और ऐतिहासिक पात्रों के अनुरूप बनाया है कि कहीं भी वे ऐतिहासिक घटनाओं के टेढ़े-मेढ़े रास्तों में पथभ्रष्ट नहीं हुए हैं। कहीं भी उन्होंने ऐतिहासिक पात्रों की गति को नहीं रोका। जहाँ तक संभव था, इन चरित्रों ने उनकी सहायता ही की है। अपने त्याग, स्नेह, बलिदान अथवा नीचता और दुष्टता से इन चरित्रों ने दर्शकों व पाठकों का ध्यान अपनी ओर आकृष्ट अवश्य किया, उनको स्वतन्त्र रूप से प्रभावित भी किया, वे सम्पूर्ण नाटक के प्रारम्भ से अन्त तक चलते रहे किन्तु उनमें से दो पात्रों (शांतिदेव और सुरमा) को छोड़कर किसी ने भी ऐतिहासिक घटनाओं को बदलने अथवा उनमें अनावश्यक रूप से भाग लेने का प्रयास नहीं किया। वे केवल इसलिए नाटककार द्वारा निर्मित किए गए कि ऐतिहासिक घटनाओं और पात्रों के बीच के शून्य एवं रिक्त स्थान को उनके बिना भरा ही नहीं जा सकता था, और न उस स्थान

को रिक्त ही छोड़ा जा सकता था।

प्रथम प्रकार के काल्पनिक पात्रों में से अलका और सिंहरण तो 'चन्द्रगुप्त' नाटक में एक गौण कथानक के नायक और नायिका ही हैं। भारतीय संस्कृति और भारतीय आदर्श के पुजारी प्रसाद इस बात को सहन न कर सकते थे कि भारत के उत्थानकाल में भारत की सीमा में आम्भीक जैसा देशद्रोही सिकन्दर की सेना का स्वागत करे और उस कुल में कोई भी ऐसा व्यक्ति न हो जो उस देश-द्रोही का उन्मुक्त विरोध कर सके। प्रसाद यह नहीं मान सकते थे कि भारत में कोई भी राजकुल पतन की इस सीमा तक जा सकता है। यही कारण है कि सौन्दर्य, स्वतन्त्रता एवं देशप्रेम से परिपूर्ण विद्रोहिणी अलका को प्रसाद ने उस कुल में जन्म दिया। ऐसी विद्रोहिणी के योग्य प्रणयी की आवश्यकता की पूर्ति सिंहरण ने की, जिन्होंने मिलकर आर्यावर्त्त की एकता के नाम पर तक्षशिला का राज्य तक चन्द्रगुप्त के अधीन बनाने में संकोच न किया। सिंहरण के अभाव में चन्द्रगुप्त की ऐतिहासिक घटनाओं के अनुसार यह संभव न होता कि वह मालव-क्षुद्रकों की सम्मिलित सेना का नेतृत्व कर सकता क्योंकि मालवक्षुद्रकों की सम्मिलित वाहिनी का उल्लेख करते हुए भी इतिहास यह नहीं बताता कि उस सेना का सेनापति कौन था। मालवगण मुख्य के पुत्र और मालवों के संधि-विग्राहक सिंहरण ने घटना चक्र में आकर इतिहास के इस मौन पर चन्द्रगुप्त की प्रतिष्ठा कर दी क्योंकि वीर सिंहरण भी अलका की ही भाँति आर्यावर्त्त की एकता का पक्षपाती था।

सुवासिनी, चाणक्य और राक्षस के बीच एक नवीन पर काल्पनिक कड़ी है। अत्याचारी नन्द के लिए यदि राक्षस जैसा व्यक्ति स्वामिभक्ति रखता है और उसके प्रत्येक कार्य का समर्थन करता है तो वह भी अत्याचार का भागीदार बन जाता है। केवल स्वामिभक्ति की भावना उसको इस दोष से नहीं बचा सकती। क्या स्वामिभक्ति इतनी बड़ी वस्तु है कि वह विवेक की आँखें भी फोड़ डाले? क्या मात्र इसके लिए राक्षस जैसे कूटनीतिज्ञ एवं कलाकुशल विद्वान को अविवेकी या प्रमादी बनाना उचित है? यही कारण है कि प्रसाद ने स्वामिभक्ति के साथ-साथ व्यक्तिगत संघर्ष की भी सृष्टि की है। विवेकी राक्षस नन्द से रुष्ट है, पर शकटार की कन्या सुवासिनी और चाणक्य के बीच किशोर-कोमल-संबंध को वह समझता है और घटनाक्रम से उसे नन्द की मृत्यु के बाद भी चाणक्य-चन्द्रगुप्त विरोधी ही बना रहना पड़ता है। यहाँ उसके हृदय का प्रश्न है। उसके अनुराग पर पड़ी हुई चोटें हैं। तर्क, विवेक और कूटनीति का उससे कोई भी संबंध नहीं। प्रणय इन सबकी अवहेलना कर सकता है और कोई भी इसको असंभाव्य नहीं ठहरा सकता। दर्शकों की कड़ी से कड़ी दृष्टि भी प्रणय के नाम पर उसके बड़े से बड़े दोष को क्षमा कर सकती है। चाणक्य के चरित्र को मानवोचित बनाने के लिए भी सुवासिनी की आवश्यकता पड़ी है। चाणक्य दैवी प्रतिभा से सम्पन्न असाधारण व्यक्ति हो सकता है, इतना सबकुछ होते हुए भी वह मनुष्य था। सुवासिनी ने चाणक्य के चरित्र को मांसलता दे दी है, उसको जीवन्त बना दिया है। अतः वह

अधिक सम्भाव्य और ऐतिहासिकता के अधिक निकट हो गया है। प्रतिहिंसा के अंधकार के शिखर पर खड़े हुए मेधावी दैत्य के समान वह नहीं है, वरन् महान् आदर्शों में प्रेरित, अनुपम प्रतिभा से युक्त, ब्राह्मण की गरिमा से परिपूर्ण एक कर्मठ महापुरुष है। इसी भावभूमि पर हम उससे मिल सकते हैं, उससे तादात्म्य स्थापित कर सकते हैं, अन्यत्र नहीं। यहीं सुवासिनी के चरित्र की अनिवार्यता प्रतीत होती है।

मालविका और जयमाला क्रमशः चन्द्रगुप्त और स्कंदगुप्त के लिए अधिक आवश्यक नहीं कही जा सकतीं। मालविका प्रसाद के कवि की एक क्षणिक पर करुण कल्पना है जो नाटक में आँसू की एक बूँद छोड़ जाती है। उसके बिना भी नाटक की घटनाओं में अन्तर न होता, चन्द्रगुप्त का चरित्र भी प्रायः वैसा का वैसा ही रहता पर शायद आँसू की वह बूँद न रह पाती जो पात्रों और दर्शकों के मन में एक हल्की-सी टीस पैदा करती है। जयमाला का चरित्र देवसेना और बंधुवर्मा के चरित्रों को अपनी क्षणिक पर भावुकतापूर्ण हीनता से उत्कर्ष देता है। शांतिदेव और सुरमा के चरित्र प्रसाद की कल्पना के विचित्र और अप्रौढ़ नमूने हैं। 'राज्यश्री' नाटक की ऐतिहासिक घटनाओं के विकास में ये एक विचित्र प्रकार का योग देते हैं। काल्पनिक चरित्रों का कार्य ऐतिहासिक चरित्रों और घटनाओं को और अधिक संभाव्य बनाने में सहायता देना है पर शांतिभिक्षु और सुरमा, राज्यश्री संबंधी ज्ञात ऐतिहासिक घटनाओं को काल्पनिक बनाने में योग देते हैं। सम्पूर्ण नाटक की घटनाएँ साझेदारों के खेल-सी मालूम पड़ती हैं जिसमें ऐतिहासिक पात्र तो निष्क्रिय (पैसिव) साझीदार और ये दोनों पात्र सक्रिय (एक्टिव) साझीदार प्रतीत होते हैं। सभी प्रमुख घटनाओं के होने में इनका हाथ है। दुर्भाग्यवश हर्षकालीन विश्रुत इतिहास में इनका आरोप विश्वसनीयता और संभाव्यता दोनों से परे है। यही कारण है कि इन दोनों चरित्रों के कारण नाटक के अन्य चरित्र भी प्रभावहीन हो गये हैं।

सांकेतिक-काल्पनिक चरित्र से हमारा अभिप्राय ऐसे चरित्रों से है जिनके नाम और चरित्रों की कुछ रेखाएँ किसी विशेष ऐतिहासिक-पौराणिक संकेतों पर आधारित होती हैं। चरित्र और नाम भी काल्पनिक होते हैं पर उनके पीछे कोई स्पष्ट अथवा अस्पष्ट संकेत भी मिलता है। उदाहरण के लिए 'स्कंदगुप्त' नाटक में देवसेना, विजया और देवकी के चरित्र हैं। देवसेना के संबंध में विश्वनाथप्रसाद मिश्र का यह अनुमान ठीक प्रतीत होता है कि अज और इन्दुमती के संबंध में कही गई रघुवंश की एक उक्ति से प्रसाद ने स्कंद से साथ देवसेना नाम की योजना की है। वे इस संबंध में आगे लिखते हैं—शिव के 'कुमार' स्वामी कार्तिकेय 'स्कंद', 'सेनानी', और 'महासेन' भी कहलाते हैं। ये किस सेना के सेनानी थे और इनकी महासेना क्या थी, यह जिज्ञासा भी तुरन्त शांत हो जाती है कि ये 'देवों के सेनापति थे' और इनकी महासेना 'देवसेना' थी। पर क्या ये देवसेना के वैसे ही पति थे जैसे कोई 'सेनापति' किसी 'सेना' का 'पति' होता है? नहीं। देवसेना इनकी प्रेयसी का नाम था, व्यक्तिवाचक

नाम। इस प्रकार मल्लिनाथ, वायुपुराण, देवी भागवत इत्यादि के आधार पर मिश्रजी ने देवसेना और स्कंद के पति-पत्नी संबंध के लिए एक उचित पृष्ठभूमि खोज निकाली है। प्रसाद के नाटक में देवसेना और स्कंदगुप्त के बीच प्रेम होते हुए भी अन्त में उन दोनों का विवाह नहीं किया गया है। स्कंद चिर कुमार रहने की प्रतिज्ञा करता है और देवसेना मालव लौट जाती है। इस संबंध में मिश्र ने स्कंद के एक अन्य नाम कुमार को लेकर उनके ब्रह्मचारी होने के प्रमाण संग्रहित किए हैं। इस प्रकार स्कंद के पौराणिक चरित्र की पीठिका पर देवसेना की योजना की गई, इसमें जरा भी संदेह नहीं।

विजया का चरित्र भी सांकेतिक है। इस संबंध में मिश्रजी ने स्वयं कुछ संकेत किया है। नाटक में विजया के चरित्र की कुछ विशेषताएँ हैं। उनमें सर्वप्रथम विशेषता यह है कि वह श्रेष्ठिपुत्री है और स्वयं चंचल स्वभाव की है। जब स्कंद उसकी ओर आकर्षित होता है तो वह उसकी राज्य के प्रति उदासीनता देखते ही चक्रपालित की प्रशंसा करने लगती है। बाद में देवसेना की ईर्ष्या से भटार्क से संबंध स्थापित कर लेती है। कालान्तर में जब स्कंद उससे मुँह मोड़ लेता है तो वह स्वयं भटार्क और यहाँ तक कि पुरगुप्त तक से नाता तोड़कर स्कंद से प्रणय भिक्षा माँगने के लिए स्वयं प्रार्थिनी बनकर जाती है। स्कंद से ठुकराए जाने पर वह जान तो दे देती है पर स्कंद की विजय के लिए उसके कोष स्वतः ही खुल जाते हैं।

यहाँ स्पष्ट रूप से कहा गया है कि सब राजपुत्रों को छोड़कर लक्ष्मी ने (स्कंद) जिसका स्वयं वरण किया। इस शिलालेख का प्रारम्भ ही विष्णु की जय से किया गया है और 'नरपति भुजगानां' तथा 'प्रतिकृति गरुड़ा (ज्ञां) निर्विषी चाव कर्त्ता' जैसे प्रयोगों द्वारा और स्कंद का रूपक-सा बाँधा गया है। अब यदि इस पृष्ठभूमि पर विजया और लक्ष्मी को एक मान लें तो कई बातों में समानता प्रतीत होगी। लक्ष्मी की चंचलता प्रसिद्ध है, वह कभी भी एक व्यक्ति की होकर नहीं रह सकती। ठीक यही दशा विजया की है। महत्त्वाकांक्षा का लक्ष्मी से गहरा संबंध है, विजया भी उसी की ओर आकर्षित होती है जो महत्त्वाकांक्षी है। अन्य सभी राजपुत्रों को छोड़कर लक्ष्मी ने स्कंद का स्वयं वरण किया था। विजया ने भटार्क को छोड़ा, पुरगुप्त को छोड़ा और अन्त में स्कंदगुप्त के समक्ष स्वयं प्रार्थिनी हुई। लक्ष्मी के संबंध में यह अत्यन्त प्रचलित प्रवाद है कि लक्ष्मी उसके पीछे-पीछे भागती है जो उसे ठुकराता रहता है और उससे वह दूर भागती है जो स्वयं उसके पीछे भागता है। यहाँ स्कंद जब विजया के प्रति आकर्षित हुआ तो उसका परिणाम यही हुआ कि विजया ने भटार्क का वरण किया पर जब स्कंद उससे उदासीन हो देवसेना की ओर झुका तो वह येन केन प्रकारेण स्कंद को पा लेने के लिए उसके पीछे दौड़ती रही। यह भी अत्यन्त सार्थक है कि अन्त में विजया के ही रत्न-गृह की सहायता से स्कंद ने हूण सेना पर विजय प्राप्त की।

देवकी के चरित्र को सांकेतिक मानने का कारण यह है कि भिटारी के शिलालेख में एक स्थान पर देवकी का उल्लेख हुआ है।

कृष्ण के देवकी के सम्मुख विजयी होकर आने से विजयी स्कंद के अपनी माता के सम्मुख आने की तुलना की गई। इसी आधार पर प्रसाद ने स्कंद की माता का नाम देवकी मानकर स्कंद द्वारा उसको बंदीगृह से छुड़ाए जाने का उल्लेख किया है। केवल इस आधार पर देवकी को ऐतिहासिक नहीं माना जा सकता; अधिक से अधिक उसे सांकेतिक काल्पनिक की कोटि में रखा जा सकता है।

इन सांकेतिक-काल्पनिक पात्रों ने प्रसाद के ऐतिहासिक नाटकों में एक नवीन सौन्दर्य की सृष्टि की है। वे सांकेतिक पात्र एक ओर तो अत्यन्त संभाव्य हैं और दूसरी ओर पूर्ण जीवन्त। इतिहास स्कंद का उल्लेख करता है, देवसेना का नहीं, किन्तु यदि इतिहास कभी भी चाहे तो प्रसाद की देवसेना को माँगकर अपने इतिहास में रख सकता है, और यह निश्चय है कि उसके इतिहास में आकर भी देवसेना काल्पनिक नहीं मालूम पड़ेगी, वह इतिहास की एक करुण कोमल कड़ी बन जायेगी और कोई उसके अस्तित्व को चुनौती नहीं देगा।

वातावरण

हमने इतिहास को ऐतिहासिक वातावरण से भिन्न माना है क्योंकि वह ऐतिहासिक नाटक का स्थायी अंग है। कोई भी नाटककार इतिहास में भले ही परिवर्तन कर ले पर ऐतिहासिक वातावरण में परिवर्तन नहीं कर सकता। प्रसाद के नाटकों की यह विशेषता अनेक रूपों में परिलक्षित होती है। इसी की सृष्टि के लिए प्रसाद ने संस्कृतप्रधान भाषा का प्रयोग किया है। देश-काल से संबंधित व्यक्तिगत और समाजगत विशिष्टताओं के चित्रण में प्रसाद की दृष्टि अत्यन्त सूक्ष्म है। प्राचीन काल में लोगों के वस्त्राभूषण, लोकव्यवहार, उत्सव, सामाजिक जीवन, धार्मिक-विश्वास इत्यादि से लेकर शासन-प्रबंध, न्याय, सेना तथा युद्ध संबंधी सांस्कृतिक इतिहास के सूक्ष्म चित्रण की ओर भी प्रसाद की प्रवृत्ति रही है। प्राचीन संस्कृति के ढाँचे में ही उन्होंने अपने कथानकों को बिठाया है, इसलिए वे कथानक पूर्णतया उसमें घुले-मिले मालूम पड़ते हैं। 'अजातशत्रु', 'चन्द्रगुप्त', 'स्कंदगुप्त', 'ध्रुवस्वामिनी' और 'राज्यश्री' की सफलता इस पर नहीं है कि अजात, चन्द्रगुप्त, स्कंदगुप्त, ध्रुवस्वामिनी और राज्यश्री के कथानक-भर ऐतिहासिक हैं वरन् इस पर है कि इन कथानकों के माध्यम से इतिहास के ये सब युग चलचित्रों की तरह अपनी विभिन्नता के साथ हमारे सामने मूर्त होते चले जाते हैं। मूर्त होने की इस क्रिया के मूल में असंख्य छोटी-छोटी बातें हैं, जो 'चन्द्रगुप्त' के 'सरस्वती मन्दिर के समाज' के उल्लेख से लेकर ध्रुवस्वामिनी की गूँगी खड्गधारिणी, बौने-कुबड़े-हिजड़े तक सभी में सन्निहित हैं। ये देश-कालगत विशिष्टताएँ भौगोलिक भिन्नताओं

से पूर्णतया सम्बद्ध हैं। प्रसाद ने सर्वत्र भौगोलिक विवरणों की सचाई का ध्यान रखा है।

[प्रसाद के नाटकों का ऐतिहासिक एवं सांस्कृतिक विवेचन, 1970]

गोविंद चातक

प्रसाद की भाव-प्रवण, कवित्वपूर्ण तथा विदग्ध शैली के पीछ उनके युग-मानस की अचेतन छाया देखी जा सकती है। इस युग--मानस का एक आयाम छायावाद का रोमान है, दूसरा अतीत का मोहाकर्षण और तीसरा युग का जीवंत राष्ट्रीय संदर्भ। वस्तुतः ये तीनों एक-दूसरे से जुड़े हैं और इन तीनों की संयुक्त उपलब्धि ही नई दृष्टि और नई शैली की वाहक बनी है। छायावाद ने प्रसाद के नाटकों को अद्‌भुत रोमान से अनुप्राणित किया जिसका प्रभाव कथावस्तु के नियोजन, पात्र सृष्टि तथा चारित्र्य और संवाद संरचना पर पड़ा है। प्राचीन जीवन-मूल्यों, आध्यात्मिक चिंतन तथा स्वयं उनकी काव्य प्रवृत्तियों का भी उनके शिल्प और शैली पर कम प्रभाव नहीं पड़ा है। इतिहास के कंकाल में युग के रक्त का संचार करना भी प्रसाद को प्रिय था। इसका भी उनके नाटकों के स्वरूप पर प्रभाव पड़ा है।

भारतेन्दु युग में नई नाट्‌यशैली का अन्वेषण होने लगा था। फलतः नांदी, भरत वाक्य आदि से संबंधित नाट्‌यरूढ़ियाँ समाप्त हो चुकी थीं और वर्जित दृश्यों, विष्कंभक, प्रवेशक, कार्यावस्थाओं, संधियों आदि से संबद्ध रूढ़ियाँ शिथिल हो चुकी थीं। इसी प्रवृत्ति के फलस्वरूप नाटक की दुखान्तता को भी प्रश्रय मिला और उसमें संघर्ष के तत्त्व का अधिकाधिक समाहार भी होने लगा था। प्रसाद ने इस दिशा में कोई महत्त्वपूर्ण प्रयोग नहीं किया। संस्कृत, बंगला तथा अंग्रेजी नाटकों—विशेषतः शेक्सपियर के नाटकों के अनुवादों के अध्ययन से प्रसाद की नाटकीय शिल्पविधि के संबंध में जो दृष्टि बनी थी, वह प्रयोग की अपेक्षा समन्वय के लिए अधिक उपयुक्त सिद्ध हुई। वस्तुतः संस्कृत, अंग्रेजी और बंगला का नाटक जिन नाट्‌य-रूढ़ियों से बँधा था, उनको देखते हुए प्रयोग करना किसी रंगधर्मी महान् नाटककार के लिए ही संभव था। इसके अतिरिक्त प्रसाद प्रारंभिक नाट्‌यकृतियों में एकदम नवसिखुवा थे। बाद में उनकी प्रतिभा का जैसे क्रमिक विकास हुआ, वैसे-वैसे ही प्रयोगधर्मिता का भी; किंतु जब तक वे एक महान् कलात्मक प्रयोग की क्षमता बटोर पाए ही थे, वे स्वयं वैसा करने के लिए जीवित न रह सके। 'अजातशत्रु' से लेकर 'ध्रुवस्वामिनी' तक जो भी प्रयोग वे कर पाए, उनमें शैली और शिल्प की उतनी जागरूकता नहीं जितनी प्रयोगधर्मी नाटककारों में प्रायः हुआ करती है। फिर भी यह अस्वीकार नहीं किया जा सकता कि प्रसाद के नाटकों का अपना विशिष्ट रचनातंत्र और शैली है।

प्रसाद ने अपनी नाट्य-संरचना में घटनाओं की योजना, क्रिया-व्यापार, संघर्ष, चरम विन्दु तथा शमन की प्रक्रिया—सबमें प्रचलित शिल्प से काम लिया है। प्रसाद को भारतेन्दु युग से उत्तराधिकार में कथावस्तु के नियोजन की एक शैली प्राप्त हुई थी। संस्कृत, बंगला, पारसी रंगमंच तथा पाश्चात्य नाट्यविधान के समन्वित प्रभाव से अर्जित इस शैली को ही उन्होंने अपने नाटकों के लिए चुना था। प्रसाद ने उसे काव्य और कला की गहराई भी प्रदान की थी—यही उनकी सबसे बड़ी उपलब्धि थी, अन्यथा बहुत-सी बातें प्रसाद ने उनसे ज्यों की त्यों ग्रहण की थीं। उदाहरण के लिए आधिकारिक कथा के साथ आनुषंगिक प्रसंग का नियोजन भारतेन्दु युग के साथ पारसी मंच के नाटकों में भी विद्यमान था और एलिजाबेथन नाटक भी इस प्रवृत्ति से ग्रस्त था। इसी से प्रेरणा ग्रहण कर प्रसाद ने भी मूल कथा की पूर्ति, टिप्पणी अथवा समानांतरता के लिए प्रासंगिक कथा का उपयोग किया है। 'अजातशत्रु', 'स्कंदगुप्त' और यहाँ तक कि 'ध्रुवस्वामिनी' में भी प्रसाद ने उसका साभिप्राय समाहार किया है। अंतर इतना ही है कि उनकी प्रासंगिक कथाएँ न हास्य के लिए नियोजित हैं और न वे मुख्य कथा के प्रवाह से विलग ही हैं। ठीक इसके विपरीत वे उनका बड़ा सार्थक प्रयोग करते दीखते हैं। कथावस्तु को अधिक साभिप्राय बनाने के लिए वे उसे उपकथानकों के स्तंभों पर खड़ा करते हैं। 'अजातशत्रु' में काशी, कोशल, अवन्ती और मगध—ये विविध कार्य-क्षेत्र घटना के बाहुल्य के कारण बनते हैं। 'चंद्रगुप्त' में भी घटना और पात्रों का इतना विस्तार है कि वह दो नाटकों का एक नाटक कहा जा सकता है। इसी प्रकार 'जनमेजय का नागयज्ञ' तथा 'राज्यश्री' जैसे छोटे नाटकों में कई प्रसंग विस्तार के परिचायक हैं। यहाँ तक कि 'ध्रुवस्वामिनी' जैसी संक्षिप्त नाट्यकृति में भी प्रसाद कोमा की आनुषंगिक कथा की सर्जना किए बिना न रह सके। 'स्कंदगुप्त' अपेक्षाकृत ठोस नाटक है किंतु उसमें भी धातुसेन, मातृगुप्त, देवसेना, जयमाला आदि से संबद्ध कई प्रसंग केवल उपकथानक को महत्त्व देने की प्रवृत्ति के कारण रचे प्रतीत होते हैं। इस प्रकार का विस्तार कभी-कभी प्रासंगिक कथाओं की अतिरिक्तता का बोध कराता है और अनेक आलोचकों ने प्रसाद की उसके लिए आलोचना की भी है, किंतु वास्तव में उनकी नाट्यशैली का एक महत्त्वपूर्ण स्वरूप इन्हीं उपकथाओं के संयोजन में व्यंजित होता है। प्रसाद ने जीवन और जगत् को जिस विराट और कवित्वपूर्ण, सकारात्मक और नकारात्मक, सम और विषम, समानांतर और प्रकारांतर दृष्टि से देखा है उसकी संपूर्ण इयत्ता इन्हीं पताका-प्रकरी प्रकरणों पर निर्भर करती है। इसीलिए उनकी सर्जना के पीछे लेखक का उद्देश्य स्पष्ट प्रतिबिम्बित होता है।

वस्तुतः इन उपकथाओं के माध्यम से प्रसाद ने विभिन्न अवधारणाओं, सूक्ष्म भावात्मक बिम्बों तथा जीवन-मूल्यों को उजागर किया है। कहीं-कहीं साम्य और वैषम्य, रँग, अर्थवत्ता, व्याख्या आदि की उपलब्धि के लिए भी प्रसाद ने उनका सफल प्रयोग किया है जिससे मूल कथानकों की संवेदना का विस्तार हुआ है। साम्य और वैषम्य

की अवधारणा उनके नाटकों में इतनी महत्त्वपूर्ण हो जाती है कि उसके कारण सत्-असत् का संघर्ष तथा उससे उद्भूत क्रिया-व्यापार अधिक मुखर होकर सामने आता है। उनकी कथावस्तु में स्थिति, व्यक्ति, समाज या जाति का संघर्ष द्वन्द्व, कलह, षड्यंत्र, युद्ध, हत्या आदि अनेक रूपों में अभिव्यक्त होता है। नाटकीय क्रिया-व्यापार सत्-असत् के जिन दो विरोधी शिविरों में बँट जाता है, उनमें सत् का पक्ष अधिक प्रबल होता है, किंतु मानव आचरण, नियति, संयोग तथा नैतिक मान्यता ही अंततः कार्य के निर्धारण में महत्त्वपूर्ण योग देते हैं। अंतःसंघर्ष बहिर्संघर्ष को तीव्र बनाता है और उसमें द्वन्द्व का योग क्रिया-व्यापार को गति तथा उत्त्कर्ष प्रदान करता है। वस्तुतः नाट्यवस्तु उसी के माध्यम से एक ऐसे बिन्दु पर पहुँचती है, जहाँ से एक नई दिशा का उन्मेष होता है।

संघर्ष का तत्त्व प्रसाद के नाटकीय क्रिया-व्यापार में पूर्ववर्ती नाटककारों की अपेक्षा कहीं अधिक महत्त्व प्राप्त कर लेता है। त्रासद अनुभव, नैतिक आग्रह तथा पाश्चात्य नाट्यदृष्टि के आधार पर यह स्वाभाविक भी था। उनके पात्र आत्मशुद्धि की जिस प्रक्रिया के बीच से गुजरते हैं, उसमें घटना तथा उसमें निहित संघर्ष का बाहुल्य अनिवार्य था। अनेकानेक नाट्यस्थितियों के बीच विकासमान इस संघर्ष को प्रभाव रूप में सघन बनाने के लिए प्रसाद ने द्वन्द्व के अतिरिक्त संयोग, प्रतीक, नाटकीय व्यंग्य तथा पूर्वाभास और प्रकरण से संबद्ध वक्रताओं का सुंदर उपयोग किया है। प्रसाद ने भावों के उद्बोधन और उद्दीपन के लिए प्रकृति के दृश्यों का प्रयोग तो किया ही है किंतु कथावस्तु में नाटकीय वातावरण के निर्माण के लिए भी उनका पूर्वाभास के रूप में सफल प्रयोग किया है। उन्होंने प्राकृतिक तथा अति-प्राकृतिक तत्त्व का प्रयोग मानव नियति तथा कर्म की पृष्ठभूमि में व्यंजना के साथ किया है। 'स्कंदगुप्त' (1/5) में देवकी की हत्या के संदर्भ में भयानक आधी रात, तथा 'अजातशत्रु' (2/2) में श्यामा की हत्या के मन्सूबों से आतंकित आकाश तथा 'ध्रुवस्वामिनी' (2/0) में शकराज की उद्दाम मरणांतक वासना का सचेतक धूमकेतु—सब कथावस्तु को भावी घटनाक्रम के लिए उपयुक्त वातावरण प्रदान करते हैं। इसी प्रकार 'राज्यश्री' (3/4) में भयंकर आँधी का दृश्य-विधान विकटघोष के पापपूर्ण भयानक दस्युकर्म तथा उसकी नैतिक प्रतिक्रिया के लिए सही पीठिका प्रदान करता है।

प्रकृति और मानव का ही नहीं, नियति का भी संयोग प्रसाद की नाट्यवस्तु में मंगल और अमंगल के स्वरूप को उजागर करता है। यह संयोग तत्त्व ही जरत्कारु की हत्या का कारण बनता है और यही षड्यंत्रकारियों से देवकी की रक्षा भी करवाता है। वस्तुतः नियति-चक्र जिस संयोग तथा आइरनी से जीवन के घटनाक्रम का संचालन करता है, वह प्रसाद की नाटकीय संरचना का महत्त्वपूर्ण अंग है। 'अजातशत्रु', 'स्कंदगुप्त', 'चंद्रगुप्त' और 'ध्रुवस्वामिनी' में उन्होंने पर्याप्त नाटकीय व्यंग्य का प्रयोग किया है जिससे कथावस्तु को आकस्मिक घटनाओं और संयोगों का आधार मिलता है और प्रेक्षकों अथवा पाठकों को नियति का आभास। नियति का क्रूर व्यंग्य कथावस्तु

को एक मोड़ प्रदान करता है, इसके साथ ही उस त्रासद तत्त्व को भी उभारता है जो प्रसाद के नाटकों की प्राणशक्ति है। मनुष्य का अपूर्ण विकास, उत्थान, पतन, जीवन की विडम्बना, समस्या की भयंकरता, असत् की क्रूरता और सत् की गरिमा उनके त्रासद प्रभाव को पैना करके रख देते हैं। किंतु प्रसाद कथावस्तु के एकांतिक विकास में विश्वास नहीं करते दिखाई देते। वे विरोधी शक्तियों में एक ऐसा संतुलन बिठाते हैं कि एक दार्शनिक आध्यात्मिक स्थिति में उनके नाटक पाश्चात्य अर्थों में अपनी शमन की प्रक्रिया के कारण 'त्रासदी' नहीं कहे जा सकते। वे आनंद की आध्यात्मिक चेतना तथा लौकिक वेदना का ऐसा समरसतापूर्ण सामंजस्य स्थापित करते हैं कि सारा नाटकीय क्रिया-व्यापार विश्रान्ति में समाहित हो जाता है।

वस्तुतः जीवन के द्वन्द्व, क्रिया-व्यापार, संघर्ष तथा शमन संबंधी विचारधारा ने प्रसाद के नाटकों के रचनातंत्र को भी यथेष्ट रूप से प्रभावित किया है। उन्होंने अपनी नाट्यवस्तु को 3, 4 और 5 अंकों में विभाजित करते हुए नाट्यस्थिति के परिचय, संघर्ष के प्रारम्भ, विकास, विद्यमानता तथा शमन के रूप में किया है। डॉ. जगन्नाथ प्रसाद शर्मा ने प्रसाद के नाटकों का शास्त्रीय अध्ययन करते हुए प्रसाद के रचनातंत्र को कार्यावस्थाओं, अर्थ-प्रकृतियों तथा संधियों के आधार पर व्याख्यायित करने का भगीरथ प्रयास किया है किंतु स्वयं उन्हीं को कई नाटकों में इन रूढ़ियों के निर्वाह का अभाव लगा हो तो कोई आश्चर्य नहीं। सच्चाई यह है कि प्रसाद का नाट्यशिल्प संस्कृत परंपरा की तुलना में शेक्सपियर के नाटकों से अधिक प्रभावित लगता है। उन्हीं की भाँति प्रसाद अपने नाटकों का प्रारम्भ नाट्य-स्थिति के परिचय. संकटकालीन स्थिति तथा संघर्ष के उदय के साथ करते हैं। इसके साथ ही क्रिया-व्यापार का एक बहुत बड़ा अंश दृष्टिपथ में आ जाता है। मध्य के भागों में जाकर संघर्ष तीव्रता को प्राप्त करता है जिसको वे अनेक छोटे-छोटे तथा शीघ्रतर बदलनेवाले तथा एकदम गंभीर और हलके-फुलके दृश्यों के रूप में सामने लाते हैं। यहीं घटनाबाहुल्य के कारण संघर्ष कभी तीव्र और कभी विशृंखल होकर आगे बढ़ता दिखाई देता है। उसके विस्तार के कारण ही प्रसाद अंत पर पूरा नियंत्रण नहीं कर पाते। उनका अंतिम अंक इसीलिए सबसे अधिक बोझिल और विस्तृत होता है। फिर भी समापन की दृष्टि से प्रसाद के नाटक विलक्षण ही कहे जाएँगे। निर्वहण संधि में द्युति, आनन्द, समय, सुश्रूषा, उपगूहन तथा प्रशस्ति की उपलब्धि के साथ चमत्कारपूर्ण अंत प्रसाद के नाटकों की अपनी विशेषता है। इसमें वे शैवों की आनंदवादी तथा बौद्धों की दुखवादी चेतना का जैसा समरसतापूर्ण समन्वय करते हैं, उसमें उनके नाटक दुख की सीमा को स्वतः लाँघ जाते हैं। वस्तुतः प्रसाद के नाटक जिस आध्यात्मिक बिन्दु से प्रारम्भ होते हैं उसी पर समाप्त भी हो जाते हैं। 'जीवन की सारी क्रियाओं का अंत केवल अनंत विश्राम में है। इस बाह्य हलचल का उद्देश्य आंतरिक शांति है' (अजात. 1/4)—क्या प्रसाद के नाटकों का अंत इस विचारधारा का परिणाम नहीं है?

कथावस्तु के नियोजन में प्रसाद ने जहाँ कई नाट्य-रूढ़ियों को तोड़ा है, वहाँ स्वगत, जनान्तिक, गर्भ-दृश्य, अतीत-दृश्य (flash back) मुद्रा, मौन, गीत, नृत्य आदि के कलात्मक उपयोग में भी वे पीछे नहीं रहे। दृश्य के अंत में पात्रों के निष्क्रमण के बाद अकेले पात्र का स्वगत पात्र की वैयक्तिक सत्ता, परिस्थिति के उत्कर्ष तथा प्रेक्षक के प्रति संबोधन की दृष्टि से महत्त्वपूर्ण प्रयोग कहा जा सकता है। इसी प्रकार 'जनमेजय का नागयज्ञ' में रात्रि के तमिस्र पटल पर अंकित खांडव दाह अतीत-दृश्य की दृष्टि से महत्त्वपूर्ण प्रयोग है। इसी प्रकार 'कामना' (1/3) में विलास से स्वयं उसकी 'छाया' का वार्तालाप दिखाया गया है। गीत और नृत्य का समावेश भी यत्र-तत्र अतीन्द्रिय वातावरण के निर्माण में सहायक हुआ है। कथावस्तु और कथ्य की भावात्मक पूर्ति की दृष्टि से भी उनका महत्त्व कम नहीं है। भरत वाक्य का प्रसाद ने सीधा प्रयोग नहीं किया है, फिर भी 'राज्यश्री', 'एक घूँट', 'विशाख', 'कामना', 'जनमेजय का नागयज्ञ' आदि में अंत के गीत भरत वाक्य के ही परिवर्तित रूप कहे जा सकते हैं। नांदी तथा प्रस्तावना की भाँति उसका परित्याग प्रसाद कुछ ही नाटकों में कर पाए हैं।

कथावस्तु की भाँति ही प्रसाद की पात्र-सृष्टि भी उनके व्यक्तित्व, छायावाद के रोमान तथा भारतीय चिंताधारा पर आधारित है। उनकी दृष्टि मूलतः आदर्शवाद थी। कहीं-कहीं पात्र को उसकी शक्ति और दुर्बलता के बीच उन्होंने देखने का प्रयास किया तो है, किंतु उसे कई कोणों से देखने की क्षमता वे न प्रकट कर सके। उन्होंने अपने पात्रों को एक ओर शोभा, विलास, माधुर्य, स्थैर्य, गांभीर्य, लालित्य, औदार्य तथा तेज से संबद्ध गुणवत्ता प्रदान की, दूसरी ओर खल, उद्धत और निकृष्ट पात्रों को समस्त कालिमा से चित्रित किया। सत् पात्र अपनी गुणवत्ता में स्थिर दिखाई देते हैं, किंतु असत् पात्र, कुछ को छोड़कर, द्वन्द्व और संघर्ष को झेलते हुए अंततः हृदय-परिवर्तन कर लेते हैं। इस बात को अस्वीकार नहीं किया जा सकता कि प्रसाद ने गुण और दोष दोनों को परिवेश, संस्कार तथा मनोविज्ञान की पीठिका प्रदान की है; किंतु फिर भी चारित्र्य के संबंध में उनके मूल्य बिलकुल ठोस लगते हैं और मानव दुर्बलता के प्रति उनके मन में कम सहानुभूति दिखाई देती है। यही कारण है कि उनके कई पात्र सकारात्मक या नकारात्मक गुणों के प्रतीक मात्र लगते हैं। समाज के संदर्भ में पात्र की दुर्बलता को समझने में संभवतः उन्हें कोई 'साहित्यिक न्याय' नहीं दिखाई दिया; इसीलिए उन्होंने पात्र के चित्रण में यथार्थ और आदर्श का समन्वय तो किया है किंतु वे आधुनिक नाटककारों की भाँति समाज और मनोविज्ञान की पृष्ठभूमि में यह अहसास नहीं कराते कि कर्म 'न तो भले हैं और न बुरे', न वे अपराध कहे जानेवाले कर्मों से समझौता कराते हैं और न उनसे सहानुभूति ही रखते दिखाई देते हैं। इसीलिए उनके नाटकों में न स्त्री नारी है और न पुरुष नर मात्र है।

प्रसाद के पात्रों में इसीलिए वैविध्य और वैचित्र्य कम है। स्थूल दृष्टि से देखें तो उनके पात्र कुछ वर्गों में ही समाहित हो जाते हैं। ये वर्ग भिन्न-भिन्न नाटकों में नाम

और रूप-परिवर्तन के साथ अपने को दुहराते मिलते हैं—सब एक-सी जिंदगी जीते हैं; एक-सी हवा में साँस लेते हैं। पुरुषों में कर्मठ सैनिक, कूटनीतिज्ञ खल तथा दार्शनिक प्रवृत्ति के सात्त्विक पात्र तथा स्त्रियों में उद्दाम वासना, उदात्त वृत्ति तथा भयंकर असंतोष तथा अहं से संचालित पात्र मुख्य रूप से आते हैं जो प्रायः सभी नाटकों में अपने को दुहराते हैं। पात्रों की यह पुनरावृत्ति प्रसाद के अनुभव के निश्चित दायरे को प्रकट करती है।

जहाँ तक उनके अनुभव का प्रश्न है, छायावादी रोमान, प्राचीन भारतीय चिंतन, युगीन संस्कार और स्वयं उनके व्यक्तित्व ने उनके पात्रों को विचित्र चारित्र्य प्रदान किया है। आभिजात्य जीवन के सुख-दुखों, हर्ष-विषाद में संपूर्ण भावना के साथ रहनेवाले ये पात्र प्रसाद के उन्मुक्त यौवन, मदिर ऐश्वर्य और उदात्त त्याग से निर्मित हुए हैं। ऐसे जीवन की जो विडम्बना होती है, वह भी अभाव तथा पीड़ा के रूप में अनेक पात्रों में प्रतिफलित हुई है। 'आत्मा की अनुभूति व्यक्ति और उसके चरित्र-वैचित्र्य को लेकर ही सृष्टि करती है'—यह उक्ति प्रसाद की चरित्र-सृष्टि पर पूरी तरह चरितार्थ होती है। यह अनुभूति वास्तविक और यथार्थ जीवन की है और यथार्थ विलग पलायन और रोमान की भी। इतना निश्चित है कि यह बहुत सघन है और इसी नाते यथार्थ से भी अधिक यथार्थ लगती है।

इसमें भी कोई संदेह नहीं है कि प्रसाद ने जीवन को पूरे द्वन्द्व के साथ अनुभव किया है। यही कारण है कि उनके पात्र सम-विषम, सत्-असत्, भोग-योग, लोभ-त्याग, सुख-दुख के दो विरोधी शिविरों में बैठे दिखाई देते हैं। फिर तो बस वे हैं और उनकी ईहा है—उनके पुरुष पात्र पूरी ईहा और उससे प्रेरित जीवन-युद्ध की तीव्र अनुभूति के साथ जीते हैं और स्त्री पात्र उनके अंतर की कविता की सार प्रतिमाएँ बनकर आई हैं। दोनों को प्रसाद ने भिन्न जीवन-मूल्य प्रदान किए हैं, किंतु युद्ध और प्रेम दोनों में सामान्य हैं। युद्ध जीवनी-शक्ति का और प्रेम आध्यात्मिक उपलब्धि का प्रतीक बनकर आता है। किंतु जीवन में दोनों की अपनी-अपनी विडम्बनाएँ हैं जो पात्रों पर करुण-क्रूर नख-क्षत छोड़ जाती हैं। यहीं प्रसाद इतिहास के निविड़ शून्य में जीवन की उस त्रासद पीड़ा को देख पाए जो उनकी रोमानी दृष्टि में समा गई थी और जिसे उन्होंने ऐसी तड़प प्रदान की जो उनके पात्रों की नस-नस में कूट-कूटकर भरी है। स्कंद, चाणक्य, बिम्बसार, चंद्रगुप्त जैसे कर्मठ पात्रों के जीवन में भी उन्होंने वह रहस्यमयी आकुलता भरी है जो त्रासदी के मूल में सदा से रही है। इसके अतिरिक्त पीड़ा और कष्ट को भोगने की क्षमता भी पात्रों के चारित्र्य के साथ जुड़ी दिखाई देती है। सत् पात्र प्रायः देवसेना की इस उक्ति से प्रभावित दीखते हैं—'कष्ट हृदय की कसौटी है, तपस्या अग्नि है। ... सब क्षणिक सुखों का अंत है। जिसमें सुखों का अन्त न हो, इसलिए सुख करना ही न चाहिए' (स्कंद. 5/6)। इस प्रकार तपस्या की अग्नि उनके पात्रों को अद्भुत दीप्ति प्रदान करती है। यह दीप्ति उनके संघर्ष की त्रासदी में ही

नहीं दिखाई देती, समरसतापूर्ण परिणति की भी वह महत्त्वपूर्ण उपलब्धि कही जा सकती है। समरसतापूर्ण परिणति के आग्रह के कारण प्रायः प्रसाद के पात्र अंदर ही अंदर सुलगते जाते हैं जो उन्हें अहं का इदम् से समझौता कराने में अपूर्व सफलता दिलाता है। ऐसे अवसरों पर कहीं-कहीं ऐसा लगता है कि प्रसाद ने प्रेक्षकों को नाट्यस्थिति के चरम पर द्वंद्व-प्रदर्शन के अपेक्षित अवसर से वंचित रखा है। वह उसे प्रेक्षक की कल्पना पर छोड़ देते हैं और उसे रेखाओं में ही उभारकर उसके कार्य-रूप परिणाम को ही मंच पर प्रस्तुत करते हैं।

जहाँ तक चारित्र्य का प्रश्न है, प्रसाद ने स्त्री और पुरुष की गुणवत्ता का स्पष्ट विभाजन किया है। उनकी दृष्टि में पुरुष कुतूहल और प्रश्न है तो नारी उत्तर और विश्लेषण; कोमलता का उदाहरण है नारी और कठोरता का विश्लेषण है पुरुष। प्रेम के संदर्भ में भी पुरुष की तुलना में स्त्री की अधिक सक्रियता ही प्रसाद को मान्य रही। उन्होंने भारतीय संस्कृति के अनुरूप पुरुष को निर्लिप्त और नारी को नैसर्गिक आकर्षण के साथ प्रार्थिनी बनाया है। इनमें कोमा, मालविका, देवसेना, कल्याणी आदि कुछ ऐसी प्रणय की सार-प्रतिमाएँ भी हैं जो प्रेम करती हैं किंतु प्रार्थिनी नहीं होतीं। नारी को प्रसाद ने पराशक्ति तथा सनातन श्रद्धा के रूप में देखा है, जो पुरुष के सत् की प्रेरणा का मूल आधार बनती है। वह भोग्या उतनी नहीं जितनी देवी है। किंतु यह बात केवल उस नारी पर लागू होती है जिसके विषय में प्रसाद ने 'नारी, तुम केवल श्रद्धा हो' कहा है। इस कोटि की हृदय-प्रधान नारी के अतिरिक्त बुद्धितत्त्व से युक्त पुरुषायित नारी को उन्होंने शांत जीवन और व्यवस्था में बवंडर और बखेड़ा करनेवाली माना है। इसके अतिरिक्त प्रसाद ने एक तीसरी कोटि की नारी का अंकन भी किया है जो अपनी रोमानी उद्दाम वासना में जीवन-भर भटकती है और भोग्या होने के नाते जो पराजित होती आई है। निश्चयतः प्रसाद की दृष्टि श्रद्धा और इड़ा के दो ध्रुवान्तों में ही रमी रही। उनके विचारों में नारी का एक स्वरूप कोमलता, सौंदर्य, लज्जा, प्रणय की आकुलता, उत्सर्ग, कलुषहीनता, करुणा आदि गुणों से निर्मित दिखाई देता है और दूसरा क्रूरता, पुरुष की समकक्षता, अहंकार, वासना, द्वेष, हिंसा तथा अधिकार भावना से। इस प्रकार प्रसाद ने नारी को विरोधी आयाम दिए। किंतु ध्रुवस्वामिनी के अतिरिक्त कहीं भी प्रसाद ने नारी के संदर्भ में नए मूल्यों को महत्ता नहीं दी। उन्होंने उसके एक रूप को गौरव अवश्य प्रदान किया किंतु छायावादी रोमान में वे उसे हाड़-मांस का शरीर न दे पाए और न मध्यकालीन अवधारणाओं से भिन्न उसका कोई नवीन बिम्ब उभार सके।

पुरुष पात्रों में शौर्य, देश-प्रेम, त्याग, औदार्य आदि गुणों का आरोप प्रसाद को विशेष प्रिय रहा। यद्यपि उनके नाटकों में खल पात्रों की भी कमी नहीं है; किंतु असत् पात्रों को कहीं भी प्रसाद वह आकार और परिमाण नहीं दे पाए जो सत् पात्रों की महत्ता को व्यंजित कर सके। नायक की स्थिति भी उनमें सुदृढ़ नहीं दिखाई देती। उनके अधिकांश नाटकों में प्रतिनायक, अनुनायक अथवा पताकानायक की स्थिति दिखाई देती

है; किंतु नायक सर्वत्र शास्त्रीय अर्हताओं का निर्वाह नहीं करते। शेक्सपियर के नाटकों की भाँति उनमें भावुक नायिकाएँ ही प्रायः सक्रिय दिखाई देती हैं जो त्रासदी की शिकार बनती हैं। प्रसाद ने, वस्तुतः चरित्र-सृष्टि में रूढ़ियों से बाहर निकलने का प्रयास किया। उनके सभी कोटि के पात्र शास्त्रीय मर्यादा का आग्रह नहीं रखते। उन्होंने उन्हें शास्त्रीय परंपरा की अपेक्षा कुछ मानवीय और सामाजिक संदर्भ में देखने का प्रयास किया है। उनको उन्होंने संघर्ष के बीच खड़ा कर देखा है। वे तनाव के साथ जीते हैं किंतु अंततः सामरस्य की उपलब्धि कर लेते हैं। इसके बावजूद भी वे अंतर्विरोध में जीते हैं। चरित्र-निर्धारण की यह विधि जैसे प्रसाद ने अपने लिए स्वयं निर्मित की थी। चरित्र-शिल्प में परंपरा से कुछ हटकर एक नया प्रयोग समूहीकरण का भी लगता है जिसमें प्रसाद ने अपूर्व सफलता अर्जित की है।

शिल्प की दृष्टि से देखें तो प्रसाद के नाटकीय पात्रों को संपूर्ण चित्र और रेखा चित्र—इन दो रूपों में अंकित पात्रों का प्राधान्य मान लेने में कोई हानि नहीं। निश्चित रूप से कुछ पात्र अन्य की तुलना में नाटक के आकार में कम स्थान घेरते हैं और वे केवल रेखाओं में अंकित हैं। किंतु प्रसाद का कौशल इस बात में है कि तीव्र अनुभूति तथा काव्यमय तत्त्व से निर्मित होने के कारण वे लघु चरित्र व्यक्तित्व की अद्भुत झलक देते हैं और वे मुख्य पात्रों की भीड़ में अलग से पहचाने जाते हैं। अज्ञात और स्वल्प महत्त्व से युक्त होने पर भी वे अपने सीमित किंतु भाव-सघन जीवन में ऐसी नाटकीय प्रगाढ़ता भर देते हैं जिसके कारण वे पूर्ण चरित्रों से भी अधिक प्रभावशाली हो गए हैं। कोमा, देवसेना, आस्तीक, बन्धुल, शर्वनाग, मालविका, वाजिरा आदि इसी कोटि के हिरण्यगर्भ पात्र हैं।

नाटक के रचना-विधान की दृष्टि से विचार करें तो प्रसाद के नाटकीय पात्रों को केवल इन दो वर्गों में विभाजित कर संतोष नहीं किया जा सकता। इनके बजाय मुख्य पात्रों, मुख्य पात्रों के सहायक पात्रों, साधन रूप में प्रयुक्त सामान्य पात्रों तथा प्रकृति वैशिष्ट्य युक्त सीधे-सपाट पात्रों को लेकर किया गया विभाजन अधिक उपयुक्त ठहरता है। मुख्य पात्रों के समानांतर ही प्रसाद के नाटकों में सहायक पात्र अपने लिए विशेष महत्त्व अर्जित कर लेते हैं। साधन रूप में प्रयुक्त सूत्रवाही पात्र व्यक्ति-वैचित्र्य तथा प्रकृति-वैशिष्ट्य के अभाव में या तो किसी वर्ग का प्रतिनिधित्व करते मिलते हैं या किसी विचारधारा के वाहक बनकर आते हैं। जीवक, सुदत्त, वासवदत्ता, आनंद, मंदाकिनी, पर्णदत्त, जयमाला, मालिनी, धातुसेन, जरत्कारु आदि अनेक पात्र लेखक के विचारों अथवा कथावस्तु का भार वहन करते हुए अपनी निज की परिस्थिति अथवा उपलब्धि से पृथक् अपना अस्तित्व कोरस की भाँति निभाते हैं। ऐसे पात्र कथा के बिखरे सूत्रों को जोड़ने का कार्य करते हैं। इन सूत्रवाही साधक कोटि के पात्रों से कुछ भिन्न कोटि के पात्र वे हैं जो व्यक्तित्वहीन होने के नाते सीधे और सपाट हैं किंतु प्रसाद ने उन्हें प्रकृतिवैशिष्ट्य प्रदान करने का प्रयत्न किया है। प्रपंचबुद्धि, धातुसेन, दांड्यायन, मिहिरदेव

तथा हिजड़े-बौने-कुबड़े की सृष्टि प्रसाद ने इसी पद्धति पर की है।

चरित्रांकन की शिल्पविधि की दृष्टि से यह निस्संकोच कहा जा सकता है कि प्रसाद ने कोई नया प्रयोग नहीं किया है। उन्होंने परंपरा के अनुसार ही स्वगत, संवाद, द्वंद्व, क्रिया-व्यापार आदि को आधार बनाकर चरित्र को उजागर करने का प्रयास किया है। चरित्र की एक से दूसरी परिस्थिति तक की विकास-यात्रा में घटना-बाहुल्य के कारण वे गहराई में नहीं जा पाए। फलतः शीघ्रता में अभीष्ट छाप नहीं पड़ती और इसके अतिरिक्त चरित्र-विकास में कहीं-कहीं वे बीच की खाइयों को भरने के बजाय उन्हें लाँघ जाते हैं। इसके कारण अनेक स्थलों पर चरित्र-विकास की संभाव्य शृंखला पाठक को अपनी कल्पना से जोड़नी पड़ती है। इससे पात्र मागंधी की भाँति कौतुकपूर्ण अवश्य हो जाता है किंतु वह बिखरी रेखाओं में ही अंकित हो पाता है। इसी प्रकार आदर्शों के वाहक कई पात्र पाठक के साथ रागात्मक संबंध नहीं बना पाते। इसके अतिरिक्त उन पात्रों की महत्ता पर भी प्रश्नचिह्न लगाया जा सकता है जो इतिहास में प्रसिद्ध हैं किंतु प्रसाद के नाटकों में बहुत ही गौण रूप में गिनकर दो-चार संवाद बोलने के लिए जुटाए गए हैं। हृदय-परिवर्तन की नीति के कारण कई खल पात्र लेखक के हाथ की कठपुतली बन गए हैं। कहीं रोमान इतना हावी हुआ दीखता है कि पात्र विचित्र अंतर्विरोध में जीते और चमत्कार की प्रवृत्ति से ग्रस्त दिखाई देते हैं। इससे चरित्र-वैचित्र्य का समावेश हुआ है। किंतु प्रसाद ने व्यक्ति-वैचित्र्य और रस का सुंदर समन्वय करने का यथेष्ट प्रयत्न किया है।

प्रसाद की रस-दृष्टि ने उनकी कथावस्तु और चरित्र की संरचना को विशेष रूप से प्रभावित किया है। जीवन के अंतर और बाह्य संग्राम तथा राग से युक्त होने के नाते उन्होंने वीर, शृंगार, करुण, हास्य आदि रसों को मुख्यता दी है। उनके नाटकों का त्रासद अंश करुण से ओतप्रोत है और उसकी एक क्षीण रेखा उनमें आद्यन्त दिखाई देती है। हास्य का उपयोग कर उन्होंने उसे और भी प्रभावी बनाया है। शृंगार रस का प्रसाद के नाटकों में, करुण की भाँति, अपना विशिष्ट रंग है। किंतु वह भी साधन रूप में प्रयुक्त हुआ है। इनमें केवल वीर रस ही ऐसा रस है जिसको आलोचकों ने अंगीरस कहा है। किंतु हमारी दृष्टि में चाहे वह शृंगार या करुण हो या वीर, प्रसाद ने सबकी परिणति शांत रस में ही की है। यह ठीक है कि वीर और शृंगार उनके नाटकों के वृहदांश पर आच्छादित दिखाई देता है, किंतु जिस प्रकार उन्होंने जीवन की सारी क्रियाओं का अंत विश्राम में माना है, उसी प्रकार वीर और शृंगार का पर्यवसान भी शांत रस में ही किया है। यह रस-दृष्टि अभिनवगुप्त के अनुरूप है। वक्रोक्तिकार ने भी निर्वहण संधि में मूल रस के परिवर्तन को वक्रता के अन्तर्गत माना है। प्रसाद के नाटकों का अंत रस की इसी वक्रता के कारण उनकी रस संबंधी एक निश्चित शैली का संकेत करता है। रस में फलयोग अर्थात् अंतिम संधि को मुख्यता देने तथा अभेद निर्विकार आनंद-भावना की दृष्टि से उनकी रस-शैली उनके चिंतन और जीवन दर्शन

से बहुत गहराई तक प्रभावित है।

रस-शैली की भाँति ही भाषा और संवाद-शैली के क्षेत्र में भी प्रसाद ने नई उद्भावना की है। शब्द का संबंध आत्मानुभूति से जोड़कर उन्होंने विशिष्ट पद-रचना से नाट्य शरीर को सजाने का प्रयत्न किया है। उनकी भाषा ने छायावाद की नई भाव-चेतना से नई वक्रता, कांति तथा विच्छिति तो अर्जित की ही, इसके साथ उसने ऐसा आवेगपूर्ण स्वरूप भी धारण किया जिसे संस्कृत की भावपूर्ण शब्दावली का आश्रय लेना पड़ा। हृदय की गहराइयों से बोलने के बावजूद इसीलिए उनके पात्र बोलचाल की भाषा नहीं बोलते हैं तथा अपनी भाषा में भावना की यथार्थ से बड़ी तस्वीर प्रस्तुत करते हैं। ऐतिहासिक भावपूर्ण कथ्य तथा छायावादी रोमान के योग से प्रसाद ने शब्दावली को संवेग, कांति, वक्रता, मधुरता, भाव-शबलता आदि शक्तियों से रंजित कर भाषा का अद्‌भुत इन्द्रजाल बुना है। इसके अतिरिक्त उनकी भाषा में काव्यमयी अनुभूति को प्रायः अलंकृति, प्रतीक तथा बिम्ब-विधान के माध्यम से व्यक्त करने का आग्रह मुख्य है। उनके कई पात्र बिम्बों तथा प्रतीकों की भाषा बोलते हैं। इसके कारण उनकी भाषाशैली में काव्यात्मक रंगीनी आई है। इसी प्रकार सांकेतिक अभिव्यक्ति में भी उनका महत्त्वपूर्ण योग कहा जा सकता है।

प्रसाद के नाटकों की वास्तविक शक्ति उनकी भाषा के स्वरूप में नहीं, वरन् उसकी संरचना में भी दिखाई देती है। शब्दों का वक्रतापूर्ण प्रयोग और वाक्य-विन्यास का सौंदर्य उनकी नाट्य-भाषा की बहुत बड़ी विशेषता है। उनके वाक्यों में विशेषतः अनुभूति के तीव्र क्षणों में एक ऐसी विशिष्ट रचना-प्रक्रिया के दर्शन होते हैं जिसमें वे शब्दक्रम, प्रतिसाम्य, समानांतरता, पुनरावृत्ति तथा अलंकरण के उपकरणों का बड़ा प्रभावशाली प्रयोग करते हैं। यह सचेतन प्रयास उनकी भाषा को जैसे एक सुंदर ढाँचे में ढाल देता है। इसी के कारण उसमें अद्‌भुत वाग्मिता तथा साहित्यिक गरिमा के दर्शन होते हैं और वह अपना निश्चित प्रभाव पैदा करती है। सामान्यतः उनकी संरचना के दो छोर दिखाई देते हैं। एक ओर वे सूक्तियों, क्रिया-विहीन वाक्यों, अलंकृत अभिव्यक्तियों तथा चमत्कारपूर्ण कथनों में अपूर्व सघनता तथा व्यंजना से काम लेते हैं, दूसरी ओर काव्यात्मक नाट्य-स्थिति में उनकी भाषा की प्रवृत्ति बाहुल्य की ओर दिखाई देती है। यों तो काव्य में विस्तार और नाटक में मितव्ययता भारतीय साहित्य की बहुत प्राचीन परंपरा रही है। प्रसाद ने भी जहाँ भी नाटक में काव्य तत्त्व का समाहार किया है, वहाँ उनकी भाषा में स्फीति आ गई है। किंतु अन्य स्थलों पर उन्होंने नाटकीय स्थिति की माँग पर छोटे वाक्यों को ही मुख्यता दी है जिससे विविधता की सिद्धि हुई है। उन भावपूर्ण परिस्थितियों में जहाँ पात्र से विचित्र मानसिक संयम, गोपनीयता, तनाव, द्वन्द्व अथवा मौन की गरिमा वांछित है वहाँ प्रसाद के संवाद तीखे और छोटे हैं। वाक्यों में जटिलता तथा विस्तार वहाँ आया है जहाँ काव्यमयी अभिव्यक्ति के लिए एकाधिक भावों की युगपत् आपाधापी दिखाई देती है। ऐसी स्थिति में पूर्ण अभिव्यक्ति के द्वारा मन को तृप्त करने की आकांक्षा

लिए हुए प्रसाद ने संयुक्त, मिश्र तथा जटिल वाक्यों का उन्मुक्त प्रयोग किया है। इससे जो फैलाव आया है उससे अनेक वाक्यों में छोटे वाक्यों जैसा नपा-तुला वैशिष्ट्य नहीं आ पाया है।

प्रसाद संवादों में भाषा का सर्जनात्मक प्रयोग करने में अद्वितीय कहे जा सकते हैं। यह सर्जनात्मक पद्धति अत्याधुनिक पाश्चात्य नाटककारों की भाषिक उपलब्धियों के अनुरूप तो नहीं है किंतु वह उनके कथ्य के अनुरूप अवश्य है। प्रसाद के संवाद कथ्य की माँग पर भावों की गहनता, अनेकरूपता, अलंकृति, वाग्वैदग्ध्य तथा काव्य तत्त्व का अनुसरण करते हैं। संवादों में पात्रानुकूल भाषा का आग्रह उनमें नहीं, नाट्य-स्थिति तथा काव्यमयी अनुभूति के आधार पर उसके स्वरूप के निर्धारण की प्रवृत्ति ही उनमें मुख्य है। उनके सभी पात्र द्वंद्व, तनाव या रोमान की स्थिति में सभी संवादों में प्रायः एक-सी भाषा बोलते हैं किंतु अन्य स्थितियों में बिल्कुल दूसरी भाषा का प्रयोग करते हैं। फलतः प्रसाद के संवादों के अनेक रंग हैं। काव्य तत्त्व, चिंतन, संवेग, माधुर्य, ओज, प्रत्युत्पन्नमतित्व, व्यंग्य, वाग्मिता, सूत्रता, सूक्तिप्रियता आदि अनेक तत्त्व उनकी संवाद शैली के महत्त्वपूर्ण दाय कहे जा सकते हैं। इसी प्रकार अर्थ के स्तर पर प्रसाद के संवाद कई संरचनात्मक प्रक्रियाओं में सक्रिय दिखाई देते हैं। ध्वनि, शब्द तथा अर्थ की वक्रताओं का भी उन्होंने समुचित उपयोग किया है। इसके अतिरिक्त छायावाद ने 'प्रत्येक कंप में एक ताल', 'प्रत्येक परमाणु के मिलने में एक सम', 'प्रत्येक हरी-भरी पत्ती के हिलने में एक लय' (स्कंद. 2/1) की जो अनुभूति दी, उसने प्रसाद के संवादों को भी अद्‌भुत लयात्मकता से समन्वित किया है। शब्द की झंकृति, ध्वनि-मैत्री, सामंजस्य तथा स्वरैक्य के माध्यम से उन्होंने अपने संवादों को अपूर्व अर्थवत्ता से अनुप्राणित किया है।

इस प्रकार नाटक की सारी क्षमताओं को संवादों तथा भाषा के माध्यम से मुखर कराने में प्रसाद ने महत्त्वपूर्ण कार्य कर दिखाया। उनके युग में बंगला, पारसी तथा शेक्सपियरन मंच के प्रभावस्वरूप भाषा और संवाद नाटक के सबसे महत्त्वपूर्ण अंग बन गए थे। प्रसाद ने भी उसी परंपरा के अनुरूप दृश्य-विधान, अभिनय, भंगिमा आदि सभी मंचीय उपकरणों का काम संवादों तथा शब्दों से लिया है। इसीलिए उनके नाटकों में संवादों पर सबसे अधिक बल केन्द्रित हुआ है।

कथावस्तु, चरित्र, रस तथा संवाद-संरचना की एक सुविचारित शैली की भाँति प्रसाद के नाटकों में एक निश्चित रंगशिल्प का भी उपयोग हुआ है। इसमें कोई संदेह नहीं कि प्रयोगधर्मी नाटककारों की भाँति रंग के क्षेत्र में उन्होंने विशेष जागरूकता नहीं दिखाई। उनकी दृष्टि में रंगमंच की तुलना में मूल सत्ता कृति की थी जिसे वे 'असल चीज' मानते थे और रंगमंच की सत्ता उसी के लिए थी। फलतः वे नाट्यकृतियों का सर्जन मंचीय प्रयोग की दृष्टि से न कर सके, किंतु इसका यह तात्पर्य नहीं कि उनकी रंगमंच संबंधी कोई दृष्टि ही न थी। वस्तुतः संस्कृत, बंगला, पारसी तथा शेक्सपियरन

रंगमंच का उनको बौद्धिक ज्ञान था जो मुख्यतः नाट्यकृतियों के अध्ययन पर आधारित था। इनमें पारसी रंगमंच से संभवतः वे प्रेक्षक के रूप में भी परिचित रहे होंगे। प्रसाद ने इन सबके समग्र प्रभाव से यदि एक रंग-दृष्टि ग्रहण की हो तो कोई आश्चर्य की बात नहीं।

प्रसाद की रंग-सृष्टि में जिन तत्त्वों का समावेश हुआ है उसमें सबसे महत्त्वपूर्ण उपकरण प्रेक्षक की कल्पना-शक्ति का उपयोग कहा जा सकता है। उनके युग में दृश्यबन्ध, शिल्प, सज्जा, प्रकाश-योजना तथा तकनीक की प्रयोगवादी दृष्टि का अभाव था। ऐसी स्थिति में एक ऐसे मंच का निर्माण कम महत्त्वपूर्ण नहीं कहा जा सकता जिस पर प्रेक्षक नाटक को अभिनीत होते देखता है। प्रसाद के नाटक प्रेक्षक की इसी मंचीय कल्पना को जाग्रत करते हैं। वे जीवन का महत्तर चित्र प्रस्तुत करने और वैभवपूर्ण दृश्यों की अवतारणा के लिए अनेक अवसर प्रदान करते हैं। प्रसाद प्रायः दृश्य-विधान और वातावरण के निर्माण के लिए नाटकीय संवादों का प्रयोग करते दिखाई देते हैं जिसमें प्रेक्षक की कल्पना अपनी महत्त्वपूर्ण भूमिका निभाती है। उन्होंने अपने अनेक नाटकों में संध्या, रात्रि, प्रभात, अग्नि, वर्षा आदि के दृश्यों में इसी परंपरागत कौशल से काम लिया है–'देवि, संध्या हो चली है। वनस्पतियाँ शिथिल होने लगी हैं। देखिए न, व्योम विहारी पक्षियों का झुंड अपने नीड़ों को प्रसन्न कोलाहल के साथ लौट रहा है।' (ध्रुव. अंक 1); 'नायक न जाने क्यों हृदय दहल उठा है जैसे सनसन करती हुई, डर से यह आधी रात खिसकती जा रही है'। (स्कं. 1/5; अन्य उदाहरण 1/4) 'संध्या हो चली है। आकाश ने धूसर अंधकार का कंबल तान दिया है।' (जनमेजय का नागयज्ञ 3/4) 'महाराज, भागिए! वह देखिए आग की लपट इधर ही चली आ रही है।' (अजात. 1/9; अन्य उदाहरण 2/2, 3/3, 3/9) 'उषा के अपांग में जागरण की लाली है। दक्षिण पवन शुभ्र मेघ माला का अंचल हटाने लगा है। विशाल जलराशि के शीतल अंक से ···' (कामना 1/1; अन्य उदाहरण 2/7, 3/1, 2/2, 3/4)। निर्झर, नदीतट, सागर, बादल, पवन प्रवाह, प्रभात आदि के दृश्यों को प्रसाद ने इसी प्रकार शब्द की चाक्षुषीकरण शक्ति के आधार पर साकार किया है (देखिए विशाख 2/5; चंद्र. 1/7, 2/10, 4/5, 4/13; अजात. 3/9; नागयज्ञ 2/1; ध्रुव. 1/0) कामना 1/1 आदि)।

इस प्रकार के शाब्दिक दृश्य-विधान के माध्यम से दृश्यों का प्रकाश और अंधकार, देश और काल के संदर्भ में प्रत्यक्षीकरण करने में प्रसाद ने अपनी सुविचारित रंग-दृष्टि का परिचय दिया है। उन्होंने संवादों के द्वारा वातावरण की सृष्टि ही नहीं की है वरन् कई स्थलों पर उनके द्वारा स्थान का दृश्यात्मक निर्धारण भी किया है। उदाहरण के लिए चाणक्य का यह संवाद लिया जा सकता है : 'यह सामने कुसुमपुर है जहाँ मेरे जीवन का प्रभात हुआ था ···' (चंद्र. 3/6)। स्थान की सूचना ही नहीं, स्थान का सजीव बिम्ब प्रस्तुत करने में प्रसाद ने कई दृश्यों में अपूर्व कौशल दिखाया है। 'ध्रुवस्वामिनी' में इसका सुंदर उपयोग हुआ है, जैसे–'सीधा तना हुआ, अपने प्रभुत्व की साकार

कठोरता, अभ्रभेदी उन्मुक्त शिखर! और इन क्षुद्र कोमल निरीह लताओं और पौधों को इसके चरण में लोटना ही चाहिए न!' 'कामना' में भी दृश्य-विधान का यह सौंदर्य समाहित है।

प्रसाद ने दृश्यों के संयोजन में भी एक विशेष रंग-दृष्टि का परिचय दिया है। उन्होंने संस्कृत मंच की भाँति नेपथ्य में रण, कोलाहल, शब्द, गान, मृत्यु-दृश्यों का आयोजन रंगमंचीय उपलब्धि के लिए किया है जिसमें मंच पर अप्रस्तुत दृश्य प्रस्तुत दृश्य के समान ही महत्त्व अर्जित कर लेता है। इसी प्रकार दृश्यों को शृंखलाबद्ध करने में भी प्रसाद की दृष्टि रंगमंच और प्रेक्षक पर रही है। उनका क्रम कथावस्तु की माँग पर उतना आधारित नहीं, जितना रंगमंच के वैषम्य, गति, रसानुभूति, हास्य, विश्रांति (कॉमिक रिलीफ) आदि उपकरणों पर आधारित कहा जा सकता है। लम्बे दृश्यों के बाद छोटे, गम्भीर दृश्यों के बाद हास्यपूर्ण तथा बीच-बीच में त्रासद और नाटकीय व्यंग्ययुक्त दृश्यों का समावेश प्रसाद के सुविचारित रंग-शिल्प का ही परिणाम है। इस प्रकार का दृश्य-विधान निश्चयतः मंच पर प्रसाद के नाटकों के अर्थ-परिसर का यथेष्ट विस्तार करता है।

इसमें कोई संदेह नहीं कि प्रसाद का रंग-विधान प्राचीन परंपरा का ही है। उन्होंने राजभवन, स्कंधावार, उद्यान, नदी-तट आदि के परंपरागत दृश्यों को ही स्वीकार किया है। यह विधान बहुत-कुछ संस्कृत, पारसी तथा शेक्सपीयरीय मंच के अनुरूप ही है। प्रसाद ने संस्कृत मंच की कई रूढ़ियों को तोड़ा; किन्तु इसके साथ ही वे पारसी रंगमंच की चमत्कार-वृत्ति से मुक्त न हो पाए जिसके फलस्वरूप उन्होंने मंच पर शेर, साँप, भेड़िया जैसे जीवजन्तुओं की अवतारणा की और सागर, नदी, पुष्प वर्षा, आग, मेघ-गर्जन, आँधी जैसे दृश्यों को जानबूझकर महत्त्व दिया। कुभा में जल का बढ़ना और सैनिकों का बहते दिखाई देना (स्कंद. 3/6), भूमि खोदते समय एक भयानक शब्द के साथ रत्नगृह का प्रकट होना (स्कंद. 5/2), पहाड़ी में एक गुफा का मुँह खुलना और नागों का दाह किया जाना (नागयज्ञ 2/7), आँधी उठना (राज्यश्री 3/4), शकटार का भूमि फोड़कर बाहर निकलना (चंद्र. 3/6), नाव पर नदी संतरण (चंद्र 3/3), युद्ध के लिए प्रस्थान करना (अजात. 2/10) आदि इसी प्रकार के दृश्य हैं।

पात्रों की मंचीय गतिविधि, हाव-भाव, मुद्रा, कथन-शैली, प्रवेश तथा प्रस्थान संबंधी रूढ़ियों के पालन में भी प्रसाद ने सुविधानुसार संस्कृत, पारसी अथवा शेक्सपीयरीय रंग-विधान का अनुसरण किया है। उनके पात्र स्वगत का प्रभावशाली मंचीय प्रयोग करते हैं। वे खाली मंच पर पात्र को स्थापित ही नहीं करते वरन् दृश्य के काव्यात्मक प्रभाव के निर्माण तथा चरम की सिद्धि में भी सहायक होते हैं। अधिकांश स्वगत कथनों की योजना या तो दृश्य के प्रारंभ में हुई है जब पात्र एकाकी होता है या फिर अंत में जब उसे सब छोड़कर चले जाते हैं (अजात. 1/2, 1/5, 1/7, 1/8, 2/4; स्कंद. 5/1, 4/3; 3/1, 2/1, 1/4 आदि)। इसी प्रकार यह भी द्रष्टव्य है कि प्रसाद के पात्र मंच

पर एक विशेष प्रणाली से, एक विशेष परिस्थितियों में 'सहसा प्रवेश करके' बोलने लगते हैं। उनके प्रवेश के लिए प्रसाद पूरा वातावरण निर्मित करते हैं और विरोध अथवा संघर्ष को तीव्र बनाने में भी नहीं चूकते। ऐसी स्थिति में वे संस्कृत की 'कथोद्घात' शैली का बड़ा ही मार्मिक प्रयोग करते दीखते हैं। प्रवेश की भाँति ही प्रस्थान की भी प्रसाद ने एक निश्चित प्रणाली का अनुसरण किया है। प्रायः वे प्रस्थान बड़े तीव्र आवेग में करवाते हैं। जब पात्र अपनी पूरी बात कहकर, प्रभाव की चरम सीमा पर दृश्यांतर अथवा कथावस्तु के आकस्मिक मोड़ देने के लिए प्रस्थान करता है तब अपूर्व रंग-क्षमता के दर्शन होते हैं। अधिकांश स्थितियों में प्रसाद ने इसी शिल्पविधि से काम लिया है; किन्तु कुछ स्थल ऐसे भी हैं जहाँ कई पात्रों का प्रस्थान केवल अन्य को स्थान दिलाने के उद्देश्य से हुआ है। वहाँ कला को हानि पहुँची है। ऐसे स्थल भी कम नहीं हैं जहाँ 'सब जाते हैं' अथवा 'चलो चलें' 'मैं जाता हूँ' आदि कहकर प्रस्थान होता है। उसमें रंग-दृष्टि का अभाव खटकता है।

रंगमंच पर अपने नाटकों की प्रस्तुति के लिए यद्यपि प्रसाद 'ध्रुवस्वामिनी' को छोड़कर अन्य नाटकों में पर्याप्त रंग-संकेत नहीं दे पाए, किन्तु पात्रों को भंगिमा, गति, लहजा और भाषिक वैशिष्ट्य प्रदान करने में वे चूके नहीं। वे आंगिक, वाचिक तथा आहार्य अभिनय के लिए पर्याप्त अवसर प्रदान करते हैं। प्रसाद ने पात्रों की मौन प्रतिक्रिया, आंगिक चेष्टा आदि का रंगसंकेतों में यत्रतत्र संक्षिप्त उल्लेख किया है। उदाहरण के लिए 'अजातशत्रु' के अन्त में बिम्बसार की मृत्यु पर गौतम बुद्ध की अभय मुद्रा नाटक के अर्थ का अपूर्व विस्तार करती है।

यद्यपि कई रंगकर्मी दृश्यत्व को रंगमंच का सबसे महत्त्वपूर्ण तत्त्व मानते हैं, किन्तु आज प्राचीन नाटक की भाँति फिर से शब्द का महत्त्व बढ़ता जा रहा है। प्रसाद के नाटकों की सबसे बड़ी शक्ति रंगभाषणों में ही निहित कही जा सकती है। प्रसाद के संवाद मंच पर एक विशिष्ट लहज़े में बोलने के लिए लिखे गए हैं। इसीलिए वे एक निश्चित गति, लय तथा कथन शैली का अनुसरण करते हैं। यह पद्धति पारसी अथवा शेक्सपीयरीय रंगमंच से मिलती-जुलती है। प्रसाद के संवादों में वाग्मिता का तत्त्व भी कम नहीं है जो पृच्छा, सूक्ति, भाषिक परिरूप, प्रतिसाम्य आदि प्रवृत्तियों में मुखर हुआ है। इन सबकी सम्मिलित अभिव्यक्ति उनके रंगकौशल को प्रकट करती है। कवित्त्व प्रसाद की भाषा का अद्भुत संस्कार करता है। इसी प्रकार सरल और काव्यमय, छोटे और बड़े, पूरे और अधूरे संवादों का वैषम्य भी उनकी जागरूक रंगदृष्टि का परिचायक कहा जा सकता है। नृत्य और गीतों का समावेश भी रंगमंचीय उपयोग की दृष्टि से कम महत्त्वपूर्ण नहीं है। सघन नाटकीय परिस्थितियों में वे मंचीय अभिव्यक्ति में अपूर्व अर्थवत्ता धारण कर लेते हैं। फिर भी कहीं-कहीं प्रसाद गीतों के साथ न्याय नहीं कर सके। कई गीत पारसी मंच की शैली पर जुटाए गए हैं।

प्रसाद की रंग-शैली मुख्यतः शेक्सपीयरीय, पारसी तथा संस्कृत मंच के अनुरूप

है, फिर भी यह कहना अनुपयुक्त होगा कि उनसे भिन्न उनकी अपनी कोई निजी उपलब्धि न थी। उन्होंने एक ओर संस्कृत मंच की काव्यात्मक उपलब्धियों का सहज अनुसरण किया, दूसरी ओर मृत अथवा अनुपयोगी रूढ़ियों की लीक से हटने का साहस दिखाया। पारसी अथवा एलिज़ाबेथीय रंग-परंपरा में जो उन्हें उपयोगी लगा उसको उन्होंने बिना दुराग्रह के अपनाया। पाश्चात्य पद्धति के अनुरूप द्वंद्व, संघर्ष, स्वगत, प्रवेश, प्रस्थान, दृश्य आदि संबंधी मान्यताओं को ग्रहण कर मंच को सार्थकता प्रदान की। प्रवेशक तथा विष्कंभक की अपेक्षा उन्होंने सूच्य दृश्यों को स्थान दिया है और उनके साथ विदूषकों का हास-परिहास जोड़कर नवीन प्रयोग करने का भी प्रयत्न किया है। इसी प्रकार 'जनमेजय का नागयज्ञ' (1/1) में मनसा और सुरमा के वार्तालाप के बीच खांडव दाह के गर्भ दृश्य की योजना अतीत-दृश्य (फ्लैश बैक, विगताख्यान) के रूप में नया रंग-प्रयोग कहा जायेगा। 'ध्रुवस्वामिनी' में हिजड़े-बौने-कुबड़े से संबंधित गर्भ दृश्य भी अपूर्व प्रभाव छोड़ता है। इसी प्रकार अन्तिम दृश्य की योजना में साहित्यिक दृष्टि से ही नहीं मंचीय दृष्टि से भी प्रसाद प्रभावी नाट्यतत्त्वों का उपयोग करते दीखते हैं। यह ठीक है कि उनके नाटक लिपटवाँ पर्दों को ध्यान में रखकर लिखे गए हैं, किन्तु प्रसाद अन्य रंग-उपादानों के प्रति भी कहीं-कहीं जागरूक दिखाई देते हैं। उदाहरण के लिए कुछ विशिष्ट दृश्यों में उनका ध्यान कहीं-कहीं प्रकाश-योजना पर भी गया है। 'स्कंदगुप्त' में उन्होंने कुभा की बाढ़ में डूबते सैनिकों की त्रासदी (3/6) और माँ के उद्बोधन से प्राप्त भटार्क के मन की दीप्ति (4/2) को अंधकार और प्रकाश से व्यंजित करने का संकेत किया है। इसी प्रकार 'अजातशत्रु' के अन्त में गौतम बुद्ध के प्रवेश के बाद 'आलोक के साथ यवनिका पतन' और 'कामना' के अन्त में विलास के गमन के साथ ही एक ओर परिवर्तित दृश्य में अंधकार; दूसरी ओर 'आलोक' की योजना इस दृष्टि से कम महत्त्व नहीं रखती।

कुल मिलाकर एक ओर संस्कृत तथा दूसरी ओर पारसी और पाश्चात्य रंग-शैली से प्रभावित प्रसाद का रंग-विधान समन्वय पर आधारित है। उन्होंने अपने रंगविधान को, पारसी रंगमंच के चमत्कार के प्रति मोहासक्त होने पर भी, काव्य-तत्त्व के समाहार से कृत्रिमता और सस्तेपन से बचाया है। संस्कृत और शेक्सपियर के मंच की रूढ़ियों में पर्याप्त साम्य होने के नाते प्रसाद के नाटकों में निहित पाश्चात्य रंगविधान भी सहसा विजातीय नहीं प्रतीत होता। इसके अतिरिक्त आलोचकों को यह भी नहीं भूलना चाहिए कि उनके नाटकों में रंग-संकेतों की अमित-व्ययता उनके रंग संबंधी अज्ञान का द्योतक है। वस्तुतः प्रसाद का रंगविधान रंग-संकेतों से नहीं वरन् कृति के बीच से उभरता है।

यथार्थवाद का आग्रह लेकर आलोचकों ने उन पर आरोप लगाए हैं, किन्तु प्रसाद के नाटक यथार्थवादी मंच के लिए नहीं लिखे गए थे (और न वैसा अपेक्षित ही था)। वस्तुतः ने प्रतीकवादी, अभिव्यक्तिवादी अथवा आकारवादी किसी भी रंगशैली में खेले

जा सकते हैं। जो लोग यह कहते हैं कि वे खेले नहीं जा सकते, वे अपना अज्ञान ही प्रकट करते हैं। सचाई यह है कि उनकी नाट्य-कृतियाँ रंगमंच के लिए अमित संभावनाओं से परिपूर्ण हैं।

अंत में प्रसाद की नाट्यशैली के मूल तत्त्व को उनके कथ्य और उसको रूपायित करनेवाले शिल्प और भाषिक संरचना में तलाश करते हुए इस निष्कर्ष पर पहुँचना संगत होगा कि उनके नाटक नाटकीय कथ्य तथा मंचीय संभावनाओं से परिपूर्ण हैं। उनमें छायावाद की रोमानी दृष्टि रचनाकार की अपनी अनुभूति का संसार तथा जीवन-दर्शन मिलकर नाट्य-व्यापार, पात्र तथा भाषिक संरचना को एक ऐसा स्वरूप प्रदान करता है जो उसकी सहज उपलब्धि है। वस्तुतः अपनी अनुभूति के जगत् के प्रति जितने निष्ठावान प्रसाद रहे हैं उतना कोई और नहीं। फिर भी उनकी नाट्यकृतियाँ उनके व्यक्तित्व की सीमा से बाहर निकलती हैं। अपनी अनुभूतियों को शाश्वत अनुभवों तथा सत्यों में परिणत और परिभाषित करनेवाले प्रसाद जैसे साहित्यकार के लिए यह सहज स्वाभाविक था। इसीलिए यह कहना अनुचित न होगा कि उन्होंने अपनी नाट्य-रचना में हार्दिक और बौद्धिक दोनों प्रकार की प्रेरणाएँ समाहित की हैं। जहाँ अन्य देशों में हृदय-तत्त्व की प्रधानता के कारण स्वच्छन्दतावाद किसी सफल नाटककार को जन्म नहीं दे सका वहाँ छायावाद ने समस्त रोमान के बावजूद प्रसाद जैसा सिद्ध नाटककार दिया है, जिसने स्वच्छंदतावादियों की भाँति रूप की अपेक्षा आधेयवस्तु को अधिक महत्त्व दिया है किन्तु उन्हीं की भाँति उसकी उपेक्षा नहीं की है।

प्रसाद के नाटकों में जो रूप (form) उभरा है वह एक ऐसे सर्जन का प्रतीक है जिसके अणु-अणु में एक-सा जीवन-रक्त प्रवाहित हुआ है। चाहे उनकी कथावस्तु लें, पात्र, संवाद या भाषिक संरचना, सब उनके आंतर स्पर्श से अनुप्राणित हैं। इसीलिए शैली और शिल्प की बात करते हुए न कथ्य को अलग करके देखा जा सकता है, न पात्र, वस्तु और रस को। सबमें एक अंतरंग रिश्ता है जो सबको आपस में जोड़ता है। उसे चाहे रोमानी प्रवृत्ति कहें, पुनरुत्थानवादी विचारधारा, सांस्कृतिक-दार्शनिक दृष्टि या वैयक्तिक अनुभूति—सबकी छाप प्रसाद की कृतियों पर है। इस छाप के कारण ही प्रसाद की कथावस्तु, पात्र, संवाद, मंच आदि एक ही रंग में रँग जाते हैं। यह रंग उनके नाटकों के शिल्प, संरचना और शैली में मुखर हो उठता है। इन सबकी परिणति प्रसाद की रस-दृष्टि में हुई है। उनकी दृष्टि दार्शनिक है और जिस प्रकार उन्होंने भारतीय दर्शन और साहित्य दोनों का समन्वय रस में माना है उसी प्रकार उन्होंने, कथावस्तु, पात्र और संवाद सभी का समन्वय भी विशेष रस स्थिति में करने का प्रयत्न किया है। जैसे वे सब उसके उपकारक तत्त्व बन जाते हैं और रस उन सबका सहायक। प्रसाद विषयवस्तु अथवा इदम् तथा अहम् के अद्वैत को मानकर चलते हैं। इदम् के द्वारा आत्मा की अभिव्यक्ति अथवा विस्तार ही उनका लक्ष्य रहा है। वे आत्मा के अभिनय को नाटक का मूल तत्त्व स्वीकार करते हैं और आत्मा की अनुभूति को ही पात्र तथा

भाषिक अभिव्यक्ति के मूल में देखते हैं। इस प्रकार वस्तु, पात्र और रस का यह समन्वय, प्रसाद की नाट्य-संरचना और, शैली की सबसे बड़ी विशेषता बन जाती है।

समन्वय, चाहे वह कथ्य के क्षेत्र में हो या शिल्प के, प्रसाद की सर्जन-प्रक्रिया का मूल प्रेरक तत्त्व है। उनकी नाट्य-संरचना एक ओर यथार्थ-आदर्श, सुख-दुख, नियति-कर्म, त्याग-भोग, अतीत-वर्तमान, राग-विराग के समन्वय पर आधारित है दूसरी ओर भारतीय, पाश्चात्य और पारसी रंगमंच की रूढ़ियों पर। यह समन्वय उन्हें स्वच्छन्दतावादी विद्रोह और शिल्पगत नवीन प्रयोगों के लिए उन्मुक्त अवसर नहीं प्रदान करता। इसका एक बुरा परिणाम यह निकला है कि प्रसाद प्राचीन भारतीय जीवन तथा सौन्दर्य-बोध के साथ जुड़कर ही रह गये। नवीन चिन्तन, शिल्प और शैली के साथ उन्होंने समझौता मात्र किया है। हम यह अस्वीकार नहीं करना चाहते कि उन्होंने प्रयोग नहीं किया । प्रसाद की प्रतिभा का क्रमिक विकास हुआ है, इसीलिए उनमें प्रयोग भी आकस्मिक नहीं। प्रारम्भिक नाटकों की संरचना और शैली में वे भारतेन्दु और द्विवेदी युगों से जुड़े दिखाई देते हैं। बाद में छायावाद की मौलिक प्रतिभा के उन्मेष के बाद भी वे पूर्ववर्ती पुनरुत्थानवादी विचारधारा तथा विगत संस्कृत और समसामयिक पारसी नाटकों के रंगविधान से बिछुड़ न पाए। प्रयोग के लिए जो पाश्चात्य प्रभाव कई नाट्यरूढ़ियों के त्याग और ग्रहण में स्वीकार किया भी, वह नाटक के बहिरंग से ही अधिक सम्बद्ध है और उतना भी उनके पूर्ववर्ती युग में कार्यान्वित हो चुका था। शेक्सपियर तथा पारसी मंच के नाटकों के आधार पर उन्होंने शिल्प के क्षेत्र में जो नये प्रयोग किए, वे बहुत बड़ी उपलब्धि के सूचक नहीं हैं। केवल 'ध्रुवस्वामिनी' में प्रयोग महत्त्वपूर्ण हो जाता है। शायद यदि वे और जीवित रहते तो और प्रयोग करते। परम्परा से लगकर ही लोग प्रयोग की ओर अग्रसर होते हैं किन्तु कितना अच्छा होता, यदि प्रसाद ने पूर्णता के साथ या तो परम्परा को ही स्वीकार किया होता या पाश्चात्य प्रभाव जनित प्रयोग को! पूरे हृदय से एक ओर भारतीय नाट्य-पद्धति का अन्वेषण और उपयोग न करने तथा दूसरी ओर पाश्चात्य प्रभाव को भी उसकी समग्रता में न ग्रहण करने के कारण प्रसाद हिंदी नाटक को उसकी आत्मा तो दे पाए, पर उसको अपना विशिष्ट शिल्प दे पाने में पीछे रह गए।

[प्रसाद के नाटक : स्वरूप और संरचना, 1975]

सिद्धनाथ कुमार

नाटकालोचन : निकष का प्रश्न

भारतीय और पाश्चात्य नाट्यसिद्धांतों और अनेकानेक नाटकों के आधार पर यहाँ कुछ सूत्रों का संकेत किया जा सकता है जो नाटकालोचन के मार्गनिर्देशक बन सकते हैं।

'साहित्यिक' नाटक के विवेचन के प्रसंग में पहले हमने देखा है कि कथ्य के स्तर पर किसी भी श्रेष्ठ नाट्यरचना के लिए आवश्यक हैं—जीवनसंपृक्ति, आत्मविस्तार, समसामयिक संस्पर्श, शाश्वत प्रश्न, सांस्कृतिक तत्त्व आदि। नाट्यरचना ही नहीं, किसी भी महान रचना में मानवीय अनुभूति-भावनाओं की सूक्ष्म अभिव्यक्ति होती है, जीवन पर गंभीर टिप्पणियाँ अंकित रहती हैं, महत मूल्यों की प्रतिष्ठा होती है, समाज और देश की सांस्कृतिक चेतना को वाणी मिलती है, आदि-आदि। महत रचनाएँ ऐसी क्षमता लेकर आती हैं कि सहृदय को उसकी व्यक्तिगत सीमाओं से मुक्त कर अपने साथ एक अत्यंत व्यापक जीवनप्रवाह में बहा ले जाएँ। वस्तु और कथ्य की दृष्टि से कोई रचनाकार या आलोचक किसी एक पक्ष पर जोर दे या अनेक पक्षों पर, रचना की चेतनागत महत्ता के संबंध में मतभेद के लिए अवकाश बहुत कम बन पाता है। लेकिन, साहित्य केवल विषय, कथ्य या चेतना नहीं है, अभिव्यक्ति भी है।

अभिव्यक्ति, कला एवं शिल्प के स्तर पर अनेक विवाद उठ खड़े होते हैं : संस्कृत नाट्यशास्त्र के पंचसंधि नियम उचित हैं या पाश्चात्य नाट्यसिद्धांत के वस्तुविन्यास नियम ? नाटक में प्रस्तावना, मंगलाचरण आदि की आवश्यकता है या नहीं ? कथाविकास पर रसदृष्टि से विचार किया जाय या संघर्ष की दृष्टि से ? नाटक में संकलन त्रय का निर्वाह आवश्यक माना जाय या नहीं ? स्वगत को स्वाभाविक समझा जाये या नहीं ? ऐसे ही अनेक प्रश्न सामने आते हैं, और इनमें से अनेक प्रश्न परस्परविरोधी भी हैं। क्या नाटक का कोई सामान्य निकष नहीं हो सकता ? इस बिंदु पर कला के सामान्य सिद्धांत हमारी सहायता कर सकते हैं। जैसा कि नाट्यप्रदर्शन से संबद्ध एक पाश्चात्य आलोचक ने लिखा है, कला के कुछ सार्वभौम सिद्धांत होते हैं : अन्विति, चयनात्मकता, महत्त्व एवं अनुपात, तीव्रीकरण, और माध्यम पर दक्षतापूर्ण अधिकार। इन सबका उपयोग नाटकालोचन में किया जा सकता है, पर ध्यान से देखा जाय, तो इन सबके सिद्धांतों का अंतिम उद्देश्य होता है कलाकृति विशेष से अपेक्षित प्रभाव की सृष्टि। रचनाकार अपनी कलाकृति के माध्यम से अपने भाव, विचार, जीवनदर्शन आदि को सहृदयों तक संप्रेषित करना चाहता है, पाठकों-दर्शकों के मन में विशेष प्रकार का प्रभाव उत्पन्न करना चाहता है, जिसे हम चाहें तो कलाकृति का अंतिम प्रभाव कह सकते हैं। इस प्रभाव पर भारतीय और पाश्चात्य चिंतकों ने समान रूप से ध्यान दिया है। अंतिम प्रभाव की सृष्टि के निर्देशक तत्त्व के रूप में कार्यव्यापार की अन्विति को पाश्चात्य विचारकों ने विशेष महत्त्व दिया है। हेगेल ने कहा कि किसी एक ही उद्देश्य की दिशा में गतिशील कार्यव्यापार से अन्विति उत्पन्न होती है, तथा प्रथम निश्चय एवं कार्यान्विति के बीच जो कुछ होता है उसी से उसे पूर्णता प्राप्त होती है। लासन का कथन है कि कार्यव्यापार का सिद्धांत ही समग्र स्थापत्य को संबद्ध करता है। जैक्सन जी. बेरी अंतिम प्रभाव के लिए विभिन्न तात्कालिक कार्यव्यापारों की सुसंबद्धता को आवश्यक मानते हैं, तो केनेथ मैकगोवान मनोदशा की अन्विति को—एक ही मनोदशा प्रारंभ से अंत

तक प्रधान रहनी चाहिए। किसी प्रक्रिया से हो, एक निश्चित अंतिम प्रभाव को सभी अनिवार्य मानते हैं।

भारतीय आचार्य भी जब नाट्यरस और नाटक के एकार्थ का विवेचन करते हैं, तब उससे भी एक सुनिर्दिष्ट अंतिम प्रभाव का ही बोध होता है। आचार्य अभिनव गुप्त ने लिखा है : 'नाट्य है संपूर्ण प्रयोग में द्योतित होनेवाला एक ही अर्थ—जो नट के अभिनय द्वारा प्रकट होता है एवं दर्शक द्वारा निश्चल मन से अखंड रूप में ग्रहण किया जाता है। नाट्य में पृथकशः अनेकानेक बातें दिखाई देती हैं, किंतु तब भी उन सबका पर्यवसान अंततः एक ही होता है, अतएव संपूर्ण नाट्य का एक ही अर्थ होता है। नाटक में सर्वाधिक महत्त्व दिया गया रस को, और कहा गया कि नाटककार जब तक उस विशेष रस पर अपने ध्यान को केन्द्रित नहीं कर लेता जिसको वह प्रदर्शित करना चाहता है तब तक वह प्रभावशाली रूप में विभाव, अनुभाव तथा संचारी भावों को प्रकट नहीं कर सकता।

निष्कर्ष यह कि प्राचीन भारतीय आचार्यों की दृष्टि हो या विभिन्न पाश्चात्य आचार्यों की या सामान्य दर्शकों-पाठकों की, नाटक से अपेक्षा रहती है कि वह एक निश्चित प्रभाव की सृष्टि करे—इसे हम रस कहें, प्रभाव की अन्विति कहें या और कुछ। यह सृष्टि अनेक साधनों द्वारा संभव है—विभावानुभावादि का समुचित प्रयोग, कथात्मक सुसंबद्धता, चरित्रात्मक एकसूत्रता, भावात्मक-विचारात्मक अन्विति आदि। प्रसाद के नाटकों में हमें देखना चाहिए कि उनमें कोई अंतिम प्रभाव है या नहीं, और यदि है तो किस या किन साधनों के द्वारा निर्मित हुआ है :

प्रभावान्विति के संबंध में एक तथ्य अवश्य ही विचारणीय है। अन्विति का सिद्धांत किसी न किसी रूप में एक निश्चित लक्ष्य की ओर प्रेरित गति में विश्वास करता है, एक विशेष प्रकार की व्यवस्था को स्वीकार करता है। आधुनिक युग में जब व्यवस्था पर से आस्था हट गई है, जैसा कि रोनाल्ड हेमैन कहते हैं, नाटक में भी सरल गति व्यवस्था की अनुपस्थिति मिल सकती है, और तब नाटक के विभिन्न खंडों को सीधी गति में न देखकर 'मोजैक' के रूप में देखना चाहिए। ध्यातव्य है कि मोजैक के सौंदर्य के लिए भी एक पैटर्न की, एक व्यवस्था की अनिवार्यता होती है। नाटक के सौंदर्य एवं शक्ति पर विचार करते समय इस तथ्य पर भी ध्यान रखना आवश्यक है।

नाटक का अध्ययन : विश्लेषण-पद्धति

प्रभावान्विति कहें या समग्र प्रभाव, नाटक का उद्देश्य एक निश्चित प्रभाव की सृष्टि है। नाटकालोचन का उद्देश्य उस प्रभाव का अध्ययन है—आलोचक नाटक के सौंदर्य एवं प्रभाव का अन्वेषण करता है, उनकी व्याख्या और विश्लेषण करता है, उनकी पूरक शक्तियों एवं कारणों का उद्‌घाटन करता है। जैसा कि पर्सिवल वाइल्ड ने लिखा है,

नाट्यालोचना अनिवार्यतः विश्लेषणात्मक होती है। नाट्यविश्लेषण की पद्धति एवं स्वरूप पर विचार कर लेना उचित होगा।

नाट्यविश्लेषण का आधार नाट्यस्थापत्य है। नाट्यस्थापत्य से उसका व्यापक अर्थ ग्रहण करना चाहिए। यह किसी भी नाटक में विभिन्न संबंधों की समग्रता का सूचक है। इसके अंतर्गत विभिन्न घटनाओं और कार्यव्यापारों का पारस्परिक संबंध भी है, घटनाओं और चरित्रों का संबंध भी है, चरित्रों और संवादों का संबंध भी है, संवाद के विभिन्न वाक्यों का संबंध भी है, नाटक के विभिन्न तत्त्वों और रंगमंच के विभिन्न उपकरणों का संबंध भी है। यह भी ध्यातव्य है कि नाट्यस्थापत्य का संबंध नाटककार की जीवनदृष्टि से भी है, नाट्यरचना के तत्कालीन सामाजिक, साहित्यिक एवं रंगमंचीय संदर्भ से भी है, क्योंकि किसी विशेष युग में विशेष जीवन-दृष्टि से निर्दिष्ट होकर ही कोई नाटककार विशेष प्रकार की नाट्यरचना करता है। स्पष्टतः इन सभी संबंधों को विश्लेषित करना नाट्यालोचन में आवश्यक हो जाता है।

यह सत्य स्वयंसिद्ध जैसा है कि नाटक की समीक्षा रंगदृष्टि से ही की जा सकती है, पर परंपरागत नाट्यसमीक्षा की पद्धति, अपने देश में और अपने देश के बाहर भी, मुख्यतः साहित्यिक रही है, पर अब सर्वत्र रंगदृष्टि का आग्रह बढ़ता जा रहा है। परंपरागत साहित्यिक पद्धति में नाटक का अध्ययन कथानक, चरित्र, संवाद आदि के अलग-अलग खंडों में किया जाता है। नाटक के आलेख में कथानक, चरित्र आदि विभिन्न तत्त्वों का अलग-अलग विभाजन सरल और संभव है, पर नाट्यप्रदर्शन में ऐसा विभाजन नहीं हो पाता—जब नाटक का कोई दृश्य रंगमंच पर गतिशील होता है, तब यह कह सकना संभव नहीं कि कितना प्रभाव नाटक के किस तत्त्व का है, वास्तव में वह सभी तत्त्वों का समन्वित प्रभाव होता है। अतः, जैसा कि अत्याधुनिक अमरीकी नाट्यालोचक बेकरमैन ने माना है, नाटक को कथानक, चरित्र आदि के अलग-अलग रास्तों पर चलता हुआ न समझकर उसकी समग्रता की गति के रूप में देखना चाहिए। ऐसी स्थिति में विश्लेषण के तत्त्व कथानक और चरित्र नहीं हैं, बल्कि समय की इकाइयाँ हैं। नाटक को समय की छोटी-छोटी इकाइयों में बाँटकर देखना उचित होगा कि उनमें क्या-क्या और किस प्रकार होता है तथा उन सबके माध्यम से नाटक का प्रभाव किस प्रकार गतिशील होता है। ये इकाइयाँ 'दृश्य' या 'अंक' के विभाजन से भिन्न हैं। ये 'कार्य की इकाइयाँ' हैं, स्तानिस्लावस्की की अभिनयपद्धति में 'बीट' कह सकते हैं। ये गद्य रचना के विभिन्न अनुच्छेदों की तरह हैं। लेकिन ध्यातत्व है कि विभिन्न अनुच्छेदों का एकत्र रूप ही रचना है, अतः अनुच्छेदों के पारस्परिक संबंध और उनके समुच्चय से उत्पन्न प्रभाव को भी देखना आवश्यक होता है। उसी प्रकार नाटक की विभिन्न इकाइयों के पारस्परिक संबंध और उनके समुच्चय से उत्पन्न प्रभाव पर भी ध्यान रखना आवश्यक है। प्रस्तुत प्रबंध में इस पद्धति का उपयोग करने का प्रयत्न किया जाएगा। अध्ययन की सुविधा के लिए यद्यपि नाटकों के कथानक, चरित्र आदि पर भी विचार किया जाएगा, पर विभिन्न तत्त्वों

के पारस्परिक संबंधों पर ध्यान रखने का आग्रह सर्वत्र बना रहेगा। इन सबकी विस्तृत विश्लेषणपद्धतियाँ आगे के अध्यायों में यथास्थान प्रस्तुत की जाएँगी।

रंगमंच से संबद्ध नाट्यविश्लेषण कुछ और बातों की भी अपेक्षा रखता है। नाटक का आलेख उन संभावनाओं का संकेत मात्र होता है जिनका उद्‌घाटन रंगमंचीय प्रदर्शन में हो पाता है। नाटक में बहुत कुछ अमूर्त रूप में निहित रहता है जो प्रदर्शन में मूर्त होता है। उदाहरण के लिए स्वच्छन्दतावादी नाटकों के दृश्य-विधान का बहुत सूक्ष्म संकेत रहता है, लेकिन यह दृश्यविधान ही है जो बाह्य परिवेश को चित्रित करता है, और साथ ही दर्शकों में अपेक्षित प्रतिक्रिया करने के लिए प्रारंभिक मनोवैज्ञानिक पृष्ठभूमि प्रस्तुत करता है। इसी प्रकार आलेख तो सिर्फ नाटक की पंक्तियों में रहता है। कहा जाता है कि नाटक में बहुत कुछ पंक्तियों के बीच में भी रहता है। यह 'बहुत कुछ' नाट्‌यप्रदर्शन के समय रंगमंच पर पात्रों की स्थितियों, मुद्राओं, भावभंगिमाओं, मौन आदि से अभिव्यक्त होता है। आलेख में अनेक निर्देश सामान्य रूप से ही होते हैं, प्रदर्शन के समय ही उनके विशिष्ट रूप प्रकट हो पाते हैं। एक उदाहरण दिया जाय, तो आलेख में केवल 'स्वगत' का उल्लेख रहता है जिसका इतना ही अर्थ होता है कि कोई पात्र अकेला होने पर भी जोर से बोलता है लेकिन प्रत्येक स्वगत का अपना विशेष स्वरूप होता है जो विशेष प्रकार का प्रभाव उत्पन्न करता है। स्वगत किसी अदृश्य पात्र को संबोधित करने के लिए भी होता है, दर्शकों से बोलने के लिए भी, अपने मनोभावों-विचारों को प्रकट करने के लिए भी। अपने आपसे बोला गया स्वगत भी अवसर के अनुरूप अपने व्यक्तित्व के कुछ विशेष अंशों को ही संबोधित करता है। तात्पर्य यह है कि नाटक के अनभिव्यक्त अंश को व्यक्त करने के लिए पात्रों की स्थितियों, संवादों आदि का समुचित विश्लेषण आवश्यक है। इनकी विश्लेषणपद्धतियों का भी आगे यथास्थान उल्लेख किया जाएगा।

समुचित नाटकालोचन के लिए निर्दोष स्थापत्यगत विश्लेषणपद्धति अनिवार्य है। इसके लिए एक विद्वान ने चार बातें आवश्यक और महत्त्वपूर्ण मानी हैं : पहली, हमें स्वीकार करना चाहिए कि नाटक के पढ़ने और उसकी व्याख्या करने के बीच एक विश्लेषणात्मक चरण होता है। दूसरी, विश्लेषण उन सैद्धांतिक साधनों पर निर्भर है जो नाट्‌यकला के मूलतत्त्व की ओर हमारा ध्यान निर्दिष्ट कर सके। तीसरी, विश्लेषण सृजनात्मक होना चाहिए। और चौथी, विश्लेषण व्यावहारिक होना चाहिए। इसमें यह भी जोड़ा जा सकता है कि विश्लेषण को पूर्वग्रहमुक्त होना चाहिए, उस पर पूर्वनिश्चित धारणाओं, नियमों और रूढ़ियों का आरोप नहीं होना चाहिए। प्रत्येक नाट्‌यकृति की अपनी चेतना होती है जो उसके स्वरूप को निर्धारित करती है, विश्लेषणपद्धति उस चेतना के अनुरूप हो, तभी कृति के साथ न्याय हो सकता है। स्वच्छंदतावादी नाटक का विश्लेषण यथार्थवादी दृष्टि से नहीं किया जा सकता।

प्रस्तुतीकरण के संबंध में नाटककार प्रसाद ने कहा था—''मेरी रचनाएँ तुलसीदत्त शैदा या आग़ा हश्र की व्यावसायिक रचनाओं के साथ नहीं नापी-तोली जानी चाहिए। मैंने उन कम्पनियों के लिए नाटक नहीं लिखे हैं जो चार चलते अभिनेताओं को एकत्र कर, कुछ पैसा जुटाकर, चार पर्दे मंगनी माँग लेती हैं और दुअन्नी-अठन्नी के टिकट पर इक्केवाले, खोंचेवाले और दूकानदारों को बटोरकर जगह-जगह प्रहसन करती फिरती हैं। 'उत्तररामचरित', 'शकुन्तला' और 'मुद्राराक्षस' नाटक कभी न ऐसे अभिनेताओं के द्वारा अभिनीत हो सकते और न जनसाधारण में रसोद्रेक के कारण बन सकते। उनकी काव्यप्रधान शैली कुछ विशेषता चाहती है। यदि परिष्कृत बुद्धि के अभिनेता हों, सुरुचि, सम्पन्न सामाजिक हों और पर्याप्त द्रव्य काम में लाया जाय तो ये नाटक अभीष्ट प्रभाव उत्पन्न कर सकते हैं, प्रस्तुतियों को देखा जाय, तो कलकत्ता, प्रयाग और वाराणसी की चारों प्रस्तुतियाँ सुशिक्षित, सुरुचिसंपन्न एवं प्रबुद्ध अभिनेताओं, प्रस्तुतकर्ताओं और दर्शकों से संबद्ध रहीं। सेतुमंच की प्रस्तुति में साधनों के अभाव की बात भले ही रही हो, अन्य प्रस्तुतियों के संबंध में यह शिकायत नहीं की जा सकती। रत्नाकर रसिक मण्डल के नाट्यप्रदर्शन में संयोजक को घाटा भले ही लगा हो, साधनों की तैयारी में कमी नहीं हुई थी। नाट्य-विद्यालय और प्रशिक्षण शिविर के प्रदर्शनों में तो सर्वाधिक साधनसम्पन्नता रही। हाँ, श्रीमती शान्ता गाँधी ने यह अवश्य ही कहा है कि 'स्कंदगुप्त' के प्रदर्शन के लिए न तो चार सप्ताह का समय काफी है और न सीमित अभिनय क्षमता। लेकिन नाट्य-विद्यालय की जिस सीमित क्षमता एवं समय से दूसरे नाटक प्रभावशाली रूप में मंचित हो जाते हैं, उससे 'स्कंदगुप्त' का प्रदर्शन सफल नहीं हो पाता, तो यह निश्चित रूप से एक गम्भीर एवं विचारणीय विषय है। यहाँ सिर्फ यह कहना है कि प्रसाद ने अपने नाटकों के सफल प्रदर्शन एवं उनसे अभीष्ट प्रभावसृष्टि के लिए जो शर्तें रखी थीं, वे अधिकांशतः पूरी होती रही हैं, हुई हैं, और तब भी अभीष्ट प्रभाव की सृष्टि नहीं हो सकी।

नाटककार प्रसाद ने विश्वास प्रकट किया था कि आवश्यक सुविधाएँ मिलने पर उनके नाटक रंगमंच पर सफलतापूर्वक अभिनीत होंगे। सन् 1969 में प्रसाद का समीक्षक इस विश्वास को दुहराता है : 'मंचन की कितनी ही कठिनाइयों के बावजूद भी प्रसाद के नाटकों को किसी दिन मनचाहा अपेक्षित मंच मिलेगा, इसमें कोई संदेह नहीं है।' नाट्य-विद्यालय के प्रदर्शन के बाद नाट्यनिर्देशिका शान्ता गाँधी कहती हैं—'कलकत्ते में प्रदर्शन के अनुभव से मेरा यह विश्वास दृढ़ हो गया है कि ऐसे गम्भीर नाटक को प्रस्तुत करने के लिए ज़रूरी समुचित साधनों, अभिनय-प्रतिभा, और पर्याप्त समय सुलभ हो तो यह नाटक मंच पर प्रस्तुत किया जा सकता है और जरूर किया जाना चाहिए।''' आशा करनी चाहिए कि कभी न कभी यह अवश्य

सम्भव हो सकेगा।' प्रश्न है, आखिर कब संभव हो सकेगा? प्रसाद के नाटकों को किस दिन मनचाहा अपेक्षित मंच मिलेगा? दूसरे नाटक तो इतनी प्रतीक्षा नहीं कराते। हमारे मन में कहीं कोई मोह तो नहीं है जो हमारे तटस्थ चिंतन के मार्ग में बाधक बनता है और जो कभी नाट्यअध्येता के शब्दों में और कभी रंगकर्मी के शब्दों में व्यक्त होता है? रंगकर्मी शान्ता गाँधी के शब्द हैं: 'हिंदी भाषा में, बल्कि सच पूछें तो देश की किसी भी भाषा में, अच्छे नाटक बहुत नहीं कि हम प्रसाद के नाटकों को लापरवाही से उड़ा दें।'

यह भी ध्यातव्य है कि प्रसाद के नाटकों की प्रस्तुतियों में निर्देशकों और प्रस्तुतकर्ताओं का समग्र ध्यान नाटकों के प्रस्तुतीकरण पक्ष पर ही रहा है। अपने यहाँ रंगमंच के कलात्मक एवं प्राविधिक विकास के साथ नाट्यप्रस्तुतकर्ता की क्षमता एवं विश्वास में वृद्धि हुई है जिनकी अभिव्यक्ति नाट्यप्रदर्शनों में दीख पड़ती है। निर्देशक जब यह कहता है कि प्रसाद के नाटकों को रंगमंच पर प्रस्तुत किया जा सकता है, किया जाना चाहिए, तो मात्र प्रस्तुतीकरण की दृष्टि से विचार करता है। नाटक मात्र प्रस्तुतीकरण नहीं है, ग्रहण भी है, दर्शकों द्वारा उसकी ग्राह्यता में ही उसकी सार्थकता है। प्रसाद के प्रदर्शित नाटक दर्शकों की दृष्टि से सफल नहीं सिद्ध हो सके, यह एक तथ्य है।

रंगमंचीयता किसी नाट्यकृति पर बाहर से आरोपित नहीं की जा सकती, वह कृति के साथ सहज रूप से उद्भूत होती है। नाटक के स्थापत्य और रंगमंच में तात्त्विक संबंध है। यदि कोई 'नाटक' रंगमंच पर सफलतापूर्वक प्रस्तुत नहीं हो पाता या सफलतापूर्वक प्रस्तुत होकर भी अभीष्ट प्रभाव उत्पन्न नहीं कर पाता, तो इसके कारण का अन्वेषण उसके स्थापत्य में किया जाना चाहिए।

प्रसाद के नाटकों का वस्तुविन्यास

प्रभावान्विति की दृष्टि से प्रसाद के नाटकों के वस्तुविश्लेषण से स्पष्ट है कि 'ध्रुवस्वामिनी' को छोड़कर सभी प्रमुख ऐतिहासिक नाटकों में एकोद्देश्यता एवं एकसूत्रता, फलतः प्रभाव की अन्विति का अभाव है। काल्पनिक कथानक वाले नाटकों में कुछ अंश तक इसकी उपलब्धि होती है। इससे यह निष्कर्ष निकालना अनुचित न होगा कि जहाँ-जहाँ और जैसे-जैसे ऐतिहासिक तथ्यों को उनकी समग्रता में प्रस्तुत करने का आग्रह बढ़ता गया है, नाट्यशिल्प की अस्तव्यस्तता में वृद्धि होती गई है, और इसका चरमोत्कर्ष 'चन्द्रगुप्त' में दिखाई पड़ता है। कथावस्तु को अनियंत्रित बनानेवाले अन्य तत्त्व रहे हैं—प्रधान और गौण पात्रों में भेद न कर सबको उनकी परिणति के बिंदु तक चित्रित करने का प्रयत्न, राष्ट्रीयता एवं सांस्कृतिक चेतनासम्पन्न सोद्देश्यता का अतिशय आग्रह (जो चेतना की दृष्टि से प्रसाद के नाटकों की सबसे बड़ी शक्ति है और शिल्प की दृष्टि से सबसे बड़ी

दुर्बलता), प्रेम की अपनी अनुभूतियों और जीवन के महत्त प्रश्नों पर अपने विचारों को अभिव्यक्त करने की कविसुलभ आकुलता (उनके कवि की यह विशेषता उनके नाटककार की दुर्बलता बन गई है), तत्कालीन पारसी रंगमंच के नाटकों में उपलब्ध चमत्कारपूर्ण घटनाओं की योजना का प्रयत्न। दर्शकों की दृष्टि से सर्वाधिक महत्त्वपूर्ण प्रभाव की अन्विति होती है, और उसी का प्रसाद के प्रमुख नाटकों में अभाव रहा है। 'चन्द्रगुप्त' और 'स्कंदगुप्त' बार-बार रंगमंच पर प्रस्तुत किए जाने पर भी अपेक्षित प्रभावसृष्टि नहीं कर पाए, तो इसका प्रमुख कारण प्रभाव को बिखरानेवाला इनका वस्तुविन्यास है। प्रसाद ने इन नाटकों की दुर्बलताओं को समझकर ही 'ध्रुवस्वामिनी' को इनसे मुक्त रखा। दुर्भाग्यवश यह उनका अंतिम नाटक रहा। यह अनुमान असंगत नहीं कि आगे भी वे लिखते तो उनके नाट्यशिल्प की वही दिशा होती जो जगदीशचन्द्र माथुर और मोहन राकेश के ऐतिहासिक नाटकों की हुई।

प्रसाद के नाटकों में संघर्ष है अवश्य, पर सर्वत्र उनमें शक्ति नहीं है और वे एक ही दिशा में नहीं चलते। संघर्ष की छोटी-छोटी चिनगारियाँ नाटकों में सर्वत्र दिखाई पड़ती हैं, लेकिन वे ज्वाला का रूप धारण नहीं करतीं। प्रसाद के नाटकों में संघर्ष के स्वरूप को देखकर कि विरोधी पक्ष आमने-सामने कम आते हैं, कि उनमें से एक दुर्बल और निष्क्रिय बना रहता है और स्वयं ही परिवर्तित हो जाता है या पराजय स्वीकार कर लेता है, लगता है जैसे प्रसाद की अपनी प्रकृति का ही सामंजस्य संघर्ष से नहीं बैठता। उनके व्यक्तित्व में सरलता अधिक है, सौम्यता अधिक है। इसी से संघर्ष उनके नाटकों में सौम्य बन जाता है।

प्रसाद के नाटकों के वस्तुविश्लेषण से स्पष्ट है कि सोद्देश्यता, इतिहास, व्यक्तिगत जीवन के चिंतन, प्रेम आदि ने वस्तुविन्यास को निर्दिष्ट किया है। इनके कारण नाटकों में ऐसे अनेक प्रसंगों की योजना हुई है जिनका नाटकों के मुख्य कथानकों से कोई संबंध नहीं है। कार्य-व्यापार का वेग सक्रियता और संघर्ष तो नाटकों में है, पर उनकी अन्विति बनी नहीं रहती, फलतः प्रभाव की अन्विति का भी अभाव हो जाता है। कार्यव्यापारों का जन्म पात्रों के अपने जीवन की प्रेरणा से सदैव नहीं होता, इसी से आकस्मिक प्रसंगों की योजना बहुतायत से हुई है। संवेगप्रेरित न होने के कारण ही कार्यव्यापारों और प्रसंगों से विश्वसनीयता का गुण कम आ पाया है, यों अपने खंड रूपों में ये आकर्षक और चमत्कारपूर्ण अवश्य ही बने रहते हैं।

प्रसाद के नाटकों में चरित्रसृष्टि

प्रसाद के नाटकीय पात्रों के सम्मुख उपस्थित उनकी दिशाओं के विकल्प, उनके स्वतंत्र व्यक्तित्व और उनके अंतर्द्वंद्व का विश्लेषणात्मक अध्ययन करने से स्पष्ट है कि अधिकांश पात्रों की दिशाएँ, अनेक कारणों से, पूर्वनिश्चित हैं; सर्वत्र वे अपनी इच्छाओं से कार्य

नहीं करते। न वे अपनी इच्छा से जीते हैं और न अपनी इच्छा से आत्महत्या करते हैं। और नाटकों में अंतर्द्वंद्व वाले पात्र भी कम ही हैं। इस दृष्टि से 'स्कंदगुप्त' और 'ध्रुवस्वामिनी' के मुख्य पात्र अपवाद जैसे लगते हैं। इतिहास-सोद्देश्यता और नाटककार की रोमांटिक चेतना ने ही अधिकांश पात्रों का दिशा-निर्धारण किया है। पात्रों की विदग्ध व्यग्रता की बात कही जाती है। यह व्यग्रता दो प्रकार की हो सकती है—अवांछित स्थिति से उत्पन्न व्यग्रता और स्थिति को बदलने के लिए कुछ करने की व्यग्रता। पहले प्रकार की व्यग्रता स्कन्दगुप्त और ध्रुवस्वामिनी जैसे कुछेक इने-गिने पात्रों में है, दूसरे प्रकार की व्यग्रता विभिन्न नाटकों के सभी महत्त्वाकांक्षी पात्रों में देखी जा सकती है। जहाँ कहीं यह बेचैनी पात्रों की अपनी है, यानी उनकी अपनी स्थितियों से सहज रूप में उद्भूत ज्ञात होती है, वहाँ वह पात्रों को मानवीय बनाती है, लेकिन ऐसा प्रसाद के अंतिम नाटकों में ही विशेष रूप से संभव हो पाया है। प्रसाद के सभी पात्रों में उत्तेजना और हलचल नहीं है, अगर रहती तो यह बहुत बड़ी बात होती। अधिकांश पात्र भीड़ से भरे बाजार में 'बिना इधर-उधर देखे' ही चलते हैं। ऐतिहासिक तथ्य और नाटकोद्देश्य उन्हें इधर-उधर देखने ही नहीं देते। जो पात्र हड़बड़ी में धक्कामुक्की से अपना मार्ग बनाते चलते हैं, उन्हें नाटककार या तो पीछे से धक्का देता है या उनके आगे-आगे चलता है। यह भी सही है कि प्रसाद ने अपनी दृष्टि से पात्रों के स्वतंत्र व्यक्तित्व का ध्यान रखा है और परस्परविरोधी अनेक पात्र युग्मों (वासवी-छलना, विजया-देवसेना आदि) को साथ-साथ रखकर उनमें तुलनात्मक अंतर दिखाया है जिससे पात्रों में वैविध्य के दर्शन होते हैं, लेकिन अनेक युग्मों में सत-असत का इतना स्पष्ट विभाजन है कि पात्र मानवीय नहीं रह जाते और अपनी ही इच्छा से संचालित नहीं लगते। सबकुछ देखते हुए निष्कर्षतः यह कहा जा सकता है कि प्रसाद के लगभग सभी नाटक न वस्तुविन्यासप्रधान हैं, न चरित्रप्रधान, वे इतिहासप्रधान और उद्देश्यप्रधान हैं। इन्हीं दोनों तत्त्वों ने वस्तुविन्यास और चरित्रसृष्टि को निर्दिष्ट किया है। चरित्रसृष्टि के नियामक तत्त्वों में नाटककार का व्यक्तित्व भी रहा है, और चरित्रों की सजीवता एवं प्रभावक्षमता की दृष्टि से इसका भी विवेचन अपेक्षित है।

प्रसाद के लगभग सभी चरित्रों में इच्छा-शक्ति का अभाव है। नाटक के कार्यव्यापारों का जन्म उनकी संकल्प-शक्ति के भीतर से नहीं होता है, वे कार्यों के जन्मदाता नहीं होते केवल भोक्ता या व्याख्याता होते हैं। संघर्ष संलग्नता उनकी इच्छा नहीं, विवशता है। यह बात स्कंदगुप्त, चन्द्रगुप्त ('चन्द्रगुप्त' और 'ध्रुवस्वामिनी' दोनों में), ध्रुवस्वामिनी, जनमेजय, विशाख आदि सभी पात्रों के लिए सही है। इसका एक कारण यह अवश्य ही है कि प्रसाद ने ऐतिहासिक प्रसंगों को अपना आधार बनाया है जिनकी दिशाएँ पहले से निश्चित हैं लेकिन किसी नाटक में ऐतिहासिक प्रसंगों का भी संयोजन इस प्रकार किया है कि घटनाएँ पात्रों की संकल्प-शक्ति से प्रेरित और उद्भूत होती हुई ज्ञात हों। प्रसाद के नाटकों में चरित्रों की विवशता रचनाकार की नियतिवादी दृष्टि के कारण है,

प्रसाद के पात्र समय की धार में बहते हुए, जीवनपथ पर लड़ते जीतते-हारते हुए या कभी-कभी यों ही जीवित रहते हुए चले जाते हैं। यह सही है कि नाटकीय स्थितियों और कार्यव्यापारों से इनका सामंजस्य सर्वत्र नहीं बना रहता, पर अपने में इन चरित्रों का अपना सौंदर्य और आकर्षण है।

चरित्रसृष्टि की दृष्टि से नाटकों के अध्ययन से स्पष्ट है कि प्रसाद के नाटक चरित्रप्रधान होने की अपेक्षा उद्देश्यप्रधान अधिक हैं। इनमें ऐतिहासिक तथ्यों को प्रस्तुत करने का आग्रह भी प्रखर है। नाटककार का अपना व्यक्तित्व भी बड़ा सशक्त है, इसकी दृष्टि नियतिवादी है, इसमें उच्च मानवीय मूल्यों एवं सत के प्रति गहन आस्था है, इसकी चेतना रोमांटिक है, और इसमें कविसुलभ भावुकता और आवेग है। इन सबने मिलकर प्रसाद के नाटकों की चरित्रसृष्टि को निर्दिष्ट किया है और इन्हीं के कारण पात्रों की संख्या अनियंत्रित हो गई है, अनावश्यक पात्रों की भी सृष्टि हुई है, मुख्य गौण पात्रों में भेद नहीं रखा जा सका है और सबसे बड़ी बात यह कि चरित्रों को अपने स्वतंत्र विकास के लिए पर्याप्त अवकाश सर्वत्र नहीं मिल सका है। प्रसाद के नाटकीय पात्र बाहरी शक्तियों द्वारा प्रेरित होकर विशेष दिशाओं में चलते हैं और अपने लिए किसी विकल्प का अनुभव नहीं कर पाते। बाहरी दबावों में कहीं आत्महत्या कर लेते हैं, और कहीं दम तोड़कर भी चलते रहते हैं। यद्यपि अपने व्यक्तित्व का कुछ अंश नाटककार ने सभी पात्रों को दिया है फिर भी सभी प्रमुख नाटकों के पात्रों में पारस्परिक अंतर है, यह दूसरी बात है कि एक ही प्रकार के पात्र विभिन्न नाटकों में कहीं-कहीं दीख पड़ते हैं। विभिन्न पात्रों का जितना वैविध्य नाटकों में मिलता है, उतना अलग-अलग पात्रों में उनका चारित्रिक वैविध्य नहीं है—प्रसाद के नाटकों में अनेक पहलवाले वैविध्यपूर्ण जटिल मानवीय चरित्र कम ही हैं। प्रसाद के अंतिम नाटक सूचित करते हैं कि वे अपनी नाट्ययात्रा में ऐसे चरित्रों की ओर क्रमशः आ रहे थे।

प्रसाद के अधिकांश नाटकों में वस्तु एवं चरित्र का समुचित सामंजस्य नहीं हो पाया है। चरित्र से वस्तु का जन्म नहीं होता और वस्तु सर्वत्र चरित्र में प्रतिक्रिया उत्पन्न नहीं करती। इसीलिए नाटक की समग्रता में वे अपेक्षित संवेगात्मक प्रभाव नहीं निर्मित कर पाते—नाटककार ने उनसे नाटकों में जो प्रयोजन सिद्ध करना या कराना चाहा है, वे अवश्य ही सिद्ध हुए हैं। समग्र प्रभाव की बात छोड़कर प्रसाद के नाटकीय चरित्रों को देखा जाय तो उनके माध्यम से रचनाकार की अभिव्यक्ति हुई है और उन्हें सांस्कृतिक चेतना, राष्ट्रीयता, प्रेम, जीवन की विषम स्थितियों, नश्वरता, नियति आदि की छोटी-छोटी मूर्त मुक्तक कविताओं के रूप में स्वीकार कर उनके सौंदर्य एवं शक्ति का अनुभव किया जा सकता है। लेकिन जैसे इस अध्ययन के क्रम में पहले कहा जा चुका है, नाटक में कथानक या चरित्र का मूल्य नहीं होता, नाटक का मूल्य होता है।

प्रसाद के नाटकों की संवादयोजना

प्रसाद के नाटकों की संवादयोजना के अध्ययन से स्पष्ट है कि उसमें वैविध्य का अभाव नहीं है। नाटकों के विविन्न स्थलों पर संवाद अनेक रूपों और रंगों में आए हैं। उनमें स्थान-स्थान पर काव्यमयता भी है, दार्शनिकता भी, गंभीरता भी, चंचलता भी, वाग्विदग्धता भी, अलंकृति भी, सहजता भी। ये संवाद कहीं मंद गतिवाले हैं, कहीं क्षिप्र गतिवाले। इनके विविध रूपों को देखकर इनकी अभिव्यंजना क्षमता में संदेह नहीं किया जा सकता है, संवादों में पर्याप्त नमनीयता है, प्रसंगानुसार परिवर्तित होने की क्षमता है, लेकिन ये संवाद नाटकीय प्रयोजनों की सिद्धि में सर्वत्र सक्षम दिखाई नहीं देते। यदि ये नाटकों के वस्तुविकास एवं चरित्रांकन में सदैव योग नहीं देते तो इसमें संवादों का दोष नहीं, वस्तुविन्यास और पात्रकल्पना में ही कहीं कोई त्रुटि है। संवाद तो नाटक के आंतरिक स्वास्थ्य या रोग का बाह्य लक्षण मात्र होता है, और इसके माध्यम से नाटक की आंतरिकता को समझा जा सकता है। जैसा कहा गया, प्रसाद के संवादों में लचीलापन है, पर यदि किन्हीं स्थितियों में संवाद नहीं बदलते या नाट्यस्थिति और चरित्र से असामंजस्यपूर्ण हो जाते हैं या नाटकीय प्रयोजन की दृष्टि से अनावश्यक लगते हैं तो इसका अर्थ यही कि उन संवादों को जन्म देनेवाली स्थितियाँ ही दोषपूर्ण हैं।

प्रसाद के नाटकीय संवादों की विस्तृति एवं अलंकृति की चर्चा की जाती है और ये नाटकों में अनेक स्थलों पर उपलब्ध हैं, लेकिन इसका कारण यह नहीं कि पात्र किसी विषय पर सभी तर्कों को एक ही स्थान पर प्रस्तुत करने लगते हैं या कहीं-कहीं अत्यधिक भावुक हो जाते हैं या अलंकृति एवं भाषा-शैली का वैशिष्ट्य जुटाने लगते हैं। संवादविश्लेषण में हमने देखा है कि संवादों की विस्तृत एवं अलंकृति पात्रों के कारण नहीं, नाटककार के कारण है, पात्रों के भावों-विचारों के कारण नहीं, उनकी भाव-विचार शून्यता के कारण है, नाटकीय स्थितियों के कारण नहीं, नाटकीय स्थितियों के अभाव के कारण है। जहाँ कहीं स्थितियों-पात्रों से संवादों का सामंजस्य भंग होता है वहाँ विस्तार और अलंकार उभर आते हैं। ऐसे स्थलों पर नाटककार के जो आग्रह परिलक्षित होते हैं उनका उल्लेख किया जा सकता है—ऐतिहासिक तथ्यों का प्रस्तुतीकरण, राष्ट्रीयता की अभिव्यक्ति, जीवन, नियति, प्रेम आदि के संबंध में अपने विचारों का प्रकटीकरण, नाटकीय दृष्टि से आवश्यक बिंदु तक पहुँचने की प्रस्तावना आदि। प्रसाद के नाटकों में जहाँ कहीं विश्वसनीय नाटकीय स्थितियों और पात्रों की योजना हुई है वहाँ संवाद भी नाटकीय हैं, संक्षिप्त हैं, गतिशील हैं; ऐसे स्थलों पर यदि कहीं विस्तृत-अलंकृति है भी, तो वह अतिरंजित नहीं लगती।

रंगमंचीय संदर्भ में प्रसाद के संवादों के संबंध में यह विचार बहुत उचित नहीं है कि वे अभिनेताओं द्वारा बोले जाने लायक और दर्शकों द्वारा समझे जाने योग्य नहीं हैं। अभिनय में सबसे महत्त्वपूर्ण प्रश्न विश्वसनीयता और प्रभावसृष्टि का है और प्रसाद

के नाटकों में पात्रों के अंतर्जीवन से संवादों का संबंध सर्वत्र बना न रहना उनकी विश्वाससृष्टि की क्षमता और प्रभावोत्पादकता में बाधक बनता है।

संवाद संबंधी समग्र विवेचना से यह तथ्य उभरकर आता है कि संवादों में प्रसाद का व्यक्तित्व स्पष्टतः दीख पड़ता है। एक नाट्यविशेषज्ञ का विचार है कि संवाद केवल पात्र का ही नहीं, रचनाकार का भी द्योतन करता है, वैसे ही जैसे कोई अभिनेता केवल किसी पात्र को ही चित्रित नहीं करता, बल्कि उसे अपनी ध्वनि से, अपनी मुखमुद्राओं से, अपने व्यक्तित्व से रंजित भी कर देता है। प्रसाद के नाटकीय संवाद पात्रों की अपेक्षा रचनाकार का द्योतन अधिक करते हैं, यह कहा जा सकता है।

प्रसाद ने अपने नाटकों की संवादयोजना में संस्कृत नाटक तथा पारसी रंगमंच के नाटकों की अनेक रूढ़ियों को स्वीकार किया है। कहीं वे मात्र रूढ़ियों के रूप में हैं, कहीं उन्हें नाटकीय वस्तु की दृष्टि से प्रयोजनमूलक बना लिया गया है।

नाटकीय समग्रता के बंधन से मुक्त होकर प्रसाद के संवादों को देखा जाय तो ये संवाद अत्यंत आकर्षक हैं। इनमें अपनी गरिमा है, सौंदर्य है, कलात्मकता है, प्रभविष्णुता है। अपने में ये संवाद अवश्य ही 'सुष्ठु', 'प्रौढ़', 'कलात्मक' आदि हैं लेकिन नाटक में संवादों का नहीं, नाटक का मूल्य होता है। नाटक संवाद है, संवाद ही नहीं है।

प्रसाद के नाटक : संपादन का प्रश्न

अब तक के प्रसाद-नाट्यालोचन की यह एक असंगति है कि प्रसाद के नाटकों के अध्येता एवं निर्देशक जहाँ एक ओर 'नाटक' के रूप में प्रसाद की कृतियों की महत्ता स्वीकार करते हैं, वहीं दूसरी ओर उनमें रंगमंच की दृष्टि से संशोधन-संपादन अनिवार्य मानते हैं। डॉ. गोविन्द चातक लिखते हैं : "यह स्पष्ट-सा है कि प्रसाद का कथ्य नाटकीयता से परिपूर्ण है। उनके नाटकों में इतने तीव्र क्रिया-व्यापार, विरोधी तत्त्व, भावों के विविध रंग और युगीन संदर्भ विद्यमान हैं कि रंगमंच के लिए उनकी उपयुक्तता सर्वथा सिद्ध है। इसलिए आज का समीक्षक यह मानता है कि यदि उनके नाटक मंच पर नहीं लाये जाते तो इसका दोष उनका नहीं, रंगमंच का ही है।" वहीं दूसरी ओर वे नाटकों के दोष दिखाते हैं कि उनमें दृश्यबाहुल्य है, कई दृश्य बहुत छोटे-छोटे हैं और रसानुभूति तथा नाट्यशिल्प की दृष्टि से प्रभाव उत्पन्न नहीं करते, कई दृश्य नाटकीय कथावस्तु से सीधे संबंधित नहीं दिखाई देते, आदि; और कहते हैं कि "किंतु केवल दृश्यविधान के कारण प्रसाद के नाटकों का मंचीय बहिष्कार उचित न होगा। दृश्यों के बाहुल्य की समस्या का निदान यह हो सकता है कि भर्ती के दृश्य हटा दिए जाएँ और कई दृश्यों की काट-छाँट कर उन्हें एक-दूसरे में मिला दिया जाय।" तात्पर्य यह है कि दोष नाटकों का नहीं, रंगमंच का है, लेकिन संशोधन नाटकों में किया जाय।

अन्य अध्येता भी प्रसाद के नाटकों में संपादन की आवश्यकता का अनुभव करते

हैं। डॉ. प्रतिभा अग्रवाल, डॉ. विजयदेव नारायण साही और श्री रघुराज शरण शर्मा शब्दभेद से एक ही बात कहते हैं कि प्रसाद के नाटकों का बिना 'एडिट' किए मंचन नहीं किया जा सकता। रंगकर्मियों के विचार भी ऐसे ही हैं। श्रीमती शांता गाँधी प्रसाद के नाटकों के महत्त्व को जोरदार शब्दों में स्वीकार करती हुई भी कहती हैं : "इस नाटक (स्कंदगुप्त) की निर्देशन संबंधी सबसे महत्त्वपूर्ण समस्या इसको काटने और संपादित करने की है।" श्री वीरेन्द्र नारायण 'स्कंदगुप्त' को प्रसाद की सबसे सशक्त रचना मानते हैं, फिर लिखते हैं : "आवश्यकतानुसार इस नाटक की काट-छाँट की जा सकती है क्योंकि मूल कथानक में कई सहायक कथानक गुँथे हैं।" ― स्कंदगुप्त के दो संपादित रूप आगे दिए जा रहे हैं।

पुनर्विश्लेषण एवं पुनर्मूल्यांकन

> विषयवस्तु (थीम) की सत्यता नाटक को मान्य बनाती है,
> चरित्र की सत्यता नाटक को विश्वसनीय बनाती है,
> स्थिति की सत्यता नाटक को रोचक बनाती है,
> वातावरण, मनोदशा, दृष्टिकोण की सत्यता नाटक को वास्तविक बनाती है।
>
> —पर्सिवल वाइल्ड : दि क्रैफ्टमैनशिप ऑफ वन-ऐक्ट प्ले, पृ. 78

प्रसाद के नाटक हिंदी साहित्य की विभूति हैं। अन्य साहित्यविधाओं की तुलना में अपेक्षाकृत निर्धन हिंदी नाट्यक्षेत्र इनसे समृद्ध हुआ है। परिमाण और गुण, दोनों की दृष्टियों से प्रसाद के नाट्यसाहित्य का अपना महत्त्व है। इसमें ऐसी गरिमा है जिसने अनेकानेक नाट्यअध्येताओं, शोधकर्ताओं और रंगकर्मियों को आकृष्ट और प्रभावित किया है। प्रसाद के नाटकों में एक विशेष प्रकार का उदात्त तत्त्व है जो इन्हें महत्त्वपूर्ण बनाता है। इनमें भारत की सांस्कृतिक गौरवगरिमा और राष्ट्रीय चेतना को वाणी मिली है। इनमें एक प्रबुद्ध व्यक्तित्व का चिंतन व्यक्त हुआ है, एक संवेदनशील कवि की भावुकता मुखरित हुई है। विषयवस्तु और चेतना की दृष्टि से प्रसाद के नाटक अवश्य ही मूल्यवान हैं।

विधागत वैशिष्ट्य की दृष्टि से प्रसाद के नाटकों का महत्त्व विवादग्रस्त रहा है। नाटक रंगमंच के लिए होता है और उसे रंगमंच पर अपनी सार्थकता सिद्ध करनी चाहिए। प्रसाद के नाटक, अब तक ऐसा नहीं कर सके हैं। प्रारंभ से ही ये विश्वविद्यालयों में स्वीकृत-समादृत होते रहे, अध्ययन-अध्यापन के विषय बने रहे। रंगशालाओं में ये बहुत कम आ पाए और जहाँ आए भी, दर्शकों में अपेक्षित प्रभावसृष्टि नहीं कर पाए। अध्येता कहता है कि 'नाटक और जीवन को एक मानने के कारण समीक्षकों ने प्रसाद का जो मूल्यांकन किया उसका एक दुष्परिणाम यह हुआ कि उन जैसा जीवन्त नाटककार

केवल विश्वविद्यालयों का नाटककार बनकर रह गया। वस्तुतः उन्हें रंगमंच से बाहर करने का श्रेय विश्वविद्यालयों को ही है।' नाट्यनिर्देशक कहता है कि 'यह हिंदी नाटक और नाटककार प्रसाद का दुर्भाग्य रहा कि हिंदी को अच्छा निर्देशक नहीं मिल सका और प्रदर्शन से नाटककार को दिशासंकेत।' ध्यातव्य है कि कोई भी समीक्षा समीक्षित कलाकृति का गुणपरिवर्तन नहीं कर सकती, कोई भी समीक्षा किसी रचना की नाटकीयता एवं प्रदर्शनक्षमता उसमें से निकाल नहीं ले सकती और न उसमें इन्हें ऊपर से डाल ही सकती है। यह भी ध्यातव्य है कि किसी नाटक को अपने ही युग का निर्देशक मिलता है, आज का निर्देशक चार दशक पूर्व के नाटक को नहीं मिल सकता। प्रसाद के नाटकों को भी समय-समय पर निर्देशक मिलते रहे हैं। यदि प्रसाद के नाटक विश्वविद्यालयों में ही समादृत होते आए हैं, अभी भी हैं और रंगशालाओं में नहीं पहुँच पाते तो इस तथ्य को स्वीकार करने में आपत्ति नहीं होनी चाहिए कि इनमें कुछ ऐसा वैशिष्ट्य है जो विश्वविद्यालयों के उपयुक्त और रंगशालाओं के अनुपयुक्त है। विश्व नाट्यसाहित्य में ऐसी अनेक रचनाएँ हैं जो रंगशाला के अनुपयुक्त होने पर भी महान साहित्यिक कृतियों के रूप में आदर पाती रही हैं, विद्वान इन्हें 'नाटक' भी कहते रहे हैं। एक उदाहरण : "गेटे की सर्वश्रेष्ठ कृति 'फास्ट' रंगमंच के अनुपयुक्त महान नाटक का सर्वोत्कृष्ट उदाहरण है।"

प्रसाद के समसामयिक अंग्रेजी के प्रसिद्ध कवि और नाटककार टी.एस. इलियट ने काव्यलेखन के क्षेत्र से नाट्यलेखन के क्षेत्र में आने के समय की अपनी प्रतिक्रियाएँ इस प्रकार व्यक्त की हैं : 'पहली महत्त्वपूर्ण बात जिसे मैंने खोज निकाला यह थी कि किसी रचनाकार को, जिसने अनेक वर्षों तक विभिन्न प्रकार की कविताओं का लेखन किया हो और जिसे सफलता भी मिली हो, काव्य-नाटक लेखन के क्षेत्र में अपनी पूर्व अभ्यस्त मानसिक स्थिति से भिन्न स्थिति में आना चाहिए।' इसी क्रम में इलियट ने यह भी कहा है कि कविताएँ रचनाकार अपने स्वर के लिए लिखता है, नाटक को दूसरे स्वरों के लिए लिखना पड़ता है और नाटक में तात्कालिक प्रेषणीयता का प्रश्न भी उभरकर सम्मुख आता है। जयशंकर प्रसाद काव्यरचना की स्थिति से बहुत भिन्न मानसिक स्थिति में नाट्यलेखन में नहीं आए, ऐसा लगता है, और नहीं आए तो इसका कारण रहा कि रंगमंच से उनका प्रत्यक्ष संबंध नहीं रहा फिर भी रंगमंच के प्रति उनकी सजगता अवश्य ही रही जिस पर हम आगे विचार करेंगे।

कवि प्रसाद नाटककार प्रसाद की मानसिक स्थिति में नहीं आए और इसका प्रभाव उनकी नाट्यरचना पर पड़ा। उन्होंने अपने नाटकों को कवि की दृष्टि से देखा, दर्शकों की दृष्टि से नहीं। यहाँ केवल भाव-विचार की जटिलता, भाषा की दुरूहता और नाटकों की बोधगम्यता का प्रश्न नहीं उठता, प्रश्न उठता है अंतिम प्रभावसृष्टि का। नाटक का उद्देश्य कुछ भी हो, किसी भी विषय को आधार बनाकर वह लिखा गया हो, दर्शकों पर उसका एक निश्चित रागात्मक प्रभाव पड़ना चाहिए। यह प्रभाव कार्यव्यापार, भाव,

विचार, उद्देश्य आदि में से एक या अनेक की अन्वितियों से ही उत्पन्न होता है। प्रसाद के बड़े नाटकों में यह प्रभाव नहीं निर्मित हो पाता। इसका कारण यह है कि प्रसाद एक साथ ही अनेक आग्रह लेकर चलते हैं—एक ही नाटक में एक ही साथ अनेक उद्देश्य सिद्ध करने का आग्रह भी है। अपने अध्ययन से उपलब्ध नए-पुराने ऐतिहासिक तथ्यों को पूर्णता के साथ प्रस्तुत करने का आग्रह भी है, चिंतन और भावुकता के अपने आवेगों को व्यक्त करने का आग्रह भी है, प्रमुख पात्रों के साथ अनेक गौण पात्रों को भी पूर्णरूप से चित्रित करने का आग्रह भी है। इन सबका रहना नाटकों की दुर्बलता नहीं है, इन सबका अनियंत्रित रहना नाटकों की दुर्बलता है। किसी कलाकृति के प्रभाव के लिए जिस चयनात्मकता की अपेक्षा रहती है, उसी का अभाव इन नाटकों में दिखाई देता है। इसका फल यह होता है कि इनमें आवश्यक-अनावश्यक (नाटकीय प्रभाव की दृष्टि से, नाटककार की अभिव्यक्ति की दृष्टि से नहीं—नाटककार की दृष्टि से तो नाटक में जो कुछ रहता है, सब आवश्यक होता है; आवश्यक नहीं होता तो वह लिखता ही क्यों ?) घटनाओं, कार्यव्यापारों, प्रसंगों, दृश्यों, पात्रों आदि की भीड़ लग जाती है और नाटक का प्रभाव विभिन्न दिशाओं में बिखर जाता है।

नाटककार के पूर्वनिश्चित आग्रहों के कारण कार्यव्यापारों और पात्रों की गति भी स्वतंत्र नहीं रह जाती। कार्यव्यापारों की स्वतंत्र गति से नाटक में जिस आकर्षण का जन्म होता है, वह इन नाटकों में नहीं रह जाता। मानवीय पात्रों की स्वतंत्र गति से नाटक में जिस संवेगात्मक प्रभाव की सृष्टि होती है, वह भी इन नाटकों में पूर्णतः निर्मित नहीं हो पाता। स्थितियों, पात्रों, कार्यव्यापारों और संवादों के पारस्परिक सामंजस्य से नाटक में जिस विश्वसनीयता की सृष्टि होती है, वह भी इन नाटकों में नहीं हो पाती। यहाँ ध्यातव्य है कि यथार्थवादी दृष्टि से प्रसाद के नाटकों पर किए गए आक्षेप निरर्थक हैं क्योंकि प्रसाद के नाटक यथार्थवादी नहीं हैं। प्रसाद के नाटकों की दुर्बलता इस बात में नहीं है कि उनमें जीवन की यथातथ्य अनुकृति नहीं है, उनकी घटनाओं और पात्रों में स्वाभाविकता नहीं है, उनमें दृश्यों की संख्या अधिक है, उनमें स्वगत का बहुत अधिक व्यवहार हुआ है, उनकी भाषाशैली तत्समप्रधान और अलंकृत है, उनमें काव्यत्व है, भावुकता है, चिंतन है। नाटक की विशेषता स्वाभाविकता में नहीं, विश्वसनीयता और विश्वाससृष्टि में होती है, होनी चाहिए। नाटक की शक्ति उसकी समग्र प्रभावसृष्टि में होती है और प्रसाद के बड़े नाटकों में इसी की कमी लगती है। ऐसी बात नहीं कि प्रसाद के नाटकों में आकर्षण के बिंदु नहीं हैं, हैं, और अनेक हैं। नाटकों के विभिन्न स्थलों पर कहीं संघर्षों की छोटी-छोटी चिनगारियाँ हैं, कहीं कार्यव्यापारों के छोटे-छोटे उद्दाम निर्झर हैं, कहीं राष्ट्रीयता और सांस्कृतिक जागरण का शंख-उद्घोष है, कहीं सौंदर्य और प्रेम के माधवी कुंज में कोकिल की मधुर पुकार है और ऐसा बहुत कुछ है जो सुंदर है, आकर्षक है। प्रसाद के प्रत्येक नाटक में अनेक नाटक हैं लेकिन ये सर्वत्र एक पूर्ण नाटक नहीं बनाते। प्रसाद के नाटकों में मोजाइक

का सौंदर्य देखा जा सकता है पर उसमें भी कोई एक निश्चित पैटर्न नहीं है। दर्शक और पाठक नाटकों के विभिन्न अंशों से प्रभावित हो सकते हैं पर किसी नाटक से जिस किसी एक निश्चित अंतिम प्रभाव की अपेक्षा की जाती है उसका अनुभव नहीं कर सकते।

प्रसाद का नाट्यसाहित्य हिंदी नाट्येतिहास का एक महत्त्वपूर्ण अध्याय है। हिंदी नाटक के विकास में उसे एक मजबूत कड़ी के रूप में देखा जा सकता है। प्रसाद ने अपने अंतिम नाटक में हिंदी के ऐतिहासिक नाटकों की कला को जहाँ छोड़ा, वहाँ से आगे इसका स्वाभाविक विकास हुआ। 'ध्रुवस्वामिनी' में उन्होंने प्रभावान्विति की दृष्टि से चयनात्मकता का सहारा लेकर इतिहास के विस्तार को समेटा और संतुलित वस्तुविन्यास किया। माथुर और राकेश के नाटकों में भी संतुलन है, संक्षिप्तता है। प्रसाद के अपने पिछले नाटकों की तुलना में 'ध्रुवस्वामिनी' में गीतों की संख्या कम हुई है। माथुर के 'कोणार्क' में यह संख्या और कम हुई। राकेश के 'आषाढ़ का एक दिन' और 'लहरों के राजहंस' में गीत नहीं रह गए। प्रसाद का काव्यत्व मुख्यतः शब्दों में रहा, माथुर और राकेश का काव्यत्व शब्दों में रहते हुए भी स्थितियों और चरित्रों तक आया। प्रसाद ने मानवीय चरित्रों की अवतारणा की, बाद के नाटककारों ने उनमें मनोविज्ञान की भी प्रतिष्ठा की। प्रसाद के विकास और इन सभी बातों को देखते हुए यह अनुमान असंगत नहीं कि 'ध्रुवस्वामिनी' के बाद भी प्रसाद आगे चलते तो उनकी वही दिशा होती जो उनकी परंपरा में आनेवाले बाद के नाटककारों की हुई। प्रसाद के नाटकों में अनेक दुर्बलताएँ हैं लेकिन हिंदी नाटक के विकास के महत्त्वपूर्ण चरण के रूप में उनका अपना महत्त्व है। राष्ट्रकवि मैथिलीशरण गुप्त ने हिंदी कविता के संदर्भ में अपने विषय में कहा था : 'जो पीछे आ रहे उन्हीं के आगे का मैं जयजयकार।' प्रसाद के नाटकों को प्रसादोत्तर हिंदी नाटक के इसी जयजयकार के रूप में देखना चाहिए और इस दृष्टि से हिंदी नाटक के इतिहास में प्रसाद के नाटकों का स्थान और महत्त्व सदा अक्षुण्ण बना रहेगा।

साहित्यिक मूल्यांकन

रामचन्द्र शुक्ल

योरप में धीरे-धीरे शील-वैचित्र्य प्रदर्शन को प्रधानता प्राप्त होती गई, यहाँ तक कि किसी नाटक के संबंध में वस्तुविधान और चरित्रविधान की चर्चा का ही चलन हो गया। इधर 'यथातथ्यवाद' के प्रचार से वहाँ रहा-सहा काव्यत्व भी झूठी भावुकता कहकर हटाया जाने लगा। यह देखकर प्रसन्नता होती है कि हमारे 'प्रसाद' और 'प्रेमी' ऐसे प्रतिभाशाली नाटककारों ने उक्त प्रवृत्ति का अनुसरण न करके रसविधान और शील-वैचित्र्य दोनों का सामंजस्य रखा है। 'स्कंदगुप्त' नाटक में जिस प्रकार देवसेना और शर्वनाग ऐसे गूढ़ चरित्र के पात्र हैं, उसी प्रकार शुद्ध प्रेम, युद्धोत्साह, स्वदेश-भक्ति आदि भावों की मार्मिक और उत्कृष्ट व्यंजना भी है। हमारे यहाँ के पुराने ढाँचों के भीतर शील-वैचित्र्य का वैसा विकास नहीं हो सकता था, अतः उनका बंधन हटाकर वैचित्र्य के लिए मार्ग खोलना तो ठीक है, पर यह आवश्यक नहीं कि उसके साथ रसात्मकता भी हम निकाल दें।

x x x

हिंदी नाटकों के स्वतंत्र विकास के लिए ठीक मार्ग तो यह दिखाई पड़ता है कि हम उनका मूल भारतीय लक्ष्य तो बनाए रहें पर उनके स्वरूप के प्रसार के लिए और देशी पद्धतियों का निरीक्षण और उनकी कुछ बातों का मेल सफाई के साथ करते चलें। अपने नाट्यशास्त्र के जटिल विधान को ज्यों का त्यों लेकर हम आजकल चल नहीं सकते, पर उसका बहुत-सा रूपरंग अपने नाटकों में ला सकते हैं जिससे भारतीय परंपरा के प्रतिनिधि वे बने रह सकते हैं। अभिनय की रोचकता बढ़ानेवाली जो युक्तियाँ हैं, जैसे उद्घातक, कथोद्घातक—उनमें से कई एक को, आवश्यक रूपांतर के साथ और स्थान का बंधन दूर करके हम बनाए रख सकते हैं। संतोष की बात है कि प्रसाद और प्रेमी के नाटकों में इसके उदाहरण हमें मिलते हैं, जैसे, कथोद्घात के ढंग पर एक पात्र के मुँह से निकले हुए शब्द को लेकर दूसरे पात्र का प्रवेश—

शर्वनाग—देव, सामने सोने का संसार खड़ा है। (रामा का प्रवेश)

रामा—पामर! सोने की लंका राख हो गई।

(स्कंदगुप्त)

प्राचीन नाट्यशास्त्र (भारतीय और यवन दोनों) में कुछ बातों का जैसे, मृत्यु, वध, युद्ध दिखाना वर्जित था। आजकल उस नियम के पालन की आवश्यकता नहीं मानी जाती। प्रसादजी ने अपने नाटकों में बराबर मृत्यु, वध और आत्महत्या दिखाई है।

इस तृतीय उत्थान के बीच हमारे वर्तमान नाटक क्षेत्र में दो नाटककार बहुत ऊँचे स्थान पर दिखाई पड़े—स्व. जयशंकर प्रसादजी और श्री हरिकृष्ण प्रेमी। दोनों की दृष्टि ऐतिहासिक काल की ओर रही है। प्रसादजी ने अपना क्षेत्र प्राचीन हिंदू-काल के भीतर चुना और प्रेमीजी ने मुस्लिम-काल के भीतर। प्रसाद के नाटकों में 'स्कंदगुप्त' श्रेष्ठ है और प्रेमी के नाटकों में 'रक्षाबंधन'।

प्रसादजी में प्राचीनकाल की परिस्थितियों के स्वरूप की मधुर भावना के अतिरिक्त भाषा को रँगनेवाली चित्रमयी कल्पना और भावुकता की अधिकता भी विशेष परिमाण से पाई जाती है। इसके कथोपकथन कई स्थलों पर नाटकीय न होकर वर्तमान गद्य-काव्य के खंड हो गए हैं। बीच-बीच में जो गान रखे गए हैं वे न तो प्रकरण के अनुकूल हैं और न प्राचीनकाल की भाव-पद्धति के। वे तो वर्तमान काव्य की एक शाखा के प्रगीत मुक्तक मात्र हैं। अपनी सबसे पिछली रचनाओं से ये त्रुटियाँ उन्होंने निकाल दी हैं। 'चन्द्रगुप्त' और 'ध्रुवस्वामिनी' इन दोषों से मुक्त हैं। पर 'चन्द्रगुप्त' में एक दूसरा बड़ा भारी दोष आ गया है। उसके भीतर सिकंदर के भारत पहुँचने के कुछ पहले से लेकर सिल्यूकस के पराजय तक के 25 वर्ष के दीर्घकाल की घटनाएँ लेकर कसी गई हैं जो एक नाटक के भीतर नहीं आनी चाहिए। जो पात्र युवक के रूप में नाटक के आरंभ में दिखाई पड़े, वे नाटक के अंत में भी उसी रूप में सामने आते हैं। यह दोष तो इतिहास की ओर दृष्टि ले जाने पर दिखाई पड़ता है अर्थात् बाहरी है। पर घटनाओं की अत्यंत सघनता का दोष रचना से संबंध रखता है। बहुत से भिन्न-भिन्न पात्रों से संबद्ध घटनाओं के जुड़ते चलने के कारण बहुत कम चरित्रों के विकास का अवकाश रह गया है। पर इस नाटक में विन्यस्त वस्तु और पात्र इतिहास का ज्ञान रखनेवालों के लिए इतने आकर्षक हैं कि उक्त दोषों की ओर ध्यान कुछ देर में जाता है। 'मुद्राराक्षस' से इसमें कई बातों की विशेषता है। पहली बात तो यह है कि इसमें चन्द्रगुप्त केवल प्रयत्न के फल का भोक्ता कठपुतला-भर नहीं, प्रयत्न से अपना क्षत्रिय-भाग सुन्दरता के साथ पूरा करनेवाला है। नीतिप्रवर्तन का कार्य चाणक्य पूरा करता है। दूसरी बात यह है कि 'मुद्राराक्षस' में चाणक्य का व्यक्तित्व—उसका हृदय—सामने नहीं आता। तेजस्विता, धीरता, प्रत्युत्पन्न बुद्धि और ब्राह्मणोचित त्याग आदि सामान्य गुणों के बीच केवल प्रतिकार की प्रबल वासना ही हृदय-पक्ष की ओर झलकती है। पर इस नाटक में चाणक्य के प्रयत्न का लक्ष्य भी ऊँचा किया गया है और उसका पूरा हृदय भी सामने

रखा गया है।

नाटकों का प्रभाव पात्रों के कथोपकथन पर बहुत कुछ अवलंबित रहता है। श्री हरिकृष्ण प्रेमी के कथोपकथन प्रसादजी के कथोपकथनों से अधिक नाटकोपयुक्त हैं। प्रसादजी के नाटकों में एक ही ढंग की चित्रमयी और लच्छेदार बातचीत करनेवाले कई पात्र आ जाते हैं।

प्रसाद और प्रेमी के नाटक यद्यपि ऐतिहासिक हैं पर उनमें आधुनिक आदर्शों और भावनाओं का अभ्यास इधर-उधर बिखरा मिलता है। 'स्कंदगुप्त' और 'चन्द्रगुप्त' दोनों में स्वदेश-प्रेम, विश्व-प्रेम और आध्यात्मिकता का आधुनिक रूपरंग बराबर झलकता है। आजकल के मज़हबी दंगों का स्वरूप भी हम 'स्कंदगुप्त' में देख सकते हैं। हम समझते हैं कि ऐतिहासिक नाटक में किसी पात्र से आधुनिक भावनाओं की व्यंजना जिस काल का वह नाटक हो, उस काल की भाषा-पद्धति और विचार-पद्धति के अनुसार करानी चाहिए ...। ... इसी प्रकार प्रसादजी के 'ध्रुवस्वामिनी' नामक बहुत छोटे से नाटक में एक संभ्रांत राजकुल की स्त्री का विवाह संबंध मोक्ष सामने लाया गया है जो वर्तमान सामाजिक आंदोलन का अंग है।

ऐतिहासिक नाटक-रचना में जो स्थान प्रसाद और प्रेमी का है, पौराणिक नाटक रचना में वही स्थान भट्टजी का है।

[हिन्दी साहित्य का इतिहास, 1940]

जिस देश में दृश्य काव्य का आविर्भाव अत्यंत प्राचीन काल में हुआ हो, उसके भीतर उसका स्वतंत्र रूप में नूतन विकास न हो सके, यह खेद की बात होगी। यह देखकर मुझे अत्यंत आनंद होता है कि प्रसादजी के नाटकों में इस प्रकार के विकास के पूरे लक्षण मिलते हैं। उनके ऐतिहासिक नाटकों में सबसे बड़ी विशेषता है प्राचीन काल के रीति-व्यवहार, शिष्टाचार, शासन-व्यवस्था आदि का ठीक इतिहाससम्मत चित्रण। वस्तु-विन्यास और शील निरूपण का कौशल भी उत्कृष्ट कोटि का है। उनके रचे 'अजातशत्रु', 'स्कंदगुप्त', 'चन्द्रगुप्त' आदि नाटकों को लेकर आज हिंदी पूरा गर्व कर सकती है। मेरे देखने में अच्छे सामाजिक नाटकों का अभाव अभी बना है। इसके लिए प्रसादजी से न कहूँगा। जिस ऐतिहासिक क्षेत्र को उन्होंने लिया है, उसी के भीतर उन्हें अपनी प्रतिभा का उत्तरोत्तर विकास करना चाहिए।

[चिंतामणि-2, काव्य में अभिव्यंजनावाद, 1935]

अपने देश की सच्ची भाषा में लिखे नाटकों के अभिनय का प्रबंध कुछ विशेष अवसरों पर हिंदी के प्रेमी कभी-कभी कर लिया करते थे। धीरे-धीरे काशी, प्रयाग आदि नगरों के कुछ उत्साही हिंदी-प्रेमियों ने अभिनय-कला की ओर ध्यान दिया और नाटक-मंडलियाँ

स्थापित कीं जिनके द्वारा समय-समय पर वे शिक्षित जनता का मनोरंजन करने लगे। इन नाटक-मंडलियों की लोकप्रियता धीरे-धीरे पारसी कंपनियों के ध्यान में आने लगी और उन्होंने अपने व्यवसाय की दृष्टि से हिंदी में कुछ नाटक लिखाकर खेलना आरंभ किया। 'बेताब' का 'महाभारत' देखने के लिए जिस धूम से जनता टूटने लगी, उसे देख व्यवसायी कम्पनियों का बहुत दिनों का भ्रम दूर हो गया। उनका ध्यान हिंदी में भी नाटक दिखाने की ओर रहने लगा। इस प्रकार हिंदी का प्रवेश तो इन कंपनियों में हुआ, पर नाटक वे अपने ही लेखकों से लिखाती हैं। इन नाटकों की भाषा हिंदी तो होती है, पर उर्दू वालों के मुँह से निकली हुई-सी। वह व्याकरण की दृष्टि से व्यवस्थित और साहित्य की दृष्टि से प्रांजल नहीं होती। उसमें उर्दू नाटकों की भाषा का परंपरागत ढाँचा बहुत कुछ रहता है। गद्य में भी वही तुकबाज़ी अभी चली चलती है। अप्रचलित अरबी-फारसी के बेमेल शब्द भी बीच-बीच में कानों को झेलने पड़ते हैं।

यह सब देखकर स्वर्गीय श्रीयुत् विश्वम्भरजी व्याकुल ने 'व्याकुल भारत कंपनी' की स्थापना की थी जिसके द्वारा उन्होंने भाषा और कला की दृष्टि से शिष्ट साहित्य में गिने जाने योग्य नाटकों के अभिनय का सूत्रपात किया था। वे स्वतः नाट्यकला के मर्मज्ञ नाटककार थे। उन्होंने अपने रचे कुछ नाटक खेले, जिनकी शिक्षित जनता के बीच बहुत ख्याति हुई। प्रस्तुत नाटक 'बुद्धदेव' उन्हीं में से है। इसे पढ़ते ही यह स्पष्ट हो जायेगा कि यह व्यवसायी कंपनियों द्वारा खेले जानेवाले और नाटकों से कितना अधिक समुन्नत है। पहली बात इसकी भाषा है, जो शिष्ट और परिमार्जित है। मैं समझता हूँ कि अपने वर्ग का यह पहला नाटक है, जिसकी भाषा वर्तमान साहित्य की भाषा के मेल में आई है। इसके लिए उसके लेखक श्रीयुत् व्याकुलजी को हिंदी-प्रेमी सदा साधुवाद के साथ स्मरण करेंगे। कथावस्तु के बीच लेखक ने अपनी कल्पना से जो दृश्य रखे हैं वे समाज के कुछ अंगों की दशा के अच्छे प्रतिबिम्ब हैं। अवतार की जैसी भावना लेकर नाटक की रचना हुई है, प्रथम अंक के पहले दृश्य में स्वार्थ, हिंसा, पाखंड आदि द्वारा धर्म का आक्रान्त होना उसके बहुत ही अनुरूप हुआ है। वस्तुविन्यास भी कौशल से हुआ है। जो स्थल अधिक मार्मिक हैं, उनके दृश्यविधान और कथोपकथन में दर्शकों पर पड़नेवाले प्रभाव पर पूरी दृष्टि रखी गई है। पात्रों की बातचीत में विचित्रता और प्रत्युत्पत्ति है। जिस क्रम से यह नाटक उन्नति की ओर अग्रसर हुआ है, वह क्रम यदि चला चले तो व्यवसायी कंपनियों के रंगमंच पर भी उच्च कोटि के नाटक बहुत शीघ्र अभिनीत होते दिखाई पड़ेंगे।

[विश्वंभर सहाय व्याकुल कृत 'बुद्धदेव' नाटक के भूमिका-लेखक : आचार्य रामचन्द्र शुक्ल, 1935]

नंददुलारे वाजपेयी

प्रसादजी नाट्यकला संबंधी स्वतंत्र आधार लेकर चले हैं और उसकी परीक्षा के लिए अनुकूल रंगमंच का होना भी आवश्यक है। बिना ऐसी परीक्षा का अवसर दिये, यह कहना कि प्रसादजी की भाषा जटिल है, नाटक नाट्योपयोगी नहीं, प्राथमिक उत्तरदायित्व से मुँह मोड़ना है। प्रसादजी के ऐतिहासिक, मनोवैज्ञानिक और रोमैण्टिक नाटकों की अपनी सुस्पष्ट विशेषताएँ हैं जिनकी अवहेलना नहीं की जा सकती। उनकी स्वतंत्र नाट्यकला का अध्ययन न कर राय या इब्सन की विशेषताओं को उनमें ढूँढ़ना नादानी होगी। हिंदी के स्वतंत्र रंगमंच की स्थापना के बिना प्रसादजी के नाटकों की सर्वांग समीक्षा नहीं हो सकेगी। उसका नाट्य-चमत्कार तो हम तभी देख सकेंगे। उद्योग उसी के लिए होना चाहिए।

[1932, सितम्बर]

'प्रसाद' के नाटक

प्रसाद ने ऐतिहासिक घटनाक्रम का बोझ स्वीकार करते हुए भी अपने पात्रों को सजीव और व्यक्तित्वसंपन्न बनाया है। उनके सभी पात्र अपनी विशेषता रखते हैं। नाटकीय पात्रों में वह व्यक्तित्व-स्थान या चरित्र-निरूपण का प्रयत्न हिंदी नाटकों के विकास की एक ऐसी कड़ी है, जो हिन्दी के नाटककारों में प्रसादजी का स्वतंत्र स्थल निर्धारित करती है।

ऐतिहासिक नाटकों की रचना करते हुए भी देश के तत्कालीन संपूर्ण राष्ट्रीय वातावरण का भी उन्होंने निर्माण किया है। वहाँ भी युग की वस्तु से भिन्न कोई वस्तु वे नहीं लाए हैं। उनके नाटकों में इसी कारण एक भास्वरता और सम्पन्नता है।

उन्होंने ऐसे चरित्र रचे हैं जो ऐतिहासिक परिस्थिति को चित्रित कर सकें और साथ ही जिनमें नाटकीय चरित्र बनने की क्षमता है। उन्होंने काल्पनिक पात्रों का ऐतिहासिक पात्रों से योग किया है। प्रसादजी कवि थे, इसलिए वस्तुविन्यास उनकी विशेषता नहीं है। चरित्रों की सजीवता और बहुरूपता उनका सर्वप्रथम गुण है। व्यक्ति के चित्रों के अंकन में उन्हें अधिक सफलता मिली है। चरित्र-निर्माण-संबंधी उनकी दूसरी विशेषता यह है कि उन्होंने पात्रों में अल.ा व्यक्तित्व-योजना का ध्यान रखा है।

देश और काल का चित्रण करने में प्रसादजी ने पात्रों का प्रयोग किया है। तत्कालीन युगों की सामाजिक और सांस्कृतिक विकासधाराओं का चित्रण प्रसादजी ने किया है। यही कारण है कि उनके नाटक पात्र-बहुल हैं।

उनके सभी नाटक सांस्कृतिक हैं, वे देश की समृद्धि के प्रतिरूप हैं। उनमें केवल यथातथ्य चित्रण नहीं है, वे केवल इतिहास का चित्रण करनेवाले नाटक नहीं हैं, उनका

सांस्कृतिक पक्ष भी है। उनमें वर्तमान और भविष्य की छाया विद्यमान है। कोरे ऐतिहासिक नाटककार के लिए यह कार्य सम्भव नहीं होता। प्रसाद में चरित्र-निर्माण द्वारा भविष्य में भी उनकी छाया फेंकने का सामर्थ्य था। उनके पात्र मृत अतीत के निर्देशक नहीं हैं, वर्तमान के लिए भी वे सन्देश लिए हैं।

इनके नाटकों का कोई एक लक्ष्य या केन्द्र नहीं रहता जिस पर सारी घटनाएँ केन्द्रित हों। ये जीवनी-प्रधान नाटक हैं और प्रत्येक नाटक में एक व्यक्ति के ही नहीं, परन्तु अनेक व्यक्तियों की जीवन-घटनाएँ हैं। इन नाटकों की घटनाएँ उपन्यास का अच्छा विषय बन सकती थीं।

ऐतिहासिक नाटकों के दो प्रतिबंध होते हैं—प्रथम कला-संबंधी और दूसरा इतिहास-सम्बन्धी। यदि कोई नाटककार इन दोनों का सामंजस्य स्थापित कर सकता है, तो वह पूर्णतः सफल ऐतिहासिक नाटककार होगा। नाटकों में व्यापार-संकलन प्रधान कार्य है। ऐतिहासिक नाटकों में समय, स्थान और कार्य-संकलन का बराबर ध्यान रखना पड़ता है, परन्तु प्रसादजी के नाटकों में सर्वत्र ऐसी बात नहीं है। उनके नाटकों में औपन्यासिक गुण अधिक हैं। उपन्यासों का मुख्य कार्य अनेक चरित्रों का वर्णन करना है। इसके अतिरिक्त उपन्यासकार पर समय की परिधि का उतना प्रतिबंध नहीं रहता। नाटक में अनेक स्थान होने से प्रभाव बिखर जाता है। अतः स्थान और घटनाओं का केन्द्रीकरण करने में भी इस प्रकार से पूर्ण सफलता मिलनी कठिन होती है।

प्रसादजी के नाटकों को देखने से यह ज्ञात होता है कि वे दुःखान्त घटना को अपने नाटकों में स्थान नहीं देते। इसका कारण यह है कि भारतीय नाट्य-परंपरा को वे तोड़ नहीं सके। स्कंदगुप्त का सारा उपक्रम विफलता की ओर दौड़ता हुआ दिखाई पड़ता है। स्कंदगुप्त के मार्ग में कठिनाइयाँ इतनी विराट् हैं कि स्कंदगुप्त का चरित्र इन विरोधी परिस्थितियों के समकक्ष खड़ा होकर हमारा दयापात्र बन जाता है। सदैव कठिनाई ही उसके सामने दीखती है और उसकी विजय की आशा नहीं रह जाती। अंतिम अंक में स्कन्द की समस्त आशाओं पर पानी फिर चुका है और उसका समस्त प्रयास विफलता में परिणत हो चुका है, फिर भी प्रसादजी ने अन्तिम दृश्यों में उसकी विजय दिखाई है।

स्कंदगुप्त की विफलता वास्तविक विफलता है। 'स्कंदगुप्त' नाटक में प्रत्येक अंक के बाद उसकी पराजय देखते हुए हमें यह भान नहीं होता कि वह सफल होगा। यह योजना कला की दृष्टि से उत्कर्षमूलक नहीं है। यह हमें उनकी पूर्व की कृतियों में नहीं मिलता, परन्तु यह इतने प्रौढ़ नाटक में मिलता है। इससे सिद्ध होता है कि वे नाटक को सुखान्त बनाना चाहते थे। उन्होंने भारतीयता की रक्षा के लिए ही यह योजना की, भारतीय परंपरा का त्याग वे नहीं कर सके।

प्रसादजी के नाटकों की एक अन्य विशेषता है उन युगों की सामाजिक और दार्शनिक विचारधाराओं के निर्देश करने का दर्शन जिसे प्रसादजी ने सर्वत्र अपने साथ रखने का

प्रयत्न किया है। उनके नाटकों में भी दर्शन है। कहीं-कहीं उनकी दार्शनिकता उनकी नाटकीय कलात्मकता में विघ्न भी उपस्थित करती है, फिर भी उन्होंने उत्कृष्ट दार्शनिक भावना को नहीं छोड़ा। उन्होंने एक ही पौराणिक नाटक 'जनमेजय का नागयज्ञ' लिखा है, किन्तु उसमें भी विशेष प्रकार का दार्शनिक संघर्ष है। 'चन्द्रगुप्त' में चाणक्य और दाण्ड्यायन प्रसादजी के दर्शन को उपस्थित करते हैं। प्रेममूलक दर्शन की अभिव्यक्ति के लिए प्रसादजी ने नारी-चरित्रों का निर्माण किया है। 'अजातशत्रु' और 'विशाख' में बौद्ध दार्शनिकता की झलक मिलती है। 'ध्रुवस्वामिनी' में सामयिक समस्या अर्थात् विच्छेद की समस्या प्रस्तुत की गई है। उनके समस्त नाटकों में बौद्धिक उपक्रम और दार्शनिक अंतर्धारा व्याप्त है।

प्रसादजी के नाटकों का देश-काल पर्याप्त विस्तृत है। किस युग में किन संप्रदायों का उद्‌भव और विकास हुआ; धार्मिक, राजनीतिक, सामाजिक तथा जीवन-संबंधी अन्य परिस्थितियाँ कैसी थीं; इसका पूरा आभास उनके नाटकों में मिलता है। इतिहास के आधार पर ही तत्कालीन संस्कृति का निर्माण होता है। इतिहास के उत्थान के युग में संस्कृति का भी उत्थान होता है और ऐतिहासिक ह्रास के युग में संस्कृति का भी अधःपतन हो जाता है। प्रसादजी ने इतिहास के संपूर्ण स्वरूप को अपनाया है और नाटकीय कला का ध्यान रखते हुए इन सभी ऐतिहासिक अंगों का उल्लेख और संकेत किया है।

प्रसादजी के पात्र देश और काल की भूमि पर दृढ़ रूप से स्थापित प्रतीत होते हैं। उनकी सत्ता ऐकांतिक नहीं है। अतएव प्रसादजी के नाटक हमारी संस्कृति के अध्ययन के लिए भी उपयोगी हो गए हैं। इतिहास से संस्कृति का समन्वय प्रसादजी के नाटकों की प्रमुख विशेषता है। संस्कृति का आभास इतिहास के माध्यम द्वारा देते हुए प्रसादजी ने अपने नाटकों में एक सुन्दर सांस्कृतिक धारा का निर्माण किया है जिससे भारतीय संस्कृति के प्रवाह का परिचय मिलता है। ऐसा करते हुए प्रसादजी ने समय-समय पर परिवर्तित होनेवाली परिस्थितियों की उपेक्षा नहीं की है; वरन् भिन्न-भिन्न नाटकों में सांस्कृतिक स्थितियों का यथार्थ रूप देखते हुए भी उस अंतर्धारा का लोप नहीं होने दिया है जिसे हम भारतीय संस्कृति की विकासोन्मुख धारा कह सकते हैं। प्रत्येक नाटक में प्रसादजी ने मुख्य पात्र या नायक को उस युग की सांस्कृतिक समस्याओं का प्रतीक माना है और उसके माध्यम से नवीन सांस्कृतिक निर्माण की सूचना दी है। यही कारण है कि प्रसादजी के नायक आदर्शवादी हैं। वे भिन्न-भिन्न युगों की सांस्कृतिक स्थिति और विकास के प्रतिनिधिस्वरूप हैं।

प्रसादजी के नाटकों की काव्यात्मकता भी विशेष रूप से उल्लेखनीय है। शैली और वस्तु दोनों में प्रसादजी के नाटकों में काव्यत्व दृष्टिगोचर होता है। उनकी शैली काव्यात्मक है और पात्रों द्वारा कथित संवादों में भी काव्य की प्रमुखता है। उनमें काव्य-भावना की विशेषता है। किसी कथन को सीधे तरह और निरलंकार रूप में कहने की शैली

को प्रसादजी ने नहीं अपनाया। उनके नाटकों में काव्यात्मक वातावरण की पूरी मात्रा रहती है। वर्तमान नाट्य-शैली के अनुसार नाटकों में अधिक से अधिक यथार्थवादिता आवश्यक समझी जाती है। भाषा का स्वरूप भी सामान्य बोलचाल का आभास देनेवाला रहा करता है। प्रसादजी ने अपने नाटकों को यथार्थवादी भूमि पर नहीं रखा, उनकी शैली में चमत्कार तथा काव्यात्मकता है। शैली की विशेषता के साथ ही प्रसादजी के संवाद भी भावात्मक हैं, बौद्धिक नहीं; उनमें कोरी बौद्धिकता, सम्भाषणपटुता या उक्ति-वैचित्र्य नहीं है। इस दृष्टि से यद्यपि उन्होंने अपने नाटकों का माध्यम गद्य ही रखा है, परंतु वह गद्य कवित्व के अधिक समीप है। पाश्चात्य नाटकों में पद्य दुःखान्त सृष्टियों के लिए उपयोगी माना गया है, परन्तु प्रसादजी ने अपने सुखान्त नाटकों में भी इसी पद्धति को अपनाया है। यह प्रसादजी की अपनी विशेषता है।

प्रसादजी के संपूर्ण नाटक मनोवैज्ञानिक आधार लिए हुए हैं। उनका 'कामना' नाटक मनोवृत्तियों की स्वरूपगत विशेषता का उद्‌घाटन और चित्रण करता है।

प्रसादजी के नाटकों में चरित्र-चित्रण प्रधान होने का कारण उसके अंगभूत मनोवैज्ञानिक पक्ष का सुन्दर निरूपण है। आरंभिक नाटकों की अपेक्षा उनके प्रौढ़ नाटक इस विशेषता से अधिक समन्वित हैं। मानव-जीवन के विविध स्वरूपों और पक्षों के प्रतिनिधि रूप में प्रसादजी ने अनेक पात्रों की रचना की है। उनके नाटकों में पात्रों की बहुलता के दो कारण हैं। पहला कारण यह है कि ऐतिहासिक स्थिति का दिग्दर्शन कराने के लिए अधिक पात्रों की आवश्यकता स्वाभाविक थी; और दूसरा कारण यह है कि मनोवैज्ञानिक विशेषताओं का चित्रण करने के लिए पात्रों की बहुलता आवश्यक थी।

इन दोनों कारणों से प्रसादजी के नाटकों में वैविध्य और पूर्णता आ गई है, यद्यपि अभिनय की दृष्टि से यह बहुलता कहीं-कहीं बाधक भी बन जाती है। प्रसादजी ने अपने नाटकों में समय की अवधि बड़ी रखी है। उनके नाटक कई वर्षों की घटनाओं का समावेश करते हैं। इसका कारण यही है कि प्रसादजी इतिहास के चित्रणों को प्रस्तुत करना चाहते थे और साथ ही दीर्घ समय के अन्तर्गत चरित्रों की मनोवृत्ति में होनेवाले परिवर्तनों का निरूपण भी करना चाहते थे। सारांश यह कि प्रसादजी के नाटकों का समस्त स्वरूप इस आधार पर स्थित है कि उसमें देश, काल और पात्र की अनेकविधि-रूपरेखा सरलता से चित्रित की जा सके। थोड़े-से समय और पात्रों के अन्तर्गत नाटकीय गुणों का अधिक विकास सम्भव था, पर प्रसादजी ने अपने लिए वह मार्ग नहीं अपनाया। मुख्यतः मनोवैज्ञानिक चित्रण की अपनी शक्ति का परिचय देने के लिए उन्होंने पात्र-बहुल और समय-बहुल नाट्यसृष्टि की है।

विशेषतः नारी-चित्रण में प्रसादजी की क्षमता प्रकट हुई है। प्रसादजी की नाटकीय नारियों का अनुशीलन करने पर यह बात स्पष्ट हो जाती है कि उन्होंने नारी की आदर्श कल्पना के अतिरिक्त उसकी आकर्षक और विकर्षक, रमणीक और भयावह कल्पना भी प्रस्तुत की है। नारी के चित्रण में प्रसादजी की यह विविधता इसलिए हमारा ध्यान अधिक

आकृष्ट करती है कि उनकी अधिकांश नारियाँ कल्पना-प्रसूत हैं, इतिहास के उल्लेखों में वे प्राप्त नहीं। अतएव वहाँ प्रसादजी की अनुभूति और कल्पना को अधिक खुला क्षेत्र मिला है। दूसरी बात यह है कि उनकी नारी पुरुषों की भाँति वर्गगत प्रतीक या प्रतिनिधि बनकर नहीं आयी। नारियों में वैसा वर्ग-निरूपण नहीं है, जैसे पुरुषों में कोई राजा, कोई सैनिक, कोई संन्यासी और कोई कवि आदि हैं। नारी-मनोविज्ञान और नारी-चरित्र के उद्घाटन में प्रसादजी को पुरुष-चित्रण की अपेक्षा कहीं अधिक सफलता प्राप्त हुई है।

[जयशंकर प्रसाद, 1950]

स्कंदगुप्त

यह मानते हुए भी कि 'स्कंदगुप्त' का वस्तुविन्यास आदर्श वस्तुरचना का उदाहरण नहीं है, और प्रारम्भिक तीन और अंतिम अंकों की धारा समन्वित नहीं हो पाई है, यह कहना होगा कि इस नाटक की कला-क्षमता उनके अन्य नाटकों की अपेक्षा ऊँची है। प्रसादजी ने इसमें कथानक की ऐतिहासिक और राजनीतिक घटनाओं का योग पारिवारिक और व्यक्तिगत जीवन-घटनाओं से करना चाहा है। इसीलिए नाटक के कथानक में इन दोनों घटना-समूहों का पारस्परिक संघात मिलता है। सभी पात्रों का एक पक्ष भारतीय राजनीति के परिवर्तन में देखा जाता है और दूसरा व्यक्तिगत पार्श्वभूमि पर। एक तरह से सारा वस्तुविन्यास दो स्तरों पर चलता है जिससे नाटक में अधिक स्वाभाविकता आई है। प्रसादजी ने कदाचित् यह पहली बार समझा कि कोरी राजनीतिक या ऐतिहासिक घटनाओं को लेकर नाटक में मानवीय मनोभावना की स्वाभाविकता नहीं आ सकेगी; इसीलिए 'स्कंदगुप्त' में पात्रों के सामाजिक जीवन-चित्रण के साथ उनकी वैयक्तिक रुचि और सत्ता को प्रदर्शित किया है। 'स्कंदगुप्त' के वस्तुविन्यास की दूसरी विशेषता यह है कि इसमें कार्य या व्यापार का तत्त्व सम्यक् वेग से आगे बढ़ता है। इस विशेषता द्वारा आदि से अंत तक एक आकर्षण की सृष्टि और निर्वाह हुआ है। कथानक के भीतर अनेक चरित्रों की स्थापना हुई है और वह स्थापना केवल ऐसी नहीं है जो कवि द्वारा ऐतिहासिकता की पूर्ति करने के लिए लाकर रखी गई हो। नाटकीय चरित्र-चित्रण घटनाओं की स्वाभाविक गति के अंतर्गत हुआ है, केवल संवादों या पात्रों की भरती के लिए नहीं।

यद्यपि 'स्कंदगुप्त' के कथानक में भी दो विरोधी घटना-क्रम काम में लाए गए हैं, पर वे घटना-चक्र ऐसे स्थूल रूप में नहीं आए, जैसे 'अजातशत्रु' में। यहाँ पर वर्गगत चरित्रों के साथ-साथ व्यक्तिगत चरित्र-चित्रण की परिपाटी अधिक व्यापक रूप में आई है। भटार्क, शर्वनाग, प्रपंचबुद्धि जैसे खल चरित्रों में भी मनोवैज्ञानिक अंतर अच्छे ढंग से उपस्थित किया गया है। चरित्र-चित्रण में पूर्ण नाटकीय विस्तार और व्यापकता लाई

गई है, काश्मीर से लेकर लंका तक के पात्र इसमें हैं। कवि, सेनापति, धार्मिक चरित्र तथा नारियों की भिन्न प्रवृत्तियों के चित्रण में चरित्रों की विविधता का पूरा प्रवेश है। कुछ पात्र अतिरिक्त पात्र कहे जा सकते हैं, जिनके छोड़ने से नाटक की विशेषता में कदाचित् अधिक अंतर नहीं आता। प्रख्यातकीर्तिं, गोविन्दगुप्त तथा मुद्‌गल को आसानी से छोड़ा जा सकता था। मुद्‌गल नाटक के कथानक के विकास में अपरिहार्य पात्र नहीं है। यदि हास्य लाने के लिए पात्रों की अलग से योजना की जाय, तो कहना पड़ता है कि यह कला की दृष्टि से सुसंगत नहीं है। ब्राह्मणों तथा बौद्धों का झगड़ा नाटक के लिए अधिक आवश्यक नहीं है। प्रख्यातकीर्ति नाटक के कथानक का अभिन्न अंग नहीं है। पहले दो अंकों में घटना-क्रम इतने सुलझे रूप में आगे बढ़ा है कि अंतिम अंकों की शिथिलता खटकने लगती है। दो अंकों में व्यापार का यथेष्ट विकास हो जाता है। तीसरे अंक में भी घटनाओं का प्रभाव बना रहता है। परन्तु चौथे और पाँचवें अंकों में नाटक के उदात्त रूप को बनाए रखने में नाटक की कथा पूर्णतः समर्थ नहीं है। चौथा और पाँचवाँ अंक तो घटनाओं और पात्रों को अंतिम विजय की ओर ले जाने का साधन मात्र है। इतिहास की सत्यता नाटकीय परिपाक का स्थान नहीं ले सकी।

'स्कन्दगुप्त' में भी ऐतिहासिक सत्य को अधिक प्रमुखता दी गई है जिससे नाटक का कला-पक्ष उतना प्रभावशाली नहीं बन पाया। 'स्कंदगुप्त' में चरित्र-चित्रण का आधार विरोध है, पर स्थूल विरोध नहीं। पुरगुप्त और स्कन्दगुप्त एक दूसरे के अकारण विरोधी नहीं हैं। उनके विरोध में चरित्रगत मौलिक विषमता कारण है। उनका विरोध सजीव विरोध है। अनंतदेवी के चरित्र को इस नाटक के नारियों के चरित्र में एक विशेष चरित्र माना जा सकता है। विजया तथा देवसेना के चरित्रों में भी विरोध है। परन्तु परिस्थितियों को इस प्रकार रखा गया है कि इन दोनों का विरोध नाटक में आद्यंत आकर्षक बना रहा है। विजया और देवसेना दोनों के चरित्रों में अलग-अलग आकर्षण है। स्कंदगुप्त जैसा पात्र इन दोनों की ओर स्वल्प या अधिक मात्रा में झुका रहता है और दोनों के बीच चुनाव करने में उसे देर लगती है। यह इस बात की सूचना देता है कि नाटककार के चरित्र-चित्रण में मानव स्वभाव का स्वाभाविक और कलात्मक प्रदर्शन हुआ है। देवसेना तथा विजया के चारित्रिक संघर्ष को दिखाने में नाटककार विशेष सफल हुआ है। इन दोनों पात्रों को भला और बुरा कहकर दो बँधी-बँधाई कोटियों में नहीं रखा जा सकता।

पाश्चात्य नाटकों का वस्तुविन्यास विरोध के आधार पर होता है। विरोध मध्य में चरम सीमा पर पहुँचता है और अंत में उसकी परिसमाप्ति होती है। दुःखान्त नाटक का आरंभ विरोध से हुआ करता है और अन्त दुःख में होता है। विरोध का चरम सीमा पर पहुँच जाना कथानक की परिसमाप्ति का सूचक नहीं होता, वह दुःखांत घटना की ओर मोड़ लेने का परिचायक होता है। इस स्वाभाविकता का पालन दुःखांत नाटक में ही किया जा सकता है।

भारतीय नाटकों में इस प्रकार का क्रम नहीं रखा गया, क्योंकि वे सुखान्त होते

हैं और फलप्राप्ति के लिए उद्योग आरम्भ से होता है। उद्योग का विकास प्राप्त्याशा की ओर से फल की ओर जाता है। सुखान्त नाटक की यही पद्धति है। 'स्कंदगुप्त' नाटक को परिणाम में सुखांत बनाया गया है, पर उसका वस्तुविन्यास दुःखांत नाटक की पद्धति पर रचा गया है। यह वस्तुविन्यास-संबंधी त्रुटि 'स्कंदगुप्त' में स्वीकार करनी पड़ती है।

चन्द्रगुप्त

जहाँ तक चरित्रों के निर्माण तथा नाटकोपयोगी विशेषताओं का प्रश्न है, वहाँ तक 'स्कन्दगुप्त' अधिक सुन्दर कहा जा सकता है। 'स्कन्दगुप्त' में घटनाओं के बीच में संघर्ष की भावना अधिक प्रबल है और ऐसी स्थितियों की योजना की गई है जो अधिक नाटकीय हैं। 'स्कंदगुप्त' को श्रेष्ठता प्रदान करनेवाली दूसरी वस्तु है—चरित्र-चित्रण का व्यक्तिगत पक्ष तथा उसका उत्थान-पतन। घटनाओं का भी पर्याप्त उत्थान-पतन दिखाया गया है। विरोध का तत्त्व 'स्कंदगुप्त' में अधिक प्रमुख रूप से चित्रित हुआ है।

इसके विपरीत 'चन्द्रगुप्त' नाटक में, चाणक्य के महाकाव्योचित व्यक्तित्व के कारण विरोध-पक्ष बहुत कुछ दुर्बल हो गया है। नाटक तथा महाकाव्य में स्वाभाविक अंतर है। नाटक में उत्थान-पतन को अधिक स्थान मिलता है तभी उसकी नाटकीयता प्रस्फुटित होती है। इस दृष्टि से 'चन्द्रगुप्त' में महाकाव्य का औदात्य अधिक है, नाटक का संघर्ष कम। उसके नायक चाणक्य तथा चन्द्रगुप्त परिस्थितियों से ऊपर उठे हुए हैं जिससे संघर्ष का पूरा विकास नहीं हो पाता है। अलक्षेन्द्र की रणनीति और वीरता भी इस नाटक में पूर्ण रूप से प्रस्फुटित नहीं हो पाई है।

इस नाटक का कथानक वर्षों का समय ले लेता है। यह भी महाकाव्य के अनुकूल वस्तुविन्यास कहा जा सकता है। वीररस प्रधान नाटकत्व 'चन्द्रगुप्त' में उपस्थित हुआ है। इसमें स्थितियों का वास्तविक वैषम्य नहीं है। ऐसी घटनाएँ नहीं हैं जो हमारी दृष्टि को निर्णय के संबंध में उलझाए रखें। 'स्कंदगुप्त' में यह विशेषता पूरी मात्रा में आई है।

'चन्द्रगुप्त' नाटक में चरित्रगत वैविध्य नहीं है, जैसा कि 'स्कंदगुप्त' में है। 'स्कंदगुप्त' में एक दार्शनिकतामिश्रित वीरत्व पाया जाता है जो अधिक नाटकीय है। चन्द्रगुप्त के चरित्र में वीरत्व और कोरा वीरत्व है। उसमें किसी प्रकार की मनोवैज्ञानिक और नाटकीय अभिसंधि के लिए स्थान नहीं है। 'चन्द्रगुप्त' की वस्तु-योजना 'स्कंदगुप्त' की अपेक्षा अधिक शिथिल है। 'चन्द्रगुप्त' में काल-संकलन का अभाव खटकता है। 'चन्द्रगुप्त' का-सा प्रत्येक अंक में नया वस्तुविन्यास 'स्कंदगुप्त' में नहीं है। वहाँ घटनाएँ लक्ष्य की ओर समगति से आगे बढ़ती हैं। वस्तु का समुचित विभाग और संधियों की योजना 'स्कंदगुप्त' में अधिक स्पष्ट रूप में हुई है।

'चन्द्रगुप्त' नाटक में नायिका का प्रश्न भी जटिल रह गया है। कार्नेलिया नाटक

के आरम्भ में आकर अंत में बस एक बार अपने दर्शन देती है। नायिका को नाटक में जो प्रमुखता मिलनी चाहिए, वह उसे नहीं मिल पाई। 'चन्द्रगुप्त' में प्रमुखता अलका की है। नायिका की जो क्रमानुगत परिभाषा है, उसके अनुसार कार्नेलिया को नायिका मानना पड़ेगा। कल्याणी समस्त नाटक में पर्याप्त दूरी तक नाटक की सम्भावित नायिका बनने का उपक्रम करती हुई दिखाई देती है, किंतु न जाने क्यों वह सहसा आत्महत्या कर लेती है। कल्याणी के चरित्र-चित्रण के आधार पर उसकी आत्महत्या अस्वाभाविक-सी प्रतीत होती है। ऐसा ज्ञात होता है कि यह केवल कार्नेलिया के नायिका पद को स्थापित करने का प्रयास है। कल्याणी और कार्नेलिया के चरित्रों में एक ही चरित्र को दो भागों में विभाजित करने का-सा कृत्रिम प्रयत्न किया गया है। ऐसा प्रतीत होता है कि नाटककार के सम्मुख स्वयं एक समस्या थी, जिसका निर्णय वह संतोषजनक रीति से नहीं कर पाया।

चाणक्य के जीवन में उसकी अतिमानवीय बौद्धिकता के साथ उसकी प्रेमवृत्ति को प्रदर्शित करने का प्रयोग भी किया गया है। इन विरोधी प्रकृतियों के बीच स्वाभाविक और कलात्मक सामंजस्य पूरी तरह स्थापित नहीं हो पाया। राक्षस का चरित्र भी 'मुद्रा राक्षस' के राक्षस की समकक्षता पर चित्रित नहीं हुआ है। अलक्षेन्द्र, नंद या राक्षस इन तीनों के बीच प्रतिनायकत्व किसको दिया जाय, यह प्रश्न भी अनिश्चित-सा है। यदि अलक्षेन्द्र को प्रतिनायक माना जाय, तो वह तीसरे अंक के अंत में प्रयाण कर जाता है। नन्द केवल चतुर्थ अंक तक रहता है। नाटक के अन्त तक वह भी नहीं चलता। कदाचित् इसी समस्या को सुलझाने के लिए प्रसादजी ने अलक्षेन्द्र के प्रतिनिधि सिल्यूकस द्वारा अलक्षेन्द्र की स्मृति जागृत रखने की चेष्टा की है। राक्षस का विरोधी चरित्र उतनी प्रमुखता पर नहीं आ पाया है कि उसे नाटक का प्रतिनायक कहा जा सके। नन्द की भी यही स्थिति है और अलक्षेन्द्र भी प्रतिनायक की परिभाषा पूरी नहीं करता। वास्तव में 'चन्द्रगुप्त' चरित्र-प्रधान नहीं, काव्योपजीवी नाटक है। उसमें भावप्रवणता का पक्ष मुख्य है। उसमें 'स्कंदगुप्त' की भाँति अनेक चरित्रों, परिस्थितियों और अनेक रसों का योग नहीं है। 'चन्द्रगुप्त' में वीररस का आद्यंत प्रवाह है। 'स्कंदगुप्त' में पराजय और करुणा का वातावरण दूर तक व्याप्त है। 'चन्द्रगुप्त' में ऐसा नहीं है। विजया, देवसेना, जयमाला के आने से 'स्कंदगुप्त' में श्रृंगार रस का अच्छा वातावरण तैयार हुआ है। 'चन्द्रगुप्त' नाटक में अलका का संबंध नाटक के नायक से नहीं, उपनायक से है और चन्द्रगुप्त के नाटकीय जीवन में ऐसे अवसर कम हैं जिनमें वह श्रृंगारिक भावना का आलम्बन बनकर आया हो। अलका भी आदि से अंत तक वीर नारी के रूप में ही चित्रित हुई है।

सुवासिनी के आने से 'चन्द्रगुप्त' नाटक में श्रृंगार रस की सृष्टि हुई है, पर यह रस नाटक की मुख्य भूमि पर नहीं आया है। 'स्कंदगुप्त' में श्रृंगार, वीर, करुण रस नाटक की मुख्य भूमि पर आ जाते हैं।

किसी भी अच्छे नाटक के लिए यह दोष ही है कि नायिका की स्थिति सुव्यवस्थित न होने पाए। नाटक के पूरे प्रवाह में प्रमुख पात्रों का संस्थान होना चाहिए। यदि ऐसा नहीं होता तो किसी पात्र की सापेक्षिक प्रमुखता में संदेह हो जाता है। प्रकरी और पताका के अन्तर्गत प्रासंगिक कथाएँ आ सकती हैं, पर मुख्य कथा आदि से अन्त तक बनी रहनी चाहिए। यदि मुख्य पात्र 'प्रकरी' और 'पताका' अंशों में लाकर वहीं समाप्त कर दिये जायँ तो वह नाट्य-वस्तु की त्रुटि ही कही जाएगी।

'चन्द्रगुप्त' के चार अंकों में प्रत्येक अंक एक ही स्थान पर केन्द्रित हो गया है। एक अंक को एक स्थान पर केंद्रित करने की पद्धति के कारण कुछ पात्रों की उद्भावना उसी अंक में होती है और अन्त भी उसी अंक में होता जाता है। नाटक-संविधान में यह व्यवस्था त्रुटिरहित नहीं कही जा सकती।

प्रसादजी अपने नाटकों के वस्तुविन्यास पर पूर्ण अनुशासन नहीं कर पाए हैं। यह त्रुटि कवि-नाटककार प्रसाद के लिए अधिक आश्चर्यजनक नहीं। वस्तुसंघटन का कार्य प्रसाद की मुख्य विशेषताओं में नहीं आता। प्रसाद का वस्तुविन्यास पूर्णतः कलात्मक और निर्दोष नहीं बन पाया।

ध्रुवस्वामिनी

'ध्रुवस्वामिनी' को प्रसादजी ने नये प्रयोग के रूप में लिखा है। यह उनकी सामान्य नाट्यकला का अन्तिम विकास नहीं है। उनके नाटकों की मुख्य विशेषता 'चन्द्रगुप्त' और 'स्कंदगुप्त' में आकर अपनी सीमा पर पहुँच गई है।

'ध्रुवस्वामिनी' में नवीन शैली का प्रयोग है। प्रसादजी पर आरोप किया जा रहा था कि उनके नाटक काव्यरूपक हैं। उनके संवादों में कृत्रिमता का आरोप किया जाता था। यह कहा जाता था कि उनके संवादों में चमत्कार, वाग्वैदग्ध्य और जवाब-सवाल की कमी है। यथार्थवादी लोगों ने इसे अवगुण माना है। यद्यपि प्रसादजी ने अपनी शैली का निर्माण कर लिया था, परन्तु वे नवीन सृष्टि की योजना से विमुख नहीं थे। 'ध्रुवस्वामिनी' में उन्होंने यथार्थवादी संवाद, रंगमंच और प्रणाली अपनाई है। कथोपकथन स्वाभाविकता के अधिक समीप है। इसमें पाश्चात्य रीति से चमत्कार-प्रधान रचना का उपक्रम किया गया है।

आज के नये नाटकों में समस्या की प्रमुखता रहती है। ये नाटक प्रधानतः बुद्धिप्रधान होते हैं। समस्त उपक्रम किसी एक समस्या का सर्वांग चित्रण करने का रहा करता है। बर्नार्ड शॉ के अनेक नाटक किसी एक समस्या को लेकर चलते हैं। यही वस्तु हमें 'ध्रुवस्वामिनी' में प्रेरणा के रूप में दिखाई देती है। परन्तु 'ध्रुवस्वामिनी' का स्वरूप समस्या-नाटक के स्वरूप से भी भिन्न है।

वास्तविक समस्या-नाटक में केवल एक घटना द्वारा समस्या का चित्रण नहीं किया

जाता। प्रसाद के 'ध्रुवस्वामिनी' नाटक में समस्या है अवश्य, किन्तु वह नाटक समस्या-नाटक नहीं है। समस्या-नाटक का बौद्धिक होना पहली शर्त है और नाटक की सारी विचारधारा किसी एक समस्या को केन्द्र बनाकर चलती है। समस्या-नाटककार विशुद्ध दार्शनिक या विचारक कलाकार हुआ करता है। प्रसादजी विचारक के रूप में उपस्थित नहीं हुए हैं। प्रत्येक बड़ा लेखक अपनी स्वतंत्र शैली बनाता है। वह क्रमशः प्रौढ़ होती है और प्रौढ़तम रचना उसकी प्रतिनिधि रचना कही जाती है। 'ध्रुवस्वामिनी' में प्रसादजी ने एक नया प्रयोग किया है। वह उनकी अन्तिम रचना है, परन्तु उनकी श्रेष्ठतम कृति नहीं।

[जयशंकर प्रसाद, 1950]

प्रसाद के नाटक : मूल्यांकन

प्रसाद के नाटक हमारे नाट्यइतिहास में सम्मानित स्थान के अधिकारी हैं। अपने पीछे चली आती पारसी रंगमंच की परंपरा और भारतेन्दुयुगीन नाट्यकला की पृष्ठभूमि पर उन्होंने जो विशिष्ट निर्माण-कार्य किया, उसकी विकास-प्रक्रिया उनके नाट्यइतिहास में अंकित है। डी.एल. राय ने उन्हें नई दिशा का संकेत दिया, जिससे हिंदी-संसार उस समय तक अपरिचित था और उनकी प्रकृति-प्रदत्त स्वच्छंद तथा मौलिक चिंतन-प्रवृत्ति ने हिंदी नाट्यजगत् को एक नये मोड़ पर ला खड़ा किया।

प्रसाद की नाट्यकला के विकास में तीन सोपान स्पष्ट परिलक्षित होते हैं। प्रथम सोपान में परंपरागत नाट्यपद्धति का प्रभाव, पौराणिक आख्यानों के प्रति रुचि, भारतेन्दु-शिल्प की छाप एवं गद्य-पद्य-मिश्रण की रूढ़ि के पालन का प्रयास स्पष्ट है। इन आरंभिक नाटकों में प्रसाद अपनी निर्माणावस्था में हैं। ये नाटक चरित्र-चित्रण एवं मनोवैज्ञानिक अन्तर्द्वन्द्व को प्रधानता नहीं देते, रस का आग्रह अधिक करते हैं। प्रख्यात पौराणिक कथा को नाटकीय-रूप देकर दर्शकों के मन में रसानुभूति की आह्लादक सृष्टि एवं भारतीय संस्कारजन्य भावुकता का उपयोग कर आदर्शवादी मान्यताओं की स्थापना इनका उद्देश्य है। भावात्मक अभिव्यक्ति के लिए अनुरूप वातावरण की सृष्टि और काव्यात्मक शैली का उपयोग भी किया गया है।

नवीन नाटकीय धारा गद्य एवं पद्य को अलग-अलग करके चली। बौद्धिक प्रभावान्विति उसका लक्ष्य हो गई। आधुनिक नाटक व्यंग एवं वाक्पटुता का आग्रह करने लगा। भारतेन्दु-युग के भावात्मक कथनोपकथन के स्थान पर सबल पुष्ट गद्य का आग्रह चमत्कारपूर्ण उक्तियों के निर्वाह के लिए किया जाने लगा। भारतेन्दु की पद्य-शैली, जिसमें भावना-विशेष को अनावश्यक संवेदना की सीमा तक खींचा जाता था, धीरे-धीरे परित्यक्त होने लगी। जब पारसी रंगमंच पर चमत्कार-प्रधान अनुप्रास-गर्भित भाषा-शैली का प्रभाव बढ़ गया, तब नाटक के साहित्यिक स्तर को क्षति

पहुँची। अर्द्ध-शिक्षित समाज की निम्न अभिरुचि की परितृप्ति के लिए अलंकार-सज्जा और दृश्य-विधान की अस्वाभाविक चकाचौंध किसी भी साहित्य के गौरव का विषय नहीं हो सकती। नाट्यकला की ऐसी असाहित्यिक अवस्था में प्रसाद के आरंभिक नाटक लिखे गए। प्रथम सोपान के इन नाटकों में भी प्रसाद की मौलिक वृत्ति का आभास स्पष्ट मिलता है। भारतेन्दु-युग में पद्य-कथ्य था, वह गेय नहीं था। प्रसादजी ने उसे गेय बनाया। संस्कृत-नाटकों में प्रसंग को अधिक भावमय बनाने के लिए पद्य का प्रयोग होता था, जिसको पारसी रंगमंच ने अपने साँचे में ढालकर एक असाहित्यिक स्वरूप दे दिया था। प्रसादजी हिंदी-नाट्यइतिहास में यह सांस्कृतिक धारा फिर से लाए। आरंभ के कुछ नाटकों में पारसी रंगमंच की हल्की छाप प्रसाद पर भी दिखाई देती है; किंतु उसे महत्त्व नहीं दिया जा सकता।

प्रसाद की नाट्यकला का द्वितीय सोपान उन पर पड़े डी.एल. राय एवं पाश्चात्य नाट्यपद्धति के प्रभाव से निर्मित है। इस काल के नाटकों में अन्तर्द्वन्द्व को महत्त्व दिया गया। दूसरी महत्त्वपूर्ण योजना नाटकों में विशेष प्रकार की राष्ट्रीय भावना के उद्बोधन की चेष्टा है। तीसरी विशेषता स्वच्छंदतावादी सौंदर्य-चित्रण है, जिसके प्रयोग से कतिपय नाटक आकर्षक बन गए हैं। डी.एल. राय ने भी इतिहास को अपनाया था; किंतु उन्होंने प्राचीन कथाओं को उतना नहीं अपनाया जितना मध्यकालीन घटनाओं को। डी.एल. राय ने 'चंद्रगुप्त' नाटक 1909 में लिखा था, जबकि प्रसाद ने नाट्यरचना आरंभ नहीं की थी। डी.एल. राय ने पश्चिमी नाटकों से बहिर्द्वन्द्व एवं अन्तर्द्वन्द्व के तत्त्वों को लिया, जिनका भारतीय नाट्यशास्त्र में उल्लेख ही नहीं था। पात्रों के मन में उठनेवाली परस्परविरोधी भावनाएँ अन्तर्द्वन्द्व की सृष्टि करती हैं। जीवन-पथ पर संकल्प-विकल्प के झोंके खाकर जो कशमकश की स्थिति आती है, वही अन्तर्द्वन्द्व है। डी.एल. राय ने पश्चिम के इस नाटकीय चमत्कार उत्पन्न करनेवाले प्रयोग को अपने साहित्य में मान्यता दी। डी.एल. राय से प्रभावित होकर प्रसाद ने नाटकों के अन्त में सुख-दुख का विचित्र संयोग उपस्थित करने की मौलिक सूझ का परिचय दिया। यह नाटकीय वस्तु-योजना की चरम सीमा पर होनेवाला अन्तर्द्वन्द्व स्पष्ट ही आन्तरिक संकल्प-विकल्प की सूचना देता है। 'अजातशत्रु' नाटक में प्रसादजी ने यह कुशलतापूर्वक नियोजित किया है। हम निर्णय नहीं कर पाते कि बिम्बसार नाटक के अन्त में दुखी है या सुखी। रस-योजना की अपेक्षा यह मनोवैज्ञानिक प्रयोग हमें अधिक आकर्षित करता है। स्कंदगुप्त का चरित्र भी अन्तर्द्वन्द्व से परिपूरित है। वैराग्य एवं कर्त्तव्य के द्वन्द्व में लपेटकर नायक का चरित्र खूब उभारा गया है। चाणक्य तक का चरित्र भी प्रेम और राजनीति के द्वन्द्व की कहानी है, यद्यपि चाणक्य-जैसे स्थिर पात्र के जीवन में द्वन्द्व-जैसी वस्तु का प्रवेश विचित्र-सा लगता है।

बहिर्द्वन्द्व की योजना में घटनाओं का आकस्मिक संघर्ष दर्शाया जाता है। पश्चिम में नाटक की यह परिभाषा ही है कि नाटक एक गतिशील और संघर्ष-प्रधान काव्य-सृष्टि

है। भाग्य के विरुद्ध अथवा अन्य किसी शक्तिशाली पात्र के विरुद्ध उठ खड़े होनेवाले नायक के संघर्षमूलक उतार-चढ़ाव का चित्रण पाश्चात्य नाटकों की आधारशिला है। इसके अभाव में पश्चिमी नाट्यशास्त्र के अनुसार नाटक की कल्पना भी नहीं की जा सकती। बहिर्द्वन्द्व का अर्थ केवल यही नहीं कि घटनाओं का संघात दिखाया जाय; किंतु इसके अन्तर्गत पात्र एवं घटना की समन्वयात्मक प्रतिक्रिया या सूक्ष्म उल्लेख भी आवश्यक है। वाह्य संघर्ष एक प्रकार से चरित्र-निर्माण या चरित्र-चित्रण की प्रमुख योजना है, जिसके द्वारा नाटक में गतिशीलता आती है और नाटक की रूपरेखा विशेष आकर्षक हो उठती है। अन्त तक हम परिणाम से अपरिचित बने रहते हैं और इस प्रकार जिज्ञासा एवं कौतूहल की कलापूर्ण सुरक्षा होती है। डी.एल. राय के ये नाट्यादर्श हमारे साहित्य में प्रसादजी के माध्यम से आए। प्रसाद की नाट्यकला के विकास का यह द्वितीय सोपान डी.एल. राय एवं पाश्चात्य नाटकों की आंशिक प्रेरणा का परिणाम है। 'अजातशत्रु' की रचना-तिथि तक यह द्वितीय सीमा-रेखा खींची जा सकती है।

प्रसाद के नाट्यविकास का तृतीय एवं अन्तिम सोपान मूलतः शैलीनिष्ठ एवं मनोवैज्ञानिक है। यह उनकी नाट्यकला का प्रौढ़काल है। इसमें दो धाराएँ स्पष्ट दिखाई पड़ती हैं—एक तो 'स्कंदगुप्त' और 'चंद्रगुप्त'-जैसे आदर्शवादी नाटकों की रचना और दूसरे यथार्थवादी चित्रांकन, 'ध्रुवस्वामिनी' एवं 'एक घूँट' जिसके उदाहरण हैं। यह पक्ष प्रसादजी के शैली-प्रयोग से संबंधित है। इसी काल में प्रसाद ने सूक्ष्म मनोवैज्ञानिक कलात्मकता का परिचय भी दिया है, जो महत्त्वपूर्ण है। 'कामना' और 'एक घूँट' को अन्योक्तिप्रधान नाटक (Allegorical Plays) के साँचे में ढालकर यह कार्य किया गया है। यहाँ प्रसाद एक मौलिक नाट्यशिल्पी के रूप में हमारे सामने आते हैं। इस स्थल पर पहुँचकर उनकी विशिष्ट नाट्यशैली अपना स्थान अलग बना लेती है; किंतु फिर भी प्रसादजी की स्वाभाविक नाट्यपद्धति के प्रतिनिधिस्वरूप 'स्कंदगुप्त' और 'चंद्रगुप्त' नाटक ही रखे जा सकते हैं। प्रसाद ने अपने ऊपर पड़े प्रभावों को अपने व्यक्तित्त्व में इस भाँति से जोड़ लिया था कि वे बाहरी तत्त्व बिलकुल स्वाभाविक एवं प्रसाद के अपने मौलिक चिन्तन के परिणाम ज्ञात होते हैं।

इतिहास की घटनाओं का अनुवर्तन करने में पूर्ण स्वतंत्रता का उपयोग नाटककार नहीं कर सकता। प्रसाद की प्रतिभा इसी कसौटी पर कसी जाकर निखरी। उन्होंने इतिहास का बंधन स्वीकार करते हुए ऐसे पात्रों और चरित्रों की योजना की, जो शत-प्रतिशत ऐतिहासिक नहीं हैं। नाटकीय पात्रों में व्यक्तित्व-स्थापना या चरित्र-निरूपण का यह प्रयत्न हिंदी-नाटकों के विकास की एक ऐसी कड़ी है, जो प्रसादजी को असाधारण महत्त्व प्रदान करती है।

स्वतंत्र नाटककार की हैसियत से प्रसाद की पहली विशेषता है उनका काव्यत्व। उनका कवि-व्यक्तित्व उनकी सारी कृतियों में उपस्थित है। वाक्यावलियों में 'प्रसाद-शैली' कुछ ऐसी गहरी छाप से चिन्हित है कि भ्रम की संभावना ही नहीं रहती। उनके संवादों

का अपना स्वतंत्र व्यक्तित्व है, जो किसी अन्य नाटककार की कृति में नहीं मिलता। उनके चरित्रों की सृष्टि, विशेषकर उनका नायक प्रसादजी के कवि-जीवन के आदर्शों का प्रतिनिधि है। उनके नाटकों का साँचा काव्यात्मक है और इसलिए काव्यत्व-प्रधान भाषा और गद्य-गीत शैली के संवादों की रचना उनके लिए साधारण वस्तु बन गई है।

उनके नाटकों की दूसरी विशेषता उनकी राष्ट्रीय एवं सांस्कृतिक चेतना है। सांस्कृतिक उत्कर्ष की साधना को दृष्टि-पथ में रखकर निर्मित हुआ उनका साहित्यिक उत्साह, उनकी नाट्यकृतियों में अनोखी ऊँचाइयों तक पहुँच गया है। 'चंद्रगुप्त' नाटक में बहुत-से पात्रों का निर्माण उस काल के सांस्कृतिक जीवन की सर्वांगीण प्रतिष्ठा की दृष्टि से किया गया है। फिर भी उन्होंने संस्कृति के नाम पर परंपरा का गुणगान अंधश्रद्धा से नहीं किया। सभी स्थलों पर उसे ऐतिहासिक आधार पर स्थापित करके ही स्वीकार किया है। उनके 'ध्रुवस्वामिनी' नाटक में विवाह-विच्छेद पर उनका दृष्टिकोण उन्हें स्पष्ट रूप से संस्कृति का सजग द्रष्टा घोषित करता है।

प्रसाद का तीसरा गुण है उनका ऐतिहासिक अध्ययन, और इस विषय में उन्होंने अपने समकालीन कलाकारों को बहुत पीछे छोड़ दिया। इंद्र को सर्वप्रथम ऐतिहासिक सम्राट् के रूप में उपस्थित करते हुए वे एक नाटक लिख रहे थे; किंतु उनके असामयिक निधन से यह कृति पूरी नहीं हो सकी। इतिहास की विवादास्पद समस्याओं को सुलझाने का उनका प्रयास सराहनीय रहा है।

उन्होंने संस्कृति को विभिन्न मानवीय अर्जन का समन्वय माना, जो कोई स्वतंत्र पदार्थ नहीं; किंतु विभिन्न क्षेत्रों में अर्जित मानव-श्रम का नवनीत है। उनका कथन था कि भारतीय जीवन का आशावादी रूप समन्वय की भित्ति पर आधारित होकर ही इतना उन्नत हो सका है। अतः जातीय जीवन के विभिन्न पहलुओं को एक विराट् चित्र-रूपक देकर उपस्थित करने का आग्रह उनके नाटकों में दिखाई देता है। जीवन के सभी क्षेत्रों के उल्लेख का यह प्रयास जहाँ सांस्कृतिक प्रतिबिम्ब-दर्शन का श्रेय लेता है, वहाँ रेखा-चित्रों और रंगों के विनिमय का व्यापार नाट्यवस्तु को अतिशत शोभावान् और आकर्षक बना देता है; किंतु इससे कभी-कभी नाटक की कथावस्तु पर औपन्यासिक रंगत चढ़ जाती है। वस्तु-संकलन की सीमा का अतिक्रमण इसी प्रक्रिया का परिणाम है।

प्रसादजी एक मनोवैज्ञानिक शिल्पी थे, उन्होंने चरित्र-निर्माण के क्षेत्र में असाधारण कलात्मक सौष्ठव का परिचय दिया। उनका उत्कर्ष इसी क्षेत्र में है और यह निर्विवाद है कि हिंदी-साहित्य में दूसरा कोई लेखक ऐसी सृष्टि में समर्थ नहीं हो सका। नाट्य वस्तु का निर्माण करने में कहीं-कहीं वे भटक गए भी प्रतीत होते हैं। इसका कारण इतिहासों के वे इतिवृत्तात्मक और अनाटकीय प्रसंग हैं, जिन्होंने प्रसाद के कथा-प्रवाह में बार-बार बाधा डाली होगी। साथ ही उनकी सांस्कृतिक दृष्टि के पथ पर लगी हुई

विभिन्न समूहों, धर्मों एवं वर्गों के प्रतिनिध-पात्रों की भीड़ ने भी उन्हें बहुत उलझन में डाला होगा। इतिहास के विशाल चित्रपटल पर सामयिक प्रेरणा के फलस्वरूप साहित्यिक चित्र खींचना अपने-आपमें जितना बड़ा कार्य है, उसे देखते हुए हम वस्तु कौशल के सर्वांगीण निर्वाह की कमी को क्षम्य मान सकते हैं।

श्रेष्ठ नाटक में वस्तु, नेता एवं रस का समन्वय होना चाहिए। यह नाटक का आदर्श है, जिसके समीप पहुँचने की साधना ही नाटककार का साहित्यिक श्रम है। प्रसाद का सबल पक्ष चरित्र-निर्माण का है। उन्होंने इस क्षेत्र में अपनी अद्वितीय साहित्यिक प्रतिभा का परिचय दिया है। उनकी चरित्र-सृष्टि में स्थिर तथा चल दोनों प्रकार के प्रतिनिधि हैं। स्थिर चरित्रों के गुणों का उभार बदलती हुई परिस्थितियों या प्रक्रिया के फलस्वरूप होता है; किंतु चल-चरित्रों में सीधे घात-प्रतिघात की आवश्यकता होती है। पात्रों की मनोभावना अपने परिस्थिति-चक्र से संघर्ष करती है और इस प्रकार इस विरोध से उनकी चरित्रगत विशेषताओं में निखार आता है। ऐसे पात्र जीवन-संग्राम के कर्मठ सैनिक होते हैं, जिनका क्षत-विक्षत शरीर भी हमारी प्रशंसा पर अनायास अधिकार कर बैठता है। नाटकों की पुरानी सृष्टियों में सद्वृत्त पात्र कभी दुश्चरित्र होते नहीं दिखाए गए हैं। दुश्चरित्रों को सद्वृत्तिसम्पन्न बनाने की योजना भी कम ही है।

प्रसाद के नाटकों में देव-असुर एवं मानव तीनों श्रेणी के पात्र हैं। देवपात्र एवं राक्षस-पात्र अपरिवर्तनशील हैं। उनके चरित्रों के विविध पहलू ही प्रकाश में आते हैं; किंतु चरित्र-रेखाओं की मर्यादा नहीं टूटती। मानव-मात्र परिस्थितियों के द्वारा अवश्य अपरिवर्तित होते हैं; किंतु इस प्रकार के चरित्र-परिवर्तन की योजना में प्रसाद के आदर्शवादी कलाकार का हाथ है, क्योंकि वे दुर्वृत्ति-सम्पन्न पात्रों की सुधार-योजना के विषय में सचेष्ट एवं जागरूक हैं।

प्रसाद द्विजेन्द्रलाल राय की भाँति मध्ययुगीन सामंती परकोटे में ही घिरकर नहीं रह गए, उन्होंने सुदूर अतीत के पात्रों को अपनी पैनी दृष्टि से परखा और उन युगों की समस्त सामाजिक एवं वैचारिक क्रांतियों के साथ उन्हें हमारे समक्ष प्रस्तुत किया। इतिहास से संस्कृति का ऐसा अपूर्व मणि-कांचन संयोग हमें अन्यत्र नहीं मिलेगा। प्रत्येक नाटक में प्रसाद का मुख्य पात्र भारतीय संस्कृति की विकासोन्मुख धारा का प्रतीक है। वह उस युग की सांस्कृतिक समस्याओं का प्रतिनिधि है, जिसके माध्यम से नवनिर्माण की सूचना प्रसाद हमें देते हैं।

प्रसादजी के नाटकों में मनोवैज्ञानिक रहस्योद्घाटन भी एक विशेष महत्त्व रखता है। 'कामना' की रचना उनकी इस रुचि की परिचायक है, जिसमें संतोष एवं विवेक का व्यक्तीकरण करके घटना विरोध एवं नाट्यसुलभ संघर्ष द्वारा इन वृत्तियों का उत्कर्ष दिखाया गया है। मनोवृत्तियों को प्रतीकात्मक आवरण में उपस्थित करके सुलझाने का प्रसाद का यह प्रयास संस्कृत के 'प्रबोध चंद्रोदय' नाटक की उपदेशात्मक शैली से कहीं

अधिक विकसित और नाटकीय है।

प्रसाद के कुछ आधुनिक समीक्षकों ने उनके नाटकों की त्रुटियाँ खोजने में बड़ा परिश्रम किया है। त्रुटिहीन नाट्यरचना कलाकार का आदर्श है, जिसके समीप पहुँच सकने की साधना से उसका साहित्यिक मूल्यांकन होता है। प्रसादजी के ये नवीन उत्साही समीक्षक भी इतना तो अवश्य ही स्वीकार करेंगे कि अपने विशिष्ट नाट्यादर्श के समीप पहुँचने की साधना में प्रसादजी ने तत्कालीन समस्त लेखकों को बहुत पीछे छोड़ दिया था। इन समीक्षकों में लक्ष्मीनारायण मिश्र की समीक्षा इसलिए विशेष महत्त्व रखती है कि वह एक नाटककार के संबंध में दूसरे विशिष्ट नाटककार की धारणाओं को व्यक्त करती है। मिश्रजी ने प्रसादजी पर कुछ आक्षेप किए हैं, जिनकी परीक्षा करना आवश्यक है। प्रसाद पर मिश्रजी का मुख्य आक्षेप यही है कि उनके नाटक भारतीय परंपरा के नाटक नहीं हैं, वे स्वच्छंदतावादी पश्चिमी नाटकों के आदर्श से प्रभावित हैं। मिश्रजी की दृष्टि में प्रसादजी के नाटक कालिदास एवं भास की अपेक्षा शेक्सपियर के अधिक समीप हैं। इसका स्पष्टीकरण करते हुए उन्होंने यह तर्क उपस्थित किया है कि भारतीय नाट्यशैली नायक को धीरोदात्त बनाकर चलती है। वह एक आदर्श पात्र होता है, जिसमें सभी जातीय गुणों का समावेश रहता है; किंतु प्रसादजी के नायक इस कसौटी पर खरे नहीं उतरते। दूसरा आक्षेप यह है कि प्रसादजी की प्रेम-कल्पना अभारतीय है। उनकी नायिकाएँ एवं अन्य पात्रियाँ प्रेम की एक स्वच्छंदतावादी अनियंत्रित कल्पना के आवेश में कार्य करती हैं। उनका प्रेम आदर्श भारतीय नारी का प्रेम नहीं है।

मिश्रजी का तीसरा आक्षेप यह है कि प्रसाद के नाटकों में आत्महत्याओं का प्राबल्य है। अनेक अवसरों पर हत्या होती है, जो कि प्रसादजी की मानसिक दुर्बलता का संकेत देती है। आत्महत्या की योजना भारतीय पद्धति के अनुकूल नहीं है। इन तर्कों को उपस्थित करके मिश्रजी ने यह निष्कर्ष निकाला है कि प्रसाद के नाटक पूर्णतः अभारतीय हैं और उनके समीक्षकों द्वारा दिए गए भारतीय संस्कृति के उन्नायक के गौरव-पद के वे अयोग्य हैं। भारतीय नाट्यपद्धति के विरुद्ध उन्होंने अपनी नाट्यरचना की है और वे एक विकृत संस्कृति की प्रतिष्ठा करना चाहते हैं।

यदि ध्यानपूर्वक देखा जाय, तो ये चारों आक्षेप वस्तुतः एक ही ओर संकेत करते हैं और प्रसाद के नाटकों पर अभारतीय परंपरा एवं अभारतीय आदर्शों का लांछन लगाते हैं। मिश्रजी का मुख्य आरोप प्रसादजी की नाट्यशैली पर है और इसके विपरीत मिश्रजी स्वयं ही अपने नाटकों को पूर्णतः भारतीय परंपरा में समाहित एवं भारतीय आदर्श-सम्पन्न विज्ञापित करते हैं। मिश्रजी के कथनानुसार भारतीय संस्कृति और भारतीय नाट्यपद्धति की जैसी शुद्ध और यथार्थ धारणा उनकी है, वैसी प्रसाद की नहीं।

प्रश्न उठता है कि भारतीय संस्कृति क्या है? मिश्रजी कहते हैं कि वह कल्पना एवं स्वच्छंदता की अपेक्षा आदर्श एवं कर्त्तव्य को प्रधानता देती है। भावों में संयम भारतीय नाट्यकला का एक विशिष्ट गुण है, जिसे प्रसादजी ने कहीं नहीं दिखाया। उनके सभी

पात्र उच्छृंखल हैं। इस प्रकार एक बहुत बड़े सिद्धांत को लेकर मिश्रजी ने प्रसाद के नाटकों पर आक्रमण किया है।

प्रश्न उठता है कि संस्कृति विकासोन्मुखी वस्तु है अथवा स्थिर वस्तु। भारतीय नाट्यशैली भी क्या कोई स्थिर पदार्थ है अथवा वह किसी विकास-प्रक्रिया पर आधारित है? जहाँ तक मिश्रजी का संबंध है, वे इन दोनों को एक स्थिर अपरिवर्तनीय दृष्टि से देखते हैं। उनके मतानुसार भारतीय नाट्यकला एक स्थायी वस्तु है, जिसमें आदर्शगत परिवर्तन संभव नहीं है। यदि लक्ष्मीनारायणजी का यह तर्क ठीक मान लिया जाय कि संस्कृति बदलती नहीं और नाट्यकला की परंपरा एक स्थिर परंपरा है, तब प्रसादजी पर लगाए गए उनके आरोप बहुत तर्कयुक्त सिद्ध होंगे; किंतु यदि उनकी यह मूल उद्भावना ही असमीचीन सिद्ध होती है, तब उनके तर्क की सारी भित्ति ही धराशायी हो जाती है।

भारतीय इतिहास के विद्वान इसको स्वीकार करते हैं कि वह इतिहास सभी राष्ट्रीय इतिहासों की भाँति एक परिवर्तनशील घटना-समुच्चय पर आश्रित है। अनेक जातियाँ यहाँ आईं। नई रीति-नीति, व्यवहारों एवं व्यवस्थाओं के कारण एक परिवर्तनशील सांस्कृतिक आदर्श का निर्माण हुआ। हमारी संस्कृति की सबसे बड़ी विशेषता यही है कि वह विदेशी तत्त्वों को शीघ्र ही अपने में समाहित कर लेती है? फिर हमारा यह ऐतिहासिक सांस्कृतिक संगम स्थिर कैसे हो सकता है? भारतीय जीवन स्वतः अनेक उत्थान-पतन के चित्रों से सजा है, उत्कर्ष एवं अपकर्ष से रेखांकित है। वैदिक कर्मकांड जब अपनी अति पर पहुँच गया, तो एक सुधारात्मक आंदोलन का सूत्रपात बुद्ध द्वारा हुआ। बौद्धों के अनाचार जब आरंभ हुए, तो शंकराचार्य ने फिर से हिंदूधर्म को एक नवीन व्याख्या देकर उसे प्रवर्तित किया। वैष्णव कवियों ने एक चौथे सुधार-युग की योजना की। भारतीय पुनरुत्थान का नया अध्याय खुला। किसी एक विशेष जीवन-व्यवस्था को हम भारतीय संस्कृति नहीं कह सकते। वह कौन-सा सांस्कृतिक आदर्श है जिसे हम कोरमकोर भारतीय कहेंगे? इसके उत्तर में मिश्रजी केवल इतना ही कहते हैं, कि भारतीय संस्कृति का मूल आधार यह है कि उसमें तपस्या एवं कर्त्तव्य का योग है और जीवन से भागने की प्रेरणा नहीं है। निवृत्तिमार्ग का निषेध है। भारतीय संस्कृति कर्मवादी है, जो कि भोग एवं त्याग के समन्वय का आदेश देती है।

सारी राष्ट्रीय संस्कृति को कुछ वाक्यों में लाकर केन्द्रित करना, वैसे तो आसान दिखाई देता है; किंतु ध्यानपूर्वक परीक्षा करने पर हमें उसकी त्रुटियाँ ज्ञात हो जाती है। सभी संस्कृतियाँ दुराग्रहवश अपनी विशेष जीवनदृष्टि या व्यवस्था का हठ कर सकती हैं। अतः कुछ वाक्यों में किसी संस्कृति की सर्वांगपूर्ण व्याख्या कर देना, इतिहास के बदलते हुए जीवनादर्श की उपेक्षा करना ही कहा जाएगा।

मिश्रजी कला-संबंधी भारतीय धारणा को भी एक स्थिर वस्तु मानते हैं। उनका कहना है कि भारतीय नाटक, धीरोदात्त चरित्र का अनुयायी रहा है और उसमें प्रसाद

द्वारा प्रस्तुत नायकों के लिए स्थान नहीं है। नाट्यशैली में परिवर्तन शताब्दियों बाद होते हैं, इसका ध्यान हमें रखना होगा। यूरोप में भी वही साहित्यिक आंदोलन उठा था, जिसे मिश्रजी अभारतीय आदर्श मानते हैं। नाटक में धीरोदात्त नायक को स्थान देने की प्रणाली वहाँ भी थी। उनके भी अपने कुछ नियम थे। शताब्दियों तक वे नियम माने गए; किंतु आधुनिक युग के आरंभ में शेक्सपियर ने उन नियमों को तोड़ दिया। शेक्सपियर पाश्चात्य संस्कृति का विरोधी था, ऐसा कोई नहीं कहता। इसके पश्चात् यथार्थवादी प्रणाली पर आधारित नाटक पश्चिमी साहित्य में आए। इस प्रकार शास्त्रीय धारा, स्वच्छंदतावादी धारा और फिर यथार्थवादी धारा इस क्रम से पाश्चात्य नाट्यसाहित्य ने अपना विकास-पथ तय किया है। राष्ट्रीय इतिहास में ऐसी परिस्थितियाँ आती हैं, जो धारा विशेष का निर्माण करती हैं। समाज-व्यवस्था का परिवर्तन साहित्य को भी प्रभावित करता है। यदि भारत में भी प्राचीन शैली को छोड़कर नई नाट्यशैली को अपनाने की चेष्टा प्रसादजी ने की, तो हमें देखना होगा कि वे परिवर्तनशील आदर्श कौन-से थे, जिन्होंने उन्हें इस नई व्यवस्था की ओर अग्रसर किया। उन आदर्शों की भूमिका पर हमें प्रसाद के नाटकों की विवेचना करनी होगी। एक ही पिष्टपेषित मार्ग पर चलते-चलते साहित्य निर्जीव हो जाता है। उस पर जब नवीन प्रभाव पड़ते हैं, तब वह अपना स्वरूप बदलता है।

प्रसाद के नाटक एक विकासमान कड़ी के रूप में नाट्यसाहित्य के इतिहास में जुड़े दिखाई देते हैं, न कि परंपरा को नष्ट कर आमूल क्रांति के रूप में। शास्त्रीय परंपरा का साहित्य उपदेशात्मक है; क्योंकि उसका लक्ष्य जनता को एक बँधे हुए मार्ग पर चलने की प्रेरणा देता था। शैली की स्वतंत्रता के लिए भी अधिक अवकाश शास्त्रीय परंपरा में नहीं रहा है।

प्राचीन सामाजिक और नैतिक आदर्श के साथ नवीन व्यक्ति-स्वातंत्र्य का संगम प्रसाद में है। वे प्राचीन परंपरा को नहीं तोड़ते, न नाट्यशैली में कोई समूची क्रांति उपस्थित करते हैं। उन्होंने एक संतुलित विकास-मार्ग ग्रहण किया है, जिसे समय और परिस्थिति का आग्रह ही कहा जाएगा।

प्रसाद के नाटकों की अपनी मौलिक विशेषताएँ हैं और उनका स्थान हमारे नाट्य-साहित्य में सदैव सुरक्षित रहेगा। उनके नाटक जहाँ एक ओर साहित्यिक दृष्टि से महत्त्वपूर्ण हैं, वहाँ वे अपना ऐतिहासिक मूल्य भी रखते हैं। नाट्यसाहित्य के इतिहास में प्रसाद ने नया अध्याय जोड़ा, इसे कोई अस्वीकार नहीं कर सकता। परंपरा के साथ-साथ नवीन जीवन-स्थितियों का प्रयोग कर उन्होंने नाट्यसाहित्य को नवीन मार्ग सुझाया, जिसके लिए हिंदी-साहित्य उनका चिरऋणी रहेगा।

प्रसाद के नाटकों का शरीर, जहाँ पूर्ण साहित्यिक और मनोवैज्ञानिक है, वहाँ उसका मन अनिवार्यतः ऐतिहासिक एवं उसकी आत्मा विशुद्ध सांस्कृतिक है। समसामयिक इतिहास ने जो प्रश्न उठाए, उनका समाधान भी उन्होंने नाट्यसाहित्य के माध्यम से

दिया। अतीत के विशाल चित्र-पटल पर उनका यह अद्वितीय तूलिकाश्रम हिंदी नाट्य-इतिहास के पचास वर्षों के लंबे मार्ग पर एक आलोक-स्तंभ की भाँति एकछत्र अधिकार किए बैठा है। वह सदैव आज की ही भाँति नये पथिकों को लक्ष्य-ज्ञान का पाथेय देता रहेगा।

[जयशंकर प्रसाद, 1963]

प्रसाद के नाटक अभिनय की दृष्टि से भारतेन्दु-युग के नाटकों की अपेक्षा कहीं अधिक परिश्रम-साध्य हैं परंतु प्रसाद और उनके समानधर्मा नाटककारों की कला-कृतियाँ अधिक साहित्यिक हैं। उचित साधनों के होने पर, अभिनय में वे अधिक समर्थ सिद्ध होंगी।

[नई नाट्य-भूमिका, राष्ट्रीय साहित्य तथा अन्य निबंध : प्र. सं. 1965]

नगेन्द्र

प्रसाद के नाटक : मूल चेतना

शांत गंभीर सागर, जो अपनी आकुल तरंगों को दबाकर धूप में मुस्करा उठा है या फिर गहन आकाश जो झंझा और विद्युत को हृदय में समाकर चाँदनी की हँसी हँस रहा है—ऐसा ही कुछ प्रसाद का व्यक्तित्व था।

प्रसाद अपने मूल रूप में कवि थे, जीवन में उन्हें आनंद इष्ट था, इसलिए शिव के उपासक थे। बस, शिव की उपासना उनके मन का विश्लेषण करने के लिए पर्याप्त है। शिव का शिवत्व इसी में है कि वे हलाहल को पान कर गये और उसको पचाकर फिर भी शिव ही बने रहे, उनका कंठ चाहे नीला हो गया हो परंतु मुख पर वही आनंद का शांत प्रकाश बना रहा। प्रसाद के जीवन का आदर्श यही था। वे बड़े गहरे जीवन-द्रष्टा थे। आधुनिक जीवन की विभीषिकाओं को उन्होंने देखा और सहा था, यह विष उनके प्राणों में एक तीखी जिज्ञासा बनकर समा गया था—उनकी आत्मा जैसे आलोड़ित हो उठी थी। इस आलोड़न को दबाते हुए आग्रह के साथ आनंद की उपासना करना ही उनके आदर्श की व्याख्या करता है और यही उनके साहित्य की मूल चेतना है।

ऐसा व्यक्ति, यह स्पष्ट है, संसार की भौतिक वास्तविकता को विशेष महत्त्व नहीं देगा। प्रायः वह उसको छोड़कर कहीं अन्यत्र आनंद की खोज करेगा। एक शब्द में, उसका दृष्टिकोण रोमांटिक होना अनिवार्य है। वर्तमान से विमुख होने के कारण—जैसा रोमांटिक व्यक्ति के लिए आवश्यक है—वह पुरातन की ओर जाएगा या कल्पना-लोक की ओर, प्रसाद का यही रोमांटिक दृष्टिकोण उनकी सांस्कृतिक चेतना के लिए उत्तरदायी है।

नाटकों के आधार

प्रसाद के सभी नाटकों का आधार सांस्कृतिक है। आर्य-संस्कृति में उन्हें गहन आस्था थी, इसीलिए उनके नाटकों में भारत के इतिहास का प्रायः वही परिच्छेद है (चंद्रगुप्त मौर्य से हर्षवर्धन तक), जिसमें उसकी संस्कृति अपने पूर्ण वैभव पर थी : ब्राह्मण और बौद्ध-संस्कृतियों के संघर्ष से जब उसका स्वरूप प्रखर हो उठा था।

एक ओर चाणक्य ब्राह्मण-धर्म की व्याख्या करता हुआ घोषित करता है—''ब्राह्मण एक सार्वभौमिक शाश्वत बुद्धि-वैभव है—वह अपनी रक्षा के लिए, पुष्टि के लिए और सेवा के लिए इतर वर्णों का संगठन कर लेगा,'' दूसरी ओर भगवान बुद्ध की शीतल वाणी सुनायी देती है—''विश्व के कल्याण में अग्रसर हो! असंख्य दुखी जीवों को हमारी सेवा की आवश्यकता है, इस दुःख-समुद्र में कूद पड़ो! यदि एक भी रोते हुए हृदय को तुमने हँसा दिया तो सहस्रों स्वर्ग तुम्हारे अंतर में विकसित होंगे! ... विश्व-मैत्री हो जायेगी—विश्व-भर अपना कुटुंब दिखाई पड़ेगा!'' इन्हीं दोनों धूप-छाँही डोरों से बना हुआ प्रसाद के नाटकों का आधार है।

प्रसादजी प्राचीन भारतीय संस्कृति के सौंदर्य पर मुग्ध थे। स्वभाव से चिंताशील और कल्पना-प्रिय होने के कारण वे उसी युग में रहते थे। कोलाहल की अवनी तजकर जब वे भुलावे का आह्वान करते हुए विरामस्थल की खोज करते होंगे, उस समय यह रंगीन अतीत उन्हें सचमुच बड़े वेग से आकर्षित करता होगा। इसीलिए उनके नाटकों में पुनरुत्थान की प्रवृत्ति बड़ी सजग रहती है। 'कामना' का रूपक इसका मुखर साक्षी है। वे विदेशी छाया से आच्छादित भारतीय जीवन को फिर से उसी स्वर्ग की ओर प्रेरित करने की बात सोचा करते थे। उन्होंने देखा कि हमारा वर्तमान इतिहास ही नहीं भूत इतिहास भी विदेशी प्रभाव की छाया में मलिन हो गया है, अतः फिर से उसका सच्चा स्वरूप प्रदर्शित करने के लिए उन्होंने भारतीय ग्रंथों के ही आधार पर ऐतिहासिक अन्वेषण किए। उनके पुरातत्व-ज्ञान का आधार प्राचीन शिलालेख, पाणिनि-व्याकरण, पतंजलि-योग, कौटिल्य का अर्थशास्त्र, कथासरित्सागर, राजतरंगिणी, पुराण, प्राचीन-काव्यग्रंथ आदि ही हैं। प्रसाद की यह जिज्ञासा गहरी थी, उनको अतीत के लिए सिर्फ रोमांटिक मोह ही नहीं था—चंद्रगुप्त मौर्य, कालिदास, स्कंदगुप्त, ध्रुवस्वामिनी आदि के विषय में उनकी खोजें अपना स्वतंत्र महत्त्व रखती हैं। इस प्रकार भारतीय संस्कृति के बिखरे अवयवों को जोड़कर उन्होंने अपनी भावुकता, चिंता और कल्पना द्वारा उसमें प्राण-संचार किया।

उन्होंने वातावरण की सृष्टि इतने सजीव रूप में की है कि मौर्य एवं गुप्तकालीन भारतीय जीवन हमारे सामने चित्रित हो जाता है—फिर से हम आज की पश्चिम-मिश्र-संस्कृति और उससे पहले की मुस्लिम-संस्कृति और उससे भी पूर्व की सामंतीय-संस्कृति, इन तीनों को लाँघकर आर्य-संस्कृति की छाया में पहुँच जाते हैं। यह

पुनरुत्थान इतने सहज ढंग से होता है कि दो हजार वर्ष का महान् अंतर एक-साथ तिरोहित हो जाता है। प्रसादजी का दृश्यविधान ही नहीं, उनके पात्रों के नाम, उपाधि, वेशभूषा, चरित्र और बातचीत सभी देश-काल के अनुकूल हैं। आम्भीक, अंतर्बेद, गोपाद्रि, महाबलाधिकृत, कुमारामात्य आदि शब्दों का प्रयोग इस सांस्कृतिक वातावरण को उपस्थित करने का अमोघ साधन है।

परंतु इसका तात्पर्य यह नहीं कि युग-जीवन या युग-धर्म का प्रभाव प्रसादजी पर बिलकुल नहीं है। मैंने जैसा अभी निवेदन किया, प्रसादजी गहरे जीवनद्रष्टा थे। उनका आधुनिक जीवन का भी अध्ययन असाधारण था—अतएव उनके नाटकों में आज भी समस्याएँ स्पष्ट प्रतिबिंबित मिलती हैं। 'चंद्रगुप्त' और 'स्कंदगुप्त' में राष्ट्रीयता एवं देशभक्ति का भव्य आदर्श है। युद्ध में जब सिकंदर एक बार आहत होकर गिर जाता है, उस समय सिंहरण के कंठ में बैठकर प्रसादजी की देशभक्ति अमर स्वरों में फूट उठती है :

''**मालव सैनिक**—सेनापति, रक्तपात का बदला! इस नृशंस ने निरीह जनता का अकारण वध किया है। प्रतिशोध ?

सिंहरण—ठहरो, मालव वीरो, ठहरो! यह भी एक प्रतिशोध है। यह भारत के ऊपर एक ऋण था, पर्वतेश्वर के प्रति उदारता दिखाने का यह प्रत्युत्तर है।''

यह प्रसंग इतिहास के अनुकूल हो अथवा नहीं परंतु इसमें बोलती हुई देशभक्ति की भावना एकांत दिव्य है। देशभक्ति का इतना शुद्ध और पवित्र रूप मैंने हिंदी-साहित्य में अन्यत्र नहीं देखा।

इसी प्रकार, आज की प्रांतीयता और सांप्रदायिकता पर भी प्रसादजी के 'चंद्रगुप्त' में अनेक तीखे व्यंग्य हैं। चाणक्य की नीति का प्रमुख तत्त्व एक राष्ट्र की स्थापना ही तो है—

> ''मालव और मगध को भूलकर जब आर्यावर्त्त का नाम लोगे तभी यह मिलेगा। आक्रमणकारी बौद्ध और ब्राह्मण में भेद न करेंगे।''

इसके अतिरिक्त हमारी अन्य समस्याओं—जैसे दांपत्य-संबंध-विच्छेद, धार्मिक अथवा जातीय दंभ आदि का भी प्रौढ़ विवेचन स्थान-स्थान पर मिलता है। परंतु प्रसाद की कला का यह चमत्कार है कि ये समस्याएँ उस पुरातन वातावरण में पूरी तरह से फिट कर दी गयी हैं। जो लोग इस प्रकार के प्रभाव को ऐतिहासिक असंगति मानते हैं, वे वास्तव में मानव-भावनाओं की चिरंतनता को ग्रहण करने में अपनी अक्षमता-मात्र प्रकट करते हैं।

सुख-दुःख की भावना

प्रसाद के नाटकों के मूल तत्त्व को समझने के लिए उनकी सुख-दुःख की भावना को ग्रहण करना अनिवार्य है। उनके सभी नाटक सुखांत हैं। परंतु क्या उनको समाप्त करने पर पाठक के मन में सुख और शांति का प्रस्फुरण होता है? नहीं। नाटक के ऊपर दुःख की छाया आदि से अंत तक पड़ी रहती है और उसके मूल में एक करुण चेतना सुख की तह में छिपी हुई अनिवार्यतः मिलती है। प्रो. शिलीमुख ने बिलकुल ठीक कहा है कि प्रसाद की सुखांत-भावना प्रायः वैराग्यपूर्ण शांति होती है। इसका कारण है उनके जीवम की वही करुण जिज्ञासा, जो उनके प्राणों को सदैव विलोड़ित करती रहती थी। बौद्ध इतिहास और दर्शन के मनन ने उसे और तीखा कर दिया था। उनके नाटकों में बौद्ध और आर्य-दर्शन का संघर्ष और समन्वय वास्तव में दुःखवाद और आनंद-मार्ग का ही संघर्ष और समन्वय है, जो उनके अंतर की सबसे बड़ी समस्या थी। इसी समन्वय के प्रभाववश उनके नाटक न पूर्णतः सुखांत हैं और न दुखांत। उनमें सुख-दुःख जैसे एक-दूसरे को छोड़ना नहीं चाहते। कवि आग्रहपूर्वक सुख का आह्वान करता है, सुख आता भी परंतु तुरंत ही दुःख भी अपनी झलक दिखा जाता है :

"**सिल्यूकस**—(कार्नेलिया की ओर देखता है; वह सलज्ज सिर झुका लेती है)—तब आओ बेटी, आओ चंद्रगुप्त! (दोनों ही सिल्यूकस के पास आते हैं, सिल्यूकस उनका हाथ मिलाता है, फूलों की वर्षा और जय-ध्वनि!)

चाणक्य—(मौर्य का हाथ पकड़कर) चलो, अब हम लोग चलें।"

इस प्रकार आप देख सकते हैं कि ये नाटक सुखांत अथवा दुःखांत न होकर प्रसादांत हैं। इसका एक प्रमाण और है, वह है रस का परिपाक। इन नाटकों में मुख्य रस दो हैं—शृंगार और वीर (देशभक्ति)। इन दोनों में भावना अत्यंत गाढ़ी और तीव्र है। शृंगार में एक ओर अपने को लय कर देने की तीखी चाह मिलती है तो दूसरी ओर विलास की उष्ण गंध और रूप-यौवन के गहरे चित्र, जो प्रसाद की तूलिका की विशेष विभूति हैं। इसी प्रकार वीरता—देशाभिमान अथवा आत्मगौरव की अभिव्यक्ति भी अंतर की ही पुकार है। सिंहरण अथवा बंधुवर्मा की देशभक्ति कर्त्तव्य-पूर्ति नहीं, आत्मा का आग्रह है। उनकी उक्तियाँ केवल नीति-मुखर नहीं हैं, उनमें हृदय का आक्रोश भी है। परंतु इन दोनों के साथ तीसरा रस—शांत रस—भी अनिवार्य रूप में मिलता है जो इन दोनों पर अनुशासन करता है। जब आवेश, चाहे वह मधुर हो या परुष, उबलकर सीमा तोड़ना चाहता है तभी शांत रस के छींटे उसे शांत और संयत कर देते हैं। स्वभावतः यहाँ रस का प्रवाह आवेग से परिशांति की ओर बहता हुआ मिलता है। यही प्रसाद के नाटकों का 'प्रसादांत' होना है।

स्पष्टतः ये नाटक चरित्र के द्वंद्व को लेकर चलते हैं और उनकी सबसे बड़ी सफलता चरित्र-निर्माण में ही है।

प्रसाद आधुनिक साहित्य के सबसे महान् स्रष्टा थे। उन्होंने अपने नाटकों में अनेक अमर पात्रों की सृष्टि की है जो सभी अपना स्वतंत्र एवं प्राणवान् व्यक्तित्व रखते हैं—दार्शनिक बिंबसार और सनकी तत्त्वज्ञानी दांड्यायन का व्यक्तित्व भी कितना साफ और तीखा है! कारण यह है कि पात्रों में प्राण फूँकनेवाली उनकी प्रतिभा की सजीवता और तीव्रता अद्वितीय थी। प्रसादजी के जीवन-रथ की परिधि भले ही घर से दशाश्वमेध और दशाश्वमेध से घर तक सीमित रही हो, परंतु उनका भौतिक, मानसिक एवं आध्यात्मिक जीवन चिर-गतिशील था। उसकी गति प्रेमचंद की तरह विस्तार में अधिक नहीं बढ़ी, परंतु अंदर गहराई में बहुत दूर पहुँच गयी थी। वे अत्यंत प्राणवान् कलाकार थे, उनके व्यक्तित्व की तीक्ष्णता ने ही पात्रों की रूपरेखा को काट-छाँटकर इतना तीखा कर दिया था।

एक दूसरे प्रकार से भी स्रष्टा ने अपने-आपको सृष्टि में व्यक्त किया है। प्रसाद के दर्शन-कतित्वमय व्यक्तित्व का थोड़ा-बहुत अंश उनके सभी पात्रों ने प्राप्त किया है। पुरुष पात्र प्रायः तीन प्रकार के मिलते हैं :

1. जीवन के तत्त्वों को सुलझानेवाला तत्त्ववेत्ता आचार्य;
2. जीवन-संग्राम में प्रवृत्त होकर जूझनेवाले कर्मठ सैनिक, और
3. राजपुत्रों को राजनीति के दाँव-पेंच सिखानेवाले कूटनीतिज्ञ।

स्त्रियों में भी स्पष्टतः कई श्रेणियाँ हैं :

1. राजनीति की आग से खेलनेवाली राज-महिषियाँ,
2. जीवन-युद्ध में प्रेम का संबल लेकर कूदनेवाली स्वाभिमानिनी राजपुत्रियाँ,
3. जीवन के भँवर में पड़ी हुई मध्यमवर्गीय दुर्बल नारियाँ, और
4. अपने निस्पृह बलिदान से नाटक के जीवन में एक करुण गंध छोड़ जानेवाली फूल-सी सुकुमारियाँ।

बौद्ध और शैव दर्शनों के समन्वय से जीवन की व्याख्या करनेवाले ये आचार्य दार्शनिक प्रसाद के ही प्रतिरूप हैं। उधर निरंतर कर्म में रत किंतु फल की ओर से विरक्त सैनिक-रूप राजपुत्रों को, प्रसाद के जीवन के विचार और उपभोग से परिपुष्ट पौरुष प्राप्त हुआ है। नारी-पात्रों में आपको उनके हृदय का रूप-मोह और प्राणों में बैठी हुई जिज्ञासा की टीस मिलेगी। इस प्रकार प्रसादजी ने सभी चरित्रों में अपने व्यक्तित्व की साँस फूँक दी है। स्वभावतः उनमें वह अव्यक्तिगत चित्रण न मिलेगा जो सच्चे अर्थ में नाटकीय कहा जाता है। जहाँ शेक्सपियर-जैसे नाटककारों में कौन-सा चरित्र उनकी प्रतिच्छाया है यह पता लगाना असंभव है वहाँ प्रसादजी के व्यक्तित्व की झलक

स्कंदगुप्त, चंद्रगुप्त, चाणक्य—किसी भी चरित्र में थोड़ी बहुत देख सकते हैं। इस दृष्टि से प्रेमचंद प्रसाद की अपेक्षा कहीं अधिक अव्यक्त रह सकते थे।

प्रसाद के काव्य में विराट् और कोमल का अपूर्व संयोग है। जिस लेखक ने 'कामायनी' के विराट् रूपक की सृष्टि की है उसी ने अनेक मधु-स्निग्ध गीतियों की उद्भावना भी की है। अतएव आपको उनके नाटकों में इन तत्त्वों का अपूर्व योग मिलेगा। उनके दो प्रकार के चित्र साहित्य की अमर विभूतियाँ हैं :

1. संपूर्ण चित्र, 2. रेखाचित्र।

पहले चित्र कवि की विराट् भावना की प्रसूति हैं। उनमें संपूर्ण चरित्र-विकास शक्ति के आधार पर होता है। स्वभावतः यह चित्र समस्त नाटक की दीवार को घेरे हुए रहता है। चाणक्य और स्कंदगुप्त ऐसे ही दो चित्र हैं। 'अजातशत्रु' की मल्लिका में विस्तार तो नहीं परंतु शक्ति असीम है। इनमें महान् कोमल का एक स्पर्श-भर पाकर मुस्करा उठा है।

दूसरे चित्र गीतिमय हैं—वे प्रसादजी की सूक्ष्म-कोमल गीति-प्रतिभा के प्रोद्भास हैं। इनमें जीवन की समस्त रेखाएँ अथवा विभिन्न रंग नहीं हैं, इनमें एक रेखा है और एक धुँधला रेशमी रंग है—एक ही स्वर है। 'संगीत-सभाओं की अंतिम लहरदार और आश्रयहीन तान, धूपदान की एक क्षीण गंध-धूम-रेखा, कुचले हुए फूलों का म्लान सौरभ'—इन सबों की प्रतिकृति हैं ये नारी-चरित्र। देवसेना, मालविका और कोमा—ये तीन चित्र प्रसाद के नाटकों में उनकी ट्रेजेडी की सार-प्रतिमाएँ हैं। इनका व्यक्तित्व जैसे जीवन का सजीव कोमल-करुण व्यंग्य है।

मधु-सिंचन

प्रसाद के सभी नाटक मधु-सिंचित हैं। वे मूल रूप से कवि हैं, अतः उनके नाटकों में काव्य की गहरी एवं पृथुल अंतर्धारा बह रही है। उनके सुंदरतम गीतों का एक बहुत बड़ा अंश इन नाटकों में बिखरा मिलेगा। इसके अतिरिक्त वस्तु-चयन, पात्रों के व्यक्तित्व, वातावरण, कथोपकथन और सारभूत प्रभाव—सभी में कविता का रंगीन स्पंदन है। प्रसाद ने अपनी रंगीन कल्पना के सहारे, दूर अतीत के बिखरे हुए प्रस्तर-खंडों को एकत्र करके उनमें प्राणों की कविता का रस भर दिया, अतएव परिणामस्वरूप जिन नाटकों का निर्माण हुआ, उनका वातावरण रूप और रंग से जगमगा रहा है।

सबसे प्रथम उनके गीतों को ही लीजिए। यह सत्य है कि ये सभी गीत नाटकीय नहीं हैं। कुछ तो स्पष्ट रूप से स्वतंत्र हो गये हैं, परंतु उनके भीतर जो वेदना की गहरी टीस, रूप-यौवन का चटकीला रंग एवं विलास की उष्ण गंध भरी हुई है, वह समस्त नाटक पर सौरभ-श्लथ वासंती समीर की भाँति संचरण करती रहती है।

यही बात वस्तु-विधान और चरित्रांकन में है। प्रसाद की घटनाएँ रोमांस और रस

से परिपुष्ट हैं। अँधेरी रात में मागंधी और शैलेन्द्र का मिलन, चाणक्य का सर्वस्व त्याग, स्कंदगुप्त और देवसेना की विदा, मालविका का बलिदान—सभी कुछ एक मूक कविता है। पात्रों की स्नायुओं में भी रस का प्रभूत संचार हो रहा है। इनमें से कतिपय तो एकांत कवित्वमय हैं। उनका अस्तित्व ही नाटक में कविता की साँस फूँकने को होता है। ये पात्र प्रायः नारी-पात्र होते हैं जिनके जीवन के विरल मधुर क्षण फूल के समान खिलकर अपना सौरभ छोड़ जाते हैं। इनके अतिरिक्त प्रायः और सब पात्र भी अपने स्रष्टा के कवित्व के भागी हुए हैं—चाणक्य के कर्म-कठोर व्यक्तित्व में भी बाल्यकाल की स्मृतियाँ भाँवरियाँ ले रही हैं। ये नाटक गद्यगीतों का अक्षय भंडार हैं। उदाहरण के लिए :

1. "अकस्मात् जीवन-कानन में, एक राका रजनी की छाया में छिपकर मधुर वसंत घुस आता है। शरीर की सब क्यारियाँ हरी-भरी हो जाती हैं। सौंदर्य का कोकिल 'कौन ?' कहकर सबको रोकने-टोकने लगता है, पुकारने लगता है—राजकुमारी! फिर उसी में प्रेम का मुकुल लग जाता है, आँसू-भरी स्मृतियाँ मकरंद-सी उसमें छिपी रहती हैं।"
2. "धड़कते हुए रमणी-वक्ष पर हाथ रखकर, उस कंपन में स्वर मिलाकर कामदेव गाता है, और राजकुमारी! वही काम-संगीत की तान, सौंदर्य की लहर बनकर युवतियों के मुख में लज्जा और स्वास्थ्य की लाली चढ़ाया करती है।"

अब सारभूत प्रभाव लीजिए। वह न तो वास्तविकता की माँग पूरी करता है और न किसी आदर्श की पूर्ति। उसके पीछे भी सिद्धांत का नहीं, काव्य का आग्रह है। देखिए, 'स्कंदगुप्त' का अंतिम दृश्य :

"**स्कंदगुप्त**—देवी, यह न कहो। जीवन के शेष दिन कर्म के अवसाद में बचे हुए हम दुखी लोग, एक-दूसरे का मुँह देखकर काट लेंगे। हमने अंतर की प्रेरणा से जो निष्ठुरता की थी, वह इसी पृथ्वी को स्वर्ग बनाने के लिए। परंतु इस नंदन की वसंत-श्री, इस अमरावती की शची, इस स्वर्ग की लक्ष्मी, तुम चली जाओ—ऐसा मैं किस मुँह से कहूँ ? (कुछ ठहरकर सोचते हुए) और किस वज्र-कठोर हृदय से रोकूँ ? ···

··· देवसेना! देवसेना!! तुम जाओ। हत-भाग्य स्कंदगुप्त! अकेला स्कंद, ओह!!

देवसेना—कष्ट हृदय की कसौटी है; तपस्या अग्नि है। सम्राट्, यदि इतना भी न कर सके तो क्या! सब क्षणिक सुखों का अंत है। जिसमें सुखों का अंत हो, इसलिए सुख करना ही न चाहिए। मेरे इस जीवन के देवता! और उस जीवन के प्राप्य! क्षमा!

[घुटने टेकती है; स्कंद उसके सिर पर हाथ रखता है।]

दोष

प्रसाद के नाटकों के दोष शायद उनके गुणों से अधिक स्पष्ट हैं।

सबसे पहला दोष रंगमंच-विषयक है। उनके नाटकों में अभिनय की त्रुटियाँ हैं। उनमें युद्ध, अभियान आदि के ऐसे दृश्य हैं जो मंच पर काफी गड़बड़ करेंगे। दूसरे, उनकी अपरिवर्तनशील गंभीर भाषा में अभिनयोचित चांचल्य नहीं है। अनावश्यक दृश्यों की संख्या भी बहुत है।

दूसरा बड़ा दोष है—एकता का अभाव। उसके लिए शायद उत्तरदायी है—प्रसाद के मन में चलता हुआ सुख-दुःख का संघर्ष, जिसके समाधान का प्रयत्न वे अंत तक करते रहे थे। 'राज्यश्री' या 'ध्रुवस्वामिनी' में वस्तु-विस्तार कम होने से यह दोष नहीं आया। 'ध्रुवस्वामिनी' का संकलित प्रभाव तो पूर्णतः एकसार है; परंतु 'स्कंदगुप्त' और 'चंद्रगुप्त' जैसे बड़े नाटकों में घटना-बाहुल्य में फँसकर नाटक की एकता अस्त-व्यस्त हो गयी है। इन दोनों नाटकों में ऐसी घटनाएँ और पात्र हैं जो प्रभाव की एकता के लिए अनावश्यक ही नहीं वरन् घातक भी हैं। 'स्कंदगुप्त' में धातुसेन, पृथ्वीसेन, मातृगुप्त, मुद्गल और उनसे संबंध रखनेवाले प्रसंगों का क्या प्रयोजन है ? 'चंद्रगुप्त' में चंद्रगुप्त का सिंहासनारोहण बीच में इतना महत्त्वपूर्ण हो जाता है कि कथावस्तु एक बार दम तोड़कर फिर उठती है।

तीसरा प्रमुख दोष यह है कि वस्तु-विधान में कहीं-कहीं बड़े भद्दे जोड़ लगे हुए हैं। अनेक स्थानों पर नाटककार को घटनाओं की गतिविधि सँभालना कठिन हो गया है और ऐसा करने के लिए उसे या तो वांछित व्यक्ति को उसी समय भूमि फाड़कर उपस्थित कर देना पड़ा है अथवा किसी का ज़बर्दस्ती गला घोंटना पड़ा है। यह बड़े नाटकों में सर्वत्र हुआ है।

इन दोषों का उल्लेख प्रसाद के जीवन-काल में भी उनके आलोचक बार-बार करते रहे थे। किंतु प्रसाद ने उनका समाधान करने का कभी प्रयत्न नहीं किया। उनका विश्वास था कि समसामयिक रंगमंच के स्तर तक उनकी नाट्यकला नहीं जा सकती, रंगमंच को ही उनकी नाट्यकला के स्तर तक ऊपर उठना होगा। और, वर्तमान रंगमंच के विविध प्रयोगों ने उनकी इस अवधारणा की पुष्टि की है—'स्कंदगुप्त', 'चंद्रगुप्त', 'ध्रुवस्वामिनी' आदि प्रसिद्ध नाटकों का देश के अग्रणी निर्देशकों द्वारा अनेक बार मंचन हो चुका है और अब भी बराबर हो रहा है।

महत्त्व

इस प्रकार इन नाटकों का महत्त्व असीम है। एक ओर जहाँ पाठक उनके दोषों को देखकर विक्षुब्ध हो उठता है, दूसरी ओर उनकी शक्ति और कविता से अभिभूत हुए बिना भी नहीं रह सकता। ये नाटक अंशों में जितने महान् हैं, संपूर्ण रूप में उतने नहीं। प्रसाद

की ट्रेजेडी की भावना, उनकी सांस्कृतिक पुनरुत्थान की चेतना, उनके महान्-कोमल चरित्र, उनके विराट्-मधुर दृश्य, उनका काव्य-स्पर्श हिंदी में तो अद्वितीय है ही, अन्य भाषाओं के नाटकों की तुलना में भी उनकी ज्योति मलिन नहीं पड़ सकती।

प्रसाद वास्तव में विश्व की नाट्यकला के दो शिखरों के बीच अवस्थित हैं : भारत के कालिदास और पश्चिम के शेक्सपियर। एक ओर जहाँ उन्होंने कालिदास की काव्य-संवेदना को रिक्थ में प्राप्त किया है, वहाँ दूसरी ओर शेक्सपियर की प्रमुख विशेषता—जीवंत पात्रों की निर्माण-क्षमता को भी अपनी नैसर्गिक प्रतिभा द्वारा साधित कर लिया है। भारत में उनके पूर्ववर्ती समर्थ नाटककार थे—द्विजेन्द्रलाल राय, किंतु उनकी नाट्यकला पर कालिदास की अपेक्षा शेक्सपियर का प्रभाव अधिक था। प्रसाद ने भारतीय रस-तत्त्व और पाश्चात्य अंतर्द्वन्द्व का समन्वय कर नाट्यकला के इतिहास में एक नया अध्याय जोड़ दिया है।

[प्रसाद और कामायनी : मूल्यांकन का प्रश्न, 1990]

प्रसाद साहित्य की प्रासंगिकता का स्तर गहरा और मूलवर्ती है। 'ध्रुवस्वामिनी' में विवाह-विच्छेद की समस्या इसका प्रमाण है। सामाजिक उपन्यासकार या नाटककार जहाँ इसका विवेचन आर्थिक-सामाजिक स्तर पर करता, वहाँ प्रसाद ने इतिहास की पृष्ठभूमि में मानवीय स्तर पर अत्यन्त मार्मिक एवं कलात्मक रीति से इसकी प्रस्तावना की है। प्रसाद गंभीर जीवनद्रष्टा थे। उन्होंने समकालीन आंदोलनों से दूर हटकर अपने युग के राजनीतिक-सामाजिक जीवन का अत्यन्त गहन अध्ययन किया था। तत्त्वद्रष्टा होने के कारण उन्होंने सुधारवादी दृष्टिकोण को कभी प्रश्रय नहीं दिया। किन्तु अपने परिवेश की समस्याओं का जैसा तात्त्विक विवेचन-विश्लेषण उनके प्रौढ़ काल के साहित्य में मिलता है वैसा अन्यत्र दुर्लभ है।

आधुनिक समाजवादी आलोचना के उद्‌गम शिखर कार्ल मार्क्स ने कालजयी कृतियों के गौरव का संरक्षण करने के लिए ही 'कला की सापेक्षिक स्वायत्तता' के सिद्धांत का प्रतिपादन किया है। उनका कथन है कि कला की प्रकृति द्वन्द्वात्मक होती है, विशेष परिवेश से उद्‌भूत होकर परिणति अथवा फलयोग की स्थिति में वह सार्वभौम बन जाती है। आरम्भिक रचना-प्रक्रिया में देशकाल से प्रभावित होकर भी वह परिणति की अवस्था में उनसे मुक्त होकर स्वायत्त बन जाती है। प्रसाद की कालजयी रचनाओं की प्रासंगिकता का विचार इसी दृष्टि से करना चाहिए।

['पूर्वग्रह' प्रसाद विशेषांक 1990 में 'आज के संदर्भ में प्रसाद की प्रासंगिकता']

हजारीप्रसाद द्विवेदी

इस काल में प्रसादजी की प्रतिभा का अंकुर उद्‌गत हो चुका था। आगे चलकर प्रसादजी चोटी के साहित्यकारों में गिने गए। उनका अध्ययन विशाल था। संस्कृत के शास्त्रों को पढ़ने का भी उन्हें अवसर मिला था और अंग्रेजी और बंगला के माध्यम से नवीन चेतना को समझने का भी सुयोग उन्हें प्राप्त हुआ था। उनके नाटकों और काव्यों में इस गंभीर अध्ययन का परिचय मिलता है। उन दिनों आर्य-समाज के आंदोलन के प्रभावस्वरूप यह विश्वास जनता में व्याप्त था कि जो कुछ अच्छा है या हो सकता है, वह सब प्राचीन भारत में था। प्रसाद के नाटकों में यह विश्वास थोड़ी मात्रा में ही मिलता है। वे प्राचीन ऐतिहासिक तथ्यावली का सहारा लेते अवश्य थे पर उनकी विनियोजना इस प्रकार करते थे कि उससे वर्तमान काल की समस्याओं का कुछ हल सूझ जाय और भावी मानवीय संस्कृति का भी कुछ प्रकाश मिल जाय। उनके ऐतिहासिक नाटक पीछे लौटने की सलाह लेकर नहीं आए, आगे बढ़ने की प्रेरणा लेकर आए थे। यद्यपि प्राचीनता का वातावरण उत्पन्न करने के लिए वे केवल अभिप्रायों का उपयोग न करके कुछ आगे बढ़कर संस्कृत-बहुला अपरिचित-सी लगनेवाली भाषा का उपयोग करते थे और कभी-कभी अपने तत्त्ववाद के स्पष्टीकरण के फेर में पड़कर नाटक की अभिनेयता की बात एकदम भूल जाते थे, तथापि, उनके नाटक महत्त्वपूर्ण हैं क्योंकि भावी संस्कृति के निर्माण में उनका महत्त्वपूर्ण हाथ है। कविता का वातावरण, मानवता के प्रति अटूट विश्वास, गीतिकाव्यात्मक पात्रों की योजना और उदात्त भावनाओं के आवरण में मोहक रोमांस की प्रस्तावना उनके नाटकों के आकर्षक तत्त्व हैं।

प्रसादजी के प्रारंभिक नाटकों में वस्तुविन्यास शिथिल है और कथोपकथन रंगमंच के अनुपयुक्त परंतु धीरे-धीरे उनकी कला निखरती गई। फिर भी वस्तुविन्यास की ओर उनका ध्यान कम था, कवित्वपूर्ण वातावरण, उदात्त प्रभावोत्पादन और आकर्षक चरित्र-चित्रण की ओर अधिक। अपने सांस्कृतिक महत्त्व के कारण ही ये नाटक अधिक ख्यात हुए।

[हिंदी साहित्य, 1952]

प्रसादजी का अध्ययन बहुत गहन था। यद्यपि वे मुख्य रूप से रचनात्मक प्रतिभा के धनी थे परंतु उनका विवेचन मनीषी रूप भी बहुत महत्त्वपूर्ण और प्रभावशाली था। भूले हुए इतिहास की इधर-उधर बिखरी हुई खंड सूचनाओं को उन्होंने निपुण शिल्पी की कल्पना और सावधानी के साथ जोड़कर छूटे हुए स्थानों को रचनात्मक चिंतन और कल्पनाओं द्वारा भरके सजीव जागृत रूप में उपस्थित किया है। ... आज से कोई 66 वर्ष पहले 'इन्दु' में उनका एक लेख प्रकाशित हुआ था—'कवि और कविता'। निश्चय ही यह लेख उनके प्रारंभिक साहित्यिक जीवन के विचारों की अभिव्यक्ति देता है पर

उसमें एक चिरनवीन भाव है। उसी समय किशोर कवि के चित्त में काव्य के घिसी-पिटी परिपाटी के प्रति एक प्रकार का मृदु विद्रोह दिखाई देता है। उन्होंने मानव और प्रकृति स्वभाव के निपुण पर्यवेक्षण को ही कवि का वास्तविक संबल माना था। ⋯ साहित्य का अमृतमय फल क्रमशः उन्नति और सार्वजनिक प्रेम है। इसका अर्थ यह हुआ कि साहित्य केवल व्यक्ति का वाग्विलास नहीं है बल्कि सामाजिक प्रेम का उन्नायक है और क्रमशः समष्टि चित्त को उन्नति की ओर अग्रसर करता रहता है।

प्रसादजी की कई ऐतिहासिक गवेषणाएँ गंभीर विद्वत्तापूर्ण हैं परंतु इन गवेषणाओं का उद्देश्य इतिहास मनीषियों की भाँति तथ्य निर्धारण न होकर मनुष्य की भावधारा के जीवंत विकास का संधान पाना है। वे इतिहास के मनुष्य को भी दो रूपों में स्वीकार करते थे—इतिहास का मनुष्य और मनुष्य की भावधारा का इतिहास। इतिहास के मनुष्य में नये प्रमाणों की उपलब्धि से परिवर्तन होता रहता है परंतु भावलोक में रचित मनुष्य का इतिहास सदा सरस बना रहता है। प्रसादजी ने इन इतिहास कथित पुरुषों को कल्पना द्वारा सजीव बनाकर जो पूर्ण परिस्फुट रूप हमें दिया वह शाश्वत होकर रह गया है। ⋯ उनकी इतिहास की जानकारी अद्‌भुत थी परंतु उससे भी अधिक आश्चर्यजनक था उनका ऐतिहासिक परिप्रेक्ष्य में जीवंत मानव का निर्माण।

प्रसादजी ने इतिहास को मनुष्य की जय-यात्रा के रूप में देखा है। वह हमें बताता है कि मनुष्य अपनी जय-यात्रा में कितनी बार चढ़ा है, कितनी बार गिरा है। ⋯ मनुष्य थका है पर रुका नहीं है। वह बढ़ता जा रहा है। इतिहास के अवशेष उसकी विजय-यात्रा के पद-चिह्न हैं। ⋯ रुका नहीं, हारा नहीं, मरा नहीं। इतिहास उन मोड़ों की कहानी है ⋯ मनुष्य की दुर्दम जय-यात्रा की कथा कह जाता है। ऐतिहासिक लेख इस विकट यात्रा की कहानी बताते हैं। उनमें अब भी ताजगी है और इतिहास-मनीषियों के लिए सोचने की सामग्री भी है।

[अभिषेक की भूमिका, 1973]

चरित्र-प्रधान नाटकों के प्रसंग में प्रसिद्ध नाटककार श्री जयशंकर प्रसाद का नाम लिया जा सकता है। उनके नाटकों के प्रधान आकर्षण दो हैं—(1) शक्तिशाली चरित्र, (2) कवित्वमय वातावरण। यद्यपि उनके चरित्रों में अनेक श्रेणी के लोग नहीं हैं, तथापि वे इतने सजीव हैं कि पाठक उनको भूल नहीं सकता। उनके आदर्श पात्रों में वीरता, प्रेम और देशभक्ति आवश्यक रूप से विद्यमान रहते हैं जिसका परिणाम यह हुआ कि उनमें बहुविधता नहीं आ पाई।

उनके सभी आदर्श और आकर्षक पुरुष पात्रों को तीन मोटे विभागों में बाँट लिया जा सकता है (1) तत्त्वचिंतक, (2) कर्मठ वीर सैनिक और (3) कुटिल राजनीतिज्ञ। ये सभी पात्र प्रेमी होते हैं और प्रेम ही इनको दुर्बल या सबल बनाता है। उनके स्त्री-पात्रों

में भी ये ही बातें लागू होती हैं। उन्हें भी तीन श्रेणियों में बाँट लिया जा सकता है– (1) कुटिल राजनीतिज्ञाएँ, (2) प्रेमिकाएँ, (3) दुर्बल हृदय की महत्त्वाकांक्षिणी स्त्रियाँ।

उनके सभी नाटकों में कुछ घटा-बढ़ाकर ये छः प्रकार के चरित्र खोजे जा सकते हैं। फिर भी प्रसादजी के पात्र उस प्रकार के टाइप नहीं हैं जैसाकि पुराने साहित्य में राजा, रानी, ब्राह्मण, मंत्री आदि के टाइप बन चुके थे। उनकी समूची ग्रंथावली पढ़ने वाला पाठक यह जरूर अनुभव करेगा कि यद्यपि उनके पात्र पुरानी रूढ़ियों के अनुसार 'टिपिकल' तो नहीं परंतु उनके अपने ही मन से गढ़े हुए टाइप अवश्य हैं।

प्रसादजी के नाटकों का दूसरा आकर्षण उनका कवित्वमय वातावरण है। उनके कई चरित्र मनुष्य रूप में प्रगीत मुक्तक हैं। देवसेना और कार्नेलिया ऐसे ही मुक्तक-काव्य हैं। उनके जीवन में एक प्रकार का संगीत है, एक विशेष छन्द है। परंतु केवल चरित्र ही नहीं, प्रसादजी के सारे नाटकों का वातावरण ही कवित्वमय है। पात्रों की बातचीत में, नाम में, हिलने-डुलने में, सर्वत्र कवित्व का सुर ही प्रबल है। उन्होंने अपने युग के प्रधान प्रश्नों से मुँह नहीं मोड़ा। उनके नाटकों में राष्ट्रीयता, साम्प्रदायिक झगड़े, स्त्री का समानाधिकार, युद्ध का विषमय परिणाम, साम्राज्यवाद, विदेशी शासन आदि सभी बातें आई हैं। इस प्रकार प्रसादजी के नाटकों को उनके चरित्रों और कवित्वमय वातावरण ने आकर्षक बना दिया है।

प्रसाद प्रायः नाटकों को गतिमान बनाने के बदले अपने ऐतिहासिक मतों और दार्शनिक विश्वासों को व्यक्त करने के फेर में पड़ जाते हैं और इस प्रकार गतिहीन दृश्यों की योजना कर बैठते हैं।

[साहित्य सहचर, 1982]

प्रसाद—मेरी दृष्टि में

हिंदी-साहित्य में एक ऐसा समय भी गया है जब इस अद्‌भुत प्रतिभासंपन्न कवियों को व्यंग्यों, कटूक्तियों और प्रतिकूल समालोचनाओं की बौछार सहनी पड़ी थी। प्रसादजी की काव्य-साधना इन्हीं व्यंग्यों और कटु समालोचनाओं के बीच शांत और स्निग्ध गति से चलती रही। उन्होंने कभी कटु आलोचनाओं का उत्तर देने की चिंता नहीं की, यद्यपि मुझे ऐसा लगता है, कि वे उनसे थोड़ा-बहुत प्रभावित अवश्य होते रहे। प्रसादजी जीवन की गहराई में से रस ले सकते थे जिस प्रकार विशाल वट-वृक्ष ग्रीष्म की धधकती ज्वाला की बौछार सहकर भी शीतल और सरस बना रहता है, क्योंकि वह गहराई में से रस खींचता है, उपरले स्तर की ज्वाला उसके लिए कोई खास महत्त्व नहीं रखती; उसी प्रकार प्रसादजी भी जीवन के गंभीरतल से रस-संग्रह कर सकते थे। फेन-बुद्‌बुद् की भाँति क्षण-क्षण में उद्‌भूत और विलीन होनेवाले और ईर्ष्या, द्वेष या अज्ञान से पुष्टि पानेवाले सामयिक कटु उद्‌गारों को उन्होंने कोई महत्त्व नहीं दिया।

मैं धीरे-धीरे प्रसादजी की रचनाओं को पढ़ने लगा। परंतु उनकी ओर मेरा सच्चा आकर्षण उनके नाटकों के कारण ही हुआ, कविता के कारण नहीं। अब मैं यह तो मानने लगा था कि प्रसादजी जैसा बहुश्रुत व्यक्ति निरर्थक शब्द-योजना नहीं कर सकता; लेकिन उनकी रचनाओं की दुरूहता अब भी मेरे लिए ज्यों-की-त्यों बनी हुई थी। स्पष्ट बात यह है कि अब पहले की तरह प्रसादजी की कविताओं की दुरूहता को उनका दोष न मानकर अपनी समझ का दोष मानने लगा था।

प्रसादजी के नाटकों से भारतवर्ष की भूली हुई, और अधभूली हुई प्राचीन संस्कृति का सिंहद्वार अनावृत हो गया है। महाभारत से लेकर गुप्तकाल तक के अनेक प्रसंगों की अवतारणा करके उन्होंने अपने देश की पुरानी संस्कृति को अपने नाटकों के द्वारा सजीव रूप में उपस्थित कर दिया है। मुझे अच्छी तरह याद है, कि उनके नाटकों को पढ़कर मेरे मन में बौद्ध-साहित्य को पढ़ने की प्रबल लालसा जाग्रत हुई थी। यद्यपि मैं इन नाटकों से बहुत अधिक प्रभावित हुआ था, और कभी-कभी मेरे चित्त में इसी प्रकार के प्रयास करने की प्रेरणा भी उत्पन्न हुई थी; तथापि मैं प्रसादजी के केवल दो गुणों पर ही अधिक मुग्ध था। एक तो गंभीर अध्ययन के द्वारा प्राचीन ऐतिहासिक सामग्री के ढूहों में से ऐसे प्रसंगों के चुनने की दक्षता जो अपने आपमें ही महान् होते थे; और दूसरा चुने हुए छिन्न सूत्रों द्वारा निर्मित कंकाल को सप्राण और मोहक बनाने का उनका अद्‌भुत रचना-कौशल।

किसी-किसी नाटक में वे पारसी थियेट्रिकल कम्पनियों के प्रभाव से भी मुक्त नहीं हो सके थे। परंतु सब मिलाकर प्रसादजी की विराट् कल्पना का वह भारतवर्ष जो महाशोण से कुभा और वंक्षु तक फैला हुआ है, और जिसका पवित्र संस्कृति का महानद अनादिकाल से मनुष्य का जयोद्‌घोष करता हुआ आगे बढ़ता जा रहा है, मुझे अभिभूत और चकित कर देता था। उस समय मुझे हिंदी में ऐसा कोई दूसरा साहित्यकार नहीं दीखता था, जो भारतवर्ष को इस प्रकार देश और काल में प्रसारित करके देख सके, और उसकी सनातन-संस्कृति के महान् तत्त्वों को सजीव बनाकर प्रत्यक्ष कर सके।

यह कहना गलत होगा, कि मैं इन नाटकों में केवल गुण ही गुण देखता था। मुझे दोष भी दिखाई देते थे। प्रसाद के अनेक आलोचकों की भाँति मैं भी मानता था, कि ये नाटक अभिनय के योग्य नहीं हैं। उनकी भाषा वैसी नहीं है, जैसी कि उसे होनी चाहिए थी। बहुत से लोग संस्कृत-शब्दों के बहुल प्रयोग को ही प्रसाद की भाषा का दोष बताते थे, परंतु मेरा विचार था, कि उनका प्रधान दोष यह है कि वे पात्र और प्रसंगों के अनुकूल बन जाने योग्य लोच नहीं रखती।

सन् 1935-36 ई. तक मेरी धारणा थी कि प्रसादजी की प्रतिभा का गौरव उनके नाटकों के कारण है। यद्यपि इन नाटकों की भाषा में और भी सुधार अपेक्षित जान पड़ता था। इन नाटकों की दृश्य-योजना में शिथिलता मालूम पड़ती थी। उनके नाटकों में कोई-न-कोई महिलापात्र ऐसी मिल जाती है जो या तो प्रेम के अनादृत होने के कारण

भीषण हो उठती है, या किसी स्वार्थवश कूटनीति यंत्र का संचालन करने लगती है। मुझे ऐसी योजना का बाहुल्य यथार्थ का कुछ अतिरेक जान पड़ता है, फिर उनके नाटकों में अचानक अप्रत्याशित घटनेवाले प्रसंगों से या जटिलता प्रकट करनेवाले पात्र की अचानक मृत्यु से कथानक को सरल बनाने का प्रयत्न है। यह बात भी मुझे बहुत उचित नहीं जान पड़ती। मुझे ऐसा लगता था, और अब भी लगता है, कि प्रसादजी के नाटकों के दृश्यांशों का और भी ठोस संघटन संभव है। इन नाटकों में प्रसादजी कभी-कभी कवित्वपूर्ण वातावरण उत्पन्न करने के मोह में पड़कर कथानक की स्वाभाविक गति को व्याहत भी कर देते हैं। इस प्रकार विशुद्ध नाटक की दृष्टि से मुझे ये नाटक सदोष दिखते थे और मेरे विचार आज भी बहुत अधिक परिवर्तित नहीं हुए हैं। परंतु साथ ही मैं इस सत्य को नहीं भुला सका था, और न आज भुला सका हूँ, कि प्रसादजी के नाटकों ने मनुष्य के गूढ़ चरित्र में प्रवेश करके इतिहास के विस्रस्त खण्डों से अनेक अविस्मरणीय चरित्रों की सृष्टि की है। उनके नाटकों के पढ़ने से निःसंशय रूप में ऐसा अनुभूत होता है कि सुदूर अतीत से वर्तमान काल तक अविराम चली आती हुई मानव-धारा में हमें अभिभूत, चालित और प्रेरित करनेवाले सैकड़ों मनुष्य प्रत्यक्ष रूप से आमने-सामने खड़े हो गए हैं। ऐसी विशाल प्रतिभा से मंडित कवि को देश कभी भुलाना बर्दाश्त नहीं करेगा।

मुझे स्वीकार करना चाहिए कि प्रसादजी के नाटकों ने मेरे मन में प्रकृतिदत्त भीतरी और बाहरी आवरण और अवगुंठन के प्रति श्रद्धा की भावना जागृत कर दी थी। मैं भी प्रसादजी के तत्त्ववाद से प्रभावित हुआ था। ··· प्रसादजी ने अपने अंतिम और सर्वश्रेष्ठ काव्य 'कामायनी' में इस मोहन तत्त्व-वाद की स्थापना की है। नाटकों में नारी के जिस कूट यंत्र-चालिका रूप का उन्होंने चित्रण किया था, वह इस काव्य में इड़ा के रूप में निखर आता है। उनके संपूर्ण साहित्य में नारी के जो दो रूप उलझी हुई अवस्था में प्राप्त होते हैं, वे 'कामायनी' में खराद पर कसे हुए मणि की भाँति उज्ज्वल और मोहन प्रभा से मंडित हो उठते हैं। पुरानी धर्म-साधना के साहित्य से उन्हें अपने तत्त्व-वाद का समर्थन भी प्राप्त हो गया था। उनकी आरंभिक कुण्ठा भावना भगवान का महान् वरदान सिद्ध हुई है। इस प्रकार पिछले तीस वर्षों से प्रसाद-साहित्य के बारे में मैं भिन्न-भिन्न ढंगों से सोचता आ रहा हूँ, आज उनके महान् व्यक्तित्व और विशाल प्रतिभा के संबंध में मेरे मन में कोई द्विधा नहीं है।

शिवदानसिंह चौहान

सांस्कृतिक या राष्ट्रीय जागरण के काल में ही नहीं बल्कि किसी भारी राष्ट्रीय संकट के काल में भी जीवन की यथार्थ समस्याओं को समझने के लिए या उन समस्याओं

का सामना करने योग्य मनोबल, साहस और उदात्त आदर्श-भावना की प्रेरणा पाने के लिए लेखक और कलाकार अतीत के उस गौरवशाली इतिहास की उद्‌भावना करते हैं और अपने जातीय संघर्ष में उसे अपने प्रेरक, मित्र और सहयोगी की निसर्ग भूमिका प्रदान कर देते हैं। अतीत जीवन की गरिमा से यह इतिहास वर्तमान जीवन की संकटापन्न दुरवस्था की शृंखला जोड़कर वर्तमान जीवन के वैषम्य की चेतना को ही गहरा बनाता है। अंततः यह चेतना वर्तमान को बदलने का संकल्प बनकर कार्य-क्षेत्र में प्रतिफलित होती है। अपने इतिहास से प्रेरणा लेने की प्रवृत्ति स्वाभाविक है, प्रगतिशील है, पुनरुत्थानवादी नहीं।

प्रसाद के नाटकों में 'स्कंदगुप्त' संभवतः सबसे श्रेष्ठ है। ... प्रसाद के नाटकों के बारे में आम तौर पर यह कहा जाता है कि उनकी शैली दुरूह है, भाषा क्लिष्ट है और कहीं भावुकता तो कहीं दार्शनिकता की विशेष पुट है, जिससे साधारण पाठक के लिए उनके अर्थ की गहराई तक पहुँचना भी दुर्गम हो जाता है। इसमें संदेह नहीं कि उनकी भाषा संस्कृत-गर्भित है, बोलचाल की मुहावरेदार, फड़कती भाषा नहीं है। यही कारण है कि उनका परिहास कहीं-कहीं अत्यन्त परिष्कृत तथा कृत्रिम हो गया है। लेकिन समग्र रूप से देखें तो प्रसाद को यह भाषा अपने नाटकों को अर्थगाम्भीर्य और सूक्ष्म सांस्कृतिक वातावरण देने के लिए ही अपनानी पड़ी। अतः दोष होते हुए भी इससे उनके नाटकों की कलात्मकता पर बुरा प्रभाव नहीं पड़ा है। उनके नाटकों के बारे में दूसरी बात यह कही जाती है कि वे पढ़े ही जा सकते हैं, उनका अभिनय नहीं किया जा सकता। हम पहले बता चुके हैं कि जिस समय प्रसाद ने लिखा उस समय तक सामान्य जन-जीवन से साहित्यकार का व्यवधान इतना बढ़ गया था कि वह अब मेले-ठेलों के अवसर पर प्रयोग में आनेवाले लोक-नाट्य के रंगमंच के लिए नाटक न लिख सकता था और न लोक-रंगमंच की अति सरल, वैविध्य-रहित और साधारण शैली और टेकनीक उन जटिल घटना-चक्रों, अनुभूतियों और भाव-भंगियों को ही दिखाने में समर्थ थी जिनकी योजना प्रसाद को अभीष्ट थी। पारसी थिएटरों के कुरुचिपूर्ण, व्यावसायिक रंगमंच के लिए लिखने का प्रश्न भी प्रसाद जैसे श्रेष्ठ कलाकार के सामने न था। स्कूल-कालेजों का 'अमेच्योर' रंगमंच भी अभी तक अविकसित ही था और राष्ट्रीय रंगमंच की तो उस समय कल्पना भी दुर्लभ थी। इसलिए प्रसाद ने यद्यपि खेले जाने के लिए ही नाटक लिखे, और उनके अधिकतर नाटक पूर्णतः अभिनेय हैं, परंतु अभी तक श्रेष्ठ कला के राष्ट्रीय रंगमंच के अभाव में अधिक खेले नहीं जा सके हैं, जिससे यह भ्रम पैदा हुआ है। रंगमंच की संभावनाओं का अभी हमारे देश में पूरी तरह विकास ही नहीं हुआ। अतः पहले से ही ऐसी धारणाएँ बनाकर एक महान् कलाकार की कृतियों को अनुपयुक्त ठहरा देना अनुचित है।

[हिंदी गद्य साहित्य, हिंदी नाटक]

बच्चन सिंह

यदि पूर्वग्रह को छोड़कर विचार किया जाय तो कहना होगा कि प्रसाद के नाटकों में जो गांभीर्य आया है, उसके मूल में रंगमंच की अवहेलना का बहुत कुछ योग है।

'ध्रुवस्वामिनी' की रचना में प्रसाद ने रंगमंच का पूरा ख्याल रखा है और रंगमंच की दृष्टि से यह पूर्ण सफल है। ... यहाँ पर स्कंदगुप्त और चंद्रगुप्त का गांभीर्य और औदात्त्य लुप्त हो गया है।

काशी में होनेवाले हिंदी साहित्य सम्मेलन के गत अधिवेशन के समय उनका 'स्कंदगुप्त' सफलतापूर्वक अभिनीत भी हो चुका है।

[हिंदी नाटक, 1958]

नाटक को इस देश में रूपक या रूप कहा जाता है। रूप का मतलब है जिसे दृश्यता के कारण रूपाकार मिलता है। छोटे-छोटे बिम्बों को एकत्रित होकर पूर्ण बिम्ब की रचना करनी पड़ती है। जो बिम्ब रूपक की संपूर्णता में जितना योग देगा वह उतना ही सशक्त होगा। यह बिम्ब-संपूर्णता अपने-आपमें साध्य नहीं है—यह साधन है मानवीय संवेदना की सृष्टि का। एक उदाहरण लीजिए—" ... उत्सवों में परिचारक और अस्त्रों में ढाल से भी अधिकारलोलुप मनुष्य क्या अच्छे हैं? ... " यह स्कंदगुप्त का स्वगत है। 'परिचारक' और 'ढाल' शब्दों द्वारा जो बिम्ब प्रस्तुत किये गये हैं वे स्कंदगुप्त की परिस्थिति, मनोदशा, चरित्र आदि को अत्यन्त प्रभावशाली ढंग से प्रस्तुत करते हैं। परिचारक उत्सव का वास्तविक आयोजक और कर्त्ता होता है और फिर भी उत्सव में सबसे अधिक उपेक्षित और तिरस्कृत होता है, वह सबसे अधिक संयुक्त होकर भी असंयुक्त रहता है। क्या यह स्वयं स्कंदगुप्त नहीं है? ढाल मार सहती है, मार करती नहीं। इन शब्दों का रूपकात्मक महत्त्व संपूर्ण नाटक में व्याप्त है। स्कंदगुप्त के समस्त जीवन का लेखा-जोखा लेने पर वह परिचारक और ढाल के अतिरिक्त और कुछ नहीं प्रतीत होता। इस नाटक का जो पूर्ण बिम्ब प्रस्तुत होता है, उससे ये अनिवार्य रूप से सम्बद्ध है। नाटक के ट्रैजिक टोन में इनका महत्त्वपूर्ण योग है।

स्कंदगुप्त के चरित्र और मनोदशा से सम्बद्ध दो बिम्ब और लीजिए :

(1) 'शांत रजनी में मैं ही धूमकेतु हूँ। यदि मैं न होता तो यह संसार स्वाभाविक गति से, आनन्द से, चला करता ... कहीं भी कामना की वन्या नहीं ... '

(2) 'बौद्धों का निर्वाण, योगियों की समाधि और पागलों की-सी संपूर्ण विस्मृति मुझे एक साथ चाहिए। चेतना कहती है, तू राजा है और उत्तर में जैसे कोई कहता है कि तू खिलौना है—उसी खिलवाड़ी वटपत्रशायी बालक के हाथों का खिलौना है। तेरा

मुकुट श्रमजीवी की टोकरी से भी तुच्छ है।'

कामना की कोई वन्या न होने पर भी स्कंदगुप्त की स्थिति धूमकेतु जैसी है। अंतःपुर का सारा कुचक्र, छल, आँधी-तूफान, शोर-शराबा उसी को लेकर है। वह न होता तो कुछ न होता। लेकिन वह है परिचारक की भाँति, ढाल की भाँति, धूमकेतु से उसकी संगति स्वाभाविक है।

एक साथ ही, निर्वाण, समाधि, संपूर्ण विस्मृति की माँग के मूल में परिस्थितिजन्य निराशा का गहरा विक्षोभ है। मुकुट को श्रमजीवी की टोकरी से भी तुच्छ समझना उसकी उस उदासीनता का क्रियात्मक पक्ष है जिसे प्रारंभ में देखा गया था। इन सभी बिम्बों को 'परिचारक' और 'ढाल' एकसूत्रता प्रदान करते हैं।

नाटक के संदर्भ में बननेवाले बिम्ब हमेशा चरित्रगत होंगे और उनके साथ परिस्थिति विशेष की संपृक्ति अनिवार्य है। इनके बिम्बों को सादृश्यमूलक अलंकारों तक ही सीमित नहीं रखना होगा। अन्य प्रकार के वर्णन भी इसमें समाविष्ट होंगे :

"सूचीभेद्य अंधकार में छिपनेवाली रहस्यमयी नियति का—प्रज्वलित कठोर नियति का—नील आवरण उठाकर झाँकनेवाला। उसकी आँखों में अभिचार का संकेत है, मुस्कराहट में विनाश की सूचना है; आँधियों से खेलता है; बातें करता है—बिजलियों से आलिंगन।"

इससे प्रपंचबुद्धि का ऐन्द्रजालिक व्यक्तित्व पूरी तरह उभरकर प्रत्यक्षीकृत होता है।

यों उनके भिन्न-भिन्न नाटकों में भिन्न-भिन्न प्रकार के बिम्बों की प्रधानता मिलेगी। स्कंदगुप्त में संगीत के बिम्ब अधिक हैं—भैरवी स्वर, शृंगीनाद, तांडवनृत्य से लेकर वागेश्वरी का कोमल करुण स्वर संगीत तक।

जयमाला कहती है—" ··· रुद्र का शृंगीनाद, भैरवी का तांडवनृत्य और शस्त्रों का वाद्य निकलकर भैरव संगीत की सृष्टि होती है। ··· ध्वंसमयी महामाया प्रकृति का निरंतर संगीत है। ··· अत्याचार के श्मशान में ही मंगल का शिव का, सत्य-सुन्दर संगीत का समारम्भ होता है।"

देवसेना को देखिए—

"उसका स्वर अन्य वृक्षों से नहीं मिलता। वह अकेले अपने सौरभ की तान से दक्षिण-पवन में कंप उत्पन्न करता है, कलियों को चटकाकर, ताली बजाकर, झूम-झूमकर नाचता है। वह कोमल स्वर में गाता है।"

देवसेना के कथोपकथन में बार-बार संगीत के बिम्ब उभरते हैं—करुण कोमल संगीत के बिम्ब। उसका व्यक्तित्व निम्नलिखित बिम्बों में अपनी समग्रता में उजागर हो उठता है :

> 'संगीत सभा की अन्तिम लहरदार और आश्रयहीन तान, धूपदान की सूक्ष्म क्षीण गन्ध-धूम रेखा, कुचले हुए फूलों का म्लान सौरभ, और उत्सव के

पीछे का अवसाद, इन सबों की प्रतिकृति क्षुद्र नारी-जीवन!'

इसमें चार बिम्बों को एक साथ पिरोया गया है। ये मिलकर उसके जीवन की करुणा को अत्यन्त गहरा बना देते हैं।

रामा विशेष परिस्थिति में 'पिशाचिनी-सी' प्रलय की काली आँधी बनकर कुचक्रियों के जीवन की काली राख अपने शरीर में लपेटकर तांडव नृत्य करने को प्रस्तुत है। इसी प्रकार विजया कभी कृत्या बनना चाहती है, कभी 'प्रलय की अनल शिखा'।

अपनी समस्त विजयों के बावजूद नाटक का जो संपूर्ण बिम्ब सामने आता है उसमें साम्राज्य-पोत के 'टूटे हुए पटरे और पतवार' दिखाई पड़ते हैं।

चंद्रगुप्त के बिम्बों में भी आँधी, करका-वृष्टि, अवर्षण, दावाग्नि, नीललोहित, प्रलय, जल-प्लावन आदि वातावरण, स्थिति, चरित्र आदि पर प्रकाश डालते हैं। पर चाणक्य-दांड्यायन के कथोपकथन में ऐसे बिम्ब बनते हैं जो कर्मठता, विपत्तियों में भी लहलहाते रहने की प्रेरणा देते हैं। गणतन्त्र 'वन्यवीरुध्' के समान हरे-भरे हैं और सिंहरण 'वन्य निर्झर के समान स्वच्छ और स्वच्छन्द'।

इस नाटक में एकाध जगह प्रतीकात्मक बिम्ब अर्थ की गहराई और तीखेपन में बहुत ही प्रभावशाली बन पड़े हैं—

'... मैं कुत्ता, साधारण युवक और इन्द्र को कभी एक सूत्र में नहीं बाँध सकता। कुत्ता कुत्ता ही रहेगा; इन्द्र इन्द्र! सुनो वररुचि! मैं कुत्ते को कुत्ता ही बनाना चाहता हूँ ... '

चाणक्य भाषा ठीक करने के पहले मनुष्यों को ठीक करना चाहता है। इसलिए पाणिनि के सूत्र की अपनी व्याख्या करता है। कुत्ते का प्रतीकात्मक महत्त्व है—नीच, अपदार्थ, उपेक्षणीय और यह है नन्द। कहना न होगा कि इन्द्र चंद्रगुप्त का संकेत देता है।

इसी प्रकार का एक प्रतीकात्मक बिम्ब 'ध्रुवस्वामिनी' में भी है—'इस राजकुल में एक भी संपूर्ण मनुष्यता का निदर्शन न मिलेगा क्या? जिधर देखो कुबड़े, बौने, हिजड़े, गूँगे और बहरे।'

बिम्ब-योजना में संगीत का महत्त्व कम नहीं आँका जा सकता। संगीत अंग्रेजी के 'म्युजिक' का समानार्थी नहीं है। इसमें गीत और नृत्य (नृत्य+नृत्त) दोनों सम्मिलित हैं। कुछ लोगों के विचार में नाटक का प्रादुर्भाव नृत्य से ही हुआ। संगीत और अभिनय का घना संबंध रहा है। संस्कृत की परंपरा के अनुसार प्रसाद के नाटकों में नर्तकियाँ नृत्य करती हैं, गीत गाती हैं। किंतु पात्रों का बीच-बीच में गीत गाना भारतीय नाट्य-परंपरा से अनुमोदित नहीं होता। मेरे खयाल में यह पारसी रंगमंच का प्रभाव है। विशाख के गीत इसके प्रमाण हैं—

सलोने अंग पर पट हो मलिन भी रंग लाता है;
कुसुम रज के ढँका भी हो कमल फिर भी सुहाता है।

इसकी लय, परिसमाप्ति का सम, पारसी थिएटर के गानों की याद दिलाता है।

गीत की दृष्टि से भी 'स्कंदगुप्त' और 'ध्रुवस्वामिनी' ही विशेष महत्त्व के हैं। इनके गीत स्वर, ताल, बेला आदि के अनुसार गाये जाते हैं और परिस्थिति-सापेक्ष हैं। ऐसी स्थिति में इनसे ऐसे बिम्बों का निर्माण होता है जो संपूर्ण नाटकीय बिम्ब में एक हद तक सहायता पहुँचाते हैं।

यदि इन बिम्बों को एक दूसरे की संगति और विरोध में रखकर देखा जाय तो नाटकों के नये आयामों पर प्रकाश पड़ेगा।

[हिंदी नाटक 1989, द्वितीय संस्करण]

देवीशंकर अवस्थी

प्रसाद के पास रंगमंच भले न हो, पर उनका कथ्य नाटकीयता से लबालब भरा था। संघर्ष के जिस दौर से हिंदुस्तान गुजर रहा था, उसका नाटकीय उपयोग कर सकने की प्रसाद में अद्‌भुत क्षमता थी। विरोध से उत्पन्न होनेवाली नाटकीयता प्रसाद में भरपूर मिलती है। आवश्यकता थी कि प्रसाद के इन नाटकों के अपने नाट्‌यशास्त्र की चर्चा होती और रंगमंच के माध्यम से उनकी विविध व्याख्याएँ करने का प्रयास किया जाता। पर इन नाटकों की नियति भोगनी थी केवल हिंदी की कक्षाओं में पढ़ाए जाने की। हमारे विश्वविद्यालयों में परीक्षा की जो पद्धति है उसकी अनिवार्य परिणति सरलीकरण में है। कुछ गिने-चुने प्रश्न, कुछ गिने-चुने उत्तर—इन्हीं के आसपास हमारी शैक्षणिक या शास्त्रीय आलोचना चक्कर काटती रहती है। विद्यार्थी, प्रश्नपत्र, सहायक पुस्तक, बाज़ारू नोट, इनके बीच अन्योन्याश्रय संबंध हो जाता है। और कुछ इसी प्रकार की परिस्थितियों में प्रसाद के नाटकों का शास्त्रीय अध्ययन जैसी पुस्तकें सामने आयीं।

जीवंत नाटक के अभाव में जीवंत आलोचना का संबंध जो एक बार टूटा तो पं. रामचन्द्र शुक्ल में भी नहीं जुड़ सका। आलोचनात्मक लेखों या पुस्तकों को जाने दीजिए। अपने इतिहास में भी नाटकों की उन्होंने नितांत सतही चर्चा की है। जिस पैठ या रुचि के साथ वे प्रसाद या पंत के काव्य पर विचार करते हैं उसका शतांश भी प्रसाद के नाटकों (या प्रेमचंद के कथा-साहित्य) के विवेचन में नहीं मिलता। पर शुक्लजी की टिप्पणियों और बाबू श्यामसुंदरदास द्वारा बताये गये नाट्‌यतत्त्वों (एवं रचना नियमों) के आधार पर डॉ. जगन्नाथ प्रसाद शर्मा का शोध-प्रबंध 'प्रसाद के नाटकों का शास्त्रीय अध्ययन' (1943 ई.) लिखा गया है। हिंदी की पिछले पच्चीस वर्ष की 'एकेडेमिक' नाटक आलोचना की यह प्रतिनिधि कृति मानी जा सकती है। कमोबेश इसी साँचे में आगे भी नाटकों पर पुस्तकें या शोध प्रबंध लिखे जाते रहे। यहाँ तक कि तमाम अज्ञातकुलशील लेखकों द्वारा लिखे जानेवाले बाज़ारू नोट—'एक अध्ययन', 'एक दृष्टि', 'प्रश्नोत्तर' आदि—भी इस पुस्तक में अपनायी नयी योजना को ही आधार बनाते हैं।

शैक्षणिक आलोचना की कमियों को समझाने के लिए इस पुस्तक का विश्लेषण सहायक सिद्ध होगा। डॉ. शर्मा ने प्रारंभ में प्रसाद के एक-एक नाटक को लेकर विवेचना-विश्लेषण किया है और उपसंहार के पचास पृष्ठों में प्रसाद की नाट्यकला पर अपने विचार व्यक्त किये हैं। लेखक द्वारा विवेचित 'चंद्रगुप्त' वाले अध्याय की विषय सूची और पृष्ठ संख्या इस प्रकार है : इतिहास—132; कथानक—138; संविधानक सौष्ठव और काल विस्तार—143; अंक और दृश्य—144; आरंभ और फल प्राप्ति—146; कार्य की अवस्थाएँ—147; अर्थ प्रकृतियाँ—149; संधियाँ—151; नायक का विचार—152; चंद्रगुप्त—153; चाणक्य—155; सिंहरण—158; अन्य पुरुष पात्र—159; अलका—161; सुवासिनी—162; कल्याणी—163; कार्नेलिया—164; मालविका—163; रस-विवेचन—166; शृंगार रस का योग—168; कथोपकथन—169; देशकाल का कथन—171; राष्ट्रभावना—174।

यही योजना अन्य नाटकों की विवेचना में भी अपनायी गयी है, एकाध मुद्दा भले ही घट-बढ़ गया हो। इस सूची के साथ विश्वविद्यालयों में एम. ए. के प्रश्नपत्रों में पूछे जानेवाले नाटक के प्रश्नों की भी एक छोटी-सी सूची दे देना प्रासंगिक होगा :

(1) 'चंद्रगुप्त' नाटक के कथानक पर एक संक्षिप्त आलोचनात्मक निबंध लिखिए।

(2) 'चंद्रगुप्त' नाटक के किन्हीं दो नारी पात्रों के आधार पर प्रसाद के हृदय की कोमलता, उदारता और स्निग्धता का परिचय दीजिए।

(3) 'चंद्रगुप्त' नाटक में तत्कालीन इतिहास को राष्ट्रीयता के साँचे में ढालने का सफल प्रयास किया गया है। सिद्ध कीजिए।

(4) 'प्रसाद के नाटकों में भारतीय एवं पाश्चात्य रचना-पद्धतियों का समन्वय दिखायी पड़ता है।' इस कथन की सार्थकता की विवेचना कीजिए।

(5) 'चंद्रगुप्त' नाटक में आपको कौन पात्र सर्वाधिक प्रभावित करता है? अपनी रुचि का कारण बताते हुए उसके चरित्र का विशद् चित्रण कीजिए।

(6) नाटक के तत्त्वों को ध्यान में रखते हुए 'चंद्रगुप्त' की सफलता पर प्रकाश डालिए।

(7) रंगमंच की आवश्यकताओं को ध्यान में रखते हुए 'चंद्रगुप्त' नाटक में गुण-दोषों का विवेचन कीजिए।

(8) 'चंद्रगुप्त' नाटक का नायक कौन है? युक्तियुक्त उत्तर दीजिए।

और 'चंद्रगुप्त' पर तो नहीं, 'अजातशत्रु' पर प्राप्त बाज़ारू नोट की एक पुस्तक के शीर्षक भी कुछ इस प्रकार हैं : कथावस्तु की ऐतिहासिकता, पात्रों की ऐतिहासिकता, नाट्यतत्त्वों की कसौटी पर 'अजातशत्रु', कथावस्तु, कार्य की अवस्थाएँ, नाटक का नायक, कथोपकथन, स्वगत कथन, देशकाल, भाषा शैली, रस, उद्देश्य, गीत, अंतर्द्वंद्व और बहिर्द्वंद्व, सुखांत या दुखांत, चरित्रचित्रण आदि।

विस्तार भय से इन तीनों सूचियों का विश्लेषण यहाँ नहीं किया जा रहा है। पर तनिक भी ध्यान से देखनेवाले के लिए यह छिपा न रहेगा कि तीनों सूचियाँ परस्पर

संबद्ध हैं और सरलीकरण की प्रवृत्ति से उद्भूत हैं।

प्रसाद के नाटकों का शास्त्रीय अध्ययन की समीक्षा के साँचे का विश्लेषण यह स्पष्ट कर देता है कि किसी विशिष्ट संकल्पना या सुसंगठित नाट्यसिद्धांत के बगैर भारतीय और पाश्चात्य रचना-पद्धतियों के कुछ तत्त्वों या उपकरणों के खानों में नाटकों को डालने की चेष्टा की गयी है। कथावस्तु की चर्चा में भारतीय नाट्यशास्त्र की अवस्थाओं, संधियों और अर्थप्रकृतियों की खोज की इस चेष्टा की सार्थकता इसी में समझी गयी है कि किसी प्रकार नाटकों में उनका अस्तिव दिखाया जा सके। इनसे नाटकों की गठन, रूपबंध, अर्थवत्ता आदि पर क्या प्रभाव पड़ता है, इसकी ओर ध्यान नहीं दिया जा सका। इसी प्रकार की अस्तित्व गणना पाश्चात्य कार्यावस्थाओं को लेकर भी यत्र-तत्र हुई है। 'स्कंदगुप्त' की विवेचना में भारतीय और पाश्चात्य कार्यावस्थाओं का घपला इन तमाम शास्त्रीय आलोचकों को पीड़ित करता रहा है। पर उसके तनाव को स्पष्ट कोई नहीं करता।

भारतीय तत्त्वों की परिगणना के प्रसंग में रस-विवेचन भी आता है। पर एक विचित्र बात है कि अपने को रसवादी घोषित करनेवाले ये तमाम आचार्य रस की चर्चा नाटक के एक तंत्र के रूप में करते हैं जब कि भारतीय नाट्यशास्त्र में रस निष्पत्ति का प्रश्न नाटक के पूरे रूपबंध से उद्भूत समग्र अर्थवत्ता से है। रस की समस्या वस्तुतः नाटक के अर्थ की समस्या है। और इसकी चर्चा नाटक के समग्र विश्लेषण के माध्यम से ही संभव है। पर जहाँ हर चीज़ के खाने बनाकर बाँट देने का सरलीकरण वाला फ़ार्मूला इस्तेमाल किया जा रहा हो, वहाँ यह जोखिम कौन उठाए?

जो हाल रस का है कुछ वैसा ही दृश्य चरित्रचित्रण का भी हुआ। कौन-सा पात्र अपने किस गुण से नाटक की अर्थवत्ता या रस-योजना को प्रभावित, अनुकूलित कर रहा है? पूरे नाटक में उसका क्या योगदान है? इस प्रकार के तत्त्वान्वेशी प्रश्नों की जगह पात्रों का हुलिया बताया गया है; कुछ मोटी बातें चारित्रिक गुणों से संबंधित गिना दी गयी हैं। यह समझना मुश्किल है कि यदि चंद्रगुप्त पराक्रमी, साहसी, सुशील, निर्भीक या आत्मविश्वासपूर्ण है, अथवा कार्नेलिया सुंदरी, प्रेमिल, भावुक या शांतिप्रिय है तो इससे नाटक का क्या बनता-बिगड़ता है।

नाटक की विवेचना में संवाद-मीमांसा का बहुत महत्त्व है। आखिर नाटक का सर्वतोप्रमुख लक्षण भी वही है। हिंदी के तमाम तथाकथित 'कोर्सबुकी' नाटककार किसी कहानी को संवादों में लिखकर ही नाटक रचना का सुख और संतोष प्राप्त कर लेते हैं। पर डॉ. शर्मा 'चंद्रगुप्त' जैसे संकुल अनुभवोंवाले नाटक के संवादों के लिए केवल दो पृष्ठ दे पाते हैं। इसी का परिणाम है कि परीक्षा के प्रश्नपत्रों में निर्धारित 'नाटक' के संवादों पर पूरा प्रश्न तो पूछ लिया जायेगा पर किसी दृश्य में आये एक छोटे-से संवाद की नाटकीय उपयुक्तता का विचार अपेक्षित रह जायेगा। संवादों के कितने प्रकार प्रयुक्त हुए हैं? कथानक, पात्र या रसयोजना के लिए उनका क्या औचित्य है?

अलग-अलग आये संवाद क्या किसी एक भाषा 'पैटर्न' के अंग हैं? क्या इस तरह के सवालों के लिए भी 'युग चेतना' और 'तकनीकी माहिरों' से बचने की ज़रूरत है?

जहाँ तक देशकाल-विवेचन का प्रश्न है, यह भी उसी सरलीकरण वाले फ़ार्मूले से जुड़ा हुआ है। साहित्य का सबसे सुविधाजनक अध्ययन दस्तावेज़परक हो सकता है। इन शास्त्रीय अध्ययनों के देशकाल वाले अंशों में इसी प्रकार के रीति-रिवाज, रहन-सहन, भूगोल और साहित्य के विवरण इकट्ठे किये गये हैं न कि नाटक की कलात्मक सत्ता से उनका कोई संबंध निरूपित किया गया है।

इस विश्लेषण को समाप्त करने के पूर्व एक अन्य तथ्य की ओर ध्यान दिलाना आवश्यक है। 1930 के आसपास से यथार्थवादी नाट्यरचना की चर्चा होने लगी थी। हिंदी में यथार्थवाद शब्द के ग्रहण और उसके अर्थबोध का इतिहास बहुत रोचक है, परंतु यहाँ केवल इतना इंगित करना है कि नाटक के क्षेत्र में यथार्थवाद का ग्रहण, बिना रंगमंच के ही एक रंगमंचीय संदर्भ में हुआ है। दैनिक व्यवहार में जो कुछ अस्वाभाविक या अतार्किक लग सकता है, उसे त्यागकर अत्यधिक विश्वसनीयता का आग्रह बढ़ा। नाट्य-समीक्षा की शास्त्रीय पद्धति पर भी इसने प्रभाव डाला। प्रसाद के नाटकों की अभिनेयता की चर्चा, गीत-बहुलता और काव्यात्मकता का विरोध, स्वगत कथनों की निंदा, घटनाओं की आकस्मिकता पर आक्षेप आदि, इसी यथार्थवादी विचारधारा के आलोक में होते हैं। डॉ. जगन्नाथ प्रसाद शर्मा के 'शास्त्रीय अध्ययन' में भी इस विचारधारा का प्रभाव देखा जा सकता है। मज़ा यह है कि ये तमाम शास्त्रीय अध्येता इन बातों की चर्चा करते समय अपना शास्त्रज्ञान भुलाकर (तमाम लोकधर्मी, नाट्यधर्मी, वृत्तियों, रूढ़ियों आदि को विस्मृत कर) इस प्रकार चर्चा करने लगते हैं गोया कि वे 'थियेटर क्रिटिक' हों। होता यह था कि उनका रंगमंच उनकी जेब में ही पड़ा रहता था। वस्तुतः यथार्थवाद के नाम पर इन चीजों की चर्चा भी उसी सरलीकरण वाले फ़ार्मूले की उपज है।

यह देखकर आश्चर्य होता है कि उपन्यास हो, कहानी हो, या नाटक, वे ही तत्त्व तीनों की आलोचना में गिना दिये जाते हैं और हिंदी की कथा या नाटक की शास्त्रीय आलोचनाएँ एक ही प्रकार और स्तर की हैं। साहित्यिक विधाओं का सिद्धांत वस्तुतः एक व्यवस्था का सिद्धांत भी है, और एक सामान्य साहित्यिकता में उसे घटाकर ले आने से एक नाटक को एक कहानी से अलगाया नहीं जा सकेगा। उपन्यास हो या नाटक, दोनों का रूपबंध अपने-अपने ढंग से सुगठित या 'आरगैनिक' होता है। और बिना इसकी चेतना उत्पन्न हुए और इस रूपबंध के विश्लेषण की सम्यक् पद्धति विकसित किये यही छात्रोपयोगी सुविधावाद चलता रहेगा।

एक स्पष्टीकरण और भी आवश्यक है : रंगशाला समीक्षा और नाटक समीक्षा को मैं एक ही नहीं मानता। जान ग्रास या केनेथ टायनन मुख्यतः रंगशाला समीक्षक (थियेटर क्रिटिक) हैं और विल्सन नाइट, रेमंड विलियम्स या आयन काट नाटक समीक्षक

(ड्रामा क्रिटिक)। दोनों में कोई विरोध भी नहीं है पर नाटक एक ऐसा माध्यम है जो एक ओर स्टेज से घनिष्ठ भाव से जुड़ा हुआ है और दूसरी ओर कक्ष या कक्षा में भी उसका रस लिया जा सकता है। दोनों स्थानों की व्याख्याओं, अर्थों में, और इसी कारण आनंद में भी, अंतर हो सकता है। पर उसका मुख्य माध्यम तो भाषा ही है, बल्कि यों कहें कि भाषा प्रयोग के स्तर पर काव्यभाषा उसके लिए सबसे नजदीकी सिद्ध की जा सकती है। इस नाते एक स्वतंत्र साहित्य विधा के रूप में नाटक का अध्ययन संभव है। अतः जब शास्त्रीय अध्ययनों और शोधप्रबंधों की पद्धति पर आपत्ति करता हूँ तो शास्त्रीयता का विरोध करके मंचीयता की माँग नहीं करता। बल्कि कहना तो यह चाहता हूँ कि जब समीक्षक स्वयं मंच-प्रयोगों से परिचित नहीं हैं तो अभिनेयता का प्रश्न क्यों उठाता है? अपने आपमें अभिनेयता का यह प्रश्न या तो किताबी है या परीक्षा मंच से संबंधित। इनकी शास्त्रीयता पर मुख्य आपत्ति यह होती है कि इन अध्ययनों में नाटक को एक नये नुस्खे में तब्दील करके देखा जाता है : (दो तोला इतिहास, एक तोला कल्पना, तीन तोला चरित्र, दो तोला संवाद और डेढ़ तोला देशकाल की भाषा शैली के जरिए कूट-छान कर तीन तोले रस में मिलाकर गोलियाँ बना लेनी चाहिए!)। नाटक के संकुल रूपबंध के विश्लेषण द्वारा उसके अर्थ के उद्‌घाटन का प्रयास इन अध्ययनों में नहीं मिलता। 'चंद्रगुप्त' या 'स्कंदगुप्त' की विषयवस्तु पर एक भी पृष्ठ खर्च नहीं किया जाता। इसी प्रकार नाट्‌यअभिप्रायों, नाट्‌यसमयों (ड्रैमेटिक कनवेंशंस) और परंपराओं के उद्‌घाटन की ओर अभी ठीक से ध्यान भी नहीं गया है। स्वयं नाटक का इतिहास लिखते समय भी इनका अध्ययन प्रस्तुत नहीं किया जा सका है। यहाँ तक कि मुख्य कार्य-व्यापार के विश्लेषण की वैसी योजना भी इन अध्ययनों में प्राप्त नहीं होती जैसी कि ग्रैनविल बार्कर की 'प्रिफ़ेंसेज़ टु शेक्सपियर' में मिल जाती है। ऐसा लगता है कि एक नयी नाट्‌यसमीक्षा की ज़मीन तैयार है। इस प्रकार गतिरोध टूटने के आभास मिलने लगे हैं—पर टूटा हुआ तभी माना जा सकता है जब प्रसाद के नाटकों पर कम से कम एक बेहतर किताब आ जाए।

[हिन्दी की नाटक समीक्षा, देवीशंकर अवस्थी–नटरंग-3]

अज्ञेय

आजकल के हिन्दी नाटक प्रायः सभी एक पुनरुत्थान की भावना से लिखे गये हैं, उद्देश्य उन सबका 'रिवाइवलिस्ट' है। कुछ अपवाद अवश्य हैं, जिनमें अपने समाज की और रूढ़ियों की तीखी आलोचना की गई है। पर अधिकांश नाटक ऐतिहासिक हैं। अगर उनमें घटना की सचाई की थोड़ी बहुत उपेक्षा भी हो जाए, तो भी उनमें दीखनेवाला स्पन्दन होता है अपने इतिहास के ज्ञान का ही; अपने खोये हुए गौरव की याद और

अपनी उलझकर रुक गई-सी संस्कृति की वेदना नाटकों की कथावस्तु के पीछे छिपकर बोलती है।

चारों नाटकों* के बारे में यह बात सच है। चारों में समानता का एक सूत्र है। चारों अपने देश की संस्कृति की भावना से अनुप्राणित हैं—एक राष्ट्रीय संस्कृति का अभिमान न्यूनाधिक चारों में झलकता है। आधुनिक हिंदी साहित्य की—क्या नाटक और क्या कविता, क्या उपन्यास-कहानी और क्या लेख-निबंध—एक खास खूबी है यह बढ़ती हुई सांस्कृतिक चेतना, भले ही इन नाटकों में से एक नाटक सोलह साल पहले लिखा गया हो, और एक शायद दस साल पहले। हमारी समझ में यह इस बात का सबूत है कि हमारे साहित्य में जो जाग्रति,—बल्कि जो नवजीवन दीख रहा है उसकी जड़ें बहुत गहरी हैं; और इसमें हमें खुशी होनी चाहिए। यूरोप के आलोचक जिस घटती हुई सांस्कृतिक चेतना के कारण चिन्तित हो रहे हैं, उसके बारे में हिंदी को उतना चिन्तित होने की आवश्यकता अभी नहीं, यद्यपि मशीन युग के साथ-साथ समस्या हमारे लिए भी बढ़ती जाएगी। अस्तु, अभी तो हम यही कहेंगे कि टी.एस. इलियट ने जिस ऐतिहासिक चेतना (historical sence) की बात कही है 'the poet must live in what is not merely the present, but the present moment of the past; be conscious, not of what is dead, but of what is already living.[1] वह चेतना कम से कम हमारे नाटककारों में काम कर रही है।

यह विशेषता चारों नाटकों में है, यद्यपि 'महात्मा ईसा' और 'स्वप्नभंग' में वह कुछ रूढ़िगत, ऊपर से आरोपित, और इसलिए घटिया ढंग की है, और स्कंदगुप्त में गहरी और जीवित। लेकिन त्रुटियाँ चारों नाटकों की अपनी-अपनी हैं।

'प्रसाद' के 'स्कंदगुप्त' में नाटकीय 'यूनिटी' (ऐक्य) की और भी उपेक्षा की गई है। इसमें तो कोई संदेह नहीं कि ऐतिहासिक चेतना 'प्रसाद' की सबसे अधिक सचेत है, जिस युग का चित्र उन्होंने खींचना चाहा है, उसके प्रति सच्चे होने का प्रयत्न भी सबसे अधिक उन्हीं के नाटक में है। इस उद्योग में उन्हें सफलता सर्वत्र नहीं मिली, और नाटक में दिये गये गीतों में उनका कालिदास भी 'रघुवंश' और 'कुमारसंभव' का कालिदास न रहकर उन्नीसवीं सदी का रोमांटिक हो गया है। लेकिन यह होते हुए भी अपनी संस्कृति के विकास के एक विशेष क्षण को पकड़ लेने का प्रयत्न उन्होंने

---

* महात्मा ईसा	:	पाण्डेय बेचन शर्मा, 'उग्र'
स्कन्दगुप्त	:	जयशंकर 'प्रसाद'
रेवा	:	चन्द्रगुप्त विद्यालंकार
स्वप्नभंग	:	हरिकृष्ण प्रेमी

1. अर्थात् 'कवि जीता है न केवल वर्त्तमान में, बल्कि अतीत के वर्त्तमान क्षण में; चेतनाशील है उसके प्रति, जो कि मर नहीं गया है वरन् पहले ही से जीवित था।'

ईमानदारी से किया है, और उसमें उन्हें उन स्थलों पर सफलता मिली है जिन पर औरों को नहीं मिली। जैसे, 'उग्र' के नाटक में ईसा धार्मिक सुधारक न रहकर राजनैतिक सुधारक बन गये हैं और 'राष्ट्र की रक्षा' की बात कहते हैं जब कि सच बात यह है कि 'राष्ट्र' की चेतना उस समय यहूदियों में थी नहीं और वे अपनी-अपनी जाति की बात ही सोचा करते थे। दूसरी ओर 'प्रसाद' के नाटक में सेनापति पर्णदत्त 'देवता, ब्राह्मण और गौ' की मर्यादा की दुहाई देता है, जो कि ऐतिहासिक दृष्टि से अधिक सच है, क्योंकि उस समय राष्ट्र की नहीं, संस्कृति की चेतना ही प्रधान थी, और संस्कृति के भी उस रूप की, जो धर्म के सहारे चलता है।

चार नाटकों की आलोचना एक साथ करते समय यह पर्याप्त नहीं होता कि चारों का अलग-अलग विवेचन करके छोड़ दिया जाय; कुछ साधारण स्थापनाएँ भी की जा सकती हैं जिनकी ओर संकेत करना उचित होगा।

नाटकों में कम से कम एक-एक पात्र द्वारा प्रेम का जो आदर्श उपस्थित किया गया है, उसमें एक समानता है। 'ईसा' की 'शांति', 'स्कंदगुप्त' की 'देवसेना', 'रेवा' की 'राजकुमारी'—एक ही जैसे आत्मत्याग—बल्कि आत्म-हनन—से उनकी ट्रेजेडी उत्पन्न हुई है। जब हम देखते हैं कि हिंदी के प्रायः सभी नाटकों में कम से कम एक स्त्री-पात्र—और प्रायः प्रधान स्त्री-पात्र—ऐसा ही होता है, तब प्रश्न उठता है कि क्या सभी नाटककारों में एक ही प्रकार की कुण्ठा काम कर रही है, या कि भारतीय नारी का यही रूप रूढ़ हो गया है, या कि—किन्तु और संभावनाओं को छोड़ दें। इस प्रश्न की छानबीन हमारे साहित्य के लिए शायद बहुत उपयोगी हो सकती है।

एक और साधारण स्थापना है, जिसका संकेत ऊपर हो चुका है। सभी नाटक दुःखान्त हैं और उनकी बुनियाद संस्कृतियों के विरोध पर है। एक तरह से इसी विरोध पर नाटकीय संघर्ष की भीत खड़ी है। सांस्कृतिक चेतना के साथ-साथ यह निराशावाद देखकर एक विदेशी आलोचक की बात याद आती है—कि जिस जाति की संस्कृति युगों के बोझ से बोझिल हो रही है उसमें दुःखवाद और निराशा स्वाभाविक हैं। लेकिन क्या हमारी सांस्कृतिक चेतना केवल युगों के बोझ की ही चेतना है? क्या उसमें नये जीवन के स्पन्दन और स्फूर्ति की अनुभूति नहीं है? इसका उत्तर हमें अपने साहित्य में खोजना होगा।

[त्रिशंकु, 1960]

चिन्तन प्रसाद ने अधिक किया। काव्य निराला का श्रेष्ठ है। शब्द-ज्ञान पंत का सबसे सूक्ष्म है। प्रसाद पढ़ाए जायेंगे। पंत से सीखा जायेगा। निराला पढ़े जायेंगे।

[अवन्ती, 1972]

प्रसाद साधारणतया पुनरुत्थानवादी थे। प्रसाद के नाटकों में या पौराणिक आधार लेकर रचे गए अन्य नाटकों में टेकनीक की जो त्रुटियाँ रहीं उनका एक प्रधान कारण रंगमंच का अभाव और नाटककार के व्यावहारिक अनुभव की कमी ही थी। वस्तु की दृष्टि से भी इन नाटकों में सांस्कृतिक प्रत्यवलोकन की भावना ही मुख्य रही।

[आधुनिक हिंदी साहित्य, 1976]

'प्रसाद' की रचनाओं—काव्य और नाटक—में जिस काल की कल्पना की गयी है, उसमें रचयिता की दिलचस्पी केवल इतिहासवेत्ता की दिलचस्पी नहीं है, उस दिलचस्पी की आड़ में एक लालसा भी है। (यहाँ हम दोनों प्रकार की प्रवृत्तियों का एक और भी सम्बन्ध देख सकते हैं—अतीत के किसी युग में जाने की लालसा में दोनों प्रकार की प्रवृत्तियाँ हो सकती हैं—पलायन की इसलिए कि वह अतीत आज की कठिनाइयों से मुक्त था, अतृप्ति की इसलिए कि 'आज की कठिनाइयाँ' प्रायः अनुकूल सामाजिक परिवृत्ति की अनुपस्थिति से संबंध रखती हैं।) राजनैतिक (अथवा आर्थिक) जीवन में 'रामराज्य' की कामना, और साहित्य में 'प्रसाद' के नाटक अथवा काव्य में चित्रित युग की कामना, दोनों एक ही प्रकार की प्रतिगामी (रिग्रेसिव) चेष्टाएँ हैं, दोनों आज के यथार्थ की उलझन से बचने के लिए 'कल' का सरलतर जीवन-स्गंठन चाहती हैं।

[परिस्थिति और साहित्यकार, सर्जना और संदर्भ, 1985]

रामस्वरूप चतुर्वेदी

हिन्दी नाट्य और प्रसाद : भाषा का संदर्भ

हिन्दी रंगमंच की शतवार्षिकी के अवसर पर यह विचार करना न केवल उचित वरन आवश्यक भी है कि आधुनिक—या इसकी भी ज़रूरत नहीं है—हिंदी के सबसे क्षमतावान नाटककार प्रसाद रंगक्षेत्र से इतने अधिक निष्कासित और निर्वासित क्यों है ? यह प्रश्न वस्तुतः अपने में इतना ही नहीं है; इसके माध्यम से हम समूचे हिंदी नाट्य की वर्तमान परिस्थिति पर विचार कर सकते हैं। इस आत्मालोचन की तात्कालिकता इस बात से भी है कि हिन्दी रंग-क्षेत्र में एक ओर देशी-विदेशी अनुवादों की ओर झुकाव बराबर बढ़ रहा है—जो अपने में कोई बुरी बात नहीं है—और दूसरी ओर नाटक समीक्षा की हर पुस्तक और हर परिसंवाद में यह दुहराया जाता है कि हिंदी में खेले जाने योग्य नाटक हैं नहीं—और यह निश्चय ही आपत्तिजनक बात है। या तो नाट्यसमीक्षक और रंगकर्मी एक बार यह तय कर लें कि प्रसाद के नाटकों से हमें कुछ लेना-देना नहीं है, क्योंकि वे अ-रंगमंचीय हैं; और या फिर इस बात पर गंभीरता से विचार किया

जाय कि प्रसाद के नाटकों से हिंदी का रंगकर्मी क्यों विमुख है और किस तरह से हम प्रसाद को अभिनीत करके हिंदी नाट्य की अपनी क्षमता को विकसित कर सकते हैं। प्रस्तुत निबंध में इसी संदर्भ में कुछ आरम्भिक प्रश्न उठाने की कोशिश की जा रही है। यद्यपि इस निबंध की सबसे बड़ी सीमा यही होगी कि इसमें नाटक की चर्चा होगी, नाटक नहीं होगा।

हिंदी नाट्य के क्षेत्र में प्रसाद का व्यक्तित्व एक चुनौती-जैसा रहा है, लेखकों और रंगकर्मियों दोनों के लिए। प्रसाद की इस विशिष्ट ऐतिहासिक स्थिति के क्या कारण हो सकते हैं, इस समय हमारी चिंता का मुख्य विषय यह नहीं है, देखना यह है कि प्रसाद के इस व्यक्तित्व को लेकर समकालीन तथा परवर्ती लेखकों और रंगकर्मियों की क्या प्रतिक्रिया रही है।

जहाँ तक नाटक-लेखकों का सम्बन्ध है, उनमें से अधिकतर प्रसाद के समृद्ध नाट्य व्यक्तित्व से बेहद आक्रांत रहे हैं। 'काव्यात्मक भाषा', ऐतिहासिक कथानक, सांस्कृतिक जीवन की चिंतना—परवर्ती लेखकों की ये प्रवृत्तियाँ प्रसाद को लेकर एक खास तरह की कुंठा के परिणामस्वरूप हैं। प्रसाद के नाट्य-व्यक्तित्व की इन मूल वृत्तियों का मोह—उनका उपयोग नहीं—समकालीन नाटकों तक में देखा जा सकता है। लक्ष्मीनारायण मिश्र से लेकर मोहन राकेश तक के नाटक अधिकतर इसी प्रवृत्ति के द्योतक हैं। जगदीशचन्द्र माथुर की नाट्यकृतियाँ अँवश्य इन प्रवृत्तियों को लेकर इनकी सीमाओं का अतिक्रमण करती हैं। पर अधिकतर नाटककार यह नज़रअन्दाज़ कर गये हैं कि जिन ऐतिहासिक कथानकों, और जिस 'काव्यात्मक' भाषा का प्रयोग प्रसाद कर रहे थे, उससे वे अपने युग की राष्ट्रीय चेतना और उसके संघर्ष को व्यक्त करना चाहते थे। आज के नाटककार की रचना-समस्या निश्चय ही भिन्न है, और उसी रूप में उसे अपनी कला को नियोजित करना होगा।

यह सही है कि हिन्दी के अधिकतर नाट्यसमीक्षक प्रसाद के नाटकों को अभिनेय नहीं मानते। हिन्दी नाट्यसमीक्षा के आदि ग्रंथ 'रूपक रहस्य' में बाबू श्यामसुन्दर दास ने प्रसाद के नाटकों के विषय में लिखा है : 'किन्तु उनके नाटकों में सबसे बड़ा दोष यह माना जाता है कि वे रंगमंच के योग्य नहीं होते।' साफ दिखाई देता है कि इस वाक्य का गठन—ध्यान दें, 'दोष यह माना जाता है'—अफ़वाही ढंग का है। और तब से हिंदी नाट्यसमीक्षा में यह बात अफ़वाह के ढंग से प्रचलित है कि प्रसाद के नाटक रंगमंच की दृष्टि से अनुपयुक्त हैं। आचार्य हजारीप्रसाद द्विवेदी ने 'प्रसाद का साहित्य' शीर्षक संकलन में लिखा है : 'ये नाटक अभिनय के योग्य नहीं हैं' और अपेक्षया नये समीक्षक बच्चन सिंह का तो अपनी पुस्तक 'हिन्दी नाटक' में यहाँ तक कहना है : 'यदि पूर्वग्रह को छोड़कर विचार किया जाये तो कहना होगा कि प्रसाद के नाटकों में जो गांभीर्य आया है उसके मूल में रंगमंच की अवहेलना का बहुत-कुछ योग है ··· प्रसाद के नाटकों की अभिनेयता के सम्बन्ध में बहुत अधिक शोर मचाने की जरूरत भी इसलिए नहीं

मालूम पड़ती कि इसके कारण उनके साहित्यिक गौरव को कोई ठेस नहीं पहुँचती।' यानी बच्चन सिंह की दृष्टि में प्रसाद के नाटकों की तथाकथित अनभिनेयता न केवल चिंत्य नहीं है, वरन वांछनीय भी है। उनके अनुसार अभिनेय होने पर ये नाटक अपना गांभीर्य खो देते।

इस तरह की नाट्यसमीक्षा के लिए एक सीमा तक हम उस समय की 'शास्त्रीय आलोचना' शैली को दोषी ठहरा सकते हैं। प्रसाद के नाटकों की तो एक पूरे विधि-विधान के साथ 'शास्त्रीय आलोचना' लिखी गयी। पर इसके साथ कुछ दोष निश्चय ही प्रसाद की अपनी नाट्यदृष्टि का भी है। हमें यह मानना होगा कि प्रसाद ने स्वयं रंगमंच को बहुत करके अवहेलना की नज़र से देखा। 'रंगमंच' शीर्षक अपने निबन्ध में उन्होंने लिखा है : 'रंगमंच के सम्बन्ध में यह भारी भ्रम है कि नाटक रंगमंच के लिए लिखे जायें। प्रयत्न तो यह होना चाहिए कि नाटक के लिए रंगमंच हो।' पर इसके बावजूद यह ध्यान रखना होगा कि रचनाकार अपनी रचना या रचनामात्र के प्रति क्या दृष्टि रखता है, इसका बहुत सीमित महत्त्व ही है। मूल सत्ता रचना की है–'असल चीज़ तो नाटक है।'

फिर रंग-क्षेत्र को लेकर दुर्भाग्यपूर्ण यह भी रहा कि रंगमंच को व्यावसायिक और साहित्यिक दो विभागों में बाँटकर देखा गया। व्यवसायी और शौकिया का विभाजन तो उचित था। पर पहले विभाजन में व्यावसायिक रंगमंच से अलग करके साहित्यिक रंगमंच की परिकल्पना ने एक तरह का दंभपूर्ण वातावरण बनाया, और वास्तविक नाट्य-आन्दोलन के विकास में बाधा दी। भारतेन्दु के कुछ समय बाद से ही नाटक लेखक और रंगकर्मी के बीच जो अंतराल उत्पन्न हुआ वह एक दुष्टचक्र के रूप में बढ़ता ही गया है और बहुत कुछ इसी का विडंबनापूर्ण परिणाम यह है कि हिंदी का सबसे अधिक क्षमतासम्पन्न नाटककार रंगमंच से सबसे अधिक दूर चला गया है।

प्रसाद सिद्धान्ततः रंगमंच के प्रति बहुत उन्मुख न थे और इसके कारण भी उनके नाटकों के विधान में हैं, इसलिए रंग-शिल्प की दृष्टि से अनेक त्रुटियाँ आ गयी हैं। पर जैसा हम आगे देखेंगे कि इनमें से अनेक कठिनाइयाँ शुद्ध व्यावहारिक धरातल पर हैं, और उस व्यावहारिक धरातल पर ही समाधान योग्य भी हैं। रंगमंच की दृष्टि से इस तरह की त्रुटियाँ अनेक नाटककारों में मिलती हैं, और उसी रूप में उनका परिहार भी किया जाता है। पर यह वह धरातल नहीं है, जहाँ किसी नाटक को अभिनेय माना जाये या न माना जाये, बल्कि कहना चाहिए कि नाटक माना जाये या न माना जाये, क्योंकि जो नाट्य नहीं उसे नाटक कहना भाषा और तर्क दोनों में आपत्तिजनक माना जाएगा।

प्रसाद के नाटकों में अन्य अनेक क्लासिकी ढंग के नाटककारों की तरह नाटक की प्राणवत्ता संघर्ष के तत्त्व को लेकर है, और इसी माने में प्रसाद की नाट्यप्रतिभा ठेठ भारतीय नाटक की आदर्शवादी, ललित और कवित्वपूर्ण परम्परा से अलग पड़ती

है। पर प्रसाद में संघर्ष या द्वंद्व का रूप एक स्तर पर तो घटनाओं और चरित्रों को लेकर है, पर दूसरी ओर गहरे स्तर पर वह आंतरिक संवेदन को लेकर स्वयं भाषिक संघटन के स्तर पर है। यही कारण है कि प्रसाद के नाटकों में भाषा की काव्यात्मकता संस्कृत नाटकों की तरह लालित्य की सृष्टि का माध्यम नहीं बनती वरन संघर्ष को विकसित और गतिशील करती है। 'अभिज्ञान शाकुन्तल' में काव्यात्मकता नाटक के बीच-बीच में कविता की सृष्टि करती चलती है—जो पश्चिम के गेटे के लिए विशेष रूप से आस्वादनीय थी—जब कि प्रसाद के नाटकों, खास तौर से 'स्कन्दगुप्त', 'चन्द्रगुप्त' और 'ध्रुवस्वामिनी' में काव्यात्मकता समूचे नाटकीय विधान में संघर्ष के भाव को परिव्याप्त करती है। इस लम्बे संघर्ष के और अंत के समाहार के, जिसे पारम्परिक शब्दावली में रस निष्पत्ति भी कहते हैं, टकराव में पूरे नाटक का साक्षात्कार दर्शक या पाठक को होता है। यहाँ स्मरणीय है कि प्रसाद ने अपने समय में प्रचलित सभी काव्य-रूपों का प्रयोग करते हुए नाटक में संघर्ष तत्त्व को विशेष रूप से केन्द्र में रखा है, जब कि कविता, उपन्यास में क्रमशः सूक्ष्म दार्शनिक अनुभव तथा सामाजिक यथार्थ के भाव को व्यक्त किया है।

इससे स्पष्ट है कि प्रसाद के नाटकों में नाटक का होना या न होना सिर्फ़ इस पर निर्भर नहीं है कि उसमें रंगमंच की दृष्टि से कितनी और कौन-सी त्रुटियाँ हैं। यह देखा जा सकता है कि इन नाटकों में नाटक का मूल तत्त्व है, और उसकी पुनर्सृष्टि रंगमंच पर होनी है। यदि यह बात हम समझ लेते हैं तो व्यावहारिक कठिनाइयों का हल मुश्किल नहीं रह जायेगा। पर इस नाटकीय तत्त्व को समझने के लिए भाषिक संघर्ष का कुछ और विश्लेषण अपेक्षित है, खास तौर से कुछ उदाहरण सामने रखकर।

कई दृष्टियों से 'चन्द्रगुप्त' प्रसाद की मूल नाटकीय प्रतिभा के सबसे निकट पड़ता है। जैसा कहा गया, इस नाटक में भी संघर्ष का एक स्तर है जिस पर नाटक के बहुसंख्यक पात्र और देश-काल के विस्तार में अनेक घटनाओं का संपुंजन दिखाई देता है। कथानक के धरातल पर इस संघर्ष का महत्त्व है, पर वह नाटक के विधान का गौण पक्ष है। मूल तत्त्व है रचना का आंतरिक संघर्ष जो नाटक की सृजनात्मक भाषा में व्यक्त होता है। पहले अंक में नन्द से टकराने के फलस्वरूप चाणक्य को मगध के बन्दीगृह में डाल दिया गया है। वररुचि, जो प्रकृति से सरल वैयाकरण है, उसे मनाने के लिए जाता है। उसकी मुख्य दृष्टि है कि यदि चाणक्य एक बार फिर तक्षशिला जाये तो उसका व्यक्तिगत लाभ यह होगा कि पाणिनि के कुछ सूत्रों का स्पष्टीकरण हो सकेगा। चाणक्य वररुचि को उत्तर देता है : "भाषा ठीक करने से पहले मैं मनुष्यों को ठीक करना चाहता हूँ।" यह छोटा-सा वाक्य कोई चामत्कारिक साहित्यिक उक्ति नहीं है, वरन उसमें तत्कालीन तक्षशिला की नयी पीढ़ी (चाणक्य, सिंहरण, चन्द्रगुप्त) और जर्जर होती हुई पुरानी साम्राज्यवादी (नन्द, पर्वतेश्वर) पीढ़ी के बीच गहरे स्तर का संघर्ष व्यक्त हुआ है। (यद्यपि चाणक्य का वह सोचना निर्भ्रांत नहीं है, और इसीलिए वह गणराज़्य की बात करते-करते अंततः एकतंत्र की स्थापना में सहायक होता है।) प्रसाद के उत्तरकालीन नाटक ऐसे

संवादों और स्वगत-कथनों के बीच अपनी नाटकीय क्षमता को विकसित करते हैं। इसीलिए वहाँ घटनाओं और चरित्रों का नाटक ऊपरी सतह पर है, नाटक की असली शक्ति इस भाषिक संघटना में है। ऐसा नाटकीय विधान शेक्सपियर का स्मरण दिलाए, यह स्वाभाविक है। पर यह कहा जा सकता है कि शेक्सपियर के स्मरण से हम प्रसाद को लेकर कुंठित अनुभव नहीं करते। प्रसाद के अनुकरण में कुछ समकालीन नाटककारों ने भावुकतापूर्ण ऐतिहासिक कथावृत्तों को संवादों की शैली में लिख दिया है। ऐसे नाटकों में नाटकीय संघर्ष रचनात्मक भाषा से नहीं उपजता, स्थूल और बाहरी परिस्थितियों से पैदा होता है।

प्रसाद के नाटकों की भाषा एक निश्चित और समृद्ध अर्थ का संचरण करती है और उनकी पूरी नाटकीय परिकल्पना के अनुकूल है। पर प्रसाद की इस भाषा की मीमांसा आधुनिक नाटककार बैकेट या आयनेस्को की दृष्टि से नहीं हो सकती, क्योंकि दोनों की रचना-प्रकृति दो भिन्न दिशाओं में परिचालित होती है। प्रसाद या शेक्सपियर भाषा से एक निश्चित दिशा में अर्थ का संधान करते हैं, जब कि आधुनिक नाटककार भाषा को अधिक अस्पष्ट, और इसलिए अधिक संभावनापूर्ण बनाए रखना चाहता है। आधुनिक नाटक की भाषा में संवादों के बीच का अंतराल इसीलिए अधिक महत्त्वपूर्ण है, जिसे निर्देशक और अभिनेता को सृष्ट करना है। पर परंपरागत भाषा के नाटक नाटकीय संघर्ष की सृष्टि अधिकतर अपनी भाषा में ही करते चलते हैं, जिसे निर्देशक और अभिनेता को पुनर्सृष्ट कर देना है। रंगमंच और नाटककार के संबंध की दृष्टि से, एक सृष्टि है तो दूसरी पुनर्सृष्टि है। प्रसाद का नाटक और उनकी नाट्यभाषा का रूप इस दूसरी दृष्टि से ही देखा जाना चाहिए। भाषिक संघर्ष की प्रक्रिया दोनों ही रूपों में है, जिससे वस्तुतः साहित्य मात्र में अर्थ की सृष्टि होती है, नाटक में खास तौर से नाटकीय संघर्ष का विकास होता है।

कविता में सामान्य भाषा कुछ उखड़ी-पुखड़ी होने पर भी प्रसाद का बिम्ब-विधान बेजोड़ रहा है। और इस बिम्ब-विधान का कुशल उपयोग उनके नाटकों में अपने उद्देश्यों के लिए हुआ है। 'ध्रुवस्वामिनी' के आरम्भिक लम्बे संवाद में एक पूरा बिम्ब है। 'सीधा तना हुआ, अपने प्रभुत्व की साकार कठोरता, अभ्रभेदी उन्मुक्त शिखर! और इन क्षुद्र कोमल निरीह लताओं और पौधों को—इसके चरण में लोटना ही चाहिए न!' दो प्रतीकों के योग से बना हुआ यह अपने में असाधारण बिम्ब है। 'कठोर शिखर' और 'निरीह लता' इन दो प्रतीकों के सहारे उनके अंतस्संबन्ध का पूरा बिम्ब रचा गया है, जो वस्तुतः नाटक के शुरू में ही नाटक की मूल समस्या और संघर्ष—पुरुष और नारी के मौलिक संबंध की स्थिति—को बड़ी कुशलता से अंकित कर देता है। यहाँ समझा जा सकता है कि प्रतीक के एकपक्षीय रूप की तुलना में बिम्ब का गठन संश्लिष्ट और द्वन्द्वात्मक है। इस द्वन्द्वात्मक प्रक्रिया से ही अर्थ का संचरण संभव होता है। नाटक में विशेषतः संघर्ष के तत्त्व को गतिशील करने की दृष्टि से बिम्ब-विधान का कुशल उपयोग क्लासिकी

और आधुनिक नाटककारों ने किया है। ऐसे स्थलों को देखकर ही अनुमान किया जा सकता है कि शेक्सपियर के समय में सादा परदे पर सारा नाटक कैसे निष्पन्न हो जाता था। यहाँ लगता है कि रंगमंच के अनेक छोटे-बड़े विधान निरर्थक हो गये हैं, बस संवाद हैं और अभिनेता हैं, जिसकी पृष्ठभूमि में नाटक लेखक और निर्देशक का संपृक्त व्यक्तित्व है। यहाँ प्रसाद के नाटकों के अभिनय में क्या आड़े आता है यह समझना कठिन है।

विपिनकुमार अग्रवाल ने अपने पूरे लेख 'नाटक लेखन क्यों और किसके लिए?' में अच्छी तरह दिखाया है कि नाटक की जनतांत्रिक प्रकृति भाषा-प्रयोग से कैसे उपजती है। प्रसाद का पक्ष आभिजात्य का था—ऐसा आभिजात्य जो किसी वर्गगत न होकर मानो समूचे जीवन को लेकर था—पर नाटक के माध्यम में वे मूलतः राष्ट्रीय जीवन के प्रति प्रतिश्रुत थे। उसी तरह जैसे 'चंद्रगुप्त' का चाणक्य एकतंत्र और गणराज्य के बीच में भटकता है, पर इस भटकन के बावजूद उसकी राष्ट्र के प्रति निष्ठा सबसे ऊपर है। प्रसाद की नाट्यभाषा भी, शब्दावली और भंगिमा में आभिजात्य के बावजूद, अपने प्रवाह के कारण कहीं दुरूह या दुर्बोध नहीं होती। स्कंदगुप्त या देवसेना, चाणक्य, चंद्रगुप्त मौर्य और मालविका, चंद्रगुप्त, ध्रुवस्वामिनी और कोमा, इनके स्वगत-कथन बिम्बात्मक पर निर्मल भाषा-प्रयोग के बहुत अच्छे उदाहरण हैं। प्रसाद के नाटकों का उदार और राष्ट्रीय आभिजात्य, या फिर समकालीन नये नाटकों की जनतंत्रात्मक-वृत्ति, उपजते दोनों ही अपने-अपने भाषिक विधान से हैं। रंगसज्जा और उपकरणों का प्रभावी प्रयोग सहायक भूमिका में आता है। मुख्य नाटक तो भाषा में ही है।

अब प्रसाद के नाट्य-विधान की कुछ व्यावहारिक त्रुटियों को भी समझ लिया जाय। मुख्य कठिनाइयाँ हैं : नाटक का विस्तार, चरित्रों की अधिक संख्या, दृश्यों का बड़ी जल्दी-जल्दी बदलना और उनका आधिक्य, घटनापरक विस्तार और वैविध्य, शेर का शिकार जैसे 'कठिन' दृश्य, संगीत की अधिकता, और बहुतेरे 'आकस्मिक प्रवेश'। पर स्पष्ट ही इनमें से कोई ऐसी कठिनाई नहीं जो कुशल संपादन और निर्देशन से दूर न हो सकती हो। 'आकस्मिक प्रवेश' की समस्या अवश्य ऐसी है जो नाटक की मूल परिकल्पना और संयोग प्रधान विधान से संबंधित है। अतः ऐसे 'आकस्मिक प्रवेश' वाले दृश्यों को सर्वतः हटाया नहीं जा सकता। पर जब पूरे नाटक को ही कुछ संक्षिप्त और संपादित किया जायेगा तो ऐसे दृश्यों की संख्या स्वभावतः कम हो जायेगी, और नाटक का यह वैधानिक अटपटापन अपने आप कुछ कम हो जायेगा। प्रसाद के नाटकों के गठन के प्रसंग में शांता गाँधी ने ठीक बात कही है : "प्रसाद में प्राचीन भारतीय रंगमंच की परंपरा तथा उन्नीसवीं शताब्दी में प्रचलित पश्चिमी रंगमंच की रूढ़ियों का बड़ा सुखद समन्वय मिलता है।" इसके अलावा प्रसाद के नाटकों में बहुत-से प्रभाव पारसी रंगमंच से—उसके प्रति तीव्र वितृष्णा और प्रतिक्रिया के बावजूद—आये हैं। 'आकस्मिक प्रवेश' का विधान दैवी कृपावाले आश्चर्यजनक दृश्यों पर आश्रित पारसी

रंगमंच से ही प्रसाद के नाटकों में संक्रमित हुआ है।

'नटरंग' में अपने लेख में शांता गाँधी ने—जो केवल समीक्षक नहीं, वरन नाट्य क्षेत्र की सक्रिय कार्यकर्त्री भी हैं—प्रसाद के अभिनय में आनेवाली सभी कठिनाइयों को परिहार्य माना है : 'प्रसाद के नाटकों की सभी समस्याओं को सुलझाकर उन्हें अत्यन्त सफलतापूर्वक रंगमंच पर प्रस्तुत किया जा सकता है और उनका अवश्य ही प्रदर्शन होना चाहिए।' राष्ट्रीय नाट्य विद्यालय की एक कार्यकर्त्री का यह आश्वासन प्रसाद की नाट्यक्षमता के बारे में कुछ अधिकार के साथ स्थिति को स्पष्ट करता है। यहाँ यह भी स्पष्ट कर देना उचित होगा कि किसी भी नाटक का रंगमंच की दृष्टि से संपादन कुशल निर्देशक के तत्त्वावधान में न केवल उचित वरन वांछनीय भी है।

नाटक के संपादन का अधिकार काफी दिनों तक विवाद का विषय रहा है, और इसके पक्ष तथा विपक्ष दोनों ही ओर से तर्क दिये जाते रहे हैं। पर अब मान लिया गया है कि रंगमंच की दृष्टि से नाटकीय रचना का संपादन वस्तुतः उस रचनात्मक प्रक्रिया का आरंभ है, जहाँ से लेकर पूरा नाटक रंगमंच पर निष्पन्न होता है। शेक्सपियर का नाट्य इस प्रक्रिया का बढ़िया उदाहरण है, और इसे हम पुनर्सृष्टि कह सकते हैं। शेक्सपियर का संपादन तो उनके पूरे नाटकों की भाषा से ही आरम्भ हो गया, जिसे कम लोग जानते हैं, और यह ऐसी कुशलता से किया गया कि इसे पहचानना भी आसान नहीं है। शेक्सपियर की भाषा का उच्चारण, और तदनुकूल वर्तनी की दृष्टि से प्रतिमानीकरण अंग्रेजी साहित्य की एक बड़ी साहसिक, कुशल और अंततः सफल चेष्टा है। प्रसाद का संपादन तो शेक्सपियर की तुलना में कम ही करना पड़ेगा, अधिक नहीं। यों प्रसाद की अपनी नाट्यकृतियों में नाटककार की रंगमंच के प्रति उन्मुखता क्रमशः बढ़ी है, अन्तिम नाटक 'ध्रुवस्वामिनी' का गठन और उसमें दिये गये ब्यौरेवार रंग-निर्देश इसका उदाहरण हैं। इधर प्रसाद के जीवन-वृत्त से पता चलता है कि उन्होंने काशी में खेले गये चंद्रगुप्त के लिए एक विशेष पांडुलिपि तैयार की थी। इस पांडुलिपि की परीक्षा करके देखा जाना चाहिए कि उसमें रंगमंच के प्रति कैसी दृष्टि और उन्मुखता है। प्रसाद की रंगमंच संबंधी दृष्टि का यह व्यावहारिक प्रमाण होगा। और इस बात को तो अब दुहराने की जरूरत भी नहीं है कि प्रसाद का अभिनय प्रतीकात्मक रंगमंच पर किया जाना चाहिए, एक विवशता के रूप में नहीं, वरन सिनेमा की यथार्थवादी पद्धति से भिन्न और अधिक सूक्ष्म कलात्मक प्रक्रिया की प्रतिष्ठा के लिए।

इधर हिंदी के रंग-क्षेत्र में जो सक्रियता बढ़ी है उससे रंगकर्मियों के ऊपर दोहरा दायित्व आता है। उन्हें न केवल नाटक दिखाना है, वरन इस प्रक्रिया में नाटक देखना सिखाना भी है। प्रसाद के अभिनय का प्रश्न केवल इस बात का प्रश्न नहीं है कि किसी एक नाटककार की कृतियों का अभिनय संभव है या नहीं। यह वस्तुतः हिंदी नाट्य के अपने रूप की खोज का प्रश्न है। क्योंकि प्रसाद में हिंदी नाटक की शक्ति और सीमाएँ दोनों हैं। शक्ति का महत्त्व अपनी जगह है, पर सीमाओं की समझ इसलिए

भी जरूरी है, जिससे कि आगे के नाटककार उनका अतिक्रमण कर सकें। नाटक में भाषिक संघर्ष के तत्त्व पर बल देने से न केवल प्रसाद का नाट्यरूप अधिक निखरेगा, वरन हिंदी के नये नाटकों को समझने के लिए भी सही दिशा मिल सकेगी, क्योंकि नया नाट्य तो अपेक्षया बहुत अधिक भाषिक संघर्ष और प्रक्रिया पर निर्भर है।

[नाटक संस्थान, प्रयाग द्वारा, आयोजित रंगमंच शतवार्षिकी समारोह के अवसर पर पठित। नटरंग, 1969]

प्रसाद का नाट्य

हिंदी नाटक के इतिहास में जयशंकर प्रसाद की स्थिति एक विचित्र प्रकार के अंतर्विरोध से ग्रस्त है। नाट्यसंभावना उनकी रचनाओं में सर्वाधिक है जबकि उनके साहित्यिक परिदृश्य पर आते-आते भारतेन्दुकालीन रंगमंच एकदम शिथिल हो जाता है। संस्कृत नाट्यपरंपरा के साथ अपने नाटकों में वे लोकमंच (रामलीला, रासलीला, नौटंकी) और पारसी थिएटर के तत्त्व रखते हैं, पर अपेक्षया हल्के रूप में। इसकी जगह वे पाश्चात्य नाट्यपरंपरा के कुछ तत्त्वों को पूरे आत्मविश्वास के साथ नियोजित करते हैं। प्रेमचंद और रामचन्द्र शुक्ल की तरह ही वे पश्चिम से कहीं आक्रांत नहीं होते, वरन वहाँ के तत्त्वों का अपनी रचना में कुशलतापूर्वक उपयोग करते हैं, जो भारतीय पुनर्जागरण की एक विशिष्ट प्रवृत्ति है। आधुनिक नाटक के संघर्ष-प्रधान विधान में भारतीय और पाश्चात्य तत्त्वों की टकराहट की वस्तु अधिक प्रभाव के साथ व्यक्त हो सकी है।

हिंदी नाटक में प्रसाद के आने से गुणात्मक परिवर्तन होता है। सीधी-सपाट भाषा की तुलना में लाक्षणिक और अधिक अर्थ-संपन्न भाषा का प्रयोग होने लगता है, जिसे उन्होंने छायावादी कविता के तत्त्वावधान में विकसित किया। इसी के समानांतर देवता-राक्षस ध्रुवों से हटकर अधिक मानवीय चरित्र बनते हैं जिनमें अच्छाई और बुराई के तत्त्व एक साथ हैं, और इसीलिए उनमें संघर्ष और अंतर्द्वंद्व बराबर चलता रहता है। फिर अब तक भारतेन्दु के नवीन नाटकों की रचना के पाँच मुख्य उद्देश्य बताए हैं—1. शृंगार, 2. हास्य, 3. कौतुक, 4. समाज-संस्कार, 5. देश-वत्सलता, प्रसाद के नाटक बराबर एक बौद्धिक विचारधारा का आधार लेते हैं। इस प्रकार जैसे प्रेमचंद के हाथों में उपन्यास एक परिपक्व कला-रूप बनता है, वैसे ही प्रसाद के नाटक। पर रंगमंच से विच्छिन्न रहकर उसकी संभावनाएँ पूरी तरह संपन्न नहीं होतीं।

हिंदी क्षेत्र में रंगमंच, जैसा संकेत किया गया, कुछ तो सामाजिक रूढ़ियों के चलते विकसित नहीं हो पाया। फिर यहाँ अभिनेता को नाटक-लेखक ने अपने से हीन माना, और दोनों के बीच सहयोग के बजाय अंतराल बढ़ता गया। अपने 'रंगमंच' शीर्षक निबंध में प्रसाद लिखते हैं, 'यह प्रत्येक काल में माना जाएगा कि काव्यों के अथवा नाटकों के लिए ही रंगमंच होते हैं। काव्यों की सुविधा जुटाना रंगमंच का काम

है ··· रंगमंच के संबंध में यह भारी भ्रम है कि नाटक रंगमंच के लिए लिखे जाएँ। प्रयत्न तो यह होना चाहिए कि नाटक के लिए रंगमंच हो।' नाटक पहले या कि रंगमंच, इस दुष्टचक्र में पड़कर हिंदी क्षेत्र का रंगमंच लंबे अरसे तक शिथिल पड़ा रहा।

पर हमें यह समझना होगा कि रंगमंच के प्रति अपने इस घोषित पूर्वग्रह के बावजूद प्रसाद के नाटकों में अभिनेयता का तत्त्व कम नहीं है, यद्यपि हिंदी आलोचना की तीन पीढ़ियाँ एक प्रवाद के रूप में मानती रही हैं कि प्रसाद के नाटक अभिनेय नहीं हैं। नाटक संबंधी पहले व्यवस्थित सैद्धांतिक ग्रंथ 'रूपक रहस्य' में बाबू श्यामसुंदरदास ने लिखा 'किन्तु उनके (अर्थात् प्रसाद के) नाटकों में सबसे बड़ा दोष यह माना जाता है कि वे रंगमंच के योग्य नहीं होते।' इसी स्वर में हजारीप्रसाद द्विवेदी ने 'प्रसाद का साहित्य' नामक संकलन में घोषित किया 'ये नाटक अभिनय के योग्य नहीं हैं।' काशी की तीसरी पीढ़ी के आलोचक बच्चनसिंह का मत अपनी पुस्तक 'हिंदी नाटक' में इस प्रकार है, 'यदि पूर्वग्रह को छोड़कर विचार किया जाए तो कहना होगा कि प्रसाद के नाटकों में जो गांभीर्य आया है उसके मूल में रंगमंच की अवहेलना का बहुत कुछ योग है।' इन आलोचकों से सर्वथा विरोधी मत शांता गाँधी का है जो राष्ट्रीय नाट्य विद्यालय की प्राध्यापक और सक्रिय रंगकर्मी हैं। 'नटरंग' त्रैमासिक में वे लिखती हैं, 'प्रसाद के नाटकों की सभी समस्याओं को सुलझाकर उन्हें अत्यंत सफलतापूर्वक रंगमंच पर प्रस्तुत किया जा सकता है और उनका अवश्य ही प्रदर्शन होना चाहिए।'

और ये 'समस्याएँ' क्या हैं, इन्हें भी समझा जाना चाहिए। प्रसाद के नाटकों के मंचन में जो कठिनाइयाँ सामने आती हैं उन्हें संक्षेप में यों प्रस्तुत किया जा सकता है– (1) नाटकों का कलेवर सामान्यतः बड़ा है, (2) दृश्यों की संख्या अधिक है, (3) और ये स्वभावतः जल्दी-जल्दी बदलते हैं, (4) पात्र बहुत हैं, (5) कई स्थानों पर त्रुटिपूर्ण मंचविधान है, और (6) कहीं-कहीं दार्शनिक क्लिष्ट भाषा है। तथ्य के रूप में ये आपत्तियाँ जायज़ हैं, पर ये सभी नाटकीय विधान के व्यावहारिक स्तर हैं, और उसी स्तर पर उनका समाधान किया जा सकता है। कई समस्याएँ तो नाटक के संपादन और संक्षेपण से सुलभ हो जाती हैं। शेक्सपियर के संपादन में उनके नाटकों की भाषा का उच्चारण की दृष्टि से आधुनिकीकरण कर लिया गया है। प्रसाद के मंच-विधान का आधुनिकीकरण इस सादृश्य पर किया जाना चाहिए। 'अंधा युग' के यशस्वी रचनाकार धर्मवीर भारती ने एक बार 'चन्द्रगुप्त मौर्य' की मंचीय कठिनाइयों का विश्लेषण करते हुए व्यंग में कहा था कि उसकी हर एक प्रस्तुति में दो शेरों का खर्च है। एक शेर प्रथम अंक के चौथे दृश्य में मारा जाता है, दूसरा दसवें दृश्य में। इस तरह यदि एक पखवारे तक यह खेल चले तो तीस शेर खतम हो जाएँगे, और वन्य जीवन के संरक्षक शेरों की घटती जनसंख्या को लेकर यों ही चिंतित हैं! स्पष्ट है कि नाट्यालेख में भले शेर को मंच पर मारे जाते दिखाया गया है पर वास्तविक प्रस्तुति में इस दृश्य को नेपथ्य में रखा जा सकता है। इसी प्रकार से प्रथम अंक के

छठे दृश्य में सिंधु में आती हुई नौका और उस पर बैठकर जाती मालविका की स्थिति है। इन सारे कठिन दृश्यों से संपादन की प्रक्रिया में आसानी से निपटा जा सकता है।

मंच संबंधी यदि कुछ अन्य कठिनाइयों को 'चन्द्रगुप्त मौर्य' के संदर्भ में ही देखा जाए—जो सामान्यतः प्रसाद की सर्वश्रेष्ठ नाट्यकृति माना जाता है—तो दृश्यों के विस्तार को संक्षेपण में कम किया जा सकता है। 'चन्द्रगुप्त' में अंकों और दृश्यों का क्रम इस प्रकार है—1:11, 2:10, 3:9, 4:14। यों कुल दृश्यों की संख्या 44 है, जिनमें तक्षशिला और सिंधु से लेकर मगध तक के दृश्य हैं। ऐसी ही स्थिति पात्रों की है—21 पुरुष पात्र और 9 स्त्री पात्र, कुल संख्या 30। और नाटकीय समय प्रायः 25 वर्षों का है। यह हर प्रकार का विस्तार संक्षेपण और संपादन में कम किया जा सकता है। फिर यथार्थवादी मंच के बजाय नाटक को प्रतीकात्मक रंगमंच पर प्रस्तुत करने में व्यावहारिक कठिनाइयाँ एक ओर कम होंगी और दूसरी ओर अभिनय-कला की संभावनाएँ बढ़ेंगी। नाटक की भाषा कहीं कुछ दुरूह हो सकती है पर उसका प्रवाह उसे मंच पर समरस बनाए रहता है। गीतों की संख्या भी कम की जा सकती है।

यों तो जैसा उल्लेख किया गया, प्रसाद की रंगमंच के प्रति बहुत उन्मुखता न थी। पर यह तथ्य है कि नाटककार ने अपने जीवन-काल में 'चन्द्रगुप्त मौर्य' के अभिनय में सक्रिय रुचि ली थी, और उसका एक संपादित संस्करण प्रस्तुत किया था, जिसे बहुत बाद में 'अभिनय चन्द्रगुप्त' के नाम से प्रकाशित कर दिया गया है (1977)। 'चन्द्रगुप्त मौर्य' का यह अभिनय दिसंबर 1933 को काशी में हुआ था, जिसके पूर्वाभ्यास में स्वयं प्रसाद बैठते थे। यहाँ स्मरणीय है कि नाटक अपने मूल रूप में 'कल्याणी परिणय' के नाम से 1912 के 'नागरी प्रचारिणी पत्रिका' के अंकों में छपा था। बाद में इसी का संशोधित-परिवर्द्धित रूप 1931 में 'चन्द्रगुप्त मौर्य' नाम से प्रकाशित हुआ। यों, 'कल्याणी परिणय' (1912) से 'चन्द्रगुप्त मौर्य' (1931) और फिर 'अभिनय चन्द्रगुप्त' (1933) के रूप में इस नाटक की कई रचनात्मक स्थितियाँ विकसित हुई हैं। प्रसाद की रंगमंच के प्रति उन्मुखता भी कुछ इसी तरह बढ़ी है। अपने अंतिम नाटक 'ध्रुवस्वामिनी' (1933) को उन्होंने मंच की अनेक सुविधाओं को ध्यान में रखकर लिखा है। यहाँ आकार कम है, तीन अंक हैं जिनमें कुल तीन दृश्य-बंध हैं, पात्रों की संख्या आठ है और ब्यौरेवार रंग-निर्देश हैं। संगीत की बहुलता भी नहीं है।

प्रसाद के नाटकों में भारतीय तथा पाश्चात्य तत्त्वों के सामंजस्य की बात पहले कही गई है। भारतीय नाटक का प्राण-तत्त्व रस है जब कि पाश्चात्य नाटक में संघर्ष की प्रधानता है। प्रसाद के नाटकों में इन दोनों का संयोग होता है। वहाँ कालिदास के 'अभिज्ञान शाकुंतल' और शेक्सपियर के 'हैमलेट' दोनों का आनंद एक साथ मिलता है। चरित्र-चित्रण की मनोवैज्ञानिक प्रणाली पाश्चात्य ढंग की है तो संगीत का नियोजन भारतीय पद्धति के अनुकूल है। संगीत से प्रसाद दुहरा काम लेते हैं। एक ओर वह रस-निष्पत्ति में सहायक है तो दूसरी ओर चरित्रों के अंतर्द्वन्द्व को अभिव्यक्त करता है।

चरित्रों का विधान भी कुछ ऐसा ही है। 'स्कंदगुप्त' नाटक का स्कंद वीर है पर वीर रस के स्थायी भाव उत्साह का उसमें अभाव है। प्रसाद के नाटकों में वध, आत्महत्या और हिंसा के दृश्य पश्चिमी ट्रैजेडी के समर्थन पर हैं, भारतीय नाट्यशास्त्र ऐसे दृश्यों की अनुमति नहीं देता। 'चन्द्रगुप्त मौर्य' में चन्द्रगुप्त की प्रेमिकाएँ कल्याणी और मालविका की आत्महत्या—कार्नेलिया यत्न करके बच जाती है—और शकटार द्वारा नंद का वध, ये दृश्य भारतीय प्रणाली से अनुमोदित नहीं हैं। नाटकों के अंत में भी दोनों पद्धतियों—'फलागम' और 'कैटैस्ट्रॉफ़ी'—का जैसे योग हुआ है। 'स्कंदगुप्त' में नायक का कार्य सिद्ध होने पर भी फलागम की स्थिति नहीं होती। युद्ध में विजयी होकर स्कंद राज्य अपने सौतेले भाई पुरगुप्त को दे देता है, और देवसेना से प्रेम करके तथा उसका प्रतिदान पाकर भी दोनों में विवाह नहीं होता। 'चन्द्रगुप्त मौर्य' के अंत में फलागम की अधिक स्पष्ट स्थिति है, पर चाणक्य का समापन-वाक्य 'चलो, अब हम चलें' एक अव्याख्यायित करुणा की सृष्टि करता है।

प्रसाद में पूर्व-पश्चिम की सांस्कृतिक टकराहट का गहरा एहसास है विशेषतः नाटकों में, शायद इसलिए कि संघर्ष या टकराहट के अंकन के लिए नाटक जैसे प्रत्यक्ष माध्यम से उपयुक्त और कोई माध्यम नहीं। 'चन्द्रगुप्त' में कार्नेलिया कहती है, 'मैं देखती हूँ कि यह युद्ध ग्रीक और भारतीयों के अस्त्र का ही नहीं, इसमें दो बुद्धियाँ भी लड़ रही हैं। यह अरस्तु और चाणक्य की चोट है ...' (3/2)। पुनर्जागरण के राष्ट्रीय संदर्भ में प्रक्षिप्त यह वाक्य समकालीन सांस्कृतिक प्रक्रिया पर एक गहरी टिप्पणी है।

राष्ट्रीय भाव-बोध की अभिव्यक्ति प्रसाद के नाट्यविधान का मूलाधार कहा जा सकता है। इतिहास के माध्यम से राष्ट्रीय भावना को उद्दीप्त करने का सजग प्रयास उनके अधिकतर नाटकों में द्रष्टव्य है। यह ध्यान देने की बात है कि प्रसाद जब लिख रहे थे उन दिनों सभी काव्य-रूपों के लिए पौराणिक इतिवृत्त काफी लोकप्रिय थे। पर प्रसाद ने पुराण को छोड़कर इतिहास से अपने लिए कथानक चुने हैं। शायद उन्हें यह अनुभव था कि पुराण के प्रति जातीय मानस में श्रद्धा होती है, जब कि इतिहास से वह आत्मीयता का अनुभव करता है। फिर रंगमंच पर पौराणिक चरित्रों का अवतरण दर्शकों की सहज कल्पना को बाधित भी कर सकता है।

प्रसाद का विश्लेषण था कि आधुनिक काल में सामाजिक समरसता और राष्ट्रीयता के आड़े तीन बाधाएँ आती हैं—सांप्रदायिकता की भावना, प्रादेशिकता के तनाव तथा पुरुष-नारी के बीच असमानता की स्थिति। अपने प्रधान नाटकों 'अजातशत्रु', 'स्कंदगुप्त', 'चंद्रगुप्त' तथा 'ध्रुवस्वामिनी' में उन्होंने इन्हीं का समाधान देने का यत्न किया है। सांप्रदायिक विद्वेष का चित्र उन्होंने ब्राह्मणों और बौद्धों के संघर्ष के बीच उतारा है जिसके उदाहरण 'स्कंदगुप्त' और 'चंद्रगुप्त' में देखे जा सकते हैं। सांप्रदायिक संघर्ष से भिन्न आर्य और आर्येतर जातियों का संघर्ष 'जनमेजय का नागयज्ञ' में चित्रित हुआ है। प्रदेश और केन्द्र के द्वन्द्वों का रूप प्रधानतः 'चंद्रगुप्त' और 'स्कंदगुप्त' में उभरता है। 'चंद्रगुप्त'

का चाणक्य इन विविध प्रकार के संघर्षों का शमन करना चाहता है। तक्षशिला के गुरुकुल में अपने शिष्य सिंहरण और चंद्रगुप्त को संबोधित करके वह कहता है, 'मालव और मागध को भूलकर जब तुम आर्य्यावर्त का नाम लोगे, तभी वह मिलेगा।' (1/1) पुरुष के आतंक से नारी-मुक्ति की समस्या 'ध्रुवस्वामिनी' में अंकित हुई है। इस प्रकार हम पाते हैं कि प्रसाद के नाटकों के कथानक और चरित्र तो ऐतिहासिक हैं पर उनकी समस्याएँ आधुनिक हैं। यों नाटककार ने इतिहास को निरपेक्ष रूप में नहीं वरन् समकालीन अनुभव के अंग रूप में चित्रित किया है। पर इतिहास के अपने तथ्यों की रक्षा के लिए भी उनकी चिंता बराबर देखी जा सकती है। ऐतिहासिक नाटकों की लंबी भूमिकाओं में उन्होंने उपजीव्य काल की अनेक समस्याओं पर विस्तार से विचार किया है। 'चंद्रगुप्त मौर्य' नाटक की तो भूमिका भी मूल नाटक की तरह कई चरणों में विकसित हुई है। 'सम्राट् चंद्रगुप्त मौर्य' नामक निबंध स्वतंत्र पुस्तक रूप में 1909 में प्रकाशित हुआ था। फिर 'चित्राधार' के प्रथम संस्करण (1918) में यह संकलित हुआ। और अंततः अपने संशोधित तथा संक्षिप्त रूप में वह 'चंद्रगुप्त' नाटक की भूमिका बना (1931)। रचना-विधान की दृष्टि से यह रोचक संयोग है कि नाटक का स्वरूप अपने आकार में बढ़ा है जब कि भूमिका की सामग्री कम हुई है, और क्रमशः दोनों के बीच आवश्यक संतुलन बन गया है।

[हिंदी साहित्य और संवेदना का विकास, 1986]

भारतीय चिंतन-परंपरा और प्रसाद

विषमता की पीड़ा से व्यक्त
हो रहा स्पंदित विश्व महान
यही दुख-सुख विकास का सत्य
यही भूमा का मधुमय दान।

'विषमता' और 'दुख-सुख' का द्वंद्व विकास का मूलाधार है। पश्चिम की द्वंद्व-प्रक्रिया का यह सीधा आख्यान जान पड़ता है। इस संदर्भ में विषमता विकास के लिए आवश्यक है। और जो काम्य तथा व्यावहारिक है, वह समता नहीं, समरसता है, जिसका उल्लेख अगली ही पंक्ति में आता है—"नित्य समरसता का अधिकार उमड़ता कारण जलधि समान।" हेगेल और मार्क्स के बहुत निकट इतिहास के अंतर्गत द्वंद्व-प्रक्रिया की व्याख्या 'अजातशत्रु' नाटक के आमुख 'कथा-प्रसंग' में मिलती है—"मानव समाज की कल्पना का भंडार अक्षय है, क्योंकि वह इच्छाशक्ति का विकास है। इन कल्पनाओं, इच्छाओं का मूल सूत्र बहुत ही सूक्ष्म और अपरिस्फुट होता है। जब वह इच्छा-शक्ति किसी व्यक्ति या जाति में केंद्रीभूत होकर अपना सफल या विकसित रूप धारण करती है, तभी इतिहास

की सृष्टि होती है। विश्व में जब तक कल्पना इयत्ता को नहीं प्राप्त होती, तब तक वह रूप परिवर्तन करती, पुनरावृत्ति करती ही जाती है। समाज की अभिलाषा अनंत स्रोतवाली है। पूर्व-कल्पना के पूर्ण होते-होते एक नई कल्पना उसका विरोध करने लगती है, और पूर्व-कल्पना कुछ काल तक ठहरकर, फिर होने के लिए अपना क्षेत्र प्रस्तुत करती है। उधर इतिहास का नवीन अध्याय खुलने लगता है। मानव-समाज के इतिहास का इसी प्रकार संकलन होता है।" यहाँ भी प्रसाद इतिहास के विकास-क्रम में मानव इच्छाशक्ति को बुनियादी महत्त्व देते हैं। प्रसाद संबंधी अंतःसाक्ष्य और बहिर्साक्ष्य, किसी आधार पर यह निर्णय निकालना कठिन है कि उन्होंने हेगेल अथवा मार्क्स अथवा किन्हीं पाश्चात्य दार्शनिकों का अध्ययन किया था। तब अनायास ही उनके यहाँ भारतीय और पाश्चात्य विचार-पद्धतियों का सामंजस्य होता दीखता है। व्यक्ति की इच्छाशक्ति और इतिहास-प्रवाह, समरसता और द्वंद्व को उन्होंने महज दार्शनिक स्तर पर नहीं, वरन् अपनी रचनात्मक जरूरतों के हिसाब से मिलाया है। उनके लिए तर्क महत्त्वपूर्ण हैं, पर अनुभूति उससे अधिक। और इस स्तर पर वे समरसता को बड़ा जीवन-मूल्य ठहराते हैं। 'चन्द्रगुप्त' नाटक में द्वंद्व चाणक्य और अरस्तू के बीच है, अर्थात् भारतीय और पाश्चात्य मानस के बीच, जिनके वे प्रतीक हैं। कार्नेलिया के शब्दों में 'यह अरस्तू और चाणक्य की चोट है, सिकंदर और चंद्रगुप्त उनके अस्त्र हैं।' समरसता का प्रतीक दांड्यायन है, जहाँ चाणक्य पहुँचना चाहता है, 'मैं बड़ा विलंब कर रहा हूँ! सुवासिनी, आर्य दांड्यायन के आश्रम में पहुँचने के लिए मैं पथ भूल गया हूँ!' द्वंद्व को वे महत्त्व देते हैं, पर द्वंद्व उनके लिए अनंत नहीं, उसे वे समरसता में परिणत करते हैं, जहाँ पहुँचकर आनंद की स्थिति संभव होती है। समरसता यों प्रसाद के रचनात्मक व्यक्तित्व की पहचान है, रचनाविधान में जिसकी एक महत्त्वपूर्ण परिणति संगीतप्रियता है। अपनी इस दार्शनिक प्रणाली को उन्होंने अपनी मान्यताओं के अनुरूप ही विकसित करके, व्यवहार रूप में उसे प्रामाणिकता प्रदान की। समरसता का दर्शन उन्होंने कई द्वंद्व-अनुभवों के बीच से स्वयं समरस किया और पकाया है, जिसे कह सकते हैं—प्रसाद-कल्प। प्रसाद की रचना और उनके दर्शन के बीच जैसी एकात्मता है, वैसी उनके दर्शन के स्वरूप और उसकी प्रणाली के बीच भी है। कृती व्यक्तित्व की यह एकनिष्ठता अद्वितीय है।

[राष्ट्रीय मुक्ति आंदोलन और प्रसाद, १९८७]

हिन्दी नाट्य और प्रसाद : एक विचारगोष्ठी

[हाल ही में नाटक संस्थान, प्रयाग द्वारा, आयोजित रंगमंच शतवार्षिकी समारोह के अवसर पर इलाहाबाद के हिन्दुस्तानी ऐकेडेमी भवन में हिंदी नाट्य और प्रसाद के ऊपर एक विचारगोष्ठी हुई जिसकी अध्यक्षता श्रीमती महादेवी वर्मा ने की और विषय प्रवर्तन डाक्टर रामस्वरूप चतुर्वेदी ने किया।]

विजयदेव नारायण साही : यह अत्यन्त प्रिय कार्य उमाजी ने मुझे सौंपा है। नाटक संस्थान के एक सदस्य होने के नाते मैं इस गोष्ठी की अध्यक्षा श्रीमती महादेवी वर्मा एवं आगत सज्जनों का स्वागत करता हूँ। महादेवीजी नाटक के लिए एक प्रेरणा-स्रोत सदा से रही हैं। अध्यक्ष पद स्वीकार कर उन्होंने संस्थान पर बड़ी कृपा की है। नाटक में रंगमंच पर जो सम्पर्क होता है, उससे भी अधिक सम्पर्क इन व्यक्तिगत गोष्ठियों में होता है। इसी दृष्टि से इस गोष्ठी का आयोजन किया गया है।

विष्णुकान्त शास्त्री : मैं डॉ. चतुर्वेदी के विद्वत्तापूर्ण लेख के सम्बन्ध में कुछ कहना चाहता हूँ। उन्होंने 'नाट्य' को 'नाटक' से अलग किया, इसका स्वागत करता हूँ। 'नाट्य' के अन्तर्गत पांडुलिपि ही नहीं आती, अभिनय आदि सब आते हैं। पांडुलिपि को लेकर अनुमानगत समर्थन होता रहा है, तो क्या कहा जाय? प्रसाद ने भाषा का कीर्तिमान प्रस्तुत किया है। कई लोगों ने प्रसाद की इस भाषा को निराहत किया है, किन्तु स्थायी शक्तिवाले नाटक प्रसाद की भाषा की अवहेलना नहीं करते। लक्ष्मीनारायण मिश्र या अश्क के नाटक अभिनीत होने पर कोई उपलब्धि नहीं है। क्योंकि वे गहरे नहीं जाते, चाहे उन्हें पृथ्वीराज खेलें या बलराज साहनी। किसी भी नाटक का साहित्यिक मूल्य होना चाहिए। 'अन्धायुग', 'एक कंठ विषपायी', 'आषाढ़ का एक दिन', आदि नाटक प्रसाद को आंतरिक रूप में अवहेलित नहीं करते। नाटक के साहित्यिक और व्यावसायिक दो भेद मानना गलत है। अब समय आ गया है कि प्रसाद के नाटकों का मंचन पूर्ण निष्ठा से हम करें। न केवल शांता गाँधी वरन् हिन्दी के सभी प्रतिभाशाली रंगकर्मियों, जैसे डॉ. प्रतिभा अग्रवाल, श्री सत्यदेव दुबे, डॉ. सत्यव्रत सिन्हा को प्रसाद के नाटकों का मंचन करना चाहिए।

प्रतिभा अग्रवाल : प्रसाद के सम्बन्ध में शायद यहाँ श्रद्धा का वातावरण अधिक है, इसीलिए बोलने में डरती हूँ। प्रसाद के नाटकों की दो-एक सीमाएँ हैं, जिससे निर्देशक कतराता है। एक तो उनमें पात्रों की अधिकता है, दूसरे दृश्य-परिवर्तन की संख्या अधिक है। भाषा में बिम्ब-सौन्दर्य का संघर्ष हो सकता है, पर उसे द्रष्टा का एकांश भर समझ सकता है, सब नहीं। छोटे-छोटे दृश्यों के कारण मानसिक स्थिति को कैसे दनादन बदलेंगे, इससे तो नाटक का प्रभाव ही समाप्त हो जायेगा। प्रसाद के नाटकों को 'एडिट' करना आवश्यक है। मेरा अपना मत है कि प्रसाद के नाटकों में मन को छूनेवाली बात नहीं है। मेरे इस मत के अनेक विरोधी भी हैं। आज ऐतिहासिक नाटक या तो खेले नहीं जाते या खेले जाते हैं तो उनका सम्बन्ध आधुनिक समस्याओं से होता है। ईश्वर करे, प्रसाद के सम्बन्ध में मेरी बात गलत निकले। दिसम्बर में ही प्रसाद के नाटकों का अभिनय हम लोग कलकत्ता में देखेंगे। उस प्रयोग की उत्सुकता के साथ प्रतीक्षा है।

रघुराजशरण शर्मा : मुझे बनारस में प्रसाद के नाटक का अभिनय देखने का अवसर मिला है और उसकी याद मुझे अब भी बनी है। नाटक का मंचन निस्संदेह सफल रहा। यह अवश्य था कि गीत अच्छी तरह से नहीं गाये गये। नाटक को संक्षेप भी कर दिया

गया था। सच बात तो यह है कि जनता नाटक के सम्पूर्ण प्रभाव पर जाती है, बीच के कठिन शब्दों पर नहीं जाती। प्रसाद के नाटक कतिपय संशोधनों सहित रंगमंच पर आसानी से खेले जा सकते हैं।

लक्ष्मीकान्त वर्मा : आज से कई वर्ष पहले एक चुनौती मेरे सामने आयी। डॉ. लक्ष्मीनारायण लाल कहते थे कि हिंदी में नाटक हैं ही नहीं। श्री श्यामानन्द जालान ने भी कहा था कि हिंदीवालों को अच्छे नाटक अनूदित करके दिखाइए, तब हिंदी वाले अच्छे नाटक लिखेंगे। यदि शेक्सपियर के अनेक दृश्यावलीवाले नाटकों का मंचन हो सकता है तो प्रसाद के नाटकों का क्यों नहीं हो सकता? शेक्सपियर के नाटकों अथवा अन्य भाषा के नाटकों का मंचन कर दिया गया तो वाह-वाह, और प्रसाद के नाटकों का कर दिया गया तो निकृष्ट! वस्तुतः हमारे लिए हीन-भावना की ही समस्या है। ऐसी बात नहीं कि हिन्दी में नाटक नहीं हैं। हिंदी में नाटक हैं और पर्याप्त नाटक हैं। प्रसाद में नाटकीय तत्त्वों की कमी नहीं है। भाषा की समस्या अभिनय के सफल होते ही गौण हो जाती है। 'ईडिपस' और 'राजा' का मंचन जब प्रयाग में हुआ तो उसके अधिकांश दर्शक बंगला नहीं जानते थे, किन्तु अभिनय की मुद्रा को देखकर ही नाटक की संवेदना को ग्रहण कर सके। भाषा जो बिम्ब से बनती है, बाधक नहीं है। जो जनता समझ पाए, वही नाटक यदि हम करें तो वह कितना प्रेषणीय होगा, यह एक समस्या है। प्रसाद में गहराई तक बहा ले जाने की क्षमता है और गहराई ही नाटक के लिए आवश्यक है।

विजयदेवनारायण साही : लगभग सभी ने यह स्वीकार किया है कि प्रसाद के नाटकों का बिना 'एडिट' किये मंचन नहीं किया जा सकता। 'एडिटिंग' में यह आवश्यक है कि नाटक के भावों और भाषा को सुरक्षित रखा जाय। अध्यापक के अतिरिक्त निर्देशक के लिए भी भाषा एक कठिनाई है। मेरी विनम्र राय में भाषा का परिवर्तन नाटक के साथ अन्याय है। यों मंचन सफल तो तभी कहा जायेगा जब पूरा का पूरा नाटक ही रंगमंच पर प्रस्तुत हो। जहाँ तक शेक्सपियर की बात है वहाँ शेक्सपियर की वर्तनी ही बदली गयी है, भाषा नहीं।

रघुवंश : मैंने दो-तीन बाद प्रसाद के नाटक देखे हैं। प्रसाद के नाटकों में चरम-बिन्दु कई बार आता है। प्रसाद के नाटकों का मंचन एक बड़ी भारी कलात्मक उपलब्धि होगी।

रामस्वरूप चतुर्वेदी : प्रसादजी के नाटक ऊपर से देखने पर ऐतिहासिक काल में डूबे हुए हैं, पर वस्तुतः उनका अनुभव समकालीन है। 'ध्रुवस्वामिनी' में भारतीय नारी की मुक्ति की समस्या, 'स्कन्दगुप्त' और 'चन्द्रगुप्त मौर्य' में केन्द्र बनाम राज्य को लेकर राष्ट्रीयता की समस्या, समकालीन जीवन का ही स्पर्श करती हैं। भाषा के सम्बन्ध में भी आपत्ति पर पुनर्विचार होना चाहिए। 'कोश' से मिलनेवाला अर्थ निष्प्राण है, उस अर्थ की तुलना में जो रंगमंच पर अभिनेता के खास संदर्भ में बोले गये वाक्य से प्रकट होता है। यों भी शब्द-शब्द समझकर नाटक कहीं नहीं देखा जाता। इस दृष्टि से सफल निर्देशक के लिए भाषा की दुरूहता जैसी कोई समस्या नहीं होनी चाहिए। मंच

के लिए मूल बात तो यह है कि भाषा लयात्मक है या नहीं। शेक्सपियर के संपादन के सिलसिले में साहीजी की शंका के सम्बन्ध में, यह ठीक है कि शेक्सपियर के पाठ में वर्तनी ही बदली गयी है। पर वर्तनी का सम्बन्ध उच्चारण से है और नाटक में शब्दों का उच्चारण उनका वास्तविक रूप ही निर्धारित करता है। इस दृष्टि से शेक्सपियर में वर्तनी के प्रतिमानीकरण से भाषा का आधुनिकीकरण अपने आप हो गया है, जो रंगमंच के सन्दर्भ में अत्यन्त उपादेय सिद्ध हुआ है।

महादेवी वर्मा : प्रसाद हमारी सांस्कृतिक चेतना के वैतालिक हैं। उन्होंने साहित्य की सभी विधाओं में लिखा है। नाटकों के लिए उन्होंने इतिहास का गहन अध्ययन किया था। उन्होंने जब अपने नाटकों की रचना की उस समय रंगमंच का कोई आदर्श नहीं था। पारसी नाटकों की प्रतिक्रियास्वरूप ही उन्होंने नाटक लिखे। पश्चिम तथा पूर्व के नाटकों का उन्होंने अध्ययन किया था। हिंदी में मंच-प्रस्तुति की कमी उनको बहुत खली थी। हिंदी में अब भी मंच की कमी है। सिनेमा के कारण रंगमंच का अभाव हो गया है। वास्तव में नाटक की जो कसौटी है वह हमारे पास नहीं है। प्रसाद के नाटकों को प्रस्तुत करने के लिए अपना मंच आवश्यक है। प्रसाद के नाटकों की भाषा सांस्कृतिक एवं साहित्यिक हिंदी है। प्रसाद के नाटकों के मंचन के सम्बन्ध में हम निश्चित रूप से तो नहीं कह सकते हैं, किन्तु यदि 'मृच्छकटिक' का मंचन हो सकता है, शेक्सपियर के नाटकों का मंचन हो सकता है, तो प्रसाद के नाटकों का क्यों नहीं हो सकता? जिस संघर्ष के युग में प्रसाद ने नाटक लिखे थे, वह संघर्ष का युग अभी समाप्त नहीं हुआ है। प्रसाद के नाटकों में संघर्ष है, कोमल और कठोर पक्ष भी है।

आज हिंदी नाटक के सौ वर्ष हो रहे हैं। हमारे पास अब अनेक वैज्ञानिक साधन हैं। लोग भी प्रबुद्ध हैं। हमें संकल्प करना है कि हम हिंदी का मंच स्थापित करेंगे। अब केवल संकल्प की आवश्यकता है। ऐसे साधनों के बीच यह कहना कि प्रसाद के नाटकों की मंच-प्रस्तुति नहीं हो सकती, उनके और अपने साथ घोर अन्याय है।

[नटरंग-9, गोविन्दजी, 1969]

रामविलास शर्मा

प्रसादजी के चिंतन की सीमाएँ उनके युग की सीमाएँ हैं। इन सीमाओं के बावजूद यह समझना भ्रम होगा कि प्रसादजी का चिंतन पूँजीपति वर्ग के सांस्कृतिक मार्ग गाँधीवाद पर चल रहा था। गाँधीवाद जहाँ जनता के क्रांतिकारी उभार को दबाकर वर्ग-शांति और समझौते की राह पर चलता है, प्रसादजी वर्ग शांति के बदले वर्गहीन समाज का आदर्श सामने रखते हैं। गाँधीवाद जहाँ प्राचीन भारतीय समाज में वर्ग-संघर्ष अस्वीकार करता है, वहाँ प्रसादजी ने राजा-प्रजा के रक्तमय संघर्ष का चित्र खींचकर उसे स्वीकार

किया है। सबसे महत्त्वपूर्ण बात यह कि गाँधीवाद जहाँ निष्क्रिय प्रतिरोध की बात करता है, स्वयं कष्ट सहकर अन्यायी के हृदय-परिवर्तन की बात करता है, वहाँ प्रसादजी ने सक्रिय प्रतिरोध का आदर्श रखा है, शस्त्र उठाकर आततायियों का विरोध करने का चित्र खींचा है।

'स्कंदगुप्त' में प्रसादजी ने दिखाया है कि हूणों के आक्रमण से त्रस्त और बिखरी हुई जनता में फिर से साहस-संचार करके स्कंदगुप्त और उसके साथियों ने हूणों को समरभूमि में पराजित किया और उन्हें सिन्धु पार खदेड़ दिया। ब्रिटिश साम्राज्य से आक्रांत देश में यह नाटक लिखकर प्रसादजी ने सामयिक राजनीति की भी एक गुत्थी सुलझाई थी। पर्णदत्त कहता है, 'देश के बच्चे भूखे हैं, नंगे हैं, असहाय हैं, कुछ दो बाबा!' पर्णदत्त कैसी भीख चाहता है? क्या भीख माँगने से देश का उद्धार होगा? पर्णदत्त कहता है, 'जो दे सकता हो अपने प्राण, जो जन्मभूमि के लिए उत्सर्ग कर सकता हो जीवन, वैसे वीर चाहिए; कोई देगा भीख में?' पर्णदत्त की याचना के उत्तर में पहले स्कंदगुप्त और फिर जनता में से वीर देशरक्षा के लिए आ जाते हैं। जनता का संगठन करने में साहित्यकार अपनी विशेष भूमिका पूरी करते हैं। विजया महाकवि कालिदास से कहती है, 'आश्चर्य और शोक का समय नहीं है। सुकवि शिरोमणि! गा चुके मिलन-संगीत, गा चुके कोमल कल्पनाओं के लचीले गान, रो चुके प्रेम के पचड़े। एक बार वह उद्‌बोधन गीत गा दो कि भारतीय जनता अपनी नश्वरता पर विश्वास करके अमर भारत की सेवा के लिए सन्नद्ध हो जाए!' कालिदास काव्य द्वारा ही जनता को संगठित नहीं करते, वह स्त्रियों को घसीटनेवाले अत्याचारी हूणों का तलवार उठाकर विरोध भी करते हैं। प्रसाद के श्रेष्ठ नाटक 'स्कंदगुप्त' के कालिदास महाकवि ही नहीं, वीरकवि भी हैं। हूणों को ललकारते हुए वह कहते हैं, 'इन निरीहों के लिए प्राण उत्सर्ग करना धर्म है। कायरो! स्त्रियों पर यह अत्याचार!'

प्रसादजी के लिए कलाकार सामाजिक संघर्ष में तटस्थ नहीं रहता। वह जनता और देश के प्रति सहानुभूति ही नहीं प्रकट करता, वह संघर्ष में भाग भी लेता है। और यह संघर्ष निष्क्रिय प्रतिरोध के मार्ग पर नहीं बढ़ता, उसका रास्ता सक्रिय प्रतिरोध का है। इससे स्पष्ट है कि प्रसादजी ने अपने साहित्य में पूँजीवादी नेताओं की कार्यनीति को आदर्श नहीं माना।

आचार्य शुक्ल की तरह प्रसादजी के लिए भी कला सोद्देश्य है। 'नाटकों में रस का प्रयोग' नाम के निबंध में वह कहते हैं : 'इसमें लोकमंगल की कल्पना प्रच्छन्न रूप से अंतर्निहित है।' उनकी कामायनी जगत् की मंगल-कामना है। यहाँ पूर्व और पश्चिम के शुद्ध कल्पनावादियों से उनकी भिन्नता स्पष्ट दिखाई देती है जिस तरह आचार्य शुक्ल ने अध्यात्मवाद को साहित्य से बाहर कर देने की घोषणा की थी, उसी तरह प्रसाद ने दुःखवाद, निराशावाद, भोगवाद से साहित्य को मुक्त रखने का आह्‌वान किया था। उपर्युक्त निबंध में वह दुःखवाद के लिए कहते हैं, 'साहित्य में उसे स्वीकार नहीं किया गया।' आचार्य शुक्ल की तरह प्रसाद भी केवल माधुर्य के उपासक नहीं हैं। भीषणता और

कमनीयता की द्वंद्वात्मक एकता भी संभव है। प्रसादजी के लिए साहित्य सोद्देश्य है, इसीलिए साहित्य में मूलवस्तु अनुभूति है, न कि अभिव्यक्ति।

इस तरह प्रसादजी ने साहित्य में लोकजीवन की प्रतिष्ठा की है। उन्होंने हमें सिखाया है कि इस संसार को मिथ्या मानकर असंभव कल्पनाओं के पीछे भटकने की ज़रूरत नहीं है। मनुष्य का सुखी या दुखी जीवन यहीं बीतता है। सत्य इसी परिवर्तनशील प्रकृति में है। सौंदर्य की कोई अरूप सत्ता नहीं है। संसार को दुख का कारण मानकर निराश होने की आवश्यकता नहीं है। मनुष्य का कल्याण न तो वैराग्य में है, न भोगवाद में! समाज में वर्ग हैं, वर्गों का परस्पर-संघर्ष भी है। उसे दूर करके वर्गहीन समाज में मनुष्य को सुखी जीवन बिताना है।

सामाजिक जीवन में कलाकार तटस्थ नहीं है। वह जनता के प्रति सहानुभूति रखता है, उसका पक्ष लेता है। प्रसाद के कालिदास अस्त्र उठाकर हूणों से स्त्रियों की रक्षा करते हैं। अन्याय का सक्रिय प्रतिरोध करना मनुष्य का कर्त्तव्य है।

प्रसादजी ने 'तितली' में पराधीनता और निर्धनता के नए चित्र दिए हैं। उन्होंने दिखाया है कि विदेशी शासकों ने किस तरह भारत को नरकंकालों का कारागार बना दिया है। दुनिया के गरीबों को सतानेवाले एक हैं। इसलिए दुनिया के गरीब एक हैं। वह गाँवों में वर्ग-संघर्ष के यथार्थ चित्र देते हैं। इस संघर्ष में हिंदुस्तानी किसान की वीरता और धीरता प्रकट होती है।

'तितली' का यथार्थवाद हिंदी कथा-साहित्य के विकास में एक महत्त्वपूर्ण कदम है। न केवल प्रेमचंद, वरन प्रसाद, निराला आदि भी उसी मार्ग पर बढ़ रहे थे। यह यथार्थवाद स्वाधीनता ही न चाहता था, वह सामाजिक न्याय भी चाहता था। वह देश की उस नई चेतना को प्रकट करता है जो समाज के पुराने ढाँचे को ही बदलना चाहती थी। यह हिंदी की अपनी जातीय परंपरा है।

प्रसाद-साहित्य हिंदीभाषी जनता की मूल्यवान विरासत है। उसके आधार पर हम कह सकते हैं कि इस संसार को सत्य समझना, पीड़ित जनता का समर्थन करना, अन्याय का सक्रिय विरोध करना, साहित्य में उदासीन और तटस्थ न रहकर सामाजिक विकास में सक्रिय योग देना—यह सब भारतीय संस्कृति के अनुकूल ही है, उसका सहज विकास है। प्रसादजी की रचनाएँ दुःखवाद, मायावाद, शुद्ध कलावाद, भारतीय इतिहास में वर्गों को अस्वीकार करने आदि के विरोध में सजग लेखक के हाथों में सबल अस्त्र हैं। वे भारतीय जनता की विजय में विश्वास दृढ़ करती हैं क्योंकि उनके मधुवन, रामजस, तितली आदि अपना स्वत्व पहचान चुके हैं और उनका शोषण करते जाना अब किसी के लिए संभव नहीं है। प्रसाद-साहित्य के मूल्यों को पहचानकर आज का हिंदी-साहित्य और भी साहस से जनता की सेवा कर सकेगा।

[साहित्य में लोकजीवन की प्रतिष्ठा और जयशंकर प्रसाद, '**परंपरा का मूल्यांकन**' (1954)]

प्रेमचन्द, प्रसाद और निराला ने कथा-साहित्य में नये यथार्थवाद को प्रतिष्ठित किया। यह यथार्थवाद भारतीय जनता के संघर्ष को चित्रित करता है, उसे संघर्ष की प्रेरणा देता है, अपने शत्रुओं को पहचानने की निगाह देता है। भारत की जनता उन दिनों से आज और भी त्रस्त है जब 'तितली', 'देवी', 'चतुरी चमार', और 'गोदान' रचे गये थे। इसीलिए प्रेमचन्द-प्रसाद-निराला के शुरू किये हुए यथार्थवाद की ऐतिहासिक अनिवार्यता अभी समाप्त नहीं हुई। इसीलिए तमाम भ्रमजाल फैलाने के बावजूद हिन्दी-कथा-साहित्य तितली और गोदान की परम्परा को आगे बढ़ा रहा है और तब तक बढ़ाएगा जब तक मधुवन, तितली, होरी, चतुरी और उन जैसे करोड़ों मानव अपनी धरती पर खड़े होकर स्वाधीनता से साँस न लेंगे।

[प्रसाद और हिन्दी साहित्य में नया यथार्थवाद]

प्रसाद पहले विचारक थे फिर और कुछ।

यदि अधिक समय देकर कुशल अभिनेताओं द्वारा प्रसाद के नाटकों का अभिनय कराया जाए तो इसमें संदेह नहीं वे रंगमंच पर सफल होंगे। उनमें नाटकीयता का अभाव नहीं।

आधुनिक युग के वह श्रेष्ठ नाटककार माने जाते हैं।

[प्रकाशन विभाग द्वारा संपादित 'युग प्रवर्तक जयशंकर प्रसाद' 1966]

[इस संदर्भ में यह उल्लेखनीय है कि ज्ञानवर्धिनी सभा, लखनऊ विश्वविद्यालय ने 1941 में डॉ. रामविलास शर्मा के संयोजन अधीन 'अजातशत्रु' नाटक प्रस्तुत किया।]

रमेशचन्द्र शाह

प्रसाद के कवित्व में यदि एक ओर भरपूर गीति-लाघव है तो दूसरी ओर जीवन का अत्यंत नाटकीय संवेदन। सच पूछा जाय तो--जीवन एक रंगमंच है--यह उनकी जीवनानुभूति का, और इसलिए उनके कृतित्व का भी मानो एक स्थायी-भाव है। यह अकारण नहीं है कि उनकी कविता में रंगकर्म से संबंध रखनेवाले बिंबों की बहुतायत है। यों भी उनके सर्जनात्मक स्वभाव का यह एक तकाजा जैसा ही लगता है कि वे अपने भोगनेवाले व्यक्तित्व से काफ़ी दूरी हासिल करें। मानो अपनी व्यक्तिगत आवाज़ का भी रचनात्मक इस्तेमाल वे तभी कर पाते हों जब वे उसे किसी अन्य के माध्यम से अनुभव कर सकें। उनके नाटकों में विन्यस्त गीत और स्वगतोक्तियाँ भी उनके कवित्व का उतना ही सारभूत अंग हैं जितना कि उनकी स्वतंत्र कविताएँ। बल्कि कभी-कभी

तो ऐसा लगता है कि प्रत्यक्ष जीवनानुभूतियों की जैसी सीधी घुसपैठ उनके इस नाटक और कथा-साहित्य वाले कवित्व में होती है, वैसी उनकी विशुद्ध कविताओं में नहीं हो पाती। कविताविधा में तो उनका अनुभव, चिंतन के अनेक स्तरों से छनकर ही पहुँच पाता है, सीधा और कच्चा कभी नहीं। निश्चय ही इस छनने के फलस्वरूप सांद्रता और सूक्ष्मता आती है पर क्या ऐसा भी नहीं लगता कि इस सांद्रता और सूक्ष्मता के एवज में अनुभव के कुछ जिंदा पकड़ते हुए तंतुओं की बलि चढ़ जाती है?

विरोधाभास देखिए कि यह प्रसाद ही थे—अपने युग के सबसे ज्यादा बौद्धिक और दार्शनिक कवि—जिन्होंने नाटक विधा को भी गंभीरतापूर्वक अपनाया और उपरोक्त समस्याओं के प्रति अपनी जागरूकता दरशाई। भारतेंदु की विरासत सम्हालते हुए उन्होंने उसे ऐतिहासिक नाटकों के द्वारा नया जीवन प्रदान किया। भारतीय पुनर्जागरण की उस साध्य-चमक के दिनों में देश के अतीत के चित्र ही सबसे ज्यादा दर्शकों की भावनाओं को जगानेवाले हो सकते थे। वह राजनीतिक उथल-पुथल का समय था। संस्कृति की समस्याएँ उपेक्षित-प्राय थीं और राजनीतिक समस्या ही सब पर हावी थी। राष्ट्रीयता, देश-भक्ति, विदेशी शिकंजे से देश को आजाद करने का संघर्ष, एकता का और सामूहिक जागरण का स्वप्न यही उन दिनों की प्रेरक शक्तियाँ थीं और इन्हीं को प्रसाद ने अपने नाट्य-लेखन की प्रेरणा के रूप में नियोजित किया। समूचा वातावरण ही ऐसा था कि सिर्फ़ ऐतिहासिक विषयवस्तु के नाटक ही किसी हद तक हमारे नाटक विमुख नागरिकों का ध्यान आकर्षित कर सकते थे और प्रसादजी के सहज विवेक ने इसी प्राप्त अवसर का सदुपयोग किया। प्रसाद के नाटकों के नायक एतद्देश्यीय इतिहास के गौरव-चरित्र हैं : 'राज्यश्री', 'हर्षवर्द्धन', 'अजातशत्रु', 'चंद्रगुप्त', 'स्कन्दगुप्त', 'चाणक्य', 'गौतम बुद्ध' और 'ध्रुवस्वामिनी' आदि। हमारे इतिहास का शायद ही कोई संघषपूर्ण अध्याय उनकी नज़र से छूटा हो। ऐसे आलोचकों को, जिन्हें यह शिकायत थी कि 'ये नाटक रंगमंच पर खेले नहीं जा सकते'—प्रसादजी का मुँह-तोड़ जवाब था कि नाटक मंच के लिए नहीं होता, मंच नाटक के लिए हुआ करता है। यह कथन निर्देशक को उसकी सही जगह पर रखता है और आज भी प्रासंगिक है। प्रसाद के नाटकों की वास्तविक रंगमंचीय संभावनाओं को वही निर्देशक उजागर कर सकता है जो नाटककार की दृष्टि से भी उसकी दुनिया को देख-दिखा सके। जो आदमी अपने मानसिक मंच पर प्रसाद के नाटक का साक्षात्कार नहीं कर सकता, वह रंगमंच पर भी उसकी जीवंतता का उद्घाटन कर सकेगा, इसमें संदेह है। जो उनके उद्देश्य को नहीं समझ सकता और उनकी दृष्टि से किसी सीमा तक सहानुभूति नहीं स्थापित कर सकता, वह उनका प्रभावशाली मंचन कर ही नहीं सकता। निर्देशक की अपनी सनकों और पूर्वग्रहों को थोपने के लिए ये नाटक बिल्कुल नहीं बने। वे अपने केंद्र से ही प्रकाशित हो सकते हैं। उनके साथ मनमानी छूट नहीं ली जा सकती। हाँ बुद्धिसम्मत, दृष्टिप्रेरित छूट के बिना भी नहीं चलेगा। प्रसादजी अपने युग की राष्ट्रीय भावनाओं को प्रतिबिंबित करते

थे पर उनका इतिहास-बोध सिर्फ़ भावात्मक नहीं था। भारतीय इतिहास का उनका ज्ञान बहुत गहरा था और उसके बारे में अपनी निर्मोह दृष्टि के चलते उनकी विचारणा कुछ मौलिक और स्वतंत्र थी। इस मामले में वे 'प्रियं ब्रूयात' के क़तई कायल नहीं थे। वास्तविकता यह है कि लोकप्रिय भावनाओं का इस्तेमाल उन्होंने अपनी उस बेहद आत्मालोचनापूर्ण दृष्टि को प्रस्तुत करने के लिए ही किया। उनके नाटकों में हमें इतिहास का गौरव ही नहीं, उसकी कुंठा, त्रास और ऊब का भी उतना ही हिलानेवाला साक्षात्कार मिलता है। उनके नाटकों की दुनिया में जो उथल-पुथल और हाहाकार है वह सिर्फ़ घटना-चक्र में ही नहीं, उनके पात्रों के अंतर्जीवन में भी है। उनके नाटकों के चरित्र अक्सर चरित्र से ज़्यादा मनोवैज्ञानिक वृत्तियों और शक्तियों का प्रतिनिधित्व करने लगते हैं। यही वह सदाबहार, सदा प्रासंगिक जीवन है, जो उनके नाट्य-लेखन की असली प्रेरणा है, न कि एक तथाकथित अतीत के तथाकथित प्रसिद्ध नायक-नायिकाएँ।

और यह नाटकों की दुनिया उत्सवधर्मी नहीं है, बल्कि बड़ी हलचल मचानेवाली, बहुत त्रास उपजानेवाली दुनिया है। इस दुनिया में हिंसा और बर्बरता है, कुचक्र और दगाबाज़ी है। और है एक रोंगटे खड़े कर देनेवाला नैतिक दिवालियापन। इस गंदगी और सड़ाँध का अधिष्ठान हमेशा राजाओं, शक्ति-सामंतों और धार्मिक नेतृत्व में हुआ करता है। 'स्कंदगुप्त' का खलनायक प्रपंचबुद्धि राज्य के सबसे बड़े मठ का अधिपति है। विश्वासघाती और लंपट भटार्क मगध का सेनापति है। 'राज्यश्री' का विकट घोष एक बौद्ध भिक्षु से डाकू और खूनी बना है। 'अजातशत्रु' का देवदत्त तो ईर्ष्या, पाखंड और महत्त्वाकांक्षा के अंधेपन का जीता-जागता प्रतीक ही है और वह भी एक धर्म-पीठ का मुखिया है। राजकुमार विरुद्धक अपने ही पिता का शत्रु है और अजातशत्रु अपने पिता बिंबसार को निर्वासन देता है। इस प्रकार प्रसाद के नाट्यसंसार में हर घर भीतर से विभाजित है, पुत्र पिता के विरुद्ध है, पत्नी पति के खिलाफ कुचक्र रच रही होती है और मंत्री अपने राजा के ख़िलाफ़ आततायियों से मिल जाता है। जहाँ तक प्रजा का संबंध है, उनमें जो कुलीन नागरिक हैं वे इस सारे दृश्य के प्रति निहायत उदासीन और संवेदनहीन होते हैं और जन-सामान्य की तो फिक्र करनेवाला कोई है ही नहीं। वे सचमुच सर्वहारा हैं और आज की ही तरह न मुखर हैं, न संगठित। 'स्कंदगुप्त' का वह दृश्य याद कीजिए जिसमें महान् योद्धा पर्णदत्त नागरिकों के उच्छृंखल मनोविनोद की सामग्री बन जाता है। वह देश के स्वातंत्र्य-संग्राम के घायल सैनिकों के लिए सहायता जुटाने की भीख माँग रहा है, और देवसेना (प्रसाद की सबसे निःस्वार्थ और सबसे उदारमना स्त्री-चरित्र) गीत गाकर उसकी मदद में जुटी है। यह हृदयविदारक दृश्य नाटक के अंत में श्मशान घाट की पृष्ठभूमि में घटित हो रहा है। नागरिकों की संवेदनहीनता और कुत्सा रोंगटे खड़े कर देनेवाली है। स्कंदगुप्त, जो इस अंधकार में जलती हुई आशा की अकेली लौ और देश की बची-खुची चेतना का एकमात्र अवलंब है, वह धीरोदात्त नायक तक अपने ही लोगों द्वारा बारंबार धोखा खाता है। उसकी सौतेली माँ और सौतेले

भाई उसकी जान को लगे हैं। नाटक का आरंभ से ही एक भयानक दुःस्वप्न सरीखे दृश्य से होता है। जहाँ एक बूढ़े बीमार राजा और स्कंदगुप्त की माँ के विरुद्ध भयानक कुचक्र रचा जा रहा है और विडंबना यह, कि शर्वनाग सरीखे अन्यथा अच्छे लोग भी इसमें शामिल हो जाते हैं। तीन विश्वासपात्र सच्चे योद्धा और साम्राज्य के स्तंभ सरीखे सयाने लोग कुंठित होकर सबके सामने हाराकिरी कर गुज़रते हैं। ठीक है कि अंत में असत्य पर सत्य की विजय होती दीखती है पर यह विजय बिल्कुल भी आश्वस्त नहीं करती।

बौद्ध धर्म के प्रति लेखक में आकर्षण भी है और आलोचनात्मक रुख भी। 'स्कंदगुप्त' के चौथे अंक में बौद्ध भिक्षुक और कुछ ब्राह्मण पुरोहितों का ज़बर्दस्त आमना-सामना होता है। पुरोहित बलि देना चाहते हैं और इस पर संघर्ष छिड़ जाता है। राज्य के न्यायाधिकारी के सामने यह तीव्र विवाद चल रहा है। इतने में लंका का एक विद्वान् बौद्ध भिक्षु धातुसेन वहाँ आ पहुँचता है। ब्राह्मणों का आरोप यह है कि देश के शत्रु हूणों को ये बौद्ध ही मदद पहुँचा रहे हैं। इस पर एक भिक्षु कहता है कि एक जंगली धर्म के माननेवालों से तो हूण ही बेहतर हैं और भगवान बुद्ध के इन दुश्मनों ने ही हमें इसके लिए मजबूर किया है। इस पर पुरोहित नेता कहता है : 'जो जाति सारे विश्व का बौद्धिक नेतृत्व करने के लिए सिरजी गयी है, वह कभी बौद्ध राजाओं द्वारा किये गये अपमान के साथ समझौता नहीं कर सकती। हमने रक्त-बलि देने की ठान ली है। स्वयं ईश्वर भी चाहे तो हमें नहीं रोक सकता।'

देखने की बात है कि प्रसाद के उपन्यास 'तितली' के बाबा रामनाथ भी कुछ इसी तरह की बात करते हैं और प्रसाद ने वहाँ भी उसे व्यंग्यपूर्वक ही लिया है। अपनी संस्कृति के प्रति यह अहम्मन्य आत्मतुष्टि प्रसाद की दृष्टि में हमेशा हास्यास्पद रही है। यहाँ भी प्रसाद ब्राह्मणों के साथ नहीं, बल्कि प्रख्यातकीर्ति और धातुसेन की प्रखरतर बौद्धिकता और मानवीय दृष्टि के पक्षधर हैं। ये भिक्षु ही पुरोहितों को विश्वास दिला देते हैं कि सच्चे वैदिक धर्म का इस हिंसक कर्मकाण्ड से कोई संबंध नहीं है। ब्राह्मणत्व और वेद के असली मर्म का उद्‌घाटन इस प्रकार ब्राह्मणों से नहीं, बल्कि बौद्धों के मुख से करवाया गया है। यह पूरा प्रकरण खासकर धातुसेन और प्रख्यातकीर्ति के संवाद, प्रसाद के मानवनिष्ठ, प्रखर और प्रगतिशील, चिंतन समझने के लिए बहुत ही महत्त्वपूर्ण है। प्रख्यातकीर्ति के अनुसार सभी धर्म देशकाल की विशेष परिस्थितियों की उपज होने के कारण अपूर्ण होते हैं क्योंकि मनुष्य का ज्ञान कभी पूर्णता को प्राप्त नहीं कर सकता। इसलिए इतिहास-क्रम में जुड़नेवाले नये ज्ञान और नयी अंतर्दृष्टियों के प्रति दिमाग़ क्रो बंद कर लेनां मनुष्य की आत्मा का अपमान है। विकास का और मर्म ही क्या है। इसे स्वीकार किये बिना, अनवरत खुलेपन और ग्रहणशीलता के बिना काम नहीं चलेगा। जीवन की पुकार, जीवन का अर्थ ही यही है। ब्राह्मण धर्म और बौद्ध धर्म तो मानव जाति के उसी एक मूल धर्म की दो शाखाएँ हैं। उनमें झगड़ा कैसा?

स्पष्ट ही, खंड-दृष्टियों और अलगाववादी विचारधाराओं पर प्रसादजी का चिंतन हमेशा चोट करता रहा है। उनका आदर्श है : आर्यों की आनंदमूलक, प्रकृति-संयुक्त जीवन-दृष्टि तथा बौद्ध मनीषा के अहिंसा और महाकरुणा के महान् सिद्धांतों के एकाग्र समन्वय की साधना। किन्तु उनके नाटक जिस यथार्थ का चित्रण करते हैं, वह इस आदर्श की जीती-जागती विडंबना है। 'स्कंदगुप्त' के हाहाकार में इस विवेक के लिए क्या गुंजाइश बचती है? वहाँ स्थितियाँ लाइलाज-सी दीखती हैं। 'अजातशत्रु' काफ़ी पहले लिखा गया नाटक है और चूँकि गौतम बुद्ध वहाँ स्वयं एक चरित्र के रूप में उपस्थित हैं, इसलिए वहाँ अच्छाई की ताक़त बुराई पर हावी हो जाती है और कहीं आश्वस्त भी करती है। पर 'स्कंदगुप्त' का संसार असह्य अंधकार और अंतहीन प्रवंचना और यातना का संसार है। उसमें जो आलोक है, मानवात्मक जो सौंदर्य है, वह स्वयं ही कुंठित कामनाओं से घिरा हुआ, एकदम अकेला पड़ गया अरक्षित सौंदर्य है और कोई टिकाव नहीं देता। क्या नाटकीय तीव्रता और क्या गीति-सौकुमार्य, दोनों ही दृष्टियों से 'स्कंदगुप्त' प्रसाद की सर्वोत्तम नाट्यकृति जान पड़ती है। 'चंद्रगुप्त' के चाणक्य को भूल जाएँ तो ऐसा लगता है कि किसी भी अन्य पात्र की अपेक्षा स्कंदगुप्त, देवसेना और मातृगुप्त (कालिदास) को सबसे ज़्यादा लेखक की सहानुभूति प्राप्त है। और इन पात्रों के साथ जो कुछ घटित होता है, वह उस आदर्श संभावना से कितना दूर है, जिसकी चर्चा हमने अभी-अभी की है, देखने की बात है। सबसे अवसादजनक जो बात है, वह यह कि कुत्सा और सिनिसिज़्म की इस अँधेरी दुनिया के प्रति स्वयं इन आदर्श चरित्रों का जो दृष्टिकोण नाटक के अंत तक बनता है, वह दुर्धर्ष संघर्षशीलता और प्रखर चुनौती-भरी जिजीविषा का नहीं, बल्कि क्लांत करुणा और शोकाच्छन्न विरक्ति का है।

एक झुँझलाहट-भरा प्रश्न यह भी उठता है कि प्रसाद के नाटकों में क्षमा करने की प्रवृत्ति का इतना अतिरेक क्यों है? जिस तरह एक के बाद एक नराधम, एक के बाद एक पश्चात्तापविहीन और जघन्य अपराधी क्षमादान पाते चले जाते हैं, उससे हमारी सहज बुद्धि और मात्रा को धक्का लगता है। हम उसे स्वीकार नहीं कर पाते, यह क्षमाशीलता मानव-स्वभाव में निहित अच्छाई की सक्रिय तेजस्विता का प्रमाण न लगाकर उनकी दुर्बलता का और कालिमा की ही बलवत्तर महिमा का प्रमाण अधिक लगने लगती है। यह निश्चय ही ऐसी ज्यादती है जिसके लिए लेखक को बख़्शा नहीं जा सकता।

मगर 'चंद्रगुप्त' नाटक में प्रसाद ने एक ऐसा महान् चरित्र सिरजा है जो स्वयं लेखक के प्रौढ़ चिंतन का अधिक सही प्रतिनिधित्व करता प्रतीत होता है। वह और कोई नहीं, हिंदुस्तान की राजनीतिक परंपरा का वह विलक्षण और इकलौता प्रतिभा-पुरुष है जिसका नाम चाणक्य अथवा कौटिल्य है और जिसके मुख से प्रसाद ने कहलवाया है कि 'ब्राह्मणत्व, और कुछ नहीं, एक शाश्वत और सार्वभौम बुद्धिवैभव का प्रतीक है।' कभी-कभी ऐसा लगने लगता है जैसे प्रसाद की मानसिकता एक विभाजित मानसिकता

है जिसमें वे अपना बौद्धिक व्यक्तित्व चाणक्य पर और भावात्मक समृद्धि गौतम बुद्ध पर निछावर करते जान पड़ते हैं। दो शब्द उनकी कविता में अक्सर प्रयुक्त मिलेंगे : मधु और करुणा। मधु मानो चाबी है बौद्ध-प्रतिमा द्वारा निर्मित एक अधिक परिष्कृत और अधिक विवेक-आलोकित संसार के खज़ाने की। कहीं ऐसा तो नहीं कि प्रसादजी अपने साहित्य में जिस दुनिया का स्वप्न प्रस्तुत करते हैं, वह एक आपसी सहयोग और प्रेम से परिपूर्ण सभ्यता तो है लेकिन सभ्यता की जो सहजात बुराइयाँ हैं जैसे लोभ, संग्रहवृत्ति और मक्कारी, इत्यादि, उन बुराइयों से सर्वथा मुक्त भी है?

कहीं ऐसा तो नहीं कि प्रसादजी की खोज ऐसे आदर्श संसार के स्वप्न से प्रेरित हो, जिसमें एक ओर आदिम युग की सरलता हो तो दूसरी ओर सभ्यता के विकसित युगों का परिष्कार भी, जिसमें से आदिम बर्बरता बिल्कुल छँट चुकी हो?

कई संरचनात्मक गड़बड़ियों के बावजूद प्रसाद के नाटक हमें ज़बर्दस्त संवेदनाघात देते हैं। मज़े की बात यह है कि ये चरित्र कभी-कभी अविश्वसनीयता की हद तक अच्छे या बुरे होते हुए भी नाटक के सौंदर्य को खण्डित नहीं करते। नाटक की तीव्रता और सच्चाई यहाँ उन चरित्रों पर नहीं, बल्कि नाटक की पूरी संरचना पर अवलम्बित है। इस मामले में वे हमें शेक्सपियर के समकालीन बेन जॉनसन के नाटकों की याद दिलाते हैं। इसका अर्थ यह नहीं कि प्रसादजी चरित्र-चित्रण में कुशल नहीं। उनके चन्द्रगुप्त, ध्रुवस्वामिनी और चाणक्य ही उनकी क्षमता उजागर करने को काफ़ी हैं। आशय हमारा यह है कि नाटककार के रूप में प्रसादजी की चिंता का केंद्र चरित्र नहीं, कुछ और है, जो अधिक महत्त्वपूर्ण है। वह है : अंतर्वृत्तियों याकि भावनात्मक शक्तियों की पारस्परिक क्रिया-प्रतिक्रिया एक तरफ; और विचारों का संघर्ष दूसरी तरफ। एक बात जो हमें चकित करती है, वह यह, कि उनके नाटकों के संवेदनशील और कवित्व-सक्षम बिन्दु ज्यादातर वे हैं जहाँ विवादी भावों का—दुःख, निराशा, क्षोभ, विरक्ति और औदास्य का प्राधान्य है। उनके सभी नायक विश्राम और शांति के लिए छटपटाते हैं। ज्यादातर वे कर्म और लालसा की जिंदगी से विरक्त हो जाते हैं। आधुनिक भारतीय साहित्य में आनंद और जीवन-पोषक मूल्यों के लिए गहनतम स्तरों पर लड़ाई लड़नेवाले प्रसादजी अपने नाटकों में दुःख और दौरात्म्य की विकट समस्याओं से इस कदर आक्रांत हो जाते हैं कि हमारी समझ में नहीं आता कि इस दुनिया में कर्म करने, सहने और उम्मीद करने का क्या कोई अर्थ है भी? और क्या कलात्मक सौंदर्य-दृष्टि या अनासक्त-दृष्टि के अलावा इस सृष्टि के पास मनुष्य को देने के लिए कुछ भी नहीं?

यहीं पर 'चंद्रगुप्त' का चाणक्य हमें एक टेक, एक राहत-सी प्रदान करता है। यह राजाओं का भी निर्माता और महाबौद्धिक चरित्र प्रसाद ने पूरी गोलाई के साथ गढ़ा है और अपने आपमें वह उस बुनियादी आत्म-संघर्ष को बिंबित करता है जिसे हम प्रसादजी के व्यक्तित्व और कृतित्व ही का नहीं, स्वयं भारतीय इतिहास और सभ्यता का भी सबसे गहरा अन्तर्द्वंद्व मान सकते हैं। प्रवृत्ति और निवृत्ति, राग और विराग,

कर्म-जीवन और मनीषात्मक जीवन के दावों के बीच जो दुर्निवार संघर्ष है, उसे यहाँ निर्वेद और विश्रांत करुणा के द्वारा नहीं, बल्कि वास्तविक जीवन में विवेकबुद्धि की तेजस्वी सक्रियता द्वारा। दूसरे शब्दों में इच्छा, क्रिया और ज्ञान की कमाई गई एकता के माध्यम से हल करने की चेष्टा दीखती है। शायद यही कारण है कि इतनी अनावश्यक मृत्युओं और षड्यन्त्रों के बावजूद 'चंद्रगुप्त' के संसार में प्रसाद के अन्य नाटकों की अपेक्षा कहीं ज्यादा प्रकाश और खुलाव है। इसीलिए उसकी शांति भी ज्यादा वास्तविक लगती है क्योंकि जिस संघर्ष की राह से वह शांति उपलब्ध हुई है, वह स्वयं अपेक्षाकृत अधिक सार्थक और एकाग्र संघर्ष बन पड़ा है। इसका यह अर्थ नहीं कि पीड़ा और अकेलापन यहाँ नहीं। स्वयं नायक चंद्रगुप्त नाटक की परिसमाप्ति पर तीव्र मोहभंग की मनःस्थिति से गुजर रहा है। फिर भी इस उदासी के बावजूद उसमें अभी भी ऐसी संकल्प-शक्ति और चारित्रिक दृढ़ता का विस्फोट हो सकता है कि वह स्वयं चाणक्य को ललकार सकता है। उसकी गिरफ्त ढीली करके अपने स्वतन्त्र व्यक्तित्व को स्थापित कर सकता है। अपने निकटतम शिष्य की ओर से मिली इस अप्रत्याशित चुनौती का आघात चाणक्य के लिए एक ऐसा डंक है कि उस असह्य तिलमिलाहट के क्षण में वह अपने आपको, अपने पूरे जीवन की व्यर्थता और सार्थकता को सहसा मानो तड़ित् जैसी कौंध में आर-पार देख लेता है। चाणक्य का वह बेधक आत्म-साक्षात्कार हमें भी अपने शक्ति-वृत्ति के भीतर खींच लेता है। यह एक सच्चा ट्रैजिक क्षण है जिसमें चाणक्य अपने इस दहला देनेवाले आत्म-ज्ञान से रूपांतरित होकर अपनी सारी क्रूरताओं और विडम्बनाओं के साथ अपने आपको उलाँघ जाता है। हाँ, इसके बाद वह भी कर्मक्षेत्र से त्याग-पत्र देकर चला जाता है। पर उसका वह पैशन, उसके जीवन की करुणा का वह तेजस्वी साक्षात्कार, उसके पराक्रम और उसकी आत्म-ग्लानि की वह इकट्ठी भभक उसके निर्वेद को भी एक ऐसी दीप्ति और एक ऐसी ट्रैजिक गरिमा दे जाती है, जिसकी खोज हम प्रसाद के नाटकों में जाने कब से करते आ रहे थे।

[जयशंकर प्रसाद, साहित्य अकादमी—इतिहास के सबक : नाटक और प्रसाद, 1979]

सभी जानते हैं कि प्रसाद भारतीय संस्कृति और भारतीय तत्त्व-चिंता के गहरे अध्येता थे। परंतु इस तथ्य को भी महसूस करना आवश्यक है कि उनका यह अध्ययन मात्र अध्ययन—पांडित्य-लालसा—नहीं था। उसमें उन्होंने अपना व्यक्तित्व—अपनी जिजीविषा ही—झोंक रखी थी। अतीतजीवी का भ्रम यहीं से खड़ा होता है। पर वह भ्रम ही है और भ्रम से भी भयंकर अर्द्धसत्य। प्रसाद उन लोगों में से हैं जो अपने-आपको भी संस्कृति की आँख से देखते हैं। उन्होंने आजीवन उस सांस्कृतिक आँख को पाने के लिए तप किया। यह तप कठिन है और ज़रूरी भी; ऐसे युग में तो और अधिक (खासकर हमारे यहाँ) जबकि आदमी की संवेदना और उसकी संस्कृति के बीच के सारे सेतु भरभरा

चुके हों। भारतवर्ष में तो यह स्थिति सबसे ज्यादा करुण है जिसका विश्लेषण फिलहाल अप्रासंगिक होगा। बहरहाल मुझे तो ऐसा लगता है कि प्रसाद ने स्वयं को भारतीय दृष्टि से इस क़दर तदात्म कर दिया था कि उनके व्यक्तित्व की अभिव्यक्ति काव्य में उसी दृष्टि के द्वारा सम्पन्न विधियों से ही सम्भव थी। उनका अतिक्रमण करना उसके लिए बेईमानी होती। हमारे दृष्टिकोण से तो नहीं, किन्तु उनके दृष्टिकोण से–शायद। अतिक्रमण वे कर सकते थे लेकिन नहीं कर सके। क्यों ? ('स्कंदगुप्त' की रचनात्मक विडम्बना ही देख लीजिए)

प्रसाद की व्यक्तिगत मनीषा पर भारतीय मनीषा का बोझ था जो उन्होंने स्वेच्छा-आग्रहपूर्वक धारण किया था। उसके साथ अपनी सर्जनात्मक प्रतिभा को उन्होंने तदाकार कर लिया था। मेरा अन्धविश्वास है कि बीसवीं सदी के किसी भी भारतीय कवि ने इस बोझ को इतना और इस तरह वहन नहीं किया होगा, जितना कि प्रसाद ने। प्रसाद की भारतीयता निराला, अज्ञेय और रवीन्द्रनाथ की अपेक्षा कहीं अधिक जिम्मेदार, आधिकारिक और विशाल थी। वे ब्राह्मणों के ब्राह्मण और बौद्धों के भी बौद्ध थे।

[छायावाद की प्रासंगिकता 1973 में विश्वविद्यालयों का कवि]

इसी सिलसिले में जयशंकर प्रसाद के आलोचकत्व का उल्लेख भी प्रासंगिक हो आता है। अज्ञेय ने 'त्रिशंकु' में उनके इतिहास-बोध को उचित ही महत्त्व दिया है। भारतीय भाव-बोध के इतिहास की उनकी द्वंद्वात्मक व्याख्या परंपरा और इतिहास की उनकी मौलिक सूझ-बूझ का प्रमाण है, जो इसलिए और भी विचारोत्तेजक हो जाती है कि वह उनकी रचनात्मकता की अंतर्लय से भी पुष्ट होती है। हिंदी आलोचना के इतिहास में 'काव्य और कला' का महत्त्व इसलिए भी है कि उसके निबंधों में आधुनिक मानववाद के उस स्वाधीन भारतीय स्वरूप की भी रेखाएँ कुछ और स्पष्ट होती हैं, जिसका पहला खाका आचार्य शुक्ल ने बनाया था और जिसमें बाद में अज्ञेय ने भी रंग भरे। प्रसाद का संस्कृति-चिंतन इलियट के संस्कृति-चिंतन की अपेक्षा कहीं अधिक खुला हुआ, कहीं अधिक भविष्योन्मुखी और प्रगतिशील है। ब्राह्मणत्व की 'शाश्वत-सार्वभौम बुद्धि-वैभव' के रूप में व्याख्या करनेवाला हिंदी का यह कवि-चिंतक नये युग की चुनौतियों का प्रत्युत्तर दे सकनेवाले भारतीय बुद्धिजीवन की सही और ठोस बुनियाद रखने के लिए प्रयत्नशील है और उसी सिलसिले में कहता है कि 'हमें नई चेतना और आधुनिक समय को स्वायत्त करना होगा' ···। यह भी कि 'पाश्चात्य प्रभाव ग्रहण करना हमारी केवल निरुपायता ही नहीं, अनिवार्यता भी है।' किंतु वह साथ में यह जोड़ना भी नहीं भूलता कि '··· इस सचेतनता के फलस्वरूप हम अपनी सुरुचि की ओर प्रत्यावर्तन क्यों न करें। हमारे मौलिक ज्ञान-प्रतीक दुर्बल तो नहीं हैं।'

साहित्य में आधुनिकता के आंदोलन का एक बड़ा योगदान निश्चय ही अतीत के प्रति एक नया दृष्टिकोण था जिसे इलियट ने सूत्रबद्ध किया। तुलना में अतीत के साथ जयशंकर प्रसाद का संबंध देखें तो कई रोचक समानताएँ प्रतीत होती हैं। यह समानता इसलिए और भी सार्थक हो जाती है कि यहाँ प्रभाव-ग्रहण का कतई कोई सवाल ही नहीं है। इलियट का कथन है कि 'परंपरा यूँ ही विरासत में नहीं मिल जाती। यदि आपको उसे पाना है तो उसके लिए गहरा अध्यवसाय आवश्यक होगा।' यह अध्यवसाय हमें प्रसादजी के कृतित्व में साफ महसूस होता है। इस मामले में उनकी रचना और चिंतन बहुत घनिष्ठ रूप से साथ चलते हुए उस इतिहास-बोध की साखी देते हैं जिसमें इलियट के उस प्रसिद्ध सूत्र के अनुसार, 'न केवल अतीत के अतीतपन का विवेक निहित है, बल्कि उसकी वर्तमानता का अनुभव भी।'

[भूलने के विरुद्ध, 1990 में आलोचना, परंपरा और इतिहास]

पत्र-पत्रिकाएँ

कृष्णानंद गुप्त

चन्द्रगुप्त मौर्य

यह चंद्रगुप्त है! वीर, धीर और शूरवीर चंद्रगुप्त! सम्राट् की कायरतापूर्ण हत्या हुई है। मगध के सिंहासन पर ख़ून के छीटे पड़े हैं। और सबसे बड़ी बात, एक मनुष्य के जीवन-नाट्य पर आज हमेशा के लिए पर्दा पड़ गया है, विधाता के हाथ भी जिसे अब उठाने में असमर्थ हैं। चंद्रगुप्त ने यह सब अपनी आँखों से देखा है। अब भी देख रहा है। नंद अत्याचारी था, तो मनुष्य था। और मनुष्य होकर क्या वह ऐसा तुच्छ, निकृष्ट और अपदार्थ था कि किसी भी मनुष्य की सहानुभूति का पात्र नहीं है! परंतु [The King is dead. Long live the king.] राजा मर गए और यह नये राजा का जय-घोष हो रहा है! मनुष्य का जीवन ऐसा ही है!

सम्राट् का अभिषेक होगा। नंद के शव पर पैर रखकर वह सिंहासन पर चढ़ेंगे! हटा दिया गया है, तो क्या हुआ। यह कल्याणी जाती है, जैसे कोई जड़ पदार्थ हो। राक्षस चंद्रगुप्त को सिंहासन पर बिठालता है, और साथ ही मेरे लिए इस अमानुषिक दृश्य पर पटाक्षेप हो गया है। मुझे मानो चैन मिल गया। जो कुछ देखा है, इससे अधिक वीभत्स की मैं कल्पना नहीं कर सकता। वीभत्स इसलिए कि वह करुण नहीं है। जीवन की ट्रेजेडी नहीं, वह हत्या है, जो कभी किसी के लिए रुचिकर नहीं हुई।

अभिनय ज़रूर समाप्त हो गया है। आलस्य की अँगड़ाइयाँ लेकर मैं उठने की तैयारी कर रहा हूँ। परंतु मेरे सामने पर्दा फिर उठ रहा है। अब क्या होने को रह गया, मेरी कल्पना देखने में असमर्थ है। इस प्रकार तो यह अभिनय कहीं भी समाप्त नहीं हो सकता। अथवा अभी अशोक का कलिंग-विजय भी मुझे देखने को मिलेगा? मैंने अब तक जो कुछ देखा है, वह यदि रंगमंच की दृष्टि में अधूरा है, तो मैं देखना चाहता हूँ कि उस पर अंतिम पटाक्षेप किस प्रकार होता है। अतएव मैं पुनः सावधान होकर बैठा हूँ।

यह मगध का राज-उपवन है। कल्याणी के मुख पर दुःख और शोक की छाया नहीं है। कुछ चिंतित ज़रूर है। अपने जीवन के किन्हीं दो स्वप्नों की मूर्ति गढ़ने में

व्यस्त है। फिर उसे याद आता है कि वह आज अपने ही उपवन में बंदिनी है। बंदिनी! मैं इस पर विश्वास नहीं करूँगा। इसका अपराध क्या है? केवल इतना कि नंद की पुत्री है? चंद्रगुप्त कहाँ है? और कहाँ है वह स्नातक ब्राह्मण जो यहाँ आकर जीवन से निराश हुई इस बालिका को शांति और सांत्वना प्रदान करे? वह तो सचमुच मरने जा रही है। कहती है—'तो जब नंद-वंश का कोई न रहा, तब एक राजकुमारी बचकर क्या करेंगी?' परंतु मद्यप की-सी चेष्टा करते हुए यह पर्वतेश्वर आ गया! यह इसकी बिलकुल नई मूर्ति है। नीच, कायर, लंपट, मद्यप, कृतघ्न एवं देश-द्रोही यह पर्वतेश्वर सबकुछ है। क्यों है, यह अब तक मेरी समझ में नहीं आ रहा है। इसने ज़रूर आज मद्यपान किया है। प्रत्येक शब्द से इसके मद की गंध आ रही है। चंद्रगुप्त अकेले सम्राट् बन बैठा, यह तथ्य इसके मन में आज क्षोभ की ज्वाला उत्पन्न कर रहा है। और, दिन हुए जब धन में, विभव में था, अधिकार में इसकी स्पृहा नहीं रह गई थी! परंतु उपवन में ज़रूर रात्रि का अंधकार है। सामने खड़ी हुई कल्याणी को यह पहचान नहीं पाता। पहले तो उसे अप्सरा का भ्रम होता है, फिर कल्याणी को कोई अपदेवता समझकर डर जाता है। यहाँ तक कि जहाँ से आया था, वहीं लौट जाता है। शराबी यदि इतना कायर हो, तो कोई आश्चर्य नहीं है। परंतु कल्याणी बहुत बहादुर है! अथवा ऐसी चिंता-निमग्न है कि पर्वतेश्वर को देखकर भी नहीं देखती है। एक मूर्ति उसके सामने आई, और लौट गई; यह अलौकिक व्यापार उसकी कठिन तल्लीनता को भंग नहीं करता। थोड़ा चकित या भयभीत भी नहीं। पूर्ववत् अपने मनोद्‌गार प्रकट करती हुई कहती है—"... फिर क्या करूँ? आत्महत्या करूँ? नहीं, जीवन इतना सस्ता नहीं!" इसे सुबुद्धि भी शीघ्र प्राप्त हुई, इसकी मुझे ख़ुशी है। पर अपने अमूल्य जीवन का वह करेगी क्या? यह कमज़ोरी बहुत स्वाभाविक है। मनुष्य आत्महत्या सहज नहीं कर लेता। जीवन से निराश होकर वह मरने की बात सोचता है, पर उसी क्षण यह संसार उसके लिए अत्यधिक प्रिय हो जाता है, जैसा कभी हुआ नहीं। यह सुंदर पृथ्वी, यह सूर्य का उज्ज्वल प्रकाश, यह चन्द्रमा का मधुर आलोक, ये भाँति-भाँति के रंग-बिरंगे फूल, ये सब क्या आसानी से छोड़ जाने की चीज़ें हैं? परंतु आत्महत्या की सनक के बाद ही गाना गा डालने की बहक! यह तो बहुत अद्‌भुत और विलक्षण है! कंठ बहुत ही सुरीला और कविता बहुत ही खूबसूरत है। मगर अफ़सोस यह है कि इस लड़की ने वहाँ इसका बड़ा ही दुरुपयोग किया है। मैं उसकी प्रशंसा नहीं कर सकता। कुरूपता कला के विकास में बाधक नहीं होती; पर सौंदर्य को यदि यथोचित स्थान नहीं मिला है, तो यह कला के ह्रास का एक निश्चित लक्षण है। रंगमंच ने कई स्थानों पर इस तथ्य पर विचार करने की आवश्यकता नहीं समझी।

घूम-घूमकर यह पर्वतेश्वर पाँच मिनट बाद ही फिर आ गया। मैं इससे पूछता हूँ, अभी चला क्यों गया था? अपदेवता के डर से? अथवा कल्याणी निस्संकोच होकर गाना गा सके, इस विचार से? ऐसा था, तो उस वक्त रंगमंच पर प्रवेश न करके, इस

वक़्त ही क्यों न आया? और इस वक़्त भी क्यों आया? मगर मौत के हाथ बहुत बड़े हैं, जो उसे यहाँ घसीट लाई है। शराब के नशे में कल्याणी का अपमान करना चाहता है। वह भागती है, परंतु पर्वतेश्वर उसे पकड़ ही लेता है। तब कल्याणी उसी के बग़ल से छुरा निकालकर उसी के बग़ल में भोंक देती है! पर्वतेश्वर चीत्कार करके मर गया! यह चंद्रगुप्त आ रहा है, और दूसरी ओर से चाणक्य भी। परंतु इस बार ये दोनों केवल इतना विलंब करके क्यों आए कि कल्याणी पर्वतेश्वर का वध कर सकी? अथवा अभिनय अब शीघ्र पूरा होगा, उसी का यह पूर्वाभास है?

पर्वतेश्वर बेचारा चला गया। उसकी अब ज़रूरत नहीं है। अथवा रंगमंच उसे निगल जाने में असमर्थ है? वह जीवित रहता, तो क्या बुरा था? एक बार उसे ख़ूब नज़दीक से देख लेने के बाद मैं उससे बिलकुल बेपरवा हो गया था। शुरू में इसने पुरु का रूप धारण करके उस महापुरुष को कलंकित और अपमानित किया। मैं पहले से ही इसे पुरु नहीं समझ रहा हूँ। यह है कौन, इस वक्त मेरी समझ में आ रहा है। बहुत दिन हुए, इसे मैंने विशाखदत्त के रंगमंच पर देखा है। हाँ, यह कुछ-कुछ वही आदमी है। यह मुद्राराक्षस का पर्वतक है। तब इसने पुरु के रूप में अवतरित होने का दुस्साहस क्यों किया? क्या इसे यह अवगत नहीं था कि उस पुरुष का स्वाँग इससे सँभलेगा नहीं, और अंत में सारा रहस्य खुल जाएगा? जिस कार्य का इससे निर्वाह नहीं हो सकता था, उसे अपने ऊपर लेकर आदि से अंत तक सब विश्री कर दिया है। अथवा रंगमंच ने ही इस बात का ख़याल नहीं रखा है कि इतिहास-कीर्तित प्रसिद्ध पुरु और मुद्राराक्षस में वर्णित पर्वतक, ये दोनों एक नहीं हैं। ज़रूर उसे संदेह हो गया है। मुझे स्वयं भी अपने इतिहास-ज्ञान पर विश्वास नहीं है। तब मैं इतिहास और पुरातत्व के एक विद्वान् की शरण ले रहा हूँ। मैंने उनसे कुछ प्रश्न पूछे, उन्होंने कृपा करके जिनका उत्तर दिया। इस अनुग्रह के लिए मैं उनका—विद्वद्वर काशीप्रसादजी जायसवाल का—अत्यंत आभार मानता हूँ। अब तक मैंने जो कुछ देखा है, वह सब इसके बिलकुल विरुद्ध है। सत्य को हम तभी ग्रहण कर पाते हैं, जब वह अतिरंजित रूप में हमारे सामने उपस्थित किया जाता है। यह अतिरंजना ही रंगमंच का 'असत्य' है। इस 'असत्य' के बल पर वह (रंगमंच) निरंकुशता से काम नहीं लेगा। तभी ऐसी भारी सुविधा उसे सौंप दी गई है। वह इतिहास की मूर्ति को सजावेगा, उसे विकृत नहीं करेगा, ऐसी उससे हम सदैव प्रत्याशा करते हैं। परंतु फिर भी मैं उसके साथ समझौता करने को तैयार हूँ। क्या पता, स्वयं पुरु ही इतिहास की एक कल्पना हो। तब मैं इस बात की परवा नहीं करूँगा कि चन्द्रगुप्त के सिंहासन पर बैठने के पहले पुरु की मृत्यु हुई अथवा बाद में; और इसका भी ख़याल मैं नहीं करूँगा कि सिकंदर से युद्ध करनेवाले पोरस को कल्याणी ने अपने छुरे से मारा था, या यूनानी लेखकों के कथनानुसार सिकंदर की मृत्यु के पूर्व फिलिप्स के उत्तराधिकारी यूडोमोस ने अपने सेनापति यूमेनिक द्वारा उसका वध करवाया था। रंगमंच ने यदि पुरु के रूप में आगे चलकर पर्वतेश्वर को देखा है,

तो मुझे कोई आपत्ति नहीं है। हो भी नहीं सकती। पर क्या वह अपने प्रयत्न में सफल हुआ है? महान् के पतन में मेरे लिए सदैव एक ऐसा करुण दृश्य छिपा है, जो मेरे हृदय को दया और करुणा से भर देता है। यदि मैं कभी शौर्य, शक्ति, साहस और औदार्य के देवता को लंपटता से लिपटते एवं कायरता की कीच में लोटता देखूँ, तो मैं क्षुब्ध नहीं हूँगा, अपितु अपने हृदय की सारी सहानुभूति उसे देने को तैयार रहूँगा। मनुष्य जैसे अपने मनुष्यत्व से भ्रष्ट होता है, वैसे ही देवता भी कभी-कभी स्वर्ग-भ्रष्ट हो जाते हैं। मनुष्य के पतन में तो कोई आश्चर्य नहीं है, पर यदि एचिलीज़ और हरक्यूलीज़ स्वर्ग से नीचे गिरें, तो वह दृश्य सचमुच ही बड़ा करुण और मार्मिक होगा। रंगमंच पर यदि वह दृश्य मुझे देखने को मिले, तो उसके लिए मैं इतिहास के सारे सत्य की बलि देने को तैयार हूँ। उस असत्य के सामने मेरे लिए इतिहास का सत्य तो कोई चीज़ नहीं रहेगा। परंतु उस पर्वतेश्वर ने सब नष्ट कर दिया है। इस पर मुझे दया नहीं, क्षोभ है। सहानुभूति नहीं, विरक्ति है। कारण यह कि वह मनुष्य नहीं है, रंगमंच की एक ऐसी घृणित सृष्टि है, जिसे किसी मनुष्य का नाम मुश्किल से दिया जा सकता है। परंतु अब मैं उसकी निंदा नहीं करूँगा, क्योंकि मेरे ये शब्द जहाँ तक पहुँचेंगे, वहाँ से वह अब बहुत दूर चला गया है।

इस कल्याणी ने भी अचानक छुरी मारकर आत्महत्या कर ली! अभी ज़रा देर पहले तो यह अपने जीवन को बहुमूल्य समझकर सुरक्षित रखना चाहती थी! इतनी जल्दी वह सस्ता कैसे हो गया! अथवा पर्वतेश्वर की हत्या के लिए ही वह जीवित रही थी? मृत्यु के पूर्व उसकी यह आत्म-स्वीकृति तो बहुत सुंदर नहीं है कि 'मौर्य, कल्याणी ने वरण किया था केवल एक पुरुष को—वह था चंद्रगुप्त।' प्रथम तो इसकी आवश्यकता नहीं थी। क्योंकि चन्द्रगुप्त ने शायद कभी इस तथ्य से अनभिज्ञता प्रकट नहीं की। दूसरे उसकी यह अनावश्यक गर्वोक्ति यदि मेरे लिए—और चंद्रगुप्त के लिए भी कुछ प्रच्छन्न रहती, तो उसकी आत्महत्या में शायद कुछ ख़ूबसूरती आ जाती। परंतु मैं जानता हूँ, वह हमेशा से कुछ अजीब लड़की रही है। यह चंद्रगुप्त उसके संबंध में कह रहा है—'कल्याणी एक निर्दोष मणि! सरल बालिका!' आगे वह कुछ कह नहीं सकता। गला ज़रूर वाष्प-रुद्ध हो गया है, इतना अधिक दुख उसे हुआ है कल्याणी की मृत्यु का! परंतु मेरी दृष्टि में यह पाखंडी है। इसके यदि हृदय होता, तो पर्वतेश्वर की मृत्यु पर ज़रूर थोड़ा खेद प्रकट करता। अथवा यह समझ लूँ कि उससे भूल हो गई।

यह राक्षस है। सुवासिनी से कुछ बातें कर रहा है। इस आदमी ने भी मुझे ख़ूब धोखा दिया है। अब तक मैं इसे विशाखदत्त के रंगमंच का राक्षस समझ रहा था। पर मुझे ध्रुव विश्वास हो गया है कि यह राक्षस के वेश में कोई दूसरा पुरुष है। ऐतिहासिक रूप से राक्षस एकमात्र विशाखदत्त की चीज़ है। स्मिथ के शब्दों में मुद्राराक्षस में वर्णित कथा विश्वास-योग्य अनश्रुति पर आश्रित है। तब उसके विरुद्ध जाने के लिए साहस चाहिए। यह मेरे सामने जो व्यक्ति खड़ा है, इसमें साहस की कमी तो नहीं दिखाई देती,

परंतु उसका निर्वाह इससे नहीं होता। चींटी का समुद्र पार करने का साहस एक उपहास्य चीज़ है। विशाखदत्त का राक्षस लंपट, मूर्ख और निष्कर्मा नहीं है। वहाँ स्वयं चाणक्य उसकी शक्ति का लोहा मानता है। उसका ख़्याल है कि राक्षस जब तक चंद्रगुप्त का मंत्री न होगा, तब तक राज्य स्थिर नहीं रह सकता। वह बड़ी विनय के साथ राक्षस के पास मन्त्रित्व स्वीकार करने का संदेशा भेजता है। परंतु स्वाभिमानी और नंद राजाओं का भक्त राक्षस उस प्रस्ताव को आसानी से स्वीकार नहीं करता। क्या इस पुरुष से—विशाखदत्त के इस राक्षस से—कोई इस बात की आशा कर सकता है कि यह चाणक्य को अपनी अँगूठी इतनी आसानी से दे देता! ज़रूरत पड़ने पर वह अपने प्राण दे सकता था, परंतु रंगमंच को जब उसकी अँगूठी की ज़रूरत पड़ी, तब वह घटनावश राक्षस-पत्नी की उँगली से नीचे गिरकर क्षपणक के हाथ आती है, और फिर चाणक्य उसका मनोवांछित उपयोग करता है। परंतु यह राक्षस, जो मेरे सामने रंगमंच पर खड़ा है, ऐसा मूर्ख है कि इसने स्वयं अपनी अँगूठी उस स्नातक ब्राह्मण के सुपुर्द कर दी! और फिर बाद में अपनी मूर्खता पर रोने बैठ गया! तब मैं कैसे मान लूँ कि यह वही नीतिज्ञ और चतुर राक्षस है, जिसने बड़े धैर्य और बुद्धि-कौशल से चाणक्य के लिए अपना नीति-जाल बिछाया, और चंद्रगुप्त का घात करने एवं पाटलिपुत्र के निवासियों को उसके विरुद्ध भड़काने के लिए अनेक प्रकार की विलक्षण चालों से काम लिया। चाणक्य यदि होता, तो इस राक्षस को—जो मेरे सामने खड़ा है—शायद पैरों से ठुकराता भी नहीं। पर मैं आपको बता चुका हूँ, मेरे लिए चाणक्य रंगमंच पर आया ही नहीं! जिस पुरुष ने तक्षशिला के विश्वविख्यात विद्यापीठ में शिष्यसमूह को शास्त्र-ज्ञान दिया हो, वह इतना असहिष्णु और अशिष्ट नहीं हो सकता कि मगध के अमात्य कात्यायन के तर्क करने पर—जो सर्वथा उचित था—उसे रूढ़ ढंग से जवाब दे—"तुम्हारी इच्छा हो, तो तुम भी चले जाओ! बको मत!" परंतु मैं इस स्नातक ब्राह्मण से क्या कहूँ, जो अपनी विद्या का ऐसा अपमान कर रहा है!

यह पहली बार है कि मुझे रंगमंच पर दौवारिक दिखाई दिया। ज़रूर यहाँ कोई सनसनीदार घटना देखने को नहीं मिलेगी। अन्यथा रंगमंच का द्वार इस प्रकार बंद न कर दिया जाता। मगर घटनाएँ फिर भी तेज़ी से घटित होती जा रही हैं। मैं जैसे किसी वार्तिक ग्रंथ का पाठ सुन रहा हूँ, जिसके कथा-भाग में विवरण-ही-विवरण हैं।

स्नातक ब्राह्मण के पास सब सुयोग आप ही चले आ रहे हैं। मैं उससे सहमत हूँ। कहीं भी मुझे यह दृष्टिगोचर नहीं हुआ कि किसी सुयोग को उसने अपने वशीभूत किया हो। अलका मालविका को देखेगी, क्योंकि वह बालिका है। मालविका चंद्रगुप्त के प्राणों की रक्षा करेगी, क्योंकि वह इस काम में बहुत होशियार है! यह ब्राह्मण सबको केवल आदेश देगा!

'विषयों की सीमा है, परंतु अभिलाषाओं की नहीं।' यह अच्छा है। 'मैं सबसे विभिन्न, एक भय-प्रदर्शन-सा बन गया हूँ ...' यह फिर अच्छा है। पर सिंधु-देश की यह राजकुमारी

क्या चंद्रगुप्त की परिचारिका है? वह राजवंशोद्भवा हो सकती है, इसका अब तक मुझे कोई प्रमाण नहीं मिला। चंद्रगुप्त को ख़बर देती है—'राजमंदिर अभी परिष्कृत नहीं। इसलिए मैंने चंद्रसौध में आपके शयन का प्रबंध करने के लिए कह दिया है।' चंद्रगुप्त कहता है—'जैसी तुम्हारी इच्छा—कुछ और गाओ मालविका! आज तुम्हारे स्वर में स्वर्गीय मधुरिमा है।' और वह गाती है—

> बज रही वंशी आठो याम की।
> अब तक गूँज रही है बोली प्यारे मुख अभिराम की।
> हुए चपल मृगनैन मोह-वश बजी विपंची काम की!

एक सिंधु-देश की राजकुमारी है, दूसरा मगध का सम्राट्। सम्राट् से मैं कुछ नहीं कहूँगा, क्योंकि इस समय वह पान करने में लगे हैं। परंतु इस राजकुमारी का व्यवहार बहुत ही निर्लज्ज और प्रगल्भ एवं अग्रोन्मुख है। ऐसी वस्तु पवित्र भी होती है, इसमें भी मुझे संदेह है।

'चतुर सेवक के समान संसार को जगाकर अंधकार हट गया।' इस वाक्य पर मैं चंद्रगुप्त को बधाई देता हूँ। परंतु मुझे इस बात का बड़ा खेद है कि अपने स्वागत के लिए वह सचमुच लड़कों की तरह रूठ रहा है। उसके व्यवहार में मुझे तनिक भी गंभीरता नहीं देख पड़ती। सत्ताधारी होने के उपरांत आज यदि उसके मन में अहंभाव जागा है, तो इसके लिए मैं उसे दोष नहीं दूँगा। यह बहुत स्वाभाविक है। परंतु स्नातक ब्राह्मण के सामने अपनी सत्ता और शक्ति का प्रदर्शन करने में जैसे वह हिचक-सा रहा है। वह उससे स्पष्ट उत्तर चाहता है कि उसके माता-पिता को किसने निर्वासित किया है। फिर भी वह मानो उसके सामने एक निस्सहाय बालक की भाँति अपने ऊपर हुए अत्याचार की सफ़ाई चाहता है। मैं देखना चाहता हूँ, स्नातक ब्राह्मण क्या उत्तर देता है। विजयोत्सव उसने क्यों रोका? जिसके कारण स्वयं चंद्रगुप्त भी उससे असंतुष्ट हो गया। ज़रूर कोई बहुत ज़बर्दस्त कारण होगा। परंतु यह तो नाराज़ होकर चला गया, और चंद्रगुप्त एक दीर्घ निःश्वास लेकर कहता है—'जाने दो! तो क्या मैं असमर्थ हूँ? उँह, सब हो जाएगा!' इस आत्म-विज्ञापन की ज़रूरत मेरी समझ में नहीं आई। गुरुदेव चले गए। मुझे भी इसकी ख़ुशी है। क्योंकि जो कुछ उन्होंने कहा, उससे मेरी मनस्तुष्टि नहीं हुई। चंद्रगुप्त भी असंतुष्ट ही रहा। क्या पता, नाराज़ी की यह दीवार जान-बूझकर खड़ी कर गए हों। क्योंकि मेरे सामने जो रंगमंच है, वह विशाखदत्त की छाया से अपना पीछा नहीं छुड़ा सका है। वहाँ भी एक उत्सव है, जिसे चाणक्य ने रोक दिया है। परंतु—'एक बड़ी दुःखद घटना हो गई है!'

'क्या?'

'मालविका की हत्या—'

आह! बेचारी मालविका! ज़बर्दस्ती बलि-देवी की बकरी बन गई। जब तू षड्यंत्र

की बात जानती थी, तब जान-बूझकर अपनी हत्या क्यों कराई? क्या तू जीवन से ऐसी ही निराश हो गई थी? अथवा चंद्रगुप्त के प्रति अपने प्रेम को प्रकट करने का तेरे निकट अन्य कोई मार्ग नहीं था? तब तो तू ज़रूर बड़ी मूर्ख थी। इस हत्या से क्या लाभ हुआ? संभव था, चंद्रगुप्त तुझे अपना लेता। संभव क्या, मुझे तो पूरा विश्वास है कि मगध की पटरानी बनने का सौभाग्य तुझे प्राप्त हुए बिना न रहता। और यदि तू ऐसी ही निराश हो गई थी, तो मरकर तुझे क्या मिला? तेरे कहने से मुझे अवगत हुआ था कि तू सिंधु-देश की राजकुमारी थी। पर मैं समझता हूँ, तेरे न घर था, न द्वार; रहने का न कोई स्थान था, न आश्रय। तू केवल प्रवंच ⋯ नहीं, मैं तेरे संबंध में दुर्नाम नहीं लूँगा। इतना ज़रूर कहूँगा कि तू एक अनिर्दिष्ट, लक्ष्य-हीन पथ पर भटक गई थी। तेरी समझ में नहीं आ रहा था कि क्या करे। इस किंकर्तव्यविमूढ़ता ने ही तुझे इतना भटकाया, और तुझसे ऐसे काम करवाए, जिन्हें करने के लिए तू मजबूर थी। इसीलिए यह जीवन शायद तेरे लिए भार-स्वरूप हो गया। तूने आत्महत्या करके अपने लिए विश्व की सहानुभूति चाही। पर मैं सच कहता हूँ—और यह तेरे लिए ज़रूर बहुत कठोर सत्य है—तू मरकर हमारी सहानुभूति नहीं पा सकी। प्रत्युत यदि तू जीवित रहती, और इसी प्रकार अनंत अंतरिक्ष में भटकती, एवं इच्छा अथवा अनिच्छा से हवा के झकोरों में पड़ती रहती, तो किनारे लगती या न लगती, पर कम-से-कम तुझे मेरी सहानुभूति अवश्य मिल जाती। परंतु इस वक्त 'मालविका! आह! स्वर्गीय कुसुम!' यही तेरे वलिदान का मूल्य है। चंद्रगुप्त तेरे प्रति अपने इस उद्‌गार को छिपाकर नहीं रख सका; माता-पिता और गुरुदेव की अपेक्षा तू ही उसे सबसे अधिक प्यारी थी, यह देखकर तुझे संतोष होना चाहिए और दुःख भी, क्योंकि अब तू फिर से जीवित नहीं हो सकती।

अहा! यह कार्नेलिया है। आज बीस साल बाद मैं इसे देख रहा हूँ। यहाँ आकर इसकी भी पूर्व स्मृतियाँ जाग्रत हो उठी हैं। इन बीस साल के भीतर इसमें कितना परिवर्तन हो गया है! उस वक्त यह मुग्धा बालिका थी। अब मानो तरुणी से भी कुछ अधिक है। मैंने तब देखी थी विकासोन्मुख एक अधखिली कली, अब मानो यह एक खिल गया फूल है, वायु में जो अपनी सुगंध विकीर्ण कर चुका है। मन में जैसे कुछ पीड़ा छिपाए है, चेहरे पर जिसकी आभा है! उसके पिता अपने साम्राज्य से संतुष्ट नहीं हैं। इसका उसे क्षोभ है। रक्तपात से शायद उसे घृणा है। ख़ास बात यह है कि यह युद्ध चंद्रगुप्त से होगा। यह तथ्य उसे चिंतित कर रहा है। यदि और किसी से होता, तो उसे हत्या और लूट की परवा नहीं थी। युद्ध में चंद्रगुप्त अपनी कैसी वीरता प्रकट करता है, यह देखने और जानने का उसे उत्साह नहीं है। अथवा उसे भय है कि चंद्रगुप्त का कुछ अनिष्ट न हो। ज़रूर चंद्रगुप्त की शूरवीरता ने उसे कभी प्रभावित नहीं किया। अन्यथा उसके प्रति भय अथवा चिंता को स्थान न देकर इस युद्ध को वह एक दूसरा ही महत्त्व प्रदान करती। आज से बीस साल पहले उसने एक युवक देखा था, जिसने

एक लंपट के हाथ से उसकी रक्षा की थी। संभव है, वह अनुभूति इतनी गहरी रही हो कि उसकी एक अस्पष्ट छाया इस कार्नेलिया के हृदय-पटल पर अब भी मौजूद हो। वह युवक अब भारत का सम्राट् है, और यह युद्ध उसी के साथ हो रहा है, यह संयोग उसके हृदय में पूर्व स्मृतियों को जाग्रत क्यों नहीं करता? परंतु चंद्रगुप्त का नाम वह इस प्रकार लेती है, मानो बीस साल पूर्व की घटना कल की बात हो। स्मृति निरवच्छिन्न रूप से ऐसी प्रवल और चिरस्थायी चीज़ नहीं होती। समय उसे धुँधला बना देता है। वह दिन-पर-दिन धुंधली बनती जाती है। ख़ासकर ऐसे अवसर पर जब कि उसे सुयोग नहीं मिलता फिर से चमक उठने का।

कार्नेलिया कहती अवश्य है कि यह वही स्थान है, जिसे उसने बहुत दिन हुए देखा था! परंतु उसके इस उद्‌गार से 'सुना है, यह युद्ध होगा चंद्रगुप्त से' वह प्रकट नहीं होता कि यह चंद्रगुप्त भी वही युवक है, जिसे उसने आज से बीस साल पहले देखा था! ज़रूर चंद्रगुप्त की स्मृति-बेलि उसके हृदय-कुंज में सदैव एक-सी हरी-भरी नहीं बनी रही! यह असंभव है। निरुद्देश्य एवं निःसंकल्प रूप से कोई इतने दीर्घ काल तक स्मृति की पूजा नहीं कर सकता। अनुभूति चाहे जैसी गहन रही हो, संयोग द्वारा यदि उसकी पुनरावृत्ति नहीं होती, तो वह धीरे-धीरे क्षीण होती जाती है। ग्रीस में इस तरह के संयोग उसे मिलते रहे होंगे, इसकी मैं कल्पना नहीं कर सकता। तब ज़रूर चंद्रगुप्त उसके लिए केवल भारत का सम्राट् है, जिसके व्यक्तित्व से वह ख़ूब परिचित है, पर जिसके प्रति उसकी अनुभूति और कल्पना बिलकुल निरपेक्ष है!

यह राक्षस है। मैं कार्नेलिया से सहमत हूँ। यह कृतघ्न और देश-द्रोही ही नहीं है, ऐसा पुरुष है, जिससे बात करना उसे शोभा नहीं देता।

'क्या ही अच्छा होता कि ग्रीस में दार्शनिक न उत्पन्न होकर केवल योद्धा ही उत्पन्न होते।' सिल्यूकस का यह कथन अर्थ-गौरव से पूर्ण है। परंतु यह वही सिल्यूकस है, जिसे सिंहरण ने सिंधु-तट पर से खदेड़ दिया था, और जो मालवस्थान के दुर्ग से चुपचाप अपने प्राण लेकर खिसक आया था। अतएव बात कुछ अशोभन-सी है।

'··· सुवासिनी, मैं तुम्हें दंड दूँगा। चाणक्य की नीति में अपराधों के दंड से कोई मुक्त नहीं।'

'क्षमा करो, विष्णुगुप्त!'

'असंभव है। तुम्हें राक्षस से ब्याह करना ही होगा, इसी में हमारा, तुम्हारा और मगध का कल्याण है।'

'निष्ठुर! निर्दय!!'

इतना सुंदर है।

'मैं बड़ा विलंब कर रहा हूँ। ··· मेघ के समान मुक्त वर्षा का जीवन-दान; सूर्य के समान अबाध आलोक विकीर्ण करना, सागर के समान कामना-नदियों को पचाते हुए सीमा के बाहर न जाना, यही तो ब्राह्मण का आदर्श है। मुझे चंद्रगुप्त को मेघ-मुक्त

चंद्र देखकर इस रंगमंच से हट जाना है।'

'महापुरुष! मैं नमस्कार करती हूँ। विष्णुगुप्त, तुम्हारी बहन तुमसे आशीर्वाद की भिखारिन है।'

'सुखी रहो।'

इतना फिर बहुत सुंदर है।

'चंद्रगुप्त मरण से भी अधिक भयानक को आलिंगन करने के लिए प्रस्तुत है!' ख़ूब अच्छा है। परंतु गुरुदेव की अप्रसन्नता का इसे कोई विषाद नहीं है। न उनकी कोई ख़बर ही लेना चाहता है। अथवा इसकी इस उपेक्षा में भी कोई चाल है? क्योंकि इसका वह कार्य मुझे बहुत स्वाभाविक और गौरव के अनुकूल नहीं जान पड़ता। क्रोध के प्रथम आवेश में, संभव है, गुरुदेव की कोई ख़बर न लेनी चाही हो। परंतु अब ऐसी कठिन परिस्थिति में एक बार भी वह उनकी याद नहीं करता। अथवा यह चंद्रगुप्त ऐसा ही स्वाभिमानी है? पर मैं कहूँगा, कृतघ्न भी है!

यह ग्रीक शिविर है। कार्नेलिया अपनी सखी एलिस से कुछ बातें कर रही है। संध्या के दृश्य ने इसकी तन्मयता में आज एक स्मृति की सूचना दी है। यह स्मृति अवश्य आज से बीस साल पूर्व की किसी घटना से संबंध रखती है, जो इस समय अनुकूल अवसर पाकर मुर्तिमान हो उठी है। यह मुझे अच्छा मालूम हुआ। 'मधुर पवन किसी मधुर कथा का भार लेकर मचलता हुआ जा रहा है। यह कहाँ जायेगा एलिस!'

'अपने प्रिय के पास।'

'दुर! तुझे तो प्रेम-ही-प्रेम सूझता है।'

ज़रूर उस स्थान के मधुर पवन की तरह इस प्रौढ़ा का हृदय भी किसी मधुर कथा का भार लेकर मुंग्धा की भाँति मचलता हुआ चल रहा है। मुझे कुछ आपत्ति नहीं। परंतु वयस के उपयुक्त गंभीरता की कमी जान पड़ती है इस राजकुमारी में।

यह एक दासी है, जो ख़बर देती है कि एक स्त्री बंदी होकर आई है। कार्नेलिया समझ जाती है कि पिताजी ने भेजा होगा। किसलिए, यह कार्नेलिया भी नहीं जानती; मैं भी नहीं जानता। वह उसे शीघ्र लाने को कहती है, और उसके आते ही तुरंत पूछती है—'तुम्हारा नाम क्या है?' ज़रूर इतनी देर से वह इस सुवासिनी की प्रतीक्षा में ही बैठी थी। वह उससे परिचित-सी है। 'ओहो, तुमने उससे (राक्षस से) ब्याह कर लिया है क्या? तब तो तुम सचमुच अभागिनी हो!' तुरंत उसके प्रति यह सहानुभूति भी! परंतु ब्याह की बात इसे अवगत कैसे हुई? ज़रूर राक्षस के द्वारा! परंतु इसका यह कथन तो बहुत ही विलक्षण है—'बैठो, बताओ, तुम बंदी बनकर रहना चाहती हो, या मेरी सखी? झटपट बोलो!' राजकुमारी सचमुच ही बहुत उदार है। ग्रीक शिविर में जो स्त्री बंदी होकर आई है, वह विदेशिनी की सखी आनन-फ़ानन हो गई। वह शत्रु के शिविर की गुप्तचर हो सकती है, इसका ख़याल उसके पिता ने नहीं किया, तो वह क्यों करने चली! पिता ने तो शायद इसीलिए भेजा था कि वह इस आवारा लड़की को अपने पास

रखे, और उसे अपनी सखी बना ले। पर वास्तव में राजकुमारी के इस व्यवहार के संबंध में मुझे कुछ भी कहने का अधिकार नहीं है। वह चाहे जिसे अपनी सखी बना सकती है, और चाहे जिससे निस्संकोच होकर प्रेम के विषय की विवेचना भी कर सकती है। इस वक्त सुवासिनी उसके लिए एक गीत गाएगी। 'रजनी कितने रहस्यों की रानी है।' वह बहुत सुंदर है। जननी की कल्पना मैं कर सकता था, पर 'रानी' में बात ही कुछ और है। यह सुवासिनी गाने लगी :

'सखे! वह प्रेममयी रजनी!'

गीत ने सचमुच मुझे मुग्ध किया है। प्रकृति की भिन्न-भिन्न सौंदर्य-रेखाओं को मूर्तिमंत करना तो वस्तुवादियों का काम ही है, परंतु यहाँ उन मूर्तियों का पूजन भी है, और हमारे नये दर्शन के उपयुक्त है। परंतु यह सब ऐसा है, जैसे काँटों के बीहड़ में गुलाब का फूल, अथवा कुरूपता के माथे पर सौंदर्य का तिलक। मेरे मन की ग्लानि दूर करने के लिए ही सुवासिनी ने जैसे यह गीत गाना है!

यह युद्ध-क्षेत्र है। रण-वाद्य बजता है; लौटती हुई सेना दूसरी ओर से प्रवेश करती है।

सिल्यू.–'कौन ? प्रवंचक आंभीक! कायर!'

आंभीक–'हाँ, सिल्यूकस! आंभीक सदा प्रवंचक रहा परंतु यह प्रवंचना कुछ महत्त्व रखती है। सावधान।'

सिल्यूकस को अधिकार नहीं कि वह आंभीक से प्रवचन कहे। परंतु यह युद्ध हो रहा है। रंगमंच को देखना मेरे लिए अत्यावश्यक है। वहाँ न जाने कब कौन-सी उल्लेख-योग्य घटना घटित हो जाय। यह आंभीक ने सिल्यूकस को घायल किया; और यह–अरे! यह तो गिर पड़ा! मुझे विश्वास नहीं होता! मर गया ? मर्म-स्थल पर ऐसा आघात लगा कि एक बार ही मर गया! शोक! परंतु यह तो असह्य है। पुरु, मालविका, कल्याणी और आंभीक! यह तो अत्यधिक है! मैं इतने के लिए तैयार नहीं था। यदि मेरा वश चलता, तो मैं नंद की ऐतिहासिक हत्या रंगमंच पर न कराकर नेपथ्य में कराता। परंतु ये चार हत्याएँ किसलिए ? क्या एक मेरे मन को विरक्ति से भर देने को पर्याप्त नहीं थी ? अथवा रंगमंच का यह ख़याल था कि एक के बाद एक, इस तरह एक साथ इन चार हत्याओं को देखकर मेरे मन की तंत्री में ज़रूर वेदना का सुर जाग उठेगा ? पर मैं कहूँगा, उसने बहुत ग़लत सोचा। हत्याकांड को देखकर दर्शक हमेशा समवेदना से मूर्च्छित हो जाएँ, सो बात नहीं है। प्रत्युत उनके सुरुचि-संपन्न मन में क्षोभ और ग्लानि उत्पन्न हो सकती है। मरना तो प्रकृति का लक्षण है। इस व्यापार में मेरे लिए कोई नवीनता नहीं है। रोज़ ही सैकड़ों आदमी मरते हैं। क्या उनकी ओर कभी किसी का ध्यान आकृष्ट होता है ? जिसे सच्ची ट्रेजेडी कहते हैं, उसे दिखाने के लिए जीवन का अंत करने की ज़रूरत पड़ती है क्या ? ऐसा करने से तो जीवन के साथ ट्रेजेडी का भी अंत हो जाता है। रंगमंच पर देखने-दिखाने को फिर रहा क्या ? मृत्यु

से मनुष्य के मन को जो आघात लगता है, उसे ठीक वेदना कहा जा सकता है क्या? मैंने अपने सामने चार मौतें देखी हैं। मुझे उनका मूल्य एक दीर्घ निःश्वास के बराबर भी नहीं जान पड़ा। 'मालविका!' 'कल्याणी!' और एक गरम आह! नंद और पुरु और आंभीक तो उससे भी वंचित रहे! क्या यही जीवन की ट्रेजेडी है? क्या इसी को रंगमंच प्रकट करना चाहता है? जीवन की इस असारता को? तब तो मैं यहाँ व्यर्थ अपना समय नष्ट कर रहा हूँ। प्रियजन की मृत्यु पर मनुष्य छाती पीटकर रोता है, किंतु उसकी वेदना का यहीं अंत नहीं हो जाता, वरन् इससे मानव-अनुभूति की प्रकृत सूचना मिलती है। रंगमंच उसी अनुभूति को प्रकट करने के लिए है; क्षणिक, आकस्मिक आघात की प्रतिक्रिया को दिखाने के लिए नहीं। और उस अनुभूति के सौंदर्य और शाश्वत गांभीर्य को मूर्तिमान करने के लिए कार्य-व्यापार की ज़रूरत नहीं होती। क्योंकि सुंदर ट्रेजेडी का सौंदर्य कार्य-व्यापार में नहीं, वरन् शब्दों में छिपा रहता है। और शब्दों में भी नहीं। अकेले शब्द ट्रेजेडी के सौंदर्य के लिए विघातक सिद्ध होते हैं। शब्दों के संग चाहिए एक ऐसी वाक्य-हीन भाषा, जिसे हमारा मन सुन सके, जिसके द्वारा हृदय हृदय से कुछ कह सके। तभी तो उस ट्रेजेडी से हम संक्रामित होंगे। तभी तो वह हमें मुग्ध करेगी, और हमारे मन में वेदना का सुर जगा सकेगी! इस आंभीक की मृत्यु से मैं दुखी हुआ हूँ तो इसलिए कि लोकाचार ऐसा ही करने को कहता है। अन्यथा मैं उसे अपनी रत्ती-भर भी सहानुभूति देने को तैयार नहीं हूँ।

यह एकाकिनी कार्नेलिया आ रही है! हे ईश्वर! क्या यह भी आत्महत्या करेगी! इसने तो छुरी निकाल ली है! 'तो अंतिम समय एक बार नाम लेने में कोई अपराध है?—चंद्रगुप्त!' अनजाने अपने आराध्य देव का नाम लेती है, परंतु वह तुरंत उपस्थित हो जाता है।

'यह क्या! राजकुमारी!'

'तुम निर्दय हो चंद्रगुप्त! मेरे बूढ़े पिता की हत्या कर चुके होगे। सम्राट् हो जाने पर आँखें रक्त देखने की प्यासी हो आती हैं न।'

यह बहुत बुरा है। अपने आराध्य देव के संबंध में ऐसी दुर्भावना का पोषण यह कैसे कर सकी? चंद्रगुप्त से उसका यह प्रथम साक्षात्कार है। मेरा तात्पर्य है, बीस साल के दीर्घ समय के उपरांत शायद पहली बार वह इस मूर्ति को अपने सामने देख रही है, जिसकी अब तक चुपचाप अपने हृदय-मंदिर में पूजा करती रही है। देखकर ज़रा भी नहीं ठिठकती; वरन् रूढ़ वचनों द्वारा उसका स्वागत करती है। मुझे इसकी चिंता नहीं। संभव है, सीमांत पर आते ही वही चंद्रगुप्त से भेंट कर चुकी हो। तब तो चंद्रगुप्त के लिए प्रत्युत्तर में यह कहना और भी ज़रूरी हो जाता है कि 'तुम क्या मुझे इतना ओछा समझती हो कि मैं किसी के बूढ़े पिता की हत्या करूँगा?' परंतु किसी के मन पर तो मेरा अधिकार नहीं है! मैं जैसा चाहता हूँ, वैसा कोई क्यों कहे? चंद्रगुप्त कहता है—'राजकुमारी! तुम्हारे पिता आ रहे हैं।' अर्थात् 'तुम्हारी आशंका निर्मूल है। मैंने उनकी

हत्या नहीं की।' मेरी समझ में चंद्रगुप्त ने बुरा नहीं कहा। सिल्यूकस आता है, और कार्नेलिया हाथों से मुँह छिपाकर कहती है—'आह! विजेता सिल्यूकस को भी चंद्रगुप्त के हाथों पराजित होना पड़ा!' चंद्रगुप्त को इस स्त्री ने क्या समझा, मैं कह नहीं सकता! परंतु पराजित वीर की मूर्ति मैं अपने सामने देख रहा हूँ। वह चुपचाप आकर खड़ा हो गया है। सिर झुकाए, तलवार टेके, अपनी बेटी की बात का क्या जवाब दे? उसका मौन ही उसकी सारी मनोव्यथा को प्रकट कर रहा है। बेटी के यदि मन हो, तो देख ले कि उसके बूढ़े पिता को इस पराजय का आज कितना दुःख है! परंतु—'हाँ बेटी!' रंगमंच पर जो सिल्यूकस खड़ा है, उसने सब सत्यानाश कर दिया। सिर उठाकर कहता है 'हाँ बेटी।' इन शब्दों को प्रकट न करके यदि वह चुप ही रहता, तो क्या बुरा था। क्योंकि नीति में कहा है—'विभूषणं मौनमपण्डितानाम्', परंतु रंगमंच के पात्र चुप रहकर अपने को प्रकट करना जानते ही नहीं। जहाँ मौन रहने की आवश्यकता होती है, वहाँ भी इन्हें शब्दों का अभाव नहीं होता। यह चंद्रगुप्त है, जो सिल्यूकस को ख़बर देता है कि वह अपने को पूर्ण सुरक्षित और मुक्त समझे। सिल्यूकस मानो तुरंत गद्‌गद होकर कहता है 'इतनी महत्ता!' इस महत्ता को स्वीकार करने के बजाय यदि सिल्यूकस लड़ाई के मैदान में प्राण दे देता, सो अच्छा था। शत्रु की महत्ता को इस ढंग से स्वीकार करने का यह कोई मौका नहीं। चंद्रगुप्त के जाने के बाद उसके मुँह से यदि ये शब्द निकलते, तो क्या बुरा था! इस वक़्त तो वह एक वीर योद्धा होकर वीर के प्रति वीरों के कर्तव्य से अपनी बड़ी भारी अनभिज्ञता प्रकट कर रहा है। वीरों के व्यवहार से मानो वह परिचित नहीं। उसका स्वयं अभ्यस्त भी नहीं। चंद्रगुप्त का कार्य उसके लिए बिलकुल ही अद्‌भुत, अनहोना एवं अप्रत्याशित है! तभी तो वह साश्चर्य कहकर रह गया 'इतनी महत्ता!' विस्मय इतना अधिक है कि अपने को प्रकट करने के लिए अब उसके पास शब्द नहीं हैं। वही सिंधुतटवाला यवन तो है बेचारा! किंतु चंद्रगुप्त को जहाँ चुप रहना अथवा दो-एक वाक्यों में ही अपना वक्तव्य समाप्त कर देना चाहिए था, वहाँ उसके पास शब्दों का अभाव नहीं है। वह कहता है—'महत्ता नहीं, यह प्रतिरोध है। पर्वतेश्वर के साथ सिकंदर ने भी तो यही किया था। यह भारतीय ऋण था। भारतीय होने के नाते उसे चुका देना मेरा कर्त्तव्य था ··· ' कितनी बार चुकाया जाएगा यह ऋण? कितना पिष्टपेषण होगा अभी इस भाव का? चंद्रगुप्त इसे अपने मुँह से न कहता, तो क्या बुरा था। मेरी दृष्टि में यह एक महज़ शेखीख़ोरा-(Vainglorious) सा होता जाता है, इस तरह के वाक्य अनेक बार कहने के कारण। मैं असल में भारत के इस सम्राट् के मुँह से सुनना चाहता था 'महत्ता नहीं, यह तो सैनिक का कर्त्तव्य है। यदि आप समझते हों कि हम भारतवासियों को बुद्ध की इस साधारण-सी नीति का भी ज्ञान नहीं है, तो क्या सिकंदर जो उदाहरण उपस्थित कर गए हैं, उससे भी हम कुछ शिक्षा ग्रहण न करें?' यह क्या सुंदर न होता? सुंदर नहीं, तो मेरे ख़याल में असुंदर भी न होता।

यह मेगास्थनीज़ है। साइबर्टियस से कुछ बातें कर रहा है। 'इधर चाणक्य ने आज

मुझसे यह भी कहा है कि मुझे औंटिगोनस के आक्रमण की भी सूचना मिली है।' मुझे पूरा विश्वास है कि यदि पात्रों में औंटिगोनस होता, तो इस जगह उसी का प्रवेश कराया गया होता। परंतु यह सिल्यूकस आता है। मेगास्थनीज़ उसे ख़बर देता है कि सीरिया पर औंटिगोनस की चढ़ाई समीप है। यहाँ से जल्दी लौटना चाहिए। चंद्रगुप्त से ब्याह कर देना होगा। सिल्यूकस के लिए यह असह्य है। वह इन शब्दों को सुन भी नहीं सकता। ग्रीक राजा की लड़की और चंद्रगुप्त से ब्याही जाय! असंभव! घोर अपमानजनक! मैं सिल्यूकस से पूर्ण सहमत हूँ। उसकी अंतरात्मा से मेरी पूरी सहानुभूति है। परंतु एक बात मेरी समझ में नहीं आई। इसने अपनी पुत्री को अब तक अविवाहित क्यों रखा? यह खिल गया फूल, जिसकी पंखुरियाँ अब मुरझाने को हैं, अब तक देवता के चरणों में पहुँचने से वंचित क्यों रहा? क्या अपराध किया था इसने? अथवा आज से बीस साल पूर्व ही वह संकल्पित हो चुका था भारत के सम्राट् के अंतःपुर की शोभा-वृद्धि के निमित्त, जैसी कि मैंने शंका की थी? परंतु ऐसा हो नहीं सकता। ग्रीक सिल्यूकस के लिए इसकी कल्पना भी असह्य और घोर अपमानजनक है! तो क्या कार्नेलिया ने ही विवाह नहीं किया? वह ज़रूर मनसा-वाचा-कर्मणा से चंद्रगुप्त का वरण कर चुकी थी! उसे विश्वास था कि वह कभी-न-कभी इस देश में लौटकर आवेगी, और उसके हृदय के देवता ज़रूर उसे दर्शन देंगे। यह संभव हो सकता है। अचेतन जगत् से हमें जो प्रेरणा मिला करती है, उस पर कभी-कभी बुरी तरह हमारा विश्वास हो जाता है। कार्नेलिया को विश्वास था कि चंद्रगुप्त एक दिन उसे ज़रूर मिलेगा। वह बीस साल तक प्रतीक्षा करती रही! यह तथ्य तो मैंने इतिहास से जाना। स्वयं कार्नेलिया के जीवन में ऐसी कौन-सी चीज़ है, जो मेरे लिए बीस साल की इस चौड़ी खाई को भर सके, जो मुझे समय की इस दीर्घ अवधि का ज्ञान करावे, और उसके न कटनेवाले विस्तार को मेरे सामने मूर्तिमान करे? मैं कैसे जानूँ कि यह वही कार्नेलिया है, जिसने चुपचाप धैर्यपूर्वक, बीस साल तक, अपने जीवन-देवता को प्रसन्न करने के लिए उसके चरणों में अहर्निश आँसुओं का अर्घ्य चढ़ाया है? परंतु प्रेम के इस गूढ़ तत्त्व को लेकर मैं इतना तर्क-वितर्क नहीं करूँगा। ग्रीस की गौरव-लक्ष्मी कार्नेलिया भारत की सच्ची कल्याणी बने, मेरी भी यही कामना है। इस समय रंगमंच पर जो कुछ देख रहा हूँ, मुझे अच्छा मालूम हो रहा है। यह सिल्यूकस ने चंद्रगुप्त के कर में अपनी बेटी का सहज-सुकुमार कर समर्पित कर दिया! कार्नेलिया के होंठों पर एक खिली हुई मुस्कराहट है, जो मुझे अच्छी लग रही है। फूल बरस रहे हैं, और जय-ध्वनि हो रही है। मैं इन दोनों को बधाई देता हूँ। अब सचमुच कुछ होने को नहीं रहा। अभिनय समाप्त हो रहा है। यह मेरे सामने वही स्नातक ब्राह्मण है। मौर्य का हाथ पकड़कर कहता है—'चलो, अब हम लोग चलें।' यह पटाक्षेप—। परंतु 'यह सब क्या था?' यह किसकी भयानक आवाज़ है? यह तो स्वयं भगवान् कौटिल्य— ?

'यह सब क्या था?' भगवान् पूछ रहे हैं। 'यह नाटक था भगवन्!'

'नाटक!'

'हाँ भगवन्! नाटक की धारा विचित्र से विचित्रतर हो गई है इन दो हज़ार वर्षों में, आपको अवगत नहीं?'

'होगा। परंतु मुझे और मेरे मित्र राक्षस को इस रूप में यहाँ किसने लाकर खड़ा किया? किसका यह दुस्साहस है?'

'भगवन्, कवि की कल्पना के सिवा—'

'कवि! कवि होता क्या है?'

'आपकी इस अवज्ञापूर्ण जिज्ञासा में ही आपके प्रश्न का उत्तर निहित है भगवन्! परंतु आप चंद्रगुप्त और कार्नेलिया को आशीर्वाद देकर यहाँ से जाइए। मुझे डर लग रहा है। मैंने आपकी कोई झूठी प्रशंसा की हो, कोई अपमान किया हो—'

मेरी नींद जैसे खुल गई है! भगवान् इतनी जल्दी अंतर्धान हो गए! यह मेरे सामने वही स्नातक ब्राह्मण है. 'चलो, अब हम लोग चलें।' इस कथन के लिए मैं उसके निकट कृतज्ञ हूँ। और एक बार कामंदक के वंदनीय और अर्थशास्त्र के प्रणेता भगवान् कौटिल्य को प्रणाम करके मैं यह उठ बैठा।

[प्रसाद के दो नाटक, 1932]

[पटाक्षेप]

रामजीलाल

'प्रसाद'जी के नाटक

समालोचक का कार्य केवल खंडन करना ही नहीं, सत्य और सौंदर्य का मंडन करना भी है। अभाग्यवश 'प्रसाद'जी के नाटकों के विषय में अभी तक प्रायः इस खंडनात्मक पद्धति का ही अनुसरण किया गया है। यदा-कदा पत्र-पत्रिकाओं में उनके नाटकों पर जो लेख निकलते रहते हैं, उनमें व्यक्तिगत आक्षेपों तथा व्यर्थ की दोष-भावनाओं के अतिरिक्त लेखक की नाट्यकला के मार्मिक विवेचन का कहाँ तक प्रयास किया जाता है, इसके विषय में कुछ विशेष कहने की आवश्यकता नहीं। परंतु इन पत्र-पत्रिकाओं के अतिरिक्त 'प्रसाद'जी के नाटकों की आलोचनाओं का एक क्षेत्र और भी है—अर्थात् हमारे विश्वविद्यालयों की उच्च्य कक्षाएँ। वहाँ पर किस प्रकार की आलोचनाएँ होती हैं, कुरुचि और कुत्सा किस प्रकार नंगी नाचती है, इसे भुक्तभोगी सज्जन ही जानते हैं। सारा का सारा समय शब्दार्थों के झगड़े में ही चला जाता है और अंत को समयाभाव के कारण पहले तो समालोचना को उठाया ही नहीं जाता, अथवा 'कुछ नहीं' कहकर विद्यार्थियों को टाल दिया जाता है। साहित्य के अध्यापन के इस अनूठे ढंग तथा

उत्तरदायित्व के प्रति इस प्रकार की उदासीनता हिंदी के विकास के लिए कहाँ तक शुभ एवं श्रेयस्कर हो सकती है, यह सहसा नहीं कहा जा सकता।

हम प्रसादजी के नाटकों अथवा उनकी अन्य कृतियों के अंधभक्त नहीं, और न उनसे हमारा कुछ व्यक्तिगत लगाव ही है। परंतु इतना तो निश्चयपूर्वक कहा जा सकता है कि कम-से-कम उनके नाटकों के द्वारा हिंदी साहित्य में नाट्यकला का विवेचन एवं अध्ययन तो सम्यक् प्रकार से ही हो सकता है और हमारे साहित्य का यह चिर-उपेक्षित अंग शीघ्र ही भरापूरा हो सकता है। यदि हम इस क्षेत्र में भी छायावाद आदि के वाद-विवाद में ही पड़े रहे और अपने नाटकीय ज्ञान के परिचय-प्रदर्शन की इतिश्री इधर-उधर की हाँकने में ही करते रहे, तो कम-से-कम यह तो बिना किसी संकोच के कहा जा सकता है कि साहित्य के इस अंग का भविष्य बहुत उज्ज्वल नहीं देख पड़ता। उच्च शिक्षा की बढ़ती हुई आवश्यकताओं को ध्यान में रखकर विद्वानों को इस ओर अवश्य ही दत्तचित्त होना चाहिए।

प्रसादजी के ही नाटकों से संबद्ध इस समय कितने ही ऐसे विवादग्रस्त प्रश्न हिंदी-संसार के सम्मुख उपस्थित हैं, जिनका थोड़ा भी विचारपूर्वक उत्तर देने पर हिंदी में नाटकों के विषय में एक स्थायी साहित्य निर्मित हो सकता है। उदाहरणार्थ, अभिनय के प्रश्न को ही उठा लीजिए। इस विषय पर अब तक जितनी सम्मतियाँ उपलब्ध हैं उनको दो भागों में विभक्त किया जा सकता है। एक पक्ष का कथन है कि प्रसादजी के नाटक अभिनय के सर्वथा अयोग्य हैं तथा रंगमंच पर उनको किसी प्रकार की भी सफलता नहीं मिल सकती। विपरीत इसके दूसरा पक्ष उनको अभिनय के अयोग्य तो नहीं ठहराता, परंतु यह अवश्य स्वीकार करता है कि आधुनिक रंगमंच पर उनको किसी प्रकार की सफलता नहीं मिल सकती। उसके विचार से वे 'भावी रंगमंच' की वस्तु हैं। यहाँ पर इन सम्मतियों पर थोड़ा विचार करना आवश्यक-सा प्रतीत होता है।

इस विषय में कुछ भी लिखने के पूर्व यह देख लेना पड़ेगा कि नाटक की साहित्यिक एवं अभिनयात्मक नामक दो श्रेणियाँ मानी जानी चाहिए अथवा नहीं। कुछ लोग अपनी परंपरागत तथा बद्धमूल साहित्यिक धारणाओं के कारण इस विषय पर कुछ भी सोचने-समझने का कष्ट नहीं उठाना चाहते। परंतु यह आवश्यक प्रश्न यों ही नहीं उड़ाया जा सकता। पाश्चात्य देशों में इस विषय पर मतभेद है, परंतु फिर भी प्रत्येक पक्ष विवेचन तथा युक्तियों से काम लेता है। हमारा यह आशय नहीं कि पाश्चात्य देशों का अन्धानुकरण कर उनके साहित्य-सिद्धांतों को शब्दशः गृहीत कर लिया जाय, परंतु हिंदीवालों को भी, यदि संभव हो सके तो, इस ओर अवश्य ध्यान देना चाहिए।

प्रसादजी के नाटकों को अभिनय के अयोग्य बताते हुए एक प्रश्न और उठता है और वह यह है कि नाटक-लेखनकला तथा अभिनयकला दो भिन्न-भिन्न बातें मानी जानी चाहिए अथवा नहीं! यह अवश्य सत्य और युक्तियुक्त है कि नाटककार को भी अभिनयकला का ज्ञान होना चाहिए तथा उसी अवस्था में वह अपने नाटकों को रंगमंच

की आवश्यकताओं के साहचर्य में लाकर उनकी पूर्ति कर सकेगा, परंतु दोनों कलाओं को एक ही मानकर सारा-का-सारा भार नाटककार के सिर पर ही लादना हमें युक्तिबद्ध और न्यायसंगत नहीं जान पड़ता। कारण, नाटककार अपने नाटक को जिस रूप में प्रस्तुत करता है, उसका अभिनय सदा सर्वदा उसी रूप में नहीं होता। रंगमंच-प्रबन्धक को उसमें काट-छाँट करने का बराबर अधिकार रहता है।

फिर यदि हम यह कहते हैं कि नाटक की सच्ची कसौटी रंगमंच ही है तो हमको यह भी देखना पड़ेगा कि प्रसादजी के नाटकों का कहीं अभिनय हुआ भी है अथवा नहीं। जहाँ तक हमें ज्ञात है, सम्भवतः 'विशाख' को छोड़कर प्रसादजी का कोई अन्य नाटक रंगमंच पर नहीं आया है। इस अवस्था में अभिनयकला के दो-चार रूढ़िगत तथा अत्यन्त सामान्य सिद्धांतों की भित्ति पर ही अपना निर्णय सुना देना चाहे साहसपूर्ण हो, परंतु न्याययुक्त तो कदापि नहीं जान पड़ता। यदि इसके उत्तर में यह कहा जाय कि प्रसादजी के नाटकों में इतनी क्षमता ही नहीं कि कोई उनको रंगमंच पर लाने का साहस करे, तो उस अवस्था में यह प्रश्न उठता है कि हिंदी का अपना रंगमंच ही कौन-सा है? पारसी-रंगमंच हिंदी का अपना रंगमंच नहीं है, यह बात प्रायः सर्वसम्मति से स्वीकृत है। वहाँ कला के लिए कोई स्थान नहीं है। अभिनयकला के बाह्य उपादानों की सहायता से ही रंगमंच को सजाया जाता है। सुंदर दृश्यों का जाल बिछाकर, वेशभूषा की मोहनी डालकर विलासप्रिय जनता से पैसा ऐंठना ही इन व्यावसासिक कंपनियों का मुख्य उद्देश्य है। तब अवश्य ही प्रसादजी के नाटक इस प्रकार के रंगमंच के उपयुक्त नहीं हैं।

जब हम हिंदी-नाटकों को प्रोत्साहन देनेवाली अस्थायी नाटकमंडलियों की ओर ध्यान देते हैं, तो वहाँ की अवस्था भी कुछ अच्छी नहीं जान पड़ती। अवश्य ही इस प्रकार की नाटकमंडलियों का उद्देश्य धनसंग्रह नहीं होता, परंतु फिर भी सहसा यह नहीं कहा जा सकता कि उनके मूल में नाट्यकला को प्रोत्साहन देने की भावना रहती है। इस प्रकार की संस्थाओं का उद्देश्य भी प्रायः मनोरंजन ही होता है और उनका अभिनय-कौशल तथा रंगमंच-प्रबंध अधिकतर पारसी-रंगमंच के अनुकरण तक ही सीमित रहता है। कुछ सार्वजनिक संस्थाओं की आर्थिक सहायता के लिए ही साल में एक-दो बार नाटक खेल लेना अभिनयकला की वृद्धि में कहाँ तक सहायक हो सकता है। फिर इनके प्रबंधक भी प्रायः उच्च शिक्षा प्राप्त तथा सुरुचिसंपन्न नहीं होते। इस दशा में इनसे यह आशा करना कि वे कला की दृष्टि से उच्च नाटकों को ही प्रश्रय देंगे, कोरा कल्पना-मात्र है। कभी-कभी तो यहाँ तक देखा जाता है कि कोई नाटक-विशेष तो अभिनीत किया जाता है, परंतु बीच में व्यर्थ ही कहीं से कोई गंदा प्रहसन उठाकर उसमें ठूँस दिया जाता है।

कलकत्ते की हिंदी-नाट्य-समिति और हिंदी-नाट्य-परिषद्, काशी की नागरी नाटकमंडली तथा भारतेन्दु-नाटक-समाज आदि संस्थाओं का इस क्षेत्र में विशेष स्थान है। कुछ लोगों का विचार है कि इन संस्थाओं ने हिंदी-नाटकों को प्रगति देकर बा. आनंद

प्रसाद कपूर एवं माधव शुक्ल जैसे अभिनेताओं को उत्पन्न कर मातृभाषा के इस क्षेत्र में स्तुत्य कार्य किया है। जहाँ इस प्रकार के नाटकों का बाजार गरम है, वहाँ वास्तव में प्रसादजी के नाटकों की कोई पूछ नहीं हो सकती। काशी की ये नाटकमंडलियाँ यदि प्रयोगात्मक रूप में ही श्रीयुत जयशंकर प्रसाद के नाटकों के अभिनय का प्रयास करतीं; तो अवश्य ही उनके उच्च आदर्श पर कुछ प्रकाश पड़ सकता था।

सबसे उत्कृष्ट प्रश्न भाषा का है। भाषा में लय तथा गति है अथवा वह 'लँगड़ाती हुई' चलती है, इस प्रश्न को हम यहाँ स्थगित रखते हैं तथा भाषा की कठिनता और वर्द्धमान तत्समता को उठाते हैं। भाषा मानव-हृदय के भावों और विचारों के प्रत्यक्षीकरण का साधन-मात्र है—यथा इंगित आदि। नाटक में आचार्यों के अनुसार उन सबका प्रयोग होता है यद्यपि यह ठीक है कि भावों की पूर्ण अभिव्यक्ति इन सबके मनोरम समीकरण से ही होती है, फिर भी अन्य साधनों की उपेक्षा करके केवल भाषा पर ही झुक जाना रंगमंच के ज्ञान का विशेष परिचायक नहीं माना जा सकता।

यदि थोड़ी देर के लिए यह स्वीकार भी कर लिया जाय कि इन साधनों में भाषा का महत्त्व ही सबसे अधिक है, तो फिर वही पारसी-रंगमंच का प्रश्न उपस्थित हो जाता है। कथावाचकजी के नाटक पढ़ने अथवा देखनेवाले जानते हैं कि वह अपनी भाषा के कच्चेपन के बीच भारतीय संस्कृति और सभ्यता के आदर्श राम और कृष्ण के द्वारा किस प्रकार उर्दू-फारसी-मिश्रित खिचड़ी भाषा का प्रयोग कराते हैं, परंतु फिर भी किसी 'चवन्नीवाले' के मुँह तक से यह नहीं सुना जाता कि वह अमुक स्थल को नहीं समझ सका। जब हम उर्दू तथा फारसी के प्रति इस प्रकार के उदारचेता बन सके हैं, तो फिर हिंदी का ही क्या दुर्भाग्य है और उसी पर सारा क्रोध यों प्रकट किया जाता है।

दूसरा जो आक्षेप उनके नाटकों पर किया जाता है, वह है उनकी दार्शनिकता—उनके भावों और विचारों की जटिलता तथा गंभीरता। नाटक का उद्देश्य केवल मनोरंजन तथा बाह्य परिस्थितियों का दिग्दर्शन ही है अथवा मानव हृदय के अंतरंग का संघर्ष-प्रदर्शन भी—इस विषय में मतभेद है। कुछ लोगों के मतभेद का कारण तो किसी दृढ़ सिद्धांत की नींव पर स्थित है, परंतु अधिकांश में लोग प्रचलित परंपरा के स्खलनमात्र से ही इसका विरोध करते हैं। परंतु फिर भी यह प्रश्न उपेक्षा की दृष्टि से नहीं देखा जा सकता। वास्तव में बात यह है कि हम अभी पारसी-रंगमंच का मोह नहीं छोड़ पाए हैं, अन्यथा कोई कारण नहीं कि बिना किसी सिद्धांत के ही इतना विरोध क्यों किया जाय। यह बात अवश्य मानी जा सकती है कि यदि नाटक का कोई अंग अत्यन्त क्लिष्ट तथा दुरूह जान पड़े, तो रंगमंच संस्थापक उसमें उलटफेर अथवा उसका बहिष्कार अवश्य कर सकता है।

यहाँ पर नाटकों तथा रंगशालाओं से संबंद्ध दो-एक अन्य प्रश्न उठाना भी असंगत न होगा। यह ठीक है कि नाटक समाज का प्रतिबिम्ब है, उसके आदर्शों का मापदण्ड है, सभ्यता तथा संस्कृति की कसौटी है, हम किसी जाति अथवा समाज की—काल विशेष की—रुचि का अनुमान बहुत कुछ उसके साहित्य से ही लगा सकते हैं। परंतु साहित्य का

निर्माण सदा-सर्वदा लोकरुचि के अनुसार ही नहीं होता। साहित्य जहाँ लोकरुचि से निर्मित होता है, वहाँ कभी-कभी वह लोकरुचि का निर्मायक भी होता है। यदि नाटककार सदा-सर्वदा रंगशाला के बंधनों में ही जकड़ा रहकर नाटकों की सृष्टि करता रहे, तो यह बात उसके महत्त्व की विशेष रूप से विधायक तथा परिचायक न होगी। परंतु इससे यह न समझ लेना चाहिए कि प्रतिभा का लक्षण केवल बंधनों को तोड़ने में ही है।

हिंदी में नाटकों के विषय में लोकरुचि किस ओर है, इस पर कुछ नहीं कहा जा सकता, क्योंकि नाटकावलोकन हमारे भद्र समाज के दैनिक जीवन का अंग नहीं। यदि 'चवन्नीवालों' की ही रुचि को लोकप्रिय कहा जाय, तो यह साहस-मात्र होगा। हिंदी-साहित्य का यह परिवर्तन-काल है। भारतीय जीवन में किस प्रकार की परिस्थितियाँ उत्पन्न होंगी तथा वे लोकरुचि को किस ओर ले जायेंगी, इसके विषय में निश्चित रूप से कुछ भी नहीं कहा जा सकता परंतु यह तो निश्चित है कि हमारे विचारों तथा आदर्शों में घोर विप्लव एवं विकास होगा। कौन जाने, उस समय हमें 'प्रसाद'जी के नाटकों में कुछ सौंदर्य न देख पड़े।

[माधुरी, जून, 1933]

खंड : चौथा

रंगमंचीय क्षमताएँ

- निर्देशकीय
- प्रस्तुति-समीक्षा
- साथी नाटककार

निर्देशकीय

केशवराम टंडन

चन्द्रगुप्त

भारतीय इतिहास के अमर पृष्ठों में चंद्रगुप्त मौर्य की कथा स्वर्णाक्षरों में अंकित है। उस काल की पृष्ठभूमि को लेकर, यों तो, कितना साहित्य-सृजन हुआ है किन्तु स्वर्गीय श्री जयशंकर प्रसाद कृत 'चंद्रगुप्त' का अपना एक विशिष्ट महत्त्व है। प्रसादजी के नाटकों पर यह आरोप कि वह अभिनीत नहीं हो सकते, काशी पहले ही व्यर्थ प्रमाणित कर चुकी है। प्रसादजी के जीवन-काल में ही काशी के लब्धप्रतिष्ठ अभिनेताओं ने प्रस्तुत नाटक का अत्यधिक सफल अभिनय करके हिंदी की श्रीवृद्धि की है।

सफल नाटक सफल अभिनेताओं पर निर्भर है। जिस स्वर्ण-युग की गाथा प्रसाद के 'चंद्रगुप्त' के पृष्ठ-पृष्ठ पर अंकित है, उसे सही-सही दर्शकों के मन-प्राण पर उतार देने के लिए ऐसे अभिनेताओं की आवश्यकता है जो अपने 'चरित्र' की आत्मा पहचानें, उसमें रम जाएँ। काशी अभिनय-कला की दृष्टि से उत्तर-भारत में सर्वोच्च है, इसमें संदेह नहीं। काशी ही सर्वप्रथम पारसी-स्टेज की माया से अपने को मुक्त कर सकी, और इसका प्रमाण अन्य प्रान्तों में काशी के अभिनेताओं की ख्याति है।

हाँ, तो प्रस्तुत नाटक 'चंद्रगुप्त मौर्य' की विशद् ऐतिहासिक विवेचना है। इसी चंद्रगुप्त ने एक दिन पिप्पलीकानन के कोने से निकलकर पाटलिपुत्र पर अधिकार किया। चंद्रगुप्त के साम्राज्यविस्तार में और चंद्रगुप्त को चन्द्रगुप्त बनाने में मगध निवासी चाणक्य ब्राह्मण का हाथ था। चाणक्य नन्दवंश का नाश करने पर तत्पर था। वह धननन्द से असन्तुष्ट था क्योंकि धननन्द ने उसका अपमान किया था। प्रस्तुत नाटक 'चंद्रगुप्त' की सहायतार्थ की गई चाणक्य द्वारा महान आयोजनाओं का विस्तृत परिचय है। चंद्रगुप्त का प्रधान सहायक मन्त्री चाणक्य ही था। मगध में नन्द की सभा में चाणक्य की जो शिखा अपमान का प्रतिशोध लेने और नंदवंश के नाश का संकल्प लेकर खुली थी वह नाश के बाद ही बँधी। यह वेदधर्मावलम्बी ब्राह्मण एक कूटराजनीतिज्ञ, प्रखर प्रतिभावान और हठी व्यक्ति था। इसी की तत्पर सहायता और बुद्धिबल के भरोसे चंद्रगुप्त ने अपना विशाल

साम्राज्य स्थापित किया।

चंद्रगुप्त और चाणक्य के इस सम्मिलित प्रयत्न का परिचय आपको इस अभिनय में मिलेगा।

कुल 11 गीत हैं। दो बाहर से और शेष मूल नाटक में से लिए गए। सर्वत्र स्थायी और एक अंतरा रखा गया। कहीं भी पूरा गीत नहीं लिया गया।

[नागरी प्रचारिणी सभा, काशी, अर्धशताब्दी उत्सव पर, भारतेन्दु नाटक मंडली, 1943]

ब.व. कारंत

चन्द्रगुप्त

उ. प्र. संगीत नाटक अकादमी द्वारा अयोजित नाटक प्रशिक्षण के शिविर के लिए चंद्रगुप्त नाटक का अभिनय के लिए चुनाव मैंने किसी चैलेन्ज की भावना से नहीं किया है। इस नाटक को अभिनीत करने हेतु चुनने का उद्देश्य यह है कि जयशंकर 'प्रसाद'जी के नाटक को अनभिनेय ही कहा जाता रहा है और 'चंद्रगुप्त' हमेशा से ही एक चुनौती रहा है, अतः इसे उचित रूप से मंच पर प्रस्तुत करना है। फिर भी नयी वस्तु को प्रस्तुत करने का प्रयास मात्र ही मेरा है, किसी प्रकार का चैलेन्ज नहीं है। काशी हमेशा से प्रेरणा देनेवाली रही है और उसके माध्यम से मुझे भी प्रेरणा मिली है।

प्रशिक्षण के लिए चन्द्रगुप्त ही क्यों

मैं काशी का विद्यार्थी रहा हूँ और उसमें भी हिंदी का छात्र रहा हूँ, इसलिए काशी और हिंदी का मेरे ऊपर ऋण है। काशी हिंदू विश्वविद्यालय ने 'चंद्रगुप्त' के मंचन की प्रेरणा बहुत पहले से ही दी थी। काशी और हिंदी का ऋण मेरे ऊपर अधिक है, उस ऋण की गुरुदक्षिणा चुकाने हेतु ही 'चंद्रगुप्त' चुना है।

इस प्रशिक्षण शिविर का उद्देश्य था सामूहिक प्रशिक्षण। 'चंद्रगुप्त' से समूहन-वेशभूषा दृश्यांकन, अभिनय, संगीत, ध्वनि आदि का एक साथ प्रशिक्षण दिया जा सकता है। अतः सामूहिक प्रशिक्षण के लिए 'चंद्रगुप्त' के उपयुक्त अन्य नाटक नहीं है। इसमें नाटक की समस्त विद्याओं का प्रशिक्षण दिया जा सकता है। प्रसादजी के अन्य नाटक यथासमय अभिनीत हुए हैं, चंद्रगुप्त ही हमेशा चुनौती-भरा रहा है।

भारत की स्वतंत्रता के बाद दो-तीन बार उसकी स्वतंत्रता पर आँच आई किन्तु भारतीय जनमानस ने इसे देश-प्रेम की जिस उदात्त भावना से स्वीकार किया उसकी नाटक के दर्शकों के मस्तिष्क पर आर्यावर्त की इस घटना द्वारा पुनः छाप पड़ सकेगी।

भारत एक जनतंत्र है। 'चंद्रगुप्त' में जनतंत्र के समस्त आधारभूत सिद्धान्तों का समावेश है। देश-प्रेम, लोकतंत्र, जनकष्ट के द्वारा संभावित विद्रोह तथा इसी प्रकार की अन्यान्य समस्याओं का समावेश 'चंद्रगुप्त' में है। महान राष्ट्रीय भावना से ओतप्रोत 'चंद्रगुप्त' का मंचन देश-प्रेम के अनेक स्वर में एक स्वर है।

'चंद्रगुप्त' से मुझे जो प्रेरणा मिली उसे मैं निवेदनपूर्वक अपने ढंग से प्रस्तुत करना चाहता हूँ। 'चंद्रगुप्त' के मंचन में औपचारिक सेट लिया गया है जिससे क्रिया में किसी प्रकार की बाधा न पड़े। यहाँ तक कि यवनिका का भी उपयोग नहीं कर रहा हूँ। केवल प्रकाश से और समूहन से स्थान का निर्देश किये जाने की चेष्टा की गई है।

'चंद्रगुप्त' में कोई विशेष नायक अथवा नायिका नहीं है। इसमें समस्त आर्यावर्त की जनता ही नायक है इसलिए समूहों का उपयोग अधिक किया है और उसी पर बल दिया गया है। समूह के इस संयोजन में 'चाणक्य' और 'चंद्रगुप्त' अपने क्रम में आ जाते हैं।

सबसे सुखद अनुभव व आश्चर्य मुझे यह हुआ कि इतनी बड़ी संख्या में लोगों ने इस नाट्य प्रशिक्षण शिविर में भाग लिया है। कतिपय लोगों ने जो मेरे से बड़े एवं अनुभवी होते हुए भी बिना किसी प्रलोभन के इसमें सहयोग दिया है, इसलिए यदि मेरा यह प्रयास सफल होता है तो इसकी सफलता का श्रेय मात्र प्रशिक्षणार्थियों को ही है और उनके सहयोग का मैं आभारी हूँ। संयोगवश यदि कहीं त्रुटियाँ असफल होती हैं तो वह मेरी ही हैं। मेरे इन्टरप्रटेशन की त्रुटि होगी।

काशी हमेशा से शिक्षा का केन्द्र रही है और काशी से मैंने हमेशा कुछ न कुछ सीखा है। एतदर्थ काशीवासियों का मैं अत्यन्त आभारी हूँ। साथ ही, उत्तर प्रदेश संगीत नाटक अकादमी ने इस प्रकार का आयोजन किया और जिसमें मुझे कार्य करने का अवसर मिला उसके लिए मैं अकादमी का हार्दिक आभारी हूँ।

[नाट्य प्रशिक्षण शिविर, वाराणसी, 1972, का प्रस्तुतीकरण]

रामगोपाल बजाज

स्कंदगुप्त

काल के विशेष इतिहास-खण्ड में नाटक की घटनाएँ और अनुभव स्थित हैं। गुप्तकाल के धार्मिक संघर्ष, राजनीतिज्ञ बाहरी हमले, हमलों से जूझता वर्ग, हमलों को आन्तरिक स्वार्थों के कारण सहयोग देनेवाले दूसरे तत्त्व, इनके बीच चिन्तक मनुष्य की अन्तःधारा और शाश्वत उद्देश्य की खोज छोड़कर राष्ट्रीय जातीय सम्मान और आदर्शों के लिए लड़ने को विवश व्यक्ति—यह सब इस नाटक में है और मुझे अपने समय के समानान्तर

लगता है ये सबकुछ। आज भी धर्म-सम्प्रदाय राजनीतिक मतवादों को लेकर छोटे-बड़े स्तरों पर खरी और खोटी लड़ाइयाँ साथ चलती हैं। आज भी व्यक्ति की निजी खोज किसी विराट् शाश्वत से साक्षात्कार की ललक अपने परिवेश के सद्यःअनिवार्य अन्तर संघर्षों में टूट जाती है। टूटने से बचने का प्रयत्न भी करती रहती है। ये दो प्रमुख तत्त्व विभिन्न घटनाओं के बीच से 'स्कंदगुप्त' में देखे जा सकते हैं। शेष गठन—कथा-चरित्रण मुझे इसके आगे गौण लगते हैं। इसलिए नाटक के आरम्भ में हम बौद्ध और सनातन धर्म स्वरों के संघर्ष के बाद स्कंद की चिन्ता को सामने लाते हैं और अन्त में भी उसके निजी जीवन और देवसेना की विदाई से उत्पन्न एकाकी वेदना स्वर के राष्ट्रीय स्वरों के ज्वार में डुबा देते हैं।

नाटक की संरचना में कोई मौलिक अन्तर नहीं किया गया है। संवादों को छाँटा है। यत्र-तत्र वाक्य-विन्यास सरल किये हैं किन्तु पात्र-योजना ज्यों की त्यों है। एकाध घटना को दिखाने के स्थान पर सूच्य कर दिया है—इस प्रकार स्वगत-भाषण को दर्शक से साक्षात्कार की शैली में ढालकर पारम्परिक नाटकीयता का उपयोग कर लिया है। प्रस्तुति में रंग या रंगीनी, भव्यता और प्रकाश-चमत्कार पारसी रंगमंच की अति शैली के स्थान पर लाये गये हैं जबकि अभिनय संवाद को अपेक्षाकृत संयत रखा है। गीतों को कम किया है और दो या तीन को छोड़कर प्रसाद के ही गीत-भंडार से अन्य श्रेष्ठ गीतों का उपयोग किया गया है। नाटक अब मंच पर अपनी इन संभावनाओं को कितना अवतरित कर पाता है यह हर बार प्रदर्शन के माध्यम से ही प्रमाणित या कि अप्रमाणित हो सकेगा।

[राष्ट्रीय नाट्य विद्यालय रंगमंडल, नई दिल्ली, 1977, का प्रस्तुतीकरण]

देवेन्द्र राज अंकुर

ध्रुवस्वामिनी

प्रसाद हिन्दी नाट्यसाहित्य के विकास के क्रम में अपने युग के प्रतिनिधि नाटककार हैं इसलिए उनकी ओर मेरा एक स्वाभाविक आकर्षण रहा है। 'ध्रुवस्वामिनी' और 'कामना' मैं इन दोनों ही नाटकों को खेलना चाहता हूँ। मुझे लगता है कि आज के संदर्भ में मैं इन दोनों नाटकों को अपने ढंग से व्याख्यायित कर सकता हूँ।

प्रसाद ने 'ध्रुवस्वामिनी' के माध्यम से यह बात उठाई है कि अस्वीकार औरत की तरफ से भी हो सकता है। महत्त्वपूर्ण बात यह है कि राजनैतिक व्यवस्था के बीच इस प्रश्न को प्रसाद ने उठाया है, मैं इसी निष्कर्ष को केन्द्र बिन्दु बनाकर चला हूँ।

ऐसा वे लोग कहते हैं जो प्रसाद के नाटकों की बाहरी संरचना और समस्या में ही उलझकर प्रसाद के नाटकों को खेलने की कोशिश करते हैं। प्रसाद के नाटक में,

जैसे 'ध्रुवस्वामिनी' में ही दो लोकाल हैं और भी काफी कुछ वर्णन प्रसाद ने कर रखा है। अब इन सबसे उलझकर प्रसाद को खेला जाए तो कठिन होगा। प्रसाद को मेरा विचार है कि बहुत ही सहज रूप में खेलना चाहिए। नाट्य आडम्बरों की उपेक्षा की जाए तो प्रसाद अच्छे से खेले जा सकते हैं।

इस प्रस्तुति में मैंने नाट्य तकनीक की उपेक्षा करके नाटक को जहाँ तक हो सका है सहज भाव में प्रस्तुत करना चाहा है। प्रस्तुति का बाहरी हिस्सा 'फंक्शनल' है। यथार्थवादी कथ्य को और नाटक की संवेदना को ही उभारने की कोशिश रही है। अभिनेता स्वयं जो कुछ कर सकते थे उन्होंने किया है, उन पर अभिनय किसी तरह से आरोपित नहीं किया गया है। उन्हें एक तरह से उसी तरह से मंच पर पहुँचाने की कोशिश है जैसे वे अपने जीवन में है। इसीलिए न तो किसी ख़ास तरह की मुद्रा या भंगिमाओं की माँग की गई और न ही किसी ख़ास ढंग से संवाद ही उनसे बुलवाए गए। 'ध्रुवस्वामिनी' की भाषा कहीं-कहीं पर संशोधित की गई, ऐसा प्रसाद के नाटकों के लिए आवश्यक है क्योंकि कहीं-कहीं पर उनकी भाषा अति अनाटकीय है। संगीत को भी बहुत कम इस्तेमाल किया गया है ताकि नाटक रोमांटिक न हो सके।

प्रसाद के नाटक एक उत्सव या समारोह का आभास देते हैं। उनके नाटकों में तेज़ी से अनेक पात्र आते-जाते रहते हैं। अभिनेता कम होने के कारण लगता है यह विशेषता उभरकर नहीं आ सकी है।

प्रसाद को खेलने के लिए कोई नया तरीका ढूँढ़ना होगा। उनके नाटकों में क्लासिक रियलिस्टिक और पारसी नाटकों के तत्त्व हैं तब किस स्टाइल में उसे खेला जाए यह सोचना चाहिए। हम उसे आज के जीवन और आज के ही लोगों का नाटक मानकर खेल रहे हैं।

[राष्ट्रीय नाट्य विद्यालय, नई दिल्ली, 1981, का प्रस्तुतीकरण]

राजेन्द्र उपाध्याय

स्कंदगुप्त

'रेनेसाँ, जातीय-जीवन के अतीत को वर्तमान के साथ अन्वित करके भविष्य की संरचना करता है, इस क्रम में कठिनाई तब होती है जब किसी भी प्रकार की ऐतिहासिकता अस्पृश्य समझ ली जाती है, स्वयं 'प्रसाद' भी इस अवमूल्यन से मुक्त नहीं हैं :

मात्र समकालिकता का नारा देने से ही उक्त दृष्टि का सम्यक् बोध असंभव है जिसने ऐतिहासिक परिप्रेक्ष्य में हमारी सांस्कृतिक चेतना का निर्माण किया है।

'प्रसाद' ने इतिहास की पुनर्रचना की है। भारतीय समाज और संस्कृति के अंतर

समंजित विराट् परिदृश्य का संश्लिष्ट विश्लेषण एवं मानवीय मूल्यों के सातत्य का निदर्शन उनकी रचना-प्रक्रिया का वह बिन्दु है जो रचना को काव्यशास्त्र के स्वीकृत प्रतिमानों से पृथक् आनन्द की मधुमयी भूमिका में प्रतिष्ठित करता है।

और स्कंदगुप्त इसी इतिहास-दर्शन का साक्षात्कार है।

आज जब कि भारतीय रंगमंच अपनी अस्मिता की तलाश कर रहा है, और इस खोज में संस्कृत नाट्यसाहित्य और देश के आंचलिक परंपराशील नाट्य की तरफ जाकर रंगपरंपरा के जीवित-अवशेषों से परिचय प्राप्त करने और प्रायोगिक स्तर पर परीक्षण-प्रक्रिया में है, तब 'प्रसाद' के नाटक एक चुनौती हैं, जिसे स्वीकार करना रंग-दायित्व है।

इसी आयाम में एक अनुसंध्य अभिव्यक्ति है—स्कंदगुप्त।

[नागरी नाटक मंडली, वाराणसी, 1981 का प्रस्तुतीकरण]

ब.व. कारंत

स्कंदगुप्त

इस नाटक का प्रकाशन 1928 में हुआ। इसमें गुप्तकाल की ह्रासोन्मुखता का वर्णन है। एक तरफ बर्बर हूणों का आक्रमण और दूसरी तरफ राजपरिवार में परस्पर विद्वेष तथा षड्यंत्र का वातावरण और देश में अस्थिरता की स्थिति। सामाजिक, राजनीतिक और पारिवारिक अशांति तथा कुचक्रों के घटाटोप में नाटक की मुख्य कथा 'स्कंदगुप्त' से संबंध रखती है।

'स्कंदगुप्त' का मुख्य आकर्षण उसका द्वंद्व है। यह द्वंद्व दो भूमियों पर चित्रित है। बाहरी राजनैतिक जगत और पात्रों का आंतरिक जगत। स्कंदगुप्त और देवसेना की प्रेम-कथा इसी आंतरिक द्वंद्व से संबंधित है। इस तरह से एक ऐतिहासिक चरित्र को आज भी हम अपने नज़दीक पाते हैं।

इस नाटक की रचना में प्रसाद के दो उद्देश्य सामने आते हैं। पहला देश की सांस्कृतिक विजय का स्वप्न, दूसरा राष्ट्रीय भावना की अभिव्यक्ति। यह बात रेखांकित करने की है कि प्रसाद ने इस नाटक की रचना तब की थी जब देश अंग्रेजी साम्राज्यवाद के जुए के नीचे दबा था। यह भी दिलचस्प बात है। 1928 के जैसे वातावरण में प्रसाद ने यह नाटक लिखा था कमोबेश उसी वातावरण का सामना समकालीन भारत भी कर रहा है। वही आंतरिक कलह और अपनी-अपनी भूमि से विदेशी शक्तियों का हस्तक्षेप। यदि हम अपने सामाजिक-राजनैतिक वातावरण को गौर से देखें तो हमें भटार्क जैसे गद्दार, प्रपंचबुद्धि जैसे ढोंगी धर्माचार्य, पुरगुप्त जैसे नाकारा, स्कंदगुप्त के द्वंद्व को झेलते हुए

राष्ट्रीय नेता और अनंत देवी जैसे ख़तरनाक महत्त्वाकांक्षा से पीड़ित पात्र आसानी से देखने को मिल सकते हैं। इस तरह 'स्कंदगुप्त' नाटक में क्लासिक रचना के गुण हैं। यह जितना गुप्तकाल पर लागू होता है उतना ही एक साथ 1928 और 1984 के भारतवर्ष पर भी।

हिन्दी रंगमंच में प्रसाद को बहुत कम लोगों ने छुआ है। रंगमंडल की शुरू से मान्यता रही है कि जयशंकर प्रसाद और भारतेन्दु हरिश्चन्द्र के मंचन के बग़ैर हिन्दी रंगमंच का क्षितिज अधूरा रहेगा। इसलिए रंगमंडल के लिए प्रसाद और भारतेन्दु को मंचित करना एक कलात्मक सृजन के साथ ही ऐतिहासिक जिम्मेदारी भी है। प्रसाद के नाटकों के संदर्भ में दूसरी बात यह है कि उनके नाटक भव्य हैं और उस भव्यता का वहन एक व्यावसायिक नाट्यदल ही कर सकता है क्योंकि प्रसाद ने जिस ऐतिहासिक भव्यता का अंकन किया है उसे रूप देने के लिए दक्षता और कल्पनाशीलता के साथ-साथ विविध रंगोपकरणों, वेशभूषा, मंच-विन्यास और अधिक अभिनेताओं की ज़रूरत भी है जिसे निभा पाना सबके बस की बात शायद नहीं है।

[रंगमंडल, भारतभवन, भोपाल, 1984, का प्रस्तुतीकरण]

विश्वनाथ मिश्र

चन्द्रगुप्त

यायावर के निदेशक जितेन्द्र मित्तल मेरे पास आये और कहा कि 'चन्द्रगुप्त' का निर्देशन करना है तो मैं खराब स्वास्थ्य के बाद भी इन्कार न कर पाया, परिणाम 'चन्द्रगुप्त' को लेकर विचार-विमर्श शुरू हुआ। मैं और जितेन्द्र मित्तल प्रतिदिन नये-नये 'पुआइंट्स' ढूँढ़ते और बातचीत करते कभी दोनों सहमत होते कभी असहमत। लगभग 20 दिन के बाद दोनों को ही लगा कि वर्तमान परिस्थितियों में आधुनिक तकनीक के समय में इसका मंचन बहुत मुश्किल काम होगा। फिर लगा कि इस नाटक में चन्द्रगुप्त कहाँ है सिर्फ चाणक्य है। कभी लगता पौरव सिंहरण इस नाटक के केन्द्रीय चरित्र लगते। सबसे ज्यादा परेशानी इसके बहुत ही छोटे-छोटे दृश्य व चरित्रों के अम्बार से हुई। किसी तरह सम्पादित किया तो लगा बहुत सारे 'लिंक्स मिसिंग' हैं। दुबारा नये सिरे से काम किया तो परिणामतः नायक चन्द्रगुप्त के स्थान पर चाणक्य हो गया और विचार के बाद कहा कि इसका पुनर्लेखन किया जाए। 5-6 दिन की कोशिश के बाद श्री मित्तल ने कहा कि प्रसादजी की भाषा में शब्द जोड़ना मखमल में टाट का पेबन्द होगा-परिणाम हम लोग पुनः अनिश्चय की स्थिति में आ गये परंतु अन्तिम निर्णय यह हुआ कि साहित्य की इस श्रेष्ठ कृति को यदि मंचन की दृष्टि से श्रेष्ठ कृति बनाना है तो इसे कठोर

एवं गहन संपादन की आवश्यकता है और यह काम नाटक के पहले दिन तक जितेन्द्र मित्तल करते रहे।

इस नाटक के मंचन की खबर ने शहर के रंगकर्मियों को मिश्रित प्रक्रिया के साथ लिया, कुछ ने कहा कि 'चन्द्रगुप्त' मंचन योग्य ही नहीं तो कुछ ने इसे साहसिक कदम बताया। परन्तु लगभग 35 कलाकारों की लगभग 2 माह की कठिन मेहनत ने यह तो बता दिया कि यह मंचन योग्य है। यहाँ पर मैं राजेन्द्र और विनय सिंह के सुझावों का भी जिक्र करना आवश्यक समझता हूँ। छोटे-छोटे दृश्यों के कारण रियलिस्टिक सेटिंग का प्रयोग संभव नहीं था इसलिए दृश्यबन्ध कॉमेस्टिक रखकर बाकी सबकुछ रियलिस्टिक रखा गया।

[यायावर, लखनऊ, 1988, का प्रस्तुतीकरण]

धीरेन्द्र कुमार

चन्द्रगुप्त

जयशंकर प्रसाद की प्रतिभा बहुमुखी थी। वे साहित्य के प्रत्येक क्षेत्र में अग्रणी रहे हैं। हिंदी नाट्य-साहित्य के इतिहास में प्रसाद का अवतरण एक महत्त्वपूर्ण घटना है। उन्होंने नाट्य-क्षेत्र में प्रवेश कर नाटक को नये चरित्र, नई घटनाएँ, नया ऐतिहासिक देशकाल, नया आलाप-संलाप, संक्षेप में, सम्पूर्ण नया समारंभ दिया। उनके नाटकों के सम्पूर्ण वातावरण में आर्य-संस्कृति की छाया है और उस पर ऐतिहासिक राष्ट्रभक्ति का रूप आँका गया है। उन्होंने हिन्दी रंगमंच को नया जीवन, नई दिशा और विशिष्ट गरिमा देने का प्रयास किया। प्रसादजी के सामने कठिनाई यह थी कि वे जिस प्रकार के नाटक लिखना चाहते थे उनके अनुरूप रंगमंच हिन्दी में उस समय नहीं था, फलतः उन्होंने साहित्यिक रंगमंच की स्वयं कल्पना की। वे इसे व्यावहारिक रूप नहीं दे सके, जिसका परिणाम यह हुआ कि उनके नाटक अन्य दृष्टियों से उत्कृष्ट होते हुए भी रंगमंचीयता की दृष्टि से निर्देशकों के सामने चुनौती के रूप में खड़े हुए हैं।

प्रसाद जन्मशताब्दी वर्ष के अवसर पर कालिदास अकादेमी द्वारा कालिदास समारोह, 89 में उनके नाटक 'चन्द्रगुप्त' की प्रस्तुति प्रसादजी का पुण्य स्मरण है। प्रसादजी संस्कृत नाट्य-परम्परा और आधुनिक नाट्य के बीच की महत्त्वपूर्ण कड़ी हैं।

हिमाद्रि तुङ्ग शृंग से प्रबुद्ध शुद्ध भारती
स्वयं प्रभा समुज्ज्वला स्वतंत्रता पुकारती
अमर्त्य वीर पुत्र हो, दृढ़-प्रतिज्ञ सोच लो
प्रशस्त पुण्य पंथ है—बढ़े चलो, बढ़े चलो

'चन्द्रगुप्त' की उक्त पंक्तियाँ शाश्वत जीवन-मूल्यों—राष्ट्रप्रेम और स्वाधीनता की महत्ता की सुदृढ़ स्वर हैं। 'चन्द्रगुप्त' उस युग की रचना है जब हमारा देश अंग्रेजी साम्राज्यवाद के विरुद्ध संघर्षरत था। प्रसाद अपने युग की स्थितियों का लगभग ढाई हजार वर्ष पूर्व की परिस्थितियों के माध्यम से साक्षात्कार कराते हैं, जिनमें बाहर की ओर से राष्ट्र की सुरक्षा, विदेशी कूटचक्र एवम् संघर्ष और राष्ट्र की एकता और अखंडता का अन्दरूनी संघर्ष समानान्तर दिखता है। प्रसाद का यह साक्षात्कार हमारा समसामयिक प्रत्यक्षीकरण भी बन जाता है, जब कि आज भी राष्ट्र में विदेशी-कुचक्र, अलगाववादी और विघटनोन्मुखी षड्यन्त्र अपना जाल फैलाते दीखते हैं।

इस नाटक के मंचन के लिए एक सम्पादित आलेख सबसे पहली आवश्यकता थी। नाटक का सम्पादन वरिष्ठ नाटककार एवं रंगकर्मी डॉ. प्रभातकुमार भट्टाचार्य के परामर्श से आरम्भ किया। सम्पादन में नाटक की मूलसंरचना एवं प्रसादजी के काव्यत्व में कोई मौलिक अन्तर नहीं किया गया है। कथ्य, चरित्र एवं स्थितियों को रेखांकित करने के लिए प्रसादजी के अन्य संग्रहों से गीत एवं कविताओं को चुनकर आलेख में समावेश किया गया है। कहीं-कहीं संवादों को छाँटा है और जटिल वाक्य-विन्यासों को सरल किया है। साथ ही समसामयिक सन्दर्भ को दृष्टिगत रखते हुए कुछ शब्दों को परिवर्तित किया है।

प्रसादजी के नाटक सदैव मंचन की दृष्टि से चुनौती माने जाते रहे हैं। परन्तु अब यह लगता है कि आज का विकसित रंगमंच प्रसादजी के नाटकों के लिए अत्यन्त अनुकूल है, फलतः प्रसादजी की काव्यात्मकता और कल्पनाशीलता को आकार दिया जाना दृश्यात्मकता का नया अनुभव बन पड़ता है। इस नाटक के मंचन में नाट्य-शिल्प, भाषा और संवादात्मकता के नये अनुभव हुए हैं।

यह नाटक कथ्य, कथातत्त्व एवं सशक्त चरित्रों का एक सुगठित गहन आकार है, जो एक शक्ति की तरह अपने में तूफान को समेटे हुए, बुराई और अत्याचार का विरोध और नवीन सृजन के अंकुर लिए हुए है। यह सम्पूर्ण नाट्य-व्यापार एक यज्ञ के समान है जिसमें उदात्त चरित्र अपने ज्ञान और शौर्य की आहुति देते हैं, जिसके फल लाभ के रूप में अत्याचार का अंत होता है। राष्ट्रीय चेतना के इस यज्ञ के सदृश ही रंगमंच एक यज्ञ-शाला के रूप में दिखाई देता है, जिसमें 'हिमाद्रि तुङ्ग शृंग' शोषित और राष्ट्रभक्तों का मंत्र, नाट्य की लय बनकर उभरता है, इस तीव्र लय पर वे बीज शब्द बार-बार गूँजते हैं और एक ही आकृति कई-कई रूपों में प्रतिबिम्बित होती है। यह चरित्र, व्यक्तित्व और विचारों का विस्तार है जो सर्वोच्च ज्ञान से निचले तल तक बहता है और परिवर्तन का सूत्रपात करता है, जिसमें अभिनेयता भी वास्तविकता से प्रारम्भ हो प्रतिबिम्बों की स्थिरता और गहनता के परिप्रेक्ष्य में तरल हो संचारित होती रहती है।

नाटक की निष्पत्ति के रूप में यही आकांक्षा है कि विचारों की यह लहर सहृदय दर्शकों के मन-मस्तिष्क में स्पन्दन पैदा कर सके।

[कालिदास समारोह, कालिदास अकादमी उज्जैन, 1989, का प्रस्तुतीकरण]

सतीश आनंद

चन्द्रगुप्त

महाकवि प्रसाद लिखित उबाऊ, बोझिल तथा बिखराव से भरपूर नाटक 'चन्द्रगुप्त' का चयन मंचन के लिए एक जोखिम-भरा काम है। यदि वर्तमान समय में किसी नाटककार ने ऐसा नाटक लिखा होता तो शायद यह नाटक पढ़ा ही न गया होता। बल्कि ढेर से जो हिन्दी के अन्य प्रकाशित व अप्रकाशित उबाऊ नाटक हैं, उनकी तरह यह भी कहीं गोदाम में पड़ा होता। महाकवि प्रसाद ने हिन्दी भाषा को एक गरिमा प्रदान की है, उसे संस्कार दिया है। इसलिए हम हिन्दीभाषी उनकी हर कृति का यथासंभव प्रयोग कर उस महाकवि के प्रति अपनी कृतज्ञता प्रकट करते हैं।

'प्रसाद' का प्रस्तुत 'चन्द्रगुप्त' नाटक ऐतिहासिक होते हुए भी ऐतिहासिक नहीं है। यदि उसमें ऐतिहासिक तथ्य खोजे जायें तो भी नहीं मिलेंगे। इस नाटक की रचना प्रसाद ने जिस समय की उस समय पूरे भारतवर्ष में स्वाधीनता संग्राम चल रहा था। इसलिए इस नाटक के सृजन के पीछे लेखक का एक मात्र उद्देश्य राष्ट्रीय भावना को उभारना है। प्रसाद ने ऐतिहासिक पात्रों को लेकर एक प्रकार के काल्पनिक कथ्य का सृजन किया। सिकंदर, पोरस, चाणक्य, चन्द्रगुप्त और राक्षस के बारे में इतिहास पढ़ने के बाद जो छवियाँ बनती हैं वे इस नाटक में उस रूप में नहीं हैं, बल्कि उन ऐतिहासिक पात्रों को जब हम इस नाटक में देखेंगे तो एक प्रकार का आघात ही लगेगा।

मूल नाटक के बिखरेपन को समेटकर एक निश्चित कथासूत्र में बाँधना एक दुष्कर कार्य है और किसी भी निर्देशक के लिए एक चुनौती है। कथ्य में गतिशीलता तथा चरित्रों में वास्तविक विकास हो—इसके लिए पूरे नाटक के दृश्यों का दोबारा संयोजन किया गया है ताकि तारतम्यता बनी रहे और नाटक एक उत्कर्ष की तरफ बढ़े।

'चन्द्रगुप्त' नाटक की यह प्रस्तुति सांगीतक शैली में है। इसमें जहाँ एक तरफ नौटंकी की धुनें प्रयोग में लायी गयी हैं वहीं उत्तर प्रदेश की पारम्परिक धुनों का भी इस्तेमाल किया गया है। नट-नटी के लिए विशेष रूप से नौटंकी के अतिरिक्त बिहार के लोकनाट्य रूप 'विदेसिया' की गतियों का भी इस्तेमाल किया गया है। पूरी प्रस्तुति में जहाँ हमारे लोकनाट्य रूपों की-सी सादगी है, वहीं आधुनिक भारतीय रंगकर्म की दृष्टि भी। यह प्रस्तुति किसी विशेष नाट्यरूप की अनुकृति नहीं है, बल्कि कई नाट्यरूपों

का प्रयोग नाटकीय युक्तियों के तौर पर किया गया है जो कुल मिलाकर एक अलग ही प्रकार का नाटकीय अनुभव प्रदान करेगा।

[दर्पण, देहरादून, 1989, का प्रस्तुतीकरण]

ब.व. कारंत

कामना

हिचक झिझक के साथ कुछ बातें यहाँ प्रस्तुत हैं—

प्रसादजी की जन्म शताब्दी का अवसर है—इसलिए उनका नाटक करने की चुनौती का मोह मेरे लिए सहज था। इस पर दिल्ली में और वह भी लेडी श्रीराम कॉलेज में करना मेरे लिए और भी महत्त्वपूर्ण हो गया है।

मंचन के लिए मैंने प्रसाद के नाट्य-भण्डार से 'कामना' ही चुना, यह सकारण है। इसलिए नाटक के चुनाव का उत्तरदायित्व मेरा अपना है। "ऐसा ली नहिं तैसा ली, मैं कहिबिधि कथौं गँभीरा ली" और मैंने गंभीरता से यह नाटक चुना।

'कामना' करने की कामना मेरी बहुत पुरानी थी। इसलिए कि ऐसी सृजनशील फंतासी या प्रतीकधारी नाटक हिंदी में मुझे बहुत कम ही देखने को मिले हैं; कामना एक क्लिष्ट व पेचीदा और एक शिथिल रचना है लेकिन अपनी शिथिलता में भी यह नाटक बड़ा संभावनापूर्ण, प्रेरणादायक, बहुरंगी तथा बड़ा प्रासंगिक लगा।

बड़ी बात यह है—कि छात्र या छात्राओं के लिए एक शैक्षणिक और प्रशिक्षण के तौर पर हिन्दी के उपलब्ध नाटकों में से 'कामना' ही बड़ा उपादेय लगा; जिसमें प्रतीक और पात्र, प्रसंग और चरित्र एक से हो जाते हैं। साहित्य-संगीत, नृत्य और रंग चारों का एक ऐसा समग्र समावेश है कि प्रस्तुत प्रयोग की सफलता विफलता के बाद भी, यह नाटक सदाबहार ही बना रहेगा।

यह सही है कि बहुत दिनों के बाद मैं शौकिया कलाकारों के साथ काम कर रहा हूँ—वह भी छात्र-छात्राओं के साथ, यों तो प्रारंभ से ही मैं अपने रंगमंच की समझ के लिए इन स्कूली-कॉलेजी छात्र-छात्राओं का ऋणी रहा हूँ। जब भी किसी स्कूल-कॉलेज में जाता हूँ तो मैंने अनुभव किया है इन स्कूल-कॉलेज की सबसे बड़ी जीवंत संपत्ति तो ये छात्र-छात्राएँ ही हैं जो रंगमंच और रंगप्रतिभा दोनों संभावनाओं का अनवरत स्रोत हैं। इन छात्र-छात्राओं के सामने शेष सभी रंगीन-उपकरण—मंच; दृश्यावली, वेशभूषा या अन्य बाहरी घटाटोप निरर्थक लगते हैं। और ऐसी अनगढ़िया जीवंतता केवल छात्र-छात्राओं में ही देखने को मिलती है। इसलिए जब भी ऐसा अवसर मिलता है तो मैं बड़ी संख्या में छात्र-छात्राओं को मंचन की प्रयोग-प्रक्रिया में लगाने का प्रयास

करता हूँ। इस अर्थ में 'कामना' का यह प्रस्तुत मंचन 'एक' प्रयास है, उपलब्धि नहीं। कम से कम मेरे लिए संप्रति।

यहाँ एक बात और कहना चाहता हूँ—अब तक के अपने रंगमंचीय जीवन में पहला अवसर है—कि सुरीली गायिकाओं का एक तत्पर पूरा वृन्द का वृन्द मुझे यहाँ उपलब्ध हुआ। और सुरीलापन भी इतना बोला है कि शायद इन गायिकाओं को भी अपने सुरीलेपन का बोध न हो। इसीलिए कभी-कभी इन गायिकाओं की ज्ञानशैली में एक प्रकार की अराजकता भी पायी जाती है, जो सुखद है। प्रसाद के गीतों के लिए ऐसी ही अराजक सुरावली चाहिए थी जो प्रसाद की 'चह चह' 'कलकल' 'छलछल' कलियों को चटकाकर, ताली बजाकर झुमझुम गानेवाली काकली और रागिनी हो।

हिन्दी रंगमंच और नाटकों के परिप्रेक्ष्य में जयशंकर प्रसाद अपने संवाद तथा गीतों के लिए सबसे अधिक स्मरणीय माने जाते हैं। क्योंकि उनका एक-एक संवाद सूक्ति के समान है और गीत तो स्वर और ध्वनियों का इंद्रजाल, जो पात्र-चरित्र-प्रसंग-संवाद सबको एक रूप में मूर्तिमान कर देते हैं। इसलिए इस प्रस्तुति में प्रसाद के संवादों की काट-छाँट करने की जैसी धृष्टता मैंने की है, वैसी धृष्टता या स्वच्छन्दता गीतों के संबंध में नहीं बरती। 'कामना' की प्रस्तुति में सर्वाधिक बल प्रसाद की शब्द-सुरावली पर ही दिया गया।

अब मैं लेडी श्रीराम कॉलेज के अधिकारी वर्ग, शिक्षिकाओं, प्रस्तुति में भाग लेने वाली छात्राओं विशेषकर प्रधानाचार्या मीनाक्षी गोपनाथ तथा माधुरी सुबोध के साहस की प्रशंसा करता हूँ, जिन्होंने लेडी श्रीराम कॉलेज में मुझे बुलाने का और मुझसे 'कामना' नाटक करवाने का खतरा स्वीकारा।

अंत में—जिन छात्राओं के साथ इतने दिन मैं कार्य करता रहा हूँ; जिनका इस प्रस्तुति में मैंने हार्दिक सहयोग पाया उनकी भावी सफलता की कामना करता हूँ और चाहता हूँ कि वे कहीं भी रहें, लेकिन रंगमंच को, हिन्दी रंगमंच को न भूलें और प्रसादजी की बिटिया 'कामना' को भी।

'कामना' नाटक के ही पात्र विवेक के शब्दों के साथ यहाँ अपने हिचक-झिझकवाले प्रालेख को समाप्त करता हूँ।

"हम खेलते हैं, और खेल में एक दूसरे के सहायक हैं, इसमें न्याय का कोई कार्य नहीं। पिता अपने बच्चों का खेल देखता है, फिर कोप क्यों!"

"खेल खेलने आया है तू, फिर क्यों रोने जाता है।
जो कुछ आवे करता चल तू, कहीं न आना जाना है।

'जनमेजय का नागयज्ञ'

[लेडी श्रीराम कॉलेज, नई दिल्ली, की छात्राओं के लिए आयोजित कार्यशाला, 1989, का प्रस्तुतीकरण]

भूपेन्द्र नारायण सिंह

स्कंदगुप्त

'स्कंदगुप्त' हिन्दी के कालजयी रचनाकार श्री जयशंकर प्रसाद की अलभ्य नाट्यकृति है। अतीत की आधारभूमि पर वर्तमान की राजनैतिक, सामाजिक, सांस्कृतिक—समस्त यंत्रणाओं का बीज-वपन करते हुए जब भी कोई महान सर्जक अपने चिंतन के धरातल पर अदृष्ट की शुभाशुभ रेखाएँ खींचता हुआ किसी बड़े निष्कर्ष के जन्म की पीड़ा का साक्षी होता है, तब राष्ट्र की विराट् चेतनता ऐसी ही रचनात्मक सिद्धि का साक्षात्कार पाती है।

निरंतर विलास की प्रमत्तता में खोया रहनेवाला वृद्ध सम्राट् कुमारगुप्त अपनी अतृप्त दुराकांक्षाओं की वल्गा को ढीली छोड़ती युवा पत्नी अनंत देवी की चिर अतृप्त वासनाओं का दास बन बैठा है। अनंत देवी नरसंहार के मूल्य पर भी अपने मद्यप पुत्र पुरगुप्त को सिंहासनारूढ़ देखना चाहती है।

देश की सभी सीमाओं पर शत्रुओं का संकट है। शकों, हूणों के आक्रमण से सुख-शांति ध्वस्त हो चुकी है। सनातन धर्म और बौद्ध धर्म के प्रतिहिंसक टकराव से साधारण मनुष्य के जीवन में विकल्पों के सभी द्वार बंद हो चुके हैं।

बेसुध राजा, आतंकित प्रजा, निरंकुश राज्याधिकारी और इनके बीच आधारहीन सेतु की तरह उद्भ्रान्त गुप्तवंश का सच्चा उत्तराधिकारी स्कंदगुप्त, प्रसादजी की अद्भुत मानस-सृष्टि, जिसे योगियों की समाधि, बौद्धों का निर्वाण और पागलों की विस्मृति—सबकुछ एकसाथ चाहिए। जो, दर्शन के अनंत विस्तार में खोकर भौतिक लिप्साओं को हेय मानता है, राष्ट्र के हित-चिंतन में अकेला वही समर्थ है। उसे युद्ध का दाह मर्मांतक पीड़ा देता है फिर भी मातृभूमि उसके हाथों में अस्त्र-शस्त्र देखना चाहती है—अपनी मुक्ति के लिए। वह कर्त्तव्य के प्रति उतना ही आकुल-व्याकुल है, जितना अपने अधिकारों के प्रति उदासीन। पवित्र प्रेम में पगा होकर भी वह नियति के हाथों की एक ऐसी विवशता है, जिसे अपना प्राप्य कभी नहीं मिल पाता। कोमल भावों की साकार कविता देवसेना उसकी उपासना करती हुई भी उससे दूर चली जाती है।

अधूरे सपनों की कोख में पलते आज के हर व्यक्ति का जीवन क्या ऐसा ही नहीं ? दुरभिसंधियों के चक्रव्यूह में पड़े हम-आप सभी जो होना चाहते हैं, वह हो नहीं पाते। अँजुरी में बँधी रेत की तरह सुख की परिकल्पना झर-झर की शून्य में विलीन होती है फिर भी अपने वृहत्तर दायित्वों के निर्वाहार्थ हर प्रबुद्ध मनुष्य को स्कंदगुप्त और देवसेना की नियति ओढ़कर जीना पड़ता है।

मातृगुप्त उर्फ कवि कालिदास की कल्पना का गौरवशाली आर्यावर्त और आज का हमारा भारतवर्ष—इन दो संज्ञाओं के बीच काल-सरिता का अनंत दूरगामी वेग एक

बड़े अंतराल के रूप में खड़ा है, फिर भी हम उसी अतीत को अपनी शिराओं में स्पंदित पाते हैं, क्यों, कैसे ···? आइए, इस कृति के साक्षी हम-आप बनें!

[अभिज्ञान परिषद्, राँची, 1990]

उर्मिल कुमार थपलियाल

ध्रुवस्वामिनी

हिन्दी विभाग, लखनऊ विश्वविद्यालय की स्वर्णजयंती और प्रसाद जन्मशताब्दी के अवसर पर एक संक्षिप्त प्रशिक्षण कार्यशाला का आयोजन किया गया। अनेक बाधाओं, आर्थिक और भावुक संकटों तथा स्वाभाविक असुविधाओं के होते हुए आदरणीय गुरुजनों, छात्र-छात्राओं के प्रयत्नों से विश्वविद्यालय में नाट्य प्रशिक्षण के एक स्तुत्य प्रयास की शुरुआत हुई। शताब्दी-वर्ष होने के कारण 'ध्रुवस्वामिनी' का चयन किया गया! इस प्रस्तुतीकरण में विभाग के शोध छात्रों का उल्लेखनीय योगदान है।

मैं यह कह सकता हूँ कि प्रसाद के सभी नाटकों, रंगशिल्प के हिसाब से भी, सब से समर्थ रचना 'ध्रुवस्वामिनी' ही है। मुझे तो यह मुकम्मल प्रोडक्शन कापी लगती है। कथ्य के रूप में भी 'ध्रुवस्वामिनी' उनके अन्य नाटकों की अपेक्षा अधिक प्रासंगिक और समसामयिक रही है। वे स्वयं कितने 'कैलकुलेटिव'और शोधकर्ता थे कि परंपराओं से बहस कर सकते थे। वे अहंवादी थे तो उन पर अहं फबता भी होगा। मुझे नहीं लगता कि प्रसादजी के अन्य नाटकों में उनका बेहतर रंगशिल्पी रूप देखा जा सकता है। 'ध्रुवस्वामिनी' में उनके लेखक और 'विजुलाइज़र' के संयुक्त दर्शन होते हैं।

कार्यशाला की सीमाओं को देखते हुए आलेख और प्रस्तुति के स्तर पर कई समझौते करने पड़े, इसलिए यहाँ उद्देश्य-पूर्ति की आशा नहीं करनी चाहिए, संभावनाओं से आश्वस्त होना पड़ेगा।

[हिन्दी विभाग, लखनऊ विश्वविद्यालय का, 1990, का प्रस्तुतीकरण]

आलोक चटर्जी

ध्रुवस्वामिनी

पिछले कुछ वर्षों में राष्ट्रीय और अन्तर्राष्ट्रीय घटनाओं में एक क्रमिक विघटन दृष्टिगत होता है। यह विघटन राजनैतिक उथल-पुथल, सत्ता परिवर्तन, महादेशों के विभाजन, जातीय व अलगाववादी शक्तियों, धार्मिक तर्क एवं उन्माद से लेकर पारस्परिक एवं

व्यक्तिगत सम्बन्धों में भी लगातार दिखाई देता है। 21वीं शताब्दी की ओर जाने को उत्सुक हमारे तथाकथित आधुनिक समाज में नारी अस्तित्व की सत्ता, महत्ता, सार्थकता एवं संघर्ष क्या है ? पवित्र एवं विश्वमयी मांगलिक भावनाओं व प्रेम की उदात्त सत्ता-सी इन घटनाओं के विपरीत केन्द्र में है—वहीं जीवन का आशावाद भी है। भविष्य के नवनिर्माण का संकल्प भी, एवं कर्म के प्रति प्रतिबद्धता है। व्यक्तिगत रूप से प्रसादजी की रचनाओं से मेरा परिचय पाठ्यपुस्तिकाओं की रचनाओं से ही हुआ, परन्तु प्रसादजी के व्यक्तित्व एवं कृतित्व की समीक्षा का तनिक आभास तब हुआ जब मैंने कारन्तजी के निर्देशन में 'विशाख' में अभिनय किया। इसके बाद 'स्कंदगुप्त' में कार्य करने के पश्चात् और दौरान भी प्रसादजी के साहित्य को पढ़ने और जानने का अवसर मिला। जिस युग में नारी शिक्षा की बात भी सामाजिक दृष्टि से एक असंगत विचार था। पति-पत्नी के नितांत व्यक्तिगत संबंधों में भी नारी की अवस्था, दयनीयता और उसके अधिकारों के संघर्ष को प्रसाद ने कितनी गहराई के साथ 'ध्रुवस्वामिनी' में उकेरा है। वहीं अपना सर्वस्व न्याय को देने हेतु मन्दाकिनी जैसे चरित्र भी हैं। तो दूसरी ओर समर्पित प्रेम की प्रतीक कोमा। पहली दृष्टि में ही यह नाटक मुझे करने के लिए प्रेरित कर गया।

प्रसादजी के नाटकों को न खेलने के पीछे अक्सर भव्यता व होनेवाले खर्च पर आशंकाएँ प्रकट की जाती हैं। अभिनेताओं को कार्यव्यापार के 'मोटिव' और मुमेंट तलाशने मुश्किल होते थे। उनकी भाषा को लेकर कई आग्रह व दुराग्रह रंगकर्मियों को हैं। इसलिए मैंने प्रस्तुति में लगभग खाली मंच, प्रतीक चिह्न एक ओर गुप्तशासन की पताका और दूसरी ओर शकशासन की पताका एवं कुछ आसनों के द्वारा ही पूरा कार्य व्यापार रचा है। अभिनेता चरित्र की विचारयात्रा को उसके मूल मनोवैज्ञानिक यथार्थ भाव में ग्रहण करे एवं प्रसादजी की नाट्यभाषा में छिपे काव्यबिम्बों को उजागर करते हुए बृहत् रूप में 'एक काव्यात्मक यथार्थवाद' की सृष्टि करे ऐसा विचार प्रस्तुति के पीछे रहा है। संगीत की अवधारणा भी इसी पर आधारित है। हमें प्रसन्नता है कि एक महीने की रिहर्सल के बाद पूरी कास्ट को यह महसूस होने लगा कि प्रसाद के नाटकों को खेलने का सही समय मानो यही है। इतना ही नहीं, अजातशत्रु को प्रस्तुत करने की योजना बनाई जाने लगी। हम यह नाटक केन्द्रीय संगीत नाटक अकादमी के नाट्य समारोह में प्रस्तुत करने जा रहे हैं। परन्तु इसके पहले हम अपने दर्शकों की उपस्थिति, शुभकामनाओं व आशीर्वाद से वंचित कैसे रह सकते हैं। इसी अपेक्षा के साथ यह प्रस्तुति आपके समक्ष प्रस्तुत है।

[दोस्त, भोपाल, 1991]

रॉबिनदास

जनमेजय का नागयज्ञ

'रंगकर्म-दायित्व' के गम्भीर विचार मुझे 15-20 वर्षों से मथ रहे हैं—फिर भी हमारे सामाजिक और व्यक्तिगत मूल्यों को अन्तिम परिणति में गिरने से कोई रोक नहीं पाया।

अब व्यावहारिकता के नाम पर व्यावसायिक हिसाब हर चीज पर लागू हो रहा है, जिन व्यावसायिक मूल्यों (Consumererist Attitude) के आधिक्य के खिलाफ समाजवादी कलात्मक चिन्तन ने स्वयं को खड़ा किया, ठीक उसी व्यावसायिक दृष्टि से वह कला से मुखातिब हुई।

किसी भी प्रस्तुति को 'अर्थ' और 'उद्देश्य' की कसौटी से परखना, एक संकुचित मापदण्ड अपनाना है। प्रस्तुति अनिवार्य तौर पर मानवीय क्रियाओं की शृंखला को मूर्तवान करती है और क्रियाएँ स्वप्न और उपलब्धियों, इच्छाओं, आकांक्षाओं और नैतिकता, दया और अस्तित्व के लिए क्रूरता, क्रियाएँ जो अंशतः समझ में आनेवाली होती हैं और अंशतः स्वप्रेरित—इन्हें सावधानीपूर्वक समझना चाहिए, बिना उथले या जल्दबाजी में निर्णय लिए हुए। क्या हमें मानवीय व्यवहार पर 'वसुधैव कुटुम्बकम्' जैसी दार्शनिक विस्तीर्णता से मनन नहीं करना चाहिए? किंतु फिर भी एक माँ के पूर्वाग्रही तीव्र इच्छा के साथ? अतः यह जल्दबाजी में निष्कर्ष न निकालें कि किसी कहानी का उद्देश्य या असर क्या है?

प्रसादजी द्वारा लिखित कोई भी नाटक व्यक्तिगत पुनर्स्फुरण और अन्य अलंकरणों की प्रक्रिया की अपेक्षा करता है। किन्तु इस दल के संयम और उत्साह ने और उसके अभिनय और प्रस्तुति की जिम्मेदारियों को निबाहने की भावना ने इस नाटक को प्रस्तुत करना सम्भव बनाया। मैं भारत भवन और रंगमण्डल का आभारी हूँ कि उन्होंने मुझे एक अवसर प्रदान किया कि मैं जयशंकर प्रसाद से अंतर्क्रिया करके स्वयं की उपलब्धियों को और समृद्ध कर सकूँ।

[रंगमंडल, भारत भवन, भोपाल, 1992, का प्रस्तुतीकरण]

इस सुखांत नाटक की संरचना महाकाव्यात्मक है। कुछ दृश्य और उनका विधान असंगत रंगमंच और अस्तित्ववादी लेखन की सीमाओं को छूता है। दृश्यों एवं संवादों के क्रम में हल्के-फुल्के उलट-फेर के अलावा नाटक को कहीं भी छेड़ा नहीं गया। हाँ, अभिनेताओं को जरूर ही दृश्यों के बीच एवं दृश्यों के अंदर दृश्यों के सामंजस्य को साकार रूप देने में काफी जूझना पड़ा।

वास्तव में प्रसाद के पात्र एक तरह से यात्रा करते हैं। इस प्रक्रिया में अतिनाटकीयता है, भावुकता है परन्तु धीरे-धीरे प्रसाद विश्लेषण करते हुए एक ठोस 'विज़न' सामने

लाते हैं। इसलिए उनकी अस्पष्टता ही दर्शकों की कल्पनाशीलता को विस्तार देने के लिए अनंत संभावनाएँ प्रस्तुत करती है।

मेरी मुख्य चिंता पात्रों के भावनात्मक अन्तर्द्वन्द्व से जुड़ी रहती है। इसके लिए मैं कोई बौद्धिक व्याख्या नहीं कर सकता क्योंकि मेरे लिए ये अनुभूतियों के रंग हैं। प्रसाद के नाटकों में उभरते रंग अनुभूति और मनोवेगों के रंग हैं। प्रसाद के पात्रों का दबा हुआ आक्रोश, क्रोध, व्यग्रता, तीव्र उत्कंठा आदि मेरे लिए रंगों में बदल जाती है और फिर ये रंग दृश्य-रचना के वास्तुशिल्पीय आकार में सहायक बनते हैं। इसलिए इन रंगों का रूढ़ अर्थ नहीं लगाना चाहिए।

मुझे इन नाटकों में गहरा हरा और मटमैले भूरे रंग का खास उभार नजर आता है। इसके अलावा पीले, बैंगनी और लाल़ रंग के छींटे भी मिलते हैं। मुख्य रूप से 'स्कंदगुप्त' और 'जनमेजय का नागयज्ञ' के हर दृश्य में एक चौथाई काला रंग नजर आता है। इन नाटकों में त्रासदी, करुणा, विडम्बना है, इसलिए काला रंग भी उभरता है।

मेरा मानना है कि प्रसाद सपाट सादगी में विश्वास नहीं करते। जो अभिकल्पक ऐसा दृश्यांकन करेगा, वह नाटक की आंतरिक गहराई के साथ अन्याय करेगा। इन नाटकों को संस्कृत नाटकों की तरह सादगी के साथ अथवा पाश्चात्य रंगमंच के ऐतिहासिक यथार्थवाद की तरह भी नहीं कर सकते। यहाँ बाहर कार्य है तो भीतर भावप्रवणता भी है। प्रसाद मानसिक वास्तविकताओं को प्रमुख स्थान देते हैं। उनके नाटकों में परिस्थितियाँ और मानसिक द्वन्द्व ही ऐसे मुख्य बिंदु हैं जो केन्द्रीय बनने चाहिए।

[राष्ट्रीय नाट्य विद्यालय, दिल्ली, 1996, का प्रस्तुतीकरण]

प्रस्तुति-समीक्षा

महादेवप्रसाद सिंह

हिंदी-साहित्य के नवीन संसार में न तो प्रसादजी के परिचय की आवश्यकता है और न 'चंद्रगुप्त' के। किसी एक अथवा दूसरे कारण से ये दोनों ही नाम परिचित-से हो गए हैं। अभी 'चंद्रगुप्त' को प्रकाश में आए लगभग ढाई वर्ष ही हुए हैं, पर इसकी समालोचना और प्रत्यालोचना मिलाकर पुस्तक से दुगना-ढाईगुना आकार और बढ़ गया है। संभवतः यह प्रगति अभी और उन्नति प्राप्त करे। अस्तु। इस प्रसंग में हमें दो लेखकों का ध्यान प्रधान रूप में आता है—एक तो हैं लब्ध-प्रतिष्ठ आचार्य श्यामसुंदरदासजी राय बहादुर और दूसरे सज्जन हैं झाँसी-निवासी श्रीयुत कृष्णानंद गुप्त। गुप्तजी की आलोचना स्वतंत्र पुस्तक-रूप में, 'प्रसादजी के दो नाटक' नाम से, गंगा-पुस्तक माला, लखनऊ, से प्रकाशित हो चुकी है। अतः इसके संबंध में कम लिखना होगा। पूज्य बाबू साहब की समालोचना, नागरीप्रचारिणी पत्रिका के बारहवें भाग के दूसरे अंक में प्रकाशित होने के कारण, संभवतः अधिक लोगों का सामीप्य न प्राप्त कर सकी हो, इस हेतु प्रसंगानुसार इस संक्षिप्त आलोचना के आवश्यक अंगों पर दृष्टिपात करना होगा। अपने स्वभावानुसार पूज्य बाबू साहब किसी की आलोचना करते समय प्रोत्साहन और बढ़ावे का भाव अधिक रखते हैं, इसी से वह नितांत गुप्त, अक्षम्य और दमनीय दोषों को ही दिखाकर, लेखक को पोंछ-पुचकारकर उन्हें मार्जित करने की व्यवस्था करते हैं। इस नाटक के विषय में आपकी आपत्तियाँ संक्षेप में यों हैं—

एक—'चंद्रगुप्त' में चार अंक हैं। तीसरे अंक के अंत में सिकंदर के लौट जाने का दृश्य तथा नंद के नाशोन्मुख होने का चित्र उपस्थित किया गया है। चाणक्य का षड्यंत्र इस अंक में पूर्णता को पहुँचता है, और अंत में वह सफल होकर 'चंद्रगुप्त' को मगध का राजा बनाता है। मूल उद्देश्य की सिद्धि तो इन्हीं तीनों बातों के साथ हो जाती है, पर प्रासंगिक कथाओं का अंश अवशिष्ट रह जाता है। यदि नाटक यहीं समाप्त कर दिया जाय, तो वह रंगमंच के उपयुक्त हो सकेगा—समय कम लगेगा।

दो—इस नाटक में दो मुख्य घटनाओं का समावेश हो गया है—एक तो सिकंदर

का भारतवर्ष पर आक्रमण और दूसरी सिल्यूकस का आक्रमण। प्रथम घटना के आधार पर नाटक की कथावस्तु का विस्तार-जाल फैलता है, और वह तीसरे अंक में पूर्णता प्राप्त कर लेता है। दूसरी ऐतिहासिक घटना के समावेश से, जो चौथे अंक में होती है, वस्तु-संकलन (Unity of action) में व्याघात पहुँचता है। साथ ही काल-संकलन (Unity of time) में भी बाधा उपस्थित होती है।

तीन—अंकों का विस्तार और दृश्यों की संख्या अभिनय के अनुकूल नहीं है। अंतिम अंक में तो दृश्यों की संख्या सबसे अधिक हो गई है। समस्त नाटक के खेलने में कम-से-कम 7 घंटे और पहले तीन अंकों के अभिनय में 5 घंटे लगेंगे, जो बहुत अधिक हैं।

चार—स्थान-संकलन में यह विचारणीय है कि या तो घटनाओं का क्रम समसामयिक ढंग पर रखा जाय, अथवा एक अंक में एक ही प्रदेश की घटनाओं का समावेश हो। हम नहीं कह सकते कि प्रसादजी ने कहाँ तक इस विषय को ध्यान में रखकर नाटक की रचना की है।

भला हो हिंदू-विश्वविद्यालय की हिंदी-साहित्य-सभा का, जिसने गत वर्ष 'प्रसादजी का 'चंद्रगुप्त' अभिनय योग्य है या नहीं' का निश्चय कर लेने का संकल्प किया। इस कार्य के लिए उक्त सभा के आह्वान पर हिंदी-नाटक-समिति, महाराष्ट्र-नाटक-मंडल नागरी-नाटक-मंडली आदि प्रमुख संस्थाओं ने उदारतापूर्वक सहयोग देना स्वीकार किया। अनेक बैठकों के पश्चात् नागरी-प्रचारिणी सभावाली बैठक में कुछ लोगों ने अभिनय-संबंधी कठिनाइयों को प्रसादजी के सम्मुख उपस्थित किया। नाटककार की हैसियत से प्रसादजी ने तो उसे काटने-छाँटने का भार स्वीकार कर लिया, पर समय की कमी और गुप्तकालीन वेशभूषा एवं अनुकूल रंगमंच के प्राप्त न होने से यह विचार क्रियात्मक रूप में परिणत न हो सका। साथ ही पात्रों के चयन में भी बड़ा विवाद उठ खड़ा हुआ। इस प्रकार काशी के प्रायः सभी विद्वान् एवं कला-प्रेमी सज्जनों को एक दूसरे रूप में फिर 'चंद्रगुप्त' की धुन सवार हुई, और इस वर्ष बहुत पहले से ही रत्नाकर-रसिक मंडल ने अपने तत्त्वावधान में इसे अभिनीत करने का साहसपूर्ण बीड़ा उठाया। इस कार्य के लिए नाटकीय साहित्य एवं कला के सभी प्रमुख प्रेमी उत्साह के साथ सामने आए, और बड़ी धूमधाम से यह निश्चय सर्वसाधारण में घोषित किया गया। परंतु गंभीरतापूर्वक विचार करने पर अनुभवी पात्रों के सम्मुख फिर एक बार कठिनाई उपस्थित हुई, और प्रसादजी ने फिर उनके संक्षिप्तकरण का भार उदारतापूर्वक उठाया। इस बार बाबू साहबवाली समालोचना से लाभ उठाकर चौथा अंक निर्वासित कर दिया गया, और शेष के 3 अंकों में भी यथासाध्य परिवर्तन किया गया। प्रथम अंक में 11 के स्थान पर 10 दृश्य रखे गए। द्वितीय में 11 के स्थान पर केवल 7 और तृतीय अंक पूर्ववत् 9 दृश्यों का बना रहा। इस प्रकार 5 दृश्य इनके और 16 चौथे अंक के मिलाकर 21 दृश्यों की कमी की गई; और अभिनय किए गए केवल 26 दृश्य।

इधर लोगों ने बाबू जयशंकर प्रसादजी का ध्यान नाटक की नीरसता और शुष्कता की ओर दिलाया, और दर्शकों पर कृपालु बाबू साहब ने चट एक मौलिक प्रहसन भी लिखकर तैयार कर दिया। यह प्रहसन प्रथम अंक के चौथे, द्वितीय अंक के 6वें एवं तृतीय अंक के 5वें दृश्य के पश्चात् रखा गया। यह प्रहसन नहीं, प्रहसन का जनाज़ा था। न कोई कथावस्तु और न कर्मण्यता, केवल नियति के नाम पर क्रंदन करनेवाले चार-पाँच व्यक्तियों का झुंड था। किसी को 'मार्जार के पदाक्रांत करने पर विभीषिका दृष्टिगोचर होती है, तो किसी को छिक्वा के श्रवण से आतंक उत्पन्न होता है। यही है नियति की लीला। गृह-गोधिका सुनकर एक अध्यापक महाशय अर्थ जानने के फेर में पड़े हैं। जब उन्हें मालूम हुआ कि यह छिपकली का पुराना का नाम है, तो हँसते-हँसते लोट-पोट हो गए। कुल मिलाकर प्रहसन से कोई अभिप्राय सिद्ध होता नहीं दिखाई पड़ता। यदि यह पात्रों के विश्राम करने एवं नाट्य-संबंधी आवश्यक बातों के प्रबंध के लिए है, तो यह कहने में हमें संकोच नहीं कि दर्शकों के साथ अत्याचार किया गया है। और न तो इस प्रहसन का कुछ लगाव कथानक से है और न मानव-समाज की दैनिक अवस्थाओं एवं घटनाओं से। फिर भी न जाने क्यों यह तीनों अंकों में है और समय नष्ट करता है। अभी तक यह नियमानुसार प्रकाशित नहीं हुआ है, इसलिए यह निर्णय करना कि कितना अंश प्रसादजी के मस्तिष्क से प्रसूत है और कितना अभिनेताओं की कृपा का फल, कुछ कठिन है। हाँ, यह अवश्य है कि इसके अभिनय को देखकर 'प्रसाद'जी एक विचित्र वेदना का अनुभव कर रहे थे। यदि इसमें सुधार भी किया जाय, तो कोई लाभ न होगा। इससे यह स्पष्ट हो जाता है कि प्रसादजी का प्रहसन लिखना अपना उपहास कराना है। समझने और हँसने का मौक़ा या मसाला तो दूर रहा, इसमें कोई बात ही कहने और करने को नहीं है। जब स्वयं अभिनेता हँसने लगते हैं, तो कुछ लोग दर्शकों में भी अनुकरण करनेवाले मिल जाते हैं। सुना है, यह प्रहसन किसी मित्र-विशेष के रोने पर ग्रंथकार ने लिखा था। मूल-नाटक की भाषा और प्रहसन की भाषा में अंतर है। इसमें चलते हुए उर्दू के अनेक शब्द व्यवहृत हैं। प्रहसन के अंत होते-न-होते व्यर्थ चाणक्य को बुलाकर कथावस्तु से संबंध स्थापित करने की चेष्टा की गई है। यदि इस प्रकार एकआध बार के गुप्तकालीन नामोच्चारण से ही ऐतिहासिक संबंध स्थापित हो जाया करता, तो आज अनेक इतिहासवेत्ता गली-कूचे में नज़र आते होते। इसके अतिरिक्त अनेक स्थल पर तो अश्लीलता को भी तिलांजलि दी जा चुकी थी।

अब नाटक के मूल प्रश्न पर विचार करना है। प्रसादजी के अनुसार यह नाटक बुद्धकालीन भारत (ई. पू. 325 वर्ष) से संबंध रखता है। 'प्रसादजी के सब नाटकों में भारत के मुखोज्ज्वलकारी दृश्य उपस्थित किए गए हैं। यह बात 'चन्द्रगुप्त' में विशेष रूप से पाई जाती है।' पर अपने ऐतिहासिक विचारों को शृंखला-बद्ध करना एक बात है, और नाटकोचित रूप से उन्हें सजाना दूसरी। नाटक का उपक्रम करने से पहले लेखक

को पात्रों की वेश-भूषा और रहन-सहन का पूर्ण और स्पष्ट चित्र उपस्थित कर लेना होगा, और तब काल-क्रम के अनुसार दृश्य-चयन में ध्यान देना होगा। दुःख है, प्रसादजी इस विषय में उपेक्षा करते हुए-से जान पड़ते हैं। उनके नाटकों के पढ़ने या देखने से सिवा इसके कि पुरानेपन का कुछ आभास मिले, और कुछ भी स्पष्ट नहीं होता। इसी से अभिनय करते समय अनेक कठिनाइयों और विवाद के पश्चात् भी नवीन और प्राचीन रूपक का मिश्रण ही दृष्टिगोचर होता है। यही बात पात्रों के लिए भी लागू होती है। उनके चरित्र एवं कार्यों की संगति बैठती ही नहीं। न तो उनके शब्दों से उनके विषय में कुछ निश्चित धारणा की जा सकती है, और न दूसरे पात्रों द्वारा उन पर कुछ विशेष प्रकाश पड़ता है। 'लेखक के कौशल पर मुग्ध होने और आँखों के सामने व्यक्ति का चित्र उपस्थित होने' की बात तो विरले ही जानें, दर्शकों पर इस प्रकार का कोई प्रभाव नहीं पड़ता। जिस 'चन्द्रगुप्त' के चाणक्य को दूरदर्शी, विवेकशील और अपनी मंत्रणा को अपने ही मन में छिपा रखनेवाला एक अलौकिक पुरुष के रूप में—जिसमें भारतवर्ष के प्राचीन ऋषियों की महत्ता, गरिमा और पारदर्शिता स्पष्ट झलकती हो, और जिसके चेहरे पर कूटनीति तथा दृढ़ता की रेखा देख पड़ती हो—पाना चाहते हैं, उसे रंगमंच पर निरीह और कायर की भाँति देखकर दया आती है। प्रथम अंक के दूसरे दृश्य में तो यह चाणक्य की नक़ल मालूम पड़ता है। बंदी होने पर चाणक्य स्वयं अपने मुक्त होने का कोई भी निश्चित यत्न सोचने में असमर्थ रहता है। एक बार तो ४वें दृश्य में एक मुट्ठी चना तक की भिक्षा माँगने लगता है। (संभवतः चणक-शब्द से पिता का बोध होने के कारण ग्रंथकार ने बाध्य होकर चना लिखा होगा।) अंत में बंदी-गृह से चाणक्य का उद्धार चन्द्रगुप्त की कृपा से होता है। यह चाणक्य के अनुरूप नहीं कि वह दूसरों की कृपा का भाजन बने।

नाटक का नायक चन्द्रगुप्त प्रारंभ से अंत तक चाणक्य के हाथ की कठपुतली बना रहता है। न तो स्वतंत्र इसकी कुछ शक्ति है और न स्वयं कुछ आकांक्षा। यह परिस्थिति का गुलाम-सा बनाया गया है। यही बात सिकंदर के साथ भी खटकती है, वह इतना निर्जीव क्यों बनाया गया। हमारे सामने जो सिकंदर आता है, वह तेजहीन है, उसका मंच पर गिरना तो और भी अपूर्व है। इसी प्रकार राक्षस के चरित्र को भी मलिन करने की चेष्टा की गई है। वररुचि और शकटार जैसे बड़े व्यक्ति नगण्य किए तथा उपेक्षा की दृष्टि से देखे गए हैं। पौरव या पर्वतेश्वर भी बुरी तरह घसीटा गया है। जब हम इन सबसे ऊबकर निरीह अबलाओं की ओर देखते हैं, तो और भी करुण रागिनी सुन पड़ती है। सुवासिनी, मालविका और कल्याणी सब अलक्ष्य जीवन बिताकर अपना कर्मफल भोगती है। इस प्रकार के चित्रण को 'हृदयहीनता' का ही नहीं वरन् असमर्थता का भी परिचायक मानना चाहिए। कार्नेलिया में कोई विशेषता नहीं है। प्रसादजी की स्त्रियाँ चाहे जो कुछ हों, पर इतना तो निश्चित है कि वे स्त्रियाँ नहीं हैं। लेखक ने अपने पात्रों को बड़ी दृढ़ता से मुद्राराक्षस वाले पात्रों से विभिन्न करने की चेष्टा की

है, पर इससे और भी गड़बड़ी हुई है। संक्षेप में, आपके पात्र काम-रूप हैं। जब जहाँ जैसी आवश्यकता पड़ी, आपने चट उन्हें मायामय रूप दे दिया। ग्रंथकार की ऐसी कृति धन्य है। इसके प्रभाव के विषय में बेचारे दर्शकों से पूछिए, तो पता चले।

दृश्यों के चुनाव में जो असफलता ग्रंथकार को मिली है, वह कम नाटककार प्राप्त कर सके हैं। अनेक बार के ट्रायल और परिवर्तन के पश्चात् भी कुछ ऐसे बेढंगे दृश्य आ पड़ते थे कि खेलनेवाले मूक रह जाएँ। उदाहरण के लिए प्रथम अंक के दूसरे दृश्य को लीजिए, इसमें नंद के विलास कानन में वसंतोत्सव दिखाया जाता है, जिसके लिए पर्याप्त स्थान की आवश्यकता होती है। उसके ठीक बाद ही जो परदा गिरता है, उसे चाणक्य की झोंपड़ी के भग्नावशेष से युक्त होना चाहिए। इस प्रकार खंभे आदि का कुछ भी अंश इस तीसरे दृश्य में दिखाना संभव नहीं है। चाणक्य अपनी झोंपड़ी का पता परदे पर लगाना चाहता है। द्वितीय अंक के भी दूसरे दृश्य में यही गड़बड़ी आती है। चाणक्य इसी दृश्य में चन्द्रगुप्त और सिंहरण को सपेरा बनने का परामर्श देता है, और उन्हें तुरंत इसी दृश्य में पर्वतेश्वर को सावधान करने के लिए आना पड़ता है। इतनी जल्दी में चन्द्रगुप्त सिवा इसके कि मंच ख़ाली छोड़कर पार्श्व में जाय, और एक चादर ऊपर से ओढ़कर झोली ले, सँपेरा बन जाय और कुछ नहीं कर सकता। भेष बदलना तो दूर की बात रही। तीसरे अंक के द्वितीय दृश्य में भी बड़ा विभ्रम उत्पन्न होता है। यह दृश्य रावी-तट के उत्सव-शिविर का है। इसमें क्रमशः पर्वतेश्वर, चाणक्य, गांधारराज, कार्नेलिया, चन्द्रगुप्त, राक्षस, कल्याणी और फिर चाणक्य का प्रवेश है। ये पात्र एक, दो या तीन की संख्या में दिखाई पड़ते हैं, और फिर अपना-अपना वक्तव्य देकर चले जाते हैं, शिविर न हुआ मानो व्याख्यान का मंच या राजपथ हुआ—जब जिसके मन में जो आया, वह कहकर चलता बना। इसी प्रकार से दृश्यों के चुनाव एवं उनकी व्यवस्था में बड़ी भूल और अनभिज्ञता का परिचय दिया गया है।

नाटक में आए हुए गाने भी बदल दिए गए हैं। कुल एक दर्जन गाने गाए गए, जिनमें 10 छपा करके दर्शकों को भेंट किए थे। इनमें केवल तीन गाने पुरानी पुस्तक के हैं, शेष सब नई सूझ के नमूने हैं। गाने छायावादी स्कूल के हैं। Music is a sound and not sense के अनुसार भले ही कुछ लोग गायक के लय-स्वर पर रीझ गए हों, पर sense का तो सर्वथा अभाव ही था। वहीं पर जब एक सज्जन ने 'हृदय! तू खोजती किसको, छिपा है कौन-सा तुझमें।' का अर्थ पूछा, तो उत्तर में वही शुष्क सारहीन छायावादी हँसी या हाला की प्राप्ति हुई। इस प्रकार के गायन के साथ-साथ नाटकीय भाषा भी अपना सौष्ठव दिखाने से नहीं चूकी। इन दोनों का प्रभाव बड़े विचित्र रूप से दर्शकों पर पड़ रहा था। इतना यहाँ स्पष्ट कर देना चाहिए कि हमें शुद्ध हिंदी से प्रेम है, पर शिथिल और निर्जीव भाषा से नहीं। भाषा में प्रवाह नहीं, आकर्षण नहीं, प्रसाद नहीं, तो रुचे कैसे! अर्थं की कठिनाई तो शब्द-कोष से भी सुलझ सकती है, पर शब्दों की मोहकता का भार प्रयोक्ता पर ही होता है। कठिन गद्य के उदाहरण में

कादंबरी की गणना होती है, पर वहाँ शब्दों के प्रयोग ऐसे सुचारु रूप से हुए हैं कि एक प्रकार का अविरोधप्रवाह मिलता है। इसी से उसमें रोचकता उत्पन्न होती और बनी रहती है। उसी का अनुवाद यदि 'शुष्कं काष्ठं तिष्ठत्यग्रे' वाली रीति से किया जाय, तो संभवतः वह 'चंद्रगुप्त' की स्वाभाविक नीरसता का कुछ-कुछ आभास दे सके। इस प्रकार बीहड़ और उटपटाँग भाषा के दोष दर्शक और अभिनेता सभी को खटक रहे थे।

यह वीर-रस-प्रधान एक ऐतिहासिक नाटक कहा जाता है, और वास्तव में इसके देखने से देश की तात्कालिक इतिहास-गाथा का कुछ आभास भी मिल जाता है। पर, जैसा पहले कहा जा चुका है, वेश-भूषा और आचार-व्यवहार-संबंधी उत्कंठाएँ ज्यों-की-त्यों बनी रह जाती हैं। कथानक भी ऐसी शिथिल रीति से सामने लाया जाता है कि उससे किसी रस का उद्रेक हो ही नहीं पाता। स्वर के चढ़ाव-उतार और अंग-संचालन के भरोसे उत्तम-से-उत्तम अभिनेता भी कथानक की रसहीनता के दोष-मार्जन में असमर्थ रहते हैं। लगातार 6-7 घंटे बैठे रहने पर भी कहीं यह जानने की इच्छा नहीं होती कि देखें आगे क्या हुआ? उत्सुकता की रूपरेखा भी नहीं देखने में आती। समूचा नाटक एक असंबद्ध, फुटकर वाक्य-विन्यासों का संग्रह-सा प्रतीत होता है। काव्य की भाँति यदि चाहें, तो इस नाटक के दृश्यों को मुक्तक मान लें। और, तब संभवतः शकटार, सिकंदर एवं सिल्यूकस आदि के अभिनय में किसी-न-किसी रस का भी संचार होता हुआ जान पड़े। इन्हीं सब बातों पर ध्यान रखकर मैंने इसे मुक्तक की श्रेणी में रखने की सिफ़ारिश की है। कम-से-कम इतना गुण तो है ही कि दर्शकों को 6-7 घंटे बैठने को बाध्य नहीं होना पड़ता। आप चाहें, तो बाहर घूम आइए, बाज़ार से कपड़े ख़रीद लाइए, या भोजनालय की सैर कर आइए, पर जब आइएगा, तब नाटक में वैसा ही रस पाइएगा, जैसा पहले मिल रहा था। आख़िर मुक्तक ही तो ठहरा। अठन्नीवाले तो सुवासिनी देवी के नृत्य पर अपनी भरपाई लिख देते हैं, पर सभ्यताभिमानी सज्जन जब काष्ठ-कौशिक की भाँति टुकुर-टुकुर ताकते रह जाते हैं, तब बड़ी दया आती है। गायन भी किसी प्रकार के भाव अथवा रस का उद्भव किए बिना ही लय हो जाते थे। प्रकृति-निरीक्षण और वर्णन का जो थोड़ा-बहुत वर्णन आता है, वह छायावाद की संरक्षणता में होने से वहीं स्वतः नष्ट हो जाता है।

ज्यों-त्यों करके नाटक का संशोधित संस्करण प्रहसन के साथ लगभग $6^1/_2$ घंटे में समाप्त हो सका। इस अभिनय में बड़े-बड़े योग्य और चुने-चुनाए अभिनेता बड़े चाव, उत्साह और लगन से भाग ले रहे थे, और प्रायः सभी ने नाट्य करने में कुछ कसर भी नहीं रहने दी थी, पर नाटक की निर्जीविता अभिनेताओं के हाथ-पैर पटकने से तो न दूर हो सकी। सबसे बड़ी कमी और खटकनेवाली बात तो यह थी कि संपूर्ण नाटक देखने का कुछ भी प्रभाव दर्शक पर अवशिष्ट नहीं रहता। जब लोग रात के 3 बजे घर लौटने लगे, तो वही कालिदासवाली दो उंगलियों की मनमानी टीका-टिप्पणी इस

पर भी सुनाई पड़ने लगी। एक सज्जन की सम्मति में तो इस नाटक को मूक दृश्यों में परिणत कर देना अधिक उपयुक्त था। दूसरे महाशय को इसके पात्रों को सम्मिलित रूप देना खटक रहा था। आपकी राय में हरएक पात्र स्वतंत्र नाट्य कर रहा था। Variety show की भाँति सब अलग-अलग बन-ठनकर आते और अपने स्वरूप के अनुरूप या अनुकूल परिचय तथा प्रकाश छोड़ चलते बनते थे।

चाहे भाषा के कारण हो, चाहे संगीत के, चाहे नाट्य-रचना की अभिज्ञता के कारण हो, चाहे अभिनय के, चाहे संगीत के दोषमय होने से हो, चाहे भाव के अभाव से, इतना तो स्पष्ट है कि 'चंद्रगुप्त' अभिनय के सर्वथा अयोग्य है। अच्छा हुआ जो काशी के उदार अभिनेताओं और रसिकों ने इतना धन, समय और परिश्रम व्यय करके इस प्रचलित विवाद को सदा के लिए मिटा दिया। संभवतः 'प्रसाद'जी भी अपनी त्रुटियों को खूब समझ गए हैं, और समय मिलने से वह इनकी पुनरावृत्ति न करेंगे, यह निश्चित है। मेरी समझ में यदि 'प्रसाद'जी सब झंझट छोड़कर केवल अपने नाम को सार्थक करने की चिंता करते, तो उत्तम होता।

['चन्द्रगुप्त'–1933 का प्रस्तुतीकरण, 'सुधा', लखनऊ, अप्रैल, 1934]

रघुराजशरण शर्मा

रत्नाकर रसिक मण्डल भी इसी उद्देश्य को लेकर सामने आया। बड़ी प्रसन्नता की बात है कि उसके इस प्रथम परन्तु अत्यंत महत्त्वपूर्ण उद्योग में काशी की सभी नाटकमण्डलियों ने पूरा-पूरा सहयोग दिया। इस प्रकार सम्मिलित उद्योग से 'प्रसाद'जी लिखित 'चंद्रगुप्त मौर्य' का गत ता. 14 व 15 दिसंबर को अभिनय किया गया, जिसमें काशी के प्रायः सभी प्रसिद्ध अभिनेताओं ने अभिनय किया। मण्डल के उत्साही कार्यकर्ताओं ने अभिनय को 'साहित्यिक नाटक का आकर्षक अभिनय' बनाने में कोई बात उठा नहीं रखी। पात्रों की अवस्था, जाति, प्रकृति और दशा के अनुकूल यथातथ्य वेश-भूषा, दृश्य-व्यवस्था और भाव-प्रदर्शन होने के कारण एक-दो छोटी-छोटी त्रुटियों को छोड़कर ईसा से पहले का वायुमण्डल उपस्थित करने में सफल हुए हैं। यूनानियों की वेश-भूषा बिलकुल वैसी ही थी, जैसी हम इतिहास में दिये चित्रों में तत्कालीन यूनानी सैनिक को देखते हैं। स्त्री अभिनेत्रियों की वेश-भूषा और भाव-प्रदर्शन में, केवल एक अभिनेत्री को छोड़कर, भारती-ललना सुलभ सादी, लज्जा, आत्मसम्मान के भाव विद्यमान थे। पारसी रंगमंच को ही शोभा देनेवाली व्यर्थ की तड़क-भड़क, वारवधुओं के-से कुरुचिपूर्ण हाव-भाव और चंचलता का अभाव था। मालूम हुआ है कि वेश-भूषा और शृंगार के लिए कलकत्ते से दो कुशल व्यक्ति बुलाये गये थे। सब मिलाकर साहित्यिक भाषा का उच्चारण स्पष्ट, अभिनयात्मक और शुद्ध था। कहीं-कहीं पात्र गड़बड़ा अवश्य जाते थे। दृश्यों की व्यवस्था

तत्कालीन समय, नाटक की घटना-विशेष के प्रायः अनुकूल ही थी; परन्तु कई बार एक दृश्य में एक ही परदे पर दो भिन्न-भिन्न घटनाओं को दिखाना पड़ा इसके लिए नाटककार अथवा नाटक का अभिनय करनेवालों में कौन उत्तरदायी है, इसका विवेचन आगे करेंगे। पात्रों का अभिनय, कुशल अभिनेताओं के होने के कारण बहुत सशक्त हुआ। श्री केशवरामजी टण्डन का छोटा कद और स्थूल शरीर होने के कारण, उत्तरी पहने गले में यज्ञोपवीत, देह के भस्म से अलंकृत साक्षात् चाणक्य ही से मालूम पड़ते थे। उनके भाव-प्रदर्शन और वाणी में चाणक्य-जैसे राजनीतिज्ञ के उपयुक्त गम्भीरता, भयंकर विप्लवों में निश्चलता और दूरदर्शिता टपकती थी। टण्डनजी-जैसे सफल अभिनेता ही चाणक्य के अभिनय की सफलता के अन्तर्रहस्य को समझ सकते थे और उन्होंने समझा भी है, यद्यपि एक-दो स्थलों पर जनता की वाहवाही प्राप्त करने को, गम्भीर तह छोड़कर स्वर ऊँचा करने के लोभ का संवरण न कर सके। उन्हें सुवासिनी की स्मृति पर आन्तरिक द्वन्द्व, कर्त्तव्य और प्रेम के युद्ध का भाव दिखाने में अपूर्व सफलता मिली। सबसे अधिक सफल और आदर्श उनका ही अभिनय हुआ है।

चंद्रगुप्त के अभिनेता रसिक नवयुवक होने के कारण कार्नेलिया, मालविका के प्रति प्रेमाकर्षण के भाव को तो सफलतापूर्वक दिखा सके हैं; परन्तु वीरता के भाव दिखाने में सफलता नहीं मिली। वे कहीं-कहीं उच्चारण में भी गड़बड़ा जाते थे। 'कला-कुशल-राक्षस' का अभिनय करने में श्री सीताराम चतुर्वेदी का नन्द की राजसभा में कला-पूर्ण नृत्य के नाम पर केवल हाथ-पैर मटकाना और 'निकल मत बाहर दुर्बल आह' को कई प्रकार से मुँह बनाकर गाना शोभा नहीं दिया। सुना है कि किसी सज्जन ने इसी गाने पर उन्हें पदक दिया है।

सात पुत्रों के दुःख से उद्विग्न, प्रतिशोध से पूर्ण शकटार के अभिनय में सर्वदानन्दजी ने भाव-प्रदर्शन तो अच्छा किया; परन्तु स्वर में कड़क न होनी चाहिए थी, क्योंकि शकटार वृद्ध था और वर्षों से थोड़े से सत्तू और नमक के ऊपर रहा था। सिकंदर के अभिनय की सफलता की कुंजी को श्री गणेशदत्त आचार्यजी ने भली-भाँति समझा। विश्वविजेता महत्त्वाकांक्षी सिकंदर का मस्तक रणस्थल में, शिविर आदि सब स्थानों पर, ऊँचा रहता है, वह केवल भारतीय संस्कृति और सभ्यता के आगे झुकता है। पर्वतेश्वर के अभिनय में निरालापन था, उनका स्वर आरम्भ से अन्त तक एक-सा रहा। अभिनेत्रियों में अलका, अतिनाट्य का अवगुण छोड़कर सुवासिनी और मालविका का अभिनय बहुत सफल रहा। मालविका का अभिनय करनेवाले अभिनेता बहुत होनहार मालूम पड़ते हैं। भविष्य में सफल अभिनेता होने की उनसे बहुत कुछ आशा की जा सकती है।

अलका प्रेम और कर्त्तव्य की प्रतिमा के रूप में दर्शकों के सामने आती है। अलका का अभिनय करनेवाले ने अलका के जीवन के दोनों क्षेत्रों—सिंहरण के प्रेम में अनुरक्तता और तक्षशिला का कलंक धोने के लिए गृह-त्याग कर यवनों से युद्ध करनेवाली अलका के अभिनय को सफलतापूर्वक किया है। सुवासिनी के अभिनय में अभिनेता श्री जनार्दन

मिश्र ने बहुत अधिक चंचलता और हाव-भाव प्रदर्शित किया है, जो महामंत्री शकटार की 'निष्पाप हृदया कन्या' के अनुपयुक्त थे। यह तो ठीक है कि सुवासिनी 'वसन्तोत्सव की रानी' और चाणक्य, राक्षस और नन्द के प्रेमाकर्षण की अधिष्ठात्री, अभिनय करनेवाली कन्या के रूप में आती है, उसमें चंचलता होनी ही चाहिए, परन्तु अधिक चंचलता से नाट्याधिक्य का अवगुण आ जाता है जो पारसी स्टेज को ही शोभा देता है। सब मिलाकर कह सकते हैं कि 'प्रसादजी' के रंगमंच की दृष्टि से संशोधित किये 'नवीन-चंद्रगुप्त नाटक' को पर्याप्त सफलता मिली और गौड़जी के शब्दों में 'काशी की चुलबुली जनता को ढाई बजे रात तक मोहिनी शक्ति से शान्त रखा।'

यह तो रही अभिनय की विवेचना। अब एक अत्यन्त महत्त्वपूर्ण प्रश्न पर विचार करना शेष रहा। यह तो निर्विवाद है कि रंगमंच ही नाटकों की अभिनयशीलता की जाँच करने की शालाएँ हैं। हिंदी का उच्चकोटि का पूर्ण-साहित्यिक 'चंद्रगुप्त' नाटक हिंदी के प्रसिद्ध नाट्यकलामर्मज्ञों और सुप्रसिद्ध अभिनेताओं की प्रयोगशाला में आया था, इसमें अभिनयशीलता और दृश्यों की व्यवस्था की सुविधा की दृष्टि से जो खटकनेवाली कमियाँ ज्ञात हुईं, उन पर प्रकाश पड़ना चाहिए जिससे भविष्य में निर्माण होनेवाले साहित्यिक नाटकों को अधिक अभिनयात्मक बनाने का प्रयत्न हो और उनमें वे कमियाँ न दोहराई जाएँ। पहली खटकनेवाली कमी यह है कि नाटककार ने रंगमंच की सुविधा की दृष्टि से दृश्यों को नहीं रखा। इसी कारण एक ही पर्दे पर दो भिन्न-भिन्न घटना-चक्रों के दृश्यों को दिखाने को, कई दृश्यों को मिला देने को और कई दृश्यों को छोड़ देने को बाध्य होना पड़ा। उदाहरण के लिए प्रथम अंक के पहले और दूसरे दृश्य में गुरुकुल का मठ यथातथ्य नहीं लगाया जा सका; क्योंकि दूसरे दृश्य में नन्द के भव्य कानन का दृश्य लगाना था। इस प्रकार नाटक के आरम्भ के दृश्य से दर्शकों पर जो गम्भीर प्रभाव पड़ता वह न पड़ सका। इसी दृष्टि से द्वितीय अंक का पहला और दूसरा दृश्य मिला देना पड़ा; क्योकि ग्रीक शिविर के बाद तुरन्त ही शैल-पथ का दृश्य लगाना अत्यन्त कठिन था। प्रथम अंक का दसवाँ सीन छोड़ देना पड़ा। 16 सीनवाले चौथे अंक को बिलकुल छोड़ देने पर भी अभिनय सारी रात्रि के $2^1/_2$ बजे समाप्त हुआ। नाटक इतना बड़ा है कि बिना कुछ भाग छोड़े उसका अभिनय सारी रात्रि में समाप्त होना कठिन है। दूसरी कमी नाटक की भाषा अभिनयात्मक न होने की है। पात्रों के बड़े क्लिष्ट वाक्यों वाले रहस्यमय व्याख्यान थे, उनमें अभिनय दिखाना तो दूर रहा, पात्रों को उनका कहना और दर्शकों को समझना अत्यन्त कठिन ही नहीं, प्रायः असम्भव था। स्पष्ट करने के लिए यहाँ एक उदाहरण पर्याप्त होगा। प्रथम अंक के प्रथम दृश्य में सिंहरण रहस्योद्‌घाटन करते हुए कहता है 'यवन आक्रमणकारियों के पुष्कल स्वर्ण से पुलकित होकर आर्यावर्त की सुख रजनी की शान्ति-निद्रा में उत्तरापथ की अर्गला खोल देने का रहस्य है।' नाटक के अभिनय में जो गायन रखे गये थे, उनमें केवल तीन नाटक के थे, और दो-एक इस विशेष अवसर के लिए 'प्रसाद'जी के बनाये थे। उनमें भी

कहीं चार अन्तरे के स्थान पर दो अन्तरों और दो एक स्थान पर एक अन्तरे को रखा था, तब भी गायक अभिनेताओं को कितनी खींचातानी करनी पड़ती थी और दर्शकों को संगीत का कितना कम स्वाद मिलता था यह अभिनेताओं और दर्शकों को भली-भाँति अनुभव हो रहा था। अभिनय की दृष्टि से नाटक में इतनी काट-छाँट करके नाटक को नवीन रूप देने पर भी नाटक के अभिनय में कई कमियाँ रह गयीं। साहित्यिक नाटकों के निर्माणकर्ताओं से प्रार्थना है कि इस प्रकार की प्रयोगशालाओं में जाँच के बाद जो कमियाँ ज्ञात हों उन्हें भविष्य के नाटकों में दूर करके पूर्ण-अभिनयात्मक नाटकों का निर्माण करेंगे।

['चन्द्रगुप्त'–1933, का प्रस्तुतीकरण, जागरण, काशी, 1933]

मिहिर, पं. दिनेश झा

'काशी रत्नाकर रसिक मण्डल' के आयोजन से 14 दिसम्बर, गुरुवार और 15 दिसम्बर, शुक्रवार की रात को 'न्यू सिनेमा हॉल' में हिंदी 'चंद्रगुप्त' नाटक खेला गया। इस आयोजन में रसिक मण्डल को पूरी सफलता मिली। काशी के प्रसिद्ध साहित्यिक श्री जयशंकर प्रसादजी द्वारा रचित 'चंद्रगुप्त' नाटक खेला जाना हिंदी रंगमंच के लिए बिल्कुल नई बात है। कई दृष्टियों से यह नाटक विशेष महत्त्व रखता है। कितने ही साहित्यिक 'प्रसाद'जी पर आक्षेप करते हैं कि आप ऐसे नाटक लिखते हैं जो पढ़े ही जा सकते हैं, खेले नहीं जा सकते। इस नाटक का अभिनय देखकर उनकी धारणा बदल गई होगी। यह अवश्य है कि 'प्रसाद'जी की भाषा क्लिष्ट होती है और साधारण लोगों को उसे समझने में कठिनाई पड़ती है। साधारण लोगों द्वारा उनके लिखे नाटकों का खेला जाना भी संभव नहीं। उनके नाटकों के अभिनय के लिए सुशिक्षित और नाट्यकला प्रेमियों का ध्यान गया है और उसके लिए उन्होंने परिश्रम आरंभ किया है और यह शुभ लक्षण है।

यह नाटक उच्चकोटि का हुआ, इसमें संदेह नहीं। क्लिष्ट भाषा होने पर लोगों को समझने में कहीं कठिनाई न हुई और वे बड़ी शान्ति के साथ समूचा नाटक देखते रहे। इसके कारण हैं सुन्दर अभिनय और समुचित प्रबंध। चाणक्य, पर्वतेश्वर, नन्द, सिकंदर, सिंहरण, शकटार और अलका के अभिनय की श्रेणी बहुत ऊँची थी। अन्य अभिनेताओं में भी कोई बिल्कुल कमज़ोर नहीं था। हाँ, चंद्रगुप्त की भूमिका में कुछ त्रुटि अवश्य रह गयी।

नाटक का तीन ही अंक अभिनीत हुआ। इन तीन अंकों से इसका चौथा अंक उत्तम है। यदि प्रहसन की व्यवस्था करने के बदले चौथा अंक ही खेलने की व्यवस्था की जाती तो बहुत अच्छा होता। प्रसादजी ने चौथे अंक को और अधिक महत्त्वपूर्ण बनाया था। प्रसादजी की सुसंस्कृतमयी भाषा के नाटक के बीच जब श्री कृष्णदेव प्रसाद गौड़

मेडल एनाउन्स करने और किसी ऐक्टर के 'विद थैंक्स' (उसके) 'रिफ्यूज' कर देने की सूचना देने अथवा बाहर के निमंत्रित सज्जनों के आये-मिले मैसेज पढ़ने उठते थे, तब लोगों को कुछ 'रिलीफ'-सा मिल जाता था।

['चन्द्रगुप्त'–1933 का प्रस्तुतीकरण, दैनिक आज, दिसम्बर, 1933]

सम्पूर्णानन्द

मुझे दूसरे दिन का ही अनुभव है पर मित्रों से ज्ञात हुआ था कि पहले दिन भी प्रायः ये सब बातें थीं। 'प्राम्पटिंग' बहुत जोर-जोर से हो रही थी। बाहर स्पष्ट सुन पड़ती थी। जहाँ और बातों का रिहर्सल होता है वहाँ प्राम्पटिंग का भी रिहर्सल होना चाहिए।

बीच-बीच में जो प्रहसन होता था वह बड़ा दुःखदायी था और लोगों का उस पर प्रसन्न होना केवल कुरुचि का प्रदर्शन था। कुछ चीजें ऐसी होती हैं जिनके कुछ अंश तो अच्छे होते हैं पर पूर्व पिण्ड बहुत बुरा होता है। यही दशा इन प्रहसनों की थी। मैं देख रहा था कि बेचारे 'प्रसाद'जी बैठे-बैठे कुढ़ रहे थे। नाटक के मूल भाग में किसी हँसमुख पात्र या सुरुचिमय हँसी के दृश्य का होना एक बात है और मूल ड्रामा से अलग एक कृत्रिम हास्योपहासक दृश्य बलात् प्रविष्ट कर देना दूसरी बात है। आशा है भविष्य में इसका ध्यान रखा जाएगा।

अन्तिम दृश्य, सुवासिनी का नृत्य बड़ी ही कुरुचिपूर्ण बात थी। पहले तो वह नर्तकी का काम करती थी बाद में यह विदित हो गया कि वह शकटार की लड़की है। अन्तिम दृश्य में उसके पिता शकटार मौजूद हैं और वह भरे दरबार में सामान्य नर्तकी-सी नाच रही है।

वेश-भूषा के संबंध में भी एक बात नोट करने की है। यवनों के लिए तो यथाशक्य प्राचीन ग्रीक ढंग का वस्त्र रखा गया था पर भारतीयों के लिए यह बात प्रायः नहीं सोची गई थी।

हम सब लोगों का लक्ष्य हिंदी रंगशाला का संस्करण और परिशुद्धि है, इसी दृष्टि से ये बातें लिख रहा हूँ।

['चन्द्रगुप्त'–1933 का प्रस्तुतीकरण, दैनिक आज, दिसम्बर, 1933]

रघुवंश

नाटक को देखकर दर्शकों के मन पर मिश्रित प्रभाव पड़ा और विभिन्न प्रकार की प्रतिक्रियाएँ हुईं। इनका कारण नाट्य-वस्तु में ढूँढ़ा जा सकता है और नाट्य-प्रदर्शन में भी। हम

जैसे एक ही सम्पूर्ण नाटकीय वस्तु का प्रदर्शन नहीं देख रहे हैं, वरन् एक ही विषयवस्तु से सम्बन्धित अनेक नाटकीय परिस्थितियों को भिन्न-भिन्न दृश्यों में देख रहे हैं। कुछ दृश्य अपने नाटकीय तत्त्व और अभिनय की विशिष्टता के कारण अपने आपमें नाटकीय अनुभव लगते हैं और कुछ दृश्य कभी अपने हीन नाटकीय तत्त्व के कारण अथवा अपने असफल प्रदर्शन के कारण उबानेवाले वस्तु के परिचय मात्र लगते हैं। इसको केवल हम इस आशा में सह लेते हैं कि आगे दूसरी नाट्यवस्तु संवेदित होगी। अगले दृश्य में चाणक्य आएगा, या कम-से-कम पर्वतेश्वर या चंद्रगुप्त ही रहेगा। जिन दृश्यों में स्त्री पात्र हैं, मन होता है कि जल्दी समाप्त हो तो छुट्टी मिले। अन्ततः लगने लगता है कि नाटक, वस्तु की दृष्टि से कुछ घटनाचक्र, चारित्रिक तथा मानसिक परिस्थितियों पर निर्भर है और उसका अभिनय कुछ अभिनेताओं को कुशलता के कारण निभ रहा है। चाणक्य की भूमिका में विपिन टण्डन को इसका सबसे अधिक श्रेय मिलना चाहिए।

['चन्द्रगुप्त'–1960 का प्रस्तुतीकरण, कल्पना-113, सितम्बर, 1960]

वाचस्पति पाठक

हिंदी के सुप्रसिद्ध नाट्यकार जयशंकर प्रसाद का 'स्कंदगुप्त' हिंदी नाट्य साहित्य में विशेष महत्त्व रखता है और उससे पंच-दिवसीय प्रदर्शनों का आरम्भ सर्वथा वांछनीय था। प्रसाद के नाटकों की अभिनेयता के सम्मुख आज प्रायः पैंतीस-चालीस वर्षों से एक बड़ा प्रश्नचिह्न लगा हुआ है। प्रसाद के जीवनकाल में ही यह चर्चा का विषय बन गया था और उनकी अनभिनेयता के आक्षेप से बचने के लिए ही प्रसाद ने घोषणा की थी कि रंगमंच के लिए नाटक नहीं वरन् नाटक के लिए रंगमंच होना चाहिए। प्रसाद के इस कथन को स्वीकार किया जा सकता है। किन्तु सच पूछा जाय तो सच्चाई जितनी 'नाटक के लिए रंगमंच' होने में है उतनी ही 'रंगमंच के लिए नाटक' होने में भी है। नाटक के बिना रंगमंच और रंगमंच के बिना नाटक की कल्पना नहीं की जा सकती है। प्रसाद के महत्त्वपूर्ण श्रेष्ठ नाटकों में लम्बी कालावधि, अनेकानेक पात्रों की सृष्टि, छोटे-छोटे दृश्य, गीतों की बहुलता, युद्ध और मृत्यु की निरंतर आवृत्ति, आदि, उन्हें प्रस्तुत करना कठिन और श्रम तथा व्ययसाध्य ही नहीं बनाते, वरन् उनकी सफलता को भी संदिग्ध बना देते हैं। बराबर यह कहा गया है कि साधन-सम्पन्न कोई दल और कल्पनाशील कोई निर्देशक प्रसाद को मिले तो उनके नाटकों की अभिनेयता प्रमाणित की जा सकती है—लम्बे नाटक को काट-छाँटकर, सम्पादित कर सफलतापूर्वक प्रस्तुत करके प्रसाद की नाट्यकला के साथ न्याय किया जा सकता है, उनके प्रति अपने दायित्व का निर्वाह किया जा सकता है। इसी उद्देश्य से कुछ समय पूर्व नाट्य विद्यालय की प्राध्यापिका श्रीमती शांता गाँधी ने 'स्कंदगुप्त' का संक्षिप्तीकरण किया था और उसी

को नाट्य विद्यालय ने हिंदी रंगमंच शतवार्षिकी के अवसर पर प्रस्तुत करके स्तुत्य प्रयास किया। इसका निर्देशन श्रीमती शांता गाँधी ने ही किया, नाट्य विद्यालय के कल्पनाशील निर्देशक श्री इब्राहिम अलकाज़ी ने दृश्यबंध की परिकल्पना की और अपने महत्त्वपूर्ण सुझावों से प्रस्तुति को अधिकाधिक पूर्ण बनाने का प्रयास किया। किन्तु सब कुछ के होते हुए भी प्रस्तुति सफलता को नहीं छू पाई।

सर्वप्रथम सम्पादन को लें। 'स्कंदगुप्त' नाटक अपने आपमें पर्याप्त बिखरा हुआ है। अनेक घटनास्थल, लम्बी अवधि, अनेक पात्र, गीत, युद्ध एवं मृत्यु, नाटक की कथा को उलझाते और शिथिल बनाते हैं। शांताजी ने यथासंभव इन्हें संश्लिष्ट करने का प्रयत्न किया और बहुत दूर तक वे सफल भी हुईं तथापि अधिकांश स्थलों पर संक्षिप्तीकरण के परिणामस्वरूप वे पात्र या भाव जो मूल में उभर पाए हैं, इस सम्पादित रूप में अविकसित रह गये। नाटकीय दृष्टि से कुछेक दृश्यों का संयोजन उचित ही था, जैसे बौद्ध भिक्षुओं एवं ब्राह्मण पंडितों में विवाद, तथापि सम्पूर्ण नाटक की दृष्टि से उस अंश को छोड़ा जा सकता था। संभवतः मातृगुप्त से सूत्रधार की भूमिका का भी थोड़ा निर्वाह करवाया गया होता तो घटनास्थलों का परिवर्तन और उनके बीच का घटनात्मक एवं भावात्मक संबंध दर्शकों को अधिक स्पष्ट हो पाता। गीतों की संख्या में भी कमी की जानी चाहिए थी। सबसे बड़ी बात जो अखरी वह थी स्कंद और देवसेना के आंतरिक द्वन्द्व एवं उद्वेलन का अभाव। अंतर्द्वन्द्वों पर आधारित प्रसाद के नाटकों का सौंदर्य इसी में निहित है। उसके अभाव में नाटक निष्प्राण-सा लगा।

अलकाज़ी साहब द्वारा परिकल्पित प्रतीकात्मक रंगमंच एक ही दृश्यबंध पर थोड़े-बहुत परिवर्तनों के साथ विभिन्न दृश्यों की योजना करने में सक्षम था तथापि उसमें भारतीयता की अपेक्षा पाश्चात्य रूप अधिक झलक रहा था। मंच पर दोनों ओर पूरी गहराई में प्रायः सोलह फ़ीट ऊँचे सफेद 'पैनल' दिये गये थे जो सारे वातावरण को भारतीय परिवेश से दूर ले जा रहे थे, आलोक को तो प्रभावित कर ही रहे थे। गरुड़ध्वज, कमल, सूर्य आदि के बड़े चिह्नों द्वारा स्थान-परिवर्तन का बोध कराने का प्रयत्न भी इच्छित प्रभाव न डाल सका। यही बात वेशभूषा के सम्बन्ध में भी बहुत दूर तक कही जा सकती है। अधिकांश पोशाकों का रंग पाश्चात्य था। उस ज़माने में हमारे यहाँ चटक लाल, हरा, नीला, पीला, केसरिया आदि रंग इस्तेमाल किये जाते थे। चाकलेट, ब्राउन, मोव आदि रंग पाश्चात्य हैं। आजकल हमारे यहाँ भी चलने लगे हैं। इसी प्रकार स्त्रियों के वस्त्र पहनने का तरीका भी संतोषजनक न था। गुप्त काल में आम तौर पर स्त्रियों के दुपट्टे का छोर सामने लटका करता था, कंधे के सामने की ओर। इस नाटक में पंजाबी चुन्नी की तरह वह सामने से पीछे की ओर डाला गया था। नगर की स्त्रियों का सिर ढँककर घूम-घूमकर हाथ उठाए ईश्वर से प्रार्थना करना पंजाबी स्त्रियों का खुदा से दुआ माँगने-जैसा या ईसाई औरतों द्वारा 'गाड' से 'मर्सी' चाहने-जैसा लग रहा था—हिन्दू औरतों द्वारा भगवान से प्रार्थना करने जैसा नहीं।

अभिनय में वह ओज, गाम्भीर्य और व्यक्तित्व का अभाव था जो ऐतिहासिक नाटक के लिए आवश्यक होता है। स्वयं नायक स्कंदगुप्त इस दृष्टि से कमजोर पड़ता था, देवसेना के सम्बन्ध में भी यही बात कही जा सकती है। इस दृष्टि से विजया अपने चरित्र को अधिक उभार पाई, कमला और देवकी भी। मातृगुप्त का कवि रूप तो मुखर हुआ, किन्तु साथी और सहायक रूप नहीं। यह सही है कि नाट्य विद्यालय के छात्र मँजे हुए कलाकार नहीं हो सकते, यथापि अच्छे अभिनय के अभाव में ऐसे नाटक अपना महत्त्व और सौन्दर्य खो देते हैं।

इन सबके बावजूद यह स्वीकार करना ही पड़ेगा कि 'स्कंदगुप्त'-जैसे कठिन और उलझे कथानकवाले नाटक को उठाकर नाट्य विद्यालय, शांताजी और विद्यार्थियों ने बड़े साहस से काम किया।

['स्कंदगुप्त'—1969 का प्रस्तुतीकरण, अनामिका कला संगम, कलकत्ता द्वारा आयोजित हिन्दी रंगमंच शतवार्षिकी समारोह, नटरंग-9, 1969]

प्रतिभा अग्रवाल

'चन्द्रगुप्त' की सफलता के संबंध में सबसे अधिक शंका थी, अतः उसे मंचित करने का भार स्वयं अनामिका ने उठाया—निर्देशन सम्हाला विमल लाठ ने। 'चन्द्रगुप्त' के सफल मंचन की संभावनाओं पर पुनः एक प्रश्नचिह्न लगा। पच्चीस वर्षों के कार्यकाल, चालीस-पचास पात्रों की भूमिका और पच्चीस-तीस दृश्यों में विभाजित इस नाटक को समेटना कठिन कार्य है। चतुर्थ अंक छोड़ देने के बावजूद नाटक तीन घंटे से ऊपर की अवधि तक चला। नाटक की गति शिथिल, और पात्र अधिकतर यन्त्रचालित से रहे। हाथ-पैर की गतियों को बहुत संयमित करके, संवादों को भावुकता की सीमा से दूर रखने की कोशिश करके निर्देशक ने 'चन्द्रगुप्त' को आधुनिक दृष्टि से अधिक ग्राह्य बनाने का प्रयत्न किया, पर उसमें वह सफल न हो सका—तीन महीनों के परिश्रम एवं प्रचुर व्यय के बावजूद 'चन्द्रगुप्त' की प्रस्तुति कोई प्रभाव न छोड़ सकी।

[अनामिका, कलकत्ता की ओर से 'चन्द्रगुप्त' का प्रस्तुतीकरण, 1974]

सर्वेश्वरदयाल सक्सेना

'प्रसाद' के नाटक अपनी भाषा और विन्यास से मंच की शर्तें पूरी नहीं करते और आधुनिक प्रेक्षकों के लिए असह्य हैं—इस धारणा को निर्मूल सिद्ध करने में राष्ट्रीय नाट्य विद्यालय की नाट्य मंडली सफल नहीं रही। मध्यप्रदेश कला परिषद् ने इस जाँच के लिए भोपाल

में अपने गौरव नाट्य समारोह में जयशंकर प्रसाद का नाटक 'स्कंदगुप्त' विद्यालय द्वारा खिलवाया, जिसका निर्देशन हिन्दी भाषा और काव्य की अपेक्षाकृत अच्छी समझ रखनेवाले रामगोपाल बजाज ने किया था और जिसमें विद्यालय की नाट्यमंडली के सिद्धहस्त कलाकारों ने अभिनय किया जो हिन्दी रंगमंच के लिए गौरव है : मनोहर सिंह (स्कंदगुप्त), राजेश विवेक (भटार्क), सुरेखा सीकरी (अनंत देवी), उत्तरा बावकर (देवसेना)। मनोहर सिंह संवादों में निहित भाव-ताप को ही सँभाल नहीं सके और इसी तरह सुरेखा सीकरी को कुछ हद तक छोड़ सभी पात्रों के लिए संवादों की प्रस्तुति सांघातिक थी यद्यपि भाषा तथा वाक्य-विन्यास को जबान पर लपेटने योग्य, काफी कुछ इधर-उधर कर, चिकना बनाया गया था। उत्तरा बावकर जो हिन्दी रंगमंच की सर्वश्रेष्ठ गायिका है, गीतों द्वारा अपेक्षित प्रभाव स्थापित नहीं कर सकी। विद्यालय के चालीस से अधिक कलाकारों ने इसमें भाग लिया। कहा गया था यदि इस बार नहीं तो कभी नहीं यानी इतने समर्थ कलाकारों के होते यदि प्रसाद इस बार मंच पर सफल नहीं होंगे तो कभी नहीं होंगे। लेकिन अभी और मौके देने होंगे क्योंकि लगता था कलाकारों ने अपनी क्षमता का पूरा उपयोग नहीं किया। संगीत-रचना मोहन उपरेती की थी जरूर पर बेहद कमजोर थी। उत्तरा का अच्छा स्वर क्या कर सकता था ? वाद्य-यंत्रों की संगत निष्प्रभाव मरी-मरी-सी थी। निर्देशक ने अति उत्साह में लगता है ··· मंच-कल्पना को ताक में रख दिया और तामझामपूर्ण जटिल व्ययसाध्य मंचसज्जा का रास्ता अपनाया। मध्यांतर के बाद के छोटे-छोटे दृश्यों में हर बार मंच अलंकरण की अदला-बदली जटिल और प्रभावहीन ही नहीं, निष्प्रयोजन खेल जैसी लगती थी। फिर प्रसाद के अन्य नाटकों और काव्य-संग्रहों के गीतों का मूल नाटक में गुंफन तर्कहीन और बेअसर था। इस नाटक की प्रस्तुति पर कहा जाता है कोई 35 हजार रुपया खर्च आया जो एक तरह से अगली बार इस नाटक के मंचन में गलतियाँ न दोहराने के ही काम आयेगा। प्रसाद के इस नाटक के सार्थक मंचन के लिए निर्देशक का प्रसाद के प्रति जितना अगाध प्रेम जरूरी है उतना ही बेरहम होना भी और कल्पना के साथ आधुनिक मंच की जरूरतों को समझना।

[राष्ट्रीय नाट्य विद्यालय रंगमंडल द्वारा 1977 का 'स्कंदगुप्त' का प्रस्तुतीकरण, दिनमान, 27 नवम्बर-3 दिसम्बर, 1977]

नाग बोडस

जयशंकर प्रसाद के 'स्कंदगुप्त' नाटक को मैंने तीन बार मंच पर देखा है। पहली बार 1977 में म. प्र. कला परिषद् के रजतरंग नाट्य समारोह में, भोपाल के रवीन्द्र भवन में। इस प्रस्तुति को राष्ट्रीय नाट्य विद्यालय रंगमंडल के लिए रामगोपाल बजाज ने निर्देशित किया था, खासकर उक्त समारोह के लिए ही। 'स्कंदगुप्त' को दूसरी बार देखने

का अवसर 1984 में मिला जब रंगमंडल, भारत भवन के कलाकारों ने ब.व. कारंत के निर्देशन में इसे वहीं के अंतरंग में प्रस्तुत किया। इसी प्रस्तुति का एक प्रदर्शन (प्रयोग) करीब डेढ़-दो साल बाद ग्वालियर किले के मानमंदिर के पास बने अस्थायी मंच पर देखने को मिला। इतने लम्बे अंतराल के बाद इन प्रदर्शनों के प्रभावों का ठीक-ठीक वर्णन करना संभव भी नहीं है और जरूरी भी नहीं, क्योंकि टिप्पणी लिखने के इस अवसर का उपयोग उन प्रभावों को रेखांकित करने के लिए होना श्रेयस्कर है जो अभी तक टिके हैं और इसलिए महत्त्वपूर्ण हैं।

पहले दो प्रदर्शनों का अलग-अलग असर पड़ना तो स्वाभाविक ही है, क्योंकि बजाज और कारंत की शैलियों में अंतर है। पर तीसरे प्रदर्शन का भी अलग असर होना इस बात की ओर इशारा करता है कि मंचीय-देश भी प्रस्तुति का एक महत्त्वपूर्ण घटक है और यह न केवल रूप के स्तर पर बल्कि कथ्य के स्तर पर भी संप्रेषण में बदलाव लाता है और इसलिए कहा जा सकता है कि नाटक 'कहता' कम है, 'दिखलाता' ज्यादा है।

मंच के आलेख का उसकी प्रस्तुति के साथ आत्यंतिक सम्बन्ध है, यह बात हम सब जानते हैं। किसी मंच पर आलेख खड़ा करना या मंच को एक बाहरी घटक मानकर मंचन के ज़रिये आलेख का उससे सम्बन्ध बनाना एक तरीका हो सकता है पर एक सृजनशील निदेशक मंचीय-देश को आलेख से अलग नहीं, बल्कि उसके एक हिस्से की तरह मानता है। वह आलेख, मंच, कलाकार और खुद तक को एक ही इकाई के घटक मानता है। इस इकाई को गीली एवं लचीली मिट्टी की तरह इस्तेमाल करता हुआ वह इसे एक आकार देने की कोशिश करता है। इस काम के दौरान वह इकाई के घटकों में आ रहे परिवर्तनों को आने देता है, यहाँ तक कि आलेख में आ रहे परिवर्तनों को भी। हाँ, केवल आलेख के मूल-भाव के साथ वफादारी वह जरूर दिखलाता है।

भोपाल के रवीन्द्र भवन का मंच तस्वीर की चौखट की तरह का प्रोसेनियम मंच है, यद्यपि पीछे की ओर खोलकर इसकी गहराई को बढ़ाया जा सकता है। अंतरंग भारत भवन कुछ-कुछ ऍरेना किस्म का है और इसलिए लचीलेपन के लिए इसमें गुंजाइश ज्यादा है। ग्वालियर के किले पर ऐतिहासिक मानमंदिर की विशाल दीवार से सटाकर एक अस्थायी मंच बनाया गया था, जिससे ऐतिहासिक नाटक के लिए ऐतिहासिक पृष्ठभूमि बहुत सहज ढंग से उपलब्ध हुई थी और इससे प्रस्तुति की भव्यता में अत्यधिक वृद्धि हुई थी। इस छोटी टिप्पणी में मैं मुख्यरूप से 'स्कंदगुप्त' के संदर्भ में मंचीय-प्रदेश द्वारा प्रस्तुति को बड़े पैमाने पर प्रभावित करने की बात को रेखांकित करना चाहूँगा।

रामगोपाल बजाज ने रवीन्द्र भवन के केवल आमतौर पर उपयोग में लायी जानेवाली मंचीय जगह का उपयोग किया, इसमें कोई बढ़ोतरी नहीं की। इस कारण मंच का आकार छोटा और नाटक का रंग-व्यापार बहुत बड़ा—इस तरह की स्थिति बनी। यही कारण है कि मनोहरसिंह, राजेश विवेक, सुरेखा सीकरी, उत्तरा बावकर जैसे मँजे हुए कलाकारों

के अच्छे अभिनय के बावजूद, यह प्रस्तुति अपनी समग्रता में कोई गहरी छाप नहीं छोड़ पाई। यद्यपि बीस साल के अंतराल और मेरी कमज़ोर याददाश्त को भी इसके लिए दोषी ठहराया जाना चाहिए, पर आज जो बात मुझे इस प्रस्तुति को लेकर याद आ रही है वह है, मंच पर कलाकारों की भीड़। कई दृश्यों में मंच पर इतने अधिक कलाकार थे कि उनकी सम्मिलित उपस्थिति उनकी व्यक्तिगत उपस्थिति को ढँक लेती थी। समूह की उपस्थिति अपने आपमें कोई कमज़ोरी नहीं बनती, यदि प्रस्तुति का रुख ही समूह के महत्त्व को उजागर करना हो। 'स्कंदगुप्त' में कुछ दृश्यों को छोड़ दें तो ऐसी बात नहीं है। क्या यह अजीब नहीं है कि स्कंदगुप्त, भटार्क या अनंतदेवी जैसे प्रमुख चरित्रों की तुलना में सुधीर कुलकर्णी द्वारा अभिनीत प्रपंचबुद्धि जैसा चरित्र केवल इसलिए याद में रहता है कि उसकी अलग तरह की पहचान है? पर यह भी सच है कि हर किसी को पीटर ब्रुक की तरह की काम करने की सुविधाएँ उपलब्ध नहीं होतीं और इसलिए रामगोपाल बजाज का यह महत्त्व तो बनता ही है कि उन्होंने प्रसाद के 'स्कंदगुप्त' जैसे नाटक को पहली बार मंचित करने का काम हाथ में लिया।

अंतरंग, भारत भवन में वे सभी मंचीय सुविधाएँ उपलब्ध हैं, जिनके होने से सर्जनात्मकता को उत्तेजना मिल सकती है। 'स्कंदगुप्त' जैसे फैले हुए फलक के नाटक के लिए इस प्रकार की सुविधाएँ बहुत जरूरी हैं। ब.व. कारंत ने मंचीय संभावनाओं का पूरा-पूरा दोहन किया। मंचसज्जा एवं परिकल्पना में उन्हें रोबिनदास का सहयोग था ही। मंचन में गुणात्मकता लाने के लिए उपलब्ध सुविधाओं का संतुलित लाभ उठाया गया था। इस सबसे नाटक खुल गया और एक महाकाव्यात्मक (एपिक) आयाम ले सका। यह महाकाव्यात्मकता ही इस प्रस्तुति की सबसे बड़ी खूबी है। इसके लिए जहाँ मूल आलेख में ही समुचित विस्तार है, वहीं प्रसाद की अन्य रचनाओं (विशेषकर उनकी कविताओं) का समावेश कर ब.व. कारंत ने इसमें वृद्धि की। मंचीय खुलेपन ने शैली को भव्यता प्रदान की और आलेख में उपस्थित कई चौखटों को तोड़ने में भी मदद की।

प्रसाद के आलेख में नायक स्कंदगुप्त का उदात्त, भव्य एवं क्षमाशील ऐतिहासिक चरित्र है, जो एक लम्बी कविता की तरह प्रकाशित भी होता है। पर आलेख के जस के तस मंचन में छोटे और भी भरे चरित्रों की भरमार इसे दबाती है। ब.व. कारंत ने अपने मंचन में इसे खोला और न केवल स्कंदगुप्त बल्कि अन्य अनेक कई चरित्रों को आकार प्रदान किया।

इस महाकाव्यात्मक तत्त्व का चरमोत्कर्ष ग्वालियर किले के प्रदर्शन में देखने को मिला। मानमंदिर की विशाल एवं चित्रित बाहरी दीवार की पृष्ठभूमि, उससे सटी, पर जमीन से कुछ ऊपर उठी रंगभूमि, अपने आकार से बहुत बड़े दिखलाई देते पात्र, लगभग ट्रेफिक लाइट के संकेतों की तरह चलता रंग-व्यापार (जो शायद तब तक इस प्रस्तुति के कई प्रदर्शन हो जाने के कारण संभव हो सका था), खुले आसमान में

उत्साहवर्धक मौसम में शहर की बस्ती से सैकड़ों फीट की ऊँचाई पर केवल इस प्रदर्शन को देखने के लिए बैठे हम दर्शकगण–सभी कुछ तो इस महाकाव्यात्मकता को बढ़ाने में सहयोगी थे। लगभग स्वप्निल लगनेवाले इस मंच का ही यह कमाल था कि भारत भवन के अंतरंग में जहाँ प्रपंचबुद्धि का अभिनय कृत्रिम और अति नाटकीय लग रहा था, वहीं यहाँ पर वह पूरे मंचन के साथ समरसता लिए हुए था। फिर भी एक बात, एक बहुत मशहूर रंगकर्मी, जो मेरे साथ ही इस प्रदर्शन को देख रहे थे, उनका कहना था कि जहाँ तक शिल्प और संप्रेषण का प्रश्न है, यह प्रदर्शन अत्यंत सफल कहा जा सकता है, पर कथ्य के स्तर पर यह पुनुरुत्थानवादी ही है। उनकी बात काटने के लिए मेरे पास कुछ नहीं था।

जयशंकर प्रसाद के बारे में आमतौर पर यह कहा जाता है कि उनके नाटक अमंचनीय या कम से कम मंचन में बहुत अधिक तकनीकी कठिनाइयाँ पैदा करनेवाले हैं, क्योंकि उन्होंने मंच के हिसाब से नाटक लिखे ही नहीं थे। कहा यह भी जाता है कि इन नाटकों के मंचन के यदि प्रयत्न हो रहे हैं तो इसका कारण प्रसाद के कुछ महत्त्वपूर्ण प्रेमी, विशेषकर अशोक वाजपेयी, के प्रयास हैं। यह बात कुछ हद तक सही भी है। पर उन्हें लिखे जाने के कई दशकों के बाद प्रसाद के नाटकों में कुछ निर्देशकों की दिलचस्पी का मूल कारण हमारे समय में निर्देशक की बदली हुई भूमिका है। पहले निर्देशक नाट्य आलेख का मंच पर भाषांतर करनेवाला या अधिक से अधिक उसकी व्याख्या प्रस्तुत करनेवाला हुआ करता था। आज वह एक सह-सर्जक है। सामूहिक कही जानेवाली रंगकला का वह एक ऐसा नेता है, जो आदर्शरूप में बराबरी के सभी सर्जकों; मतलब नाटककार, अभिनेता-अभिनेत्रियाँ तथा अन्य सभी सहकर्मियों में पहला है। आज का रंगकर्मी किसी नाट्यकृति का केवल मंचीय भाषांतर या उसकी व्याख्या नहीं करता, बल्कि इसे आधार बनाते हुए, मंचीय भाषा (जो कि आंगिक-वाचिक-सात्त्विक अभिनय, मंच-व्यापार के मुहावरों, दृश्य-बंध आदि से मिलकर बनती है) में इसकी पुनर्रचना करता है। ऐसी स्थिति में कोई भी आलेख अमंचनीय नहीं रहता। उलटे ऊपर से दूभर दिखनेवाली कृति अद्‌भुत मंचीय संभावनाओं एवं चुनौतियों से परिपूर्ण हो सकती है, जैसा कि ब.व. कारंत ने 'स्कंदगुप्त' के मंचन से सिद्ध किया है।

[रंगस्थल की दृष्टि से बजाज और कारंत की प्रस्तुतियों पर टिप्पणी]

सत्येन्द्र कुमार तनेजा

प्रसाद के नाटकों का स्थापत्य संश्लिष्ट है। प्रसाद स्वयं मुख्यतः पारसी थियेटर, कुछ भारतीय रंगरूढ़ियों और पश्चिमी पद्धति से अनुप्राणित थे। इस स्थिति में निर्देशक के सामने पहली और जटिल समस्या है प्रदर्शन-पद्धति का स्वरूप निर्धारित करना। महाकाव्य

की तरह व्यापक फलक होने के कारण प्रसाद के नाटक समन्वित रंगदृष्टि की अपेक्षा रखते हैं। कारन्त ने इस प्रस्तुतीकरण में परम्पराशील पद्धति का आश्रय लिया—अर्थात् एक प्रकार का खुलापन, एक व्यावहारिक प्रदर्शन-पद्धति जो नाट्य-स्थिति के साथ आकार लेती है। कारन्त ने इसे लोकधर्मिता कहा, जो किसी एक रंगशैली में बँधी नहीं रहती। 'स्कंदगुप्त' के इस प्रस्तुतीकरण में कारन्त ने सर्वाधिक महत्त्व दिया संगीत को, जिसने सारे मंच-व्यापार का दिशा-निर्देशन एवं परिचालन किया है। गीत-संगीत ने इस प्रस्तुति को भावधर्मी बनाया जो युग की चेतना के अनुरूप है।

इस प्रस्तुतीकरण के प्रारम्भ से कारन्त की प्रदर्शन-पद्धति का स्पष्ट परिचय मिला है। शुरुआत हुई है, निम्न पार्श्व गीत से—'आह! वेदना मिली विदाई!' गीत के स्थायी के बाद स्कंदगुप्त ने मंच के केन्द्र में खड़े होकर 'अधिकार सुख कितना मादक और सारहीन है … ' संवाद कहा। इसी गीत का एक अन्तरा 'लौटा लो यह अपनी थाती … ' गाया जाता है। स्कंदगुप्त अपनी अन्तर्वेदना से उबरता हुआ और मनोबल अर्जित करता हुआ आगामी संघर्ष के लिए आह्वान करता है—'वीर मगध सैनिको! आज स्कन्दगुप्त तुम्हारा संचालन कर रहा है। यह ध्यान रहे, गरुड़ध्वज का मान रहे, भले ही प्राण जायें।' इस ओजस्वी वक्तव्य के साथ 'हिमाद्रि तुंग शृंग से …' गीत शुरू होता है, सभी पात्र सैनिक-गतियों से प्रवेश और प्रस्थान करते हैं। इस गीत के दो अन्तरे गाये जाते हैं जिनकी समाप्ति पर स्कंदगुप्त ने अपनी उदासीनता इंगित की है—'उँह! जो कुछ हो, हम तो साम्राज्य के सैनिक हैं।' नाटक के समापन-खण्ड में भी इन गीतों से नाटकीय लाभ उठाया गया है। देवसेना का संवाद—'क्षमा सम्राट्!' के बाद 'छलछल थे संध्या के श्रमकण' अन्तरा गाया जाता है जिसके साथ देवसेना चली जाती है। हतभाग्य स्कंदगुप्त अकेला मंच पर रह जाता है, यह उसकी त्रासदी है, यही नियति है। पहले, स्थायी के साथ 'अमर्त्य वीर पुत्र हो …' फिर 'आह! वेदना' गीत 'चढ़कर मेरे जीवन पथ पर …' की मिली-जुली कड़ियों द्वारा व्यक्ति-प्रेम और राष्ट्र-प्रेम के दो आयामों पर आद्योपान्त चल रहे संघर्ष को बिम्बित किया गया है। गरुड़ध्वज पकड़े 'हिमाद्रि तुंग शृंग से' के गीत की लय के अनुरूप कदम मिलाते सैनिकों में एकता, शक्ति और देशभक्ति के प्रखर स्वरों के साथ नाटक का अन्त होता है; अर्थात् राष्ट्र की उत्सर्ग-भावना में व्यक्तिगत आकांक्षाओं का विलय। यहाँ यह द्रष्टव्य है कि देवसेना का गीत 'आह! वेदना मिली विदाई' स्कंदगुप्त के अन्तर्जगत् की पीड़ा और विवशता को भी व्यंजित करता है। यह व्यक्ति-द्वन्द्व का प्रतीक-गीत बनाया गया है। इन दोनों गीतों से कारन्त ने प्रस्तुति को विशिष्ट आयाम दिया और इस तरह उसका प्रदर्शन-स्वरूप निर्धारित किया है।

इस देश की प्रकृति और संस्कृति पर मुग्ध रहनेवाला नवोदित कवि मातृगुप्त 'अरुण यह मधुमय देश हमारा' द्वारा अपनी भाव-दशा रूपायित करता है। इस गीत की कड़ियाँ संवाद का अंश बन गयी हैं। 'हिमालय के आँगन में उसे प्रथम किरणों का दे उपहार' राष्ट्रीय गीत को 'अरुण यह मधुमय …' का अन्तरा बनाकर स्वरबद्ध किया गया। स्थायी

एक गीत का तथा अन्तरा दूसरे गीत का मिलाकर कारन्त ने एक नवीन तात्पर्य दिया है। यह ओजस्वी स्वरों में बँधा है और कारुणिक स्वरों में भी। यह मातृगुप्त के सम्पूर्ण चरित्र को साकार करने में सार्थक सिद्ध हुआ है। कारन्त द्वारा रचित गीत 'भवानी ले ले, तीरथ ले ले' का लय-विधान प्रपंचबुद्धि के प्रपंच को उद्घाटित करने में सटीक बैठा है। त्रासद स्थितियों में पार्श्व-संगीत देने के बजाय 'करुणा कादम्बिनी बरसे' का हृदयस्पर्शी प्रयोग हुआ है। पर्णदत्त स्वाधीनता संग्राम के लिए नागरिकों से भीख माँग रहा है परन्तु उनके विलासी एवं रसिक आचरण से उत्तेजित होकर वह चिल्ला उठता है—'क्या सुना नहीं कुछ अभी पड़े सोते हो, क्यों निज स्वतंत्रता की लज्जा खोते हो'। उद्बोधनपरक गीत होने के कारण इसने नाट्य-स्थिति को पैना बना दिया है। देवसेना-स्कंदगुप्त-विजया त्रिकोण की विडम्बनापूर्ण स्थिति को प्रकट करने के लिए 'घने प्रेम तरु तले' और 'बीती विभावरी जाग री' अर्थवान् सिद्ध हुए हैं। शेष गीत भी भाव-सम्प्रेषण में सहायक रहे हैं।

कारन्त ने प्रसाद की पूरी गीत-परम्परा का लाभ उठाया है। उन्होंने 'स्कंदगुप्त' के अतिरिक्त 'राज्यश्री' (करुणा कादम्बिनी बरसे) 'जनमेजय का नागयज्ञ' (क्या सुना नहीं कुछ ···), 'चंद्रगुप्त' (अरुण यह मधुमय ···), लहर (बीती विभावरी ··· और, ले चल वहाँ भुलावा देकर ···) से गीतों का चयन किया। संगीत की दृष्टि से सरसता और माधुर्य है, परन्तु 'आह! वेदना मिली विदाई' सर्वाधिक हृदयस्पर्शी गीत है। कहीं-कहीं यह अवश्य महसूस हुआ है कि गीत-संगीत नाटकीय सीमाओं का अतिक्रमण कर रहे हैं परन्तु कारन्त थियेटर में संगीत की मर्यादा को समझते हैं, इसीलिए इन्हें तराशा-सँवारा गया है। प्रेक्षक ने यह अनुभव किया कि विभिन्न भाव-लहरियों और स्वर-लहरियों में गुँथे इस प्रस्तुतीकरण ने नाटकीय-संवेदना को नई भंगिमा और तरलता प्रदान की।

दृश्यबन्ध को लेकर प्रस्तुतियों के पिछले अनुभव उत्साहवर्धक नहीं हैं। ऐतिहासिक नाटक होने के कारण समय और स्थान का बोध करानेवाले संकेतपूर्ण परिदृश्य की अपेक्षा बनी रहती है। किसी भी बिम्ब-प्रतीक का आश्रय न लेते हुए खुले और खाली मंच की अभिकल्पना कर कारन्त ने साहस का परिचय दिया। भारत भवन के 'अंतरंग' प्रेक्षागार के दो-तिहाई भाग को रंगस्थल तथा शेष को प्रेक्षक-दीर्घा में परिवर्तित कर कारन्त वस्तुतः प्रसाद के नाटकों के लिए उस रंगस्थल को निर्धारित करने में सफल रहे जिसकी पिछली दो प्रस्तुतियों से उन्हें तलाश थी। प्रेक्षक और मंच को लेकर आमने-सामने की स्थिति उपयुक्त समझी गयी। इस रंगस्थल को तीन प्रमुख अभिनय-क्षेत्रों में विभाजित किया गया। दायें हाथ पर एक छोटा धरातल है जिसमें कम पात्रोंवाले दृश्य प्रस्तुत किये गये—मातृगुप्त-धातुसेन के दृश्य यहीं हुए। एक बड़ा केन्द्रीय धरातल है जिसमें प्रमुख घटनाएँ मंचित की गयीं। पीछे बायें नुक्कड़ पर एक ऊँचा चबूतरा-सा है जिससे मत्तवारणी का प्रयोजन पूरा किया गया। तीनों ओर चार ढलान हैं। इनमें से दायें हाथ के ढलान

को ज़रा ऊँचा रखा गया है ताकि कुभा नदी में कूदने जैसे दृश्य प्रस्तुत किये जा सकें। इस विस्तृत रंगस्थल को उपयुक्त परिदृश्य प्रदान किया है दो पीछे, दो दायें और दो बायें के स्तम्भों ने। मंच के केन्द्र में, जहाँ दो स्तम्भ हैं, उनके बीच में एक और रहस्यमय दरवाज़ा है। कुमारगुप्त की भेदपूर्ण मृत्यु, विजया की छिपी धनराशि जो गुप्तद्वार से दिखायी गयी है, श्मशान का रहस्यमय वातावरण जैसे दृश्य यहाँ उपयुक्त परिवेश पाते हैं। तीन धरातल, दायें, बायें और पीछे के स्तम्भ, चार ढलान, सीढ़ियाँ मिलकर एक ऐतिहासिक पृष्ठभूमि बनाते हैं जिनसे रंगस्थल पर राजप्रासाद, प्रकोष्ठ, पथ, युद्ध-क्षेत्र की कल्पना साकार हुई है। धरातलों, ढलानों आदि का गहरा भूरा रंग, वेश-भूषा में भड़कीले-रंगों का अभाव सारे प्रस्तुतीकरण को एक उदासी का स्पर्श देते हैं।

'स्कन्दगुप्त' के दृश्यों, स्थानों, पात्रों, कार्यों में इतनी विविधता एवं विस्तार है कि कार्य-व्यापार में गति और क्षिप्रता लाना आसान नहीं। यहाँ रंगस्थल का कल्पनापूर्ण और सृजनात्मक प्रयोग हुआ है जिसने नाट्य-स्थिति और दृश्य-संयोजन के अनुरूप नया आकार, प्रकार और रंग-रूप ग्रहण किया है। समानान्तर दृश्यों का विधान नाटकीय अर्थ का विस्तार करता है। इस रंगस्थल पर कथ्य, संगीत, कार्य-व्यापार एक ऐसा समन्वित प्रभाव उत्पन्न करते हैं जो निर्बाध, जीवन्त एवं नाटकीय है। दृश्य-अभिकल्पना में कारन्त के साथ, रोबिनदास का योगदान उल्लेखनीय है।

कारन्त ने शान्ता गाँधी के 'स्कंदगुप्त' के नाट्यालेख के स्थान पर रामगोपाल बजाज के पुनर्गठित आलेख को आधार बनाया है। कथा में अन्विति, क्रमबद्धता और प्रवाह लाने के लिए कारन्त को भी कई छोटे-बड़े परिवर्तन करने पड़े। स्कंदगुप्त, मातृगुप्त, भटार्क, धातुसेन, शर्वनाग, देवसेना, विजया के लम्बे संवादों, एकालापों को छोटा किया गया। प्रारम्भ और अन्त के गीत अपवाद हैं अन्यथा किसी सम्पूर्ण गीत को नहीं लिया गया, कहीं स्थायी; कहीं एक अन्तरा रखकर काम निकाला गया है। पृथ्वीसेन के संवाद को सरल कर दिया गया। देवसेना-जयमाला-सखियाँ प्रसंग, ब्राह्मण-बौद्ध विवाद हटा दिये गये। रंगमण्डल की सीमाओं को समझते हुए कमला और देवकी की भूमिका गौण की गयी, और सम्भवतः इसीलिए धातुसेन, मुद्गल, मातृगुप्त, पर्णदत्त और जयमाला को प्रमुखता प्रदान की गयी जिससे नाटकीयता में वृद्धि हुई है। प्रेक्षक को रसास्वादन के स्तर पर कोई कठिनाई न हो, इसलिए बिखरे और कमज़ोर सूत्रों को जोड़ा गया तथा नाटकीय प्रवाह की रक्षा की गयी।

रंगमण्डल के अनुभवी अभिनेता होने के कारण अभिनय का सामान्य स्तर संतोषजनक रहा परन्तु चार प्रमुख पात्र, चंद्रगुप्त (विपिन), देवसेना (विभा), भटार्क (महेन्द्र), विजया (सरोज) संश्लिष्ट चरित्र को आवश्यक ऊष्मा और प्रतीति प्रदान न कर सके। कारन्त की अभिनय-पूँजी हैं—द्वारिका प्रसाद (धातुसेन) तथा अमरसिंह (मुद्गल) जिनका उन्होंने अधिकाधिक लाभ उठाया है। कवि और युवा मातृगुप्त की कोमल भावनाओं, आकांक्षाओं और स्वप्नभंग को रूपायित करने में दिनेश पर्याप्त सफल

रहे। आलोक (शर्वनाग), गोपाल (पुरगुप्त), प्रदीप (प्रपंचबुद्धि), माधुरी (जयमाला) अपने चरित्र को जीवन्त और रोचक बना सके हैं। संवाद-सम्प्रेषण को थोड़ा मुखर रखा गया ताकि आवेग का स्पर्श रहे। चरित्र को अपनी भंगिमा और पहचान देने के लिए कारन्त ने मातृगुप्त, प्रपंचबुद्धि, खिंगिल, पुरगुप्त, शर्वनाग, मुद्‌गल, धातुसेन के संवाद को विशिष्ट लय-प्रवाह में बाँधा। मंच-प्रभाव की दृष्टि से यह प्रयोग बहुत उपयोगी सिद्ध हुआ। प्रसाद के नाटकों के केन्द्र में अभिनेता होता है, इस दृष्टि से इस प्रस्तुति में किसी अभिनेता का गहरा प्रभाव नहीं पड़ा, परन्तु प्रसाद के भाषा-संवाद में इतनी निहित ऊर्जा रहती है कि उपयुक्त संवेदना और निर्दोष उच्चारण से सम्प्रेषित करने पर दीप्ति आ जाती है। अधिकांश पात्र सजीव और स्वाभाविक हैं, धीरे-धीरे इनमें चारित्रिक विशिष्टता और व्यावसायिक निखार आएगा।

कारंत ने रंगमण्डल के सदस्यों की प्रतिकूल प्रतिक्रिया को बदला और उनमें नया विश्वास उत्पन्न किया। प्रसाद के नाटकों में आन्तरिक शक्ति है। उनमें जीवन और जगत् की गहरी पकड़ है। उनमें इतिहास, संस्कृति और दर्शन का संगम है। इस दिशा में संगीत ने प्रसाद और नाटक के प्रति प्रेरणा एवं निष्ठा उत्पन्न की। धीरे-धीरे रचना और प्रस्तुतीकरण में उनकी दिलचस्पी गहरी होती गयी। कारन्त में 'करना है' का आग्रह है। रचनाकार और रचना के प्रति अबाध विश्वास तथा निर्देशक और रंगमण्डल के सामूहिक परिश्रम और समर्पण-भावना से यह प्रस्तुतीकरण सफल हो सका। इस प्रस्तुतीकरण की उल्लेखनीय विशेषता यह है कि 'स्कंदगुप्त' मंच पर विश्वसनीय तो लगा ही, नाटकीय आस्वाद भी प्रदान कर सका।

इस प्रस्तुतीकरण की कुछ सीमाएँ हैं। भाषासंवाद की सही और साफ प्रस्तुति को लेकर अपेक्षित मेहनत नहीं की गयी। युद्ध-दृश्य न पूरी तरह शैलीबद्ध बन पाये हैं और न स्वाभाविक। वेशभूषा, विशेष रूप से स्कंदगुप्त और देवसेना का चुनाव आकृष्ट नहीं कर सका। युद्ध-सामग्री का प्रयोग करने में सभी पात्र सहज नहीं हुए। मध्यान्तर के बाद प्रस्तुति की प्रभविष्णु शक्ति कम हो गयी। भटार्क, कमला और देवकी कमज़ोर गये हैं, प्रकाश-व्यवस्था को अधिक जीवन्त और उपयोगी बनाना चाहिए।

मध्यप्रदेश कला परिषद्, भोपाल के तत्त्वावधान में 'गौरव नाट्यसमारोह' (1977) पर रामगोपाल बजाज के निर्देशन में 'स्कंदगुप्त' प्रस्तुत किया गया। बजाज ने 'स्कंदगुप्त' का आलेख स्वयं तैयार किया और उसका पहले भोपाल और बाद में दिल्ली में मंचन किया। उपर्युक्त दोनों प्रस्तुतियों में यह समानता अवश्य मिलती है कि रचना और प्रस्तुतीकरण को लेकर जहाँ दोनों निर्देशकों में पूरी आस्था विद्यमान थी, वहाँ बजाज के प्रस्तुतीकरण में अधिकांश कलाकारों को प्रसाद के प्रति अपेक्षित दिलचस्पी न होने के कारण सारा आयोजन समग्र प्रभाव न उत्पन्न कर सका। इस मानसिकता का सीधा असर दोनों प्रस्तुतियों में देखा जा सकता है। कारन्त रंगमण्डल के सदस्यों में प्रसाद को लेकर सही दृष्टि और निष्ठा पैदा करने में सफल रहे। उनकी इस साधना का उपयुक्त

फल मिला। बजाज के आलेख और प्रस्तुतिपरिकल्पना के कई सूत्र कारन्त ने अपनाए परन्तु वे वहीं तक बँधे नहीं रहे।

'स्कंदगुप्त' का घटना-तन्त्र ऐतिहासिक है परन्तु अनुभव के धरातल पर वह समकालीन और प्रासंगिक है। इस प्रस्तुति में व्यक्ति और राष्ट्र के सम्बन्धों को लेकर अन्तर्विरोध प्रकट हुए हैं, परन्तु इसमें औदात्त्य एवं रस-पक्ष प्रबल रहा है। अपनी सीमाओं में भी इस प्रस्तुतीकरण का विशेष महत्त्व है क्योंकि इससे पहली बार प्रसाद को मंच-प्रतीति मिली है। इसके पचास प्रदर्शन हो चुके हैं। अभिनेयता का विवाद क्या अब खोखला नहीं लगता?

[मध्यप्रदेश रंगमंडल की ओर से 'स्कंदगुप्त' का प्रस्तुतीकरण, 1984 छायानट- 27-28]

माधुरी सुबोध

दिसम्बर के पहले सप्ताह में वर्कशाप आरंभ हुई। पहले दिन नाटककार प्रसाद और उनकी 'कामना' पर कारन्तजी की परिचयात्मक टिप्पणी से शुरुआत होती है। दूसरे दिन अभिनेता और उसके द्वारा प्रयुक्त भाषा और वाक् के प्रयोग के बारे में कारन्त जी बताते हैं। 'कामना' के अन्तिम गीत 'खेलो नाथ विश्व का खेल' के स्वर-शिक्षण और विकास के आगमन पर 'हइया ऽ हो' के स्वर-संयोजन के साथ-साथ कॉलेज का वातावरण कारन्तजी के संगीत की स्वर-लहरियों से भर उठता है। अपने आपमें नया अनुभव! शैक्षिक कार्यक्रम से अलग—प्रशिक्षण कार्यक्रम। नाटक और जीवन परस्पर घुलमिलकर स्वप्न और यथार्थ के बीच ला खड़ा कर देते हैं—सेतु था संगीत।

आलेख के रूप में 'कामना' प्रसाद का क्लिष्ट और कच्चा नाटक है। मंचन के लिए उसे उठाना काफी जोखिम का काम था। केवल कारन्तजी के भरोसे यह जोखिम उठाया गया। प्रसाद के आलेख में उन्होंने काफी परिवर्तन भी किए। दृश्यों को आगे-पीछे करने से लेकर संवादों में काट-छाँट, नये संवाद डालना, 'कामना' के अपने गीतों के साथ 'लहर' तथा अन्य कृतियों के गीतों का प्रयोग कुल मिलाकर प्रसाद की रचनाधर्मिता को सम्पूर्णता में ग्रहण करने का प्रयास कहा जा सकता है। कारन्तजी ने प्रसाद के इस कमज़ोर आलेख को पुष्ट और समर्थ बनाने का हरसंभव प्रयास किया है।

प्रसाद जितने समर्थ कवि हैं उससे अधिक समर्थ नाटककार। वे नाटककार के रूप में पाठ्यक्रमों में स्थापित तो रहे किन्तु उनके नाटकों को खेलकर उन्हें आगे बढ़ाने का कार्य नहीं हुआ। इन्हें बार-बार खेलकर हम अपने मंच की तलाश कर सकते थे। ऐसा नहीं हुआ क्योंकि हर निर्देशक इन्हें उठाने का साहस नहीं कर सकता था। प्रसाद के नाटकों की सबसे बड़ी चुनौती रही है उनमें विद्यमान संगीत, वाक् और दर्शन की

त्रिवेणी। आज के अधिकांश रंगकर्मी साहित्य को रंगमंच के लिए जरूरी मानते ही नहीं। अतः साहित्यिकगुण से पूर्ण नाटकों की ओर उनका झुकाव ही नहीं। प्रसाद के नाटकों के लिए कारन्त जैसे मेधावी और साहित्यिक अभिरुचि रखनेवाले संवेदनशील और नाट्य-शिल्प में कुशल निर्देशक की आवश्यकता है अन्यथा अर्थ का अनर्थ होने की ही अधिक संभावना है।

प्रसाद के नाटकों में संगीत और काव्य अद्वैत भूमिका पर खड़े हैं। कार्य-विषय जितना सूक्ष्म है उतने ही अनुपात में वह संगीतमय हो जाता है। संगीत का पुट देखकर प्रसाद अपनी बात बड़ी कलात्मकता से कह लेते हैं। कहीं वे संगीत से नाटक में स्थूल वातावरण या पृष्ठभूमि तैयार करते हैं, तो कहीं पात्रों को विशेषकर नारी पात्रों को संगीतमय बनाते हैं; तो कहीं प्रकृति के वातावरण में छिपे संगीत को सुनाते हैं। कहीं संगीत का सहारा लेकर भावों को तरल बनाया जाता है। भावों की तरलता संगीत की तरलता से मिलकर प्रभाव को दुगुना कर जाती है। जहाँ शब्द अभिव्यक्ति में मौन होने लगते हैं, वहाँ गीतों के रूप में वही बात सघनता से कह दी जाती है। अन्य लोग इन गीतों को अनावश्यक मानकर छोड़ देने की बात कहते हैं वहीं कारन्त इन्हें जरूरी समझते हैं क्योंकि ये संवादों के 'एक्सटेंशन' ही हैं। 'साहित्य की पंक्ति ही मुझे डिक्टेट करती है, तभी संगीत बनता है।' साहित्यिक अभिरुचि के कारण कारन्त अपने संगीत के लिए भाव का आधार ग्रहण करते हैं।

यों तो थियेटर में संगीत का अपना महत्त्व है—जिसकी समझ बहुत कम निर्देशकों में दिखाई देती है। कारन्त इसके अपवाद हैं। संगीत की शक्ति के भरोसे ही वे 'मेकबेथ' जैसे नाटक को भी यक्षगान शैली में प्रस्तुत करने का साहस रखते हैं।

'कामना' के मंचन में भी संगीत महत्त्वपूर्ण हो गया है। आलेख और अभिनेता की ही तरह संगीत का प्रयोग भी प्रमुख रंगोपकरण के रूप में किया गया है। इसके माध्यम से एक ओर नाटककार के मानस तक पहुँचने की कोशिश रही, दूसरी ओर पात्रों की वेशभूषा, बातचीत, चालढाल, रंगदीपन आदि में भी कारन्त के संगीतकार की छाप स्पष्ट दिखाई देती है। स्वर और लय का मंजुल सामंजस्य 'कामना' की मंच-प्रस्तुति की सबसे बड़ी उपलब्धि है। प्रकृति और मानव शरीर की गतियों का भी लयात्मक प्रयोग किया गया है। मानवीय ध्वनियों और शरीर का इस्तेमाल वातावरण और दृश्यबंध के रूप में प्रस्तुत करने में सृजनशीलता और कल्पनाशीलता की सूक्ष्मता देखी जा सकती है। वातावरण के रूप में संगीत का इस्तेमाल बड़ी सूझ-बूझ के साथ किया गया है। संगीत आनेवाली भावपूर्ण घटनाओं के लिए पृष्ठभूमि को उपस्थित कर देता है। 'कामना' में छिपे 'कामायनी' के महाकाव्यात्मक अन्तर्सूत्र संगीत द्वारा प्रतिध्वनित होते हैं। संगीत का सम्मोहन सम्पूर्ण नाट्य-प्रस्तुति को अपनी मोहिनी में समेटे हुए है, जिससे संदेह की गुंजाइश नहीं रह जाती कि संगीत कारन्तजी के निर्देशक का सबसे बड़ी शक्ति है।

संयोग से यह वर्ष प्रसादजी का जन्मशताब्दी वर्ष भी है। ऐसे अवसर पर लेडी श्रीराम जैसी शिक्षासंस्था द्वारा कारन्त जैसे सृजनशील रंग-निर्देशक के निर्देशन में उनके नाटक का मंचन एक विशिष्ट और महत्त्वपूर्ण घटना है, जो नयी शुरुआत का एक नन्हा-सा संकेत तो कही ही जा सकती है।

[लेडी श्रीराम कॉलेज की छात्राओं के लिए आयोजित कार्यशाला में जनवरी, 1989 में ब.व. कारन्त द्वारा निर्देशित प्रसाद-कृत 'कामना' के प्रस्तुतीकरण पर एक टिप्पणी]

साथी नाटककार

प्रेमचंद

जयशंकरप्रसादजी ने बौद्ध इतिहास को खूब पढ़ा है। 'चंद्रगुप्त', 'अजातशत्रु' आदि नाटक बौद्धकालीन भारत के ही चित्र हैं। 'स्कंदगुप्त' भी उसी ढंग का ड्रामा है। यह स्कंदगुप्त वही है, जिसे विक्रमादित्य कहा जाता है। स्कंदगुप्त की सौतेली माता और सौतेले भाई ने स्कंदगुप्त का वध करके, राज्य पर अधिकार करने की चेष्टा की। दूसरों ने भी उसी समय आक्रमण किया; पर स्कंदगुप्त ने अंत में विजय प्राप्त की और हूणों के क़दम भी पीछे हटा दिए। अपने सौतेले भाई को उन्होंने क्षमा ही नहीं किया, उसे अपना युवराज भी बना लिया। इत्यादि। साहित्य के सब अंगों में ऐतिहासिक नाटक लिखना सबसे मुश्किल है। तीन हज़ार वर्ष पहले के चरित्रों, परिस्थितियों, भावों की कल्पना करना लोहे के चने चबाना है। 'प्रसाद'जी के और नाटकों की भाँति यह नाटक भी प्राचीन संस्कृत-नाटक का अनुवाद होकर रह गया है। चरित्र केवल नाम हैं, जिनमें जीवन की गंध तक नहीं। भाषा निर्जीव, जटिल है, मानो मनों मिट्टी के बोझ से दबी हुई कोई लाश है। ऐसी भाषा 'स्कंदगुप्त' के समय के लोग शायद व्यवहार कर सकें, आजकल और वह भी नाटक-जैसी जनप्रिय वस्तु में तो उसका व्यवहार करना साहित्य के गले पर छुरी फेरना है। वही पुराना षड्यंत्र है, वही जेलख़ाना, वही ऐन मौक़े पर प्राण बच जाना, वही सारे पुराने कील-काँटे हैं। नाटकों में गाना ज़रूरी चीज़ है, लेकिन उसका मौका होता है। किसी महफ़िल में आप खूब गाइए, कोई कुछ न कहेगा। कोई राजकुमारी विहार करते वक्त खूब नाचे, कोई चूँ नहीं कर सकता; राजा साहब भी अपने गाढ़े मित्रों के साथ खूब नाचें-गावें, कोई मुज़ाइक़ा नहीं। लेकिन ऐसी दशा में जब कि हूण-सैनिक शहरवालों को आग में झोंकने को तैयार हों, सारे नगर में हाहाकार मचा हुआ हो, स्त्रियों और पुरुषों का पद्यों में बात करना हास्यास्पद है। देखिए—

स्त्रियाँ—हे नाथ!

हमारे निर्बलों के बल कहाँ हो?
हमारे दीन के संबल कहाँ हो?

पुरुष— नहीं हो नाम ही, बस नाम है क्या ?
सुना, केवल यहाँ हो, या वहाँ हो।
स्त्रियाँ—पुकारा जब किसी ने तब सुना था;
भला विश्वास यह हमको कहाँ हो!
मातृगुप्त (कालिदास)—हे प्रभु !
हमें विश्वास दो, अपना बना लो,
सदा स्वच्छंद हों—चाहे जहाँ हों।

यह तो वही पारसी नाटकवालों की तुक़बंदियों में बातचीत है, और कुछ नहीं। मज़ा यह कि गोविंदगुप्त के आते ही हूण-सैनिक परछाईं की तरह विलीन हो जाते हैं, और स्कंदगुप्त की जय-जय होने लगती है।

प्रसादजी सुकवि हैं। हमारे वर्तमान कवियों में आपका स्थान बहुत ऊँचा है। इस नाटक में जितने पद्य आए हैं, सभी सुंदर हैं।

नाटक में मुख्य घटनाओं को चुन लेना चाहिए और उन्हीं की ओर दर्शक का ध्यान खींचने की चेष्टा करनी चाहिए। मुख्य बातों को गौण और गौण को मुख्य बना देना ऐसी भूल है, जो अक्सर हो जाया करती है। इस नाटक में भी उसने अपनी टाँग अड़ा ही दी। स्कंदगुप्त का चरित्र दरसाने में प्रसादजी को कुछ सफलता मिली है, यद्यपि यह चरित्र और सुंदर हो सकता था। हम प्रसादजी से यही निवेदन करेंगे कि आपको ईश्वर ने जो शक्ति दी है, उसका उपयोग वर्तमान सामाजिक और राजनीतिक समस्याओं के हल करने में लगाइए। स्टेज का आज यही ध्येय माना जाता है। इन गड़े मुर्दों को उखाड़ने से आज कोई फ़ायदा नहीं।

[माधुरी, दिसम्बर, 1928]

यह प्रसादजी का पहला ही उपन्यास है, पर आज हिंदी में बहुत कम ऐसे उपन्यास हैं जो इसके सामने रखे जा सकें। मुझे अब तक आपसे यह शिकायत थी, कि आप क्यों प्राचीन वैभव का राग अलापते हैं, ऐसी चीज़ क्यों नहीं लिखते, जिसमें वर्तमान समस्याओं और गुत्थियों को सुलझाया गया हो। न जाने क्यों मेरी यह धारणा हो गई है कि हम आज से दो हज़ार वर्ष पूर्व की बातों और समस्याओं का चित्रण सफलता के साथ नहीं कर सकते। मुझे यह असंभव-सा मालूम होता है। हमको उस जमाने के रहन-सहन, आचार-विचार का इतना अल्प ज्ञान है, कि कदम-कदम पर ठोकरें खाने की संभावना रहती है और कल्पना यथार्थ का रूप खड़ा करने में बहुधा असफल होती है।

[कंकाल-समीक्षा, 1930]

लक्ष्मीनारायण मिश्र

जिस समय यह नाटक लिखा गया था, द्विजेन्द्रलाल राय के नाटकों का प्रभाव हिंदी नाटकों पर बहुत अधिक पड़ चुका था। 'प्रसाद' ने अपने नाटकों में द्विजेन्द्र का अनुकरण किया। उनके कथानक भारतीय इतिहास के अतीत के गौरव पर आधारित हैं, पर अपने चरित्रों के निर्माण में सब कहीं इस देश का जीवन-दर्शन वे बराबर छोड़ते रहे हैं। कवि कालिदास को अपने नाटक 'स्कंदगुप्त' में उन्होंने एक चरित्र बनाया है पर उनसे यह भी सोचते न बना कि कालिदास के युग के चित्रण में कालिदास के साहित्य का भी ध्यान रखें। इस नाटक की भूमिका 'मैं बुद्धिवादी क्यों हूँ' में उस समय जो कुछ लिखा गया मैं अब स्वीकार करता हूँ, वह मेरा बुद्धिवाद नहीं था। कहना मुझे यह था कि साहित्य और कला में पश्चिम का अनुकरण न कर हमें अपने भावलोक का अनुसरण करना है। अतिरंजित और काल्पनिक साहित्य न लिखकर—जीवन के स्वर में साहित्य का निर्माण करना है। यही बात यदि इस तरह कही गई होती कि पुराने संस्कृत साहित्य की मान्यताओं से छूटकर हम अपने पूर्वजों से छूट रहे हैं तो अधिक अच्छा होता, पर अब जो हो गया मेरे मिटाए न मिटेगा।

भारतीय संस्कृति के 'उन्नायक' 'प्रसाद' शेक्सपियर के उत्तराधिकारी हैं कि कालिदास के? उन्हें देखना यह था। शेक्सपियर के नाटकों के साथ जब प्रसाद के नाटक रखे जाएँगे तब स्वगत की वही अतिरंजना, वही संवादों की काव्यमयी कृत्रिमता, मनोविज्ञान या लोकवृत्ति के अनुभव का वही अभाव, संघर्ष और द्वन्द्व की वही आँधी। प्रेम के नाम पर वासना और कर्म की जगह पर आत्महत्यावाला पलायन दिखाई पड़ेगा। जो व्यापार संस्कृत नाटकों में कहीं भी न देख पड़े, वे सभी, 'प्रसाद' के नाटकों में कहाँ से आ गये? व्यास और कालिदास की परंपरा में आत्महत्या को जगह नहीं मिली है।

[मैं बुद्धिवादी क्यों हूँ : उन्नीस वर्ष बाद, मुक्ति का रहस्य, 1950]

हिंदी के प्रसिद्ध नाटककार स्वर्गीय प्रसाद अपने नाटकों में भारतीय दर्शन के सिद्धांतों को पहले से ही भूल चुके थे। उनके नाटक व्यास और कालिदास की परंपरा में न होकर शेक्सपियर की परंपरा में ढल चुके थे और इसलिए उनके नाटकों में प्रणय की जगह छिछले रोमांस और कर्मयोग की जगह आत्महत्याओं की बाढ़ आ गई है। ··· पालि, प्राकृत और अंग्रेज़ों के आने से पहले देशी साहित्य में जो कर्म सदैव हेय रहा, 'प्रसाद' के नाटक उसी से भरे पड़े हैं।

[वत्सराज, 1952]

मिश्रजी की मौलिक सूझ और स्पष्ट विचारधारा में शक्ति के साथ-साथ नई दिशा भी है। वे जब बोलते हैं तो अजस्रप्रवाह-परिपूर्ण झरने की भाँति उनकी वाणी का वेग श्रोता को चमत्कृत कर देता है। सर्वथा नए दृष्टिकोण से सोचना उनकी विशेषता है। कविता के संबंध में उनके दृष्टिकोण को जानने के साथ ही मैंने उनसे नाटक के संबंध में प्रश्न किया कि वे क्यों काव्य से इस ओर मुड़े? इस पर मिश्रजी ने कहा—'मुक्तक कविताओं से विरक्ति होने के कारण मैं इधर झुका। दूसरी विशेष बात यह है कि स्वर्गीय 'प्रसाद' की प्रतिक्रिया में मैंने नाटकों का निर्माण करने का निश्चय किया। प्रसाद के नाटकों की काव्यमयी भाषा नाटक के लिए अशुद्ध और असत्य है। वैसी भाषा मैं कभी कोई बोलता ही नहीं। स्वगत की बे-रोक शब्दावली कुरुचिपूर्ण और भ्रामक है। मैं स्वगत की पद्धति को ही अशुद्ध मानता हूँ। पागल को छोड़कर कोई दूसरा ऐसा नहीं करता। जीवन में जिसका अस्तित्व नहीं वह साहित्य और कला में नहीं चाहिए। प्रसाद की आत्महत्याओं की शैली अभारतीय ही नहीं, इस देश में पाप भी मानी गई है।

प्रसादजी भारतीय दर्शन से सर्वथा दूर होने पर भी श्री नन्ददुलारे वाजपेयी आदि द्वारा भारतीय संस्कृति के उद्धारक बताए गए हैं। यह झूठ है। वास्तव में शेक्सपियर से डी.एल. राय, और डी.एल. राय से प्रसाद, यह क्रम रहा है। प्रसाद के चरित्रों का निर्माण कल्पना की उड़ान में हुआ है—उस कल्पना की उड़ान में जो धरती के जीवों को भूल गई थी और बराबर निराकार रूप में आकाश को निहारा करती थी।'

[पद्मसिंह शर्मा 'कमलेश'—मैं इनसे मिला-1, 1952]

पांडेय बेचन शर्मा 'उग्र'

हिंदी में नाटककार? हाँ, थे। हाँ, हैं। मगर सभी की महिमा में 'मगर' और प्रतिभा के पीछे 'अगर' लगा हुआ है। ··· भारतेन्दुजी के बाद एकाधिक सुरचनाकारों ने नाटक निर्माण की चेष्टाएँ कीं और आज तक कोशिशें बंद नहीं हैं। मगर फिर भी हिंदी नाट्यसाहित्य में कोई रौनक नहीं ला सका ··· (कहानी के क्षेत्र में प्रेमचंद और कविता के क्षेत्र में मैथिलीशरण गुप्त की तरह) नाटक-निर्माण के बल पर कोई रंग न बाँध सका। ··· हर तरह से और हर तरफ से मरहूम आग़ा हश्र कश्मीरी हमारी राष्ट्रभाषा के एक महान और सफल नाटककार हैं।

[उग्र-कृत 'चुम्बन' नाटक की भूमिका]

चतुरसेन शास्त्री

यदि मैं यह कहूँ कि हिंदी में नाटक-साहित्य का आज तक सर्वथा अभाव रहा है। जयशंकर प्रसाद जैसे साहित्य महारथियों के बावजूद भी मेरा यह कथन संभवतः आपको चौंका देगा। परंतु यदि रंगमंच की दृष्टि से मेरे आक्षेप को तौलेंगे तो आपको मेरा कथन स्वीकार करना ही होगा। एक तरफ जहाँ प्रसाद के नाटक साहित्य-वासना से भरपूर होने के कारण भाव, भाषा और अभिव्यंजना के दृष्टिकोण से रंगमंच के योग्य नहीं, उसी प्रकार रंगमंच के लिए लिखे गए बेताब, राधेश्याम या आग़ा हश्र के नाटक कृत्रिम हल्की भाषा और भावाभाव के कारण साहित्य में कोई स्थान नहीं रखते।

[पृथ्वीराज कपूर कृत 'आहुति', परिशिष्ट : दो शब्द से, 1950]

हरिकृष्ण प्रेमी

जो नाटक 'रंगमंच' को ध्यान में रखकर लिखा गया है, उनका पूर्ण सौंदर्य 'रंगमंच' पर ही देखा जा सकता है—या वह व्यक्ति देख सकता है जो उसे पढ़ते समय 'रंगमंच' की कल्पना अपने मस्तिष्क में रखता है। हिंदी भाषा के अनेक भव्य नाटक 'रंगमंच' पर आकर दर्शकों को आकर्षित न कर सके। मुझे इस बात का संतोष है कि मेरे नाटकों को रंगमंच पर असफलता प्राप्त नहीं हुई।

[विषपान, 1945]

वृंदावनलाल वर्मा

हिंदी में अभी तक पढ़ने और साथ ही खेलने योग्य नाटक लगभग नहीं हैं ··· अब इन नाटकों से हिंदी की सबसे बड़ी कमी पूरी होने जा रही है। हम अधिकारपूर्वक कह सकते हैं कि वह भ्रम अब हटाना ही होगा कि हिंदी में रंगमंच योग्य साहित्यिक नाटक नहीं हैं।

[बाँस की फाँस, 1947]

सेठ गोविंददास

प्रसादजी के नाटकों को नाटक कहना कठिन है। प्रसादजी के नाटक सच्चे नाटक न हो, यथार्थ में काव्य हैं। नाटक की वस्तु अर्थात् कथा एकदम चुस्त होनी चाहिए। प्रसादजी

के नाटकों की कथा अत्यन्त ढीली है। नाटक का चरित्र-चित्रण तब सफल होता है जब उसमें प्रधान पात्र कम से कम हों, क्योंकि नाटक का विस्तार एक सीमा तक ही हो सकता है। प्रसादजी के नाटकों में पात्रों की भरमार रहती है कि प्रधान चरित्रों का भी विकास नहीं हो पाता। फिर उनकी भाषा काफी कठिन रहती है जो कवितासौष्ठव तो बढ़ाती है, परन्तु कथोपकथन में जो बोलचाल की भाषा आवश्यक होती है, उससे कहीं कठिन पड़ती है। ऐसी भाषा का प्रयोग नाटक में कहाँ तक उचित है, इस विषय को लेकर साहित्यिकों में काफी विवाद होता रहा है। इस विवाद में प्रसादजी ने भी अपना मत व्यक्त किया है। उनका दृढ़ मत है कि किसी भी नाटक की लोकप्रियता और सफलता का आधार भाषा की सरलता नहीं, अभिनय की पूर्णता और प्रभाव की सघनता है। उनके मत में कोई तथ्य नहीं, यह मेरा कहना नहीं है, परंतु प्रभाव की जिस सघनता के सम्बन्ध में प्रसादजी कहते हैं वह प्रभाव की सघनता भी उनके नाटकों में इसलिए नहीं हो पाती कि उनके नाटकों में एक-एक अंक में दृश्यों की ऐसी भरमार रहती है, और अधिकांश दृश्य इतने छोटे-छोटे रहते हैं, तथा उनमें पात्रों का इस प्रकार प्रवेश और प्रस्थान होता है, कि वे प्रभावहीन हो जाते हैं। जो नाटक रंगमंच पर नहीं लाये जा सकते और नाटक की टैकनीक के अनुसार लिखे जायें वे भी नाटक संज्ञा में आते हैं, परंतु जो नाटक रंगमंच पर भी सफलतापूर्वक खेले जा सकते हैं वे ही सच्चे नाटक हैं। प्रसादजी के कोई भी नाटक रंगमंच पर सफल नहीं हो पाये हैं। अतः मैं तो प्रसादजी को नाटककार ही नहीं मानता, महान् कवि अवश्य मानता हूँ।

[नाट्यकला मीमांसा, 1961]

उदयशंकर भट्ट

जयशंकर प्रसाद ने जो अपना 'चन्द्रगुप्त' नाटक लिखा, मैं वैसा नहीं लिख सकता था। क्योंकि मैं अपने में न तो प्रसाद जैसी प्रतिभा ही पाता हूँ और न वैसा अध्यवसाय; और अध्यवसाय हो भी तो भी प्रत्येक लेखक की जो अपनी दृष्टि होती है, अपनी शैली होती है, वैसी दृष्टि मैं कहाँ पा सकता हूँ। इसके अतिरिक्त न तो मेरे पास प्रसादकालीन वातावरण है और न इतिहास के प्रति वैसी दृष्टि।

हाँ, चन्द्रगुप्त ऐतिहासिक पुरुष हैं। उनके ऊपर भिन्न-भिन्न लोगों ने अपने नाटक लिखे हैं—संस्कृत का 'मुद्राराक्षस' है, डी.एल. राय का 'चन्द्रगुप्त' है। पर प्रसाद की विश्लेषणात्मक दृष्टि उन दोनों से भिन्न है। प्रसाद का 'चन्द्रगुप्त' नाटक अपने में पूर्ण है और जो कुछ वह कहना चाहते थे, वह उन्होंने अच्छी तरह से कह दिया है। आर्यावर्त का गौरव, वहाँ के लोगों की महिमा, उनकी दृष्टि से विलुप्त नहीं हुई है। और इस नाटक में उस काल का बहुत-सा इतिहास आ गया है, जिसे पढ़कर हम नाटक की

सफलता का एक रेखा-चिह्न बना सकते हैं। यही नाटक की सबसे बड़ी सफलता भी है। हाँ, यदि मैं यह नाटक लिखता तो शायद पहले का बहुत-सा भाग मुझे छोड़ देना पड़ता, क्योंकि उसमें संघर्ष का प्रारम्भ नहीं, संघर्ष की भूमिका है। उस भूमिका को मैं उठते हुए संघर्ष में यत्र-तत्र पात्रों के मुख से कहलवा देता, ताकि इस नाटक में दृश्यों का जो इतना घटाटोप हो गया है, वह कम हो जाता। रंगमंच पर इतने दृश्य सफलतापूर्वक नहीं दिखाए जा सकते। इसी दृष्टि से ऐसा लगता है कि दृश्यों में तारतम्य भी नहीं है। वे एक-दूसरे से अलग-अलग हैं। कहीं-कहीं मुझे ऐसा लगा कि वह असंतुलित भी हैं अतः जो कुछ नाटककार कथावस्तु के द्वारा कहना चाहता है, उसमें यह दृश्य-वैविध्य बाधा डालता है।

आम्भीक और अलका के पिता वृद्ध गान्धारराज की तरह कई पात्र अनावश्यक रूप में आए हैं, जिनको हटाया जा सकता था। फिलिप्स, चन्द्रगुप्त का पिता और उसकी माता कदाचित कल्पित पात्र हैं। इनकी भी कोई आवश्यकता नहीं थी। चन्द्रगुप्त के माता-पिता का चरित्र इस नाटक में कोई महत्त्व नहीं रखता। जिस संघर्ष की तीव्रता नाटककार चन्द्रगुप्त के पिता द्वारा दिखाना चाहता है, वह शकटार के ऊपर किए गए अत्याचारों से ही काफ़ी सबल हो गया है। इस नाटक में वैसे तो सभी पात्र एक-से-एक महान हैं; परंतु चाणक्य, चन्द्रगुप्त, सिंहरण, नन्द और राक्षस—इन पात्रों में राक्षस का चित्रण ऐसा नहीं हुआ है, जो चाणक्य का प्रतिपक्षी होकर भी अपना नीति कौशल प्रकट कर पाता। मैं ऐसा मानता हूँ कि चन्द्रगुप्त और नन्द, चाणक्य और राक्षस, ये एक-दूसरे के प्रतिपक्षी हैं। इसलिए नीति सम्बन्धी तीव्रता के लिए यह आवश्यक था कि राक्षस को अपना कौशल दिखाने का अवसर मिलता। ऐसा मालूम होता है कि भाग्यवाद में विश्वास न करनेवाला राक्षस नियति के कुचक्रों से प्रताड़ित मारा-मारा फिर रहा है, जैसे नदी में एक तिनका हवा के झोंकों से इधर-उधर बह रहा हो। इस नाटक में राक्षस निश्चय ही एक हतप्रभ व्यक्ति है जब कि 'मुद्राराक्षस' नाटक में उसका कौशल, उसके दाँव-पेंच काफ़ी उभरते हुए दिखलाई देते हैं। एक बात और; जिस रूप में चाणक्य इस नाटक में आया है, उस रूप में वह न केवल इस इतिहास का सूत्रधार ही है, वह सम्पूर्ण वातावरण का एक सूर्य-पिंड भी है, जहाँ से प्रकाश की किरणें सब जगह फैलती दिखाई देती हैं। चन्द्रगुप्त एक जगह विद्रोह करता है, वहाँ उसका वह विद्रोह बनावटी-सा लगता है, जैसे चन्द्रगुप्त में न तो आत्मिक अभिमान था और न वह विद्रोह कर सकता था।

मैं कदाचित चाणक्य के इस प्रसंग को दूसरे ढंग से रखता। चाणक्य को मैं चन्द्रगुप्त के सामने भीतर से उत्फुल्ल और बाहर से बनावटी क्रोध करनेवाला दिखाता—यह भी सबके सामने, अकेले नहीं। 'मुद्राराक्षस' में चाणक्य और चन्द्रगुप्त का यह प्रसंग बड़े कौशल से चित्रित किया गया है। मैं भी कदाचित ऐसा ही करता। चन्द्रगुप्त को क्षुद्रक और मालव गणों का सेनापति बनाने के समय चाणक्य को परिषद् का सभापति बनाना,

मेरी समझ में नहीं आया। चाणक्य जैसा महान दूरदर्शी नीतिज्ञ, दूसरों के द्वारा स्वयं सूत्र संचालन करनेवाला व्यक्ति, कभी इस प्रकार की भूल नहीं करेगा। वह अपने स्वभाव के अनुसार सिंहरण आदि व्यक्तियों द्वारा ही काम चलाता।

इस नाटक में सिकन्दर का चरित्र अपने रूप में नहीं उभर पाया। पर्वतेश्वर के साथ युद्ध में वह एकदम युद्ध बन्द करने की आज्ञा दे देता है, जब कि चन्द्रगुप्त युद्ध करना चाहता है और कर रहा है। उस अवस्था में युद्ध बन्द करने की आज्ञा देना ऐसा मालूम होता है कि वे आपस में खेल रहे हैं। पर्वतेश्वर के चरित्र में भी कोई खास दृढ़ता नहीं है। अलका और पर्वतेश्वर का प्रेम कब हुआ, यह नाटककार ने नहीं दिखाया; किंतु पर्वतेश्वर का अलका के प्रति अचानक ही आत्मसमर्पण देखकर आश्चर्य होता है।

नाटक के अन्त में चन्द्रगुप्त के वाक्य उसके उपयुक्त नहीं। सम्पूर्ण नाटक प्रतीकात्मक और छायावादी हो गया है। यही कारण है कि वह बहुत कुछ अपने आपमें उलझ भी गया है। जगह-जगह दार्शनिक सूक्तियाँ एक प्रकार से गति में बाधा देती हैं।

गीतों के सम्बन्ध में मैं केवल इतना ही कहना चाहता हूँ कि कुछ गीत नाटक के उपंयुक्त नहीं। नाटककार ने प्रथम अंक का पहला गीत राक्षस के मुँह से गवाया है। उस समय तक नन्द की सभा में और राक्षस की दृष्टि में कोई संघर्ष नहीं था और किसी प्रकार का भय भी नहीं था फिर भी वसन्तोत्सव के उपलक्ष में राक्षस गाता है :

'निकल मत बाहर दुर्लभ आह! लगेगा तुझे हँसी का शीत।'

इस गीत में कौन-सा चित्र नाटककार देना चाहता है, यह समझ में नहीं आया। यदि उसका ध्येय सुवासिनी के प्रति प्रेम का है, तो उसका दिग्दर्शन किसी और जगह होना चाहिए था, जो नहीं हुआ। आगे चलकर नाटककार ने राक्षस के द्वारा यह प्रेम प्रदर्शित किया है जब कि उसकी अभिव्यक्ति पहले होनी चाहिए थी। फिर भी एक प्रश्न है, सुवासिनी जैसी सुन्दरी नन्द जैसे लम्पट के पास रहकर भी क्या सुरक्षित रह सकी? मेरे विचार में नाटककार को सुवासिनी को नन्द की नर्तकी नहीं बनाना चाहिए था।

पर्वतेश्वर के रनिवास में अलका एक गीत गाती है। यह गीत उस समय का है जब कि सिकंदर का दूत एक आज्ञापत्र लेकर आया है कि आठ सहस्र अश्वारोही लेकर रावी तट पर मिलो, और अलका स्वयं चाहती है कि पर्वतेश्वर युद्ध में भाग न ले। पर उसकी बातचीत बड़े निरपेक्ष भाव से होती है। वह कहती है : 'जो अच्छा समझो, मुझे देखने दो ऐसी सुन्दर वेणी—फूलों से गुँथी हुई श्यामा रजनी की सुन्दर वेणी। आह!'

इस जगह दो प्रश्न उठते हैं : एक तो यह कि क्या इस समय छायावादी गीत उपयुक्त है और दूसरी बात, अलका का पर्वतेश्वर के पास रनिवास में रहना क्या आर्य मर्यादा के उपयुक्त है? निश्चय ही अलका का यह रूप और यह दृष्टि आर्य स्त्रियों के उपयुक्त नहीं मानी जाएगी, जबकि अलका स्वयं एक विद्रोह का पिंड है। लगता है जैसे

यह अलका यूरोप के किसी गुप्तचर विभाग में काम करनेवाली स्त्री हो। फिर भी कुछ गीत बड़े ही सुन्दर हैं।

संक्षेप में कहूँ तो यह कि सम्पूर्ण नाटक प्रसाद की छायावादी दृष्टि से ओतप्रोत है और मैं हूँ यथार्थवादिता का पक्षपाती। मेरी और प्रसाद की दृष्टि में बहुत भेद है। उनका यह नाटक उनके द्वारा ही लिखा जा सकता था। वह प्रत्येक पात्र में अपनी कला-दृष्टि से पूर्ण भी हुए हैं। मुझे नहीं दिखलाई देता कि मैं ऐसा नाटक लिख सकता था; और यदि मैं लिखता तो वह कैसा होता, यह भी स्वयं नहीं जानता।

[यदि मैं चन्द्रगुप्त लिखता, 'युग प्रवर्तक जयशंकर प्रसाद']

जगदीशचन्द्र माथुर

A sharp departure from tradition is the dominant quality of Prasad's writings and at the root of that boldness and freedom lies the attitude of indifference towards the stage. First, he used an idiom and a phrase so elevated and shrouded with such virtuosity and seriousness as to make Harishchandra's Hindi appear predestrian. Secondly, his characters show that awareness of inner conflict which was unknown to the one-sided heroes or villains of the earlier drama. Thirdly, quite often his characters, while in the midst of an immediate situation, drift into an analysis of certain ultimate principles of human life and thus pass on irresistibly from momentary anxieties to profound thought ; this doubtlessly was a new experience for Hindi drama. As a result of these three novel experiments, Prasad became the founder of a new technique depending primarily upon the building up of an all enveloping atmosphere. One might almost perceive in this attempt to build up a strong, vigorous and dynamic atmosphere, the endeavour to make up for the absence of a suitable stage. Perhaps, Prasad imagined that where the playwright could stimulate the reader's imagination to the creation of a palpable environment, the absence to the stage would not be felt.

Between 1920 and 1933, Prasad wrote practically all his outstanding plays, *Ajatasatru* (1922), *Skanda Gupta* (1928), *Chandra Gupta* (1931), and *Dhruvaswamini* (1933). Did these plays influence subsequent dramatic writings to any extent? Contemporary writers and even those who immediately followed Jaya Shankar Prasad show less pronounced influence than playwrights of 1943 onwards. Strangely enough, even a realist like Lakshmi Narayan Mishra who led a reaction against Prasad's technique during his lifetime has, in his *Vatsraj* published two years ago, turned to Prasad's environmental technique and love of ancient times. Harikrishna 'Premi', Jagannath Prasad 'Milinda', Govinda Vallabha Pant wrote several plays indirectly influenced by Jaya Shankar Prasad and also by the great Bengali writer Dwijendra Lal Roy. Though Govinda Vallabha Pant's *Var-Mala* and *Raj-Mukut* lack the profundity of the other three playwrights, his writings have been more successuful on the stage for he transmutes the inspiration received from Prasad into tangible stage form through the agency of his first-hand experience of the footlights and the green room. Since 1942-43, however, there has been sudden harking back to Prasad's idealism of humanitarian environmental technique. To this stream of revival belong Ram Kumar Verma's *Charu-Mitra, Dhruv-Tarika* and Benipuri's *Ambapali* and *Netra-Dan,* Prithvinath Sharma's *Urmila,* Dr. Kailash Bhatnagar's *Chanakya-Pratigyan, Shree-Vatsya,* Rani Siva Kumari Devi's *Chandra Gupta* and *Umade,* Kanchanlata Sabbarwal's *Amiyan* and *Aditya Sen Gupta,* Sitaram Chatturvedi's *Senapati-Pushymitra* and several historical plays of Sadguru Saran Awasthi. Apart from these, several younger writers have almost uncritically turned to this technique. This rehabilitation of Prasad is not clearly understandable. Perhaps, one reason is that in most Universities the only dramas prescribed for the Hindi courses are those of Jaya Shankar Prasad with the result that this is the technique and approach with which the average newcomer to Hindi play-writings is well acquainted.

[*Indian Drama,* 1956]

''समीक्षक के सामने जो नाटक आये, उनके मूल्यांकन के लिए नये साधनों की आवश्यकता नहीं पड़ी। इसलिए जयशंकर प्रसाद के रचनाकाल से पूर्व प्राचीन नाट्यशास्त्र के मानदंड उपयोगी रहे। जो परिवर्तन व्यावसायिक रंगमंच के लिए लिखे जानेवाले नाटकों में हो रहे थे, उनसे समीक्षक का कोई संबंध नहीं रहा।

परिणाम यह हुआ कि जिस समय जयशंकर प्रसाद ने स्वच्छंदतावादी काव्य के अनुरूप नये नाट्य-साहित्य का सर्जन किया, उस समय समीक्षक इस नयी विधा के लिए प्रस्तुत ही न था। उसके पास वे उपकरण न थे जिनसे वह सांकेतिकता, व्यक्ति-वैशिष्ट्य और असंबद्ध अनुभूतियों की थाह पा सके। उसने आश्रय लिया केवल प्राचीन नाट्यशास्त्र

के परंपरागत वर्गीकरण का। इसीलिए जयशंकर प्रसाद के नाटकों का मूल्यांकन भली-भाँति नहीं हो पाया।"

[नटरंग-3, 1965]

भगवतीचरण वर्मा

हिंदी में श्री जयशंकर प्रसाद ने अधिकांश में नाटक ही लिखे। पर श्री जयशंकर प्रसाद के सामने कोई विकसित रंगमंच न था और इसलिए ये नाटक पढ़ने के साहित्य में उच्च-स्थान पाते हुए भी दृश्यकाव्य की कोटि में नहीं आ सके। इन नाटकों का यदाकदा सफल अभिनय भी हुआ। किंतु आज की बदली हुई मान्यताओं के सामने उन्हें रंगमंच में कोई स्थान नहीं मिल सका।

['रुपया तुम्हें खा गया', भूमिका]

हिंदी साहित्य में समुचित हिंदी रंगमंच के अभाव के कारण नाटक उपेक्षित-सा रहा है, और वर्तमान हिंदी नाटकों की कोई सशक्त और मौलिक विधा अभी तक विकसित नहीं हो पायी है। हिंदी नाटकों का कोई व्यावसायिक पक्ष भी नहीं है। अधिकांश हिंदी नाटक मंच पर अभिनीत होने के लिए लिखे ही नहीं गये हैं—वह केवल औपचारिक ढंग से साहित्य के एक अंग के रूप में लिखे गये हैं, पढ़े जाने के लिए।

हिंदी-साहित्य के प्रारम्भिक नाटकों में कल्पनात्मक काव्य-पक्ष अधिक है, और उनमें उस स्वाभाविकता का प्रायः अभाव-सा है जो दर्शकों पर अपना भावात्मक प्रभाव छोड़ सके। इसलिए उन नाटकों का रंगमंच पर अभिनय अधिकांश में असफल ही रहा है। और इसके परिणामस्वरूप परवर्ती नाटक-साहित्य एकांकी नाटकों में सिमट गया।

['वसीयत', भूमिका, 1978]

धर्मवीर भारती

व्यावसायिक रंगमंच से पृथक्, हिंदी के साहित्यिक रंगमंच के विकास के लिए जिन नगरों में पिछले 20 वर्षों से अथक प्रयास होता रहा है, उनमें प्रयाग और वाराणसी प्रमुख हैं। विशेषतः प्रयाग में अक्टूबर से जनवरी तक का समय विविध संस्थाओं द्वारा प्रस्तुत अनेक एकांकी नाटक, सांस्कृतिक प्रदर्शनों और दो या तीन अंकों के सम्पूर्ण नाटकों से काफी गुंजान रहता है। सर्वश्री जगदीशचन्द्र माथुर, उपेन्द्रनाथ अश्क,

डॉ. लक्ष्मीनारायण लाल, डॉ. रामकुमार वर्मा आदि अनेक नये और पुराने नाटककारों के अधिकांश नाटक प्रयाग की इसी शारदीय नाटक हलचल के अन्तर्गत प्रस्तुत किये जाते रहे हैं।

लेकिन इधर वाराणसी और प्रयाग दोनों नगरों में (शरद में नहीं वरन् घोर गर्मियों में) दो ऐसे नाटक आयोजित हुए जिनमें प्रस्तुतकर्ताओं का झुकाव इसकी ओर ज्यादा नज़र आया कि बड़े से बड़ा स्टेज हो, अधिक से अधिक पात्र हों, ज्यादा से ज्यादा दृश्य हों। डे मिल के पिछले चित्रों में विशेष विज्ञापन रहा करता था, ''इट इज कोलोसल'' (यह चित्र विराट् पैमाने पर बना है) कुछ-कुछ विराट् पैमाने की ओर इन प्रस्तुतकर्ताओं का झुकाव दीख पड़ता है। वाराणसी में श्रीनाट्यम द्वारा प्रस्तुत 'गोदान' और प्रयाग में सेतुमंच द्वारा प्रस्तुत 'चंद्रगुप्त' इस नयी रुझान के सजीव उदाहरण हैं।

'सेतुमंच' के द्वारा प्रस्तुत 'चंद्रगुप्त' ने पिछले दिनों बहुत लोगों का ध्यान आकर्षित किया। वास्तव में वह आयोजन कई दृष्टियों से महत्त्वपूर्ण रहा है।

रंगमंच के प्रसंग में जयशंकर प्रसाद का ज़िक्र आता है तो अधिकांश लोग बिना इस समस्या पर गम्भीर विचार किये हुए यह फैसला दे देते हैं, कि प्रसाद के नाटक रंगमंच के योग्य नहीं हैं। इस धारणा को निर्मूल साबित करने के लिए सबसे पहले प्रसाद के नाटकों में से सबसे बेढब नाटक 'चंद्रगुप्त' को चुनना निस्संदेह दुर्दान्त साहस का परिचायक है। 'स्कंदगुप्त', 'ध्रुवस्वामिनी' आदि के मुकाबिले 'चंद्रगुप्त' का कथानक बहुत बिखरा हुआ और असन्तुलित है। दृश्य बहुत हैं और बहुत छोटे-छोटे हैं। पात्रों की संख्या बहुत ज़्यादा है। किंतु 'सेतुमंच' की ओर से लक्ष्मीकांत वर्मा ने इसका परिहार प्रतीकात्मक रंगमंच के उपयोग के द्वारा किया।

रंगमंच को बहुत तड़क-भड़क और साज-सज्जा न देकर केवल प्रतीकात्मक रंगमंच का विधान देना, यह दो दृष्टियों से सफल सिद्ध हुआ। एक तो कहा जाता है कि पूरे नाटक का खर्च केवल 600 रु. हुआ, और दूसरे दर्शक का ध्यान रंगमंच ने इस सीमा तक नहीं खींचा कि मूल नाटक दब जाता। अभिनेता 30 के लगभग थे और प्रयाग की कई नाट्य-संस्थाओं से जुटाये गये थे। संगठन की दृष्टि से यह भी एक महत्त्वपूर्ण बात थी।

नाटक कहाँ तक सफल हुआ इसके बारे में विरोधी मत हैं। लेकिन इस बात से कोई इंकार नहीं कर सकता, कि यह साहसपूर्ण और महत्त्वपूर्ण प्रयास था। जो केवल छिद्रान्वेषण ही करके संतुष्ट होना चाहें उनको पात्रों की वेशभूषा से लेकर गौण पात्रों के कमजोर अभिनय तक आलोचना की काफी सामग्री मिल सकती है। लेकिन इस आयोजन की उपलब्धि यही है, कि इस साधनहीनता में भी एक नयी दृष्टि के साथ साहित्यिक रंगमंच को एक नया मोड़ देने की कोशिश की गयी।

लेकिन जहाँ एक ओर कुछ दर्शकों द्वारा इसकी समीक्षा में छिद्रान्वेषण की प्रवृत्ति दिखी, वहीं दूसरी ओर कुछ के द्वारा एक अतिरंजित प्रशंसा की प्रवृत्ति भी दीख पड़ी।

इस दूसरी प्रवृत्ति की रुचि रंगमंच के पुनरुत्थान में उतनी नहीं दीखती जितनी इसमें कि 'प्रसाद की जय हो!' उनका नाटक हुआ! ऐसी एक समीक्षा में सनसनीखेज ढंग से लिखा गया कि "पैलेस थियेटर में फाटक तोड़ भीड़ इकट्ठी थी" और बताया गया कि यह जयशंकर प्रसाद की अमर प्रतिभा का भी प्रमाण है और सेतुमंच के प्रयास का भी। नहीं कहा जा सकता कि यह 'फाटकतोड़' भीड़ टिकट खरीदनेवालों की थी, या केवल 'पास' से आमंत्रित लोगों की। 'फाटकतोड़' भीड़ का एक दूसरा अनुभव दो वर्ष पहले प्रयाग में ही हिंदी परिषद् द्वारा प्रस्तुत 'ध्रुवस्वामिनी' के अभिनय के समय भी हुआ था जब पुलिस का हस्तक्षेप होते-होते बचा, पर सब जानते हैं कि फाटक तोड़नेवाले प्रसाद में उतनी रुचि नहीं रखते थे, जितने इसमें कि हमें भी तमाशा मुफ्त क्यों नहीं देखने दिया जाता? और स्वयं उपर्युक्त समीक्षक इस बात से सहमत नहीं होंगे कि चूँकि पहले नाटक में 'फाटकतोड़' भीड़ ज्यादा उग्र थी अतः उस नाटक में प्रसाद अधिक प्रतिभाशाली थे। इस प्रकार की भक्तिभावनावाले लोग श्रद्धावान अधिक होते हैं और मंदिर के आँगन में किसी भी किस्म की भीड़भाड़ उन्हें मुदित कर देती है।

साहित्यिक रंगमंच की सफलता का आकलन इतनी आसान कसौटियों पर नहीं किया जा सकता। जनरुचि और इन साहित्यिक प्रयासों में मेल बिठाने का काम बहुत ज्यादा दुस्तर है। जहाँ साधन हैं, जैसे बम्बई, वहाँ निष्ठा और सुरुचि का अभाव है। जहाँ निष्ठा और सुरुचि है जैसे प्रयाग और वाराणसी, वहाँ साधन का अभाव है। इसीलिए 'मिट्टी की गाड़ी', 'गोदान' और 'चंद्रगुप्त' जैसे आयोजनों के प्रणेता बधाई के पात्र हैं। जिस प्रकार की कठिनाइयों और विरोधी परिस्थितियों में वे जितना कर रहे हैं वह श्लाघ्य है।

इन आयोजनों के बाद जागरूक दर्शक के मन में कुछ सवाल उठते हैं। यथार्थ रंगमंचवाला फार्मूला बहुत खींचा जाने पर बहुत यांत्रिक और कभी-कभी हास्यास्पद तो नहीं बन जायेगा? प्रतीकात्मक रंगमंच ऐतिहासिक, कल्पनात्मक या भावात्मक नाटकों के लिए बहुत उपयुक्त लेकिन क्या 'गोदान' जैसे कथानक के लिए भी उपयुक्त होगा? क्या प्रयाग और वाराणसी के दो-चार हजार साहित्य-प्रेमियों के बीच नाटक का पसंद किया जाना मात्र इस बात का प्रमाण हो सकेगा कि हिंदी का साहित्यिक रंगमंच लोकप्रिय है? क्या मात्र पूजाभावना हमें यथार्थ समस्याओं के प्रति विवेकपूर्ण दृष्टि दे सकेगी? ये प्रश्न किसी भी जागरूक दर्शक के मन में इसीलिए उठते हैं, कि वे आश्वस्त हैं कि रंगमंच के क्षेत्र में इनका उत्तर भी व्यावसायिक थियेटर्स के पास नहीं है, इन्हीं साधनहीन संस्थाओं के पास है जिनमें निष्ठा है और सुरुचि भी है।

[17 जुलाई, 1960, धर्मयुग]

मोहन राकेश

प्रसादजी ने पारसी कंपनियों की परंपरा से तो नाता तोड़ा पर न उन्होंने भारतेन्दु की परंपरा को आगे ले जाने का प्रयत्न किया और न ही रंगमंच की किसी नई परंपरा का संकेत दिया। यद्यपि उनका विचार था कि परिष्कृत बुद्धि के अभिनेता हों, सुरुचिसंपन्न सामाजिक हों और पर्याप्त द्रव्य काम में लाया जाये तो उनके नाटक अभिनीत होकर अभीष्ट प्रभाव उत्पन्न कर सकते हैं, पर उनके नाटकों के शिल्प को देखते हुए उनसे सहमत होना असम्भव प्रतीत होता है। उन्होंने अपने विचार की पुष्टि के लिए 'अभिज्ञान शाकुन्तलम्' जैसे संस्कृत नाटकों का उदाहरण दिया है। परन्तु 'शाकुन्तलम्' तथा अन्य संस्कृत नाटकों में जो अपनी ही एक यूनिटी है, वह प्रसादजी के नाटकों में नहीं पायी जाती। 'शाकुन्तलम्' पूरा का पूरा अभिनेय है। रथ के दृश्यों के संबंध में यह कहा जा सकता है कि वे रंगमंच पर प्रस्तुत नहीं किए जा सकते, परंतु वास्तव में वहाँ रंगमंच पर रथ की उपस्थिति का आभास-मात्र देना अभिप्रेत है—'पश्य' के बाद वर्णित किया जानेवाला सबकुछ नेपथ्य में संकेतिक होता है, रंगमंच पर घटित होता नहीं दिखाया जाता। इसी तरह भास के नाटक भी असंदिग्ध रूप से अभिनेय हैं। परन्तु प्रसादजी के नाटकों के संबंध में यह नहीं कहा जा सकता। प्रसादजी का रंगमंच के साथ संपर्क नहीं रहा, शायद इसीलिए वे रंगमंच की सीमाओं से परिचित नहीं हो सके। 'चंद्रगुप्त' नाटक के द्वितीय अंक के आठवें दृश्य में मालविका और चंद्रगुप्त रावी के तट पर कुछ सैनिकों के साथ खड़े हैं और नदी में दूर कुछ नावें दिखायी दे रही हैं। सिंहरण का संकेत करने पर नावें चली जाती हैं। फिर एक नाव तेज़ी से आती है और उस पर से अलका उतर पड़ती है। हमें आश्चर्य होता है कि ऐसे-ऐसे दृश्यों की योजना करते समय प्रसादजी ने किस तरह के रंगमंच की कल्पना की होगी? यदि यह कहा जाये कि चित्रपट को दृष्टि में रखकर उन्होंने ऐसा किया होगा तो और भी खेद होता है क्योंकि चित्रपट के नाटक की और कई अपेक्षाएँ हैं और उसमें संवाद बहुत कम होते हैं। 'चंद्रगुप्त' जैसे नाटक को यदि ज्यों का त्यों चित्रपट पर प्रस्तुत किया जाये तो उसके लिए शायद लगभग पचास हज़ार फुट फिल्म की ज़रूरत पड़ेगी और दर्शक को हाल में लगभग बारह घंटे बैठना होगा।

प्रसादजी के नाटकों की प्रांजल भाषा, भाव-गम्भीरता और साहित्यिक उपलब्धि का कुछ ऐसा प्रभाव पड़ा कि रंगमंच के साथ नाटक के संबंध की चेतना ही लुप्त हो गयी।

[साहित्यिक सांस्कृतिक दृष्टि, 1975]

अमृतलाल नागर

हिंदी में ऐसे दर्जनों नाटक हैं जिन्हें साहित्य के इतिहास में तो अवश्य बखाना गया है लेकिन शौकिया रंगमंचवालों तक ने कभी उनका नोटिस तक न लिया, फिर पेशेवर रंगमंचवालों की तो बात ही क्या है। एक ओर जयशंकर प्रसाद और लक्ष्मीनारायण मिश्र के साहित्यिक प्रशंसकों को यह शिकायत है कि उनके नाटकों को रंगमंचवालों से मान्यता नहीं मिली तो दूसरी ओर राधेश्याम कथावाचक, हरिदास माणिक, बेताब, ज़ौहर, आग़ा हश्र आदि के प्रशंसकों को यह शिकायत है कि उन्हें साहित्य में श्रेष्ठ स्थान नहीं मिला। इस प्रकार साहित्यिक-असाहित्यिक नाटकों का पचड़ा बहुत-से सृजनशील लेखकों को नाटक लिखने से विमुख कर देता है।

साहित्यिक-असाहित्यिक नाटकों की सौतिया लड़ाई में सब कह-सुनकर भी असाहित्यिक नाटककार साहित्यिकों पर किसी-न-किसी तरह हावी हो ही जाते थे।

पिछले सौ वर्षों में हिंदी इतिहास में नाटक तो काफी लिखे गये पर कोई ऐसा न निकला जिसका नाम हम उपन्यास-सम्राट् प्रेमचंद की तरह नाटक-सम्राट् के विशेषण से जोड़कर ले सकें।

[नाटक बनाम रंगमंच, 1969]

मुद्राराक्षस

प्रसाद की रचनाओं के मंचन का बड़ा कारण मुल्क में हिंदी भाषा और साहित्य के प्रति घृणा और अवज्ञा है। भुवनेश्वर का 'ताँबे के कीड़े' ही किसने किया ? हिंदी रंगलेखन भाषा के स्तर पर जिस संवेदनशीलता की माँग करता है, वह रंगकर्मियों के पास कहाँ है ? हिंदी में आप कुछ भी करेंगे वह गैरमंचीय ही रहेगा क्योंकि हिंदी मंच पर 'पेशा' करनेवाले रंगकर्मी हिंदी से नफरत करते हैं। वह दूसरी भाषा का 'सफल' नाटक हिंदी में सफलतापूर्वक खेलना चाहता है क्योंकि यही उसे सुरक्षित रख सकता है। दरअसल हमारे पास हिंदी रंगकर्मी नहीं हैं। हिंदी रंगकर्मी होने के लिए इस भाषा के समूचे संस्कार, इतिहास और वाङ्मय का साक्षात् ज़रूरी है।

प्रसाद पारसी रंगमंच से प्रभावित लेखक थे। उनकी रचनाओं में ऐसा कुछ नहीं है जो अमंचीय हो।

जो प्रसाद के नाटक दुबारा लिखने की बात करते हैं, उनसे मैं सहमत नहीं हूँ। गेटे का 'फाउस्ट' देखा होगा। उससे ज्यादा गैरमंचीय रचना (खासकर पार्ट-II) और क्या होगी ? पर वह होता है। शेक्सपियर सौ से ज्यादा अभिनेता, बीस सेंकेड तक के लघु दृश्य और पचासों दृश्यान्तर रखते हैं और उन्हें हम खेलते हैं।

प्रसाद के नाटक नहीं हुए, राकेश का 'लहरों के राजहंस' या सुरेन्द्र वर्मा के नाटक कितने हुए? अज्ञेय का बेहतरीन नाटक है 'उत्तर प्रियदर्शी', वह भी किसी ने नहीं किया, भाषा के कारण ही! जिस दिन हिंदी को पढ़ा-लिखा और भाषा-संस्कारी निर्देशक मिलेगा, प्रसाद के नाटक होंगे और ज्यों के त्यों ही होंगे।

[पत्राचार के आधार पर]

विष्णु प्रभाकर

विष्णु प्रभाकर निर्भ्रान्त भाव से प्रसाद के योगदान को स्वीकारते हैं और मानते हैं कि उन्होंने आनेवाले नाटककारों के लिए मार्ग प्रशस्त किया। शास्त्रीय जटिलताओं से मुक्त उन्होंने ऐसे नाट्य-विधान का विकास किया जिससे अनुप्रेरित होकर परवर्ती नाटककार अपना रास्ता निर्धारित कर सके। प्रसाद ने सरलता के लिए ऐतिहासिक नाटक नहीं लिखे। उन्होंने स्वाधीनता और देशानुराग को केन्द्र में रखा और पहली बार विदेशी ताकतों से संघर्ष करना सिखाया। उस युग के संदर्भ में यह आवाज़ उठाने का साहस कम महत्त्वपूर्ण नहीं है। इधर, उनके सभी नाटकों में रागात्मक तत्त्वों और बौद्धिक तत्त्वों के आरोह-अवरोह का हृदयस्पर्शी द्वन्द्व दिखाया है। प्रसाद के चरित्र बहुत जीवन्त और सशक्त हैं, उन्होंने अपने चित्रांकन में पहली बार मानव के महत्त्व को उजागर किया। सभी नाटकों में 'स्कंदगुप्त' ने सर्वाधिक प्रभावित किया। इसमें स्कंदगुप्त-देवसेना प्रसंग की प्रभविष्णुता आज भी कम नहीं हुई। असल में, प्रसाद में नाटकीयता की खास पहचान थी जिसका अनुभव उनकी कविता, कहानी और उपन्यास में बराबर मिला है।

इसमें कोई संदेह नहीं कि प्रथम पाठ पर प्रसाद के नाटक साहित्यिक अधिक लगते हैं परन्तु गहराई से पढ़ने के बाद उनकी निहित नाटकीय शक्ति उत्तरोत्तर प्रबल होती जाती है। प्रसाद ने कई स्तर पर द्वन्द्व का निर्वाह किया। उन पर पारसी थिएटर का नकारात्मक प्रभाव पड़ा। वे उससे बचकर निकलना चाहते थे परन्तु बचने की कोशिश में उलझ गये। प्रसाद ने वर्तमान के आधार पर अतीत को टटोला, ऐतिहासिक कथानक के कारण भाषा का स्वरूप भिन्न होना था। वस्तुतः प्रसाद की भाषा का अध्ययन राष्ट्रीय आंदोलन और राष्ट्रीय भावना के परिप्रेक्ष्य में होना चाहिए। उत्तेजना, आवेश और आत्म-बलिदान की भावनाओं के बिना राष्ट्रीयता का उदय नहीं हो सकता। जोश और आवेश से भड़काए बिना आप किसी व्यक्ति को स्वतंत्रता-यज्ञ में झोंक नहीं सकते थे। कहने की आवश्यकता नहीं कि तिलक, सरोजिनी नायडू, लाजपतराय, भगतसिंह, मौलाना आजाद, नेहरू आदि की वक्तृता-कला में यही शक्ति थी। इन लोगों के भाषणों की प्रतिध्वनियाँ प्रसाद के पात्रों और उनके संवादों में सुनी जा सकती हैं। प्रसाद की भाषा की भावप्रवणता का अध्ययन इन्हीं संदर्भों में करना चाहिए।

प्रसाद के विरुद्ध एक पूर्वाग्रह बन चुका है जिसकी शुरुआत लक्ष्मीनारायण मिश्र से हुई। सबके मूल में व्यक्तिगत कारण थे। अगर ग्रीक के पुराने नाटक और शेक्सपियर खेले जाते हैं तो प्रसाद को खेलने में क्या कठिनाई है? हाँ, उन्हें प्रभावशाली बनाने के लिए रंगमंचीय संस्करण तैयार करने होंगे ताकि अटपटे दृश्य-विधान तथा दूसरी बातों में परिवर्तन एवं सुधार लाया जा सके।

[साक्षात्कार के आधार पर]

मणि मधुकर

मणि मधुकर बड़े आदर और स्वाभिमान के साथ जयशंकर प्रसाद को एक ऐसे क्लासिकल नाटककार के रूप में प्रतिष्ठित करते हैं जो आधुनिक नाटककारों के जनक हैं। 'कोणार्क' और 'आषाढ़ का एक दिन' को 'स्कंदगुप्त' की परंपरा की कड़ी मानना चाहिए। उनकी दृष्टि में प्रसाद निर्विवाद रूप से महान नाटककार हैं जिनका परवर्ती नाटककारों पर प्रत्यक्ष या अप्रत्यक्ष प्रभाव पड़ा। उनके नाटक सशक्त, प्रभावशाली तथा अनंत संभावनाएँ लिए हुए हैं! 'मैं कृतज्ञता से स्वीकार करता हूँ कि प्रसाद से मैंने बहुत कुछ सीखा है। बीच-बीच में स्वतंत्र चिंतन, गीत तथा विशिष्ट जीवन दृष्टि देने की प्रवृत्ति मैंने उन्हीं स जानी है। आज भी मेरी आकांक्षा प्रसाद जैसा नाटक लिखने की है।'

प्रसाद के नाटक मेहनत माँगते हैं। उनकी प्रस्तुतियों के लिए 'शार्टकट' नहीं है जबकि आज के निर्देशक चुटकियों में जय-जयकार लेना चाहते हैं। अगर 'दाँतों की मौत', लोरका, ब्रेख्त के नाटकों पर समय और साधन जुटाए जा सकते हैं, तो प्रसाद की भी इसी तरह तैयारी होनी चाहिए। हाँ, यह स्पष्ट रहे कि क्लासिकल नाटक को सम्पूर्ण रूप से प्रस्तुत करना चाहिए। आज भी बंगला और मराठी का नाटक 4-5 घंटे तक खेला जाता है और पसंद किया जाता है। प्रसाद के नाट्यालेख पर्याप्त समर्थ और असरदार हैं।

मणि मधुकर का आग्रह है कि प्रसाद के नाटकों की रंगमंचीयता का प्रश्न जिस तरह उछाला जाता है वह अनुचित ही नहीं, हिंदी रंगमंच और प्रसाद के साथ अन्याय भी है। कौन-सा रंगमंच है जिसकी कसौटी पर उनके नाटकों को परखा-आँका जाए? जब उनके नाटकों के लिए उपयुक्त रंगमंच ही नहीं है, अभिनेता के सारे आरोप निरर्थक लगते हैं। प्रसाद की धारणा सही है कि पहले रंगमंच का विकास होना चाहिए। प्रसाद की अपनी मंच-परिकल्पना का आधार भारतीय रंगमंच है। उन्होंने पारसी थिएटर के भदेस को अस्वीकृत किया और जीवंत तथा उपयोगी तत्त्वों को अपनाया। इस तरह प्रसाद ने व्यावसायिकता की तुलना में कलात्मकता पर बल दिया जो अगली पीढ़ी के लिए महत्त्वपूर्ण दिशा-निर्देशन है।

नाटक की भाषा की कठिनाइयों के बारे में प्रसाद सतर्क थे। वे मंचीय भाषा की तलाश में प्रयत्नशील रहे। 'ध्रुवस्वामिनी' इसका प्रमाण है।

[साक्षात्कार के आधार पर]

रामकुमार वर्मा

प्रतिष्ठित नाटककार, योग्य अध्यापक तथा अनुभवी रंगकर्मी रामकुमार वर्मा ने 1944 में 'अजातशत्रु', 1950 में 'चंद्रगुप्त', तथा 1964 में 'ध्रुवस्वामिनी' का मंचन किया। इनमें 'ध्रुवस्वामिनी' के सफल प्रस्तुतीकरण पर उन्हें अधिक संतोष मिला। वे 'स्कंदगुप्त' भी खेलना चाहते थे परन्तु उसके रोंदू और भोंदू चरित्र ने उन्हें उत्साहित नहीं किया।

प्रसाद के नाटक साहित्य की दृष्टि से अत्यन्त महत्त्वपूर्ण और प्रभावशाली हैं पर रंगमंच की दृष्टि से नहीं–

(1) उनकी दृश्य-योजना दोषपूर्ण है। लगातार 'डीप सीन' आते हैं जिनसे रंगमंच में कठिनाई होती है। या तो बीच के डीप सीन को स्थानांतरित करना पड़ता है या काट देना पड़ता है।

(2) कथावस्तु इतनी विरल हो जाती है कि उससे संवेद्य को बाँध रखना कठिन होता है।

(3) ऐतिहासिक सूत्रों को अनावश्यक रूप से बढ़ा दिया जाता है जिससे नाटकीय महत्ता और जिज्ञासा कुंठित हो गई है।

(4) संवाद और स्वगत बहुत लंबे और कहीं-कहीं अनावश्यक हो जाते हैं।

(5) हास्य इतना साहित्यिक हो जाता है कि वह मंच और दर्शकों के ऊपर से निकल जाता है।

(6) भाषा दुर्बोध और मंचीय सुविधा की नहीं है।

(7) प्रसादजी के नाटकों का सफलतापूर्वक अभिनय या तो बहुआयामी या चक्रित रंगमंच से हो सकता है या उसके दृश्यों को काट-छाँटकर मंच के उपयुक्त बनाया जा सकता है।

(8) 'चंद्रगुप्त' नाटक की अपेक्षा 'अजातशत्रु' नाटक अधिक अभिनेय है जिसमें अधिकतर अभीष्ट प्रसंगों का चित्रण किया गया है।

[पत्राचार के आधार पर]

चरित्र-चित्रण में संस्कारों की दृष्टि व्यक्तित्व का वास्तविक चित्रण कर सकती है। 'अजातशत्रु' नाटक में श्री जयशंकर प्रसाद ने पात्रों के संस्कारों पर बड़ी गहरी दृष्टि रखी है। मागन्धी दरिद्र कन्या है, अतः राजमहिषी होने पर भी उसकी क्षुद्रता नहीं गई

और वह काशी में जाकर वार-विलासिनी बनी। इसी प्रकार विरुद्धक दासी शक्तिमती का पुत्र होने के कारण शैलेश डाकू बना। छलना विरोध करते हुए भी पतित होती क्योंकि उसमें लिच्छवि रक्त है। इस प्रकार संस्कार मेरुदंड बनकर पात्र को अपनी स्थिति में बड़ी स्वाभाविकता प्रदान करता है।

मैं तो समझता हूँ कि रंगमंच के नाटकों की सृष्टि उस समय तक नहीं हो सकती जब तक कि अभिनय की कला साहित्य की कला का पथ-निर्देश न करे। एक बार अभिनय की मान्यताओं को स्वीकार करने पर साहित्य की कला अपना कौशल अपने आप निर्धारित कर सकेगी। श्री जयशंकर प्रसाद के 'चंद्रगुप्त' नाटक के अभिनय में यही कठिनाई पड़ती है कि नाटककार ने एक अन्वेषक की भाँति छोटी से छोटी घटना को भी बहुत बड़ा महत्त्व दे दिया है और चार अंकों में फैली हुई कथा धूमकेतु की रेखा की भाँति क्षितिज के छोर को छूने लगती है। चंद्रगुप्त, चाणक्य और सिंहरण के कार्य-कलाप एक इतिवृत्त की भाँति अंकित हैं जिनका संबंध रंगमंच की अपेक्षा इतिहास से अधिक है। अभिनय के लिए 'चंद्रगुप्त' नाटक के कितने ही दृश्य काटने पड़ेंगे तब कहीं कथावस्तु के प्रमुख प्रसंग रंगमंच पर उभर सकेंगे। 'चंद्रगुप्त' नाटक की अपेक्षा 'अजातशत्रु' नाटक अधिक अभिनेय है जिसमें अधिकतर अभीष्ट प्रसंगों का चित्रण किया गया है। मैंने दोनों ही नाटकों में अभिनय किया है, इसलिए मैं उनकी रंगमंच संबंधी कठिनाइयों से परिचित हूँ।

जब तक हम रंगमंच की पूरी जानकारी प्राप्त नहीं कर लेते तब तक हम अभिनय के योग्य नाटकों की सृष्टि नहीं कर सकते। अतः साहित्य और रंगमंच के योग से हम वास्तविक नाटकों का रूप प्राप्त कर सकेंगे। यदि नाटक साहित्य का सबसे बलिष्ठ अंग होना चाहता है तो उसे रंगमंच का आश्रय ग्रहण करना ही होगा। यदि नाटक प्रमुख है तो रंगमंच उसका शरीर। बिना शरीर के प्राण की अभिव्यक्ति संभव नहीं।

[साहित्य चिन्तन, 1965]

हबीब तनवीर

प्रसाद की भाषा इतनी समृद्ध, इतनी खूबसूरत और साथ ही साथ कठिन भी है। प्रसाद के नाटक काम करने लायक हैं। उनमें मैं 'स्कंदगुप्त' पर काफी दिनों से सोच रहा हूँ।

[छायानट—14, पृ. 52]

सत्यदेव दुबे

ऐसी एक प्रतिभा है जिसने हिंदी की रीढ़ तोड़ दी है। उस विशिष्ट प्रतिभा का नाम है जयशंकर प्रसाद। मैं यह कहना चाहूँगा कि जब तक जयशंकर प्रसाद को पाठ्यक्रमों में से नहीं निकाला जाता, जब तक उनके ऊपर लिखी डॉक्टरों की थीसिसों को जला नहीं दिया जाता, तब तक मंच हिंदी क़ा आगे नहीं आयेगा। ये जो साहित्यिक नाटक और मंचीय नाटक हैं वह भी 200 साल पुरानी बात है जब वर्ड्सवर्थ, शेली, इन सबने नाटक लिखने का प्रयत्न किया और हालाँकि अंग्रेजी में नाटक की अपनी एक परंपरा थी, ये लोग नाटक नहीं लिख पाये और जब नाटक नहीं लिख पाये तो उस समय के जो आलोचक थे उन्होंने कहा—नाटक लिटरेरी प्लेज़ एण्ड स्टेजप्लेज़ है। मेरे हिसाब से यह बेकार का अंतर उत्पन्न किया जाता है। यह बहुत ही बकवास किस्म का अंतर है। उनके कारण हिंदी नाटक को तो बहुत ही ज़्यादा नुकसान हुआ है।

[पूर्वग्रह, मई–जून 1977, पृ. 42]

बृजमोहन शाह

शाह का पहला आग्रह यह है कि विश्वविद्यालय के पाठ्यक्रम, अध्यापन तथा नाट्यालोचन ने प्रसाद के नाटकों को लेकर एक अजीब इम्प्रेशन फैला रखा है जिसकी वजह से वे रंगजगत् से दूर धकेल दिए गए हैं। अभिनेयता को लेकर ऐसे दोष आरोपित किए गये हैं जो न सही हैं और न उचित। विडम्बना तो यह है कि इन आलोचकों को न रंगमंच की साधारण समझ है और न अनुभव। बरसों से हमारे मन में बैठा है कि प्रसाद मूलतः कवि हैं, नाटककार नहीं। उनके नाटक साहित्यिक हैं, रंगमंचीय नहीं, स्वगत, लम्बे संवाद जैसे कई दोष उनके नाटकों के मंचन में बाधक हैं आदि। इन सब बातों ने प्रसाद-प्रतिकूल ऐसा वातावरण बनाया कि आज थियेटर में उनका कोई नामलेवा नहीं। इस संदर्भ में यह उल्लेखनीय है कि प्रसाद के नाटकों में जिस तरह के आक्षेप लगाए गये वे सब शेक्सपियर या 'तुग़लक' में मिलते हैं परन्तु अध्यापकों ने शेक्सपियर के नहीं, प्रसाद के दोष गिनाते-गिनाते विश्वविद्यालय में उनकी कब्र खोदकर रख दी है। प्रसाद को मौजूदा स्थिति में पहुँचाने के लिए विश्वविद्यालय ही जिम्मेदार हैं।

शाह का दूसरा आग्रह थियेटरवालों की नकल की आदत के बारे में है। वे विदेशी नाटकों के प्रस्तुतीकरण में मेहनत कर सकते हैं और करते भी हैं पर हिंदी के लिए कुछ नहीं करते। 'तुग़लक' के लिए कितना परिश्रम किया गया, उसमें भाषा और दृश्य-परिवर्तन को लेकर कम कठिनाइयाँ नहीं हैं। वह खेला गया और आज वह रंगमंच पर जम चुका है। सच बात तो यह है कि आज चाटुकारिता का थिएटर है, वरदहस्त

के बिना कोई गति नहीं। कहीं फोक थिएटर के नाम पर दख़ल है, कहीं प्रयोग के नाम पर वह बेतुकी बातें हो रही हैं और कहीं मनोशारीरिक थिएटर हैं। थिएटर की पहली और असली शक्ति है अभिनय। आज अभिनय से हटकर दूसरी चीजों पर बल दिया जा रहा है।

शाह का विश्वास है कि प्रसाद के नाटक, नाटक के स्तर पर अच्छे और प्रभावशाली हैं। उनमें नाटक की ताकत है। ऐतिहासिक होते हुए भी प्रसाद ने गहरी निष्ठा और ईमानदारी के साथ अपने दृष्टिकोण को व्यक्त किया है। प्रसाद के सभी नाटक 'थिमैटिकली ग्रेट' हैं। पात्र और परिस्थितियों में कई स्तरों पर नाटकीयता है। 'स्कंदगुप्त' का सघन कार्य-व्यापार, बाह्य जगत् और अन्तर्जगत् दूसरों से और अपने आपसे चलनेवाला द्वन्द्व आज भी आकृष्ट करता है। शाह ने स्वयं कई वर्ष पूर्व 1957 में 'ध्रुवस्वामिनी' नाटक खेला था। 'ध्रुवस्वामिनी' में कितनी नाटकीयता है। प्रसाद के नाटक बहुत अच्छी तरह खेले जा सकते हैं। उनमें अभिनेताओं के लिए बहुत संभावनाएँ हैं।

प्रस्तुतीकरण के स्तर पर प्रसाद के नाटकों में कई रद्दोबदल करने पड़ेंगे। कारण प्रसाद ने पारसी थिएटर के प्रभाव में नाटक लिखे थे—पात्रों और घटनाओं की भरमार, गाने, देशभक्ति, कर्त्तव्य और उपदेश से पूर्ण भावप्रवण स्थल एवं संवाद। पारसी थिएटर के परिमार्जन और सुधार की प्रक्रिया ने उनके नाटकों को और जटिल बना दिया। आज उनका पुनर्गठन आवश्यक है, मतलब की बात रखने के लिए तराशना पड़ेगा। इसलिए प्रसाद के नाटकों के रंगमंचीय संस्करण तैयार करने पड़ेंगे। दूसरी कठिनाई है दुरूह भाषा—कुछ पल्ले नहीं पड़ता। सही अर्थ रखते हुए उसे सुलभ और ग्राह्य बनाना होगा। बार-बार दृश्य-परिवर्तन भी एक बाधा है जिसका समाधान निकालना पड़ेगा।

प्रसाद के नाटकों की आवश्यकताओं और अपेक्षाओं को देखते हुए हिंदी प्रदेश का निर्देशक ही उनके साथ न्याय कर सकता है। यहाँ की भाषा और माहौल की गहरी पकड़ और समझ के लिए यहाँ की जमीन से जुड़ा होना बेहतर होगा। शाह की राय में हिंदीभाषी निर्देशक ही प्रसाद की भाषा को प्रतिबिंबित करने में समर्थ हो सकता है।

आज प्रसाद इसलिए नहीं खेले जा रहे क्योंकि प्रस्तुतीकरण के लिए इतना खर्च और व्यवस्था कहाँ से हो? प्रसाद के नाटक ऐतिहासिक हैं, पूरी भव्यता चाहिए। ठाठबाट के साथ उपयुक्त कास्ट का मिलना आसान नहीं। यह सब एक पूरा प्राजेक्ट है, जिसे व्यक्ति नहीं, केवल संस्थाएँ उठा सकती हैं, जैसे रा.ना.वि. या श्रीराम सेंटर। सुविधावादी दृष्टिकोण के कारण सभी अपना-अपना वर्चस्व चाहते हैं, इसलिए मठाधीश भी यही चाहते हैं। हम 'तुग़लक' के लिए 'स्टेक' लगाने को तैयार हैं, प्रसाद के लिए नहीं।

[साक्षात्कार के आधार पर]

उपेन्द्रनाथ अश्क

प्रसाद के नाटकों में ऐसा कोई दोष नहीं है जो उन्हें अनभिनेय करार किया जाए। उनके नाटक स्टेजेबल हैं। उस जमाने में नाटक 5 घंटे का होता था, उसी के अनुरूप गीत आदि होते थे। प्रसाद के नाटक भी इसी कोटि के हैं। निस्संदेह उन्हें ऐतिहासिक नाटक लिखने का 'क्यू' द्विजेन्द्रलाल राय से मिला। प्रसाद के नाटक साहित्यिक हैं, इसलिए भाषा-गीत कठिन होंगे। अभ्यास और तैयारी ज़रूरी है।

अश्क की उक्त धारणाओं को पुष्टि और बल मिला जब उन्होंने स्वयं लक्ष्मीकांत वर्मा के निर्देशन में 1960 में इलाहाबाद में प्रसाद के 'चंद्रगुप्त' का मंचन देखा। लक्ष्मीकांत वर्मा ने मूल नाटक का तीन घंटे का रंगमंचीय संस्करण तैयार किया। वर्मा अपनी अनोखी नवीनताओं के लिए प्रसिद्ध हैं, इसलिए उन्होंने एक दृश्यबंध पर इसे अच्छी तरह सँभाला और निभाया। इतने सालों के बाद भी अश्क के मन पर उस प्रस्तुति का असर रहा।

अश्क के विचार से प्रसाद इतिहास की इंटरप्रटेशन की बजाय उसी खोज में इतना आगे निकल गये कि यह प्रयास अनावश्यक और अप्रासंगिक लगने लगा। उनके नाटक 'संभाव्य' अर्थात् ऐसा हो सकता है पर कम ध्यान देते हैं और 'ऐसा होना चाहिए' है पर अधिक केंद्रित रहे हैं। उनके ये पूर्वाग्रह खोज के कारण बन चुके थे जो किसी ऐतिहासिक नाटककार का धर्म नहीं है। 'चंद्रगुप्त' नाटक में चंद्रगुप्त एक विश्वसनीय पात्र नहीं बन सका। चाणक्य एक ब्राह्मण है और चंद्रगुप्त क्षत्रिय। चाणक्य क्षत्रिय की तरह अग्रणी और क्रियाशील है। यहाँ प्रसाद मनोवैज्ञानिक समझ का सबूत नहीं देते।

[साक्षात्कार के आधार पर]

शंकर शेष

हिंदी में भारतेन्दु के बाद रंगमंच के अभाव या विरलता का दोष पारसी रंगमंच और सिनेमा के माथे मढ़कर छुट्टी पा ली जाती है। पारसी रंगमंच केवल हिंदी क्षेत्रों के लिए ही नहीं दूसरे क्षेत्रों के लिए भी आया। साहित्यिक नाटकों के विकास में उसने बाधा उत्पन्न की आदि तर्क दिए जाते हैं, लेकिन पारसी रंगमंच की उपस्थिति के बाद भी मराठी और बंगला रंगमंच पनपे और अनेक श्रेष्ठ नाट्यकृतियाँ इसी काल में आयीं। इस अभाव का एक बड़ा कारण प्रयासों और रंगसृष्टि के प्रति व्याकुल आग्रह की कमी थी। प्रसादकालीन नाटककारों ने संख्या की दृष्टि से नाटक कम नहीं लिखे लेकिन रंगमंच के अभाव ने उन्हें सही रंगदृष्टि नहीं दी। नाटक ने अपनी सार्थक संज्ञा खोकर विश्वविद्यालय के पाठ्यक्रमों में स्थान खोजना शुरू कर दिया। परिणामस्वरूप हिंदी में 'साहित्यिक नाटक' और 'रंगमंचीय नाटक' जैसे अजीब वर्गीकरण को जन्म दिया। यदि

रंगदृष्टि का सही आग्रह होता है तो थिएटर की कसौटी पर ही श्रेष्ठ और घटिया नाटकों का वर्गीकरण होता है। पारसी थिएटर चाहे जैसा रहा हो, जीवित रंगमंच (लाइव थिएटर) तो था। मराठी और बंगला ने इनके बीच से भी सही दिशा ढूँढ़ ली। दुर्भाग्य से हिंदी में ऐसा नहीं हुआ। फलस्वरूप लम्बे अरसे तक नाटक की चर्चा भले होती रही लेकिन वह रंगमंच के सही परिप्रेक्ष्य में हुई, ऐसा नहीं कहा जा सकता।

प्रसाद के नाटकों की भाषा और संविधान का स्वरूप भले ही विवादास्पद रहा हो किंतु प्रसाद के तात्त्विक रूप से नाटककार (genuine dramatist) होने के विषय में संदेह कभी नहीं हुआ। कथ्य की दृष्टि से, मानवीय संवेदन की गहराई की दृष्टि से, अपने 'कैनवास' की भव्यता की दृष्टि से उनके नाटकों का अपना महत्त्व है, लेकिन उनके समकालीन नाटककारों में ये गुण इतनी ऊँचाई तक नहीं थे, उन्होंने प्रसाद के नाटकों के आकार को तो ग्रहण किया, किंतु उनकी बुनियादी श्रेष्ठता तक नहीं पहुँच सके। परिणाम यह हुआ कि नाटक अपने रंगकर्म के दायित्वों से किसी हद तक मुँह फेरकर 'साहित्यिक' कहलाने के चक्कर में अधिक रहा। पारसी रंगमंच से तो थिएटर में ही स्पर्धा की जा सकती थी, उसे वहीं श्रेष्ठ नाटकों से चुनौती दी जा सकती थी। थिएटर के बाहर साहित्यिक मुद्रा बनाकर खड़े हो जाने का तो कोई अर्थ नहीं होता।

[शंकर शेष रचनावली-5, 1990]

भीष्म साहनी

प्रसाद अपने काल का प्रतिनिधित्व करते हैं तो इस दृष्टि से कि उस जागरणकाल में जो भावनाएँ हमारे समाज को उद्वेलित कर रही थीं, उनकी साफ झलक हमें यहाँ मिलती है। वस्तुस्थिति के प्रति एक प्रकार का असंतोष, समाज में पाए जानेवाले अन्याय, भ्रष्टाचार, उत्पीड़न के प्रति उनका आक्रोश, जनकल्याण की भावना, व्यक्तिगत स्तर पर चरित्र की दृढ़ता में विश्वास, श्रम में आस्था, जीवन में जूझने की भावना—ये सभी उस जागरणकाल की विशिष्टताएँ थीं, जिनका प्रतिबिंब हमें उस काल के साहित्य में मिलता है, और एक आदर्शवादी दृष्टिकोण। भले ही निष्कर्षों के स्तर पर जयशंकर प्रसाद के निष्कर्ष हमें पूर्णतः आश्वस्त न कर पाएँ और कहीं-कहीं पर उन निष्कर्षों के प्रति लेखक का अत्यधिक आग्रह भी खटकता हो, पर हम देखते हैं कि देश के जीवन के साथ जुड़ाव, सामाजिक चेतना, नैतिक मूल्यों का आग्रह विशेष रूप से उनके दूसरे उपन्यास 'तितली' में उतनी ही तीव्रता में पाए जाते हैं, जितने उस काल के अनेक अन्य लेखकों की रचनाओं में।

[जयशंकर प्रसाद के कथा-साहित्य में स्वच्छंदतावादी यथार्थवाद, 1989]

राधावल्लभ त्रिपाठी

प्रसाद की स्थिति हमारे रंगमंच पर संदिग्ध रही है और नाटककार के रूप में प्रसाद निरंतर विकल्प और ऊहापोह के विषय बने रहे हैं। रंगकर्मियों, समीक्षकों या प्राध्यापकों का खासा बड़ा वर्ग है, जो यह मानकर चलता है कि प्रसाद के नाटक खेले जाने के लिए नहीं हैं। प्रसाद की नाट्यरचना-यात्रा के आरंभिक दौर से लेकर अभी तक ऐसे लोग प्रसाद पर बराबर हमला करते रहे हैं, और अपनी कल्पना में नाटककार प्रसाद को ध्वस्त और समाप्त मानकर प्रसन्न होनेवाले महानुभाव भी इनमें थे और हैं। अलबत्ता यह प्रसाद की शक्ति है कि बार-बार खात्मा किए जाने पर भी हिंदी-रंगमंच पर किसी-न-किसी कोने से वे फिर जीवंत उठ खड़े होते हैं।

एक तरफ विश्वविद्यालयीन प्राध्यापकों और समीक्षकों का समाज है, जिसने प्रसाद की नाट्यकृतियों को 'पाठ्य नाटक' जैसी भ्रामक संज्ञा दे डाली है। ये लोग प्रसाद के नाटकों को पढ़कर या पढ़ाकर आत्मतुष्ट हो जाते हैं तथा इस तथ्य को अस्वीकार या अनदेखा कर देते हैं कि किसी नाटककार को केवल पढ़ने और पढ़ाने के लिए ही उपयुक्त मानने से बढ़कर अन्याय उसके साथ और कुछ नहीं हो सकता। कालिदास और शेक्सपियर की तरह प्रसाद ने भी अपने नाटक खेले जाने के लिए ही लिखे थे, इसलिए नहीं लिखे कि वे कोर्स में लग जाएँगे। यदि वे नाटक खेले जाने के लिए हैं तो रंगकर्मियों की नज़र उन पर पड़नी चाहिए थी। पर रंगकर्मियों की अपनी दिक्कतें और सीमाएँ हैं, हिंदी के नाटक खेलनेवाले अधिकांश प्रशिक्षित रंगकर्मी हिंदी की जातीय विरासत और भारतीय साहित्य की परंपरा से ही अपरिचित हैं। प्रसाद के नाटकों को उठा सकने लायक तैयारी, अपेक्षित जानकारी तथा प्रतिभा—इन तीनों का मेल, इक्के-दुक्के अपवादों को छोड़कर, हिंदी-रंगमंच पर नहीं हो पा रहा।

[प्रसाद और रंगमंच की संभावनाएँ, आलोचना/अप्रैल-जून, 1990]

असग़र वजाहत

भारतेन्दु के बाद जयशंकर प्रसाद एक ऐसे नाटककार के रूप में सामने आए जिन्होंने अपने नाटकों को बहुआयामी दिशा की तरफ अग्रसर किया। उनके नाटकों की ओर जब हमारा ध्यान जाता है तो हम देखते हैं कि वे एक तरफ तो इतिहास की प्रस्तुति करते हैं और दूसरी तरफ वर्तमान की बात कहना भी नहीं भूलते। इसके अलावा वे अपने पात्रों के अंदरूनी संघर्ष और व्यक्तित्व के द्वन्द्व को भी उभारते हैं। इस तरह हमें ये धाराएँ, जिनकी ओर प्रसाद ले जाते हैं, निश्चय ही प्रभावशाली हैं।

प्रसाद ने जो कहने की कोशिश की और अपने नाटकों के लिए जो कथानक चुने

और उस कथानक के अंदर से जिस प्रकार की अंतर्धाराओं को निकाला, वे अंतर्धाराएँ आज के नाटककारों में कम ही देखने को मिलती हैं।

हिंदी नाट्य-क्षेत्र में प्रसाद का अपना एक महत्त्वपूर्ण योगदान है। लेखन-क्षेत्र में जो सफलताएँ उन्हें प्राप्त हुईं, वे आज बहुत कुछ सोचने के लिए हमें विवश करती हैं।

इसमें कोई शक नहीं कि प्रसाद के नाटकों का मंचन काफी कठिन है। निर्देशक भी लम्बे समय तक यह लिखते रहे कि प्रसाद ने जो नाट्य-रचना की, वह मंच के लिए कठिन काम है। निर्देशकों को शायद यह अफसोस भी रहा है कि प्रसाद को मंच पर प्रस्तुत करें तो कैसे करें! और मंच पर उनकी सही व पूर्ण प्रस्तुति नहीं हो पायी तो आरोप लगेंगे जिस कारण वे प्रसाद को हाथ लगाते हुए भी घबराते रहे। दूसरी एक बात यह भी रही कि उनके नाटकों की भाषा और संवाद अनिवार्यतः जनसाधारण के लिए नहीं हैं। उनकी भाषा ऊँचे स्तर के लोगों के लिए है। आम आदमी के लिए उनकी भाषा को समझना संभव नहीं।

आज के नाटककार ने प्रसाद के प्रभाव को ग्रहण तो किया है परंतु उनकी कुछ बातों को छोड़ा भी है। प्रथम यह कि नाटक संभ्रान्त और सुसंस्कृत लोगों के लिए ही नहीं होना चाहिए बल्कि उसे जनमानस के लिए होना भी ज़रूरी है। नाटक की भाषा-सृष्टि भी आज बदल गई है। उस भाषा में हालाँकि कुछ लोग लिख भी रहे हैं, जैसे—सुरेन्द्र वर्मा, उनके बहुत से नाटक हैं जिन्हें हम उस श्रेणी में रख सकते हैं किंतु अन्य नाटककारों ने आज सामान्य और बोलचाल की भाषा एवं लोगों की जिन्दगी से जुड़ी हुई भाषा का इस्तेमाल अपने नाटकों में करना शुरू किया है।

आज के नाटककारों ने प्रसाद से जो सीखा वह है उनका ऐतिहासिक दृष्टिकोण ! आज का नाटककार भी प्रसाद के इस दृष्टिकोण को अपने नाटकों में अभिव्यक्ति देता है। उसका इन्टरप्टेशन भी उसी तरह होता है जैसा प्रसाद ने किया है। प्रसाद में इतिहास भी है और वर्तमान भी, इतिहास और वर्तमान के बीच एक खालीपन भी था, आज के नाटककार ने उसे भरने का काम भी किया है। इस तरह से प्रसाद आज भी हमारे लिए रैलेवैन्ट बने हुए हैं क्योंकिं इतिहास के प्रति जो दृष्टिकोण उन्होंने अपनाया था वह बहुत महत्त्वपूर्ण है। एक और बात भी है, वह यह कि प्रसाद ने कल्पना से अंतर्मन में जाकर पात्रों का अध्ययन करना और उनके अंतर्द्वन्द्व को दिखाना, एक उसका वास्तविक व सजीव चित्रण करने की जो कला प्रसाद के पास थी, उसे भी लोगों ने अपनाया है। प्रसाद की इस कला ने बहुतेरे नाटककारों को अपनी ओर सहज आकर्षित किया है। बाद के नाटककारों में मोहन राकेश और सुरेन्द्र वर्मा पर प्रसाद की यह छाया गहरे रूप से देखी जा सकती है। इन नाटककारों ने प्रसाद की उस विशेषता को एक दूसरे रूप में रखा है। तत्त्व वही हैं किंतु उन्हें इस रूप में रखा कि परिस्थितियाँ या भाषा में बदलाव लाने पर भी वे प्रसाद की याद दिला जाती हैं।

प्रसाद को बहुत से लोग पुनरुत्थानवादी मानते हैं, किंतु मैं कहूँगा कि उस समय

की राष्ट्रीयता का एक प्रमुख तत्त्व ही पुनरुत्थान था। कोई भी विचार या उद्देश्य अपने समय-संदर्भ से काटकर नहीं देखना चाहिए। पुनरुत्थानवाद तो राष्ट्रीय आंदोलन का महत्त्वपूर्ण तत्त्व था, जिसे प्रसाद ने बहुत खूबसूरती और परिपक्वता से निबाहा है। आरोप के तौर पर हमें नहीं कहना चाहिए कि प्रसाद पुनरुत्थानवादी थे, बल्कि कहना होगा कि विदेशी शासक के उस प्रचार के विरोध में वे पुनरुत्थानवादी थे जिसके अंतर्गत यह कहा जा रहा था कि भारतीय लोग सुसंस्कृत नहीं हैं, उनकी अपनी कोई परम्परा नहीं है, उनका कोई साहित्य नहीं है और न ही उनका कोई इतिहास है, और एक प्रकार से राष्ट्रीय भावना को दबाने के लिए जो प्रचार विदेशियों द्वारा किया जा रहा था, उसके विरोध में राष्ट्रीय भावना उघाड़ने के लिए निश्चित रूप से माईक की तलाश थी, जो हमारे इतिहास से प्रसाद सामने लेकर उपस्थित हुए। इस प्रकार प्रसाद ने राष्ट्रीयता की भावना को आगे बढ़ाने का काम किया था। वे उस प्रकार से पुनरुत्थानवादी नहीं हैं कि अतीत की गाथा को ही महत्त्व देते रहे हों और उसी में रमे रहे हों, और उसी से रस लेते रहे हों, ऐसा नहीं था। अगर ऐसा होता तो 'स्कंदगुप्त' में जो साम्प्रदायिक द्वन्द्व उन्होंने दिखाया, बौद्धों और ब्राह्मणों के बीच के जिस द्वन्द्व की प्रस्तुति उन्होंने की, वह उस समय के हिन्दू-मुस्लिम द्वन्द्व को सामने लाती है।

प्रसाद का उद्देश्य हमेशा इतिहास से वर्तमान की ओर आना रहा है। ऐसा नहीं है कि वे इतिहास में ही रमे-बसे रहे हैं, वे उससे बाहर भी निकले हैं। लोगों का यह कहना भी सही नहीं है कि मार्क्सवादी आलोचक प्रसाद के प्रति पूर्वाग्रहों से भरे रहे हैं। उम्मीद यह की जाती है कि शायद मार्क्सवादी आलोचकों को यह लगा हो कि उनके नाटकों में संघर्ष नहीं है, क्रान्ति का स्वर नहीं है, लेकिन इस प्रकार की अपेक्षाएँ करना और नाटक के अन्दर जाकर न देखना कितना खतरनाक है। प्रसाद के नाटकों को गहराई से देखें तो मिलेगा कि कितनी बड़ी राजनीति और द्वन्द्व वहाँ छुपा हुआ है। राष्ट्रीय आन्दोलन की राजनीति का अंश भी, वहाँ दिखाई दिया है।

प्रसाद को पूर्णतः कलावादी कहना भी गलत है। दरअसल प्रगतिशील आलोचकों ने प्रसाद का सही और निष्पक्ष मूल्यांकन नहीं किया है, उन्होंने केवल उनके नाटकों के ऊपरी धरातल को देखकर ही यह मान लिया कि प्रसाद प्रगतिशील नाटककार नहीं हैं। गहराई में जाकर देखें तो मालूम होगा कि उनका यह मत कितना निरर्थक है।

[लेखक की टिप्पणी]

बलवंत गार्गी

'प्रसाद' के नाटकों के दृश्यों में अधिकतर महल, दुर्ग, जंगल, रणभूमि, बाजार, सभा आदि स्थल आते हैं। कार्य बहुत तीव्रता से एक स्थान से दूसरे स्थान पर बदलता है।

कई बार उसके दृश्य इतने संक्षिप्त होते हैं कि बहुत कठिनाई से तीन मिनट के लगभग ठहरते हैं। काल और देश की कोई अन्विति नहीं होती। कार्यान्विति भी भंग होती रहती है; क्योंकि युद्ध कई-कई स्थानों पर लड़े जाते हैं और घटनाओं में कई-कई वर्षों का अन्तराल पड़ जाता है।

अब भी अधिकांश निर्देशक उनकी भाषा की क्लिष्टता, दृश्यों की प्रचुरता और विशाल कार्य-विस्तार देखकर झट ही कह देते हैं कि यह नाटक मंचनीय नहीं। किंतु इन नाटकों को अन्चिति-त्रय की कसौटी पर परखना अनुचित है। संकुचित यथार्थवादी पश्चिमी ढंग के मंच के लिए उसके नाटक नहीं थे। इनके प्रस्तुतीकरण के लिए किसी कल्पनाशील निर्देशक की आवश्यकता है, जो हमारी प्राचीन और लोक नाटक परंपरा को समझकर और वर्तमान मंच-शैली को ग्रहण करके इनका उपयोग कर सके। 'प्रसाद' का यह कथन कि उसके नाटकों के लिए एक नवीन और विशेष मंच की आवश्यकता है, एकदम उचित है।

['रंगमंच', पृ. 191-92]

आद्य रंगाचार्य

पहली बार हमारा साक्षात् एक ऐसे नाटककार से होता है जो अपने पात्रों को उनके अपने व्यक्तित्व प्रदान करता है। वे अपने अन्तर्मन की बात हमसे कर सकते हैं। दूसरी बात, नाटक का विशिष्ट गुण द्विविधा या मानसिक द्वन्द्व हम प्रसाद के नाटकों में देखते हैं। द्वन्द्व का अर्थ देवता और दानव का हिंसात्मक संघर्ष नहीं, न ही एक आदर्श नायक और कुशल खलनायक का संघर्ष है। यह द्वन्द्व की स्थिति आदमी के अपने ही मन में हो सकती है, जैसे देशभक्ति और उसके निजी कर्त्तव्य के बीच का द्वन्द्व। द्वन्द्व का अर्थ दो व्यक्तियों के बीच का परस्पर संघर्ष नहीं; जब दो संस्कृतियाँ, आमने-सामने आती हैं, जैसे 'चन्द्रगुप्त' में यूनानी और हिंदू संस्कृतियाँ, तब भी द्वन्द्व की स्थिति पैदा हो सकती है। प्रसाद के कवि ने उनके नाटककार की सहायता की, और हमें उनकी कृतियों में इस प्रकार के नाटक मिलते हैं जो एक नयी शैली के रंगमंच की अपेक्षा रखते हैं। लेकिन इसके लिए समय अनुकूल नहीं था क्योंकि ऐसे नाटकों के साथ बुद्धिजीवी ही न्याय कर सकते थे और वे उस समय सक्रिय राजनीति में तन-मन से जुटे थे। फिर भी नये रंगमंच के प्रति प्रसाद का योगदान अविस्मरणीय है।

[भारतीय रंगमंच, पृ. 138]

खंड : पाँचवाँ

प्रसाद का नाट्य-चिंतन

विशाख : परिचय

इतिहास का अनुशीलन किसी भी जाति को अपना आदर्श संगठित करने के लिए अत्यन्त लाभदायक होता है। और यदि वह किसी महान् और प्राचीन जाति का इतिहास हो, जो कि संसार के अतीत रंगस्थल पर अपने उत्तम आदर्श का अपूर्व अभिनय कर चुकी हो। और फिर भी वह अपनी ही जाति हो तो इससे बढ़कर गौरव की और कौन सी बात हो सकती है। क्योंकि हमें हमारी गिरी दशा से उठाने के लिए हमारे जलवायु के अनुकूल जो हमारी अतीत सभ्यता है, उससे बढ़कर उपयुक्त और कोई भी आदर्श हमारे अनुकूल होगा कि नहीं, इसमें मुझे पूर्ण संदेह है। हमारी भाषा में इधर जितनी ऐतिहासिक घटनाओं को लेकर साहित्य का संगठन हो रहा है वे प्रायः मुसलमान काल की हैं, जिनमें केवल अश्रान्त संघर्ष और चरित्र पतन के विदेशी उदाहरण दिखलाए गये हैं। जो कुछ है राजपूत अच्छे हैं, और जहाँ कहीं है मुसलमान बुरे हैं। इन घटनाओं को देखते-देखते ऐसे चित्रों ने हमारी आँखों में दम्भ का और शून्याभिमान का सृजन कर दिया है। क्योंकि हमारी जाति को यह विश्वास हो गया है कि हम पूर्ण हैं, हम उदार और उन्नत हैं, हमें सुधार की आवश्यकता नहीं। ऐसे साहित्य ने हमें अपने दोषों के दर्शन से वंचित कर दिया है।

इस कहने से हमारा यह तात्पर्य नहीं है कि ऐसा साहित्य किसी काम का नहीं। किंतु उसका जितना काम था वह हो चुका। उसका भी एक काम था। उसने हमें अपना अस्तित्व समझा दिया। अब, हमारी जातीयता के नैतिक और सामाजिक आदर्श बदल रहे हैं। तब साहित्य का भी कुछ कर्त्तव्य होगा, जिसके लिए विद्वानों की एक गंभीर और दयादृष्टि की आवश्यकता है।

चरित्र-चित्रण आदर्श के लिए हो यह अत्युत्तम सिद्धांत नहीं है। क्योंकि चरित्र-चित्रण का लक्ष्य आदर्श तो अवश्य है, किंतु, प्रत्येक चरित्र आदर्श हों तो वही उपर्युक्त दोषावृत्ति हो जाती है। आदर्श के विषय में आजकल बहुमत है। किन्हीं का मत है कि 'Art for Art's sake' हमारी समझ में ये विलक्षणवादी हैं। किंतु क्या कला की पराकाष्ठा ही आदर्श नहीं है? आदर्शवादी भी तो उत्तमता का ही आदर्श मानते हैं। भिन्न-भिन्न कलाओं में जो केवल विलक्षणता का ही संकलन करते हैं वे सृष्टि को भी एक धुरे पर नहीं रहने देना चाहते। उन लोगों (प्राचीनों) का मत है कि साहित्य को भी संसार

की तरह विलक्षणताओं का संकलन मात्र बना देना ही परम उद्देश नहीं है। विलक्षणताओं का मापक साहित्य है। किंतु हमारी दृष्टि में उन विलक्षणताओं से जो निष्कर्ष निकलना है वही तो आदर्श है। वह सिद्धांत उत्तमता का विलक्षण चरित्रों से निकलकर बिना आग्रह के, बिना अनुरोध के अपनी उदारता से उज्ज्वलता से वरेण्य हो जाता है किंतु भारत के गण्यमान्य पुरुषों का ध्यान अब इस ओर आकर्षित होते-होते इस सिद्धांत पर पहुँचता दिखाई पड़ता है कि भारत के लिए भारतीय आदर्श ही उपयुक्त एवं श्रेयस्कर है। हमारे जीवन में यह आदर्श की अस्थिरता हमारे सामने अनेक भड़कीले किंतु, पोच आदर्शों के आ जाने से हुई है। उनमें सबसे बड़ा और भयानक आदर्श पश्चिमीय सभ्यता का है।

प्रकृति के कोश से अपरिमित और अनावश्यक व्यय करने का किसी भी कोशाध्यक्ष को अधिकार है कि नहीं इसका उत्तर दरिद्र जनता स्वयं दे लेगी, किंतु मैं पूछता हूँ कि क्या वे इस ऋण को कभी भी भर सकेंगे। आना-पाई चुकती की कौन कहे मेरी समझ में तो एक किश्त भी दे सकेंगे कि नहीं, इसमें भी संदेह है। प्राकृतिक पदार्थों का अपव्यय करके भावी जगत् को वे उस स्थान पर दरिद्र बना रहे हैं जहाँ से कि उनका आय का उद्गम ही बन्द हो जावे। वह सभ्यता के लिए नहीं, विलास के लिए हो रहा है। उन लोगों ने पवित्र और दायित्वपूर्ण गार्हस्थ्य जीवन को बंधन कहकर स्वतंत्रता की घोषणा की है, उन्हें किसी की ममता कैसी? वे सिद्धांत पालन के बहाने, लाखों प्राण दे-ले सकते हैं। सरल जीवन के बदले उन्होंने विडम्बनापूर्ण और कुत्सित भड़कीला आदर्श संसार के सामने ला रखा है। कोमल कान्ति नक्षत्र मालाओं से बात करनेवाले रात्रि के कवियों को उन्होंने बिजली लैम्प विभूषित प्रासाद में बन्द करके उनकी उदार भावना को परिमित और ससीम कर दिया—मल्ली परिमल को गेस की वायु से दूषित करके वे मदिरामय कुसुम गन्ध जल से उसका प्रक्षालन करना चाहते हैं?

अस्तु, हमारा प्राचीन और सरल संयमित जीवन संसार को एक उत्तम आदर्श दे सकता है और उपस्थित राशीकरण उन्नति की सभ्यता को दबाकर विकसन उन्नति की ओर अग्रसर करके मानव समाज को इस धन और विलासमयी सभ्यता के उपस्थित विप्लव से बचा सकता है, विवेकमय भारतीय हृदयों को इसमें शंका न होनी चाहिए।

क्योंकि भारतीय स्वर्णयुग वही हिंदू काल है जिसमें कि हमारा विकास हुआ है। जब हिंदू जाति साम्राज्य स्थापन कर सकी है, वह काल ईसा की छठी शताब्दी पूर्व से लेकर 7वीं शताब्दी तक है। भारत का वह स्वर्णयुग हमारा आदर्श हो सकता है। जब भारतीयों ने जावा बालि द्वीप से लेकर साइबेरिया तक की मानवता पर अपनी सभ्यता की छाप लगा दी थी। जब हिंदुओं ने प्रकाण्ड साम्राज्य की कल्पना की थी, मानवता में अपने आदर्श-विस्तार की चेष्टा की थी। और, विश्वमैत्री तथा आब्रह्म पिपीलिका तक के साम्यवाद की बौद्धघोषणा जिस युग में हुई थी। वैदिक काल के बाद भारत का वही स्वर्णयुग था, जिसमें प्रगति थी, जिसमें विकास था, जिसमें अपना लेने

का और उस पर अपनी छाप लगाने की सामर्थ्य थी। अस्तु।

नाटक में किसी विशेष चरित्र की ओर आद्योपान्त ध्यान देने से और उसे अतिरंजित करने से, या प्रत्येक पात्रों के चरित्र को अतिरंजित करने से भी प्रधान घटना और चरित्रों का नैतिक (Moral) विकास नहीं होने पाता। हम यह अच्छा समझते हैं कि प्रत्येक चरित्र अपना स्वतंत्र और स्वाभाविक अस्तित्व रखता हो, और एक दूसरे का विरोधी होकर प्रत्येक चित्रों को चमका दे। यही सिद्धांत इसमें प्रयुक्त किया गया है। घटना में इतिहास से विरोधी कोई ऐसी प्रधान बात नहीं दिखलाई गई है जिसका समर्थन इतिहास न करता हो।

इस 'विशाख' की घटना लगभग 1800 वर्ष पहले की है, उस समय की रीति नीति शास्त्र व्यवहार से अक्षर-अक्षर परिचित होना असंभव नहीं तो दुस्साध्य अवश्य है। किंतु यथाशक्ति इस बात का प्रयत्न किया गया है कि अतीत और वर्तमान का प्रभाव जो लेखकों पर पड़ता ही रहता है, न होने पावे। मेरी इच्छा भारतीय इतिहास के अप्रकाशित अंश में से उन प्रकांड घटनाओं का दिग्दर्शन कराने की है जिन्होंने कि हमारी वर्तमान स्थिति को बनाने का बहुत कुछ प्रयत्न किया और जिन पर कि वर्तमान साहित्यिकों की दृष्टि कम पड़ी है।

इससे पहले 'यशोधर्म देव' नाम का एक बड़ा नाटक भी लिखा जा चुका है जो शीघ्र ही प्रकाशित होकर आप लोगों के समक्ष उपस्थित होगा। उसके अब तक न प्रकाशित होने का कोई विशेष कारण नहीं है। प्रकाशित होने पर स्वयं ही ज्ञात हो जाएगा। शीघ्र ही एक नाटक आप और भी देखेंगे जो बुद्ध के समकालीन मगध सम्राट् अजातशत्रु का चरित्र अवलम्बन करके लिखा गया है।

यहाँ और एक शब्द 'कामिक' (हास्य) के बारे में लिखना है। वह यह कि यह मनोरंजनी-वृत्ति का विकास है। जिस जाति में स्वतंत्र जीवन की चेष्टा है वहीं इसके सुगम उपाय और सभ्य परिहास दिखाई देते हैं परंतु यहाँ तो रोने से फुरसत नहीं, विनोद का समाज में नाम ही नहीं फिर उसका उत्तम रूप कहाँ से दिखाई दे। अंग्रेजी (Blandess) का अनुकरण हमें नहीं रुचता, हमारी जातीयता ज्यों-ज्यों सुरुचिसम्पन्न होगी वैसे-वैसे इसका शुद्ध मनोरंजनकारी विनोदपूर्ण और व्यंग का विकास होगा। क्योंकि परिहास का उद्देश भी संशोधन है। साहित्य में वह नवरसों में एक रस है, किंतु इस विषय की उत्तम कल्पनाएँ बहुत कम हैं। आजकल पारसी रंगमंचवाले एक स्वतंत्र कथा गढ़कर दो-तीन दृश्य में, फिर नाटक में जगह-जगह उसे भर देते हैं, जिससे कभी-कभी ऐसा हो जाता है कि अतीव दुखद दृश्य के बाद ही एक फूहड़ हँसी का दृश्य सामने उपस्थित हो जाता है, जिससे जो कुछ रस बना हुआ रहता है वह लुप्त होकर एक वीभत्स रसाभास उत्पन्न कर देता है। रस का परिपाक पूर्ण रूप से होने नहीं पाता और मूल कथा के रस को बार-बार कल्पित करके दर्शकों को देखना पड़ता है। अन्त में, नाटक देख लेने पर एक उत्सव व तमाशा का दृश्य ही आँखों में रह जाता है।

शिक्षा का—आदर्श का—ध्यान भी नहीं रह जाता इसलिए हम ऐसे 'कामिक' के विरुद्ध हैं।

रही बात अभिनय की। आजकल के पारसी रंगमंचों के अनुकूल वे नाटक कहाँ तक उपयुक्त होंगे इसे मैं नहीं कह सकता। क्योंकि उनका आदर्श केवल मनोरंजन है। हाँ, जातीय आदर्श से स्थापित यदि कोई रंगमंच, जहाँ कि चमक-दमक से विशेष ध्यान पात्रों के अभिनय पर और आदर्श के विकास पर रखा जाता हो, कोई सम्मति, अपने अभिनय में अड़चन पड़ने की दे, तो मैं उसे स्वीकार करने के लिए सर्वथा प्रस्तुत हूँ, और ऐसी त्रुटियाँ संशोधित की जाने की आशा रखती हैं।

[परिचय-1921]

हिंदी में नाटक का स्थान

'काव्येषु नाटकं रम्यं' क्यों? इसलिए कि उसमें ललित सुकुमार कलाओं का समन्वय है। प्रचलित अर्थ में काव्य से नाटक में कुछ विशेषता है। फिर भी वह (नाटक) काव्य का एक अवान्तर भेद है।

काव्य एक कला है और ललित सुकुमार कलाओं में प्रधान कला है, तब यह मानना होगा कि नाटक का कला से संबंध ही नहीं परंतु वह कला का विकसित रूप है। हृदय को अनुभूति कराने के लिए, कला के दो द्वार हैं; कान और आँख। इधर काव्य की अनुभूति भी 'दृश्य और श्रव्य' दोनों प्रकार से होती है।

ऊपर कह आए हैं कि काव्य प्रधान कला है, वह क्यों? यद्यपि सब कलाएँ अपनी सीमा में, अपने अधिकार क्षेत्र में पूर्ण होती हैं, किन्तु तुलनात्मक दृष्टि से देखने पर इनमें भी तारतम्य हो सकता है। जिस प्रकार से आँख और कान इन दो इन्द्रियों के द्वारा कला का उपभोग होता है, उसी प्रकार से कला के दो भेद भी होंगे, मूर्त्त और अमूर्त्त। इनमें एक भेद और भी है, उसे शिल्प कहते हैं जिसे स्थापत्य और मूर्ति निर्माण कला भी कह सकेंगे। यह मूर्त्त (शिल्प) कला का स्थूल रूप है जिसकी उपलब्धि आँखों से होती है चित्रकला उसी का उच्च और सूक्ष्म रूप है। यद्यपि इनका विषय मानसिक भी है तब भी उनका प्रत्यक्ष संबंध मूर्त्त वा अधिभूत से है। किसी भावना की अभिव्यक्ति के लिए मूर्ति की अपेक्षा है। इसलिए कि उसमें अनन्त की उपलब्धि की आशा कम होती है। उनका क्षेत्र संकुचित है। संगीत केवल कान से संबंध रखता है और उसमें अनन्त का आनन्द भी मिलता है। किन्तु उसका सब काल में या कुछ विशेष समय तक उपभोग नहीं किया जा सकता। तानसेन की मनोहर तान अब कहीं सुनाई नहीं पड़ती। इधर काव्य पुस्तकों के रूप में मूर्त्त भी है और हृदयंगम हो जाने पर अमूर्त्त भी। कालिदास की 'शकुन्तला' अपनी पूर्णता से आज भी 'तदेव रूपं रमणीयता याः'

का दर्शन कराती है और आगे भी रहेगी। अस्तु काव्य देश और काल के साथ ही अनंत है। उसका क्षेत्र विस्तृत है। वह मानस और बाह्य प्रकृति के दोनों रूपों का स्वागत कर सकता है : और वस्तुसापेक्ष न होकर अध्यात्म का भी अधिकारी है। समस्त कलाओं में काव्यकला इसीलिए अधिक आदर की अधिकारिणी है।

अशिक्षित मानव स्वभाव, प्रकृति का 'कच्चा माल' है : जिसे वह समाज के उपयोग की वस्तु की तरह लगाव उत्पन्न करके, उपयोगी बनाती है। प्राणी मात्र का एक वर्ग है, उनमें अधिक उन्नत रूप मनुष्य का है। यहाँ भी अधूरापन है। इसी के लिए देवत्व की कल्पना है। इस उन्नत रूप का रहस्य मानसिक विकास है। प्रवृत्तियाँ प्राणी मात्र में हैं। मनोविकार के रूप में वे मानव हृदय में परिमार्जित होने पर भी अपूर्ण तथा असंस्कृत रहती हैं। उनकी पूर्णता के लिए सत्य के प्रकाश के लिए, देवत्व के आदर्श की सृष्टि है। कला का उद्देश्य है कि वह इसकी सहायक हो, सौन्दर्य से सत्य को प्रकटित करके विश्व का मंगल करे।

अब, जिस कला में मानसिक अवस्था का पूर्ण विकास हो, अच्छा विश्लेषण हो उसे ही पूर्ण कहेंगे। नाटक में काव्य के तीनों भेद दृश्य और श्रव्य तथा कला की दृष्टि से मूर्त्त और अमूर्त्त रूपों का उपयोग है। एक बात और भी ध्यान देने योग्य है : बहुत से विद्वान कला की सफलता वहीं मानते हैं जहाँ मनुष्य अपने को भूल जाय और तल्लीन हो जाय, वह किसी आदर्श के लिए न हो—केवल अपने लिए अपनी स्थिति रखती हो। तब भी किसी अनुकरणीय वस्तु का ध्यान न होने दे, वह स्वयं हो इसी सिद्धांत को सम्भवतः "कला केवल कला के लिए है" कह सकते हैं। क्या यह हृदयवृत्ति को (Sentiment) उत्तेजित करके मोह लेना मात्र ही न होगा? क्या विवेक-शुद्ध, बुद्ध-सत्य (Reason) से उसका कुछ भी संबंध होगा? नहीं : किन्तु यही आज भी शिक्षा का आदर्श है। कला पक्ष केवल नाटक रूप में लोकोत्तर चमत्कार और आदर्श—दृश्य तथा श्रव्य, मूर्त्त और अमूर्त्त इत्यादि सब साधनों से वह मानसिक संसार को विकास देता है और उसके पास साधन भी प्रचुर परिमाण में हैं। शिल्प, संगीत, चित्र, कविता, आहार्य, भाव और अंगभंगी से अभिनय पूर्ण होता है। एक नाटक में इन सभी पर विलास है, विकास है। इसी से कहते हैं 'काव्येषु नाटकं रम्यं।'

जो नाटक मनोभाव का विश्लेषण करके चमत्कार के बल से मोहता हुआ, अन्तःकरण में आदर्श सत्य को स्वयमेव विकसित कर देता है उसे 'प्लेटो के आदर्श प्रजातन्त्र' को छोड़कर सभी सभ्य जातियों के साहित्य में सम्मान मिला है। दार्शनिक 'प्लेटो' ने इसका केवल इसलिए बहिष्कार किया है कि 'चरित्रहीनों से संगठित दल' जगत में क्षणिक चारित्र्य का प्रचार करता है, किन्तु, यह बात न भुला देनी चाहिए कि 'प्लेटो' के परम अभीष्ट आदर्श का प्रचार व्यक्तियों से ही संगठित जाति में होगा : तब भी वह व्यक्ति को कोई विशिष्ट पद नहीं देता है। इधर, मानव समाज अनुकरणशील है, बिना व्यक्तित्व का आदर्श मिले वह सत्य का अनुभव नहीं कर सकता और उसे हृदयंगम करने को बहुत

कम प्रस्तुत रहता है। प्रत्येक विज्ञान को आकार या विचार का नामरूप देना ही होगा, जिसे आदर्श कहेंगे। यही स्थूल रूप में व्यक्तित्व है। व्यक्तित्व स्वभाव से उत्पन्न चरित्रों का संकलन है। इसे ही बौद्ध शब्दों में चेतसिक-संसार कहेंगे। जो अहम् का विषय है उसे व्यक्ति कहेंगे। यह स्वभाव-पूर्ण है उसका विश्लेषण करके सत्य को बतानेवाला, दृश्य जड़ प्रकृति में कला के द्वारा चेतना की अनुभूति कराते हुए सौन्दर्य को विकसित करनेवाले वर्णनात्मक और भावात्मक साहित्य से पूर्ण, 'नाटक' को हिंदी में कौन-सा स्थान है या मिलेगा : यह विद्वानों के विचार की वस्तु होनी ही चाहिए।

हिंदी और नाटक के संबंध में एक और विचित्र बात है कि इसके नवयुग का उत्थान नाटक से ही हुआ। श्री हरिश्चन्द्र ने जिस काल में अपनी प्रतिभा से और परिश्रम से हिंदी की उन्नति की उस काल का साहित्य नाटकों को अलग कर देने से बचता ही क्या है? महाकवि महात्मा तुलसीदास और सूरदास, कबीर और मीरा, देव और बिहारी इत्यादि ने साहित्य को कथानक महाकाव्य, गीतिकाव्य, भावात्मक और प्रेममयी कविताओं से पूर्ण कर दिया था, काव्यकला विकसित हो चुकी थी तब यह आवश्यक था कि जिसमें कलाओं की पूर्णता के साथ काव्य का सर्वांगीण परिपाक होता है उस 'काव्येषु नाटकं रम्यं' की ओर समाज का ध्यान जाय। इसी से नवयुग के उत्थान काल के साथ ही हिंदी के नाटकों का विकास है। तब भी क्या यह नहीं कहा जा सकता है कि हिंदी में नाटकों को अब उपयुक्त और उच्च स्थान मिलना चाहिए?

प्रचार की दृष्टि से भी भाषा को जितनी सहायता नाटकों से मिलती है वह उपेक्षणीय कदापि नहीं! आज दिन साधारण जनता जिस परिमाण में उर्दू की ग़ज़लों को हृदयंगम कर रही है, वह (परिमाण) जिन्होंने लिपि रूप में उर्दू का स्वप्न भी नहीं देखा उनकी मुख-गुफा से 'शेरों' को निकलते हुए देखकर समझा जा सकता है। कम-से-कम मेरा तो यही विश्वास है कि यह पारसी 'स्टेज' की कृपा है। हिंदी के उत्तमोत्तम महाकवियों की वीणा इस विषय में अपना अधिकार खो रही है। यह रंगमंच से निकलनेवाली उर्दू की पुकार है जो शिक्षित और अशिक्षित सब जनता को अभिनय-भावभंगी द्वारा कठिन शब्दों को अर्थ बताकर आकर्षित कर रही है। और भी, उच्च कोटि के भावों के वाक्य-विन्यासों द्वारा प्रचारक भाषा को इससे सुलभ साधन नहीं हैं तब भी यह कहने में संकोच होगा कि 'हिंदी नाटकों के लिए एक सुरक्षित स्थान है और वह गौरवपूर्ण है।' कोई भी भाषा अपने विनय और शील तथा सदिच्छा की अभिव्यक्ति के लिए गौरव पा सकती है : और उस शिष्टाचार का प्रथम सोपान भावभंगी और कथोपकथन हैं जिससे नाटक का संगठन होता है। मानव इतिहास में, भाषा का इतिहास जो सहायता देता है वह कम मूल्य का नहीं है। समाज के कल्याण से यदि भाषा का अविच्छिन्न संबंध है तो यह मानना होगा कि भाषा में शिष्टाचार का प्रचार करने में नाटक के कथोपकथन बहुत कुछ हाथ बटाते हैं। कथोपकथन के विषय में एक बात और कहनी है जो हमारे प्रधान विषय से बहुत दूर नहीं है। संस्कृत नाटकों के अनुसार हिंदी में

भी पात्र-भेद से, भाषा-सृष्टि की प्रथा चल पड़ी थी। जैसे संस्कृत नाटकों में महारानी को भी संस्कृत बोलने का सम्मान नहीं प्राप्त था—केवल देवी या विरला-परिव्राजिका आदि ही इसकी अधिकारिणी थीं क्योंकि उस काल में राज्यभाषा यद्यपि संस्कृत थी तब भी प्रान्त भेद से मागधी, शौरसेनी और महाराष्ट्री आदि भाषाएँ व्यवहृत होती थीं। संस्कृत के नाटकों में एक यह भी समन्वय था। पर हिंदी का लक्ष्य दूसरा है : उसका उद्देश्य ज्यों-ज्यों राष्ट्रीयता की ओर बढ़ रहा है उसी प्रकार उसका क्षेत्र भी बढ़ रहा है, तब उसमें गँवार पात्रों के मुख से प्रान्तीय (बोलियों) भाषाओं को कहलाकर कथोपकथन के उस तात्पर्य को हानि पहुँचाना होगा जहाँ उसका संबंध व्यवहार और शिष्टाचार से है। इधर, नाटक अभिनय के लिए तो हैं ही, वे सुपाठ्य भी होते हैं अथवा वे श्रव्य काव्य का भी अभिनय कर लेते हैं। प्रसंगवश यदि किसी सीमाप्रान्त के मनुष्य का अभिनय करने में भाषा भी पश्तो रही तो उसे हिंदी का नाटक कौन कहेगा। ऐसे भेदों का प्रदर्शन हमारी दृष्टि में अभिनय ही है। उसमें भावभंगी के द्वारा व्यवहार आचार के द्वारा भाषान्तर का काम अच्छे प्रकार से चल सकता है। इन कथोपकथनों से साहित्य के गूढ़ भावों का, शिष्टाचार की सभ्यता का अर्थ समझाने में, भाषा का जो प्रौढ़ और पुष्ट कार्य नाटक करता है वह कम महत्त्व का नहीं है। इस दृष्टि से भी नाटक हिंदी में एक उच्च स्थान का अधिकारी है। तब भी हिंदी का कोई अच्छा रंगमंच नहीं और उसको उत्तेजित करने के लिए हिंदीभाषी समाज की ओर से कोई संस्था नहीं और न तो उसके उद्देश्य की ओर ध्यान दिलानेवाला कोई पात्र ही है।

यदि साहित्य अपने काल की सभ्यता का ज्ञापक है तो यह कहना ही होगा कि सभ्यता को नाटक से बड़ी सहायता मिलती। वेशभूषा, आचार का समर्थन, बीते हुए आचारों का तिरस्कार और शील, विनय इत्यादि का वह स्वतंत्र कोश है। नाटक अपने अभिनय के द्वारा समाज की मनोवृत्तियों को साँचे का काम देता है। एक बार हम फिर कहेंगे समाज में नैतिक साहस आदि गुणों की जागृति में नाटक प्रचुरता से सहायक हो सकता है। जब हम देखते हैं कि समाज का या प्रान्त का विभाग भाषा से बड़ी सरलता के साथ किया जा रहा है तब यह कहना असंगत होगा कि पशुओं की वृत्ति से कुछ ही परिमार्जित मानव स्वभाव का नग्न रूप दिखाकर अन्तःजगत को विकसित करके हिंदी भाषाभाषी समाज का मंगल करनेवाले नाटक को हिंदी में वैसा ही स्थान मिलना चाहिए, जैसा कि शरीर में मस्तिष्क को।

हिंदी नाटकों के लिए स्थान और उपयुक्त एक स्थान देने के लिए हिंदी-प्रेमियों से अनुरोध करते हुए यह भी कहना अनुचित न होगा कि इसे हृदय में भी स्थान दीजिए।

[हिंदी साहित्य सम्मेलन के कानपुर अधिवेशन, 1923 में पढ़ा गया निबंध]

रंगमंच

रंगमंच की बाध्य-बाधकता का जब हम विचार करते हैं, तो उनके इतिहास से यह प्रकट होता है कि काव्यों के अनुसार प्राचीन रंगमंच विकसित हुए और रंगमंचों की नियमानुकूलता मानने के लिए काव्य बाधित नहीं हुए। अर्थात् रंगमंचों को ही काव्य के अनुसार अपना विस्तार करना पड़ा और यह प्रत्येक काल में माना जायेगा कि काव्यों के अथवा नाटकों के लिए ही रंगमंच होते हैं। काव्यों की सुविधा जुटाना रंगमंच का काम है। क्योंकि रसानुभूति के अनंत प्रकार नियमबद्ध उपायों से नहीं प्रदर्शित किये जा सकते और रंगमंच ने सुविधानुसार काव्यों के अनुकूल समय-समय पर अपना स्वरूप-परिवर्तन किया है।

मध्यकालीन भारत में जिस आतंक और अस्थिरता का साम्राज्य था, उसने यहाँ की सर्वसाधारण प्राचीन रंगशालाओं को तोड़-फोड़ दिया। धर्मांध आक्रमणों ने जब भारतीय रंगमंच के शिल्प का विनाश कर दिया तो देवालयों से संलग्न मण्डपों में छोटे-मोटे अभिनय सर्वसाधारण के लिए सुलभ रह गये। उत्तरीय भारत में तो औरंगजेब के समय में ही साधारण संगीत का भी जनाज़ा निकाला जा चुका था; किंतु रंगमंच से विहीन कुछ अभिनय बच गये, जिन्हें हम पारसी स्टेजों के आने के पहले भी देखते रहे हैं। इनमें मुख्यतः नौटंकी (नाटकी ? और भाँड ही थे। रामलीला और यात्राओं का भी नाम लिया जा सकता है। सार्वजनिक रंगमंचों के विनष्ट हो जाने पर यह खुले मैदानों में तथा उत्सवों के अवसर पर खेले जाते थे। रामलीला और यात्रा तो देवता-विषयक अभिनय थे; किंतु नाटकी और भाँडों में शुद्ध मानव-संबंधी अभिनय होते थे। मेरा निश्चित विचार है कि भाँडों की परिहास की अधिकता संस्कृत-भाण मुकुन्दानन्द और रससदन आदि की परंपरा में है, और नाटकी या नौटंकी प्राचीन राग-काव्य अथवा गीति-नाट्य की स्मृतियाँ हैं। जैसे रामलीला पाठ्यकाव्य रामायण के आधार पर वैसी ही होती है, जैसे प्राचीन महाभारत और वाल्मीकि के पाठ्यकाव्यों के साथ अभिनय होता था। दक्षिण में अब भी कथकलि अभिनय उस प्रथा को सजीव किये है। प्रवृत्ति वही पुरानी है; परंतु उत्तरी भारत में बाह्य प्रभाव की अधिकता के कारण इनमें परिवर्तन हो गया है और अभिनय की वह बात नहीं रही। हाँ, एक बात अवश्य इन लोगों ने की है और वह है चलते-फिरते रंगमंचों की या विमानों की रक्षा।

वर्तमान रंगमंच अन्य प्रभावों से अछूता न रह सका, क्योंकि विप्लव और आतंक के कारण प्राचीन विशेषताएँ नष्ट हो चुकी थीं। मुगल-दरबारों में जो थोड़ी-सी संगीत-पद्धति तानसेन की परंपरा में बच रही थी, उसमें भी बाह्य प्रभाव का मिश्रण होने लगा था। अभिनयों में केवल भाण ही मुगल-दरबार में स्वीकृत हुआ था; वह भी केवल मनोरंजन के लिए।

पारसी व्यवसायियों ने पहले-पहल नये रंगमंच की आयोजना की। भाषा मिश्रित

थी—इन्द्र-सभा, चित्रा-बकावली, चन्द्रावली और हरिश्चन्द्र आदि अभिनय होते थे, अनुकरण था रंगमंच में शेक्सपीरियन स्टेज का; क्योंकि वहाँ भी विक्टोरियन युग की प्रेरणा ने रंगमंच में विशेष परिवर्तन कर लिया था। 19वीं शताब्दी के मध्य में कीन की सहायता से अंग्रेजी रंगमंच में पुरावृत्त की खोजों के आधार पर, शेक्सपियर के नाटकों के अभिनय की नई योजना हुई, और तभी हेनरी इर्विंग-सदृश चतुर नट भी आये। किंतु साथ ही सूक्ष्म तथा गंभीर प्रभाव डालनेवाली इब्सन की प्रेरणा भी पश्चिम में स्थान बना रही थी, जो नाटकीय यथार्थवाद का मूल है।

भारतीय रंगमंच पर इस पिछली धारा का प्रभाव पहले-पहल बंगाल पर हुआ; किंतु इन दोनों प्रभावों के बीच में दक्षिण में भारतीय रंगमंच निजी स्वरूप में अपना अस्तित्व रख सका। कथकलि नृत्य-मन्दिरों की विशाल संख्याओं में मर नहीं गया था। भावाभिनय अभी होते रहते थे। कदाचित् संस्कृत-नाटकों का अभिनय भी चल रहा था, बहुत दबे-दबे। आंध्र ने आचार्यों के द्वारा जिस धार्मिक संस्कृति का पुनरावर्तन किया था, उसके परिणाम में संस्कृत-साहित्य का भी पुनरुद्धार और तत्संबंधी साहित्य और कला की भी पुनरावृत्ति हुई थी। संस्कृत के नाटकों का अभिनय भी उसी का फल था। दक्षिण में वे सब कलाएँ सजीव थीं; उनका उपयोग भी हो रहा था। हाँ, बाली और जावा इत्यादि के मंदिरों में इसी प्रकार के अभिनय अधिक सजीवता से सुरक्षित थे। 30 बरस पहले जब काशी में पारसी रंगमंच की प्रबलता थी, तब भी मैंने किसी दक्षिणी नाटक-मण्डली-द्वारा संस्कृत-मृच्छकटिक का अभिनय देखा था। उसकी भारतीय विशेषता अभी मुझे भूली नहीं है। कदाचित् उसका नाम 'ललित-कलादर्श-मण्डली' था।

दृश्यान्तर और चित्रपटों की अधिकता के साथ ही पारसी-स्टेज ने पश्चिमी ट्यूनों का भी मिश्रण भारतीय-संगीत में किया। उसके इस काम में बंगाल ने भी साथ दिया; किंतु उतने भद्दे ढंग से नहीं। बंगाल ने जितना पश्चिमी ढंग का मिश्रण किया, वह सुरुचि से बहुत नहीं बढ़ा। चित्रपटों में सरलता उसने रखी; किंतु पारसी स्टेज ने अपना भयानक ढंग बंद नहीं किया। पारसी स्टेज में दृश्यों और परिस्थितियों के संकलन की प्रधानता है। वस्तु-विन्यास चाहे कितना ही शिथिल हो; किंतु अमुक परदे के पीछे वह दूसरा प्रभावोत्पादक परदा आना ही चाहिए—कुछ नहीं तो एक असम्बद्ध फूहड़ भड़ैती से ही काम चल जाएगा।

हिंदी के कुछ अकाल-पक्व आलोचक, जिनका पारसी स्टेज से पिण्ड नहीं छूटा है, सोचते हैं स्टेज में यथार्थवाद। अभी वे इतने भी सहनशील नहीं कि फूहड़ परिहास के बदले—जिससे वह दर्शकों को उलझा लेता है—तीन-चार मिनट के लिए काला परदा खींचकर दृश्यान्तर बना लेने का अवसर रंगमंच को दें। हिंदी का कोई अपना रंगमंच नहीं है। जब उसके पनपने का अवसर था, तभी सस्ती भावुकता लेकर वर्तमान सिनेमा में बोलनेवाले चित्रपटों का अभ्युदय हो गया, और फलतः अभिनयों का रंगमंच नहीं-सा हो गया। साहित्यिक सुरुचि पर सिनेमा ने ऐसा धावा बोल दिया है कि कुरुचि को

नेतृत्व करने का सम्पूर्ण अवसर मिल गया है। उन पर भी पारसी स्टेज की गहरी छाप है। हाँ, पारसी स्टेज के आरम्भिक विनय-सूत्रों में एक यह भी था कि वे लोग प्राचीन इंगलैण्ड के रंगमंचों की तरह स्त्रियों का सहयोग नहीं पसंद करते थे। 18वीं शताब्दी में धीरे-धीरे स्त्रियाँ रंगमंच पर इंगलैण्ड में आईं; किंतु सिनेमा ने स्त्रियों को, रंगमंच पर अबाध अधिकार दिया। बालकों को स्त्रीपात्र के अभिनय की अवांछनीय प्रणाली से छुटकारा मिला; किंतु रंगमंचों की असफलता का प्रधान कारण है स्त्रियों का उनमें अभाव; विशेषतः हिंदी-रंगमंच के लिए। बहुत-से नाटक मण्डलियों द्वारा इसलिए नहीं खेले जाते कि उनके पास स्त्री-पात्र नहीं हैं। रंगमंच की तो अकाल-मृत्यु हिंदी में दिखाई पड़ रही है। कुछ मण्डलियाँ कभी-कभी साल में एकाध बार वार्षिकोत्सव मनाने के अवसर पर, कोई अभिनय कर लेती हैं। पुकार होती है आलोचकों की, हिंदी में नाटकों के अभाव की। रंगमंच नहीं है ऐसा समझने का कोई साहस नहीं करता। क्योंकि दोष-दर्शन सहज है। उसके लिए वैसा प्रयत्न करना कठिन है, जैसा कीन ने किया था। युग के पीछे हम चलने का स्वाँग भरते हैं, हिंदी में नाटकों का यथार्थवाद अभिनीत देखना चाहते हैं और यह नहीं देखते कि पश्चिम में अब भी प्राचीन नाटकों का फिर से सवाक्-चित्र बनाने के लिए प्रयत्न होता रहता है। ऐतिहासिक नाटकों के सवाक्-चित्र बनाने के लिए उन ऐतिहासिक व्यक्तियों की स्वरूपता के लिए टनों मेक-अप का मसाला एक-एक पात्र पर लग जाता है। युग की मिथ्या धारणा से अभिभूत नवीनतम की खोज में इब्सनिज़्म का भूत वास्तविकता का भ्रम दिखाता है। समय का दीर्घ अतिक्रमण करके जैसा पश्चिम ने नाट्यकला में अपनी सब वस्तुओं को स्थान दिया है, वैसा क्रम-विकास कैसे किया जा सकता है यदि हम पश्चिम के आज को ही सब जगह खोजते रहेंगे? और यह भी विचारणीय है कि क्या हम लोगों का सोचने का, निरीक्षण का दृष्टिकोण सत्य और वास्तविक है? अनुकरण में 'फैशन' की तरह बदलते रहना, साहित्य में ठोस अपनी वस्तु का निमन्त्रण नहीं करता। वर्तमान और प्रतिक्षण का वर्तमान सदैव दूषित रहता है, भविष्य के सुंदर निर्माण के लिए। कलाओं का अकेले प्रतिनिधित्व करनेवाले नाटक के लिए तो ऐसी 'जल्दबाजी' बहुत ही अवांछनीय है। यह रस की भावना से अस्पृष्ट व्यक्ति-वैचित्र्य की यथार्थवादिता ही का आकर्षण है, जो नाटक के संबंध में विचार करनेवालों को उद्विग्न कर रहा है। प्रगतिशील विश्व है; किंतु अधिक उछलने में पदस्खलन का भी भय है। साहित्य में युग की प्रेरणा भी आदरणीय है, किंतु इतना ही अलम् नहीं। जब हम यह समझ लेते हैं कि कला को प्रगतिशील बनाये रखने के लिए हमको वर्तमान सभ्यता का—जो सर्वोत्तम है—अनुसरण करना चाहिए, तो हमारा दृष्टिकोण भ्रमपूर्ण हो जाता है। अतीत और वर्तमान को देखकर भविष्य का निर्माण होता है; इसलिए हमको साहित्य में एकांगी लक्ष्य नहीं रखना चाहिए। जिस तरह हम स्वाभाविक या प्राचीन शब्दों में लोकधर्मी अभिनय की आवश्यकता समझते हैं, ठीक उसी प्रकार से नाट्यधर्मी अभिनय को भी

देश, काल, पात्र के अनुसार रंगमंच में संगृहीत रहना चाहिए। पश्चिम ने भी अपना सबकुछ छोड़कर नये को नहीं पाया है।

श्री भारतेन्दु ने रंगमंच की अव्यवस्थाओं को देखकर जिस हिंदी-रंगमंच की स्वतंत्र स्थापना की थी, उसमें इन सबका समन्वय था। उस पर सत्य हरिश्चन्द्र, मुद्राराक्षस, नीलदेवी, चन्द्रावली, भारत-दुर्दशा, प्रेमयोगिनी सबका सहयोग था। हिंदी-रंगमंच की इस स्वतंत्र चेतनता को सजीव रखकर रंगमंच की रक्षा करनी चाहिए। केवल नई पश्चिमी प्रेरणाएँ हमारी पथ-प्रदर्शिका न बन जायँ। हाँ, उन सब साधनों से जो वर्तमान विज्ञान-द्वारा उपलब्ध हैं, हमको वंचित भी न होना चाहिए।

आलोचकों का कहना है कि 'वर्तमान युग की रंगमंच की प्रवृत्ति के अनुसार भाषा सरल हो और वास्तविकता भी हो।' वास्तविकता का प्रच्छन्न अर्थ इब्सेनिज़्म के आधार पर कुछ और भी है। वे छिपकर कहते हैं—हमको अपराधियों से घृणा नहीं, सहानुभूति रखनी चाहिए। इसका उपयोग चरित्र-चित्रण में व्यक्ति-वैचित्र्य के समर्थन में भी किया जाता है। रंगमंच पर ऐसे वस्तु-विन्यास समस्या बनकर रह जायँगे। प्रभाव का असंबद्ध स्पष्टीकरण भाषा की क्लिष्टता से भी भयानक है। रेडियो ड्रामा के संवाद भी लिखे जाने लगे हैं, जिसमें दृश्यों का सम्पूर्ण लोप है। दृश्य वस्तु श्रव्य बनकर संवाद में आती है; किंतु साहित्य में एक प्रकार के एकांकी नाटक भी लिखने का प्रयास हो रहा है। वे यही समझकर तो लिखे जाते हैं कि उनका अभिनय सुगम है; किंतु उनका अभिनय होता कहाँ है? यह पाठ्य छोटी कहानियों का ही प्रतिरूप नाट्य है। दृश्यों की योजना साधारण होने पर भी खिड़की के टूटे हुए काँच, फटा परदा और कमरे के कोने में मकड़ी का जाला दृश्यों में प्रमुख होते हैं—वास्तविकता के समर्थन में।

भाषा की सरलता की पुकार भी कुछ ऐसी ही है। ऐसे दर्शकों और सामाजिकों का अभाव नहीं; किंतु प्रचुरता है, जो पारसी स्टेज पर गायी गयी ग़ज़लों के शब्दार्थों से अपरिचित रहने पर तीन बार तालियाँ पीटते हैं। क्या हम नहीं देखते कि बिना भाषा के अबोल-चित्रपटों के अभिनय में भाव सहज ही समझ में आते हैं और कथकलि के भावाभिनय भी शब्दों की व्याख्या ही हैं? अभिनय तो सुरुचिपूर्ण शब्दों को समझाने का काम रंगमंच से अच्छी तरह करता है। एक मत यह भी है कि भाषा स्वाभाविकता के अनुसार पात्रों की अपनी होनी चाहिए और इस तरह कुछ देहाती पात्रों से उनकी अपनी भाषा का प्रयोग कराया जाता है। मध्यकालीन भारत में जिस प्राकृत का संस्कृत से सम्मेलन रंगमंच पर कराया गया था, वह बहुत कुछ परिमार्जित और कृत्रिम-सी थी। सीता इत्यादि भी संस्कृत बोलने में असमर्थ समझी जाती थीं! वर्तमान युग की भाषा-संबंधी प्रेरणा भी कुछ-कुछ वैसी ही है; किंतु आज यदि कोई मुग़लकालीन नाटक में लखनवी उर्दू मुग़लों से बुलवाता है, तो वह भी स्वाभाविक या वास्तविक नहीं है। फिर राजपूतों की राजस्थानी भाषा भी आनी चाहिए। यदि अन्य असभ्य पात्र हैं, तो उनकी जंगली भाषा भी रहनी चाहिए। और इतने पर भी क्या वह नाटक हिंदी का

ही रह जायेगा? यह विपत्ति कदाचित् हिंदी-नाटकों के लिए ही है।

मैं तो कहूँगा कि सरलता और क्लिष्टता पात्रों के भावों और विचारों के अनुसार भाषा में होगी ही और पात्रों के भावों और विचारों के ही आधार पर भाषा का प्रयोग नाटकों में होना चाहिए; किंतु इसके लिए भाषा की एकतंत्रता नष्ट करके कई तरह की खिचड़ी भाषाओं का प्रयोग हिंदी-नाटकों के लिए ठीक नहीं। पात्रों की संस्कृति के अनुसार उनके भावों और विचारों में तारतम्य होना भाषाओं के परिवर्तन से अधिक उपयुक्त होगा। देश और काल के अनुसार भी सांस्कृतिक दृष्टि से भाषा में पूर्ण अभिव्यक्ति होनी चाहिए।

रंगमंच के संबंध में यह भारी भ्रम है कि नाटक रंगमंच के लिए लिखे जायँ। प्रयत्न होना चाहिए कि नाटक के लिए रंगमंच हों जो व्यावहारिक है। रंगमंच पर सुशिक्षित और कुशल अभिनेता तथा मर्मज्ञ सूत्रधार के सहयोग की आवश्यकता है। देशकाल की प्रवृत्तियों का समुचित अध्ययन भी आवश्यक है। फिर तो पात्र रंगमंच पर अपना कार्य सुचारु-रूप से कर सकेंगे। इन सबके सहयोग से ही हिंदी-रंगमंच का अभ्युत्थान सम्भव है।

[हिंदुस्तानी, 1937]

प्राक्कथन

राज्यश्री

इस दृश्य काव्य का पूर्वरूप 'इन्दु' में पहले निकला फिर 'चित्राधार' के संग्रह में वह पुनर्मुद्रित हुआ। एक प्रकार से मैं इसे अपना प्रथम ऐतिहासिक रूपक समझता हूँ''' इस रूपक का उद्देश्य है राज्यश्री का चरित्र-चित्रण।

अजातशत्रु

इतिहास में घटनाओं की प्रायः पुनरावृत्ति होते देखी जाती है। इसका तात्पर्य यह नहीं है कि उसमें कोई नई घटना होती ही नहीं। किंतु असाधारण नई घटना भी भविष्यत् में फिर होने की आशा रखती है। मानव-समाज की कल्पना का भण्डार अक्षय है, क्योंकि वह इच्छाशक्ति का विकास है। इन कल्पनाओं का, इच्छाओं का मूल-सूत्र बहुत ही सूक्ष्म और अपरिस्फुट होता है। जब वह इच्छाशक्ति किसी व्यक्ति या जाति में केन्द्रीभूत होकर अपना सफल या विकसित रूप धारण करती है, तभी इतिहास की सृष्टि होती है। विश्व में जब तक कल्पना इयत्ता को नहीं प्राप्त होती, तब तक वह रूप-परिवर्तन करती हुई पुनरावृत्ति करती ही जाती है। समाज की अभिलाषा अनन्त स्रोतवाली है। पूर्वकल्पना के पूर्ण होते-होते एक नई कल्पना उसका विरोध करने लगती है, और पूर्वकल्पना कुछ

काल तक ठहरकर, फिर होने के लिए अपना क्षेत्र प्रस्तुत करती है। इधर इतिहास का नवीन अध्याय खुलने लगता है। मानव-समाज के इतिहास का इसी प्रकार संकलन होता है।

जनमेजय का नागयज्ञ

इस नाटक में ऐसी कोई घटना समाविष्ट नहीं है जिसका मूल भारत और हरिवंश में न हो। घटनाओं की परम्परा ठीक करने में नाटकीय स्वतंत्रता से अवश्य कुछ काम लेना पड़ा है परंतु उतनी से अधिक नहीं, जितनी किसी ऐतिहासिक नाटक लिखने में ली जा सकती है।

स्कंदगुप्त

पात्रों की ऐतिहासिकता के विरुद्ध चरित्र की सृष्टि—जहाँ तक संभव हो सका, नहीं होने दी गई, फ़िर भी कल्पना का अवलम्बन लेना ही पड़ा—केवल घटना की परंपरा ठीक करने के लिए।

ध्रुवस्वामिनी

मेरा यह विश्वास है कि प्राचीन आर्यावर्त ने समाज की दीर्घकालव्यापिनी परंपरा में प्रायः प्रत्येक विधान का परीक्षात्मक प्रयोग किया है। तात्कालिक कल्याणकारी परिवर्तन भी हुए हैं। क्या होना चाहिए और कैसा होगा, यह तो धर्मशास्त्री व्यवस्थापक विचार करें, किंतु इतिहास के आधार पर जो कुछ हो चुका या जिस घटना के घटित होने की संभावना है, उसी को लेकर इस नाटक की कथावस्तु का विकास किया गया है।

कामायनी

आज के मनुष्य के समीप तो उसकी वर्तमान संस्कृति का क्रमपूर्ण इतिहास ही होता है। परंतु उसके इतिहास की सीमा जहाँ प्रारंभ होती है, ठीक उसी के पहले सामूहिक चेतना की दृढ़ और गहरे रंगों की रेखाओं से, बीती हुई और भी पहले की बातों का उल्लेख स्मृति-पट पर अमिट रहता है, परंतु कुछ अतिरंजित-सा। ''' यह मनुष्यता का मनोवैज्ञानिक इतिहास बनने में समर्थ हो सकता है। आज हम सत्य का अर्थ घटना कर लेते हैं तब भी उसके तिथिक्रम मात्र से संतुष्ट न होकर, मनोवैज्ञानिक अन्वेषण के द्वारा इतिहास की घटना के भीतर कुछ देखना चाहते हैं। उसके मूल में क्या रहस्य है ? आत्मा की अनुभूति! हाँ, उसी भाव के रूप-ग्रहण की चेष्टा सत्य या घटना बनकर प्रत्यक्ष होती है।

स्फुट विचार

इन्दु–प्रस्तावना

यह सर्वसम्मति है कि जातीय उन्नति के लिए साहित्य की उन्नति की आवश्यकता होती है। और साहित्य ही के देखने से जातीय उन्नति की सीमा परिलक्षित या प्रमाणित की जा सकती है। जिस जाति ने जितनी उन्नति की है उसका उतना ऊँचा साहित्य देखने में आता है। जिस जाति का साहित्य नहीं है, उसका मानवजाति से बहुत थोड़ा सम्बन्ध होता है। साहित्य साधारण मानव-समूह की एक साधारण सम्पत्ति है, परन्तु साहित्य साधारण को सहज ही में प्राप्त होनेवाली सम्पदा नहीं है। पुण्य द्वारा प्राप्त प्रतिभा में साहित्य की उत्पत्ति है, और उसी प्रतिभा के अनुशीलन करने से साहित्य की श्रीवृद्धि होती है, और उसी प्रतिभा के क्रम-विकास से साहित्य का क्रमशः परिपाक होता है। जब प्रतिभा का पूर्ण विकास होगा, तब मानव साहित्य भी अपनी चरम उन्नति के उच्चतम पवित्र सोपान पर पदार्पण करेगा।

उदार तथा पवित्र साहित्य महान् होता है, वह मानव को विस्तृत तथा अनन्त उन्नति के पथ पर ले जाता है। साहित्य अनन्त उन्नति का सहाय होता है, महत्त्व ही उसका उपकरण क्षेत्र तथा आदर्श स्वरूप होता है। साहित्य में जहाँ क्षुद्रता देखी जाती है वह क्षुद्रता वा संकीर्णता नहीं है, वहाँ पर साहित्य क्षुद्रता की तुलना करके महत्त्व की महिमा को परिस्फुट करता है। और इसी के द्वारा साहित्य महत्त्व का प्रवर्तक तथा क्षुद्रता का निवर्त्तक बनकर, अपना महत्त्व और मनुष्य के अनन्त उन्नति का पथ, सरल उपाय से दिखा देता है।

इसी उन्नत साहित्य के विमल कान्ति से मानव हृदय प्रकाशित होता है, और इसी प्रकाश से मनुष्य की प्रतिभा धीरे-धीरे विकसित होती जाती है, इसी प्रकार साहित्य के प्रभाव से मनुष्य क्रमशः पूर्ण उन्नति को पाता है।

अतएव जो कुछ मनुष्य को प्रार्थनीय, उन्नति का सहाय, धर्म साधक तथा उपकारी है, सो केवल साहित्य है।

साहित्य का कोई लक्ष्य–विशेष नहीं होता है और उसके लिए कोई विधि का निबन्धन नहीं है, क्योंकि साहित्य स्वतन्त्र प्रकृति सर्वतोगामिनी प्रतिभा के प्रकाश का परिणाम है, वह किसी की परतन्त्रता को सहन नहीं कर सकता, संसार में जो कुछ सत्य और सुन्दर है वही साहित्य का विषय है। साहित्य केवल सत्य और सौन्दर्य की चर्चा करके सत्य को प्रतिष्ठित, और सौन्दर्य को पूर्ण रूप से विकसित करता है, आनन्दमय हृदय के अनुशीलन में और स्वतन्त्र आलोचना में उसकी सत्ता देखी जाती है। सर्वसाधारण का अक्षय, क्रमशः उन्नति और सार्वजनिक प्रेम साहित्य का अमृतमय महान् फल है। और यह सर्वव्यापी प्रेम ही मनुष्य का धर्म और मनुष्यत्व का आदर्श, अथवा लक्षण होता है; और यही क्रमशः उन्नति और विश्वप्रेम! मनुष्य

को देवता बना देता है।

बहुत से प्रतिभाशाली मनुष्य—वाल्मीकि, कालिदास तथा शेक्सपियर इत्यादि लोगों ने इस साहित्य को, मनोनीत कल्पना रूपी सुमन से पूजित करके, आज दिन तक स्वयं भी देववत् पूजनीय हो गये हैं।

अतएव साहित्य ही प्रतिभाशील मनुष्यों का प्रधान आराध्य देवता है। उन्नति के पथ में अग्रसर होने के पहले यह देवता अवश्य पूजनीय है।

[1909]

हिन्दी साहित्य-सम्मेलन

काव्य के अंग यद्यपि बहुत विस्तृत हैं, तो भी हम उसके दो गुणों को लेते हैं जो प्रधान और मुख्यतम है। संसार को काव्य से दो तरह के लाभ पहुँचते हैं—मनोरंजन और शिक्षा। शिक्षा का अंश साहित्य के सब अंशों से सम्बन्ध रखता है, अतः यह अंश रूप से प्रायः सत्कविता में मिलेगा। वह नाटकों में विशेष रूप में रहता है, इसी से काव्यमात्र में इसकी बड़ी मर्यादा है।

'काव्येषु नाटकं रम्यं' कहा है। नाटक में जितनी शिक्षा हो सकती है उतनी प्रायः किसी में भी नहीं प्राप्त हो सकती है, क्योंकि उसके प्रबन्ध नियम और उद्देश्य बहुत उदार, तथा महान् होते हैं। प्रायः कोई भी महाकवि ऐसा न मिलेगा जिसने कुछ न कुछ रामचरित न लिखा हो, ऐसा क्यों? इसीलिए कि उसे सर्वांग सुन्दर धीरोदात्त नायक ऐसा दूसरा नहीं मिलता, इससे ज्ञात होता है कि नाटक आदर्श का दर्शन कराता है, क्योंकि श्री रामचन्द्र ऐसे नायक संसार में नहीं मिलेंगे, पर उनके चरित्र शिक्षा के योग्य हैं, इसीलिए मर्यादा पुरुषोत्तम कहे जाते हैं। माधव के ऐसे पुरुष संसार में मिल सकते हैं, शकुन्तला-सी स्त्रियाँ संसार में उपलब्ध हो सकती हैं, पर जानकी के समान नहीं। क्यों फिर कवि व्यर्थ प्रयास करते हैं? नहीं, उनका अर्थ यह है कि उत्तम चरित्रों से मध्यम चरित्रवालों को सीखना ही उपयुक्त है।

इसलिए यदि 'हिन्दी साहित्य' का 'सम्मेलन' यथार्थ रूप से होगा तो जन-समाज उसमें मज्जन करके बहुत सुख पावेगा।

[इन्दु, 1910]

नाटकों में रस का प्रयोग

कुछ लोग प्राचीन रस-सिद्धांत से अधिक महत्त्व देने लगे हैं—चरित्र-चित्रण पर। उनसे भी अग्रसर हुआ है दूसरा दल, जो मनुष्यों के विभिन्न मानसिक आकारों के प्रति कुतूहलपूर्ण है, अथ च व्यक्ति-वैचित्र्य पर विश्वास रखनेवाला है। ये लोग अपनी समझी हुई कुछ

विचित्रता-मात्र को स्वाभाविक चित्रण कहते हैं क्योंकि पहला चरित्र-चित्रण तो आदर्शवाद से बहुत घनिष्ठ हो गया, चारित्र्य का समर्थक है, किन्तु व्यक्ति-वैचित्र्य वाले अपने को यथार्थवादियों में ही रखना चाहते हैं।

यह विचारणीय है कि चरित्र-चित्रण को प्रधानता देनेवाले ये दोनों पक्ष रस से कहाँ तक सम्बद्ध होते हैं। इन दोनों पक्षों का रस से सीधा सम्बन्ध तो नहीं दिखाई देता; क्योंकि इसमें वर्तमान युग की मानवीय मान्यताएँ अधिक प्रभाव डाल चुकी हैं, जिसमें व्यक्ति अपने को विरुद्ध स्थिति में पाता है। फिर उसे साधारणतः अभेदवाली कल्पना, रस का साधारणीकरण कैसे हृदयंगम हो ? वर्तमान युग बुद्धिवादी है, आपाततः उसे दुख को प्रत्यक्ष सत्य मान लेना पड़ा है। उसके लिए संघर्ष करना अनिवार्य-सा है। वर्तमान साहित्यिक प्रेरणा—जिसमें व्यक्ति-वैचित्र्य और यथार्थवाद मुख्य हैं—मूल में संशोधनात्मक ही है। कहीं व्यक्ति से सहानुभूति उत्पन्न करके समाज का संशोधन है; और कहीं समाज की दृष्टि से व्यक्ति का! किंतु दया और सहानुभूति उत्पन्न करके भी वह दुख को अधिक प्रतिष्ठित करता है, निराशा को अधिक आश्रय देता है। भारतीय रसवाद में मिलन, अभेद सुख की सृष्टि मुख्य है। रस में लोकमंगल की कल्पना प्रच्छन्न रूप से अन्तर्निहित है। सामाजिक स्थूल रूप से नहीं, किंतु दार्शनिक सूक्ष्मता के आधार पर। वासना से ही क्रिया सम्पन्न होती है, और क्रिया के संकलन से व्यक्ति का चरित्र बनता है। चरित्र में महत्ता का आरोप हो जाने पर, व्यक्तिवाद का वैचित्र्य उन महती लीलाओं से विद्रोह करता है। यह है पश्चिम की कला का गुणनफल! रसवाद में वासनात्मक तथा स्थित मनोवृत्तियाँ, जिनके द्वारा चरित्र की सृष्टि होती है, साधारणीकरण के द्वारा आनंदमय बना दी जाती हैं; इसलिए वह वासना का संशोधन करके उनका साधारणीकरण करता है। इस समीकरण के द्वारा जिस अभिन्नता की रससृष्टि वह करता है, उसमें व्यक्ति की विभिन्नता, विशिष्टता हट जाती है; और साथ ही सब तरह की भावनाओं को एक धरातल पर हम एक मानवीय वस्तु कह सकते हैं। सब प्रकार के भाव एक-दूसरे के पूरक बनकर, चरित्र और वैचित्र्य के आधार पर रूपक बनाकर, रस की सृष्टि करते हैं। रसवाद की यही पूर्णता है।

[हंस, 1936]

रस

वास्तव में भारतीय दर्शन और साहित्य दोनों का समन्वय रस में आया था और यह साहित्यिक रस दार्शनिक रहस्यवाद से अनुप्राणित है।

फिर भी रस अपने स्वरूप में नाट्यों की अपनी वस्तु थी। और उसी में आत्मा

की मूल अनुभूति पूर्णतः को प्राप्त हुई थी। इसीलिए स्वीकार किया गया—काव्येषु नाटकं रम्यं।

[हंस, 1936]

यथार्थवाद और छायावाद

हिन्दी के वर्तमान युग की दो प्रधान प्रवृत्तियाँ हैं जिन्हें यथार्थवाद और छायावाद कहते हैं। साहित्य के पुनरुद्धार-काल में श्री हरिश्चन्द्र ने प्राचीन नाट्य रसानुभूति का महत्त्व फिर से प्रतिष्ठित किया और साहित्य की भावधारा को वेदना तथा आनन्द में नये ढंग से प्रयुक्त किया। नाटकों में 'चन्द्रावली' में प्रेम-रहस्य की उज्ज्वल नीलमणिवाली रस-परम्परा स्पष्ट थी और साथ ही 'सत्य हरिश्चन्द्र' में प्राचीन फल-योग की आनन्दमयी पूर्णता थी, किंतु 'नील-देवी' और 'भारत-दुर्दशा' इत्यादि में राष्ट्रीय अभावमयी वेदना भी अभिव्यक्त हुई।

श्री हरिश्चन्द्र ने राष्ट्रीय वेदना के साथ ही जीवन के यथार्थ रूप का भी चित्रण आरम्भ किया था। 'प्रेम-योगिनी' हिन्दी में इस ढंग का पहला प्रयास है। और 'देखी तुमरी कासी' वाली कविता को भी मैं इसी श्रेणी की समझता हूँ। प्रतीक-विधान चाहे दुर्बल रहा हो, परंतु जीवन की अभिव्यक्ति का प्रयत्न हिन्दी में उसी समय प्रारम्भ हुआ था। वेदना और यथार्थवाद का स्वरूप धीरे-धीरे स्पष्ट होने लगा। अव्यवस्थावाले युग में देव-व्याज से मानवीय भाव का वर्णन करने की जो परम्परा थी, उससे भिन्न सीधे-सीधे मनुष्य के अभाव और उसकी परिस्थिति का चित्रण भी हिन्दी में उसी समय आरम्भ हुआ। 'राधिका कन्हाई सुमिरन को बहानो है' वाला सिद्धान्त कुछ निर्बल हो चला। इसी का फल है कि पिछले काल में सुधारक कृष्ण, राधा तथा रामचन्द्र का चित्रण वर्तमान युग के अनुकूल हुआ। यद्यपि हिन्दी में पौराणिक-युग की भी पुनरावृत्ति हुई और साहित्य की समृद्धि के लिए उत्सुक लेखकों ने नवीन आदर्शों से भी उसे सजाना आरम्भ किया, किंतु श्री हरिश्चन्द्र का आरम्भ किया हुआ यथार्थवाद भी पल्लवित होता रहा।

यथार्थवाद की विशेषताओं में प्रधान है लघुता की ओर साहित्यिक दृष्टिपात। उसमें स्वभावतः दुख की प्रधानता और वेदना की अनुभूति आवश्यक है। लघुता से मेरा तात्पर्य है साहित्य के माने हुए सिद्धान्त के अनुसार महत्ता के काल्पनिक चित्रण से अतिरिक्त व्यक्तिगत जीवन के दुख और अभावों का वास्तविक उल्लेख।

आरम्भ में जिस आधार पर साहित्यिक न्याय की स्थापना होती है—जिसमें राम की तरह आचरण करने के लिए कहा जाता है, रावण की तरह नहीं—उसमें रावण की पराजय निश्चित है। साहित्य में ऐसे प्रतिद्वन्द्वी पात्र का पतन आदर्शवाद के स्तम्भ में किया जाता है, परंतु यथार्थवादियों के यहाँ कदाचित् यह भी माना जाता है कि मनुष्य

में दुर्बलताएँ होती ही हैं। और वास्तविक चित्रों में पतन का भी उल्लेख आवश्यक है। और फिर पतन के मुख्य कारण क्षुद्रता और निन्दनीयता भी--जो सामाजिक रूढ़ियों के द्वारा निर्धारित रहती हैं--अपनी सत्ता बनाकर दूसरे रूप में अवतरित होती हैं। वास्तव में कर्म, जिनके संबंध में देश, काल और पात्र के अनुसार यह कहा जा सकता है कि वे सम्पूर्ण रूप से न तो भले हैं और न बुरे हैं, कभी समाज के द्वारा ग्रहण किये जाते हैं, कभी त्याज्य होते हैं। दुरुपयोग से मानवता के प्रतिकूल होने पर अपराध कहे जानेवाले कर्मों से जिस युग के लेखक समझौता कराने का प्रयत्न करते हैं, वे ऐसे कर्मों के प्रति सहानुभूति प्रकट करते हैं। व्यक्ति की दुर्बलता के कारण की खोज में व्यक्ति की मनोवैज्ञानिक अवस्था और सामाजिक रूढ़ियों को पकड़ा जाता है। और इस विषमता को ढूँढ़ने पर वेदना ही प्रमुख होकर सामने आती है। साहित्यिक न्याय की व्यावहारिकता में वह सन्दिग्ध होता है। तथ्यवादी पतन और स्खलन का भी मूल्य जानता है। और वह मूल्य है, स्त्री नारी है और पुरुष नर है; इनका परस्पर केवल यही सम्बन्ध है।

वेदना से प्रेरित होकर जनसाधारण के अभाव और उनकी वास्तविक स्थिति तक पहुँचने का प्रयत्न यथार्थवादी साहित्य करता है। इस दशा में प्रायः सिद्धान्त बन जाता है कि हमारे दुख और कष्टों के कारण प्रचलित नियम और प्राचीन सामाजिक रूढ़ियाँ हैं। फिर तो अपराधों के मनोवैज्ञानिक विवेचन के द्वारा यह भी सिद्ध करने का प्रयत्न होता है कि वे समाज के कृत्रिम पाप हैं। अपराधियों के प्रति सहानुभूति उत्पन्न कर सामाजिक परिवर्तन के सुधार का आरम्भ साहित्य में होने लगता है। इस प्रेरणा में आत्मनिरीक्षण और शुद्धि का प्रयत्न होने पर भी व्यक्ति के पीड़न, कष्ट और अपराधों से समाज को परिचित कराने का प्रयत्न भी होता है और यह सब व्यक्ति-वैचित्र्य से प्रभावित होकर पल्लवित होता है। स्त्रियों के सम्बन्ध में नारीत्व की दृष्टि ही प्रमुख होकर, मातृत्व से उत्पन्न हुए सब सम्बन्धों को तुच्छ कर देती है। वर्तमान युग की ऐसी प्रवृत्ति है। जब मानसिक विश्लेषण के नग्न रूप में मनुष्यता पहुँच जाती है, तब उन्हीं सामाजिक बंधनों की बाधा घातक समझ पड़ती है और इन बन्धनों को कृत्रिम और अवास्तविक माना जाने लगता है। यथार्थवाद क्षुद्रों का ही नहीं अपितु महानों का भी है। वस्तुतः यथार्थवाद का मूल भाव है वेदना। जब सामूहिक चेतना छिन्न-भिन्न होकर पीड़ित होने लगती है तब वेदना की निवृत्ति आवश्यक हो जाती है। कुछ लोग कहते हैं साहित्यकार को आदर्शवादी होना ही चाहिए और सिद्धान्त से ही आदर्शवादी धार्मिक प्रवचनकर्ता बन जाता है। वह समाज को कैसा होना चाहिए, यही आदेश करता है। और यथार्थवादी सिद्धान्त से ही इतिहासकार से अधिक कुछ नहीं ठहरता; क्योंकि यथार्थवाद इतिहास की सम्पत्ति है। वह चित्रित करता है कि समाज कैसा है या था; किंतु साहित्यकार न तो इतिहासकर्ता है और न धर्मशास्त्र-प्रणेता। इन दोनों के कर्त्तव्य स्वतंत्र हैं। साहित्य इन दोनों की कमी को पूरा करने का काम करता है। साहित्य समाज की वास्तविक स्थिति क्या है, इसको दिखाते हुए भी उसमें आदर्शवाद का सामंजस्य स्थिर

करता है। दुख-दग्ध जगत् और आनन्दपूर्ण स्वर्ग का एकीकरण साहित्य है। इसीलिए असत्य अघटित घटना पर कल्पना को वाणी महत्त्वपूर्ण स्थान देती है, जो निजी सौन्दर्य के कारण सत्य-पद पर प्रतिष्ठित होती है। उसमें विश्वमंगल की भावना ओतप्रोत रहती है।

सांस्कृतिक केन्द्रों में जिस विकास का आभास दिखलाई पड़ता है, वह महत्त्व और लघुत्व दोनों सीमान्तों के बीच की वस्तु है। साहित्य की आत्मानुभूति यदि उस स्वात्म-अभिव्यक्ति, अभेद और साधारणीकरण का संकेत कर सके, तो वास्तविकता का स्वरूप प्रकट हो सकता है। हिन्दी में इस प्रवृत्ति का मुख्य वाहन गद्य-साहित्य ही बना।

[हंस, 1937]

परिशिष्ट

- उल्लेखनीय संदर्भ
- प्रसाद-प्रस्तुतियों की सूची

उल्लेखनीय संदर्भ

विभिन्न भौगोलिक खंड

जम्बू द्वीप

'अजातशत्रु,' 'स्कंदगुप्त' और 'राज्यश्री' इन तीनों में जम्बूद्वीप का उल्लेख हुआ है। बौद्ध धर्म का प्रभाव भारतवर्ष के बाहर समस्त एशिया में महाद्वीप में फैल गया था, जहाँ वह अब भी एक प्रधान धर्म के रूप में अवस्थित है। समुद्रगुप्त-कृत दिग्विजय, चन्द्रगुप्त विक्रमादित्य-कृत शक-संहार, कुमारगुप्त-कृत अश्वमेध और स्कंदगुप्त-कृत हूण-पराभव आदि से लक्षित होता है कि गुप्त-साम्राज्य का प्रताप-प्रभाव भारत के बाहर समस्त एशिया महाद्वीप में फैल गया था। प्रसाद ने एशिया के इस प्राचीन नाम जम्बूद्वीप का उल्लेख जान-बूझकर किया है। अपने प्राचीन अर्थ में जम्बूद्वीप लाख-योजन विस्तीर्ण है और पद्ममध्यस्थित कोष की तरह स्थित है। यह पद्मपत्र की भाँति गोल और लाख योजन समुद्र द्वारा वेष्टित है। यह द्वीप नौ खंडों में विभक्त है। प्रत्येक खण्ड नौ हजार योजन विस्तीर्ण और सीमा पर्वतों द्वारा भली भांति विभक्त है। अपने मूल अर्थ में जम्बूद्वीप समस्त एशिया महाद्वीप का ही अर्थ देता है। प्रसाद ने प्राचीन वातावरण की सृष्टि करने के उद्देश्य से इस शब्द का प्रयोग किया है, किसी भौगोलिक रूपरेखा को ध्यान में रखकर नहीं।

भरतखंड

भरतखंड का एकमात्र उल्लेख 'अजातशत्रु' में हुआ है। अपने मूल रूप में 'भरतखंड' जम्बूद्वीप के नौ खंडों में से एक है, जो नौ हजार योजन विस्तीर्ण है। यह छः भागों में विभक्त है, जिनमें पाँच खंडों में म्लेच्छ और एक क्षेत्र में आर्य रहते हैं। ऐसा प्रतीत होता है कि जम्बूद्वीप की तरह ही भरतखंड का भी कोई स्पष्ट चित्र प्रसाद के नाटकों से नहीं प्राप्त होता केवल परिपाटी के रूप में प्राचीनता के वातावरण की रक्षा के लिए ही ग्रहण किया गया है। भरतखंड केवल मगध साम्राज्य के विस्तार की भावना के रूप में आया प्रतीत होता है, किसी अर्थ-विशेष में नहीं।

भारत

भारत को ठीक उसी अर्थ में प्रसाद ने लिया है जिस अर्थ में वह दीर्घ काल से लिया जा रहा है। 'विश्व का सबसे ऊँचा शृंग इसके सिरहाने और सबसे गम्भीर तथा विशाल समुद्र इसके चरणों के नीचे है (स्कंदगुप्त)।' उक्त उद्धरण से भारत की उत्तरी और दक्षिणी सीमा का निर्देशन हो जाता है। अन्य सीमाओं के लिए स्कंदगुप्त के आर्य-साम्राज्य की सीमा देखी जा सकती है। भीमवर्मा उसकी सीमा इस प्रकार बताता है, 'लौहित्य से सिन्धु तक हिमालय की कन्दराओं में भी सामगान होने लगा है।' अब यदि हम इस आधार पर भारत की मोटी-मोटी सीमाएँ निर्धारित करें तो कह सकते हैं कि उत्तर में हिमालय, दक्षिण में समुद्र, पूर्व में लौहित्य और पश्चिम में सिन्धु ये चार मोटी-मोटी प्राकृतिक सीमाएँ स्पष्ट हैं। यदि पूर्वी सीमा लौहित्य मान ली जाय तो भी पश्चिमी सीमा प्रत्येक ऐतिहासिक काल में कुछ न कुछ बदलती रही है। मौर्य काल में निषध पर्वतमाला को ही आर्यावर्त की नैसर्गिक सीमा मान लिया गया था। परन्तु यह नैसर्गिक सीमा सदा ही नहीं बनी रही। स्कंदगुप्त ने सम्भवतः सिन्धु नदी को ही सीमा मान लिया था। जब कि चन्द्रगुप्त द्वितीय के शासनकाल में पश्चिमी सीमा बल्ख से भी आगे बढ़ गई थी। बल्ख कुशान् साम्राज्य का दूरस्थ केन्द्र था। प्रसाद ने अपने नाटकों में भारत की महिमा और इसके सौंदर्य का स्थान-स्थान पर वर्णन किया है।

आर्यावर्त

इस शब्द का प्रयोग प्रसाद के नाटकों में सर्वाधिक हुआ है। ऐसा प्रतीत होता है कि भारतवर्ष या भारत कहने से जिस भू-भाग का अर्थ मिलता है, आर्यावर्त कहने से उस सम्पूर्ण भू-भाग की सांस्कृतिक अविच्छिन्नता स्पष्ट हो जाती है। चाणक्य ने 'मालव और मागध को भूलकर' जिस आर्यावर्त की एकता का प्रचार किया था वह आर्यावर्त आर्यों की जन्मभूमि है। आर्य जाति कहीं बाहर से नहीं आई, वरन् यही भारतवर्ष या आर्यावर्त उनकी जन्मभूमि है।

आर्यावर्त शब्द का प्रयोग कभी सप्तसिन्धु के पश्चिमी देश के लिए, कभी सम्पूर्ण हिमालय और विन्ध्याचल के बीच उत्तरी भारतवर्ष के लिए होता था। कालान्तर में जब उत्तर और दक्षिण के बीच का अन्तर क्रमशः कम होता गया तो सम्पूर्ण भारतवर्ष को आर्यावर्त कहने में किसी प्रकार की कठिनाई न रही। आधुनिक काल तक पहुँचते-पहुँचते आर्यावर्त शब्द सम्पूर्ण भारतवर्ष के अर्थ में रूढ़ हो गया। प्रसाद ने अपने नाटकों में आर्यावर्त को इसी रूढ़ अर्थ में ग्रहण किया है। आर्यावर्त, आर्य जाति, आर्यावर्त की बालिका, आर्य क्रियाएँ, आर्य लोग जैसे शब्द एक रूढ़ पर सांस्कृतिक अर्थ की अभिव्यक्ति करते हैं, जिसमें सम्पूर्ण भारत की एकता की भावना सन्निहित है।

भारतवर्ष के दो विभाग

उत्तरापथ—आर्यावर्त की भाँति उत्तरापथ और दक्षिणापथ का प्रयोग भी प्रसाद ने बहुत किया है। डा. वासुदेवशरण अग्रवाल उत्तरापथ उस प्राचीन मार्ग को मानते हैं जो पूर्वी भारत से गान्धार तक तथा गान्धार से सुदूर पश्चिम तक जाता था। भारत की सम्पूर्ण ग्रैंड-ट्रंक रोड जो भारत के बाहर वंक्षु तक गई हुई थी, यूनानियों को उत्तरापथ (नौदर्न रूट) के नाम से ज्ञात थी। यह विशाल राजमार्ग वाल्हीक, कपिशा, पुष्कलावती, तक्षशिला, शाकल, हस्तिनापुर, कान्यकुब्ज तथा प्रयाग जैसे प्रसिद्ध जनपदों और नगरों में होता हुआ जाता था।

सम्भवतः अपने मूल रूप में उत्तरापथ का यही अर्थ रहा हो परन्तु प्रसाद ने उत्तरापथ का प्रयोग विभिन्न अर्थों में किया है। 'चन्द्रगुप्त' नाटक में उत्तरापथ का संकुचित अर्थ है, उत्तर-पश्चिमी-भारतवर्ष जो उस काल में अधिकतर गणतंत्रों से शासित था। केवल आम्भीक और पर्वतेश्वर के राज्य ही गणतंत्र नहीं थे। उक्त परिभाषा के अन्तर्गत मगध 'प्राच्यों का देश' है। स्पष्ट है कि उत्तरापथ का यह अर्थ ग्रीक इतिहासकारों के अनुसार लिया गया है।

'स्कंदगुप्त' में उत्तरापथ का स्पष्ट निर्देश न होते हुए भी उपर्युक्त संकुचित अर्थ ही प्रतीत होता है। 'महाराजपुत्र उत्तरापथ की सीमा की रक्षा करेंगे। 'उत्तरापथ के समस्त धर्म संघ' 'उत्तरापथ के सुशासन की व्यवस्था' तथा 'समस्त उत्तरापथ का बौद्ध संघ' जैसे वाक्यों द्वारा तत्कालीन राजनीतिक परिस्थितियों से उद्वेलित उत्तर पश्चिमी भारतवर्ष का ही तात्पर्य ध्वनित होता है। 'राज्यश्री' में उत्तरापथ का प्रयोग समस्त उत्तरी भारत के लिए किया गया है। हर्ष को पुलकेशिन ने उत्तरापथेश्वर कहा है, और 'उत्तरापथ के समस्त नरपति उसके चरणों में प्रणत हैं'। उसका राज्य कामरूप से लेकर सुराष्ट्र तक, काश्मीर से लेकर रेवाँ तक है। फलतः उत्तरापथ की सीमाएँ भी ये ही मानी जा सकती हैं। अपने नवीन और विस्तृत अर्थ में यह शब्द समस्त आर्यावर्त का अर्थ देता है।

दक्षिणापथ—अपने मूल अर्थ में दक्षिणापथ भी दक्षिण की ओर फैले किसी राजमार्ग का द्योतक हो सकता है क्योंकि भगवतशरण उपाध्याय के अनुसार विन्ध्य से दो मार्ग उत्तरापथ और दक्षिणापथ, क्रमशः उत्तर और दक्षिण की तरफ जाते थे। प्रसाद ने सभी स्थलों पर दक्षिणपथ को दक्षिण भारतवर्ष के अर्थ में लिया है। चन्द्रगुप्त, विजय के लिए दक्षिणपथ जाने की आयोजना करता है। उसको दक्षिणापथ में अपूर्व सफलता मिलती है पर सुदूर दक्षिण तक वह नहीं जाता। श्री रामचन्द्र की दक्षिणापथ की यात्रा की ओर भी प्रसाद ने संकेत किया है।

पर्वत और नदियाँ

हिमालय—इसका उल्लेख प्रसाद के प्रायः सभी नाटकों में मिलता है; भारतवर्ष के साथ हिमालय का अन्योन्याश्रित सम्बन्ध है। स्कंदगुप्त की विजय के साथ ही हिमालय की कन्दराओं में भी स्वच्छन्दतापूर्वक सामगान होने लगता है। मातृगुप्त की कल्पना में, हिमालय से निकली हुई सप्तसिन्धु और गंगा-यमुना की घाटियाँ, किसी सद्‌गृहस्थ के स्वच्छ और पवित्र आँगन-सी भूखी जाति के निर्वासित प्राणियों को अन्नदान देकर संतुष्ट करेंगी। और आर्यजाति ··· अचल हिमालय की भाँति सिर ऊँचा किये विश्व को सदाचार के लिए सावधान करती रहेंगी। अपने ज्वालामुखियों को बर्फ की मोटी चादर से छिपाए हिमालय मौन है। हिमवान की गल जानेवाली बर्फों से ही कुभा तथा अन्य नदियाँ निकली हैं।

विंध्य और विंध्यपाद—विंध्य पर्वत का उल्लेख दो रूपों में हुआ है। (1) विंध्य शैल—'स्कंदगुप्त' नाटक में कमला स्कंद से कहती है, 'तुम्हारे प्रचंड और विश्वासपूर्ण पदाघात से विंध्य के समान कोई शैल उठ खड़ा होगा।' (2) विंध्यपाद—'राज्यश्री' में हर्ष की अनाथा दुखिया बहन राज्यश्री 'विंध्यपाद' में भागकर चली जाती है। विंध्य पर्वत वास्तव में वे प्रसिद्ध शैल श्रेणियाँ हैं जो भारतवर्ष को 'उत्तरापथ' और 'दक्षिणापथ' इन दो भागों में विभाजित करती है और विंध्यपाद विशाल सतपुड़ा पर्वत श्रेणी का ही दूसरा नाम है जिससे नर्मदा, ताप्ती आदि नदियाँ निकलती हैं। कालिदास ने इसको 'विंध्यपाद' कहा है और वाराह-पुराण में भी इन श्रेणियों को विंध्यपाद के नाम से अभिहित किया गया है। हर्षचरित के अनुसार राज्यश्री अपनी सखियों के साथ 'विंध्याटवी' के अन्तराल में जा छिपी थी। प्रसाद ने 'विंध्यपाद' शब्द का प्रयोग विंध्याटवी या विंध्यशैल के अर्थ में किया है या विंध्याचल की विशिष्ट सतपुड़ा श्रेणियों के लिए, यह स्पष्ट नहीं होता।

निषध—इस पर्वतमाला का उल्लेख मात्र 'चन्द्रगुप्त' में हुआ है। प्रसाद के अनुसार यह पर्वतमाला आर्यावर्त की नैसर्गिक पश्चिमी सीमा थी। 'चन्द्रगुप्त' और 'स्कन्दगुप्त' दोनों नाटकों से ज्ञात होता है कि यह नैसर्गिक सीमा सिन्धु के उस पार गांधार के पश्चिम में रही होगी। जब जगद्विजेता सिकन्दर की सेना निषध पर्वत तक पहुँच गई तभी उत्तरापथ के राज्यों में हलचल मचनी प्रारम्भ हुई। आगे चलकर चन्द्रगुप्त मौर्य ने संधि की शर्तों में यह प्रदेश सिल्यूकस से प्राप्त कर लिया था। निषध पर्वत का यह नाम अत्यन्त प्राचीन है। वेदों में भी इस नाम का उल्लेख मिलता है। ग्रीक ऐतिहासिकों के अनुसार गन्धमादन से पश्चिम और काबुल नदी से उत्तर की ओर जो 'पैरोपनिसैडर' या पैरोपनिसस नामक पार्वत्य प्रदेश है, वही निषद पर्वतमाला का भाग है। आजकल यह काकेशश के नाम से विख्यात है।

सिंधु—प्रसाद के नाटकों में सिंधु, सिंधु संगम, सिंधु तट, तथा सप्त सिंधु की घाटियों

का प्रचुर उल्लेख हुआ है—'सिंधु की प्रखर धारा ही यवन सेना को रोक सकती थी,' परन्तु उसमें सेतु बना दिया गया। सिंधु के तट पर ही महात्मा दाण्ड्यायन का आश्रम था, और सिंधु के तट पर ही यवन शिविर लगे थे। सिंधु तट पर ही सिल्यूकस से चन्द्रगुप्त का युद्ध हुआ था। सिंधु की लोल लहरियों में से गुप्त साम्राज्य के सेनापति आर्य पर्णदत्त की वीरता की लेखमाला लिखी जाती है। संभवतः सिंधु तट पर ही हूणों के साथ स्कंदगुप्त का भयंकर युद्ध हुआ था जिसमें हूणों की प्रबल हार हुई थी। इतिहासकार प्लिनी के अनुसार सिंधु काकेशश पर्वत के उस भाग से उभरती है जिसे पैरोपनिसस कहते हैं। इसका उद्‌भव सूर्योदय की दिशा की ओर है। यह 19 नदियों को सहायक नदियों के रूप में ग्रहण करती है। वास्तव में सिंधु का उद्‌गम स्थान ग्रीस निवासियों को ज्ञात न था। सिंधु की प्रमुख धारा पश्चिम कैलास से निकलकर अपनी आधी लम्बाई तक उत्तर-पश्चिम की ओर बहती है, पुनः काश्मीर के उत्तर-पश्चिम दरद प्रदेश तथा छोटे पामीर के दक्षिण से बढ़ती हुई दक्षिण की ओर मुड़ जाती है, जहाँ इसके तट पर सिंधु के प्रसिद्ध स्थान बसे हुए हैं।

'सप्तसिंधु' प्रदेश स्कंदगुप्त के काल के हूणों से पादाक्रान्त हो गया था। और गंगा-यमुना के समान ही सप्तसिंधु प्रदेश की नदियाँ भी हिमालय से निकली हुई नदियाँ थीं। सप्तसिंधु अत्यन्त प्राचीन नाम है। आर्यों ने सिंधु, कुभा (सिंधु के पश्चिम से), वितस्ता, असिक्नी, इरावती, शतुद्रि तथा सरस्वती इन सात नदियों के प्रदेश को सप्तसिंधु की संज्ञा से अभिहित किया था। यह संभव है कि ऋग्वेद के काल में कई बार सप्तसिंधु तथा सप्तसिंधु प्रदेश के नामों में परिवर्तन हुआ हो। परंतु कालान्तर में ये सात स्रोत ही सप्तसिंधु नाम से चलते रहे और इनसे संबंधित भू-भाग सप्तसिंधु कहलाया गया।

सिंधु-संगम तक के प्रदेश को विजय करने की इच्छा से सिकंदर नौ-बल लेकर आगे बढ़ा था। सिंधु-संगम का अर्थ उस स्थान से है जहाँ सिंधु नदी समुद्र में प्रवेश करती है। इस डेल्टा का नाम पट्टल पाताल है। ऐसा प्रतीत होता है कि सिंधु-संगम के समीप ही यह पाताल रहा होगा। सिकंदर के बेड़े के द्वारा पाताल विजय संभवतः उसकी अंतिम विजय थी।

वितस्ता—सिंधु के उपरांत उसकी दूसरी सहायक नदी वितस्ता है, जिसको ग्रीक इतिहासकारों ने 'हाइडैस्पस' कहा है। आधुनिक काल में इसका नाम झेलम है, और प्रसाद ने वितस्ता और झेलम दोनों ही नामों से इसे अभिहित किया है। विस्तता का इतिहास सिकंदर के आक्रमण में अपना महत्त्वपूर्ण स्थान रखता है। आम्भीक और पुरु के राज्यों की सीमा वितस्ता ही थी। पुरु ने प्राचीन संधियों के विरुद्ध वितस्ता के दूसरी ओर एक चौकी बना दी थी। झेलम के पास ही पौरव ने कुछ सेना प्रतिरोध के लिए रखी थी। रातोंरात वितस्ता को पार कर यवन सेना ने पुरु से युद्ध किया था, जिसमें सिकंदर को यह अच्छी तरह विदित हो गया था कि भारतीयों के खड्‌गों में कितनी धार है। चन्द्रगुप्त ने वितस्ता पार कर ही सिल्यूकस के स्कंधावार में आक्रमण किया था।

रावी–प्लिनी के अनुसार वितस्ता से पूर्व की ओर सिंधु की दूसरी प्रसिद्ध सहायक नदी चिनाव अथवा चन्द्रभामा (कैटेब्ना या ऐक्साइनिस) है। चिनाव से पूर्व की ओर सिंधु की तीसरी सहायक नदी रावी है, सिकंदर ने रावी के जलमार्ग से ही लौटने का निश्चय किया था। रावी के तट पर ही मालवों का स्कंधावार था जहाँ सिकंदर का मार्ग रोकने के लिए उनकी हिंस्रकाएँ सतर्क थीं। रावी तट पर ही विस्तृत शिविरों की रंगभूमि में अलका का विवाहोत्सव मनाया गया था। मालवों और क्षुद्रकों से मैत्री कर यवन-बेड़ा रावी से ही भारत अभियान का विचार छोड़ वापस लौट पड़ा था। रावी तक पहुँचने से पूर्व सिकन्दर को कठ जाति से भयानक युद्ध करना पड़ा था जिससे उसकी सेना के सचमुच छक्के छूट गये होंगे और स्वदेश लौटने की भावना को दूसरी आहुति मिली होगी। रावी नदी का वैदिक नाम इरावती था।

विपाशा–सिंधु की चौथी सहायक शाखा, विपाशा थी। इसका नाम ग्रीक लेखकों ने हाइपैसिस लिखा है। वास्तव में विपाशा के तट पर ही सिकंदर के सैनिकों ने आगे बढ़ने का स्पष्ट विरोध किया था। विपाशा और शतद्रु के मध्य के भू-भाग में ही चन्द्रगुप्त ने अवरोध किया, फलतः सिकन्दर ने विपाशा को अपने आक्रमण की सीमा बना लिया। उसके सैनिकों ने विपाशा पार के इस सैनिक स्कंधावार को प्राच्य देश के सम्राट् का शिविर समझकर ही पार नहीं किया। विपाशा का आधुनिक नाम व्यास है। प्लिनी ने इसको जल-यात्रा के योग्य लिखा है। विपाशा का उल्लेख पाणिनि ने भी किया है।

शतद्रु–सिंधु नदी की सबसे पूर्वी शाखा का नाम शतद्रु था। प्रसाद के अनुसार सिकंदर की सेना को विचलित करने के लिए यह प्रचार किया गया था कि शतद्रु के तट पर मगध की लक्षाधिक सेना युद्ध के लिए सन्नद्ध है। यवन सेना शतद्रु को पार न कर सकी। शतद्रु वह सीमा बन गई थी जिसको पार करते ही मगध का नाश निश्चित माना जाता था। शतद्रु के तट पर ही नन्द व राक्षस के विरुद्ध षड्यंत्र की सृष्टि हुई। ग्रीक इतिहासकारों ने इसका नाम हुफैसिस रखा है, कहीं-कहीं हुपैनिस नाम भी मिलता है। शतद्रु का आधुनिक नाम सतलज है।

गंगा–इसका उल्लेख मात्र ही इन नाटकों में हुआ है। गंगा और शोण के तट पर मगध की राजधानी कुसुमपुर बसी हुई थी। हिमालय से निकली हुई गंगा-यमुना की घाटियाँ प्राणियों को अन्नदान देने में समर्थ थीं। गंगा के तट पर ही सम्राट् हर्षवर्द्धन ने प्रयाग में सर्वस्व दान किया था। प्राचीन ग्रंथों में गंगा का सर्वत्र उल्लेख मिलता है।

शोण–प्रसाद ने शोण का भी उल्लेख मात्र कर दिया है। इसका आधुनिक नाम सोन है। जहाँ यह गंगा से मिलती थी वहीं प्राचीन पाटिलिपुत्र या कुसुमपुर बसा हुआ था। परंतु जहाँ यह गंगा से संगम करती है वहाँ उससे छोटी है। शोण विन्ध्य पर्वत श्रेणियों से निकलती है।

वंक्षु–गुप्तकाल में वंक्षु के तट पर गुप्त साम्राज्य की पताका फहराई थी और

गरुड़ध्वज वंक्षु के रेतीले मैदान में अपनी स्वर्ण प्रभा का विस्तार करता था। यह स्थिति कुमारगुप्त के शासनकाल तक रही। स्कंदगुप्त के शासन में संभवतः यह समस्त प्रदेश हूणों ने पादाक्रांत कर दिया था और स्कंदगुप्त ने पुनः वंक्षु के तट तक उनकी पहली और दूसरी बाढ़ को रोककर खदेड़ दिया था।

वास्तव में गुप्तकाल के इतिहासकारों को इतिहास के लिए कालिदास से बहुत सहायता मिली है। हूणों ने 450 ई. के आसपास वंक्षु की घाटी में एक शक्तिशाली साम्राज्य बना लिया था। 455 ई. के आसपास जब स्कंदगुप्त ने उनको प्रथम बार हराया तो भी वे 'वंक्षु' की घाटी में अजेय योद्धाओं के नाम से प्रसिद्ध थे।

सरयू—ऐसा प्रतीत होता है कि गुप्तकाल में जितने भी यज्ञ हुए वे गंगा, यमुना, सरयू के तट पर हुए। समुद्रगुप्त ने अश्वमेध-यज्ञ किया था जिसकी प्रशस्ति प्रयाग में गंगा-यमुना के संगम पर चंद्रगुप्त ने लिखवाई। गुप्तों की एक राजधानी सरयू तट पर स्थित अयोध्या थी। फलतः सरयू के तट पर यज्ञ हुए होंगे और उन यज्ञों की स्मृति में कई यज्ञ-स्तूप गाढ़े गये होंगे। हिमालय की चोटियों से निकलकर सरयू सोना से कुछ ऊपर गंगा से संगम करती है। यह रामायण-काल की प्रसिद्ध नदी है।

कुभा—कुभा नदी गांधार की घाटी में बहती है। मालव नरेश बन्धुवर्मा कुभा के तट पर हूणों को रोकते हैं और नदी की तीक्ष्ण धारा को लाल कर देने की प्रतिज्ञा करते हैं। पर्वतों से प्रवाहित होने के कारण इस नदी का प्रभाव बहुत तीव्र है, परंतु जल कम होने या बिना किसी पुल के भी पार उतरने में अधिक कठिनाई न होती होगी, क्योंकि स्कंद उसको पार करने का प्रयत्न करता है। प्रसाद के अनुसार ऐसा प्रतीत होता है कि कुभा के जल-प्रवाह को रणनीति के विचार से संतुलित रखने के लिए उसमें कोई बन्ध भी गुप्त-काल में बना था जिसको काट देने से उस नदी की प्रखर धारा जल से परिपूर्ण हो जाती थी। हिमवान की गल जानेवाली बर्फों से निकलनेवाली कुभा की यह धारा क्षुब्ध लहरों से आलोड़ित रहती है।

ग्रीकों की यह कोपस नदी ही वास्तव में प्राचीन कुभा है, जो आजकल काबुल कहलाती है। गुप्तकाल का इतिहास बताता है कि स्कंद के काल में हूणों ने गांधार को पादाक्रान्त किया था और पंचनद तक भी उसकी दुर्जेय वाहिनी बढ़ आई थी। कुभा के बन्ध की कल्पना प्रसाद की अपनी प्रतीत होती है।

लौहित्य—प्रसाद ने स्कंदगुप्त के समय के आर्य साम्राज्य की सीमा का दिग्दर्शन करने के उद्देश्य से सिंधु के साथ लौहित्य का भी उल्लेख किया है। कदाचित् उक्त लेख के आधार पर ही प्रसाद ने स्कंद के राज्यकाल से लौहित्य को भी आर्य साम्राज्य की पूर्वी सीमा स्वीकार कर लिया है। लौहित्य ब्रह्मपुत्र नदी है।

शिप्रा—चन्द्रगुप्त ने शिप्रा के तट पर ही शकों को भगाया होगा क्योंकि आर्य पर्णदत्त की वीरता की लेखमाला शिप्रा की लोल-लहरियों से लिखी जाती है। प्रसाद के नाटकों के आधार पर शिप्रा मालव की नदी है। इसके तट पर महाकाल का प्रसिद्ध मंदिर बसा

हुआ है जो कभी तांत्रिकों और योगचारियों का भी केन्द्र रहा था। सायंकाल का दृश्य देखने के लिए शिप्रा तट पर लोग आया करते थे। आज भी शिप्रा मालव में बहती है और इस ऐतिहासिक नाम से अभिहित की जाती है। कालिदास के अनुसार शिप्रा के तट पर ही उज्जयिनी बसी हुई थी पर महाकाल का मन्दिर शिप्रा के तट पर नहीं किंतु उसकी शाखा गंधवती के तट पर बसा हुआ था।

रेवा—प्रसाद ने रेवा को उत्तरापथ और दक्षिणापथ की विभाजक रेखा मान लिया है। कुमार हर्षवर्द्धन और पुलकेशिन चालुक्य का युद्ध रेवा तट पर ही हुआ है। अन्त में हर्ष ने रेवा को ही अपने साम्राज्य की दक्षिणी सीमा मान लिया है। कालिदास ने इसका नाम नर्मदा, गौतमी और मंदाकिनी भी लिखा है। रेवा आधुनिक नर्मदा ही है और यह अमरकंटक पर्वत से निकलकर खम्भात की खाड़ी में समुद्र से जा मिलती है।

चंद्रगुप्त मौर्य के समय का मगध साम्राज्य—मगध के प्राचीन इतिहास की ओर कुछ संकेत प्रसाद ने 'चन्द्रगुप्त' नाटक में किए हैं। यह तो मगध का पुराना इतिहास है, जरासंध का यह अखाड़ा है। यहाँ एकाधिपत्य की पटुता सदैव से अभ्यस्त है। प्राचीनकाल से मगध साम्राज्य रहा। इस तरह की भावना जनता में जागृत करके ही चन्द्रगुप्त को मगध का एकच्छत्र शासक बनाया गया। नन्दकाल में मगध साम्राज्य पर नागदत्त भी व्यंग करता है—"लिच्छवि और वृजि गणतंत्र को कुचलनेवाला मगध।" उक्त घटना अजातशत्रु के शासनकाल की है, यह इस बात की सूचना देती है कि मगध ने प्राचीनकाल से ही साम्राज्य का विस्तार किया। फिलिप्स को परास्त कर देने पर सिकन्दर की क्षत्रपी का एक बहुत बड़ा भाग उसके अधिकार में आ गया होगा। पर्वतेश्वर की हत्या के परिणामस्वरूप पंचनद का शासन-सूत्र भी चन्द्रगुप्त के हाथ में आ गया था। दक्षिणापथ को भी चन्द्रगुप्त ने विजय किया था। चाणक्य के निषेध करने पर यद्यपि उसने सुदूर दक्षिण प्रदेश पर विजय प्राप्त करने का विचार छोड़ दिया तथापि सीमांत राष्ट्रों ने उसकी मित्रता स्वीकार कर ली थी। प्रसाद ने सिल्यूकस युद्ध से पूर्व के मौर्यकालीन मगध साम्राज्य की सीमा का उल्लेख चाणक्य के मुँह से इस प्रकार करवाया है—'तुम जानते हो कि चंद्रगुप्त ने दक्षिणापथ के स्वर्णगिरी से पंचनद तक, सौराष्ट्र से बंग तक एक महान साम्राज्य स्थापित किया है ··· उत्तरापथ के सब प्रमुख गणतंत्र मालव, क्षुद्रक और यौधेय आदि सिंहरण के नेतृत्व में इस साम्राज्य के अंग हैं।' इसके अतिरिक्त प्रसाद के अनुसार चाणक्य ने गांधार और पंचनद को संयुक्त कर अलका और सिंहरण के अधीन कर दिया और अलका के मुख से ही उस प्रदेश को चन्द्रगुप्त द्वारा संगठित आर्य साम्राज्य का एक अंग बना दिया।

सिल्यूकस विजय से पूर्व के मगध-साम्राज्य की सीमा इस प्रकार निर्धारित करते हैं—अजातशत्रु के समय से ही (लिच्छवियों के उपरान्त) मगध साम्राज्य की उत्तरी सीमा 'हिमालय' बन गई थी। दक्षिणापथ की विजय के पश्चात् चन्द्रगुप्त ने स्वर्णगिरि को

दक्षिणी सीमा बना लिया। चाणक्य के कथनानुसार पूर्वी सीमा बंग थी और अलका के शब्दों से मगध की पश्चिमी सीमा गांधार स्पष्ट है। गांधार से प्रसाद का अभिप्राय पूर्वी गांधार से है क्योंकि तक्षशिला पूर्वी गांधार की ही राजधानी थी।

सिल्यूकस से लिया हुआ मगध-साम्राज्य का भाग—नाटक के अनुसार सिल्यूकस से की गई संधि की शर्तें सूचित करती हैं कि मगध की पश्चिमी सीमा निषद पर्वत बन गई थी। अब सिंधु से लेकर निषद पर्वतमाला तक हिरात का संपूर्ण प्रदेश मगध साम्राज्य का एक भाग बन गया। स्कंदगुप्त में भी प्रसाद ने इसका उल्लेख किया है—'मौर्य साम्राज्य के समय से ही सिंधु के उस पार का देश भी भारत साम्राज्य के अन्तर्गत था। जगद्विजेता सिकन्दर के सेनापति सिल्यूकस से उस प्रांत को मौर्य सम्राट् चन्द्रगुप्त ने लिया था।'

गुप्तकालीन मगध साम्राज्य

कुमारगुप्त के शासनकाल में ही मगध की राजधानी का महत्त्व कुसुमपुर और अयोध्या दोनों में बँट गया था। स्मिथ लिखते हैं—'साधारणतः पाटलिपुत्र ही राजधानी थी परंतु समुद्रगुप्त और चन्द्रगुप्त दोनों के समय में अयोध्या ही अधिकतर साम्राज्य के शासन का केन्द्र बन गई थी। 'स्कंदगुप्त' की घटनाओं का केन्द्र तो उज्जयिनी और पाटलिपुत्र ही है, संभव है कि प्रसाद गुप्तों की राजधानी अयोध्या में ही मानते हों। 'अयोध्या चलने का आपने कब निश्चय किया है, राज्यसिंहासन कब तक सूना रहेगा?' चक्रपालित का यह कथन भी मगध की राजधानी अयोध्या सिद्ध करता है। कुमारगुप्त के समय की मगध साम्राज्य की सीमा चन्द्रगुप्त विक्रमादित्य के समय में ही बन गई थी क्योंकि कुमारगुप्त के समय में पुष्यमित्रों के युद्ध के अतिरिक्त अन्य युद्ध नहीं हुए और उसमें कुमारगुप्त की विजय होने पर भी साम्राज्य की सीमा में कोई अन्तर नहीं आया। पर्णदत्त की वीरता की लेखमाला शिप्रा और सिन्धु की लोल लहरियों से लिखी जाती है। इससे यह निश्चित है कि शिप्रा और सिंधु दोनों तत्कालीन मगध साम्राज्य के अन्तर्गत रहे होंगे। उज्जयिनी साम्राज्य के अन्तर्गत थी क्योंकि वहाँ गुप्त साम्राज्य का स्कंधावार था और सम्राट् का प्रतिनिधि स्कंद स्वयं वहाँ उपस्थित था। पश्चिमी मालवा मगध साम्राज्य का आश्रित राज्य था और दशपुर उसकी राजधानी थी। सौराष्ट्र चन्द्रगुप्त के समय में मगध साम्राज्य में मिल गया था। प्रसाद के अनुसार कुमारगुप्त के काल में सौराष्ट्र में शकराष्ट्र मण्डल पुनः स्वतंत्र और शक्तिशाली हो गया था, यहाँ तक कि उन्होंने सौराष्ट्र को पादाक्रान्त भी कर दिया था। स्मिथ के उद्धरण से प्रसाद के इस मत का खण्डन हो जाता है। सुदूर दक्षिण में सिंहल मगध का मित्र राष्ट्र था। प्रसाद के अनुसार काश्मीर मण्डल कुमारगुप्तकालीन मगध साम्राज्य का एक अंग ही था पर हूणों के आक्रमण के फलस्वरूप साम्राज्य से अलग हो रहा था। प्रसाद ने एक ओर कुमारगुप्तकालीन मगध

को आर्य-अभ्युत्थान का स्मरणीय युग बताया है। साथ ही दूसरी ओर कुमारगुप्त के शासनकाल में ही मगध साम्राज्य की टूटती हुई सीमाओं की ओर भी संकेत किया है। 'स्कंदगुप्त' नाटक के अनुसार कुमारगुप्तकालीन मगध की सीमा इस प्रकार ठहरती है—पूर्वी सीमा समुद्रगुप्त के समय से ही लौहित्य थी। दक्षिण में मालवा और सौराष्ट्र थे, पश्चिम में हूणों के आक्रमण से पूर्व चन्द्रगुप्त मौर्य के समय से ही सिन्धु के उस पार निषध पर्वतमाला थी और उत्तर में काश्मीर था।

प्रसाद का 'स्कंदगुप्त' नाटक मुख्य रूप से इन दो राजधानियों को ही केन्द्र मानकर चलता है। यद्यपि एक स्थान पर अयोध्या को भी राजधानी के रूप में स्वीकार किया गया है।

स्कंदगुप्तकालीन मगध साम्राज्य की सीमाओं का उल्लेख करते हुए प्रसाद कहते हैं—'लौहित्य से सिंधु तक हिमालय की कन्दराओं में भी सामगान होने लगा है।' उक्त कथन से तीन स्पष्ट सीमाएँ ज्ञात होती हैं—पूर्व में लौहित्य, पश्चिम में सिंधु और उत्तर में हिमालय पर्वत। 'काश्मीर अब साम्राज्य के अन्तर्गत हो गया है।' भीमवर्मा के इस कथन से प्रकट होता है कि कुमारगुप्त के शासनकाल में संभवतः काश्मीर मगध साम्राज्य के अन्तर्गत नहीं रह गया था। पर स्कंदगुप्त ने काश्मीर से हूणों को पराजित कर मातृगुप्त को उसका शासक नियत कर दिया था। दक्षिण में मालवा और सौराष्ट्र उसके साम्राज्य में थे ही। नाटक की घटनाएँ यह सिद्ध करती हैं कि बीच में मध्यप्रदेशों का अधिकांश भाग हूणों से पादाक्रांत हुआ। गांधार की घाटी (कुभा के रणक्षेत्र) में हूणों से संघर्ष अवश्य हुआ पर इस युद्ध में स्कंदगुप्त की पराजय हुई। अगले युद्ध में स्कंद ने हूणों को पराजित कर सिंधु के पार खदेड़ दिया। 'इस हूण को छोड़ दो और कह दो कि सिंधु के इस पार के पवित्र प्रदेश में कभी आने का साहस न करे।' स्कंद के इस कथन से सिंधु ही स्कंदगुप्त की पश्चिमी सीमा प्रतीत होती है।

गांधार—गांधार का उल्लेख सर्वप्रथम प्रसाद ने भावी गांधार नरेश कहकर आम्भीक के लिए किया है। तक्षशिला गांधार की राजधानी थी। गांधार नरेश ने पूर्ण रूप से यवनों के हाथ आत्मसमर्पण कर दिया था क्योंकि पर्वतेश्वर से उनका बद्धमूल वैर था। उद्‌भांड पर बननेवाले पुल का मानचित्र बनानेवाले को दण्ड देने के लिए सिल्यूकस गांधार राज के पास पहुँचता है। उक्त पुल स्वयं आम्भीक की देखरेख में बन रहा था। इससे यह स्पष्ट है कि या तो गांधार की एक सीमा उद्‌भांड में सिंधु थी, जहाँ सेतु बन रहा है या वह गांधार का एक भाग था। पर्वतेश्वर से गांधार की शत्रुता के दो कारण प्रतीत होते हैं—एक तो पर्वतेश्वर गांधार से विवाह संबंध करना नहीं चाहता था और दूसरे वितस्ता के इस पार उसने प्राचीन संधियों के विरुद्ध चौकी बना दी थी। उक्त उद्धरणों से यह तो स्पष्ट ही है कि गांधार की राजधानी तक्षशिला थी और गांधार की पश्चिमी सीमा सिंधु और पूर्वी सीमा वितस्ता थी। प्रसाद के अनुसार सिकन्दर के आक्रमण के उपरान्त गांधार और पंचनद दोनों मित्र राज्य हो गये थे। प्रसाद ने सिल्यूकस के आक्रमण

के समय पहले तो गांधार को तटस्थ दिखलाने का प्रयास किया है पर अन्त में गांधार का शासन-सूत्र अलका के हाथ में देकर उसे आर्य साम्राज्य का एक अंग बना दिया है। इससे यह निष्कर्ष निकलता है कि सिल्यूकस से युद्ध होने के पूर्व ही गांधार भी चन्द्रगुप्त के साम्राज्य का एक अंग बन गया था। यह भी संभव है कि अधीनस्थ होने पर चंद्रगुप्त के दबाव से गांधार ने सिल्यूकस के विरुद्ध तटस्थता का अभिनय किया हो। कुछ भी हो, अन्त में चंद्रगुप्त के साम्राज्य ने उत्तरापथ के अन्य राज्यों के समान ही गांधार को भी मगध साम्राज्य में मिला ही लिया होगा—अलका का कथन इसका साक्षी है। गांधार का उल्लेख प्रसाद ने 'स्कंदगुप्त' में भी किया है। गांधार की घाटी के रणक्षेत्र में हूणों के विरुद्ध महाबलाधिकृत बन्धुवर्मा ने युद्ध किया था। बन्धुवर्मा के एक कथन से यह भी ज्ञात होता है कि प्रसाद गान्धार की किसी विशेष नदी का उल्लेख करना चाहते हैं, जिसका नाम उन्होंने नहीं दिया है। उसी नदी के तट पर हूण युद्ध लड़ा गया है। वह नदी कुभा से भिन्न है क्योंकि अन्यत्र 'कुभा के रण-क्षेत्र' की चर्चा भी हुई है। कुभा के आसपास ही गांधार की यह घाटी रही होगी जिसके युद्ध का नाटक में वर्णन हुआ है।

दोनों नाटकों में प्रसाद ने जिन-जिन गांधारों का उल्लेख किया है वे प्राचीन महाजनपद गांधार के पूर्वी-पश्चिमी भाग थे जो ग्रीक आक्रमण के समय दो भिन्न-भिन्न भागों में बँट गये और पुष्कलावती तथा तक्षशिला राज्य के नाम से अभिहित किये जाने लगे। गांधार महाजनपद का नाम बौद्ध-साहित्य में सूचित षोडस महाजनपदों में भी आता है।

पंचनद—'चंद्रगुप्त' की भूमिका में वितस्ता, चंद्रभागा, इरावती और विपाशा के विस्तृत प्रदेश के अर्थ में 'पंजाब' का प्रयोग करने पर भी नाटक में पंचनद संकुचित अर्थ में ही आया है। सर्वप्रथम पर्वतेश्वर के लिए पंचनद-नरेश का प्रयोग दीख पड़ता है। चाणक्य सिकन्दर के आक्रमण से सचेत करने के लिए पंचनद-नरेश से मिलता हुआ मगध जाना चाहता है, मगध पंचनद-नरेश से विवाह संबंध करना चाहता है, इससे यह प्रतीत होता है कि पंचनद एक शक्तिशाली और महत्त्वपूर्ण राज्य रहा होगा। पंचनद का राज्य पर्वतेश्वर का है। पर्वतेश्वर का नाश करने के लिए चाणक्य तक्षशिला में मगध का गुप्त-प्रणिधि बनकर नहीं जाना चाहता। इससे ज्ञात होता है कि तक्षशिला और पंचनद के बीच पुराना संघर्ष है और मगध इससे लाभ उठाना चाहता है। पंचनद-नरेश लोकविश्रुत कुल के हैं। वितस्ता पंचनद की एक सीमा है जिसके दूसरी ओर संधि के विरुद्ध पर्वतेश्वर ने एक चौकी बना ली है। पंचनद की सीमा झेलम (वितस्ता) का उल्लेख सिकन्दर भी करता है। पंचनद-नरेश से युद्ध करने के लिए यवन सेना ने तो रातोंरात वितस्ता को पार कर पर्वतेश्वर की सेना से संघर्ष किया था और पंचनद से मैत्री हो जाने पर यवन शिविर विपाशा के तट पर लग गया। अतः विपाशा पंचनद की दूसरी सीमा रही होगी। गांधार और पंचनद दोनों सिकन्दर के आक्रमण के उपरान्त भी विशाल प्रदेश बने रहे होंगे। सिल्यूकस के आक्रमण के साथ ही गांधार की तरह यह पंचनद का प्रदेश भी

आर्य-साम्राज्य (चन्द्रगुप्त के राज्य) का अंग बन गया। 'गांधार और पंचनद' के सम्मिलित भू-भाग को चाणक्य 'महाप्रदेश' कहता है।

'चंद्रगुप्त' नाटक में पंचनद से प्रसाद का अभिप्राय पुरु के राज्य से है और इतिहास के अनुसार पुरु के राज्य की सीमा इस प्रकार है—पंचनद, झेलम और चिनाब के बीच का प्रदेश था, मोटे रूप से यह आधुनिक काल के झेलम, गुजरात और शाहपुर के जिलों का प्रदेश है। कैकेयों का प्राचीन प्रदेश भी इसमें सम्मिलित था। उक्त सीमा और उसका विवरण प्रसाद में मिलता है। पंचनद और तक्षशिला की शत्रुता का उल्लेख प्रायः सभी ग्रीक इतिहासकारों ने किया है। इसका उल्लेख कहीं भी नहीं मिलता कि मगध ने उसकी सहायता की थी।

'स्कंदगुप्त' में पंचनद का उल्लेख केवल एक स्थान पर हुआ है। चर मातृगुप्त को सूचना देता है कि पंचनद हूणों के अधिकार में है और वे काश्मीर पर भी आक्रमण करना चाहते हैं। इतिहास में पंचनद पर हूणों के आक्रमण का उल्लेख हुआ है।

सौराष्ट्र—इसका उल्लेख 'चंद्रगुप्त' नाटक में केवल एक स्थान पर सिल्यूकस विजय से पूर्व चंद्रगुप्त के साम्राज्य की पश्चिमी सीमा सूचित करने के लिए हुआ है। ऐसा प्रतीत होता है कि कुमारगुप्त के शासनकाल के अन्तिम दिनों में ही सौराष्ट्र के शक अपना सिर उठाने लगे थे और अपने राज्य के प्रारम्भिक दिनों में स्कंद को सौराष्ट्र में पुनः शकों को निर्मूल करना पड़ा था। शकों को निर्मूल करने के उपरान्त सैनिक दृष्टि से सौराष्ट्र का स्थान महत्त्वपूर्ण था और पर्णदत्त जैसे अनुभवी सेनापति को वहाँ की देखरेख का कार्य सौंपा गया था। परंतु ऐसा प्रतीत होता है कि कालान्तर में सौराष्ट्र को भी हूणों ने पादाक्रान्त कर अपने अधिकार में कर लिया था। विजया 'मालवा और सौराष्ट्र को स्कंद के लिए स्वतंत्र करा देने की' बात कहती है जो उक्त अर्थ की पुष्टि करता है।

प्रसाद ने सौराष्ट्र में पर्णदत्त को नियुक्त करने की घटना इतिहास से ही ली है पर जहाँ तक सौराष्ट्र के शकों को विजय करने का प्रश्न है, वहाँ तक यह कार्य इतिहास के अनुसार स्कंदगुप्त का न होकर चन्द्रगुप्त विक्रमादित्य का है। यह स्पष्ट है कि उसकी राजनीति अवश्य चंचल रही होगी। उसके सुशासन की व्यवस्था सम्राट् स्कंदगुप्त के लिए सिरदर्द का कारण रही होगी, इसीलिए पर्णदत्त जैसे सुयोग्य व्यक्ति को सौंपा गया। सुराष्ट्र गुप्त साम्राज्य का विस्तृत और महत्त्वपूर्ण विषय रहा होगा।

बंग—बंग का उल्लेख 'चंद्रगुप्त' में केवल चंद्रगुप्त के राज्य की पूर्वी सीमा निर्धारित करने के लिए हुआ है। अशोक के साम्राज्य में गंगा के मुहाने तक का सम्पूर्ण बंग देश सम्मिलित था। अतः निश्चय ही यह चंद्रगुप्त मौर्य के साम्राज्य का भाग भी रहा होगा क्योंकि अशोक ने पूर्व में कोई विजय नहीं की थी।

मालव—मालवराज्य का उल्लेख सबसे पहले 'स्कंदगुप्त' नाटक में हुआ है। उसके अनुसार शकों के पतन काल में महाराज सिंहवर्मा ने मालव का एक स्वतंत्र राज्य स्थापित

किया था और दशपुर इसकी राजधानी थी। मालव और शक युद्ध में गुप्त साम्राज्य ने मालव को सहायता पहुँचाई। युद्ध-विजय के उपरान्त इन दोनों राज्यों में सन्धि हुई उसके अनुसार मालवराज्य ने गुप्तों की संरक्षकता स्वीकार कर ली। कुमारगुप्त के शासन काल में ही हूणों ने सौराष्ट्र को पादाक्रान्त कर लिया था जिससे पश्चिमी मालव अरक्षित हो गया था। इसलिए तत्कालीन मालवराज बन्धुवर्मा ने उज्जयिनी के गुप्त स्कंधावार में दूत भेजकर मालव की रक्षा के लिए स्कंदगुप्त से सहायता माँगी। स्कंदगुप्त ने संकट के समय हूणों और शकों के हाथ से मालव की रक्षा की। इसी कृतज्ञता के भार से दबकर और अन्तर्विरोध तथा बाह्य आक्रमण से आर्यराष्ट्र के त्राण के लिए बन्धुवर्मा ने अपना पैतृक मालवराज्य स्कंदगुप्त को समर्पण कर उज्जयिनी में उनका राज्याभिषेक किया। अब उज्जयिनी भी गुप्त-साम्राज्य की राजधानी बन गई।

प्रसाद ने सर्वत्र मालवा को मध्यभारत में ही माना है और उसका एक नाम अवन्ती रखा है।

वल्लभी–दूत के अनुसार 'नवागत म्लेच्छवाहिनी से सौराष्ट्र भी पादाक्रान्त हो चुका है, इस कारण पश्चिमी मालवा भी अब सुरक्षित नहीं रहा' तथा 'वल्लभी का पतन अभी रुका है'। इन कथनों से यह प्रतीत होता है कि वल्लभी सौराष्ट्र और पश्चिम मालव के बीच में कहीं होगी। अन्यत्र कहीं भी वल्लभी का उल्लेख इसमें नहीं है। 'राज्यश्री' में भी केवल 'वल्लभी के ध्रुवभट्ट' का उल्लेख मात्र है जो प्रयाग में हर्षवर्द्धन के सर्वस्व दान में भाग लेने जा रहे थे। वल्लभी के संबंध में प्रसाद का उल्लेख इतिहास के अनुकूल है।

सिंहल या लंका–इसकी चर्चा केवल 'स्कंदगुप्त' नाटक में हुई और वहाँ दोनों नाम एक ही अर्थ में आये हैं। इससे केवल इतना पता चलता है कि लंका जाने के लिए दक्षिणापथ से होकर जाना पड़ता था, लंका के चारों ओर लहराता हुआ समुद्र था, लंका के निवासी अर्थात् सिंहली 'उज्ज्वल श्यामवर्ण के होते थे और उनके बाल घुँघराले होते थे।' यह वर्णन आधुनिक लंका से मिलता है। लंका में कभी राक्षस भी रहते होंगे इस ओर भी संकेत किया गया है। कुमारगुप्त के समय कुमारदास लंका के युवराज थे–और स्कंदगुप्त और मातृगुप्त (कालिदास ?) से इनकी मैत्री थी। भारत और सिंहल के बीच गहरा सांस्कृतिक संबंध था। बौद्ध धर्म के आविर्भाव का स्थल होने के कारण लंका निवासी भारत के प्रति पूजा-भाव रखते थे।

इतिहास से ज्ञात होता है कि सिंहल और गुप्त-साम्राज्य के सांस्कृतिक संबंध अशोक के काल से ही थे, समुद्रगुप्त के समय में मेघवर्ण सिंहल का शासक था और उसने समुद्रगुप्त के पास बौद्ध मठ के बनवाने की आज्ञा लेने के लिए उपहारोंसहित एक शिष्टमंडल भेजा था।

काश्मीर–काश्मीर का उल्लेख एकमात्र 'स्कंदगुप्त' नाटक में ही हुआ है। प्रसाद के अनुसार 'पृथ्वी की समस्त ज्वाला जहाँ प्रकृति ने अपने बर्फ के अंचल से ढक दिया

है उस हिमालय' में काश्मीर बसा है। उसकी राजधानी श्रीनगर है। यह मातृगुप्त (कालिदास) की जन्मभूमि है। कुमारगुप्त के शासनकाल तक गांधारवंशी राजा वहाँ राज्य करते थे। हूणों के आतंक से उस म्लेच्छाक्रान्त देश को छोड़कर मातृगुप्त गुप्त-साम्राज्य की राजधानी मगध में चला आया। स्कंदगुप्त के शासनकाल में गांधारवंशी राजा वहाँ नहीं रहे अतः देवसेना की प्राणरक्षा में सहायता के उपलक्ष में स्कंदगुप्त ने मातृगुप्त को वहाँ का शासक बना दिया और काश्मीर साम्राज्य के अन्तर्गत हो गया। स्कंदगुप्त के समय भी काश्मीर पर हूणों के आक्रमण की तैयारी का उल्लेख है।

काश्मीर के इतिहास के लिए प्रसाद निश्चय ही कल्हण की राजतरंगिणी के ऋणी हैं।

तक्षशिला–'चंद्रगुप्त' नाटक में तक्षशिला एक महत्त्वपूर्ण स्थान है। तक्षशिला भारत के उत्तर-पश्चिमी सीमा पर गांधार राज्य की राजधानी थी। सिंधु गांधार राज्य की पश्चिमी सीमा है और वितस्ता उसकी पूर्वी सीमा। इन दोनों नदियों के बीच में ही कहीं तक्षशिला की स्थिति की कल्पना की जा सकती है। प्रसाद ने तक्षशिला को एक महान शिक्षा केन्द्र माना है। वररुचि और चाणक्य जैसे मेधावी इसी गुरुकुल के स्नातक थे। इस गुरुकुल की ख्याति इतनी ऊँची थी कि तक्षशिला का स्नातक होना गौरव की बात समझी जाती थी। तत्कालीन राजनीति की दृष्टि से भी तक्षशिला का महत्त्व कम नहीं था। गांधार भारत का द्वार-रक्षक समझा जाता था और इसकी राजधानी होने के कारण भारत की उत्तर-पश्चिमी सीमा की रक्षा कर भार तक्षशिला पर ही था। सिकन्दर के आक्रमण के समय तक्षशिलाधीश आंभीक ने पुष्कल स्वर्ण पाकर आक्रमणकारियों का साथ दिया और इस प्रकार आर्यावर्त का यह भू-भाग द्वार विदेशियों के लिए खोल दिया। कालान्तर में आर्यावर्त का यह भू-भाग चन्द्रगुप्त मौर्य के साम्राज्य का एक अंग बन गया।

'चंद्रगुप्त' की भूमिका में प्रसाद ने स्पष्ट लिख दिया है–तक्षशिला नगरी अपनी उन्नति की पराकाष्ठा पर पहुँच चुकी थी जहाँ का विश्वविद्यालय पाणिनि और जीवक ऐसे छात्रों का शिक्षक हो चुका था ··· ··· ···। जातकों के अनुसार भी तक्षशिला भारतीय शिक्षा और संस्कृति का केन्द्र रहा है। स्मिथ लिखता है–'तक्षशिला उन दिनों पूर्व की सबसे बड़ी नगरियों में से थी और यहाँ उत्तरी भारत का एक प्रख्यात विद्यापीठ था जहाँ सभी जातियों के विद्वान शिक्षा-प्राप्ति के लिए एकत्र होते थे।'

शालातुर–'चंद्रगुप्त' नाटक में वररुचि पाणिनि को 'शालातुरीय वैयाकरण' कह कर उनके जन्म-स्थान 'शालातुर' की ओर संकेत करते प्रतीत होते हैं। पाणिनि ने स्वयं एक सूत्र में शालातुर का उल्लेख कर उक्त स्थान की प्राचीनता सिद्ध की है। इसी आधार पर इतिहासकार शालातुर को पाणिनि का जन्म-स्थान मानते हैं।

कुसुमपुर या पाटलिपुत्र–कुसुमपुर 'चंद्रगुप्त' एवं 'स्कंदगुप्त' की अधिकांश घटनाओं का केन्द्र है। इन दोनों नाटकों में प्रसाद ने कुसुमपुर के लिए पाटलिपुत्र का भी प्रयोग किया है। 'चंद्रगुप्त' नाटक के अनुसार पाटलिपुत्र नगरी मगध साम्राज्य की

राजधानी थी जो गंगा और शोण के संगम पर बसी हुई थी। इस प्रदेश के लिए 'प्राच्य' देश और यहाँ के निवासियों के लिए 'प्राच्य' मनुष्य का प्रयोग भी प्रसाद ने किया है। अपनी समृद्धि और वैभव के कारण पाटलिपुत्र या कुसुमपुर 'महानगरी कुसुमपुरी' कहलाती थी। नंद सदृश राजा के कठोर शासनकाल में भी यह नगरी संगीत और कला का केंद्र थी। कुसुमपुर के राजपथ, सरस्वती मन्दिर, उपवनों और उद्यानों के उल्लेख से वहाँ के वैभव का चित्र नेत्रों के सामने स्पष्ट आ जाता है। 'कुसुमपुर फूलों की सेज में ऊँघ रहा है'—चाणक्य की यह उक्ति कुसुमपुर के विलास की सुन्दर व्यंजना करती है। चाणक्य सैनिकों को वणिकों के रूप में कुसुमपुर में प्रवेश कराना चाहता है। इससे यह अनुमान लगाया जा सकता है कि वह नगरी तत्कालीन भारत के वाणिज्य का केन्द्र रही होगी और वणिकों को एक स्थान से दूसरे स्थान में जाने की पूर्ण सुविधाएँ रही होंगी। कुसुमपुर का एक सुदृढ़ दुर्ग था और वहाँ सैन्य-शक्ति भी अत्यन्त प्रबल थी। इसी से चाणक्य की कुटिल नीति के होते हुए भी अलका को उसके ध्वंस और नंद पराजय पर संदेह हुआ।

'स्कंदगुप्त' नाटक के अनुसार भी कुसुमपुर मगध साम्राज्य की राजधानी थी। कुसुमपुर के ऊँचे सौध मंदिर, उनमें जलती हुई कालागुरु, पारसीक मदिरा के मद में उन्मत्त आनंद विलास, यहाँ के मणिरत्न भण्डार गुप्तकालीन कुसुमपुर की समृद्धि और उसके वैभव-विलास की कहानी कहते हैं। यहाँ के मनुष्यों के लिए विलास के उपकरण बिखरे रहने पर भी अपर्याप्त हैं। प्रसाद के अनुसार गुप्तकाल में अयोध्या को भी मगध साम्राज्य की एक और राजधानी होने का गौरव मिल गया था और उज्जयिनी में स्कंदगुप्त के राज्याभिषेक के साथ तो कुसुमपुर का महत्त्व बहुत कम हो गया था।

कुसुमपुर और पाटलिपुत्र को समानार्थक सिद्ध करने के लिए प्रसाद ने 'चन्द्रगुप्त' नाटक की भूमिका में लिखा है। अतः नाटक में प्रसाद की यह मान्यता इतिहाससिद्ध है कि पाटलिपुत्र 'शोण और गंगा के संगम पर' बसा था।

प्रसाद के समस्त ऐतिहासिक नाटकों के अनुशीलन से यह स्पष्ट हो जाता है कि अजातशत्रु के काल तक कुसुमपुर का विशेष ऐतिहासिक महत्त्व नहीं हो पाया था। मौर्यकाल तक पहुँचते-पहुँचते यह नगरी उत्कर्ष की पराकाष्ठा तक पहुँच गई थी। गुप्तकाल में इसके ऐश्वर्य और समृद्धि में तनिक भी कमी न आई। यह अब भी मगध साम्राज्य की राजधानी बनी रही पर अयोध्या और उज्जयिनी का महत्त्व बढ़ गया। इतिहास प्रसाद का समर्थन करता है। पाँचवीं शती में अयोध्या गुप्त साम्राज्य का मुख्य नगर बन गया है, परंतु इसका अर्थ यह नहीं कि पाटलिपुत्र के वैभव का जो चित्र 'स्कंदगुप्त' में मिलता है वह ठीक नहीं। इतिहासकार स्पष्ट लिखते हैं कि गुप्तकाल में पाटलिपुत्र की जनसंख्या और वैभव में कोई भी कमी नहीं आई थी।

पिप्पली-कानन—'चंद्रगुप्त' नाटक में 'पिप्पली कानन' मौर्यों के स्थान का निर्देश करता है। भूमिका में प्रसाद लिखते हैं—'यह मोरियों का नगर पिप्पली-कानन था और

पिप्पली-कानन के मौर्य नृपति लोग भी बुद्ध के शरीर-भस्म के भाग लेनेवालों में एक थे।' ह्वेनसांग व फाहियान के यात्रा-विवरणों के आधार पर कनिंघम लिखते हैं–'दोनों चीनी यात्री पिप्पली-वन में बुद्ध के भस्मावशेषों पर बने हुए स्तूप के दर्शनों के लिए गये। अवशेषों के लिए प्रार्थना करने में विलम्ब हो जाने के कारण इस नगर के मोरियों को केवल बुद्ध के शरीर की भस्म लेकर ही संतोष करना पड़ा। अब इस नाम का कोई स्थान नहीं मिलता। प्रसाद इसे मौर्यों की प्रथम राजधानी मानते हैं।

उद्‌भांड–'चंद्रगुप्त' नाटक में उद्‌भांड का केवल इतना ही उल्लेख है कि मालविका ने उद्‌भांड में सिंधु पर पुल बनते देखा, और उसका मानचित्र ले लिया। स्पष्ट है कि गांधार राज्य (तक्षशिला) की सीमा पर ही सिंधु के तट पर कोई स्थान उद्‌भांड कहलाता होगा और सिकन्दर के आक्रमण के समय गांधार से उसकी मित्रता हो जाने पर सिकन्दर की सेना ने उद्‌भांड में कोई पुल बनाया होगा जो गांधार को सिंधु के उस पार के ग्रीक उपनिवेश से मिलाता होगा।

सिकन्दर द्वारा सिंधु पर एक पुल बाँधे जाने का उल्लेख हुआ है। उस स्थान या नगर को 'ओहिद' माना गया है। वह पुल उद्‌भांड पर ही बाँधा गया था। प्रसाद ने भी इसी दृष्टिकोण को अपनाया है। पाणिनिकाल में उद्‌भांड ही से सिंधु के आरपार व्यापार होता था। वहाँ पर नावों का एक पुल भी था अतः वहाँ पुल बनाया जाना बहुत स्वाभाविक है।

वाल्हीक–गांधार के उपद्रव के विषय में चर्चा करते हुए कात्यायन ने वाल्हीक का उल्लेख-भर किया है। नाटक से इसके बारे में और कोई विशेष परिचय नहीं मिलता है। वाल्हीक ग्रीकों का बैक्ट्रिया-प्रदेश और आधुनिक बल्ख है।

वाल्हीक में वंक्षु नदी प्रवाहित होती है जिसका विवरण नदियों के प्रसंग में आ चुका है। आगे चलकर गुप्त सम्राट् समुद्रगुप्त ने भी वाल्हीक को विजय किया था।

कपिशा–'चंद्रगुप्त' नाटक में कपिशा का स्वतंत्र रूप से उल्लेख नहीं है। चतुर्थ अंक के सातवें दृश्य की घटना 'कपिशा में एलेग्जेंड्रिया के राज-मन्दिर' में घटित होती है। 'स्कंदगुप्त' नाटक में भी 'कपिशा को श्वेत हूणों ने पादाक्रांत कर लिया' है। केवल इतनी सूचना-भर देने के लिए कपिशा का नाम आया है।

सिकन्दर ने हिन्दूकुश की घाटी में एलेग्जेंड्रिया नगर बसाया था। निश्चय ही कपिशा में कहीं सिकंदर ने यह नगर बसाया होगा। कपिशा को श्वेत हूणों ने पादाक्रान्त किया था, यह बात भी इतिहाससम्मत है। हूण लोग ईस्वी सन् 455 तक वंक्षु के तट पर बस चुके थे और उसी काल में काबुल विजय कर उन्होंने भारत पर भी आक्रमण किया। स्कन्दगुप्त ने हूणों के इस प्रथम आक्रमण को विफल कर उन्हें पुनः वंक्षु तट तक खदेड़ दिया।

स्वर्णगिरि–चाणक्य के अनुसार 'दक्षिणापथ का स्वर्णगिरि' चंद्रगुप्त के राज्य की सीमा है। स्वर्णगिरि का उल्लेख अशोक के शिलालेखों में मिलता है। यह तो निश्चय

है कि यह दक्षिणी सीमा अशोक ने नहीं बनाई। इसका श्रेय या चंद्रगुप्त को दिया जा सकता है या बिन्दुसार को। कुछ इतिहासकारों के आधार पर प्रसाद चन्द्रगुप्त को ही यह श्रेय देते हैं।

हिरात—'मालव और तक्षशिला की सेना हिरात के पक्ष में खड़ी है, लौटना असंभव है। हिरात में आपके जो प्रतिनिधि रहेंगे, उनसे समाचार मिलने पर और भी सहायता के लिए आर्यावर्त प्रस्तुत है'। इन दो वाक्यों में हिरात का उल्लेख हुआ है। प्रसाद के अनुसार सिल्यूकस और चन्द्रगुप्त का यह युद्ध सिंधु तट पर हुआ। सिल्यूकस की सेना सिंधु के पश्चिम में रही होगी तथा चंद्रगुप्त की सेना उसके पूर्व में, अतः हिरात सिंधु के पश्चिम का ही प्रदेश होगा। इतिहास के अनुसार हिरात ग्रीकों का एरिया या एरियाना है, सभी लिखते हैं कि चंद्रगुप्त के संधि हो जाने पर सिल्यूकस ने उसे आधुनिक काबुल (पैरोपनिसडी) हिरात (एरिया) कंधार (ऐरेकोसिया एवं मकरान (गेडरोसिया) की क्षत्रपियाँ दे दीं।

उज्जयिनी—इसके संबंध में 'स्कंदगुप्त' नाटक से केवल इतना ज्ञात होता है कि यह शिप्रा के तट पर मालवा प्रदेश की एक प्रसिद्ध नगरी थी और महाकाल का प्रसिद्ध मन्दिर यहीं था। मालवेश बन्धुवर्मा ने उज्जयिनी में स्कंदगुप्त का राज्याभिषेक कर त्याग का एक उज्ज्वल उदाहरण उपस्थित किया। 'स्कंदगुप्त' नाटक में ही अन्यत्र मालव की राजधानी दशपुर का उल्लेख है और इसका समर्थन कुमारगुप्त के मन्दसौर के शिलालेख से भी होता है। तब क्या उज्जयिनी भी मालव की राजधानी थी? प्रसाद इस संबंध में मौन हैं परंतु हम 'मालवा' के प्रसंग में बतला चुके हैं कि उज्जयिनी में गुप्त साम्राज्य के सम्राट् का प्रतिनिधि रहता था—प्रसाद ने भी इस बात का संकेत किया है। उज्जयिनी मालवा या अवंती की राजधानी के रूप में सदा से विख्यात रही है परंतु जिस मालवा का प्रसाद ने उल्लेख किया है उसका संबंध बन्धुवर्मा से है और बन्धुवर्मा कुमारगुप्त के शासन-काल में दशपुर का शासक था। अतः प्रसाद का उज्जयिनी को गुप्त साम्राज्य का एक शासन-केन्द्र मानना स्वाभाविक ही है।

उज्जयिनी को स्कंदगुप्त की राजधानी बनाने का कारण भी स्पष्ट है। प्रसाद 'स्कंदगुप्त विक्रमादित्य' का संबंध शकारि विक्रमादित्य से जोड़ना चाहते हैं, जिसे कल्हण ने 'हर्ष विक्रमादित्य' लिखा है और संभवतः जिस विक्रमादित्य के दरबार में कालिदास रहता था। मातृगुप्त तथा शक और हूणों की सम्मिलित सेना का उल्लेख उनके इस दृष्टिकोण को स्पष्ट करने के लिए पर्याप्त है।

शिप्रा का उल्लेख यत्र-तत्र हुआ है। उज्जयिनी हिंदुओं के सात पवित्र नगरों में से एक है। इसकी प्रसिद्धि का एक कारण महाकाल या 'कालप्रिय नाथ' का प्रसिद्ध मन्दिर है। उज्जयिनी के शक-क्षत्रपों को विजय करने का कार्य चंद्रगुप्त विक्रमादित्य ने किया था।

नगरहार—'स्कंदगुप्त' नाटक से नगरहार के संबंध में केवल इतना ही ज्ञात होता

है कि नगरहार में हूण तथा स्कंदगुप्त दोनों के स्कंधावार हैं और नगरहार कुभा के रणक्षेत्र के पास कहीं है। आज की काबुल नदी ही कुभा है। स्कंदगुप्त और हूणों के बीच नगरहार के युद्ध का उल्लेख और वहीं बन्धुवर्मा की मृत्यु का विवरण राखालदास बनर्जी ने अपने उपन्यास 'करुणा' में किया। नगरहार के आसपास स्कंदगुप्त का हूणों से संघर्ष संभव है, क्योंकि हूणों ने कपिशा और गांधार पर अधिकार करके वहाँ अपना नया राज्य स्थापित किया था।

प्रतिष्ठान—सेनापति खिंगल का चार चरणाद्रि तथा गोपाद्रि के दुर्गपतियों के साथ प्रतिष्ठान के दुर्गपति का उल्लेख भी करता है। इन सबको परिषद् की आज्ञा से स्कंदगुप्त से विद्रोह करने के लिए भेजा गया था। निश्चित रूप से नहीं कहा जा सकता कि यहाँ प्रसाद का तात्पर्य किन दुर्गों से है। परन्तु विद्रोह के लिए धन भेजे जाने के कारण यह माना जा सकता है कि अन्तर्विद्रोह के लिए यह सब किया गया है। फलतः उनको मगध साम्राज्य के केन्द्र स्थानों में मानने की इच्छा होती है। 'करुणा' में प्रतिष्ठान का उल्लेख हुआ है जिससे ज्ञात होता है कि हूणों से स्कंदगुप्त का अंतिम युद्ध गंगा-यमुना और सरस्वती के संगम पर प्रतिष्ठान के पास हुआ। स्पष्ट है कि प्रतिष्ठान इलाहाबाद के पास आधुनिक झूँसी के अर्थ में प्रयुक्त हुआ है। संभव है प्रसाद का प्रतिष्ठान से यही अर्थ रहा हो। गोपाद्रि दुर्ग का उल्लेख भी करुणा में ही है, यह मालव के उत्तर में था और बनर्जी के अनुमान से यहीं स्कंद ने हूणों पर विजय पाई थी।

जालन्धर—इसका उल्लेख मात्र 'स्कंदगुप्त' और 'राज्यश्री' में हुआ है। कनिंघम के अनुसार काँगड़ा के पार्वत्य प्रदेश का नाम जालन्धर था। प्रसाद ने इस प्राचीन अर्थ में इसका प्रयोग लिया है अथवा अत्यंत आधुनिक अर्थ में, यह नाटक से स्पष्ट नहीं होता।

नन्दीग्राम—काश्मीर के न्यायाधिकरण में मातृगुप्त नन्दीग्राम के दण्डनायक देवनन्द से प्रश्न करता है। स्पष्ट है कि नन्दीग्राम काश्मीर का ही कोई ग्राम होना चाहिए। संभव है प्रसाद ने नन्दी क्षेत्र को ही नन्दीग्राम लिख दिया हो।

श्रीनगर—काश्मीर का एक प्रसिद्ध नगर था श्रीनगर। कल्हण के अनुसार काश्मीर की राजधानी श्रीनगर के संस्थापक सम्राट् अशोक थे। यह नगर आधुनिक श्रीनगर से तीन मील ऊपर था।

अयोध्या—प्रसाद ने अयोध्या का उल्लेख 'स्कंदगुप्त' में केवल दो स्थानों पर किया है। इतने से ही स्पष्ट हो जाता है कि प्रसाद गुप्त शासकों की नई राजधानी की ओर संकेत करते हुए एक ऐतिहासिक सत्य का उल्लेख कर रहे हैं। स्मिथ अयोध्या को ही गुप्त-शासकों की राजधानी मानते हैं। इसकी चर्चा कुसुमपुर के संबंध में की जा चुकी है।

दशपुर—'स्कंदगुप्त' नाटक के अनुसार दशपुर मालव की राजधानी है और बन्धुवर्मा वहाँ के शासक हैं। कुमारगुप्त प्रथम तथा बन्धुवर्मा मालव के मन्दसौर के शिलालेख

में दशपुर का उल्लेख मिलता है। प्रसाद का दशपुर के प्रति संकेत स्पष्ट है। वे निश्चय ही उसे पश्चिमी मालव की राजधानी मानते हैं जिसके शासक बन्धुवर्मा थे। दशपुर आधुनिक मन्दसौर ही है।

पुष्करण—इसका उल्लेख एक स्थान पर 'स्कंदगुप्त' नाटक में बन्धुवर्मा द्वारा हुआ है। 'शकों के पतन-काल में पुष्करणाधिपति स्वर्गीय महाराज सिंहवर्मा ने एक स्वतन्त्र राज्य स्थापित किया था।' महामहोपाध्याय हरप्रसाद शास्त्री ने महरोली लौह-स्तंभ के चन्द्र को चन्द्रवर्मा मानकर उसे मन्दसौर शिलालेख के नरवर्मा इत्यादि को सर्वप्रथम पुष्करणाधिपति, बाद में मालवाधिपति माना है। पुष्करण या पोखरण मारवाड़ (राजपूताना) का प्रसिद्ध नगर था।

कान्यकुब्ज कन्नौज या महोदय—'राज्यश्री' के कथानक का एक बड़ा भाग कान्यकुब्ज में घटित हुआ। प्रसाद ने कहीं प्राचीन नाम 'कान्यकुब्ज', कहीं 'महोदय' और कहीं आधुनिक नाम 'कन्नोज' का प्रयोग किया है। इस प्रदेश की राजधानी का नाम भी कान्यकुब्ज ही था। राज्यश्री का पति ग्रहवर्मा मौखरी वहाँ का राजा था। इसके वैभव-विलास के प्रदर्शनों और उपकरणों का राज्यश्री में उल्लेख हुआ है।

उस समय उत्तरी भारत में दो ही शक्तिशाली राज्य थे, एक मौखरियों का राज्य, दूसरे वर्द्धनों का राज्य, जिनकी राजधानी क्रमशः कान्यकुब्ज और स्थाण्वीश्वर थी। ये दोनों ही गुप्तों के गौरव को लुप्त करने के कारण हुए। कान्यकुब्ज के किसी दुर्ग का उल्लेख भी प्रसाद ने किया है जिस पर मालवराज देवगुप्त ने अधिकार कर लिया था। आगे चलकर राज्यवर्द्धन ने स्वयं देवगुप्त के हाथ से उसका पुनरुद्धार किया। प्रयाग के दान-पर्व से पूर्व हर्ष ने जो एक महत्त्वपूर्ण दान-पर्व कान्यकुब्ज में मनाया था, उस ऐतिहासिक घटना का उल्लेख करना वे अवश्य नहीं भूले हैं।

स्थाण्वीश्वर—वर्द्धनों की राजधानी थी स्थाण्वीश्वर और क्रमशः प्रभाकरवर्द्धन, राज्यवर्द्धन और हर्षवर्द्धन यहाँ के शासक रहे। कान्यकुब्ज से इस कुल का विवाह संबंध होने के कारण मैत्री थी। उस काल में स्थाण्वीश्वर और कान्यकुब्ज की सम्मिलित शक्ति तत्कालीन अनेक नरेशों की आँखों में खटक रही थी।

देवी-देवता

प्रसाद के नाटकों में इस प्रकार काल-भेद के कारण विभिन्न धर्म संबंधी स्पष्ट अथवा अस्पष्ट विवरण उपलब्ध होते हैं, परंतु प्रधानता या तो बौद्ध धर्म के सिद्धातों एवं दर्शन की है अथवा ब्राह्मण धर्म के लौकिक एवं दार्शनिक पक्षों की, अन्य धर्मों से संबंध रखनेवाले उल्लेख प्रायः नहीं हैं। इन नाटकों में निम्नलिखित देवी-देवताओं का उल्लेख किया जाता है—सरस्वती, छिन्नमस्ता, लक्ष्मी, तारा, देवी की उग्र मूर्ति (संभवतः देवी काली), शची एवम् सिंहवाहिनी (दुर्गा)।

इन्द्र, सविता, रुद्र, कुबेर, वामन, चक्रपाणिभगवान्, विश्वम्भर, महाकाल, शेष पर्य्यंकशायी, राम, वटपत्रशायी और कृष्ण।

अर्द्ध-देवता—प्रसाद ने अप्सरा, सुर-सुन्दरियों, अपदेवता तथा यक्ष का नामोल्लेख किया है, इनको अर्द्ध-देवताओं की कोटि में रखा जा सकता है, गणों में भैरव, भैरवी इत्यादि भी इसी श्रेणी में रखे जायेंगे।

सरस्वती—'चन्द्रगुप्त' नाटक में सरस्वती की चर्चा 'सरस्वती मंदिर के समाज' प्रसंग में हुई है, सरस्वती वैसे तो ज्ञान की अधिष्ठात्री वैदिक देवी है और ऋग्वेद एवं यजुर्वेद दोनों में उनका उल्लेख हुआ है किन्तु इस प्रसंग में सरस्वती की चर्चा कामसूत्र के आधार पर हुई है, वात्स्यायन के अनुसार 'सरस्वती-भवन में यक्ष या महीने के प्रसिद्ध पर्वों के अवसर पर समाज' हुआ करते थे, यह निश्चित रूप से कहना कठिन है कि चन्द्रगुप्त के काल में सरस्वती पूजन का कितना प्रचलन था; किंतु कामसूत्र के आधार पर यह तो माना ही जा सकता है कि सरस्वती के मंदिर होते थे और उनमें संगीत-नृत्य इत्यादि हुआ करता था।

छिन्नमस्ता—वाजयी संहिता में वर्णित रुद्र की भगिनी अम्बिका, तैत्तरीय आरण्यक और कनोपनिषद् में उमा और पार्वती का उल्लेख मिलता है। महाभारत के भीष्मपर्व और विराटपर्व में भी उमा के कई नये नामों का उल्लेख हुआ है, हरिवंश में उसे ही कुमारी, काली, कपाली, महाकाली, चंडी, कालायनी, कराला, विजया कौशकी और कांतारवासिनी कहा गया है, बौद्ध, जैन और हिंदू तन्त्रों का विकास गुप्तकाल में ही हुआ होगा क्योंकि तंत्रयान की प्रथम तिथि 500 ई.पू. है। इन तन्त्रों में इसी देवी के अन्य कई नामों का उल्लेख हुआ है। छिन्नमस्ता को चामुण्डा तन्त्र में विद्या, श्यामा रहस्य में महाविद्या और विश्वसार तंत्र में सिद्ध महासिद्ध विद्या माना गया है। अम्बिका के विभिन्न नामों के विकास के उपर्युक्त ऐतिहासिक क्रम को स्वीकार कर लेने पर 'ध्रुवस्वामिनी' के गुप्तकालीन कथानक में छिन्नमस्ता का उल्लेख अनुचित नहीं प्रतीत होता।

लक्ष्मी—'परम भागवत' गुप्तों के काल में लक्ष्मी और विष्णु की उपासना के प्रचलन में आश्चर्य नहीं किया जा सकता। 'स्कंदगुप्त' नाटक में 'स्वर्ग की लक्ष्मी' के रूप में विष्णुप्रिया लक्ष्मी की ओर ही संकेत है। जिस प्रकार सरस्वती ज्ञान की अधिष्ठात्री मानी गई है, उसी प्रकार लक्ष्मी ऐश्वर्य की अधिष्ठात्री देवी। भारत की अत्यन्त प्राचीन वास्तु और शिल्पकला में कमल दल निवासिनी 'श्री' अथवा 'लक्ष्मी' का पर्याप्त अंकन किया गया है। 'श्री' देवी अथवा 'लक्ष्मी' का उल्लेख जातकों में मिलता है। गुप्तकालीन शिलालेखों एवं मुद्राओं में कमल दल से युक्त लक्ष्मी का बहुत अंकन हुआ है। 'स्कंदगुप्त' के जूनागढ़ के शिलालेख में 'लक्ष्मी' स्वयं वरयांचकार के द्वारा स्कंदगुप्त के राज्य एवं ऐश्वर्य की ओर संकेत किया गया है। ध्रुवस्वामिनी गुप्त कुललक्ष्मी है।

तारा—'स्कंदगुप्त' में कई स्थानों पर तारा का उल्लेख हुआ है। एक स्थान पर उसे 'शव चिता पर तांडव नृत्य करती हुई शक्ति' के संहारकारी रूप में चित्रित किया

गया है अन्यत्र इसे ही 'उग्रतारा' कहा है, जिसकी साधना से विकट से विकट कार्य सिद्ध होते हैं। एक और स्थल पर इसे 'प्रज्ञापारमिता स्वरूपा तारा' भी कहा गया है। तारा का संबंध बौद्ध धर्म के वज्रयान और तंत्रयान से है। एडवर्ड क्रौंजे प्रज्ञापारमिता और तारा को प्रथम स्वतंत्र देवियाँ मानते हैं। उनके अनुसार तारा की उपासना बौद्ध धर्म में 150 ई. के लगभग प्रारम्भ हुई। तारा साधारण बुद्धि की उपज थी। प्रज्ञापारमिता की धारणा थोड़े से साधु विचारकों के मस्तिष्क से उत्पन्न हुई थी। महायान धर्म में प्रज्ञापारमिता का उल्लेख एक गुण विशेष, ग्रन्थ विशेष अथवा मन्त्र विशेष के रूप में ही नहीं वरन् एक देवी के रूप में भी हुआ है। पारमिता बुद्धि को संभवतः प्रथम शताब्दी ईसवी के आसपास मूर्त रूप दिया गया होगा। 'प्रज्ञापारमिता सूत्र' में उसे 'सब बुद्धों की जननी' कहा गया है। अन्यत्र इस देवी के भयंकर स्वरूप की कल्पना का कारण बताते हुए कौंजे लिखते हैं, 'योगी अपने अहं के विनाश के लिए जो सूक्ष्म संहारात्मक मानसिक प्रयत्न करता है, उन्हीं के मूर्त स्वरूप को वह शक्ति (देवी के भयंकर रूप में) स्वीकार कर लेता है।' शक्ति के इस भीषण रूप की साधना श्मशान में की जाती है। कौंजे ने तारा को प्रथम स्वतन्त्र बौद्ध देवी कहकर अभिहित किया है किंतु तारा बौद्ध तन्त्र की ही देवी नहीं, हिंदू तन्त्र की देवी भी है। 'चामुण्डा तंत्र' में काली और तारा को महाविद्या कहा गया है। षोडषी, भुवनेश्वरी, भैरवी, छिन्नमस्ता और घूमावती 'विद्या' हैं; बगला, मातंगी और कमला 'सिद्धविद्या' हैं। 'श्यामा रहस्य' में इन दसों को 'महाविद्या' कहा गया है। विश्वसार तन्त्र में काली और तारा 'महा महा सिद्ध विद्या' हैं तथा अन्य 'सिद्ध महासिद्ध विद्या' हैं। महाकाल के स्वरूप की भयंकरता से हिंदू तन्त्र में भी महाविद्या 'तारा' के स्वरूप की भयंकरता का अनुमान किया जा सकता है। अतः प्रपंचबुद्धि ने 'शव चिता में तांडव नृत्य करती हुई' जिस तारा की ओर संकेत किया है वह बौद्ध तन्त्र की तारा के अनुकूल न होकर ताण्डव नृत्य करते हुए 'महाकाल की पूर्ण प्रतिकृति' के रूप में है।

तारा तिब्बत की राष्ट्रीय देवी है, इसका अर्थ है, जो बुद्ध के नेत्र की है। इस प्रकार तिब्बत में तारा को बुद्ध की आँख की पुतली माना गया है। नेत्र का संबंध ज्ञान से है, जो प्रज्ञा है। बुद्ध की प्रज्ञा बुद्ध होने के कारण पारमिता है। अतः तारा का संबंध प्रज्ञा पारमिता से सीधा जुड़ता प्रतीत होता है। तन्त्रयान संबंधी अपनी पूर्वमान्यता के आधार पर यह कहा जा सकता है कि 'स्कंदगुप्त' में तारा का उल्लेख ऐतिहासिक दृष्टि से समीचीन है।

काली—वस्तुतः काली का नामोल्लेख प्रसाद के नाटकों में नहीं पाया जाता। हर्ष कालीन हिंदू एवं बौद्ध दोनों धर्मों में तांत्रिक क्रिया-कलापों की प्रचुरता हो चली थी। वस्तुतः इस काल में महायान की तन्त्रयानी शाखा अपने चरम उत्कर्ष में थी। बाण और ह्वेनसांग दोनों के विवरणों में तांत्रिक सिद्धियों का उल्लेख हुआ है। हर्षचरित में भैरवाचार्य की तन्त्र साधना की आराध्या लक्ष्मी है काली नहीं, किंतु बाण के ही 'चंडी

शतक' से यह अनुमान लगाया जा सकता है कि काली की उपासना का पर्याप्त प्रचार था। बाण ने स्वयं काली के बीस नामों का उल्लेख किया है।

ह्वेनसांग संबंधी घटना का आधार ऐतिहासिक है। जब चीनी यात्री अयोध्या से पूर्व की ओर जल-यात्रा कर रहा था तब कुछ डाकुओं ने नौका पर आक्रमण कर चीनी यात्री को बन्दी बना लिया और अपनी आराध्या देवी के सम्मुख उसकी बलि देने लगे। अतः इसमें किसी प्रकार भी संदेह नहीं किया जा सकता कि हर्ष के काल में काली की उग्र साधना का प्रचार था।

यहाँ पर दो शब्द नर-बलि के संबंध में भी लिखना आवश्यक है। प्रसाद के दो नाटकों में नर-बलि की चर्चा हुई है। 'स्कंदगुप्त' नाटक में प्रपंचबुद्धि महाश्मशान में देवसेना की बलि देने का उपक्रम करता है और राज्यश्री में दस्युराज चीनी यात्री को बलिवेदी पर खड़ा करता है।

कुछ भी हो, यह कहना कठिन है कि प्रसाद ने किन प्रमाणों के आधार पर गुप्तकाल में नर-बलि की प्रथा का वर्णन किया है।

इन्द्र—प्रसाद के नाटकों में दो बार इन्द्र का नामोल्लेख हुआ है, और दोनों स्थानों में इन्द्र के दो विभिन्न स्वरूपों की ओर स्पष्ट संकेत मिलता है। 'अजातशत्रु' नाटक में इन्द्र का उल्लेख बौद्ध धर्म की उपासिका मल्लिका करती है और 'चंद्रगुप्त' में ब्राह्मण चाणक्य। मल्लिका तथागत के उपदेशों की प्रशंसा करते हुए कहती है 'कीट से लेकर इन्द्र तक की समता घोषित की।' इस वाक्य में इन्द्र शब्द का प्रयोग निश्चय ही बौद्धों के 'सक्क' (शक्र) के अर्थ में हुआ है। चाणक्य पाणिनि के सूत्र पर तर्क करते हुए इन्द्र का उल्लेख करता है कुत्ता कुत्ता ही रहेगा; इन्द्र इन्द्र। 'नीचों के हाथ में इन्द्र का अधिकार चले जाने में जो सुख होता है, उसे मैं भोग रहा हूँ।' यहाँ इन्द्र देवराज इन्द्र है। इन दोनों ही उल्लेखों से इन्द्र की गरिमा ध्वनित होती है।

चाहे बौद्धों का सक्क हो अथवा ब्राह्मणों का इन्द्र, दोनों के मूल वैदिक देवता इन्द्र ही हैं। ब्राह्मण धर्म के दार्शनिक पक्ष का स्वरूप चंद्रगुप्त मौर्य के काल में विकसित हुआ था। ऐसी स्थिति में नाटक में वैदिक देवताओं का उल्लेख अस्वाभाविक नहीं।

सविता--तपोवन में बैठा हुआ चाणक्य सविता की प्रार्थना करता है, "भगवान सविता, तुम्हारा आलोक जगत का मंगल करे" यह वाक्य सविता के वैदिक स्वरूप और गायत्री मन्त्र की ओर हमारा ध्यान आकर्षित करता है। सविता वेदों के तीन प्रमुख देवताओं में से एक है। कहीं-कहीं उसे ही सूर्य, सावित्री और आदित्य भी कहा गया है। कहीं तीनों को अलग-अलग भी माना गया है।

मौर्य काल में सविता की उपासना का प्रचार था। ब्राह्मण धर्म पर विचार करते हुए हम दिखला चुके हैं कि ग्रीक इतिहासकारों ने भारतीय ब्राह्मणों को सविता का उपासक बताया है। सविता की उपासना का स्वरूप सातवीं शती ई. तक भी अत्यन्त प्रचलित था। हर्ष के सम्बन्ध में कहा गया कि वह सूर्य की उपासना भी करता था। इस प्रकार

यह निर्विवाद है कि वैदिक काल से लेकर बहुत बाद तक सूर्य की उपासना होती रही है। मौर्य काल में सूर्योंपासना के इस स्वरूप को देखते हुए चाणक्य द्वारा सविता के आवाहन में ऐतिहासिक परंपरा का यथातथ्य निर्वाह हुआ है।

रुद्र—'ध्वंसमयी महामाया प्रकृति के निरंतर संगीत' के संबंध में प्रसाद ने रुद्र का उल्लेख किया है। इससे तुरंत रुद्र के रौद्र और संहारकारी स्वरूप की ओर ध्यान आकर्षित होता है। ऋग्वेद में रुद्र साधारण श्रेणी के देवता हैं। यहाँ वे भूरे रंग, उज्ज्वल कांति और सुन्दर अधरों से युक्त है। उनके हाथों में वज्र और धनुषवाण हैं। यहीं इन्द्र के क्रोध का उल्लेख भी हुआ है। वे आँधी तथा विनाश के देवता हैं। यजुर्वेद के काल तक आते-आते रुद्र देवताओं की कोटि में आ गये। कालान्तर में रुद्र-पूजा का समस्त भारत में प्रचार हो गया और उनका संबंध शिव से जोड़ा जाने लगा। अतः स्पष्ट है कि प्रथम शताब्दी ईसवी से रुद्र-पूजा का प्रचार हुआ है और गुप्तकाल तक आते-आते वे महत्त्वपूर्ण देवता हो गये। वैष्णव होते हुए भी गुप्त शासकों की एक उपाधि 'परम माहेश्वर' थी। यह उपाधि उनकी शिव-भक्ति की ओर भी संकेत करती है। चंद्रगुप्त विक्रमादित्य ने सौराष्ट्र के जिन शकों को पराजित किया वे शिव-भक्त थे। सौराष्ट्र के उत्तरकालीन क्षत्रपों के सिक्कों में सर्वत्र शिव की मूर्तियाँ बनी हुई हैं। अतः 'स्कंदगुप्त' नाटक में रुद्र की चर्चा किसी प्रकार भी इतिहासविरोधी नहीं कही जा सकती। अतः गुप्तकाल में रुद्र और उसके साथ-साथ शिव का उल्लेख तर्कपूर्ण प्रामाणिक है।

इसी प्रसंग में 'महाकाल' संबंधी चर्चा भी समीचीन है। 'स्कंदगुप्त' नाटक में ही 'उज्जयिनी के महाकाल मंदिर' का उल्लेख हुआ है। शिव के नामों में से महाकाल भी एक है। कालिदास ने मेघदूत में उज्जयिनी के महाकाल की आरती का जो मधुर चित्र खींचा है, उससे यह निष्कर्ष सरलता से निकाला जा सकता है कि गुप्तकाल में 'उज्जयिनी के महाकाल' की उपासना का पर्याप्त प्रचार रहा होगा। यहाँ इससे कोई अन्तर नहीं पड़ता कि कालिदास ई.पू. प्रथम शती में थे अथवा प्रसाद की मान्यताओं के अनुसार स्कंदगुप्त (ईसवी 6 शती) के समय में।

चक्रपाणि भगवान—गुप्तकाल में विष्णु की पूजा का सर्वाधिकार प्रचार था। गुप्त शासक स्वयं भागवत धर्म मानते थे। वस्तुतः गुप्तकाल में भागवत धर्म का प्रचार समुद्रगुप्त के काल से हुआ होगा क्योंकि उसकी उपाधि चक्रपाणि भगवान 'परम भागवत महाराजाधिराज' है। चंद्रगुप्त द्वितीय की उपाधि 'परमभागवत' है। इसी प्रकार कुमारगुप्त का 'जितम् भागवत' शब्दों का प्रयोग हुआ है।

वैष्णव धर्म की सबसे महत्त्वपूर्ण विशेषता वैदिक विष्णु और वासुदेव कृष्ण का एकीकरण है। अतः इसमें संदेह नहीं कि गुप्तकाल तक आते-आते वासुदेव, कृष्ण, नारायण और वैदिक विष्णु एक हो गए और वैष्णव धर्म अथवा धर्म में इन सबकी उपासना समान रूप से प्रचलित हो गई। इस संबंध में कोई संदेह नहीं किया जा सकता कि दूसरी शती में विष्णु के चक्रपाणि एवं चतुर्भुज स्वरूप की पूजा का पर्याप्त प्रचार हो चुका

था। स्कंदगुप्त के जूनागढ़ के शिलालेख का प्रारम्भ ही विष्णु की प्रार्थना से हुआ है।

शेष पर्यंकशायी एवं वटपत्रशायी विष्णु—विष्णु के ही इतर स्वरूपों में 'शेष पर्यंकशायी' एवं 'वटपत्रशायी विष्णु' के उल्लेख महत्त्वपूर्ण हैं। मातृगुप्त के एक वाक्य में 'शेष पर्यंकशायी सुषुप्तिनाथ' का उल्लेख हुआ है। गुप्तकाल में भागवत धर्म में विष्णु के सभी अवतारों एवं सभी रूपों की उपासना का प्रचार हो चला था। 'जगत् के एकार्णवी' हो जाने पर भगवान विष्णु कल्पान्त तक शेष-शय्या में योगनिद्रा के वशीभूत रहते हैं। मार्कण्डेय पुराण के इस उल्लेख में शेष पर्यंकशायी सुषुप्तिनाथ विष्णु ही हैं। कालिदास के 'रघुवंश' में विष्णु के शेषशायी स्वरूप की चर्चा हुई है। इसी प्रकार 'वट पत्रशायी' विष्णु का पूजन भी गुप्तकाल में अवश्य ही प्रचलित रहा होगा।

राम और कृष्ण—प्रसाद ने 'स्कंदगुप्त' नाटक में ही विष्णु के अन्य अवतारों में से राम और कृष्ण का उल्लेख भी किया है। विष्णु और उनके अवतारों की पूजा और चर्चा उस काल की धार्मिक स्थिति के सहज परिचायक हैं। भागवत धर्म की सबसे बड़ी विशेषता विष्णु और वासुदेव कृष्ण की अभिन्नता थी। कालिदास के रघुवंश में राम-कथा का विस्तार के साथ वर्णन हुआ है। उसी में कौस्तुभ मणि से युक्त कालियमर्दन करनेवाले कृष्ण की चर्चा भी हुई है।

अप्सरा—अप्सरा और सुरसुन्दरियों की कल्पना भारत की अत्यन्त प्राचीन कल्पना है। ये स्वर्ग की नर्तकियाँ हैं। वेदों में उषा की भी नर्तकी से उपमा दी गई है। पौराणिक कथाओं में तो अप्सराओं का प्रचुर उल्लेख मिलता है। भरत के नाट्यशास्त्र से ज्ञात होता है कि नाटक में स्त्री पात्रों के लिए अप्सराओं की सृष्टि की गई थी। कुछ भी हो, अप्सराओं की कल्पना का गुप्तकाल में भी प्रचलन रहा होगा। प्रसाद ने उर्वशी और रम्भा की चर्चा की है। इन दोनों अप्सराओं का उल्लेख कालिदास के 'विक्रमोर्वशीय' नाटक में हुआ है।

यक्ष—मानवेतर जातियों में यक्ष भी अप्सराओं की ही कोटि में माने जाते हैं। अप्सराओं की तरह यक्ष-कल्पना भी प्राचीन है। बौद्ध जातकों में यक्ष संबंधी प्रचुर उल्लेख मिलते हैं। व्यवस्थित यक्ष-उपासना मौर्य काल के आसपास विकसित हो चुकी थी। भारतीय मूर्तिकला का सर्व प्राचीन नमूना ही एक यक्ष की विशालकाय मूर्ति है। अनुमान है कि कम से कम गुप्तकाल तक यक्ष की पूजा का बराबर प्रचार रहा होगा। प्रसाद ने यक्ष का उल्लेख एकमात्र 'राज्यश्री' में किया है।

भैरव-भैरवी—भूतनाथ शिव के कई गणों में से भैरव और भैरवी भी हैं। दक्ष यज्ञ में सती के भस्म हो जाने की सूचना जब नन्दी के द्वारा शंकर को मिली तो उनके क्रोध से भयंकर स्वरूपवाला भैरव उत्पन्न हुआ, जिसका नाम वीरभद्र था। इसी वीरभद्र ने दक्ष यज्ञ का ध्वंस कर दक्ष का वध किया। तंत्रों में जगदम्बा की अनेक शक्तियों में से भैरवी भी एक मानी गई है। यह कहना कठिन है कि गुप्तकाल में भैरवी का क्या स्थान था। इतना अवश्य माना जा सकता है कि सम्भवतः महाकाल, रुद्र और शिव

की पूजा के साथ भैरव की पूजा भी होती थी, अथवा तंत्र सिद्धियों के लिए भैरवी चक्र की साधना में भैरवी का भी पूजन किया जाता था।

अपदेवता—इनके अतिरिक्त 'राज्यश्री' में 'अपदेवता' का उल्लेख भी हुआ है। तन्त्र ग्रन्थों में भूत-पिशाच, यक्ष, राक्षस, गन्धर्व एवं भैरव सभी अपदेवता माने गए हैं। सम्भव है कि उत्तर गुप्तकाल में अन्य लोकविश्वासों की तरह अपदेवता संबंधी विश्वास भी अत्यन्त प्रचलित रहा हो। स्वयं प्रसाद ने अपने नाटकों में यत्र-तत्र पिशाचिनी, चुड़ैल, पिशाच, प्रेत इत्यादि का उल्लेख किया है। वस्तुतः ये लोकविश्वास परंपरागत हैं, और आज भी प्रायः अपने मूल स्वरूप में ही विद्यमान हैं।

लोकविश्वास

धूमकेतु—धूमकेतु आदि केतुओं का उदय और अस्त मनुष्यों के लिए उत्पात रूप होता है। ये धूमकेतु कई रंगों के होते हैं और विभिन्न रंगों और आकार के अनुसार अलग-अलग फल देनेवाले होते हैं··· धूम्र-ताम्र की-सी कांतिवाला धूमकेतु अनिष्ट फल देता है।··· राजमहल, वृक्ष और पर्वत पर प्रकट होनेवाला धूमकेतु राजाओं का नाश करनेवाला होता है। प्रसाद ने धूमकेतु को 'नील लोहित रंग का' और 'भयावनी पूँछवाला' माना है। यह 'आकाश का उच्छृंखल पर्यटक है'—कब इसका उदय और अस्त होता है यह कोई नहीं कह सकता। धूमकेतु का उदय राष्ट्र या देश के लिए अमंगलसूचक है, और इसके अशुभ का निवारण करने के लिए शान्ति कराना आवश्यक माना है। शकराज के दुर्ग की ओर 'भयानक संकेत' करनेवाला धूमकेतु उसके विनाश का पूर्व सूचक बना। अन्यत्र भी लाक्षणिक रूप में धूमकेतु का प्रयोग प्रसाद ने किया है। नारद और बाराहमिहिर इत्यादि ने पूर्व, पश्चिम, उत्तर, दक्षिण में उदय होनेवाले केतुओं के विभिन्न देशों पर पड़नेवाले प्रभाव की चर्चा के साथ-साथ, उनकी शान्ति के उपाय भी बताये हैं। धूमकेतु संबंधी लोकविश्वास का संबंध ज्योतिष के एक अंग से है जो पर्याप्त प्राचीन है—इतिहासकारों के अनुसार कम-से-कम गुप्तकालीन तो है ही। धूमकेतु के संबंध में उपर्युक्त विवरण प्रसाद से मिलता-जुलता है।

उल्कापात—कभी-कभी जलते हुए डण्डे या मुग्दर की आकृति के पिण्ड आकाश से पृथ्वी की ओर गिरते हुए दिखाई देते हैं। इनकी लपट नीले रंग की होती है। इन्हें ही उल्कापात कहते हैं। ये उल्काएँ भी कई प्रकार की होती हैं और धूमकेतु के समान ही विनाश की सूचक हैं। प्रसाद ने 'स्कंदगुप्त' में अमावस्या के दिन नीलगगन से भयंकर उल्कापात की सूचना देकर कुमारगुप्त की मृत्यु की ओर संकेत किया है। लाक्षणिक रूप में भी स्कंदगुप्त विजया को अपनी सुखशर्वरी का उल्कापिण्ड कहकर अपनी आजीवन अशान्ति की सूचना देता है। हर्षचरित में भी ठीक इसी प्रकार उल्कापात को महोत्पात कहा गया है।

दिग्दाह—धूमकेतु के समान ही दिग्दाह भी अपशकुन, विप्लव और विनाश का सूचक माना गया है। दिशाओं की यह अग्नि यदि पीली हो तो राजा का और अग्निवर्ण हो तो राष्ट्र का और यदि ललाई से युक्त हो तो धान्य का नाश होता है। 'लाल बादलों में दिग्दाह का धूम' नन्द वंश विनाश का सूचक है। बाण द्वारा गिनाए हुए सोलह उत्पातों में दिशाओं का दिग्दाह से लोहूलुहान हो जाना भी एक है।

प्रतिमा का हँसना—प्रतिमा संबंधी अपशकुन भी पर्याप्त प्राचीन है। बाराहमिहिर ने अलग-अलग प्रकार की प्रतिमाओं में किसी प्रकार के अस्वाभाविक लक्षण प्रकट होने पर उनके शुभाशुभ का निर्णय कर उनकी शांति का विधान किया है।

हँसने और मुस्कराने में अन्तर मानते हुए मूर्ति के ठठाकर हँसने को अपशकुन मानते हैं। 'राज्यश्री' में ग्रहवर्मा की विजय के निमित्त प्रार्थना करने के लिए राज्यश्री मंदिर जाती है पर सहसा अट्टहास सुनकर प्रतिमा के हँसने की अपशकुन की आशंका से वह मूर्छित हो जाती है। उसी समय सचमुच ग्रहवर्मा की मृत्यु का समाचार भी मिलता है।

भविष्यवाणी—प्राचीनकाल में सिद्ध-महात्माओं के मुख से निःसृत भविष्यवाणियों पर लोगों का बहुत विश्वास था। ग्रीक इतिहासकारों के अनुसार भारत में कई ब्राह्मण सही-सही भविष्यवाणियाँ किया करते थे। यदि दैवात् किसी की वाणी ठीक नहीं उतरती तो वह आजन्म मौन धारण कर लेता था। कालिदास ने 'दैवचिंतकों के रूप में जिन भविष्यवाणियों का उल्लेख किया है उनका संबंध ज्योतिषशास्त्र से है'। 'चंद्रगुप्त' नाटक में दांड्यायन अलक्षेन्द्र को सावधान करते हुए चंद्रगुप्त के भावी भारत सम्राट् होने की भविष्यवाणी करता है। सिकंदर जैसे विदेशी और वीर पुरुष को भी भविष्यवाणियों के प्रायः सत्य होने में विश्वास है।

ज्योतिष—ज्योतिषियों में एक प्रकार के ज्योतिषी 'मौहूर्तिक' कहलाते थे। इनका कार्य मुहूर्त का शुभा-शुभ विचार करना होता था। इसके अतिरिक्त संभवतः वे विवाह के लिए वर की कुंडली का मिलान भी किया करते थे। राज्यश्री के विवाह के लिए कुंडली मिलाने की चर्चा तो उसमें नहीं है किंतु गणक द्वारा लग्नशोधन का उल्लेख अवश्य किया है। अतः विवाह के संबंध में ग्रह-विचार को यदि प्राचीन मान लिया जाय तो कोई विशेष आपत्ति नहीं।

तांत्रिक सिद्धि—बौद्ध धर्म के पतन काल में तन्त्रयान का विकास हुआ और तन्त्र सिद्धि में लोगों का विश्वास होने लगा। 'स्कंदगुप्त' नाटक में प्रपंचबुद्धि वस्तुतः ह्रासोन्मुख बौद्धधर्म का प्रतिनिधि है। वह प्रज्वलित कठोर नियति का नील आवरण उठा झाँकनेवाला है। भूत, भविष्य और वर्तमान का नियामक, रक्षक और द्रष्टा है। कुमारगुप्त की मृत्यु उसके मारण-प्रयोग का परिणाम है और इस प्रयोग के लिए वह भाद्रपद की अमावस्या का दिन चुनता है। अपनी कार्यसिद्धि के लिए वह महाश्मशान में उग्रतारा की साधना करता है और उसके लिए नरबलि देने में भी नहीं हिचकता। प्राचीन भारत में इस प्रकार के तांत्रिक

और उनकी मारण-मोहन-उच्चाटन-वशीकरण आदि अभिचार क्रियाओं पर लोगों का पूरा विश्वास था।

उत्सव : क्रीड़ा-विनोद

वसंतोत्सव—'चंद्रगुप्त' नाटक में प्रसाद ने 'वसंतोत्सव' का जो स्वरूप रखा है वह इस प्रकार है 'कुसुमपुर के नागरिक मगध सम्राट् के विलास-कानन में वसंतोत्सव मनाते थे। उक्त उत्सव में राजा भी भाग लिया करता था और उत्सव के बीच राजा अपने को उन लोगों का सहचर मात्र समझता था। कुञ्जों में चषक और मदिरा-कलश रखे होते थे और सभी नागरिक नशे में उन्मत्त हो जाते थे। यहाँ तक कि स्त्रियाँ तक अपने को न सँभाल पाती थीं। उनकी आँखों में काम का सुकुमार संकेत और अनुराग की लाली ही प्रमोद के प्रधान लक्षण समझे जाते थे। उत्सव के साथ संगीत और 'देवयानी' जैसे प्रसिद्ध आख्यानों पर अभिनय होते थे। वसंतोत्सव की रानी जैसे उल्लेखों से यह भी ज्ञात होता है कि किसी कला-कुशल और सुंदर 'सुवासिनी' जैसी स्त्रियों में से किसी को उक्त उत्सव में रानी का पद दिया जाता था और उसकी आज्ञा सबको शिरोधार्य होती थी। इस प्रकार आमोद-प्रमोद से उत्सव सम्पूर्ण होता था।'

संस्कृत वाङ्मय के आधार पर वसंत के कई उल्लेख माने जाते हैं। इनमें सुवसंतक, और मदनोत्सव का वर्णन सबसे अधिक आता है। सुवसंतक और मदनोत्सव को उन्होंने अलग-अलग उत्सव नहीं माना है। वसंतोत्सव के ही अन्तर्गत मदनोत्सव, सुवसंतक, वकुल और अशोक के वृक्षों के पास विहार, शाल्मली मूल खेलन, इत्यादि कई उत्सव आ जाते थे जिनमें वह मदनोत्सव प्रधान होता था। 'राज्यश्री' में प्रसाद ने मदनोत्सव का उल्लेख किया है। परन्तु किसी प्रकार के विवरण के अभाव में इस संबंध में उनके स्वयं के दृष्टिकोण का अनुमान नहीं किया जा सकता। भवभूति के 'मालती माधव' से मदन महोत्सव का जो विवरण प्राप्त होता है वह प्रसाद के वसंतोत्सव के विवरण से यत्किंचित् मिलता है। प्रसाद का 'विलास कानन', भवभूते का 'मदनोद्यान' है। दोनों में नगर के स्त्री-पुरुष उत्सव मनाने के लिए एकत्र हुए हैं। और दोनों में ही नृत्य गीत का उल्लेख है और कोई समानता इन दोनों विवरणों में नहीं है। मदनोत्सव कंदर्प पूजा के निमित्त होता है। पर प्रसाद में इस कंदर्प पूजा की चर्चा भी नहीं हुई है। भवभूति में फूल चुनने, माला बनाने और अबीर कुंक से क्रीड़ा करने का उल्लेख है, पर प्रसाद में नहीं। प्रसाद ने 'अभिनय' और 'कुंजों' में मदिरापान का उल्लेख किया है, जो भवभूति में नहीं मिलता।

वसंतोत्सव के अवसर पर ही नाटक भी खेले जाते थे। कालिदास का 'मालविकाग्निमित्र' और श्रीहर्ष की 'रत्नावली' दोनों वसंतोत्सव पर ही खेले गये थे। इसी आधार पर प्रसाद ने संभवतः वसंतोत्सव के अवसर पर 'कच देवयानी के अभिनय

का संकेत किया है।' प्रसाद ने सामूहिक नृत्य एवं उत्सव समायोजन का स्वरूप ही अपने नाटक के वसंतोत्सव में ग्रहण किया प्रतीत होता है।

कुबड़े-बौने और हिजड़े—एक विचित्र प्रकार के मनोविनोद के साधन का उल्लेख 'ध्रुवस्वामिनी' में हुआ है। विकृत वेशभूषा तथा उनके हाव-भाव आदि सदा ही हास्य के आलंबन होते आये हैं। पर ऐसा प्रतीत होता है कि विकलांग भी लोगों के हास्य के आलंबन हुआ करते थे। रामगुप्त के अन्तःपुर में कुबड़े, बौने और हिजड़े मनोरंजन के उद्देश्य से रखे गये थे। वे अपनी कुरूपता और व्यंगात्मक एवं विनोदात्मक उक्तियों से लोगों का मन बहलाते थे। रामगुप्त के 'ठठाकर हँसने' और 'ताली पीटकर हँसने' से इस बात की पुष्टि होती है। आचार्य हजारीप्रसाद द्विवेदी ने भी प्राचीनकाल में कुबड़े, बौने, नपुंसक, गूँगे और बहरे आदमियों को राजाओं और दरबारियों के मनोरंजन का साधन सिद्ध किया है। 'मालविकाग्नि' में एक कुबड़ा अन्तःपुर का सेवक है और 'हर्षचरित' में भी राज्यश्री गूँगे, कुबड़े और बहरे सेवकों से घिरी हुई दिखाई गई है। इस प्रकार बहुत प्राचीनकाल से अन्तःपुर की रक्षा और मनोरंजन दोनों उद्देश्यों से विकलांग और आकर्षणहीन पुरुष काम में लाए जाते रहे हैं।

स्वाँग—'चंद्रगुप्त' नाटक में 'स्वाँग' भरने का उल्लेख प्रसाद ने किया है। सिंहरण और अलका नट और नटी बनते हैं, चंद्रगुप्त सँपेरा बनता है और चाणक्य ब्रह्मचारी और वे सब पर्वतेश्वर की सेना के सामने अपना स्वाँग दिखाते हैं। स्वाँग भरने की यह क्रीड़ा अत्यन्त प्राचीन रही होगी। स्वाँग को आहार्य अभिनय (किसी की वेश-भूषा के अनुकरणों) के अंतर्गत माना गया है। गाँवों में आज भी होली आदि के अवसरों पर 'स्वाँग' के रूप में नाट्यकला का यह पूर्व रूप वर्तमान है। इस कथन में 'गाँवों में' शब्द यह बतलाता है कि 'स्वाँग' जनसाधारण के मनोरंजन का साधन था। उपर्युक्त उदाहरण में भी चाणक्य आदि, साधारण सैनिकों के मनोरंजन के लिए 'स्वाँग' रखते हैं। वात्स्यायन ने स्वाँग भरना एक कला माना है और इसको 'छलित योग' कहा है। वेश, वाणी आदि के परिवर्तन से दूसरों को छलना या अनेक रूप धारण करना ही 'छलित योग' है किंतु उक्त प्रसंग में 'स्वाँग रखने' का प्रधान उद्देश्य गुप्तचर बनकर कार्य-साधन है, सैनिकों का मनोरंजन तो गौण है।

नट-नटी—यहाँ नट-नटी का प्रयोग भरत के अनुसार अभिनेता और अभिनेत्री के रूप में न होकर रस्सी और तलवार पर नाचते हुए शारीरिक वैचित्र्य के खेल दिखाकर लोगों को रिझानेवालों से है। इन्हें आज भी 'नट' ही कहा जाता है। प्रसाद ने सँपेरे का वेश धारण किए हुए चंद्रगुप्त के लिए भी 'नट' शब्द का प्रयोग किया है। यहाँ 'नट' के लिए कुशीलव शब्द का प्रयोग हुआ है, नटों के खेल हथियार चलाना, आग, विष आदि के खेल खेलना, भिन्न-भिन्न प्रकार के बाजे बजाना, आदि थे। उनके खेलों में घोड़े, रथ, हाथी तथा नाना प्रकार के अलंकार भी काम में लाये जाते थे।

सँपेरा—चंद्रगुप्त सैनिकों के पास जाकर सँपेरों की-सी चेष्टा करता है और पिटारी

से साँप खोलकर सैनिकों से नाग-दर्शन की प्रार्थना करता है। ये सँपेरे कुटिल विषधरों को भी मंत्रौषधि के भाले से वश में कर लिया करते थे। आज भी भारत के गाँवों और नगरों में सँपेरे घूमते-फिरते बीन बजाते हुए लोगों का मनोरंजन करते दीख पड़ते हैं। निश्चय ही मनोरंजन का यह स्वरूप अत्यन्त प्राचीन रहा होगा। इसीलिए 'मुद्राराक्षस' में विशाखदत्त ने भी साँपों की पिटारी लेकर साँपों के खेल दिखानेवाले जीर्ण विष नामक सँपेरे का उल्लेख किया है। तक्षशिला विद्यापीठ के शिक्षाक्रम में अन्य कौशलों के साथ साँप को वश में करने की विद्या और जादू के खेल का भी नाम आया है।

जादू के खेल या इन्द्रजाल—'चंद्रगुप्त' नाटक में जादू के खेल या इन्द्रजाल की चर्चा हुई है। चंद्रगुप्त ऐंद्रजालिक का वेश धारण करता है। इन्द्रजालियों का वेश लोगों का ध्यान आकर्षित करने के लिए साधारण वेश से विकृत कुछ अटपटा-सा रहता होगा और अपने अद्‌भुत खेलों से जनता का मनोरंजन करते होंगे। प्रसाद ने इस प्रकार के खेलों की विस्तृत जानकारी नहीं दी है। हजारीप्रसाद द्विवेदी ने 'दत्तात्रेय तंत्र' और 'इन्द्रजाल तंत्र संग्रह' के आधार पर इन्द्रजाल के संबंध में विस्तार से विवेचन किया है। मनुष्य को पशु या पक्षी बना देना, हिंस्र जन्तुओं को स्तंभित एवं निश्चेष्ट करना, आग बाँध देना, आग लगने का भ्रम पैदा करना, मारण मोहन उच्चाटन वशीकरण आदि करना, ये सब इन्द्रजाल के अंतर्गत आते हैं। आज की भाषा में इन सब आश्चर्यजनक कृत्यों को 'जादू' कह सकते हैं।

विदूषक और हँसोड़—प्रसाद के केवल दो नाटकों में विदूषक आया है। 'अजातशत्रु' में वसंतक और 'स्कंदगुप्त' में मुद्‌गल। दोनों स्थलों पर विदूषक का उद्देश्य राजाओं का मनोरंजन करना है। संस्कृत के प्राचीन नाटकों में बीच-बीच में हँसाने के लिए विदूषकों का प्रयोग हुआ है। विदूषक राजा का मित्र और सलाहकार होने के साथ-साथ अपनी वेश-भूषा, क्रिया-कलाप, भाषा आदि से राजा का मनोरंजन करता था। दुष्यन्त का विदूषक उसका मित्र, सलाहकार और सहायक भी है। कामसूत्र में भी नागरिक के मित्र रूप में विदूषक की भी गणना की गई है। 'स्कंदगुप्त' नाटक में विदूषक मुद्‌गल के अतिरिक्त एक और विदेशी हँसोड़ 'धातुसेन' आया है।

नर्तकी—मनोरंजन का एक और साधन है नर्तकियाँ। प्रसाद के प्रायः सभी नाटकों में समय-समय पर नृत्य की योजना की गई है। मनोरंजन के लिए राजमंदिरों में, शिविर में, विजयसमारोहों में तथा अन्य उपयुक्त स्थलों से नर्तकियों के नृत्यों की योजना की गई है। 'स्कंदगुप्त' में 'पारसीक नर्तकियाँ' बुलाई गई हैं। संभवतः सौंदर्य अथवा कला-कुशलता के कारण उनका विशेष मान रहा हो। पारसीक दासियों को क्रय करके भारत लाने की प्रथा का उल्लेख 'पेरिप्लस आफ एसीथ्रियन्स' (एक शती ईस्वी) में मिलता है। गुप्तकालीन एवं उससे भी पूर्व के बौद्ध साहित्य के अनुसार भी राजकुमार गौतम के मनोविनोद के लिए पारसी या पारसीही दासियाँ नियुक्त की गई थीं। मनोरंजन के लिए नर्तकियों का उल्लेख प्रायः सभी प्राचीन ग्रन्थों में हुआ है। कालिदास ने 'रघुवंश'

में नर्तकियों को विलासिनी के रूप में उपस्थित किया है।

गणिका और वेश्या—गणिका का उल्लेख एकमात्र 'अजातशत्रु' में हुआ है। मागंधी न स्वयं अपने को 'निर्ल्लज गणिका' कहा है। प्रसाद ने इनके तीन नाम रखे हैं। मागंधी, श्यामा और आम्रपाली। मागंधी के रूप में वह उदयन की रानी थी। रूपवती होने के कारण ही उदयन का तीसरा विवाह इस दरिद्र कन्या से हुआ था। श्यामा के रूप में उसके सौंदर्य की प्रशंसा सुनकर समुद्रगुप्त उसके पास उसके रूप की ज्वाला में पतंग बनने को जाता है। वह सुन्दरियों की महारानी है और महारानियों की तरह ही रहती भी है। यहाँ गणिका के सौंदर्य और वैभव दोनों की ओर संकेत है। बड़े-बड़े राजपुरुष और श्रेष्ठी श्यामा के चरण छूकर अपने को धन्य समझते हैं, धन की कमी नहीं, मान का कुछ ठिकाना नहीं। दण्डनायक तक उसकी आज्ञा मानना अपना कर्त्तव्य समझता है। वह संगीत में निपुण है, उसका कंठ सुरीला है। रंग संकेत में 'गान और नृत्य' लिखकर प्रसाद ने गणिका की नृत्य-निपुणता की ओर भी निर्देश किया है। श्यामा में दो उल्लेखनीय विशेषताएँ हैं। वह शिष्टाचारपरायणा है और यह शिष्टता उसके समस्त वार्तालाप में अभिव्यक्त होती है। दूसरे वह वेश बदलने की क्रिया में विशेष निपुण है। मगध के 'गुप्त प्रणिधि' समुद्रदत्त का वेश बदलकर इस प्रकार काया पलट कर देती है कि काशी का दण्डनायक उसे पहचान ही नहीं पाता और शैलेन्द्र के स्थान पर उसे शूली पर चढ़ा देता है।

ऊपर प्रसाद के नाटक के आधार पर हमने गणिका का जो चित्र खींचा है वह भारत की शास्त्रीय और ऐतिहासिक परंपरा से प्राप्त गणिका के स्वरूप से मिलता-जुलता है। प्राचीन भारत में गणिका का स्थान अत्यन्त महत्त्वपूर्ण था। कामसूत्र से ज्ञात होता है कि सभी वेश्याओं को गणिका की उपाधि से विभूषित नहीं किया जाता था। जो वेश्याएँ सर्वश्रेष्ठ सुन्दरी होने के साथ-साथ चौंसठ कलाओं में पारंगत, विदुषी एवं शील रूप गुणान्वित होती थीं उन्हीं को 'गणिका' की 'उपाधि' प्रदान की जाती थी और राजा एवं गुणीजनों के द्वारा उसका सदा सम्मान किया जाता था और वह सबके लिए सुरुचि और आदर्श की वस्तु बन जाती थी। गणिका सबको अपनी कला आदि से आनन्दित करती थी इसलिए गणसंघों में उसका अत्यन्त मान था। चारुदत्त के रथ में गणिका वसंतसेना बैठी हुई है यह जानकर राजकर्मचारी सम्मान से उस रथ को बेरोकटोक जाने देते हैं। चारुदत्त ऐसा महान् व्यक्ति भी अपनी स्नेहमयी पत्नी के प्रति आदर और प्रेम होते हुए भी गणिका वसंतसेना से परिणय की आकांक्षा करता है। इससे उस काल में गणिका की सम्माननीय स्थिति का अनुमान सहज ही लगाया जा सकता है। बौद्ध ग्रंथों में गणिका को 'नगर शोभिनी' कहा है। पद्मावती ऐसी ही एक 'नगर शोभिनी' थी जिसको एक यक्ष उज्जयिनी से राजगृह की शोभा बढ़ाने के लिए लाया था। 'दीघनिकाएँ' के विवरण से भी लिच्छवि गणतंत्र की गणिका अम्बपाली के वैभव, ऐश्वर्य एवं आदर-सम्मान का एक स्पष्ट चित्र सामने आ जाता है। वह बड़े ठाठ-बाट के साथ भगवान बुद्ध को निमंत्रित

करने जाती है। उसके पास इतना विशाल ऐश्वर्य है कि वह भगवान को संघ सहित निमंत्रण दे सकती है। और किसी भी मूल्य पर समस्त लिच्छवि गणतंत्र के प्रभुत्व के बदले भी इस 'महान भात' को छोड़ने को तैयार नहीं। भगवान को निमंत्रण देने का और लिच्छवि युवकों के रथों के 'धुरों से धुरा' टकरानेवाली इस गणिका की आदरणीय स्थिति के संबंध में संदेह का स्थान नहीं रह जाता।

उपर्युक्त विवरण के आधार पर यह कहा जा सकता है कि प्राचीनकाल में गणिका की सामाजिक तथा आर्थिक स्थिति का जैसा चित्र उपलब्ध होता है प्रसाद ने उसका बहुत अंशों में वैसा ही चित्र उपस्थित किया है। वह 'रूप, गुण, शीला, यौवन, माधुर्य सम्पन्ना' है, वह वैभवशाली है, वह संगीत, नृत्य, आहार्य, वेशपरिवर्तन आदि कलाओं में निपुण है, वह अत्यंत मधुरभाषिणी एवं विनयशील है। और बड़े-बड़े राजपुरुष और श्रेष्ठी उसका सम्मान करते हैं। उचित शिष्टाचार एक ओर तो कला का अंग है और दूसरी ओर स्वभाव का। गणिका में दोनों अपेक्षित हैं और प्रसाद के संकेत दोनों ओर स्पष्ट हैं। उक्त गणिका में बुद्धि की स्थिरता और भाषण की मधुरता दोनों उपलब्ध हैं। समुद्रदत्त के आते ही अपने प्रिय शैलेन्द्र के स्थान पर उसको भेज देने का योजना-कौशल कितनी शीघ्रता से उसके मस्तिष्क में कौंध जाता है। परंतु गणिका के शास्त्रज्ञान के संबंध में प्रसाद मौन हैं।

इतना सब होते हुए भी प्रसाद की कतिपय उक्तियों से ऐसा प्रतीत होता है कि वे गणिका की उच्च्य एवं सम्माननीय स्थिति को पूर्णतया नहीं निभा पाए हैं। डाकू शैलेन्द्र तक श्यामा जैसी गणिकाओं को डाकुओं से भी भयानक समझता है। और उसके लिए पामरी, नागिन जैसे शब्दों का प्रयोग करता है। श्यामा अपने को स्वयं 'वार विलासिनी' कहती है। यहाँ पर यह नहीं कहा जा सकता कि प्रसाद के सामने प्राचीन गणिका का कोई निश्चित रूप नहीं होगा। 'अजातशत्रु' की भूमिका में वे लिखते हैं 'इस मागंधी को और बौद्धों के साहित्य में वर्णित आम्रपाली (अम्बपाली) को हमने कल्पना द्वारा एक में मिलाने का साहस किया है। अम्बपाली पतिता और वेश्या होने पर भी गौतम के द्वारा अन्तिम काल में पवित्र की गई' इस कथन में 'वेश्या' और 'पतिता' दोनों शब्द प्रसाद के अपने हैं। बौद्ध साहित्य में अम्बपाली के लिए कहीं भी अपमानजनक शब्दों का प्रयोग नहीं हुआ है। गणिका के आदर्श चित्रण की अपेक्षा प्रसाद का ध्यान कथानक की ओर विशेष रहा है। वास्तव में प्रसाद की सुवासिनी का स्वरूप बहुत कुछ आदर्श गणिका से मिलता-जुलता है। यों तो वह राज-मंत्री शकटार की कन्या होने से अभिजात कुल की कन्या है और प्रसाद ने कहीं भी उसके लिए गणिका शब्द का प्रयोग नहीं किया। पर जिस रूप में वह नाटक में चित्रित है वह गणिका का ही रूप है, कुल-कन्या का नहीं। जिस जीवन में वह रही है उसे वह 'मलिनता का कीचड़' कहती है जहाँ से उसके पिता ने कमल की तरह पवित्र. मानकर उसका उद्धार किया। परंतु वह वेश्या भी नहीं है, वह स्वयं अपने को 'रूपाजीवा' मानने को तैयार नहीं। किंतु नाटक में उसके

लिए 'सुन्दरियों की रानी', 'अभिनेत्री', 'वसंतोत्सव की रानी', 'अभिनय-शाला की रानी', 'कुसुमपुर का स्वर्गीय कुसुम', 'महाराज से वेतन पानेवाली' आदि शब्दों का प्रयोग और नन्द एवं राक्षस के साथ उत्सव में सुरापान, तथा नृत्यगीत उसका गणिका होना सिद्ध करते हैं। चाणक्य ने उसे 'वेश्या' अवश्य कहा है, पर व्यंग्य होने के कारण उस कथन को विशेष महत्त्व नहीं दिया जा सकता।

जैसे पहले कहा जा चुका है गणिका में सामान्य वेश्या से कुछ विशिष्टता होती थी। किंतु गणराज्यों की समाप्ति के उपरांत इतिहास की दृष्टि से भी गणिका के पूर्व सम्मान में कमी आ गई। बौद्ध-काल में गणिका का जो सम्मान था वह कौटिल्य तक आते-आते क्षीण हो गया है। गणिका राजाज्ञा से रूप का व्यापार भी करती थी। परंतु रूपाजीवा के स्वतंत्र उल्लेख से जान पड़ता है कि गणिका और वेश्या में कुछ न कुछ अंतर फिर भी रह गया है। गणिका राजा की आज्ञा विशेष से ही रूप का व्यवसाय कर सकती थी और रूपाजीवा से उसका मूल्य भी अधिक होता था।

एक स्थान पर प्रसाद ने 'सोने की झाँझ' का उल्लेख भी किया है, इसका कहीं उल्लेख नहीं मिलता।

नृत्य—प्रसाद ने नृत्य के शास्त्रीय स्वरूप के संबंध में कोई उल्लेख नहीं किया है, हाँ नृत्य को कला अवश्य कहा है। कामसूत्र में वर्णित चौंसठ कलाओं में नृत्यकला का स्थान महत्त्वपूर्ण था। संगीत में वस्तुतः गीत और वाद्य के साथ नृत्य का होना अनिवार्य है।

नृत्य के विभिन्न प्रकारों में 'ताण्डव' का एक चलता-सा उल्लेख प्रसाद ने किया है। ताण्डव और लास्य, नृत्य के ये दो स्वरूप अत्यंत प्राचीन हैं। भरत के नाट्यशास्त्र से ज्ञात होता है कि 'त्रिपुरदाह' नाटक देखने पर शिवजी ने तंडु की सहायता से भरत को नृत्य की अनेक मुद्राएँ सिखाईं। नृत्य पौरुषेय एवं उद्धत था। शृंगारादि रसों के लिए पार्वती की अभिलाषा से पीछे 'लास्य' भी नाट्य-प्रयोगों में सम्मिलित किया गया।

नृत्य संबंधी अन्य जितने भी उल्लेख प्रसाद ने किये हैं, वे सब नर्तकियों से संबंध रखते हैं। उनसे केवल यह निष्कर्ष निकाला जा सकता है कि प्रसाद प्राचीन भारत में भी नृत्य का संबंध अधिकतर रूपाजीवाओं से ही जोड़ना चाहते हैं। आधुनिक काल तक आते-आते नृत्यकला के साथ वेश्याओं का ही मुख्यतः संबंध रह गया था। यह सत्य है कि प्राचीन भारत में भी व्यवसाय के रूप में नृत्य करनेवाली नर्तकियाँ होती थीं। वे ब्याह-शादियों तथा अन्य उत्सवों के अवसरों पर बुलाई जाती थीं। बाण के उल्लेखों से भी इसकी पुष्टि होती है। प्रसाद ने अपने नाटकों में सभी स्थलों पर नर्तकियों द्वारा नृत्य की आयोजना की है किंतु नृत्य कलासंबंधी इतने उल्लेख करने पर भी वे प्राचीन भारत की नृत्य-कला के गौरवपूर्ण स्वरूप का चित्रण नहीं कर सके हैं। यह उन पर स्पष्ट ही आधुनिक प्रभाव है।

अभिनय—प्रसाद ने अभिनय का उल्लेख वसंतोत्सव के प्रसंग में किया है। 'उक्त

अवसर पर कच और देवयानी की कथा का अभिनय किया गया है।' कुछ 'मूक अभिनय' हुआ और सुवासिनी ने 'भाव-सहित गान' गाया। सुवासिनी का कौशल ऐसा था कि उसका अभिनय अभिनय न रहकर वास्तविक घटना-सा प्रतीत होने लगा।

अभिनय चार प्रकार का होता है— आंगिक, वाचिक, आहार्य और सात्विक। कच और देवयानी की भूमिका क्रमशः राक्षस और सुवासिनी ने ली है। इससे आहार्य अभिनय की ओर संकेत होता है। सुवासिनी मान का मूक अभिनय करती है। यहाँ आंगिक और सात्विक दोनों प्रकार के अभिनयों की ओर स्पष्ट अथवा अस्पष्ट संकेत है। केवल आंगिक से वह अभिनय 'वास्तविक घटना, जैसी देखने में आवे वैसी ही', होना संभव नहीं था, संवाद के रूप में वाचिक अभिनय का यहाँ उल्लेख नहीं किंतु 'आर्य राक्षस का अभिनयपूर्ण गान' में वाचिक अभिनय की ओर भी संकेत कर दिया गया है। परंतु इससे यह नहीं कहा जा सकता कि प्रसाद अभिनय का कलात्मक स्वरूप चित्रण करने में सफल हुए हैं। यहाँ तो 'कच देवयानी' के अभिनय के नाम पर दो स्वतंत्र कविताओं का 'भावपूर्ण गान' मात्र है जिसका मूल कथा से कोई संबंध ही नहीं। 'मालविकाग्निमित्र' की नायिका मालविका भी नाटक में गीत के साथ भावपूर्ण अभिनय करती है। यहाँ भी किसी कथा की चर्चा नहीं। नाटककार ने इसे 'छलिक अभिनय' कहा है। यदि कच और देवयानी की कथा का उल्लेख नहीं होता अथवा इन गीतों का कच और देवयानी की कथा से किसी प्रकार का भी संबंध होता तो हम इसे भी भाव-नाट्य की कोटि में रख सकते।

प्राचीन साहित्य से ज्ञात होता है कि ऐसे अभिनय उत्सवों के अवसर पर प्रेक्षागृहों या नाट्यशालाओं में प्रदर्शित किये जाते थे। ऐसा प्रतीत होता है कि इस प्रकार के नृत्यगीत प्रधान-अभिनय नाटकों के अधिक समीप न होकर नृत्य-कला के ही अधिक समीप थे। 'भरत नाट्य' में गीत और नृत्य का जो स्वरूप सामने आता है वह इस प्रकार के अभिनय के अधिक समीप है। कालिदास का मालविका का अभिनय ठीक इसी प्रकार का है। प्रसाद की सुवासिनी के अभिनय में न नृत्य ही है और न अभिनय ही।

राजनीति और शासन-प्रबन्ध

राजा और उसके विविध संबोधन—राजनीतिक घटनाओं की प्रचुरता के कारण प्रसाद के नाटकों में प्राचीन वातावरण की सृष्टि के लिए शासक वर्ग के विविध प्रकार के संबोधन तथा उनके शासन-प्रबंध से संबंध रखनेवाले कई विशेषार्थक शब्दों का प्रयोग हुआ है। शासक वर्ग में से राजा, रानी तथा राजकुमारों इत्यादि के लिए जिन संबोधनों का प्रयोग हुआ है वे ऐतिहासिक पात्रों के क्रमानुसार इस प्रकार हैं :

बिम्बसार के लिए : राजा, महाराज, राजन्, सम्राट्, मगध-नरेश तथा राजाधिराज।

उदयन के लिए : राजा, महाराज, पृथ्वीनाथ, सम्राट् तथा कौशाम्बी-नरेश।

प्रसेनजित् के लिए : राजा, महाराज, सम्राट्, राजाधिराज, पृथ्वीनाथ, राजन् तथा

कौशल-नरेश।

अजातशत्रु के लिए : सम्राट्, राजन् तथा मगध-राज।

नन्द के लिए : सम्राट्, राजा तथा महाराज।

तक्षशिलाधीश के लिए : महाराज, गांधार-नरेश एवं तक्षशिलाधीश।

पर्वतेश्वर के लिए : महाराज, पंचनद-नरेश, राजन् तथा भूपाल।

सिकंदर और सिल्यूकस के लिए : सम्राट् तथा यवन-सम्राट्।

चंद्रगुप्त के लिए : सम्राट्।

रामगुप्त के लिए : राजाधिराज, राजा, भट्टारक, परमभट्टारक, महाराज तथा सम्राट्।

चंद्रगुप्त विक्रमादित्य के लिए : राजाधिराज।

कुमारगुप्त के लिए : परमभट्टारक, महाराजाधिराज, अश्वमेध-पराक्रम, महेंद्रादित्य तथा महामान्य परमेश्वर परमभट्टारक।

स्कंदगुप्त के लिए : परमेश्वर, परमभट्टारक तथा महाराजाधिराज।

पुरगुप्त के लिए : परमभट्टारक, रांजाधिराज तथा प्रकाशादित्य।

विश्वकर्मा तथा बन्धुवर्मा के लिए : महाराज तथा नरेश।

शकराज के लिए : शकराज, महाराज तथा राजा।

देवगुप्त के लिए : मालव-नरेश, महाराज, राजा, मालवेश्वर तथा मालवेश।

ग्रहवर्मा के लिए : महाराज तथा राजा।

नरेन्द्रगुप्त के लिए : गौड़ेश्वर।

मगध के हर्षकालीन शासकों के लिए : परमभट्टारक।

चालुक्य के लिए : दक्षिणापथेश्वर।

हर्ष के लिए : सम्राट्, उत्तरापथेश्वर, राजा, राजाधिराज तथा महाराज।

उक्त संबोधनों पर विचार करने से यह स्पष्ट हो जाता है कि इतिहाससमस्त गुप्तकालीन उपाधियों के अतिरिक्त, अन्य संबोधन केवल राजा के पर्यायवाची हैं। परंतु 'अजातशत्रु' की भूमिका में प्रसाद अजातशत्रु को 'उत्तरी भारत में इतिहास काल का प्रथम सम्राट्' कहकर सम्राट् शब्द को एक विशेष अर्थ में ग्रहण करते-से प्रतीत होते हैं। 'चंद्रगुप्त' नाटक में पर्वतेश्वर का यह वाक्य--'मैं विश्वस्त हृदय से कहता हूँ कि चंद्रगुप्त आर्यावर्त का एकच्छत्र सम्राट् होने के उपयुक्त है, अजातशत्रु वाले अर्थ विशेष की पुष्टि करता है। प्रसाद ने राजा, महाराज, नरेश जैसे संबोधनों का प्रयोग प्रायः सभी शासकों व सामन्तों के लिए किया है परंतु सम्राट् के अधिकारी तो बिम्बसार, उदयन, प्रसेनजित् और अपने अभिषेक के बाद अजातशत्रु, नन्द, सिकंदर, सिकंदर की मृत्यु के उपरान्त सिल्यूकस, चंद्रगुप्त मौर्य, रामगुप्त, कुमारगुप्त की मृत्यु के ठीक बाद पुरगुप्त और स्कंदगुप्त तथा हर्ष हुए हैं।

जो भलीभाँति अभिषेक करके राजा बनाया गया हो, उसे सम्राट् कहते हैं। ऐसा प्रतीत होता है कि सम्राट् का अधिकारी मूर्धाभिषिक्त, एकच्छत्र तथा परम शक्तिशाली शासक

होता होगा। इन्द्र को भारतवर्ष का प्रथम सम्राट् स्वीकार करते हुए भी प्रसाद के सम्मुख सम्राट् का यही अर्थ रहा होगा क्योंकि वेदों में इन्द्र परम शक्तिशाली और परमैश्वर्य युक्त देवता है।

गुप्तकाल में महाराजाधिराज तथा परमभट्टारक की उपाधियों का प्रचार था। सम्राट् कुमारगुप्त भी कभी-कभी अपने को केवल महाराज लिखते हैं। इनसे उक्त उपाधियों के अनिश्चित प्रयोगों की झलक मिलती है। फलतः प्रसाद के नाटकों में इन शब्दों के प्रयोग में यह अव्यवस्था अस्वाभाविक नहीं कही जा सकती—चाहे इनके औचित्य का समर्थन न किया जा सके। जहाँ तक इतिहाससम्मत उपाधियों का प्रश्न है, प्रसाद ने उनका प्रयोग सही-सही किया है। उदाहरणतः कुमारगुप्त, स्कंदगुप्त तथा पुरगुप्त के लिए क्रमशः महेन्द्रादित्य, विक्रमादित्य और प्रकाशादित्य उपाधियाँ इतिहाससम्मत ही हैं। राजा, महाराज, देव इत्यादि उपाधियों का प्रशस्तियों से अधिक कोई महत्त्व नहीं और साधारण से साधारण राजा के चारण अपने आश्रयदाता को बड़े-बड़े नामों एवं बड़ी-बड़ी उपाधियों से संबोधित करते रहे हैं, ऐसा इतिहास के अध्ययन से स्पष्ट हो जाता है।

रानी—प्रसाद ने रानी के लिए अधिक उपाधियों का उल्लेख नहीं किया है। प्रधान रानी को वे महादेवी तथा साम्राज्ञी कहते हैं और सामान्य रानी को राजरानी, राजमहिषी, महिषी। भारतीय राजनीति में रानी का स्थान अत्यंत महत्त्वपूर्ण है। वह राजा के साथ ही अभिषिक्त की जाती थी। प्रधान रानी के लिए 'महादेवी' का प्रयोग गुप्तकाल में ही विशेष रूप से प्रचलित हुआ प्रतीत होता है। गुप्तकालीन शिलालेखों में महादेवी कुमारदेवी, महादेवी अनन्तदेवी तथा महादेवी ध्रुवदेवी के नामों का उल्लेख हुआ है। प्रसाद ने बौद्धकाल, मौर्यकाल तथा अन्य सभी कालों में 'महादेवी' संबोधन ही रखा है।

प्रसाद ने शासन प्रबंध तथा अन्य विषयों में भी रानियों को काफी अधिकार प्रदान किये हैं। सम्मान की दृष्टि से महादेवी का स्थान सबसे ऊँचा प्रतीत होता है और यह स्वाभाविक ही है। राजनीति में राजमाता की स्थिति का एक विशेष महत्त्व है। इससे यह भी प्रतीत होता है कि महादेवी ही राजमाता हो, यह आवश्यक नहीं क्योंकि महादेवी वासवी थी और छलना राजमाता। जैसा ऊपर बताया गया है 'महिषी' राजा के साथ ही अभिषिक्त की जाती थी और उसी को राजा के साथ सिंहासन में बैठने का अधिकार भी दिया जाता था। यही कारण है कि उसकी पूर्ण उपाधि पट्ट–महिषी अथवा पट्ट–महादेवी थी। पट्ट का संबंध शासन से था। संभवतः साम्राज्ञी के मस्तक पर एक विशेष पट्ट भी महादेवी पद को सूचित करने के लिए बाँधा जाता था। इन अपवादों के ही आधार पर ही संभवतः प्रसाद के नाटकों में छलना और अनन्तदेवी दोनों ने अपने पुत्रों के लिए शासन-सूत्र सँभाला है। छलना एक बार परिषद् की नेत्री के रूप में, दूसरी बार अजातशत्रु के बन्दी होने पर मगध की शासिका के रूप में राज्य की देखभाल करती है, और अनन्तदेवी पुरगुप्त के निर्वीर्य और विलासी होने के कारण स्वयं उसके अधिकार अपने हाथ में ले लेती है। ये दोनों वस्तुतः महादेवी नहीं हैं, पर विशेष परिस्थितियों में प्रसाद ने इनको

महादेवी कहला दिया है। महादेवी वासवी के बिम्बसार के साथ बन्दीगृह में होने के कारण देवदत्त छलना को 'महारानी' संबोधन करता है और भटार्क एवं सैनिक अनन्तदेवी को महादेवी स्वीकार करते हैं।

अपने राजमन्दिर की सीमा में प्रसाद की महादेवी एकच्छत्र स्वामिनी है और वहाँ स्वयं सम्राट् का भी अधिकार नहीं। वासवदत्ता का कथन—'आपको मेरे इस राजमन्दिर की सीमा के भीतर, इस तरह हत्या करने का अधिकार नहीं है। मैं इसका विचार करूँगी ... ' महादेवी के उस अधिकार की ओर स्पष्ट संकेत करता है।

राजकुमार और युवराज—प्रसाद के नाटकों से स्पष्ट है कि राज्यशक्ति पिता से पुत्र के हाथों में आती थी। राजकुमारों की शिक्षा-दीक्षा का उचित प्रबंध किया जाता था। उनको योग्य शासक बनाना राजा का कर्त्तव्य होता था। राजकुमारों की विशेष शिक्षा के लिए पाँच वर्ष तक तक्षशिला जैसे विद्यापीठों में अध्ययन करना पड़ता था। बचपन में राजकुमार की शिक्षा-दीक्षा का अधिकार राजमाता को होता था। साधारणः 'नीति सिद्धांत के आधार पर ज्येष्ठपुत्र' को ही राजसिंहासन पर बैठने का अधिकार मिलता था, यद्यपि गुप्तकाल में उत्तराधिकार का यह नियम कुछ 'अव्यवस्थित' हो चला था। सम्राट् उत्तराधिकार की व्यवस्था कर लिया करते थे और गुप्तकाल के अधिकारी और प्रजा वर्ग उस व्यवस्था का सम्मान करता था। यह राजा की इच्छा पर था कि वह अपने अमर्यादित और नीच पुत्र को 'त्याज्य-पुत्र' घोषित कर उसे युवराज पद से वंचित कर दे। यदि वह विवाह ही न करे अथवा पुत्रहीन रहे तो उसके उपरांत छोटे भाई को शासनाधिकार मिल सकता था।

वानप्रस्थाश्रम ले लेने से पूर्व राजा परिषद् का आह्वान करके पुत्र का राज्याभिषेक कर देता था। युवराज मंत्री परिषद् की सहायता से राज्य का कार्य चलाता था। संभवतः युवराज के विवाह के संबंध में राजा की स्वीकृति आवश्यक होती थी। अपराध करने पर युवराज भी दण्ड-व्यवस्था से ऊपर नहीं समझा जाता था।

प्रसाद ने उत्तराधिकारी कुमार के लिए युवराज तथा अन्य स्थिति में केवल राजकुमार शब्द का प्रयोग किया है। स्मृति तथा जातक-ग्रन्थों से इस बात का प्रमाण मिलता है कि राजा के उपरांत उसका पुत्र ही सिंहासन का अधिकारी होता था। शतपथ ब्राह्मण से भी पैतृक राज्याधिकार संबंधी उल्लेख ढूँढ़े जा सकते हैं। रामायण, महाभारत काल के सभी उल्लेख इस परंपरा का समर्थन करते हैं। प्रसाद के सभी ऐतिहासिक कथानक, इस संबंध में ऐतिहासिक सत्य को मानकर ही चले हैं।

जातक ग्रंथों में राजकुमारों की शिक्षा के संबंध में विचार करते हुए बताया जा चुका है कि विशिष्ट शिक्षा-प्राप्ति के लिए तक्षशिला जैसे प्रसिद्ध गुरुकुलों में अध्ययन करना होता था। कौटिल्य की आज्ञा भी है कि राजकुमार को 'समर्थ, विद्वान और विनय से युक्त होना चाहिए।'

रामायण से ज्ञात होता है कि दशरथ ने राम को युवराज पद देने का निर्णय केवल

ज्येष्ठ होने के नाते ही नहीं किया था बल्कि पौर-जानपद की इच्छा और प्रार्थना पर ही उन्हें युवराज घोषित किया गया, राम की योग्यता ही इस चुनाव का कारण थी। गुप्तकाल में पिता द्वारा युवराज के चुनाव में योग्यता ही कसौटी थी। जातकों के अनुसार ज्येष्ठ-पुत्र को युवराज अथवा 'उपराजा' की तथा दूसरे पुत्र को 'सेनापति' की उपाधि दी जाती थी। राजा के उपरान्त उपराजा, राजा बना दिया जाता था और सेनापति उपराजा बन जाता था। पाणिनि के अनुसार भी राजमहिषी (प्रसाद-महादेवी) के पुत्र को युवराज घोषित किया जाता था। पाणिनि उसे 'आर्यकुमार' की उपाधि से अभिहित करते हैं। कौटिल्य भी ऐसी आज्ञा देते हैं। कालिदास के अनुसार तो राजा का ज्येष्ठ पुत्र ही युवराज होता था।

प्रसाद ने गुप्तकाल के 'अव्यवस्थित उत्तराधिकार नियम' का भी उल्लेख किया है और स्कंदगुप्त तथा पुरगुप्त एवं चंद्रगुप्त व रामगुप्त के उत्तराधिकार संबंधी संघर्ष इसके प्रमाणस्वरूप रखे गये हैं। पिता द्वारा उत्तराधिकार के निर्णय संबंधी कई उल्लेख शिलालेखों में आये हैं।

उपर्युक्त दोनों उदाहरणों से ज्ञात है कि किस प्रकार युवराज पद के लिए योग्य राजकुमार का ही चुनाव किया जाता था। इसमें ज्येष्ठ अथवा कनिष्ठ का प्रश्न संभवतः स्वतः ही नहीं उठता होगा। इसी आधार पर इतिहासकारों ने रामगुप्त की समस्या को हल करने का प्रयास किया है। और प्रसाद ने भी इसी परंपरा एवं प्रवृत्ति को गुप्तकाल में स्थान दिया है। इसी को उन्होंने 'अव्यवस्थित उत्तराधिकार नियम' कहा है।

संभव है कि राम गुप्त के चुनाव की तरह गुप्तकालीन युवराज के चुनाव में मंत्रियों एवं अन्य प्रमुख व्यक्तियों अथवा जनपदों का भी हाथ रहता हो।

प्रसाद ने अजातशत्रु के यौवराज्याभिषेक के संबंध में 'परिषद् का आह्वान' अवश्य करवाया है। इतिहास से ज्ञात होता है कि परिषद् युवराज के पद के लिए स्वीकृति देने से लेकर यौवराज्याभिषेक के उत्सव तक कार्य करती थी।

प्रसाद के नाटकों में प्रभुसत्ता युवराज को अंशतः मिलने के स्थान पर या तो अजातशत्रु की तरह पूर्णतः प्राप्त हो गई है या पुरगुप्त की तरह बिल्कुल ही नहीं प्राप्त हुई। 'अजातशत्रु' नाटक में अजात को युवराज पद देते ही बिंबसार ने स्वयं संपूर्ण प्रभुसत्ता उसे सौंप दी। 'स्कंदगुप्त' नाटक में पुरगुप्त को युवराज बनाना 'भावी साम्राज्य की नीति की घोषणा' मात्र है। अतः प्रभुसत्ता के स्थानान्तरण का प्रश्न ही नहीं उठता।

प्रसाद ने 'अजातशत्रु' नाटक में प्रसेनजित् के मुख से युवराज विरुद्धक के लिए कहलवाया है—'क्या भेड़िये की तरह भयानक ऐसी दुराचारी सन्तान अपने माता-पिता का ही वध नहीं करेगी।' इसी प्रकार की एक उक्ति 'स्कंदगुप्त' नाटक में भी कहलाई कई है—'राजपुत्र भेड़िये हैं। इनसे पिता को सदैव सावधान रहना चाहिए।' इसमें संदेह नहीं कि कौटिल्य और शुक्र दोनों ही राजा को राजपुत्रों से सजग रहने की सलाह देते

हैं—विशेषतः जब पुत्र को पिता से 'विराग' हो, अथवा राजा अपने योग्य पुत्रों को छोड़कर इतर की यत्न से रक्षा करे।

अन्य कर्मचारी

प्रधानमंत्री—प्रसाद के सभी नाटकों में एक प्रधानमंत्री का उल्लेख हुआ है, और उसे कहीं 'मन्त्री' कहीं 'महामन्त्री', कहीं 'अमात्य', कहीं 'महामात्य' और कहीं 'कुमारामात्य' कहा गया है। 'अजातशत्रु' में प्रसेनजित् के मंत्री का उल्लेख हुआ है। उसे अमात्य भी कहा गया है। चाणक्य को स्थान-स्थान पर आर्यसाम्राज्य का 'महामंत्री' या 'महामात्य' कहा गया है और वह अपना 'मंत्रित्व' राक्षस के लिए छोड़ देता है। राक्षस नन्द का 'अमात्य' है। इतिहास के अनुसार शिखरस्वामी चन्द्रगुप्त विक्रमादित्य का मंत्री था। उसे प्रसाद ने अपने नाटक में 'मंत्री' तथा 'अमात्य' कहकर अभिहित किया है। 'स्कंदगुप्त' नाटक में पृथ्वीसेन कुमारामात्य है। 'राज्यश्री' में ग्रहवर्मा के 'मंत्री' का उल्लेख है। उक्त सभी व्यक्ति अपने पद में अकेले हैं तथा राज्यकार्य की प्रमुख मंत्रणाओं में उनका हाथ है। राजकुमार विरुद्धक के संबंध में दिए गए प्रसेनजित् के निर्णय का विरोध उनका मंत्री ही करता है। चाणक्य के लिए स्वयं नाटककार ने मंत्री के साथ महामंत्री और महामात्य शब्दों का प्रयोग किया है और चाणक्य का प्रधानमंत्रित्व इतिहाससिद्ध भी है। नन्द का अमात्य राक्षस प्रधानमंत्री है या नहीं इसमें संदेह हो सकता है। नन्द उसे अपने 'अमात्यवर्ग में नियुक्त' करता है। अन्यत्र 'मगध के मंत्री, सेनापति और अमात्यों' कहकर मंत्री से भिन्न कई अमात्यों की उपस्थिति की ओर भी संकेत किया गया है। नन्द वररुचि को 'अमात्य' कहता है। वस्तुतः 'चन्द्रगुप्त' में राक्षस की अवतारणा का आधार 'मुद्राराक्षस' नाटक है, जहाँ वह नन्द का प्रधानमंत्री है। 'चन्द्रगुप्त' में शकटार और वररुचि दोनों बन्दी हो चुके हैं और नन्द के जितने भी कार्य हैं, उनका कर्त्ता वस्तुतः राक्षस ही है। अतः वररुचि के बन्दी हो जाने के उपरान्त उसे ही नन्द का प्रधानमंत्री मानना युक्तिसंगत प्रतीत होता है। 'स्कंदगुप्त' में मंत्री का स्वतंत्र रूप से कहीं उल्लेख नहीं। परंतु कुमारगुप्त की परिषद् में दो महत्त्वपूर्ण व्यक्ति हैं कुमारामात्य पृथ्वीसेन और महाबलाधिकृत भटार्क। पृथ्वीसेन सन्धिविग्रह जैसे महत्त्वपूर्ण कार्य करता है। उसके ही कारण भटार्क को पुष्यमित्रों के युद्ध में सेनापति की पदवी नहीं मिली। उसी ने भटार्क के महाबलाधिकृत बनाये जाने का भी विरोध किया था। महाप्रतिहार भी उसी की आज्ञा से भटार्क पर आक्रमण नहीं करता और 'चरम प्रतिकार' करने के लिए तैयार हो जाता है। इन सबसे प्रतीत होता है कि कुमारामात्य पृथ्वीसेन के अधिकार प्रधानमंत्री से किसी प्रकार कम न रहे होंगे। 'राज्यश्री' में मंत्री एक ही है और उसके समकक्ष किसी अन्य पद का उल्लेख नहीं। अतः यह निश्चय रूप से कहा जा सकता है कि प्रसाद के नाटकों में ये सब नाम प्रधानमंत्री के लिए ही आए हैं।

राक्षस के कथन में मंत्री शब्द भी अमात्य का ही अर्थ देता है। यह ध्यान देने की बात है कि उपर्युक्त ग्रंथों में प्रसाद द्वारा प्रयुक्त 'महामंत्री' या 'महामात्य' का प्रयोग कहीं भी नहीं मिलता। गुप्तकालीन अभिलेखों में 'महा' विशेषण का प्रचुर प्रयोग मिलता है। अतः 'महाप्रतिहार', 'महादण्डनायक' और 'महासंधिविग्रहक' के समान ही प्रसाद ने 'महामात्य' या 'महामंत्री' शब्द भी बना लिए हों तो इसमें कोई आश्चर्य की बात नहीं, फिर भी बौद्धकाल में और मौर्यकाल में भी इस प्रकार के शब्द खटक ही जाते हैं। यह भी संभव है कि मनुस्मृति के 'मुख्यामात्य' के आधार पर इसका निर्माण हुआ हो। कालिदास ने मंत्री, अमात्य और सचिव इनको समानार्थक माना है। गुप्तकाल में प्रधानमंत्री के लिए संभवतः 'राजामात्य' शब्द का प्रयोग किया जाता था। यद्यपि इस संबंध में निश्चित रूप से कुछ भी नहीं कहा जा सकता। ऊपर हम 'अमात्यवर्ग' की चर्चा कर आये हैं। कौटिल्य ने भी कई अमात्यों का उल्लेख किया है, जिनमें सबसे प्रधान अमात्य को 'मंत्री' कहा गया है।

कुमारामात्य—गुप्तकाल में 'कुमारामात्य' शब्द का प्रयोग अत्यन्त प्रचलित जान पड़ता है। चन्द्रगुप्त विक्रमादित्य के मंत्री शिखरस्वामी एवं कुमारगुप्त प्रथम के मंत्री पृथ्वीसेन को कुमारामात्य कहा गया है। 1. संधि विग्रहक, 2. कुमारामात्य और 3. महादंडनायक, किंतु इन सब उल्लेखों से यह ज्ञात नहीं हो पाता कि वस्तुतः कुमारामात्य का पद क्या था। स्कंदगुप्त के बिहार वाले शिलालेख में कुमारामात्य का उल्लेख हुआ है। उक्त लेख में वह सर्वोच्च अधिकारी नहीं है।

गुप्त अभिलेखों में प्रयुक्त कुमारामात्य पद के अर्थ पर विचार करने से इस अमात्य शब्द का अर्थ समझ में आ सकता है। अमात्य का एक अर्थ सखा या साथी भी था। परमभट्टारक सम्राट् के साथ सखाभाव या बराबरी का पद किसी का भी नहीं हो सकता था। कुमार राज्यवर्द्धन के लिए कुमारगुप्त और माधवगुप्त सखा नियुक्त किए गए थे। ज्ञात होता है कि बहुत पहले से कुमारों के बराबर सम्मान के भागी उनके सखाओं की नियुक्ति होने लगी थी। पीछे चलकर वही गौरवपूर्ण पद कुमारामात्य के रूप में नियमित किया गया। कुमारामात्य पदवी मंत्रिपरिषद् के मंत्री, सेनापति आदि शासन के उच्चतम अधिकारियों को प्रदान की जाती थी। समुद्रगुप्त के प्रयाग स्तंभ लेख में हरिषेण के नाम के पहले तीन विशेषण प्रयुक्त हुए हैं। ... इनमें महादण्डनायक, सैनिक पद (मिलिट्री रेंक) का द्योतक था; संधिविग्रहक, शासन तंत्र के अधिकार पद (आफिस) का सूचक था और कुमारामात्य व्यक्तिगत सम्मानित पदवी (टाइटिल) का वाचक था।

उपर्युक्त विवेचन से दो बातें स्पष्ट हैं। एक तो यह कि 'कुमारामात्य' शासनाधिकार सूचक शब्द न होकर व्यक्तिगत सम्मान सूचित करनेवाली पदवी है। दूसरे यह कि गुप्तशासन में यह पदवी मंत्रियों से लेकर विषयपति तक के लिए सुरक्षित थी।

महादंडनायक दंडनायक—'स्कंदगुप्त' में महादंडनायक का उल्लेख मात्र हुआ है। उससे यह अनुमान नहीं लगाया जा सकता कि प्रसाद उसे किस कोटि का पद मानते

हैं। इसी नाटक में अन्यत्र 'नंदीग्राम के दंडनायक' का भी उल्लेख हुआ है। वह काश्मीर के कुमारामात्य के अधीन सुरक्षा अधिकारी है। 'अजातशत्रु' में 'दंडनायक' शब्द 'काशी के दंडनायक' के लिए प्रयुक्त हुआ है।

संभवतः महादंडनायक सेना एवं न्यायविभाग दोनों का अधिकारी होता था, दंडनायक उसका अधीनस्थ अधिकारी होता था। उक्त अर्थ और प्रसाद के अर्थ में पर्याप्त अन्तर पड़ जाता है। काशी के दंडनायक के पास सेना और न्याय का अधिकार तो है ही, इसके अतिरिक्त उसके पास सुरक्षा और राजस्व संबंधी अधिकार भी हैं, साथ ही वह एक राज्य का प्रधान भी है। अतः उसकी शक्ति को देखते हुए उसे महादण्डनायक लिखना समीचीन प्रतीत होता है।

नन्दीग्राम के दंडनायक को सुरक्षाधिकार सौंपकर प्रसाद पुनः मूल अर्थ से भटक गए हैं। काशी और नंदीग्राम दोनों के दंडनायकों की पदमर्यादा भी भिन्न-भिन्न हैं। काशी एक राज्य है और नन्दीग्राम काश्मीर राज्य का संभवतः एक ग्राम है। काशी के दंडनायक से सामन्त तक सतर्क है और नंदीग्राम के दंडनायक का साधारण शांतिरक्षक सैनिक से अधिक महत्त्व नहीं। उसका काम चोर का पता लगाना अन्यथा दंड भोगना है।

प्रतिहार-प्रतिहारी—'प्रतिहार' का प्रयोग केवल 'चन्द्रगुप्त' नाटक में एक ही स्थल पर हुआ है। नन्द प्रतिहार को विद्रोही नागरिकों को बन्दी करने और राजसिंहासन को बचाने के लिए उनसे युद्ध करने का आदेश देता है। 'चन्द्रगुप्त' में ही नन्द की आज्ञा से 'प्रतिहार' चाणक्य की शिखा पकड़कर घसीटता है। 'ध्रुवस्वामिनी' में प्रतिहारी महाराज को खोजती हुई ध्रुवस्वामिनी के आवास में आती है। 'राज्यश्री' में महादेवी को मंत्री का आगमन सूचित करने के लिए 'प्रतिहारी' का प्रवेश होता है। 'प्रतिहार' शब्द के रूप से ही सिद्ध होता है कि प्रतिहार पुरुष ही होता था। 'प्रतिहारी' का प्रयोग अवश्य विचारणीय है। शब्दकोश के अनुसार प्रतिहारी का अर्थ मुख्यतः 'द्वारपालिका' है और सामान्यतः 'द्वारपाल मात्र' के लिए उनका प्रयोग हुआ है। संस्कृत के नाटकों में प्रतिहारी प्रायः सर्वत्र ही स्त्री है। 'मुद्राराक्षस' में प्रतिहारी 'विजया' और 'शोष्णोत्तरा' हैं और उनका काम किसी के आगमन की सूचना देना और पथप्रदर्शन करना है।

इन उदाहरणों से हम इस निष्कर्ष पर पहुँचते हैं कि प्रतिहार पुरुष होता था और प्रतिहारी स्त्री होती थी। उनका कार्य द्वार पर खड़ा रहना, अन्तःपुर में या राजप्रासाद में ही अन्यत्र आगंतुकों का संदेश पहुँचाना, वहाँ से राजा का आदेश बाहर ले जाना और राजप्रासाद में राजा एवं अभ्यागत का पथ-प्रदर्शन करना होता था। इस निष्कर्ष के आधार पर पहले तो राजसभा में नंद के प्रतिहार की उपस्थिति ही अवांछनीय है फिर उसको विद्रोही नागरिकों को बंदी करने एवं राजसिंहासन की रक्षा के लिए युद्ध करने की आज्ञा का तो किसी प्रकार भी समर्थन नहीं किया जा सकता। यह आज्ञा किसी सैनिक अधिकारी के लिए अधिक उपयुक्त होती। अब रही प्रतिहारी। 'चन्द्रगुप्त' में

प्रतिहारी पुरुष है। 'राज्यश्री' में वह पुरुष है अथवा स्त्री, यह निश्चित रूप से नहीं कहा जा सकता। अन्यत्र वह स्पष्ट ही स्त्री है। नंद का प्रतिहारी राजसभा में उपस्थित है और वह चाणक्य जैसे पुरुष की शिखा पकड़कर घसीटने का पौरुषेय कार्य करता है। चाहे पुरुष हो या स्त्री, प्रतिहारी के इस प्रकार के कार्य का कहीं भी प्रमाण उपलब्ध नहीं होता। 'ध्रुवस्वामिनी' और 'राज्यश्री' में प्रतिहारी को उसके उपयुक्त कार्य ही सौंपे गए हैं।

जहाँ तक दौवारिक-दौवारिकी और प्रतिहार-प्रतिहारी का प्रश्न है, वहाँ तक ये पर्याय ही प्रतीत होते हैं। प्रतिहार शब्द भी द्वार का पर्याय है। परंतु व्यवहारतः दोनों के अर्थों में स्पष्ट अन्तर प्रतीत होता है। दौवारिक संभवतः प्रधान द्वारों का रक्षक होता। और उसका कार्य आगंतुक के आगमन की सूचनामात्र भेजना था। उसे अन्तःपुर तक जाने का अधिकार भी संभवतः नहीं था जिससे भीतर जानेवाले संदेश उसे प्रतिहारी के द्वारा ही भिजवाने पड़ते। ये प्रतिहारी या प्रतिहार प्रासाद के भीतरी कक्ष एवं अन्तःपुर के द्वार में उपस्थित रहकर निर्दिष्ट कार्य करते थे। सभी संस्कृत नाटकों में प्रतिहारी स्त्री की उपस्थिति हमारे उक्त अनुमान की पुष्टि करती है।

महाप्रतिहार—अकेले 'स्कंदगुप्त' में 'महाप्रतिहार' शब्द का प्रयोग पाया जाता है। उसके अनुसार वह अन्तःपुर का प्रधान अधिकारी और वहाँ सम्राट् का भी उतना अधिकार नहीं होता जितना महाप्रतिहार का। इस शब्द का प्रयोग 'नाट्यशास्त्र' अथवा संस्कृत के नाटकों में नहीं मिलता। निश्चय ही यह अन्य 'महा' पदयुक्त उपाधियों के समान गुप्तकाल की ही विशेष उपाधि है। प्रसाद गुप्तकाल में महाप्रतिहार की पद-मर्यादा कुमारामात्य और महासंधिविग्रहक के समक्ष मानते हैं। ऐसा प्रतीत होता है कि प्रतिहार, दौवारिक एवं अन्य सभी परिचारक उसके अधीन होते थे और अन्तःपुर की मर्यादा की रक्षा के लिए वहाँ उसका इतना अधिकार होता था कि सम्राट् स्वयं भी उसकी आज्ञा के बिना अन्तःपुर में प्रवेश नहीं कर सकते थे। कम से कम प्रसाद की यही मान्यता है और महाप्रतिहार के अन्तःपुर संरक्षकों का उल्लेख इस बात का समर्थन करता है। साल्टोर 'महाप्रतिहार' और 'कंचुकी' दोनों को एक मानते हैं। संस्कृत नाटकों के अनुसार एक सर्वगुणसम्पन्न, सर्वकार्यकुशल, सत्यसम्पन्न, काम दोष विवर्जित वृद्ध ब्राह्मण ही कंचुकी होता था। अन्तःपुर के समस्त अधिकारों का प्रतीक दंड उसके महत्त्वपूर्ण पद का निर्देश करता था। जहाँ तक अन्तःपुर की मर्यादा की रक्षा का प्रश्न है वहाँ तक साल्टोर का कथन उचित जान पड़ता है। स्वयं साल्टोर ने अन्यत्र महादंडनायक एवं महासंधिविग्रहक की श्रेणी में महाप्रतिहार को भी रखा है। परंतु संस्कृत नाटकों में कंचुकी की पर्याप्त मर्यादा होते हुए भी उसे उपर्युक्त सम्मान नहीं मिला है। अतः कंचुकी को महाप्रतिहार के समकक्ष रखने में साल्टोर ने स्वयं अपना विरोध किया है। 'चन्द्रगुप्त' नाटक में केवल एक बार 'कंचुकी' का प्रवेश चन्द्रगुप्त को शयन के समय की सूचना देने के लिए हुआ है। यहाँ केवल इतनी-सी बात के लिए एक नए पात्र का प्रवेश कराकर

प्रसाद ने कंचुकी की स्थिति और मर्यादा को और भी स्पष्ट कर दिया है। साल्टोर लिखते हैं कि 'प्रतिहारी के ऊपर महाप्रतिहार और उनका भी मुखिया उस काल में दौवारिक कहलाता था'। महाप्रतिहार को प्रतिहारों का मुखिया मानने में तो कोई आपत्ति नहीं हो सकती किंतु दौवारिक को महाप्रतिहार के भी ऊपर किस प्रकार माना गया है, यह चिन्त्य है। हम पहले कह चुके हैं कि प्रतिहारी या प्रतिहार दौवारिक से अधिक विश्वसनीय अथवा पद-मर्यादा में अधिक होता था। यदि महाप्रतिहार को कंचुकी के समकक्ष भी मानें तो भी वह दौवारिक के ऊपर ही होता होगा। 'प्रतिमा' नाटक में 'कांचुकीय' सभी द्वारों में स्थित 'दौवारिक' और 'प्रतिहारों' को सावधान रहने का आदेश देता है। निश्चय ही वहाँ वह इन सबका मुखिया है। अतः महाप्रतिहार को मंत्रियों की कोटि में रखना ही अधिक समीचीन प्रतीत होता है। यही प्रसाद ने किया भी है।

पुरोहित—'ध्रुवस्वामिनी' नाटक में 'पुरोहित' उपद्रवों के बाद शांति कर्म के लिए स्वस्त्ययन करने आता है। मंदाकिनी उसे सम्मानसूचक 'आर्य' कहकर अभिहित करती है। गुप्तसाम्राज्य के अमात्य को पुरोहित केवल 'शिखर' संबोधन देता है। ये दोनों बातें पुरोहित की महत्त्वपूर्ण स्थिति की सूचक हैं। वह 'धर्मशास्त्र का मुख' माना गया है, धर्म के संबंध में उसका निर्णय समस्त गुप्तकालीन परिषद् को मान्य है।

पाणिनि 'पुरोहितादिगण' में राजा और सेनापति को भी सम्मिलित करते हैं और वे इस प्रकार पुरोहित के महत्त्व को स्वीकार करते हुए उसके लिए वेद और दंडनीति दोनों में पारंगत होना आवश्यक मानते हैं। अर्थशास्त्र में 'पुरोहित' का पद महत्त्वपूर्ण है। ऋत्विक, आचार्य, मंत्री, सेनापति, युवराज, राजमाता एवं राजमहिषी के साथ ही उसका स्थान है।

प्रसाद ने पुरोहित की चर्चा गुप्तकाल में ही की है, अतः उनके पुरोहित में भी शुक्रनीति के पुरोहित का गौरव होना ही चाहिए था। कालिदास के रघुवंश से भी इसकी पुष्टि होती है कि धार्मिक कार्यों के संपादन में पुरोहित का प्रथम स्थान था। पुरोहित को 'धर्मशास्त्र का मुख' कहने में प्रसाद का यही अभिप्राय जान पड़ता है। स्वस्त्ययन एवं धर्म संबंधी निर्णय में प्रसाद ने इसी कारण उसको सर्वोच्च स्थान दिया है।

सेनाधिकारी—प्रसाद के नाटकों में सेना के निम्नलिखित अधिकारियों का उल्लेख हुआ है—महाबलाधिकृत, महासेनापति, बलाधिकृत, सेनापति, नायक, और गौल्मिक। गुप्तकाल में सेना विभाग के प्रधान अधिकारी की उपाधि 'महाबलाधिकृत' थी। साल्टोर के मत से गुप्तकाल की सेना में 'महासेनापति' ही सबसे प्रधान अधिकारी होता था और उसी श्रेणी के एक अन्य अधिकारी को महाबलाधिकृत भी कहते थे। परंतु वे इन दोनों के संबंध को निर्धारित नहीं कर सके हैं, ऐसा प्रतीत होता है कि युद्ध-संचालन के निमित्त समस्त सेना का सर्वोच्च अधिकारी तो 'महासेनापति' होता था, किंतु जो समस्त युद्ध विभाग का अधिकारी राजा के साथ युद्ध संबंधी मंत्रणा में भाग लेता था, वह महाबलाधिकृत होता था। महाबलाधिकृत को हम आधुनिक 'रक्षा-मंत्री' के समकक्ष रख सकते हैं। संभवतः

गुप्तकाल में महासेनापति ही रक्षा-मंत्री होता हो अथवा महाबलाधिकृत महासेनापति की एक अन्य उपाधि हो किंतु इस संबंध में निश्चित रूप से कुछ भी कहना कठिन है। 'महाबलाधिकृत' शब्द वस्तुतः उत्तर-मौर्यकालीन है और 'अर्थशास्त्र' में इस पदाधिकारी का उल्लेख नहीं किंतु गुप्तकाल में इसका प्रचुर उपयोग मिलता है। प्रसाद ने मौर्यकालीन नाटक 'चंद्रगुप्त' में भी इसका प्रयोग किया है। सिकंदर की सेना से युद्ध करने के लिए चंद्रगुप्त को मालव-क्षुद्रकों की सम्मिलित सेना का 'महाबलाधिकृत' निर्वाचित किया गया था, फिर भी उसे सेनापति ही कहा गया है। पहले तो वहाँ ऐतिहासिक दोष स्पष्ट है, दूसरे यहाँ महाबलाधिकृत को सेनापति का पर्याय मान लिया गया है। ऊपर हम जिस निष्कर्ष पर पहुँचे हैं उसके अनुसार भी यहाँ महासेनापति का प्रयोग ही समीचीन था। इस नाटक में महासेनापति का कहीं उल्लेख न होने से सेनापति को महासेनापति का समानार्थक भले ही मान लें, पर युद्ध विशेष के लिए नियुक्त सेनापति को महाबलाधिकृत नहीं कहा जा सकता। 'स्कंदगुप्त' में भी महाबलाधिकृत का प्रयोग हमारे उपर्युक्त निष्कर्षों के अनुसार नहीं हुआ है। कुमारगुप्त के काल में भटार्क महाबलाधिकृत है, वह स्वयं कहीं भी युद्ध का नेतृत्व और संचालन नहीं करता अतः महासेनापति नहीं है। जिस नवीन आर्य साम्राज्य की नींव स्कंदगुप्त ने उज्जयिनी में रखी थी उसके महाबलाधिकृत पहले गोविन्दगुप्त हुए और उनकी मृत्यु के उपरांत बंधुवर्मा। भटार्क के समान ही इनको भी 'महासेनापति' नहीं कहा गया है, किंतु हूण-युद्ध में दोनों ने ही युद्ध का नेतृत्व किया था। अतः यह मानने में कोई आपत्ति नहीं हो सकती कि दोनों ने ही 'महासेनापति' का कार्यभार भी सँभाला था। प्रसाद ने यहाँ भी महासेनापति का उल्लेख न कर अपनी मान्यता यही रखी है कि महाबलाधिकृत और महासेनापति समानार्थक शब्द हैं।

महाबलाधिकृत और महासेनापति से एक स्तर नीचे ही बलाधिकृत और सेनापति आते हैं। बसरा की गुप्तकालीन मुद्राओं से ज्ञात होता है कि महाबलाधिकृत की अधीनता में कई बलाधिकृत होते थे, अन्य गुप्तकालीन लेखों में भी सेना के विशेष अधिकारी के अर्थ में 'बलाधिकृत' का उल्लेख हुआ है। बलाधिकृत भी गुप्तकालीन उपाधि है, अतः सिंहरण के लिए बलाधिकृत के प्रयोग का समर्थन नहीं किया जा सकता। 'स्कंदगुप्त' में नासीर सेना का संचालन करनेवाला पर्णदत्त बलाधिकृत है। एक स्थल पर स्कंदगुप्त उसे 'सेनापति' कहकर संबोधन करता है। यहाँ यह प्रश्न उठता है कि बलाधिकृत और सेनापति में क्या संबंध है। अपने पूर्वोक्त विवेचन के आधार पर हम यहाँ भी इसी निष्कर्ष पर पहुँचते हैं कि सेनापति और बलाधिकृत दोनों पृथक्-पृथक् पद होते थे, यद्यपि आवश्यकता पड़ने पर बलाधिकृत सेनापति बनकर युद्ध-संचालन भी करते थे। कालिदास ने 'सेना के प्रधान' के अर्थ में ही 'सेनापति' शब्द को ग्रहण किया है। अर्थशास्त्र की साक्षी के अनुसार सेना का विभाजन कई टुकड़ियों (अंग) में किया जाता था। इस प्रकार के दस अंगों के स्वामी को 'पदिक', दस पदिकों के स्वामी को 'सेनापति' और दस सेनापतियों के स्वामी को 'नायक' कहते थे। प्रसाद ने सेनापति का कौटलीय अर्थ न

लेकर कालिदास के समान ही उसे सेना का प्रधान संचालक माना है। केवल एक ही स्थान पर 'मगध-गुल्म' के अधिकारी को उन्होंने सेनापति कहकर संबोधित किया है। 'चंद्रगुप्त' में जहाँ उपर्युक्त उल्लेख हुआ है, वहाँ वह वस्तुतः मगध-गुल्म नहीं मगध से आई हुई स्वतंत्र सेना है जो पर्वतेश्वर की सहायता के लिए आई है। अतः यहाँ दोष 'सेनापति' के प्रयोग में नहीं 'गुल्म' के प्रयोग में है, परंतु अगले ही वाक्य में उसे 'मगध नायक' कह दिया गया है। कौटिल्य के अनुसार दस सेनापतियों के ऊपर एक नायक होता है और वही तूर्यघोष, ध्वजपताका आदि द्वारा व्यूहबद्ध सेना को विशेष संकेत देकर युद्ध आरम्भ करने की सूचना देता है। यहाँ यह कहना कठिन है कि 'नायक' शब्द का प्रयोग विशेष अर्थ में किया गया है अथवा साधारण 'नेता' या 'सेनापति' का प्रयोग प्रसाद ने कहीं भी कौटलीय अर्थ में नहीं किया है। वहाँ वह 'नायक' से निम्नस्तर का माना गया है। बलाधिकृत पर्णदत्त से गुप्तसेना की नासीर सेना के नायक ने सहायता माँगी है किंतु साथ ही 'स्कंदगुप्त' नाटक में 'नायक' शर्वनाग पूरे एक गुल्म का संचालन करता है और उसका सहयोगी नायक को केवल महाबलाधिकृत के अधीन मानता है। इन उल्लेखों से यही प्रतीत होता है कि प्रसाद के सामने 'नायक' का कोई पारिभाषिक स्वरूप नहीं है और सेनापति अथवा महाबलाधिकृत के अधीन सेना के एक अनिश्चित भाग के चालक को नायक मान लेते हैं। यहाँ 'अनिश्चित' इसलिए कहा है कि प्रसाद ने 'गुल्म' के अधिपति को भी नायक कह दिया है, जिसके लिए अन्यत्र स्वयं उन्होंने 'गौल्मिक' शब्द का प्रयोग किया है और यही उचित भी है।

महासंधिविग्रहक

प्रसाद ने सेना के अधिकारियों में 'महासंधिविग्रहक' और 'महादण्डनायक' को भी गिनाया है। महाबलाधिकृत के समान ही प्रसाद ने इन्हें मंत्रिपरिषद् का सदस्य माना है। समुद्रगुप्त की प्रयागप्रशस्ति में संधिविग्रहक हरिषेण का नाम है और उसे महासंधिविग्रहक, कुमारामात्य और महादण्डनायक कहा है। संधिविग्रहक का कार्य युद्ध और संधि से संबंध रखता है। अतः प्रसाद का सिंहरण को 'मालवों का संधि-विग्रहक-अमात्य' कहना एक ऐतिहासिक भूल है। 'स्कंदगुप्त' में पृथ्वीसेन संधिविग्रहक है और कुमारगुप्त और उसके वार्तालाप से ज्ञात होता है कि वह युद्ध और संधि संबंधी कार्यों में दक्ष है। कुछ और विद्वानों के अनुसार संधिविग्रहक युद्ध और शांति का मंत्री है। महादण्डनायक का संबंध सेना की अपेक्षा प्रशासन से अधिक है।

युद्ध-विभाग—सिल्यूकस से युद्ध के लिए प्रयाण करते समय चंद्रगुप्त देश में घोषणा करवा देता है कि आर्यावर्त में शस्त्र ग्रहण करने में जो समर्थ हैं, सैनिक हैं, और जितनी सम्पत्ति है वह युद्ध विभाग की है। इस संकटकालीन घोषणा में 'युद्ध-विभाग' का उल्लेख हुआ है। इसका विवरण प्रसाद ने 'चंद्रगुप्त' की भूमिका में इस प्रकार दिया है—'सेना

विभाग के प्रत्येक छः विभागों में पाँच सदस्य रहते थे। प्रथम विभाग नौसेना का था, दूसरा विभाग युद्ध संबंधी भोजन, वस्त्र, छकड़े, बाजा, सेवक और जानवरों के चारे का प्रबन्ध करता था। तीसरे वर्ग के अधीन पैदल सैनिक रहते थे। चौथा विभाग अश्वारोहियों का था। पाँचवाँ युद्ध-रथ की देखभाल करता था। छठा युद्ध के हाथियों का प्रबंध करता था।

[स्रोतः जगदीश जोशी कृत 'प्रसाद के नाटकों का ऐतिहासिक अध्ययन']

प्रसाद-प्रस्तुतियों की सूची

1. 1930 और 1933 के बीच थियोसोफिकल सोसायटी, काशी द्वारा 'विशाख' के मंचन का उल्लेख मिलता है।
2. 1933 में माडर्न स्कूल, नई दिल्ली के छात्रों ने दशरथ ओझा के निर्देशन में 'चंद्रगुप्त' प्रस्तुत किया।
3. 4 मई, 1933 को द्विवेदी अभिनंदनोत्सव पर भारतेन्दु नाटकमण्डली, काशी, द्वारा 'ध्रुवस्वामिनी' का मंचन।
4. 14, 15 दिसम्बर, 1933 को रत्नाकर रसिक मण्डल, काशी की ओर से 'चंद्रगुप्त' का मंचन।
5. 16, 17 अक्तूबर, 1938 को हिंदी साहित्य सम्मेलन के 28वें अधिवेशन पर भारतेंदु नाटक मण्डली, काशी, द्वारा 'स्कंदगुप्त' का मंचन।
6. 1941 को ज्ञानवर्धिनी सभा, लखनऊ विश्वविद्यालय ने रामविलास शर्मा के संयोजन में 'अजातशत्रु' प्रस्तुत किया।
7. 16, 17 अक्तूबर, 1943 को नागरी प्रचारिणी सभा के अर्धशताब्दी उत्सव पर केशवराम टण्डन के निर्देशन में 'चंद्रगुप्त' का मंचन।
8. 1944 में 'अजातशत्रु', 1952 में 'चंद्रगुप्त' और 1966 में 'ध्रुवस्वामिनी' को रामकुमार वर्मा ने इलाहाबाद विश्वविद्यालय में प्रस्तुत किया।
9. 1949 और उसके बाद निरंतर 'चंद्रगुप्त', 'स्कंदगुप्त', 'ध्रुवस्वामिनी' और 'अजातशत्रु' के रेडियो रूपांतर प्रसारित होते रहे।
10. 1950 के आस-पास बनारस विश्वविद्यालय में ओंकारनाथ ठाकुर ने 'कामायनी' और 'कामना' प्रस्तुत किए।
11. 5 अक्तूबर, 1951 को ओरिएन्टल कॉन्फ्रेन्स के उपलक्ष्य में लखनऊ विश्वविद्यालय की ओर से हरिकृष्ण अवस्थी के संयोजन में 'स्कंदगुप्त' का मंचन।
12. 1953 में हरिश्चंद्र महाविद्यालय, काशी की ओर से 'चंद्रगुप्त' का मंचन।
13. 1959 में ललित, काशी की ओर से 'ध्रुवस्वामिनी' का मंचन।
14. 1959 में तरुण संघ की ओर से श्यामानन्द जालान के निर्देशन में 'प्रसाद-प्रतिभा' का मंचन।

15. 1959 में वसंत महाविद्यालय, काशी की ओर से 'स्कंदगुप्त' का मंचन।
16. 22 मई, 1960 को सेतुमंच, इलाहाबाद की ओर से लक्ष्मीकांत वर्मा के निर्देशन में 'चंद्रगुप्त' का मंचन।
17. 28, 29 अप्रैल, 1962, हिंदी साहित्य सम्मेलन, दिल्ली की ओर से एफ.सी. माथुर के निर्देशन में 'ध्रुवस्वामिनी' का मंचन।
18. 1966 में बाजोरिया संस्कृत महाविद्यालय, काशी की ओर से 'चंद्रगुप्त' का मंचन।
19. 8 दिसम्बर, 1968 को नागरी नाटक मण्डली के हीरक जयंती समारोह पर भानुशंकर मेहता के निर्देशन में 'ध्रुवस्वामिनी' का मंचन।
20. 28 दिसम्बर, 1968 को कलामंदिर, कलकत्ता की ओर से शांता गाँधी के निर्देशन में रा. ना. वि. ने 'स्कंदगुप्त' का मंचन किया।
21. 23, 24, 25 दिसम्बर, 1972 को उत्तर प्रदेश संगीत नाटक अकादमी द्वारा आयोजित रंगशिविर के अंतर्गत ब.व. कारंत के निर्देशन में काशी में 'चंद्रगुप्त' का मंचन।
22. अगस्त, 1973 सीतापुर में 'अजातशत्रु' का मंचन।
23. दिसम्बर, 1974 में अनामिका, कलकत्ता की ओर से विमल लाठ के निर्देशन में 'चंद्रगुप्त' का मंचन।
24. 13. 14 नवम्बर, 1975, कालिदास समारोह, उज्जैन के अंतर्गत रामगोपाल बजाज के निर्देशन में 'ध्रुवस्वामिनी' का मंचन।
25. 7 नवम्बर, 1977 मध्यप्रदेश कला परिषद् के गौरव नाट्य समारोह पर रामगोपाल बजाज के निर्देशन में रा. ना. वि. रंगमण्डल ने भोपाल में 'स्कंदगुप्त' की पहली प्रस्तुति, बाद में 5 प्रदर्शन दिल्ली में।
26. 16 फरवरी, 1981 में प्रसाद जयंती के अवसर पर ललित, काशी की ओर से शिवकुमार शास्त्री के निर्देशन में 'ध्रुवस्वामिनी' का मंचन।
27. अप्रैल, 1981 नागरी नाटक मण्डली, काशी की ओर से डॉ. राजेन्द्र उपाध्याय के निर्देशन में 'स्कंदगुप्त' का मंचन।
28. 24, 25 अप्रैल, 1981 में रा. ना. वि. की ओर से देवेन्द्रराज अंकुर के निर्देशन में 'ध्रुवस्वामिनी' का मंचन।
29. 16 जुलाई, 1981 को रुचिका की ओर से अरुण कुकरेजा के निर्देशन में 'ध्रुवस्वामिनी' का मंचन।
30. अक्तूबर, 1981 में पंकज सक्सेना के निर्देशन में बी.आई.टी. मिश्रा, राँची में 'विशाख' का मंचन।
31. 15, 16 फरवरी, 1982 को मध्यप्रदेश रंगमंडल, भोपाल, की ओर से ब.व. कारंत के निर्देशन में 'विशाख' प्रस्तुत किया गया।
32. 22, 23 जनवरी, 1983 में स्नातकोत्तर महाविद्यालय, गाजीपुर की ओर से शिवमूरतसिंह के निर्देशन में 'स्कंदगुप्त' का मंचन।

33. 17 फरवरी, 1984 को मध्यप्रदेश रंगमण्डल, भोपाल की ओर से ब.व. कारंत के निर्देशन में 'स्कंदगुप्त' की पहली प्रस्तुति। अब तक 50 प्रदर्शन।

34. 20 जनवरी, 1986 को उत्तर प्रदेश महोत्सव, दिल्ली के अवसर पर 'रूपांतर' गोरखपुर की ओर से श्रीमती गिरीश रस्तोगी के निर्देशन में 'ध्रुवस्वामिनी' का मंचन।

35. 24, 25, 26, 27 अगस्त, 1987 अनुराग रंगमंच, दिल्ली की ओर से गुरुदत्त भाना के निर्देशन में 'कामना' का मंचन।

36. 11, 12 दिसम्बर, 1988, प्रसाद जन्म शताब्दी पर 'यायावर' लखनऊ की ओर से पं. विश्वनाथ मिश्र के निर्देशन में 'चन्द्रगुप्त' का मंचन।

37. 24, 25 जनवरी, 1989, प्रसाद जन्मशती के उपलक्ष्य पर लेडी श्रीराम कॉलेज, दिल्ली की छात्राओं ने ब.व. कारंत के निर्देशन में 'कामना' प्रस्तुत किया।

38. 14 नवम्बर, 1989, कालिदास समारोह के अवसर पर कालिदास अकादमी, उज्जैन ने धीरेन्द्र कुमार के निर्देशन में 'चन्द्रगुप्त' प्रस्तुत किया।

39. 5 फरवरी, 1990, प्रसाद जन्मशताब्दी के अवसर पर हिन्दी विभाग, लखनऊ विश्वविद्यालय, लखनऊ की ओर से उर्मिल थपलियाल के निर्देशन में 'ध्रुवस्वामिनी' का मंचन।

40. 17, 18 सितम्बर, 1991, दोस्त, भोपाल ने आलोक चटर्जी के निर्देशन में 'ध्रुवस्वामिनी' का मंचन किया।

41. 10, 17 जुलाई, 1992 मध्यप्रदेश रंगमंडल, भोपाल की ओर से रोबिनदास के निर्देशन में 'जनमेजय का नागयज्ञ' का मंचन।

42. 29 अप्रैल, 1996, राष्ट्रीय नाट्य विद्यालय दिल्ली, की ओर से रोबिनदास के निर्देशन में 'जनमेजय का नागयज्ञ' प्रस्तुत किया गया।

43. हिंदी प्रदेश के विभिन्न नगरों विशेषतः दिल्ली में 'कामायनी' के कई प्रस्तुतीकरण हुए। 'ध्रुवस्वामिनी' के कई प्रस्तुतीकरणों के उल्लेख मिले हैं। प्रसाद की कहानियों की भी कुछ प्रस्तुतियाँ हुई हैं। नाटक एवं नाट्येतर रचनाओं की लगभग 116 प्रस्तुतियों की सूचना मिलती है।

●●●